广东省塑胶行业协会

广东省塑胶行业协会成立于2016年10月11日，是经广东省民政厅批准、正式注册登记的具法人地位的社会团体组织。在业务上接受广东省政府主管部门指导和监督管理。

广东省塑胶行业协会是由广东省塑胶原料（包括通用塑料、工程塑料、功能高分子塑料等）、塑胶化工、高分子材料、合成树脂生产制造企业、塑胶原料国内外贸易企业、科研机构、检验检测机构及产业链上下游企业自愿联合成立的非赢利性行业组织。是全国塑胶产业大省——广东为推进塑胶化工、高分子行业、合成树脂等塑胶原料产业创新发展而大力支持成立的行业组织。

广东省塑胶行业协会秉承“为企业服务、为行业服务、为政府服务、为社会服务”的宗旨，发挥桥梁纽带作用，开拓进取，创新发展，致力于振兴发展广东塑胶原料产业。

中国塑料加工工业协会常务副理事长兼秘书长朱文玮等视察广东省塑胶行业协会

广东省塑胶行业协会公益活动——南雄行

2016年 8月27日，广东省塑胶行业协会首届会员大会在东莞常平召 开，出席会议的有广东省社会组织管理局登记处处长龙仕运、南方报业传媒集团党委副书记欧阳农跃、特邀湖南省民政厅办公室主任肖胜洪、东莞常平镇副镇长殷河满、东莞常平镇商务局副局长周子瑜等领导，及南方日报、东莞日报等媒体单位，大会表决通过了协会章程，选举广东神鹰塑料集团有限公司党支部书记、执行董事总经理刘幸平为首届会长。

广东省塑胶行业协会会员互访活动剪影

地址：广东省东莞市常平国际塑胶大厦4楼
电话：0769- 81083188

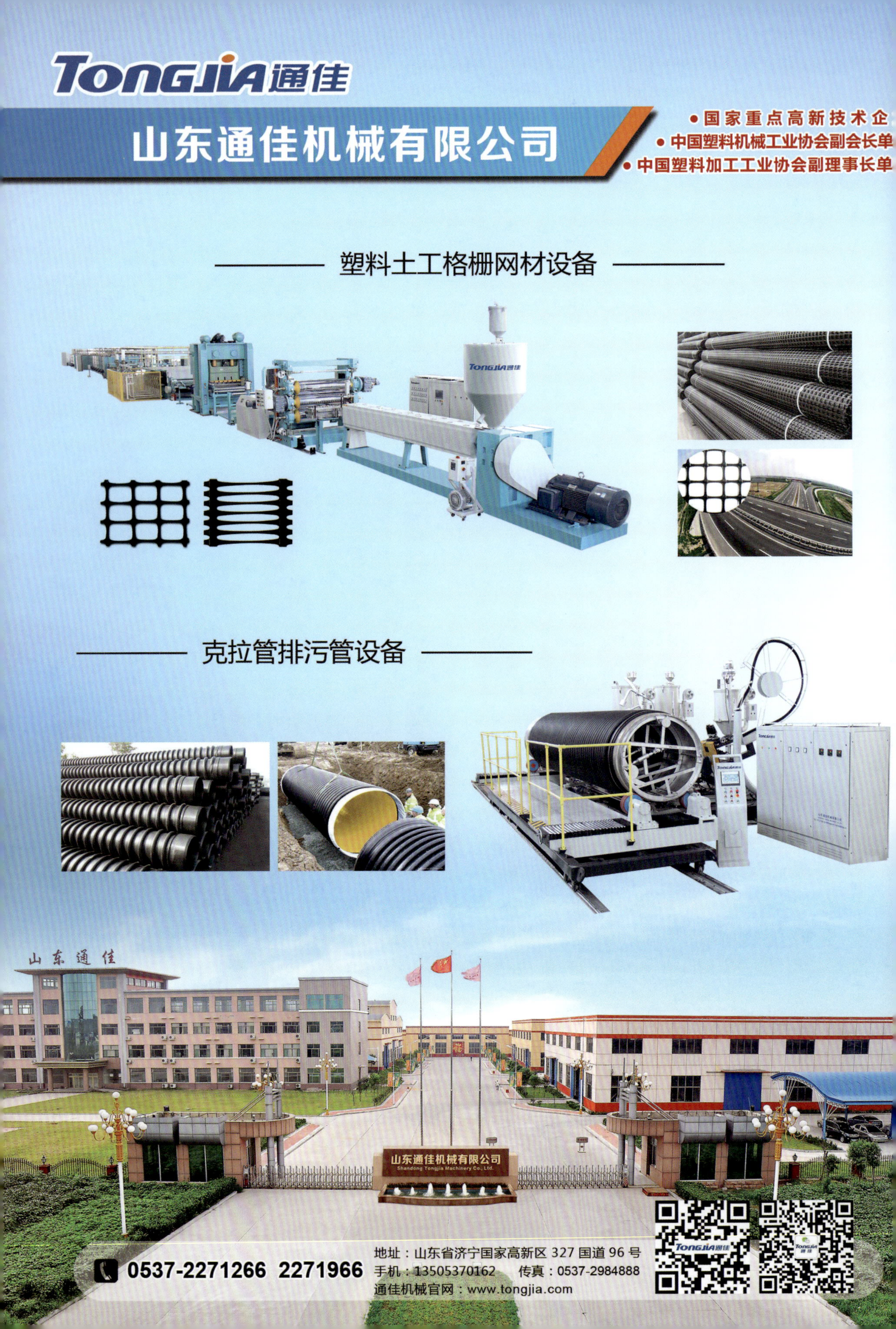
TONGJIA通佳
山东通佳机械有限公司
• 国家重点高新技术企
• 中国塑料机械工业协会副会长单
• 中国塑料加工工业协会副理事长单
塑料土工格栅网材设备
克拉管排污管设备
山东通佳
山东通佳机械有限公司
0537-2271266 2271966
地址：山东省济宁国家高新区 327 国道 96 号
手机：13505370162 传真：0537-2984888
通佳机械官网：www.tongjia.com

自动化计量**配料系统专家**
Professional in extruding solution

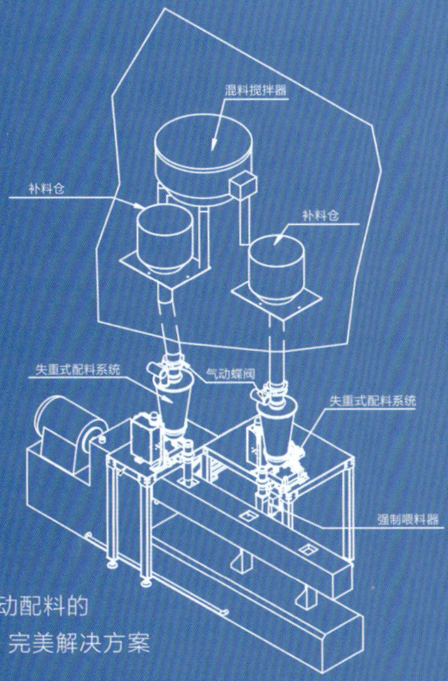

应用范围 Applied range

- 改性塑料 Modified plastics
- 食品行业 Food industry
- 塑料再生 Plastic recycling
- 医药行业 Pharmaceuticals industry
- 石油化工 Petrochemical industry
- 煤化工 Coal chemical industry

川路管材系列

川路型材系列

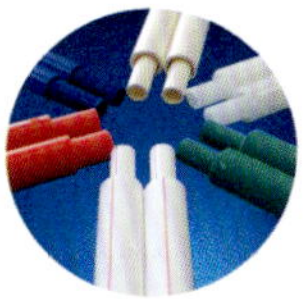

佳装修产品系列

国家级高新技术企业
成都市企业技术中心
中国环境标志产品荣誉称号
康居产品认证
2016万科A级供应商
中国塑料加工工业协会理事及管道分会副理事长单位
全国塑料制品标准化技术委员会委员兼sc3副主任委员单位
ISO9001:2008GB/T 19001-2008质量管理体系认证
ISO14001:2004GB/T 24001-2004环境管理体系认证
GB/T28001-2001职业健康安全管理体系认证

川路塑胶 CHUANLU PLASTIC

公司简介

成都川路塑胶集团创建于1986年，是一家专业生产新型化学建材的品牌企业，1988年，率先研发生产白色PVC排水管材管件，是国内研发生产管道及管件产品最早的企业之一。川路人以责任为己任，专注产品本身，始终坚持一个品牌，一个标准服务于市场。

公司秉承“有责任更信任”的企业理念，不断创新，追求卓越，坚持诚信为本，携手共赢，以质取胜，奉献社会。

川路塑胶集团在全国拥有分公司、总经销、特约经销800余家和112个产品配送中心，组成了较完善的营销与服务网络，并与万科、恒大、华润、保利、中信等著名地产公司形成战略合作。“川路管材”、“川路型材”等系列产品广泛应用于国内(外)城市化建设的建筑给(排)水、建筑门窗、电器穿线、电网改造、市政建设、农网改造、石油化工、新农村建设等众多领域。主要工程包括：毛主席纪念堂改造、小平故里、钓鱼台国宾馆、西班牙、加拿大驻北京使馆改造、布达拉宫改造、四位机库、二滩水电站、北京2008奥运主体育馆、上海世博园、博鳌亚洲论坛会址、北京科技大学、万科中心（总部）、喀麦隆议会大厦、塞班国际五星级酒店、巴哈马国家体育馆、非洲索科马糖联甘蔗农场喷灌给水工程等。

川路塑胶集团以国家重大需求为导向，坚持以科学发展与自主创新为主要任务，投身于低碳、节能、环保的绿色建材行业，致力于为人们提供自然、健康的饮用水与温馨、舒适的生活空间。

参与制定，并严格执行国家标准

全面参与制定并起草

PVC-U排水管材国家标准（GB/T5836,1-2006）

PVC-U给水管件国家标准（GB/T10002,2-2003）

PVC-U给水管材国家标准（GB/T10002,1-2006）

无压埋地排污、排水用硬聚氯乙烯（PVC-U）管材（GB/20221-2006）

自主创新,致力于技术研发

为用户提供自然、健康的饮用水

1988年，全国第一家试行生产PVC-U排水产品,由于当时没有国家标准,采用BS英标

1989年，全国第一家生产白色给水PVC-U管材管件产品

1996年，全国第一家生产蓝色给水PVC-U管材管件产品

1999年，开发生产PP-R新型冷热水管系列

2007年，川路成为国家级博士后科研工作站

2012年，研发生产PB给水管道系列

2013年，研发生产PE-RT给水管道系列

2015年，研发生产AGR新型给水管道系列

2016年，研发生产HDPE双壁波纹管

四大原则 品质保障

坚持一个品牌
川路品牌

坚持统一原料
优质原料

坚持一个标准
国家标准

坚持统一生产
同一产地

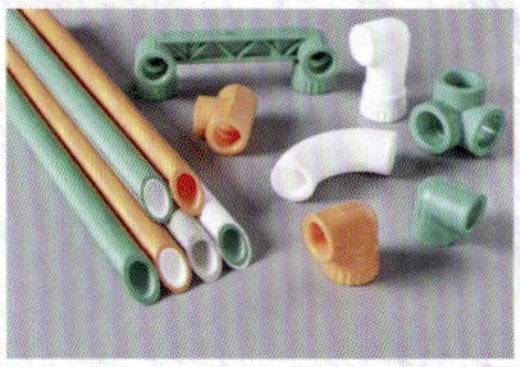

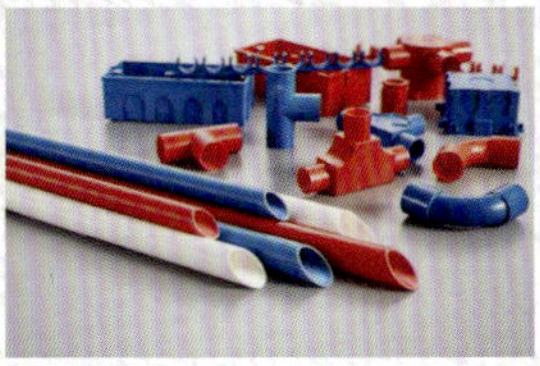

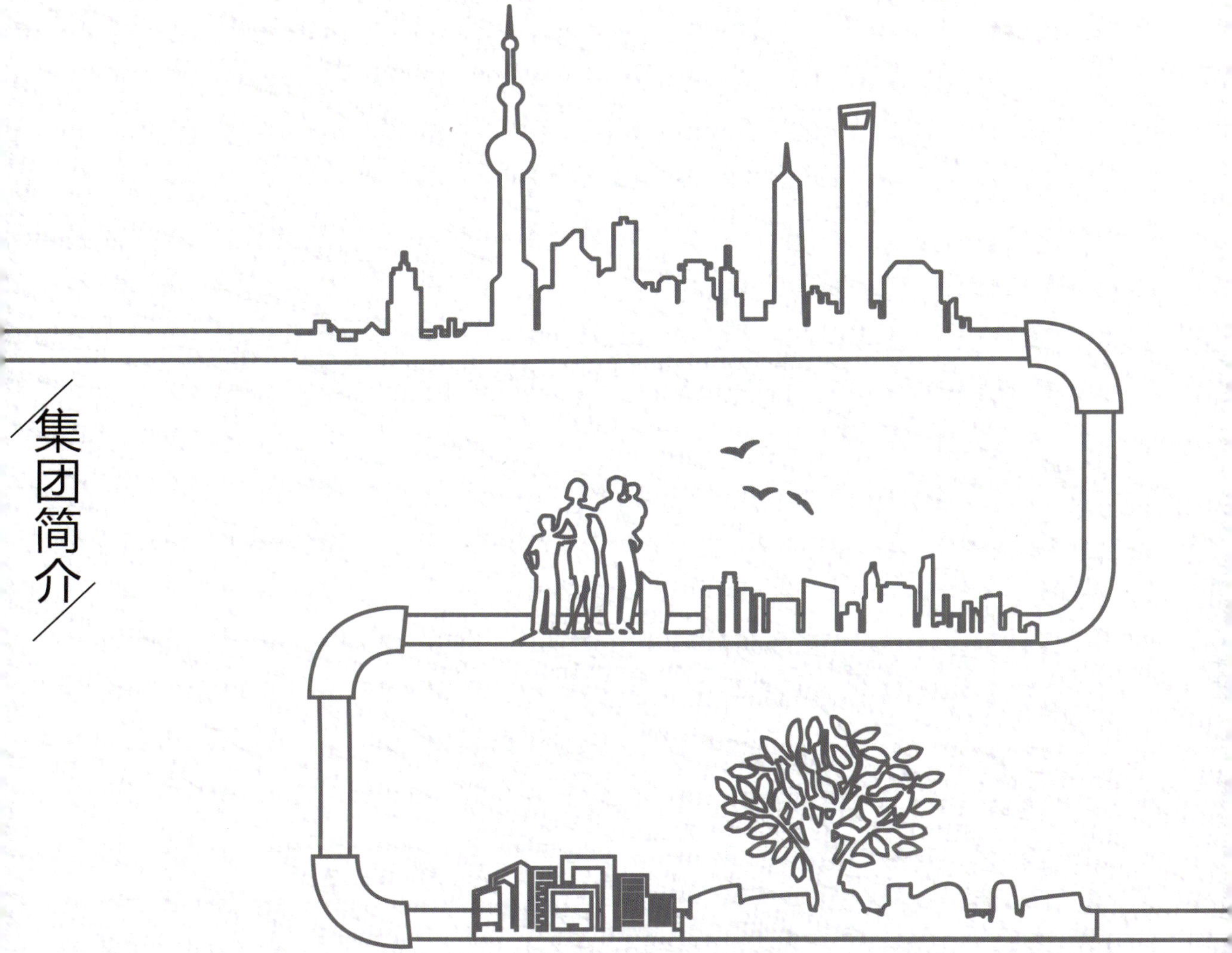

集团简介

日丰企业集团有限公司

地址：广东省佛山市祖庙路16号日丰大厦（528000）

客服专线：800-8303820 400-1110211www.rifeng.com.cn E-mail:rifeng@rifeng.com

广东省名牌 广东省著名商标 ISO14001环境管理体系认证 ISO9001国际质量管理体系认证 ISO9001国际质量管理体系认证 国家火炬重点高新技术企业 中国合格评定实验室认可 中国节水认证 德国DVGW认证 英国WRAS饮用水安全认证 美国NSF认证

LESSO 联塑

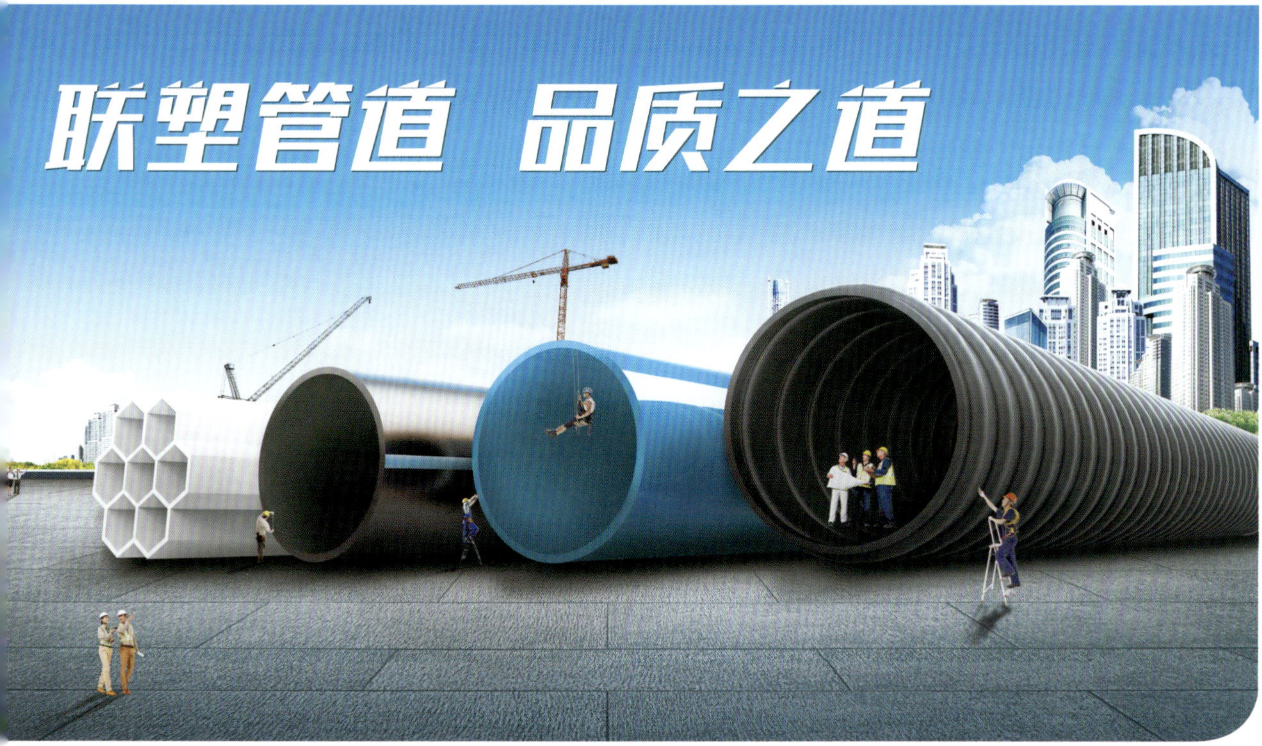

企业简介 / COMPANY PROFILE

中国联塑集团控股有限公司（简称：中国联塑，香港上市代号：2128）是国内大型建材家居产业集团，产品及服务涵盖管道产品、水暖卫浴、整体厨房、整体门窗、装饰板材、净水设备、消防器材、卫生材料、海洋养殖、环境保护、建材家居渠道与服务等领域。2016年营业收入达172.21亿元人民币。

随着国际化、全球化进程步伐的推进，中国联塑已拥有逾50家控股子公司和超过22个主要生产基地，分布于全国16个省份及美国、加拿大、印度、印尼和乌干达等国家，不断完善战略布局，拓宽销售网络和市场空间，能够及时、高效地为顾客提供产品和服务。

中国联塑建有集团研究院，拥有各类科研人员1000多名，设有博士后科研工作站、CNAS国家认可实验室。目前，中国联塑拥有和正在申请的专利有逾1800项。科研成果先后入选国家火炬计划项目、国家重点新产品、全国建设行业科技成果推广项目和政府绿色采购清单；先后被国家有关部门授予国家高新技术企业、国家认定企业技术中心、中国建设科技自主创新优势企业、知识产权优势企业、建设部产业化示范基地、广东省政府质量奖等荣誉称号和奖项。

现阶段，中国联塑拥有10000多种产品，是国内建材家居领域产品体系齐全的生产商。中国联塑的产品被广泛应用于家居装修、民用建筑、市政给水、排水、电力通信、燃气、消防、环境保护及农业、海洋养殖等领域。

未来，中国联塑将继续秉持“为居者构筑轻松生活”的品牌信仰，以全新的姿态，为客户提供更多高性价比的产品和服务，缔造舒适、高品质家居生活。

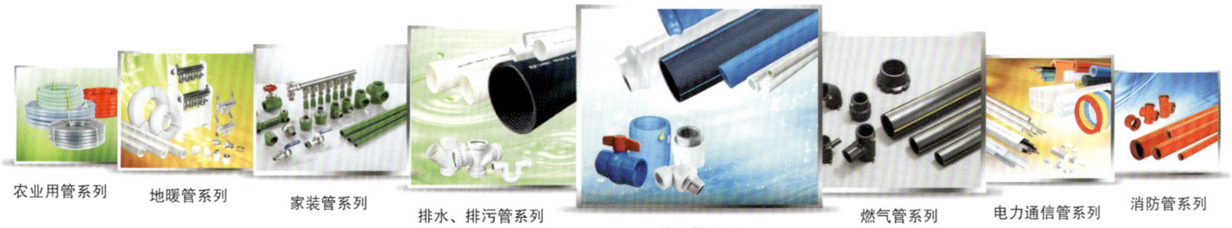

农业用管系列　地暖管系列　家装管系列　排水、排污管系列　给水管系列　燃气管系列　电力通信管系列　消防管系列

goody 顾地®
顾地科技，中国塑胶行业的领跑者
GOODY TECHNOLOGY,
THE LEADER
IN THE PLASTIC
INDUSTRY OF CHINA
用心照管 连通未来
CONNECT THE FUTURE WITH
INTENSIONAL CARE
goody
扫一扫，添加“顾地科技”微信平台
了解更多顾地资讯
顾地科技股份有限公司 goody science & technology co., ltd.
全国服务电话：400 030 1979 股票代码：002694 www.goody.com.cn
湖北省鄂州市经济开发区吴楚大道18号
全国生产基地：湖北、重庆、佛山、北京、河南、马鞍山、邯郸、甘肃

环保给水管系列

给水用聚乙烯PE管　PP-R塑铝稳态复合管　高抗冲改性PVC-M饮用水管　PVC-U环保给水管　聚丁烯PB管

钢丝网骨架塑料(聚乙烯)复合管　两层或多层共挤高强度PE复合给水管　抗菌PP-R环保健康给水管（冷、热）

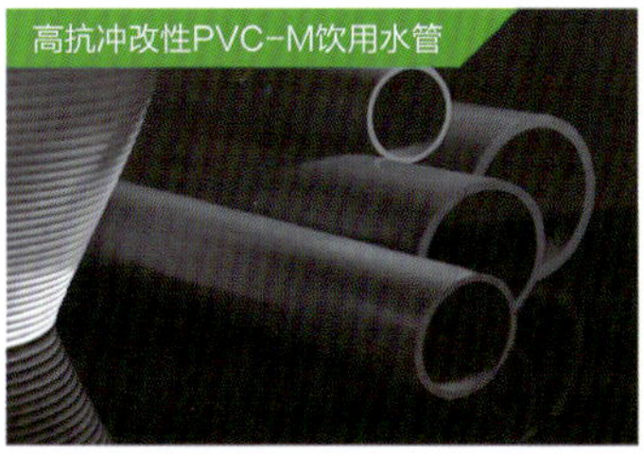
高抗冲改性PVC-M饮用水管

两层或多层共挤高强度PE复合给水管

PP-R环保给水管配件

给水用聚乙烯PE管

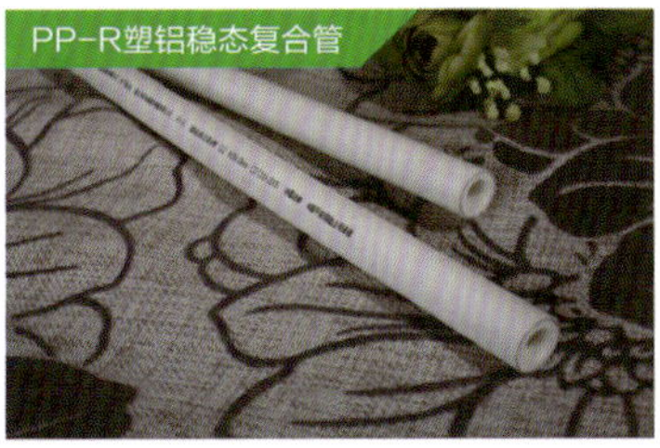
PP-R塑铝稳态复合管

钢丝网骨架管

排水排污管系列

GD型旋流静音特殊单立管（PHSP）排水系统　GD旋流静音（PHSP）同层系统　埋地PVC-U双壁波纹管

埋地用高强度聚丙烯（PP-HM）双壁波纹管　高强度聚丙烯（PP）热态缠绕结构壁管　高层静音（PVC-U）排水管

新型钢带增强聚乙烯（PE）螺旋波纹管（G-MRP）　PVC-U方型雨落水管　PVC-U实壁内螺旋降噪管

聚乙烯（PE）双壁波纹管、HDPE同层排水管　硬聚氯乙烯（PVC-U）环保排水管　PVC-U中空内螺旋降噪管

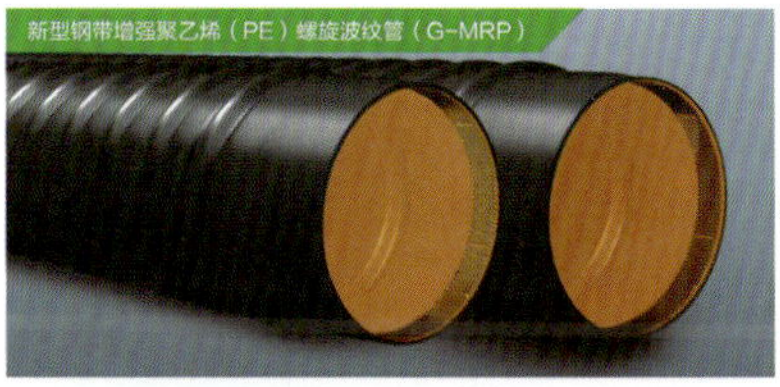
新型钢带增强聚乙烯（PE）螺旋波纹管（G-MRP）

热态缠绕PE结构壁管

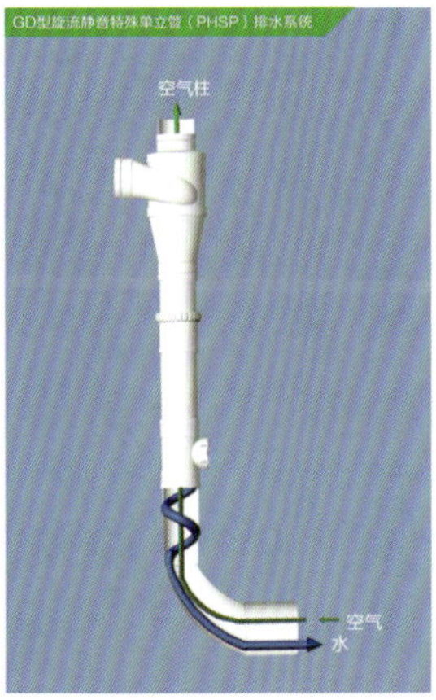

GD型旋流静音特殊单立管（PHSP）排水系统

高强度聚丙烯（PP）热态缠绕结构壁管

埋地用高强度聚丙烯（PP-HM）双壁波纹管

燃气管系列

PE燃气管

PE燃气管

PE燃气管

用心照管 连通未来
CONNECT THE FUTURE WITH INTENSIONAL CARE

goody

公司自主研发的液体稳定剂适用于车身贴、高光广告膜、天花膜、珠光膜、装饰膜、吹气玩具膜、木纹膜、地板耐磨层、水晶超透、涂布、浸塑手套、食品包装膜等PVC制品。

固体稳定剂适用于人造革（汽车、手袋、沙发、装饰材料用）、印刷膜、装饰膜、地板耐磨层、医疗器材、型材、管材、线缆等PVC制品。

无酚产品适用于装饰膜、地板耐磨层、医疗器材、食品包装等PVC制品。

此外公司研发的符合欧盟市场标准的无酚及低气味、无气味产品填补了国内空白，国内多家新型塑材生产企业出口的塑料制品均选用我公司生产的无毒环保产品，生产的PVC制品出口欧盟、中东及东南亚地区，公司已被多家国际厂商选定为优质供货商。

CARINVER®

公司地址：江苏省溧阳市戴埠工业园区

电话：0519-87910000　传真：0519-87911888

网址：www.carinver.com　邮箱：scnv-carinver@163.com

凯乐科技 股票代码（600260）

湖北凯乐科技股份有限公司

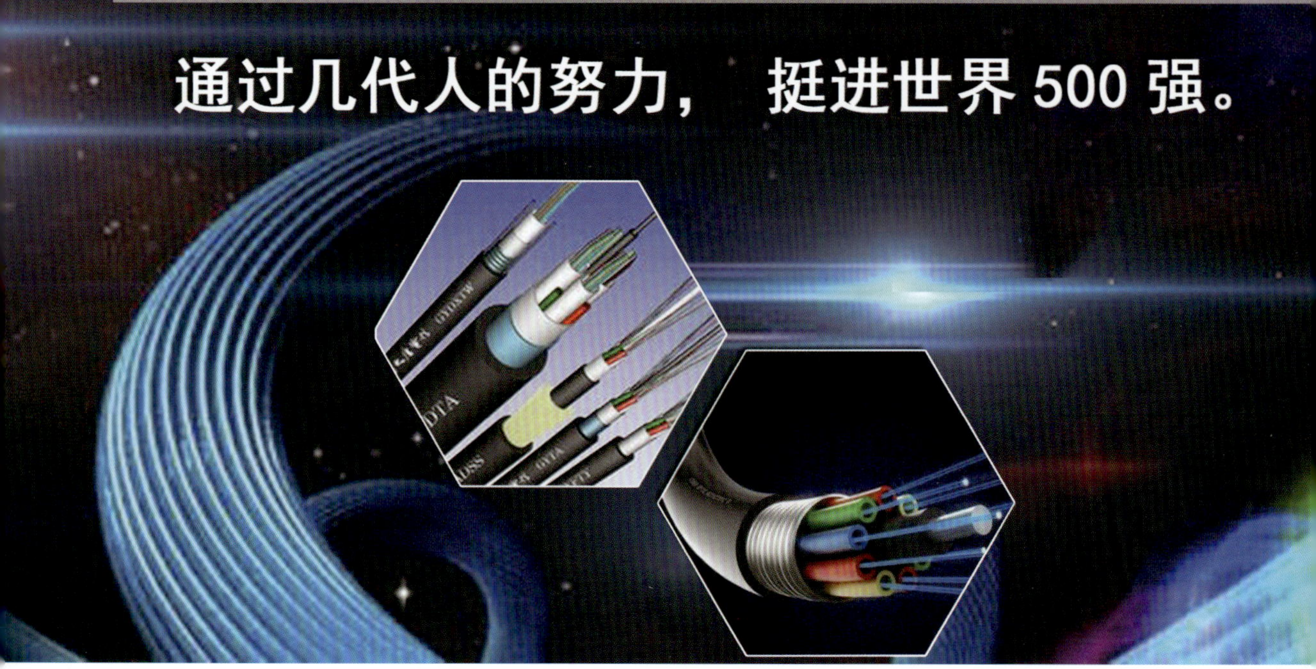

湖北凯乐科技股份有限公司是一家专注于大通信产业闭环和互联网领域的高科技企业，为信息化产业高端通信设备软硬件制造服务商。其大通信产业闭环产品主要涵盖塑料通讯护套管材、光纤、光缆、数据线缆、量子通信数据链产品、自主可控计算平台、智能指控终端等民用和军用产品；其互联网产品涵盖“互联网+医疗”、“互联网+网络安全”、“互联网+金融”、“互联网+房地产营销”等多个领域。公司旗下拥有35家子公司，在北京、上海、广州、深圳、武汉、重庆、成都、长沙、西安、昆明等地设有27个分支服务机构。

其中塑料制品产业年产能达20万吨。

公司是中国第1000家在上海证券交易所挂牌的A股上市公司（股票代码600260），

董事长朱弟雄先生为第十届、第十一届、第十二届全国人大代表。

现有员工3000多人，拥有中、高级职称人员620名；

公司拥有三大工业园，总占地面积1800多亩，现总资产突破160亿元，净资产49亿元；

凯乐科技的终极目标是：通过几代人的努力，挺进世界500强。

联系方式

地址：湖北省荆州市公安县凯乐工业城 邮编：434300

国内业务咨询：0716-5209582 传真：0716-5209379

电子邮箱：kaile@cnkaile.com

PEPSI
Coca-Cola
Cranberry

中国西部（重庆）塑料生态产业园

一、 产业园简介

梁平，位于重庆市东北部，幅员面积1892平方公里，总人口93万，是“一带一路”和长江经济带的交集点，中西部地区承接产业转移的第一梯度。位于重庆梁平县工业园区的“中国西部（重庆）塑料生态产业园”2014年4月开始建设，2015年4月获中国塑料加工工业协会正式授牌。开园以来，已有浙江中财集团、浙江宁波博利隆碳纤维复合材料、广东狮特龙医用塑料、广东揭阳中兴家具塑料、重庆泽通管业、江苏金坛博盟车用塑胶、福建融康包装、四川大西洋集团公司等50余家大中型塑料企业入驻，产业集群逐步形成。预计到2020年，梁平生态塑料产业集群年产值将达到400亿元。

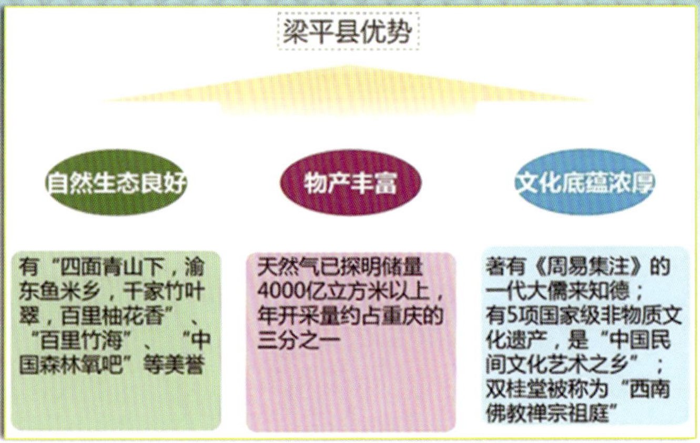

二、 产业园发展前景及规划

产业园立足梁平、面向西南、辐射全国，预计到2020年，中国西部塑料生态产业园将打造成集塑料原材料及制品交易市场、塑料模具及机械生产、改性塑料及塑料复合材料研发生产、塑料制品加工、产品研发和检测等为一体的产业链，成为西部地区创新力强、影响力大、绿色、低碳、循环的塑料制品生产基地和集散地。

三、 产业园优势

产业园发展生态塑料产业有七大优势：

1、政治生态好

重庆市经信委、市科委等相关部门主要负责人也多次到梁平调研并组织研究出台专项政策支持梁平生态塑料等重点产业发展。中央政治局委员、重庆市委书记孙政才同志还特别强调指出：“梁平发展路数对、态势好、作风实”，并要求要进一步围绕“争做渝东北、渝东南地区‘面上保护、点上开发’的领头羊”目标，把经济总量做大、质量做优、效益做好，实现经济社会跨越发展。

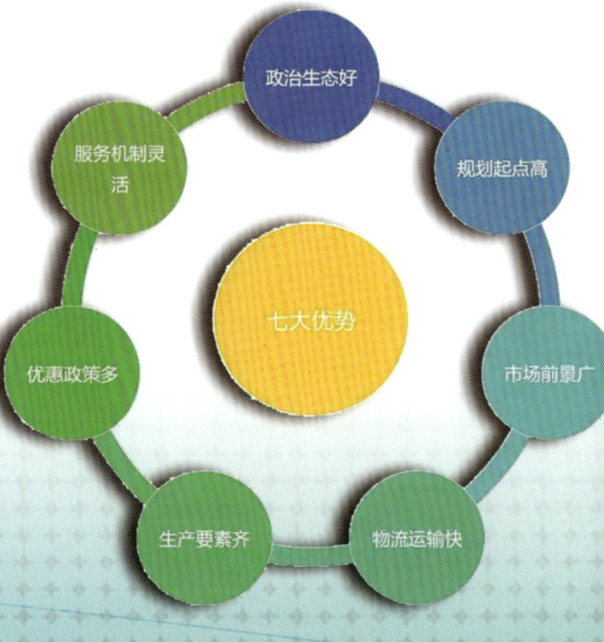

2、规划起点高

产业园由中国塑料加工工业协会、重庆市经济与信息化委员会、梁平县人民政府联合打造，规划面积13.9平方公里，近期5.6平方公里，致力于打造立足重庆、面向中西部、辐射全国的集塑料改性、塑料模具、塑料机械、塑料制品、交易市场及研发检测为一体的500亿级塑料产业集群。

3、市场前景广

目前在中国大西南地区尚无有影响力、门类齐全、链条完整的塑料产业基地。以梁平为中心，500公里为半径，可覆盖四川、贵州、湖南、湖北、陕西等省市，市场消费群体超过3亿，汽车、电子等行业具有较好的产业基础。此外，重庆是全球最大笔记本生产基地、亚洲最大摩托车生产基地、全国最大汽车生产基地，塑料配套制品需求极大。根据预测分析，重庆及周边区域塑料产业市场需求到2025年将超过1万亿元人民币。

4、物流运输快

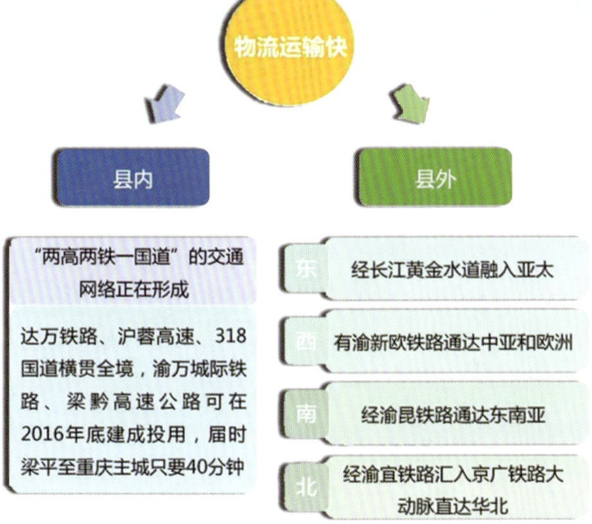

5、生产要素齐

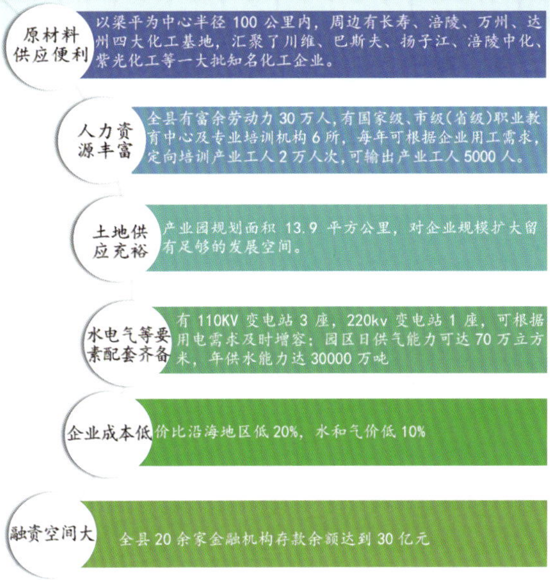

6、优惠政策多

在国家层面享有西部大开发、长江经济带的优惠政策叠加，每年都有各项专项建设基金支持企业发展，仅2015年就为县内企业争取到年利息仅1.2%、使用周期最长可达20年的专项建设基金近3亿元（其中受益最大的平伟光电科技集团得到专项建设基金1.1亿元）。市级层面专门设立了800亿十大战略新兴产业（含塑料在内的新材料）股权投资基金、200亿产业发展引导基金。县级层面筹集1.1亿元设立1000万元创新发展基金、1000万元种子基金、2000万元中小企业微型企业扶持资金、2000万元中小微型企业融资扶持资金、增大国有融资担保公司资本金5000万元扶持实体经济，还设有财税贡献奖、自主创新奖等多种奖项鼓励工业经济发展。

7、服务机制灵活

全面推行"一站式"办公，提供企业专员服务，全程代理各项手续，执行外来投资者贵宾服务制度、企业挂牌保护制度，努力营造亲商、爱商、安商、护商的良好氛围，确保企业高兴而来、舒心而立、放心发展。

梁平县委、县政府及全县人民真诚欢迎各位领导、企业家、各位朋友到梁平、到中国西部（重庆）生态塑料产业园考察指导、投资兴业！布局梁平，抢占西部！

招商热线：023-53336312　53336313　53255546

WANHUA

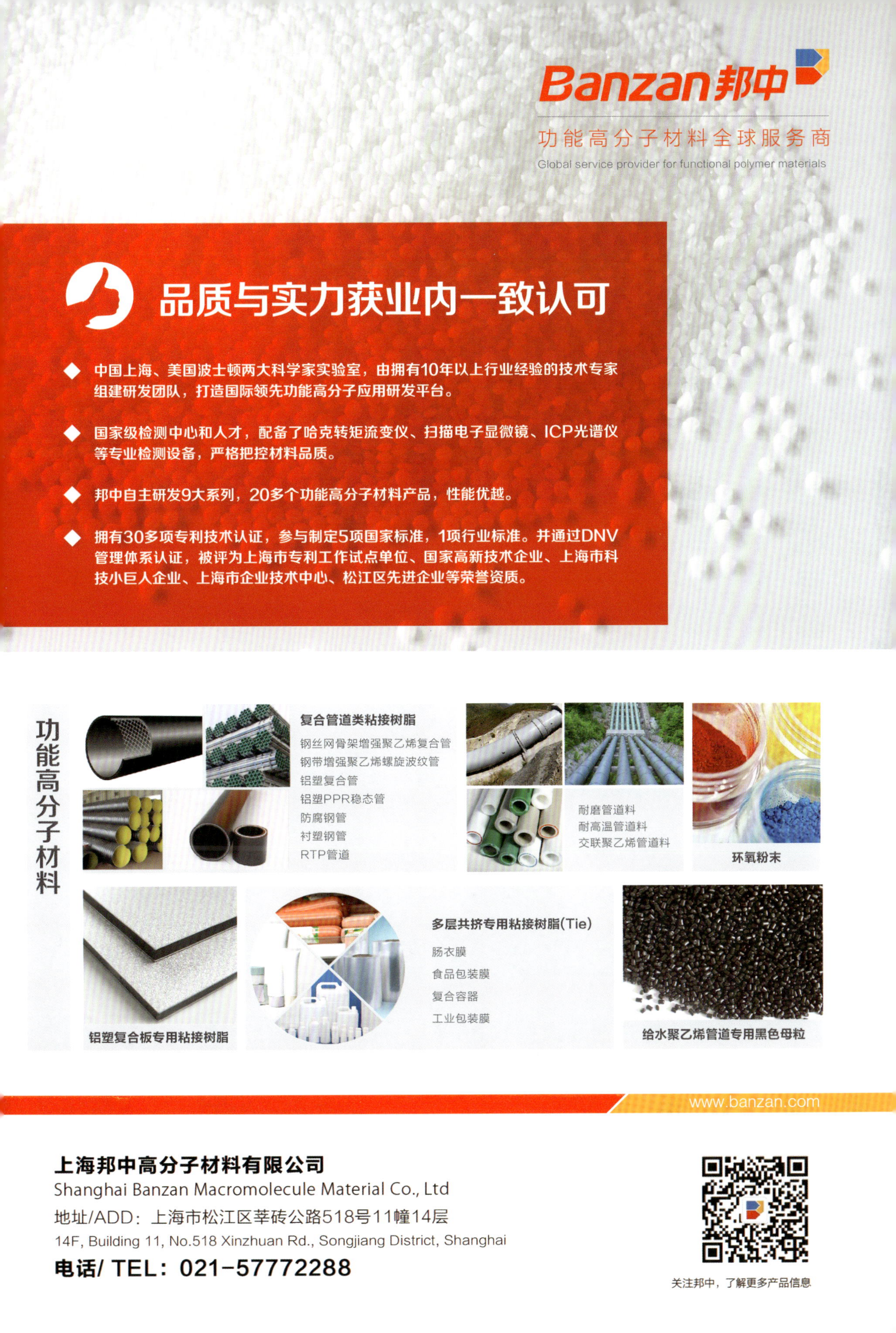
Banzan邦中
功能高分子材料全球服务商
Global service provider for functional polymer materials
品质与实力获业内一致认可
中国上海、美国波士顿两大科学家实验室，由拥有10年以上行业经验的技术专家组建研发团队，打造国际领先功能高分子应用研发平台。
国家级检测中心和人才，配备了哈克转矩流变仪、扫描电子显微镜、ICP光谱仪等专业检测设备，严格把控材料品质。
邦中自主研发9大系列，20多个功能高分子材料产品，性能优越。
拥有30多项专利技术认证，参与制定5项国家标准，1项行业标准。并通过DNV管理体系认证，被评为上海市专利工作试点单位、国家高新技术企业、上海市科技小巨人企业、上海市企业技术中心、松江区先进企业等荣誉资质。
功能高分子材料
复合管道类粘接树脂
钢丝网骨架增强聚乙烯复合管
钢带增强聚乙烯螺旋波纹管
铝塑复合管
铝塑PPR稳态管
防腐钢管
衬塑钢管
RTP管道
耐磨管道料
耐高温管道料
交联聚乙烯管道料
环氧粉末
铝塑复合板专用粘接树脂
多层共挤专用粘接树脂(Tie)
肠衣膜
食品包装膜
复合容器
工业包装膜
给水聚乙烯管道专用黑色母粒
www.banzan.com
上海邦中高分子材料有限公司
Shanghai Banzan Macromolecule Material Co., Ltd
地址/ADD：上海市松江区莘砖公路518号11幢14层
14F, Building 11, No.518 Xinzhuan Rd., Songjiang District, Shanghai
电话/ TEL：021-57772288
关注邦中，了解更多产品信息

浙江明日控股集团股份有限公司

董事长 韩新伟

企业愿景

打造开放、包容、共赢的塑化产业链服务平台

企业战略

数字化　金融化　国际化

通过构建产业链服务平台

将上、中、下游，专业服务商连接起来，协同起来

共创价值、共同促进产业生态繁荣

[浙江明日控股集团股份有限公司]为浙江省塑料行业协会会长、中国塑料加工工业协会副理事长单，隶属于浙江省供销社，是浙江农资集团核心成员企业，前身浙江农资石化有限公司成立于1998年，公注册地杭州滨江区，总股本18000万股，总资产逾30亿元，员工650多人。公司主营塑料原料、化工产品通服务和塑料薄膜生产业务，汇总经营收入300亿元，多年来年均增速达到30%水平，公司已发展成为国领先的塑化产业链服务平台之一。

公司秉持专业化、创新的核心发展理念，坚持通用料与专用料、现货交易和电子交易、现货交易和期交易相结合、国内贸易与国际贸易相结合，不断丰富业务运作模式，持续提升信息服务、金融服务、物服务等增值服务能力，为客户创造价值，促进塑化产业链高效运行。目前，公司塑化业务年销售量超350吨，其中，聚烯烃业务240万吨，聚氯乙烯业务80万吨，ABS、PS、EVA、茂金属、弹性体、PA、PC、EE、母料、色母粒等特种塑料、精细化工业务量近20万吨，甲醇、乙二醇、二甘醇等化工产品业务量近万吨。

目前，公司已成为中石化、中石油系统紧密合作伙伴，与陕西北元、中煤能源、神华能源、新疆天业、夏宝丰、三江化工、上海重工、绍兴三圆、东华能源、宁波富德、福建联合、上海赛科、台塑宁波、蒲能源、鄂尔多斯、扬子巴斯夫、内蒙东兴、陕西延长、陕西金泰、山西榆社、青海盐湖等单位建立起了密合作关系；公司坚持国际化战略，连续多年与美国埃克森美孚化工建立起“浙江省、山东省战略合作伴”关系，与沙特阿美建立起福建省战略合作关系，并与博禄化工、美国道化学、SABIC、美科联合、住化学、韩国SK、英利士、三井化学、三菱商事、梦塔佳、巴塞尔等单位建立起紧密合作关系，进口塑料料20余万吨。

公司紧抓塑化分销网络建设，服务中小企业持续发展。公司立足华东、面向全国，下游客户超过10000家，商品直销率在80%以上，已在浙江省各地市、上海、江苏、福建、安徽、江西、广东、湖北、山东、河北、天津、四川等地设立分销机构，形成了以华东、华南、华北、西南地区为核心的全国塑化分销网络体系。公司还在美国、新加坡、香港成立境外公司，开展国际贸易业务。

公司塑化工业，主营农用薄膜、包装材料、软包装制品的生产，拥有加工产能6万吨、产值4亿元，是浙江包装工业50强企业，“星光”农（地）膜被授予国家免检产品，“新光”塑料薄膜被授予“浙江名牌产品”称号，被中塑协授予“促进农膜行业发展突出贡献奖”。

公司始终坚持“开拓、创新、诚信、共赢”的企业精神，树立起了良好的商业信誉和企业形象，公司被国家工商行政管理总局授予了全国“守合同重信用”单位，2008-2016年连续被全国工商业联合会授予“中国民营企业500强企业”，2005年以来连续被浙江省工商局授予“重合同守信用AAA级单位”称号，被浙江省人行、农行评为“信用等级AAA级企业”称号。

公司正以全球化、信息化的战略眼光，励精图治，艰苦创业，努力朝着专业化、金融化、数字化、国际化、平台化的方向，打造开放、包容、共赢的塑化产业链服务平台。

公司热诚希望与有志之士精诚合作，共创伟业！

联系方式：

地　址（Add）：中国杭州滨江区泰安路199号浙江农资大厦12楼

NO.199 Taian Road Binjiang District Hangzhou China

电　话（Tel）：0571-87661222　　邮　编（P.C）：310052

传　真（Fax）：0571-87661333

网　址：www.zjmr.cn

CHS®
长虹塑料集团
CHANGHONG PLASTICS GROUP
英派瑞塑料股份有限公司
IMPERIAL PLASTICS CO., LTD
尼龙扎带/Cable Ties
钢钉线卡/Cable Clips
接线端子/Terminal Blocks
电缆固定头/Cable Glands
配线器材/Wiring accessories
冷压端子/Terminals
配线槽/ Wiring Ducts
快速连接器/Fast Connectors
高分子聚合物板桩/Polymer sheet pile
高分子合金电缆桥架/Macromolecule alloy cable tray
非金属电能计量箱/Non-metal watt-hour metering cabinet
CHS®
长虹塑料集团英派瑞塑料股份有限公司
CHANGHONG PLASTICS GROUP IMPERIAL PLASTICS CO., LTD
营销中心：中国浙江省乐清市柳市长征路71-85号
生产基地：安徽省芜湖县新芜经济开发区快速通道4999号
电话：0577-62752005 62753005
传真：0577-62758005
网址：http//www.chs.com.cn
邮箱：info@chs.com.cn

上海永利带业股份有限公司
ShangHai YongLi belting Co.,Ltd.

永传输® 永同步® 永链网®

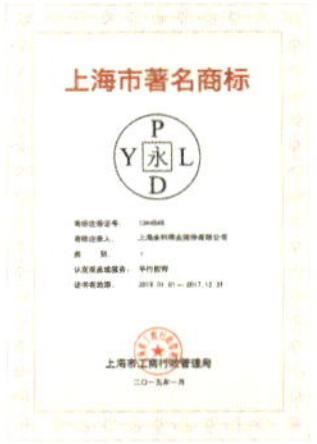

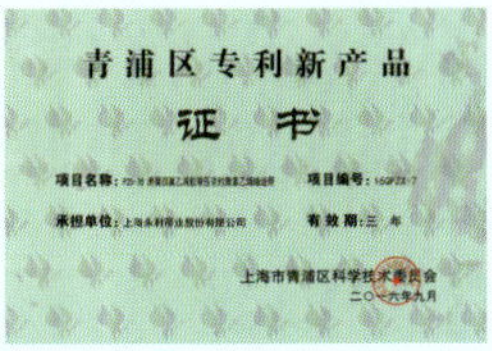

上海永利带业股份有限公司

求精做强 务实求变

上海永利带业股份有限公司创建于1989年（前身为上海永利工业制带有限公司），坐落于国际大都市上海市，总部位于上海市虹桥枢纽附近的青浦区徐泾镇徐旺路58号，主要的生产基地位于崇明，占地120亩，是一家以研发、生产制造、销售轻型输送带产品的专业公司。系国内第一家具备替代进口轻型输送带的民营企业，当前综合实力在行业内的排名是中国第一。2011年6月15日，公司在中国深圳证券交易所挂牌上市，股票代码为300230，成为国内该行业中第一家上市公司，也为永利代表中国，走向世界奠定了良好的发展基础。

公司自成立以来取得了许多荣誉和成绩：国家火炬计划重点高新技术企业、上海市高新技术企业、上海市技术中心、上海市专利示范企业、上海文明单位、上海市民营科技综合百强、上海市著名商标、上海名牌产品。多项技术被上海市科委认定为上海市高新技术成果转化项目，其中高粘结强度多功能PVC-TPE输送带材被上海市科委认定为上海市火炬计划项目，高摩擦PVC-TPE花色输送带被认定为上海市重点新产品，高强度精密石材带被认定为国家重点新产品，高剥离PE输送带和抗腐蚀的聚氯乙烯轻型输送带被认定为青浦区专利新产品，2008年与同济大学共同设立国内第一家“轻型输送带研发中心”。2014年与华东理工大学材料科学与工程学院共建“输送带研发中心”。

目前，公司拥有有效专利80多项，其中授权的发明专利21项，产品技术经上海科学技术情报研究所查新检索，达到国家领先水平。公司产品被广泛地应用于食品加工、石材加工、木材加工、娱乐健身、烟草生产、物流运输、农产品加工、防止印染、电子制造、印刷包装等行业，是目前国内专业性、配套性最强的新材料轻型输送带研发生产高科技企业和国内轻型输送带的领导者。

公司在天津、沈阳等地设有8个办事处，拥有接头设备及输送带仓库。公司通过收购或新设方式在荷兰投资了永利国际、永利欧洲、永利荷兰及永利研发，上市后继续拓展海外营销网络布局，收购永利波兰、荷兰Vanderwell公司，陆续在韩国、美国、奥地利、德国、印尼新设合资公司，同时在土耳其、印度、越南、马来西亚等多地分别设定了代理商，专业销售永利产品，产品已出口世界各地。

2015年实施重大资产重组收购青岛英东模塑科技集团有限公司100%股权，新增精密模塑业务，使公司在巩固轻型输送带领域的领先优势的同时，积极拓展塑料链板输送带等新产品，从而实现产品线拓展及企业扩张的发展战略；2016年公司以非公开发行股票的方式募集资金收购炜丰国际控股有限公司100%股权，进一步拓展精密模塑业务的规模，确立和深化了轻型输送带及精密模塑业务“双轮驱动”的发展战略。

公司始终以“以人为本、精益求精、打造世界一流的轻型输送带企业”为宗旨，在“求精做强”的经营理念指导下，以完善的服务、创新的思维、卓越的管理，打造世界轻型输送带的生产基地。

www.yonglibelt.com

地址：上海市青浦区徐泾镇徐旺路58号

销售部
TEL：021-6313 2548
FAX：021-6312 7323

技术部
TEL：021-59884057-211
FAX: 021-5988 4157

中国塑料工业年鉴

CHINA PLASTICS INDUSTRY YEARBOOK

2017

中国塑料加工工业协会　主编

中国轻工业出版社

图书在版编目（CIP）数据

中国塑料工业年鉴. 2017/中国塑料加工工业协会主编 . —北京：中国轻工业出版社，2018. 2
ISBN 978-7-5184-1835-0

Ⅰ. ①中…　Ⅱ. ①中…　Ⅲ. ①塑料工业—中国—2017—年鉴
Ⅳ. ①F426. 7 – 54

中国版本图书馆 CIP 数据核字（2018）第 010919 号

责任编辑：王　淳　　责任终审：孟寿萱　　封面设计：锋尚设计
责任监印：张　可

出版发行：中国轻工业出版社（北京东长安街 6 号，邮编：100740）
印　　刷：艺堂印刷(天津)有限公司
经　　销：各地新华书店
版　　次：2018 年 2 月第 1 版第 1 次印刷
开　　本：787 × 1092　　1/16　　印张：33
字　　数：1000 千字
书　　号：ISBN 978-7-5184-1835-0　　定价：480. 00 元
邮购电话：010 – 65241695
发行电话：010 – 85119835　传真：85113293
网　　址：http：//www. chlip. com. cn
Email：club@ chlip. com. cn
如发现图书残缺请与我社邮购联系调换
170962K4X101HBW

《中国塑料工业年鉴》（2017）编委会名单

林荣东　泉州三盛橡塑发泡鞋材有限公司　董事长
刘丰田　山东省塑料协会　会长/研究员
马之清　山东清源集团有限公司　董事长
李振平　山东蓝帆塑胶股份有限公司　董事长/中国塑协塑料助剂专业委员会主任
刘方毅　山东英科环保再生资源股份有限公司　董事长
张先炳　武汉华丽环保科技有限公司　董事长
符　岸　广东省塑料工业协会　会长
李南京　金发科技股份有限公司　总经理
马镇鑫　广东金明精机股份有限公司　董事长
宋旭彬　广东海兴塑胶有限公司　总经理/中国塑协塑料家居用品专业委员会主任
林东亮　大大科技开发（深圳）有限公司　董事长/中国塑协塑木制品专业委员会　主任
王新良　宁波力劲机械有限公司　总经理
左满伦　广东联塑科技实业有限公司　总裁
柯　明　佛山佛塑科技集团股份有限公司　总裁
林云青　康泰塑胶科技集团有限公司　总裁
李忠烈　四川省犍为罗城忠烈塑料有限责任公司　董事长
宋晓玲　新疆天业（集团）有限公司　董事长
陈　宇　北京华腾新材料股份有限公司　董事长兼总经理
徐志强　上海靓敏薄膜科技发展有限公司　董事长
丁良玉　浙江中财管道科技股份有限公司　总经理
佘桂锡　汕头海湾物资有限公司　董事长/汕头市塑胶商会　会长
林丰钦　南亚塑胶工业股份有限公司　资深副总经理

委　　员　（协会副秘书长、部门主任、专委会主任）
田　岩　中国塑料加工工业协会　副秘书长兼综合业务部主任
刘　姝　中国塑料加工工业协会　副秘书长兼会员部主任
孙冬泉　中国塑料加工工业协会　副秘书长兼会展部主任
孟庆君　中国塑料加工工业协会　副秘书长
于　建　清华大学化工系高分子研究所　教授
杨卫民　长江学者/中国塑协专家委员会　主任
傅　强　四川大学高分子材料系　教授
孔德海　新疆维吾尔自治区塑料加工工业协会　会长
王小红　湖南省塑料行业协会　理事长
刘英俊　中国塑协改性塑料专业委员会　主任
刘小东　中国塑协中空制品专业委员会　主任
潘公挺　中国塑协人造革合成革专业委员会　主任
冯庶君　中国塑协人造革合成革专业委员会　常务副主任

曹　玲　中国塑协异型材及门窗制品专业委员会　主任
徐建新　中国塑协注塑制品专业委员会　主任
夏嘉良　中国塑协复合膜制品专业委员会　主任
任玥璋　中国塑协板片材专业委员会　主任
姜集康　中国塑协塑料编织制品专业委员会　主任
罗维满　中国塑协双向拉伸聚丙烯薄膜专业委员会　主任
易志龙　中国塑协双向拉伸聚酯薄膜专业委员会　主任
侯树亭　中国塑协泡沫塑料 EPS 专业委员会　主任
孙　锋　中国塑协硬质 PVC 发泡制品专业委员会　主任
罗宏宇　中国塑协滚塑专业委员会　主任
包建成　中国塑协塑料技术协作委员会　主任
陈　林　中国塑协塑料节水器材专业委员会　主任
宁红涛　中国塑协塑料再生利用专业委员会　主任
曹常在　中国塑协医用塑料专业委员会　主任
黄志刚　中国塑协降解塑料专业委员会　主任
庄　甦　中国塑协氟塑料加工专业委员会　主任
季德虎　中国塑协多功能母料专业委员会　主任
朱　锦　中国塑协工程塑料专业委员会　主任
王焕清　中国塑协流延薄膜专业委员会　主任
洪晓冬　中国塑协镀铝膜专业委员会　主任
郭鑫齐　中国塑协聚苯乙烯挤出发泡板材专委会　主任
黄伟兵　中国塑协塑料鞋专委会　主任
周赞斌　中国塑协热塑性弹性体专委会　主任
张丹凤　中国塑协线缆材料专委会　主任
蔡朝辉　中国塑协电池隔膜专业委员会　主任

主　　编　马占峰

副 主 编　姜宛君

编　　者　（以姓氏笔画为序）

刁晓倩	王　浩	王　铭	王占杰
王存吉	王克智	王展伟	王焕清
王慧凯	王德钧	韦　华	毛维琴
冯庶君	田　岩	刘　敏	刘丰田
刘汉龙	刘均科	刘金源	刘英俊
朱　海	吕　方	孙冬泉	张　扬
张　瑾	张文雷	张书清	张仲婉
张成明	张涌涛	张惠芳	李小静
汪建萍	陈　生	陈　岩	陈清清
陈嘉增	岑叙生	肖宇韬	邱建成

季德虎	苑会林	罗子木	武兵书
周家华	周鸿勋	周肇枢	周黎丽
范艳菊	范德君	郑天禄	郑元和
侯培民	侯树亭	贺　静	钱桂敬
钟　雁	段同生	赵　艳	赵克武
姜宛君	唐　维	翁云宣	郭　晶
郭路路	徐彦飞	高　城	梁家杰
曹　俭	符　岸	黄　勇	黄宏存
焦红文	韩简吉	谢鹏程	窦俊岭

中国塑料加工工业协会

中国塑料机械工业协会

中国塑料加工工业协会塑料助剂专业委员会秘书处

中国塑料加工工业协会复合膜专业委员会

新疆维吾尔自治区塑料协会

2017 版出版说明

2016 年是“十三五”开局之年，是中国全面建成小康社会决胜阶段的开局之年，也是推进结构性改革的攻坚之年。塑料加工业依据《塑料加工业十三五发展规划指导意见》和《中国制造 2025》，抓住国家新材料革命的历史机遇，以智能制造为抓手，紧紧围绕“功能化、轻量化、生态化、微成型”技术发展方向，加快结构调整，加快行业转型升级，从新材料、新技术、新装备、新产品四个方面着力培育新的经济增长点，发展速度平稳增长，回暖趋势明显，显现出巨大的发展潜力和前景。《中国塑料工业年鉴》（2017）详实记录了 2016 年我国塑料加工业的创新与发展，记录了全国塑料同仁的开拓和进取、胆略和智慧、辛勤和汗水，也记录了“十三五”开局之年塑料行业取得的成就。

《中国塑料工业年鉴》自创刊至今已出版了 15 卷。2017 版为《中国塑料工业年鉴》第 16 卷，与前 14 卷在时间和内容上保持连续性。设有“综述”、“专论”、“大事记”、“全国塑料工业生产经营情况统计”、“政策法规”、“各地区塑料工业情况”、“主要制品行业情况”、“重点企业”等栏目。《中国塑料工业年鉴》具有工具性特点：集手册、年表、图录、书目、索引、文摘、表谱、统计资料、指南于一身；具有资料性特点：全面、系统、准确地记述了上年度塑料行业发展状况；具有可读性特点：资料翔实、功能齐全、反应及时、连续出版，同时又肩负着“资政”、“存史”和“宣传推广”的社会责任。《中国塑料工业年鉴》全面客观地记录了上年度中国塑料工业站在新起点、抓住新机遇、展现新精神、谋求新发展的重大事件和“十三五”以来取得的丰硕成果。同时对个别栏目进行了调整。

《中国塑料工业年鉴》（2017）由中国塑料加工工业协会主办，中国轻工出版社出版发行。中国塑协各分支机构、中国轻工业信息中心、中国塑料机械工业协会、中国模具工业协会、中国氯碱工业协会、中国石油和化学工业联合会和各省、市、自治区塑料行业协会等单位领导与专家给予了大力支持。

《中国塑料工业年鉴》编委会向所有关心、支持和参与撰稿、组织、筹划及宣传工作的领导、专家、作者和朋友们一并表示衷心的感谢。诚请广大读者对 2017 卷《中国塑料工业年鉴》编写、出版中的不足之处给予批评、指正。

《中国塑料工业年鉴》编辑委员会

2017 年 10 月

目　录

专　论

政策法规

全国塑料工业生产、经营情况统计

综　述

各地区

专委会

标准化

重点企业介绍

专　论

在中国塑料加工工业协会第七次会员代表大会上的讲话

中国轻工业联合会会长 张崇和

各位代表、同志们：

大家好！非常高兴参加今天的大会。首先我代表中国轻工业联合会，对中国塑料加工工业协会第七次会员代表大会的召开，表示热烈祝贺；向为行业发展做出积极贡献的企业家和广大员工，致以诚挚的问候；向多年关心支持塑料制品行业发展的有关部门领导和社会各界人士，表示衷心的感谢！

在过去的五年里，我国塑料制品行业取得了长足的发展：行业规模持续扩大。2015 年我国塑料制品规模以上企业 14000 多个，主营收入超过 2 万亿，利润总额 1300 亿；出口 610 亿美元，贸易顺差 432 亿美元，占我国总贸易顺差的 7.28%。结构调整成效显著。塑料制品行业生产集中度大幅提高，大中型企业数量增多，品牌效应凸显，企业向技术、资本密集型转变，出口产品向中高档转变，竞争力进一步加强。产业布局调整优化。塑料加工产业正在有序转移，中西部地区塑料制品产量、收入、利润同比增速均高于全国塑料制品平均增速，这些地区的塑料加工产业正在稳步崛起。科技创新步伐加快。塑料加工业累计获得十余项科技进步奖、2 项中国专利金奖、十余项专利优秀奖，取得发明专利一万多项，行业科技进步速度明显加快，创新能力显著增强。

在推动塑料制品行业创新发展的过程中，中国塑料加工工业协会做了大量富有成效的工作。一是制订产业规划，引导行业发展。制定《塑料加工业“十三五”发展规划指导意见》、《塑料加工业技术进步指导意见》，为引导行业持续、平稳、创新发展提供了有力支撑。二是反映行业需求，争取政策支持。根据行业发展需要，向有关部门提出建议，不将“直接接触饮料和食品的聚氯乙烯包装制品”、“一次性发泡塑料餐具”列入产业结构调整淘汰目录，得到国务院有关部门的同意和支持。三是搭建互动平台，推动交流合作。举办 200 多场会议、论坛，广泛开展技术交流，推进科研机构成果转化；举办中国塑料展览会，展示发展成果，宣传优秀品牌，有力推动塑料行业经贸合作。四是强化标准引领，带动品质提升。完成了“农用薄膜生产企业单位产品能源消耗限额”、“一次性非可降解塑料餐饮具通用技术要求”等团体标准和国家标准制修订任务，促进塑料产品质量整体提升。五是开展信用评价，规范行业发展。组织开展七批次企业信用等级评价工作，211 家企业通过初评，119 家企业通过复评，有效地引导了塑料制品企业诚信经营、规范发展。

目前，我国已成为塑料制品的生产大国和消费大国，塑料制品行业为推动经济发展，丰富人民生活做出了重要贡献。进入新时期新常态，塑料制品行业步入发展新阶段，既面临机遇也面临挑战。两化融合，智能制造，为塑料制品升级带来新动力。政府简政放权，清费减税，为塑料制品企业注入新活力。国家实施“一带一路”、长江经济带等发展战略，为塑料制品市场打开新空间。电子商务，线上线下融合，为塑料制品销售开辟新渠道。但同时，世界经济复苏缓慢，贸易保护主义抬头，人民币汇率升值，对塑料制品出口造成不利影响；国内资源环境约束，人力资源成本提高，融资难融资贵依然存在，塑料制品企业低成本竞争优势难以为继。

挑战与机遇并存，需要塑料制品行业协会和企业，进一步认清形势，把握机遇，主动作为，推动行业转型升级，推动产品向高端跃升，推动产品供给结构与需求结构匹配，努力实现行业企业持续健康地发展。

五年来，以钱桂敬同志为理事长的协会领导班子认真贯彻党的路线、方针、政策，有效发挥了党组织政治核心作用。协会领导班子坚持正确的行业发展方向，带领协会在反映企业诉求、推动产业升级、发挥桥梁纽带作用等方面做了大量富有成效的工作。钱桂敬同志是轻工的老领导，历任大企业厂长，轻工业部生产协调司副司长、司长，中国轻工总会经济贸易部主任，国家轻工业局行业管理司司长，国务院监事会主席，中国轻工业联合会副会长，经历丰富，岗位重要，政治意识、大局意识强，在各个工作岗位上都很好地发挥了领导作用。在担任塑料协会理事长期间，开拓创新，攻坚克难，解决了很多长期难以解决的复杂问题，创办了中国塑料展会，理顺了35个专业委员会的工作，5年来组织专委会活动200多次，改善了塑料跨界业务的关系，强化了轻工塑料的主体地位和作用，保证了协会大局稳定，得到了行业企业的认可和尊敬。

这次大会将选举产生中国塑料加工工业协会新一届理事会。拟任理事长的王世成同志现任中国轻工业联合会党委副书记，在轻工行业工作近四十年，熟悉行业、热爱轻工。世成同志曾在多个领导岗位工作，先后担任河南省方城县县委副书记、县长，河南省轻工业厅副厅长，中国轻工业信息中心主任，中国轻工业联合会副会长兼秘书长等领导职务。既有地方工作经历，又有全国轻工行业以及协会管理经验；有较强的责任感和事业心；有牢固的“四个意识”，有良好的领导素质，能带领广大党员职工，团结奋进，干事创业，完成各项任务，实现发展目标。世成同志处事果断，敢于担当，善于做思想政治工作，有较强的沟通能力和处理复杂问题的能力。多年来他提出的一些工作思路和建议得到相关部门和行业企业的肯定。

拟任常务副理事长兼秘书长的朱文玮同志，在轻工行业企业和相关部门工作近三十年，历任哈尔滨轻工工程承包总公司副总经理、总经理，哈尔滨市轻工局副局长、局长，经委主任，信息产业局局长，发改委主任，市政府副秘书长等领导职务。既有企业工作经验，也有机关工作经历，善于统班子带队伍，凝聚团队合力；善于组织协调，提升工作效率。文玮同志有良好的政治素质和大局意识，理想信念坚定；工作作风踏实严谨，雷厉风行。文玮同志服务意识强，在过去的工作中主动熟悉行业情况，倾听企业诉求，积极帮助企业解决资金短缺、难以运转等实际困难，处理过松花湖水污染、应急救灾等突发事件，具有较强的应变能力。拟任副理事长的曹俭和马占峰同志大家都比较熟悉，不再做详细介绍。

对于新一届塑料协会领导班子人选，中轻联党委充分考虑到，塑料制品行业规上产值超过两万亿，是轻工最大行业，在国民经济中占有重要地位。协会工作涉及30多个专业委员会，协调业务涉及农业、化工、建材等多个行业部门，工作层面多、任务重、情况复杂，需要配备坚强有力、结构合理、优势互补、团结一致的领导班子。经协会协商，党委反复酝酿，广泛征求意见，慎重提出了中国塑料加工工业协会新一届领导成员建议名单，希望得到广大会员和全行业的理解和支持。

相信在这次会议当选的新一届领导班子带领下，协会和行业的工作能够再上一个新的台阶。借此机会，我向中国塑料加工工业协会今后的工作提几点希望：

一是服务至上。协会要始终坚持“服务行业、服务企业、服务政府和社会”的宗旨，在反映行业企业诉求、推进科技进步、推广节能减排方面更下功夫；在培育产业集群、加强质量管理、提升品牌影响、组织行业培训方面更花力量；在创新工作方法、丰富服务内容、提高服务质量方面更有成效。

二是引领发展。协会要胸怀全局，充分发挥塑料制品行业发展的引领作用。要组织企业实施国家和行业“十三五”发展规划，落实五大发展理念，指导企业制订发展目标，规划发展蓝图。要对接产业政策，利用比较优势，培育特色区域，推动产业在东西部有序转移。要根据需要制定和修订技术标准，推动质量提升，加强行业整体竞争力。要完善行规行约，规范市场秩序，促进行业健康有序发展。

三是服务国家战略。近年来，出台了供给侧结构性改革、中国制造2025、消费品标准和质量提升、“三品”行动计划、国际产能合作等一系列国家战略，对当中的相关任务，协会要组织行业企业实施好、落实好。其中“三品”行动计划与轻工行业、与塑料制品行业最直接、最相关。协会要在“三品”行动中发挥更大作用。要引导企业增加品种，将产品功能和市场深层需求结合，增加适应消费升级的新产品。要引导企业提升品质，鼓励企业弘扬工匠精神，树立精细生产理念，提升工艺水平，提高科技含量，向消费者提供优质塑料制品。要引导企业培育品牌。鼓励企业发展自主品牌，注重维护品牌形象，提升品牌附加值，提高品牌美誉度。

四是加强自身建设。自身建设是行业组织的永恒课题，要在巩固现有成绩的基础上不断加强自身建设。要扎实做好党建工作。发挥党组织战斗堡垒作用，发扬党员先锋模范作用，形成风清气正、干事创业的良好氛围。要提升服务能力。贴近行业企业需要，主动加强服务，创新服务理念，提高服务质量，提升服务满意度。要注重人才培养。加强协会干部队伍建设，形成协会工作人才梯队，构建和谐工作团队。努力打造政府信赖、行业依托、企业满意、不可或缺的职业化协会工作队伍。

同志们，今年既是塑料制品行业“十三五”开局之年，也是中国塑料加工工业协会换届之年。勇立潮头，更需扬帆，衷心祝愿塑料制品行业的同志们坚定信心，团结奋进，为实现中国塑料工业强国梦做出新的更大贡献。衷心祝愿中国塑料制品行业的明天更辉煌，中国塑协的明天更美好。

谢谢大家！

传承创新　团结务实　努力推动塑料工业升级发展

——在中塑协七届一次理事会上的讲话

中国轻工业联合会党委副书记、
中国塑料加工工业协会理事长　王世成

各位代表、各位同事，大家好！

在大家倾情投入和共同努力下，我们的会员代表大会开得很好，圆满完成了全部议程，崇和会长提出的“服务至上，引领发展，服务国家战略，加强自身建设”工作要求，我们要认真领会和落实。协会工作报告和刚才的工作要点，特别是桂敬理事长的讲话，体现了持续的付出、工作的效果和浓浓的情意，并已将塑料行业和协会的工作任务作了认真概括具体表述，我完全赞成，很有感触，请各位理事在实践中进一步完善服务平台和内容创新。下面我想简要讲四点意见与同事们共勉，即对塑料行业发展环境与机遇的研判；对塑料行业产业定位和现状的认识；对塑料行业新突破点的把握；对提高本届理事会运行有效性的思考。

一、对塑料行业发展环境与机遇的研判

从世情看，三个问题与挑战反映出经济增长动力疲软，塑料行业需要引起高度关注：一是全球经济下行风险犹存，有效需求不足始终未能根本缓解，债务高企、结构失衡、产能过剩、大宗商品价格波动、许多经济体出现低通胀。就塑料行业来看，大宗商品的价格不容小视，石油价格的波动，五大树脂原料进口比重居高不下等将对下游产业带来直接影响。由于9月28日欧佩克非正式会谈使长期限产协议意外达成，带动国际油价上涨，目前作为油价的标杆“布伦特”油价53.14美元/桶(2014年均价100.19美元/桶，2015年52.84美元/桶)，但一周后又回到49美元/桶。另有消息反映由于原油价格持续低迷，致使阿拉伯产油国家纷纷推进“去石油化”，大胆实施经济改革等。这些动向值得充分注意。二是国际贸易增长缓慢，大环境日趋严峻，国际产业转移放缓、投资和贸易不振，汇率振荡扭曲贸易成本，贸易保护主义抬头。我们塑料行业出口下滑，今年上半年出口额287.35亿美元，比去年同期下降1.78%，增幅下降了5.31个百分点。而且近年来遭遇国际贸易摩擦也十分频繁，主要源于南美、中北美、东南亚等地区，严重削弱了我国塑料产业的出口竞争力。三是结构性问题依然突出，应对金融危机竞相推出的刺激计划导致很多国家深层次结构性问题一直未得到有效解决。同时全球经济三大趋势值得深入研究，一是发达国家主导的多边贸易协议正在推进（TPP，TTIP)，但目前双双受挫，仍有很大的不确定性，将对塑料行业带来影响；二是发展中国家共同参与主导的多边贸易协定、区域经济组织稳步推进，将对塑料行业带来发展机遇；三是中国加快融入世界经济大格局，体现了中国引领下的全球化再平衡之路，10月1日人民币正式加入IMF特别提款权SDR货币篮子；人民币清算行又在美俄落地（全球已达22个国家和地区)，将有利于降低交易成本，推动经济合作迈上新台阶。将对塑料行业全球化发展带来重要商机。

就国情和行情看，研判过程中我有一个强烈的体会，深感当前塑料行业正迎来重大历史发展机遇：国家三大发展战略、“中国制造2025”、新型城镇化规划、现代农业推进、国际产能合作、三品专项行动、新材料革命、行业“十三五”规划、民间投资政策利好等，将为行业可持续发展提供政策支持和难得历史契机，我们要坚守实业坚定发展信念，机会面前接下来的事，是我们塑料人在“十三五”期间应该善于借政策红利，敢于向困难宣战，勇于为产业付出，努力回答好如何提高有效供给水平、如何拓展全球消费市场、如何提高全要素生产率、如何实现转型升级由大变强等必答题。

二、对塑料行业产业定位和现状的认识

塑料行业是我国工业体系的重要组成部分，在国家统计代码中以橡塑为大类、以塑料加工为中类、细化为9个小类，主营业务收入占到全国工业1.95%，利润占2.04%的份额，就单一行业而论，则为轻工业经济总量之首，以2.15万亿占到近10%的比重；我们塑料工业属于新兴制造业；基础性产业；重要的民生产业；作为21世纪的新材料领域，是有着广阔发展前景的优势产业。这个定位值得欣慰、激发状态，行业人应加大宣传、扩大影响，促使政府、社会、市场主体各方面更多的关注和支持。

从当前运行情况看，塑料各项经济指标均高于全国轻工和全国工业，仍然保持了新常态下良好的发展势头。今年1~8月份，塑料制品业规上企业主营1.44万亿元，占轻工9.36%，同比增长6.05%（轻工业5.99%，全国工业3.6%）；实现利润849.71亿元，占轻工8.98%，同比增长11.76%（轻工10.18%，全国工业8.4%）；海关出口387.17亿美元，占轻工10.78%，同比负增长2.41%（轻工-6.26%，工业-7.1%）；橡胶和塑料制品业完成投资4336亿元，同比增长5.95%，高于全国制造业3.1个百分点。（2.8%）。

我认为近年来塑料行业在业界共振和开放合作中实现了七个明显变化：一是经济新常态下实现中速增长；二是运行质量效益稳定提高；三是产业结构优化步伐加快；四是区域协调发展展现活力；五是创新内生动力不断增强；六是全球市场拓展值提高于量；七是节能降耗减排效果明显。

也面临着五大问题和挑战：一是需求急待拓展。可从两个方面着力，即促进人均塑料消耗量的提高，我国与发达国家的差距大致为50公斤比125公斤，需求潜力很大，需要引导和拓展。同时作为衡量一个国家塑料工业发展水平指标的塑钢比，有较大差距。我国大体为30：70，世界平均在50：50，美国70：30，德国63：37，而且以塑代钢、以塑代木、以塑代纸等方面将客观来带新的市场商机，具备增量的巨大潜力与空间。二是产业集中度低。我们塑料行业规上1.5万家中，大型企业只有143家，占0.97%，中型企业1666家，占比11.28%，前十名占主营收入仅3.1%。最大规模企业的主营收入不足200亿元。三是创新能力不强。整体创新体系不健全，协同创新和成果转化存在体制机制约束，行业企业技术科研机构缺乏前瞻性系统性且研发投入不足，技术人才匮乏，利润率水平不高，去年6.08%，低于轻工业6.45%的平均水平。四是中高端供给不足。我们的知名品牌不多，产品的附加值有待进一步提高。去年我们进口额178亿美元，细看一下，九大领域中均有高端塑料制品需要进口，最多的是塑料的板、片、膜、单丝、条等占到19.24%，人造革、合成革和包装箱等都有进口。五是环保绿挑战加压。随着塑料制品出口量的增多，相关贸易摩擦事件多发。特别是欧美已频繁制定、形成了“绿色技术壁垒”，据初步追踪，仅2014年6月至2015年8月，14个月期间，欧盟机构就对中国塑料制品与食品直接接触及儿童玩具等发起了37起通报，值得我们高度警觉。

三、对塑料行业新突破点的把握

“十三五”我们塑料加工业应认真贯彻《中国制造2025》，紧紧围绕国家重点实施战略新兴产业等重大部署，共同落实好行业发展规划指导意见，为成功进入世界先进国家行列，进而基本实现由大国向强国历史性战略转变夯实基础。全力把握好“绿色、创新、质效、高端、协调”的行业发展原则。围绕“四个总量增速、五个创新指标、10年战略设计”等目标要求，紧紧围绕“功能化、轻量化、生态化、微成型”的技术方向，重点破解原料、先进成型技术与工艺、装备三大发展瓶颈等重点任务。

认真落实好八项主要工作，培育发展新动能，努力实现“六个转变”，即加快由产业发展壮大期向产业成熟期转变；由价值链低端向中高端转变；由劳动密集型向技术资本密集型产业结构转变；由低人工成本为主的比较优势向技术、装备、人才、研发为主的复合竞争优势转变；由引进、招商、模仿为主向自主创新、集成创新、智能创新转变；由企业独立研发向创新体系的联合化、协同化转变，依靠塑料行业和产业链整合的力量，努力加快解决业界的关键共性问题。

我们要下力气率先在四个方面实现“突破”：一是针对发展瓶颈，细化行业，搭建和创新产学研用科技支撑平台，发挥国家级和行业重点实验室的作用（塑料数量比轻工行业为9：87，等同主营收入比重），特别加快各类专用原材料的开发与应用；加强食品级产品的研发和安全、卫生、质量控制。

二是针对发展难点，编制产品中高端发展具体计划，务实推动知名品牌建设，不断提升中高端产品比例，阶段性突出重点，努力夯实膜材料、生物基塑料、生态合成革、工程塑料改性等高端化发展的基础。三是针对发展软肋，推进塑料成型装备的研发。抓住当前国家推进实体经济技术改造的政策引导机遇，联合和整合有关力量，加快塑料装备智能化、数字化改造力度，大力发展小型、超高精度、超高速和智能控制的加工设备，为塑料行业智能制造、数字制造、网络制造提供先进装备和生产线。四是针对发展热点，积极采取措施化解“绿色壁垒”，要持续增强绿色环保意识，把握行业发展的底线，加快绿色、节能、高效新型加工成型工艺和技术的开发与应用，特别是积极推进超高分子量聚乙烯基础加工技术、CO_2超临界发泡工艺、电磁感应节能技术等技术工艺的推广应用。始终注意把握行业发展的关键环节，为大向强跨越夯实基础。

四、对本届理事会运行有效性的思考

中塑协要提高服务有效性和高站位，做好顶层设计，全体成员要把协会工作当作事业干好，认真履行理事会赋予的责任，与专委会、地方协会的服务形成有效互补和有机结合，发挥差异且不可替代的作用。协会要着力加强六项工作：

1. 要动态分析行业形势

理事会上要阶段做好行业经济运行分析报告，注意抓住行业运行特点和难点加大分析力度，形成着力点的共识；要对上游石油、树脂等行业发展的情况及时对接，力求形成联动机制、建立月通报机制；要整合创立产业链高峰论坛，始终将塑料行业发展置于全产业链发展之中；要动态了解下游行业，如家电、食品、文体、汽车等领域对塑料产业的需求和要求，及时引导产业、产业结构的调整。

2. 要及时反映行业诉求

当前下行压力依然很大，塑料行业企业困难问题不少，合情合理的政策诉求较多，需要协会认真发挥桥梁纽带作用，利用各种有效渠道加大诉求反映力度和频率。如出口退税问题，塑料制品目前涉及出口退税47项，测算总涉及退税金额80亿元；应建议对完全生物降解塑料地膜开发与应用给予政策支持，农膜发展产能过剩及融资难贵的问题化解；双向拉伸聚酯薄膜应加大技改扶持，促进新品研发；又如针对氟塑料半成品生产许可证准入制度的建议，希望各地方政府建立复合薄膜包装企业聚集地对VOCs实行集中治理和有效监管的建议；加快水性油墨盒黏合剂的研发与应用政策支持的建议；尽快解决食品用塑料包装企业无法通过QS认证难题等相应诉求，都需求加大反映力度，同时也希望各专委会、地方协会、企业设专人整理信息报送，不懈努力，为企业转型升级、可持续发展形成有效助力。

3. 要跟踪把握政策取向

前面共同分析了塑料行业面临的发展大机遇，我们要天天收看天气预报，老总的秘书班子其主责应是每天帮助收集各类与企业发展相关的信息，提供企业家判断决策，要及时掌握宏观政策取向，特别是把握塑料作为21世纪新材料革命的重大战略机遇，把握国家城镇化发展规划和现代农业发展规划中塑料工业、企业的切入点，协会、专委会应加强服务和引导，企业家应在发展战略的筹划中注重才学胆识为先的决策思维。同时协会应适时建立与相关媒体沟通机制，加强正面宣传，推出示范典型，引导消费共识，为行业健康发展创造有利环境。

4. 要完善协同创新机制

塑料行业是个大行业，是与众多领域关联度极强的行业，创新的紧迫性很强，应牢牢把握科技进步大方向，牢牢把握产业革命大趋势。努力跟踪全球先进成型工艺和技术最新动态，努力赶超，加快形成技术、装备、人才为主的复合竞争优势，要注意发挥本领域四位院士和20多所高校院所的引领作用，致力于解决共性问题关键核心技术、建立协同创新体系；突出重点务实加快产学研用联合攻关；适时组织院校所专利、成果发布对接会，促进企业创新发展；创造条件，适时组织行业科技大会，整合力量、创造条件、适时建立行业性的专业技术研发中心等，务实推动塑料行业技术升级。

5. 要善于争取政府支持

采取相应措施，建立沟通机制，加强与国资委、民政部、工信部、发改委、城建部、农业部、水利部及全国农技推广服务中心等部委及机构的互动与合作。可积极策划以工信部等部门名义，制定塑料行业相关的指导文件，关键要在政策措施中增列行业企业的相关诉求，以期相关部委会签中给予支持并明示各地经信及有关部门重视支持塑料工业的深度调整和创新发展；同时注意经常性的汇报沟通和信息报送。

6. 要形成行业协同机制

注重调动和发挥协会、专委会、地方协会三个积极性和作用，特别是中塑协要做好引导和综合服务，努力形成全国一盘棋的态势，共同以洪荒之力发展塑料工业。在履职尽责中，强调协会和专委会活动在于有效组织；协会和专委会工作要加强与相关各方的工作协调；协会和专委会工作人员一定要躬身务实、勤勉履职；协会和专委会人员一定要有创新意识，要创新服务平台、创新服务手段、创新服务方法，不断提高工作人员的能力水平和综合素养；协会和专委会所有工作人员都要敢于担当，不断增强公信力。

最后表个态，兼任中塑协理事长，注意思想到位、情感到位、责任到位；努力尽快进入角色，虚心学习、凝聚力量、尽力竭力、务实进取，希望得到全体理事、会员企业的大力支持，与大家一道，传承创新，为行业和协会发展作出努力和成效。

谢谢大家！

王世成理事长在中国塑协秘书处第一次工作会上的讲话

中国轻工业联合会党委副书记、
中国塑料加工业协会理事长　王世成

一、对总结汇报的基本评价

我同意刚才文玮、曹俭、占峰听完大家发言后的点评意见和文玮同志围绕“强服务、重调研、抓落实”所提出的综合工作部署。对这次的集中交流，我给四句话的评价：

（1）整体上准备是认真的，文风是朴实的，重点是相对突出的，汇报的效果反映了大家的工作状态和对未来的期待。

（2）我在当选后的表态中讲到，加盟塑协既是缘分更是责任，我们一定尽职尽责、努力工作。感谢大家几年来在桂敬会长、曹俭、占峰同志的主持组织下，对协会和行业工作的辛劳与贡献。

（3）大家的总结材料和今天的汇报，总体上还不太平衡。我说的不平衡是指发言时，有同志没能拎出重点、梳好辫子。强调汇报工作，关键是要拎出观点、讲出道道来。

（4）汇报的过程就是交流的过程，相互学习借鉴的过程，就是政务公开的过程，有利于促进工作透明度的提高，有利于我们职业素养的提高。

二、明确几个问题

（一）领导分工

我负责全面工作，暂时分管办公室，主要是对财务的把控。

文玮同志负责协会常务工作，组织好日常运行，协助我兼管办公室，分管综合业务部和会展部。

曹俭同志分管会员部，做好会员企业联系服务，完善平台促进交流，发展会员收缴会费等。

占峰同志分管信息部。做好信息报送，企业诉求反映，刊网管理，经济运行分析和调研工作等。

部门的职责分工，原来都有明确，总体上继续执行，部分职能将作适当微调。

以上是一个初步的分工，强调分工合作，分工不分家。

（二）办公环境

我们要努力改善办公环境。桂敬会长率先垂范、为继任接续工作腾出办公室。协会要创造条件使综合业部和会员部尽快分开办公等。动态调整后，各部门整理内务、要体现精气神。接下来可以租绿植，购置空气净化器，营造小环境，促进工作状态、工作效率的不断提高。

（三）年度审计

我与桂敬会长做了沟通，下一步马上安排年度或离任审计，这件事由办公室与联合会的财务部门联系办理。

（四）人员安排

总体人员安排，暂按现行体制走。经商特聘桂敬会长为中塑协科技咨询委员会副主任。

（五）支部建设

协会要切实发挥党支部的战斗堡垒和党员的先锋模范作用，完善平台和载体，按照上级党委的要求组织好党建活动，当前特别是要开展好“两学一做”；党员、入党积极分子和秘书处干部的学习培训；贯彻执行好准则、条例等五个党内廉洁反腐的文件等。

三、强化协会秘书处的管理

要规范。协会坚持规范制度管人，包括六个会议制度及目标绩效考核办法等，处理事情一视同仁，做到有章可循。要严格。严格出战斗力和凝聚力。比如说请假就得认真执行，出差要先报请假单，该不该去，能不能去，谁付费等，都得弄清楚。要人性化管理。人要善于表达情感，各岗位负责同志要注意从工作上、生活上、感情上关心员工，全员要呵护协会这个大家庭，记得生日、多给些问候，直系亲属有特定情况一定要问候到位，让温馨伴随大家。

我作为协会理事长，一定全力支持文玮、曹俭、占峰的工作。重点围绕 16 个字履职：把握方向、理清思路、带好队伍、增强实力。

四、对近期工作的意见建议

在文玮详尽具体安排的基础上，就整体工作我再补充几点，暂且归纳为“九个一”。

（一）一个技术进步指导意见

速度要快，争取明年理事会能够通过，工作量比较大，需要大家共同努力，特别是发挥好科技咨询委员会的作用。

（二）一个有关新材料革命方面的专题文件

抓住国家推进新材料革命的历史机遇，针对传统塑料材料已不能满足智能设备、新型塑料制品的性能要求，推动研发性能更优越、更具市场发展前景的塑料新材料已呈当务之急，从供给侧发力，着力解决以塑代钢、以塑代木等结构性问题，是我们的历史责任。应尽快破题并与工信部汇报争取出台一个指导文件。

文玮再组织大家商量一下，综合业务部和大家也要琢磨这个问题，可先去工信部消费品司汇报一次，理清思路和破题思维。这个操作时间可以稍长一些。

（三）一组服务平台

这是对协会服务平台的顶层设计，要总结完善，列出细目，如会展、信息、培训、项目、统计、成果对接、团标等服务平台，大家都要清楚。同时各专委会有多少专项平台，一年有几个大型活动，要求专委会上报今年总结和明年活动计划。对地方协会，我们也请他们报送计划，这样我们心中有数，便于统筹安排。

（四）一组创收平台

创收平台要确认和创新，要解决好我们提供服务的经费从哪来，如何积累与使用。请文玮组织认真研究。

服务平台和创收平台两者会有交叉，有些服务平台不收钱也得办好，有些平台一定要有效益。

（五）一套简明管用的制度

要尽快组织制修订，包括目标绩效考核、会议制度、出差请假制度等，共同养成凡事按规矩办的意识和自觉。

（六）一本政策汇编

这是会员企业所需，要阶段持续完成。政策汇编本要简洁针对性强，内容主要为有关塑料行业发展的国家及相关部委的政策和信息。定期摘编与塑料相关的信息，并把这些信息和政策用简讯或其他方式迅速推送给会员，这就是服务。特别要注意每周三国务院常务会议的政策信号。

（七）一个全方位链接的资源整合图

这实际是针对四个方位建一个网络图。即对政府部门；对上游企业；对下游用户；对科研院校所，尤其是与几位院士加强沟通联系。通过整合各方资源和信息更好为会员企业提供立体多元服务。在策划行业科技大会和产业链高峰论坛等重大活动时针对性邀请相关权威人士做报告。

（八）一个行业运行预测预警体系

应因地制宜建立塑料行业的运行预测预警系统，及时分析运行、报送信息、反映诉求、争取政策上对行业的支持。

（九）一个保障体系

即着力加强协会党支部的建设，推动思想建设、组织建设、作风建设、廉洁自律取得新进展和工作效果。组织好各项党建工作和活动，努力提高干部队伍整体素质，提高秘书处工作人员的工作效率和务实效果。强调协会及专委会的生命力在于多搞有质量、有新意的活动，大行业大协会要有大的样子，要增强信心，下定决心，努力争创一流协会。

五、共勉工作要求

同意文玮代表领导班子提的工作要求。我再补充提出：

要讲状态。要尽心尽力充满激情保持状态。要讲信任。信任是协会持续发展的生命线，秘书处工作人员一定要在会言会，在会爱会，在会为会。同志之间交流要真诚、坦率。开门讲优势，关门讲问题。要讲责任。每一名工作人员要把协会工作当事业干，自加压力，认真履职。要求正职要正直，副职要负责，中层要忠诚，干事要干事。要讲能力。要努力学习政治理论、专业知识，不断提高理论素质、服务能力和专业水平。对团队里的年轻人，以后可搞短期企业挂职锻炼。致力从整体上提高协会工作人员的综合能力。要讲担当。不要事无巨细事事请示，要各司其职，按章履职，效率为先，多讲结果少谈过程。敢担当就是敢负责，懂规矩，守纪律，有底线，做人做事都要有底线，弘扬正能量。

最后希望协会秘书处能把换届作为一个新的起点，下一步围绕着坚守传承和务实创新做文章。

朱文玮常务副理事长中国塑协在秘书处第一次工作会议上的讲话

中国塑料加工工业协会
常务副理事长、兼秘书长　朱文玮

一、对总结发言的评价

从发言情况看，大家都做了认真准备，严格按照要求做了总结。下一步工作的安排，特别是对协会工作的建议，做了认真的思考，有很多的意见和建议很有价值，有的可以纳入下一步工作。工作总结是客观实在的，对下一步工作的安排明确具体，重点比较突出，很多都可操作。

大家提出的意见和建议，请占峰同志牵头，由田岩、办公室、许琳、刘姝负责认真梳理一次，要打开，不要笼统。例如会展，要列出需要加强的工作有哪些，总结出办好下届会展的思路，让展会可持续。会后要认真研究梳理工作。当然，汇报中也有一些发言是平平的。主要问题：一是工作思路不清晰。二是工作重点不突出。能当作协会层面的重点工作才是重点。三是虽然抓住了工作重点，但活动的实现方法和路径不清楚。以上问题需要进一步地梳理明晰。会后一周时间内，要对今年的工作做出深入的总结，对明年的工作做谋划，包括对协会提出意见和建议。

二、对近期工作的评价

协会近期的工作成绩是值得肯定的，同志们的工作状态还不错，好的开端是大家共同努力的结果，要肯定，要弘扬，要持续。七次代表会和七届一次理事会成功召开，圆满完成各项任务，饱含着钱会长的心血以及领导和指导，也是专委会和在座的各位共同努力的结果。

“四新”展会，好于预期。11 月 7 日王会长带领一班人深入展会现场，我们有一个共同的感受，比预期的好。开幕式组织得好，是冯庶君同志带领的团队的工作，也包括我们专委会的各位，是大家共同努力，特别是钱会长带领曹俭占峰等领导靠前指挥。保障了会展顺利举办并安全撤出。当然，会展还不够完美，面积减少、回头率低、观众少。第二天下午，大专院校科研院所展区基本没人，也没有专利发明者或很有影响的专家在场，这些问题影响了办展的实际效果，但总的来说要肯定。王世成理事长带领我们调研听取展商意见时，展商一致的态度就是中国塑协应该有这样一个展会，同时提出不少好的意见和建议并对办好展会充满期待。我们要坚定信心做好工作。

下一步，我将召开专题会研究会展问题，这个想法也得到了王会长的支持。请会展部冯庶君认真总结，拿出方案。相关部门也要思考，把对会展的评价尤其是对办好会展的建议写细。在逐条梳理后，对照落实，争取下届展会早起步，办得比这届展会有所进步。展会期间共 19 场会议带动人气，说明了我们的能力，很多会展达不到这种水平。“展”的部分要适合我们的特点，办出专业水平和特色，不要过多综合。

三、协会下一步工作重点

大家都很关注协会下一步的平台建设、制度建设、展会工作、网站建设等问题，我们要将其作为下一步的工作来梳理。下一步的工作，首先要深入贯彻学习落实好七届会员代表大会和一次理事会精神。特别是张崇和会长并王世成理事长的讲话要求。据此延伸思考、理出重点、抓好落实。即协会下一步工作中要把握 9 个字。一是强服务，就是要加强服务。二是重调研，就是要主动地倾听会员企业的声音，主动深入调查研究，多和会员单位理事单位接触。一看企业的运行情况；再看企业的生产过程，以及经济大气候对企业的影响问题；还要看企业需要我们向上级部门反映的问题，特别是共性问题，认真梳理并向上级部门反映，也应尽力对个性问题研究解决。当帮企业和行业解决问题时，就增强了协会的凝聚力，体现了办会的宗旨，展示了协会的价值所在，企业也会因此拥护协会。三是抓落实，刚才发言中，大家提了很多好的想法，王会长七届一次理事会讲话中也谈了很多，工作和思考结合起来，梳理出几个方面，细分列出各项工作，确定牵头负责和配合部门，真正落实。不明确牵头部门或几个部门都很重要的，请签批排在第一位的部门牵头综合汇总，再细分给相关部门开展工作。具体工作建议如下。

（一）强化服务理念，创新服务平台

要有强烈的服务意识，要服务会员、服务行业、服务政府、服务社会，同时要研究办法实现服务，落实和践行服务宗旨。应做好以下七项工作。

1. 推动供给侧改革，行业结构调整和产业升级工作

一是“十三五”规划的宣介落实。占峰同志负责，信息部和综合业务部等部门参加。二是尽快出台“十三五”的技术进步指导意见。研究提出塑料行业的技术革命课题，找时间去工信部汇报。通过上述工作，主动争取政府部门的指导及接受服务。一旦想法变成相关部委的意图，政府购买我们的服务问题就能解决。其他部门如有类似的事情要举一反三，共同研究。三是标准的管理等几项工作要有步骤地推进。关于“三品战略”，要抓好重点工作，召开会议推动。从国务院到轻工联合会都在推动“三品战略”，要落实。二、三项工作由田岩同志负责。

2. 研究做好展会工作

“四新展会”两年一届，准备明年召开科技大会，我和王会长认为这个想法很好。既然叫科技大会，就要考虑科技大会是什么、做什么、怎么做等问题，田岩和许琳同志要关注一下。王会长还建议科技大会的同时做一个产业高峰论坛，可以请部委的司长、处长和专家来讲话。要下决心做好，由冯庶君和田岩负责，先做一个方案初稿，许琳也要思考信息部可以配合做些什么。会展的事还要再商量，占峰、曹俭和我三个人一起来做。形成方案初稿向王会长汇报。方案要包括会展的主题、定位、设计、宣传与招展安排等内容。要邀请大专院校科研院所来参加科技大会，事先做好产业的对接，这是促成成果转移的切入点。

3. 信息平台建设

目前信息部的信息平台中有分析报告、数据等，要深化做好，同时还要开辟科技创新成果交流合作的网站或网页。可以叫“中国塑协科技创新创业之窗”（或叫网），信息部会后研究，尽快启动。现在如有科技创新成果交流合作成功的项目就上传。信息部要制定工作方案，后附管理暂行办法，配合明年的科技大会开展，成果在大会上交流，作为科技创新的品牌。此外，会员的技术攻关、技术难题的解决，也可以纳入该体系，是企业需求的内容均可上传，这样塑料行业的中小企业也愿意光顾。要制定审核上传的监管办法。

4. 会员部的工作

研究提出诚信建设自律公约实施方案，会员名录制作和会员发展动态分析，由刘姝负责。动态分析可以帮助我们掌握情况和提供更好的服务外，也为下一步的调研提供基础，还可以服务于会费的收缴。会费收缴困难要细分原因，通过我们的了解和工作，加以解决。要确定会费收缴率的目标，要在上年的基础上有所提高。通过哪些方法来提高会费收缴率，同样要细分。下一步调研要把收缴会费纳入工作内容。收缴会费牵头、分析和总体催办是会员部，其他部门人员如到企业中调研时，要明确分工，落实会费收缴。

5. 专委会工作

专委会动态报告也由会员部负责。专委会动态包含哪些内容，以后我和曹俭及会员部并相关人员一起商量确定。专委会是不可或缺的一支力量，有了专委会，才细分了这些专业，才体现出协会的质量和品质。当然在运行中，也不乏有些专委会很弱、运作不规范的情况，下一步要调整、规范和提高。专委会做专项平台，协会做综合平台，最终协会和专委会一起形成大的平台。宏观方面的战略研究和战略报告的发布，也要由协会来做。这些问题，下一步要认真解决。

6. 主动服务政府工作

坚持搞好“四个服务”，特别是为政府和会员之间搭建桥梁。一方面，主动和政府部门联系汇报，争取工作支持，积极争取购买服务项目。总结中提到协会创收的主要渠道一是办好展会，二是政

府购买服务。下一步，要把购买服务提到日程上来。这次综合业务部组织的食品监督检查，是质监局交办我们的服务项目，要把这个项目做好，加强联系，争取其他购买服务项目。项目结束后，要总结好的经验和做法，为下一步与政府合作和政府购买服务项目提供经验和支撑。此项工作由占峰同志负责，田岩，庆君、许琳等相关部门同志配合。上次布置的反映会员单位和行业呼声一事，接下来要归集行业呼声，形成统一的情况报告报送中轻联，需要我们直接对接的，我将与王会长商量，直接与中轻联对接。请相关部门将收集的情况报信息部。关于统计行业数据一事，我支持继续做好。当然，要让企业提供数据，就要给企业提供服务。信息部要开辟一些有价值的信息提供给企业。

7. 培训工作

要将培训工作纳入工作日程，先在塑料产业比较密集和发达的地区选几个区域，选一些技工学校或者与我们配套的地方作为培训场所，使用我们的教材。当做到一定程度后，还要和授权部门研究如何尽量给学校和学员降低成本，从而达到可持续发展。

（二）重调研，改进工作作风

重调研就是要主动下去调研。要主动服务，下位服务，零距离服务和有效服务。要明确调研的方向、重点、方法和步骤。请在座的副秘书长和部门的负责同志列出调研的课题，按照今年整体工作的导向和塑料行业发展的实际，以及掌握的资源，提出一至二个调研的方向和课题，汇总给许琳。许琳也要和信息部工作人员思考一批课题。最后开会确定今年调研的重点，分工落实，有的课题可由领导领衔开展调研。去基层参加专题会要事先研究课题与我们的相关性，事先发函联系相关人员，并收集资料先研究，到现场后与相关人员座谈。要定期召开汇报会，利用多媒体资料进行汇报，要有表格、分析曲线、现场图片等，具体方法会后再研讨。要将调研作为基本功。由占峰负责，信息部牵头，月底召开专题会研究。要给课题调研安排期限，期限一到，要开汇报会。优秀的课题可以在工作会或刊物上发布，作为评价干部工作成绩的一个方面，如果能拿出有水准的调研报告，最后成为协会工作内容、上升到联合会工作内容、被部委采纳，就能够体现出工作的质量和水平。

（三）抓落实，事事有着落

从以下几方面抓落实。

1. 建立完善制度，提高秘书处与专委会的整体服务水平

秘书处和专委会是一家，要共同致力于整体服务水平的提高。要建立完善以工作责任目标为核心的相关制度，以此提高秘书处与专委会的整体素质、履职能力和服务水平。会后由占峰同志负责，田岩、许琳、刘姝和办公室参加，梳理一下我们的重点工作，把这几次会上讲到的内容都梳理出来。分成几个方面，落实到各部门及各工作人员身上。

2. 要制定工作责任目标绩效考核办法

围绕工作目标开展工作，提出基础的分值和计算评价方法。有创新的加分，创新的级别高多加分。此项工作由占峰负责，田岩，办公室，会员部，信息部，会展部参加。争取月底拿出考评办法，年底开会，大家学习领会。按照目标谋划明年工作，明年一季度模拟一次，上半年可以模拟兑现一部分。

3. 完善和落实部门职能分工

建议大家再认真学习一下部门职能，明确职能分工。另外有一些职能是创造出来的，有一些部门的主要领导和工作人员，有能力有水平，把不是他职能的工作也拿到手里，干得有声有色。而有的部门自己的职能没做出名堂和亮点。我们也要通过工作考量各位。

4. 办文和办事的制度

一是完善办文制度。现在需要制定文件的收发制度，所有文件先到办公室。办公室按照轻重缓急，急件当天电话报告，保证 24 小时之内签批。这样能提高效率，而且是一个口径。办公室只要在班上不能锁门，需要专人负责收发文，收完后立即处理，急件急办。以此提高运转的效率和质量，树立形象。包括专委会的会议通知、邀请函，也统一到一个口径。二是完善请假制度。办公室要设计规范的请假报告单，包括去哪儿，什么活动，谁主办，以什么身份出席等内容。专委会的年会，副会长要参加。如果是论坛，由谁参加，这方面的制度得再细化一下。请曹俭明确哪一层级的会议应该由什么人参加。规矩确定下来，也给专委会一个信号，就不一定期望每个会都让王会长参加。三是出差资金问题。费用多少，由谁支付，要体现在请假的表上和会议通知上，

报销时都附到报销单后边。四是其他办事规则。凡是上情下达，或是有关部门的事情，需要领导签批的事情，要在24小时之内报告。领导不在，交给办公室，领导要在最短的时间内做出回复。办事报告要写清楚什么事，做什么，建议怎么做，谁来做等，一般在500字左右。有需要的可以附会议的主要内容记录。事情紧急的先电话报告，然后再上交文字报告，最后存档，建立制度。由办公室负责。

5. 明确会议的制度

共有六类会议召开：一是理事长办公会。理事长办公会由王会长主持，王会长可以委托我主持，我也可以委托曹俭和占峰同志主持，但是一定有两位副会长参加。每个月开一次，有些重大事项应该请王会长参加，事先报告，请王会长排出时间。二是秘书处的工作会。今天的会议就是秘书处工作会，两个月或者一个季度召开一次。三是秘书处的例会。建议两周召开一次，有话则多，无话则少，如有需参会人员出差，把负责工作以文字方式留给办公室或发给大家。这类会议就是通报情况，提出需要各部门配合的事项和需要商量的事，一般一小时结束，办公室负责。四是专题会。主要研究具体的业务和工作。专题会由副理事长主持，也可以委托副秘书长主持。五是专委会工作会议。每年召开一次，协会领导和专委会主任、秘书长及相关人员参加。协会领导出席专委会的年会由会员部和办公室拟定计划。按照世成理事长的要求，把专委会的工作纳入重要目标。请会员部通知各个专委会，开始启动2016年工作的总结和2017年工作安排与计划。每个专委会把活动的主旨、主办单位、重要内容明确并上报，我们尽早确定哪些领导参加。专委会年底前报给会员部，转给办公室备案。六是地方协会工作会议。这也是王会长的建议。有些地方协会工作有的开展的好，有的比较弱，要通过以会代训，交流工作等方法提高。另外我们的一些工作也需要依靠地方协会的支撑。请曹会长负责，会员部牵头，相关部门配合，把会议策划好。以上会议的召开，分管理事长事前要专题研究，提出预案，发给参会领导。重要会议的预案上报王会长。请各个部门认领并分配工作。

6. 思想政治和作风建设

一是按照中央的要求，深化“两学一做”，发挥党支部的战斗堡垒作用和党员的先锋模范作用。从我开始，曹俭和占峰，首先是班子领导，然后是各部门分管领导。考虑事情要站在协会的角度，不能只站在分管的角度。各位副秘书长、部门负责同志，包括在座的各位，首先是协会工作人员，然后是部门的工作人员，要站在整体的角度，围绕中心服务大局。二是民主集中。首先是重要的问题，主办部门先拿出比选方案，提交理事长办公会研究。专业性比较强的，先请专家参与讨论。另一方面，个人服从组织，下级服从上级，全党服从中央，要讲纪律，讲规矩，令行禁止。提出的要求和工作要抓紧落实，制度规矩要认真执行。今天把这些工作确定，占峰整理后发给大家，各部门按照分工去分解、去落实，严格执行。三是热爱协会。无论是秘书处的工作人员，还是专委会的工作人员，都是塑协的部门和机构，要站在协会发展的角度思考问题，有利于协会团结发展的话多说，反之不说。要积极传递正能量，维护协会形象，营造良好的氛围。要用心工作，要出精品。每位领导同志，每个部门负责同志和在座的各位，要有年底前和明年一年的工作目标，上半年完成什么工作，每个月干些什么。要写在表格上，落在行动上。热爱协会不是空洞的辞藻，要努力用心工作。四是团结协作和谐共事。大家在一起工作是缘分，要主动地接受别人，才能够得到大家的接受，从而成为这个群体当中受欢迎的一员。团结出业绩，团结出干部，团结出健康。五是坚持导向。要用能干事的人，让实干的人实惠，让吃苦的人吃香，让有为的人有位。要强调学习，做内行，协会的干部，要了解行业的专业知识。特别是年轻同志，不是学高分子不要紧，但要掌握塑料行业基本知识。此外，要学习协会的业务，懂一些专业知识，把协会工作推动好，这也是专家。每位同志都要努力成为学习型干部，养成学习习惯，尤其年轻的同志。六是注重效果、效率和效益。每个部门开展工作要有强烈的效果、效率和效益意识。要提高工作质量，保证工作效果。通过提高工作效率，降低工作成本。通过有目标的工作，提高工作效益，增强协会的实力和生存发展能力。

最后，希望能够构建秘书处、专委会、地方协会和会员单位协同联动的工作机制，坚守传承，学习创新，凝心聚力，务实进取，努力打造忠诚担当、和谐干事、政府信赖、行业依托、企业满意、不可或缺的一个职业化的塑协工作团队。

关于《塑料加工业“十三五”发展规划指导意见》（送审稿）的说明

——在中国塑协六届六次理事会扩大会议上的总结发言

中国轻工业联合会副会长
中国塑料加工工业协会理事长　钱桂敬

各位理事：

我代表中国塑料加工工业协会就《塑料加工业“十三五”发展规划指导意见》（以下简称规划）作一简要说明。其目的是更方便各位理事重点了解“十三五”规划有关内容，便于更好审议。

一、编制过程

2015年初协会组织力量，开始收集材料，广泛征求意见，在初步形成“十三五”规划思路的基础上，召开了协会科技咨询委员会第二次会议，讨论和通过了“十三五”规划框架初稿，并提交六届五次理事会审议。根据六届五次理事会审议意见，协会又组织力量进行修改，形成“十三五”规划征求意见稿，经协会科技咨询委员会第三次会议集体讨论和修改后，形成了“十三五”规划送审稿，提交六届六次理事会审议。

“十三五”规划包括“十二五”塑料加工业取得的主要成绩与存在问题；“十三五”期间面临发展的机遇和挑战；“十三五”指导思想、基本原则和挑战；重点任务和产品发展方向；重点工作；政策建议六大部分。

“十三五”规划在“创新、协调、绿色、开放、共享”五大发展理念指引下，认真贯彻《中华人民共和国国民经济和社会发展第十三个五年规划纲要》，突出了塑料加工业在我国经济进入新常态后，在国内外发展环境更加错综复杂情况下，从破解发展难题，加快结构调整、产业升级和提高发展质量和效益出发，提出了“十三五”塑料加工业发展指导思想、发展目标和发展重点。

“十三五”规划的编制，严格遵循问题导向和目标导向相统一的原则。规划认真总结了“十二五”塑料加工业取得的成绩，深入分析了存在产品结构不合理、创新能力薄弱、区域发展不平衡和品牌建设能力不强等问题。“十三五”规划针对这些问题和“十三五”发展目标，坚持问题导向和目标导向相统一，提出依靠技术进步和科技创新，实施创新驱动发展战略。

“十三五”规划在编制中从过去重视总量目标向更加重视结构目标转变，“十三五”规划中重点增加了重点任务和产品发展方向，规划中提出了要重点突破原料、先进成型技术和工艺、装备三大瓶颈制约。提出了重点发展多功能高性能材料及助剂；紧紧围绕高端化，加快提高中高端制品比例；加快塑机研发；加快绿色、节能、高效新型加工工艺的开发四个方面的产品发展方向，这也充分体现了规划更加重视结构目标。

二、关于“十三五”规划指导思想、基本原则和发展目标

“十三五”规划指导思想核心是按照加快培育发展战略性新兴产业的总体要求，紧紧围绕国民经济和社会发展重大需求，以加快转型升级为突破点，以提高自主创新能力为核心，以新材料、新技术、新装备和新产品为发展重点，大力实施高端化战略，全面提高产业素质，加快完善创新体系建设，大力推进两化深度融合，力争在智能制造、数字制造和网络制造上取得新的突破。为塑料加工业进入世界先进国家行列打好基础。指导思想明确了塑料加工业作为国民经济重要的基础性产业，必须服务和推动国家战略性新兴产业的发展，必须把握好塑料作为二十一世纪新材料革命的重要领域这一历史机遇，推动塑料加工业更好发展，这是塑料加工业“十三五”重要发展方向。这也是塑料加工业在国民经济中重要作用所决定的。指导思想明确塑料加工业“十三五”发展中的突破点、核心和新材料、新技术、新装备、新产品“四新”发展重点，是塑料加工业具体发展方向。指导思想提出高端化战略、完善创新体系建设、大力推进两化深度融合等，这是实现“十三五”塑料加工业发展目标的重要措施，也是创新发展的重要内容。

“十三五”规划提出塑料加工业发展所遵循的五个原则：

——坚持“资源节约型、环境友好型、科技创新型”的产业方向，大力实施“绿色、低碳、循环、生态”发展战略，推动塑料加工业健康和可持续发展。

——坚持创新驱动发展，进一步发挥技术进步、科技创新的保证和支撑作用。大力实施高端化战略，牢牢把握“功能化、轻量化、生态化、微成型”技术发展方向，全面推进产业转型升级。

——坚持把提高发展质量和效益放在首位，不断提升要素质量，提高要素配置效率。

——坚持“高端化、个性化、小批量、私人订制”的市场导向，推动新型生产模式和新兴业态的快速成长。

——坚持协调发展、统筹兼顾。统筹资源、市场及区位优势，推动塑料工业有序梯度转移，优化区域布局。

关于“十三五”发展目标，规划建议“十三五”制品产量增速为4%，主营业务收入为6%，利润为8%。这主要考虑塑料加工业跨越了数量主导型发展阶段后，为适应结构优化、产业高端化新阶段的特点而提出的导向性指标，“十三五”塑料加工业发展一个显著特点是量的增长将让位于发展质量和发展效益的提高，立足点要放在进一步优化增量的基础上，重点进行存量调整，加快结构调整、化解产能过剩、用先进产能替代落后产能。“十三五”速度目标比“十二五”要低4.41个百分点，也说明“十三五”发展难度加大。

关于研发经费投入（R&D）建议目标为力争达到占主营业务收入2%以上。全国2015年研发经费投入已达2.1%，2020年目标为2.8%。考虑到塑料加工业小企业多，“十二五”期间研发经费投入较低，“十三五”期间研发经费投入不可能大幅增加，故其建议目标仍低于全国工业系统平均水平。说明了塑料加工业研发投入不足，创新能力薄弱这一短板。

三、关于“十三五”的重点工作

“十三五”规划中提出实施创新驱动战略、引领行业转型升级；大力开展“增品种、提质量、创品牌”活动，加快结构调整；推动塑料加工业安全工程建设体系建设，保障食品和环境安全等八项重点工作。我想在这里强调两点：

（一）以高端化为核心，大力培养新的增长点，以提高效率为核心，培育新的竞争优势

培养新的增长点，就是要大力发展新技术、新产品、新业态、新模式。重点是以高端化为核心，开发新产品，推动产品升级换代。塑料加工业要紧紧围绕“功能化、轻量化、生态化、微成型”这一技术发展方向，大力开发新产品，要大力实施进口替代战略，占领产业链中高端。在规划第四部分《重点任务和产品发展方向》中，已初步列出新产品方向。从中可以看到要在功能化产品方向实现新的突破，如光学基膜、新能源薄膜、水处理膜、液晶聚合物膜LCP等的开发。特别是光学膜在显示产业方面应用。在塑料管道方向要加大改性PVC管、大口径城市排污管、高压连续增强热塑性油气管、家庭地热用工程塑料管、海绵城市塑料砌块等。在轻量化方面，大力开发轻质高强材料。要在医用塑料制品、精密注塑制品等方面实现新的突破。这里强调一下“生态化”，生态化是指充分利用生物质高分子材料和生物基高分子材料，加快开发生物质分解塑料，加快生物基塑料研发进程。生态化发展空间大，发展领域宽，充分体现石油基高分子和生物质高分子的跨界发展和融合，也是新产品开发的重要领域之一。

在大力开发新产品同时，要以高端化为导向，认真开展“增品种、提品质、创品牌”活动，全面升级换代，推动产品结构调整。

培养新的竞争优势。当前塑料加工业正面临生产要素成本全面上升，资源环境、能源约束全面加强和下行压力加大的双重影响。受此影响整个行业成本上升，效益全面下降。因此加快培育新的竞争优势，确保塑料加工业健康发展是当务之急。

培养新的竞争优势主要是技术、装备优势和成本优势。

一是依靠技术进步，坚持用更新技术改造传统产业，打造技术装备优势。

当前以工业4.0、工业互联网、《中国制造2025》为标志的新一轮技术革命正在兴起。中国塑料加工业目前技术装备水平有了一定提高，但发展不平衡，从整体上讲仍然是以劳动密集型为主的传统制造业，技术装备水平和“十三五”塑料加工业实施高端化战略和实现产业升级目标还很不适应。因此以两化融合来统领技术装备水平的提升，建立现代生产体系，打造技术装备优势，进一步提升竞争优势是“十三五”的重要任务。

二是提高资源配置效率，提高全要素劳动生产率。

资源配置效率集中体现在全要素劳动生产率上，就是要对劳动生产率、资源利用率、能源利用率、投入产出率、资本替代人工、资本和人才红利进行综合、统筹和优化，使之综合效益最大化，这是降低成本，培育成本优势最主要的措施。

三是进一步转换盈利模式，培养新的利润源，提高盈利水平。

当前以“提高质量，降低消耗”为主要内容的降低变动成本和以“扩大规模，提高产量”为主要内容的降低固定成本的传统盈利模式正面临严峻挑战，致使盈利水平普遍下滑。为此必须加快转换盈利模式，努力培养新的利润增长源。一要努力培养资源配置效率利润源，通过提高要素质量和资源配置效率来提高盈利水平。二是要加快培育生产服务型增值效益利润源，加快产业链延伸，加快单纯生产型向生产服务型转变，扩大利润空间，提高盈利水平。三要加强质量、品牌建设，努力培养品牌溢出效益利润源，同时要充分利用互联网、云计算、大数据平台，更好推动“众创”，努力缩小新产品开发周期，抢占新产品上市的早期效益。

（二）推进供给侧结构性改革，培育塑料加工业创新发展新动能

在刚刚结束的十二届全国人大四次会议上，李克强总理在政府工作报告中提出，今年要加强供给侧结构性改革，增强持续增长动力。围绕解决重点领域的突出矛盾和问题，加快破除体制机制障碍，以供给侧结构性改革提高供给体系的质量和效益，进一步激发市场活力和社会创造力。从政府工作报告中，我们可以看到供给侧结构性改革目的是增强持续增长动力，基本目标是提高供给体系的质量和效益。

提到供给侧结构性改革不能不弄清其与供给学派的异同。供给学派产生于美国新自由主义最盛行的时代，20 世纪 80 年代美国总统里根采用了供给学派政策主张。供给学派是新自由主义经济的代表。在其主张中，突出一点是反对产业政策，认为不应该针对某一个产业制定政策，应该用普遍降税的方式来提高投资积极性。而我们讲“着力加强供给侧结构性改革”是针对我国经济出现的结构性矛盾，而进行的补短板、去库存、去杠杆、降成本、减税负，这与美国供给学派政策是有本质区别的。首先是经济制度不同；其次是我们推行的是“宏观政策要稳，产业政策要准”，是在中央“十三五”规划建议指导下进行的，是以产业政策为指导的，是在充分发挥市场需求基础上，是在深化需求侧改革的同时来推行供给侧结构性改革的。

供给侧改革基本目标和任务是要进一步提高供给水平、供给质量和供给的有效性，就是要从需求侧“元动力”出发，通过创新供给催生新需求。轻工业是供给侧改革的主战场，当前必须紧紧围绕“增品种，提质量，创品牌”来进一步提升供给水平，创造新的价值和提高竞争优势。

供给侧改革涉及人工、资本、技术和制度四大要素，供给侧结构性改革的核心是要解决生产要素的合理配置问题，是要大力提高资源配置效率，提高全要素生产率，目的是实现效率驱动。可以讲，供给侧改革是推动要素效率革命的重要举措。也是转变发展方式、推进产业升级的持久的战略举措。

供给侧结构性改革核心是制度创新和供给创新。改革成效体现在以下三个方面。一是创造和改善企业改革、发展、经营的社会和市场环境，通过“政策供给”引导结构优化，通过“制度创新”激发增长潜力的释放。二是通过结构性减税，减轻企业负担，降低经营成本。三是加大企业技术改造投入，提高装备和控制过程智能化水平。

推进供给侧结构性改革，落脚点是培育发展新动力。当前在传统要素红利和“三驾马车”动力减弱的新常态下，我们必须通过供给侧结构性改革寻找我国经济增长的动力源和动力转换，培育发展新动力。

“十三五”是“创新引领发展、科技赢得未来”的时代。创新是引领发展的第一动力，是提高社会生产力和综合国力的战略支撑。创新驱动发展是推进以科技创新为核心的全面创新，包括管理创新、制度创新。供给侧结构性改革是一场推动要素效率的革命，核心是提高要素配置效率，是转变发展方式，提高发展质量和效益，全面筑牢发展基础，缩小与发达国家差距的一场变革。是培育新的发展动力重要战略措施。

“十三五”塑料加工业正面临市场需求不旺、结构不合理和行业效益全面下滑的严峻挑战，全面推进创新驱动发展战略，培育新的发展动力，加快实现塑料加工业强国战略目标是塑料加工业工业最重要的任务。“十三五”塑料加工业要在供给侧结构性改革基础上，牢牢把握推进以技术创新为核心的全面创新，加快发展动力转换，坚持创新驱动发展。

一是要牢牢把握科技进步大方向。科学技术是世界性、时代性，必须要有全球视野，紧紧跟踪当代塑料加工业最新发展动态和发展趋势，在工业 4.0、工业互联网、云计算、大数据等快速发展中，

按《中国制造2025》部署要求，以两化深度融合为方向，加快塑料加工业互联网工程建设，要在ERP、信息管理系统进一步完善的基础上，补好MES制造执行系统等短板，并做好ERP和MES融合，为效率驱动、智能制造打好基础。

二是牢牢把握产业革命大趋势。以工业4.0和工业互联网为标志的新一轮技术革命正深刻改变制造业生产模式和产业形态，同时将大大提高企业的生产、经营管理水平，将对传统生产经营管理模式产生巨大冲击。塑料加工业作为国民经济重要基础性产业和重要的民生产业，同时作为新兴制造业要迎接挑战，要在提升产业链价值、探索“服务化”制造新模式、加快国际化经营步伐、建设创新型企业等方面取得新进展。

三是牢牢把握聚集人才大举措。创新驱动实质是人才驱动，人才资源是第一资源，也是创新驱动活动中最活跃、最积极的因素。塑料加工业要加快人才、技术、资金等创新资源和创新要素的集聚，加快以企业为主体的创新体系建设。特别要加强原料、助剂、装备、控制系统等产业链垂直创新体系建设，大力推动协同创新、联合攻关。

“十三五”是塑料加工业进入创新发展新的历史时期，制定“十三五”规划目的是为了更好认清塑料加工业面临的发展机遇和挑战，理清发展思路，明确发展目标，统一行业思想，为塑料加工业由大变强、由快到好，加快产业升级共同努力，希望各位理事对规划送审稿进行认真审议，以更好发挥规划的引领作用、指导作用。

中国塑料加工业2016年度发展报告

中国塑料加工工业协会

塑料制品广泛应用于国民经济各个行业，经过60多年的发展，中国已成为全球塑料制品生产、消费第一大国，拥有全球最大的市场。近几年，塑料加工业发展受市场倒逼、产业政策导向尤其明显，率先进行适应调整，转型升级明显加快，发展速度平稳增长，显现出巨大发展潜力和前景。从2016年行业经济运行情况看，回暖趋势明显。

1. 产量探底回升，产品结构适度优化

据国家统计局数据，2016年我国汇总统计企业的塑料制品产量为7717.19万吨，同比增长2.66%，与2015年0.96%的增长相比提高了1.7个百分点，显示回升迹象。塑料薄膜、日用塑料、塑料零件等产品产销两旺、营收利润大幅增长，而人造革、合成革等产品生产下降，显示部分产品正在适应市场的发展变化，产品结构得到适度调整优化。

（1）分产品看，增速最高的产品是塑料薄膜和日用塑料，其同比增长分别为6.15%和5.71%；增速下降的产品是农用薄膜和人造革、合成革，其同比分别下降了0.38%和0.35%。农用薄膜和泡沫塑料的增幅同比下降，分别下降了5.63个百分点和9.82个百分点，其他塑料产品的增幅同比均上升，上升幅度最大的是人造革、合成革和日用塑料，其分别上升了5.82和5.04个百分点，具体见表1。

表1　2016年塑料制品产量及与上年同期比较表

塑料制品类别	累计产量/万吨	累计比同期/%	增幅比同期（个百分点）
塑料制品	7717.19	2.66	1.71
其中：塑料薄膜	1419.52	6.15	2.78
其中：农用薄膜	241.86	-0.38	-5.63
泡沫塑料	249.38	1.96	-9.82
人造革、合成革	331.48	-0.35	5.82
日用塑料	634.26	5.71	5.04
其他塑料	5082.56	1.60	1.17

来源：国家统计局

（2）分地区看，塑料制品产量占比主要集中在浙江省、广东省、河南省、湖北省、江苏省、四川省、山东省、福建省、安徽省、河北省等地区。其中浙江省、广东省占比最大，分别为13.90%、13.03%，广东省、山东省和湖北省等3省区的同比增速低于全国塑料制品行业产量的平均增速。分别提高了2.63%和下降了1.83%和11.10%，具体见表2。

表2 2016年全国塑料制品行业产量主要地区同比增长及占比情况

地区	2016年累计产量/吨	2015年累计产量/吨	同比↓/%	占比/%
四川省	4 863 037	4 165 434	16.75	6.30
江苏省	5 527 077	5 003 984	10.45	7.16
河北省	3 268 935	2 963 616	10.30	4.24
河南省	6 014 962	5 505 878	9.25	7.79
福建省	3 940 489	3 659 952	7.67	5.11
安徽省	3 637 666	3 437 164	5.83	4.71
浙江省	10 729 661	10 246 013	4.72	13.90
全国	**77 171 904**	**75 169 541**	**2.66**	**100.00**
广东省	10 054 609	9 797 144	2.63	13.03
山东省	4 370 430	4 451 801	-1.83	5.66
其他	18 818 240	19 248 874	-2.24	24.38
湖北省	5 946 799	6 689 680	-11.10	7.71

来源：国家统计局

（3）东部地区“稳”，西部地区“快”。2016年东部十省市塑料制品产量4226.03万吨（占比54.77%），同比增长4.09%，高于全国平均值2.66%，显示东部地区塑料制品行业稳定增长，并仍然是我国塑料制品主要生产集中区域。其中江苏省、河北省、福建省产量有较大提高，同比增长率分别为10.45%，10.30%，7.67%。中部六省塑料制品产量1839.63万吨（占比23.83%），同比增长率为0.15%，比上年略有下降。西部十二省区塑料制品产量1330.59万吨（占比17.24%），同比增长率14.33%，增速较快。西部部分省区的塑料加工业正以较快速度增长，发展势头迅猛。如四川省产量达到486.30万吨（占全国比重6.30%），同比增长16.75%。贵州省产量达到132.77万吨，同比增长67.35%。广西壮族自治区产量达到208.78万吨，同比增长率9.61%。东北地区有所下降。

2. 经济指标回暖，效益水平稳步增长

国家统计局数据显示，2016年塑料加工业工业增加值增速8.0%，高于轻工业1.21个百分点，高于全国工业2.0个百分点，在轻工各行业中位居前列。全年完成主营业务收入22855.11亿元，同比增长6.21%，占轻工行业比重为9.26%，占全国工业比重为2%。全年累计实现利润1398.60亿元，同比增长7.32%，占轻工行业比重为8.67%，占全国工业比重为2%。据中国轻工业联合会统计发布，12月份中轻塑料景气指数为88.35，虽运行在蓝色渐冷区间，但已接近绿色稳定区间底部，全年指数走势比较平稳。

（1）主营业务收入增长平稳，增幅略有提高

2016年全国塑料加工业完成主营业务收入22855.11亿元，同比增长6.21%，比2015年主营业务收入增幅提高了1.61个百分点。

分产品看，塑料制品主营收入中占比最大的产品是塑料板、管、型材，占比23.68%。而增速最高的产品是其他塑料制品类，同比增长为9.71%。其他塑料制品，塑料零件，日用塑料，塑料板、管、型材以及泡沫塑料等5个产品的主营业务收入同比增长率高于塑料行业主营业务收入增长率平均值。具体详见表3。

表3　2016年塑料制品主营业务收入增长及占比情况

塑料产品类别	2016年累计主营业务收入/千元	2015年累计主营业务收入/千元	同比增长/%	占比/%
其他塑料制品制造	379 717 310	346 106 323	9.71	16.61
塑料零件制造	175 899 710	162 922 176	7.97	7.70
日用塑料制造	192 361 930	179 364 218	7.25	8.42
塑料板、管、型材的制造	541 192 406	505 291 190	7.11	23.68
泡沫塑料制造	97 969 498	91 683 189	6.86	4.29
塑料	2 285 511 092	2 151 843 339	6.21	100.00
塑料包装箱及容器制造	191 723 672	181 856 215	5.43	8.39

续表

塑料产品类别	2016 年累计主营业务收入/千元	2015 年累计主营业务收入/千元	同比增长/%	占比/%
塑料薄膜制造	286 832 400	272 982 979	5. 07	12. 55
塑料丝、绳及编织品的制造	298 654 256	291 190 636	2. 56	13. 07
塑料人造革、合成革制造	121 159 910	120 446 413	0. 59	5. 30

来源：国家统计局

（2）利润总额持续稳步增长

2016 年全国塑料制品行业实现利润总额 1398. 60 亿元，同比增长了 7. 32%，比 2015 年利润总额增幅下降了 1. 48 个百分点。国家对企业实施的一系列扶持政策，特别是结构性减税、减费、降低企业成本负担等政策促使塑料制品行业经济效益水平保持了持续稳步提高。

分产品看，塑料板、管、型材累计完成利润总额最多，为 338. 48 亿元，同比增长 2. 66%，占比最高，为 24. 85%。同比增长率最高的产品是塑料零件，其增长 19. 89%（占比 7. 07%），共有塑料零件、其他塑料、日用塑料和塑料薄膜等 4 个产品增长率高于塑料制品利润总额平均增长率。利润总额下降的产品有塑料丝、绳及编织品和塑料人造革、合成革，同比分别下降了 0. 18% 和 6. 96%（占比分别为 13. 10% 和 4. 78%）。具体详见表 4：

表 4　　2016 年全国塑料加工业累计利润总额产品同比增长及占比情况

产品类别	2016 年累计利润总额/千元	2015 年累计利润总额/千元	同比增长/%	占比/%
塑料零件制造	9 893 596	8 251 983	19. 89	7. 07
其他塑料制品制造	23 328 193	19 515 219	19. 54	16. 68
日用塑料制造	11 213 570	10 017 582	11. 94	8. 02
塑料薄膜制造	16 569 125	14 996 587	10. 49	11. 85
塑料	139 859 907	130 320 971	7. 32	100. 00
塑料包装箱及容器制造	12 746 915	12 009 797	6. 14	9. 11
泡沫塑料制造	6 353 720	6 142 335	3. 44	4. 54
塑料板、管、型材的制造	34 749 560	33 848 061	2. 66	24. 85
塑料丝、绳及编织品的制造	18 319 087	18 352 766	-0. 18	13. 10
塑料人造革、合成革制造	6 686 141	7 186 641	-6. 96	4. 78

来源：国家统计局

3. 进出口增长低位企稳，呈稳中向好走势

根据海关总署的统计数据显示，2016 年，全国塑料制品出口量为 1761. 08 万吨，比上年同期增长了 6. 64%，增幅提高了 3. 91 个百分点，出口量增速逐季小幅增高；出口额 579. 02 亿美元，比上年同期下降了 5. 17%，增幅下降了 6. 21 个百分点，出口额增速显现逐季下降的趋势。2016 年塑料制品出口量约占同期全国塑料制品总产量的 22. 82%，相比上年同期 21. 84% 的出口占比，提高了 0. 98 个百分点。

2016 年，全国塑料制品进口量为 161. 62 万吨，比上年同期减少了 2. 28%；进口额 175. 49 亿美元，

比上年同期减少了1.46%，塑料制品进口呈现持续下降的趋势。

2016年，全国塑料制品进出口总值为754.52亿美元，比上年同期下降了4.34%，塑料制品进出口总值占轻工行业进出口总值的比重为11.11%；其中出口占10.50%，进口占13.72%。2016年，塑料制品贸易顺差为403.53亿美元，比上年同期下降了6.7%，塑料制品贸易顺差占轻工产品贸易顺差的比重为9.53%。2016年，中国进出口贸易顺差5099.63亿美元，塑料制品403.53亿美元的贸易顺差占比为7.91%。2016年，塑料制品出口占进出口总值比重76.74%，比上年同期下降了0.88%；进口占进出口总值比重为23.26%，比上年同期增加了3%。

表5　2016年塑料制品进出口总值完成情况

指标名称	计算单位	2016年累计	与上年同比累计增长/%
塑料制品行业主要商品进出口总值	亿美元	754.52	-4.34
其中：出口总值	亿美元	579.02	-5.17
进口总值	亿美元	175.49	-1.46
贸易顺差	亿美元	403.53	-6.70
出口占进出口总值比重	%	76.74	-0.88
进口占进出口总值比重	%	23.26	3.00

表6　2016年塑料分类产品出口量值表

商品名称	出口量/万吨	与上年同比/%	出口额/亿美元	与上年同比/%
1. 塑料单丝．条．杆．型材及异型	23.18	18.66	4.20	3.48
2. 塑料管及其附件	58.22	5.87	21.40	-3.97
3. 塑料板．片．膜．箔．带及扁条	335.54	7.23	95.66	-5.38
4. 塑料人造革、合成革	64.64	5.54	23.33	-8.62
5. 塑料包装箱及容器及其附件	219.99	1.53	77.68	-5.52
6. 塑料零件	5.59	59.22	8.04	50.51
7. 建筑用塑料制品	320.68	20.46	50.35	6.49
8. 日用塑料制品	367.05	-0.56	146.99	-11.71
9. 其他塑料制品	366.19	5.45	151.38	-3.16
塑料制品总计	1761.08	6.64	579.02	-5.17

表7　2016年塑料分类产品进口量值表

商品名称	进口量/万吨	与上年同比/%	进口额/亿美元	与上年同比/%
1. 塑料单丝、条、杆、型材及异型	0.98	11.14	1.02	2.40
2. 塑料管及其附件	4.50	-21.02	6.30	-21.00
3. 塑料板、片、膜、箔、带及扁条	97.64	-4.28	99.88	-5.34
4. 塑料人造革、合成革	4.30	-6.45	5.12	-4.93
5. 塑料包装箱及容器及其附件	20.19	3.16	12.16	-0.33
6. 塑料零件	4.62	45.86	15.87	41.61
7. 建筑用塑料制品	4.75	-6.20	1.60	-4.18
8. 日用塑料制品	5.51	12.85	3.00	4.13
9. 其他塑料制品	19.14	-2.00	30.54	0.90
塑料制品总计	161.62	-2.28	175.49	-1.46

表 8　　2016 年塑料分类产品进口单价与出口单价的比较

商品分类	进口单价/美元/千克	出口单价/美元/千克	进/出口单价比较（倍数）
1. 塑料单丝．条．杆．型材及异型	10. 38	1. 81	5. 73
2. 塑料管及其附件	14. 02	3. 68	3. 81
3. 塑料板．片．膜．箔．带及扁条	10. 23	2. 85	3. 59
4. 塑料人造革、合成革	11. 92	3. 61	3. 30
5. 塑料包装箱及容器及其附件	6. 02	3. 53	1. 71
6. 塑料零件	34. 34	14. 37	2. 39
7. 建筑用塑料制品	3. 38	1. 57	2. 15
8. 日用塑料制品	5. 44	4. 00	1. 36
9. 其他塑料制品	15. 95	4. 13	3. 86
塑料制品总计	10. 86	3. 29	3. 30

4. 行业发展亮点不断闪现，产业升级突破口正在打开

（1）积极探索绿色发展之路。2016 年，在环保政策越来越严格的巨大压力下，行业切实贯彻落实“节能降耗”工作，加快绿色、节能、高效新型加工成型工艺的发展，进一步促进行业健康发展。复合膜软包装行业无溶剂复合和水墨印刷都得到了快速的发展，目前无溶剂复合国内机台数已经突破 1000 台，技术创新势头强劲，国内首创的双头涂布快干型无溶剂复合机、水墨专用印刷机和国际首创的无溶剂凹印机陆续出台，为从源头削减 VOCs 提供了装备基础。改性塑料制品行业很多企业主动淘汰粉尘飞扬的工艺设备，投入资金更新设备，建成负压操作、密闭输送、布袋集尘的清洁生产线数十条，充分重视绿色环保，在生产过程中努力实现无尘化。2016 年 12 月，聚氨酯泡沫行业获批约 1. 4 亿美元联合国多边基金，XPS 泡沫行业获批约 1. 1 亿美元联合国多边基金，用以实施聚氨酯（PU）泡沫行业 HCFC－141b 淘汰计划（第二阶段）和挤出聚苯乙烯（XPS）泡沫行业 HCFC 淘汰计划（第二阶段），未来十年期间，这两个行业将逐步实现 HCFCs 消费量的削减，并最终在 2026 年完成全行业 HCFCs 淘汰。PVC 管材、异型材、板材等制品的铅盐稳定剂替代工作和水性、无溶剂合成革替代工作都在稳步推进。

（2）“互联网＋”助力行业新发展。随着电商平台的发展，通过电商平台销售塑料制品的 B2C 模式在 2016 年得到了发展。2016 年 4 月份由获得“中国塑料行业 A 级以上信用等级”的 16 家塑料家居用品企业作为首批成员，在上海诚信联盟成员企业集体与阿里巴巴签署了战略合作协议，其品牌产品在“天猫聚划算”、“出口优品”等电商平台得到了更好的宣传和推广。2014 年来，打造塑化行业的一站式 B2B 电商平台纷纷诞生，为客户提供免费撮合交易的服务，并根据撮合交易的大数据来做代售代购、物流等服务。如找塑料网、化塑汇、塑米城等。2016 年 5 月金发科技子公司金发大商旗下的电商平台易塑家正式上线。这类电商平台为国内中小制品生产企业提供一站式的原料采购服务，降低企业生产成本，帮助他们提升行业竞争力。

（3）“智能制造”尝试推广。在原材料和劳动力成本不断上涨的情况下，通过改良工艺以及利用智能设备提高生产效率，以赚取更多利润，是塑料企业智能转型的动力。沿海地区广东、浙江等地在转型升级上走在行业前列，不少企业开始使用机器人。如浙江省台州市黄岩区作为塑料制品行业“机器换人”试点，通过加大工业机器人购置奖励，坚持补优补强，搭建“机器换人”技术交流平台，加强人才支撑等措施，取得了阶段性的成效。作为浙江省首批“机器换人”示范企业，永高公司近年来先后投入 6 亿元，用于企业的智能化改造。塑料配线器材行业注塑机取件大部分采用机械手操作；烘料、配料、加料系统基本采用集中加料系统；后期的产品包装作业采用全自动包装机等等，一系列的全自动改造，将企业从劳动密集型转向技术创新型。

5. 创新发展任重道远

在经济新常态下，塑料加工业既面临自身结构调整的问题，也要承受关联行业需求变化的压力，创新发展任重道远。

进出口量、价分化明显，产品结构急需加快调整。根据海关总署的统计数据显示，2016年，全国塑料制品出口量同比增长6.64%，增幅提高了4个百分点，但出口额不增反降，同比下降5.17%，为近几年中首次下降。同时，2016年塑料制品九大分类产品中，均有高端塑料制品进口，平均进口单价10.86美元/千克，而同期平均出口单价为3.29美元/千克，平均进口单价是平均出口单价的3.3倍。说明低端产品过剩，中高端产品不足，高端产品进口依存度仍居高不下。

原材料市场价格波动大，企业生产成本控制难。由于石油煤炭价格上涨、物流运费上升、人民币贬值等多重因素叠加，2016年塑胶原料价格大幅上涨。例如：TDI价格从3月主流厂家商谈价在11700～11800元/吨至10月TDI价格突破50000元/吨大关；PE价格从年初的7000元/吨一路上涨到10月突破每吨万元大关；PVC现货价格上涨了150%左右；ABS原材料价格从年初的10000元/吨左右上涨到年末14000元/吨，仍处在供不应求的状态。对企业成本造成上升，给下游相关塑料生产企业带来很大的经营困难。

产业集中度低、创新能力不强。塑料加工业规上1.5万家企业中，大型企业只有143家，占0.97%，中型企业1666户，占11.28%。前十名企业主营业务收入占比仅3.1%，最大规模企业的主营收入不足200亿元。产业集中度低，企业小而分散，专业化水平较低，引发重复建设、相对产能过剩、无序竞争等突出问题。全行业创新体系不健全，协同创新和成果转化存在体制机制约束，行业企业技术科研机构缺乏前瞻性系统性，且研发投入不足，技术人才匮乏，利润水平不高。这些突出的问题亟待通过创新驱动，不断化解，实现突破。

6. 把握方向，加快升级，预计2017年将有恢复性增长

2017年及今后一段时间，塑料加工业要依据《塑料加工业“十三五”发展规划指导意见》和《中国制造2025》，以智能制造为抓手，紧紧围绕“功能化、轻量化、生态化、微成型”这一技术发展方向，从新材料、新技术、新装备、新产品四个方面发力，着力培育新的经济增长点；抓住行业回暖和新材料革命的重要机遇，紧紧把握结构调整方向，加快行业转型升级，预计2017年将有恢复性增长。

中国塑料加工工业协会2015年工作报告及2016年工作要点

中国塑料加工工业协会常务副理事长　曹俭

各位理事：

受钱桂敬理事长委托，由我向大会做2015年中国塑料加工工业协会第六届六次理事会工作报告和2016年工作安排。2015年是“十二五”规划收官之年，也是我国塑料工业进入新常态之年，也是全面推动大众创业，万众创新实施创新驱动战略之年。我们要全面认真贯彻落实党的十八届三中、四中、五中全会精神。要持之以恒推进党风廉政建设和反腐败斗争。经“十二五”期间的稳步调整，我国塑料工业逐步进入正常化，平稳健康发展。

2015年塑料制品行业的经济运行情况：据国家统计局数据显示，2015年汇总统计7226个企业的塑料制品产量为7560.82万吨，同比增长0.95%，比2014年7.44%的增长下降了6.49个百分点。

2015年我国塑料制品规模以上企业14763个，累计实现主营业务收入21466.10亿元，同比增长4.60%；实现利税1937.86亿元，同比增长8.26%；其中：利润总额1302.53亿元，同比增长8.8%。

据海关总署的统计数据显示，2015年全国塑料制品出口量为1651.47万吨，比上年同期增长了2.73%；出口额610.62亿美元，比上年同期增长了1.04%。

尽管2015年塑料加工业产量增幅、主营业务收入增幅、利润总额增幅均有所回落，但从整体上看，我国塑料加工业仍保持了平稳的发展态势，运

行位于合理区间。预计2016年我国塑料加工业的经济运行趋势仍将保持平稳增长。

2015年主要做了如下几项工作。

（一）5月19日在广州召开“中国塑协六届五次理事扩大会议暨塑料加工工业技术应用论坛”

会议期间，召开中国塑协六届九次常务理事扩大会议和六届五次理事扩大会议。邀请6位国内外行业知名专家做行业新技术报告，并出版《塑料加工业技术应用论坛论文集》，发表塑料行业技术论文和文章22篇。

参与中国工程院、先进成型技术学会主办的学术活动并做报告。提升中国塑协在行业中的地位。

（二）认真倾听企业意见，积极反映企业诉求，向政府提出意见建议，维护、争取行业利益

通过大量走访企业，参加各专委会年会等行业活动，宣传贯彻国家有关政策，了解企业运行情况，研究行业发展状况和存在问题，提出解决问题的对策，并积极帮助企业解决实际困难，对于行业重大情况组织力量积极研究并向上级有关部门提出合理建议。

根据征集意见提出塑料行业2016年关税调整意见、中日韩自贸区谈判塑料产品降税模式建议、塑料例外产品及适用零关税产品清单意见以及对《食品接触用塑料成型品》、《食品接触用塑料树脂》国家标准的意见等报国家工信部、商务部、卫生部、轻工联合会。

（三）接受政府委托，完成各类承担课题

1. 研究行业科技发展现状，撰写行业研究报告

（1）承担工信部下达的《生物基塑料发展政策研究》课题研究，携协会相关专委会完成研究报告，提出国家支持农用生物材料及降解地膜发展的意见建议，顺利通过工信部验收。

（2）承担轻工联合会2016年度塑料技改项目重点方向研究课题，组织征集、整理完成“2016年度塑料技改项目重点方向”研究报告，提出行业申报技改项目。

（3）根据塑料加工业现状及发展方向，组织撰写轻工联合会布置的“消费品品质提升三年行动计划”材料、“塑料加工业‘十三五’行业节能减排形势分析”，“塑料行业装备技术进步‘十三五’发展指导意见”等报告。

（4）组织协会复合膜、合成革专委会完成“中国塑料加工行业VOC有关情况”报告提交中国轻工联合会和环保部。

调研“塑料行业‘走出去’情况征求政策意见，与专委会、企业沟通征集企业信息上报轻工联合会。

2. 搭建科技平台，根据行业需要，开展专题、专项研究，推进行业技术进步

（1）承担质检总局《食品相关产品风险监控与安全监督管理技术规范》研究制定课题，组织开展行业相关调研及专题研讨会。

（2）携相关专委会联合全国农业技术推广服务中心、中国农用塑料应用技术学会共同继续组织开展“农用生物降解地膜农田应用试验”，推进生物降解地膜科研及产业化。

3. 及时发布文件、信息，组织行业企业参加各种科技项目、奖励的申报

通过网站、信箱、电话通知等多种渠道尽量让更多企业知道并参与，帮助企业审查、把关文字材料。

组织了轻工行业国家重点推广的低碳技术，国家发改委、工信部技术改造项目，《国家鼓励的有毒有害原料（产品）替代品目录（2012年版）》实施效果调查和新版目录，塑料制品业领域开展技术经济安全评估等项目的申报；帮助行业企业组织部级科技项目技术鉴定4项；推荐企业申报国家知识产权局第十七届中国专利奖；推荐了行业21家企业申报2015年中国轻工业联合会科学技术奖。

经我协会提出、由轻工联合会上报的长效光温调控温室大棚膜、大口径钢带增强聚乙烯螺旋波纹管、PBSA全生物降解塑料及系列产品、类纳米材料改性聚苯乙烯树脂、高性能氟塑料、废旧塑料高性能化技术示范等6个技改项目入选2015年国家技改计划；推荐的4项专利3项专利获得中国专利优秀奖；推荐“佛山佛塑科技集团股份有限公司”获得国家知识产权运用标杆企业；推荐广东海兴塑胶公司获第一届中国轻工业优秀设计优秀设计奖。

（四）组织力量认真编制《塑料加工业“十三五”发展规划指导意见（框架初稿）》，启动《塑料加工业“十三五”技术进步指导意见》

2015年，协会组织力量，收集材料，整理征集意见，认真编写《塑料加工业“十三五”发展规划指导意见（框架初稿）》，提交六届五次理事会扩大会议审议。启动《塑料加工业“十三五”技术进步指导意见》的编制工作。

组织召开协会科技咨询委员会第二次会议，研究并讨论了《塑料加工业“十三五”发展规划指导意见（框架初稿）》；塑料加工行业涉及的“十三五”技术进步、技术装备和节能减排、2016年度技术改造项目；《塑料加工业“十三五”技术进步指导意见》中应提出的前沿技术、关键共性技术、重点推广技术及清洁生产、重点装备研发技术项目；引导塑料加工行业开展的重大技术项目等相关内容。

（五）积极为行业和企业提供信息服务

1. 做好《中国塑协通讯》编辑工作

《中国塑协通讯》积极做好会员服务工作，开辟了政策法规，行业动态，新材料、新技术、新设备，专题论述，统计数据，市场信息，质量与标准，行业公告等栏目，及时向会员单位提供行业数据，提供信息咨询，加强信息交流，服务行业企业，引导行业健康发展。为了使塑料加工行业的运营状态、存在问题、热点、难点以及行业、企业诉求能够及时报送给中办、国办以及有关政府部门，信息部不定期向轻工联合会报送行业热点信息。全年报送了2篇信息，分别为“媒体误导舆论　消费引恐慌”，“谨防复合膜软包装行业的VOCs排污收费导致劣币驱良币”。

2. 加强中国塑协网站 www.cppia.com.cn 运行维护工作

中国塑协信息网紧跟国家方针政策，抓住行业热点和发展动向，力争快速、准确、客观地进行报道。访问量达到近2190万，成为国内最有影响力的塑料行业网站之一。积极配合我协会举办的“2016中国国际塑料新材料、新技术、新装备、新产品展览会”，中国塑协信息网在首页醒目位置设立通栏横幅，设立了“展览会倒计时栏目牌”，时刻提醒访问者关注这一重要展会的召开。

针对行业出现情况，及时报道社会热点。对北京卫视频道《我是大医生》播出的“掐掉肿瘤的口粮”和“冰箱保卫战”两期节目中有关塑料制品的使用知识和各品种塑料的性能表述有错误的事件，在首页醒目位置设立通栏横幅及时报道，并组织多位行业内的权威专家的文章，纠正北京卫视频道的错误言论，从正面对塑料制品的卫生安全性能、使用方法、标准、标识等进行了大量报道。

3. 按时编辑出版行业季度和年度经济运行分析报告

作为服务行业服务企业的重要举措，六届以来信息部定期按时编辑出版行业季度和年度经济运行分析报告，对国家统计局数据进行全面深入分析，并结合行业发展状况做出点评，引导行业发展方向，积极打造行业信息服务平台，为会员企业做好信息服务工作。

（六）做好会员的组织基础服务工作

1. 自2013年协会参加了民政部的5A级评估工作后，会员管理逐步规范。针对协会分支机构多、会员重叠、信息老化、会员分散、变化快等特点，我们加强了会员的发展、组织和管理等系列管理工作，逐步理顺会员之间的各种关系，特别是重点抓好会员组织体系完善。

（1）协会直接发展会员入会手续办理规范、快速，信息全面，会费缴纳及时；分支机构代为发展的会员逐渐按照规范管理要求进行，统一填报入会申请表，由会员部按照会员所属塑料子行业的情况，归类到有关分支机构进行专业的服务。（2）各分支机构在进行换届筹备中，能够按照要求对会员进行重新登记，对没有办理入会手续的进行补办，以完善会员的资格和保证信息的全面和会员的沟通。

2. 做好为特色区域和产业集群的培育、共建的服务工作

当前国家经济进入新常态，依据区域优势，弘扬区域品牌，加大产业集群的发展力度，带动全行业整体水平的提高，对塑料行业的发展具有极其重要的战略意义。根据《中国轻工业特色区域和产业集群共建管理办法》和《关于授予中国塑料加工行业特色区域荣誉称号的管理办法》的有关规定，继续规范塑料行业的特色区域和产业集群培育和共建，在去年工作的基础上不断总结经验，解决存在的问题，按照国家和中轻联的有关要求规范好、建设好。根据地方政府的申请和行业的实际情况，对新申请的严格按照管理办法进行初评，对到期的进行复评，对以前协会自行授予的，按照相关规定在复评时，规范到与中轻联一起共建。为此，我们与中轻联一起分别对浙江省温岭市“中国日用塑料名城·温岭”、福建省福鼎市“中国生态合成革产业园区·福鼎”、广东省揭阳市“中国塑料时尚鞋之都·揭阳”进行了初评；对温州市“中国塑编之都·温州”和“中国塑料薄膜生产基地·温州”进行复评。还应重庆市人民政府要求，为响应国家“一带一路”“长江经济带”战略要求，促进重庆市梁平县塑料工业的快速发展，我协会还与重庆市

梁平县共同培育“中国西部（重庆）塑料生态产业园”。

3. 继续做好中国塑料行业企业信用等级评价和结果的推广应用工作

为贯彻落实党的十八大精神，充分发挥企业的市场经济主体作用，切实推进社会诚信和信用体系建设，努力营造诚实、自律、守信、互信的社会信用环境。根据商务部、国资委的有关要求，我协会开始每年上下半年分两期常态有序地开展此项工作。同时，按照今年8月份商务部、国资委下发的《关于进一步做好行业信用评价工作的意见》（商信用字（2015）1号）中有关规定，我们根据行业具体情况，修改了申报通知，按照企业性质不同分别制定了制造类、非制造类评价体系，制定了不同的评估指标，使我们设立的考核指标更加具有行业特色和企业特点，从而更全面、科学的反映企业信用的真实情况。

我们还积极参加和学习商务部、国资委召开的有关诚信建设的各种会议和文件，学习兄弟协会的好的经验，注重结果的使用和推广，使我们的参评企业的评价结果及时上报商务部的“中国市场秩序网”和刊登在商务部的“中国行业信用企业名录”中，供商务部在相关机构进行推广。去年共计三批次进行了72家初评、61家复评。近几年来，商务部积极推进行政管理信息共享机制建设工作。商务领域企业信用信息交换共享平台的第一批（包括我协会认证的企业在内）1万家A级以上企业的信用信息在中央平台上线运行，为商务部在行政管理事项中使用企业信用记录提升宏观决策和行政管理效率，提供了有效的技术支撑。同时，商务部正通过发展改革委、人民银行牵头的不良的信用记录，共建共享工作机制和国家电子政务外网，逐步将上述行业信用评价结果与国家信用信息平台以及各相关部门进行信息交换共享，从而在更大的范围内实现应用。为此，我们借助政府在推动行业信用建设的力量，积极开展塑料行业信用体系建设，加强行业自律、规范行业行为，对接政府职能和服务转移，充分发挥协会熟悉行业，是政府与企业桥梁纽带的作用，真正将这项工作抓紧抓实。目前，中国塑料行业企业信用等级评价结果已得到相关政府部门、机构的认可，并在他们的相关工作中加以应用。同时，这项工作已逐渐得到行业企业的认可，企业咨询的多了，参加评价的多了，这项工作正有序地开展。

4. 召开2015年全国塑料行业省、市商、协会工作座谈会

完成中空、塑编、EPS、塑木四专委会换届. XPS专委会成立。注塑专委会筹备换届工作。

5. 完成中国轻工塑料行业十强企业申报工作

按照中轻联要求，积极参加2015年中国轻工业联合会开展的轻工行业十强企业、轻工百强企业评价工作。通过我们宣传、组织、布置、协调、推荐、审核等，评出广东联塑科技实业有限公司等十家企业为“2014年度中国轻工塑料行业十强企业”；公元塑业集团有限公司等九家企业入选“2014年度年中国轻工行业百强企业”；同时还分别评出塑料异型材、塑料管材、塑料人造革合成革和板片材4个子行业的十强企业。

6. 积极支持指导各分支机构开展工作

2015年各专委会举办各种技术交流，国际论坛。学习报告会三十多场。其中专家委员会、塑料管道专委会、工程塑料专委会、氟塑料专委会、BOPET专委会等举办的国际论坛，技术交流收到行业的赞扬。完成中空、塑编、EPS、塑木四专委会换届，XPS专委会成立。注塑专委会筹备换届工作。

（七）组织国内外交流活动

积极开展国际交流合作活动，2015年5月应意大利方面邀请，中国塑协组团参观了米兰国际橡塑展，取得了良好效果，扩大了中国塑协与其他国家塑料行业领域的合作和交流。

（八）积极推进标准化工作

（1）组织开展GB13735－92《聚乙烯吹塑农用地面覆盖薄膜》国家标准修订工作；

（2）组织开展《一次性非可降解餐饮具通用技术要求》国家标准制定工作；

（3）配合国家海关和轻工联合会，组织开展好加工贸易单耗标准制定工作，组织征集、筛选并申报2016年加工贸易单耗标准项目3个提交轻工联和海关总署。

（九）加强秘书处自身建设

深入开展党的思想教育工作，认真开展“三严三实”活动。加强秘书处自身建设，提升新形势下行业组织的服务能力，进一步提高说清行业、引领行业发展的专业业务水平，进一步提高服务行业、企业，服务政府、服务社会的能力，进一步完善自身制度建设和规范管理，进一步加强班子和人才队伍建设，以优异服务和高素质队伍增强行业协会竞

争力，赢得企业和行业认可。同时做好财务管理工作，年检通过，理顺秘书处与各专委会人员管理，完善社保等管理工作。

2015 年工作上存在的不足：

1. 由于协会秘书处工作人员较少，深入企业调查研究不多，不能及时掌握企业和行业存在的问题。向上级政府反映情况不够及时。

2. 协会对行业内职工的教育培训方面做的工作还不够。2016 年要着重开展教育培训工作。

3. 协会秘书处的工作人员要不断提高对行业服务的能力和水平。

2016 年主要工作要点

（1）4 月份在上海召开中国塑协六届六次理事扩大会议和准备在下半年召开第七次会员代表大会。并举办宏观经济论坛和塑料加工业技术应用论坛。

（2）组织编制《塑料加工业“十三五”发展规划指导意见》和《塑料加工业十三五技术进步指导意见》。

（3）组织办好中国塑协第二届“四新展览会”初步定在南京，时间 11 月份（11 月 6 - 8 日）。

（4）组织实施开展“消费品品质提升三年行动计划”塑料专题的撰写和实施工作。

（5）建设健全职工教育培训委员会工作

（6）组织各专委会、专家参加 2015 年 K 展，找出我国塑料加工业各子行业与德国塑料工业 4.0 的差距。研究制定塑料行业中国制造 2025 技术路线图。

（7）继续抓好协会秘书处和各专委会的日常工作：科技技改、环保申报、会员管理、财务规范。

（8）进一步加强党组织建设，认真开展上级党组织交办的各项任务、严肃党风党纪建设。认真学习贯彻党的十八大和三中、四中、五中全会和中央经济工作会议精神。

（9）做好行业协会脱钩改革工作。我协会是第二批开展脱钩改革工作。从 2016 年 6 月开始。

（10）做好塑料行业“互联网 +”融合工作。

政策法规

2017 年塑料及其制品海关进出口税率

商品编码	附加编号	商品名称（点击查询商品进出口统计数据）	进口税率		出口税率	增值税	消费税	计量单位	监管条件
			优惠	普通					
39011000	01	初级形状比重 <0.94 的聚乙烯	6.5	45.0	0.0	17.0	0.0	千克	A
39011000	90	初级形状比重 <0.94 的聚乙烯	6.5	45.0	0.0	17.0	0.0	千克	A
39012000	01	初级形状比重≥0.94 的聚乙烯	6.5	45.0	0.0	17.0	0.0	千克	A
39012000	90	初级形状比重≥0.94 的聚乙烯	6.5	45.0	0.0	17.0	0.0	千克	A
39013000		初级形状乙烯-乙酸乙烯酯共聚物	6.5	45.0	0.0	17.0	0.0	千克	A
39019010		乙烯-丙烯共聚物（乙丙橡胶）	6.5	45.0	0.0	17.0	0.0	千克	A
39019020		线型低密度聚乙烯	6.5	45.0	0.0	17.0	0.0	千克	A
39019090		其他初级形状的乙烯聚合物	6.5	45.0	0.0	17.0	0.0	千克	A
39021000	10	电工级初级形状聚丙烯树脂	6.5	45.0	0.0	17.0	0.0	千克	A
39021000	90	其他初级形状的聚丙烯	6.5	45.0	0.0	17.0	0.0	千克	A
39022000		初级形状的聚异丁烯	6.5	45.0	0.0	17.0	0.0	千克	AB
39023010		乙烯-丙烯共聚物（乙丙橡胶）	6.5	45.0	0.0	17.0	0.0	千克	
39023090		其他初级形状的丙烯共聚物	6.5	45.0	0.0	17.0	0.0	千克	
39029000	10	端羧基聚丁二烯，CTPB	6.5	45.0	0.0	17.0	0.0	千克	3
39029000	20	端羟基聚丁二烯，HTPB	6.5	45.0	0.0	17.0	0.0	千克	3
39029000	90	其他初级形状的烯烃聚合物	6.5	45.0	0.0	17.0	0.0	千克	
39031100		初级形状的可发性聚苯乙烯	6.5	45.0	0.0	17.0	0.0	千克	A
39031900		初级形状的其他聚苯乙烯	6.5	45.0	0.0	17.0	0.0	千克	A
39032000		初级形状苯乙烯-丙烯腈共聚物	12.0	45.0	0.0	17.0	0.0	千克	
39033000		丙烯腈-丁二烯-苯乙烯共聚物	6.5	45.0	0.0	17.0	0.0	千克	A
39039000		初级形状的其他苯乙烯聚合物	6.5	45.0	0.0	17.0	0.0	千克	
39041010		聚氯乙烯糊树脂	6.5	45.0	0.0	17.0	0.0	千克	A
39041090	01	聚氯乙烯纯粉	6.5	45.0	0.0	17.0	0.0	千克	A
39041090	90	其他初级形状的纯聚氯乙烯	6.5	45.0	0.0	17.0	0.0	千克	A
39042100		初级形状未塑化的聚氯乙烯	6.5	45.0	0.0	17.0	0.0	千克	
39042200		初级形状已塑化的聚氯乙烯	6.5	45.0	0.0	17.0	0.0	千克	
39043000		氯乙烯-乙酸乙烯酯共聚物	9.0	45.0	0.0	17.0	0.0	千克	
39044000		初级形状的其他氯乙烯共聚物	12.0	45.0	0.0	17.0	0.0	千克	
39045000		初级形状的偏二氯乙烯聚合物	6.5	45.0	0.0	17.0	0.0	千克	
39046100		初级形状的聚四氟乙烯	10.0	45.0	0.0	17.0	0.0	千克	

续表

商品编码	附加编号	商品名称（点击查询商品进出口统计数据）	进口税率		出口税率	增值税	消费税	计量单位	监管条件
			优惠	普通					
39046900		初级形状的其他氟聚合物	6.5	45.0	0.0	17.0	0.0	千克	
39049000		初级形状的其他卤化烯烃聚合物	10.0	45.0	0.0	17.0	0.0	千克	
39051200		聚乙酸乙烯酯的水分散体	10.0	45.0	0.0	17.0	0.0	千克	
39051900		其他初级形状聚乙酸乙烯酯	10.0	45.0	0.0	17.0	0.0	千克	
39052100		乙酸乙烯酯共聚物的水分散体	10.0	45.0	0.0	17.0	0.0	千克	
39052900		其他初级形状的乙酸乙烯酯共聚物	10.0	45.0	0.0	17.0	0.0	千克	
39053000		初级形状的聚乙烯醇	14.0	45.0	0.0	17.0	0.0	千克	AB
39059100		其他乙烯酯或乙烯基的共聚物	10.0	45.0	0.0	17.0	0.0	千克	
39059900		其他乙烯酯或乙烯基的聚合物	10.0	45.0	0.0	17.0	0.0	千克	
39061000		初级形状的聚甲基丙烯酸甲酯	6.5	45.0	0.0	17.0	0.0	千克	
39069010		聚丙烯酰胺	6.5	45.0	0.0	17.0	0.0	千克	AB
39069090	01	聚丙烯酸钠	6.5	45.0	0.0	17.0	0.0	千克	
39069090	90	其他初级形状的丙烯酸聚合物	6.5	45.0	0.0	17.0	0.0	千克	
39071010		初级形状的聚甲醛	6.5	45.0	0.0	17.0	0.0	千克	
39071090		其他初级形状的聚缩醛	6.5	45.0	0.0	17.0	0.0	千克	
39072010		聚四亚甲基醚二醇	6.5	45.0	0.0	17.0	0.0	千克	
39072090		初级形状的其他聚醚	6.5	45.0	0.0	17.0	0.0	千克	
39073000	01	初级形状溴质量≥18%或进口 CIF 价	6.5	45.0	0.0	17.0	0.0	千克	
39073000	90	初级形状的环氧树脂	6.5	45.0	0.0	17.0	0.0	千克	
39074000		初级形状的聚碳酸酯	6.5	45.0	0.0	17.0	0.0	千克	
39075000		初级形状的醇酸树脂	10.0	45.0	0.0	17.0	0.0	千克	
39076011		高粘度聚对苯二甲酸乙二酯切片	6.5	45.0	0.0	17.0	0.0	千克	A
39076019		其他聚对苯二甲酸乙二酯切片	6.5	45.0	0.0	17.0	0.0	千克	A
39076090		其他初级形状聚对苯二甲酸乙二酯	6.5	45.0	0.0	17.0	0.0	千克	A
39077000		初级形状的聚乳酸	6.5	45.0	0.0	17.0	0.0	千克	
39079100		初级形状的不饱和聚酯	6.5	45.0	0.0	17.0	0.0	千克	
39079910	01	未经增强或改性的初级形状 PBT 树	6.5	45.0	0.0	17.0	0.0	千克	
39079910	90	其他聚对苯二甲酸丁二酯	6.5	45.0	0.0	17.0	0.0	千克	
39079990		初级形状的其他聚酯	6.5	45.0	0.0	17.0	0.0	千克	AB
39081011		聚酰胺-6，6 切片	6.5	45.0	0.0	17.0	0.0	千克	
39081019	10	尼龙 11、尼龙 12 切片	6.5	45.0	0.0	17.0	0.0	千克	
39081019	90	聚酰胺-6 切片等	6.5	45.0	0.0	17.0	0.0	千克	
39081090		其他初级形状的聚酰胺-6，6 等	6.5	45.0	0.0	17.0	0.0	千克	

续表

商品编码	附加编号	商品名称（点击查询商品进出口统计数据）	进口税率		出口税率	增值税	消费税	计量单位	监管条件
			优惠	普通					
39089000		初级形状的其他聚酰胺	10.0	45.0	0.0	17.0	0.0	千克	
39091000		初级形状的尿素树脂及硫尿树脂	6.5	45.0	0.0	17.0	0.0	千克	
39092000		初级形状的蜜胺树脂	6.5	45.0	0.0	17.0	0.0	千克	
39093010		聚（亚甲基苯基异氰酸酯）（聚合MDI）	6.5	35.0	0.0	17.0	0.0	千克	
39093090		其他初级形状的氨基树脂	6.5	45.0	0.0	17.0	0.0	千克	
39094000		初级形状的酚醛树脂	6.5	45.0	0.0	17.0	0.0	千克	
39095000		初级形状的聚氨基甲酸酯	6.5	45.0	0.0	17.0	0.0	千克	
39100000		初级形状的聚硅氧烷	6.5	45.0	0.0	17.0	0.0	千克	
39111000		初级形状的石油树脂等	6.5	45.0	0.0	17.0	0.0	千克	
39119000	01	芳基酸与芳基胺预缩聚物	6.5	45.0	0.0	17.0	0.0	千克	
39119000	03	改性三羟乙基脲酸酯类预缩聚物	6.5	45.0	0.0	17.0	0.0	千克	
39119000	04	聚苯硫醚	6.5	45.0	0.0	17.0	0.0	千克	
39119000	05	偏苯三酸酐和异氰酸预缩聚物	6.5	45.0	0.0	17.0	0.0	千克	
39119000	90	其他初级形状的多硫化物、聚砜等	6.5	45.0	0.0	17.0	0.0	千克	
39121100	01	未塑化二醋酸纤维素等	6.5	40.0	0.0	17.0	0.0	千克	
39121100	90	初级形状的未塑化醋酸纤维素	6.5	40.0	0.0	17.0	0.0	千克	
39121200		初级形状的已塑化醋酸纤维素	6.5	40.0	0.0	17.0	0.0	千克	
39122000		初级形状的硝酸纤维素	6.5	45.0	0.0	17.0	0.0	千克	
39123100		初级形状的羧甲基纤维素及其盐	6.5	45.0	0.0	17.0	0.0	千克	
39123900		初级形状的其他纤维素醚	6.5	45.0	0.0	17.0	0.0	千克	
39129000		初级形状的其他未列名的纤维素	6.5	45.0	0.0	17.0	0.0	千克	
39131000		初级形状的藻酸及盐和酯	10.0	45.0	0.0	17.0	0.0	千克	AB
39139000		初级形状的其他未列名天然聚合物	6.5	50.0	0.0	17.0	0.0	千克	
39140000		初级形状的离子交换剂	6.5	45.0	0.0	17.0	0.0	千克	
39151000		乙烯聚合物的废碎料及下脚料	6.5	50.0	0.0	17.0	0.0	千克	AP
39152000		苯乙烯聚合物的废碎料及下脚料	6.5	50.0	0.0	17.0	0.0	千克	AP
39153000		氯乙烯聚合物的废碎料及下脚料	6.5	50.0	0.0	17.0	0.0	千克	AP
39159010		聚对苯二甲酸乙二酯废碎料及下脚料	6.5	50.0	0.0	17.0	0.0	千克	AP
39159090		其他塑料的废碎料及下脚料	6.5	50.0	0.0	17.0	0.0	千克	AP
39161000		乙烯聚合物制单丝，条，杆及型材	10.0	45.0	0.0	17.0	0.0	千克	
39162000		氯乙烯聚合物制单丝，条，杆及型材	10.0	45.0	0.0	17.0	0.0	千克	
39169010		聚酰胺制的单丝，条，杆及型材	10.0	45.0	0.0	17.0	0.0	千克	

续表

商品编码	附加编号	商品名称（点击查询商品进出口统计数据）	进口税率		出口税率	增值税	消费税	计量单位	监管条件
			优惠	普通					
39169090		其他塑料制单丝，条，杆及型材	10.0	45.0	0.0	17.0	0.0	千克	
39171000		硬化蛋白或纤维素材料制人造肠衣	10.0	50.0	0.0	17.0	0.0	千克	A
39172100		乙烯聚合物制的硬管	10.0	45.0	0.0	17.0	0.0	千克	
39172200		丙烯聚合物制的硬管	10.0	45.0	0.0	17.0	0.0	千克	
39172300		氯乙烯聚合物制的硬管	10.0	45.0	0.0	17.0	0.0	千克	
39172900		其他塑料制的硬管	10.0	45.0	0.0	17.0	0.0	千克	
39173100		塑料制的软管	10.0	45.0	0.0	17.0	0.0	千克	
39173200		其他未装有附件的塑料制管子	6.5	45.0	0.0	17.0	0.0	千克	
39173300		其他装有附件的塑料管子	6.5	45.0	0.0	17.0	0.0	千克	
39173900		塑料制的其他管子	6.5	45.0	0.0	17.0	0.0	千克	
39174000		塑料制的管子附件	10.0	45.0	0.0	17.0	0.0	千克	
39181010		氯乙烯聚合物制糊墙品	10.0	45.0	0.0	17.0	0.0	千克	
39181090		氯乙烯聚合物制的铺地制品	10.0	45.0	0.0	17.0	0.0	千克	
39189010		其他塑料制的糊墙品	10.0	45.0	0.0	17.0	0.0	千克	
39189090		其他塑料制的铺地制品	10.0	45.0	0.0	17.0	0.0	千克	
39191010		丙烯酸树脂类为主的自粘塑料板等	6.5	45.0	0.0	17.0	0.0	千克	
39191091		宽度≤20cm 的胶囊型反光膜	6.5	45.0	0.0	17.0	0.0	千克	
39191099		其他宽度≤20cm 的自粘塑料板片等	6.5	45.0	0.0	17.0	0.0	千克	
39199010		其他胶囊型反光膜	6.5	45.0	0.0	17.0	0.0	千克	
39199090		其他自粘塑料板，片，膜等材料	6.5	45.0	0.0	17.0	0.0	千克	
39201010		乙烯聚合物制电池隔膜	6.5	45.0	0.0	13.0	0.0	千克	
39201090	01	乙烯－四氟乙烯膜（四氟乙烯单体含	6.5	45.0	0.0	13.0	0.0	千克	
39201090	10	农用非泡沫聚乙烯薄膜	6.5	45.0	0.0	13.0	0.0	千克	
39201090	90	其他非泡沫乙烯聚合物板，片，膜，	6.5	45.0	0.0	17.0	0.0	千克	
39202010		丙烯聚合物制电池隔膜	6.5	45.0	0.0	13.0	0.0	千克	
39202090	10	农用非泡沫聚丙烯薄膜	6.5	45.0	0.0	13.0	0.0	千克	
39202090	90	非泡沫丙烯聚合物板，片，膜，箔及	6.5	45.0	0.0	17.0	0.0	千克	
39203000		非泡沫苯乙烯聚合物板，片，膜，箔，	6.5	45.0	0.0	17.0	0.0	千克	
39204300	10	农用软质聚氯乙烯薄膜	6.5	45.0	0.0	17.0	0.0	千克	
39204300	90	氯乙烯聚合物板，片，膜，箔及扁条	6.5	45.0	0.0	17.0	0.0	千克	
39204900	10	其他农用软质聚氯乙烯薄膜	6.5	45.0	0.0	13.0	0.0	千克	
39204900	90	其他氯乙烯聚合物板，片，膜，箔及	6.5	45.0	0.0	17.0	0.0	千克	
39205100		聚甲基丙烯酸甲酯板片膜箔及扁条	6.5	45.0	0.0	17.0	0.0	千克	

续表

商品编码	附加编号	商品名称（点击查询商品进出口统计数据）	进口税率		出口税率	增值税	消费税	计量单位	监管条件
			优惠	普通					
39205900		其他丙烯酸聚合物板片膜箔及扁条	6.5	45.0	0.0	17.0	0.0	千克	
39206100		聚碳酸酯制板，片，膜，箔，扁条	6.5	45.0	0.0	17.0	0.0	千克	
39206200	01	9≤厚≤15.9 微米聚酯薄膜	6.5	45.0	0.0	17.0	0.0	千克	
39206200	02	5≤厚≤8.9 微米聚酯薄膜	6.5	45.0	0.0	17.0	0.0	千克	
39206200	03	16≤厚≤29.9 微米聚酯薄膜	6.5	45.0	0.0	17.0	0.0	千克	
39206200	04	50≤厚≤99.9 微米聚酯薄膜	6.5	45.0	0.0	17.0	0.0	千克	
39206200	09	其他聚对苯二甲酸乙二酯板片膜等	6.5	45.0	0.0	17.0	0.0	千克	
39206300		不饱和聚酯板，片，膜，箔及扁条	10.0	45.0	0.0	17.0	0.0	千克	
39206900		其他聚酯板，片，膜，箔及扁条	10.0	45.0	0.0	17.0	0.0	千克	
39207100		再生纤维素制板，片，膜，箔及扁条	6.5	45.0	0.0	17.0	0.0	千克	
39207300		醋酸纤维素制板，片，膜，箔及扁条	6.5	45.0	0.0	17.0	0.0	千克	
39207900		其他纤维素衍生物制板，片，膜箔及	10.0	45.0	0.0	17.0	0.0	千克	
39209100	01	聚乙烯醇缩丁醛膜	6.5	45.0	0.0	17.0	0.0	千克	
39209100	90	聚乙烯醇缩丁醛板，片，箔，扁条	6.5	45.0	0.0	17.0	0.0	千克	
39209200		聚酰胺板，片，膜，箔，扁条	10.0	45.0	0.0	17.0	0.0	千克	
39209300		氨基树脂板，片，膜，箔，扁条	6.5	45.0	0.0	17.0	0.0	千克	
39209400		酚醛树脂板，片，膜，箔，扁条	10.0	45.0	0.0	17.0	0.0	千克	
39209910		聚四氟乙烯制非泡沫塑料板，片，箔	6.5	45.0	0.0	17.0	0.0	千克	
39209990		其他非泡沫塑料板，片，膜，箔，扁条	6.5	45.0	0.0	17.0	0.0	千克	
39211100		泡沫聚苯乙烯板，片，带，箔，扁条	10.0	45.0	0.0	17.0	0.0	千克	
39211210		泡沫聚氯乙烯人造革及合成革	9.0	70.0	0.0	17.0	0.0	千克	5
39211290		泡沫聚氯乙烯板，片，带，箔，扁条	6.5	45.0	0.0	17.0	0.0	千克	5
39211310		泡沫聚氨酯制人造革及合成革	9.0	70.0	0.0	17.0	0.0	千克	5
39211390		泡沫聚氨酯板，片，带，箔，扁条	6.5	45.0	0.0	17.0	0.0	千克	5
39211400		泡沫再生纤维素板，片，膜，箔，扁条	10.0	45.0	0.0	17.0	0.0	千克	
39211910		其他泡沫塑料制人造革及合成革	9.0	45.0	0.0	17.0	0.0	千克	
39211990		其他泡沫塑料板，片，膜，箔，扁条	6.5	45.0	0.0	17.0	0.0	千克	
39219020		以聚乙烯为基本成分的板片	6.5	45.0	0.0	17.0	0.0	千克	
39219030		聚异丁烯为基本成分的板片卷材	6.5	45.0	0.0	17.0	0.0	千克	
39219090	01	离子交换膜	6.5	45.0	0.0	17.0	0.0	千克	5
39219090	10	敏感物项管制结构复合材料的层压	6.5	45.0	0.0	17.0	0.0	千克	35
39219090	90	未列名塑料板，片，膜，箔，扁条	6.5	45.0	0.0	17.0	0.0	千克	5
39221000		塑料浴缸，淋浴盘，洗涤槽及盥洗盆	10.0	80.0	0.0	17.0	0.0	千克	

续表

商品编码	附加编号	商品名称（点击查询商品进出口统计数据）	进口税率		出口税率	增值税	消费税	计量单位	监管条件
			优惠	普通					
39222000	10	含濒危动物成分的塑料马桶座圈及	10.0	80.0	0.0	17.0	0.0	千克	EF
39222000	90	其他塑料马桶座圈及盖	10.0	80.0	0.0	17.0	0.0	千克	
39229000		塑料便盆，抽水箱等类似卫生洁具	10.0	80.0	0.0	17.0	0.0	千克	
39231000		塑料制盒，箱及类似品	10.0	80.0	0.0	17.0	0.0	千克	
39232100		乙烯聚合物制袋及包	10.0	80.0	0.0	17.0	0.0	千克	
39232900		其他塑料制的袋及包	10.0	80.0	0.0	17.0	0.0	千克	
39233000		塑料制坛，瓶及类似品	6.5	80.0	0.0	17.0	0.0	千克	
39234000		塑料制卷轴，纡子，筒管及类似品	10.0	35.0	0.0	17.0	0.0	千克	
39235000		塑料制塞子，盖子及类似品	10.0	80.0	0.0	17.0	0.0	千克	
39239000		供运输或包装货物用其他塑料制品	10.0	80.0	0.0	17.0	0.0	千克	
39241000		塑料制餐具及厨房用具	10.0	80.0	0.0	17.0	0.0	千克	AB
39249000		塑料制其他家庭用具及卫生或盥洗	10.0	80.0	0.0	17.0	0.0	千克	B
39251000		塑料制囤，柜，罐，桶及类似容器	10.0	80.0	0.0	17.0	0.0	千克	
39252000		塑料制门，窗及其框架，门槛	10.0	80.0	0.0	17.0	0.0	千克	
39253000		塑料制窗板，百叶窗及类似制品	10.0	80.0	0.0	17.0	0.0	千克	
39259000		其他未列名的建筑用塑料制品	10.0	80.0	0.0	17.0	0.0	千克	
39261000		办公室或学校用塑料制品	10.0	80.0	0.0	17.0	0.0	千克	
39262011		聚氯乙烯制手套（包括分指手套）	10.0	90.0	0.0	17.0	0.0	双	
39262019		其他塑料制手套（包括分指手套）	10.0	90.0	0.0	17.0	0.0	双	
39262090		其他塑料制衣服及衣着附件	10.0	90.0	0.0	17.0	0.0	千克	
39263000		塑料制家具，车厢及类似品的附件	10.0	80.0	0.0	17.0	0.0	千克	
39264000		塑料制小雕塑品及其他装饰品	10.0	100.0	0.0	17.0	0.0	千克	
39269010		塑料制机器及仪器用零件	10.0	35.0	0.0	17.0	0.0	千克	
39269090	10	敏感物项管制结构复合材料的预成	10.0	80.0	0.0	17.0	0.0	千克	3
39269090	90	其他塑料制品	10.0	80.0	0.0	17.0	0.0	千克	

本类注释说明：

一、本目录所称“塑料”，是指品目39.01至39.14的材料，这些材料能够在聚合时或聚合后在外力（一般是热力和压力，必要时加入溶剂或增塑剂）作用下通过模制、浇铸挤压、滚轧或其他工序制成一定的形状，成形后除去外力，其形状仍保持不变。本目录所称“塑料”，还应包括钢纸，但不包括第十一类的纺织材料。二、本章不包括：（一）品目27.12或34.04的蜡；（二）单独的已有化学定义的有机化合物（第二十九章）；（三）肝素及其盐（品目30.01）；（四）品目39.01至39.13所列的任何产品溶于挥发性有机溶剂的溶液（胶棉除外），但溶剂的重量必须超过溶液重量的50%（品目32.08）；品目32.12的压印箔；（五）有机表面活性剂或品目34.02的制剂；（六）再熔胶及酯胶（品目38.06）；（七）附于塑料衬背上的诊断或实验用试剂（品目38.22）；（八）第四十章规定的合成橡胶及其制品；（九）鞍具及挽具（品目42.01）；

品目42.02的衣箱、提箱、手提包及其他容器；（十）第四十六章的缏条、编结品及其他制品；（十一）品目48.14的壁纸；（十二）第十一类的货品（纺织原料及纺织制品）；（十三）第十二类的物品（例如，鞋靴、帽类、雨伞、阳伞、手杖、鞭子、马鞭及其零件）；（十四）品目71.17的仿首饰；（十五）第十六类的物品（机器、机械器具或电气器具）；（十六）第十七类的航空器零件及车辆零件；（十七）第九十章的物品（例如，光学元件、眼镜架及绘图仪器）；（十八）第九十一章的物品（例如，钟壳及表壳）；（十九）第九十二章的物品（例如，乐器及其零件）；（二十）第九十四章的物品（例如，家具、灯具、照明装置、灯箱及活动房屋）；（二十一）第九十五章的物品（例如，玩具、游戏品及运动用品）；（二十二）第九十六章的物品（例如，刷子、钮扣、拉链、梳子、烟斗的嘴及柄、香烟嘴及类似品、保温瓶的零件及类似品、钢笔、活动铅笔）。三、品目39.01至39.11仅适用于化学合成的下列货品：（一）温度在300℃时，压力转为1013毫巴后减压蒸馏出的液体合成聚烯烃以体积计小于60%的货品（品目39.01及39.02）；（二）非高度聚合的苯并呋喃——茚式树脂（品目39.11）；（三）平均至少有五个单体单元的其他合成聚合物；（四）聚硅氧烷（品目39.10）；（五）甲阶酚醛树指（品目39.09）及其他预聚物。四、所称“共聚物”，包括在整个聚合物中按重量计没有一种单体单元的含量在95%及以上的各种聚合物。在本章中，除条文另有规定的以外，共聚物（包括共缩聚物、共加聚物、嵌段共聚物及接枝共聚物）及聚合物混合体应按聚合物中重量最大的那种共聚单体单元所构成的聚合物归入相应品目。在本注释中，归入同一品目的聚合物的共聚单体单元应作为一种单体单元对待。如果没有任何一种共聚单体单元重量为最大，共聚物或聚合物混合体应按号列顺序归入其可归入的最末一个品目。五、化学改性聚合物，即聚合物主链上的支链通过化学反应发生了变化的聚合物，应按未改性的聚合物的相应品目归类。本规定不适用于接枝共聚物。六、品目39.01至39.14所称“初级形状”，只限于下列各种形状：（一）液状及糊状，包括分散体（乳浊液及悬浮液）及溶液；（二）不规则形状的块，团、粉（包括压型粉）、颗粒、粉片及类似的散装形状。七、品目39.15不适用于已制成初级形状的单一热塑材料废碎料及下脚料（品目39.01至39.14）。八、品目39.17所称“管子”，是指通常用于输送或供给气体或液体的空心制品或半制品（例如，肋纹浇花软管、多孔管），还包括香肠用肠衣及其他扁平管。除肠衣及扁平管外，内截面如果不呈圆形、椭圆形、矩形（其长度不超过宽度的1.5倍）或正几何形，则不能视为管子，而应作为异型材。九、品目39.18所称“塑料糊墙品”，适用于墙壁或天花板装饰用的宽度不小于45厘米的成卷产品，这类产品是将塑料牢固地附着在除纸张以外任何材料的衬背上，并且在塑料面起纹、压花、着色、印制图案或用其他方法装饰。十、品目39.20及39.21所称“板、片、膜、箔、扁条”，只适用于未切割或仅切割成矩形（包括正方形）（含切割后即可供使用的），但未经进一步加工的板、片、膜、箔、扁条（第五十四章的物品除外）及正几何形块，不论是否经过印制或其他表面加工。十一、品目39.25只适用于第二分章以前各品目未包括的下列物品：（一）容积超过300升的囤、柜（包括化粪池）、罐、桶及类似容器；（二）用于地板、墙壁、隔墙、天花板或屋顶等方面的结构件；（三）槽管及其附件；（四）门、窗及其框架和门槛；（五）阳台、栏杆、栅栏、栅门及类似品；（六）窗板、百叶窗（包括威尼斯式百叶窗）或类似品及其零件、附件；（七）商店、工棚、仓库等用的拼装式固定大型货架；（八）建筑用的特色（例如，凹槽、圆顶及鸽棚式）装饰件；（九）固定装于门窗、楼梯、墙壁或建筑物其他部位的附件及架座，例如，球形把手、拉手、挂钩、托架、毛巾架、开关板及其他护板。子目注释：一、属于本章任一品目项下的聚合物（包括共聚物）及化学改性聚合物应按下列规则归类：（一）在同级子目中有一个“其他”子目的：1. 子目所列聚合物名称冠有“聚（多）”的（例如，聚乙烯及聚酰胺—6，6），是指列名的该种聚合物单体单元含量在整个聚合物中按重量计必须占95%及以上。2. 子目号3901.30、3903.20、3903.30及3904.30所列的共聚物，如果该种共聚单体单元含量在整个聚合物中按重量计占95%及以上，即应归入上述子目。3. 化学改性聚合物如未在其他子目具体列名，应归入列明为“其他”的子目内。4. 不符合上述（一）、（二）、（三）款规定的聚合物，应按聚合物中重量最大的那种单体单元（与其他各种单一的共聚单体单元相比）所构成的聚合物归入该级其他相应子目。为此，归入同一子目的聚合物单体单元应作为一种单体单元对待。只有在同级子目中的聚合物共聚单体单元才可以进行比较。（二）在同级子目中没有“其他”子目的：1. 聚合物应按聚合物中重量最大的那种单体单元（与其他各种单一的共聚单体单元相比）所构成的聚合物归入该级相应子目。为此，归入同一子目的聚合物单体单元应作为一种单体单元对待。只有在同级子目中的聚合物共聚单体单元才可以进行比较。2. 化学改性聚合物应按相应的未改性聚合物的子目归类。聚合物混合体应按单体单元比例相等、种类相同的聚合物归入相应子目。二、子目 3920. 43 所称增塑剂，包括次级增塑剂。

（刘均科）

国家工信部发布轻工业发展规划（2016～2020 年）

轻工业是我国国民经济的传统优势产业、重要民生产业和具有较强国际竞争力的产业，承担着满足消费、稳定出口、扩大就业、服务“三农”的重要任务，在经济和社会发展中发挥着举足轻重的作用。“十三五”时期是我国全面建成小康社会的决胜阶段，是轻工业主动适应新常态，增强创新驱动发展动力，着力改善供给结构，提高发展质量和效益的关键时期。为落实《国民经济和社会发展第十三个五年规划纲要》和《中国制造 2025》，指导未来五年轻工业创新发展，由“轻工大国”向“轻工强国”转变，编制《轻工业发展规划（2016－2020 年)》。

一、“十二五”主要成就和“十三五”面临形势

（一）“十二五”主要成就

“十二五”期间，轻工业积极调整产业结构，加快转型升级步伐，实现了全行业平稳较快发展。

1. 规模效益水平迈上新台阶

2015 年，轻工业规模以上企业 10.9 万户，完成主营业务收入 23.1 万亿元、利润总额 1.5 万亿元，较 2010 年分别增长 66.4% 和 102.7%；工业增加值占全国工业总体 20.1%，较 2010 年提高 2.2 个百分点；轻工产品出口额 5982.4 亿美元，较 2010 年增长 71.6%。“十 3 二五”期间轻工业工业增加值、主营业务收入、利润总额和出口额的年均增长分别为 10.1%、14.0%、15.4% 和 11%，综合竞争实力进一步提升，巩固了我国作为世界轻工产品生产消费出口大国的地位。

2. 自主创新能力进一步增强

轻工业技术创新体系逐步完善，到“十二五”末，已创建国家重点实验室 14 个、国家工程实验室 7 个、国家工程（技术）研究中心 23 个、国家级企业技术中心 144 个，国家技术创新示范企业 51 个。高性能二次电池新型电极电解质材料及相关技术等 17 项科研成果获国家技术发明奖，变频空调关键技术研究及应用等 26 项科研成果获国家科技进步奖。

3. 结构调整不断优化

适应国内外市场需求变化的能力逐步增强，产品内销比重提升，2015 年内销占 88.3%，较 2010 年提高 3.9 个百分点。区域结构趋于协调，2015 年东部和中西部地区轻工业主营业务收入占全国的比重为 57.5%、34.4%，中西部地区较 2010 年提高了 7.1 个百分点。产业集群蓬勃发展，2015 年集群产值约占轻工规模以上企业工业总产值的 36%，较 2010 年提高了 10 个百分点。产业集中度明显提升，2015 年排名前 100 位企业的主营业务收入和利润分别占轻工业的 10.6% 和 13.1%。

4. 质量和品牌建设水平稳步提升

轻工业规模以上企业质量管理控制能力不断提升，产品质量检测方式及质量控制 4 手段逐步与国际接轨。建立健全了食品标准体系、检验检测体系、质量安全追溯体系、食品安全监测与风险评估体系，企业诚信体系建设取得一定成效，食品质量安全水平有所提高。制定并实施了《轻工业“十二五”技术标准体系》，截至 2015 年底，轻工标准共 5368 项，其中国家标准 2262 项，行业标准 3106 项。重点行业积极开展品牌培育和评价工作，食品、家用电器、皮革、五金制品和钟表等行业品牌建设取得进展，骨干企业建立了有效的品牌管理体

系，品牌运营能力明显增强。海尔、茅台、青岛啤酒和中粮集团等一批品牌企业的国际影响力逐步增强。

5. 绿色转型扎实推进

通过采用新技术、新工艺和新材料，提高能源利用率和资源综合利用率，皮革、造纸等行业的综合消耗明显下降。制定了电池、照明电器等重点行业清洁生产实施方案，实施清洁生产重点示范项目，提高清洁生产水平。全面或超额完成造纸、制革、铅蓄电池、酒精、味精和柠檬酸等行业淘汰落后产能目标任务。通过实施绿色照明工程、能效标识管理、环境标志认证、节能产品认证和节能惠民工程，提高了绿色节能产品市场比重。

“十二五”期间，轻工业仍然存在一些突出问题：

（1）企业创新能力较弱，产品品种、品质、品牌与国际先进水平尚有一定差距，不能更好满足消费升级需要；

（2）一些传统产业低成本竞争优势正在快速减弱，新的竞争优势还没有形成；

（3）资源、能源利用效率比较低，部分行业节能减排压力增大；

（4）部分企业诚信缺失，质量保障体系不够健全，产品质量安全问题时有发生；

（5）国际市场低迷，发达国家对轻工产品设置更多技术性贸易壁垒，产品出口增速逐年下降。因此，“十三五”期间轻工业保持稳定增长、有效改善供给结构、突破发展瓶颈和实现转型升级任务艰巨而繁重。

（二）“十三五”面临形势

“十三五”时期，国际经济深度调整，新一轮科技革命和产业变革蓄势待发，国内经济发展进入新常态，消费升级市场潜力巨大，为轻工业带来新的发展机遇。

消费升级为产业发展提供了广阔空间。我国拥有全球最大的消费市场，当前城乡居民消费结构正在由生存型消费向发展型消费、由物质型消费向服务型消费、由传统消费向新型消费升级。不同群体、地域对轻工产品的刚性需求和升级换代的需求为产业发展提供广阔空间。

新型城镇化建设和人口结构变革蕴藏巨大需求潜力。随着新型城镇化建设的深入推进，将充分释放城镇化建设蕴藏的巨大内需潜力，为轻工业持续健康发展提供持久强劲动力。国家进一步完善人口发展战略，全面实施一对夫妇可生育两个孩子政策，积极开展应对人口老龄化行动，将带动婴童用品和老年用品等相关产品制造业发展。

科技创新和产业变革助力产业升级。以新一代信息技术为引领和支撑，智能制造、新能源、新材料等领域创新活跃，带来的生产方式、产业形态、商业模式创新为我国轻工业转型升级、创新发展迎来重大机遇。

国家三大战略的实施提供了新的发展机遇。实施京津冀协同发展和长江经济带战略，有利于促进国内要素有序流动、资源高效配置和市场深度融合。实施“一带一路”战略以及国际产能合作，为轻工企业“走出去”提供良好的条件，有利于更好参与国际竞争。

二、“十三五”发展的指导思想、基本原则和主要目标

（一）指导思想

深入贯彻党的十八大和十八届三中、四中和五中全会精神，全面落实《中国制造 2025》和推进供给侧结构性改革部署，牢固树立和贯彻落实创新、协调、绿色、开放和共享发展理念，按照全面建成小康社会总体要求，以市场为导向，以提高发展质量和效益为中心，以深度调整、创新提升为主线，以企业为主体，以增强创新、质量管理和品牌建设能力为重点，大力实施增品种、提品质、创品牌的“三品”战略，改善营商环境，从供给侧和需求侧两端发力，推进智能和绿色制造，优化产业结构，构建智能化、绿色化、服务化和国际化的新型轻工业制造体系，为建设制造强国和服务全面建成小康社会目标奠定基础。

（二）基本原则

市场主导，政府推动。发挥市场机制作用，强化企业的市场主体地位，增强企业改善供给的责任意识和主导作用，发挥企业家精神，激发企业活力和创造力，推动轻工业转型升级。营造公平竞争营商环境，强化市场监管，完善相关制度，取消不必要的审批、目录和不合理收费。

需求导向，创新驱动。坚持以市场需求为导向，积极顺应和把握消费升级大趋势，带动技术、产品、服务和商业模式创新，形成发展新动力，走创新驱动发展之路。

质量为本，品牌引领。坚持把质量作为建设轻工业强国的生命线，强化企业质量主体责任，推广先进质量工程技术和管理方法，加强自有品牌培育，走以质取胜发展之路。切实增强品牌意识，不断改善影响品牌发展的质量、创新、诚信、文化、人才、营销和环境等要素，通过品牌建设实现价值链升级。

智能高效，绿色低碳。坚持推进生产过程智能化，培育智能制造模式，全面提升企业研发、生产、管理和服务智能化水平。加强节能环保技术、工艺、装备推广应用，全面推行清洁生产，走生态文明发展之路。

结构优化，效益提升。坚持把结构调整作为关键任务，推进中高端产品有效供给、大中小企业、产业链上中下游、产业东中西地区比重等协调发展，走提质增效发展之路。

（三）主要目标

——生产保持平稳较快增长。“十三五”期间，轻工业增加值年均增长6% ~7%，生产要素配置进一步优化，产业链配套协作能力增强，经济运行的质量和效益明显提高。

——实施“三品”战略成效显著。品种丰富度、品质满意度、品牌认可度明显提升。轻工产品特别是食品、婴童用品质量安全水平有效提升。轻工标准体系进一步完善，重点领域与国际标准一致性程度达到95%以上。市场环境明显优化。市场监管力度不断加大，政府公共服务能力显著提高，市场竞争秩序和消费环境明显改善。

——创新能力明显增强。轻工领域重点行业规模以上企业研究与实验发展经费支出占主营业务收入的比重超过2.2%，以企业为主体的技术创新体系进一步健全，制造模式、管理模式、商业模式和服务模式创新加快推进。

——产业集群发展水平有所提升。提升产业集群的质量和水平，进一步完善产业链，优化供应链，提升价值链，加快公共服务平台建设，支持推进10个左右产业集群创建新型工业化产业示范基地。培育区域品牌建设示范区和世界级产业集群。

——节能减排成效显著。继续推进节能减排，循环经济发展迈上新的台阶。规模以上单位工业增加值能耗比2015年下降18%、单位工业增加值用水比2015年下降23%、单位9工业增加值二氧化碳排放量比2015年下降22%。

——国际竞争力进一步提高。优化出口产品结构，努力提高机电产品和一般贸易的比重，培育出口竞争新优势，力争保持轻工产品在国际市场份额中的优势地位。

三、重点任务

（一）大力实施“三品”战略

1. 以“增品种”满足多样化消费新需求

细分市场需求，在产品设计开发、外形包装、市场营销等方面处处体现人性化和精细化，通过设计、研发和生产“微创新”，深度挖掘用户的需求盲点，不断增加花色品种、提升产品功能。推进个性化定制，重点在食品、家用电器、皮革、家具、五金制品、照明电器等行业发展个性化定制、众包设计、云制造等新型制造模式。开发绿色、智能、健康的多功能中高端产品，支持骨干企业加快绿色食品、高效照明产品、环境友好型洗涤用品、高效净化型吸油烟机、智能家电、智能卫浴、智能玩具、高档圆珠笔、高端机械手表、高档皮革制品、新颖健康文教体育用品、老年健康产品等开发和市场推广。打造特色产品，发挥我国传统历史文化优势，提高工艺美术品和旅游休闲用品档次，研发推广中国文化元素突出、有民族和地域特色产品，进一步促进国内旅游、商务、餐饮等市场消费。

2. 以“提品质”促进有效供给能力提升

强化质量技术基础，普及先进质量管理技术和方法，提高产品质量可靠性10和一致性；支持重点行业和关键环节进行技术改造，引导企业采用先进适用技术，全面提升制造、工艺、管理水平；提升生产过程自动化水平，提高劳动生产率和产品质量。开展国际对标，鼓励制定高于国家标准和行业标准的企业标准，家用电器、缝制机械、婴童用品等行业产品技术、安全标准全面达到国际先进水平，在家用电器、五金制品、文教体育用品、婴童用品、自行车、乐器等领域，依托检验检测机构，开展我国产品与国外产品实物比对测试，引导企业改进提升，力争实物质量接近或达到发达国家水平。实施精品制造，以基础条件较好，具有一定品牌知名度和国际竞争力的企业为主体，实施精品制造工程。在皮革、工艺美术、五金制品、日用陶瓷、自行车、钟表、日用玻璃、眼镜等行业推出一批科技含量高、附加值高、设计精美、制作精细、性能优越的精品。加强检测能力建设，依托现有检验检测机构，建设一批高水平的覆盖轻工主要行业的质量控制和技术评价实验室，提升检验检测技术水平。推进国内外产品检测和认证互认，提高国际市场对我国检测及认证结果的认可度。完善产品质量安全信息追溯体系，提高产品质量安全监管水平。加快推进食品工业企业诚信体系建设，鼓励和支持企业建立诚信制度、实施国家标准。引导企业参与诚信评价活动，做好行业质量诚信宣传，严格行业自律。推进企业产品和服务标准。

专栏1　重点行业技术改造工程

（1）食品：产品质量检测仪器设备，原（辅）料检验仪器设备，产品出厂检验设施与仪器设备，生产过程质量动态监测预警设备更新改造。产品质量数据库，企业质量信用数据采集与管理系统，产品质量可追溯系统及配套硬件设备等。

（2）塑料制品：免钢衬聚酯PVC合金型材，大口径高强刚度塑料管材管件，高强刚度PVC微发泡建筑模板和片材，多层共挤高性能薄膜，大型滚塑制品，全生物降解材料及产品，光伏聚偏氟乙烯薄膜。

（3）家用电器：高效节能变频房间空调器及其关键零部件，空气净化器和家用净水设备核心部件，风冷无霜高效变频大容量电冰箱及其关键零部件，高效大容量变频洗衣机及其关键零部件生产线改造升级。

（4）五金制品：高效净化型家用吸油烟机，应用冷凝燃烧技术生产的燃气热水器，应用超硬不粘纳米涂层技术的铁铲及锅具，应用智能技术的锁具。利用限流技术、恒温技术、延时自闭技术、触控技术制造节水节能型水龙头产品。

（5）电池：无汞碱性锌锰电池高速生产技术与装备改造，连铸连轧连涂等连续极板生产技术改造，动力型铅蓄电池组装线自动化集成技术改造。

（6）照明电器：LED照明发光新材料应用及提升智能照明系统。

（7）自行车：新材料自行车产业化，智能、环保、高效电动自行车生产线及关键零部件技术改造。

（8）缝制机械：关键缝制机械工艺装备自主化和特种零部件国产化，缝制设备零件加工及整机智能装配技术改造。

（9）钟表：机械手表机心、主夹板精密制造技术改造，机械手表擒纵机构、传动机构、弹性元件技术改造，机械机心精研磨技术改造，基于物联网和云计算的时间同步系统。

3. 以“创品牌”树立中国制造良好形象

强化企业品牌发展和竞争意识，培育知名品牌，建立完善品牌培育管理体系，开展品牌培育工作，提升核心竞争力，支持鞋类、箱包、五金制品、文教体育用品、玩具、制笔、婴幼儿配方乳粉、饮料等行业企业从贴牌生产向自主设计、自创品牌发展，支持品牌企业参加国内外大型展览展示活动。打造区域品牌，发挥优势品牌企业引领作用，培育一批特色鲜明、竞争力强、市场信誉度高的区域品牌，进一步加强行业集体商标、证明商标注册管理。推进品牌国际化，提高家用电器、皮革、家具、五金制品、照明电器、玩具等行业品牌产品出口比例，推动优势品牌企业实施国际化发展战略，扩大“中国制造”的国际影响力。支持品牌服务平台建设，扶持一批品牌培育和运营专业机构，开展品牌管理咨询、市场推广等服务。

“十三五”时期，国际经济深度调整，新一轮科技革命和产业变革蓄势待发，国内经济发展进入新常态，消费升级市场潜力巨大，为轻工业带来新的发展机遇。

消费升级为产业发展提供了广阔空间。我国拥有全球最大的消费市场，当前城乡居民消费结构正在由生存型消费向发展型消费、由物质型消费向服务型消费、由传统消费向新型消费升级。不同群体、地域对轻工产品的刚性需求和升级换代的需求为产业发展提供广阔空间。新型城镇化建设和人口结构变革蕴藏巨大需求潜力。随着新型城镇化建设的深入推进，将充分释放城镇化建设蕴藏的巨大内需潜力，为轻工业持续健康发展提供持久强劲动力。国家进一步完善人口发展战略，全面实施一对夫妇可生育两个孩子政策，积极开展应对人口老龄化行动，将带动婴童用品和老年用品等相关产品制造业发展。

科技创新和产业变革助力产业升级。以新一代信息技术为引领和支撑，智能制造、新能源、新材料等领域创新活跃，带来的生产方式、产业形态、商业模式创新为我国轻工业转型升级、创新发展迎来重大机遇。

国家三大战略的实施提供了新的发展机遇。实施京津冀协同发展和长江经济带战略，有利于促进国内要素有序流动、资源高效配置和市场深度融合。实施“一带一路”战略以及国际产能合作，为轻工企业“走出去”提供良好的条件，有利于更好参与国际竞争。

（二）增强自主创新能力

1. 进一步完善产业创新体系

继续推进以企业为主体、市场为导向、政产学研用相结合的轻工业创新体系建设。支持地方在特色和重点产业领域建设产业创新中心和创新平台，提升技术创新能力和产业化水平。鼓励和支持企业同科研院所、高等院校联合建立研究开发机构、产业技术联盟等技术创新组织。重点支持技术创新示范企业、国家认定企业技术中心、国家级工业设计中心、国家工程（技术）研究中心和国家质检中心等建设。整合相关资源，健全关键共性技术研发体系，提高专业化运作水平。加强创新创业服务体系建设，为中小企业特别是科技型中小企业的技术创新创造良好条件。

2. 强化轻工基础能力

加快关键核心技术研发与产业化，定期研究制定和发布重点行业重点产品技术创新路线图，攻克一批关键共性技术，加快成果转化和推广应用，鼓励行业间的技术成果共享与产业化应用。提高新材料保障能力，加大对提升产品附加值有显著作用的轻量化、高性能、绿色安全轻工新材料的研发力度。促进基础性创新平台建设，采取企业主导、院校协作、多元投资、成果分享的新模式，建设一批创新平台，加强产品联合开发。

专栏2　关键共性技术研发与产业化工程

（1）食品：冷杀菌技术，近红外快速糖分析技术，生物发酵过程的优化控制技术，有机酸提取技术，基于食品加工需求的酶蛋白催化特性的改善，食品原料风险因子筛查、预警与控制技术，食品加工过程中危害物的控制技术。

（2）塑料制品：新型光学、高效过滤、锂电池、高阻隔包装等高性能薄膜，生物降解地膜，高光效功能与寿命同步农膜，超临界 CO_2 发泡塑料产业化，工程塑料改性、合金产业化技术。

（3）家用电器：智能化技术，交互传感器、环境传感器的应用技术，变频驱动技术，家电产品整机智能变频控制技术，新型空气和水过滤净化技术，热泵及新能源应用技术，家用吸油烟机高效吸排及净化技术。

（4）皮革：生物酶制革及毛皮加工技术，功能型皮革和鞋类制造技术。

（5）造纸：造纸纤维原料高效利用技术，高速造纸机高端自动化控制集成技术。

（6）电池：超长寿命（8 年以上）碱性锌锰电池研发，铅碳电池生产工艺，微混电动车用卷绕式起停电池，高比能量铅蓄电池用非铅板栅技术。

（7）陶瓷和搪瓷：日用陶瓷高品质化关键技术，低温烧结高品质日用及卫生陶瓷材料技术，搪瓷预磨粉制造技术，搪瓷静电粉制造技术。

（8）轻工机械：定制机器人应用技术，质量在线监测、在线控制及产品全生命 14 周期质量追溯技术，智能仓储及输送技术，工厂能源及排放智能控制技术，智能工厂软件—精益 MES 系统开发应用技术，新型节能环保技术，工艺设备创新推广技术。

（9）洗涤用品：绿色高效多功能表面活性剂（烷基二苯醚二磺酸盐、碳酸甘油酯、妥尔油脂肪酸咪唑啉、酰胺基改性的羧酸盐、烷基葡糖酰胺、固体脂肪醇聚氧乙烯醚硫酸钠等）、节水型洗涤剂、液体洗涤剂用酶产业化技术。

（10）缝制机械：缝制物料智能抓取和输送系统开发，缝制机械独立驱动技术。

（11）钟表：机械手表主夹板多工位柔性加工技术，机械钟表发条高动力存储及输出力矩的稳定性优化设计，机械钟表低运行损耗擒纵机构设计及精密加工技术，智能手表微型传感器数据转换处理技术。

（12）眼镜：超高光折射率聚氨酯镜片原料合成技术，高光学性能聚氨酯镜片表面改性与加硬技术。

（13）制笔：笔用环保金属材料、环保高分子笔头、环保乳化墨水和新型记号笔墨水制备技术，新型环保金属及高分子笔头与墨水匹配技术。

（14）油墨：纯植物油基胶印油墨，UV－LED紫外光固化油墨开发和应用技术。专栏3：新材料研发及应用工程1. 塑料制品：聚合物基多功能合金、三维（3D）打印、柔性屏幕材料，低成本高性能工程塑料，全生物降解材料及产品，耐候高抗冲塑料异型材料、新型环保PVC、医用塑料、高阻隔复合容器。

专栏3　新材料研发及应用工程

（1）塑料制品：聚合物基多功能合金、三维（3D）打印、柔性屏幕材料，低成本高性能工程塑料，全生物降解材料及产品，耐候高抗冲塑料异型材料、新型环保PVC、医用塑料、高阻隔复合容器。

（2）家用电器：新型保温材料，新型抗菌材料，新型空气和水过滤净化芯材，新型外观材料。

（3）皮革：环保型和功能型关键化工材料、面辅料。

（4）造纸：高性能无石棉复合密封材料，特种纸基复合材料，车用高性能空气、燃油过滤材料，电气绝缘纸，改性纤维质等生物质新材料。

（5）电池：一次电池高端拉伸钢带，铅碳电池用碳材料，高性能动力锂离子电池正、负极材料，电池隔膜材料、电解液材料、添加剂，氢镍电池低成本新型稀15土合金材料，燃料电池高效廉价代铂催化剂等。

（6）陶瓷：陶瓷行业辊道窑用高性能新型陶瓷辊棒，压力注浆用新型模型用材料、高硬度耐磨釉料，高性能新型膜材料、高品质日用陶瓷材料。

（7）洗涤用品：浓缩液体洗涤剂用绿色阴离子双子表面活性剂，绿色脂肪酸甲酯磺酸盐，高品质烷基糖苷，脂肪酸系列产品，高质量醇醚羧酸盐（AEC），窄分布醇醚及窄分布醇醚硫酸盐（AES），浓缩型、节水型液体洗涤剂。

（8）日用玻璃：新型人造宝石——“亚华石”新材料。

（9）发酵：极高光学纯度L－乳酸和D－乳酸，新型生物基材料、工业生物催化剂、小品种氨基酸高值化生产与应用。

（10）钟表：机械钟表游丝、发条用防磁、耐疲劳、低温度系数弹性元件。

专栏4　基础性创新平台建设工程

（1）食品：食品质量安全保障体系平台，食品加工贮运核心技术创新平台，产品质量安全追溯信息系统。

（2）塑料制品：再生塑料核心关键技术及创新体系，PVC制品环保化替代技术体系，食品接触塑料制品安全建设体系，水性合成革关键技术创新体系。

（3）皮革：皮革行业创新设计平台建设。

（4）家具：家具的复杂曲面三维数据信息采集平台。

（5）电池：精密测量系统和制造执行系统（MES），锂离子动力电池测量、分析网络和信息平台，新型铅蓄电池技术创新平台。

（6）文教体育用品：体育器材生产设计软件开发与新材料、新工艺、新产品创新平台。

（7）陶瓷：陶瓷产品器型及装饰“互联网＋”设计平台。

（8）洗涤用品：洗涤剂原料与产品性能测试及质量安全风险评估平台建设。

（9）缝制机械：基于大数据分析的缝制设备网络营销及服务平台，缝制机械产品性能测试平台建设。

3. 提升重点装备制造水平

加强应用牵引，突破重点装备制造关键技术，提高重点行业先进装备保障水平。重点发展高速大型化、成套化、智能化食品生产及包装生产线等食品装备。推广节能高效造纸装备，环境治理装备，新一代制浆技术和装备等。推广应用驱动传动系统数控化与效能提升技术、成型过程复杂参数传感与信息融合技术、成型过程智能控制与预测技术的新型塑料机械。推广满足个性化定制服务、全生命周期管理及在线支持服务的服装柔性生产系统。

专栏5　重点装备制造水平提升工程

（1）食品机械：全自动无菌挤奶机、大型乳粉生产设备等乳制品领域关键装备，高速自动化罐头生产线，新型啤酒糖化、发酵系统，新型高速压榨提汁生产设备、全自动方便食品加工成套设备等食品原料处理及加工领域的关键装备。

（2）塑料机械：体积脉动精密高效注塑成型设备，拉伸流变连续高填充混炼造粒装置，高效、节能、精密、稳定的塑料加工装备。

（3）皮革机械：精密剖层机及自动拉皮装备，制革及毛皮加工节水装备、皮革行业关键工序自动化设备。

（4）造纸机械：智能化高速卫生纸机，化机浆高浓盘磨产业化技术，靴式压榨技术。

（5）电池机械：锌锰电池、氧化银电池与锌空气电池无汞化与自动化生产装备，卷绕式铅蓄电池生产设备，铅蓄电池和锂离子电池自动化生产工艺与装备。

（6）照明电器机械：管型LED灯自动化组装设备，LED平板灯自动化组装设备。

（7）陶瓷机械：融合机械和陶瓷工艺技术，集成机械、电子、液压、信息等高新技术的自动化、信息化、智能化的成型、施釉、分检、装饰、模型制作等装备。

（8）洗涤机械：隧道式高效节能型布草洗涤成套装备，多溶剂全封闭干洗机、智能商用系列洗衣机烘干设备、液体洗涤剂自动化配料装备，烷氧基化装置。

（9）缝制机械：基于物联网的智能缝制机械监控及工业云平台，无人化缝制物料智能配送系统，模板缝制系统。

（三）积极推动智能化发展

1. 扩大两化融合应用领域

以两化融合为主线，加速轻工产业转型升级，支持信息技术在研发设计、生产过程、营销管理、物流配送、产品服务、节能减排和安全生产等方面应用。加强企业两化融合管理体系行业标准建设和推广，支持重点行业制定两化深度融合的技术标准规范，在食品、家用电器、皮革、造纸等行业开展企业两化融合发展水平评估和两化融合典型示范工作。在节能减排重点行业，推广流程工业能源在线仿真系统，建设一批企业能源管控中心，开展数字能源试点。开展食品行业质量安全信息追溯公共服务平台建设。

2. 重点推进智能制造

促进工业互联网、云计算、大数据在轻工业综合集成应用。在食品、家用电器、皮革和家具等基础条件好的行业，推进智能制造，加快智能制造软硬件产品应用与产业化，研发智能制造成套装备，推进数字化车间/智能工厂的集成创新与应用示范，加快典型经验交流和推广。强化应用牵引，在家用电器行业建立智能制造产业联盟，协同推动智能装备和产品研发、系统集成创新与产业化。加强推进智能制造的标准需求研究，建立健全智能制造综合标准体系。

3. 发展智能产品和装备

围绕智能产品的标准制定、产品生产、系统集成和规模应用四个领域，统筹推进智能家居、服务机器人、智能照明电器、可穿戴设备等产品的研发和市场推广。鼓励行业建设开放的共性技术测试和实验平台。发展基于物联网技术的缝制机械。加快食品、塑料制品、皮革、造纸、洗涤用品等行业生产设备的智能化改造，提高精准制造、敏捷制造能力。

专栏6　智能化发展推进工程

（1）家用电器：家电生产关键节点及测试定制机器人应用，智能车间（工厂）建设，智能家电云服务平台建设。

（2）造纸：推进完善 DCS 控制，质量和运行监控系统、企业节能调度中心、企业信息化管理系统等智能化、信息化和机器人技术等。

（3）家具：3D 打印技术在家具及零件制造中的应用，定制家具模块化生产，智能工厂建设。

（4）五金制品：卫浴等产品砂光、抛光机器人应用，多机器人协同智能装配与检测。

（5）电池：质量在线监控、信息化传输等技术应用。

（6）缝制机械：刺绣机联网管理和自动控制系统，服装智能流水线等智能化设计平台与生产线。智能化缝制单元开发及其数字控制技术，基于物联网的智能化工业缝制系统。

（7）重点智能产品：智能家电，智能马桶，智能水龙头，智能锁具，智能照明电器，智能手表，智能化乐器，智能体育设备，智能眼镜，智能玩具。

（8）智能装备：基于物联网的液态食品包装装备，皮革行业制造自动化设备，新型高效智能塑料机械，实现中央控制和远程监控的大型环保智能中央洗涤工厂关键装备，高精度智能称重设备。

（四）着力调整产业结构

1. 推进产业组织结构调整

进一步优化企业兼并重组环境，支持食品、塑料制品、家用电器、皮革、造纸、家具等规模效益显著行业企业的战略合作和兼并重组，培育一批核心竞争力强的企业集团，发挥其在产品开发、技术示范、信息扩散和销售网络中的辐射带动作用。激发中小企业创业创新活力，向“专、精、特、新、优”方向发展。引导大企业与中小企业通过专业分工，服务外包、订单生产等多种方式，建立协同创新、合作共赢的协作关系。以更加严格的安全、环保、质量、能耗、技术等标准，促进铅蓄电池、制革、造纸等企业依法依规退出落后产能。

2. 促进区域产业协调发展

明确区域比较优势，按照主导产业鲜明、公共服务健全和资源环境可承载的要求，进一步调整优化产业结构。推动京津冀、长江经济带、珠三角等区域轻工产业调整优化，在协调发展中提升竞争力，促进长江经济带培育世界级家电产业集群。促进东部地区率先实现转型升级，提升产业层次，提高在全球价值链及国际分工中的地位。指导中西部地区充分利用当地资源和原有产业基础，积极有效承接东部地区产业转移和高端、带品牌的加工贸易产业转移，发展地方特色产业，与东部地区的产业发展形成互动互补关系，重点支持革命老区、民族地区、边疆地区、连片特困地区脱贫攻坚。以产业链条为纽带，以产业园区为载体，发展一批专业特色鲜明、品牌形象突出、服务平台完备的现代产业集群。

3. 发展服务型制造与生产性服务业

加快制造与服务的协同发展，推动商业模式创新和业态创新，培育一批综合实力强、行业影响大、带动力强的服务型制造企业。鼓励大企业建设众创平台，提升市场适应能力和创新能力。推进创意设计与轻工制造业融合发展，增强工业设计能力，全面推广以智能、绿色、协同为特征的工业设计技术，提升工业设计行业的创新能力和服务水平。建设一批工业设计企业，广泛开展国际交流合作，推动工业设计向高端综合设计服务转变。鼓励支持企业建立设计创新机制、设立工业设计中心，形成一批具有国际竞争力的设计创新型企业。将互联网大数据服务融入轻工业管理与服务体系，建立社会化、专业化、信息化的现代物流服务体系，提高物流效率，降低物流成本。

鼓励企业开展个性化定制、网络协同制造、信息增值等服务，探索柔性化生产等服务型制造模式。

4. 增强公共服务能力

依托“互联网 +”进一步增强行业公共服务能力，在家用电器、皮革、五金制品、陶瓷等行业完善一批技术创新、研发设计、知识产权保护和运用、产学研合作、检测认证、信息检索与咨询、展销及物流、质量品牌等公共服务平台，提高服务质量和效率，降低服务成本。

动员和组织社会力量积极参与公共服务平台建设，促进公共21服务的信息化、专业化和社会化。加快发展企业管理、财务咨询、市场营销、人力资源、法律顾问等第三方专业化服务。

专栏7　产业结构优化工程

（1）推动产业有序转移。建设产业转移合作示范区，推动有条件的轻工业由东部沿海向中西部地区有序转移，依托中西部地区产业基础和劳动力、资源等优势，推动重点产业承接发展。严格控制高耗能、高排放等落后产能向中西部转移。

（2）建设现代产业集群。加强对轻工特色区域和产业集群规划编制、产业升级、节能减排等工作的指导和支持，鼓励龙头企业加强技术开发和技术改造等，发挥其在产品开发、技术示范、信息扩散和销售网络中的带动作用，延伸产业链，全面带动和促进中小企业健康发展，培育一批具有特色和竞争力的现代产业集群。

（3）公共服务平台建设。在家用电器、皮革、家具、五金制品、照明电器、陶瓷、玩具、缝制机械等发展基础较好的产业集群，建立和完善一批公共服务平台。

（五）全面推行绿色制造

1. 加大绿色化改造力度

加大食品、皮革、造纸、电池、陶瓷、日用玻璃等行业节能降耗、减排治污改造力度，利用新技术、新工艺、新材料、新设备推动企业节能减排。以源头削减污染物为切入点，革新传统生产工艺设备，鼓励企业采用先进适用清洁生产工艺技术实施升级改造。加快制定能耗限额标准，树立能耗标杆企业，开展能效对标达标活动，大力推广节能新技术。在食品、造纸等行业引导企业建设能源管理中心，利用信息和管理技术提升企业的节能水平。在皮革、铅蓄电池等行业，积极开展重金属挥发性有机物、持久性有机物等非常规污染物削减。进一步落实《高风险污染物削减行动计划》，提高行业清洁生产水平。强化重点行业22废水、废气的末端治理，对治污设施实施升级改造，采用成熟、先进的治污技术实现污染物的持续稳定削减。建设统一的绿色产品标准、认证、标识体系。

专栏8　节能减排技术推广工程

（1）塑料制品：智能节能贴膜，复合膜行业有机废气高效净化处理回收，水性聚氨酯合成革，高分子材料超临CO_2发泡成型技术改造。

（2）皮革：毛皮及制革加工废水循环利用，高吸收染整，无铬鞣制技术，节盐节水技术，污泥资源再利用技术。

（3）造纸：非木材纤维原料清洁制浆技术，置换蒸煮、氧脱木素、纸浆中高浓筛选与漂白、纸机高效成型、多段逆流洗涤封闭筛选、置换压榨双辊挤浆机、纸机白水多圆盘分级与回用、污泥资源化利用技术。

（4）电池：新型节能型汽车起停型铅蓄电池技术，极板连铸连轧/冲网工艺、铅蓄电池管式电极挤膏工艺技术，含重金属废气高效处理技术，铅碳电池技术，废铅蓄电池湿法冶炼技术，铅蓄电池酸循环内化成技术。

（5）陶瓷：高效燃烧、低量排放节能环保窑炉技术。

（6）日用玻璃：玻璃瓶罐轻量化生产技术，节能环保窑炉技术，废碎玻璃加工处理技术。

（7）制糖及发酵：糖厂全自动连续煮糖技术，特种糖生产技术，功能糖酸性水连续蒸煮喷爆及限制性酶解技术，高效菌种应用技术，废母液循环利用，机械式蒸汽再压缩技术，气浮、膜法、酶法等无硫绿色制糖技术。

（8）盐业：热压缩（MVR）母液制造研发与推广先进技术，精制盐“石灰－烟道气”卤水净化技术，真空制盐大粒结晶工艺技术，膜法生产高纯度液体盐技术，岩盐盐穴综合利用技术。

2. 提高资源综合利用水平

提升能源利用效率，扩大太阳能等新能源应用比例。加强水资源综合利用，建立和推行用水定额管理制度，提高废水、污水处理回用率。在造纸、23 制革等行业采用清污分流、闭路循环、一水多用等措施，提高水的重复利用率。加强废弃物综合利用技术的研发与推广应用，提高工业固废综合利用和再生资源回收利用水平。

（六）统筹国内外市场

1. 积极扩大国内市场

顺应国家新型城镇化发展趋势，提高轻工产品的有效供给水平，满足个性化多样化消费升级需求，促进境外消费回流。鼓励有条件的城市，运用市场手段，以博览会、购物节、动漫节、重大赛事活动等为载体，促进轻工相关产品生产和消费。以国家实施一对夫妇可生育两个孩子政策和应对人口老龄化行动为契机，积极推动婴童用品和老年用品等相关产品制造业发展。开拓农村消费市场，扩大与新农村建设、灾后重建、农村基础设施等相配套的轻工产品生产。利用电子商务平台，推动线上线下相结合的农村营销网络和售后服务体系建设。结合农村安居工程，鼓励企业根据农村使用环境和消费习惯，提供适合农村市场的家用电器、家具、五金制品、照明器具、自行车等产品，引导农村消费升级。配合农村公共文化和体育设施建设，丰富文体用品、乐器等产品，满足农民精神文化生活。

2. 巩固开拓国际市场

加快培育以技术、品牌、质量和服务为核心竞争力的新优势，巩固美、欧、日等传统国际市场。结合“一带一路”战略实施和推进国际产能合作要求，积极开拓中东、俄罗斯、非洲、欧洲、东南亚、西亚和中南 24 美等新兴市场。加强出口商品原产地签证，做好自由贸易协定和普惠制的出口实施工作，帮助中国商品、中国装备海外享受关税减免。积极推进检验检疫电子证书国际合作、提升贸易便利化水平。发挥轻工业产能优势，加强国际产能合作，支持品牌企业“走出去”，在主销市场投资设立物流中心和分销中心，在有条件的国家或地区建立经贸合作区。支持外贸专业市场建设，建设针对东南亚、中亚、东北亚等轻工产品边境贸易专业市场。在中东、北欧、俄罗斯等有条件的地区组建中国轻工产品贸易中心。加强对轻工出口产品国际标准、检测和认证制度的跟踪研究，逐步建立和完善与国际接轨的标准体系和产品认证制度，提高技术性贸易措施应对能力。鼓励有实力的企业“走出去”，建设海外设计研发机构及营销渠道，通过并购重组等方式加快建立国际化品牌。

四、主要行业发展方向

轻工行业门类众多，行业之间相互关联度低。根据行业管理实际，选择 31 个行业，划分为耐用消费品、快速消费品、文化艺术体育休闲用品和轻工机械装备四大领域，分别从开发的关键技术、重点发展的产品和改造升级的内容等方面，明确各行业的发展方向。

（一）耐用消费品领域

1. 塑料制品工业

推动塑料制品工业向功能化、轻量化、生态化、微型化方向发展。加快塑木共挤、废塑料高效分选高值化利用技术和完全生物降解地膜、水性聚氨酯合成革等产品技术研发及应用。重点发展应用于新能源、生物医药、信息等领域新产品，多功能、高性能塑料新材料及助剂。重点发展光学膜、新型柔性/液晶显示屏、高阻隔多层复合共挤薄膜等功能性膜材料及产品，高性能聚氯乙烯管材型材、大口径高强刚度塑料管道，生物基塑料，特种工程塑料及其高性能改性材料，高效污水处理、除尘用氟塑料及制品，3D 打印塑料耗材等。大力发展超小型、超高精度、超高速、智能控制的塑料高端加工设备，加大对塑料加工设备精密化、智能化改造，加快高精度塑料检测设备及仪器研发及应用。

2. 家用电器工业

推动家用电器工业向智能、绿色、健康方向发展。加快智能技术、变频技术、节能环保技术、新材料与新能源应用、关键零部件升级等核心技术突破。重点发展智能节能环保变频家电、健康厨卫电器、智能坐便器、空气源热泵空调、大容量冰箱和洗衣机、空气净化器和净水器等高品质家电产品，满足消费结构升级需要。促进大数据、云计算、物联网和 3D 打印技术等在家电制造产业链的集成应用，推动制造模式变革，推广智能制造、绿色制造和个性化定制，提高企业运营效率，降低运营成本。加强质量品牌建设，进一步提高家电产品性能、可靠性和工业设计水平，提高中国家电产品美誉度。进一步深化渠道变革，促进线下与线上高度融合。实施新型国际化战略，全面参与全球家电 26 市场竞争，提升全球价值链中的地位。

3. 皮革工业

推动皮革工业向绿色、高品质、时尚化、个性化、服务化方向发展。推动少铬无铬鞣制技术、无氨少氨脱灰软化技术、废革屑污泥等固废资源化利用技术的研发与产业化。支持三维（3D）打印等新技术在产品研发设计中的应用。加快行业新型鞣剂、染整材料、高性能水性胶粘剂、横编织及无缝针车鞋面等皮革行业新材料发展。重点发展中高端鞋类和箱包等产品，以真皮标志和生态皮革为平台，培育国内外知名品牌。建立柔性供应链系统，发展基于脚型大数据的批量定制、个性化定制等智能制造模式，推进线上线下全渠道协调发展。

4. 家具工业

推动家具工业向绿色、环保、健康、时尚方向发展。加强新型复合材料、强化水性涂料等研发，加快三维（3D）打印、逆向工程等新技术在家具设计和生产中应用。重点发展传统实木家具、高品质板式家具、具有文化创意的竹藤休闲家具、环保健康儿童家具和具有特殊功能的老年人家具。促进互联网、物联网、智能家居、电子商务等与家具生产销售相结合，支持智能车间（工厂）建设，培育个性化定制新模式。推动家具工业与建筑业融合发展，推进全屋定制新型制造模式发展，促进企业提供整体解决方案，提高用户体验。引导中西部地区积极承接产业转移。

5. 五金制品工业

推动五金制品工业向机械化、自动化 27 和智能化方向发展。加快整体厨房、燃气具、家用吸油烟机、卫浴产品的研发设计和核心技术创新。重点发展冷凝式燃气快速热水器、高效净化型吸油烟机、高效燃气灶具、智能节能健康型不粘锅、无油烟锅、高档刀具、节水恒温水龙头和花洒、电子智能锁等创新产品。提高高精度锻造、压铸设备、数控加工设备、先进热处理和表面处理设备及工具的使用比例。发展专业电镀企业和集中电镀服务，严格要求达标排放。

支持产业集群区公共服务平台建设。

6. 电池工业

推动电池工业向绿色、安全、高性能、长寿命方向发展。加快锂离子电池高性能电极材料、电池隔膜、电解液、新型添加剂及先进系统集成技术，卷绕式、铅碳电池等新型铅蓄电池，双极性、非铅板栅等下一代铅蓄电池技术，燃料电池质子交换膜、代铂催化剂等关键材料的研发与产业化。重点发展新型一次电池、新型铅蓄电池、新能源汽车用动力电池和燃料电池。加快铅蓄电池企业按照《铅蓄电池行业规范条件（2015 年本）》实施技术装备改造提升的进度。积极推动废旧铅蓄电池回收利用体系建设。

7. 照明电器工业

推动照明电器工业向高品质、绿色化、智能化方向发展。积极推动智能照明技术研发及应用，结合智能家居、智慧城市，重点发展适应各种照明应用场所需要的高技术含量和附加值的 LED 照明产品。提升功能型照明产品的光品质，增强装饰性灯具产品的设计水平，提高照明产 28 品的生产自动化水平。降低照明产品中的汞含量，加快淘汰低效照明产品。

8. 陶瓷工业

推动日用陶瓷工业向低能耗、自动化、信息化方向发展。推广日用陶瓷高效节能先进成型技术、快速烧成技术等新技术。重点发展资源消耗低的高档骨质瓷、高石英瓷、滑石瓷、高长石瓷和无重金属溶出的绿色日用陶瓷。

增强企业的产品创新设计能力，提高产品附加值。加强艺术陶瓷传统工艺的继承和发展，重点发展艺术陶瓷精品。重点发展具有高强度、高硬度、耐高温、耐腐蚀、抗热震、耐金属熔浸等优异特性的高纯超细陶瓷粉体材料、高性能陶瓷热交换材料、高性能新型陶瓷膜材料、高品质日用陶瓷材料。

加快低温配方体系研发，降低产品的烧成温度和能耗。提高废料回收利用，加强清洁化生产。

9. 自行车工业

推动自行车工业向轻量化、多样化、时尚化、智能化方向发展。加快高强度轻型材料、变速器、传动系统、新能源、智能传感技术和物联网技术等研发与应用。

重点发展时尚休闲、运动健身、长途越野和高性能折叠等多样化自行车以及符合标准的锂离子电池电动自行车和智能电动自行车。

10. 日用玻璃工业

推动日用玻璃工业向节能、环保、轻量化方向发展。研发高精度玻璃模具以及玻璃瓶罐表面增强技术，推广玻璃瓶罐轻量化制造技术。重点发展棕色料啤 29 酒瓶、中性药用玻璃、高硼硅耐热玻璃器具、高档玻璃器皿、水晶玻璃制品、玻璃艺术品、无铅晶质玻璃、特殊品种玻璃等高附加值产品。改善工艺条件，优选玻璃配方，采用微机控制系统和自动称量系统提高玻璃熔化质量。引进和开发高精度控制、高稳定性玻璃成型设备（制瓶机），采用小口压吹（NNPB）等技术，改善玻璃成型工艺。优化窑炉结构设计，降低玻璃熔化能耗和污染物排放。

11. 钟表工业

推动钟表工业向高端、时尚、精品方向发展。加强智能手表微型传感器数据转换处理技术、机械手表主夹板等关键零部件及游丝发条用弹性元件等基础原材料研发应用。加快高精密制造与智能化融合技术，低功耗微处理器技术，多种传感器技术，卫星授时定位、多种信息处理和人机交互技术等研发和应用。重点发展高端机械手表、智能手表、高端机械钟、电波钟和工业用钟。加快培育国际知名品牌。

12. 搪瓷工业

推动搪瓷工业向功能创新、健康环保、生态应用方向发展。加快防腐蚀、新表面化功能、高耐热性能搪瓷瓷釉技术研发及应用，推动搪瓷静电干粉和搪瓷预磨粉产业化。重点发展高档日用类搪瓷制品，家用电器、五金制品配套类搪瓷制品。推广搪瓷拼装罐、搪瓷储水箱、建筑装饰平板搪瓷的配套应用。支持企业搪瓷瓷釉生产自动化装备和环保设施改造。

（二）快速消费品领域

1. 食品工业

推动食品工业向安全、健康、营养、方便方向发展。加强提高平衡膳食水平和降低营养损失为特点的加工新技术、节能减排技术开发。加快机械化、自动化、智能化和信息化的食品制造装备应用。重点在粮食加工、油脂加工、肉类加工、水产品加工、乳制品加工、饮料制造、制糖、发酵、酒类生产、罐头食品制造、营养与保健食品制造、食品加工与技术装备制造等领域大力推进产业结构调整。全面开展企业诚信体系建设，提高食品质量安全检测能力，推进食品质量安全信息追溯体系建设。

2. 造纸工业

推动造纸工业向节能、环保、绿色方向发展。加强造纸纤维原料高效利用技术，高速纸机自动化控制集成技术，清洁生产和资源综合利用技术的研发及应用。重点发展白度适当的文化用纸、未漂白的生活用纸和高档包装用纸和高技术含量的特种纸，增加纸及纸制品的功能、品种和质量。充分利用开发国内外资源，加大国内废纸回收体系建设，提高资源利用效率，降低原料对外依赖过高的风险。

3. 日化工业

推动日化工业向质量安全、绿色环保方向发展。重点发展低挥发性有机物（VOCs）植物油基的胶印油墨，低气味、低迁移、低能的紫外光固化油墨，水性装潢类油墨，高附加值明胶产品，时尚新颖的蜡制品、蜡烛、火柴。

提高日化产品生产的自动化程度。

4. 洗涤用品工业

推动洗涤用品工业向绿色安全、多功能方向发展。加强表面活性剂分子结构设计、高效催化剂制备、特殊关键设备设计等关键共性技术研发及应用。提高天然可再生原料的使用比例，突破可再生资源利用、绿色化制备及清洁生产、特殊功能品种制备等核心技术。重点发展低刺激、抗硬水、抗低温和具有柔顺、护理、抑菌、护色、清新等多种功能的高附加值产品。加强产品的专用化区分，加快液体化和浓缩化步伐，促进使用过程节水化。提升生产及包装设备的自动化、数字化及智能化程度。

5. 日用杂品工业

重点发展安全高效、无害健康的家庭卫生杀虫用品，推广以植物源农药为主要成分的传统蚊香新制剂。发展环保、多功能和款式新颖的伞制品。在制伞行业推广新材料、新技术和新工艺的应用。制镜行业向环保和品种多样化方向发展，重点开发多功能、薄型、款式简洁产品。

6. 盐业

推动盐业向安全、绿色、规范、集聚方向发展。

重点是调整优化工业盐结构，丰富多品种食用盐。加强盐业法制化规范化管理，推进监管体系、流通体系、信用体系、储备体系、应急机制和追溯体系建设，保障食盐安全。引导企业建立现代企业制度，促进兼并重组，提高行业集中度和竞争力。

7. 口腔清洁护理用品工业

推动口腔清洁护理用品工业向安全、高效、健康方向发展。加强中草药牙膏原料、无氟32防龋产品研发。重点发展添加具有明显功效的绿色环保成分和方便快捷的口腔清洁护理产品，增加满足青年人时尚清新和中老年人护龈与抗敏要求产品。注重产品原材料的安全控制，提高灌装、包装设备自动化程度，确保产品质量安全。

（三）文化艺术体育休闲用品领域

1. 工艺美术工业

推动工艺美术产品向特色型、创意型、个性化和精品化方向发展。加强对列入非物质文化遗产代表性项目名录的传统工艺美术项目保护，传承和发展传统工艺美术品种和技艺，提升创新设计能力和创新成果产业化水平。推进3D打印、互联网等新技术与工艺美术的融合发展，促进新工艺、新材料、新设备和新模式的运用。完善人才培养、知识产权保护、品牌营销等行业公共服务体系。重点发展具有收藏价值的工艺美术精品、地方民族特色鲜明的旅游纪念品、宗教用品和贴近生活的实用工艺品。鼓励特色区域和大师工作室创新创业。支持工艺美术特色小镇、双创平台示范项目建设。

2. 文教体育用品工业

推动文教体育用品工业向绿色、健康、新颖、实用方向发展。促进文教体育用品设计创新，加快冰雪装备等产品新材料新技术研发及应用，加强文具原料中有害物质控制。重点发展方便快捷办公用品、绿色健康文具用品、多功能智能化运动休闲健身器材，引导和创造消费需求。支持企业加工工艺和装备改造提升，加快采用自动33生产线、数控生产线和专业类型的加工设备等。

3. 玩具工业

推动玩具工业向绿色环保、安全益智、高附加值方向发展。促进玩具研发设计与文化创意产业融合发展，加强环保新材料制备技术和智能技术研发及应用。重点发展高附加值的教育类、模型类、户外及运动类、室内外游乐设施类等玩具产品。加快产品结构调整，提高企业应对国际市场风险能力。

4. 乐器工业

推动乐器工业向标准化、智能化方向发展。

加强乐器声学品质测评技术，声学材料选择、加工及新材料替代，乐器表面喷涂工艺及新涂料研发及应用。重点发展中小学定制产品、声学品质和演奏性能达到国际先进水平的高端产品。推进精益化生产和个性化定制。做好钢琴调律师技能培训与职业鉴定。

5. 眼镜工业

推动眼镜工业向高品质、轻质化和时尚化方向发展。加快光学性能优化、材料轻质化、表面增强、抗损自洁等核心技术研发和应用。重点发展以矫正视力为主，适合不同年龄群体需求，具有护眼、保健、时尚、智能等多种功能产品。提高生产过程的自动化、智能化水平。

6. 制笔工业

推动制笔工业向材料安全环保、加工精细、性能稳定、使用流畅、品种丰富方向发展。加快耐锈蚀、耐磨损、易切削、性能均匀圆珠笔头材料，耦合高分子笔头，新型记号笔墨水、环保乳化墨水，笔头与墨水匹配技术的研34发及产业化。提高笔头加工装备、自动装配机、包装生产线以及模具制造自动化水平，进一步提高产品的可靠性、稳定性和高端产品加工精细化程度。

7. 礼仪休闲用品工业

推动礼仪休闲用品工业向新颖、时尚方向发展。加强新材料研发和在户外、庭院、运动休闲等行业应用。重点发展文化内涵丰富、品质优良、满足个性化需求的高附加值礼仪休闲用品。加快产业集群区品牌培育、文化推广、创意设计等公共服务建设。做好非遗、节庆、民俗、民族等文化特色产品推广。

8. 文房四宝工业

加强文房四宝工业传统技艺的传承保护和创新发展。推动信息技术在行业的应用，向社会推荐优秀品牌产品。加大产业集群与特色区域的共建、培育力度，与特色区域地方政府联合保护好文房四宝原材料及稀有资源，有序开采，合理使用。为行业培养高级传统技艺人才和中国文房四宝艺术大师。促进“书法进课堂”，确保中小学生所用文房四宝无毒无害、安全健康。

9. 少数民族用品工业

加强少数民族传统产业的保护，开发具有不同民族地域特色、充分体现民族内涵的系列产品。重点发展山区用微型碾米机、粉碎机、剪毛机和清真食品、穆斯林图案各种茶具、瓷碗、民族花丝工艺摆件等具有少数民族风格的特殊生产生活用品，保障少数民族特需用品供给。推进行业申报国家级非物质文化遗产名录工作。

（四）轻工机械装备领域

1. 轻工机械工业

推动轻工机械向数字化、信息化、智能化方向发展。食品机械重点发展大型高速成套化、无菌化、智能化食品生产及PET瓶、易拉罐等包装生产线。开展大数据环境下食品智能制造、品质分析和可追溯体系建设与装备研发。开发食品生产后道立体仓储库、智能机器人和物流输送系统。造纸装备重点开发新一代制浆技术和装备，新型高效节能造纸装备以及污染物处理装备，生物质衍生新材料技术和装备，加快智能化、信息化和机器人技术应用。塑料机械重点开展驱动传动系统数控化与效能提升，成型过程复杂参数传感与智能控制，嵌入式机器人协同应用、综合决策与信息化管理等技术研发及应用。制鞋装备重点开展智能数控前帮机、全自动帮脚打毛/喷胶设备、数控多工位连帮注射成型机、帮面定型机等的研发及产业化应用示范。五金制造装备重点开展绿色制造成套工艺、低成本数控装备－机器人协同制造关键技术、低成本多机器人协同智能装配与检测技术、基于“物联网技术”的物流系统等研发与应用。洗涤机械重点开发高效智能化洗涤成套设备和洗涤工厂控制系统，服务于大型中央洗涤工厂的智能分拣物流系统、智能洗涤烘干系统、自动后整理系统等。电池机械重点开发铅蓄电池连续化极板制造，动力电池宽幅高速极片制造，自动化成分容系统和电池系统测试，废旧电池分选、拆解及再生等设备。加快推进高效高精度扣式电池等自动生产线的国产化。

2. 缝制机械工业

推动缝制机械向多功能、智能化方向发展。加快三维（3D）立体缝纫、独立驱动、智能控制与传感、物联网和大数据管理等技术研发，重点突破旋梭、机针、球连杆等一批关键零部件。重点开发六自由度工业缝制机械手、独立驱动系统的花样机、基于独立电机送料的智能缝纫机，以及自动化智能化程度较高的缝制单元。研发智能缝制装备和智能化缝制解决方案，全面推广智能机器人制造与装配技术，建立智能化示范生产线。

3. 衡器工业

开展基于动态质量测量法的动态电子秤研究，开发多个力与称重传感器数据融合技术。重点发展小型化、集成化、数字化、多功能化、智能化和无线网络化的新型高准确度称重传感器。重点发展新一代超小容量智能组合秤、不同粉料特性的密封性智能组合秤、高等级防护密封型组合秤等工业衡器。推进光纤、激光传感器在自动衡器中的应用，加快自动化装备和工业机器人在称重传感器及衡器生产工艺流程中的应用研究。

五、政策措施

（一）加大市场准入改革力度

深入推进商事制度改革，开展“证照分离”改革试点，继续削减前置审批和不必要的许可。取消不必要的审批、目录和不合理收费，大幅减少和规范涉企收费及审批评估事 37 项。国务院以清单方式明确列出禁止和限制投资经营的行业、领域、业务等，清单以外的，各类市场主体皆可依法平等进入。对新业态、新模式等新生事物，既支持创新发展、激发活力，又严格依法监管、防范风险。

（二）加大市场环境治理力度

加大对商标、知名商品特有名称、包装装潢、外观设计、发明专利、商业秘密等知识产权的保护力度，建立联合打假工作机制，严厉打击侵犯知识产权和制售假冒伪劣商品的行为。加快完善统一权威的食品安全监管体制和制度，把最严谨的标准、最严格的监管、最严厉的处罚、最严肃的问责落到实处。推进建立消费品质量安全风险监控体系，形成以预防为主、风险管理为核心的消费品质量安全监管新机制。严格实施缺陷产品召回制度，推动建立生产企业黑名单和惩罚性巨额赔偿制度，公开曝光质量违法和假冒伪劣案件，从根本上遏制轻工产品质量违法违规和制假贩假行为。开展打击网上侵犯知识产权和制售假冒伪劣商品专项执法工作，鼓励实体店铺及电子商务平台开展质量认证、准入与追溯制度，保护消费者权益，营造良好消费环境。

（三）加大财税政策支持力度

通过优化整合后的中央财政科技计划（专项、基金等），支持重点行业新材料、核心技术、关键零部件、高端装备的研发和创新平台建设，提升产业发展的基础能力；支持传统 38 产业改造提升和新兴产业规模化发展，引导企业加大对品种优化、质量提升、装备更新、智能制造和绿色制造等方面的技术改造力度。充分发挥国家中小企业发展基金的引导作用，带动中小企业加大对技术创新、结构调整、节能减排等方面的投入，落实各项优惠政策，完善中小企业服务体系。

落实固定资产加速折旧政策，引导企业加大先进设备投资。

发挥清洁生产专项资金的作用，引导重点行业清洁生产技术应用示范和推广。落实相关税费优惠政策，降低企业“五险一金”等成本支出，合理调整消费税政策。鼓励企业增加绿色产品研发投入，在政府采购等政策中优先选择获得绿色产品认证的产品。

（四）加大金融政策支持力度

加大金融对轻工业稳增长调结构增效益的支持

力度。发挥金融对技术创新的助推作用，促进企业技术创新和成果转化。落实支持中小企业发展的金融政策，进一步拓宽中小企业融资渠道，完善中小企业信用担保体系。加快发展支持轻工领域大众创业和万众创新的金融产品和服务。加大金融对企业技术改造和设备更新的支持力度。鼓励银行业金融机构开发自有品牌、商标专用权等企业无形资产质押贷款业务，支持轻工领域品牌建设。进一步发挥政策性金融和开发性金融的作用，支持金融机构通过银团贷款、出口信贷、项目融资等多种方式，为企业建立国际化研发、生产体系及品牌推 39 广搭建金融服务平台。加大出口信用保险对品牌企业的支持力度，鼓励商业银行积极开展出口信用保险保单融资业务。

（五）加强产业政策引导

落实家用电器、太阳能热水器、钟表等行业品牌发展指导意见。落实《铅蓄电池行业规范条件（2015 年本）》、《制革行业规范条件》，加强行业管理，减少能源资源消耗和污染物排放。充分利用关于促进企业兼并重组的支持政策，培育一批有竞争力的企业。严格执行《产业结构调整指导目录（2011 年本）（修正）》，鼓励发展产污强度低、能耗低、清洁生产水平先进的工艺技术。推行轻工产品绿色产品标识与认证、能效标识等制度，定期公布能源利用效率高的产品“能效之星”目录。

（六）加强计量技术服务保障

开展轻工业发展和质量提升急需的计量基标准及相关技术、方法研究，加快填补量传溯源体系空白。加强食品相关产品、日用化学品等轻工业领域标准物质研制及体系建设。进一步完善与轻工业相关的计量技术规范，为企业标准制定提供计量测试技术支撑。推进轻工业领域国家产业计量测试服务体系建设，建设轻工业领域国家产业计量测试中心等公共服务平台。在轻工业企业推广测量管理体系，将计量测试嵌入到产品研发、制造、质量提升、全过程工艺控制中。结合主体功能区规划定位，推进区域发展计量支撑体系建设，对轻工行业生产企业提供从质量设计、质量控制及质量升级的技术支撑，推动产品提质、企业增效、产业升级。积极开展国际、国内计量比对工作，实现测量结果的国际互认，减少国际技术性贸易壁垒，助推中国产品走出国门。

（七）加强标准支撑作用

完善轻工业标准化体系，提升轻工行业标准化水平。完善产品质量安全标准体系，加快制定一批强制性国家标准。

优化轻工领域推荐性标准体系，围绕产品质量提升和产业结构优化需求，加快定制产品、智能产品和特殊人群产品等新兴产品通用标准制定，加强产品售后服务、物流配送、标签标识等领域标准制定，加快产品设计、关键材料及零部件、生产制造等产业技术基础标准制定，加强节能、节水、节材和环保等方面的标准化工作力度。持续开展标准对比工作，加快转化重要国际标准。加强标准支撑作用，鼓励企业采用国际或出口标准，制定严于国家标准、行业标准、地方标准的企业标准，自我声明公开执行标准。培育和发展具有国际影响力的团体标准。积极主导和参与国际标准制修订，推动我国优势产业技术标准成为国际标准。加强国际合作交流，进一步提高国际市场对我国检测及认证结果的认可度。

（八）加强人才支撑保障

加强国内培养和国外引智，依托重大科技专项、重点项目、产学研联盟等建成一批高科技人才培养基地，加快培育一支具有较强创新能力和创新精神的高科技人才队伍。进一步做好轻工业职工技术培训和技能鉴定工作，形成一支门类齐全、技艺精湛的技术技能人才队伍，重视传统技艺人才的保护和传承，培养一批大国工匠。依托国家各类人才计划，引进和培养一批懂技术、懂市场的高端复合型管理人才，培养和造就大批优秀企业家。

（九）发挥行业协会作用

发挥行业协会联系政府和企业的桥梁和纽带作用，鼓励行业协会积极参与国家、地方有关产业政策法规的制定，引导企业落实产业政策。支持行业协会深化改革，完善内部治理，增强服务行业发展的能力，加强对行业发展重大问题的调查研究，反映企业诉求，引导规范企业行为，加强行业自律。建立轻工业经济运行及预测预警信息平台，及时反映行业情况和问题。鼓励和引导行业协会建立知识产权联盟，构建专利池，提高行业协会联合企业应对涉外知识产权纠纷和国际贸易壁垒的能力。

六、组织实施

工业和信息化部统筹负责本规划的组织实施，加强与相关部门政策协调和信息沟通，及时解决规划实施过程中遇到的问题，做好规划宣传贯彻，推动各项任务和措施落到实处。各地工业和信息化主管部门要按照职责分工，抓紧制定与规划相衔接的实施方案，落实相关配套政策，做好信息反馈工作。行业协会要充分发挥桥梁和纽带作用，引导和督促企业积极落实规划确定的重点任务。

新材料产业“十三五”规划发布

作为我国七大战略新兴产业和“中国制造2025”重点发展的十大领域之一，新材料是整个制造业转型升级的产业基础。一直以来，我国对新材料产业的发展高度重视，出台了众多推动新材料产业发展的措施。

新材料产业“十三五”规划将从升级基础材料、发展战略材料以及遴选前沿新材料三个层面出发，对“十三五”期间我国新材料产业发展做出细致规划。其目的是促使我国新材料产业整体升级，为制造业和实体经济发展奠定产业基础；同时通过新材料升级，加快钢铁、有色、石化、轻工、建材、纺织等基础制造业向产业中高端迈进，并为制造业整体转型升级寻找后续发展的可持续动力。

1. 基础材料领域

“十三五”期间将着力解决钢铁、有色、石化、轻工、建材、纺织等基础材料产业产能全面过剩、产品结构不合理、高端领域无法实现自给三大突出问题，重点发展先进钢铁、先进有色金属、先进石化、先进轻工、先进建材、先进纺织等6大类25个分类材料。力争到“十三五”末，基础材料产业总体规模得到有效控制，并形成高性能、差别化、功能化的先进基础材料制造能力，促使钢铁、有色、石化、轻工、建材、纺织等基础材料制造产业实现产业升级转型，先进基础材料总体实现自给，并形成一定的出能力。

2. 关键战略材料领域

将从保障海洋工程、轨道交通、航空航天、核电、新能源等战略新兴产业，以及促进新一代信息技术、医疗卫生、电动汽车、智能制造等我国具有一定技术优势的产业发展出发，重点发展高端装备用特种合金、高性能分离薄膜、高性能纤维及符合材料、新能源材料、新一代生物医用材料、电子陶瓷、先进半导体、稀土等9大类32个分类材料。预计到“十三五”末，我国经济发展急需的百余种关键战略材料将全面实现国产化，关键战略材料综合保障能力超过70%，在初步形成上下游产业协同的基础上，为上述众多关键产业发展提供材料支撑，奠定未来发展的产业基础。

3. 前沿新材料领域

将重点发展石墨烯、3D打印、超导、智能仿生等4大类14个分类材料。其目的是为满足未来十年战略新兴产业发展，以及为制造业全面迈进中高端进行产业准备；并形成一批潜在市场规模在百亿至千亿级别的细分产业，为拉动制造业转型升级和实体经济持续发展，提供长久推动力。

国家制造强国建设战略咨询委员会认为，新材料领域产业前景良好，到“十三五”末市场规模将达万亿之巨。而石墨烯、3D打印、超导等前沿材料的快速发展，则有望在未来继续催生出千亿级别的新市场。更为重要的是，由于新材料产业涉及制造业和国民经济中的众多部门，其发展不但会促使基础材料产业、制造业的转型升级，还将对“十三五”期间我国经济的可持续发展产生积极影响。

新材料产业和钢铁、有色、石化、轻工、建材、纺织等传统制造行业息息相关，同时也和众多新兴产业密不可分。因此，发展新材料产业对我国经济发展有着全面促进作用，对我国经济转型期有着重大意义。新材料“十三五”规划的出台，将进一步促进新材料产业的发展，进而对传统产业转型升级、加速新兴产业发展等我国既定战略起到积极推动。

对于“十三五”期间新材料产业的发展，工信部副部长辛国斌此前表示，新材料产业不但是我国战略新兴产业的重要组成部分，同时对加快发展新型制造业、推动传统产业改造升级、创新高端装备制造发展、培育发展其他战略性新兴产业都有着举足轻重的意义。新材料产业的发展，还将会对解决产能过剩、提升制造业生产率等重大课题大有裨益。

新材料产业“十三五”发展规划（节选）

前　言

材料工业是国民经济的基础产业，新材料是材料工业发展的先导，是重要的战略性新兴产业。“十三五”时期，是我国材料工业由大变强的关键时期。加快培育和发展新材料产业，对于引领材料工业升级换代，支撑战略性新兴产业发展，保障国家重大工程建设，促进传统产业转型升级，构建国际竞争新优势具有重要的战略意义。

根据《中华人民共和国国民经济和社会发展第十二个五年规划纲要》和《国务院关于加快培育和发展战略性新兴产业的决定》的总体部署，工业和信息化部会同发展改革委、科技部、财政部等有关部门和单位编制了《新材料产业“十三五”发展规划》。本规划是指导未来五年新材料产业发展的纲领性文件，是配置政府公共资源和引导企业决策的重要依据。

专栏1　新材料的定义与范围

新材料涉及领域广泛，一般指新出现的具有优异性能和特殊功能的材料，或是传统材料改进后性能明显提高和产生新功能的材料，主要包括新型功能材料、高性能结构材料和先进复合材料，其范围随着经济发展、科技进步、产业升级不断发生变化。为突出重点，本规划主要包括以下六大领域：①特种金属功能材料。具有独特的声、光、电、热、磁等性能的金属材料。②高端金属结构材料。较传统金属结构材料具有更高的强度、韧性和耐高温、抗腐蚀等性能的金属材料。③先进高分子材料。具有相对独特物理化学性能、适宜在特殊领域或特定环境下应用的人工合成高分子新材料。④新型无机非金属材料。在传统无机非金属材料基础上新出现的具有耐磨、耐腐蚀、光电等特殊性能的材料。⑤高性能复合材料。由两种或两种以上异质、异型、异性材料（一种作为基体，其他作为增强体）复合而成的具有特殊功能和结构的新型材料。⑥前沿新材料。当前以基础研究为主，未来市场前景广阔，代表新材料科技发展方向，具有重要引领作用的材料。

一、发展现状和趋势

（一）产业现状

经过几十年奋斗，我国新材料产业从无到有，不断发展壮大，在体系建设、产业规模、技术进步等方面取得明显成就，为国民经济和国防建设做出了重大贡献，具备了良好发展基础。

新材料产业体系初步形成。我国新材料研发和应用发端于国防科技工业领域，经过多年发展，新材料在国民经济各领域的应用不断扩大，初步形成了包括研发、设计、生产和应用，品种门类较为齐全的产业体系。

新材料产业规模不断壮大。进入21世纪以来，我国新材料产业发展迅速，2010年我国新材料产业规模超过6500亿元，与2005年相比年均增长约20%。其中，稀土功能材料、先进储能材料、光伏材料、有机硅、超硬材料、特种不锈钢、玻璃纤维及其复合材料等产能居世界前列。

部分关键技术取得重大突破。我国自主开发的钽铌铍合金、非晶合金、高磁感取向硅钢、二苯基甲烷二异氰酸酯（MDI）、超硬材料、间位芳纶和超导材料等生产技术已达到或接近国际水平。新材料品种不断增加，高端金属结构材料、新型无机非金属材料和高性能复合材料保障能力明显增强，先进高分子材料和特种金属功能材料自给水平逐步提高。

但是，我国新材料产业总体发展水平仍与发达国家有较大差距，产业发展面临一些亟待解决的问题，主要表现在：新材料自主开发能力薄弱，大型材料企业创新动力不强，关键新材料保障能力不足；产学研用相互脱节，产业链条短，新材料推广应用困难，产业发展模式不完善；新材料产业缺乏统筹规划和政策引导，研发投入少且分散，基础管理工作比较薄弱。

（二）发展趋势

当今世界，科技革命迅猛发展，新材料产品日新月异，产业升级、材料换代步伐加快。新材料技术与纳米技术、生物技术、信息技术相互融合，结构功能一体化、功能材料智能化趋势明显，材料的低碳、绿色、可再生循环等环境友好特性倍受关注。发达国家高度重视新材料产业的培育和发展，具有完善的技术开发和风险投资机制，大型跨国公司以其技术研发、资金、人才和专利等优势，在高技术含量、高附加值新材料产品中占据主导地位，对我国新材料产业发展构成较大压力。

从国内看，“十三五”是全面建设小康社会的关键时期，是加快转变经济发展方式的攻坚时期，经济结构战略性调整为新材料产业提供了重要发展机遇。一方面，加快培育和发展节能环保、新一代信息技术、高端装备制造、新能源和新能源汽车等战略性新兴产业，实施国民经济和国防建设重大工程，需要新材料产业提供支撑和保障，为新材料产业发展提供了广阔市场空间。另一方面，我国原材料工业规模巨大，部分行业产能过剩，资源、能源、环境等约束日益强化，迫切需要大力发展新材料产业，加快推进材料工业转型升级，培育新的增长点。

专栏 2　战略性新兴产业对部分新材料的需求预测

01	新能源 “十三五”期间，我国风电新增装机 6000 万千瓦以上，建成太阳能电站 1000 万千瓦以上，核电运行装机达到 4000 万千瓦，预计共需要稀土永磁材料 4 万吨、高性能玻璃纤维 50 万吨、高性能树脂材料 90 万吨，多晶硅 8 万吨、低铁绒面压延玻璃 6000 万平方米，需要核电用钢 7 万吨/年，核级锆材 1200 吨/年、锆及锆合金铸锭 2000 吨/年。
02	节能和新能源汽车 2015 年，新能源汽车累计产销量将超过 50 万辆，需要能量型动力电池模块 150 亿瓦时/年、功率型 30 亿瓦时/年、电池隔膜 1 亿平方米/年、六氟磷酸锂电解质盐 1000 吨/年、正极材料 1 万吨/年、碳基负极材料 4000 吨/年；乘用车需求超过 1200 万辆，需要铝合金板材约 17 万吨/年、镁合金 10 万吨/年。
03	高端装备制造 “十三五”期间，航空航天、轨道交通、海洋工程等高端装备制造业，预计需要各类轴承钢 180 万吨/年、油船耐腐蚀合金钢 100 万吨/年、轨道交通大规格铝合金型材 4 万吨/年、高精度可转位硬质合金切削工具材料 5000 吨。到 2020 年，大型客机等航空航天产业发展需要高性能铝材 10 万吨/年，碳纤维及其复合材料应用比重将大幅增加。
04	新一代信息技术 2015 年，需要 8 英寸硅单晶抛光片约 800 万片/年、12 英寸硅单晶抛光片 480 万片/年，平板显示玻璃基板约 1 亿平方米/年，TFT 混合液晶材料 400 吨/年。
05	节能环保 “十三五”期间，稀土三基色荧光灯年产量将超过 30 亿只，需要稀土荧光粉约 1 万吨/年；新型墙体材料需求将超过 230 亿平方米/年，保温材料产值将达 1200 亿元/年；火电烟气脱硝催化剂及载体需求将达到 40 亿元/年，耐高温、耐腐蚀袋式除尘滤材和水处理膜材料等市场需求将大幅增长。
06	生物产业 2015 年，需要人工关节 50 万套/年、血管支架 120 万个/年，眼内人工晶体 100 万个/年，医用高分子材料、生物陶瓷、医用金属等材料需求将大幅增加。可降解塑料需要聚乳酸（PLA）等 5 万吨/年、淀粉塑料 10 万吨/年。

二、总体思路

（一）指导思想

深入贯彻落实科学发展观，按照加快培育发展战略性新兴产业的总体要求，紧紧围绕国民经济和社会发展重大需求，以加快材料工业升级换代为主攻方向，以提高新材料自主创新能力为核心，以新型功能材料、高性能结构材料和先进复合材料为发展重点，通过产学研用相结合，大力推进科技含量高、市场前景广、带动作用强的新材料产业化规模化发展，加快完善新材料产业创新发展政策体系，为战略性新兴产业发展、国家重大工程建设和国防科技工业提供支撑和保障。

（二）基本原则

坚持市场导向。遵循市场经济规律，突出企业的市场主体地位，充分发挥市场配置资源的基础作用，重视新材料推广应用和市场培育。准确把握新材料产业发展趋势，加强新材料产业规划实施和政策制定，积极发挥政府部门在组织协调、政策引导、改善市场环境中的重要作用。

坚持突出重点。新材料品种繁多、需求广泛，要统筹规划、整体部署，在鼓励各类新材料的研发生产和推广应用的基础上，重点围绕经济社会发展重大需求，组织实施重大工程，突破新材料规模化制备的成套技术与装备，加快发展产业基础好、市场潜力大、保障程度低的关键新材料。

坚持创新驱动。创新是新材料产业发展的核心环节，要强化企业技术创新主体地位，激发和保护企业创新积极性，完善技术创新体系，通过原始创新、集成创新和引进消化吸收再创新，突破一批关键核心技术，加快新材料产品开发，提升新材料产业创新水平。

坚持协调推进。加强新材料与下游产业的相互衔接，充分调动研发机构、生产企业和终端用户积极性。加强新材料产业与原材料工业融合发展，在原材料工业改造提升中，不断催生新材料，在新材料产业创新发展中，不断带动材料工业升级换代。加快军民共用材料技术双向转移，促进新材料产业军民融合发展。

坚持绿色发展。牢固树立绿色、低碳发展理念，重视新材料研发、制备和使役全过程的环境友好性，提高资源能源利用效率，促进新材料可再生循环，改变高消耗、高排放、难循环的传统材料工业发展模式，走低碳环保、节能高效、循环安全的可持续发展道路。

（三）发展目标

到 2015 年，建立起具备一定自主创新能力、规模较大、产业配套齐全的新材料产业体系，突破一批国家建设急需、引领未来发展的关键材料和技术，培育一批创新能力强、具有核心竞争力的骨干企业，形成一批布局合理、特色鲜明、产业集聚的新材料产业基地，新材料对材料工业结构调整和升级换代的带动作用进一步增强。

到 2020 年，建立起具备较强自主创新能力和可持续发展能力、产学研用紧密结合的新材料产业体系，新材料产业成为国民经济的先导产业，主要品种能够满足国民经济和国防建设的需要，部分新材料达到世界领先水平，材料工业升级换代取得显著成效，初步实现材料大国向材料强国的战略转变。

专栏 3 “十三五”新材料产业预期发展目标

01	产业规模 总产值达到 2 万亿元，年均增长率超过 25%。
02	创新能力 研发投入明显增加，重点新材料企业研发投入占销售收入比重达到 5%。建成一批新材料工程技术研发和公共服务平台。
03	产业结构 打造 10 个创新能力强、具有核心竞争力、新材料销售收入超 150 亿元的综合性龙头企业，培育 20 个新材料销售收入超过 50 亿元的专业性骨干企业，建成若干主业突出、产业配套齐全、年产值超过 300 亿元的新材料产业基地和产业集群。

04	保障能力 新材料产品综合保障能力提高到70%，关键新材料保障能力达到50%，实现碳纤维、钛合金、耐蚀钢、先进储能材料、半导体材料、膜材料、丁基橡胶、聚碳酸酯等关键品种产业化、规模化。
05	材料换代 推广30个重点新材料品种，实施若干示范推广应用工程。

三、发展重点

（一）特种金属功能材料

（二）高端金属结构材料

（三）先进高分子材料

特种橡胶。自主研发和技术引进并举，走精细化、系列化路线，大力开发新产品、新牌号，改善产品质量，努力扩大规模，力争到2015年国内市场满足率超过70%。扩大丁基橡胶（IIR）、丁腈橡胶（NBR）、乙丙橡胶（EPR）、异戊橡胶（IR）、聚氨酯橡胶、氟橡胶及相关弹性体等生产规模，加快开发丙烯酸酯橡胶及弹性体、卤化丁基橡胶、氢化丁腈橡胶、耐寒氯丁橡胶和高端苯乙烯系弹性体、耐高低温硅橡胶、耐低温氟橡胶等品种，积极发展专用助剂，强化为汽车、高速铁路和高端装备制造配套的高性能密封、阻尼等专用材料开发。

工程塑料。围绕提高宽耐温、高抗冲、抗老化、高耐磨和易加工等性能，加强改性及加工应用技术研发，扩大国内生产，尽快增强高端品种供应能力。加快发展聚碳酸酯（PC）、聚甲醛（POM）、聚酰胺（PA）、聚对苯二甲酸丁二醇酯（PBT）、聚苯醚（PPO）和聚苯硫醚（PPS）等产品，扩大应用范围，提高自给率。积极开发聚对苯二甲酸丙二醇酯（PTT）和聚萘二甲酸乙二醇酯（PEN）等新型聚酯、特种环氧树脂和长碳链聚酰胺、耐高温易加工聚酰亚胺等新产品或高端牌号。力争到2015年国内市场满足率超过50%。

其他功能性高分子材料。巩固有机硅单体生产优势，大力发展硅橡胶、硅树脂等有机硅聚合物产品。着力调整含氟聚合物产品结构，重点发展聚全氟乙丙烯（FEP）、聚偏氟乙烯（PVDF）及高性能聚四氟乙烯等高端含氟聚合物，积极开发含氟中间体及精细化学品。加快电解用离子交换膜、电池隔膜和光学聚酯膜的技术开发及产业化进程，鼓励液体、气体分离膜材料开发、生产及应用。大力发展环保型高性能涂料、长效防污涂料、防水材料、高性能润滑油脂和防火隔音泡沫材料等品种。

专栏4　先进高分子材料关键技术和装备

01	核心技术 加强基础聚合物制备、集成创新和成套工艺技术研究，开发分子结构设计、分子量控制及工艺参数控制等先进聚合技术。加快PA6高压前聚工艺技术、PBT直接酯化法生产技术、PC酯交换和PI技术产业化。突破ϕ4000mm甲基流化床、ϕ1200mm苯基沸腾床等有机硅单体合成技术。开发反应体系配方设计和后处理工艺，材料改性和加工成型技术以及配套助剂，可降解及回收材料技术等。
02	关键装备 开发大型在线检测控制聚合反应器、流化干燥床、脱气釜、汽提釜、直接脱挥装置、螺杆聚合反应器、先进混炼机、专用模具、高速挤出和大型注射成型设备、大型无水无氧聚合反应器等。

（四）新型无机非金属材料

先进陶瓷。重点突破粉体及先驱体制备、配方开发、烧制成型和精密加工等关键环节，扩大耐高温、耐磨和高稳定性结构功能一体化陶瓷生产规模。重点发展精细熔融石英陶瓷坩埚、陶瓷过滤膜和新型无毒蜂窝陶瓷脱硝催化剂等产品。积极发展超大尺寸氮化硅陶瓷、烧结碳化硅陶瓷、高频多功能压电陶瓷及超声换能用压电陶瓷。大力发展无铅绿色陶瓷材料。建立高纯陶瓷原料保障体系。

特种玻璃。以满足建筑节能、平板显示和太阳能利用等领域需求为目标，加快特种玻璃产业化，增强产品自给能力。重点发展平板显示玻璃（TFT/PDP/OLED），鼓励发展应用低辐射（Low－E）镀膜玻璃、涂膜玻璃、真空节能玻璃及光伏电池透明导电氧化物镀膜（TCO）超白玻璃。加快发展高纯石英粉、石英玻璃及制品，促进高纯石英管、光纤预制棒产业化。积极发展长波红外玻璃、无铅低温封接玻璃、激光玻璃等新型玻璃品种。

其他特种无机非金属材料。巩固人造金刚石和立方氮化硼超硬材料、激光晶体和非线性晶体等人工晶体技术优势，大力发展功能性超硬材料和大尺寸高功率光电晶体材料及制品。积极发展高纯石墨，提高锂电池用石墨负极材料质量，加快研发核级石墨材料。大力发展非金属矿及其深加工材料。开发高性能玻璃纤维、连续玄武岩纤维、高性能摩擦材料和绿色新型耐火材料等产品。加快推广新型墙体材料、无机防火保温材料，壮大新型建筑材料产业规模。

专栏5　新型无机非金属材料关键技术和装备

01	先进陶瓷技术 开发高纯超细陶瓷粉体及先驱体制备、陶瓷蜂窝结构设计技术。
02	特种玻璃技术 开发超薄玻璃基板成型、低辐射镀膜玻璃膜系设计与制备、高纯石英粉（≥5N）合成和光纤管（金属杂质 $<1\times10^{-6}$）制备技术、电子专用石英玻璃及制品制备技术、6代以上TFT－LCD玻璃基板及OLED玻璃基板制备技术。
03	其他特种无机非金属材料技术 开发高纯石墨（≥4N）电加热连续式化学提纯、高温连续式绝氧气氛窑生产、柔性石墨碾压法和挤压法加工技术，半导体用石墨保温材料加工技术，人工晶体生长及加工等技术。
04	新型无机非金属材料关键装备 开发6代以上TFT－LCD用玻璃基板窑炉，气氛加压陶瓷烧结炉，超硬材料用大型压机、大功率（30～100kW）微波等离子体和超大面积（150～300mm^2）热灯丝CVD金刚石膜成套装备，高纯石墨用高温（3000～3500℃）各项同性等静压机，（炉内氧含量 $\leq1000\times10^{-6}$）连续式绝氧气氛窑，石墨负极材料包覆和炭化装备等。

（五）高性能复合材料

树脂基复合材料。以低成本、高比强、高比模和高稳定性为目标，攻克树脂基复合材料的原料制备、工业化生产及配套装备等共性关键问题。加快发展碳纤维等高性能增强纤维，提高树脂性能，开发新型超大规格、特殊结构材料的一体化制备工艺，发展风电叶片、建筑工程、高压容器、复合导线及杆塔等专用材料，加快在航空航天、新能源、高速列车、海洋工程、节能与新能源汽车和防灾减灾等领域的应用。

专栏6　高性能增强纤维发展重点

01	碳纤维 加强高强、高强中模、高模和高强高模系列品种攻关，实现千吨级装置稳定运转，提高产业化水平，扩大产品应用范围。
02	芳纶 扩大间位芳纶（1313）生产规模，突破对位芳纶（1414）产业化瓶颈，拓展在蜂巢结构、绝缘纸等领域的应用。

03	超高分子量聚乙烯纤维 积极发展高性能聚乙烯纤维（UHMWPE）干法纺丝技术及产品，突破纺丝级专用树脂生产技术，降低生产成本。
04	新型无机非金属纤维 积极发展高强、低介电、高硅氧、耐碱等高性能玻璃纤维及制品，大力发展连续玄武岩、氮化硼和岩棉等新型无机非金属纤维品种。
05	其他高性能纤维材料 积极发展聚苯硫醚、聚［2，5－二羟基－1，4－苯撑吡啶并二咪唑］、芳砜纶、聚酰亚胺、对苯基并双噁唑纤维等新品种。

碳/碳复合材料。以耐高温、耐烧蚀、耐磨损及结构功能一体化为重点，加强材料预成型、浸渍渗碳及快速制备工艺研究。积极开发各类高温处理炉、气氛炉所需要的保温筒、发热体和坩埚等材料，推广碳/碳复合材料刹车片、高温紧固件等在运输装备、高温装备中的应用。

陶瓷基复合材料。进一步提高特种陶瓷基体和碳化硅、氮化硅、氧化铝等增强纤维，以及新型颗粒、晶须增强材料及陶瓷先驱体制备技术水平，加快在削切工具、耐磨器件和航空航天等领域的应用。

金属基复合材料。发展纤维增强铝基、钛基、镁基复合材料和金属层状复合材料，进一步实现材料轻量化、智能化、高性能化和多功能化，加快应用研究。

专栏7　高性能复合材料关键技术和装备

01	核心技术 重点突破聚合、纺丝、预氧化、碳化等高性能聚丙烯腈基碳纤维产业化关键技术，芳纶纤维聚合、纺丝及溶剂回收技术等。开发陶瓷基复合材料烧结、渗透等制备加工技术，碳/碳复合材料液相浸渍、渗碳及快速制备工艺，开发纤维增强型树脂基复合材料缠绕、铺放、热融预浸、真空辅助树脂转移成型（VARTM）技术。
02	关键装备 重点突破碳纤维用大容量聚合釜、饱和蒸汽牵伸、宽口径高温碳化、恒张力收丝装置，芳纶用耐强腐蚀高精度双螺杆聚合装置，复合材料用多轴缠绕机、热融预浸机、纤维铺放机、超高温热压成型设备。

（六）前沿新材料

纳米材料。加强纳米技术研究，重点突破纳米材料及制品的制备与应用关键技术，积极开发纳米粉体、纳米碳管、富勒烯、石墨烯等材料，积极推进纳米材料在新能源、节能减排、环境治理、绿色印刷、功能涂层、电子信息和生物医用等领域的研究应用。

生物材料。积极开展聚乳酸等生物可降解材料研究，加快实现产业化，推进生物基高分子新材料和生物基绿色化学品产业发展。加强生物医用材料研究，提高材料生物相容性和化学稳定性，大力发展高性能、低成本生物医用高端材料和产品，推动医疗器械基础材料升级换代。

智能材料。加强基础材料研究，开发智能材料与结构制备加工技术，发展形状记忆合金、应变电阻合金、磁致伸缩材料、智能高分子材料和磁流变液体材料等。

超导材料。突破高度均匀合金的熔炼及超导线材制备技术，提高铌钛合金和铌锡合金等低温超导材料工程化制备技术水平，发展高温超导千米长线、高温超导薄膜材料规模化制备技术，满足核磁共振成像、超导电缆、无线通信等需求。

四、区域布局

按照国家区域发展总体战略和主体功能区定位，立足现有材料工业基础，结合各地科技人才条件、市场需求、资源优势和环境承载能力，大力发展区域特色新材料，加快新材料产业基地建设，促进新材料产业有序、集聚和快速发展。

推进区域新材料产业协调发展。巩固扩大东部地区新材料产业优势，瞄准国际新材料产业发展方向，加大研发投入，引领产业技术创新，着力形成环渤海、长三角和珠三角三大综合性新材料产业集群。充分利用中部地区雄厚的原材料工业基础，加快新材料产业技术创新，大力发展高技术含量、高附加值的精深加工产品，不断壮大新材料产业规模。积极发挥西部地区资源优势，加强与东中部地区经济技术合作，依托重点企业，加快促进资源转化，推进军民融合，培育一批特色鲜明、比较优势突出的新材料产业集群。

有序建设重点新材料产业基地。特种金属功能材料要立足资源地和已有产业基地，促进资源综合利用，着力提高技术水平；高端金属结构材料要充分依托现有大中型企业生产装备，加快技术改造和产品升级换代，严格控制新布点项目；先进高分子材料应坚持集中布局、园区化发展，注重依托烯烃工业基地，围绕下游产业布局；新型无机非金属材料应在现有基础上适当向中西部地区倾斜；高性能复合材料原则上靠近市场布局，碳纤维等增强纤维在产业化和应用示范取得重大突破前原则上限制新建项目。

专栏 8　重点新材料产业基地

01	稀土功能材料基地 重点建设北京、内蒙古包头、江西赣州、四川凉山及乐山、福建龙岩、浙江宁波等稀土新材料产业基地。
02	稀有金属材料基地 重点建设陕西西安、云南昆明稀有金属材料综合产业基地，福建厦门、湖南株洲硬质合金材料基地。加快在中西部资源优势地区建设一批钼、钽、铌、铍、锆等特色稀有金属新材料产业基地。
03	高品质特殊钢基地 以上海、江苏江阴等为中心，重点建设华东高品质特殊钢综合生产基地。依托鞍山、大连等老工业基地，打造东北高品质特殊钢基地。在山西太原、湖北武汉、河南舞阳、天津等地建设若干专业化高品质特殊钢生产基地。
04	新型轻合金材料基地 重点建设陕西关中钛合金材料基地，重庆、山东龙口和吉林辽源新型铝合金材料基地，山西闻喜、宁夏石嘴山新型镁合金材料基地。
05	特种橡胶基地 重点建设北京、广东茂名、湖南岳阳、甘肃兰州、吉林、重庆等特种橡胶基地。
06	工程塑料基地 重点建设江苏苏东、上海、河南平顶山工程塑料生产基地及广东改性材料加工基地。
07	高性能氟硅材料基地 重点建设浙江、江苏、山东淄博、江西九江、四川成都高性能氟硅材料基地。
08	特种玻璃基地 重点建设陕西咸阳、江苏、广东、河南洛阳、安徽特种玻璃基地。
09	先进陶瓷基地 重点建设山东、江苏、浙江先进陶瓷基地。

10	高性能复合材料基地 重点建设江苏连云港、山东威海、吉林碳纤维及其复合材料基地，重庆、山东泰安、浙江嘉兴等高性能玻璃纤维及其复合材料基地，北京、广东、山东等树脂基复合材料基地，湖南碳/碳复合材料基地，四川成都综合性复合材料基地。

五、重大工程

“十三五”期间，集中力量组织实施一批重大工程和重点项目，突出解决一批应用领域广泛的共性关键材料品种，提高新材料产业创新能力，加快创新成果产业化和示范应用，扩大产业规模，带动新材料产业快速发展。

（一）稀土及稀有金属功能材料专项工程

工程目标：力争到2015年，高性能稀土及稀有金属功能材料生产技术迈上新台阶，部分技术达到世界先进水平，在高新技术产业领域推广应用达到70%以上。

主要内容：组织开发高磁能积新型稀土永磁材料等产品生产工艺，推进高矫顽力、耐高温钕铁硼磁体及钐钴磁体，各向同性钐铁氮黏结磁粉及磁体产业化，新增永磁材料产能2万吨/年。加快开发电动车用高容量、高稳定性新型储氢合金，新增储氢合金粉产能1.5万吨/年。推进三基色荧光粉，3D显示短余辉荧光粉，白光LED荧光粉产业化，新增发光材料产能0.5万吨/年。加快高档稀土抛光粉、石油裂化催化材料、汽车尾气净化催化材料产业化，新增抛光粉产能0.5万吨/年、催化剂材料0.5万吨/年。组织开发硬质合金涂层材料、功能梯度硬质合金和高性能钨钼材料，新增高性能硬质合金产能5000吨/年、钨钼大型制件4000吨/年、钨钼板带材产能3000吨/年。推进原子能级锆管、银铟镉控制棒材产业化，形成锆管产能1000吨/年。

（二）碳纤维低成本化与高端创新示范工程

工程目标：到2015年，碳纤维产能达到1.2万吨，基本满足航空航天、风力发电、运输装备等需求。

主要内容：组织开发聚丙烯腈基（PAN）碳纤维的原丝产业化生产技术，突破预氧化炉、高低温碳化炉、恒张力收丝机、高温石墨化炉等关键装备制约，开发专用纺丝油剂和碳纤维上浆剂。围绕聚丙烯腈基（PAN）碳纤维及其配套原丝开展技术改造，提高现有纤维的产业化水平，实现GQ3522[1]型（拉伸强度3500～4500MPa，拉伸模量220～260GPa）千吨级装备的稳定运转，降低生产成本。加强GQ4522（拉伸强度≥4500MPa，拉伸模量220～260GPa）、QZ5526（拉伸强度≥5500MPa，拉伸模量≥260GPa）等系列品种技术攻关，实现产业化。开展大功率风机叶片、电力传输、深井采油、建筑工程、交通运输等碳纤维复合材料应用示范。

（三）高强轻型合金材料专项工程

工程目标：到2015年，关键新合金品种开发取得重大突破，形成高端铝合金材30万吨、高端钛合金材2万吨、高强镁合金压铸及型材和板材15万吨的生产能力，基本满足大飞机、轨道交通、节能与新能源汽车等需求。

主要内容：组织开发汽车用6000系铝合金板材，实现厚度0.7～2.0mm、宽幅1600～2300mm汽车铝合金板的产业化；加快完善高速列车用宽度大于800mm、直径大于250mm、长度大于30m的大型铝型材工艺技术，促进液化天然气储运用铝合金板材等重点产品产业化；积极开发航空航天用2000系、7000系、6000系、铝锂合金等超高强80～200mm铝合金中厚板及型材制品，复杂锻件及模锻件。开发高强高韧、耐蚀新型钛合金和冷床炉熔炼、型材挤压技术，推进高性能Φ300mm以上钛合金大规格棒材，厚度4～100mm、宽度2500mm热轧钛合金中厚板，厚度0.4～1.0mm、宽幅1500mm冷轧钛薄板，大卷重（单重3吨以上）钛带等产品产业化。推进低成本AZ、AM系列镁合金压铸，低成本AZ系列镁合金挤压型材和板材产业化，开展镁合金轮毂、大截面型材、宽幅1500mm以上板材、高性能铸锻件等应用示范。

（四）高性能钢铁材料专项工程

工程目标：到2015年，形成年产高品质钢800万吨的生产能力，基本满足核电、高速铁路等国家重点工程以及船舶及海洋工程、汽车、电力等行业

[1] GQ3522、GQ4522、QZ5526均为聚丙烯腈基碳纤维国家标准牌号（GB/T 26752－2011）。

对高性能钢材的需要。

主要内容：组织开发具有高强、耐蚀、延寿等综合性能好的高品质钢材。重点推进核电压力容器大锻件508－3系列、蒸汽发生器690传热管、AP1000整体锻造主管道316LN等关键钢种的研发生产，实现核电钢成套供应能力。提升超超临界锅炉大口径厚壁无缝管生产水平，形成年产50万吨生产能力。加快开发船用特种耐蚀钢和耐蚀钢管，分别形成年产100万吨和10万吨生产能力。开发高速铁路车轮、车轴、轴承等关键钢材，形成年产5万套生产能力。开发长寿命齿轮钢、螺栓钢、磨具钢、弹簧钢、轴承钢和高速钢等基础零件用钢，形成年产300万吨生产能力。开展DPT、TRIP、热成形、第三代汽车钢、TWIP等高强汽车板生产和应用示范，形成年产300万吨生产能力。大力实施非晶带材、高磁感取向硅钢等应用示范。

（五）高性能膜材料专项工程

工程目标：到2015年，实现水处理用膜、动力电池隔膜、氯碱离子膜、光学聚酯膜等自主化，提高自给率，满足节能减排、新能源汽车、新能源的发展需求。

主要内容：积极开发反渗透、纳滤、超滤和微滤等各类膜材料和卷式膜、帘式膜、管式膜、平板膜等膜组件和膜组器，满足海水淡化与水处理需求。提高氯碱用全氟离子交换膜生产工艺水平，组织开发动力电池用高性能电池隔膜、关键装备和全氟离子交换膜及其配套含氟磺酸、含氟羧酸树脂，实现产业化。建成氯碱全氟离子交换膜50万平方米/年、动力电池用全氟离子交换膜20万平方米/年、及其配套全氟磺酸树脂和全氟羧酸树脂，加快发展聚氟乙烯（PVF）太阳能电池用膜。

（六）先进电池材料专项工程

工程目标：先进储能材料、光伏材料产业化取得突破，基本满足新能源汽车、太阳能高效利用等需求。

主要内容：组织开发高效率、大容量（≥150mAh/g）、长寿命（大于2000次）、安全性能高的磷酸盐系、镍钴锰三元系、锰酸盐系等锂离子电池正极材料，新增正极材料产能4.5万吨/年，推进石墨和钛酸盐类负极材料产业化，新增负极材料产能2万吨/年，加快耐高温、低电阻隔膜和电解液的开发，积极开发新一代锂离子动力电池及材料，着力实现自主化。开发高转化效率、低成本光伏电池多晶硅材料产业化技术，研发新型薄膜电池材料。加快推进超白TCO导电玻璃等关键产品产业化，形成产能5000万平米/年。积极发展太阳能真空集热管，推动太阳能光热利用。开展大容量钠硫城网大储能电池研究，完成大功率充放电，电池寿命10年以上，实现10MW示范电站并网。

（七）新型节能环保建材示范应用专项工程

工程目标：到2015年，高强度钢筋使用比例达到80%，建筑节能玻璃比例达到50%，新型墙体材料比例达到80%，加快实现建筑材料换代升级。

主要内容：组织推广400MPa以上高强度钢筋、高效阻燃安全保温隔热材料、新型墙体材料、超薄型陶瓷板（砖）、无机改性塑料、木塑等复合材料、Low－E中空/真空玻璃、涂膜玻璃、智能玻璃等建筑节能玻璃。提高建筑材料抗震防火和隔音隔热性能，加快绿色建材产业发展，扩大应用范围，推动传统建材向新型节能环保建材跨越。

（八）电子信息功能材料专项工程

工程目标：提高相关配套材料的国产率，获取原创性成果，抢占战略制高点，力争掌握一批具有自主知识产权的核心技术。

主要内容：着力突破大尺寸硅单晶抛光片、外延片等关键基础材料产业化瓶颈；大力发展砷化镓等半导体材料及石墨和碳素系列保温材料，推动以碳化硅单晶和氮化镓单晶为代表的第三代半导体材料产业化进程；积极发展4英寸以上蓝宝石片、大尺寸玻璃基板、电极浆料、靶材、荧光粉、混合液晶材料等平板显示用材；促进碲镉汞外延薄膜材料、碲锌镉基片材料、红外及紫外光学透波材料、高功率激光晶体材料等传感探测材料的技术水平和产业化能力提升；突破超薄软磁非晶带材工程化制备技术，加快高频覆铜板材料、BT树脂、电子级环氧树脂、电子铜箔、光纤预制棒、特种光纤、通信级塑料光纤、高性能磁性材料、高频多功能压电陶瓷材料等新型元器件材料研发和产业化步伐。推动材料标准化、器件化、组件化，提高产业配套能力。

（九）生物医用材料专项工程

工程目标：提高人民健康水平、降低医疗成本，提高生物医用材料自主创新能力和产业规模。

主要内容：大力发展医用高分子材料、生物陶瓷、医用金属及合金等医用级材料及其制品，满足人工器官、血管支架和体内植入物等产品应用需求。推动材料技术与生命科学、临床医学等领域融合发展，降低研发风险和生产成本，提高产业规模。

（十）新材料创新能力建设专项工程

工程目标：提升新材料产业主要环节自主创新能力。

主要内容：进一步加大关键实验仪器、研发设备、控制系统的投入力度，建设一批具有较大规模、多学科融合的高层次新材料研发中心，重点开展材料的组份设计、模拟仿真、原料制备等基础研究，研发推广材料延寿、绿色制备、纳米改性、材料低成本和循环利用等共性技术，开发氧氮分析仪、高温测试仪、超声检测仪、扫描电子显微镜等专用设备。在重点新材料领域，建立和完善30个新材料研究开发、分析测试、检验检测、信息服务、推广应用等专业服务平台，推动新材料标准体系建设和应用设计规范制订，促进新材料创新成果产业化和推广应用。

六、保障措施

（一）加强政策引导和行业管理

落实《国务院关于加快培育和发展战略性新兴产业的决定》要求，建立和完善新材料产业政策体系，加强新材料产业政策与科技、金融、财税、投资、贸易、土地、资源和环保等政策衔接配合。制定和完善行业准入条件，发布重点新材料产品指导目录，实施新材料产业重大工程。推进组建新材料产业协会。建立健全新材料产业统计监测体系，把握行业运行动态，及时发布相关信息，避免盲目发展与重复建设，引导和规范新材料产业有序发展。

（二）制定财政税收扶持政策

建立稳定的财政投入机制，通过中央财政设立的战略性新兴产业发展专项资金等渠道，加大对新材料产业的扶持力度，开展重大示范工程建设，重点支持填补国内空白、市场潜力巨大、有重大示范意义的新材料产品开发和推广应用。各有关地方政府也要加大对新材料产业的投入。充分落实、利用好现行促进高新技术产业发展的税收政策，开展新材料企业及产品认证，完善新材料产业重点研发项目及示范工程相关进口税收优惠政策。积极研究制定新材料“首批次”应用示范支持政策。

（三）建立健全投融资保障机制

加强政府、企业、科研院所和金融机构合作，逐步形成“政产学研金”支撑推动体系。制订和完善有利于新材料产业发展的风险投资扶持政策，鼓励和支持民间资本投资新材料产业，研究建立新材料产业投资基金，发展创业投资和股权投资基金，支持创新型和成长型新材料企业，加大对符合政策导向和市场前景的项目支持力度。鼓励金融机构创新符合新材料产业发展特点的信贷产品和服务，合理加大信贷支持力度，在国家开发银行等金融机构设立新材料产业开发专项贷款，积极支持符合新材料产业发展规划和政策的企业、项目和产业园区。支持符合条件的新材料企业上市融资、发行企业债券和公司债券。

（四）提高产业创新能力

加强新材料学科建设，加大创新型人才培养力度，改革和完善企业分配和激励机制，完善创新型人才评价制度，建立面向新材料产业的人才服务体系。鼓励企业建立新材料工程技术研究中心、工程实验室、企业技术中心、技术开发中心，不断提高企业技术水平和研发能力。围绕材料换代升级，建立若干技术创新联盟和公共服务平台，组织实施重点新材料关键技术研发、产业创新发展、创新成果产业化、应用示范和创新能力建设等重大工程，发挥引领带动作用，促进新材料产业全面发展。

（五）培育优势核心企业

发挥重点新材料企业的支撑和引领作用，通过强强联合、兼并重组，加快培育一批具有一定规模、比较优势突出、掌握核心技术的新材料企业。鼓励原材料工业企业大力发展精深加工和新材料产业，延伸产业链，提高附加值，推动传统材料工业企业转型升级。高度重视发挥中小企业的创新作用，支持新材料中小企业向“专、精、特、新”方向发展，提高中小企业对大企业、大项目的配套能力，打造一批新材料“小巨人”企业。鼓励建立以优势企业为龙头，联合产业链上下游核心企业的产业联盟，形成以新材料为主体、上下游紧密结合的产业体系。

（六）完善新材料技术标准规范

瞄准国际先进水平，立足自主技术，健全新材料标准体系、技术规范、检测方法和认证机制。加快制定新材料产品标准，鼓励产学研用联合开发重要技术标准，积极参与新材料国际标准制定，加快国外先进标准向国内标准的转化。加强新材料品牌建设和知识产权保护，鼓励建立重要新材料专利联盟。加快建立新材料检测认证平台，加强产品质量监督，建立新材料产品质量安全保障机制。

（七）大力推进军民结合

充分利用我国已有军工新材料产业发展的技术

优势，优化配置军民科技力量和产业资源，推进国防科技成果加速向经济建设转化，促进军民新材料技术在基础研究、应用开发、生产采购等环节有机衔接，加快军民共用新材料产业化、规模化发展。鼓励优势新材料企业积极参与军工新材料配套，提高企业综合实力，实现寓军于民。建立军民人才交流与技术成果信息共享机制，积极探索军民融合的市场化途径，推动军民共用材料技术的双向转移和辐射。

（八）加强资源保护和综合利用

高度重视稀土、稀有金属、稀贵金属、萤石、石墨、石英砂、优质高岭土等我国具有优势的战略性资源保护，加强战略性资源储备，支持有条件的企业开展境外资源开发与利用，优化资源全球化配置，为新材料产业持续发展提供保障。合理规划资源开发规模，整顿规范矿产资源开发秩序，依法打击滥采乱挖，提高资源回采率。积极开发材料可再生循环技术，大力发展循环经济，促进资源再生与综合利用。加大短缺资源地质勘查力度，增加资源供给。

（九）深化国际合作交流

鼓励企业充分利用国际创新资源，开展人才交流与国际培训，引进境外人才队伍、先进技术和管理经验，积极参与国际分工合作。鼓励境外企业和科研机构在我国设立新材料研发机构，支持符合条件的外商投资企业与国内新材料企业、科研院校合作申请国家科研项目。支持企业并购境外新材料企业和技术研发机构，参加国际技术联盟，申请国外专利，开拓国际市场，加快国际化经营。

海关总署公告2016年第35号（关于公布2016年7月1日起港澳CEPA项下新增及修订零关税货物原产地标准的公告）

根据《内地与香港关于建立更紧密经贸关系的安排》（香港CEPA）和《内地与澳门关于建立更紧密经贸关系的安排》（澳门CEPA）及其相关补充协议，海关总署制定了《2016年7月1日起香港CEPA项下新增零关税货物原产地标准表》、《2016年7月1日起香港CEPA项下修订零关税货物原产地标准表》、《2016年7月1日起澳门CEPA项下新增零关税货物原产地标准表》和《2016年7月1日起澳门CEPA项下修订零关税货物原产地标准表》。

《2016年7月1日起香港CEPA项下新增零关税货物原产地标准表》、《2016年7月1日起香港CEPA项下修订零关税货物原产地标准表》、《2016年7月1日起澳门CEPA项下新增零关税货物原产地标准表》和《2016年7月1日起澳门CEPA项下修订零关税货物原产地标准表》使用简化的货物名称，具体范围与2016年《中华人民共和国进出口税则》中相应税则号列对应的商品范围一致，自2016年7月1日起执行。

特此公告。

海关总署

2016年6月1日

海关总署扩大内销选择性征收关税试点范围

据海关总署消息，自2016年9月1日起，内销选择性征收关税政策试点扩大到天津、上海、福建、广东四个自贸试验区所在省（市）的其他海关特殊监管区域（保税区、保税物流园区除外），以及河南新郑综合保税区、湖北武汉出口加工区、重庆西永综合保税区、四川成都高新综合保税区和陕西西安出口加工区内销选择性征收关税政策，是指对海关特殊监管区域内企业生产、加工并经“二线”内销的货物，根据企业申请，按其对应进口料件或按实际报验状态征收关税，进口环节增值税、消费税照章征收。企业选择按进口料件征收关税时，应一并补征关税税款缓税利息。

利用该项政策，企业可以自主合理降低税负、降低成本，更有利于海关特殊监管区域内企业灵活面对国际国内两个市场，在市场竞争中占据主动地位。例如，某海关特殊监管区域内加工贸易企业有一批原定计划出口国外的产品，因国际市场形势变化无法出口国外，则按照现行规定，该企业可选择申请内销到国内市场，但需要按照最终产品缴纳关税、进口环节增值税和消费税。如属于试点企业，则该企业在申请内销国内市场时，可以选择按照最终产品申报或按照当初加工贸易进口的料件原材料进行申报，通过综合测算申报价格和对应税率，最终选择缴纳税款较少的方式进行申报缴税，从而有效降低企业实际税负。

此次扩大试点范围，除横琴新区、平潭综合实验区外，覆盖面从原先16个海关特殊监管区域拓展到39个海关特殊监管区域，占全国128个海关特殊监管区域的30.47%，是对海关特殊监管区域内保税加工企业的又一重大利好，有利于增强海关特殊监管区域招商引资的竞争力，加速产业聚集，推进海关特殊监管区域的快速发展和整合优化。

海关总署公告2016年第67号
（关于规范加工贸易项下进口消耗性物料管理的公告）

为规范、统一对加工贸易项下进口消耗性物料（以下简称“消耗性物料”）的管理，提高监管效能，现就有关事项公告如下。

一、本公告所称消耗性物料

消耗性物料是指加工贸易企业为加工出口成品而进口，且为加工出口成品所必需，直接用于生产过程，但又完全不物化于成品中的物料。物化是指料件通过物理或化学的方式存在于成品中并构成商品基本特性的转化过程。

二、海关对消耗性物料按照保税方式进行监管

加工贸易企业进口消耗性物料，不受企业性质、贸易方式（进料加工、来料加工）、是否单独申报进口的限制。消耗性物料商品如因动态调整被增列入加工贸易禁止类商品目录的，按加工贸易禁止类商品进行管理，不实行保税监管。

消耗性物料或其制成品转为内销的，海关对消耗性物料依法征收税款并且加征缓税利息。消耗性物料属于进口许可证件管理的，企业在内销时应提交进口许可证件。

三、以下商品不按加工贸易消耗性物料以保税方式进行监管

加工贸易企业生产设备、工具的易损件，如钻头、钻嘴、砂轮、刀片、磨具等；易耗品，如机油、润滑油，印刷用的菲林、PS版等；检测物料，如检测纸、检测带、检测光盘、检测针等；劳保防护用品，如工作衣、帽、手套等；印制电路板用的干膜、生产高尔夫球头和飞机发动机叶片用模具所需进口的软金属、蜡、耐火材料等。

四、加工贸易项下进口料件

加工贸易项下进口料件同时符合以下条件的，不纳入消耗性物料管理，企业按照保税料件的相关规定办理有关手续：

（1）料件在加工过程中通过物理变化或化学反应存在或转化到成品中；

（2）料件存在或转化到成品中的量是保持成品性能不可缺少的组成成分，而非残留物。

五、企业申报保税进口的消耗性物料

企业申报保税进口的消耗性物料，应当在《加工贸易企业经营状况和生产能力证明》进口料件中予以列明。企业在办理手（账）册设立（变更）手续时，应当向主管海关提交《加工贸易项下进口消耗性物料申报表》（详见附件），申报内容应当完整。如海关需要，企业还应当提交以下补充材料：

（1）消耗性物料的属性和用途说明；

（2）消耗性物料在加工过程中的化学反应或物理变化原理、化学反应式、耗用量以及与成品的匹配关系等书面材料；

（3）海关认为需要提交的其他证明文件和材料。

六、消耗性物料与相应加工生产的料件的管理

消耗性物料应当与相应加工生产过程的进口料件、出口成品纳入同一手（账）册管理。企业应在手（账）册设立（变更）环节按要求向海关申报。

企业在申报消耗性物料时应当进行标识，在“商品名称”栏首字节起注明“[消]”（注：中括号为半角字符）；在“单耗/净耗”栏目内如实申报耗用量。

消耗性物料应当与其他保税料件分项申报，不得归并。

七、消耗性物料的管理遵循如实申报、据实核销的原则

全国塑料工业生产、经营情况统计

2016年塑料制品行业经济运行情况

中国轻工业信息中心　张涌涛

2016年，塑料制品行业经济运行总体平稳、稳中有进，实现“十三五”平稳开局。塑料制品行业工业增加值增速高于同期全国工业。行业投资增速高于同期制造业投资增速。行业主营业务收入利润率较去年有所提高，行业景气指数接近稳定区间底部。但行业出口仍为负增长，对行业发展形成一定阻力。需通过推进结构调整，加快转型升级、努力提质增效来予以克服，促进行业稳健发展。

一、主要经济指标完成情况

2016年，塑料制品行业规模以上企业1.5万个，工业增加值累计增速8.0%，高于同期全国工业增加值增速2.0个百分点。全年完成主营业务收入2.29万亿元，同比增长6.2%。实现利润1398.6亿元，同比增长7.32%。主营业务收入利润率为6.12%。塑料制品产量7717.19万吨，同比增长2.66%。

据海关统计数据，2016年，塑料制品行业进出口总额为750.43亿美元，同比下降4.85%。其中：出口额577.25亿美元，同比下降5.46%。进口额173.18亿美元，同比下降2.76%。贸易顺差404.07亿美元。

2016年橡胶和塑料制品业完成固定资产投资7015亿元，同比增长7.4%，增速高于同期制造业投资增速。

二、中轻塑料景气指数

中国轻工业经济运行及预测预警系统（www. qgysj. org）监测显示：自2015年3月份中轻塑料景气指数进入蓝色渐冷区间起，到2016年12月份，中轻塑料景气指数已连续21个月在渐冷区间运行。目前指数已接近绿色稳定区间底部，全年指数走势比较平稳。2016年12月份中轻塑料景气指数为88.35，高于去年同期0.76个点。

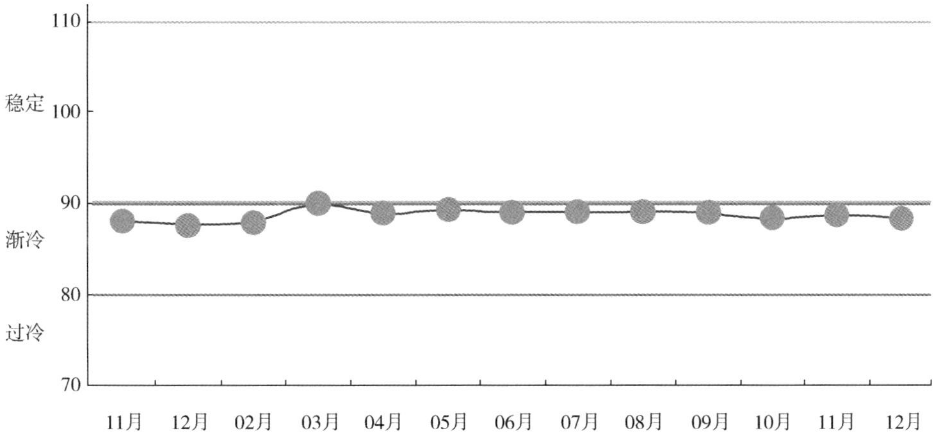

图1　2015年11月~2016年12月中轻塑料景气指数走势

2016年12月各分项指数为：主营业务收入指数87.98、出口景气指数93.52、资产景气指数93.18、利润景气指数84.35。塑料制品行业资产、出口景气指数保持稳定，主营业务、利润指数趋冷。

（一）主营业务景气指数

2016年12月中轻塑料主营业务景气指数为87.98，比11月份回落0.12点。塑料主营业务指数仍在蓝色渐冷区间运行。

（二）利润景气指数

2016年12月塑料利润景气指数为84.35，比11月份回落1.2点。2016年塑料利润指数走势呈现高位回落走势，12月利润指数低于去年同期1.17点。

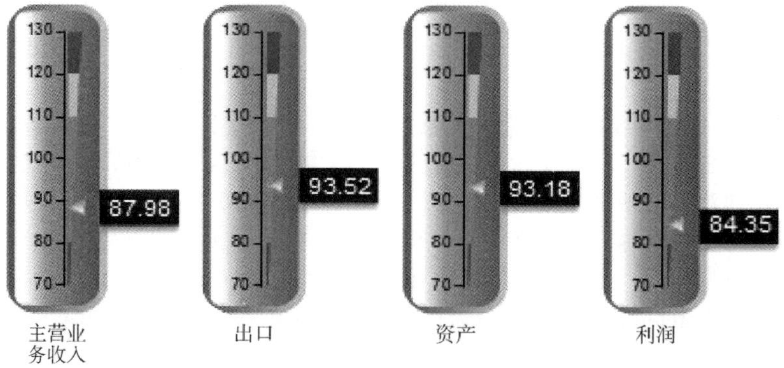

图 2　2016 年 12 月中轻塑料分项景气指数

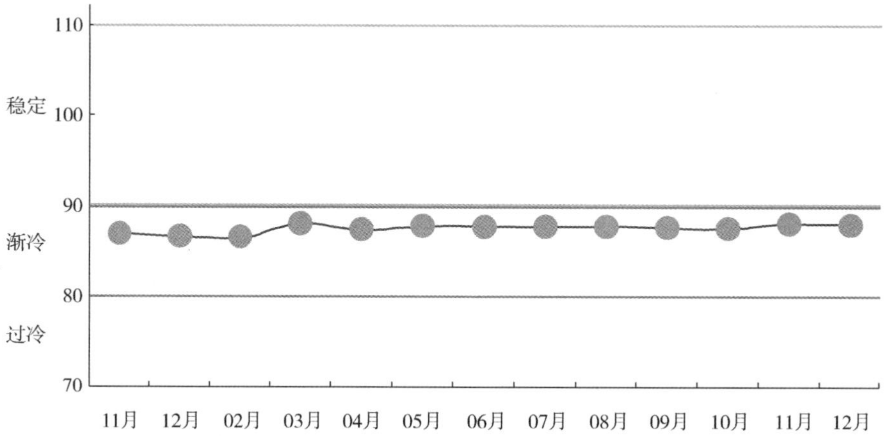

图 3　2015 年 11 月 ~2016 年 12 月中轻塑料主营业务景气指数走势

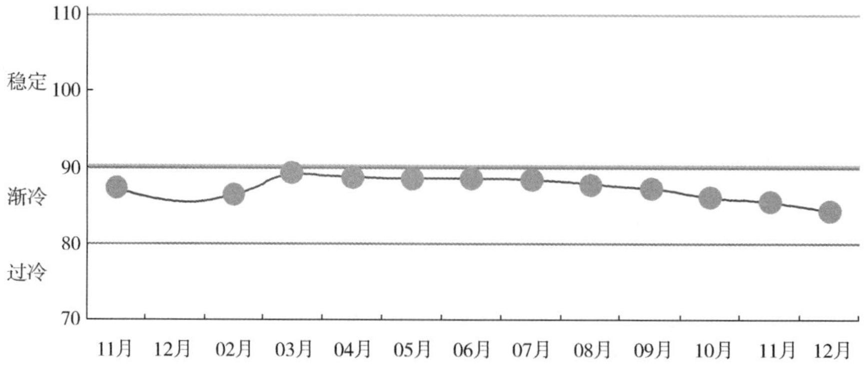

图 4　2015 年 11 月 ~2016 年 12 月中轻塑料利润景气指数走势

（三）出口景气指数

2016 年，塑料制品出口指数延续了去年底的回升走势，在稳定区间震荡，显示塑料制品行业出口形势有所好转。12 月塑料出口景气指数为 93.52，比 11 月份回落 1.07 点。

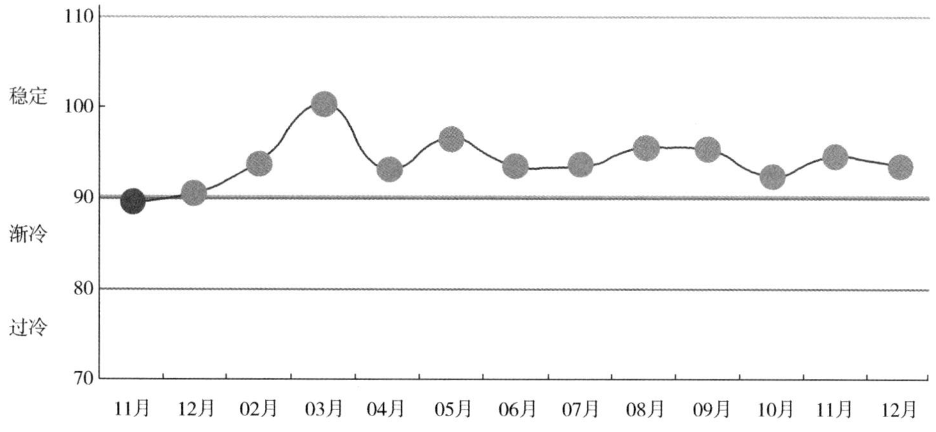

图5　2015年11月~2016年12月中轻塑料出口景气指数变化态势

三、工业增加值增速

2016年工业增加值累计增速达到了8.0%，高于同期全国工业增加值累计增速2.0个百分点。前三季度塑料制品行业工业增加值增速保持平稳态势，四季度增速有所回落，12月份增加值增速仅为5.3%，为全年月度最低值（见图6）。

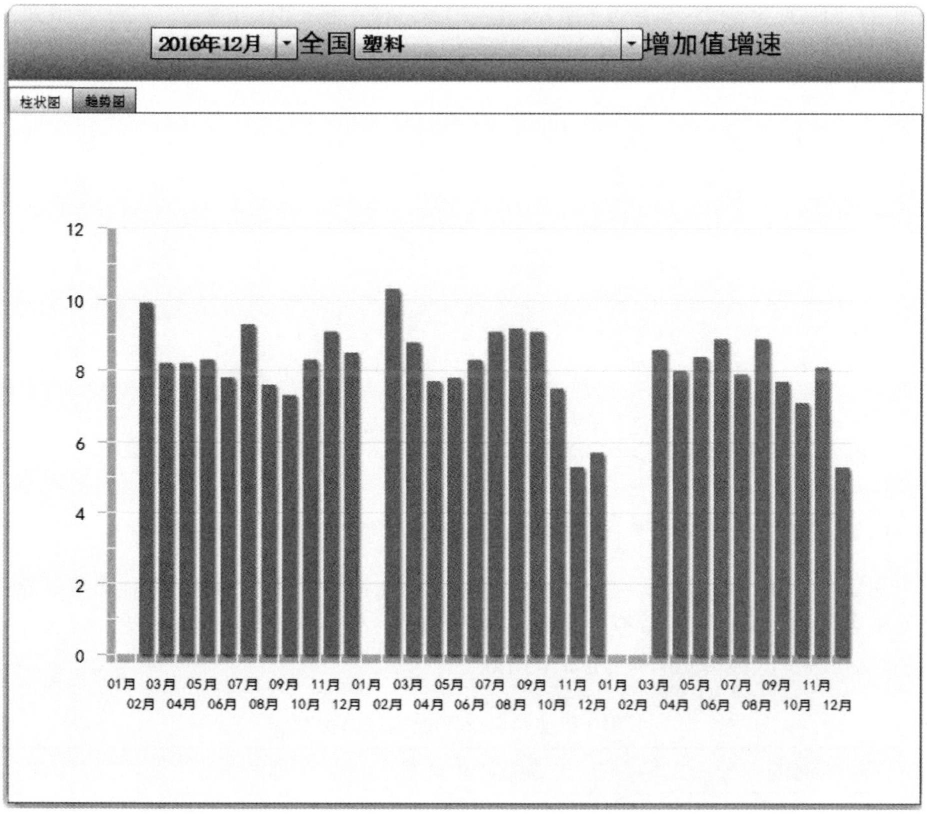

图6　2014~2016年塑料制品行业工业增加值增速月度走势

四、产品产量

2016年，全国塑料制品行业规模以上企业累计完成产量7717.19万吨，同比增长2.66%。其中：12月份完成产量731.26万吨，同比下降0.62%。增速比上月回落3.07个百分点。

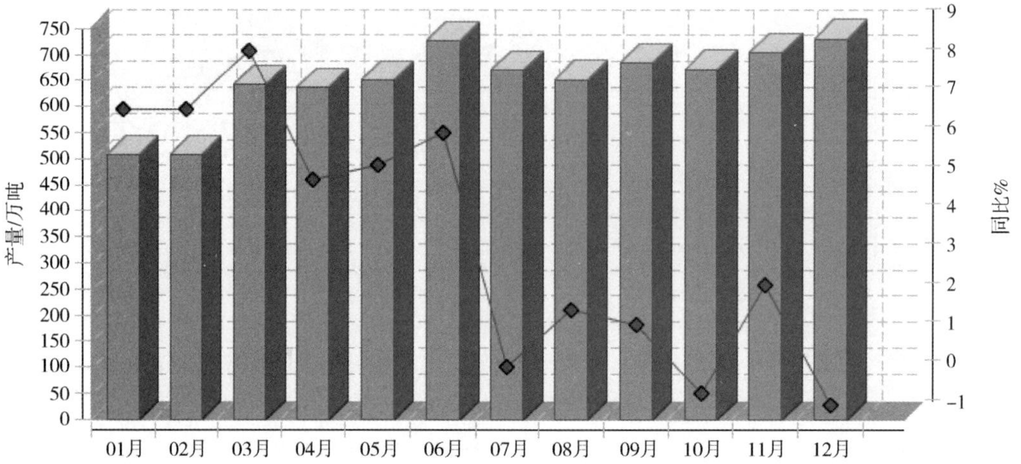

图7　2016年塑料制品月度产量及增速情况

从全国塑料制品行业连续三年月度产量对比图上看，产量月度走势基本相同，符合行业运行规律，行业生产基本正常。

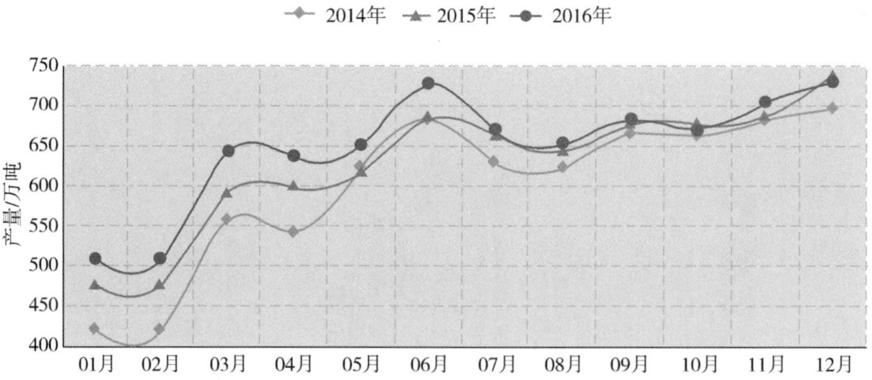

图8　全国塑料制品行业连续三年月度产量对比

2016年分品种产量中，塑料薄膜产量增幅为6.15%，增幅居各品种首位。各品种中塑料人造革、合成革产量负增长，同比下降0.35%，农用薄膜产量同比下降0.38%。其他品种产量保持正增长，各品种产量情况详见表1。

表1　2016年塑料制品产量完成情况表

产品名称	完成产量/吨	同比/%	占比/%
塑料制品	77 171 904	2.66	100.00
其中：塑料薄膜	14 195 150	6.15	18.39
其中：农用薄膜	2 418 573	−0.38	3.13

续表

产品名称	完成产量/吨	同比/%	占比/%
泡沫塑料	2 493 782	1.96	3.23
塑料人造革、合成革	3 314 750	-0.35	4.30
日用塑料制品	6 342 624	5.71	8.22
其他塑料制品	50 825 598	1.60	65.86

分地区看，塑料制品产量比重主要集中在浙江省、广东省、河南省、湖北省、江苏省等地区。

其中：浙江省塑料制品产量1072.97万吨（占13.9%），同比增长4.72%；广东省产量1005.46万吨（占13.03%），同比增长2.63%；河南省产量601.5万吨（占7.79%），同比增长9.25%；湖北省产量594.68万吨（占7.71%），同比下降11.1%；江苏省产量552.71万吨（占7.16%），同比增长10.45%；四川省产量486.3万吨（占6.3%），同比增长16.75%；山东省产量437.04万吨（占5.66%），同比下降1.83%；福建省产量394.05万吨（占5.11%），同比增长7.67%。

2016年塑料制品产量地区占比情况见图9。

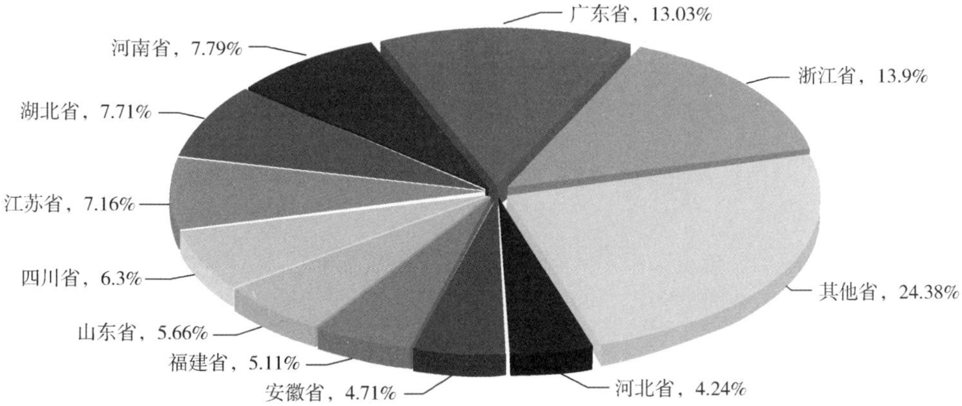

图9　2016年塑料制品产量地区占比情况

四川省塑料制品产量增幅达到16.75%，增速继续居各地区首位。其次为江苏省，产量增速为10.45%。河北省产量增幅为10.30%，居第三位。

主要产区中广东、湖北、山东省产量增速均低于全国平均水平，其中：山东省产量同比下降1.83%，湖北省产量同比下降11.1%。

五、主营业务收入

2016年，塑料制品行业规模以上企业累计完成主营业务收入22855.11亿元，同比增长6.21%。其中：塑料板、管、型材的制造主营业务收入5411.92亿元，同比增长7.11%；塑料丝、绳及编织品的制造主营业务收入2986.54亿元，同比增长2.56%；塑料薄膜制造主营业务收入2868.32亿元，同比增长5.07%；日用塑料制造主营业务收入1923.62亿元，同比增长7.25%；塑料包装箱及容器制造主营业务收入1917.24亿元，同比增长5.43%；塑料零件制造主营业务收入1759亿元，同比增长7.97%；塑料人造革、合成革制造主营业务收入1211.6亿元，同比增长0.59%；泡沫塑料制造主营业务收入979.69亿元，同比增长6.86%。其他塑料制品制造主营业务收入3797.17亿元，同比增长9.71%。

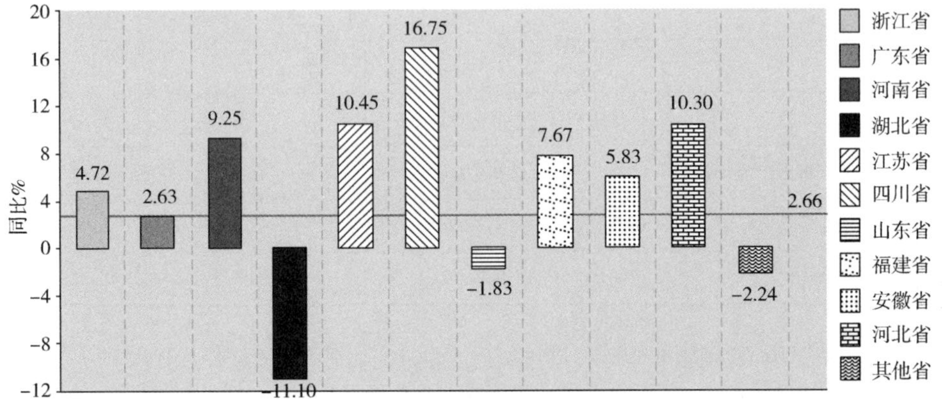

图 10　2016 年主要地区塑料制品产量同比增长情况

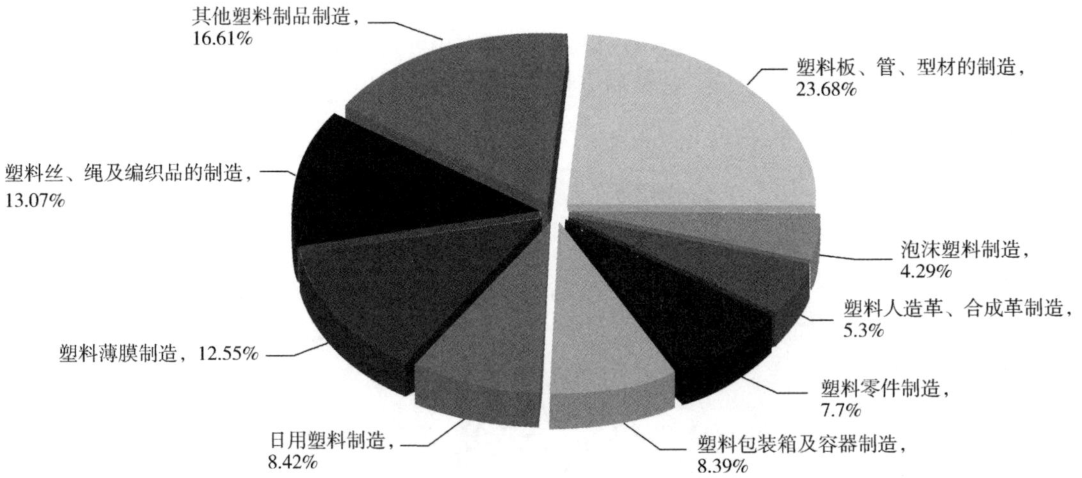

图 11　2016 年塑料制品行业主营业务收入子行业占比情况

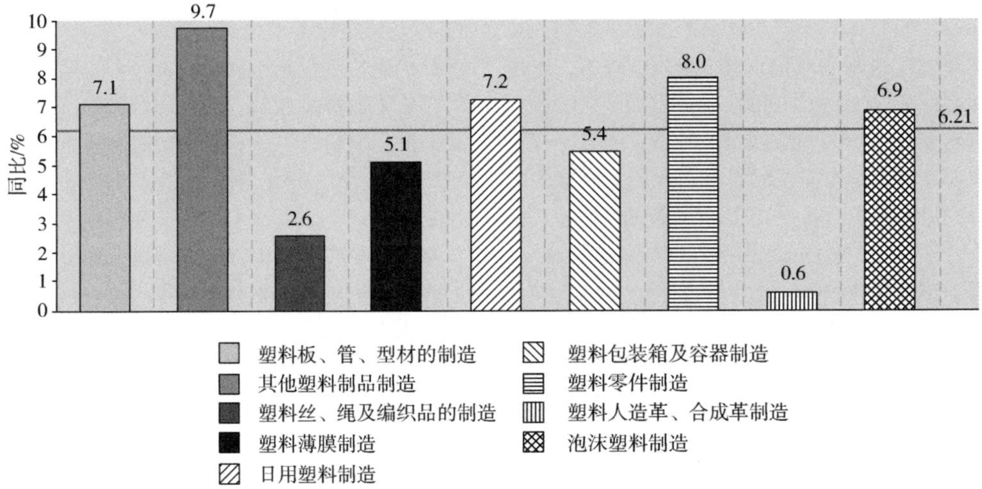

图 12　2016 年塑料制品行业主营业务收入子行业同比增长情况

六、利润总额

2016 年塑料制品行业规模以上企业累计实现利润利润总额 1398.6 亿元，同比增长 7.32%。其中：塑料板、管、型材的制造完成累计利润总额 347.5 亿元，同比增长 2.66%；塑料丝、绳及编织品的制造利润总额 183.19 亿元，同比增长 -0.18%；塑料薄膜制造利润总额 165.69 亿元，同比增长 10.49%；塑料包装箱及容器制造利润总额 127.47 亿元，同比增长 6.14%；日用塑料制造利润总额 112.14 亿元，同比增长 11.94%；塑料零件制造利润总额 98.94 亿元，同比增长 19.89%；塑料人造革、合成革制造利润总额 66.86 亿元，同比增长 -6.96%；泡沫塑料制造利润总额 63.54 亿元，同比增长 3.44%。其他塑料制品制造利润总额 233.28 亿元，同比增长 19.54%。

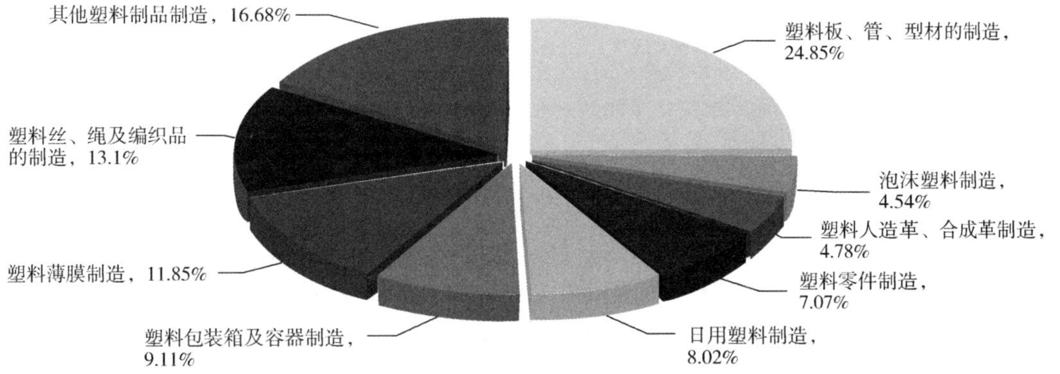

图 13　2016 年塑料制品行业利润总额子行业占比情况

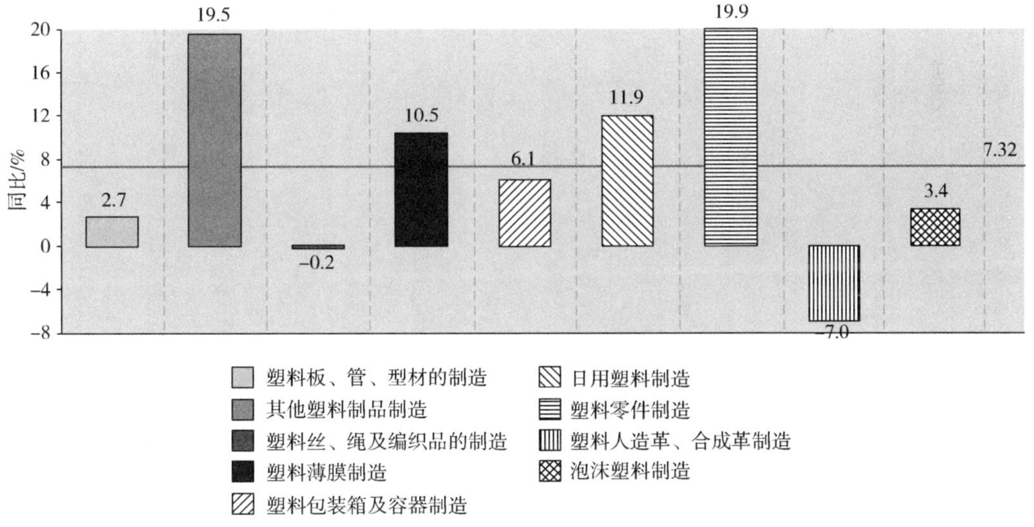

图 14　2016 年塑料制品行业利润总额子行业同比增长情况

七、主营业务利润率情况

2016 年 1 月 ~12 月，全国塑料制品行业主营业务利润率 6.12%，比去年同期提高 0.06 个百分点。其中，塑料包装箱及容器制造累计主营业务收入利润率为 6.65%；泡沫塑料制造累计主营业务收入利润率为 6.49%；塑料板、管、型材的制造累计主营业务收入利润率为 6.42%；塑料丝、绳及编织品的制造累计主营业务收入利润率为 6.13%；日用塑料制造累计主营业务收入利润率为 5.83%；塑料薄膜制造累计主营业务收入利润率为 5.78%；塑料零件制造累计主营业务收入利润率为 5.62%；塑料人造革、合成革制造累计主营业务收入利润率为 5.52%。

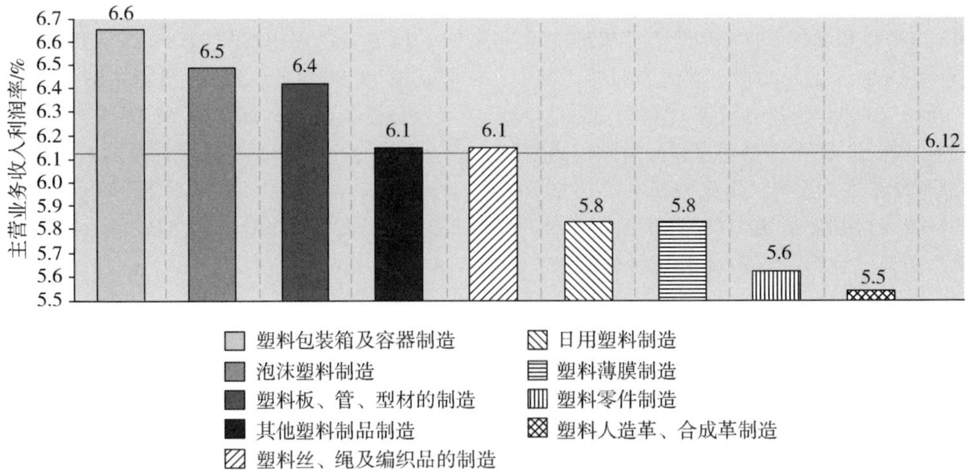

图 15　2016 年塑料制品行业主营业务收入利润率子行业对比情况

八、海关出口

据海关统计数据，2016 年，全国塑料制品行业出口 577.25 亿美元，同比下降 5.46%。其中：12 月份出口 57.85 亿美元，月度出口额为年内单月最高值，同比下降 1.88%。各品种出口情况详见表 2。

出口商品中，仅塑料异型材、塑料零件、建筑用塑料制品出口保持正增长。占比最大的日用塑料制品出口为负增长，降幅为 11.71%，对全年行业出口影响较大。

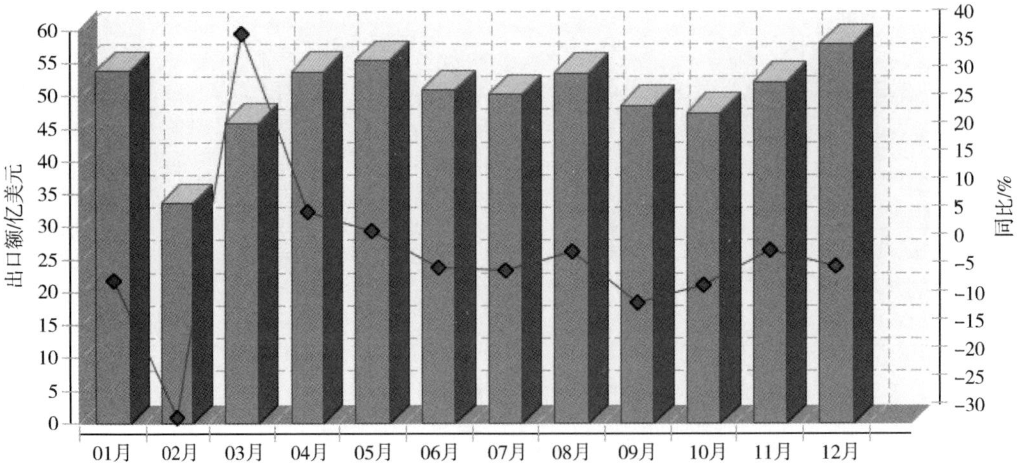

图 16　2016 年塑料制品月度出口额及增速情况

表 2　　2016 年塑料制品海关出口情况表

产品名称	出口量/吨		出口额/万美元	
	1～12 月量	同比增长/%	1～12 月额	同比增长/%
塑料制品总计	—	—	**5 772 523.3**	**-5.46**
1. 塑料单丝．条．杆．型材及异型材	231 801	18.66	42 004.5	3.48
2. 塑料管及其附件	582 172	5.87	214 022.3	-3.97

续表

产品名称	出口量/吨		出口额/万美元	
	1～12 月量	同比增长/%	1～12 月额	同比增长/%
3. 塑料板．片．膜．箔．带及扁条	3 355 436	7. 23	956 555. 7	－5. 38
4. 塑料人造革、合成革	646 427	5. 54	233 330. 2	－8. 62
5. 塑料包装箱及容器及其附件	2 199 867	1. 53	776 814. 5	－5. 52
6. 塑料零件	41 961	19. 47	62 659. 8	17. 33
7. 建筑用塑料制品	3 206 768	20. 46	503 454. 8	6. 49
（1）塑料糊墙品和铺地制品	2 376 861	27. 95	343 757. 9	15. 20
（2）塑料门．窗．窗板（帘）及类似品	233 424	－3. 08	64 296. 7	－9. 97
（3）其他建筑用塑料制品	596 483	5. 82	95 400. 2	－7. 33
8. 日用塑料制品	—	—	1 469 884. 2	－11. 71
（1）塑料制餐具及厨房用具	1 214 943	3. 54	479 216. 7	－6. 82
（2）塑料卫生设备．洁具及其配件	919 828	－0. 25	364 531. 8	－12. 92
（3）塑料制办公室或学校用品	311 892	－2. 64	110 492. 9	－7. 78
（4）其他日用塑料制品	—	—	515 642. 8	－15. 77
9. 其他塑料制品	—	—	1 513 797. 3	－3. 16

数据来源：根据海关总署数据加工整理。

美国仍为我国塑料制品出口首要市场，2016 年对美出口额 131. 62 亿美元（占 22. 8%），同比下降 5. 29%；对日本出口额 35. 35 亿美元（占 6. 12%），同比下降 0. 97%；对香港出口额 35. 25 亿美元（占 6. 11%），同比增长 1. 9%。

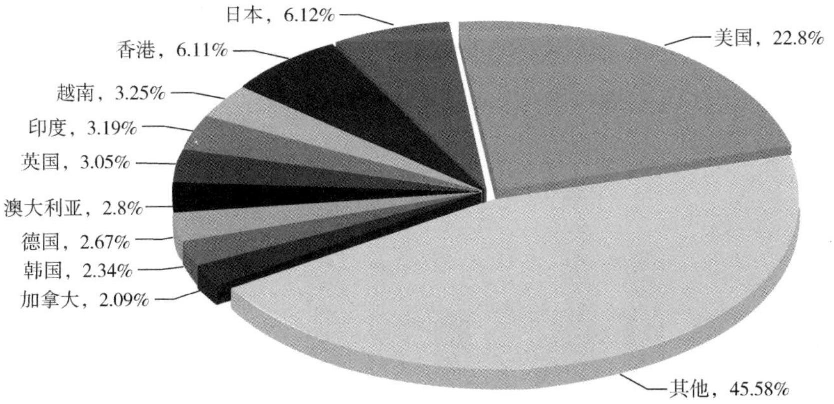

图 17　2016 年塑料制品行业出口额贸易国占比情况

塑料制品对美、日出口同比下降，对 2016 年塑料制品行业出口影响较大。近年来，我国对东盟国家出口增速加快，占行业出口比重逐步上升，2016 年对越南出口 18. 79 亿美元（占 3. 25%），同比增长 5. 97%，表明我国塑料制品出口市场格局也在发生变化。

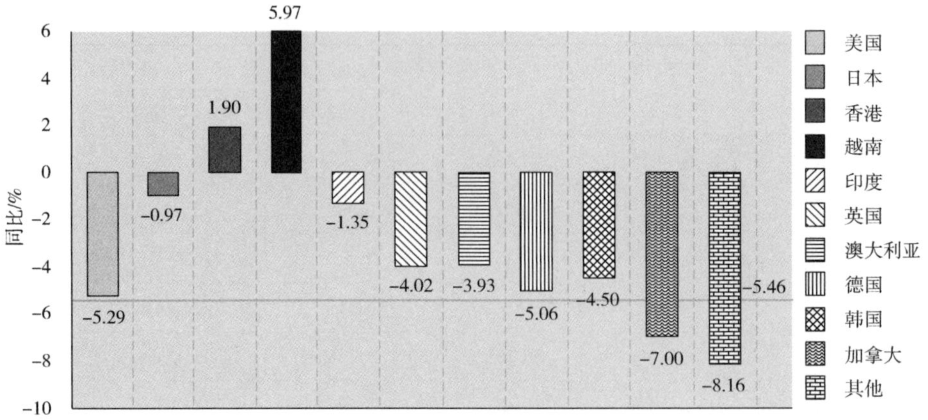

图 18　2016 年塑料制品行业出口额主要贸易国同比增长情况

九、固定资产投资

2016 年，橡胶和塑料制品业完成固定资产投资 7015 亿元，同比增长 7.4%，行业投资规模继续扩大。虽然投资增速比 2015 年降低 2.7 个百分点，但高于同期制造业投资增速。较强的投资力度，对行业未来发展起到有力的支撑作用。

表 3　　轻工主要行业固定资产投资完成情况

行业名称	2016 年		2015 年		2014 年	
	投资额/亿元	增速/%	投资额/亿元	增速/%	投资额/亿元	增速/%
全国总计	596501	8. 1	551590	10. 0	502005	15. 7
其中：制造业	187836	4. 2	180365	8. 1	166918	13. 5
其中：农副食品加工业	11786	9. 5	10761	7. 7	10027	18. 7
食品制造业	5825	14. 5	5089	14. 4	4463	22. 0
橡胶和塑料制品业	7015	7. 4	6531	10. 1	5914	13. 2
金属制品业	10111	6. 5	9490	10. 0	8620	21. 4

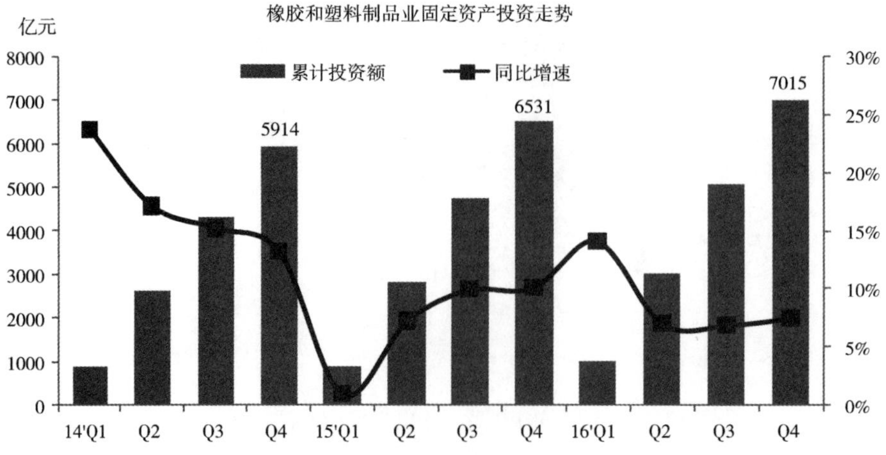

图 19　2014 ~ 2016 年塑料和橡胶制品行业固定资产投资走势

注：文中数据除注明来源外，均来源于国家统计局。

全国塑料制品行业规模以上工业企业主要经济效益指标

2016 年 1 ~ 12 月

行业名称	汇总企业个数/个	其中：亏损企业数		亏损企业亏损额		主营业务收入		主营业务成本		利润总额		资产总计		负债合计		应收账款净额		产成品存货		资产负债率/%	主营业务收入利润率/%	亏损面/%
		本月止累计/个	累计同比/%	本月止累计/千元	累计同比/%	本月止累计/千元	累计同比/%	本月止累计/千元	累计同比/%	本月止累计/千元	累计同比/%	本月止累计/千元	累计同比/%	本月止累计/千元	累计同比/%	本月止累计/千元	累计同比/%	本月止累计/千元	累计同比/%			
塑料制品业	15054	1588	3.99	6 806 068	-2.25	2 285 511 092	6.21	1 978 440 870	6.20	139 859 907	7.32	1 467 612 631	6.09	686 624 861	4.40	247 752 513	8.51	77 669 058	3.75	46.79	6.12	10.55
塑料薄膜制造	1663	193	-2.53	1 293 782	-19.26	286 832 400	5.07	250 922 273	4.60	16 569 125	10.49	221 435 137	3.36	109 790 662	0.98	29 589 976	6.48	10 051 366	0.07	49.58	5.78	11.61
塑料板、管、型材	2914	300	8.30	1 155 157	-3.18	541 192 406	7.11	467 033 144	7.77	34 749 560	2.66	376 025 330	7.34	162 281 905	6.00	56 542 152	7.08	22 644 333	1.18	43.16	6.42	10.30
塑料丝、绳及编织品	1955	147	8.09	226 119	16.14	298 654 256	2.56	262 367 560	2.86	18 319 087	-0.18	136 659 254	6.39	54 574 590	3.43	17 454 317	7.42	7 102 003	2.63	39.93	6.13	7.52
泡沫塑料制造	787	71	18.33	117 283	-23.41	97 969 498	6.86	84 848 018	7.06	6 353 720	3.44	51 324 504	6.68	22 732 566	1.30	10 654 611	7.22	2 597 538	4.52	44.29	6.49	9.02
塑料人造革、合成革	478	76	10.14	390 444	41.63	121 159 910	0.59	108 178 121	1.23	6 686 141	-6.96	71 151 013	-0.61	38 678 326	-2.34	9 447 340	2.87	3 429 531	1.32	54.36	5.52	15.90
塑料包装箱及容器	1560	157	12.14	537 341	16.91	191 723 672	5.43	164 732 134	5.61	12 746 915	6.14	1 223 180 33	4.97	54 010 859	4.38	21 418 929	6.47	5 387 453	8.57	44.16	6.65	10.06
日用塑料制造	1627	156	-6.59	619 977	1.57	192 361 930	7.25	164 493 769	7.17	11 213 570	11.94	117 272 672	6.42	61 442 061	5.72	19 801 529	14.76	6 206 940	5.69	52.39	5.83	9.59
塑料零件制造	1346	182	-7.61	1 333 799	1.24	175 899 710	7.97	150 170 008	7.05	9 893 596	19.89	132 322 206	8.83	65 157 210	6.11	31 185 039	9.15	7 929 060	9.30	49.24	5.62	13.52
其他塑料制品制造	2724	306	8.13	1 132 166	-2.09	379 717 310	9.71	325 695 843	9.04	23 328 193	19.54	239 104 482	7.53	117 956 682	7.42	51 658 620	11.28	12 320 834	6.61	49.33	6.14	11.23

注：1. 资料来源：国家统计局。2. “规模以上”是指年主营业务收入2000万元及以上全部工业法人企业。

2016 年全国规模以上企业塑料制品产量总表

产品名称	产量/吨	同比增长/%	占比/%
塑料制品	77 171 904	2.66	100.00
其中：塑料薄膜	14 195 150	6.15	18.39
其中：农用薄膜	2 418 573	-0.38	3.13
泡沫塑料	2 493 782	1.96	3.23
塑料人造革、合成革	3 314 750	-0.35	4.30
日用塑料制品	6 342 624	5.71	8.22
其他塑料制品	50 825 598	1.60	65.86

2016 年全国规模以上企业塑料加工专用设备产量表

产品名称	产量/台	同比增长/%	占比/%
塑料加工专用设备	302898	10.76	100.00

注：1. 数据来源：国家统计局。2. “规模以上”是指年主营业务收入 2000 万元及以上全部工业法人企业。

2016 年塑料制品分地区产量表（1）

地区	塑料制品			1. 塑料薄膜		
	1～12 月累计/吨	同比增长/%	占全国比重/%	1～12 月累计/吨	同比增长/%	占全国比重/%
全　国	77 171 904	2.66	100.00	14195150	6.15	100.00
北　京	301 453	3.13	0.39	19718	-23.65	0.14
天　津	2 221 411	3.72	2.88	337710	-1.11	2.38
河　北	3 268 935	10.30	4.24	350163	20.12	2.47
山　西	124 741	0.96	0.16	6674	-55.92	0.05
内蒙古	349 396	6.20	0.45	62371	62.29	0.44
辽　宁	1 885 615	-41.27	2.44	294582	-30.60	2.08
吉　林	947 003	-1.40	1.23	218401	16.44	1.54
黑龙江	376 731	-0.59	0.49	15599	-14.63	0.11
上　海	1 825 401	0.67	2.37	370458	-3.41	2.61
江　苏	5 527 077	10.45	7.16	1512494	7.70	10.66
浙　江	10 729 661	4.72	13.90	3933025	7.34	27.71
安　徽	3 637 666	5.83	4.71	395435	13.54	2.79
福　建	3 940 489	7.67	5.11	923637	31.42	6.51
江　西	1 186 816	-2.06	1.54	37250	19.08	0.26
山　东	4 370 430	-1.83	5.66	897681	-12.66	6.32
河　南	6 014 962	9.25	7.79	1031471	8.84	7.27
湖　北	5 946 799	-11.10	7.71	228126	-0.49	1.61

续表

地　区	塑料制品			1. 塑料薄膜		
	1～12 月累计/吨	同比增长/%	占全国比重/%	1～12 月累计/吨	同比增长/%	占全国比重/%
湖　南	1 485 324	-4.34	1.92	140 548	-6.75	0.99
广　东	10 054 609	2.63	13.03	1 831 943	6.52	12.91
广　西	2 087 806	9.61	2.71	34 233	-4.97	0.24
海　南	20 877	-27.18	0.03	9 440	-46.01	0.07
重　庆	1 665 704	3.23	2.16	364 724	9.63	2.57
四　川	4 863 037	16.75	6.30	696 310	11.37	4.91
贵　州	1 327 685	67.37	1.72	32 047	21.90	0.23
云　南	436 790	12.46	0.57	140 979	14.79	0.99
西　藏	2 511	164.87	—	—	—	—
陕　西	664 216	4.35	0.86	75 085	31.81	0.53
甘　肃	457 346	18.69	0.59	108 258	20.30	0.76
青　海	22 802	-1.06	0.03	1 930	112.09	0.01
宁　夏	185 899	-12.00	0.24	4 575	-54.67	0.03
新　疆	1 242 715	-0.47	1.61	120 282	17.07	0.85

注：1. 数据来源：国家统计局。2. 统计口径：规模以上企业。

2016 年塑料制品分地区产量表（2）

地　区	其中：农用薄膜			2. 泡沫塑料		
	1～12 月累计/吨	同比增长/%	占全国比重/%	1～12 月累计/吨	同比增长/%	占全国比重/%
全　国	2 418 573	-0.38	100.00	2 493 782	1.96	100.00
北　京	4 038	-53.12	0.17	9 269	11.29	0.37
天　津	60 312	16.07	2.49	27 972	17.91	1.12
河　北	14 473	24.97	0.60	70 251	15.63	2.82
山　西	—	—	—	—	—	—
内蒙古	62 371	62.29	2.58	—	—	—
辽　宁	10 768	-86.12	0.45	52 649	-19.55	2.11
吉　林	215 891	15.10	8.93	11 753	-20.58	0.47
黑龙江	11 600	-22.47	0.48	—	—	—
上　海	30 670	8.87	1.27	76 814	0.99	3.08
江　苏	62 021	15.47	2.56	142 729	5.79	5.72
浙　江	199 803	-8.32	8.26	251 553	2.93	10.09
安　徽	30 542	25.78	1.26	87 443	18.85	3.51
福　建				45971	-5.35	1.84

续表

地　区	其中：农用薄膜			2. 泡沫塑料		
	1～12 月累计/吨	同比增长/%	占全国比重/%	1～12 月累计/吨	同比增长/%	占全国比重/%
江　西				18 882	7.05	0.76
山　东	472 469	-13.16	19.54	71 947	5.08	2.89
河　南	600 266	11.36	24.82	451 429	-0.10	18.10
湖　北	69 882	16.90	2.89	279 409	5.45	11.20
湖　南	35 103	15.41	1.45	17 221	28.08	0.69
广　东	46 982	1.79	1.94	453 709	6.64	18.19
广　西	8 116	2.75	0.34	50 441	-69.97	2.02
海　南	—	—	—	—	—	—
重　庆	30 656	13.21	1.27	55 519	16.22	2.23
四　川	81 814	-35.07	3.38	157 438	21.21	6.31
贵　州	16 464	10.37	0.68	44 362	72.31	1.78
云　南	95 992	22.54	3.97	23 266	52.23	0.93
西　藏	—	—	—	—	—	—
陕　西	56 271	35.78	2.33	48 737	4.75	1.95
甘　肃	108 258	20.30	4.48	1 900	209.51	0.08
青　海	5	-98.55	0.00			
宁　夏	2 101	-63.22	0.09	2 324	-9.48	0.09
新　疆	91 707	-3.07	3.79	40 798	140.56	1.64

2016 年塑料制品分地区产量表（3）

地　区	3. 塑料人造革、合成革			4. 日用塑料制品		
	1～12 月累计/吨	同比增长/%	占全国比重/%	1～12 月累计/吨	同比增长/%	占全国比重/%
全　国	3 314 750	-0.35	100.00	6 342 624	5.71	100.00
北　京	1104	94.37	0.03	44 617	6.98	0.70
天　津	4 904	-18.49	0.15	119 196	-29.88	1.88
河　北	200 450	-5.78	6.05	504 559	21.11	7.96
山　西	—	—	—	—	—	—
内蒙古	—	—	—	21 534	-3.22	0.34
辽　宁	4 842	-23.88	0.15	21 796	-19.97	0.34
吉　林	3 245	-9.12	0.10	34 452	-31.25	0.54
黑龙江				14 673	-10.01	0.23
上　海	56 746	-3.77	1.71	85 225	-15.60	1.34

续表

地区	3. 塑料人造革、合成革			4. 日用塑料制品		
	1～12月累计/吨	同比增长/%	占全国比重/%	1～12月累计/吨	同比增长/%	占全国比重/%
江　苏	386 111	4.66	11.65	453 484	-6.31	7.15
浙　江	935 668	-7.45	28.23	1 150 327	7.55	18.14
安　徽	71 179	-10.93	2.15	136 648	5.24	2.15
福　建	1 012 714	1.66	30.55	211 728	-5.41	3.34
江　西	25 111	21.86	0.76	44 934	-2.93	0.71
山　东	24 023	-30.66	0.72	228 516	0.51	3.60
河　南	195 463	15.01	5.90	277 089	31.54	4.37
湖　北	54 134	9.42	1.63	664 873	10.01	10.48
湖　南	43 015	22.12	1.30	60 113	-10.33	0.95
广　东	260 330	6.55	7.85	1 321 184	-4.03	20.83
广　西	—	—	—	35 237	19.24	0.56
海　南	—	—	—	—	—	—
重　庆	9 911	22	0.30	73 254	35.47	1.15
四　川	25 800	30	0.78	721 358	41.03	11.37
贵　州	—	—	—	5 942	-13.72	0.09
云　南	—	—	—	12 725	61.42	0.20
西　藏	—	—	—	—	—	—
陕　西	—	—	—	86 653	-9.23	1.37
甘　肃	—	—	—	—	—	—
青　海	—	—	—	—	—	—
宁　夏	—	—	—	12 394	32.50	0.20
新　疆	—	—	—	113	-83.94	0.00

2016年塑料制品分地区产量表（4）

地区	5. 其他塑料制品			附：塑料加工专用设备/台		
	1～12月累计/吨	同比增长/%	占全国比重/%	1～12月累计/吨	同比增长/%	占全国比重/%
全　国	50 825 598	1.60	100.00	302 898	10.76	100.00
北　京	226 745	5.03	0.45	174	-13.86	0.06
天　津	1 731 629	8.19	3.41	33	-15.38	0.01
河　北	2 143 513	8.15	4.22	393	0.51	0.13
山　西	118 067	8.91	0.23	—	—	—
内蒙古	265 491	-1.05	0.52	—	—	—

续表

地区	5. 其他塑料制品			附：塑料加工专用设备（台）		
	1～12月累计/吨	同比增长/%	占全国比重/%	1～12月累计/吨	同比增长/%	占全国比重/%
辽　宁	1 511 747	-43.75	2.97	61	-32.22	0.02
吉　林	679 151	-3.59	1.34	—	—	—
黑龙江	346 459	0.60	0.68	—	—	—
上　海	1 236 158	3.56	2.43	14 355	-4.50	4.74
江　苏	3 032 259	16.10	5.97	11 007	-7.86	3.63
浙　江	4 459 088	4.74	8.77	120 093	16.35	39.65
安　徽	2 946 961	5.04	5.80	3 422	-1.24	1.13
福　建	1 746 439	3.43	3.44	—	—	0.00
江　西	1 060 638	-3.22	2.09	—	—	—
山　东	3 148 264	1.77	6.19	54 367	3.03	17.95
河　南	4 059 510	8.96	7.99	19 340	8.72	6.38
湖　北	4 720 256	-14.82	9.29	234	-1.68	0.08
湖　南	1 224 427	-4.80	2.41	3 879	5.04	1.28
广　东	6 187 443	2.59	12.17	74315	17.36	24.53
广　西	1 967 895	17.75	3.87	110	0.00	0.04
海　南	11 437	2.24	0.02	—	—	—
重　庆	1 162 296	-0.74	2.29	—	—	—
四　川	3 262 132	13.31	6.42	1 095	42.02	0.36
贵　州	1 245 334	69.58	2.45	—	—	—
云　南	259 820	7.19	0.51	—	—	—
西　藏	2 511	164.87	…	—	—	—
陕　西	453 741	3.69	0.89	20	-31.03	0.01
甘　肃	347 188	17.80	0.68	—	—	—
青　海	20 872	-5.71	0.04	—	—	—
宁　夏	166 607	-11.96	0.33	—	—	—
新　疆	1 081 522	-4.13	2.13	—	—	—

2016年塑料制品海关出口统计

产品名称	出口量/吨		出口额/万美元	
	1～12月量	同比增长/%	1～12月额	同比增长/%
塑料制品总计	—	—	5 772 523.3	-5.46
1. 塑料单丝．条．杆．型材及异型材	231 801	18.66	42 004.5	3.48
2. 塑料管及其附件	582 172	5.87	214 022.3	-3.97

续表

产品名称	出口量/吨		出口额/万美元	
	1～12月量	同比增长/%	1～12月额	同比增长/%
3. 塑料板、片、膜、箔、带及扁条	3 355 436	7.23	956 555.7	-5.38
4. 塑料人造革、合成革	646 427	5.54	233 330.2	-8.62
5. 塑料包装箱及容器及其附件	2 199 867	1.53	776 814.5	-5.52
6. 塑料零件	41 961	19.47	62 659.8	17.33
7. 建筑用塑料制品	3 206 768	20.46	503 454.8	6.49
(1) 塑料糊墙品和铺地制品	2 376 861	27.95	343 757.9	15.20
(2) 塑料门、窗、窗板(帘)及类似品	233 424	-3.08	64 296.7	-9.97
(3) 其他建筑用塑料制品	596 483	5.82	95 400.2	-7.33
8. 日用塑料制品	—	—	1 469 884.2	-11.71
(1) 塑料制餐具及厨房用具	1 214 943	3.54	479 216.7	-6.82
(2) 塑料卫生设备.洁具及其配件	919 828	-0.25	364 531.8	-12.92
(3) 塑料制办公室或学校用品	311 892	-2.64	110 492.9	-7.78
(4) 其他日用塑料制品	—	—	515 642.8	-15.77
9. 其他塑料制品	—	—	1 513 797.3	-3.16

注：本表据海关总署统计数据汇总整理。

2016年塑料制品海关进口统计

产品名称	进口量/吨		进口额/万美元	
	1～12月量	同比增长/%	1～12月额	同比增长/%
塑料制品	—	—	1 731 761.3	-2.76
1. 塑料单丝、条、杆、型材及异型	784	9 820.73	10 198.5	2.40
2. 塑料管及其附件	5 060	61 757.13	86 561.4	8.53
3. 塑料板、片、膜、箔、带及扁条	93 410	976 387.36	998 762.1	-5.34
4. 塑料人造革、合成革	3 717	42 979.48	51 234.6	-4.93
5. 塑料包装箱及容器及其附件	21 241	201 918.02	121 627.1	-0.33
6. 塑料零件	3 138	30 628.01	111 989.7	-0.06
7. 建筑用塑料制品	4 122	47 462.40	16 026.5	-4.18
(1) 塑料糊墙品和铺地制品	3 708	42 376.20	12 156.8	-7.39
(2) 塑料门、窗、窗板(帘)及类似品	196	2 889.22	1 895.8	21.41
(3) 其他建筑用塑料制品	218	2 196.99	1 973.9	-3.12
8. 日用塑料制品	—	—	29 976.7	4.13
(1) 塑料制餐具及厨房用具	915	9 779.30	9 694.8	8.76

续表

产品名称	进口量/吨		进口额/万美元	
	1~12月量	同比增长/%	1~12月额	同比增长/%
（2）塑料卫生设备、洁具及其配件	3 817	40 537.50	14 175.1	10.33
（3）塑料制办公室或学校用品	133	1 613.64	937.7	23.04
（4）其他日用塑料制品	—	—	5 169.1	-17.47
9. 其他塑料制品	—	—	305 384.8	0.90

注：本表据海关总署统计数据汇总整理。

（张涌涛）

综　述

品牌企业风采介绍

- 茶花现代家居用品股份有限公司
- 禧天龙科技发展有限公司
- 宁波利时日用品有限公司
- 四川鸿昌塑胶工业有限公司
- 广州振兴实业有限公司
- 宿迁联盛科技有限公司
- 浙江众成包装材料股份有限公司
- 山东万图高分子材料股份有限公司
- 上海白蝶管业科技股份有限公司
- 四川金石东方新材料设备股份有限公司
- 广东三凌科技集团有限公司
- 江西岳峰高分子材料有限公司
- 广东德塑科技集团有限公司
- 亿利生态科技有限责任公司
- 广东东田转印新材料有限公司

美丽雅品牌，1994年诞生于时尚之都中国成都，在品牌创始人曾喜勇先生“ **让家美丽ya** ！”的理念倡导下，引导千万家庭走向充满爱、和谐、温馨的时尚家居生活。公司主营家居用品、塑料制品以及其他清洁用品，一次性食品包装材料等。拥有大量国内外先进的机器设备；模具开发与注塑工艺加工；以及国际先进水平的全自动化生产线。“美丽雅”先后荣获“四川省名牌产品 ”，“中国驰名商标”等称号。

公司系列产品在国内各大卖场均有销售，同时也在国内家居用品行业有较高市占率，远销欧美、日本、中东及澳大利亚等市场。为更好地提升销售业绩，公司已在北京、上海、深圳、广州、武汉、重庆等35个大中城市设立了办事处及25个物流仓库。

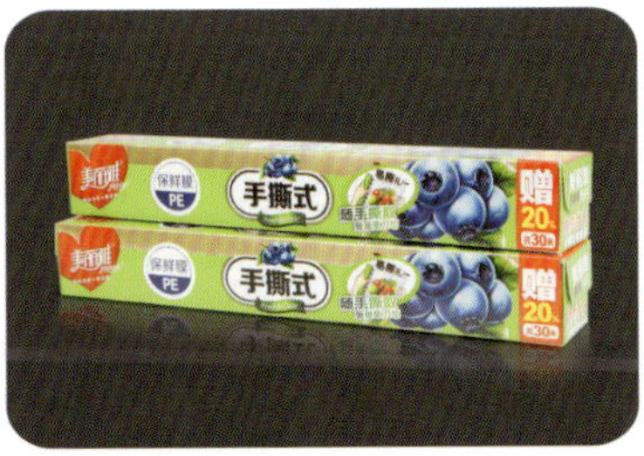

OEM贴牌定制
来图来样免费设计

专业定制批发 / 一次性打包盒
外卖餐具 / 果汁杯
打包盒 / 生鲜托盘
奶茶杯 / 吸管
商超购物袋

公司简介

广州市振兴实业有限公司创建于1983年，属下拥有广州市南沙区振兴塑料有限公司、广州市振兴塑料五金厂、广州市振志贸易有限公司、广州市翔科化工有限公司、广州市振兴兴业百货礼品有限、广州市振英塑料有限公司、广州市振兴进出口有限公司、广东清远佛冈樵春山庄有限公司等实体。自有六万多平方米的厂房、三千多平方米的写字楼以及占地十五亩的职工度假村，员工近1100人。经过三十多年的厚积薄发，现已成为国内颇具规模和实力的集研发、制造、营销为一体的集团化专业塑料家居用品企业。

三十多年来，公司始终坚持研发与技术创新的发展方向，培养了一支强大的研发队伍和销售团队，从塑料材料改性、产品研发、设计到生产工艺都具备较先进的能力，产品品质更在同行业中达到领先水平。先后获得“中国优秀民营科技企业”、“广东省名牌产品”、“广东省著名商标”、“连续二十四年广东省守合同重信用企业”、“企业AAA信用等级评价”、“中国轻工业塑料行业（塑料家居）十强企业”等多项荣誉。

随着市场急速的发展，企业不断完善管理体系，并以客户需求为导向，提供一流的产品与服务支持，赢得了国内外新老客户一致好评。公司先后在深圳、北京、上海、成都、天津、武汉、长沙、太原、郑州、南京、沈阳等国内核心城市建立分公司，产品全面进入沃尔玛、华润万家、广百集团、吉之岛、乐购、人人乐、大润发、易初莲花等超级链锁终端以及全国各地众多的商场和超市，庞大而稳健的销售服务网络已覆盖全国（除西藏外）各地的大中城市。“振兴”品牌的产品始终在国内市场占有率处于行业领先地位。

稳定的质量，齐全的种类，良好的信誉，诚挚的合作使得公司与美国、加拿大、香港、日本、新加坡、马来西亚、伊朗、印尼等世界五十多个国家和地区建立了长期稳定的业务关系，形成了广泛的国际销售网络。

“创新是企业永恒的主题”，公司在今后发展的道路上，将一如既往秉承“用户得利、商家赚钱、企业发展、员工增值”的经营理念，大胆开拓，与时俱进，不断通过技术创新，管理创新和营销创新，增强核心竞争力，为实现百年品牌梦想而努力奋斗。

产品图片

荣誉证书

广东省名牌产品

质量管理体系认证证书

中国轻工业塑料十强企业

广东省守合同重信用企业

中国塑料加工工业协会(AAA)信用企业

广州市振兴实业有限公司

地址：广州市海珠区滨江中路东沙街61号二楼

邮编：510230　　服务热线：020-89776333

网址：www.zxi.com.cn　　Email：scb@zxi.com.cn

官方旗舰店：http://zenxin.tmall.com

江西岳峰集团

jiangxiYUEFENG GROUP

中国南方最大ACR、MBS、ACM发泡调节剂生产基地

江西岳峰集团是一家集科研开发、生产、销售于一体的“国家高新技术企业”，中国航天事业合作伙伴，是中国南方最大的ACR、MBS、ACM发泡调节剂生产基地。公司引进国内最先进的生产设备和工艺流程，采用自主研发并获得国家专利的热塑性复合材料技术、环保型橡塑助剂专利技术及先进的喷雾干燥法，实行计算机网络集散控制，生产热塑性复合材料、环保型橡塑助剂ACR、MBS及硅酮粉阻燃添加剂和硅酮母粒产品。先后获得35项国家专利和“中国著名品牌”，产品商标为“江西省著名商标”。其产品具有改善橡塑制品物理化学性能，增强耐磨、耐老化、耐冲击、增加韧性和浸润阻燃效果等特性，其下游产品广泛应用于航天、交通、医用包装、建材、新型环保塑料等行业。公司与国内20多个省、市、自治区的300多家企业建立了合作关系，同时与韩国、泰国、土耳其、日本、越南等国家的客商建立了长期友好协作联盟。

硅酮阻燃剂

ABS高胶粉

新型增强增韧改性剂

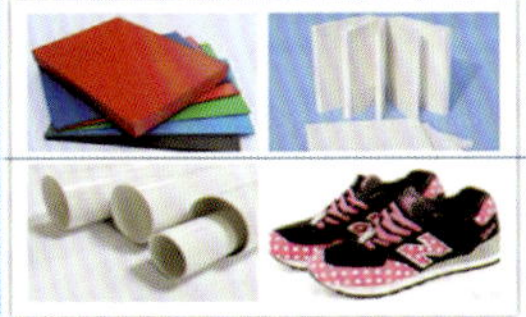

PVC发泡调节剂ACR

PVC加工改性剂ACR

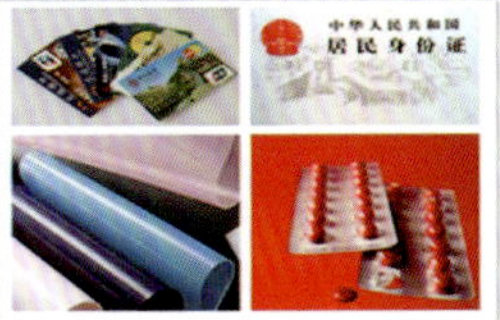

抗冲改性剂MBS

广东东田转印新材料有限公司

Guangdong Dongtian Transfer Printing New Material Co., Ltd.

東田 DONGTIAN 东田转印

广东东田转印新材料有限公司（原汕头市东田转印有限公司）自2000年率先承担并完成国家级星火计划--【塑料热转印花膜产品生产技术开发】项目，在国内引领热转印行业的蓬勃发展已近二十年了！时至今日公司依然保持专注、执着、精益求精、自主创新的工匠精神，坚持集研发、生产、销售、售后的一条龙服务。

公司相继荣获了“国家高新技术企业“、“广东省热转印膜（东田）工程技术研究中心”、“国家新闻出版总署新闻出版改革发展项目库入库项目”、“广东省著名商标”、“连续十八年广东省守合同重信用企业”及多项省、市级奖励证书等众多荣誉，并通过了ISO9001质量管理体系认证和ISO14001环境管理体系认证。

目前，公司的产品已发展并涵盖了热转印、模内转印（IMR）、镶嵌注塑（INS）等技术工艺领域，应用于高端塑料制品的模外、模内的装饰，适用于化妆品行业、电器行业、汽车行业等塑料制品的表面装饰。

未来的东田，将继续致力于新技术新材料的开拓与应用，更好为国内外塑料制品厂商奉献更绿色、节能、安全的塑料制品表面装饰的产品。

IMR模内转移—案例

已广泛应用于家电及3C产品上

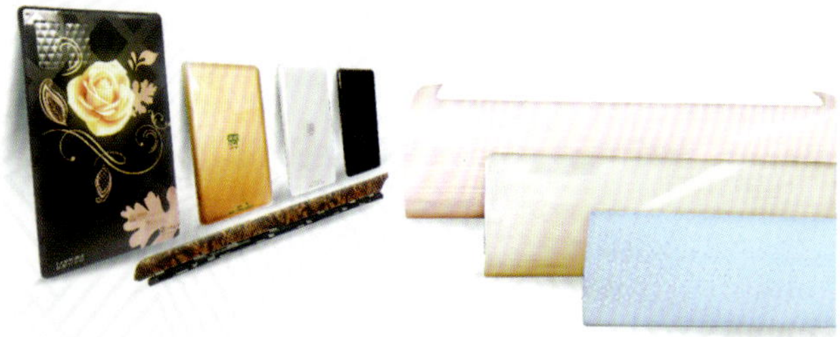

IMR工艺示意图

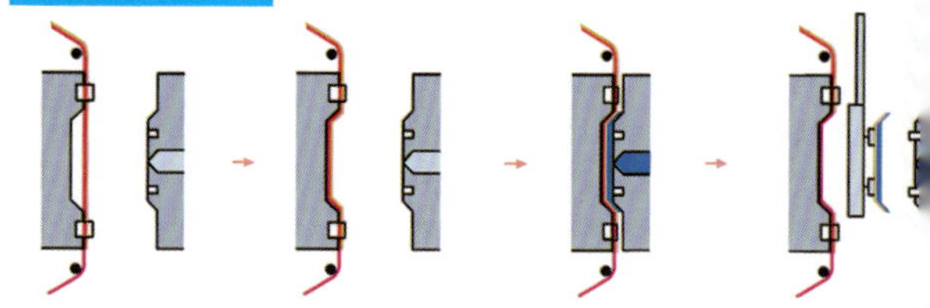

IMR技术组成示意图

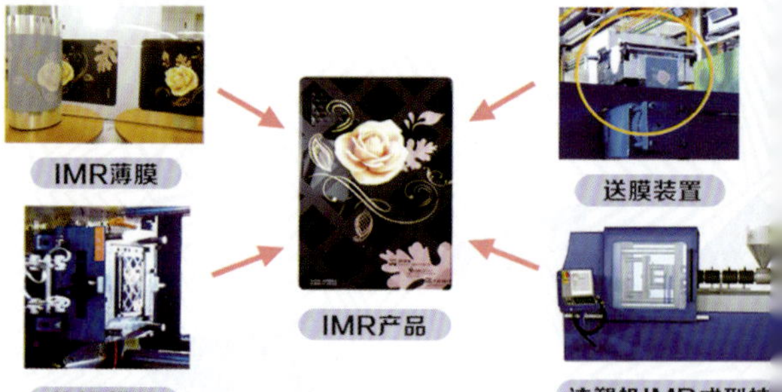

INS膜片—案例

已开始应用于汽车内饰

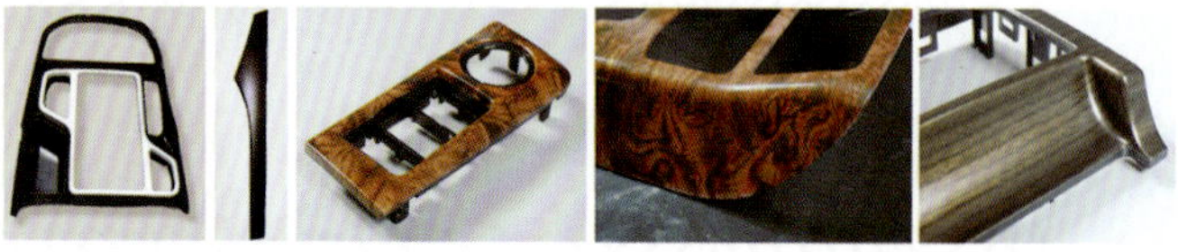

INS工艺示意图

INS技术组成示意图

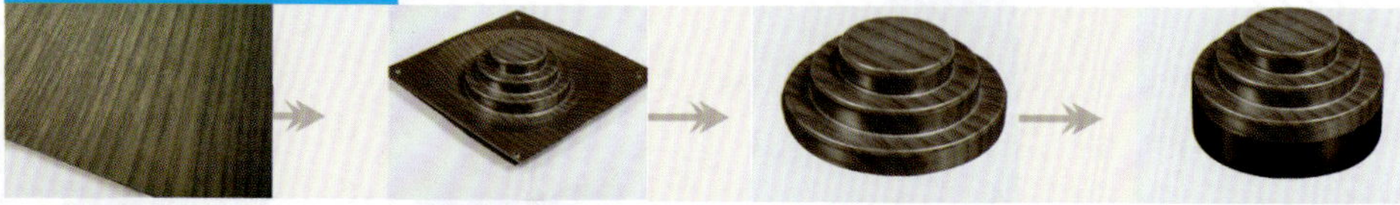

合成树脂

2016年，我国合成树脂行业发展态势温和向好。主要产品供需保持平稳增长，行业效益大幅改善，盈利能力明显提高，整体竞争实力增强。但是，合成树脂市场竞争激烈、价格低位波动、产业集中度不高、创新能力较弱等问题依然存在，结构调整和产业升级的任务依然艰巨。

一、合成树脂生产

（一）效益显著改善

利润大幅增长。据国家统计局数据，2016年合成树脂行业规模以上企业1730家（主营收入2000万元以上），比上年减少6家；实现主营业务收入9050.3亿元，比上年增长8.9%；利润总额519.4亿元，大幅增长48.8%；资产总计9529亿元，增长11.8%。

行业盈利能力提升。2016年，合成树脂行业主营业务成本7843.9亿元，比上年增长6.7%；每100元主营收入成本为86.67元，同比下降1.86元。主营收入利润率为5.74%，比上年提高1.49个百分点。2016年合成树脂行业亏损企业亏损额92.9亿元，同比缩小22.0%；亏损面为13.0%，比上年下降1.6个百分点（见表1）。

表1　2011～2016年我国合成树脂行业主营收入、利润等经济指标　单位：亿元,%

项目＼年份	2011	2012	2013	2014	2015	2016
主营收入	6918.0	7362.7	7985.4	8554.6	8311.7	9050.3
同比	34.8	6.4	8.5	7.1	-0.2	8.9
利润总额	385.7	326.1	318.9	262.2	349.1	519.4
同比	35.1	-27.6	-2.2	-17.8	38.6	48.8
资产总计	5537.7	6154.1	7078.0	7984.9	8520.2	9529.0
同比	26.5	11.1	15.0	12.8	5.5	11.8

数据来源：国家统计局、中国石油和化学工业联合会，2015年数据有所调整，下同。

总体看，2016年合成树脂行业发展态势向好，整体效益显著改善，利润大幅增长。产业和产品结构调整取得成效，市场竞争力有所提高。但是，合成树脂行业结构性矛盾仍很突出，中低端市场竞争加剧；成本依然在高位运行，降本增效还需下大力气。

2017年，我国合成树脂行业效益总体将持续向好态势。预计主营收入将不低于10%的增长，利润增速会有所回落，但仍在20%以上。

（二）产量保持平稳增长

2016年，我国合成树脂总产量达8226.7万吨，再创新高，同比增长6.6%。其中，聚乙烯1435.5万吨，增长3.6%；聚丙烯1849.7万吨，增长9.7%；聚氯乙烯1669.2万吨，增长3.1%；聚苯乙烯283.5万吨，下降7.2%；ABS产量327.1万吨，增幅5.9%。上述五大通用树脂总产量合计占比67.6%，比上年下降1.2个百分点（见表2）。

西部地区继续高速增长，比重上升。据统计，2016年，东部10省市合成树脂产量4688.3万吨，同比增长4.0%，占全国比重57.0%，比上年下降1.4个百分点；中部6省产量677.4万吨，增幅2.7%，占比8.2%；西部12省市区产量2187.1万吨，增幅11.4%，占比达26.6%，比上年提高1.2个百分点；东北3省产量673.9万吨，增长14.8%，占比8.2%。其中，江苏和浙江两省产量分别占全国总产量的16.0%和10.5%。

表 2　　2011～2016 年我国合成树脂产量　　单位：万吨,%

产品＼年份	2011	2012	2013	2014	2015	2016
合成树脂合计	4941.2	5257.0	6103.5	6959.5	7718.2	8226.7
同比	12.5	6.4	16.1	14.0	10.5	6.6
其中：PE 产量	1015.2	1030.0	1174.0	1336.6	1385.5	1435.5
PP 产量	995.6	1121.5	1246.5	1378.9	1686.4	1849.7
PVC 产量	1311.2	1341.6	1529.8	1636.8	1619.0	1669.2
PS 产量	205.3	216.3	210.4	208.7	305.3	383.5
ABS 产量	102.6	105.7	243.0	267.5	308.9	327.1

注：PS 包括 EPS、HIPS 和 GPPS；PE 主要包括 LDPE、HDPE、LLDPE 等，下同。

（三）投资大幅回升

2016 年，我国合成树脂制造业实际完成固定资产投资总额为 934.4 亿元，同比增长 16.0%，扭转了连续两年投资下降的态势，占化工行业投资总额的 5.8%，占比较上年回升 0.7 个百分点。而 2016 年化工行业投资总额下降 0.7%，为历史上首次负增长（见表 3）。

预计 2017 年合成树脂行业投资有可能继续平稳增长，但增幅收窄。

表 3　　2011～2016 年我国合成树脂行业投资增长情况　　单位：万元,%

项目＼年份	2011	2012	2013	2014	2015	2016
投资总额	586.9	766.3	994.0	984.6	805.1	934.3
同比	42.9	30.6	29.7	-0.9	-18.2	16.0

二、合成树脂消费

（一）消费稳步增长

2016 年，我国合成树脂消费保持平稳增长，但增速总体上继续放缓。全年表观消费量为 1.08 亿吨，同比增长 4.1%，增幅较上年回落 3.4 个百分点。PE、PP、PS、PVC、ABS 五大通用树脂表观消费量总计为 6978.9 万吨，占合成树脂表观消费总量的 64.4%，较上年下降 1 个百分点。其中，聚乙烯表观消费量 2399.9 万吨，同比增长 2.3%；聚丙烯表观消费量 2127.4 万吨，增幅 5.9%；聚氯乙烯表观消费量 1638.6 万吨，增长 0.9%；聚苯乙烯表观消费量 320.0 万吨，下降 8.6%；ABS 表观消费量 492.9 万吨，增幅 5.1%（见表 4）。

总的看，我国合成树脂市场消费潜力依然很大，供需存在较大缺口。根据目前消费增长趋势判断，2017 年，我国合成树脂市场消费仍将保持增势，表观消费量 1.15 亿吨，增幅估计在 5% 左右。

表 4　　2011～2016 年我国合成树脂表观消费量　　单位：万吨,%

产品＼年份	2011	2012	2013	2014	2015	2016
合成树脂合计	7605.0	8016.4	8840.8	9660.3	10380.2	10835.0
同比	6.6	5.4	10.3	9.3	7.5	4.1
聚乙烯	1727.4	1790.0	2035.3	2170.9	2344.7	2399.9
同比	1.3	3.6	13.7	6.7	8.0	2.3

续表

产品 \ 年份	2011	2012	2013	2014	2015	2016
聚丙烯	1356.8	1498.3	1591.1	1729.6	2009.3	2127.4
同比	4.7	10.4	6.2	8.7	16.2	5.9
聚氯乙烯	1398.7	1417.2	1560.8	1610.0	1614.4	1638.6
同比	11.5	1.3	10.1	3.2	0.3	0.9
聚苯乙烯	273.6	280.7	272.4	261.2	345.9	320.0
同比	16.6	2.6	-3.0	-4.1	32.4	-8.6
ABS	283.6	268.0	356.9	431.0	470.5	492.9
同比	15.6	-5.5	33.1	20.8	9.2	5.1

（二）消费结构分析

五大通用树脂中，聚乙烯消费量仍保持最大，2016年占到合成树脂表观消费总量的22.1%，较上年下降0.5个百分点；聚丙烯继续排名第二，占比19.6%，比上年提高0.2个百分点；聚氯乙烯排名第三，占比15.1%，回落0.5个百分点。此外，聚苯乙烯消费量占比3.0%，下降0.3个百分点；ABS树脂占比4.5%，与上年持平。2016年聚氯乙烯消费占比继续下降，创历史新低。

1. 聚乙烯

在电子商务快速发展、聚乙烯原生料对废旧塑料替代及聚丙烯应用领域不断拓宽的拉动下，2016年聚乙烯表观消费量达到2400万吨，比上年增长2.3%。在聚乙烯产品的消费中，高密度聚乙烯（HDPE）表观消费量约为932万吨，占比38.9%，比2015年下降4.4个百分点；线性低密度聚乙烯（LLDPE）消费828万吨，占比34.5%，比上年下降3.6个百分点；低密度聚乙烯（LDPE）消费约488万吨，占比20.3%，比上年回升1.7个百分点。

LDPE/LLDPE消费结构。包装薄膜（包括特殊包装薄膜）和农用薄膜等是LDPE/LLDPE的最大消费领域，占其消费总量的80%左右。其次是注塑，约占9%。包装薄膜主要有扭结包装膜、收缩包装膜、缠绕包装膜、贴体包装膜、充气包装膜、高阻透性膜、高耐热性膜等。农用薄膜是目前最重要的农业生产资料之一。我国是世界上最大的农膜生产国和消费国，约占世界总量的60%以上。近年来，大棚膜在农作物和动物养殖中的应用不断增加，有力地拉动了聚乙烯的消费增长。值得关注的是，近年多层复合薄膜生产线越来越多，产量不但增加，在包装薄膜中所占比例不断上升。2016年，我国塑料薄膜产量达1419.5万吨，同比增长6.1%。其中农用薄膜产量241.9万吨，与上年基本持平。今后一段时期内，薄膜制品仍是推动LDPE/LLDPE的消费增长的最主要领域图1。

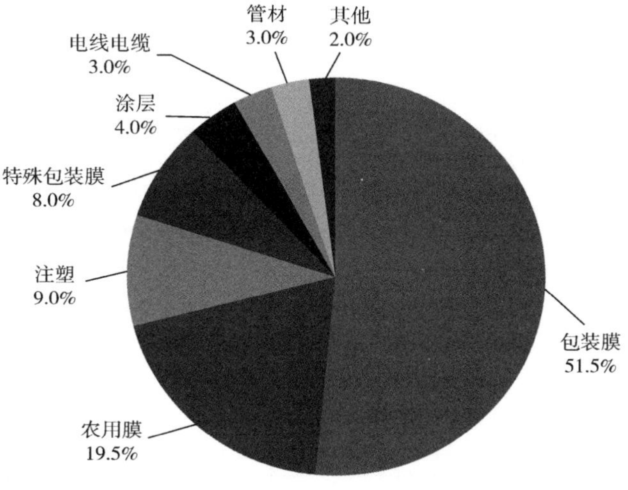

图1　2016年国内LDPE/LLDPE消费结构图

HDPE 消费结构。吹塑、注塑、薄膜和管材是 HDPE 四大应用领域。2016 年分别约占 HDPE 消费总量的 21.0%、19.0%、18.0%和 15.0%（图2）。

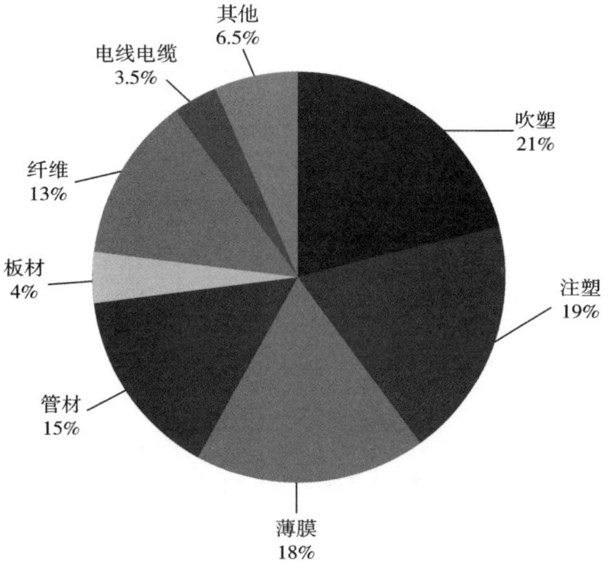

图 2　2016 年国内 HDPE 消费结构图

HDPE 适用于生产各类中空容器，如牛奶瓶、果汁瓶、化妆品瓶、药瓶、食品容器以及中空托盘、燃油箱、IBC 包装桶等大型中空产品。HDPE 薄膜制品中，以高强度薄膜为主，主要包括背心袋、购物袋、垃圾袋、杂货袋、多层衬里膜、耐候膜等。HDPE 注塑制品可大量替代钢材和木材，广泛应用于各个领域，如铁路、港口、远洋运输、包装生产线等。HDPE 管材具有优良的机械性能、无毒和耐腐蚀等优点，被广泛应用于供水系统及电线电缆等的套管领域，特别是双峰技术的完善与应用，有力地推动了 HDPE 管的消费增长。此外，随着人们生活水平的不断提高，HDPE 在中空包装领域的应用也越来越广泛。

2. 聚丙烯

随着包装、汽车、家电等行业的快速发展，聚丙烯的消费也不断扩大，近年需求增长呈现加快趋势。编织制品、注塑制品、BOPP 薄膜等是聚丙烯最主要的应用领域，2016 年，分别约占聚丙烯消费总量的 32%、28%和 18%（图 3）。

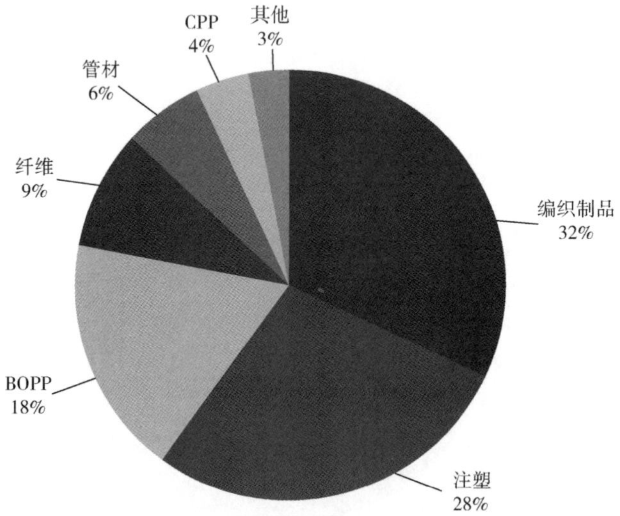

图 3　2016 年国内聚丙烯消费结构图

编织制品主要用于粮食、化肥、水泥及合成材料等大宗产品的包装。近年来，编织制品企业受产业结构调整影响，有由东部沿海地区向中西部地区加快转移的趋势。注塑制品主要应用于汽车、家电、玩具、日用品、工业容器等领域。随着制造业的不断发展，近年来对嵌段共聚聚丙烯的需求快速增加。BOPP 薄膜具有质轻、机械强度高、尺寸稳定性好等优点，广泛应用于包装特别是食品的小包装及精包装领域。聚丙烯纤维（即丙纶）是以聚丙烯为原料通过熔融纺丝制成的一种纤维制品，具有质轻、疏水及强度高等诸多优良性能，因而在装饰、服用等领域广泛应用，是合成纤维主要品种之一。

3. 聚氯乙烯

2016 年，国内聚氯乙烯消费保持平稳。总体而言，我国聚氯乙烯主要有硬制品和软制品两大消费市场，目前分别占比约 60% 和 35%。硬制品主要是各种型材、管材、板材、硬片和吹塑制品等；软制品主要为各种用途的膜、电线电缆、人造革、织物涂层、各类软管、手套、玩具、铺地材料、塑料鞋以及一些专用涂料和密封剂等。

随着聚氯乙烯消费市场的发展，近年来高性能 PVC 专用树脂供不应求。一些生产厂家推出了一系列高性能的 PVC 合金专用粒料和粉料，如耐冲击 PVC 瓶料、耐热电子电器专用料，鞋用 PVC 合金、医用 PVC 合金，耐辐射、抗静电 PVC 合金，纤维增强 PVC 合金，以及阻燃抑烟无铅 - 钙 PVC 电线电缆复合料等专用料。此外，具有特殊性能的特种 PVC 树脂在市场上也逐渐得到应用。如 PVC 糊用及掺混树脂、特种糊用 PVC 树脂，氯乙烯 - 醋酸乙烯共聚树脂，粉末涂料用 PVC 专用树脂，超高分子量 PVC 专用树脂、超高吸收 PVC 专用树脂，消光专用树脂，溶液聚合型共聚树脂，弹性体专用树脂等（图 4）。

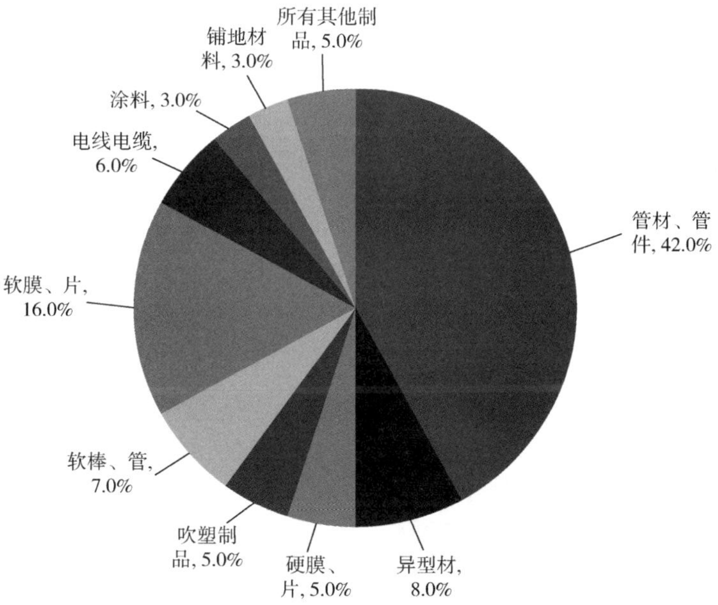

图 4　2016 年国内聚氯乙烯消费结构图

4. 聚苯乙烯

2016 年，我国是聚苯乙烯消费再次出现下降。目前，在我国聚苯乙烯消费中，发泡聚苯乙烯（EPS）约占 45%，通用聚苯乙烯（GPPS）和抗冲击聚苯乙烯（HIPS）占比约 55%。近年来，随着房地产行业景气度下滑，EPS 消费呈现放缓趋势。

EPS 消费结构。EPS 主要消费领域是包装材料（包括汽车及家用电器中缓冲材料）和建筑保温材料，分别约占其消费量的 45% 和 48%，一次性餐盒约占 1%，其他用途如玩具填充物等约占 6%（图 5）。

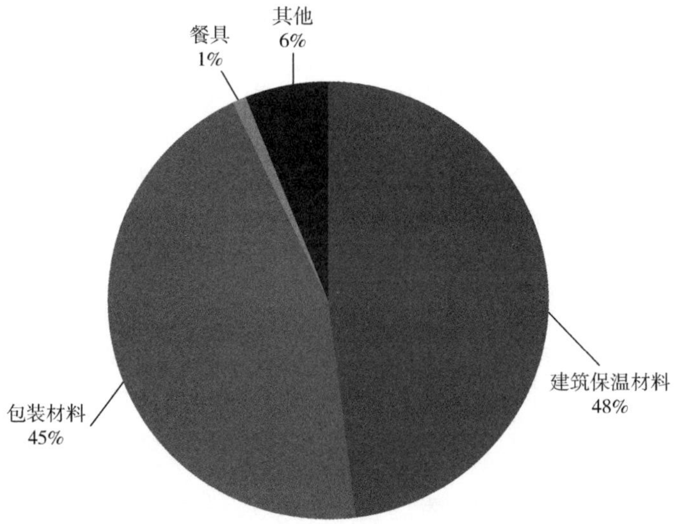

图 5　2016 年国内 EPS 消费结构图

未来，EPS 在汽车和家电领域的消费增长将保持相对稳定，但受国家海洋局将 EPS 列入重点海域主要污染物监控范围和部分国家出台禁止进口 EPS 包装容器的影响，EPS 在包装领的消费增长会继续放缓。由于建筑保温材料政策解禁及《建筑防火设计规范》（GB50016 - 2014）标准的实施，建筑保温材料在 EPS 消费结构中的占比会呈上升趋势。

GPPS/HIPS 消费结构。我国 GPPS/HIPS 主要消费领域是电子电器、日用品和办公用品，2016 年分别约占其消费总量的 38%、31% 和 12%。

在电子电器领域，GPPS/HIPS 主要用于制作家电及电子产品的外壳、零部件、冰箱板材以及音像制品等。在日用品领域，主要用于家用器皿、牙刷、化妆品盒、装饰品、圆珠笔等。在包装材料中，GPPS/HIPS 则主要应用于包装和电绝缘方面。目前，国内对 BOPS 的应用主要集中在服装辅料、药品托盘及其他口服液包装、食品包装等，应用相对偏窄。

未来一定时期内，国内 GPPS/HIPS 消费结构估计不会有大的变化。但我国电子电器产品出口量较大，因而出口形势变化将对聚苯乙烯消费结构会产生较大影响（图 6）。

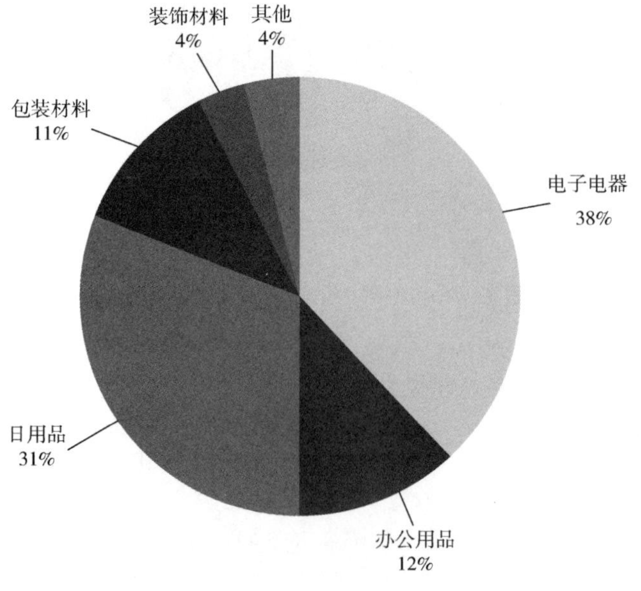

图 6　2016 年国内 GPPS/HIPS 消费结构图

5. ABS

近年来，我国ABS树脂消费总体呈现快速增长势头。2016年表观消费量达到493万吨，比上年增长5.1%。由于ABS刚性好、冲击强度高、耐热、耐低温、耐化学品性、机械强度和电器性能优良，易于加工、稳定性和表面光泽好，还可以进行喷涂、电镀、焊接和粘接等二次加工，被广泛应用于家用电器、办公设备、交通运输、生活用品、玩具和建材等领域，2016年电子电器约占ABS总消费量的55%，办公设备约占19%。均保持基本稳定（图7）。

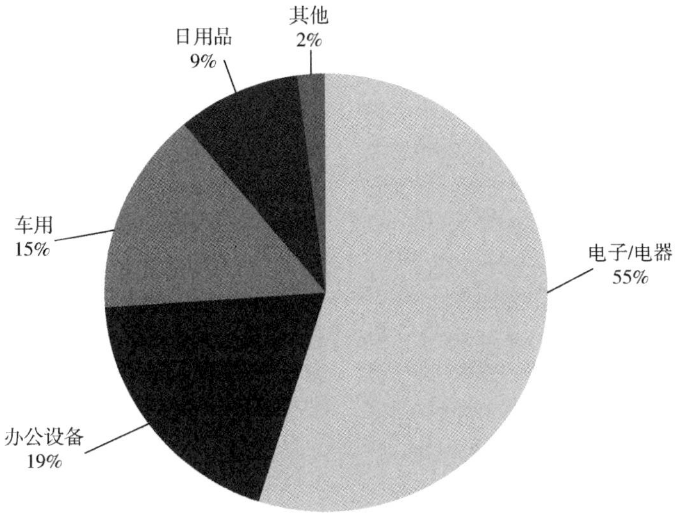

图7　2016年国内ABS树脂消费结构图

家用电器主要包括电冰箱、冰柜、空调、洗衣机、微波炉、音响等。办公设备主要为计算机、传真机、电话、复印机等。车用领域主要为汽车、摩托车的仪表板、车轮罩、散热器隔栅、空调器、行李箱、手柄等部件。ABS树脂的日用品消费领域主要有箱包、玩具，建材中主要为管材、装饰板等。

（三）下游加工业生产减缓

2016年，我国塑料制品总产量7717.27万吨，比上年增长2.7%。其中，塑料薄膜1419.5万吨，同比增长6.1%；泡沫塑料249.4万吨，增长2.0%；塑料人造革、合成革331.5万吨，微降0.3%；日用塑料制品634.3万吨，增长5.7%。塑料薄膜产量占塑料制品总量的18.4%，较上年提高1个百分点，保持上升趋势。此外，2016年全国胶鞋产量5.64亿双，下降1.7%。总体而言，塑料制品生产相对平稳。

一直以来我国塑料制品生产主要集中我国东南部沿海地区，不过，近年来呈现向中西部地区加快转移的趋势。数据显示，2016年，我国东部地区塑料薄膜产量占比为73.8%，较上年回落1.0个百分点。其中，浙江、广东、江苏三省占比产量占比分别为27.7%、12.9%和10.7%。东部地区日用塑料制品占比为65.3%，较上年回落3.7个百分点。其中，广东、浙江两省产量占比分别达20.8%和18.1%%。中部地区泡沫塑料发展较快，2016年占比达到34.7%（表5）。

表5　**2011～2016年塑料制品产量增长情况**　单位：万吨，%

产品名称	2011年	2012年	2013年	2014年	2015年	2016年
塑料制品总量	5304.4	5730.3	6878.8	7485.8	7560.7	7717.2
同比	18.6	8.0	20.0	8.8	1.0	2.7
塑料薄膜	887.5	1012.3	1163.7	1271.0	1313.8	1419.5
农用薄膜	151.1	164.9	189.7	219.8	231.0	241.9

续表

产品名称	2011 年	2012 年	2013 年	2014 年	2015 年	2016 年
泡沫塑料	139.7	134.4	184.1	219.2	245.0	249.4
塑料人造革、合成革	272.0	313.5	365.6	366.4	343.8	331.5
日用塑料制品	403.6	430.9	524.8	588.7	592.7	634.3

三、合成树脂进出口

2016 年，我国合成树脂行业进出口总额为 517.6 亿美元，同比下降 6.5%。逆差 326.8 亿美元，同比缩小 9.9%，仍是化工行业最主要的逆差来源。2016 年合成树脂进出口总量为 3756.7 万吨，小幅增长 1.9%。

（一）合成树脂进口

1. 进口量额下降

2016 年，我国合成树脂进口总量为 3182.5 万吨，比上年微降 0.1%；净进口量为 2608.4 万吨，下降 3.0%。五大通用树脂进口 1619.7 万吨，比上年下降 2.4%，占合成树脂进口总量的 50.9%。其中，聚乙烯进口量 994.3 万吨，增幅 0.8%，占合成树脂进口总量的 31.2%，继续保持进口量第一的地位；其次为废碎塑料，进口量 734.7 万吨，微降 0.1%，占比 23.1%；其他合成树脂进口 661.3 万吨，依然排名第三，增幅 7.4%，占比 20.8%，比上年上升 1.5 个百分点。2016 年合成树脂主要品种进口量增少降多，但总体上仍保持平稳。

2016 年，我国合成树脂进口总额 422.2 亿美元，比上年下降 7.8%。其中，聚乙烯进口总额 116.6 亿美元，占合成树脂进口总额的 27.6%，降幅 7.6%；其他合成树脂进口总额 138.1 亿美元，下降 1.6%，占合成树脂进口总额的 30.6%，比上年提高 2.1 个百分点（表 6）。

表 6　2011～2016 年我国合成树脂进口量增长情况　单位：万吨,%

产品 \ 年份	2011	2012	2013	2014	2015	2016
合成树脂总计	3026.3	3139.1	3123.4	3215.3	3187.2	3182.5
同比	-1.4	3.7	-0.5	2.9	-0.9	0.1
五大通用树脂合计	1542.9	1578.9	1606.9	1618.3	1659.5	1619.7
聚乙烯	744.4	788.8	881.5	910.8	986.7	994.3
聚丙烯	377.8	404.7	359.3	363.2	339.7	301.7
聚氯乙烯	131.6	121.0	104.4	92.6	92.9	86.7
聚苯乙烯	103.9	98.0	94.7	84.9	77.8	68.4
ABS 树脂	185.3	166.5	167.0	166.8	162.5	168.6
环氧树脂	23.3	20.5	20.4	24.1	22.1	23.5
聚碳酸酯	122.8	137.4	137.9	148.0	142.7	131.9
聚硅氧烷	15.2	13.9	13.5	11.8	11.9	11.3
塑料废碎料	838.6	887.8	788.2	825.4	735.5	734.7
其他合成树脂	483.5	500.6	556.5	587.6	615.5	661.3

数据来源：中国海关总署，下同。

2. 中东和东盟地区为主要进口来源地

我国合成树脂进口主要来自中东及我周边国家和地区。2016年，进口排名前四位的国家和地区依次为中东地区、东盟地区、韩国和台湾省，进口量分别为701.2万吨、575.4万吨、447.4万吨和345.8万吨，进口额为77.9亿美元、69.8亿美元、66.8和54.3亿美元；分别占我国合成树脂进口总量的22.0%、18.1%、14.1%和10.9%，进口总额的18.5%、16.5%、15.8%和12.9%（表7）。

表7　　2016年我国合成树脂主要进口国家和地区　　单位：万吨，万美元

国别（地区）	2016年		2015年		同比±%	
	数量	金额	数量	金额	数量	金额
世　界	3182.5	4222125	3187.2	4580814	-0.1	-7.8
中国香港	202.0	113921	176.7	115901	14.3	-1.7
中国澳门	11.8	5561	15.6	8609	-24.5	-35.4
台湾省	345.8	543562	359.8	603844	-3.9	-10.0
东　盟	575.4	698081	593.0	803799	-3.0	-13.2
日　本	223.4	401435	230.9	413726	-3.2	-3.0
韩　国	447.4	667997	449.3	722732	-0.4	-7.6
印　度	16.3	19952	23.1	29669	-29.5	-32.8
巴基斯坦	4.2	2061	3.4	1999	25.1	3.1
中　东	701.2	779059	659.6	813063	6.3	-4.2
欧　盟	256.2	402656	286.4	439115	-10.6	-8.3
俄罗斯	12.3	13489	15.0	17376	-17.5	-22.4
乌克兰	0.0	23	0.0	46	-51.2	-48.7
美　国	214.3	373997	213.7	396631	0.3	-5.7
加拿大	34.1	29936	42.3	38954	-19.3	-23.1
拉丁美洲	43.0	35335	45.6	41113	-5.7	-14.1
非　洲	11.6	9104	12.5	10603	-7.4	-14.1
澳大利亚	33.4	20640	20.2	14914	65.1	38.4
新西兰	1.2	651	1.5	1028	-21.1	-36.7
其他国家和地区	48.8	104665	38.6	107691	26.6	-2.8

3. 一般贸易方式为主

在我国合成树脂进口贸易中，以一般贸易方式为主，加工贸易为辅。2016年，在进口量中，一般贸易占68.1%，较上年提高1.9个百分点；来料加工贸易占19.7%，较上年回落2.0个百分点；二者合计占比达90.6%。在进口贸易额中，一般贸易占65.3%，较上年提高3.0个百分点；来料加工贸易占23.8%，回落2个百分点；二者合计占比89%。一般贸易占比上升加快，加工贸易比重继续下降（表8）。

表8　2016年我国合成树脂进口贸易方式情况

单位：万吨，万美元

贸易方式	进口量	进口额
一般贸易	2258.2	2756047.3
进料加工贸易	625.6	1003601.4
保税区仓储转口货物	204.9	309170.9
来料加工装配贸易	58.4	98682.2
保税仓库进出境货物	32.4	49890.8
边境小额贸易	2.5	2458.1
其他	0.5	1723.2
出口加工区进口设备	0.03	484.2
租赁贸易	0.0	66.9
外商投资企业作为投资进口的设备、物品	0.0	0.2
共计	3182.5	4222125.2

（二）合成树脂出口

我国合成树脂出口规模相对较小，但近些年来出口平均增速明显高于进口。

1. 出口基本情况

2016年我国合成树脂出口有所回升。全年出口合成树脂574.2万吨，同比增长15.3%。从出口量增速看，聚丙烯和聚氯乙烯较快，分别增长44.0%和33.7%。但出口量最大仍然是其他合成树脂，为321.8万吨，增长12.3%，占合成树脂出口总量的56.0%，较上年下降1.6个百分点；其次是聚氯乙烯，出口量117.3万吨，占比20.4%，比上年提高2.8个百分点。

2016年，我国合成树脂出口总额为95.4亿美元，与上年基本持平。其中，聚氯乙烯出口额9.74亿美元，增长24.8%，占比10.2%；其他合成树脂出口额61.7亿美元，下降2.3%，占比64.7%（表9）。

表9　2011～2016年我国合成树脂出口量增长情况　单位：万吨,%

产品＼年份	2011	2012	2013	2014	2015	2016
合成树脂总计	362.5	378.1	419.6	514.5	498.1	574.2
同比	23.0	4.3	11.0	22.6	－3.2	15.3
聚乙烯	32.2	28.8	20.3	24.9	26.9	29.9
聚丙烯	16.6	16.1	14.7	12.6	16.6	24.0
聚氯乙烯	44.2	45.4	73.4	119.3	87.7	117.3
聚苯乙烯	35.6	33.5	32.7	32.3	33.0	31.8
ABS树脂	4.3	4.2	3.1	3.3	2.4	2.8
环氧树脂	8.4	7.1	7.1	6.6	7.3	6.7
聚碳酸酯	23.8	21.2	20.9	22.3	21.2	22.3
聚硅氧烷	8.4	9.6	9.4	12.1	13.2	13.9
塑料废碎料	2.6	3.3	4.2	4.3	3.0	3.5
其他合成树脂	186.6	209.0	233.9	276.8	286.6	321.8

2. 主要出口目的地

我国合成树脂出口几乎遍布全球各地，但主要出口目的地仍是亚洲及我周边国家和地区。2016年出口量居前四位的国家和地区依次为东盟、印度、中东地区和中国香港，合计占我国合成树脂出口总量的51.1%，出口总额的49.0%（表10）。

表 10　　2016 年我国合成树脂主要出口国家和地区　　单位：万吨，万美元

国别（地区）	2016 年		2015 年		同比 ±%	
	数量	金额	数量	金额	数量	金额
世　界	574.2	953861.0	498.1	952933.3	15.3	0.1
中国香港	48.5	105182.5	51.9	124547.8	-6.5	-15.5
中国澳门	0.0	81.2	0.0	74.6	18.7	8.8
台湾省	15.0	34780.7	13.6	33387.2	10.3	4.2
东　盟	135.9	205466.0	104.0	183293.5	30.6	12.1
日　本	17.0	41604.4	14.7	41723.3	15.1	-0.3
韩　国	34.2	65373.6	31.5	63471.2	8.6	3.0
印　度	58.3	79154.1	41.6	66400.4	40.1	19.2
巴基斯坦	12.1	17492.9	11.9	20967.2	1.8	-16.6
中　东	50.5	77901.9	46.6	82788.2	8.4	-5.9
欧　盟	26.9	61012.5	24.3	63854.5	10.6	-4.5
俄罗斯	24.9	30805.7	17.4	25505	43.0	20.8
乌克兰	2.5	3440.9	2.5	3576.2	1.7	-3.8
美　国	33.8	69115.0	35.1	78169.1	-3.8	-11.6
加拿大	3.3	6142.0	4.1	8112.7	-21.3	-24.3
拉丁美洲	35.3	56837.0	32.5	61493.4	8.5	-7.6
非　洲	36.0	50313.4	30	46211.5	20.3	8.9
澳大利亚	7.2	12791.0	7.7	14437.3	-6.4	-11.4
新西兰	0.8	1392.9	0.8	1778.9	-9.3	-21.7
其他国家和地区	31.9	34973	27.7	33141	15.4	5.5

3. 出口贸易方式

在我国合成树脂出口贸易中，一般贸易和来料加工贸易占比较大。2016 年，在出口贸易量中，一般贸易占比 53.3%，较上年提高 1.7 个百分点；来料加工贸易占比 37.9%，下降 1.8 个百分点。在出口贸易额中，一般贸易占比 54.7%，较上年上升 1.0 个百分点；来料加工贸易占比 36.3%，下降 1.2 个百分点。两者之和分别占出口贸易总量和贸易总额的 91.2% 和 90.9%（表 11）。

表 11　2016 年我国合成树脂出口贸易方式情况

单位：万吨，万美元

贸易方式	出口量	出口额
一般贸易	305.82	521517.2
来料加工贸易	217.78	346018.5
保税区仓储转口货物	34.58	56027.5
来料加工装配贸易	9.25	13604.9
保税仓库进出境货物	2.04	4438.3
边境小额贸易	2.04	4286.5
其他	1.84	6320.6
对外承包工程出口货物	0.78	1621.2
国家间、国际组织无偿援助和赠送的物资	0.01	23.6
易货贸易	0.00	2.8
共计	305.82	521517.2

四、价格分析

2016 年，我国合成树脂市场总体低迷，价格总水平连续第五年下降，但降幅有所收窄。在石化联合会市场监测的 29 种主要合成树脂产品中，价格下降的有 22 种，占 75.9%；价格上涨的有 7 种，比上年多 5 种，聚合 MDI 创最大涨幅 18.7%。

（一）聚乙烯价格

2016 年，聚乙烯市场价格低位徘徊，主要品种均价再创 2005 年以来新低。监测显示，聚乙烯价格平均跌 0.7%，降幅较上年明显收窄。其中，高密度聚乙烯（5000S）均价 9894 元/吨，同比下跌 1.3%；低密度聚乙（2426H）均价为 10368 元/吨，回升 0.4%；线性低密度聚乙烯（7042）均价 9233 元/吨，下跌 1.3%（表 12）。预计 2017 年聚乙烯价格仍将是低位运行格局，价格总水平与上年大致持平或略有回升。

表 12　2011～2016 年国内聚乙烯市场价格变动情况　单位：元/吨，%

产品名称	等级、规格	2011 年	2012 年	2013 年	2014 年	2015 年	2016 年
HDPE	5000S	11462	11207	11573	11908	10026	9894
同比	%	4.9	-2.2	3.3	2.9	-15.8	-1.3
LDPE	2426H	13015	10955	12008	12251	10330	10368
同比	%	5.8	-15.8	9.6	2.0	-15.8	0.4
LLDPE	7042	10536	10533	11238	11127	9353	9233
同比	%	-1.0	0.0	6.7	-1.0	-15.9	-1.3

进口价格回落。2016 年，进口聚乙烯价格继续回调，平均跌幅近 7.6%。其中，低密度聚乙烯进口均价为 1225.7 美元/吨，下跌 6.8%；高密度聚乙烯均价 1136.2 美元/吨，下跌 9.8%；线型低密度聚乙烯均价为 1206.4 美元/吨，下挫 6.3%。总的看，进口价格跌幅明显大于国内市场，加剧了国内市场的竞争（表 13）。

表 13　2011～2016 年进口聚乙烯价格变动情况　单位：美元/吨，%

	2011 年	2012 年	2013 年	2014 年	2015 年	2016 年
低密度聚乙烯	1654.0	1429.4	1543.8	1616.2	1315.1	1225.7
同比	12.4	-13.6	8.0	4.7	-18.6	-6.8
高密度聚乙烯	1397.4	1375.8	1460.7	1535.7	1260.2	1136.2
同比	10.0	-1.5	6.2	5.1	-17.9	-9.8
线型低密度聚乙烯	1435.2	1373.0	1513.7	1606.0	1287.8	1206.4
同比	9.0	-4.3	10.2	6.1	-19.8	-6.3

（二）聚丙烯价格

国内市场价格继续下跌。2016 年，国内市场聚丙烯（F401）平均价格为 7630 元/吨，创有价格纪录以来新低，同比跌幅 5.1%，价格连续第五年下挫。预计 2017 年，聚丙烯市场价格仍将是疲软局面，价格总水平与上年大致持平或略有回升（表 14）。

进口价格下跌。2016 年，进口聚丙烯（初级状）均价为 1167.9 美元/吨，同比大挫 10.6%，价格重回 2009 年之前的水平。

表 14　　2011～2016 年聚丙烯价格变动情况　　单位：元/吨，美元/吨

产品名称	规　格	2011 年	2012 年	2013 年	2014 年	2015 年	2016 年
国内市场价格	F401	12075	11181	11147	10973	8042	7630
同比	%	8.6	-7.4	-0.3	-1.6	-26.7	-5.1
进口价格	初级状	1555.3	1482.3	1557.4	1601.4	1306.9	1167.9
同比	%	16.3	-4.7	5.1	2.8	-18.4	-10.6

（三）聚氯乙烯价格

聚氯乙烯连续三年产能负增长，由于总体消费平稳增长，行业平均开工率由 2013 年的 62% 提升至当前的 79%，生产企业数由 2013 年的 93 家减少到当前的 75 家，产业集中度得到提升。2016 年聚氯乙烯市场价格有所回升，结束了连续四年下降的颓势。市场监测显示，聚氯乙烯（SG5）年均价为 5858 元/吨，同比上涨 8.2%；聚氯乙烯（LS-100）年均价 6978 元/吨，上涨 9.2%（表 15）。

表 15　　2011～2016 年聚氯乙烯国内市场价格变动情况　　单位：元/吨,%

产品名称	规格	2011 年	2012 年	2013 年	2014 年	2015 年	2016 年
聚氯乙烯	SG5	8089	6747	6552	6208	5413	5858
同比	%	5.6	-16.6	-2.9	-5.2	-12.8	8.2
聚氯乙烯	LS-100	8296	7163	6972	6807	6393	6978
同比	%	5.9	-13.7	-2.7	-2.4	-6.1	9.2

目前，我国聚氯乙烯产能主要集中在中西部地区，占比六成以上，消费市场则主要集中在东部，运输成本较高，加上人力、环保等成本刚性上升，对价格形成支撑。随着氯碱行业价格好转效益改善，一些企业投资冲动又开始显露苗头，对市场形成压力。因此，预计 2017 年我国聚氯乙烯市场价格总体上延续恢复性回升态势。

2016 年进口聚氯乙烯价格回稳。其中，糊树脂均价为 1127.9 美元/吨，同比上涨 1.6%；初级状未掺混聚氯乙烯价格 834.0 美元/吨，下跌 5.5%；未塑化聚氯乙烯价格 1301.8 美元/吨，上涨 23.6%，扭转了连续四年下挫态势；已塑化聚氯乙烯价格 2054.7 美元/吨，上升 1.0%（表 16）。

表 16　　2011～2016 年聚氯乙烯进口价格变动情况　　单位：美元/吨,%

产品名称	规格	2011 年	2012 年	2013 年	2014 年	2015 年	2016 年
聚氯乙烯	糊树脂	1739.8	1496.2	1384.1	1335.2	1110.0	1127.9
同比	%	26.0	-14.0	-7.5	-3.5	-16.9	1.6
聚氯乙烯	初级状	1061.6	981.4	1029.2	1064.7	882.5	834.0
同比	%	9.8	-7.6	4.9	3.4	-17.1	-5.5
聚氯乙烯	未塑化	1534.6	1362.8	1275.7	1197.5	1052.9	1301.8
同比	%	22.4	-11.2	-6.4	-6.1	-12.1	23.6
聚氯乙烯	已塑化	2166.8	2136.3	2098.4	2129.3	2035.3	2054.7
同比	%	10.5	-1.4	-1.8	1.5	-4.4	1.0

（四）聚苯乙烯价格

2016 年，GPPS（透苯，注塑级）国内市场均价 9105 元/吨，同比下跌 4.6%，跌幅较上年收窄 15.8 个百分点，连续第三年下跌，价格创下历史新低；HIPS（抗冲击级）均价为 9657 元/吨，跌幅 1.4%；EPS（阻燃料）均价为 9585 元/吨，跌幅 2.1%。市场监测的聚苯乙烯主要品种价格均降幅收窄。从目前市场价格趋势看，2017 年，聚苯乙烯市场可能回暖，价格总水平估计有所回升。

2016 年，我国进口 EPS（初级状）均价为 1794.9 美元/吨，同比微增 0.8%；进口 HIPS（初级状）均价为 1449.8 美元/吨，下跌 6.3%，连续第三年下跌（表 17）。

表 17　2011～2016 年聚苯乙烯国内和进口价格变动情况

单位：元/吨，美元/吨，%

产品名称	规格	2011 年	2012 年	2013 年	2014 年	2015 年	2016 年
GPPS	注塑级	11927	12075	13578	11977	9548	9105
同比	%	9.6	1.2	12.4	-11.6	-20.4	-4.6
HIPS	抗冲击级	—	—	—	13067	9796	9657
同比	%	—	—	—	—	-25.0	-1.4
EPS	阻燃料	—	—	—	12117	9791	9585
同比	%	—	—	—	—	-19.2	-2.1
进口价格							
EPS	初级状	1596.3	1709.1	2054.3	2215.0	1779.8	1794.9
同比	%	15.2	7.1	20.2	7.8	-19.6	0.8
HIPS	初级状	1798	1849.4	1979.1	1923.7	1547.4	1449.8
同比	%	13.9	2.9	7.0	-2.8	-19.6	-6.3

（五）ABS 价格

2016 年，国内市场 ABS 树脂（通用级）平均价格为 11461 元/吨，同比上升 5.4%，扭转了连续四年下挫的态势。根据目前市场走势判断，2017 年 ABS 树脂市场将继续上扬，价格总体上比上年有明显改善。

2016 年 ABS 树脂进口均价为 2025 美元/吨，同比下跌 9.0%，连续第五年走低（表 18）。

表 18　2011～2016 年 ABS 价格变动情况　单位：元/吨，美元/吨，%

产品名称	规格	2011 年	2012 年	2013 年	2014 年	2015 年	2016 年
ABS	通用级	17479	15423	14922	14115	10878	11461
同比	%	7.6	-11.8	-3.3	-5.4	-22.9	5.4
进口价格							
ABS	改性	2670.6	2556.2	2503.1	2491.6	2225.1	2025.0
同比	%	15.5	-4.3	-2.1	-0.5	-10.7	-9.0

五、世界合成树脂供需概况

目前，世界合成树脂总体仍维持供大于求的格局，但产能增速放缓。2015 年，全球五大通用合成树脂（PE、PP、PVC、PS、ABS）产能合计达到 2.7 亿吨/年，同比增长 1.5%，增速较上年减缓 1.5 个百分点；产量约为 2.14 亿吨，增幅 4.0%，加快 0.6 个百分点；消费量 2.14 亿吨，增长 3.7%，提高 0.6 个百分点。开工率约为 79.2%，比上年提高1.9个百分点。预计2016年全球五大通用合成树脂总产能约为2.81亿吨，增长4.1%，产量和消费量均为2.21亿吨，分别增长3.2%和3.5%。

（一）聚乙烯

2015年，世界聚乙烯产能突破1亿吨，达到10 101万吨/年，同比增长1.9%；产量为8791万吨，增长5.2%；消费量8726万吨，增长4.1%；开工率为87.0%，较上年提高2.3个百分点。

东北亚地区继续保持世界最大产能和产量。2015年产能达到2509万吨/年，占全球总产能的24.8%，较上年提高0.2个百分点；产量2209万吨，占比25.1%。北美仍位居第二，产能为2040万吨/年，占比20.2%，产量1894万吨，占比21.5%。中东位居第三，2015年新增产能150万吨/年，总产能达到1980万吨/年，占比19.6%，产量1754万吨，占比20.0%。

东北亚也是全球聚乙烯最大消费地区。2015年消费量为2876万吨，占世界消费总量的33.0%；其次为北美地区，消费量1584万吨，占比约为18.2%；西欧位居第三，消费量为1139万吨，占比13.1%。东北亚消费占比继续上升，北美、西欧相对平稳。

中东和北美地区是聚乙烯的主要出口地，2015年净出口量分别为1199万吨和270万吨；东北亚和非洲为主要进口地区，净进口量达740万吨和274万吨。

2016年聚乙烯将新增产能590万吨/年，全球产能达到10691万吨/年，新增产能主要来自东北亚和中东。预计未来几年，在页岩气及煤制烯烃技术应用的推动下，世界聚乙烯工业又将进入一轮较快发展期。预计2020年产能将达到12450万吨/年，增长约4.3%；消费量约为10397万吨，增幅3.6%。聚乙烯的新增产能主要来自中东、东北亚和东南亚等地区（表19）。

表19　　2011～2020年世界PE供需增长及预测　　单位：万吨/年，万吨

实际值						预测值	
项目	2011年	2012年	2013年	2014年	2015年	2016年	2020年
产能	9241	9389	9738	9908	10 101	10 691	12 451
产量	7735	7853	8102	8398	8791	9031	10 397
消费	7651	7856	8168	8391	8726	9031	10 397

（资料来源：中国石化咨询公司、中石化经济技术研究院、中国石化联合会，下同）

（二）聚丙烯

2015年，世界聚丙烯产能7182万吨/年，比上年增长2.6%，新增能力主要来自东北亚煤制烯烃、丙烷脱氢、北美页岩气和中东轻烃路线；产量为6172万吨，增幅6.9%；消费量6198万吨，增长6.6%；装置平均开工率为85.9%，比上年提高3.4个百分点。

东北亚、西欧、北美和中东是全球聚丙烯最主要生产地和消费地。2015年，东北亚产能为2826万吨/年，西欧产能951万吨/年，北美和中东产能均在850万吨/年以上，分别占全球总产能的39.3%、13.2%、11.9%和12.0；产量分别达2352万吨、845万吨、778万吨和705万吨，占比38.1%、13.7%、12.6%和12.4%；东北亚、西欧、北美三地消费量分别为2515万吨、764万吨和781万吨，占比40.6%、12.3%和12.6%。无论是产量还是消费量，东北亚地区都遥遥领先。

中东和西欧是聚丙烯最主要的输出地，东北亚为主要进口地区。2015年，中东和西欧分别净出口聚丙烯306万吨和81万吨；东北亚净进口156万吨。东北亚进口总体上呈下降趋势。

未来几年，受东北亚煤制烯烃和丙烷脱氢路线新建项目及北美页岩气和中东轻烃路线新建项目的推动，同时印度次大陆地区聚丙烯需求增长带动产能增长，世界聚丙烯规模将大幅提高。预计2020年，世界PP产能将达到9060万吨/年，增长约4.8%；产量7550万吨，增幅约4.1%，消费量7550万吨，增长4.0%。2016～2020年，聚丙烯新增产能主要来自东北亚、北美、印度次大陆和中东地区，占比分别达58.4%、9.6%、7.7%和6.6%（表20）。

表 20　　2011～2020 年世界 PP 供需增长及预测　　单位：万吨/年，万吨

项目	实际值					预测值	
	2011 年	2012 年	2013 年	2014 年	2015 年	2016 年	2020 年
产能	6314	6430	6749	7002	7182	7589	9060
产量	5291	5367	5574	5774	6172	6440	7550
消费	5197	5394	5582	5813	6198	6450	7550

（三）聚氯乙烯

2015 年，世界聚氯乙烯产能 6128.7 万吨/年，同比增长 1.8%；产量为 4050.6 万吨，增幅 0.6%；消费量 4065.8 万吨，增长 0.6%；装置平均开工率为 66.1%，与上年基本持平。

东北亚、北美和西欧是全球聚氯乙烯的主要生产地和消费地。2015 年，上述三地产能分别为 3628 万吨/年、893.8 万吨/年和 595.5 万吨/年，占全球总产能的 59.2%、14.6% 和 9.7%；产量分别达 2067.6 万吨、733.3 万吨和 480 万吨，占全球总产量的 51.0%、18.1% 和 11.8%；消费量分别为 1895 万吨、531 万吨和 405 万吨，占世界消费总量的 46.6%、13.1% 和 10.0%。

北美、东北亚和西欧地区也是聚氯乙烯主要输出地，中东、印度次大陆和南美为主要进口地。2015 年北美、东北亚和西欧地区分别净出口聚氯乙烯 209 万吨、172.8 万吨和 86 万吨；中东、印度次大陆和南美地区分别净进口 125 万吨、141 万吨和 57 万吨。

预计 2020 年，世界聚氯乙烯产能将达到 6275 万吨/年，增长约 0.5%；产量和消费量分别为 4797 万吨和 4797 万吨，增幅为 3.4% 和 3.3%（表 21）。

表 21　　2011～2020 年世界 PVC 供需增长及预测　　单位：万吨/年，万吨

项目	实际值					预测值	
	2011 年	2012 年	2013 年	2014 年	2015 年	2016 年	2020 年
产能	5100	5409	5848	6083	6129	6164	6275
产量	3640	3726	3847	4036	4051	4208	4797
消费	3640	3726	3855	4044	4069	4209	4797

（四）聚苯乙烯

2015 年，世界聚苯乙烯产能 2560 万吨/年，同比下降 0.2%；产量和消费量分别为 1611 万吨和 1603 万吨，下降 1.2% 和 1.1%；开工率为 62.9%，较上年回落 0.2 个百分点。

东北亚地区是全球聚苯乙烯最大的生产地和消费地。2015 年，该地区产能达 1375 万吨/年，占全球产能的 53.7%；产量 743 万吨，占比 46.1%；消费量 644 万吨，占比 40.2%。西欧和北美居其次。产能分别为 352 万吨/年和 321 万吨/年，占全球比重 13.8% 和 12.5%；产量分别为 277 万吨 257 万吨，占比 17.2% 和 16.0%；费量分别为 245 万吨和 258 万吨，占比 15.3% 和 16.1%。

东北亚和西欧是全球聚苯乙烯的主要输出地，2015 年分别净出口 99 万吨和 31 万吨。中东和中东欧等地区是主要的进口地，分别净进口 51 万吨和 41 万吨。

预计 2020 年，世界聚苯乙烯产能将达 2685 万吨年，同比增长 1.0%；产量和消费量分别为 1723 万吨和 1723 万吨，增幅为 1.8% 和 1.5%（表 22）。

表 22 **2011～2020 年世界 PS 供需增长及预测** 单位：万吨/年，万吨

实际值						预测值	
项目	2011 年	2012 年	2013 年	2014 年	2015 年	2016 年	2020 年
产能	2331	2473	2548	2582	2560	2634	2685
产量	1570	1662	1662	1630	1611	1622	1723
消费	1563	1662	1662	1621	1603	1622	1723

（五）ABS 树脂

2015 年，全球 ABS 产能变化不大，约为 1050 万吨/年；产量和消费量分别为 787 万吨和 787 万吨，较上年增长 4.3% 和 3.9%。装置平均开工率为 75.0%，比上年提高 3.6 个百分点。

东北亚是全球 ABS 树脂最大的生产和消费地区。2015 年东北亚地区生产能力为，798 万吨/年，占全球总产能的 76.0%；产量为 600 万吨，占全球总产量的 76.1%；消费量为 531 万吨，占世界消费总量的 67.5%。产能、产量和消费量占比较上年均有所上升。

东北亚也是全球 ABS 树脂最主要输出地，2015 年净出口 ABS 树脂 68 万吨。西欧净出口 6 万吨。其他均为 ABS 树脂净进口地区。

预计 2020 年，世界 ABS 产能将达到 1250 万吨/年，增长 3.3%，产量和消费量年为 888 万吨和 888 万吨，增长 2.0% 和 1.9%（表 23）。

表 23 **2011～2020 年世界 ABS 供需增长及预测** 单位：万吨/年，万吨

实际值						预测值	
项目	2011 年	2012 年	2013 年	2014 年	2015 年	2016 年	2020 年
产能	920	992	1029	1056	1050	1062	1250
产量	701	688	735	754	787	806	888
消费	699	686	735	759	787	810	888

（执笔：贺静　范德君）

2016 年中国聚氯乙烯行业现状分析及展望

2016 年是实施“十三五”发展规划的开局之年，也是氯碱行业改革发展、转型升级的关键之年。面对主导产品产能过剩，资源和能源约束不断增强，安全环保能效要求不断提高的局面，中国氯碱行业克服了一系列的严峻困难与挑战，保持了稳定发展的态势。

目前，聚氯乙烯（PVC）是我国最大的有机氯产品，耗氯量约占全国氯气总产量的 39%，是调节碱氯平衡的主要产品。截止 2016 年年底，国内聚氯乙烯总产能达到 2326 万吨，产量达到 1669 万吨。

一、中国聚氯乙烯行业化解过剩产能效果进一步显现

根据中国氯碱网调查数据显示，截止 2016 年 12 月底，中国聚氯乙烯现有产能为 2326 万吨（其中包含聚氯乙烯糊状树脂 125 万吨）。

通过统计数据发现，2016 年内中国聚氯乙烯包括糊树脂在内的新增加产能为 89 万吨，在此期间，宣布正式退出的规模为 111 万吨，净减少 22 万吨。国内聚氯乙烯产能连续三年出现负增长，也进一步说明了聚氯乙烯工业在淘汰落后工艺及产能，科学规划，合理布局，实现行业的适度发展方面取得了明显效果（表 1、图 1）。

表 1　**2008～2016 年中国 PVC 产能变化**　单位：万吨

	2008 年	2009 年	2010 年	2011 年	2012 年	2013 年	2014 年	2015 年	2016 年
产能	1581	1781	2043	2163	2341	2476	2389	2348	2326
净增	61	200	262	120	178	135	－87	－41	－22

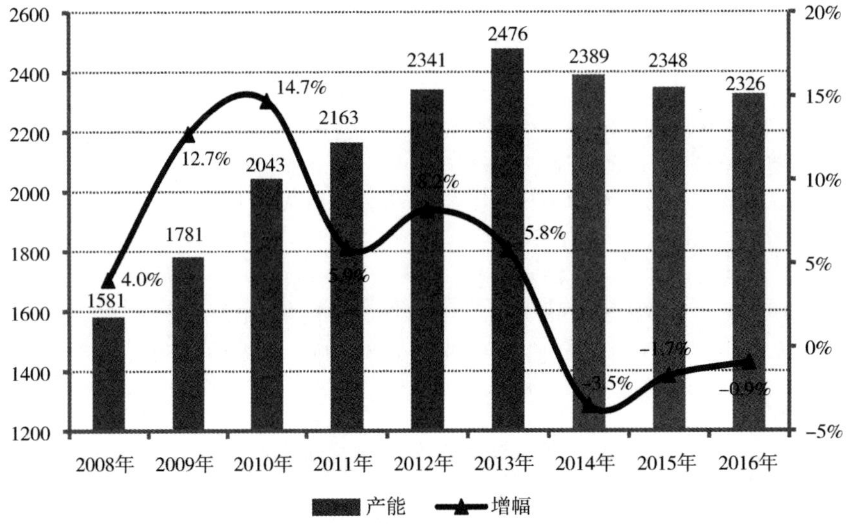

图 1　2008～2016 年中国 PVC 产能增长趋势图（单位：万吨；%）

连续三年产能保持负增长：中国聚氯乙烯工业自 2003～2005 年的飞速发展后，2008 年开始进入低速扩张期。但随着供需矛盾不断加深，行业产能过剩的问题开始显现。也正是在这个背景下，近年来的行业发展开始转向了淘汰落后、产业结构重组、产品优化升级等方面。2014～2016 年中国聚氯乙烯产能净增长均为负，在此期间，由于聚氯乙烯市场长期低迷，行业内不少的新建和扩建项目延期，长期闲置产能在近两年内的清退速度不断加快（表 2）。

表 2　**2012～2016 年中国 PVC 企业数及新增－退出产能对比表**　单位：万吨

	企业总数	新增	退出	净增
2012 年	94 家	296	118	178
2013 年	93 家	286	151	135
2014 年	88 家	66	153	－87
2015 年	81 家	78	119	－41
2016 年	75 家	89	111	－22

市场继续淘汰落后产能：近年来，尤其是 2015 年国内聚氯乙烯市场价格长期处于低位，甚至销售价格数次跌破企业成本线，聚氯乙烯企业几乎难以获取利润，企业普遍将烧碱甚至煤电的利润用于补贴聚氯乙烯的亏损，这种情况一直持续至 2016 年上半年。在相当长的一段时间内，前期停车的企业难有重启的条件。无成本优势、无综合竞争力优势的企业也加速了落后产能的退出。从上表的生产企业数量来看，随着结构优化和兼并重组进程的加深，国内 PVC 生产企业数量从 2012 年的 94 家减少至 2016 年的 75 家，平均规模由年产不足 25 万吨上涨至年产 31 万吨（图 2）。

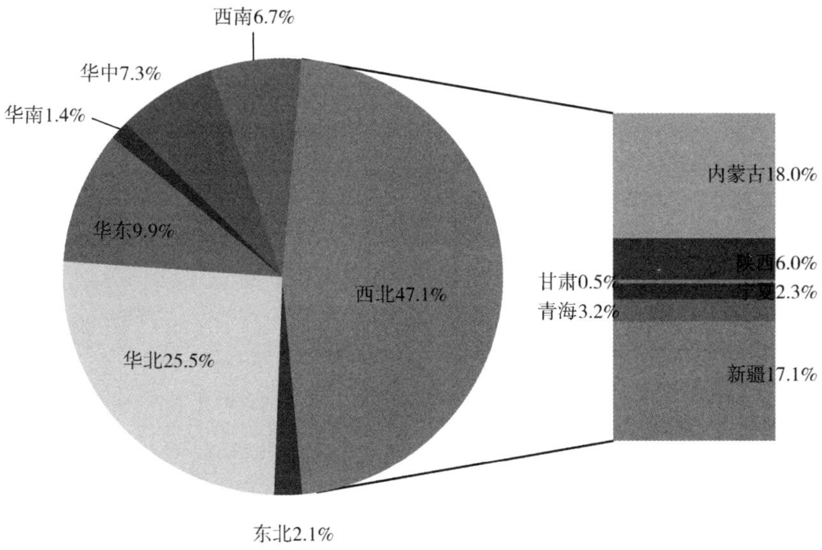

图 2　2016 年中国 PVC 七大区域产能对比图

产业布局更为合理：在地区产能分布中，2016 年西北 6 省份的聚氯乙烯能力已经占到了总产能的 47%，且全部为乙炔法工艺（电石法和天然气部分氧化法）。相比 2015 年的 46%，产能占比继续增大。近几年，聚氯乙烯装置的退出集中在了华东和华北地区，搬迁、产能置换甚至落后产能淘汰是陆续有聚氯乙烯装置退出市场的主要原因。同时，近年内东部地区生产电石法聚氯乙烯面临着原料、能源及环境成本均处于高位的不利局面，东部地区不具有竞争优势的小型电石法聚氯乙烯生产装置也逐步淘汰出了市场。这样以西北地区为电石法聚氯乙烯发展重心，其他地区根据自身优势发展循环经济或利用港口等便利的交通条件，发展乙烯法聚氯乙烯，逐步形成了当前更为合理的聚氯乙烯产能布局（表 3）。

表 3　　2016 年国内单个 PVC 生产企业产能前十排序　　单位：万吨

排序	企业名称	PVC		糊树脂	总产能
		电石法	乙烯法		
1	新疆中泰化学	150		3	153
2	新疆天业	130		10	140
3	陕西北元化工	110			110
4	天津大沽化工	10	70		80
5	内蒙古君正化工	70			70
6	齐鲁石化		60		60
6	山东信发化工	60			60
8	内蒙古亿利化学	50			50
8	新疆圣雄	50			50
10	台塑宁波		40	7	47

产业集中度不断得到提升：截止到2016年底，中国具有PVC产能的企业数量为75家（包含具有闲置能力的企业），排除未按照集团标准进行加和计算外，单个企业的生产能力逐步提升。从企业规模结构看，我国超过百万吨级聚氯乙烯生产企业有3家，规模在30万吨/年～50万吨/年的企业数量正在逐渐增加。此外，产能规模低于10万吨/年的企业较上年减少了4家（表4）。

表4　2016年国内PVC行业产能规模归类

规模	企业数	产能合计/万吨	产能占比/%
≥100万吨	3	403	17
100万吨>企业≥50万吨	6	370	16
50万吨>企业≥30万吨	28	1026	44
30万吨>企业≥10万吨	29	478.5	21
10万吨>企业	9	48.5	2
合计	75	2326	100

未来扩能保持差异化发展：虽然2016年PVC产能是第三年出现负增长，但2017年，国内仍有不少的PVC装置计划投产。其中，电石法工艺为149万吨，主要集中在西北、华北地区，乙烯法工艺为75万吨。值得提出的是，青海盐湖工业集团金属镁一体化项目中，煤制烯烃项目的延伸——30万吨/年的乙烯法PVC装置的投产存在较大的不确定性。当前氯碱行业与新型煤化工结合的案例正在积极地探索中，但对于大项目的真正落地和达产，需要市场进一步的检验（图3）。

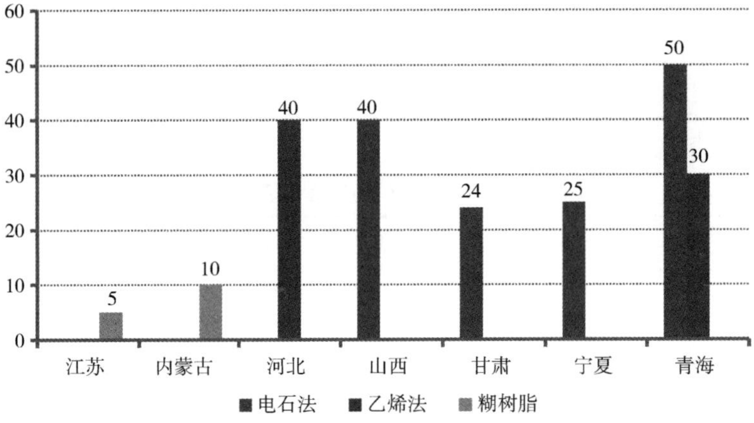

图3　2017年中国PVC扩能分布（单位：万吨）

二、中国聚氯乙烯行业开工率有效提升

中国聚氯乙烯产能自2014年开始连续三年净减少累计为150万吨，但从产量来看，2016年的全年产量为1669万吨，较2013年产量1530万吨，却实现了139万吨的增加，这一增一减充分说明了，2016年的聚氯乙烯行业开工率得到了有效提升，实现了由2013年的62%提升到了2016年的72%的跨越（图4、图5）。

2016年新建、扩建聚氯乙烯项目的投产大部分集中在行情回暖的下半年或年底，如新疆圣雄、青岛海晶等，其产能并未在年内完全释放，由此估算，2016年国内PVC装置实际开工负荷则在72%之上。在氯碱行业十三五规划中，将国内聚氯乙烯整体开工率提升至80%以上作为目标。未来除需求扩大带动行业开工率提高外，严控新增产能，合理保持总供给量也是保证以后行业开工率能够健康持续升高的重要条件。

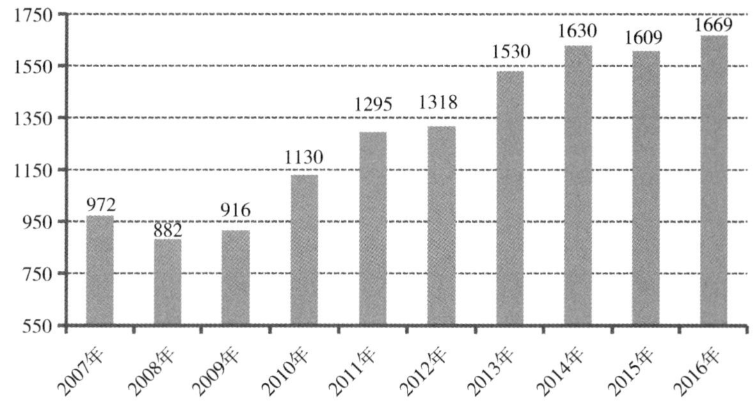

图 4　2007 ~ 2016 年中国 PVC 产量变化图（单位：万吨）

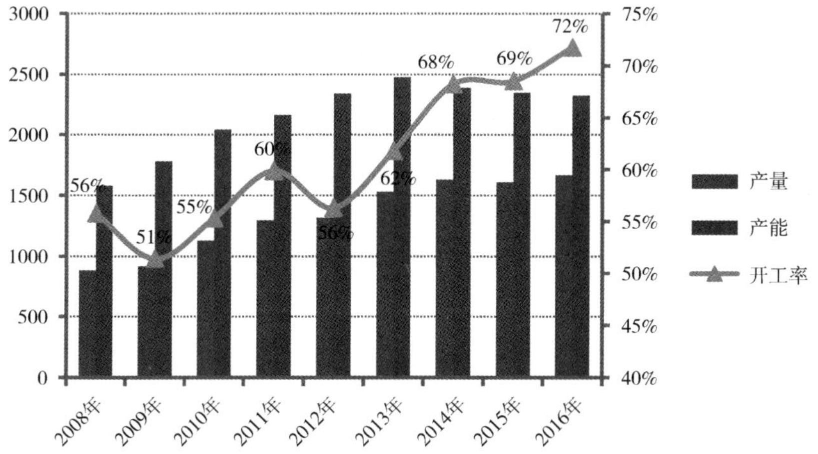

图 5　2008 ~ 2016 年中国 PVC 装置开工率明细（单位：万吨；%）

三、中国聚氯乙烯国际贸易进程持续推进　（表 5、图 6）

表 5　　2008 ~ 2016 年中国 PVC 纯粉进出口统计　　单位：万吨、美元/吨

	进口		出口	
	数量	均价	数量	均价
2008 年	80	1006	60	1066
2009 年	163	742	24	858
2010 年	120	967	22	966
2011 年	105	1062	37	1110
2012 年	94	981	39	944
2013 年	76	1029	66	950
2014 年	68	1065	111	922
2015 年	71	883	77	783
2016 年	65	834	104	744

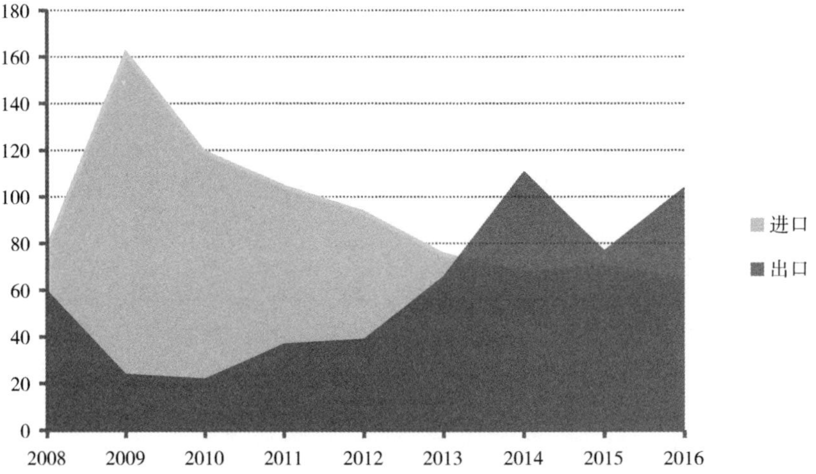

图6　2008～2016年中国PVC纯粉进出口差值对比（单位：万吨）

随着国内氯碱行业产品产量的增加，加大出口力度，抢占国际市场成为行业的重要突破口。由以上进出口数据对比分析，自2014年开始，中国聚氯乙烯进出口贸易出现顺差，2016年的顺差额为39万吨，也说明了近年来中国聚氯乙烯贸易在开拓国外市场方面取得了一定效果。业内分析，造成这一现象的原因是多方面的，首先，国内聚氯乙烯产业经过近几年的快速发展，产品质量逐步提升，在国际上的竞争力不断加强，这是中国聚氯乙烯出口量不断加大的主观因素。其次，国内聚氯乙烯产能饱和度进一步加大，向外寻求销售渠道也是市场倒逼机制的一种体现。再者，经测算，未来“一带一路”沿线国家对聚氯乙烯需求总量约为3500万吨。中国聚氯乙烯行业“走出去”的重点方向在东南亚、印度等地。例如印度虽然对中国进口的聚氯乙烯征收了高额的反倾销税，但由于其国内氯碱产品的缺口巨大，印度仍然是中国PVC出口的最大贸易对象。2016年，中国对印度的聚氯乙烯出口量在24万吨左右，相比2015年有较为明显的提高（表6）。

表6　2011～2016年中国对印度出口PVC统计表

单位：万吨

	出口至印度数量	总出口量	占比
2011年	3	37	8%
2012年	8	39	21%
2013年	18	66	27%
2014年	33	111	30%
2015年	16	77	21%
2016年	24	104	23%

2016年美国、中国台湾以及日本继续保持在我国聚氯乙烯纯粉进口来源地的前三位，从上述三个国家及地区的进口量占到总进口量的比例高达91%（表7、图7）。

表7　2016年中国PVC纯粉进口来源地分布

单位：万吨

进口国家或地区	进口数量	占进口总量比率
美国	26.0	40.1%
台湾省	18.9	29.2%
日本	13.8	21.3%
印度尼西亚	2.6	4.0%
德国	1	1.5%
法国	0.7	1.1%
其他	1.8	2.8%
合计	64.8	100%

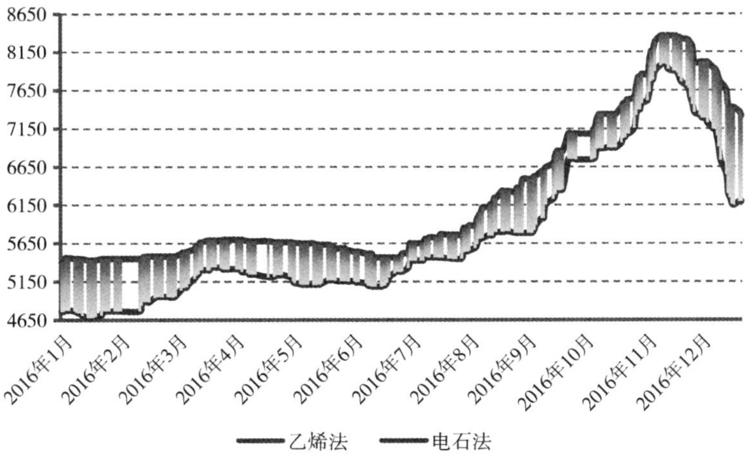

图7 2016 年中国 PVC 市场价格震荡变化（单位：元/吨）

四、2016 年中国聚氯乙烯市场震荡回暖

经过了近 5 年的市场沉寂，2016 年的 PVC 终于走出了新的行情。其价格上涨开始在 6 月中旬，延续至 11 月 15 日左右达到顶峰，紧接着行情震荡，开始下调。业内分析，本轮行情的变化的主要影响因素如下：

（1）2016 年上半年，PVC 行业产能基本以退出为主，数量在 44 万吨左右，同时新增能力仅为 17 万吨，因此在行业去产能的供给侧改革效果逐渐在 6 月份之后显现。这也给 6 月中旬之后的价格走高奠定了基础，但随着行情的急速拉升，PVC 生产企业盈利情况好转，企业开工率提高，尤其是 10 月份之后，国内 PVC 单月产量不断走高，市场再次向供大于求的趋势转变。再加上需求进入淡季，价格也随之下调。

（2）16 年 7 月份开始，中央环保督察组开始第一轮的环保检查，生产电石所涉及的白灰等企业因环保不达标等一系列问题导致产量不稳定，供应紧张，因此也带动了西北电石价格的大幅上涨，PVC 生产企业一方面因原料电石紧张开工不足，另一方面是原料成本不断攀升，这些因素都促成了 PVC 价格的走高。

（3）年内国家交通运输部等 5 部委下发《关于治理货运车辆超限，超载现象的规定》从 9 月 21 日 ~17 年 8 月运输车辆承运货物不得超总质量 49 吨，高度限 4 米以下，运价涨幅在 30 元/吨 ~50 元/吨。自政策执行以来，汽运涨价，同时火车运力也表现紧张，尤其是内蒙古地区的 PVC 发货在 9 月份之后更为不畅，北货南下受阻，消费地华东、华南甚至出现持币难购货的情况，供不应求的情况十分突出。经过一段时间的消化，接近年底时的运输状况得到缓解，消费地的 PVC 输入也开始增多，供应由紧缺转为宽松，也造成了价格由涨趋跌。

（4）在 6 月份 PVC 启动涨价的过程中，下游客户为规避原料涨价风险，提前订货，超量购买的情况较为普遍，这在一定程度上也带来了需求放大现象。之后，11 月份北方市场进入淡季，例如东北地区的型材及管材加工企业不少已经停工，华北地区需求一般在 11 月下旬也会逐渐萎缩。这样，一方面是前期客户的超量购买，对后续原料的需求会有所降低。另一方面是消费市场基本转移至南方，随着货源的增多，下游客户也会在跌价过程中选择观望买入。整体的 PVC 市场也有之前的高涨转为了震荡观望。

（5）2016 年中国 PVC 纯粉累计出口为 104 万吨，进口为 65 万吨，整体出口数量较上年有了很大提升，也正是出口贸易的活跃不断利好国内市场，促进了内贸价格的提升。另外，本年内，10 ~12 月份的 PVC 出口量为年内最低的三个月，主要因印度市场进入需求淡季，再加上受到现金紧缩的影响，中国 PVC 出口在四季度明显受挫。体现在内贸方面，也就是国内现货价格也进入震荡下调通道。

五、中国聚氯乙烯与上下游产业链

上游电石：2016 年，由于氯碱装置配套电石炉陆续投产，我国新增电石产能 200 多万吨，截止到年底的现有电石装置能力为 3800 多万吨，主要分布在发电能力比较集中、石灰石和焦炭、兰炭等资源较丰富的西北、西南等地区。另外，国内氯碱企业配套的电石产能已超过1800万吨，占总产能的50%左右，国内大型氯碱企业“电石-氯碱”配套一体化的循环经济已成规模。

上游乙烯基：2016年，亚洲乙烯市场震荡幅度较大，其中年初及年底波动较为剧烈。二季度震荡盘整为主，三季度震荡幅度加大（图8）。

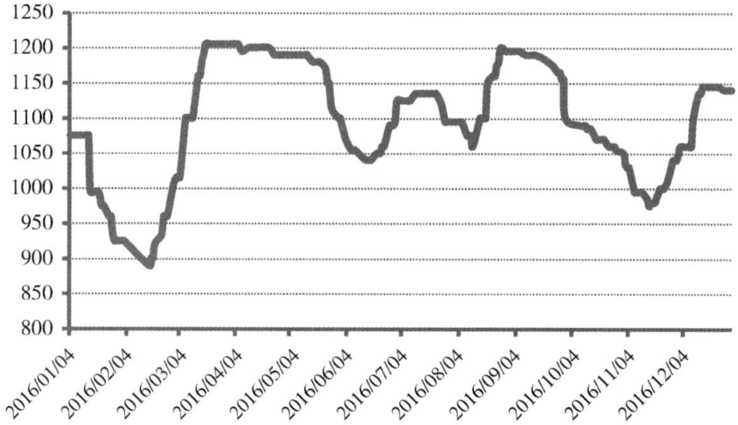

图8　2016年东北亚乙烯价格走势（单位：美元/吨）

2016年上半年，国际PVC市场价格低迷，氯乙烯与PVC价差缩窄，氯乙烯价格在570~650美金/吨之间徘徊。但是随着7月国际PVC市场价格开始上涨，印度PVC需求增加，氯乙烯价格开始一路上扬，从580美元/吨上涨至820美元/吨，下半年一改上半年的低迷情况，价格快速拉升（图9）。

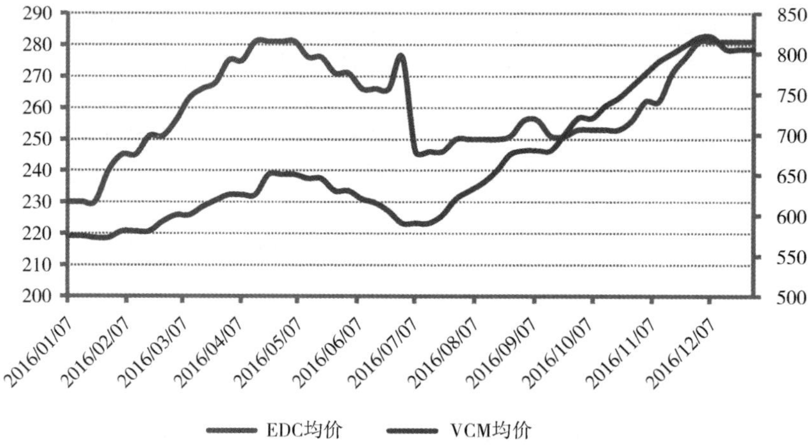

图9　2016年东北亚EDC和VCM价格走势（单位：美元/吨）

下游：2016年我国塑料制品行业继续保持稳步发展，2016年全年，国内塑料制品产量总计7717万吨，累计同比增加3.9%。管材、管件和型材、门窗是中国PVC消费的两大下游，合计消费比例继续维持在51%左右。但需要注意的是，近两年虽然塑料管材行业发展迅速，产量稳步增长，但PVC管材占比则呈现下降趋势。另外，塑料型材方面，近两年产量增长十分有限，甚至出现下降，这样对PVC的需求就难形成刚性支撑。但也正是PVC传统消费领域受到替代品冲击或需求下降的制约，开拓新型下游应用领域则是未来PVC发展的主要方向（表8）。

表 8 2007－2016 年中国 PVC 表观消费量列表

单位：万吨

	消费量	增长率
2007 年	1011	13%
2008 年	902	－11%
2009 年	1055	17%
2010 年	1228	16%
2011 年	1363	11%
2012 年	1373	1%
2013 年	1540	12%
2014 年	1587	3%
2015 年	1603	1%
2016 年	1630	2%

六、未来中国聚氯乙烯行业发展趋势

1. 严控聚氯乙烯新增产能，促进行业健康有序发展

国务院国办发〔2016〕57 号文件，《关于石化产业调结构促转型增效益的指导意见》指出，要努力化解过剩产能。严格控制尿素、磷铵、电石、烧碱、聚氯乙烯、纯碱、黄磷等过剩行业新增产能，相关部门和机构不得违规办理土地（海域）供应、能评、环评和新增授信等业务，对符合政策要求的先进工艺改造提升项目应实行等量或减量置换。研究制订产能置换方案，充分利用安全、环保、节能、价格等措施，推动落后和低效产能退出，为先进产能创造更大市场空间。

对于聚氯乙烯行业而言，2017～2018 年，前期立项，正常建设期内的项目将超过 100 万吨，会陆续在未来两年投产。2016 年下半年，国内氯碱行情取得反弹，厂家也得到了较为理想的利润，严格执行国办发〔2016〕57 号文件精神，将会严控新增产能，杜绝因短期行情走高带来的盲目投资。

2. “一带一路”战略深入，合力推进氯碱业国际化

中国是世界氯碱生产第一大国，在世界氯碱产业具有举足轻重的地位。随着“一带一路”战略的深入推进，在国内氯碱行业进入转型升级的关键阶段，“走出去”成为行业重要的转型方式之一，开展“一带一路”沿线国际产能合作已成必然。氯碱行业“走出去”一是产品“走出去”。未来“一带一路”沿线国家对烧碱和聚氯乙烯需求总量约为 6700 万吨和 3500 万吨。二是资本“走出去”。三是装备制造与技术服务“走出去”。从重点消费区域分析，业内认为中国氯碱行业“走出去”的重点方向应主要考虑东南亚、印度等地。中国聚氯乙烯每年向印度的出口量达 20 余万吨，未来除行业协会建议实施更为合理的贸易政策，有效应对国际贸易摩擦外，聚氯乙烯企业也应把握时机，更好地巩固和开拓印度消费市场。

3. 适应需求变化，坚持 PVC 多牌号发展

当前，我国聚氯乙烯产品通用牌号多，专用树脂少，低附加值产品多，高附加值产品少，很多在国外已经大量应用的领域尚未完全开拓，导致产品竞争力不足，不能适应升级换代的要求。虽然有企业在近两年开始调整产品结构，减少通用料增加专用料的产量，但整体近年来新扩建项目生产的聚氯乙烯品种主要仍以 SG－3、SG－5 和 SG－7 通用型牌号为主。

近几年，国内一些企业通过自主研发，开发出多个聚氯乙烯树脂新品种，但与国外相比，在产品产量、质量和应用领域方面还存在一定的差距。从目前的形势判断，国内坚持专用树脂、高端及特种树脂产品的开发，拓展其应用领域十分有必要。

（中国氯碱工业协会 张文雷）

塑料助剂

塑料助剂是指在树脂加工成型过程中为改善加工和应用性能而添加和使用的功能性化学品，加入塑料助剂后不但加工方便而且产品性能得以加强和改善，还可以降低成本、节约能源，同时还能提高生产率，提升塑料制品的商品价值。塑料助剂按照功能和作用，一般分为增塑剂、抗氧剂、热稳定剂、光稳定剂、阻燃剂、加工及抗冲改性剂、偶联剂、成核剂、抗静电剂、抗菌剂等十几种类型。

随着塑料工业发展的日新月异和加工技术的不断进步，塑料的应用领域日益拓展，塑料助剂的类

别和品种也日趋增多，目前已成为品目繁多的精细化工行业，为塑料工业的发展奠定了坚实的基础。塑料助剂行业是能源和资本密集的行业，因其使用方便，应用领域广泛，因而成为一个适应性非常强的行业。表1和表2分别显示了2011～2015年我国塑料助剂各产品的需求统计和2015年我国塑料助剂产品需求结构。

表1　2011～2015年我国塑料助剂各产品需求统计表　　单位：万吨

助剂类别	2011	2012	2013	2014	2015
增塑剂	219	245	269	272	291
热稳定剂	37.4	39.2	40.3	40.8	41.4
抗氧剂	10.4	11.9	13.7	15.9	18.0
加工及抗冲改性剂	22.6	24.7	27.0	28.1	29.3
阻燃剂	22.5	24.1	25.2	29.5	32.5
发泡剂	17.4	18.2	19.6	19.9	20.3
润滑剂	13.5	14.2	15.1	15.6	16.1
抗静电剂	1.2	1.4	1.7	1.9	2.0
其他	35.0	36.3	36.4	36.3	36.4

表2　2015年我国塑料助剂产品需求结构

助剂类别	2015年我国塑料助剂产品所占比例/%
增塑剂	59.8
热稳定剂	8.5
阻燃剂	6.6
加工及抗冲改性剂	6.0
抗氧剂	3.7
抗静电剂	0.4
润滑剂	3.3
发泡剂	4.2
其他	7.5

全球塑料助剂大型生产商主要包括巴斯夫、科聚亚、埃克森美孚、科莱恩、拜耳和钟渊化学等。巴斯夫作为行业领先的供应商，为满足世界范围内抗氧剂与光稳定剂日益增长的需求，将通过投资增加产能加强塑料添加剂业务，未来五年内，巴斯夫计划在美国、欧洲与亚太地区主要生产基地投资超过2亿欧元，用于全球塑料添加剂业务的产能扩建与运营，计划在北美及欧洲生产基地扩建产能，并进行自动化、电子技术与数字建模的建设。此外，近一半投资将用于亚洲扩建生产网络。

目前，塑料添加剂提价是必然趋势。窥一斑以见全豹，韩国松原产业株式会社是添加剂和特种化学品开发、生产和供应领域的领导者，作为全球第二大聚合物稳定剂制造商，将其稳定剂产品提价10%，适用于2017年4月1日及其后的所有订单。

塑料助剂在国防、航空航天、汽车、家用电器日用品、涂料涂层、快速消费品和包装行业中的应用非常广泛，生产商目前正聚焦于亚太等发展中经济体。从价值、用量、生产和消费情况来看，亚太地区是全球塑料助剂市场的领导者，主要推动因素是汽车和基础设施行业的迅速发展。此外，2014～2020年，我国汽车行业预计将增长8%。据预测，到2020年，亚太地区塑料助剂市场收益将占全球的60%左右。

据相关报道，到2020年全球塑料助剂市场预计将达约3400亿元人民币，期间年增长率为3.8%。我国由于劳动力和原料成本较低，市场前景广阔。增塑剂是塑料助剂中收益最大的领域之一，市场价值约达1455亿元人民币。紧随其后的是阻燃剂，2013～2020年其复合年增长率预计将达5.4%。随着医疗保健行业需求的增大，抗菌剂也将稳步增长，塑料助剂市场增长前景非常广阔。表3列出了2017～2022年我国塑料添加剂的市场需求及供给规模预测。

表 3　　**2017～2022 年我国塑料添加剂的市场供给及需求规模预测**

供给及需求	2017	2018	2019	2020	2021	2022
供给/万吨	631	671	710	741	781	812
需求/万吨	548	582	616	643	678	705

国务院编制了《中国制造 2025》重点领域技术路线图，其中指出了塑料行业的发展趋势和重点，具体而言：①轻量化车身，实现复合材料/混合材料技术突破，降低成本，在新能源汽车上的应用率达到 30%，自主率超过 50%；②高性能聚烯烃材料，突破高熔融指数聚丙烯、超高分子量聚乙烯、发泡聚丙烯、聚丁烯－1 等工业化生产技术，实现规模应用；③生物基合成材料，重点突破新型生物基增塑剂合成及应用关键技术等；④生物基轻工材料，重点发展聚乳酸（PLA）、聚丁二酸丁二酯（PBS）、聚对苯二甲酸二元醇酯（PET、PTT）、聚羟基烷酸（PHA）、聚酰胺（PA）等产品，以上这些也为塑料助剂行业发展指明了方向。

2017 年雅氏展的主题是“绿塑创新、智造未来”，聚焦“智能智造、高新材料、环保科技”，产品研发的方向主要集中于汽车轻量化、包装功能化、电子轻薄化、建筑绿色化、医疗安全化。顺应塑料工业“绿色、低碳、清洁”的发展趋势，我国塑料助剂产业在品种开发和技术进步方面呈现出新的特征，旨在减少环境危害、降低能耗、以生物基为原料和为生物基与生物可降解塑料加工改性配套的助剂品种的研究开发备受关注。

（一）增塑剂

增塑剂是能够赋予塑料柔韧性，通过改变树脂熔体流变行为来提高其加工性能的功能化塑料助剂。根据化学结构划分，增塑剂一般有邻苯二甲酸酯类、对苯二甲酸酯类、脂肪二元酸酯类、偏苯三酸酯类、柠檬酸酯类、环氧酯类、氯化石蜡类、烷基磺酸酯类、磷酸酯类、聚酯类等，其中邻苯二甲酸酯类增塑剂包含品种最多、产耗量最大，在增塑剂领域居于支配地位。

1. 国内生产及市场现状

我国增塑剂产业起步于 20 世纪 50 年代，经历了由小规模分散型的间歇式、酸催化、高能耗落后工艺向集约式的连续化、非酸催化现代生产工艺转变。目前全球增塑剂的产能约在 800 万吨/年，而我国约为 450 万吨/年，占全球总产能的 56%，2015 年产能突破 550 万吨/年。目前，我国增塑剂主要的生产企业有 45 家，拥有世界最大的增塑剂市场，增塑剂的消费量约在 220 万吨/年（不含氯化石蜡），约占全球总消费量的 38%，并且今后五年仍将保持较快的增长速度。消费结构中，邻苯类占 66.4%，环氧类占 12.5%，对苯类占 12.5%，偏苯类占 1.5%，其他占 4.4%。

我国是全球最大的增塑剂生产国和消费国，其中邻苯二甲酸酯类增塑剂一直主导着我国增塑剂市场，其消费量约占总消费量的 80%，其他的增塑剂品种对苯二酸类、环氧酯类、磷酸酯类、偏苯三酸酯类和聚合物类增塑剂等，目前占增塑剂总消费量的 20%，预计 2013～2018 年这些品种将以每年 4.5% 的速度增长。

山东齐鲁石化增塑剂股份有限公司、河南庆安化工集团、镇江联成化学工业有限公司等是国内酯类增塑剂的龙头企业，从供需情况推算，我国增塑剂的产能利用率只有 49%，也就是说我国增塑剂市场还存在严重的产能过剩现象。目前，受环保力度加大、企业停产等因素的影响，增塑剂价格一路飙升。

邻苯类增塑剂是世界上适用范围最广、用量最大的塑料加工、化工生产类助剂，然而研究发现，邻苯类增塑剂中的苯环结构对人、动物、植物和环境都具有危害作用，特别是对人类的生殖系统影响较大。因此，早在 2005 年，欧盟就通过了禁止邻苯类增塑剂用于和人体密切接触制品如食品、医药包装膜、儿童玩具等的指令，并将环氧酯类、柠檬酸酯类等环保增塑剂作为其替代品用于食品包装、医疗用品、儿童玩具等领域。2011 年后，包括中国在内的很多国家也相继制定了与欧盟相同的标准。2015 年 6 月，欧盟标准升级，要求 2019 年 7 月 22 日起，所有出口欧盟的电子电气产品（除医疗和监控设备）使用无毒塑制品，我国增塑剂产品的无毒化迫在眉睫。

环保性更强、能效更高、功能更优越、价格更低廉、生产过程更低碳的新型增塑剂是今后增塑剂研发创新方向，主要包括高碳醇酯类、柠檬酸酯类、环氧类、聚酯类、生物降解类五大类在内的环保型增塑剂。目前国内的主要研究单位有浙江大学、江南大学、华东理工大学和天津大学。表4列出了常用环保增塑剂的种类及主要生产商。

表4　常用环保增塑剂的种类及主要生产商

类别	部分生产商	简介
对苯/DOPT	南亚/齐鲁/联成（亚洲） Eastman（美国）	广泛使用的环保增塑剂，市场接受度较高，用量逐年增加，通过对二甲苯与辛醇反应生成，无邻苯类毒性
柠檬酸酯类	巴斯夫（德国） 协和（日本） 雷蒙（中国）	TEC、TBC、TOC、ATBC等，ATBC（乙酰柠檬酸三正丁酯）性能最为优越
环氧油类	南亚（台湾） Danisco（丹麦） Rohm $Hass（美国）	环氧大豆油、环氧乙酰麻油酸甲酯等，其中环氧大豆油经FDA批准可用于食品包装材料
聚酯类	Lanxess（德国） Croda（英国）	PCL（聚己内酯）等，生物降解，开发较晚，需持续推广
环己烷类	巴斯夫（德国） EVONIK（德国）	南亚的DHEH、DHIN及巴斯夫的DINCH等，通过将DOP/DINP氢化去苯环的方式，去除邻苯类的毒性

2. 品种和技术发展动向

相关研究报告显示，2016～2019年，全球增塑剂需求的年均增速将达到3.9%。到2019年，全球增塑剂使用量将升至1030万吨。目前，中国增塑剂市场也在向安全替代品转变，我国增塑剂生产以DOP、DBP为主，还能生产DINP、DIDP、氯化石蜡、烷基磺酸酯、脂肪族二元酸酯、环氧类、偏苯酸酯类、磷酸酯类等30多个产品，同时环保绿色的环氧大豆油、对苯二甲酸酯类、偏苯三酸酯类、柠檬酸酯类、脂肪族二元酸酯产量大增。价格过高仍然是阻碍生物基增塑剂应用的最主要因素。在不同的产品领域，生物基增塑剂表现出不同的消费趋势。在食品包装领域，环氧大豆油依然是用量最大的PVC增塑剂。目前生物基增塑剂国内的主要生产厂家有山东吉青、广州海珥玛、河北金谷等。

综观国内外增塑剂发展动向，无毒、无害、环境友好是当今世界增塑剂行业发展的重要趋势。在技术和品种开发方面，具体体现在开发和研究应用于敏感领域（如儿童玩具等）的邻苯二甲酸酯类增塑剂替代品和以可再生的生物资源为原料的增塑剂新产品备受关注。可再生植物资源为原料的增塑剂不仅不含任何化石基碳资源，而且产品在环境中可生物降解，消除了其在环境中的积累，同时产品完全无毒无害，特别适用于卫生安全要求高的特殊领域制品。

我国生物基和非邻苯二甲酸酯类增塑剂产能严重偏低，环保安全增塑剂的技术开发比较滞后，但进展还是卓有成效的。广州海珥玛植物油脂有限公司等企业的环氧基增塑剂的清洁生产工艺、技术指标和产能规模也都具有大幅度提升。

郑州大学化学与分子工程学院刘仲毅教授带领的绿色催化过程科研团队，在实验室成功实现了邻苯类增塑剂的无毒化，产品主要性能达到了欧盟同类增塑剂产品标准。目前，这一研究即将进入中试阶段，一旦实现量产，不但有望在多领域实现塑料制品的彻底无毒化，更有望走出国门、参与国际竞争。

顺应国际国内塑料加工产业的发展趋势，从原料布局、产品合成到应用层面的法规管理和政策引导统一协调，我国增塑剂产业一定能够实现由大国向强国转变的目标。未来无毒、环保型增塑剂的份额将会逐步提高，增塑剂生产企业应加大研发力度，快速研发出新型、绿色、环保的增塑剂新品种，从物质结构与增塑剂的性能关系入手，找到两者的基本规律，并进行研究分析，开发出性能更佳的新型增塑剂，采用新型催化剂生产出高性价比的增塑剂。

(二)热稳定剂

热稳定剂一般特指适用于聚氯乙烯及氯乙烯共聚物等含卤树脂、旨在抑制其在加工温度下降解的稳定化助剂。根据化学组成的不同，热稳定剂一般包括铅盐类、金属皂类、有机锡类、有机锑类、稀土稳定剂、有机辅助热稳定剂和复合热稳定剂等，其中，前三类应用最为普遍。铅盐类热稳定剂以三盐基硫酸铅、二盐基亚磷酸铅和硬脂酸铅为主，对聚氯乙烯具有良好的热稳定性和电绝缘性，特别适用于非透明的硬质PVC（如管材、型材等）制品加工，也是热稳定剂消费结构中最大的类型。金属皂类热稳定剂包括脂肪酸金属皂单体（如硬脂酸钙、硬脂酸锌等）和复合金属皂两类，前者兼备润滑功能，目前多为复合金属皂类热稳定剂的配合组分；后者按照产品形态和应用领域不同包括液体复合金属皂类和固体复合金属皂类，液体的多用于PVC软制品和半硬制品，液体钡镉锌、液体钡锌和液体钙锌等都是其中的典型代表；固体的主要用于PVC硬制品，以固体钡锌和固体钙锌最为常见。相对而言，复合金属皂类热稳定剂涉及的应用范围广，也是热稳定剂领域无铅、非镉化的重要替代类型。有机锡类热稳定剂属于高效、无毒热稳定剂，多数品种对PVC的透明度影响小，特别适用于硬质透明制品。

1. 国内生产与市场现状

国内热稳定剂消费量在50万吨/年左右，基本上能够生产加工工业所需的所有热稳定剂品种。其中铅盐类约占34%，硬脂酸盐类约占21%，复合型约占28%（部分含铅），有机锡约占7.5%、其他约占9.5%。据不完全统计，目前我国热稳定剂年产总规模约80万吨/年，生产厂家近80家，能够生产的热稳定剂品种约50种，产耗量都位列塑料助剂前茅。表5列出了我国热稳定剂骨干企业的主导产品及其产能。

表5　国内热稳定剂主要生产厂家及其产能

生产厂家	生产能力/万吨/年	主要品种
河北精信化工集团公司	5	铅盐类、复合钙锌类等
江苏联盟化学有限公司	4	铅盐类、复合钙锌等
温州天盛塑料助剂有限公司	3	钙锌复合系列、铅盐类
浙江传化华洋化工有限公司	3	复合铅类、复合钙锌类
广东炜林纳功能材料有限公司	3	复合铅类、稀土类
广东广洋高科技股份有限公司	3	复合铅类、稀土类
江西宏远化工有限公司	3	铅盐类、复合钙锌、水滑石等
大连开米森化工产品有限公司	2	铅盐类、钙/锌复合系列
南京协和化学有限公司	2	铅盐类、钙/锌复合系列
南京金陵化工厂	2	铅盐类、复合钙锌类
重庆扬帆长江化工有限公司	2	铅盐类、金属皂类
内蒙古皓海化工有限责任公司	2	铅盐类、复合钙锌等
浙江海普顿化工科技有限公司	1.5	有机锡系列、钙/锌复合系列
深圳志海实业有限公司	1	钙/锌复合系列
浙江温州华塑集团公司	1	铅盐类
湖北南星化工有限责任公司	0.2	甲基硫醇锡系列
北京阿科玛化学有限公司	0.5	有机锡系列
云南锡业股份有限公司	0.3	甲基硫醇锡系列

续表

生产厂家	生产能力/万吨/年	主要品种
南通艾德旺化工有限公司	0.3	硫醇锡系列
杭州东旭助剂有限公司	0.2	甲基硫醇锡系列
杭州三叶化工有限公司	1	甲基硫醇锡、钙/锌复合系列

2. 品种和技术发展动向

热稳定剂的发展方向是高效、环保及性价比。如前所述，去铅化是当今世界 PVC 热稳定剂领域重要的发展趋势，综观国内外技术动向，复合钙锌稳定剂是铅稳定剂最重要的替代品种。众所周知，复合钙锌稳定剂的性能很大程度上取决于与之配合的各种辅助稳定剂，环保型纯有机热稳定剂（OBS）尿嘧啶开始付诸应用，在满足国内市场的同时，已有一定数量的产品开始出口国外。水滑石是钙锌复合稳定剂的又一关键组分，其用量一般占到固体钙锌复合热稳定剂的 30% ~40%，近年来，为满足不断增长的钙锌复合稳定剂增长需求，包括江西宏远化工、广州呈和化工、辽宁丹东松元化学在内的一批企业开始关注水滑石，目前已经形成了规模化的生产和供应能力，为钙锌复合热稳定剂替代铅盐热稳定剂奠定了良好的基础。

有机锡热稳定剂的发展方向是高效化和低成本化，目前以北京阿科玛、湖北南星、杭州海普顿为代表的有机锡热稳定剂骨干企业产能已占到国内有机锡热稳定剂总产能的 90% 以上。提高有机锡热稳定剂效能的创新研究仍在不断进步，举例来说，环状有机锡稳定剂的含锡量高，稳定效果好，当其与其他稳定剂复配使用时效果更优；在稳定剂分子中引入苯环，提高有机锡稳定剂的相对分子质量，形成聚合型的有机锡稳定剂，可以避免小分子热稳定剂的挥发，增加稳定性能。

无毒无害和环境友好是当今世界塑料助剂发展的主流趋势，在热稳定剂领域，取缔和限制铅/镉等重金属稳定剂是助剂行业始终追求的目标。由于全球对塑料制品环保压力的持续高涨，国内一线的 PVC 制品生产企业在铅/镉替代上也加大、加快步伐，促使热稳定剂行业朝着无毒、环保、高效方面转向并取得长足进步，产品结构日益优化，产品性能不断提升，国内 PVC 制品生产企业无论规模大小都提高了对禁铅、对环保工作的重视程度，受此影响，我国热稳定剂产耗结构将会发生根本性的转变，复合钙锌稳定剂、有机锡稳定剂以及 β - 二酮、亚磷酸酯、尿嘧啶等有机辅助稳定剂和水滑石、高氯酸盐等无机稳定剂的消费比例将大幅提升。

特别值得一提的是，2016 年 5 月，特殊化学品集团德国朗盛公司开发了针对聚酰胺的热稳定体系 XTS3，主要用于电气和电子领域、以汽车油路系统为代表的发动机周边应用。在朗盛现有的 XTS1 体系的基础上，这一全新体系将 PA6 和 PA66 的长期使用耐热温度从 60℃提升到 200℃，该耐热稳定体系是以无金属无卤化物的有机添加剂体系为基础，而非无机添加剂体系。对于易受高温负荷影响且与金属部件直接接触的塑料部件而言，这种无金属无卤盐的耐热稳定体系能够确保不出现接触性腐蚀。

拥有全新耐热稳定性能的材料是含有 30% 短玻璃纤维增强的 PA6 和 PA66，将以 Durethan® BKV 30 XTS3 和 Durethan® AKV 30 XTS3 推向市场。这两款材料不仅具备长期热稳定性，而且有优良性价比及高加工稳定性。在诸多应用中，他们可替代昂贵的热稳定特种热塑性塑料，如聚苯硫醚 PPS、半芳香聚酰胺 PPA 和 PA46。在发动机舱中的潜在应用包括滤油器壳体、油底盘、传输控制系统的外壳以及与油接触的传感器，在电气电子方面的主要应用包括插头、闸刀和外壳部件。

在热气老化测试中，这两款 PA 型号的材料均展示了高热环境下的性能稳定性且不易发脆，热气老化后仍保持较高的抗拉伸应力。还有个很大的特点就是易于流动、加工稳定，这两款全新 PA 型号都易于在单一的工艺中生产加工，加工窗口较为宽广，高流动性尤其引人注目，为注塑机开辟了更大的加工灵活性，例如可在较低温度下进行注塑生产，从而缩短生产周期、降低能源消耗。此外，在同样的注塑压力下，比普通聚酰胺材料具有更长的注塑流动距离，因而可以简化模具结构。这两个 PA 型号的机械特性基本不受热稳定性的影响。它们具有的高温热稳定水准，是有机耐热稳定体系的 Durethan H3.0 系列型号的“典范”。

（三）抗氧剂

抗氧剂是一类能够有效降低塑料等高分子材料

自动氧化反应速度，延缓树脂老化降解，提高制品使用寿命的稳定化助剂，其应用几乎涉及所有的聚合物制品。根据功能和化学组成不同，塑料抗氧剂通常分为受阻酚主抗氧剂、亚磷酸酯类和硫代酯类辅助抗氧剂和金属离子钝化剂等，抗氧剂的品种和用量往往由基体树脂、成型方式与条件以及制品的最终应用环境来确定。受阻酚抗氧剂1010、1076、亚磷酸酯辅助抗氧剂168以及复配而成的B215、B225是目前应用最为广泛的塑料抗氧剂通用品种。

1. 国内生产与市场现状

我国塑料产量快速增长促进了我国抗氧剂的生产与消费，近年来我国许多大型烯烃装置建成投产，我国塑料抗氧剂市场前景广阔。主抗氧剂中以受阻酚类为主，尤其以抗氧剂1010、1076等高效型产品为重点。由于亚洲地区需求量快速增长，因此美国和西欧的抗氧剂企业加快生产装置向亚洲地区转移，目前亚洲地区抗氧剂生产主要集中在中国、韩国、日本。北美、西欧和亚洲地区是全球抗氧剂主要生产和消费地区，以上三地区消费结构中，主抗氧剂约占55%，辅助抗氧剂占45%。值得注意的是含氮杂环多酚类高熔点抗氧剂品种消费量呈快速增长之势，辅助抗氧剂以亚磷酸酯、硫代酯类为主。

德国巴斯夫公司2015年建成投产了新抗氧剂生产装置，占全球抗氧剂市场的30%左右。国内金海雅宝、营口风光、临沂三丰、天津晨光等抗氧剂骨干企业，抗氧剂的品种范围也不断扩大，产能持续增加。

“十二五”期间塑料抗氧剂的生产能力、产量、消费量有所增加，生产工艺技术逐步提高，产品质量趋于稳定。国际和国内市场需求的增幅减小，市场竞争加剧，产品价格处于中低位徘徊。

根据行业统计，全国塑料抗氧剂骨干企业20多家，实现了从苯酚烷基化到单品合成再到预混的全产业链协同发展，国产品种数量和质量与世界先进水平基本对接。北京极易化工有限公司是国内规模最大的烷基酚生产公司之一，年产各类烷基酚40000余吨，提供2，6－二叔丁基苯酚、2，4－二叔丁基苯酚、邻叔丁基苯酚、T－502油品抗氧剂及其衍生物，公司拥有年产25000吨抗氧剂生产能力，产品有抗氧剂1010、168、1076、626、3114、245、1024、1135、DLTDP、DSTDP等，未来设计总产能将达到5万吨。此外，据有关报道，营口市风光化工有限公司抗氧剂产能将增加到年产2万吨~3万吨。

应当指出，“十二五”期间，以现代煤化工MTO为特征的煤基聚烯烃和千万吨级炼油配套百万吨级乙烯装置将陆续投产，我国聚烯烃产业将再遇发展契机，预计“十三五”期间抗氧剂的市场需求将进一步提高，表6和表7分别列出了国内抗氧剂骨干企业和2017~2020年抗氧剂产能、产量、表观消费量预测。

表6　　国内抗氧剂骨干企业

生产企业	主要品种
金海雅宝化工公司	1010、1076、3114、168、626、618、B215、B225等
巴斯夫高桥特性化学品（上海）有限公司	1010、1076、168、B215、B225等
山东临沂三丰化工有限公司	1010、1076、168、626、B215、B225等
天津力生化工有限公司	DLTDP、DLTP、DSTDP、DTDTP、1135等
营口风光化工有限公司	1010、1076、626、168、B215、B225等
北京极易化工有限公司	1010、1076、626、168、B215、B225等
天津利安隆新材料有限公司	1098、MD1024、MD697、B215、B225等
青岛丰华灏龙化工助剂有限公司	1010、1076、168、B215、B225等
天津晨光化工有限公司	1010、1076、168、B215、B225等
北京三安化化工产品有限公司	1010、168、DLTP等
松原百孚化工（唐山）有限公司	DLTDP、DSTDP、DTDTP、DMTDP等

表 7　　2017～2020 年抗氧剂产能、产量、表观消费量预测表

	2017 年/万吨	2018 年/万吨	2019 年/万吨	2020 年/万吨	增长/%
产能	16.5	17.0	17.4	17.82	20
产量	15.3	16.0	16.4	16.87	25
表观消费量	14.5	15.5	15.9	16.25	30

2. 品种和技术发展动向

随着各种新型功能性塑料的不断开发与应用，全球抗氧剂工业正朝绿色化、高效化、专用化、系列化、复合化、耐水解、耐高温、多功能等方向发展。

德国巴斯夫公司宣布将在全球投资超过 2 亿欧元扩大塑料添加剂生产网络，其中的重头戏是在上海漕泾生产基地建立一套新塑料添加剂生产装置，这一世界级装置每年可生产 42000 吨抗氧剂及相关产品和混合物，预计将于 2019 年竣工，2020 年初开始商业生产。该公司最新推出的新型高性能液体抗氧剂 Irgastab® IS3026 L 和 Irgastab® IS6113 L 用于 PVC 中提高聚合的效率，改善其热稳定性，通过创新提高生产效率和安全性。

韩国松原现在在中国拥有两家制造工厂，位于唐山的是一家具备 8000 吨产能的向后一体化工厂，提供高品质硫代酯类抗氧剂，位于青岛的第二家世界级制造工厂专门用于生产 SONGNOX® 一站式系统。松原成功向燃料和润滑油添加剂行业售出多种高性能酚类抗氧剂，基于在此方面获得的成功，正集中精力拓展抗氧剂解决方案的种类，这些产品系列将冠以著名的松原品牌 SONGNOX® 进行出售。

经过几十年的努力，尽管我国塑料抗氧剂常规品种的产能规模和质量指标已达到或接近国际先进水平，基本满足了聚烯烃等通用树脂的应用要求，但基于塑料加工和改性技术的发展，通用品种已经难以满足各种专用化改性树脂肪和成型加工工艺的应用要求，在这种背景下，国内每年都要进口一定数量的高性能专用化抗氧剂品种，实现新结构、高效能抗氧剂品种的国产化已经成为国内抗氧剂领域技术创新的重要内容。

从我国塑料抗氧剂的生产和开发情况来看，国内抗氧剂的质量仍然与发达国家存在较大差距，其供应还远远不能满足日益变化的市场需求。因此，在提高抗氧剂使用效率的基础上加大科技投入，大力开发相容性好、挥发性小、环保效益好、多功能的抗氧剂新品种，不断改进生产工艺，才能真正提高我国抗氧剂的生产质量，使其在工业领域发挥更大的效能。

环保型无烷基酚聚合型亚磷酸酯抗氧剂是近年来关注的热点，台湾双键公司推出的 TP－80 是二醇桥接双亚磷酸酯的液态抗氧剂产品，无壬基酚，高分子量，高含磷量，热稳定性好，耐水解性好。

我国抗氧剂行业在提高使用效率的基础上需加大科技投入，大力开发低毒、无毒等对环境损害小的抗氧剂，以及相容性好、挥发性小、环保效益好、多功能的抗氧剂新品种，不断改进生产工艺，才能真正提高我国抗氧剂的生产质量，使其在工业领域发挥更大的效能。

（四）光稳定剂

光稳定剂属于耐候性稳定化助剂，其功能是通过屏蔽、吸收紫外线、猝灭激发态能量和捕获自由基等方式实现抑制聚合物光氧化降解，延长制品使用寿命。根据作用机理不同，光稳定剂分为光屏蔽剂、紫外线吸收剂、激发态猝灭剂和受阻胺光稳定剂四种类型。光屏蔽剂一般为无机颜料或填料，旨在通过遮蔽或反射紫外线达到与聚合物隔离的目的；紫外线吸收剂是能够吸收紫外线，并将有害的紫外线能量转化为无害热能释放的稳定化助剂，其涉及的化学物质结构包括水杨酸酯类、二苯甲酮类、苯并三唑类、三嗪类、取代丙烯腈类等；激发态猝灭剂是通过猝灭激发态能量，使吸收紫外线能量后的聚合物分子由激发态回复到基态实现稳定化的，通常为镍盐络合物，基于其固有的重金属污染性和对制品的着色性，21 世纪以来逐渐淡出市场。受阻胺光稳定剂（HALS）是一种多功能的光稳定剂，结构中包含受阻哌啶官能团，能够通过猝灭单线态氧、分解氢过氧化物和捕获自由基等途径实现聚合物的光稳定化。受阻胺光稳定剂的最大优势是受阻哌啶氮氧自由基的再生性和循环性，并因此赋予其高效性。为此，20 世纪 70 年代问世以来迅速引发聚合物光稳定剂市场格局的转变，新结构、新品种层出不穷，其在光稳定剂市场的消费比例快速提高到 50% 左右。应当指出，随着塑料等高分子材

料户外应用的增多，光稳定剂在聚合物材料中的地位和作用更加突出，对光稳定剂的性能要求将更新更高，光稳定剂的市场需求将持续增长。

1. 国内生产与市场现状

光稳定剂属于耐候性稳定化助剂，其产业的形成和发展与塑料等聚合物制品的户外应用密切相关。20世纪70年代，我国光稳定剂产业开始形成，经过40多年的创新与发展，中国光稳定剂工业体系已趋于成熟。一方面，工业化品种涵盖了包括水杨酸酯类、受阻酚苯甲酸酯类、二苯甲酮类、苯并三唑类、三嗪类、受阻胺类在内的几乎所有光稳定剂，基本满足了国内聚合物加工应用的市场需求，另一方面，光稳定剂主导产品的产业链条已经形成，二苯甲酮类、苯并三唑类紫外线吸收剂的代表性品种和哌啶酮、哌啶醇、氨基哌啶等受阻胺中间体与代表品种的产能跃居世界前列，产品大量出口，成为名副其实的光稳定剂生产世界工厂。据不完全统计，至2013年全国光稳定剂及其重要中间体的产能已达3.6万吨/年，约占全球光稳定剂产能的55%，尽管受全球经济复苏缓慢影响，当年产量亦达到2.5万吨。行业数据分析表明，目前我国光稳定剂产能、产量和消费结构中受阻胺光稳定剂占比最大，其中北京天罡助剂有限公司和江苏宿迁联盛化学有限公司的HALS产能均达万吨。就消费分布而言，农膜、型材、纤维及户外油漆和涂料是光稳定剂的主要应用领域，而从应用树脂分析，聚烯烃是光稳定剂的最大消费对象，基于聚烯烃通用塑料工程化进程的加快，其在汽车、户外座椅等方面替代金属、木材和工程塑料的应用将持续增多，必将带动受阻胺类光稳定剂市场的发展。另外，太阳能电池背板、大型公共设施等建设将拉动聚碳酸酯、聚酯等透明工程塑料材料的户外应用市场，而工程塑料的耐候性要求使用高性能的紫外线吸收剂，因此，据预测，我国光稳定剂消费量的年均增长率仍将保持在10%以上。表8列出了国内光稳定剂主要生产企业及品种。

表8　　国内光稳定剂主要生产企业及品种

生产企业	产能/(吨/年)	主要产品
北京天罡助剂有限公司	10000	GW-540、HS-450、HS-783、HS-791、944、622等
江苏联盛化学有限公司	10500	770、783、791、622、944等
江苏南通振兴精细化工有限公司	5000	770、292、622、3853等
河北廊坊市龙泉助剂有限公司	1000	770、622、944等
山东诸城世和工贸有限公司	1000	622、944
滨海锦翔化学助剂有限公司	5000	UV-9、UV-531
天津力生化工有限公司	500	水杨酸苯酯、紫外线吸收剂BAD、TBS、UV-P、UV-326、UV-327、UV-328等
衡水优维化工有限公司	1000	UV-P、UV-326、UV-327、UV-328等
南京华立明科工贸有限公司	800	UV-9、531、UV-326、327、328等
扬州丹霞化工有限公司	500	UV-120、UV-2908等
襄阳金泽成精细化工有限公司	500	UV-0、UV-9、UV-531等
山西省化工研究所	500	UV-419、UV-418、GW-628、VSU-312等

2. 品种和技术发展动向

未来光稳定剂的产能、产量及表观消费量将持续增长，表9列出了对2017年到2020年光稳定剂产能、产量、表观消费量增长的预测。

表 9　　光稳定剂产能、产量、表观消费量增长预测表

	2017 年/万吨	2018 年/万吨	2019 年/万吨	2020 年/万吨	增长/%
产能	3.35	3.5	3.65	3.84	30
产量	2.75	2.95	3.05	3.17	35
表观消费量	1.2	1.3	1.35	1.4	40

巴斯夫公司在 2016 年 K 展上推出两款新型紫外线吸收剂，其中 Tinuvin® 880 是一款基于新化学成分的中分子量光稳定剂，能极大程度地提高光稳定性，尤其在车内饰应用中。这款甲基化受阻胺光稳定剂可帮助配方设计者优化多种汽车内饰零部件外观和性能的长期耐久性。Tinuvin® 880 不仅具有无与伦比的持久抗紫外线性能，对于内饰应用十分关键的热稳定性也得以大幅提高。此外，其配方设计通过消除模垢和表面发黏等缺陷，甚至对耐刮擦材料也同样有效。这种独特的 100% 活性物质为配方设计者精确调整部件性能、提高经济效益提供了充分的设计自由。Tinuvin® 880 本身的卓越特性足以提供长期紫外线保护，未来有望成为提高车身部件稳定性的首选材料，包括保险杆、侧面包覆板、车门槛板等。

巴斯夫推出了用于薄膜、纤维和胶带行业的新一代受阻胺高性能光稳定剂 Tinuvin® XT 55，主要解决“夹带水分”而造成的中断问题，应用领域主要包括聚乙烯单丝和胶带等，夹带水分极少，可确保生产线正常运行不中断。Tinuvin® XT 55 为配方设计者提供了极好的耐用性以及色稳定性、耐气体褪色、耐提抽等。使用这种新的解决方案，可以根据终端应用的实际情况与期望调整用料和其他配方构成，实现出色的成本效益。

作为全球第二大聚合物稳定剂制造商韩国松原公司可制造各种物理形态的全系列抗氧剂和紫外线稳定剂，通过异丁烯自产实现烷基酚的后向整合。

北京天罡助剂有限责任公司的多系列光稳定剂主要包括聚合型受阻胺光稳定剂、低分子量光稳定剂、系列紫外线吸收剂以及协同性复配光稳定剂等。Tiangang® UV-570 代表国际先进水平的新一代三嗪类紫外线吸收剂产品，具有更强的紫外线吸收能力、低挥发性和很好的树脂相容性，特别适合于对耐候要求高、加工温度较高且对热失重要求苛刻的应用领域，包括尼龙、聚碳酸酯、聚酯及各种塑料合金。Tiangang® HS-300 是一款新型高分子量低碱性受阻胺类聚合型光稳定剂，具有较高的有效氮含量、低迁移、低析出、耐抽提的特点，只需极少的添加量，即可有效防止高分子材料紫外光降解的发生，赋予其极佳的耐候性能。

就世界范围来看，最近十年是光稳定剂开发的相对成熟期，这一时期新结构、新品种开发速度明显变缓，开发研究的重点已经由受阻胺光稳定剂向高效能的紫外线吸收剂方面转移，这主要归因于改性塑料和缩聚类工程塑料户外制品应用的要求更加苛刻。聚碳酸酯的光稳定化一般是通过使用紫外线吸收剂实现的，用于 PC 片材的紫外线吸收剂要求具有良好的热稳定性和高效的紫外线吸收能力，同时不能影响制品的透明度，近年来涌现出了诸如 Clariant 公司苯亚甲基丙二酸酯类紫外线吸收剂 Hostavin B-CAP、Cytec 公司的三嗪类紫外线吸收剂 Cyasorb 1164、巴斯夫公司的 Tinuvin 1577 等在内的专用于 PC、PET 等工程塑料的紫外线吸收剂新品种。

另一个明显的动向是，随着高分子量受阻胺光稳定剂的开发成功，其作为聚合物抗热氧稳定剂的功能逐渐得以体现，作为受阻胺光稳定剂（HALS），特别适用于无酚抗氧体系。对此，巴斯夫公司的 Chimassorb 944、119、2020 等聚合型或单体型高分子量受阻胺光稳定剂都被引入一些无酚复合抗氧稳定剂中。

我国光稳定剂技术开发近年来取得了长足进步，一些用于工程塑料、改性塑料特殊领域的高性能紫外线吸收剂不断应市，代表性的成果包括山西省化工研究所推出的苯亚甲基丙二酸酯类紫外线吸收剂 UV-418 和大连化工设计研究院开发成功的三嗪类紫外线吸收剂 UV-1164、UV-1577，尽管这些品种的市场规模不大，但填补了国内特殊应用中高效能紫外线吸收剂品种的空白。在受阻胺光稳定剂方面，4-氨基-2，2，6，6-四甲基哌啶、六亚甲基双（3，3，5，5-四甲基哌啶胺）等关键中间体合成技术得以突破，为受阻胺光稳定剂优秀品种的开发奠定了原料基础，以此为契机，相信具有自主知识产权的受阻胺光稳定剂创新成果将会应运而生。

光稳定剂工业正向专用化、多功能化、高分子量化、复合化、环境无害化等方向发展，应该大力开发高效适合国内塑料工业发展的新品种，并努力实现光稳定剂生产工艺清洁化、工艺装置连续化、品质稳定化，大力降低生产成本。

（五）阻燃剂

阻燃剂是指赋予聚合物及其制品难燃性的功能化助剂，其功能包括有效抑制聚合物制品燃烧和降低烟雾及有毒有害气体的释放。通常，阻燃剂按照化学结构分为有机阻燃剂和无机阻燃剂，有机阻燃剂包括卤系阻燃剂（如溴系、氯系）、氮系阻燃剂（如三聚氰胺氰尿酸盐，MCA 等）、有机磷系阻燃剂（如磷酸酯类、氯代磷酸酯等）；无机阻燃剂包括无机磷系阻燃剂（如多聚磷酸铵、包覆红磷等）、铝镁系阻燃剂（包括氢氧化铝和氢氧化镁）、氧化锑系阻燃剂（主要包括三氧化二锑和五氧化二锑）、硼系阻燃剂（如硼酸锌）、钼系阻燃剂（主要包括三氧化钼和钼酸铵）等。基于高分子材料应用广泛，进而带来的消防安全问题日益突出，阻燃剂的开发和应用受到广泛重视与关注。据行业统计，阻燃剂已经发展成为产耗量位居第二的塑料助剂类型。

阻燃剂行业正日益发展为一个全球化的行业，这一方面表现在很多阻燃剂公司正在参与世界范围内的贸易，行业内的竞争已不仅局限于某一个国家或地区内企业的竞争，而是全球市场参与者之间的竞争；另一方面表现在一个国家或一个地区的阻燃法规往往会对全球的行业规则产生影响，譬如电子消费品等终端产品制造商，即便其注册地所在国家和地区对产品阻燃没有强制性的规定，但如果其产品要销往国际市场，就必须达到销售国或进口国的阻燃标准。因此，以出口为主的产品制造商，为了使其产品能销往尽可能多的国家和地区，一般倾向于采用最严格国家的阻燃标准配方，从而带动了全球范围内阻燃剂产品整个产业链的发展。

1. 国内生产与市场现状

近年来，由于受到十溴二苯醚与六溴环十二烷被列入持久性有机污染物的影响，卤系阻燃剂的发展受到极大的影响，因而推动了包括磷系阻燃剂在内的无卤阻燃剂的研发与生产。近些年来，溴素价格持续攀升，与国内磷资源的价格稳定形成鲜明对比，甚至溴系阻燃剂的价格曾经一度高出大多数磷系阻燃剂价格，溴系阻燃剂价格的上涨也助推了磷系或磷氮系阻燃剂市场迅速增长。2015 年中国阻燃剂消费量约为 54 万吨，其中磷系阻燃剂增长速度最快。据预测，到 2020 年，阻燃剂消费将达约 67 万吨，其中磷系阻燃剂占比会进一步扩大。

到“十二五”末，我国阻燃剂产能约占世界 1/4，其中磷系阻燃剂，总产能达到 19.3 万吨，有机次磷酸盐总产量 2 万吨，聚磷酸铵（APP）及聚焦磷酸蜜氨盐（MPP）5 万吨，磷阻燃剂 DOPO 及其衍生物 1.6 万吨，无机阻燃剂氢氧化铝和氢氧化镁达到 20 万吨以上。

行业统计显示，我国规模以上阻燃剂生产企业约 80 家，绝大多数分布在长江三角洲、珠江三角洲、渤海湾等经济发达地区。阻燃剂企业的分布特点是江浙一带以磷系阻燃剂企业为主，山东以溴系阻燃剂为主，广东阻燃剂的品种相对较多。另一方面，基于阻燃剂的无卤、抑烟发展趋势，阻燃剂的消费结构也悄然发生着变化，溴系阻燃剂的消费比例逐年降低，而磷系阻燃剂、无机阻燃剂的产耗量将迅速增长。到 2017 年，全国阻燃剂消耗总量将突破 100 万吨，而溴系阻燃剂的消费比例将由目前的 33% 左右下降到 25% 上下。从消费市场来看，矿用塑料和塑料建材是阻燃剂的主要消费领域，汽车、高铁、航空飞行器和电子电器与电缆电线行业对阻燃剂的性能要求更新更高。表 10 列出了 2016 年和 2017 年国内阻燃制品及阻燃剂的需求量及预测。

表 10　2016～2017 年国内阻燃制品及阻燃剂的需求量及预测

年份	2016	2017
塑料制品产量/（万吨）	9098	10190
阻燃塑料/（万吨）	819	1019
阻燃塑料占比/%	9	10
塑料阻燃剂添加量/（万吨）	82	102
其中：溴系阻燃剂/（万吨）	23	26
溴系阻燃剂消费比/%	28.0	25.5

未来，传统阻燃剂及初级无机阻燃剂产品生产转移到亚太地区，高效、无卤素、低毒阻燃剂及其功能母料制造与应用技术主要在欧洲、日本和美国等。

2. 品种和技术发展动向

2017 年上半年，交通运输部组织制定了交通运输行业标准《营运客车内饰材料阻燃特性》（JT/T 1095－2016），于 2017 年 4 月 1 日起正式实施。同时，强制性国家标准《客车内饰材料的燃烧特性》也已报批，不久后将会正式实施。消费者和产业界遵照国内外标准，先行采用高性能的阻燃材料，防患于未然，是重要的解决方案，尤其是对于容易造成火势蔓延的窗帘、地毯、沙发、汽车座椅、皮革、聚氨酯泡沫等材料，采用环保高效的阻燃产品，减少火灾隐患，即便有大火引燃，也能降低烟雾蔓延，延长逃生时间。材料阻燃，防患于未然，阻燃剂是不可或缺的，阻燃剂未来的发展动向是环保、低毒、环境友好。

磷系阻燃剂是阻燃剂无卤化的重要内容，缩聚类和高分子量磷酸酯类阻燃剂能有效地提高磷含量和耐抽出、耐挥发性能，而以二苯并氧膦环杂己酮（DOPO）为母体的新型膦酸酯类阻燃剂具有对环境友好、不迁移、阻燃性能持久等特点，目前广泛应用于线型聚酯、聚酰胺、环氧树脂、聚氨酯等领域，特别是在电子装备塑料、覆铜板、电路板方面具有很好的前景，因此也是有机磷系阻燃剂的重要发展方向。

无机氢氧化物及磷酸盐等无机阻燃剂及三聚氰胺基无卤阻燃剂将得到广泛合成应用，无机阻燃剂的超细化、表面改性、微胶囊化、颗粒或母料等技术将得到发展，阻燃剂的生产工艺将得到进一步优化，绿色化学，资源100%利用，废弃物“零排放”。

新型卤素阻燃剂将作为多溴二苯醚类高效阻燃剂的替代品得以应用，未来溴系阻燃剂的开发趋势：①高效、耐迁移、不析出；②与其他阻燃元素复合的新型阻燃体系；③高分子型阻燃剂；④良好的相容性。

目前品种研发的热点有胺类无卤阻燃剂 FR－810、基于 NOR 结构高分子量 HALS 的新型阻燃剂、溴系阻燃剂－三氧化二锑、次磷（膦）酸盐阻燃剂以及纳米杂化材料在阻燃材料中的应用。

展望未来，阻燃剂正在向多样化、功能化和环境友好化方向发展，市场充满希望和挑战。

（六）成核剂

成核剂是一类旨在通过改变结晶性聚合物的结晶行为、结晶形态和结晶参数来达到提高和改善制品力学性能和光学性能的功能性助剂。成核剂开发和应用的历史相对较短，属于新功能塑料助剂范畴，其应用包括聚烯烃、聚酰胺、热塑性聚酯、聚乳酸等热塑性不完全结晶树脂，尤以聚丙烯为最大的消费领域。目前，市售聚烯烃成核剂按化学组成的不同分为有无机类成核剂和有机类成核剂。无机成核剂包括滑石粉、二氧化硅、云母等无机填料或颜料；有机成核剂主要包括二苯亚甲基山梨醇衍生物、芳基磷酸酯金属盐类、芳香羧酸金属盐类、酰胺类、脱氢松香酸皂类等。根据诱导聚丙烯结晶形态的不同，成核剂还可分为 α 晶型成核剂和 β 晶型成核剂。

1. 国内生产与市场现状

如前所述，理论上成核剂适用于所有的半结晶树脂的结晶改性，但迄今为止市售产品基本用于聚烯烃改性。众所周知，通用塑料工程化、工程塑料高性能化是当今世界塑料工业的发展趋势，结晶改性作为聚合物改性的重要途径备受关注，因此推动了成核剂产业的形成和发展。我国成核剂产业起步较晚，但发展速度之快令世界瞩目。20 世纪 90 年代中期，山西省化工研究所、中国石油兰化研究院同时完成了二苯亚甲基山梨醇（DBS）成核透明剂中试合成技术，标志着我国聚烯烃成核剂产业化序幕正式拉开。21 世纪以后，国内聚烯烃成核剂的创新研究和成果转化进入发展的快车道，一方面以增透、增光、增刚为功能的 DBS 类、芳基磷酸酯盐类、芳香羧酸皂类、脂环羧酸皂类、松香酸皂类等聚丙烯 α 晶型成核剂和以增韧、提高热变形温度等为目的的聚丙烯 β 晶型成核剂品种相继应市，与国际市场先进水平的差距日渐缩小，基本满足了聚丙烯的专用化、功能化改性要求。

归纳起来，目前国内聚烯烃成核剂的产能约 2000 吨/年，涉及山西省化工研究所、湖北松滋南海化工公司、烟台只楚化学合成化学公司、上海齐润化工有限公司、上海欣鑫化工有限公司、广州呈合化工有限公司和广州炜林纳功能材料有限公司等十余家骨干企业。表 11 归纳了我国成核剂骨干企业及品种。

表 11　　我国成核剂骨干企业及品种

生产厂家	产品牌号
山西省化工研究院	TM－1、TM－3、TM－6、TMA－3、TMB－5、TMP－1、TMP－6、TMX－2、TMY－4、TMC－300、TMC－306、TMC－328、TMC－326、TMC－200、TMC－210 等

续表

生产厂家	产品牌号
湖北松滋南海化工有限公司	SKC－Y5988、SKC－Z9988 等
烟台只楚化学新材料股份有限公司	ZC－2、ZC－3 等
上海科塑高分子新材料有限公司	NA－S20，NA－S25 等
上海欣鑫化工有限公司	GX－3、GX－4、GX－5 等

应当指出，尽管目前市售成核剂产品基本为聚烯烃改性市场所有，但近年来聚乳酸等生物基与生物可降解塑料以及聚酰胺、热塑性聚酯（如 PET 等）等工程塑料用成核剂市场已经启动，拟建和在建的煤基聚烯烃和百万吨级乙烯装置将陆续投产，透明聚丙烯专用料、PP－R 管材专用料、增光专用料等专用化树脂的产耗量将进一步放大，这一时期工程塑料和生物基与生物可降解塑料的改性也将步入快速发展阶段，2015 年市场需求量已达到 2200 吨左右，据预测，全国范围内成核剂的市场需求量仍将以年均 15% 以上速度持续增长。

2. 品种和技术发展动向

结晶改性作为聚合物改性的重要手段越来越受到塑料加工和改性行业的重视，近年来，伴随通用塑料工程化、功能化、专用化趋势的发展，对成核剂的性能提出了更新更高的要求，归纳起来，成核剂的品种开发和技术创新呈现出如下特征：

（1）高效创新结构成核剂品种不断涌现

高效化仍然是聚烯烃成核剂创新研究的目标，综观国内外技术发展现状，创新结构的聚烯烃成核剂品种不断涌现。代表性的创新结构如 Milliken Chemical 公司的壬糖醇基缩醛类高透明成核剂 Millad NX 8000，山西省化工研究所开发的均苯三甲酸酰胺类聚丙烯高效成核剂 TMC－326 和新日本理化公司报道的丙三羧酸酰胺类高效成核剂 RiKACLEAR PC－1，标志着世界范围内探求聚丙烯高效成核剂的创新研究仍在持续。Milliken 公司推出的成核剂 HPN－210M 主要应用于注塑成型方面，可以减少翘曲变形、减少成型周期、提升刚性和提高耐热性能。

（2）复合化趋势

复合化是充分利用不同结构成核剂品种之间的互补和协同效应开发满足不同改性要求的专用化品种，相对而言，复合化在成核剂品种开发方面具有事半功倍的效果，已经或正在成为成核剂开发研究的重要趋势。迄今应市的成核剂品种中，山西省化工研究所开发的 TMP 系列芳基磷酸酯盐类成核剂极具代表性。应当指出，复合型成核剂的开发并非简单的几类物质的组合，而是在进行系统机理研究的基础上，通过模型设计开发和研究的。为此，开展聚合物结晶机理和相关成核剂结构关系的基础研究对成核剂复合化品种开发十分重要。

（3）聚丙烯 β 晶型成核剂开发和应用技术趋于成熟

β 结晶改性赋予聚丙烯抗冲击性、耐热变形性和高微孔率，近年来，全球范围内有关 β 晶型成核剂品种开发和聚丙烯 β 结晶改性的研究异常活跃，β 晶型成核剂的应用开始集中到 β 结晶 PP－R 管材和锂电池 PP 微孔隔膜两个领域，山西省化工研究所开发的芳基酰胺类聚丙烯 β 晶型成核剂 TMB－5 和广东炜林纳功能材料有限公司的稀土金属皂类聚丙烯 β 晶型成核剂 WBG 和日本新日本理化公司的 NU－100 是目前世界上为数不多的聚丙烯 β 晶型成核剂商业化品种。

（4）工程塑料等结晶性树脂成核剂专用品种开发活跃

聚酰胺、热塑性聚酯（如 PET、PBT 等）等结晶性工程塑料的高性能化改性对其结晶性提出了新的要求，因此促进和带动了满足这些缩聚类树脂结晶改性要求的专用成核剂品种开发。在成核剂研究方面，Clariant 公司推出 Licomont CaV 102 应用于聚酰胺，Licomont NAV 101 用于聚酯，主要用于 PET 和 PBT，由于其分子量高，在终端制品中具有低挥发性和非常好的耐迁移性。Bruggemann Chemical 公司的聚合型成核剂 Bruggolen P 22 和 Honeywell 公司的乙烯－丙烯酸离聚物类成核剂 Honeywell A－C 540 等品种已投入工业化应用；在热塑性聚酯成核剂方面，布吕格曼的成核剂 BRUGGOLEN P 250 是具有代表意义，它是有机成分和无机成分的成核助剂的优化混合物，适用于所有部分结晶的热塑性塑料，特别是聚酯（PET、PBT），也适用于尼龙（PA6、PA66、PA11、PA12、共聚 PA）和聚烯烃（PP、HDPE）。在注塑成型加工时可缩短成型周期，提高生产效率，改善脱模，改善制品尺寸稳定性，减少制品后收缩，防止制品应力开裂，改善机械性能（提高拉伸强度和硬度），改善表面光泽。

总之，高效、专用、环保、性价比高始终是成核剂品种开发和研究必须坚持的目标。

（七）生物基与生物可降解塑料配套助剂

众所周知，生物基和生物可降解塑料是塑料工业绿色、低碳和环境友好的重要体现。“十二五”以来，以可再生资源为原料和具有可降解特征的生物基和生物可降解塑料引起了世界范围的广泛关注，聚乳酸（PLA）、二氧化碳环氧丙烷共聚物（PPC）、聚羟基脂肪酸酯（PHAs）等生物基和生物可降解塑料已经或正在商业化推广。然而，多数生物基和生物可降解塑料多为脂肪基聚酯结构，固有结晶速度慢、结晶度低、易水解、熔体强度差等不足，很难单独加工和使用，只有通过必要的改性才能赋予其使用价值，为此，开发和研究生物基和生物可降解塑料具有广阔的市场前景和积极的社会意义。概括起来，生物基与生物可降解塑料配套助剂包括聚乳酸专用成核剂、扩链剂、熔体增强与抗冲改性剂以及抗水解剂等，山西省化工研究所在国内率先确立了生物基与生物可降解塑料配套助剂研究方向。

1. 聚乳酸成核剂

聚乳酸是迄今应用最为成熟的生物基和生物可降解塑料，但其结晶速度慢、结晶度小，带来相应的注塑周期长和热变形温度低等不足，开发和应用成核剂改性已经成为行业共识，近年来，山西省化工研究所先后开发出包括取代酰肼类聚乳酸专用成核剂 TMC－300、306，苯基膦酸盐类聚乳酸成核剂 TMC－210、TMC－200 和均苯三甲酸酰胺类聚乳酸专用成核剂 TMC－328 等多个品种，投放市场后赢得了很高的市场认可度，也为聚乳酸结晶改性做出了应有的贡献。

2. 扩链剂

生物基和生物可降解塑料多为脂肪基聚酯结构，固有对热敏感、易水解、易降解等不足，严重影响其加工和应用性能，扩链剂在聚合物材料的加工过程中能够与大分子发生偶联或支化反应，从而提高聚合物的重均相对分子质量或减少聚合物的降解，因此，利用扩链剂熔融扩链是解决上述缩聚物降解、断链问题行之有效的技术方案。山西省化工研究所先后开发出以 KL－E4300、KL－E4370 为代表的聚合型环氧官能化扩链剂，通过在国内聚乳酸等生物基和生物可降解塑料行业推广，赢得了市场的认可，其应用性能达到了巴斯夫公司 Joncryl ADR 系列产品的水平。除此之外，KL－E 系列环氧官能化聚合物扩链剂还适用于缩聚类工程塑料的再生扩链改性，为废旧塑料的资源化利用奠定了基础。

3. 抗水解剂

生物基与生物可降解聚酯类树脂一般具有易水解性，这在一定程度上限制了它们作为耐久制品（如手机外壳等）的应用，为改善 PLA 等水解稳定性，需要添加和使用抗水解剂。碳化二亚胺类抗水解剂是目前应用最多的抗水解剂类型，德国莱茵化学是世界上最早开发碳化二亚胺抗水解剂的助剂企业，其推出适用于生物基塑料的单体型抗水解剂 Bioadimide 100 和聚合型抗水解剂 Bioadimide 500 显示出良好的稳定化效果，国内山西省化工研究所推出的单体型碳化二亚胺抗水解剂 Bio－SW 100 的应用性能已经赢得市场普遍认可，这些品种的开发将为 PLA 等生物基可降解聚酯类塑料在耐久性制品中的应用提供技术上的保障。

4. ACR 熔体增强剂和抗冲改性剂

PLA、PBS 等生物基与生物可降解聚酯结构中长支链少，熔体强度低，应变硬化不足，造成吹膜时膜泡不稳定易破裂。在热成型中，熔体强度很低的生物基与生物可降解聚酯的加工成型窗口窄，成型制品表面粗糙，使用熔体增强剂能够显著提高熔体强度，改善制品加工性能和表观性能，丙烯酸酯类聚合物（ACR）是目前应用较广泛的熔体增强剂类型，Dow Chemical 分别开发了 Paraloid BPMS－250、255、260 和 265 四个 ACR 类熔体增强剂品种。与此同时，Arkema 公司开发了 Biostrength 700 和 Biostrength 900 两个 PLA 用 ACR 熔体增强剂和加工助剂品种，前者主要用于 PLA 的熔体增强，后者则旨在改善 PLA 加工中的脱模性和加工性。丙烯酸酯类加工改性剂对 PLA 的熔体增强作用主要是基于其高分子量和高支链化与 PLA 分子的高度缠绕作用抑制 PLA 熔体加工时的破裂，而且由于其与 PLA 的高度相容性而使其不会对制品的透明性产生负面影响。另一方面，核－壳结构丙烯酸酯类抗冲改性剂技术亦被引入 PLA 抗冲改性体系，代表性品种如

Dow Chemical 公司的 Paraloid BPM 500、515、520 及 Arkema 公司的 Biostrength 130、150 和 280 等。山西省化工研究所是我国 ACR 加工助剂的技术开拓者之一，近年来针对生物基与生物可降解塑料加工改性开展熔体增强剂和抗冲改性剂的研究和开发工作，目前进行的 PLA 专用熔体增强剂 Bio ACR－MS500 和 PLA 专用 ACR 抗冲改性剂 Bio ACR－IM 800 均已完成小试合成和评价测试工作。

（八）新型加工类助剂

1. GENIOPLAST® 助剂

瓦克化学集团在 K 展上展示了用于木塑复合材料的新型 GENIOPLAST® 助剂，它能够降低木塑混合物挤出成型时的阻力，有助于提高木塑复合材料的生产效率，减少木塑复合材料的生产能耗和成本，同时还能改善木塑材料的机械及憎水性能。

这种含有热塑性有机硅弹性体的高效加工助剂，与一旦固化后便无法逆向交联的常规有机硅不同，可在一定的温度范围内重新发生形状改变，因而是含有机填料的热塑性塑料理想的加工助剂。它们主要被用作减阻剂，能够降低塑料的摩擦系数，减少挤出成型时的内部及外部摩擦，由此使流程更稳定、更有效、更节能。多项测试表明，只需使用 1% 的有机硅助剂便可显著提高流量，根据塑料混合物和使用的挤出机不同，提升率在 15% 至 25% 之间，产品的单位成本也因此降低。该助剂效率极高，仅 1% 的用量便可达到良好的润滑作用，而用常规减阻剂，必须添加 2% 至 6% 的助剂，才能达到同等效果。

此外，新型 GENIOPLAST® 助剂极易混合，预配方的即用型混合物可使减阻剂较好地融入生产流程。目前聚丙烯（GENIOPLAST® PP 20A08）和聚乙烯（GENIOPLAST® HDPE 20A03）配方已应市，不仅能够优化生产工艺，还可降低材料的吸水性，使最终产品具备更强的耐候性。用这种新的加工助剂生产的木塑材料，比使用标准助剂生产的材料拥有更良好的冲击韧性和抗弯韧性。

2. 超支化树脂

超支化树脂可作为尼龙润滑剂、防玻纤外漏剂、PP 相容剂、PVC 填充改性剂、PET、PC 流动改性剂、免喷涂金属粉体分散剂等，近几年，关于超支化树脂的研究方兴未艾，国内具有代表性的研发公司有威海晨源分子新材料有限公司、武汉超支化树脂科技有限公司、武汉镥钛新材料科技有限公司等。代表性品种有武汉超支化树脂科技有限公司的 HyPerC100，这种具有“超支化”结构的高分子量、无挥发、无分解的节能环保润滑剂，集“增加流动、增加伸长率、提高分散、提高相容、提高填充量”多种功能于一体。综合性能远优于性能单一的螺环（CBT）树脂、EBS 和硅酮等传统润滑剂，可应用于 PA、PC、PET、PBT、PC/ABS、PC/PMMA 等多种复合材料体系。

山西省化工研究所研发作为流动改性剂的超支化树脂也已起步，同时，长碳链脂肪酸皂类尼龙专用成核剂的合成研究、碳化二亚胺等几个创新项目也正逐步推进。

塑料助剂不但能使聚合物易于加工，而且在很大程度上弥补了聚合物本身的不足，如改善制品的性能、延长使用寿命等，没有塑料助剂的配合，就没有塑料工业的发展。如何让我们的塑料助剂产业持续、健康、高速地发展，这是我们追求的目标，也是我们永恒的主题，也正是塑料助剂业界追求的目标。

当今塑料助剂发展的方向就是性价比、适应性、功能性以及环保性。助剂企业要能完全做到上述几点，需实现可持续发展，助剂制造的智能物联网化，生产过程的环保化，产品品类的无害化，而且新产业的出现亟需新的助剂匹配。正如 2016 CHINAPLAS 国际橡塑展的主题“绿塑创新　智造未来”，行业未来的发展方向大致可归纳为：

（1）绿色低碳、清洁环保。发达国家和地区各种法规的陆续实施对塑料助剂品种和质量提出更高的要求。塑料助剂行业未来发展的核心在于推动清洁生产，发展环保型、低成本、多功能、高效能的绿色助剂，充分发挥塑料助剂各种功能，以提高塑料制品的性能，拓展其应用领域，增强其市场竞争力。

（2）法规法案，环保护航。塑料助剂行业的健康发展离不开法规和标准的严谨制定与严格实施，应结合国内产业发展特点，科学借鉴欧盟等发达地区的相关法案，及时修订我国的相关法规和标准，增强实际可操作性，并使之充分与世界发展水平对接。

［山西省化工研究所（有限公司）　张惠芳　王克智］

2016 中国塑料机械工业发展报告

2016 年，面对复杂多变的严峻形势，我国塑料机械行业牢牢把握发展主线，稳中求进，同心协力，逆势奋进，克服了诸多困难挑战，取得了来之不易的新成绩。塑料机械制造规模以上企业达到 402 家，行业转型升级、提质增效成果显著，行业发展自 3 月起开始回暖，进入第三季度开启高速增长。

展望今后一段时期，尽管国内外经济环境仍然复杂严峻，我国塑机行业经济发展长期向好的趋势没有改变，大有作为的重要战略机遇期仍然存在。国内外市场对我国塑机装备尚有巨大需求，塑机行业经济发展的潜力和动力依然较大，行业未来发展信心十分坚定。

本报告共分三个部分：一、当前塑料机械行业形势；二、2016 年我国塑料机械行业发展情况；三、全球塑料机械市场分析。

一、当前塑料机械行业形势

（一）国际形势

（1）纵观当前国际形势，全球经济面临下行风险。①美国虽然在 2015 年消费、投资、出口和房地产形势明显好转，失业率有所降低，但增速依然缓慢。据美国塑料工业协会统计，美国塑料工业 4% 左右的增长位居其全国工业发展增速前列。②欧洲正在吸收数以百万计的难民，加之英国脱欧、意大利宪政危机、德法大选等政治因素的影响，欧洲经济的复苏仍面临诸多不确定性。③受日本企业资本支出削减、居民消费支出增长停滞及出口下降等因素的影响，2016 年日本经济增长依然缓慢。④受石油等大宗商品价格大幅回落和地缘政治动荡等因素影响，俄罗斯和巴西经济出现衰退，同时还面临资本外流、货币大幅贬值、通胀上升压力，其他对资源出口依赖程度较高的新兴经济体也普遍面临不同程度的困难与瓶颈。⑤亚洲新兴经济体虽然总体情况相对较好，但由于结构调整进展缓慢导致内生增长动力不足，而外需疲弱又使得传统的出口拉动型经济增长模式难以为继，经济增速普遍持续放缓。相较之下，印度和越南保持较为强劲的增长。

（2）大国政治关系复杂化进一步加剧，制衡与反制衡不断上演、冲突与合作交叠并存。面对大国之间的战略博弈和频繁的局部动荡与争端，国际安全环境的复杂性、敏感性和不确定性显著增大，塑机行业国际市场面临新一轮挑战。发达国家以其技术和人才优势，仍然占据世界塑机市场的重要地位。如德国、意大利、日本等国的精密、大型、高端塑机产品，由于具有高技术含量、高附加值的优势，市场份额在世界遥遥领先，对中国塑料机械产业形成较大压力。同时，各国围绕市场、资源、人才、技术、标准等各方面的全球竞争愈演愈烈，各种形式的贸易保护主义使得中国塑机行业所面临的外部环境更趋复杂多变。面对贸易保护主义的抬头，中国塑料机械工业协会要积极引领行业企业了解国际规则，主动维护自身权益。在过去的 2 年中，中国塑料机械工业协会代表行业积极应诉印度对华注塑机反倾销日落复审，取得显著的成效，对于协调国际贸易摩擦、提振整个塑机行业的信心起到重要促进作用。

（3）“一带一路”沿线上的东南亚、中西亚、中东欧各国均为中国塑机的重要出口地，具有鲜明的产业优势互补特征，“一带一路”战略的实施，将为促进中国塑机与沿线各国高分子复合材料加工业之间的产能合作提供广阔的市场空间。同时，“一带一路”战略给国内交通运输业、建筑业、基建材料、通信业、能源业、电子信息产业等所带来的巨大机遇，将通过产业链传导效应带动为这些产业提供装备的中国塑机以更为看好的发展前景。

（二）国内形势

在“稳”字当头的宏观调控基础上，中国经济呈现出“经济增速换挡期、结构调整阵痛期和刺激政策消化期”三期叠加的态势，宏观经济将在相当一段时期继续处于增速收缓并面临下行压力状态，这对于为国民经济各领域提供专用装备的塑机行业而言，势必对内需会带来一定的冲击，但是行业更应当充分把握机遇，苦下功夫促进转型升级、推动自主创新、实施高端发展战略，切实推进中国塑机由大变强的转变。

中国塑料机械工业的显著特色是以民营企业为主，约占行业 95% 以上，具有较强的市场敏锐性、自生发展动能、风险防控意识和浓厚的感恩文化。经过 50 多年的自我发展和淘汰，规模企业不断崛起，产业层次逐步升级，经济总量迅猛增长，国际竞争力显著提高，科研水平和自主创新能力不断增强，小行业展现出大气魄。特别随着政府主管部门的不断重视，支持塑料机械行业的发展先后上升为国家战略，吸引着国内外广泛关注的目光，行业地位和影响力也显著提升。

（三）我国塑料加工业发展形势

据中国塑料加工工业协会分析表明，我国塑料加工业虽然面临下行压力持续加大，但通过行业自身的努力和国家对企业实施的系列扶持政策，特别是结构性减税、减费、降低企业成本负担等政策，塑料加工行业的经济效益水平呈现出稳步提升的趋势。市场优胜劣汰步伐加快，大中型企业赢利能力明显增强，呈现出资源向大企业集聚、市场向品牌集聚、企业向产业集群集聚的趋势，行业生产重心持续向湖北、河南、四川、安徽等中西部地区转移。关于行业未来发展，要坚持高端化、个性化、小批量、私人定制的市场导向，推动新型生产模式和新型业态的快速发展；坚持统筹规划，综合协调资源、区位优势，推动行业有序地梯度转移，进一步优化产品区域布局；以由大变强为目标，大力实施替代战略；加快推进引进吸收创新和集成创新步伐，缩小与国外先进水平的差距。

二、2016 年我国塑料机械行业发展情况

（一）我国塑料机械行业概况

2016 年 1 ~ 12 月，我国塑料机械制造规模以上企业 403 家，主营业务收入、利润总额和出口交货值于第 2 季度企稳回升，第 3 和 4 季度增速显著加快。2016 年 1 ~ 12 月我国塑料机械规模以上企业主要经济指标综合统计详见表 1、表 2 和图 1。

表 1　2016 年 1 ~ 12 月我国塑料机械规模以上企业主要经济指标

序号	统计指标	金额/亿元	同比增长/%
1	出口交货值	90. 57	7
2	流动资产	432. 71	11
3	流动资产中应收帐款	110. 04	10
4	存货	109. 11	5
5	存货中产成品	31. 27	-8
6	资产总计	660. 25	10
7	负债总计	300. 95	12
8	主营业务收入	595. 91	14
9	主营业务成本	466. 97	10
10	销售费用	29. 29	9
11	管理费用	43. 07	13
12	财务费用	3. 63	-10
13	财务费用中利息支出	3. 83	-13
14	利润总额	56. 9	15
15	亏损企业数	59	-14
16	亏损额	2. 27	-20

注：数据来源于国家统计局。

表 2　　2016 年我国塑料机械规模以上企业主要经济指标季度统计

季度		一	二	三	四
主营业务收入	金额/亿元	116.2	144.98	154.34	180.39
	同比增长/%	2	3	24	27
	环比增长/%	-18	25	6	17
利润总额	金额/亿元	8.36	13.23	15.64	19.67
	同比增长/%	0	8	24	21
	环比增长/%	-48	58	18	26
出口交货值	金额/亿元	18.96	22.02	22.74	26.85
	同比增长/%	-4	0	15	18
	环比增长/%	-17	16	3	18

注：数据来源于国家统计局。

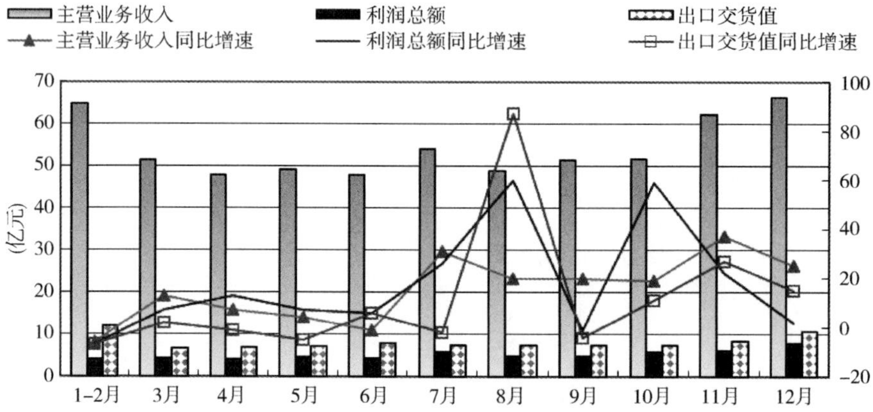

图 1　2016 年 1～12 月我国塑料机械制造工业主要经济指标走势

注：数据来源于国家统计局。

进出口方面，2016 年我国进口塑料机械共计 28297 台，进口金额约 13.36 亿美元，进口数量同比增长 56%、金额同比下降 12%，进口平均单价由上年同期的 8 万美元/台降低至 5 万美元/台。进口数量的同比增长源于：塑料造粒机 51%、塑料中空成型机 15%、塑料压延成型机 25%；注塑机、挤出机和吹塑机的进口数量和金额则出现不同程度的下降。其中，进口注塑机 5162 台、5.33 亿美元，分别同比下降 16%、19%；进口挤出机 840 台，金额 3.15 亿美元，分别同比下降 9%、16%；进口吹塑机 206 台、1.26 亿美元，分别同比下降 32%、24%。

出口塑料机械共计 628870 台，出口金额 20.01 亿美元，出口数量和金额分别同比增长 31%、6%；贸易顺差 6.65 亿美元，其中注塑机顺差为 4.89 亿美元。出口数量的增长主要集中在注塑机、挤出机、塑料压延成型机和 3D 打印机。其中，出口注塑机 26765 台、10.22 亿美元，分别同比增长 20%、4%；出口挤出机 43293 台、3.91 亿美元，分别同比增长 298%、4%；出口塑料压延成型机 1112 台、2805 万美元，分别同比增长 23%、22%。

1～12 月我国塑料机械出口平均单价 0.3 万美元/台，主要是由于 3D 打印机和其他模塑成型机出口量大金额低，拉低整体平均价格水平。其中 3D 打印机出口 354973 台，占同期出口总量的 56%，但金额仅为 7587 万美元，单价 0.02 万美元。

进口来源地方面，1～12 月从亚洲进口塑机数量和金额分别占比 80.31%、54.91%，其中从日本、韩国和中国台湾的进口额分别同比减少 10.39%、31.4% 和 17.92%；从欧洲进口数量和金额分别占比 10.8%、41.25%，其中从德国进口额同比减少11.7%，从意大利和奥地利进口额分别同比增长4.12%、46.84%。

1~12月在我国塑机出口市场前10位的国家中，出口至越南、美国、印度尼西亚、印度、土耳其和墨西哥增长较快，而出口至泰国同比下降29.24%，出口韩国同比下降4.48%。

2016年1~12月我国塑机产品进出口具体情况见表3~表6，图2~图6。

表3　2016年1~12月我国塑机产品进出口总量

月份	进口					出口					贸易顺差
	数量/台	金额/万美元	平均单价/（万美元/台）	数量同比增长/%	金额同比增长/%	数量/台	金额/万美元	平均单价/（万美元/台）	数量同比增长/%	金额同比增长/%	金额/万美元
1	7192	11300	2	411	-2	41909	15595	0.4	101	-12	4295
2	620	7638	12	-18	-10	20978	13005	0.6	19	-28	5367
3	2239	16718	7	17	34	28776	13585	0.5	407	8	-3133
4	1308	13807	11	-11	-12	63381	16273	0.3	91	9	2466
5	1154	9897	9	-31	-38	62957	15626	0.2	42	21	5729
6	1895	10458	6	72	-23	43088	18285	0.4	66	17	7827
7	2800	12210	4	59	-15	42627	17704	0.4	153	18	5494
8	1160	10324	9	-12	-30	53592	17562	0.3	14	12	7238
9	5125	10389	2	287	-25	73655	16711	0.2	30	3	6322
10	1381	8581	6	-49	-15	69665	15833	0.2	36	-2	7252
11	1986	10896	5	60	2	55286	18796	0.3	-22	25	7900
12	1437	11335	8	2	3	72956	21146	0.3	-19	11	9811
合计	28297	133553	5	56	-12	628870	200121	0.3	31	6	66568

注：数据来源于中国海关。

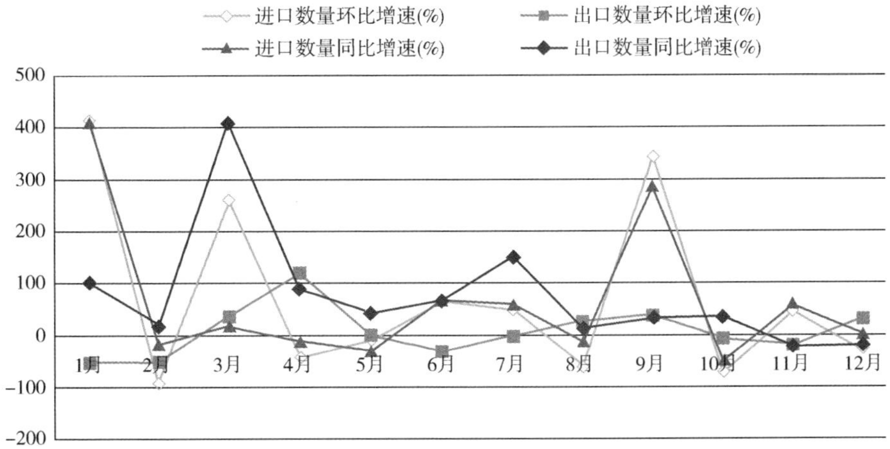

图2　2016年1~12月我国塑机进出口数量增速走势

注：数据来源于中国海关。

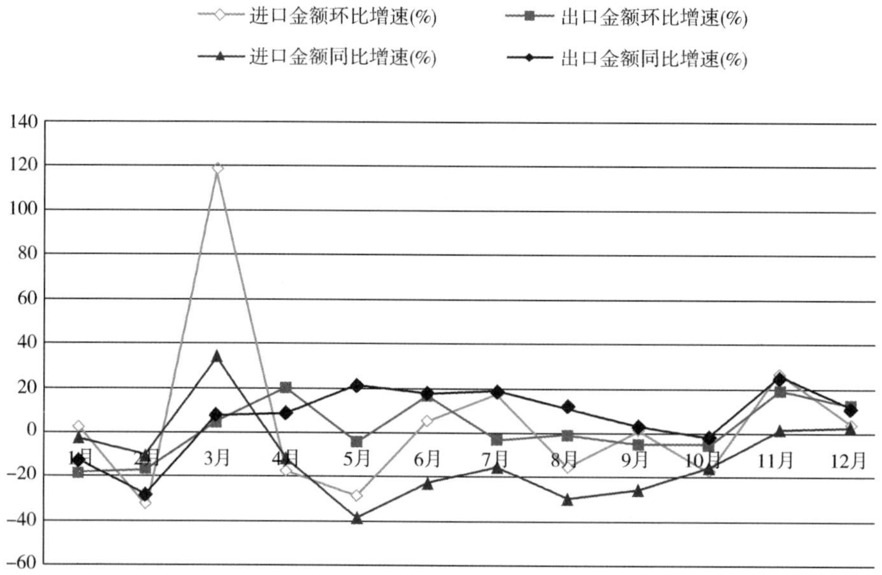

图 3　2016 年 1 ~ 12 月我国塑机进出口金额增速走势

注：数据来源于中国海关。

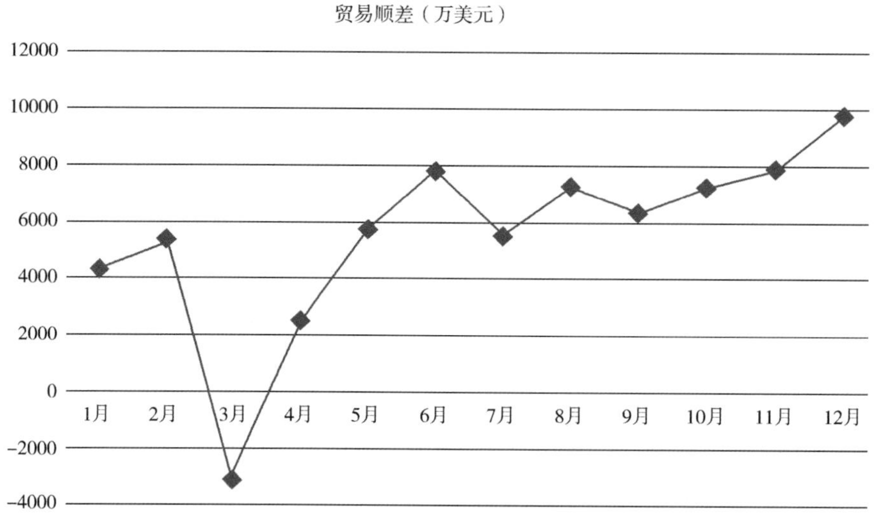

图 4　2016 年 1 ~ 12 月我国塑机贸易顺差走势

注：数据来源于中国海关。

表 4　　2016 年 1 ~ 12 月我国塑机产品进出口分税号统计

序	税号	名称	进口				出口			
			数量/台	数量占比/%	金额/万美元	金额占比/%	数量/台	数量占比/%	金额/万美元	金额占比/%
1	84771010	注塑机	5162	18.24	53304	39.91	26765	4.26	102248	51.09
2	84771090	其他注射机	270	0.95	5750	4.31	12846	2.04	4016	2.01

续表

序	税号	名称	进　口				出　口			
			数量/台	数量占比/%	金额/万美元	金额占比/%	数量/台	数量占比/%	金额/万美元	金额占比/%
3	84772010	塑料造粒机	261	0.92	11950	8.95	3385	0.54	7730	3.86
4	84772090	其他挤出机	579	2.05	19510	14.61	39908	6.35	31416	15.70
5	84773010	挤出吹塑机	90	0.32	7683	5.75	2374	0.38	8681	4.34
6	84773020	注射吹塑机	61	0.22	1991	1.49	350	0.06	1122	0.56
7	84773090	其他吹塑机	55	0.19	2950	2.21	5624	0.89	9070	4.53
8	84774010	塑料中空成型机	69	0.24	1558	1.17	1491	0.24	5231	2.61
9	84774020	塑料压延成型机	105	0.37	3061	2.29	1112	0.18	2805	1.40
10	84774090	其他真空模塑机器及其他热成型机器	1904	6.73	12578	9.42	4775	0.76	7654	3.82
11	84775910	3D 打印机	6664	23.55	4953	3.71	354973	56.45	7587	3.79
12	84775990	其他模塑或成型机器	13077	46.21	8265	6.19	175267	27.87	12560	6.28
合计			28297	100	133553	100	628870	100	200121	100

注：数据来源于中国海关。

表 5　　2016 年 1～12 月我国塑机进口地排名前十位

序	名称	数量/台	金额/万美元	平均单价/（万美元/台）	数量占比/%	金额占比/%	数量同比增长/%	金额同比增长/%
1	日本	3708	50842	14	13.10	38.07	-8.49	-10.39
2	德国	2324	37621	16	8.21	28.17	91.59	-11.70
3	中国台湾	1598	12496	8	5.65	9.36	-17.93	-17.92
4	意大利	215	7656	36	0.76	5.73	-7.73	4.12
5	韩国	850	6213	7	3.00	4.65	10.10	-31.40
6	美国	2498	5018	2	8.83	3.76	-25.25	-9.29
7	奥地利	126	4082	32	0.45	3.06	-0.79	46.84
8	克罗地亚	55	1348	25	0.19	1.01	-60.71	-38.99
9	中国	14511	1342	0.09	51.28	1.00	476.75	-28.98
10	法国	48	1053	22	0.17	0.79	-15.79	-32.72
合计		25933	127670	5	91.65	95.60	80.10	-11.92

注：数据来源于中国海关。

表 6　　2016 年 1 ~ 12 月我国塑机出口地排名前十位

序	名称	数量/台	金额/万美元	平均单价/（万美元/台）	数量占比/%	金额占比/%	数量同比增长/%	金额同比增长/%
1	越南	8179	18977	2.3	1.30	9.48	52.00	7.01
2	美国	161062	16641	0.1	25.61	8.32	136.37	48.29
3	印度尼西亚	3068	11220	3.7	0.49	5.61	27.14	18.14
4	印度	4319	10391	2.4	0.69	5.19	64.85	36.17
5	土耳其	2190	9382	4.3	0.35	4.69	15.02	9.02
6	泰国	3328	9319	2.8	0.53	4.66	38.61	-29.24
7	墨西哥	1949	9280	4.8	0.31	4.64	46.10	44.77
8	伊朗	2442	8328	3.4	0.39	4.16	-6.69	3.01
9	韩国	5277	6799	1.3	0.84	3.40	101.26	-4.48
10	孟加拉国	1659	5265	3.2	0.26	2.63	-2.70	-0.14
合计		193473	105601	0.5	30.77	52.77	112.29	11.46

注：数据来源于中国海关。

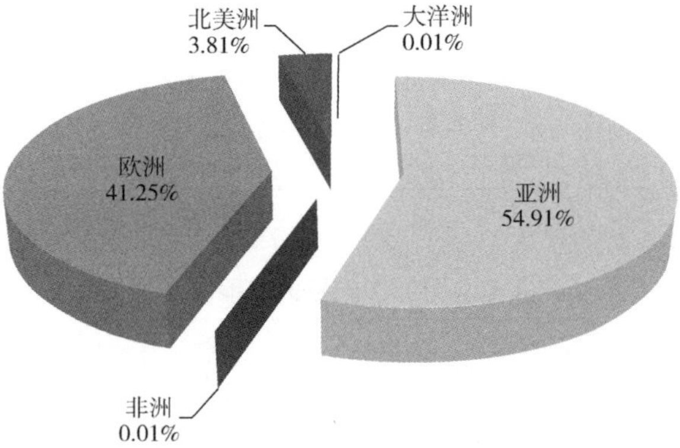

图 5　2016 年 1 ~ 12 月我国塑机进口金额洲际分布

注：数据来源于中国海关。

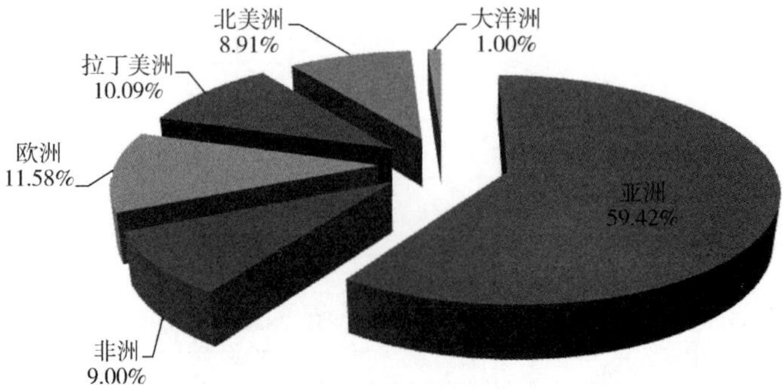

图 6　2016 年 1 ~ 12 月我国塑机出口金额洲际分布

注：数据来源于中国海关。

表7　2011～2016年我国塑料机械行业主要指标统计

年份	规模企业/个	主营业务收入		利润总额		出口交货值	
		金额/亿元	同比增减/%	金额/亿元	同比增减/%	金额/亿元	同比增减/%
2011	330	454.26	18	40.87	6	80.86	33
2012	365	443.94	-2	39.19	-4	77.01	-5
2013	376	498.93	12	44.79	14	73.61	-3
2014	397	531.99	7	48.04	7	90.49	23
2015	389	521.78	-2	49.46	3	84.27	-7
2016	403	595.91	14	56.9	15	90.57	7

注：数据来源于国家统计局。

（二）中国塑机行业重点企业发展情况

自2011年以来，我协会已连续六年面向社会各界推出了“中国塑机制造业综合实力25强企业”、“中国塑料注射成型机行业15强企业”、“中国塑料挤出成型机行业10强企业”、“中国塑料中空成型机行业3强企业”和“中国塑机辅机及配套件行业5强企业”。入榜企业影响力越来越大，带动作用也越来越强，不仅得到了行业的广泛关注和肯定，也成为国内外塑机相关产业及用户了解中国塑机企业发展的风向标。

2011～2016年优势企业的排名整体相对稳定，根据2016中国塑料机械行业优势企业2015年的统计数据，34家上榜企业其工业总产值和工业销售产值较2014年同期分别下降9.4%和10.3%，主营业务收入和利润总额同比分别下降0.8%和7.6%。主营业务收入利润率为12.1%，高于行业9.5%的平均水平；资产负债率为40%，低于行业45%的平均水平。其主要经济指标占行业同期规模以上企业总量的比例分别为：主营业务收入占39%、资产总额占63%、纳税总额占67%、利润总额占50%、出口额占66%，负债占57%。详见表8～表14、图7～图18。

表8　中国塑料机械行业优势企业2011～2015年主要经济指标及其在行业内的同期占比

序	指标	金额/亿元					占比/%				
		2011年	2012年	2013年	2014年	2015年	2011年	2012年	2013年	2014年	2015年
1	主营业务收入	195.0	194.2	217.3	207.5	205.8	44.2	43.0	43.5	39.0	39.4
2	资产总额	230.9	267.7	314.2	336.2	375.3	52.3	57.0	60.0	59.5	63.2
3	纳税总额	9.1	10.6	12.7	12.8	12.7	75.0	71.4	68.2	68.5	67.1
4	利润总额	23.7	23.1	29.0	26.8	24.8	56.1	55.5	64.7	55.9	50.2
5	出口额	44.9	52.1	51.4	52.1	55.6	67.0	62.0	69.8	57.5	66.0

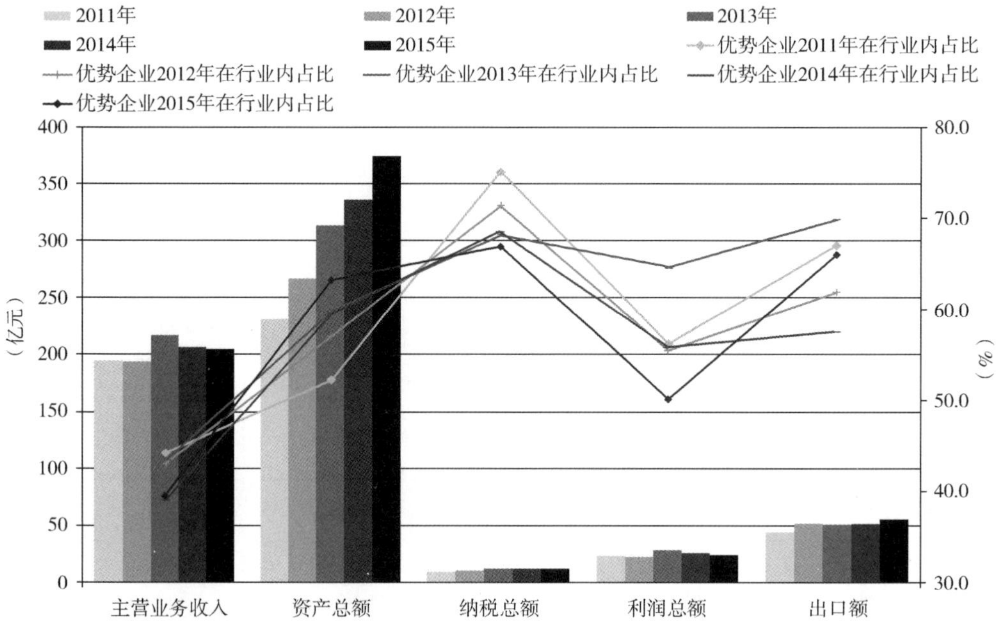

图 7　中国塑料机械行业优势企业 2011 ~ 2015 年主要经济指标及其在行业内的同期占比

表 9　中国塑料机械行业优势企业 2011 ~ 2015 年主要经济指标和同比增速

序	指标	金额/亿元					同比增速/%				
		2011 年	2012 年	2013 年	2014 年	2015 年	2011 年	2012 年	2013 年	2014 年	2015 年
1	工业总产值	196. 3	208. 8	235. 1	241. 6	219. 0	—	6. 3	12. 6	2. 8	-9. 4
2	工业销售产值	189. 7	200. 4	232. 3	236. 3	212. 1	—	5. 6	15. 9	1. 8	-10. 3
3	主营业务收入	195. 0	194. 2	217. 3	207. 5	205. 8	16. 7	-0. 4	11. 9	-4. 5	-0. 8
4	净利润	20. 8	20. 6	24. 6	22. 4	20. 2	1. 8	-0. 9	19. 6	-8. 9	-9. 7
5	资产总额	230. 9	267. 7	314. 2	336. 2	375. 3	20. 9	16. 0	17. 4	7. 0	11. 6
6	纳税总额	9. 1	10. 6	12. 7	12. 8	12. 7	-4. 2	15. 8	20. 2	0. 5	-0. 3
7	研发费用	7. 0	7. 6	8. 9	9. 2	8. 8	13. 1	9. 0	16. 4	3. 2	-4. 2
8	利润总额	23. 7	23. 1	29. 0	26. 8	24. 8	—	-2. 7	25. 6	-7. 4	-7. 6
9	所有者权益	130. 5	152. 1	178. 7	192. 0	225. 0	35. 4	16. 5	17. 5	7. 5	17. 2
10	出口额	44. 9	52. 1	51. 4	52. 1	55. 6	—	16. 1	-1. 4	1. 3	6. 8

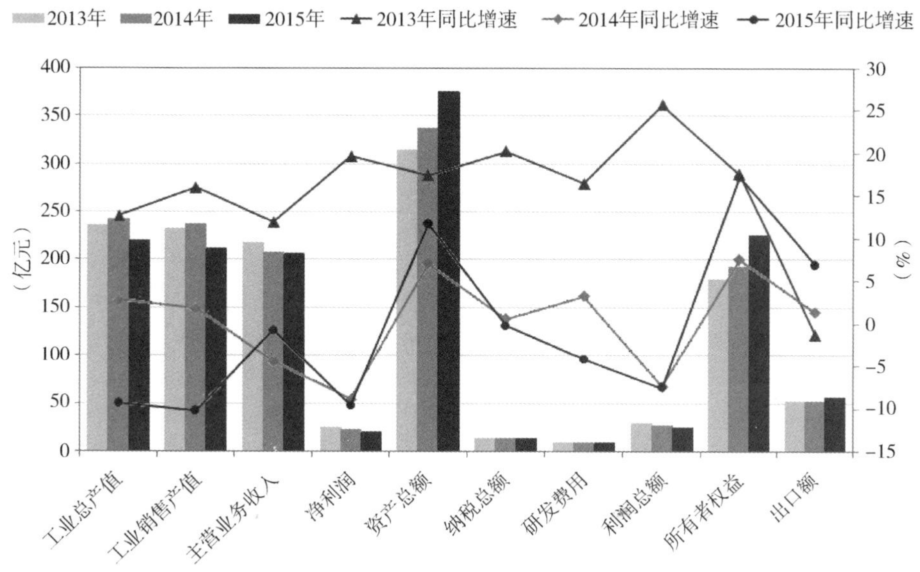

图 8 中国塑料机械行业优势企业 2011～2015 年主要经济指标和同比增速

表 10　　2011～2016 年中国塑机行业优势企业综合实力 25（20）强排名

序	企业简称	2016 年		2015 年		2014 年		2013 年		2012 年	2011 年
		按主营业务收入为主	按净利润为主	按主营业务收入为主	按净利润为主	按主营业务收入为主	按净利润为主	按主营业务收入为主	按净利润为主	按主营业务收入为主	按主营业务收入为主
1	海天塑机	1	1	1	1	1	1	1	1	1	1
2	金纬机械	2	2	2	2	2	2	2	2	3	3
3	伊之密	3	3	6	10	5	4	6	4	8	9
4	震雄集团	4	—	3	22	3	5	4	3	2	2
5	通佳机械	5	4	5	4	6	7	11	12	15	11
6	大橡塑	6	—	4	—	4	22	3	19	4	7
7	博创	7	5	7	9	9	6	5	8	6	8
8	富强鑫	8	14	8	11	8	15	10	—	9	—
9	信易	9	13	15	12	13	13	12	5	—	—
10	力劲集团	10	18	10	5	—	—	—	—	10	5
11	海达塑机	11	10	9	13	10	16	13	14	13	10
12	东华	12	—	12	—	7	—	9	—	7	4
13	泰瑞机器	13	9	14	6	16	10	8	9	11	16
14	弘讯科技	14	6	11	3	12	3	—	—	—	—
15	浙江华业	15	16	16	14	17	14	14	13	16	12
16	金明精机	16	15	17	7	21	8	18	10	19	20
17	浙江申达	17	—	18	—	18	—	17	17	14	13
18	拓斯达	18	7	—	—	—	—	—	—	—	—

续表

序	企业简称	2016 年		2015 年		2014 年		2013 年		2012 年	2011 年
		按主营业务收入为主	按净利润为主	按主营业务收入为主	按净利润为主	按主营业务收入为主	按净利润为主	按主营业务收入为主	按净利润为主	按主营业务收入为主	按主营业务收入为主
19	艾尔发	19	11	19	16	19	17	—	—	—	—
20	双马	20	17	21	15	20	—	—	—	—	—
21	宁波通用塑机	21	19	—	—	—	—	—	—	—	—
22	海雄塑机	22	—	20	25	22	25	19	21	—	—
23	创基	23	22	22	20	—	20	21	22	—	—
24	贝尔机械	24	—	24	—	25	—	24	—	—	—
25	金鹰塑机	25	—	—	—	23	21	25	23	20	18
26	三垒	—	8	—	8	—	9	23	7	17	—
27	金湖	—	12	—	—	—	—	20	16	—	—
28	宁波伊士通	—	20	—	17	—	19	—	—	—	—
29	诚盟装备	—	21	—	—	—	—	—	—	—	—
30	海星	—	23	23	21	24	23	22	20	18	17
31	同大机械	—	24	—	24	—	—	—	—	—	—
32	康润机械	—	25	—	23	—	—	—	24	—	—
33	华宝塑机	—	—	13	19	15	18	15	18	—	14
34	潍坊中云	—	—	25	18	11	11	7	6	5	6
35	顺德塑机	—	—	—	—	14	12	16	11	12	15

注：“—”为没有对应的入榜名次。

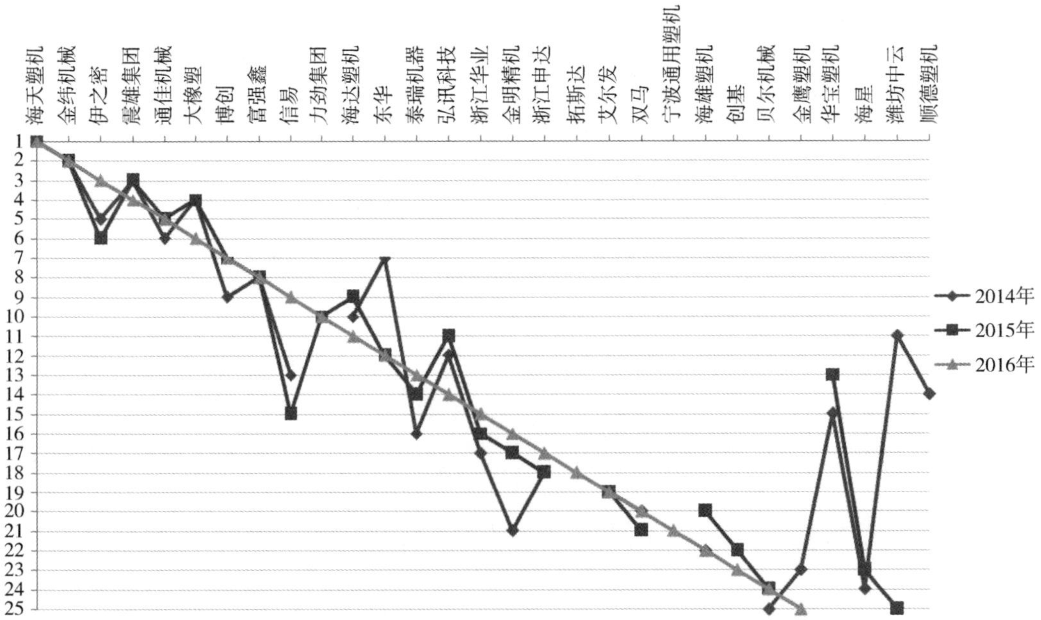

图 9　2014 ~ 2016 年中国塑机行业优势企业综合实力 25（20）强按主营业务收入排名印迹图

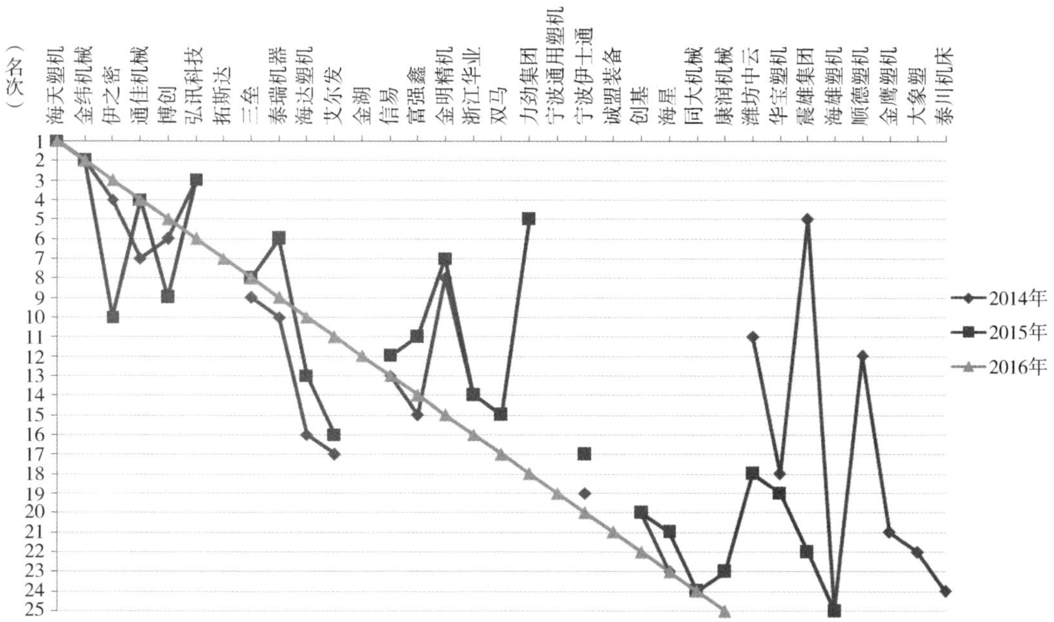

图 10　2014～2016 年中国塑机行业优势企业综合实力 25（20）强按净利润排名印迹图

表 11　　2011～2016 年中国塑机行业优势企业注射成型机 15（10）强排名

序	企业简称	2016 年		2015 年		2014 年		2013 年		2012 年	2011 年
		按主营业务收入为主	按净利润为主	按主营业务收入为主	按净利润为主	按主营业务收入为主	按净利润为主	按主营业务收入为主	按净利润为主	按主营业务收入为主	按主营业务收入为主
1	海天塑机	1	1	1	1	1	1	1	1	1	1
2	震雄集团	2	—	2	11	2	2	2	2	2	2
3	博创	3	2	3	4	6	3	3	3	3	5
4	伊之密	4	4	4	6	5	4	6	5	6	6
5	富强鑫	5	6	5	5	4	6	8	—	5	—
6	力劲集团	6	8	7	2	—	—	—	—	7	4
7	海达塑机	7	5	6	7	7	7	7	6	9	7
8	东华	8	—	8	—	3	—	5	—	4	3
9	泰瑞机器	9	3	9	3	8	5	4	4	8	10
10	浙江申达	10	15	10	15	9	—	9	7	10	9
11	双马	11	7	12	8	10	—	—	—	—	—
12	宁波通用塑机	12	9	—	—	—	—	—	—	—	—
13	海雄塑机	13	13	11	12	—	—	10	9	—	—
14	创基	14	10	13	9	—	8	—	10	—	—
15	金鹰塑机	15	12	15	13	—	9	—	—	—	—
16	海星	—	11	14	10	—	10	—	8	—	—
17	华美达	—	14	—	14	—	—	—	—	—	—

注：“—”为没有对应的入榜名次。

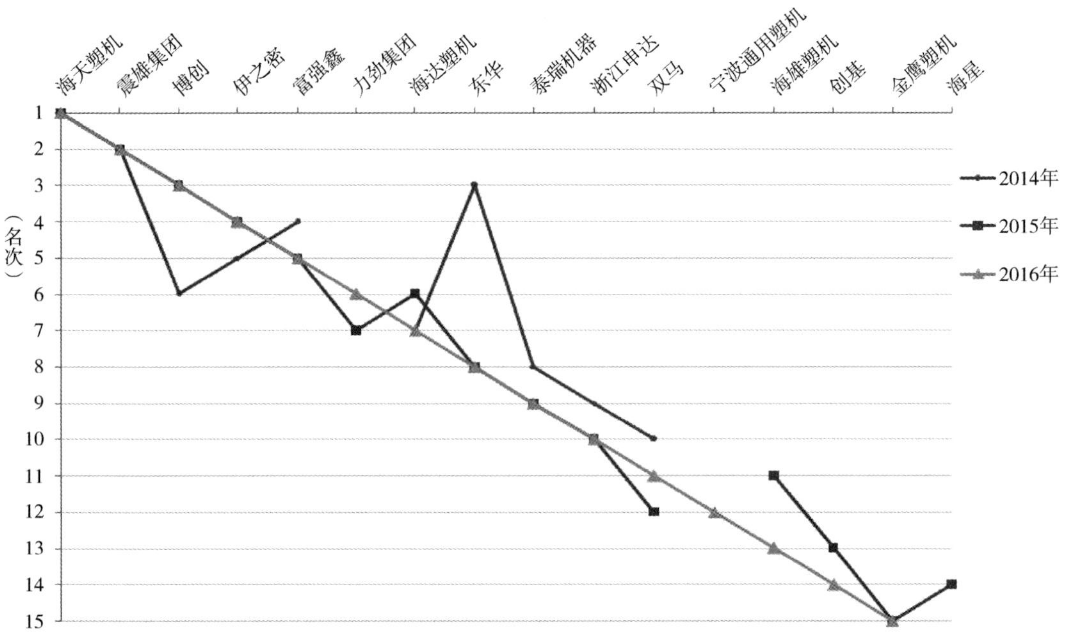

图 11　2014～2016 年中国塑料注射成型机行业 15（10）强按主营业务收入排名印迹图

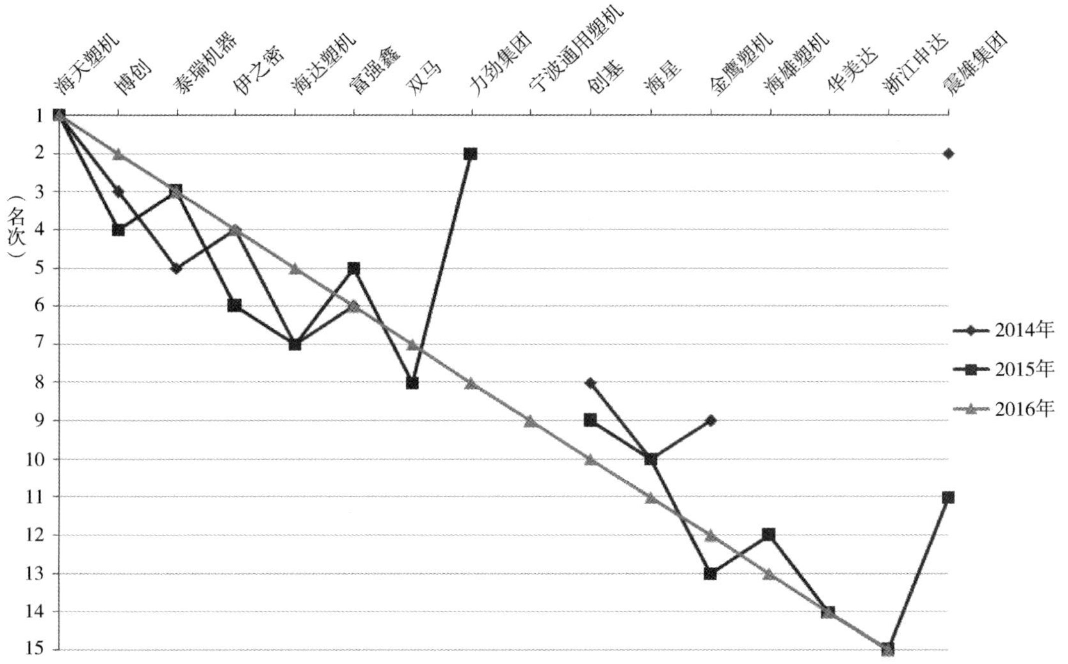

图 12　2014～2016 年中国塑料注射成型机行业 15（10）强按净利润排名印迹图

表 12　　2011～2016 年中国塑机行业优势企业挤出成型机 10（5）强排名

序	企业简称	2016 年		2015 年		2014 年		2013 年		2012 年	2011 年
		按主营业务收入为主	按净利润为主	按主营业务收入为主	按净利润为主	按主营业务收入为主	按净利润为主	按主营业务收入为主	按净利润为主	按主营业务收入为主	按主营业务收入为主
1	金纬机械	1	1	1	1	1	1	1	1	1	1
2	通佳机械	2	2	2	4	2	2	4	6	5	4
3	大橡塑	3	—	8	—	3	10	2	9	2	3
4	金明精机	4	5	4	2	7	3	7	4	—	—
5	贝尔机械	5	10	5	8	8	9	10	—	—	—
6	三垒	6	3	7	3	9	4	9	3	—	—
7	诚盟装备	7	6	—	—	—	—	—	—	—	—
8	康润机械	8	7	9	7	10	8	—	10	—	—
9	金湖	9	4	—	—	—	—	8	7	—	—
10	德科摩	10	—	10	9	—	—	—	—	—	—
11	华宝塑机	—	9	3	6	6	7	5	8	—	5
12	达诚	—	8	—	—	—	—	—	—	—	—
13	潍坊中云	—	—	6	5	4	5	3	2	3	2
14	顺德塑机	—	—	—	—	5	6	6	5	4	—
15	方力集团	—	—	—	10	—	—	—	—	—	—

注：“—”为没有对应的入榜名次。

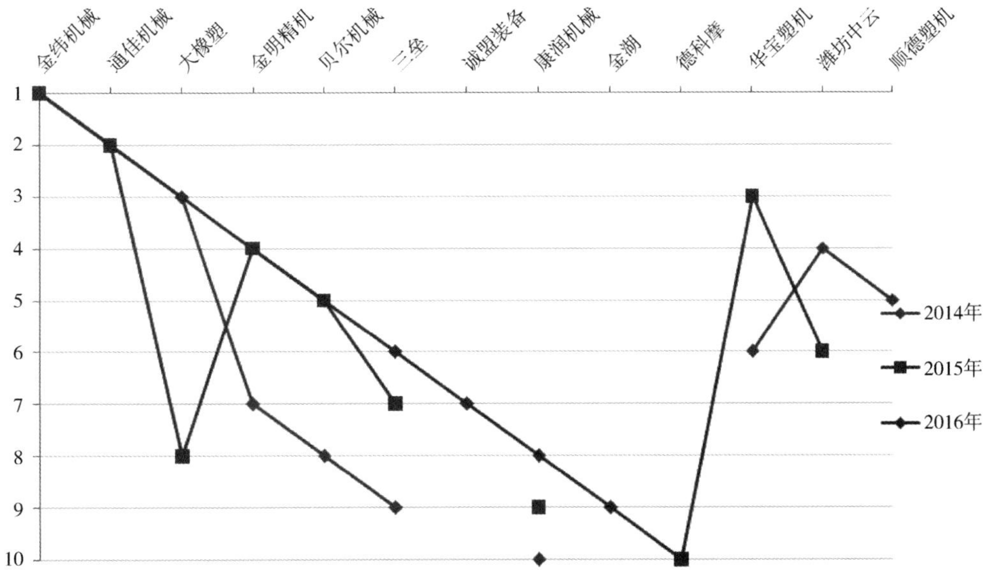

图 13　2014～2016 年中国塑机行业优势企业挤出成型机 10（5）强按主营业务收入排名印迹图

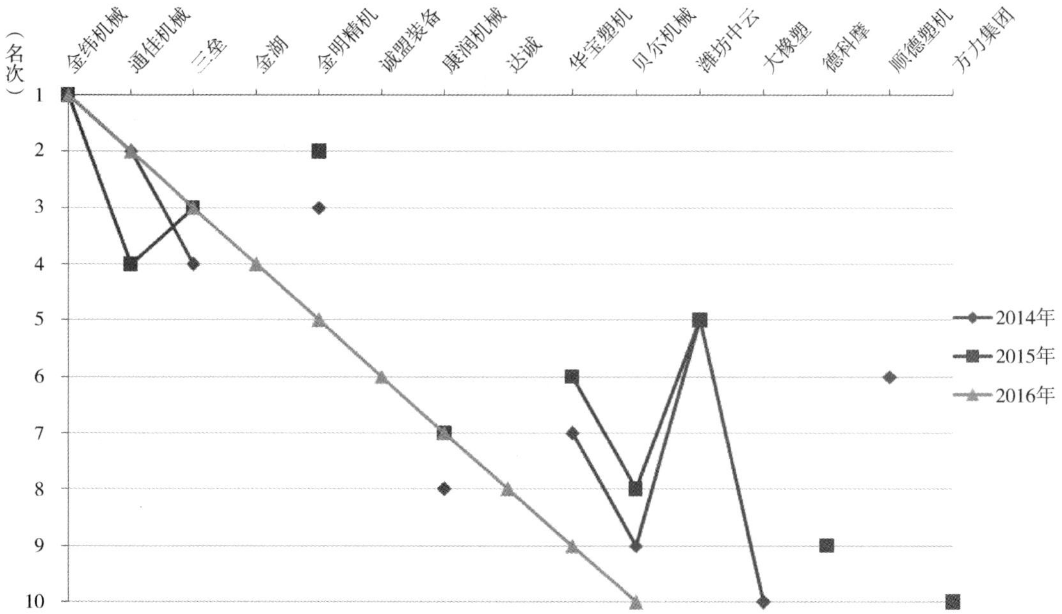

图 14　2014～2016 年中国塑机行业优势企业挤出成型机 10 强按净利润排名印迹图

表 13　　　2011～2016 年中国塑机行业优势企业中空成型机 3 强排名

序	企业简称	2016 年		2015 年		2014 年		2013 年		2012 年	2011 年
		按主营业务收入为主	按净利润为主	按主营业务收入为主	按净利润为主	按主营业务收入为主	按净利润为主	按主营业务收入为主	按净利润为主	按主营业务收入为主	按主营业务收入为主
1	同大机械	1	1	1	1	2	2	1	2	1	2
2	乐善吹瓶机	2	2	2	3	3	3	3	1	3	3
3	秦川机床	3	3	3	2	1	1	2	3	2	1

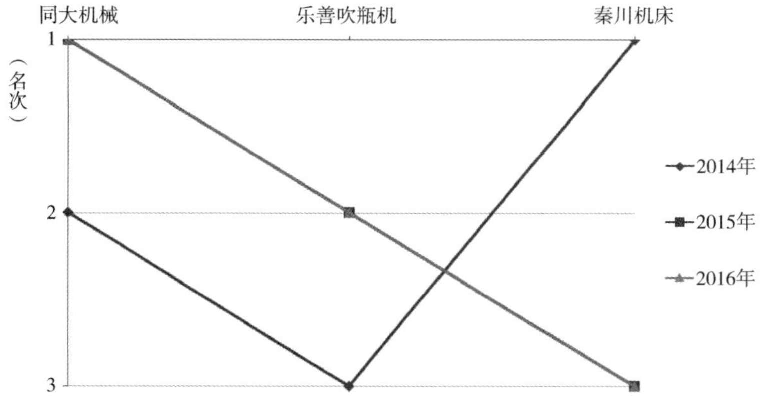

图15　2014～2016 年中国塑料中空成型机行业 3 强按主营业务收入排名印迹图

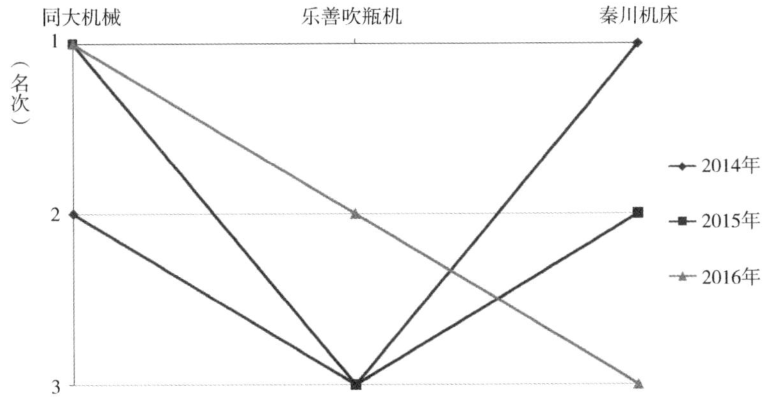

图 16　2014 ~ 2016 年中国塑料中空成型机行业 3 强按净利润排名印迹图

表 14　　2014 ~ 2016 年中国塑机行业优势企业塑机辅机 5 强排名

序	企业简称	2016 年		2015 年		2014 年	
		按主营业务收入为主	按净利润为主	按主营业务收入为主	按净利润为主	按主营业务收入为主	按净利润为主
1	信易	1	4	2	2	2	2
2	弘讯科技	2	1	1	1	1	1
3	浙江华业	3	5	3	3	3	3
4	拓斯达	4	2	—	—	—	—
5	艾尔发	5	3	4	4	4	4
6	宁波伊士通	—	—	5	5	5	5

注：“—” 为没有对应的入榜名次。

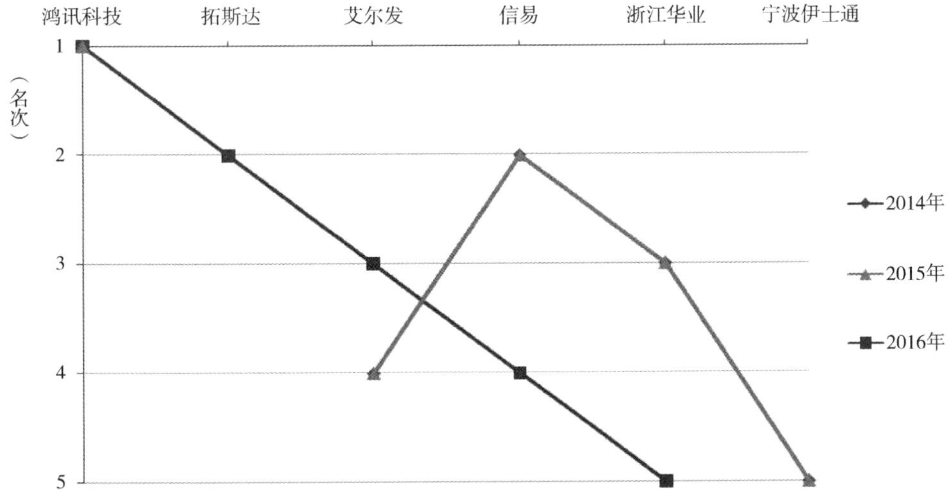

图 17　2014 ~ 2016 年中国塑机辅机及配套件行业 5 强按主营业务收入排名印迹图

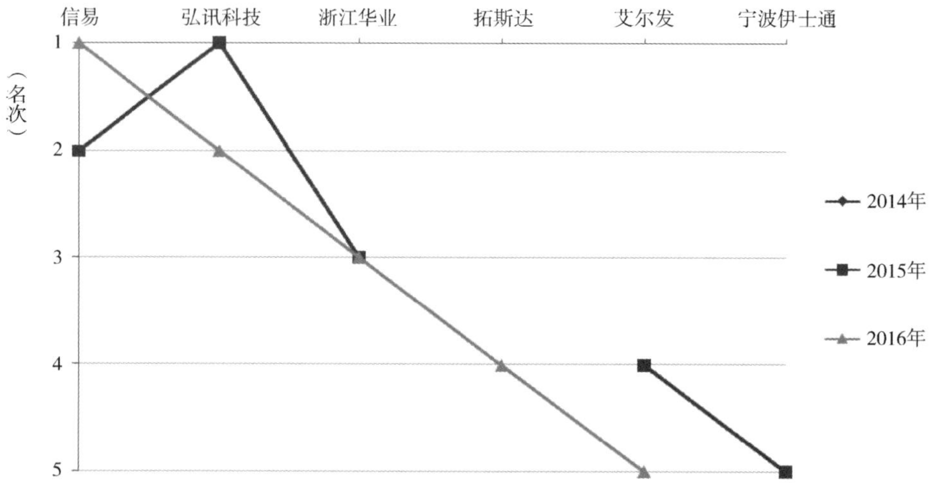

图 18　2014～2016 年中国塑机辅机及配套件行业 5 强按净利润排名印迹图

三、全球塑机市场分析预测

中国是迄今为止全球最大的机械设备市场，约占全球市场的1/4强，并将继续引领全球市场需求。印度将是全球增长最快的国家，2013 年占据全球约12%的市场份额。按全球区域市场来看，美国的中部和南部市场增速最快，其次是非洲和中东地区。预计到2017 年，受到全球运输业的发展的影响，亚洲和太平洋地区的机械生产商能够获得快速发货的优势。据克利夫兰研究集团有限公司的一份报告显示，预计全球塑料加工机械市场将以每年 6.9% 的速度增长，2017 年全球市场将达到371 亿美元。

（一）美国市场

近年来，美国启动鼓励“制造业回归”政策，塑料工业成为其中受益很大的行业。大批与塑料制品相关的制造业纷纷迁回至美国本土，对塑料机械的需求增长迅猛。

塑料工业是美国的第三大制造业，从业人员 94 万余人，在美国各州共运营 16806 套制造设施，2014 年国内市场需求增长 6%，创历史新高的 2983 亿美元。自 20 世纪 80 年代以来的 30 多年中，美国塑料工业保持了较为持续平稳的发展，其高于美国其他制造业的平均增长水平（表 15）。

在美国，塑料的主要应用领域为包装和建筑施工。其中，包装约占 1/3，建筑施工约占 1/6。塑料包装以智能节约、可变形、可再次密封、可回收利用为主要发展方向。近年来随着美国制造业回流，汽车、航空、生物医疗、电子电器等行业对塑料的需求量大大增加。

表 15　1980～2014 年美国塑料工业与制造业增长率对比

指标	塑料工业增长率/%	制造业增长率/%
就业率	0.3	-1.3
实际出货量	2.6	0.8
实际增加值	2.3	0.8
生产力	2.3	2.1

注：数据来源于美国塑料工业协会（SPI）。

（二）俄罗斯市场

俄罗斯每年大约生产 600 万吨高分子聚合物，人均产量为 38 千克，人均消费量为 53 千克，人均塑料消费量与前苏联相比，尽管已经增长了 4 倍，但依旧低于其他发达国家。目前的需求量是 67 千克，所以面临着 180 万～210 万吨的塑料加工缺口，与此同时，每年进口 200 万吨左右的塑料制品。

俄罗斯大约有 7000 家塑料加工企业，从业人员约 50 万人。其中，只有几家大公司生产高分子板，150 家生产管道，大约 2000 家公司从事塑料包装，超过 4000 家的公司生产注塑成型制品。从产值分布来看，塑料包装、汽车和工业用途占比超过 60%；从消费者分布来看，工程和医疗类占 36%，建筑类占 26%、食品包装类占 25%，家居用品类占 10%（图 19）。

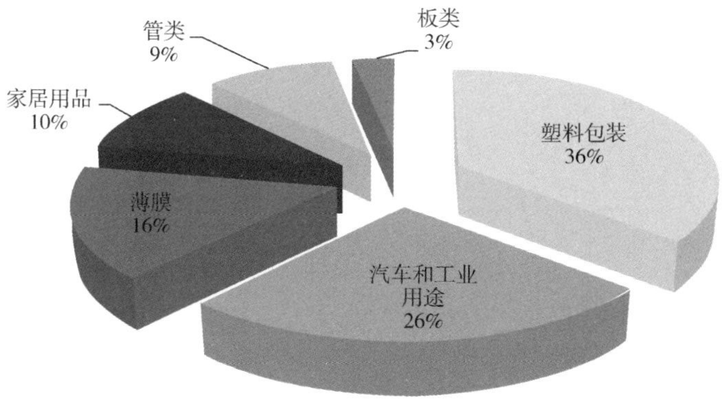

图19　俄罗斯塑料加工行业产值分布统计

注：数据来源于俄罗斯塑料加工协会（RPPA）。

俄罗斯塑料机械制造厂商数量很少，主要依赖进口设备和技术。就机种而言，主要进口注射成型机、中空成型机、真空成型机、塑料挤出机及塑料回收机等。从进口方式来看，通常分为三类，购买整厂设备、更新升级设备以及为现行生产线补充设备。市场增长点主要表现为：①食品工业的迅速发展带动塑料包装材料的需求相应增长；②建筑材料、运动用品、文具用品以及汽车等行业对塑料制品的需求不断增长；③陈旧设备的升级换代（图20）。

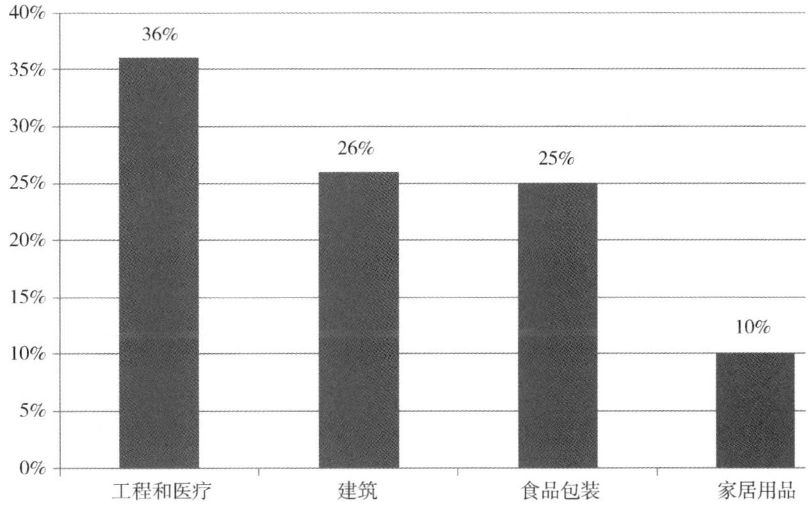

图20　俄罗斯塑料加工行业主要消费者分布统计

注：数据来源于俄罗斯塑料加工协会（RPPA）。

当前，俄罗斯塑料加工业的主要发展任务为：①提高通用高分子聚合物产量；②振兴建筑工程塑料制造；③发展特种工程塑料与生物塑料。与此相关的塑料加工装备需求将随之大量增加，可予重点关注。

（三）东南亚市场

东南亚国家如印度尼西亚、泰国、马来西亚、越南等是塑料机械传统市场，预计未来的需求仍将呈上升趋势。

1. 印度尼西亚

印度尼西亚是世界第四大人口国，也是东南亚最大的经济体。在印度尼西亚，橡塑胶制品是仅次于食品、服装等基本物资的重要生活必需品，是家电、交通、通信及公共建设等行业不可或缺的材料。印度尼西亚对生产橡塑胶制品的橡塑胶加工机械需求迫切，而且需求量也非常大。因此，印度尼西亚政府十分注重鼓励橡塑胶加工机械的进口，目前没有规定配额限制，也没有特殊安全规定或检验手续。印度尼西亚的橡塑胶加工机械产品的进口税率为零，仅需交纳10%的附加税。欧美日等塑料加工机械生产国虽然看好印尼的市场前景，但由于其产品价格偏高，竞争力受到削弱。而中国的塑料加工机械产品性价比较高，具有一定的竞争优势。多年来，中国企业经过努力，凭借价格等优势，已经在印度尼西亚的橡塑胶加工机械市场占据了一定的地位，已跻身于其十大供应国之列。其中，中国向印度尼西亚出口的注射成型机占印尼市场的第2位，挤出成型机占第3位，综合来看橡塑胶加工机械已占到印尼市场的第3位，市场占有率约为8%。随着经济的进一步发展，还将继续上扬。

2. 泰国

2011年，泰国遭遇大型水灾，大量塑料机械设备在水灾中受损。泰国灾后重建及经济全面恢复过程极大程度刺激了当地对塑机的需求，2012～2013年增速非常迅猛。随着泰国当地对塑机需求的增加及其日渐成熟的投资环境，泰国也成为各塑机制造企业投资建厂重点考虑的国度。日本塑机产业的投资重心已经逐渐转向东南亚，而泰国是个不错的选择。2013年以来，已有大量欧洲和日本厂商进驻泰国本地，使得泰国对进口塑机的需求出现收缩。

3. 越南

越南塑料橡胶产业主要位于胡志明市。迄今，越南塑胶制品的总产量已逾100万吨，是越南较有竞争力的产业，家用塑胶制品还能打败外国对手，在越南各超市95%之塑胶日用品是在越南国内生产（比重占塑胶业总产量的30%），目前粮食食品包装、各类饮料包装、洁净矿泉水包装、水海产包装等所需原料、近乎100%已能在越南国内生产。目前许多家越南塑胶公司开始向出口市场进军，投资引进高科技设备，如隆城公司投资四色印刷啤酒箱之生产技术，大同进公司投资薄膜压胶片等高技术设备，Liksin公司吹制PE复合薄膜技术等。

根据越南塑料协会的数据统计，越南有2000家塑料加工企业，从业人数约20万人，塑料工业产值年均增长12%。2013年，越南塑料行业营收额逾90亿美元，出口塑料制品逾24亿美元，主要出口欧洲、南美洲、日本、马来西亚、印尼和泰国等市场。其中，用于运输包装、食品包装的塑料制品占56%；家用塑料制品占10.6%；工程塑料占8.2%；建筑塑料占2.1%。据越南塑料协会对摩托车和电子行业塑料配套企业调查显示，90%企业技术落后，不能满足生产需求；95%的企业生产成本过高；90%的企业管理水平和设计能力较低，潜在提升的发展空间巨大。

近年来，越南经济发展迅速，人民消费水准有所提高，不论一般塑料消费品或是工业建材用的塑料制品需求均逐渐提升，例如：塑胶天花板、地板、嵌板、隔板、门扉、窗扉等塑料建材，高级电力、汽车冷却系统、机车以及电子、通信塑料零配件市场比重也逐渐提高。

（四）印度市场

政治因素在印度塑料工业发展过程中起着至关重要的作用。在新任总理莫迪执政后带来的稳定政局下，印度塑料工业市场迎来显著增长。当前，印度正在努力成为世界级塑料加工基地。随着相关基础设施的不断完善以及生产技术的日益提高，未来印度市场的潜能将十分巨大。印度是人口大国，但人均塑料消费量（2013年时约为9.7公斤），远低于美国的109公斤和中国的45公斤，潜在发展空间巨大。塑料行业的兴起为印度人民提供了很多就业机会，同时意味着印度国内塑料的需求量增加，因此印度的塑料机械需求量也在增加，塑料机械的发展在印度前景相当可观。

汽车业的发展也为印度塑料市场的高速发展提供了良机。印度塑料行业专家称，客车行业的稳步增长将推动塑料消耗量及塑机装备的增长。食品包装需求的上涨也是拉动印度塑料市场快速增长的主要驱动力。2016年印度有望成为全球十大包装消费国之一。届时，该国包装行业市值将突破240亿美元。

印度本土的塑料机械制造厂商相对有限，近些年来，欧美、日本的主要塑料机械企业纷纷入驻印度投资建厂，抢占印度庞大的塑料市场。在印度塑料机械行业中，注塑机约占60%，挤出机约占30%的份额。为削弱来自中国注塑机在印度市场的明显性价比优势，这些欧美、日本企业利用其在印度的工厂于2008年发起对华注塑机反倾销，印度政府对从中国进口的注塑机征收高额反倾销税，使得中国注塑机出口印度市场受到严重影响。

中国塑料机械工业协会作为中国塑机行业利益的维护者，积极组织会员单位、律师团队主动应诉，根据掌握的资料与印度律师对抗辩工作进行了深入的谈论和研究，并在调查过程中从各个可能的角度进行了多轮强烈的抗辩。虽然最终由于种种复杂的政治、经济等外部因素影响，印度调查机关于2015年10月终裁仍然建议在未来的五年继续征收反倾销税，但是在中国塑料机械工业协会、会员单位以及律师团队的共同努力下，反倾销税率由原审的60%～174%大幅下降为29%（表16）。这是在种种不利外部环境下，通过协会、会员单位以及律师团队积极配合，多次与调查机关沟通、协调，尽最大努力所取得的结果。

表16　印度对华注塑机征收反倾销税率日落复审前后对比

名称	日落复审前税率/%	日落复审后税率/%
博创智能装备股份有限公司	60	29
泰瑞机器股份有限公司	68	29
宁波海天华远机械有限公司	76	29
海天塑机集团有限公司	79	29
宁波利广机械有限公司	81	29
宁波海星机械制造有限公司	100	29
徐州海天机械工程有限公司	105	29
浙江金鹰塑料机械有限公司	126	29
浙江申达机器制造有限公司	135	29
其他企业	174	29

为规避印度贸易壁垒的不利影响，中国塑机企业也开始尝试在印度直接投资建厂。例如，海天塑机集团有限公司已在印度设厂开工生产，并将继续加大对该市场的投资力度。

（五）中东市场

中东人口众多，市场广阔，丰富的石化资源，使得中东成为世界最大的塑料原料加工集中地。塑料工业已成为中东增速最快的产业之一，主要来自于工业建设与不断增长的人口、消费和能源需求。沙特阿拉伯、阿联酋、科威特、卡塔尔、阿曼等都在努力发展当地的石化产业，开发本地需求，提升塑料制品供应能力。

中东塑料加工业的主要市场集中于建筑和包装，该两类产品的需求超过该地区塑料消费的3/4。聚烯烃是当地市场的主导力量，占该地区总需求的60%以上。工程塑料的需求只占很小一部分，因为该地区没有汽车加工业，并且电子电器商品的产量也比较低。

建筑业的需求主要集中在塑料管材和塑料线缆两方面，主要由当地高层建筑建设和政府注资的大批基础设施建设组成。该地区企业普遍都具有复合生产的能力，例如AlWatania是当地主要的塑料管材生产商，坐落于沙特阿拉伯的Riyadh地区，除了塑料管材之外，AlWatania还从事注塑、吹塑、挤出及热塑包装等产品生产。该地区另外一个主要的塑料管材生产商是Harwal，包括Cosmoplast分支，总部设在阿拉伯，在阿布扎伊和迪拜都有分厂，宣称是当地最大的热塑管材生产商。另一个分支是Interplast，生产PVC、PP和PE复合塑料，除用于生产电线电缆产品外还直接出售。

卡塔尔因为将举办大型体育赛事——2022年世界杯足球赛，基础设施建设将带动消费量的激增。沙特阿拉伯因计划在2020年之前建设100万套新增住房，对塑料的需求同样强劲增长。

包装占据中东地区塑料加工业的半壁江山，当地的零售业发展迅猛，超市模式正在被大量复制，预计未来包装市场将继续延续增长态势。中东地区主要的包装塑料生产商包括GulfPackingSystems，Napco和Taghleef等。GulfPackingSystem的总部位于沙特阿拉伯的吉达，拥有多个专门的部门包括PET瓶盖，PET料粒，拉伸和收缩膜及热缩性杯子等。Napco是该地伸缩膜生产的代表企业，主要生产基地是沙特阿拉伯的达曼，除此外，Napco还拥有一个PE加工部门和一个回收装备部门。Taghleef是该地区最大的BOPP伸缩膜生产商，总部在迪拜，在阿曼和埃及都有生产厂。去年通过收购Radici在意大利和匈牙利的BOPP生产装置而将覆盖范围扩大到整个欧洲。

从整个中东地区发展来看，目前塑料业比较活跃的是沙特阿拉伯的利雅得、吉达、达曼，阿联酋的迪拜和沙迦。当地政府鼓励本地塑料加工业的发展以增加出口产值，并建立工业区以期形成集群效应。另外，政府为了吸引投资还采取了一系列的刺激政策，如补贴，免税区和低成本能源等。

（六）拉美市场

拉丁美洲地域辽阔，资源丰富，是全球经济中重要的新兴市场，发展潜力巨大。制造业是拉美经济中发展最快的部门，钢铁、汽车、化工、橡胶、电器、机械设备等已具一定实力。

1. 墨西哥

墨西哥90%以上的塑料加工机械依赖于进口，是世界各国主要塑机厂商都非常看好的增长市场。

墨西哥目前约有4000多家塑料企业（其中80%以上属于小型或微型企业），每年可加工500万吨塑料产品。在未来几年里每年可望增长9%～10%。其塑料产品中，主要用于包装、建筑、家具、玩具及农业。

由于墨西哥的低成本优势，美国德州和加州的一些塑料加工企业迁入墨西哥，对其塑料工业的增长起到助推作用。与此同时，墨西哥的塑料制品结构也相应发生了很大变化，高附加值产品不断增多，对设备的需求也发生了变化。其中以小型设备居多，注塑机以全电动占优，智能、编程、自动、高速机型较受欢迎，用于医疗、消费品和硅材料的专用设备需求很旺。汽车产量的增加也为墨西哥塑料工业，尤其是注塑机行业的发展带来不可估量的市场前景。随着机械、冲压、铸造和锻造的不断发展，现如今，注塑机已成为汽车行业急于发展和突破的产品。据当地贸易协会消息称，截至2020年，墨西哥每年将生产500万辆汽车，这将意味着预计超过20%的塑料企业会从中获得丰厚的利润，并且促进塑料行业的繁荣。

2. 巴西

巴西是世界五大塑料原料生产国之一，其塑料制品工业生产量位居世界前列。近年来，以桑巴和足球闻名的巴西迎来两大世界顶尖级赛事——2014足球世界杯和2016夏季奥林匹克运动会，在这过程中，塑料发挥着巨大的作用，场馆建设对塑料的需求进一步繁荣了巴西塑料市场。此外，汽车制造、塑料包装等行业的相继复苏也进一步推高了巴西塑料市场走势。

与此同时，得益于巴西政府的大力扶植以及行业协会的共同努力，巴西塑料机械在全球其他地区，尤其是拉美市场上的销售业绩有所提升。但巴西塑料机械贸易依旧存在逆差，每年进口6～8亿美元，充满着巨大的商机。

（七）非洲市场

非洲的经济虽然较为落后，其塑料行业也起步较晚，但非洲已成为最重要的新兴市场，快速增长的塑料工业正吸引世界各国主要塑机制造厂商的眼球，成为争夺市场的新焦点。据2013年数据统计，意大利在非洲销售增长了23%，总额高达1.49亿欧元。德国在非洲市场的销售业绩增长了约20%，总额达2000万欧元。近5年来，中国每年出口到非洲市场的塑机从1.3亿美元稳步增长到1.9亿美元。

南非的塑料生产处于区域领先，但是非洲其他国家由于基础设施建设、能源、通信和制造业等的不断发展，对塑料的需求显著增加。据测算，非洲塑料包装的需求增长率约为8%。

南非政府战略基础设施项目（SIPs）致力于提升国家基础设施建设，自SIPs公告发布以来，南非建筑业对塑料的使用有所增长。塑料工业对南非经济增长的贡献度显著提高。据2014年南非塑料联合会数据统计，2013年南非GDP增长0.9%，但是南非的塑料工业增长了5.4%。塑料制造对南非GDP的贡献度约为1.6%，对制造业的贡献度则高达14.2%。南非塑料行业综合营业额每年约500亿兰特（约合32亿美元），未来对塑料回收与循环利用以及创新塑料装备与技术有很大需求。

展望未来，中国塑料机械工业协会将继续以技术、质量、人才、品牌、标准、知识产权等方面的工作为抓手，推进行业创新、转型、高端、绿色、和谐与持续发展。

（中国塑料机械工业协会）

中国模具工业2016年的经济运行情况及未来发展新趋势

2016年，我国模具行业按照中央“三去、一降、一补”的经济发展总原则，着力推进行业转型升级，以及今年3月《政府工作报告》深入实施《中国制造2025》特别是在加快大数据、云计算、物联网应用，以新技术新业态新模式推动传统产业生产、管理和营销模式变革的要求下，在保持经济稳步增长，夯实“由大转强”的基础工作并取得了实质性进展的大背景下，展现出我国模具工业健康发展的新态势。

“十三五”开局之年，我国模具行业不但保证了对制造业转型升级所需模具的有效供给，同时整个行业在创新能力、质量效益水平、国际化程度、行业组织活力等“软实力”方面均得到显著增强。

一、模具行业经济运行“稳中有进”

2016年，我国模具行业的销售额增长为6.9%，达到1840亿元，基本满足了我国模具各用户行业的生产增长（汽车制造10%，塑料制品3%）对模具的需求。

2016中国模具市场总量约2200亿元，同比增长3%。其中专业模具厂供应模具约75%（1650亿）；自产自用（包括外资制造商自带模具）模具约占20%（440亿）；进口模具占5.9%（130亿）；我国各类模具占比统计：塑料模具45%，冲压模具35%，铸造（含压铸）模具9.5%，锻造模具3%，橡胶模具3%，其他模具4.5%。

模具进出口总额受世界经济持续复苏乏力的影响，达到67.93亿美元，同比下降10.2%。其中模具进口额20.03亿美元，同比下降19.4%；模具出口额47.90亿美元，同比下降5.75%，出现继2008年后的第二个负增长年。但在绝对数量上仍然居于世界模具国际贸易（包括出口）大国的前列。

2016年，中国模具产业从经济规模上仍保持着世界制造大国和贸易大国的地位。

二、模具行业的软实力进一步提升

参与工信部强基工程、科技部研发项目的投标工作，均有项目中标；首批31家申报企业获得了“信用等级AAA”的授信，为模具行业信用体系的建设拉开了帷幕；山东豪迈集团经中国模协推荐、工信部审核和公示，成为我国模具行业首家由国家认定的“制造业单项冠军示范企业”；中国模协和北京数码大方科技公司合作开展的“精益研发创新服务平台项目”及其建成的数字化平台“精模网”，于2016年中标成为工信部《工业转型升级智能制造和“互联网+”行动支撑保障能力工程——工业云应用示范》中《面向装备制造行业的工业云应用示范》项目；获得省部级的科技成果10余项；模具行业的骨干企业进一步成长壮大，2016年中国模具工业协会评定授牌的“中国重点骨干模具企业”达到178家，并以不到1%占比的企业数量，实现全行业近20%销售额，产业集中度比“十一五”末提高35%；以模具为主业的上市公司达到36家（不包括新三板），整个行业资本运作的水平达到了新的高度。中国模协牵头制定的“模具术语”国家标准完成报批稿，“中国模具工业协会团体标准”制定工作提上日程，模具行业标准化工作进入新阶段。

三、模具行业进入数字化、信息化、网络化新时代

模具行业已进入数据时代。人性的依赖越来越少，模式化、程序化的数据流已成为社会各层面民众生活工作的基本思维。模具行业在信息技术的环境下发展到了重塑产业组织与制造模式，重构模具与用户关系的新阶段，奏响了未来互联网+模具制造的主旋律。数据时代为模具产品在整个制造生命周期中共同探讨修改设计方案与制造并举，以及制造闭环数据流的采集、监控等提供了发展的空间，彰显数字模具的魅力；信息世界的共享与互通互联使得模具制造、运营得以实现数字化、信息化，在发展节约型、定制型、模块型的模具成形技术与现代模具企业等管理模式中，深度探索和最大化利用信息网络技术，将是模具企业变革的重要方面。

模具行业已进入技术交叉、集成创新的时代。模具行业的技术创新走在了制造业的前列，“十二五”期间模具行业授权专利达到105789项，其中发明专利9393项，2016年模具行业授权专利超过10000项，再传捷报；模具是高新技术的载体，其生产过程集精密制造、计算机技术、智能控制和绿色制造为一体，精益制造与模具生产的自动化、激光加工、3D验证、逆向工程等技术在模具行业也被积极采用。在节能节材、淘汰落后工艺、实现轻量化的市场需求下，模具作为新材料、新工艺实现下游制造业零件制造的装备保障，其技术人才、研究领域已大大超出模具制造本身的范畴，更加体现出在制造业中的重要性。由中国模协起草并经行业通过的“‘十三五’模具行业发展纲要”也提出：模具行业“十三五”的关键技术研发项目充分体现了技术交叉、集成创新的发展路线。继续实施项目带动战略，提高企业作为技术创新主体的能力和企业的自主创新能力；重点发展高技术含量、高附加值的高品质模具产品，是时代赋予我们的发展之路。

模具行业已进入一个产业融合、协同制造的时代。虽然模具本身是单件制造的属性，却是多样化市场需求的量产保障；模具与成形装备、成形工艺一体化（模压一体、模塑一体、冲压激光一体）的产品系统工程，是集成创新能力的全面反映；模具是整合性很高的行业，模具是整合产品各要素、成形各要素、制造各要素的载体，模具项目交付的是模具产品和模具成形解决方案，模具向上下游延伸发展的趋势更加明显，天地更加广阔。在技术交

叉、产业链高度集成的市场需求下，模具行业的转型是要打造企业技术、管理的升级版，找准市场定位、产品定位，细分市场，做深做透所处客户行业，集中力量逐步形成自己的技术优势和产品优势。通过精准高效的生产模式优化、自动化与智能化、定制化与个性化资源的高效配置，以及供应链管理技术的极大应用，挖掘价值链潜力，由自然形成的供应链向标准化实施、规范化配给、个性化解决、甄别挑选合作伙伴的有意为之的产业链形成的时代正在路上。

模具行业已进入精细化制造、充分竞争的时代。与其他行业一样，模具行业也面临资本价值缩水，到了成本压力影响企业技术进步步伐的发展阶段，同时模具企业面临设备改造与软件应用效率不高的压力也愈来愈大；模具行业还没有形成总包分包的合理布局，企业集中度差，导致竞争不真实等问题都是我们要破解的重要难题；模具企业在技术优势、生产要素、产品结构、市场定位、互联网下的两化融合等方面的创新发展，具有独特的自我发展运营模式，在细分领域占据优势地位，并取得了稳定的细分市场份额，获得了良好的经济效益和品牌影响，业已在模具企业达成共识。追求走“专而精而特”的差异化发展之路，成为“小型巨人”应对当前市场需求已是必由之路。

模具行业已进入消费多元化的时代。模具关联性高、涉及面广。我国模具产业在制造业中的重要作用集中体现在：模具是零部件制造的工艺装备、成型保障，是零件设计制造、品质保证并量产的关键节点。除了对我国消费产业做出贡献巨大的同时，也为国防现代化和高端技术产业起到了十分重要的支撑作用。

模具制造技术在实现控性的同时还要控形（对制件外形），因而模具也是时尚技术的载体，介入产品的外观设计、结构设计、造型设计，与下游产品行业共同完成市场的供给需求；模具还是下游产业追求高效率生产的工艺保障，同时又担负着新材料成形、节能节材等新工艺市场需要的制造装备的角色。目前，我国通过模具成形制造（也称等材制造）的金属制品约为 8000 万吨，与切削加工（减材制造）的数量相当；而 7500 万吨左右的塑料制品和 600 万吨的橡胶制品，几乎全部由模具成形。模具是供给侧结构性改革、提高供给质量、推进供给结构调整、扩大有效供给、提高供给结构对需求变化的适应性和灵活性、提高全要素生产率、更好地满足消费市场的需要、促进制造业持续健康发展的关键环节，因此被称为产品制造业的效益放大器，也可谓实至名归。

模具行业已进入制造更加注重质量与效率要素的时代。以质量数据为先导的制造流已贯穿于模具企业的设计、制造和反馈制造，在质量控制框架下集成企业信息流、资金流、物流实现效益、质量横纵双向集成，通过追求有效率、有质量进而得到有效益、可持续的发展；利用精细化、知识化、专业化实现增值效率；软件技术提升硬件装备的应用价值，实现增值效率；客户数据与管理共享，提高资源效率、运营效率和研发效率。同时，模具还是提升模具制件生产效率、提高模具制件成形质量、缩短模具制件交货期的最重要保障，是下游汽车、电子、家电、消费产业等零件品质保障、成本控制的关键工艺。当前，模具行业已走过了靠规模扩张的时期，靠质量与效率求发展是未来激发企业活力的关键所在。

模具行业已进入经营管理思维、模式调整完善变革的时代。企业家从关注制造向建设完善的模具制造全生命周期服务体系转变，并以渗透主机产品研发设计制造与模具设计同步、模具成形后服务的工程服务理念对待客户。通过建立差异化生存的健康模具产业生态，逐步形成针对特定客户的产品与技术服务，逐步形成针对特定行业的产品与技术服务，逐步形成针对特定领域的产品与技术服务已成为模具企业家的新思维。低端向高端的升级不是解决生存发展的唯一路径，低端产品也能在差异化下获得生存空间；高端产品也要避免一哄而上，摆脱同质化。企业管理更注重人的创造力、企业文化与企业命运的结合；模具技术的知识与经验的结合，充分发挥员工的创造性思维能力，建立有机的、关注员工心理、身体持续良好发展的人才成长环境，搭建员工在交流中相互传递知识、思想碰撞、经验分享促使员工素质不断提高的平台，是模具企业持续发展的生命力要素；企业的价值观、行为规范、团队精神等所形成的独特的企业文化是保持企业长盛不衰的管理灵魂。未来的模具企业已将管理的视角更多地转向核心的“人”。

模具行业已进入制造业呼唤产品与服务相结合的时代。模具已完成了技能型向技术复合型的转变，并由模具制造向模具＋技术服务过渡，目前，模具企业不仅仅是模具供应商，还成为集成技术服务商。模具企业在交付模具产品的同时要交付设计、工艺、分析的数字化过程，模具企业提供的产品是模具与模具成形工艺的一体化方案，是完成产品从设计到制造的产业化的关键节点，使得模具企业具备了零件成形整体解决方案和工程服务等能力。模具企业由提供产品向提供产品与服务转变，由产品出口向资本出口、服务出口转换，这是市场的需求，亦是时代的呼唤。

模具行业已进入具有性价比优势的国际模具采购时代。我国模具出口从2006年的10亿美元扩大到2015年超过50亿美元，出口模具达169个国家和地区，国际产能合作已显现出我们的竞争力，我国模具出口已逐步形成以欧、美、日传统市场为主，兼顾国际新兴市场延伸的格局，已成为国际模具舞台的重要力量。我国高技术模具产品能参与国际模具竞争的虽然只是少数企业，整个行业缺少把握大项目整体运作的能力，没有形成有力的突前掌控的品牌团队，也没有形成树枝状集团作战的健康梯队，高端模具主要依靠进口的局面仍将继续。但中国模具的性价比优势十分明显，我们在国际模具产业中的互补性很强，即使在当前国际模具制造业实体回归，我国出口模具增速放缓，国内外模具市场格局不定等因素增加的环境下，仍具有比较强的优势。

模具行业进入到区域创新成为全球经济热点的时代。通过产品集群、产业集群，促进区域发展，实现了精特产业。特色明显、产业集聚特色鲜明的地区群体跨域，成就了长江经济带模具建设、珠三角制造业模具齐头并进、京津冀环渤海模具协同发展、川渝模具优势跃升、华中模具你追我赶的局面。宁波市就容纳了500亿人民币的模具产值，广东、江苏、上海、浙江多年来的模具出口额列居全国模具出口额前四位，充分显示出区域模具的强大发展动力。

模具行业已进入诚信为先、品牌建设不可或缺的时代。定位品牌战略、注重品牌建设、推动品牌传播、实现品牌营销，这是市场的要求，也是产业发展的必然。随着模具行业品牌战略的推进，中国模协178家重点骨干模具企业、100家模具企业精模奖优秀团队和31家商务部信用等级模具企业在2016年12月的会员代表大会上的集体亮相，接受授牌和证书，提振了模具行业进步向上、崇尚精品、注重发展内涵的自信。未来，模具产业将继续推动品牌传播、实现品牌营销、打造世界舞台的中国模具名片。6月13～16日举办的DMC2017中国国际模具技术和设备展览会既是中国模协凝聚30多年的心血，精心打造的行业品牌的宣传平台，更是企业塑造品牌、展示品牌、实现品牌营销的舞台。

基于国内外制造业形势的变化，中国模具工业协会依据《模具行业“十三五”发展指引纲要》（简称《指引纲要》）引领行业健康快速发展。根据我国产品制造业，特别是涉及消费、民生工程的制造业的发展趋势，模具市场总容量预计比“十二五”末有15%左右的扩大，其中高档模具的比重会有较大幅度的增加；我国模具出口经过十多年的高速增长，积累了较为丰富的经验，建立了较好的信誉，随着世界经济的逐步复苏，模具出口也将有更广阔的市场空间。同时，也要明晰我国模具行业在发展中存在的主要问题（例如，我国现代模具工业的发展历史较短，工业基础不够强，设计软件和关键加工设备80%以上依赖国外；行业发展的动能转换不够快、创新能力偏低；现代制造服务业和公共服务平台建设的发展水平不高；模具主要用户行业间的产能分布不平衡）制造发展战略和重点任务：通过“政、产、学、研、用”、“产业链上下游联盟”和“产业技术联盟”等方式进行协同创新，推动制造业，特别是智能制造的创新发展；针对模具行业优势资源分散、短缺的现状，利用互联网技术、建立公共服务平台和发展现代制造服务业，形成优势资源的整合并实现行业资源共享；通过线上线下网络化采购平台建设、模具企业产品结构调整和产业升级，解决模具各用户行业间，特别是新兴模具市场之间模具产能不平衡的问题，实现产能合作。

2017年我国经济发展将继续维持在健康稳健的水平，“中国制造2025”也将进一步加大实施力度，消费多元升级、民生保障措施以及高端装备制造业发展都将迎来新的契机；这都将为我国模具行业的创新驱动发展提供更好的环境和舞台。模具行业企业将以深刻的变革、创造性的努力服务于消费领域各行业、服务国防军工科技各领域、服务国民经济等各制造业领域。共创模具行业的美好明天！

（中国模具工业协会）

2016～2017年塑料加工业创新信息汇总

一、国内部分

1. 石化院高端聚丙烯研发获重大突破

2016年7月29日，由石油化工研究院与兰州石化公司合作开发的三元热封聚丙烯专用料EPB08F，在华北区和西南区使用获得成功，产品各项性能指标均达到行业标准，得到用户普遍认可。EPB08F的成功开发，标志着中国石油在三元热封聚丙烯的研发领域取得重要技术突破，填补了中国石油在这个领域的空白。

三元热封聚丙烯是聚丙烯高端产品之一，国内市场此类产品大部分依赖进口，且供不应求。三元热封聚丙烯是乙烯、丙烯和丁烯三种共聚单体，在反应器中无规共聚而生产的聚丙烯产品。因乙烯和丁烯单体的引入，降低了聚丙烯链段的规整性，使聚丙烯产品的结晶和熔融特性均发生较大变化，产品具有极佳的热封性能，可广泛用于热密封、电容器薄膜、金属复合膜、食品包装膜等行业，具有较高的经济附加值。

中国聚合物网 2016－8－15

2. 造甲醛树脂取得新突破，有望打破美国行业垄断

从重庆市科委获悉，重庆大学与重庆建峰浩康集团联合研发的两步法合成醚化三聚氰胺甲醛树脂项目，经过三年的技术研究，取得相关专利9件，装备成5000吨/年醚化氨基树脂生产线，有望打破美国氰特公司在氨基树行业的长期技术垄断地位，醚化氨基树脂由于其优异的水性特点，在市场上掀起新一轮水性涂料的应用高潮。

中外涂料网 2016－8－16

3. 化学所在多孔聚合物材料捕集和催化CO_2转化方面取得重要进展

在国家自然科学基金委和中国科学院的大力支持下，化学所胶体、界面与化学热力学重点实验室的科研人员在多孔聚合物材料设计合成及其捕集和催化CO_2转化方面开展了系统研究，取得重要进展。研究人员通过在聚合物结构中引入亲CO_2基团，发展了多种含氮（Chem. Commun. 2015，51，1271；Chem. Commun. 2015，51，11576.）、含氟（Green Chem. 2014，16，3724；Chem. Commun. 2014，50，13910.）、含膦（ACS Catal. 2016，6，1268.）的功能化多孔聚合物催化材料，实现了CO_2的有效捕集和高效转化。

中科院化学所 2016－9－3

4. 哈工大研制出长寿命宽范围高温储能的形状记忆聚酰亚胺

哈尔滨工业大学化工与化学学院肖鑫礼课题组制备的分子链为螺旋状扭曲的聚酰亚胺在折叠形状记忆次数超过1000次时依然保持接近100%的固定率和恢复率，是关于长循环寿命形状记忆聚合物的首次报道。

该材料具有较宽的形状转变范围（230～300℃），可适应多种高温环境，在20秒内可实现100%的形状恢复。在250℃时该材料的临界应力为2.78MPa，形状恢复过程可产生0.218J/g的能量，其输入/输出能量转换效率为31.3%。这也是聚合物在高温形状记忆过程中机械能转化问题的首次报道。

该材料制备成本较低，工艺简单，易于产业化。其长循环寿命、宽形状转变范围和可逆高温能量转化等特性使其在循环驱动器等领域有广阔前景，将进一步拓展形状记忆聚合物的应用范围。

中国科学网 2016－9－20

5. 茂名石化成功产出高端聚丙烯新产品

2016年9月21日，茂名石化2号聚丙烯装置克服氢气加入多反应控制难度大、熔融指数高、造粒切粒难度大等难题，成功生产高熔高透丙丁共聚聚丙烯PPD－MT45－S，首次生产该产品约500吨。

据介绍，该产品具有透明性高、流动性好、注塑周期短、成型快、翘曲率低、抗冲性能好等优点，适用于快速成型薄壁透明食品容器、大型或复杂薄壁零件注塑、DVD和CD包装等领域。

中国聚合物网 2016－9－26

6. 青岛科技大学：国内iPB树脂生产打破空白

高等规聚丁烯（iPB）是一种非常特殊的聚烯烃材料，具有优异的耐热蠕变性能和耐应力开裂性能，iPB的耐热蠕变性要明显优于通用的聚丙烯（PP）和聚乙烯（PE），可在95℃下长期使用，主要用于工业和民用冷热水管及其配件上，是最好的地暖管材材料。

目前，青岛科技大学橡塑新材料合成与应用团队在丁烯先进聚合工艺、聚合物颗粒形态控制、高

等规、高效催化剂的研究方面开发了具有知识产权的丁烯聚合技术，填补了我国 iPB 树脂的生产空白。

中化新网 2016 - 9 - 27

7. 我国自主研发成功自阻燃型高防火聚氨酯保温新材料

经过 4 年艰苦创新攻关，我国自主研发成功自阻燃型高防火聚氨酯保温新材料，在生产线上制造的产品经国家级权威部门检测，阻燃等级达到（GB8624 - 2012）B1 级，这是迄今为止国内外聚氨酯裸材所达到的最佳指标。

由中国建筑节能减排产业联盟、中国建设科技集团、亚太建设科技信息研究院共同举办的“自阻燃型高防火聚氨酯保温新材料发布及推介会”，日前在北京举行。会上发布了由中国建筑节能减排产业联盟研制出的等级为 B1 级的自阻燃型高防火聚氨酯保温新材料。

中国聚合物网 2016 - 10 - 25

8. 轻质氟塑料屏蔽材料研究方面取得新进展

近期，中国科学院合肥物质科学研究院应用技术研究所先进材料中心田兴友研究员和张献副研究员带领的研发团队在轻质氟塑料基纳米复合材料的制备与抗电磁干扰性能的研究方面取得新进展，相关成果发表在 Composites Science and Technology 125（2016）22 - 29；Composites：Part A 90（2016）606 - 613 上，并申报了国家发明专利一项。

中国聚合物网 2017 - 01 - 19

9. 北京大学开发出双重形状记忆高分子形状固定率和回复率均超 99%

近期，北京大学化学与分子工程学院的陈尔强教授课题组设计了一种新的热塑性形状记忆高分子。这种材料以侧链型液晶高分子的柱状液晶相结构为基础，展现出优异的力学性能。没有采用任何化学交联，这种高分子能记忆住应变高达 600% 的临时形状，在双重形状记忆循环中，其形状固定率和回复率均超过 99%。

高分子科学前沿 2017 - 2 - 28

10. 华南理工大学研发出系列生物降解高分子基防污材料

华南理工大学张广照教授和马春风教授围绕“环境友好海洋防污材料”这一与国家重大战略需求相关的课题开展了系列工作，先后设计和制备了具有优异力学性能和可控降解速率的生物降解型聚氨酯、主链降解 - 侧链水解型聚氨酯以及具有防污功能的生物降解高分子材料等。在国际上提出“降解防污”的新路径，发展了一系列生物降解高分子基防污材料并最早在海洋实验中获得成功。

新材料在线 2017 - 3 - 8

11. 辽阳石化成功转产新牌号聚酯产品

日前，辽阳石化已成功实现聚酯生产线向高端产品的转型。截至 3 月 13 日，辽阳石化已生产出 BG60 牌号的聚酯新产品 2400 吨，成功实现聚酯生产线向高端产品的转型。

辽阳石化现有 3 条聚酯生产线，主要以生产普通型号聚酯为主。差别化、特色化、高端化一直是辽阳石化聚酯新产品开发的重点方向。BG60 聚酯是一种广泛应用于光伏和电子产业的膜聚酯，技术指标要求高，应用范围十分广泛。经过各单位的共同努力，辽阳石化聚酯装置先后生产出 MA100、MA101、BG60 等 3 个牌号的新产品，产品质量和优级品率保持在较高水平。其中 BG60 牌号聚酯新产品综合优级品率超过 80%。

环球塑化网 2017 - 3 - 17

12. 宁波材料所在生物基元阻燃材料研究方面取得进展

中国科学院宁波材料技术与工程研究所精细磷化工团队根据膨胀型阻燃剂的作用机理，将核苷酸分子嵌入到三聚氰胺甲醛树脂的结构中，形成具有阻燃功能的微球；由于核苷酸本身的活性基团被屏蔽，耐热性得到改善，在膨胀阻燃聚丙烯（PP）中获得了良好的阻燃效果，仅添加 1wt% 微球就可以使阻燃剂的用量减少 30% 以上。但是由于磷酸直接连着五碳糖，造成加工过程中极易催化碳化致使样品变色，因此又通过将核苷酸成盐，进一步调控了其热分解行为，使其在加工过程中稳定，而在高温下发挥阻燃作用。这一工作有助于推动生物基元阻燃剂的制备和应用技术的发展。

中科院网站 2017 - 3 - 24

13. 中科院宣布塑料生物降解领域取得重大突破

中国科学院昆明植物研究所许建初团队近日宣布，在塑料生物降解领域取得重大突破——发现了塔宾曲霉菌对聚氨基甲酸酯的生物降解作用。这项研究成果以《塔宾曲霉菌（Aspergillustubingensis）对聚氨基甲酸酯的生物降解》为题，发表在国际主流环境污染（Environmental Pollution）杂志上。

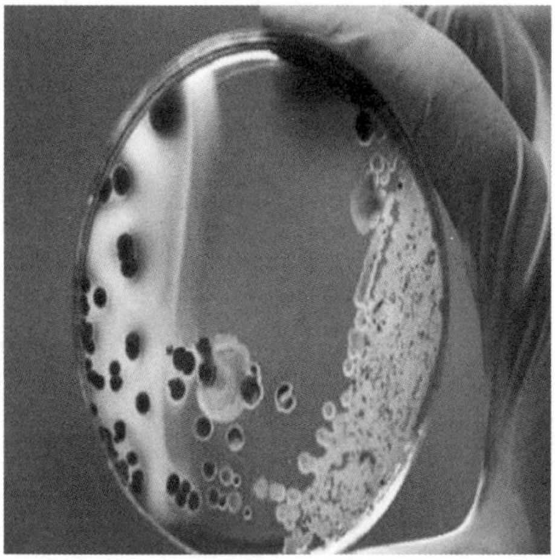

化工资讯网 2017－5－2

14. 复旦大学开发出仿生矿物水凝胶

近日，复旦大学武培怡教授研究团队开发了一种仿生矿物水凝胶，可制造新型机械适应性离子皮肤传感器。

此种仿生矿物水凝胶是由微小的无定形碳酸钙（ACC）纳米粒子和聚丙烯酸（PAA）、藻酸盐三者物理交联而成，合成方法简单。由于其独特的黏弹性，这种基于仿生矿物水凝胶的电容式传感器具有兼容性，可自我检测，并且能够感受到微妙的压力变化。其不仅在人工智能、人机交互、个人医疗保健和可穿戴设备等方面具有巨大的应用潜力，还可能促进下一代机械自适应智能皮肤设备的发展。

新材料在线 2017－5－5

15. 云南省 PVC 基高填充生物质纤维复合材料研发获突破

近日云南正邦科技有限公司在昆明召开的“PVC 基高填充生物质纤维复合材料”技术成果发布会上获悉，云南省在全国范围内率先实现 PVC 基高填充生物质纤维复合材料生产。

据悉，云南正邦科技有限公司经过近 3 年的研发努力，成功开发了能添加 70% 以上生物质纤维的“PVC 基高填充生物质纤维复合材料”的技术，经检测，各项数据指标均大大高于一般木材和现有木塑产品的指标，且相对于现有产品成本相对低廉，具有较大实用价值、经济效益和社会效益。

新华网 2017－5－15

16. 福建联化石化开发高端聚丙烯 BOPP 双峰膜料

2017 年 5 月 25 日，福建联合石化开发的聚丙烯双峰 BOPP 专用膜料 1107K 牌号树脂，经福融辉实业公司几条 BOPP 薄膜生产线试用，取得了圆满成功。1107K 树脂完全能适应福融辉实业公司目前最先进的 525 米/分钟高速拉伸及 12 微米薄膜的布鲁克纳生产线对原料的要求，在几条生产线上按最高实际操作拉伸速度和挤出率等重要条件参数进行了试生产，拉伸的 12 微米厚薄膜和 27 微米中厚度膜，完全达到并超过客户的要求及预计期望值。

慧聪塑料网 2017－5－25

17. 石墨烯阻燃 EPS 材料率先在常州实现产业化

2017 年 5 月 19 日，记者在新闻发布会上获悉，由无锡兴达泡塑新材料股份有限公司与常州第六元素材料科技股份有限公司，合作研发的石墨烯阻燃型 EPS 新材料成功实现产业化。这一技术的突破，将为我国 EPS 行业带来跨越式的变革。

中化新网 2017－5－24

18. 新疆新型工业化稳步推进 PVC－O 管材项目填补行业空白

记者从新疆乌苏化工园区获悉：今年，该园区新疆城轩高新材料有限公司年产 10 万吨 PVC－O 管材项目试生产成功。标志着该项目打破了国外对相关技术的垄断，将填补我国塑料行业在新型科技制造领域空白，改变和优化我国当前塑料行业整体结构。

人民网 2016－10－9

19. 我国抗菌抗污染反渗透复合膜技术获得突破

天津工业大学分离膜与膜过程国家重点实验室反渗透膜团队，在抗菌抗污染反渗透膜制备技术方面取得重要进展，他们制备的反渗透膜在有机污染物、无机污染物和微生物存在的条件下都显示出很好的抗污染性，且制备方法操作简便，条件温和，兼顾高效性和经济性的优势。该技术成果发表在国际材料领域著名化学期刊《材料化学》上，题为“基于多组分反应一步法多功能接枝制备抗污染抗菌反渗透复合膜”。

新华网 2016－12－19

20. 历时 17 年研发国产 0.01 毫米超薄避孕套获批上市

兰州科天健康科技股份有限公司凭借掌握的水性高分子核心技术，经过 30 年的技术沉淀，历时 17 年的科技创新，实现了水性聚氨酯高分子材料应用领域的重大突破，研发出品质比肩国际厚度仅为 0.01 毫米的水性聚氨酯避孕套，并通过甘肃省食品药品监督管理局批准上市。

凤凰网 2017－1－12

21. 新型聚合物窗纱可过滤空气污染物

美国斯坦福大学和中国清华大学的科学家近期在《纳米快报》上报告称，他们研发出多种喷气纺丝聚合物，将其应用在窗纱上能够过滤超过 90% 的危害性入肺颗粒物。

拥有过滤污染物的纳米纤维的新窗纱可以让被空气污染笼罩的城市居民更好地呼吸。这种纤维由含氮聚合物制成，通过一种叫作气纺丝的技术喷到纱窗上，气流会在喷射中延伸出聚合物溶液滴，形成极薄的纳米纤维层。

中国科学报 2017－4－20

22. 打破国外企业垄断 3 微米电容薄膜川企实现量产

一张保鲜膜模样的薄膜，厚度只有头发丝的 1/4，却可承受上百斤重物，上千伏电压也击不穿。近日，四川东方绝缘材料股份有限公司传出消息：这种神奇的 3 微米超薄型聚丙烯电容薄膜已实现量产，并通过验收。此前，这项产品技术一直被日本东丽、德国创斯普等国外公司垄断。

该产品主要是用来生产应用于家电、新能源汽车、光伏和风电等领域的薄膜电容器。相比传统产品，薄膜电容器的体积小、功率大。该企业薄膜部副部长申时林表示，企业今年电容薄膜产量有望突破 9000 吨，年产值将增长近亿元。

四川在线 2017－2－11

23. 我国科学家研究二氧化碳分离膜取得突破

近日，哈尔滨工业大学教授邵路课题组在二氧化碳（CO_2）分离膜研究取得重要突破，成果在线发表于《能源与环境科学》（《Energy & Environmental Science》）。膜分离技术是目前有望实现二氧化碳高效分离的新型低碳技术，相对于传统的吸附分离等方法，膜分离具有高效、易操作、成本低和环境友好等特点。然而，目前高效二氧化碳分离膜材料仍然极其匮乏，严重制约着膜分离在二氧化碳捕集分离等领域的应用。

该成果通过对材料物理化学结构合理设计，采用二氧化碳亲和性的聚氧化乙烯（PEO）衍生材料，经过简单的紫外辐照一步法，在自由基聚合形成交联网络的同时，向体系中引入低分子量的聚氧化乙烯链段，制备出了一种新型二氧化碳亲和性半互穿网络（SIPN）分离膜。该半互穿网络分离膜是由立体的聚氧化乙烯交联网络和低分子量高醚氧含量的聚氧化乙烯衍生分子链穿插构成。

中化新网 2017－3－1

24. “节能智能型数控化塑料注射机”项目通过验收

近日，“十二五”国家科技支撑计划“节能智能型数控化塑料注射机的与应用示范”项目验收会在武汉召开，由知名专家组成的验收专家组对该项目进行验收评审，项目承担单位的相关人员亦参加验收会。

“节能智能型数控化塑料注射机的研发与应用示范”项目于 2013 年立项，项目旨在结合中国塑料机械行业的发展要求，研发具有自主知识产权的智能节能精密三位一体的塑料注射机。项目攻克了注射机数控系统关键技术，研制了具有自主知识产权的全电动注射机数控装置、电液伺服注射机专用数控装置、9 种规格的伺服驱动系统和 9 种规格的交流永磁同步伺服电机，形成 2 个系列的全电动注射机产品、3 个系列的电液伺服注射机等产品，生产销售了节能智能型注射机 1400 余台套，对传统注射机节能化改造 1000 余台套，取得了明显的经济和社会效益。

中国聚合物网 2016－9－20

25. 湖北诞生全球首台无螺杆塑化加工设备

2016 年 12 月 16 日，全球首台无螺杆塑化加工设备在湖北鄂州市武汉亿美特模塑技术有限公司诞生。该设备采用的拉伸流变塑化输运加工技术，直接跨过国外技术屏障，代表了当今橡塑机械装备领域的最新成果和国际领先水平。

慧聪塑料网 2016－12－19

26. 辽阳石化聚酯装置生产线全线贯通

近日，辽阳石化聚酯装置生产出第一吨牌号为MA100的膜聚酯产品，标志着聚酯装置生产线全线贯通，开车一次成功，正式迈出向生产高端优级聚酯产品发展的脚步。辽阳石化生产的这种膜聚酯，可制成液晶电视显示屏、太阳能背板等。市场前景广阔，效益可观。为此，聚酯厂明确了聚酯装置未来的发展定位，即向生产膜聚酯、功能性聚酯、高端聚酯方向迈进。

中国化纤信息网 2017－2－4

27. 吉林石化首套PMMA中试装置开车成功

2017年3月2日，吉林石化公司研究院“百吨级聚甲基丙烯酸甲酯工业试验”项目一次开车成功。中试产品分子量分布、机械性能、透光性等指标全部达到合同要求，为完成年5万吨工艺软件包和实现工业化奠定了基础。

甲基（PMMA）是丙烯酸酯类聚合物。其作为性能优异的透明材料，被广泛应用于各种照明器材、光学元件、仪器仪表表盘、罩壳、刻度盘、商品广告橱窗、飞机座舱玻璃、飞机和汽车的防弹玻璃，以及医用、军用玻璃等领域。

中国石油新闻中心 2017－3－10

28. 北化大建成世界首条超高分子量聚异丁烯中试生产线

近期，北京化工大学吴一弦教授带领研究团队在超高分子量聚异丁烯的合成技术及工程化方面取得突破，解决了高活性引发中心及快速链增长过程中的关键科学问题，发明了具有自主知识产权的可控聚合方法与成套制备技术，解决了聚合反应放大过程中的工程化难题，建成了世界上首条超高分子量聚异丁烯全流程中试生产线，包括引发体系、聚合反应、凝聚分离及回收精制等化工单元。聚异丁烯产品的黏均分子量高达500万甚至600万以上，明显超过目前国际上最高分子量聚异丁烯商业化产品的相应指标～400万，引领了该领域相关技术发展，填补了产品空白。

中国产业经济信息网 2017－3－16

二、国外部分

29. 用基因突变的藻类成功增产生物塑料原材料

以淀粉等天然物质为基础在微生物作用下生成的生物塑料，具有可再生性，因此十分环保。明治大学2016年7月20日宣布，通过改变蓝藻的氢合成酶，成功增产了生物塑料的原料——琥珀酸和乳酸。“由光合作用制造”的发展，有望为解决未来的环境、能源问题做出贡献。

中国能源网 2016－8－5

30. 日本NEC开发出拥有漆器质感的生物塑料

据日本共同社8月18日报道，日本NEC公司17日宣布，已研发出拥有高级漆

器质感的黑色生物塑料。据悉这种塑料以植物为原料，除了和普通的塑料一样遇热溶化可加工成各种各样的形状外，由于材料本身美观且易于设计，不需要在表面喷漆装饰等。

国家石油化工网 2016－8－19

31. 海洋性光合菌可产高分子量生物塑料

日本理化学研究所环境资源科学研究中心的沼田圭司领导的研究小组日前发现，海洋性光合成细菌（简称光合菌）可生产高分子量羟基酸（PHA）。

PHA是微生物体内产生的一种生物塑料，是生物为预防营养缺乏而储藏碳和能量的贮藏物质。由于PHA具有生物降解性和生物适应性等特征，可以成为以石油为原料的塑料的替代材料。至今为止，光合成细菌生产PHA的报告中几乎都是淡水性光合成细菌，此次研究小组首次利用海水在高盐浓度培养基减少其他细菌混入的情况下进行了实验。

科技日报 2016－8－24

32. 聚乳酸研究取得突破性进展

西班牙塑料技术中心Aimplas成功完成欧洲Innorex研发项目，这一项目的目标是寻找开发创新方法，不使用金属催化剂，且过程中采用替代能源来生成聚乳酸PLA。研发项目已经产生成果，发现了改进型 PLA，这种改进型产品阻抗力较通常产品高出 200%，可作为聚丙烯的潜在替代材料。

其创新之处在于采用挤出工艺将丙交酯原料加工成聚乳酸（PLA）。生产中还通过反应挤出工艺使用了开环聚合法（ROP）。Aimplas 与欧盟另外 11 家公司和技术中心一起参与了欧洲 Innorex 项目，项目总协调是德国弗朗霍夫化工技术研究所。

慧聪塑料网 2016 - 9 - 12

33. 日本开发出透明强磁性材料

日本研究人员开发出一种透明强磁性薄膜材料，今后有望用于研发在汽车、飞机的挡风玻璃上直接显示油量、地图等信息的新一代透明磁性设备。日本电磁材料研究所和东北大学等机构研究人员日前在英国《科学报告》杂志上报告说，这种新材料被称为纳米颗粒材料，由纳米级磁性金属颗粒铁钴合金和绝缘物质氟化铝混合制成。

研究人员发现，将纳米铁钴合金分散在氟化铝媒介中，这种构造能够同时发挥铁钴合金的强磁性和氟化铝的透光性两种特性，在室温下能够显示出很高的透光性和强磁性。研究人员还发现，材料的透明度可由磁场来控制，这也是一种新型的磁 - 光学效应。

新华网 2016 - 10 - 9

34. 研究人员首次从乳酪副产品中制造出生物塑料

由乳酪废料制造而成的生物塑料不仅可用于实现生物可分解的包装，其碳足迹还比石化塑料包装更小 35%。西班牙和葡萄牙的研究人员们首次从乳酪的副产品中制造出生物塑料。这种材料称为“聚羟基丁酸酯”（PHB）是在乳酪制造过程中，让所产生的乳清经过微生物发酵的生物过程而取得的。这种材料将可作为生物可分解的包装材料 Wheypack，而且能够针对特定的乳制品量身定做。

这是欧洲 LIFEWHEYPACK 计划的目标之一，期望打造 100% 可分解的乳酪包装，从而有助于降低对环境的影响、满足产品保护的要求，而且也更具经济可行性。

中国塑料机械网 2016 - 11 - 24

35. 新型塑料电解质手机“秒充”有望成为现实

英国研究人员研发出一种新型塑料电解质替换现有电池，这种新型塑料电解质电容量是目前超级电容器的 1000 倍，甚至 10000 倍，这使得手机和电脑“秒充电”有望在两年内成为现实。

与传统意义上的电池不同，超级电容器利用电极和电解质存储能量，充电蓄电相当快速。萨里大学的 BrendanHowlin 博士表示，全球都在研究新型能量存储技术，这种新型的超容量超级电容器极有可能获得激动人心的进展。

慧聪塑料网 2016 - 12 - 20

36. 新型“超材料”可自由变换软硬

美国研究人员最新研制出一种可以自由变硬或者变软的“超材料”，未来有望应用在汽车或可重复使用的火箭上。“超材料”是指具有天然材料所不具备的超常物理性质的人工复合结构或复合材料。美国密歇根大学研究人员在英国《自然·通讯》杂志上报告说，一般材料在稳定成形以后很难改变软硬属性，而他们研制的“超材料”则可以通过改变结构，既能变得像橡胶一样软，又可以变得像钢铁一样硬。

新华网 2017 - 1 - 31

37. 新一代 LLDPE 包装材料成功问世

新一代含亚帝凡特（ADDIVANT）WESTON 705 抗氧化剂的线性低密度聚乙烯（LLDPE）包装材料已经成功问世。WESTON 705 已经取得了世界 20 多个主要聚合物生产厂家的使用批准。它是目前唯一的针对聚乙烯生产厂家需求，经过广泛测试的单一解决方案来满足全球塑料加工和包装材料制造商要求的液体抗氧剂。

中塑在线 2017 - 3 - 23

38. 杜邦推出三种高性能聚合物 3D 打印材料

近日，杜邦高性能材料公司推出了一系列基于现有聚合物的新的 3D 打印材料，包括 Dupont Hytrel 热塑性弹性体、DuPont Zytel 尼龙和 DuPont Surlyn 离聚物的三种新材料。现在，三种塑料材料已经适用于 3D 打印机，为用户提供高性能和可靠的 3D 打印长丝。杜邦高性能材料公司（Dupont Performance Materials）表示，使用其新灯丝，用户将能够享受 3D 打印的全部优势，包括更大的设计自由度、轻重量、减少产品开发周期，等等。

3D 虎 2017 - 3 - 24

39. 自愈型超疏水材料问世具有类蛇皮自脱落特征

近日，德国弗莱堡大学开发出一种具有自愈性能的超疏水涂层，或将突破其应用瓶颈。这种超疏水材料表面具有类似蛇褪去外皮的特性，可实现表面受损后超疏水性能的自愈。该研究成果近日发表于《朗缪尔》期刊。超疏水材料具有自清洁、防水等多种优异特性，但强度低、耐久性差等问题制约了其规模化应用。

中国国防科技信息网 2017－5－9

40. 巴斯夫联合 Essentium 开发更强大的新型 FFF 3D 打印材料

据了解，德国化工巨头巴斯夫（BASF）现在正在和 Essentium 合作开发更坚固的新 FFF3D 打印材料。Essentium 成立于 2013 年，率先推出了所谓的 FlashFuse 技术，一种使用纳米材料技术来在 FFF/FDM3D 打印塑料件中形成极强的层间黏合的电焊工艺。这种专门的技术可应用于许多开放的 FFF/FDM3D 打印机平台。

中国聚合物网 2017－5－10

41. 化学家研发能记忆形状的气凝胶

美国密苏里科技大学的化学家们近期制备出具有橡胶般弹性的气凝胶。据悉，该气凝胶可以实现“形状记忆”。业内人士指出，气凝胶是用二氧化硅、金属氧化物或聚合物凝胶中的气体，代替液体溶剂而产生，可用在各类产品中，包括海底石油管道的绝缘隔热材料、太空任务中使用的各类隔热材料。

环球塑化网 2017－5－17

42. 明尼苏达大学发现最高电导率纳米薄膜材料

明尼苏达大学一个由科学家领导的研究小组发现了一种新型的具有最高电导率的纳米薄膜材料。该相关论文发表在《自然通信》中，同时此项研究也表示这种新材料可能开发出更小、更快和更强大的电子产品以及更高效的太阳能电池。

中国聚合物网 2017－5－27

43. 新款赛瑞纳首次采用发泡成型树脂材料的外装部件

日产汽车于 2016 年 8 月 24 日推出了新款“赛瑞纳”，此次该公司首次在车门外装材料中采用发泡成型树脂材料。通过改进树脂成型方法，提高了表面平滑性，从而减小了对涂装品质的不良影响。以前，由于发泡成型树脂的表面会出现气泡凹凸，因此无法用于需要涂装的外装材料。而采用此次开发的技术，与采用普通注射成型树脂材料相比，利用发泡成型树脂制造的外装部件的重量可减轻 3 成左右。

中国聚合物网 2016－8－26

44. 三星成功研发超疏水透明薄膜技术

韩国三星电子已经获得其历时三年研发的超疏水（superhydrophobic）透明薄膜技术。该技术可被用于智能手机、平板电脑或其他设备的显示屏上，能极大地改善屏幕反光、防尘、防水以及留下污迹或指纹的表现。

中国聚合物网 2016－9－28

45. 重大突破！澳科学家用打印机生产太阳能电池

日前，据科技媒体 Electronics 360 报道，澳大利亚墨尔本大学的科学家研发了一项太阳能电池黑科技：该研究团队采用特制的打印机，直接在 A3 纸大小的柔性、半透明塑料片上，将太阳能电池打印出来！

该科学家团队采用了一种叫向列液晶的太阳能电池，它不仅易于生产，而且能提高太阳能电池的性能。与目前太阳能市场主流的晶硅太阳能电池板和薄膜太阳能电池板相比，这种打印的太阳能电池胜在价格低廉且可自由定制：每米的价格低于10美元，且不受限于尺寸大小，能根据实际需要自由裁剪。

中关村在线 2016-11-2

46. 美国斯坦福大学华人教授研制出新型可拉伸塑料电极

2017年3月11日，美国斯坦福大学华人教授鲍哲南领导的研究团队在新一期美国《科学进展》杂志上报告说，他们开发出一种导电性和拉伸性俱佳的高分子材料，可用于可拉伸塑料电极。这种柔性电极可用于可穿戴电子器件。

新材网 2017-3-13

47. 国际食品巨头达能和雀巢研制新型PET塑料瓶

国际食品巨头达能和雀巢，与美国一家科研公司OriginMaterials结成“NaturALL瓶装联盟”，共同研发以生物材料（100%可持续、可再生资源）制成的PET塑料瓶，并将其投入商业生产。据悉，该项目将采用生物质原料，无需占用食品生产所需的资源或土地。据悉，联盟三方正积极合作开展相关研究，不断提高塑料瓶的生物质材料含量，让“100%生物质塑料瓶”不再是梦想。

中国聚合物网 2017-3-17

48. 美国海军研究实验室开发出透明TPE盔甲

美国海军研究实验室（NRL）正在积极寻找被授权方来制造其获得专利的透明热塑性弹性体盔甲。NRL在2017年3月8日召开的新闻发布会上说道，这种新型轻量化盔甲降低了大部分防弹玻璃的固有重量，但仍维持了出色的防弹性能。因为热塑性弹性体是通过物理方式形成固体结构的，而非化学加工方式，因此这种透明盔甲在作战时如果损坏，是可以修复的。对于该项目的热塑性弹性体从商业渠道中获得，NRL拒绝透露具体的供应商。

全球塑胶网 2017-3-20

49. Grafoid公司推出石墨烯聚合物纳米多孔膜

目前，来自加拿大的石墨烯研发、投资和技术许可公司-Grafoid公司宣布，推出用于下一代锂离子电池应用中的石墨烯聚合物纳米多孔膜。GPURE石墨烯聚合物膜（GPM）技术是Grafoid公司的第七个基于GPURE膜开发平台的新成果，GPURE平台是该公司为不断开发扩展新型、高性能、超薄的各种石墨烯工业应用膜产品的研发平台。

中国粉体网 2017-3-24

50. 超高分子量聚乙烯骨科材料通过美国FDA评估可用于关节置换手术

据NBC新闻报道，一种通过掺杂维生素E来进行改性的超高分子量聚乙烯材料E-XPE™通过美国FDA的评估，被允许应用于关节置换手术。该项工作由哈佛大学医学院Anuj Bellare等人发表在Journal of Applied Polymer Science上。超高分子量聚乙烯是可以用作关节置换假体的重要组件。在目前的研究中，研究人员通常用γ射线对超高分子量聚乙烯（UHMWPE）的氧化和耐磨性进行改进。

Advanced Science News 2017-4-18

51. 日本三菱与麒麟啤酒合作开发特殊塑料啤酒瓶

据报道，日本三菱树脂株式会社宣布与麒麟啤酒有限公司合作开发专门用来装啤酒的1升容量的塑料瓶。

这些瓶子内壁将有个涂层，防止塑料包装的化学成分与啤酒发生作用。如果两家公司实验成功，这种塑料瓶将能防止啤酒跑气，啤酒的味道也会和玻璃包装的无异。塑料瓶内壁的涂层也加强了其密封性能。三菱树脂称从 2010 年开始就用这种类型的塑料瓶来储存日本米酒和葡萄酒，但还是首次尝试用来储存啤酒。

食品商务网 2017 - 4 - 24

52. 欧洲航天局开始测试 3D 打印 PEEK 立方体卫星

近日，欧洲航天局（ESA）推出了一个用硬质导电塑料来 3D 打印立方体卫星主体的新计划。ESA 已经正式开始首次试运行这些 3D 打印微型卫星，以让它们为将来的使用做好准备。除了 3D 打印主体外，它们还安装有内部电气线路。仪器、电路板和太阳能电池板只需插入即可。

新材料在线 2017 - 5 - 25

53. 三井化学研制出全球首款兼具高柔软度和高强度的无纺布

据日本三井化学株式会社官网于 5 月 25 日发布的消息称，三井化学今日宣布成功研制出全球首款兼具高柔软度和高强度的亲肤高性能无纺布 AIRYFA™。三井化学表示，历来无纺布的生产技术难以同时满足超高柔软度和超高强度的需求，此次运用公司独有的聚烯烃纺线技术，将纤维设计成超薄中空结构，从而攻克了以往的技术难题，生产出的无纺布不仅轻盈柔软，而且具备超高强度。新型的超薄中空结构还大大降低了塑料原料的使用量，有利于环保。

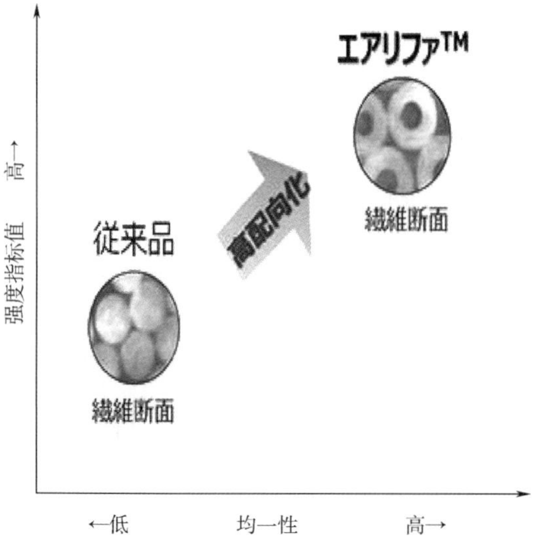

慧聪塑料网 2017 - 5 - 26

54. 英国开发出轻质抗损伤复合材料油管组件

英国联合技术宇航公司（Unitech Aerospace Company）的子公司 Tods 宇航公司是业内先进复合材料技术的领导者。日前，该公司完成了一项为期 18 个月的项目，开发了一种轻质抗损伤复合材料燃油管道组件，凭借严格的电性能控制，该产品可用于复合材料飞机的油箱。

新材料在线 2017 - 5 - 27

55. 杜邦将建欧洲首台高分子聚酰胺材料装置

中化新网讯杜邦公司近日宣布，将在德国北莱茵 - 威斯特法伦州因特罗普（Uentrop）地区建造欧洲首台高分子聚酰胺材料装置，以此提高公司在聚酰胺市场中的地位并进一步扩大对欧洲地区的影响力。

中化新网 2016 - 10 - 14

56. 塑料行业首台 11 层吹膜生产线展出运行

本年 K 展的第 16 展厅德国细川阿尔派公司（Hosokawa Alpine AG）的展台运行了塑料行业的首台 11 层吹膜生产流水线，这也是细川阿尔派生产的首台 11 层吹塑机。这个公司之前生产最多达 9 层的吹塑机。细川阿尔派美国公司总裁 DavidNunes 告诉《塑料新闻》："这是我们生产的第一台 11 层吹塑机，是 9 层吹塑机的下一代产品，广泛使用于隔离膜生产。11 层吹塑机拥有最高的灵活性，这台吹塑机从实验室直接来到了展台。"

中国注塑网 2016 - 11 - 4

57. 埃克森美孚称突破性技术可大幅降低塑料制造成本

来自石油和化工巨头埃克森美孚和佐治亚理工大学的科研人员已经研发出了可能具有突破性的方法，可降低与塑料制造相关的能耗和排放，从而使该行业的年成本削减 20 亿美元。研究结果公布在 8 月 18 日出版的《科学》杂志上，埃克森美孚称这种新技术如果推广到整个行业范围，全行业年二氧化碳排放可大幅减少 4500 万吨。

该项目的重点是改变现有的能源和热能转换方法，采用分子层过滤器来分离分子，采用逆渗透方法来分离复杂碳水化合物中的对二甲苯（聚酯纤维的基础结构）。

中国聚合物网 2016 - 8 - 23

58. 微生物降解塑料技术的可行性方面取得突破

日前，欧洲一研发团队在探索微生物降解塑料技术的可行性方面取得进展。研究表明，利用有机垃圾堆肥结合微生物降解塑料技术，可大大提高微生物降解效率，而地理环境条件也能明显影响降解效率。

除可降解之外，生物塑料还具有其他优点，并被用于多种生产领域。英国一铸工厂商生产的一款生物塑料，具有可塑、无毒的特点。这款材料采用天然的材料万寿菊，可以用于修补或者直接制作物件，比如断了把手的螺丝刀、掉了的纽扣等。虽然其形态与橡皮泥类似，但其强度很大，可用时间比较长。而日本一公司生产的生物基工程塑料则被用于智能手机的屏幕，这款产品是用植物衍生的硝酸异山梨酯制成的，与传统工程塑料相比，它具有优异的耐冲击、耐热和耐气候性，此外还具有良好的透明度和低光学畸变。

废旧头条 2017-3-9

59. 哈佛大学研发出便携式纺丝设备可实现点对点纺丝控制

近日，哈佛大学研究人员开发出了一种轻巧便携的纳米纤维纺丝装置，并将这项研究在 Macromolecular materials and Engineering 上发表。这种便携式纳米纺丝设备生产效率高，而且可以精确控制取向，纺制的纳米纤维可用于战场上的伤口包袱、定制面料的纺制等。研究者们通过调整纤维取向和沉积方式，建造纳米纤维支架，这种支架可以模拟身体里高度定向的组织，还可以设计出适合各种形状的特殊服装。

纺织技术 2017-4-17

60. 美国华盛顿州立大学研发高效回收碳纤维技术

据美国华盛顿州立大学消息，该校机械与材料工程学院教授 Jinwen Zhang 领导的科研小组最近研究出一种碳纤维回收新技术。

该团队用弱酸作为催化剂，利用含该催化剂的液态乙醇在相对低温下对热固性材料进行分解。为取得更好的分解效果，研究人员在实验过程中对材料进行升温，使含有催化剂的液体能够更好地浸入复合材料内部，破坏其中已经固化的复杂结构。Zhang 教授利用乙醇使树脂发生膨胀，再用氯化锌破坏化学分子中的碳氮键。

中塑在线 2017-5-4

（钟雁）

医用高分子材料市场发展的新特点

前言

生命科学是21世纪备受关注的新型学科。而与人类健康休戚相关的医学在生命科学中占有相当重要的地位。众所周知，生物体是有机高分子存在的最基本形式，有机高分子是生命的基础。动物体与植物体组成最重要的物质—蛋白质、肌肉、纤维素、淀粉、生物酶和果胶等都是天然高分子的巨大产地。高分子化合物在生物界的普遍存在，决定了他们在医学领域中的特殊地位。在各种材料中，高分子材料的分子结构、化学组成和理化性质与生物体组织最为接近，因此最有可能用作医用材料。

医用材料是生物医学的分支之一，而医用高分子材料则是生物医用材料中的重要组成部分，主要用于人工器官、外科修复、理疗康复、诊断检查、患疾等医疗领域。

一、医用高分子市场现状

医用高分子材料发展的动力来自医学领域的客观需求。当人体器官或组织因疾病或外伤受到损坏时，需要器官移植。然而，只有在很少的情况下，人体自身的器官（如少量皮肤）可以满足需要。采用同种异体移植或异种移植，往往具有排异反应，严重时导致移植失败。在此情况下，人们自然设想利用其他材料修复或替代受损器官或组织。1949年，美国首先发表了医用高分子的展望性论文。在文章中，第一次介绍了利用 PMMA 作为人的头盖骨、关节和股骨，利用聚酰胺纤维作为手术缝合线的临床应用情况。20世纪50年代，有机硅聚合物被用于医学领域，使人工器官的应用范围大大扩大，包括器官替代和整容等许多方面。此后，一大批人工器官在20世纪50年代试用于临床。如人工尿道（1950年）、人工血管（1951年）、人工食道（1951年）、人工心脏瓣膜（1952年）、人工心肺（1953年）、人工关节（1954年）、人工肝（1958年）等。

进入20世纪60年代，医用高分子材料开始进入一个崭新的发展时期。20 世纪 60 年代以前，医用高分子材料的选用主要是根据特定需求，从已有的材料中筛选出合适的加以应用。由于这些材料不是专门为生物医学目的设计和合成的，在应用中发现了许多问题，如凝血问题、炎症反应、组织病变问题、补体激活与免疫反应问题等。人们由此意识到必须针对医学应用的特殊需要，设计合成专用的医用高分子材料。美国国立心肺研究所在这方面做了开创性的工作，他们发展了血液相容性高分子，以用于与血液接触的人工器官制造，如人工心脏等。

从 20 世纪 70 年代始，高分子科学家和医学家积极开展合作研究，使医用高分子材料快速发展起来。至 20 世纪 80 年代以来，发达国家的医用高分子材料产业化迅速加快，基本形成了一个崭新的生物材料产业。

医用高分子作为一门边缘学科，融合了高分子化学、高分子物理、生物化学、合成材料工艺学、病理学、药理学、解剖学和临床医学等多方面的知识，还涉及许多工程学问题，如各种医疗器械的设计、制造等。上述学科的相互交融、相互渗透，促使医用高分子材料的品种越来越丰富，性能越来越完善，功能越来越齐全。目前全世界利用高分子材料在医学上应用的达 90 多个品种、1800 余种制品。中国目前已有医用高分子材料 60 多种、制品达 400 余种。

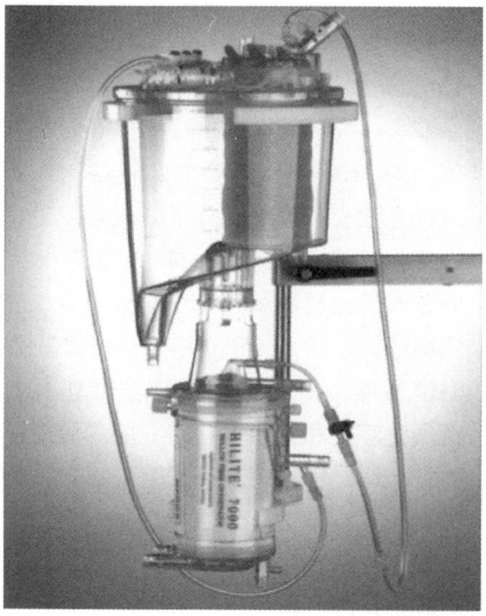

图 1　膜肺

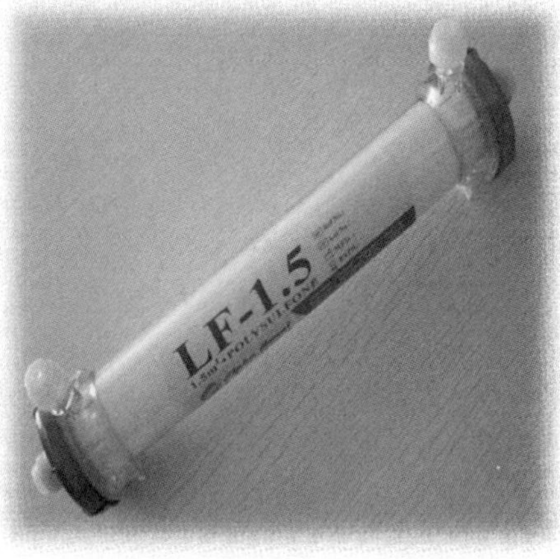

图 2　血液浓缩器

目前用高分子材料制成的人工器官中，比较成功的有人工血管、人工食道、人工尿道、人工心脏瓣膜、人工关节、人工骨、整形材料等。已取得重大研究成果，但还需不断完善的有人工肾、人工心脏、人工肺、人工胰脏、人工眼球、人造血液等。另有一些功能较为复杂的器官，如人工肝脏、人工胃、人工子宫等。则正处于大力研究开发之中。

从应用情况看，人工器官的功能开始从部分取代完全取代发展，从短时间应用向长时期应用发展，从大型化向小型化发展，从体外应用向体内植入发展，人工器官的种类从与生命密切相关的部位向人工感觉器官、人工肢体发展。

二、医用高分子市场发展新特点、新趋势

医用高分子材料可分为非降解和可生物降解两大类。

非生物降解的材料包括：聚乙烯、聚丙烯、聚丙烯酸酯、芳香聚酯、硅橡胶、聚氨酯、聚醚醚酮等，该类材料主要用于人体软、硬组织修复和制造人工器官、人造血管、接触镜和黏结剂等。

可降解生物材料包括：胶原、脂肪族聚酯、甲壳素、纤维素、聚氨基酸、聚乙烯醇、聚乳酸、聚己内酯、聚磷腈等，这些材料能在生理环境中发生结构性破坏，且降解产物能通过正常的新陈代谢被机体吸收或排出体外，主要用于药物释放载体及非永久性植入器械。

随着现代科学技术的发展，医学与医学技术日新月异变化，如 3D 打印技术，基因测序，诊疗技术的出现；使医用高分子材料应用日益广泛，同时对医用高分子材料提出新的更高要求。在这种既高速发展又具有高竞争力的大环境下，赋予了医用高分子材料市场新特点。

1. 可降解产品

生物可降解医用高分子材料作为用于诊断、治疗和器官再生的材料，由于不需要二次手术，可以减轻病人痛苦，简化手术程序，具有提高治疗效果，延长病人生命和提高病人生存质量等作用，近年来被广泛应用于药物控制释放载体、手术缝合线、骨固定和修复器件以及组织工程支架等领域，其研究在生物技术、生命科学和医学等领域占据十分重要的位置。

产品列举：心脏支架；胆道和胰管支架；关节镜缝合锚钉。生物降解支架技术能使血管的完整性和功能性得以恢复至自然状态，将为患者提供独特的生理收益。

2. 高集成化产品

随着医用行业的迅猛发展，极大地推动生产企业不断完善产品的性能，但是，目前医用高分子产品制造技术比较成熟，很难在单一产品上有较大提升空间，因此，医用行业与电子产品、生物产品的应用逐渐引发人们的关注。

优点：集多种产品优点，方便快捷、能够快速恢复患者身体功能。

产品列举：手术导航与机器人系统

手术导航与机器人系统涉及光学、机械、电子、计算系统软件等多种技术，集成度和复杂性都很高，设计生产的难度大，未来五到十年我国有望成为手术机器人产业的大国。

产品列举：瓣膜与瓣膜输送装置

经皮瓣膜置换术是目前创伤最小的瓣膜置换手术方法，适用于那些无法耐受常规开胸手术的高危高难患者，也是目前国际上介入学科发展的最新方向。

产品列举：经皮冠状动脉旋磨成形术－PTCRA所用器械采用呈橄榄型的带有钻石颗粒旋磨头，而导管、鞘管、手柄则为高分子材料。

根据“差异切割”或“选择性切割”的原理选择性地祛除纤维化及钙化的动脉硬化斑块；形成一个光滑的内腔通道，消除或减少血管壁的气压性创伤；最小化血管壁的伸展和弹性回缩。

3. 接近人体生理指标的产品

医用产品的性能指标越接近人体生理指标，排异反应就越低；更有利于患者恢复，提高患者术后生活质量。

例如：采用聚醚醚铜（PEEK）制成的关节镜缝合锚钉、腰椎棘突间植入物系统、腰椎经椎弓根螺钉动态固定系统等。

4. 表面修饰产品

以医用高分子材料加工成的医用产品在使用过程中，大都要与人体接触，因此医用产品的表面修饰至关重要。为改善产品的血液相容性、组织相容性，需要对产品的表面进行修饰，如：材料表面肝素化、表面接枝、表面等离子处理、蛋白修饰等。介入导管及赋予长期使用的医用高分子类器械抗感染性也是目前医用高分子材料的研究和发展方向之一。

抗粘附涂层——减少生物沉积。

抗凝血涂层——提高生物相容性，延长医用塑料产品与血液的接触时间，提高治疗效果。

抗菌涂层——长期体内留置的引流导管。

亲水性超润滑涂层——①可以避免损伤；②减少阻碍，减少手术时间，降低插管力量；③增加病人舒适度，降低痛苦；④增强导管进入弯曲组织如血管等的能力；⑤减少组织刺激和损伤；⑥涂层同样可以提供抗菌和药物释放功能。降低摩擦系数90%以上。

超声涂层——超生显像。

磁性涂层——磁性显像。

5. 带有芯片产品

众所周知，芯片具有记录、传输温度、压力等生理指标的功能，但是，目前芯片的材质致使带有芯片的植入式医疗设备面临着免疫排斥的问题。为了规避这个问题，研发出可溶解芯片具有重要临床意义。

产品举例：脑芯片、芯片支架；可溶解性植入式大脑传感器（聚乳酸－乙醇酸共聚物（PLGA）和硅树脂材料构建的新型电子传感器）。

大脑植入芯片，替代了大体积的医疗设备。借助无线传感器，大大简化了医疗过程。

产品举例：心脏支架。

一种新型多功能心脏支架，该支架可以使病人在治疗的整个过程中得到的风险最小。新型支架可以感觉到人体血液的流动和人体血液温度，而且能够对人体内存储和传输的信息进行分析，最后在完成它的使命后可被人体吸收。

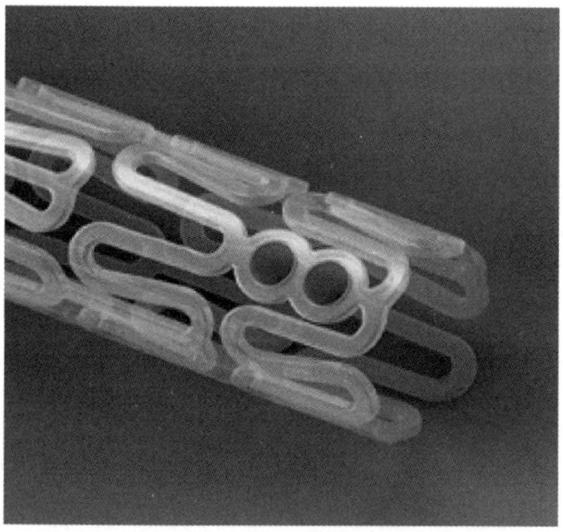

图3　生物心脏支架

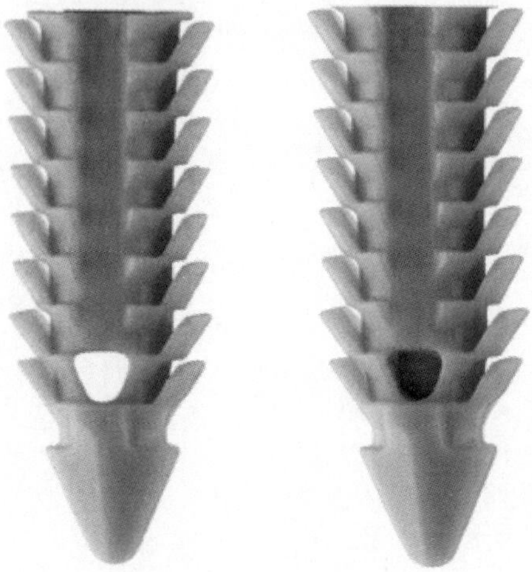

图4　关节镜缝合锚钉

三、企业如何应对

1. 关注行业发展动态

2004～2014 年中国医疗技术与医疗器械行业收入的复合增长率达到 25%，远高于全球 7%～8% 的增速。2014 年我国医疗器械行业市场规模为 2556 亿元，2015 年预计将超过 3000 亿元。与医药制造业相比，我国医疗器械市场规模仅占医药总市场的 10%，相较于全球医疗器械占医药市场总规模 42% 的比例，还有巨大的向上发展空间。

受到人口老龄化、中产阶级日益壮大及政府不断增长的医疗支出等方面催化，中国医疗器械行业有望维持强劲的增长势头，在这种大形势下，医用高分子的消耗量也将稳固增长，据统计，2015 年，全球医用高分子消耗总量达到了 540 万吨，预计在 2020 年将达到 714.9 万吨，年增长率达到 5.6%。其中，PVC 和 PP 是消耗量最高的树脂达到 50% 左右。

2. 关注法律法规变化

实时了解掌握国家的法律法规动向能够保证企业在新形势顺利应对国家政策上的变化给企业带来的冲击，确保企业平稳有序发展。一个国家任何一部法律法规的出台都是本着对企业和消费者负责的态度，企业作为医疗器械的生产者，国家法律法规直接执行者，应该本着对患者负责的态度，更应该及时关注国家政策上的新变化，这样的企业才能在医用行业长足发展。

3. 做好技术储备

医用高分子产品近年来发展势头迅速，企业要想立于不败之地，一定要有自己的技术储备，不能靠单一的某一种或几种产品作企业的生存之本，要有可持续发展思想，当产品已不适应目前市场时，要有替代产品来弥补企业生存危机。如目前国内医用 PVC 类产品大都含有增塑剂（DEHP），据研究这种增塑剂对男性生殖能力有损坏；可能使人体致癌，欧盟自 2010 年 3 月 21 日开始，如果生产的器械用于儿童、孕妇或哺乳期妇女，则需出具特别安全证明，否则禁止销售。法国 2015 年 7 月 1 日开始在高危场合禁用 DEHP、DBP、BBP。目前中国还没有对此做出规定，但禁用 DEHP 是企业趋势所在，所以企业要做好技术储备。以备成功转型过渡。

4. 与市场保持同步

作为医用耗材的生产者，企业应该与市场保持同步，根据市场的需求、临床的需求，始终以患者和市场为中心，不断创新产品以满足市场和临床需求；只有这样才能在这个竞争激烈的医用高分子领域独占鳌头。如何与市场保持同步是一个值得企业广泛关注的问题。作为生产者，一定要走出来，不能闭门造车，要与临床紧密配合，“本着急人之所急，需人之所需”的态度来做好自己的产品。

展望

目前为止，医用高分子材料虽然在性能和功能上近乎完美，但有个巨大难题至今没有完全解决—抗血栓问题。当高分子材料用于人工器官植入体内时，必然要与血液接触。由于人体的自然保护性反应将产生排异现象，在材料与肌体接触表面产生凝血，即血栓，结果将造成手术失败，严重的还会引起生命危险。对高分子材料的抗血栓性研制是医用高分子研究的关键问题，至今尚未完全突破，将是今后高分子材料研究中的首要问题。

高分子材料虽然不是万能的，不可能指望它解决一切医学问题，但通过分子设计的途径，合成出具有生物医学功能的理想医用高分子材料的前景是十分广阔的。有人预计，在21世纪，医用高分子将进入一个全新的时代。除了大脑之外，人体的所有部位和脏器都可用高分子材料来取代。仿生人也将比想象中更快地来到世上。

（天津市塑料研究所有限公司　李小静　王铭　张瑾　刘金源　郭路路）

塑料管道行业现状及创新发展建议

近年中国塑料管道行业在转变发展方式、优化产业结构、提升产品质量、提高整体水平等方面取得了较大的进步，实现持续、稳定、相对高速的增长。随着新一轮科技革命的兴起，创新越来越成为推动行业发展的主要力量，在激烈的竞争中，塑料管道行业必须加快科技创新和技术进步步伐，提高行业的整体水平和综合竞争能力，以适应不同市场、不同领域对塑料管道产品的不同需求。

一、近年行业取得了较大的进步

1. 产量继续适度增长

在国家相关政策扶持以及市场需求的拉动下，目前我国塑料管道行业仍保持持续、稳定的发展，产量由2011年的1000万吨增长到2016年的1436万吨。表1为近年塑料管道产量增长情况，从中可见近年塑料管道虽增速有所放缓，但产量仍持续稳定上升，进入了新常态下发展的阶段。

表1　近年塑料管道产量和增长速度

年份	2012	2013	2014	2015	2016
产量（万吨）	1100. 0	1210. 0	1300. 0	1380. 0	1436. 0
增长率（%）	10. 0	10. 0	7. 4	6. 15	4. 06

2. 出口情况有喜有忧

从整体上看，近年塑料管道的出口量、出口额及平均单价均保持相对稳定增长，但易受国家政策及国际原料价格波动的影响，起伏较大。表2为近年塑料管道出口情况。

表2　“十二五”期间塑料管道出口情况

项目 年份	出口量/万吨	增长率/%	占总产量比例/%	出口额/亿美元	增长率/%	平均单价/（美元/吨）
2012年	48. 92	9. 00	4. 4	18. 67	24. 50	3816. 00
2013年	52. 75	7. 83	4. 4	21. 45	14. 91	4067. 00
2014年	56. 69	7. 47	4. 4	22. 94	6. 93	4046. 50
2015年	54. 47	-3. 94	4. 0	22. 13	-3. 50	4062. 80
2016年	58. 22	5. 87	4. 1	21. 40	-3. 97	3676. 3

3. 应用领域进一步拓宽

塑料管道在城市供水、排水领域的应用仍持续增长。饮水安全工程、灌排工程等应用为主的农业用管道工程建设也采用了大量的塑料管道，各种建筑用塑料管道增幅基本持平。分析2016年市政给水管道约占总量的12%，市政排水管道约占总量的10%，市政燃气管道约占总量的5%，建筑给水管道约占总量的8%，建筑排水管道约占总量的10%，供暖管道约占总量的3%，农业管道约占总量的25%，工业用管道约占总量的5%。护套管道约占总量的10%，其他管道约占总量的12%。

4. 产业结构进一步优化

近年塑料管道行业更加重视优化产业结构、提升产品质量，产业集中度进一步提高，产业结构更加合理。据相关数据统计，目前行业内前 20 名企业的产量已超过总产量的40%。品牌、规模企业增长明显，部分企业异地布点、兼并扩张的步伐加快，而有的企业则已经或逐步放弃塑料管道产业。

5. 科技创新和技术进步步伐加快

行业科技创新和技术进步步伐加快，已建有数家院士工作站和国家级企业技术中心，与塑料管道行业相关的发明、实用新型专利技术超过 10000 项，行业中新技术、新产品不断增加，进一步拓展了产品的应用领域。

在 PVC 管道相关产品中，近年实壁硬聚氯乙烯（PVC－U）管材最大口径已达到 1600mm；双轴取向（定向）拉伸聚氯乙烯（PVC－O）管材的研发进步明显，已在一些压力管道工程中得到成功应用；PVC－C 管道在消防管网工程的应用有所突破。

聚乙烯类管道产品则向更大口径、更高耐压等级和环刚度、更高应用温度、更好综合性能、接口质量的无损检测、合理成本、更苛刻施工条件等方向进步。如各种增强方式的 HDPE 大口径压力管材，接口方式的改进，耐热聚乙烯（PE－RT II）管材更好应用等。

聚丙烯类管道利用改性、增强、复合，采用后处理工艺等方式，提高了传统聚丙烯材料的性能；大口径高模量 PP 双壁波纹管和缠绕增强管等产品在排水等领域的应用进一步增加。

与此同时，塑料管道连接技术，管件、阀门、检查井、化粪池等配套产品也进一步成熟。

6. 产品质量水平整体提升

随着社会的进步以及应用领域质量意识的不断提升，塑料管道产品质量水平得到了越来越多的关注。通过行业诚信、自律体系建设，行业的品牌意识、质量水平不断提高，优质产品已逐步成为市场主流。

7. 更加关注机器换人以及节能环保工作

越来越多的企业更加关注生产效率以及自动化程度的提高，高效加工装备、节能装置、自动监测与计量系统、管材多模挤出模具、机器人、自动化生产系统、产品自动包装机械、立体仓库等装备及设施的研发和应用逐步增加。行业企业还逐步在生产现场采用除尘技术，做到清洁生产，减少对环境的污染。

PVC 管材、管件采用环保型热稳定剂替换铅盐热稳定剂的工作继续加快，钙锌复合热稳定剂等环保助剂在很多工厂生产中已成功应用，该项工作预计在年内完成。

二、行业仍存在的主要不足和问题

近年塑料管道行业虽取得了较大的进步，但还存在一些问题需要进一步解决。

1. 生产能力仍持续供大于求

目前塑料管道行业的年生产能力已达到 3000 万吨，虽然在一些地区出现有的小企业关停现象，但总体上行业仍处于较严重的供大于求阶段。

2. 个别企业产品质量达不到标准要求

由于竞争的加剧，个别企业的质量意识、诚信意识缺失，市场上的产品质量良莠不齐。行业“廉价低质”的现象依然存在，问题管道既损害了消费者的权益，也损害了行业的信誉。

3. 塑料管道标准化工作仍需加强

尽管近年塑料管道标准化工作有所加强，已有 100 个国家、行业、地方和协会的产品标准，数十个检测方法等相关标准，以及十几个设计、施工安装等相关标准、规程和规范，为塑料管道生产和应用创造了条件，但还是存在产品标准及设计标准缺失、标准修订过慢、有的产品标准水平偏低等现象。

4. 创新方面还需提高

对于理念创新关注不够，有的企业仍偏重于产品仿制，基础技术研究不足，有的企业科技研发投入不高，高技术、高附加值的产品相对较少。

5. 工程设计及施工质量应进一步提升

有的企业忽视应用技术的研究和服务水平的提升，有的产品工程技术标准、施工技术配套不足。还存在使用不合格施工装备、野蛮施工等现象，由于设计、施工安装以及不合理运行等原因造成的工程问题时有出现。

6. 原辅材料的质量问题和价格非正常波动仍影响行业的更好发展

尽管近年国内树脂和助剂行业有较大进步，但有的树脂品种依然存在着规格、数量的不足，有的质量尚不十分稳定，有的牌号需依靠进口。有的色母粒料和添加剂等辅助材料的有关性能还有待提高，管道制品进一步提高性能仍受到制约。有时有的品种的原料价格在有的生产企业和经销商的默契下存在非正常价格较大波动的现象，使塑料管道生产企业无所适从。

三、塑料管道行业创新发展建议

创新是引领行业发展的主要动力，为保障塑料管道行业进一步持续、平稳、健康发展，必须把发展基点放在不断创新上，要从理念、方法、人才培养等多方面努力，推动科技创新、产业创新、企业创新、市场创新、产品创新、管理创新，才能实现行业的全面创新。近年来，塑料管道行业主动适应新常态，积极响应党的十八大提出的“创新驱动发展战略”，将创新发展摆在行业发展的核心位置，在产业优化、科技创新、技术进步、质量提升等方面取得了积极的成绩。但同时也存在诸多问题和挑战，需要全行业共同努力，不断完善。

1. 树立正确的创新发展理念

创新理念是创新行动的先导，是创新思路、创新方向、创新着力点的集中体现。我们要注重理念的创新，才能带动其他创新。长久以来，中国塑料管道行业一直处于“跟踪”、“追随”的发展模式，以产品模仿为主。要想实现自主创新，首先就要坚持理念上创新，从理念上摒除“跟踪”模式，增强原始创新的思想，敢为人先。中国塑料管道应用市场机会是其他国家没有的，我们要利用好这个千载难逢的好机会，要继续鼓励引进消化吸收基础上的再创新，更要鼓励原创创新设计，突破基础、核心技术，促进智能转型、绿色发展，实现向创新设计与中国创造的跨越，向产业价值链的中高端攀升。

2. 培育良好的创新环境

推进行业创新发展，需要构建政府、社会、行业、协会、企业和个人多方联动的协同创新体系。行业应充分利用国家“一带一路”全球化战略、城市综合管廊建设、海绵城市建设、水污染防治行动、棚户区改造、水利系统工程建设、装配式建筑与精装修等一系列国家的利好政策推动新一轮创新发展，发挥行业协会平台的“引导”作用和大企业“龙头”作用，激发生产企业的积极性和主动性，培育创新文化，完善创新服务，营造良好的创新环境。在好的创新环境下，积极深入推进供给侧结构性改革，加强品牌建设，加快培育新的发展动能，改造提升传统比较优势，优化产业布局，加快企业技术改造。

3. 构建创新服务平台

科技创新服务平台作为自主创新的有力载体，是创新体系建设的重要组成部分。行业将着力推进科技创新服务平台建设，以地下管廊建设应用技术研发平台和增强热塑性塑料（RTP）复合管道技术研发平台为基础和试点，整合科技创新资源，提供科技创新公共服务，推进科技合作与成果转化，更好地为政府、企业、院校、科研机构等主体提供优质、高效的服务。

4. 加强产品自主创新

要依靠科技创新和技术进步，加强塑料管道系统研究，开发高技术含量新产品，促进产品品质的提高，提高产品附加值。走出低价竞争的误区，逐步实现产业升级换代。加强新材料、改性材料、复合材料、新型管道的研究、生产和配套工作，形成多样化的产品市场，提高行业可持续发展能力。

要充分利用我国资源优势及科研基础，以PVC、PE、PP等传统材料为基础，完善管道生产和应用技术，加强产品自主创新。充分发挥我国PVC树脂的资源优势，加快接枝改性（PVC－M）、定向（取向）拉伸（PVC－O）、可熔接（FPVC）材料、氯化聚氯乙烯（PVC－C）管道的研发；推进HDPE管道混配料国产化生产和稳定应用，加快缠绕熔接增强PE压力管技术的研发和应用；提高传统PP－R材料的韧性等性能，促进高模量PP双壁波纹管、复合缠绕增强等大口径塑料管材的原料生产和管材加工水平的提高；加强大口径塑料或复合塑料管道系统的研发，以分别满足中、高压力水、油气输送管道，以及特种介质输送等不同应用领域的需求。如高压增强热塑性塑料（RTP）管材、大口径交联聚乙烯（PE－X）管材、超高分子量聚乙烯（UHMW－PE）管材、钢塑复合管材等。

5. 做好市场创新工作

围绕市场创新，寻求市场空间的拓展，从中长期来看，加快产业转型升级，保持行业中高速增长，关键在于发现和培育行业新的增长点。行业应结合国内市场与国际发展趋势，开发高性能、高附加值的管道产品，以拓展新的应用领域。

要把提升塑料管道产品质量，作行业发展的主攻方向。培育精益求精的工匠精神，增品种、提品质、创品牌。强化做百年企业的理念，有长期的质量和品牌意识，不以“廉价低质”管道产品追逐短期不当利益。

要围绕市场的需求创新，不墨守成规，善于发现和解决市场的现存问题和矛盾。逐步解决市场和设计师对有的塑料管道品种不信任问题，解决基础研究工作中设计师担心的问题，解决如何保证工程质量问题等。还要关注工业互联网+对行业的影响，关注智慧管网建设的发展，不断完善塑料管道系统的连接方式和配套技术，继续加强塑料管件、阀门、检查井、化粪池等相关产品的配套完善，以保证管道系统的安全和可靠运行。

6. 管理理念和体系的创新

创新是未来管理的主旋律，是推动经济和社会发展的原动力。对于中国塑料管道行业而言，作为行业发展主体，塑料管道生产企业更应对管理理念和体系进行创新，切实提高在市场中的综合竞争能力。

对一个行业来说，创新不仅仅是指科技创新，还包括思维创新、体制创新、文化创新、理论创新、制度创新、人才创新等多个方面。在市场竞争日益激烈的大背景下，塑料管道行业要实现真正的创新，就要通过理念的建立、环境的培育、平台的搭建、技术的落实、人才的培养等多个方面，加快构建以企业为主体、市场为导向、政产学研金用相结合的创新体系，从而实现全方位的创新。

7. 培养创新人才

创新引领未来，人才引领创新已经成为全社会的基本共识。行业应积极探索建立人才培养新机制，根据塑料管道行业发展现状，结合行业协会、大专院校、科研机构、测试中心、认证机构、行业企业等方方面面的资源，组织多层面、多样式的人才培训活动，形成完善的人才培养创新模式，坚持以人为本，注重潜能开发。引导企业建立科学的人才管理办法，用事业凝聚人才，用实践造就人才，用机制激励人才，不断发展壮大科技人才队伍，培养造就创新型科技人才。

（中国塑协塑料管道专业委员会　王占杰　赵艳　郭晶　唐维　范艳菊）

从德国 K 2016 看注射成型行业技术发展趋势

【**摘要**】本文主要介绍了德国 K 2016 展会的举办情况，并通过此次 K 展简要总结了注塑成型行业代表性的几项技术趋势，包括智能制造、汽车工业中的轻量化与绿色制造、包装工业的高效精密化以及 3D 打印技术应用扩大化。

【**关键词**】K 2016；工业 4.0；技术趋势；

The development trend of injection molding technology according to K 2016 show

【**Abstract**】This article mainly introduced the general situation of K 2016 show , and briefly summarized several representative technical trend of injection molding industry , including intelligent manufacturing , lightweighting and green manufacturing in the automotive industry, high efficiency and precision in packaging industry and expansion of application for 3D printing technology.

【**Keywords**】K 2016；Industry 4. 0；Technology trend.

被称作是“自举办以来最成功的 K 展”的 K 2016 于 10 月 26 日在德国杜塞尔多夫完美落幕，总共有来自 160 个国家约 230 000 名有投资意向的观众和 3 285 个展商参与此次盛会。其中 70% 的观众来自于国外，40% 来自于欧洲以外国家和地区。来自亚洲的近 30 000 观众是外国观众中的最大群体，其中印度参展人数最多，中国、韩国和伊朗的观众数量也有明显增长。在过去十年中，全球塑料加工业生产格局的改变。除了美国、日本和德国基本保持原有份额以外，以中国为代表的亚洲新兴市场的全球销售占比显著提升。市场对塑料产品的需求在未来几年将继续增长，预计亚洲塑料加工业在未来 10 年还将保持 10% 的年均增长率。此次展会硕果频丰，整个产业受益于全球终端用户市场不断增长的高质量需求，参展观众纷纷展现出强烈的投资意愿。

K 2016 的口号是“工业 4.0 – Working for you！”设备制造商们都基于这一目标努力为用户创造出具有更高附加值的技术解决方案。对于塑料加工业来说，工业 4.0 本身并不是最终目的，智能工厂的目标是通过信息化和网络化，以及自我优化的制造流程来提高生产率并实现资源的最佳利用。这对客户则意味着可靠的生产与高标准的质量，最终将带来决定性的竞争优势。在 K 2016 展会上，几乎所有参展单位都以完整的生产单元形式来展示工业 4.0 如何使制造过程更高效，以及如何使产品本身变得更加智能。作为塑料行业的技术发展趋势的风向标，以下将透过本次 K 展简要总结注射成型行业代表性的几项技术趋势。

一、工业 4.0：智能制造方式推动行业未来发展

恩格尔（Engel）通过其 inject4.0 概念和相关技术向用户全方位诠释注射成型工业 4.0，分别从智能机器（smart machine）、智能生产（smart production）和智能服务（smart service）三个层面来实现智能工厂的目标。

1. 在智能机器方面

恩格尔的 iQ 系列软件可以持续不断地分析关键工艺参数，及时发现偏差并进行补偿，从而避免产出废品。如 iQ Weight 可以在整个注塑过程中保持射胶量和熔体黏度的恒定；iQ Clamp 可通过控制模具的排气持续调整合模力；iQ Flow 可实现模具温度的闭环控制。在环境或者原料发生变化时，恩格尔软件自动采取措施来保持工艺的一致性，从而确保产品的质量。

2. 在智能生产方面

恩格尔 e – factory 系统可以将所有高度集成的自动化生产单元完全联网，从一台中央电脑上观察并分析每个机器的工作状况、使用情况以及产量。新增加的能源模块可以让用户对机器能源的消耗进行详细的展示、分析和优化，通过自动控制注塑机的启动避免出现能源使用高峰。

3. 在智能服务方面

恩格尔 e – connect. monitor 可在线监测设备核心部件工作状态并提供可靠地故障诊断结果，避免因设备零件问题而导致意外停机。对磨损情况的分析可以确定导致关键零件加速磨损的关键过程参数，再通过参数调整可以避免磨损再次发生。e – connect. monitor 扩充了恩格尔 inject 4.0 解决方案的范围，为实现智能工厂建立了新的里程碑。

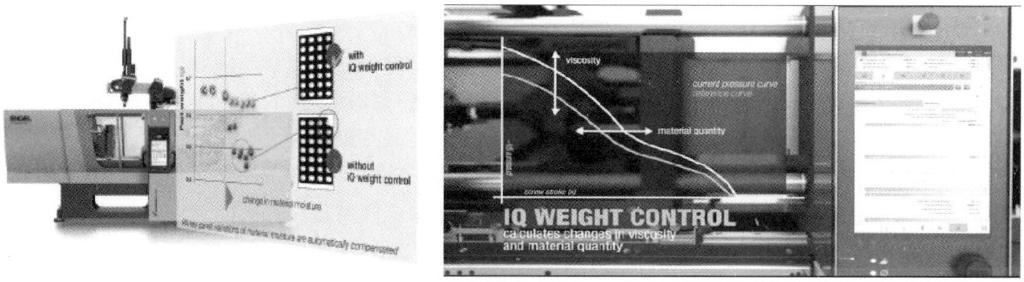

图 1　Engel 工业 4.0 实施方案

克劳斯玛菲（Kraussmaffei）将其工业 4.0 解决方案称为“Plastics 4.0”，从智能机器（Intelligent Machines）、集成生产（Intergrated Production）和互动服务（Interactive Service）三个层面进行实施，文字表达上略有不同，但是内涵一致。

4. 智能机器

克劳斯玛菲在 2014 年时就推出 APC（Adaptive Process Control）自适应过程控制系统，本次展会上的 APC Plus 可以更有针对性地对由于环境条件变化、停产或使用回收材料造成的工艺波动做出响应。APC plus 首次考虑了 20 种基本材料的具体性能（如熔体的可压缩性），并在保压阶段自动采取措施进行调控。

5. 集成生产

DataXplorer 是克劳斯玛菲研发的具有检测、分析和记录注塑生产过程以及上下游加工过程综合工艺数据的开放性系统。本次展会通过 CX 300 FiberForm 生产系统为例展示其生产过程中无缝链接的新网络智能解决方案。所有以质量为导向的加工数据如有机板加热曲线或注塑压力、模腔压力曲线等，都被记录在数据库中并形成跟随组件一起的二维码，可在全球范围内查询和跟踪每个组件的加工数据。

6. 互动服务

克劳斯玛菲展示了监控机器、评估实际数据和各种服务功能的众多工具，如基于 OPC – UA 报告的联网机器的摄像头应用和中央计算机接口标准化等。客户还可在任何时间通过克劳斯玛菲网站直接登录电子服务平台（E－Service platform），查询所有相关的中央数据，快速处理问题。

图 2　Kraussmaffei 的 DataXplorer 用于制件加工数据溯源

阿博格（Arburg）在本次展会上展示了其工业 4.0 的应用新模式：空间上分离生产并且个性化制造的“智能”行李箱标牌。行李箱标牌作为信息载体，用户的联络数据以电子名片（vCard）的形式与生产过程数据一同存储到集成的 NFC 芯片中，最后用激光对行李箱标牌进行个性化处理。生产数据可由生产部件的行李箱标牌提供信息直接从云端获取，从而实现灵活的分散生产。

威猛巴顿菲尔（Wittmann Battenfeld）推出可在 Windows 操作系统下运行的新一代 UNILOG B8 控制系统，可方便地集成标准应用以及基于互联网的服务支持。QuickSetup 程序能够快速完成机器与新模具的初始设置，通过 B8 中的材料数据以及录入与成型部件和机器有关的数据，该控制系统即可计算出初始的工艺参数用于参数的快速设置。凭借 WITTMANN 4.0 技术，可以通过单一的监控屏幕，对注塑机和周边设备可视化和操作。

博创智能装备的工业 4.0 技术也是通过一套交钥匙系统进行展示，而且产品能够满足工业 4.0 的欧洲标准。此外，其他国内参展的设备供应商都相继推出各自品牌的工业 4.0 的解决方案。如震雄控股 iChen 4.0、东华机械 2.0、伊之密 I－factory 4.0 等，关注重点是解决生产过程的监控、管理及服务。

海天国际在讨论工业 4.0 时，考虑更多的是成本因素，以及如何将信息技术与制造业更深入地融合。海天提出“以恰到好处的技术打造灵活性”的参展口号，重点展示其能够满足 80% 市场需求的标准化应用解决方案。早在 K 2013 他们就已将发展方向设定为：“小机电动化，大机两板化”。截至 2015 年底，海天小吨位全电机销售份额从 11.1% 上升到 14.8%，大中吨位的两板机销售份额也从 19.5% 提升至 28.5%。此次 K 展上，海天发布了“模块化生产”的新战略，客户在未来可以更加方便地将不同规格型号或是将全电机和伺服液压设备的零部件进行混合和匹配。“模块化”战略有助于帮助客户找到柔性制造、生产效率和价格的最佳组合，也将帮助海天更方便地适应工业化程度不同的国家的需求。新发布的“模块化生产”也被海天称为是未来注塑机设计的发展方向。

K2016 期间，欧洲塑料和橡胶机械制造商协会（EUROMAP）推出了 EUROMAP 77 标准，这是一种面向工业 4.0 的注塑机与中央计算机或制造执行系统（MES）之间数据交换的新工业标准，这方面欧洲企业已经走在了前面。从目前市场现状和未来发展趋势来看，智能化将是我们必须面对的挑战，目前也是欧美发达国家把握在手中的市场阵地。

二、汽车工业：轻量化及绿色制造的迫切需求

克劳斯玛菲推出了热塑性树脂传递模塑成型（T－RTM）技术，该技术能在较短成型周期内生产出由纤维、塑料和金属制成的混合材料汽车样件。新的计量系统可实现原料（己内酰胺）的按需供应，近净形状的生产最大程度地减少了碳纤维材料浪费和加工步骤，该工艺可同时用于加工玻璃纤维（白色）和碳纤维。现场展示的成型样件是一种带有金属嵌件的纤维增强复合材料汽车结构部件，生产过程只需几分钟。显然，热塑性塑料（PA6）结构件比热固性塑料拥有更高的冲击强度和更大的韧性断裂特性。此外，T－RTM 相比注塑成型工艺具有更高的纤维含量和更低黏度，因而可生产出壁厚极薄的部件。克劳斯玛菲的 T－RTM 工艺将反应加工设备、热塑性材料以及传递模塑工艺集于一体，同时具备连续纤维、短周期、可焊接及可回收等方面的优势，实现了对现代轻量化生产的完美整合。

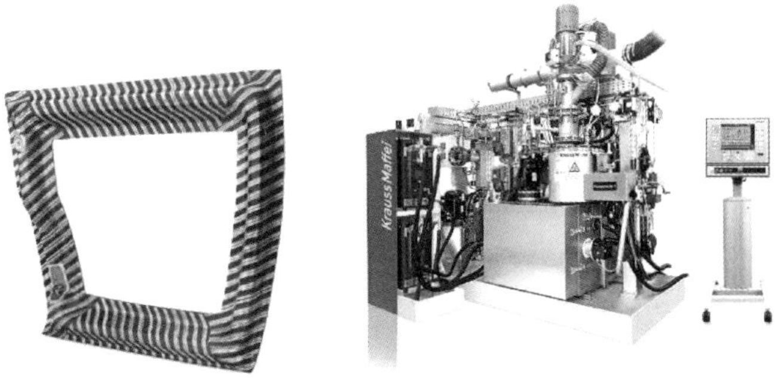

图 3　克劳斯玛菲热塑性树脂模塑成型工艺及应用

恩格尔展示了利用模内成型皮纹覆皮工艺（IMG：In－Mould Graining）结合连续滚动式制程生产汽车内饰件产品，这是恩格尔首次在完全自动化的生产单元中展示 DecoJect 技术。与传统的 IMD 工艺不同，IMG 工艺不是简单将图案从薄膜传递到组件上，它利用激光对薄膜进行精细加工并将其保留在组件上，制件颜色、图案、表层结构和触感都一次成型。为了表明新技术应用前景，展示的部件表面呈现出包括复杂皮革颗粒在内的多种结构。

图 4　恩格尔皮纹覆皮工艺用于汽车内饰件生产

阿博格则采用物理发泡方式的 ProFoam 工艺用于轿车内饰件生产，同时借助动态模温控制技术可获得高质量的高光表面。ProFoam 技术的基本原理是在原料进入机筒之前通过超临界氮气进行浸润发泡，其优势在于不需要在螺杆上设置额外的剪切和混合功能部件。采用 Profoam 技术可注塑出轻质、稳定并且不易变形的部件，部件具备均匀的发泡结构。相比于传统注塑工艺，获得的制件不仅可减重 13% 以上，而且增强纤维平均长度更长。

图 5　Arburg 公司 ProFoam 发泡工艺生产汽车内饰的外观部件

克劳斯玛菲的 ColorForm 工艺仅通过一道工序即可将具有不同厚度、不同表面效果（比如表面同时具有哑光和高光泽度）和颜色的聚氨酯涂层涂覆于热塑性背衬材料之上。ColorForm 工艺完全取代了传统的喷漆及其上下游所需配套工艺步骤，无需单独清洁部件。新工艺既可提高生产效率和产品合格率，又可显著降低生产成本。作为一种高光表面部件的绿色生产方案，ColorForm 可将高光泽表面与各种基体材料（如热塑性塑料、热固性塑料或聚氨酯）相结合。可实现从透明到钢琴黑的广泛色彩的显示，使得颜色管理灵活可变，从而使设计更为自由。

三、包装工业领域：高效及精密的追求永无止境

包装行业是聚合物应用最广的行业之一，约30%的欧洲包装应用都要求 2 ~ 3 秒的极短周期。不断提升生产效率和精度是包装行业对于生产系统永无止境的要求。

住友德马格（Sumitomo - Demag）在塑料包装制造领域的份额超过 20%，目前已经有超过 2000 台 El - Exis SP 注塑机用于薄壁塑料包装、螺纹盖和各种密封件的生产。现场展示是利用 El - Exis SP 200 高速注塑机和一模 4 腔模具生产装饰杯，周期不到 2 秒，这应该是 K2016 展会上生产装饰容器最快的机器。此外，El - Exis SP 420 注塑机在 2 + 2 叠模中采用注射压缩工艺生产聚丙烯（PP）托盘，注射压力和锁模力显著降低、保压压力分布均匀，成品的残余应力和翘曲变形也明显减弱，最终达到更薄、更轻的生产效果。

耐驰特（Netstal - Maschinen AG）在 K2016 展示采用 ELIOS 7500 注塑机，搭配 24 + 24 叠模，每小时生产超过 43 000 多个圆盖，每个重量为 2. 8 克，生产周期为 4 秒。注塑机构由两个动态伺服阀驱动，保证在注塑和保压过程中实现高加速度、高注射能力和精密控制的效果。双伺服阀使流速高达 2 × 550 米/分钟，最大注塑速度为 2 200 毫米/秒，加速度可达 20G。通过配备数字控制器确保高定位精度可实现注塑量的高度一致性。

威猛巴顿菲尔多组分机型 SmartPower COMBIMOULD 的每个注射单元都拥有单独的伺服液压驱动，使得“以低能耗实现极短的循环周期”成为可能。SmartPower 系列多组分机型能够更方便地完成多色、复合材料、组装和多组分注塑成型，而且能耗更低。在 K2016 上展出了采用热塑性塑料和液态硅胶制成的饮用瓶盖。

图 6　威猛巴顿菲尔的热塑性塑料和液态硅胶制成的饮用盖生产单元

赫斯基（Husky）于 K 2016 期间推出一项集成式解决方案 HyCAP 4，模具、机器及辅助设备协同工作以提高生产效率、改善能效并增强易用性。系统现场生产 1. 25 克的 29/25 矿泉水瓶盖的周期为 2. 4 秒，生产 6. 1 克的洗发水翻盖的生产周期为 8. 5 秒。全集成式 eIMC 模内闭合技术通过在注塑过程提供更精确的控制，在提升产品质量的同时将注塑时间缩短 20%。此外，Husky 还推出采用共注塑热流道技术生成多层阻隔包装制品，通过与先进的热流道系统以及增强型控制相结合可对阻隔材料进行精确分配，满足不同阻隔能力应用要求。同时还通过减少阻隔材料的使用量来提高阻隔性 PET 包装制品的可回收性。配合使用 LayerWatcher 检测系统，可通过精确测量阻隔层来确保阻隔防护和包装的安全性。

四、增材制造：3D 打印应用不断扩展

阿博格于 K 2013 年发布了 Freeformer 和 Arburg Plastic Freeforming（简称“APF”）工艺，通过带有脉冲开关的喷嘴形成塑胶液滴进行逐层排列构建功能部件。此次展会，结构优化后的 freeformer 具有更佳的通风排热性能，还可选配材料烘干装置。打印材料也可扩展到耐高温塑料、生物基聚酰胺等材料等。

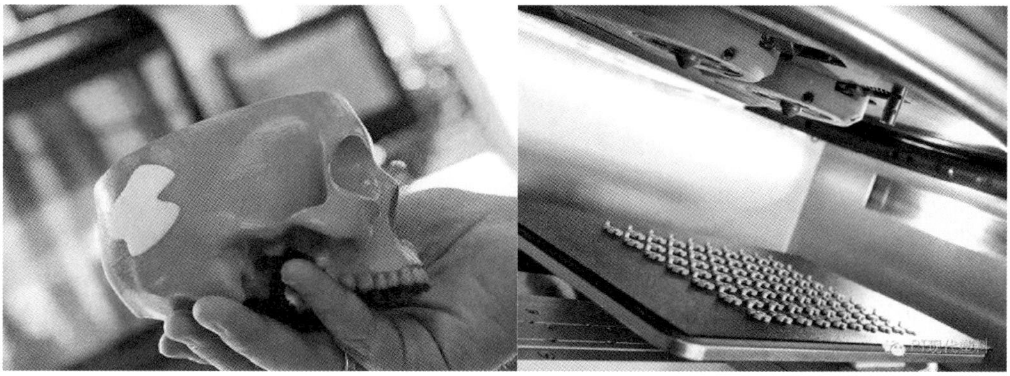

图7 阿博格 Freeformer 打印的颅骨植入物及耐高温 PEI 材料制品

瓦克于 K 2016 上展示了有机硅材料的按需喷墨打印技术，打印速度明显提升，机器结构也更为紧凑。3D 打印技术目前最主要的应用是汽车、航空航天和医用领域，具有耐高温、低温柔韧性、较佳的生物兼容性和透明度、能够任意染色、消音效果好等特性的有机硅材料正好可在这些应用中充分发挥优势。

模具异型冷却水路的制造应该是金属 3D 打印在注射成型加工中最直接的应用案列。传统设计制作的水路都是以钻孔方式完成，其直线圆管状须避开结构或组装原件。异型冷却水路模具设计可根据需要任意设计，使用时可显著减少脱模速率和成型周期，并提升 30% ~70% 产能时效与质量良率。直接金属激光烧结技术（DMLS：Direct Metal Laser - Sintering）是目前市场上成熟的金属 3D 打印技术，可根据 3D 模型数据通过高能激光束来局部熔化金属基体同时烧结固化金属粉末材料并层层堆叠生成致密实体零件，代表厂商包括德国 EOS、日本沙迪克等。此外，德国 PVA/TePla 通过扩散焊技术实现模具的叠层实体制造同样也是目前模具异型冷却水路制造的有效解决方案。

五、小结

根据 EUROMAP 发布的统计数据，2015 年全球塑料和橡胶机械产值达到 339 亿欧元（2014 年：325 亿欧元），橡塑机产量占比位居前三的国家分别是中国（32.5%）、德国（20.7%）和意大利（7.8%）。在中国增长引擎的驱使下，预计 2016 年到 2018 年期间全球塑料橡胶机械的销售额仍将保持 3.4% 的平均增长率。过去二十年来，中国橡塑机械企业通过持续不断的技术引进和自主创新已在全球塑机市场上占有举足轻重的地位。虽然我们与欧美日等发达国家之间的技术水平差距正在不断缩小，但在高端市场争夺方面我们仍然缺乏竞争力，中国的高端机械仍旧需要从欧洲进口。这是中国制造业所面临的残酷现实，但同时也是难得的发展机遇。中国注塑产业同仁应该在工业 4.0 和中国制造 2025 的推进过程中抓住机遇，加快实施智能化制造技术的升级，实现中国制造百年强国梦想将指日可待。

（中国塑协注塑制品专业委员会　北京化工大学　机电工程学院　谢鹏程）

双向拉伸薄膜行业“十三五”技术发展指导意见

说明：为促进双向拉伸薄膜行业“十三五”期间技术水平提升与产品研发，双向拉伸聚丙烯薄膜专委会起草了本意见（因 BOPET 行业有专门的 BOPET 专委会，因此本指导意见中不涉及 BOPET 领域的内容）。

一、双向拉伸生产设备研发方向

目前，国内外双向拉伸聚丙烯薄膜生产的工艺技术均已经非常成熟，除锂电池隔膜以外，企业在设备引进时设备厂家均会全部转让加工技术。

技术来源的主要选择：

1）德国布鲁克纳机械有限公司

2）日本制钢所

3）德国多尼尔机械有限公司

4）法国 ESOPP 公司

5）日本东芝机械公司

6）桂林电器科学研究院

7）青岛中科华联新材料有限公司

8）北京机械自动化所

9）其他企业

（一）德国布鲁克纳机械有限公司

目前，布鲁克纳占据着全球双向拉伸薄膜生产线份额的50%以上，在中国市场上占有率更达到70%以上，尤其是2006年以来新增的生产线80%以上都是布鲁克纳的生产线，其生产每吨薄膜消耗的电量最低，每吨薄膜的生产成本最低，而且保持着BOPP薄膜加工技术的绝对领先优势，“十三五”期间布鲁克纳推出的双向拉伸薄膜生产线情况如下。

1. BOPP 薄膜生产线

BOPP在未来行业中两个主要的方向：第一是最先进的生产线产品，现今从8.7米宽幅生产线一直到10.4米。生产线速度目前是460米/分钟，但在未来五年内，会迈向600米/分钟发展。主要产品虽然仍是以生产3层薄膜为主，但是5层薄膜将会越来越普及。

对于特殊薄膜生产线，如烟膜，多层膜或超薄规格的薄膜（8～12微米），生产线宽度从6.6米宽一直到8.7米。速度范围则从350米/分钟一直到525米/分钟范围。对于多层膜，5层，7层，甚至更多层共挤的薄膜将在未来五年内会有更多的投资是这个方向的。

对于生产BOPP电容器膜的未来发展将朝着更宽幅的生产线（最宽可达8.2米）发展。主要的厚度范围在4～8微米。进一步的发展趋势是超薄规格的薄膜，生产线的宽度范围在5～6米。

线性电机同步拉伸LISIM®系统因其高效能，多样化，高精度和节能方面特性会是投资的另一考虑选择。LISIM®是用于高科技产品的高新技术生产线。

2. BOPET

对于生产最先进新型的薄膜，生产线的宽度从8.2米扩展到10米。速度从400米/分钟提升到久经验证的525米/分钟。取决于薄膜的应用领域，采用“双螺杆”或“串联”挤出机系统或不使用任何挤出机的“直接铸片”方式。

对于如电容器膜和热转印膜这样超薄规格的薄膜产品，膜厚减少到2微米将可能在未来实现。

对于工业和光学薄膜，膜厚达到400微米和宽度达到5.8米将是主要的产品范围。

对于工业级，光学级和超薄规格的薄膜（如热转印膜），也将很有可能会使用线性电机同步拉伸LISIM®系统，主要原因是其提供了巨大的工艺和机器的优势。这是使用高效能，多样化，高精度和节能的方式的另一投资考虑选择。LISIM®是用于高科技产品的高新技术生产线。

3. BOPA

对于BOPA薄膜，逐次拉伸生产线在未来五年的宽度是5米和6.6米或甚至更宽幅的生产线。速度将达到250米/分钟，主要产品仍将是3层膜。

在特殊膜方面，线性电机同步拉伸技术（LISIM®）将是有利的选择。宽度在5.6米和6.6米，以及速度将提升到250米/分钟。对于将特殊薄膜层如EVOH加入，5层共挤的LISIM®将是一个较合理的解决方案。

（二）日本制钢所

日本制钢所在2006年将三菱重工的薄膜事业收购后，增加了BOPP，CPP的业务。事业发展顺利，营业额增加了3倍。可对应很多品种的特殊膜，BOPE（湿式锂电池隔膜）在面向日本、韩国，占有挤出机市场的70%以上，在光学薄膜方面，占有挤出机市场的80%以上。

（三）德国多尼尔机械有限公司

林道尔·多尼尔有限公司，作为全球享有盛誉的、整条薄膜生产线的顶级制造商，拥有来自世界各地的客户，尤其是中国、日本、韩国、印度尼西亚、马来西亚、印度、泰国、欧洲、美国、巴西和墨西哥的客户都信赖多尼尔薄膜生产线的可靠性。

在多尼尔生产线上，可以用多种材料来生产薄膜，如PET，PP，PEN，PA，PS或TAC。使用多尼尔的机械和设备，能够根据薄膜的用途生产出所需厚度范围的薄膜。

多尼尔在其常见的8.7米宽度的生产线之上，又针对10米生产线做出新的发展，针对BOPET和BOPP，线速度达到500米/分钟或更高的速度。

1. BOPET 薄膜生产线

多尼尔是BOPET薄膜生产线领域的市场领导者，尤其是用于像LCD液晶显示器等光学薄膜的高端应用的生产。

针对聚酯电容器薄膜，多尼尔提供能生产最终厚度低至 1 微米、切边后宽度为 5.5 米膜宽的设备。

针对厚膜的应用，多尼尔能提供生产最大薄膜厚度为400 微米、最大宽度为7 米的薄膜生产线。

针对包装薄膜的生产，多尼尔能够提供厚度范围为8 ~125 微米，切边后宽度为 10.600 毫米，最高速度为600 米/分钟的薄膜生产线。

2. BOPP 薄膜生产线

为了满足聚丙烯的应用，多尼尔设计出厚度为 10 ~50 微米，切边后宽度为 10.5 米，生产速度为 600 米/分的薄膜生产线。多尼尔高产量的聚丙烯薄膜生产线，应用于食品包装和普通包装薄膜的生产，在多尼尔的产品组合中扮演着重要角色。

（四）法国依索普双拉设备公司（Esopp）

两步拉伸膜 BOPP，BOPET，BOPE，BOPETG，BOPS，BOPI：最大宽度：10.4 米，最高速度：600 米/分，最多层数：9。

同步拉伸生产线（第二代 Flexsim）：（BOPP 电容膜，BOPA，BOPET，锂电池隔膜，BOPI）：最大宽度：6.6 米，最高速度：350 米/分钟，层数（共挤出）：3。

厚度范围：BOPP：2 ~250 微米；BOPET：2 ~400 微米；BOPE：10 ~70 微米；BOPETG：15 ~80 微米；BOPS：15 ~400 微米；BOPI：10 ~30 微米。

（五）日本东芝机械株式会社

日本东芝机械株式会社是全球著名的湿法锂电池隔膜生产整线提供商，生产线幅宽达到 3.2 米，隔膜厚度范围两种机型分别为 7 ~16 微米和 12 ~20 微米，最高线速度达到 60 米/分钟。

（六）桂林电科所

1. BOPP 薄膜生产线

薄膜类型五层，薄膜厚度范围 8 ~60 微米，工作宽度 8.7 米，生产线机械速度最大 500 米/分钟。

2. BOPET 薄膜生产线

薄膜类型三层，薄膜厚度范围 12 ~80 微米，工作宽度 8.7 米，生产线机械速度最大 450 米/分钟。

3. 同步拉伸 BOPA 薄膜生产线

薄膜类型三层，薄膜厚度范围 10 ~30 微米，工作宽度 5.2 米，生产线机械速度最大 250 米/分钟。

4. 干法锂电池隔膜生产线

薄膜类型单层，薄膜厚度范围 6 ~30 微米，工作宽度 4.2 米，生产线机械速度最大 120 米/分钟。

（七）青岛中科华联新材料有限公司

青岛中科华联新材料股份有限公司建有独立的研发机构，并凭借雄厚的实力以成熟的配方及先进的生产工艺作后盾，在与世界级顶级公司合作的同时加大自主研发力度，致力于湿法双向拉伸式隔膜生产设备的研发与生产。在设计、制造方面更加成熟、完美，已形成了完备成熟的研发和质量保证体系。在国内处于遥遥领先的地位。

该公司的湿法双向拉伸锂电池隔膜生产线幅宽范围 2.5 ~3.2 米，薄膜厚度范围 8 ~20 微米，最大机械速度 40 米/分钟。可提供分步拉伸和同步拉伸生产线。

（八）北京机械自动化所

双向拉伸聚丙烯薄膜（BOPP）电容膜生产线，幅宽 5.1 米，厚度范围 3 ~8 微米，线速度 350 米/分；双向拉伸聚丙烯薄膜（BOPP）包装膜生产线，幅宽 6.6 米，厚度范围 15 ~40 微米，线速度 400 米/分钟。

双向拉伸聚酯薄膜（BOPPET）光学膜生产线，幅宽 4.5 米，厚度范围 75 ~300 微米，线速度 80 米/分钟；双向拉伸聚酯薄膜（BOPPET）电容膜生产线，幅宽 5.1 米，厚度范围 4 ~8 微米，线速度 300 米/分钟；双向拉伸聚酯薄膜（BOPPET）热收缩膜生产线，幅宽 6.2 米，厚度范围 12 ~60 微米，线速度 120 米/分钟。

单向拉伸锂电池隔膜生产线，幅宽 1.2 米，厚度范围 10 ~25 微米，线速度 15 米/分钟；双向拉伸锂电池隔膜生产线，幅宽 3.2 米，厚度范围 16 ~40 微米，线速度 30 米/分。

双向同步拉伸尼龙薄膜（BOPA）生产线，幅宽 4.2 ~5.1 米，厚度范围 15 ~40 微米，线速度 160 米/分钟；双向异步拉伸尼龙薄膜（BOPA）生产线，幅宽 6.6 米，厚度范围 15 ~40 微米，线速度 300 米/分。

（九）未来生产线性能发展趋势

1. 高速、宽幅

为了提高效率、降低能耗，双向拉伸薄膜一般产品的生产设备正在向着高速、宽幅方向发展。

2. 多层

为了生产更多的功能性双向拉伸薄膜，采用五层以上生产线的企业越来越多。

3. 特殊用途

对于许多特殊用途、批次多、用量小的双向拉伸薄膜来说，往往薄膜生产企业会根据自己的需要，定制生产线，或配备试验线。

二、双向拉伸薄膜专用料的研发方向

（一）BOPP 薄膜专用料

1. BOPP 薄膜按性能和用途可分为许多类，总的来说，对 BOPP 薄膜专用料的性能有下列要求。

1）生产 BOPP 薄膜要用高分子量的 PP 做原料，但分子量过高会使高速加工困难。一般来说，普通膜要求熔体流动指数值为 2 ~3 克/10 分钟，电容膜熔体流动指数要求在 3 ~4 克/10 分钟。

2）为了保证原料的成膜率，必须选结晶度较低的 PP 做原料，为此 PP 树脂的等规度要控制在 95% ~96. 15% 。

3）BOPP 薄膜中含金属离子杂质越少，其电绝缘性能越高，故须选用灰分含量很低的 PP 做原料。对于电容膜的原料，灰分含量应小于 50×10^{-6}，最好在 35×10^{-6} 以下；生产普通膜和共挤出膜的 BOPP 原料，灰分含量一般应小于 200×10^{-6}，最好在 150×10^{-6}以下。

4）BOPP 薄膜的机械强度要求高，因而对其原料也有相应要求。通常规定，PP 均聚物的拉伸强度应大于 32 兆帕，弯曲模量应大于 140 兆帕，悬臂梁冲击强度应大于 42 焦耳/米。对于无规共聚物，其拉伸强度应大于 30 兆帕，弯曲模量大于 140 兆帕，悬臂梁冲击强度大于 30 焦耳/米。

5）用 PP 树脂生产普通膜时，其薄膜产品透光率应大于 90% ，雾度小于 115% 。对于共挤包装膜和烟膜，透光率应大于 75% ~80% ，雾度小于 210% ~310% 。

6）BOPP 烟膜和珠光膜用作包装材料时，要求薄膜的热封强度大于 20 牛/毫米，故薄膜生产采用了 3 层共挤，外 2 层选用乙烯含量 3m% ~5m% 的无规共聚 PP 原料。

7）为了减少鱼眼，除了在 BOPP 薄膜生产中严格控制指标外，更重要的是要严格控制生产 BOPP 薄膜专用料的工艺参数，以免产生较多的凝胶粒子。BOPP 薄膜合格产品要求鱼眼 012 ~017 毫米的粒子应少于 300 个/平方米，017 ~115 毫米的粒子应少于 5 个/平方米。

8）BOPP 薄膜专用料中应添加适当的抗氧剂和辅助抗氧剂，以使 PP 具有良好的热稳定性，一些特殊要求的薄膜还应加入符合规定的添加剂。

2. 不同种类 BOPP 薄膜专用料情况

目前市场上采用的 BOPP 专用树脂主要有三类，第一类是适合于中、低速 BOPP 挤出生产线的聚丙烯；第二类是适合于高速挤出生产线的聚丙烯；第三类树脂是适用于高挺括度烟膜聚丙烯。

（1）中、低速 BOPP 薄膜专用料

从目前国内市场调研结果分析，国内几乎所有的连续法 PP 装置都在开发生产 BOPP 薄膜专用料。从市场应用看，产量较大的燕山石化、齐鲁石化和上海石化产品质量相对较好。现阶段我国生产的 BOPP 薄膜树脂主要属于第一类产品。线速在 280 米/分钟及以下，BOPP 薄膜基本使用国产原料，约占市场需求量的 70% 。用料较多的牌号主要为：扬子石化 F1002B（其中 B 为添加开口剂），齐鲁石化 F680、T36F，济南石化 T36F，大庆 T36F，九江石化 T36F 等。

我国 BOPP 薄膜专用料的开发，一般是在引进牌号的基础上加以改进。齐鲁石化公司开发生产的 BOPP 薄膜专用料 T36F 是国内最好的 BOPP 专用料之一，采用的是美国 Himont 公司 Spheripol 技术，为液相本体法聚合工艺。该产品销售已覆盖全国，其总体性能可与国外产品媲美。T36F 的成膜线速度达 180 米/分钟，成膜率为 97% ，广州石化公司曾使用齐鲁石化公司产 T36F 生产 20 微米光膜创造了 252 小时不断膜的纪录，质量达到国际标准。

T36F 可根据用户的不同要求，在高速和低速生产线上生产厚度不同的光膜、珠光膜、双面真空镀铝。与进口原料制品相比，具有静电小、雾度低、模量小、公差小等优点，目前年产量 4 万吨左右。

扬子石化公司与北京化工研究院等密切联系与合作，反复调查各种技术资料，制订生产方案，在 20 万吨/年聚丙烯装置上成功运用国产催化剂生产出合格的 BOPP 薄膜专用料，其产品牌号为 F1002B，它具有分子量分布均匀、透明度高、抗冲击强度好的性能。

（2）高速 BOPP 薄膜专用料

由于原料涨价，而 BOPP 膜涨价很少，因此普通膜的生产基本处于亏损状态。高速膜因生产速度快、幅宽，可降低生产成本。特别是 2009 年以来我国新引进的 BOPP 生产线多为高速生产线，因此高速膜产量增加较快。为满足新上 BOPP 高速生产线的生产需要和市场需要，开发 BOPP 高速膜原料势在必行。

BOPP 高速、超薄包装膜所需的聚丙烯树脂原料，国内尚未实现国产化，国际上由北欧化工、日本普瑞曼、韩国大韩油化及新加坡 TPC 四家垄断。

国内 BOPP 专用料只能用于生产普通光膜，很难适应 BOPP 包装膜高速化和超薄化的要求。

到目前为止能适应批量生产高速（大于 350 米/分钟）挤出线的国产专用 BOPP 树脂有上海石化的 F280S。齐鲁石化、茂名石化的高线速 BOPP 树脂产量尚小，总体看来国内高速线牌号市场进口料仍占有较大份额。

（3）高挺括度烟膜聚丙烯

用于高挺括度烟膜、电工膜、高透膜的聚丙烯树脂目前仍然被进口产品所垄断，国内试产品在质量、性能上均未被市场接受。BOPP 进口专用树脂主要有美国 Himont 的 PD382、PD383、PD064、PD320，日本德山曹达的 FBll6，三菱化学的 FL6CK，新加坡 TPCFS2011、FS3011，韩国现代化学的 H2210、H2211、HF20M，英国壳牌的 KF6100，比利时 Solvay 的 KS409、KS309 等。

我国烟膜专用料用量约 6 万吨。目前烟膜用 BOPP 专用料几乎全部采用进口原料，原料价位较高，主要采用新加坡 TPC3011E3，日本出光 F300P，巴塞尔 HP521 等。对原料性能的要求主要为高挺括度、较高的等规度、窄分子量分布。

（4）丙丁共聚聚丙烯

燕山石化化工二厂在开发三元共聚聚丙烯系列专用料的基础上，在气相法聚丙烯生产装置上成功开发了丙丁共聚聚丙烯 F5005B。F5005B 具有透明性、光泽性好，刚性高，良好的热封性和耐化学性，易加工成型，可溶物低，制品表面迁移出的低分子物少等特点，适用于 BOPP 激光膜生产领域，应用于激光全息防伪膜的生产，其制品应用领域非常广泛，主要应用于烟草、图书音像、酒类、医药等产品的防伪包装上。

3. 国产 BOPP 薄膜专用料与进口专用料的差距

BOPP 薄膜设备投资大，工艺水平高，生产条件苛刻，加之薄膜的多层次结构及系列化，对原料有极其严格的要求。目前我国在 BOPP 专用料的开发上与发达国家有很大差距。从树脂的性能特别是加工性能来看，进口树脂熔体流动速率较高，熔点也较低，加工中塑化均匀，熔体流动平稳；而国产树脂熔体流动速率较低，等规度较高。从生产过程和产品质量比较，国产料的膜卷颜色较深，膜的表面有粘手感，不光滑，不能高速拉伸，而进口料膜卷颜色浅，膜的表面光滑，能高速拉伸。

国产料质量波动也很大，批次之间质量也常有差异，不利于生产控制，使用户难以掌握，造成浪费。国产原料杂质较多，灰分含量偏高，易引起熔体流动压力的波动，容易破膜，而且使更换设备过滤网的频率增加。国产料的包装形式与进口料也有差异，国产料普遍采用编织袋包装，每包 25 千克，在运输过程中，极易被污染或吸潮，严重影响成膜率。而进口料大多采用聚乙烯重包装，这样既保证了原料的洁净度，避免材料的二次污染，又方便了运输。国产助剂目前也存在品种少、质量差的现象，不能满足 BOPP 薄膜生产的需要。

虽然国产树脂存在一些缺陷，但某些国产料还是有一定优势，如齐鲁石化的 T36F，上海石化的 F280S 等。这两家的 BOPP 专用料可应用于线速在 280～360 米/分钟的生产线，其他企业产品则只能用于线速在 280 米/分钟以下的生产线。而热封膜所用共聚料及高速生产线所需的均聚料仍依赖进口。

（二）锂电池隔膜专用料

日本三菱树脂株式会社是全球锂电池隔膜用树脂——PP（聚丙烯）和 PE（聚乙烯）的主要供应商之一，2015 年，公司发布了一款基于 PP 干法制造的耐热型隔膜产品，公布了用干法抽取的熔点高达 220℃的隔膜产品。

干法专用料方面，中石化北京化工研究院开发出国产锂电池隔膜专用料，经过我协会最近三年推广，已经在隔膜企业投入应用，但其性能仍需进一步完善。

湿法 PE 专用料方面，中石化上海石油化工研究院正在开发湿法锂电池隔膜专用料。

锂电池隔膜专用料的国产化是制约我国锂电池隔膜行业国产化和产品品质提高的瓶颈，需要有关石化企业去研究开发。

（三）BOPE 专用料

中石化北京化工研究院通过原料分子结构设计和薄膜拉伸工艺优化，开发具有高速、高倍率拉伸成膜性的 BOPE 专用料，以及高性能的 BOPE 薄膜及其加工工艺，并已成功进行了相关拉膜的小试和中试实验，但应用还需要一定的时间。

三、双向拉伸薄膜用功能性母料产品方向

BOPP 薄膜用功能性母料产品方向

自 2009 年以来，大量 BOPP 生产线投产，整个行业出现供大于求的局面，供需失衡。整个行业利润空间将进一步压缩。BOPP 厂家必须朝着高端、生产国际质量水平的 BOPP 薄膜方向发展，尽力扩张国际市场份额，或是生产高端差异化产品开拓国内高端市场，增加市场竞争力。因此，如何控制成本，选择高品质低成本原料、母料添加剂成为所有BOPP企业需要面对的重要问题。高品质薄膜需要选用高品质母料添加剂。

目前国内母料市场。进口母料品质好，价格高，最终使用成本高。国产母料价格低，但是多使用低成本、低纯度添加剂代替高效高品质添加剂，使用低效率、低含量、低成本添加剂配方，因添加量高，使用效率不佳，最终影响薄膜雾度、光泽度、印刷性能，抗静电效果不佳，造成薄膜泛白等负面影响，并且最终使用成本高，无法提升BOPP薄膜品质，无法增加国内BOPP厂家在国际市场上的竞争力。高品质薄膜所用的功能性母料包括以下几类：

1）抗粘结母料。

2）抗静电母料。

3）抗静电爽滑母料。

抗静电爽滑母料是抗静电和爽滑母料的复合产品，使用便捷，添加量低、高效、客户最终使用成本低。

4）增滑爽母料。

目前市场上增滑爽母料分为两种：

①以芥酸酰胺为爽滑剂高端。

性能特点：生产高品质薄膜，芥酸酰胺迁移速度比较慢，热稳定性能好、光学性能极佳，价格贵。

②以油酸酰胺为爽滑剂低端。

性能特点：生产低品质薄膜，油酸酰胺迁移速度快，制成薄膜就有很好的爽滑效果，热稳定性差、光学性能差，影响薄膜雾度、光泽度及印刷性能，价格非常便宜。

5）珠光母料。

6）增挺母料。

7）消光母料。

8）防雾母料。

9）降解母料。

四、双向拉伸薄膜产品分类和技术发展方向

（一）BOPP包装薄膜的应用和技术发展方向

1. 应用

BOPP薄膜在包装行业应用范围广，产品种类比较多。目前BOPP行业主要根据BOPP薄膜的用途和外观对它们进行分类。它们包括：普通印刷膜、粘胶带膜、防伪激光膜、电工膜、热封膜、珠光膜、消光膜、合成纸、香烟包装膜。每一种产品都有自己的特征，技术要求和应用范围。

（1）普通印刷膜

普通印刷膜厚度在15～25微米，因为要使不同颜色的油墨印刷在聚丙烯薄膜的表面上，印刷膜表面必须经过电晕处理，以使薄膜表面粗糙，增加薄膜表面的湿润张力到3.9～4.2帕，这样在印刷时油墨着色均匀、牢固。高速印刷机（200米/分）对薄膜的厚薄均匀度和热收缩率要求较高。厚薄均匀度是着色均匀的保证，之所以要求薄膜有较低的收缩率，是因为薄膜在高速印刷时，为使油墨尽快干燥，一般都经过烘道加热蒸发油墨溶剂，如果薄膜的热收缩率偏高，会导致薄膜在印刷过程中收缩，套色不准，致使印刷文字或图案偏离设定位置或重叠模糊，严重影响印刷品的质量。普通印刷膜应用范围广，既可单独使用，也可与其他薄膜复合使用。单独使用时可用作印刷插图、挂历、酒类外包装、书面包装、鲜花包装、衬衣袋、袜子袋、礼品袋等；与其他薄膜（例如PE、流延膜）复合，使薄膜具有热封合性，主要用于食品包装，如糖果、茶叶、牛奶、方便面、牛肉干等包装。

（2）黏胶带基材膜

将黏胶带基材膜通过专门的设备涂胶、烘干、分切即可制得不同规格的胶带。由于其独特的生产工艺，对BOPP黏胶带基材薄膜有特别的要求。首先，薄膜得进行电晕处理，使胶能涂上去；其次，因为涂胶后薄膜得烘干以去掉黏合剂的溶剂，要求薄膜的热收缩率越小越好。因为涂层较厚，涂胶后的胶带膜在收卷和再分切时阻力非常大，因此，要求基材膜在分切时刀口不能有裂痕和毛刺。此外，要求薄膜有一定的厚度和较高的拉伸强度，否则，薄膜在涂胶后的后加工中特别容易断裂，给生产带来很大的麻烦。黏胶带膜主要用于制作各种用途的胶带，如透明胶带、单面胶带、双面胶带、商品标签等。

（3）预涂基材膜

预涂膜是通过专用设备将薄膜基材与热熔胶复合在一起，形成具有一定复合牢度、经过加热可以与其他材料（如印刷纸张、纸板等）黏合的复合材料。预涂膜常用于纸制印刷品覆膜。经过覆膜的印刷品，其表面光亮、平滑，图案更加艳丽，这不仅保护印刷油墨层，而且使得印品的耐磨、耐折、抗拉、耐潮、耐油性能得到加强，延长了印刷品的使用寿命。有的预涂膜后还会让印刷品具有特殊的视觉感观或触觉效果。

（4）防伪激光膜

防伪激光膜是近年来BOPP薄膜应用领域一个新的开拓。它是将BOPP薄膜经过压印机压印，使薄膜的折射率发生变化，从而使薄膜在光线照射下，映出防伪图案或防伪标志。由于迁移性添加剂会影响薄膜的光线照射效果，所以生产激光膜时一般不加迁移性添加剂；此外，为保证良好的压印效果，对薄膜的厚薄均匀度要求非常严格。激光膜一般应用于品牌产品的防伪包装，如名烟、名酒、药品、著名品牌的标识等。

（5）热封膜

热封膜因其表层为乙丙共聚物或乙丙丁三元共聚物，具有热封合特性，故可用来替代普通印刷膜与PE、CPP复合产品。热封膜又分为单面热封和双面热封，主要用于食品包装，如糖果、茶叶、礼品的包装。热封膜经过电晕处理可以作印刷之用，因此，也能用于服装的包装。

（6）珠光膜

珠光膜是在BOPP薄膜生产中，在薄膜芯层添加一定比例的珠光母粒，拉伸而成。因珠光母粒中含大量的超微细无机碳酸钙粉末，对迁移性添加剂有一定的吸附性，降低了添加剂的使用效果。在使用添加剂时，可适当增大使用量，或者将生产后的薄膜在一定温度（35～40℃）下时效处理一段时间，以利于添加剂向表面迁移。珠光膜对开口性要求较高，可通过上述方法解决其开口性问题。珠光膜一般具有热封性和可印刷性，广泛应用于食品包装，雪糕、筷子、餐巾的包装，也可用于礼品和纺织品包装。

（7）消光膜

消光膜具有良好的包装效果，在光线照射下，给人以柔和的视感，因而深受消费者的喜爱。对于A/B/C三层共挤膜，一般在表层使用纯的消光母料，消光层的厚度为2～3微米，消光层具备热封性。它的应用范围很广，可用作肥皂、食品、香烟、白酒、服装、皮鞋、香水、化妆品、医药品的包装盒，也可用作书本、期刊、年报的封面。消光膜的外包装效果良好，其观感像纸张，有一种奢华的感觉，因此，常用于高档商品的外包装。

（8）合成纸

合成纸用来替代传统的纸张，具有强度高、印刷效果良好、耐水、耐油、耐化学品性能稳定，不易老化等优点。合成纸应用范围非常广，可印刷成耐水报刊、书籍、地图、名片、日历及海报等；在商业包装方面，可用作礼品袋、西装袋、购物袋、还可应用于食品包装和建筑装修。合成纸可通过在线层压机与聚丙烯压延复合加工生产，也可采用3层双轴拉伸方法直接生产。由于第一种方法所生产的合成纸没有第二种方法生产的好，故目前国际上主要采用第二种方法生产。2012年以来，合成纸的市场呈现萎缩趋势，南亚塑胶惠州、南通的合成纸工厂先后倒闭。

（9）香烟包装膜

①更高的透明性和亮丽的视觉效果

更高透明（低雾度）、更高光泽是市场赋予BOPP烟膜永恒的极致追求，以配合烟标展示出良好的外观设计，突出品牌效应，尤其是深色烟标，对烟膜的光学性能要求更高，既要达到犹如水晶镜面般亮丽的视觉效果，又要使烟膜在烟盒外表仿佛隐形般不易看得出来，充分展现烟标的高档装璜包装效果吸引消费者。

②高耐磨性

要求烟膜具有高耐磨性，主要出自于两方面的考虑：一是在高速包装过程中，薄膜表面与机械设备的快速接触及摩擦会在产品表面形成擦伤；二是在产品运输过程中，薄膜表面/薄膜表面、薄膜表面/包装箱会在薄膜形成擦花。磨花过的烟包表面划伤而且雾度增加，破坏了烟包原有的装璜效果和美观，使消费者对烟包产生不好感觉。

③高速运行性

卷烟包装设备的速度不断提升。现时一般卷烟包装设备的生产速度在400包/分钟左右，但个别大型卷烟企业已有1000包/分钟的超高速包装设备投入生产，未来不排除会出现生产速度在1000包/分钟以上的包装设备。为配合高速甚至超高速包装，对烟膜产品相关的各项物理性能指标也提出更高的要求，譬如低起始瞬时热封温度、超低摩擦系数、高抗静电特性、高强度及高挺度等，以保证烟膜能适应卷烟设备日益提升的速度。

④环保性

人类进入21世纪，逐渐意识到环保的重要性及迫切性，考虑到该绿色环保因素，市场上对烟膜的厚度要求更薄，目前常用的产品通常是20～22微米，烟膜的薄型化将是以后的发展方向之一。

⑤功能性

烟膜除了需具备原有的阻隔水蒸气、透明度高及适应高速包装等特性外，针对部分烟包的具体情况，在材料及工艺的设计上赋予薄膜功能性，如防红抗皱、数码防伪、激光全息防伪、防水雾、可降解等。

2. 新的产品发展方向

1）用于食品和包装类：珠光膜（PL，PLt）、单面热封膜（CS，CSa）、双面热封膜（CO）、低温热封白膜（WCh）、抗菌保鲜膜（AMw）、防雾膜（COw）；

2）用于标签类：高速珍珠膜（LAf，LAt）、数码喷绘膜（SE，SG）、激光珍珠膜（LAr）、透明环贴膜（Pd）、透明标签膜（PC）、新型PE标签膜（DK）；

3）用于复合类：无胶复合膜（LEg，LEm）、仿纸复合膜（LL，LLt）、消光膜（MT，MTc，MTa）、耐刮保护膜（AS）、高清水晶膜（TC）、轻量化PE膜（DL）；

4）特殊用途膜：丝绸胶带膜（PT）、激光膜（H，LT）、面膜底纸膜（PLv，PLp）、耐热膜（HT）、吸管膜（CSl）、强化膜（TV）。

（二）BOPP电容器薄膜的技术发展方向

我国电容器用薄膜生产量很大，已由以前主要为普通电容器配套开始向电力电子电容器及微型化、片式薄膜电容器等配套的高端和特种薄膜发展，与国际先进水平的差距不断缩小，正在形成产业化。行业内一批优秀的企业相继上市，形成规模和实力较强的行业集群，并借助资本市场的优势，正在实施或计划实施各类高端膜项目。未来，中国电容薄膜行业的竞争将由中低端市场向高端市场扩展，并与国外优秀企业展开竞争。

随着电容器向小型化、微型化、片式化方向发展，薄膜产品厚度需求也逐步向超薄方向过渡。市场上占主要份额的5~7微米产品也逐步向3~7微米发展，目前市场上出现对低于5微米需求量增幅加大，特别是出现对3微米产品的需求，预示着薄膜产品厚度向超薄型方向发展，也是未来电容薄膜产品的主要发展方向。

国内现在电容器生产所用的1~2.0微米BOPET电容膜基本依赖进口，价格极其昂贵。

BOPP电容膜也正向超薄型、耐高温发展，它是轨道交通、智能电网、混合动力汽车、风力发电、太阳能发电、航天军工等装备用电容器所需的主要材料。

由于我国双向拉伸聚丙烯膜工业化的历史较短，市场应用范围的开发潜力大，因此，随着市场应用范围的拓宽和包装性能要求的特殊化，将会有越来越多的产品种类被开发和投入市场使用。

（三）锂电池隔膜的技术发展方向

经过近10年来的技术攻关与研究，我国的锂电池隔膜行业已经进入快速发展阶段，投资隔膜行业的企业超过60家，但国内厂家盲目上马太多，产能严重过剩。和国外比还是起点低，未来无竞争优势，近期又一轮湿法生产线投产，竞争激烈，价格跳水，未来隔膜技术发展方向如下：

（1）在影响隔膜品质的所有因素里，设备占50%，工艺跟管理各占25%。工艺可以调整管理可以提升，而设备带来的往往是“内”伤。

（2）国内隔膜厂有3个课题要解决：①高气孔率；②薄膜化；③生产效率。

（3）国产隔膜市场会向高气孔率、薄膜化的高端隔膜产品发展，而产量直接影响产品的成本及供货能力，是企业的竞争力。

（4）厚度方面最薄的隔膜已经可以生产5微米，生产速度可以做到40米/分钟。

（5）隔膜的研究方向主要集中在以下几个方面：

①提高产品良品率；

②提高隔膜耐热性；

③研制超薄隔膜；

④提高隔膜吸液性能；

⑤研发聚合物电解质隔膜、纤维隔膜等新型隔膜产品。

例如中国海诚工程科技股份有限公司利用造纸法制造锂电池隔膜，已经取得实验室研究的阶段性成果，下一步主要工作是研究满足产业化要求的相关技术和逐步扩大试验电池的功率，改进和完善既有研究成果，使研究项目最终能够达到产业化要求。

（6）从改进隔膜性能方面，目前有三种思路：

①在PP膜和PE膜的基础上增加功能性涂层，以满足对高温特性等特殊需求。功能性涂层不但可以改善隔膜的耐热性能，还可以解决隔膜的亲电解液性能，各个企业所采用的配方和涂布形式有所不同。

②无机或有机材料共混PE、PP膜：改善耐热性的另外一种方法是将PE和耐热的无机粒子或PP进行混合制备电池隔膜，这样能够结合各种材料的优点。

③彻底改变基体材料，如采用聚酰亚胺等材料

代替传统的PP和PE材料。聚酰亚胺成本较高，但可以考虑聚酰亚胺和PE的结合使用，也可以考虑其他类型的聚合物材料。

（四）BOPA薄膜的技术发展方向

（1）高阻隔BOPA薄膜，由PA和EVOH通过五层共挤生产制成，EHA薄膜可用于对气体高阻隔性及保香保味有要求水果果冻包装、热灌装酱料、腌制蔬菜、发酵肉制品、坚果、干货、宠物食品、奶粉、电子、日化包装。

（2）消光型BOPA薄膜。

（3）直线撕裂BOPA薄膜。

（4）锂电池软包装铝塑膜专用型BOPA薄膜。

（5）镀铝型BOPA薄膜。

（五）BOPE薄膜的技术方向

使用BOPE薄膜以一半厚度替代IPE或CPE薄膜与BOPA或BOPET等干式复合，具有相近的热封强度和挺度，替代15微米BOPA（或12微米BOPET）//PE中的传统PE用于-18℃冷藏，可大大降低破袋率。与BOPA或BOPET及铝箔等干式复合或挤出复合制袋，或单层熔封制袋，或涂布加工等，可以减薄包装厚度节省成本。特别在低温包装及重包装领域有广泛的应用前景。

BOPE作为一种新型双向拉伸膜材料被提出是2009年，且双向拉伸理论至今还没系统建立，主要原因是适合双向拉伸的PE原料的研发的问题，缺少对原料性能、加工条件对产品性能的影响的研究，中石化北京化工研究院通过原料分子结构设计和薄膜拉伸工艺优化，开发具有高速、高倍率拉伸成膜性的BOPE专用料，以及高性能的BOPE薄膜及其加工工艺，并已成功进行了相关拉膜的小试和中试实验，但应用还需要一定的时间，BOPE原料成本和加工难度是制约BOPE薄膜推广的关键性因素。

（中国塑协BOPP簿膜专委会秘书长　孙冬泉）

塑料编织行业“十三五”期间技术创新与产品发展方向

一、塑编机械创新发展方向

（一）拉丝机

1. 提高拉丝机线速度

永明机械制造有限公司、常州市恒力机械有限公司自主研制和生产的线速度为600米/分钟的高速拉丝机采用大功率直驱电机，省略了减速机，是提高线速度的典范。

2. 采用宽幅模头拉丝机

平阳雁峰集团有限公司、浙江通用包装机械厂为代表的温州地区塑编机械制造企业开发出宽幅模头，使拉丝产量提高一倍，能耗大幅降低，宽幅模头拉丝机售价比较低，但宽幅模头线速度不高，需要加强安全保护措施。

3. 拉丝机加热方式创新

（1）采用石英加热圈，可以使螺杆加热部分节能8%~15%；

（2）采用电磁感应加热圈的塑编企业增加，它可以使螺杆加热部分节能15%~25%；

（3）采用燃煤导热油加热扁丝牵伸和定型，可使拉丝机加热电耗下降12%~30%。

4. 卷丝机全自动换卷的设计与开发

鉴于塑料行业劳动力短缺情况，卷丝机采用全自动换卷装置是未来卷丝机的发展方向，可以大幅度降低工人的劳动量，减少人工，降低生产成本。

自动卷绕划继磁盘式卷绕机和变频高速卷绕后出现了“连续卷绕技术”和全新的控制技术基础上开发的自动换纱双工位卷绕机，更是革命性的突破，也是卷绕机发展的必然趋势。为拉丝机生产速度提升到500~600米/分钟，奠定了坚实的基础和保障。

采用自动换纱双工位卷绕机，除了具有上述“连续卷绕”技术卷绕机的特点外，还具有以下优点：

（1）纱锭直径或每卷纱的长度，可任意设定，所有纱锭保持一致；

（2）大大降低操作工人数和劳动强度；

（3）可适应更加高速（500~600米/分钟）的拉丝设备的需要。

综上所述，在全新卷绕技术基础上开发的单工位卷绕机和自动换卷双工位卷绕机，将会对编织行业带来革命性的进步，对行业的发展具有积极的推动意义。

5. 拉丝机挤出部分提高效率设想

为进一步提高拉丝机挤出量，建议拉丝机制造企业参考双向拉伸薄膜生产线，研讨采用双螺杆挤出机的可行性，如能成功将可以进一步提高拉丝机效率。

（二）圆织机

（1）选择小六梭、小八梭圆织机，同样的单机能耗，产量比四梭、大六梭圆织机提高25%～30%；

（2）继续选择四梭圆织机，采用降低凸轮曲线爬程的节能型四梭圆织机，以便降低驱动功率，使每台圆织机每小时耗电降低。

（3）选用高速悬浮圆织机，解决了橡胶轮磨损问题，不会发生飞梭事故。橡胶轮和经线直接接触碾压悬浮式运转提高了运转速度20%以上，悬浮式运转减少了摩擦力使耗能降低了20%以上。

未来还要进一步研究降低圆织机的能耗。

（三）自动切袋机、切缝机

（1）全国的编织筒布大部分采用电阻丝人工手动切割，生产效率低下。北京明顺包装机械厂自主产研发的切袋机解决了该问题，其设备经济、实用、好用。主要优点是自动上卷，连续高速自动切袋，速度达到30～90条/分钟。并有追标切断功能，始终保持印刷图案在规定位置。并且其最低可完成32克/平方米切缝任务。运行中发现疵布（布反面有背光灯）可任意切断疵布布长，还能自动堆码到整定值，自动停止切割，同时累积和显示批数。

（2）在切割后的缝纫问题上，北京明顺包装机械厂推出了单缝机、切缝机及现有的高速切缝机。从手动缝纫到自动单缝，从自动单缝到切缝联机进一步提高了效率。因受缝纫机头速度的限制。他们又从一切一缝提升到单切双缝，节省了人工并且提高了效率。高速切缝机速度可达60～70条/分钟，已达到国际先进水平。

这种经济、实用、好用的自动切袋机，解决了一直困扰塑编行业多年的人工切袋的用工多，效率低，劳动强度高，切割有害烟雾影响工人健康和环境，而且断口有时粘连，切割长度不稳定、偏斜等问题。

（四）方底阀口袋制袋设备

以糊代缝，自动化程度高，大大减少了劳动用工，降低了生产成本，提高了企业利润水平。方底阀口袋制袋设备国产化刚刚开始，一些有稳定大订单的塑编生产企业开始采用了方底阀口袋制袋设备生产编织袋，取得了很好的效益。

（五）自动套内袋机

编织袋里面套内膜袋，传统的方法是人工套袋，生产效率低，劳动强度大。全自动套内袋缝袋一体机改变了这个落后的工艺。该机能自动完成内袋的烫封和切制、编织袋的切割、将内袋套进外袋里面、折边、缝制、切线、点数、叠袋等功能，它完全替代了人工套袋，将切外袋、制内袋、套袋、缝纫、切线、点数科学地连接为一体机，一台机替代了5道工序。实现了机械化、自动化生产。该设备可以做纸塑袋、复合袋、普通袋、带M边的彩膜袋；底部可单折边、双折边，还可以热熔胶带封底。

（六）集装袋上下十字口成型机

集装袋上下十字口成型机，减少了劳动用工，是代替集装袋上下十字口缝制工序的一次成型免缝纫设备。该机可以降低工人的劳动强度，提高生产效率，有利于实现流水作业。

二、塑编工艺改进方向

1. 提高扁丝宽度

从生产工艺上使编织布丝的宽度从2.5毫米提升到5毫米。同样的设备和能耗，产量翻番，也就使得生产编织布的单位能耗降低50%。同时，人工成本和设备投入也都相应节省50%。当然，这需要优良的塑编设备作保障。

2. 提高扁丝强度

提高扁丝的强度，就可以节省原料。

3. 增加牵伸倍数

要加强稳定的热牵伸、热定型及回缩装置的设计。

4. 改善编织设计工艺

改善编织设计工艺，就可以提高编织工序工作效率。

三、塑编产品发展方向

“十三五”期间，要加快塑编行业产品结构调整和升级，要降低普通编织袋的生产比例，加大特种产品和功能性编织袋的生产比例，提高产品的附加值。

（一）宽纬纱复膜塑编水泥袋

1. 宽纬纱复膜塑编水泥袋产品简介

该新产品主要是应用于水泥包装，现在市场上使用的复膜塑编水泥袋主要是窄纬纱复膜塑编水泥袋，即一般为经纬密度 40×38 根/100 毫米，宽纬纱复膜塑编水泥袋替代了原来常用的普通产品，经纬密度 34×20 根/10 厘米，为企业提高了效益降低了成本，也促进了复膜塑编水泥袋产品持续更新和增加了新产品结构。

2. 宽纬纱复膜塑编水泥袋设计和生产的必要性

现有复膜塑编水泥袋产品的结构：以装载质量不超过 50 千克的复膜塑编水泥袋为例，根据我们的市场考察和调研，目前现有各厂家由于编织理念的偏差，普遍认为密度越密，对水泥包装袋强度越好，由于密度增加，产量降低，生产效率降低，效益降低，因此用宽纬纱设计和生产复膜水泥塑编袋很有必要。

3. 宽纬纱复膜塑编水泥袋的创新关键

（1）改变拉丝和编织工艺技术，由于纬纱改为 5 毫米宽，使水泥袋产品和性能提高，技术指标达到和超过国家标准。

①产品性能：按装载质量不超过 50 千克的宽纬纱复膜塑编水泥袋设计，产品强度指标高、质量稳定、减少破损率，完全可满足水泥企业灌装要求。

②技术指标：编织工艺密度 34×20 根/100 毫米，A 型（夏季袋）经向拉伸负荷≥430 牛/50 毫米，纬向拉伸负荷≥370 牛/50 毫米；B 型（冬季袋）经向拉伸负荷≥450 牛/50 毫米，纬向拉伸负荷≥370 牛/50 毫米。

（2）宽纬纱的扁丝制造过程应注意的是扁丝的平整和回缩问题，拉伸应使用弧形烘板箱，可采用半封闭型的，有利于扁丝面的平整；一定要有热定型和回缩装置，有利于布面的平整；在复合过程中因布面平整复合强度会相对牢固些，有利于整个袋子的强度提高。

由于设备的改进设计，技术性能带来显著效益，提高了水泥包装袋加工企业的经济效益，降低生产成本。宽纬纱的扁丝提高编织产量 40%，增加了员工的工资收益，从而调动了员工的积极性，有利于企业解决“人力资源短缺”问题，社会效益显著。

（二）集装袋

1. 集装袋的特点和用途

集装袋又称柔性集装袋、吨装袋、太空包等；英文经常用其缩写 FIBC 来表示。

（1）更经济，强度好，又能根据不同需要来设计尺寸。

（2）广泛的使用领域：广泛应用于散货包装和运输，主要用在食品、粮谷、医药、化工、矿产品的运输包装。

（3）方便运输：因为不像桶或其他刚性的容器，集装袋是可折叠的，所以大大节省了长途运输的费用。

（4）节约人工成本：在劳动力成本快速上涨的今天，对集装袋的使用自动化要求更高，更能节约成本，省时省工，并且方便运输和产品的存放。

由于具有以上种种特点，集装袋被广泛应用于散货包装和运输，主要用在食品、粮谷、医药、化工、矿产品等粉状、颗粒、块状物品的运输包装。发达国家普遍使用集装袋作为运输、仓储的包装产品。

2. 集装袋的变化

袋型：由原来简单袋型发展到比较复杂的袋型：如隔片、防漏袋、液体袋、防静电集装袋、集装箱内衬袋，等等；

档次：由原来的垃圾袋到现在食品级、药品级的袋子；

内膜袋：由原来的直筒型发展到造型内膜，隔片内袋等；

缝纫方式：也由原来比较传统的平针发展到双针连锁；

规模：年产超过 100 万条的企业越来越多；

市场：由原来以日本及东南亚地区为主到现在的以欧美市场为主；

贸易方式：也由原来的外贸公司代理到现在自营进出口。

3. 高强度集装袋吊带圆丝、方丝

现在普通使用的扁丝吊带，以 55～60 克计算，拉断强度在 2 万牛左右，但用高强丝编制而成的吊带 40 克即达到 2.2 万牛，其吊带的特点在于有高强度。普通吊带的丝数在 150～200 根，但高强度吊带需要的丝数在 55 根左右。在编织时平整，受力均匀，在拉力试验时各个击破，要比扁丝吊带低，所以抗拉强度就高。高强拉丝机组拉出的丝具有拉力大、抗老化、省电省工、节约原料等优点，应大力推广，同等重量的高强丝吊带要比扁丝吊带的拉力提高 37%。

高强拉丝用作集装袋吊带，以吊带占集装袋生产量的35%计算市场前景非常广阔，效益非常明显，将给集装袋产业带来丰厚的利益。

4. 纬纱折叠丝装置

吨袋基布的生产，一般编织密度较大，达到10到16根/英寸；克重较重，达到140到280克/平方米。为了保证纬向的强度，建议纬丝使用折叠丝装置。强度比以前提高30%以上，布的表面柔软平整。

8个点起吊的集装袋，吊带缝在袋体的部位应双径织布。径向强度可提高约50%，保证了集装袋的安全性。

5. 扩大高强度重型布的用途

国际海运除了30万吨运油船，散货船20万吨级外，长江航道疏浚和上海黄田港码头就是为数十万吨的船运服务的；增加运量减少成本是全球趋势。

占物流量80%的颗粒、粉状材料，门对门运输的选择是集装袋，而所谓的吨袋装无非为一吨（很少为三吨），面对20万吨级或更高吨位的散货船，走集装化、再走高吨位的集装袋是发展趋势。集装箱、集装袋和集装托盘是运输包装的三大类，第一和第二类配合是货物的价格和特殊要求，第二类和第三类的配合可以考虑提高集装袋强度并在底部做些处理，从而成为降低包装成本减少木材使用的环保产品。

6. 中国集装袋的发展趋势和市场需求预测

据我们调查统计，我国集装袋以出口欧、美及日本为主，现在主要出口的市场还有加拿大、澳大利亚等，但是需求量与欧美及日本相比，所占比例并不是很大。

（三）PET拉丝编织袋

聚酯编织袋的性能也比聚丙烯编织袋的性能优越：

（1）拉力强度大，是聚丙烯的1.5倍。可用于吨袋和有高强度需求的产品；

（2）透明度，光泽度高于聚丙烯，手感挺阔，表面平整光洁。可用于生产透明袋；

（3）耐温性好，能达到140℃。持续时间48小时，不会改变其性能；

（4）韧性超过聚丙烯，在编织中不裂丝；

（5）耐老化，是聚丙烯的2倍，可以用来生产蓬布和草坪丝。

（四）方底阀口袋、糊口袋

目前，国际上最流行的是糊口袋，它具有糊口坚固结实，强度高，破包率底；可流水线灌装和机械化运输和仓储；机械化生产糊口袋生产效率高，用工很少，劳动强度低。因此，糊口袋需求量在稳步增长，其发展前景极为广阔，东南亚、中东、南美等地区的一些发展中小国，已经盛行糊口袋。我国是一个发展中大国，包装工业有着传统的发展优势。在包装袋封口形式上、在包装技术创新进程中，决不能落后于这些小国。随着国民经济的发展，产品包装日益重要，发展方底阀口袋势在必行。有关专家认为，塑料编织袋市场需求前景，必定是糊口袋逐渐替代手工缝口袋。

大力发展糊口袋，关键要解决灌装设备和灌装、封口后的漏粉问题。此产品的发展是系列产品的配套工程，国外的设备供应商已经瞄准了中国市场，谁抓住了先机，谁就抓住了市场。

方底糊口袋，所有产品是二合一、三合一，同样要解决编织产品中扁丝的回缩问题。

（五）食品包装袋

我国包装大米、面粉、食糖、食盐等食品所需的编织袋和各种复合编织袋大约总需求量占塑编市场总需求量的3.6%左右。自2006年9月1日，国家质检总局正式启动食品包装QS准入制度以来，国家和地方各有关部门和媒体不断宣传、积极引导食品包装企业QS认证，到2016年底，塑编企业QS认证企业数量超过400家，是全国涉及食品包装的塑编企业的80%。

（六）人造草坪丝

人造草坪行业解决了能全年全天候高频率使用、全球各寒热区域使用、低成本便捷维护等问题，成为各种运动、休闲等场地的最佳面层材料，并得到国际足联、曲联、网联、英国和美国橄榄球联合会等机构的认可，已经被使用于很多国际著名的足球俱乐部的训练场地，甚至被允许使用于世界级重大比赛场地。

国际市场容量：据估算，世界上人造草坪的总使用量已达3亿米^2，金额总量超过300亿元。美国一年的市场总量2000～2500万平米，欧洲大致相当约2000～2500万米^2，澳大利亚约500万米^2，还有日韩等其他市场。国际市场容量巨大。未来5年是快速成长期，预计全球年增长率大于15%，未来5到10年将进入稳定发展期。

国内市场容量：国内市场起步较晚，但发展速度很快。2011年市场容量约1300万米^2，预计国内年增长率约12%左右。随着国民经济的提高以及国家对教育、体育的投入加大，西南、西北、中部、东北等地区的城市对人造草坪的需求量正在迅速加大。

（七）蓬布、彩条布

塑编篷布就是 PE、PP 为原料的塑料防水布，它比别的篷布都轻，价格低，规格有单面覆膜、双面覆膜两种，具有防水、抗晒、抗冻、抗老化、抗腐蚀、轻便、易折叠、耐用的特点，应用非常广泛，未来仍有较好发展前景，其中复完膜以后克重在 35 ~ 42 克/米^2 的蓬布产品是发展方向。

（八）塑料扁丝编织土工布

塑料扁丝编织土工布具有土工合成材料六大功能中的"反滤"、"加筋"、"隔离"、"防护"四大功能性质，以及编织土工布具有生产工艺简单，产品质量稳定现广泛用于各港口建设、河道整治、高速公路、机场跑道的建设。

中国"地少人多、地况地貌复杂、历年灾害不断"，这三大原因确定了土工布的长期需求。

土工布经纬向强度相加/平方克重 = 倍率，编织工艺中单丝越薄，牵伸倍数越可以提高，且克强度同样提高。在织造中因薄型丝在经纬向的间隙中通过容易，其磨损系数小，强度损耗也小，故"可轻松通过检测"。反之，高克重编织土工布由于单丝宽与厚决定平方克重，从而决定基布强度，在牵伸中很难通过拉伸倍数提高而同步增长。重型基布的径丝和纬丝目前最大 10000 旦，厚度达 34 丝 × 2，在织造中的曲绕因素和磨损消耗降低了基布强度。如果在工艺控制（如纬密度）布面不平整、张力不一致，强度更会受到影响，会很难通过检测。故修订"高克重、高强度"编织土工布的国家标准势在必行。

编织土工布产品发展方向：要达到平方克重 1000 克，设计强度为经纬 20 吨/平方米，主要用于泥石流冲刷和深海码头等工程需要。

（九）网眼袋

随着人们对自己的生活水平越来要求越高，这大大促进了我国蔬菜行业的发展以及其他行业的发展，在这个大前提下自然就带动了与蔬菜运输的相关行业，网眼袋就是其中之一。

2011 年全国水果产量 1.42 亿吨，比上年增产 8% 左右。其中，苹果 3730 万吨，同比增加 5%；柑橘 2650 万吨，增 10% 左右，其中，脐橙增 20% 以上，柚类增 10%，宽皮柑橘产量与上年持平；梨 1560 万吨，增 5%，其中，辽宁、山西等省产量增幅较大，新疆减产 60%；香蕉 830 万吨，增 5% 以上；荔枝 190 万吨，龙眼近 80 万吨，增幅均超过 10%。

2011 年全国蔬菜产量达到 6.77 亿吨，增产 4%。

网眼袋可以用于水果、蔬菜运输行业，能存放食品如水果、蔬菜等产品，并且得到了广泛的应用。

（十）水织布

随着国内塑料篷布的发展，原有的平织机、圆织机等塑编机械已经跟不上多品种产品的发展。当前国际先进的塑编机械中有片梭织机和喷水织机，片梭织机售价很高，转速为 220 ~ 250 转/分钟，而且所需配件也很昂贵。喷水织机售价只是片梭织机的 1/3，但两种织机所生产出的产品品质相差不大。水织布与平织布和圆织布相比具有以下优点：

（1）水织布的布面平整美观；

（2）水织布对织物纬丝的引入没有硬性损伤，同时出现不良可以拆布重新编织，降低不良的同时提高了产品的质量；

（3）水织布能有效地克服织造过程中的静电，更有利于后道工序的加工；

（4）水织布可以有效地克服缺纬现象，成品率大大提高，水织布采用的扁丝纤维密度范围广，可生产 40 ~ 200 克/米^2 的织物。

水织布可以用来做防水雨布等用途。

（十一）农用塑料遮阳网

1. 发展现状

农用塑料遮阳网是以平织机绞织研发而成的塑料网状织物，是一种规格品种较少的新型农用栽培覆盖材料。当时主要应用于蔬菜夏季遮阳降温，防大雨冲击，冬季防霜冻保温，改善蔬菜生长发育环境的菜篮子工程，增产增收效果明显。

随着我国现代设施农业栽培覆盖技术的不断发展，对塑料遮阳网的应用功能、规格品种，不同遮光率、耐老化性能等提出了新的要求。平织遮阳网已不能满足各种作物栽培覆盖的需要，目前大多采用经编工艺，采用单扁丝机组和经编机组生产多种色泽和银色反光及不同遮光率，各种幅宽的农用塑料经编遮阳网系列产品。

2. 产品分类

（1）选用了以 HDPE 树脂为主要原料，经抗氧剂、优质炭黑、分散剂等的改性优化，使产品满足了风吹、日晒、雨雪、冰冻等各种气候条件和反复回收再用的材料要求；

（2）以 HDPE 树脂与 UV 母料混合加热挤出拉伸成单扁丝，以经单纬扁丝、经纬扁丝、吹膜切割经纬扁丝由高速塑料经编机组以一串一孔，二串二孔和满串等针织经编工艺织成遮光率 30% ~95%，幅宽 1 ~10 米的各种经编塑料遮阳网系列，满足了不同作物在各个季节对栽培覆盖技术的要求；

（3）根据我国不同地区不同作物对日照强度、时间、气温要求的不同，可选择不同色泽和各种遮光率产品，它可降低日照强度 25% ~95%，降低地表温度 4 ~6℃，地温 3 ~5℃，比露地栽培可减少土壤水分蒸发 60%，可大大改善夏季农作物的生长发育条件；

（4）根据作物对光照要求的不同，银色反光网能满足作物全波段反光和调节作物的光照，聚集一定光能和热能，调节网内的温湿度，具有反光、调光、保温、驱虫作用；

（5）遮阳网在秋冬或初春可减轻霜冻危害，在网下可提高气温 2 ~3℃，具有防风、保暖、防霜冻的作用；

（6）遮阳网的栽培覆盖成为虫害传毒产卵的隔离屏障，隔离虫害传病毒效果达 80%，防害虫产卵效果达 90%，达到少施和不施农药，减少农药的残留危害。

由于塑料经编遮阳网产品具有强度高、重量轻、网目均匀、通风透光、耐候性能优良、使用方便、寿命长、便于回收再用、不影响农业生态环境等应用特点，已广泛应用于蔬菜、瓜果、食用菌、花卉、茶叶、药材、林果育苗、水稻育秧等领域。

3. 发展前景

随着农用塑料经编遮阳网在全国的广泛推广应用，目前全国有浙江、江苏、上海、福建、广东、广西、四川、山东、陕西、湖南、湖北等以塑料经编为主的遮阳网生产企业二百多家，以浙江、江苏、福建为最多，产品销售全国所有省、市、自治区，并已出口欧、美、澳洲和中东地区。农用塑料经编遮阳网对我国农作物的反季节栽培，改善农作物四季供应，提高农作物品质、产量和经济效益，促进农业农村农民增产、增值、增收具有十分重要的作用，是我国现代设施农业栽培覆盖技术的一项重大科技创新。

（十二）透明编织袋

透明编织袋是由不添加填充母料的纯聚丙烯原料直接拉丝、编织而成，通过几年来的探索和努力，不断完善加工工艺和更新改进助剂的使用，使编织袋的透明度、平整度、亮度等各方面有了质的飞跃。透明编织袋广泛应用于花生、大豆、大米、马铃薯、葵花籽、蔬菜、瓜果等农产品的包装。透明编织袋由于其具有质量轻、强度高、透明度好的特点，使被包装物品晶莹剔透，不用打开包装袋就可以查看里面被包装物品的情况，对包装物品一目了然，同时透明袋还具有使包装物放大的视觉效果，使包装的产品增值。

我国是一个农业大国，大部分的农副产品都需要用包装来收贮和运输，在目前还没有什么包装品能绝对代替塑编袋的情况下，透明编织袋作为一种新兴的产品，更显现其优越性。虽然目前透明袋在整个塑编行业中所占的比例虽然还比较小，但是广大农村的大量农副产品正在逐步改用透明编织袋包装。透明编织袋的产量和用量近几年每年都以 20% ~30% 的速度递增，特别是在近年来已有部分用户使用透明袋包装玉米。如果全国的玉米大部分采用透明袋包装，市场的巨大需求将无可估量，可以说透明编织袋拥有广阔的发展前景和巨大的市场。

透明编织袋已向每平方米 30 克的低克重超薄化发展，既降低了成本又节约了资源，它已部分代替保鲜膜袋、网袋、用于蔬菜瓜果的包装。

全国透明编织袋主要生产基地在山东兖州，现正在向规模化、现代化、产业化迈进，值得借鉴。

（十三）耐高温、耐低温编织袋

耐高温编织袋主要用途为耐高温水泥袋。耐低温编织袋可以用在寒冷的俄罗斯西伯利亚，也不用担心冬季冷脆破包。

（十四）珠光膜复合纸特种包装袋

此袋系塑编行业的新产品，它普遍实用于农科种业、特级饲料、精制食粮制品，须要高品位包装的某些高科技产品的外包装，产品袋板平均平坦、手感舒服，合乎环保质量要求。

（十五）炭黑袋

炭黑袋最大的特点防晒，就是炭黑编织袋比一般的编织袋具有很强的防晒能力，普通的编织袋一般经不起太阳长久的曝晒。

（十六）抗紫外线编织袋

抗紫外线编织袋又称抗 UV 编织袋，具有防紫外线功能，具有防老化功能等。

（十七）植物纤维阻沙固沙网

防沙固沙产品——高立式大网格阻沙固沙栅

栏、植物纤维阻沙固沙网在青藏铁路沿线红梁河、秀水河、北麓河、沱沱河和措那湖等沙害严重地段得到推广应用，特别是以植生袋、高立式大网格阻沙固沙栅栏等为主的防沙措施，明显改善了各沙害地段的生态系统，植被覆盖度明显提高。

嵊州市德利经编网业有限公司与青藏铁路公司、中铁西北科学研究院有限公司、中国科学院寒区旱区环境与工程研究所合作，提出了沙害防治技术和模式，共同研发了高立式大网格阻沙固沙栅栏、植物纤维阻沙固沙网等环境友好型、造价低廉、施工方便、使用寿命长的新型固沙阻沙新材料和新技术，建立阻、固、输相结合的高原风沙灾害综合防治体系。

目前，这一技术成果已应用到青藏铁路格尔木至拉萨段，以及正在建设的拉萨至日喀则铁路、敦煌至格尔木铁路、兰新双线铁路的防沙工程中，南疆铁路、内蒙古临察铁路、塔里木油田的沙漠公路都采用了该技术。将为更多的铁路安全运营提供保障。

（十八）聚乙烯塑料编织布帐篷地席

北京深顺通达塑料制品有限公司开发的户外野营帐篷地席，添加 3% 进口瑞士 CIBA 公司高品质 UV 抗紫外线助剂的阻燃编织布。

四、原料改性方向

（一）新料改性

使用新料生产塑编产品，除非客户要求，不添加其他改性原料改性的很少。生产透明编织袋添加成核剂和柔性剂以便增加透明度和拉薄丝；生产普通化工原料袋添加大量碳酸钙填充母料以便降低成本和增加挺括性；生产集装袋添加适当碳酸钙母料以便遮挡透明性。塑编企业普遍会使用原料共混改性，即在聚丙烯中添加少量聚乙烯或 EVA 以便增加柔软性和流动性。根据拉丝机螺杆挤出特性，新料与粉料共混比例适当几乎不会降低扁丝强度已经被大多数塑编企业掌握；新料中添加较好一点的再生料比例多少，对产品的外观色相和拉伸强度影响不大已经基本摸索出规律。

（二）粉料改性

粉料和新料比较有缺欠，处理手段是：

（1）粉料没有添加抗氧剂而加工和使用热稳定性差，塑编企业在加工时直接添加，选择价格便宜的性能好的抗氧剂；

（2）粉料的熔融指数范围大而且不稳定，塑编企业会在混料时加以均匀，在操作时加以调整；

（3）粉料氯离子含量高腐蚀设备，严重时有酸味，塑编企业普遍使用便宜的螺杆，腐蚀后适时更换，还有的企业添加改性剂能除去酸味。

全国生产的聚丙烯粉料估算有 90% 用于塑编产品生产。

（三）再生料改性

通过改性提高了再生料的物理性能。有的企业在再生料中添加了其他再生树脂，提高再生料的流动性和强度。

再生料通过改性，提高了品质，拓宽了应用领域。

（四）涂覆料改性

茂名乙烯成功开发新产品 LDPE368 涂覆料，收缩率小、出膜均匀、黏合性能好；北京燕化开发含有抗老化性能的涂覆料；大庆也开发出新型涂覆料。

专业涂覆料生产厂家对涂覆料的改性更细致到化工袋、水泥袋、纸塑袋、涂薄层袋等专用涂覆料。

塑编企业对这些涂复料涂覆不同产品还不满意，便根据产品需要自己改性，添加高分子链降解剂增加流动性能、添加 EVA 增加柔软性、添加聚丙烯增加挺括度等花样翻新。还有的企业干脆自己生产专用涂覆料。

（五）填充料改性

碳酸钙母料向功能化发展。塑编需要既有填充性能又有功能性能的母料。今后填充料的发展方向为滑石粉，使用滑石粉添加母料的量比以前提高 50%，强度增加 20% 左右，粉尘减少。

（六）抗老化改性

出口塑编产品更注重抗老化性能，因为出口产品屡受抗老化索赔事件太多。在抗老化改性中，光稳定剂倍受青睐，其品种繁多，而复合型光稳定剂更是销路不错。

（七）功能性改性尚未解决的课题

（1）吸湿改性母料不仅可以吸湿，还能减少模口糊料，但目前价格很高，未来需要研发价格较低的吸湿改性母料；

（2）耐温改性母料，一直没有突破，需要加强研发；

目前市场上所有的耐温母料，尽管在其他领域应用有效，可是用于塑编产品都起不到耐温的作用，因为这些耐温母料往往是抗热氧老化型的，和扁丝牵伸后提高耐温程度的要求不同；

（3）塑编产品印刷后回收使用需要脱色或消色母料有待研发。

五、印刷油墨发展方向

油墨是目前印刷工业最大的污染源，世界油墨年产量已达300万吨。每年由油墨引起的全球有机挥发物（VOC）污染排放量已达几十万吨。这些有机挥发物，可以形成比二氧化碳更严重的温室效应，而且在阳光的照射下会形成氧化物和光化学烟雾，严重污染大气环境，影响人们健康。此外，食品、玩具等包装印刷普通油墨中重金属等对人体有害成分还会直接危害使用者的身体健康。十二五期间塑编袋印刷主要的环保油墨有以下几种：

（一）水性油墨

水性油墨与溶剂型油墨的最大区别，在于其使用的溶剂是水而不是有机溶剂，从而大大减少了VOC的排放量，不影响人体健康。它不易燃烧，墨性稳定，色彩鲜艳，不腐蚀版材，操作简单，价格便宜，印后附着力好，抗水性强，干燥迅速，故特别适用于食品、饮料、药品等包装印刷品，是世界公认的环保型印刷材料，也是目前所有印刷油墨中唯一经美国食品药品协会认可的油墨。

（二）紫外光固化油墨

紫外光固化（UV）油墨是指在紫外线照射下，利用不同波长和能量的紫外光使油墨成膜固化的油墨。利用紫外光谱能量，将油墨连接料中的单体聚合成聚合物，所以UV油墨的色膜具有良好的机械和化学性能。目前UV墨已成为一种较成熟的油墨技术，其污染物排放很少。除了不含溶剂，UV墨还有不易糊版、网点清晰、墨色鲜艳光亮、耐化学性能优异、用量省等优点。

（三）大豆油墨

大豆油墨是由食用黄豆油（或者其他干性或半干性植物油脂）与颜料、树脂、蜡质等混合而成的。这种油墨不含污染大气的挥发性有机化合物，无臭、无毒，正在逐步取代以冷凝轮转胶印彩色油墨为中心的矿物油油墨。受保护环境热潮的影响，它的普及和推广很快，以欧洲率先，日本、韩国继之，美国90%的报社已开始使用大豆油墨。

有的公司用亚麻籽油代替大豆油，亚麻籽油也是一种天然原料，但它是干性油，比大豆油干得快，而且印刷性能畅顺稳定，效果比大豆油要通透出色。

（四）水性UV油墨

水性UV油墨是在UV油墨内加入了一定的水分及5%的环保溶剂，结合特殊水性树脂制成的。这就使该油墨既保留了UV油墨固化快、节省能源、占地面积小、环保等优点，又达到了油墨固化后，水分挥发，使墨层变薄的印刷要求。这种油墨是目前UV墨领域研究的新方向。

（五）醇溶性油墨

醇溶性油墨是以乙醇（酒精）为主要溶剂，无毒、安全、环保、卫生，是传统塑料油墨的理想更代产品。在韩国、新加坡，醇溶性油墨已经代替了甲苯类油墨。由湖南晶鑫科技股份公司和叶氏（香港）油墨有限公司联合开发研制CL凹版醇溶性复合塑料薄膜油墨，它是一种由醇溶性硝化纤维树脂与其他高级树脂拼合而成的环保型产品，主要用于巧克力食品、冷点心和普通快餐食品包装。这种油墨不仅能促进环境保护，还将增强我国包装行业的国际竞争力。主要在柔印中发挥作用的醇溶性油墨也是一种公害甚小的油墨，主要应用于食品、药品、饮料、烟酒及与人体接触的日用品包装印刷等方面。

六、胶黏剂发展方向

胶黏剂也称黏合剂，俗称胶，是一种具有优良黏合性能和界面浸润性能的高分子物质，它可以通过物理与化学外用将不同的材料黏接在一起。胶黏剂和涂料是高分子产业中除塑料、纤维、橡胶三大产业之外的另外二类较小的高分子产业。

随着环境保护法规的日趋严格，“十三五”期间塑编行业要大力推广水基和热熔型等无溶剂胶黏剂。目前发达国家胶粘剂市场上，水基胶占60%，热熔胶约占20%，而溶剂类胶黏剂仅占15%。未来我国塑编行业合成胶黏剂的使用也要以低污染的水基胶和热熔胶为主，环保型胶黏剂将是市场的抢手货。

七、产、学、研、用结合是实现创新的良好途径

目前塑编行业技术仅凭企业摸索，没有专门的科研单位和培训机构，今后要加大产、学、研、用结合的力度，和科研院所紧密合作。成立培训机构，多组织行业交流培训，以促进行业技术的新发展。

（中国塑协塑料编织制品专委会秘书长　孙冬泉）

真空镀膜行业“十三五”技术发展指导意见

备注：本指导意见所指真空镀膜行业是指利用塑料薄膜作为基材，在其表面镀上一层材料，从而改变其性能的镀膜领域。

一、真空镀膜生产装备发展方向

（一）真空镀膜生产工艺简介

真空镀膜目前常见的形态为镀铝薄膜产品，然而随着镀膜产品的应用领域越来越广泛，随着各个国家金属镀膜的设备及技术的不断完善及快速发展，在薄膜基材的表面可以镀各种金属材料如：金、银、铜、锌、铬、铝等，同时也可以镀各种金属氧化物，金属及非金属镀的方式也可以划分为电阻式蒸发、电子枪蒸发及磁控溅射等各种方法。

塑料薄膜的镀铝工艺一般采用直镀法，即将铝层直接镀在基材薄膜表面。BOPET、BOPA 薄膜基材镀铝前不需进行表面处理，可直接进行蒸镀。而BOPP、CPP、PE 等非极性塑料薄膜，在蒸镀前需对薄膜表面进行电晕处理或涂布黏合层，使其表面张力达到 38 ~42 达因/厘米或具有良好的黏合性。蒸镀时，将卷筒薄膜置放于真空室内，关闭真空室抽真空。当真空度达到一定值（$40 \sim 4 \times 10^5$毫巴以上）时，将蒸发舟升温至1300 ~1400℃，然后再把纯度为99.9%的铝丝连续送至蒸发舟上。调节好放卷速度、收卷速度、送丝速度和蒸发量，开通冷却源，使铝丝在蒸发舟上连续地熔化、蒸发，从而在移动的薄膜表面冷却后形成一层光亮的铝层即为镀铝薄膜。

1. 真空蒸镀原理

将被镀薄膜基材（筒状）装在真空蒸镀机中，用真空泵抽真空，使镀膜中的真空度达到 $1.3 \times 10^{-2} \sim 1.3 \times 10^{-3}$帕，加热坩埚使高纯度的铝丝在1200℃ ~1400℃的温度下熔化并蒸发成气态铝。气态铝微粒在移动的薄膜基材表面沉积、经冷却还原即形成一层连续而光亮的金属铝层。通过控制金属铝的蒸发速度、薄膜基材的移动速度以及镀膜室的真空度等来控制镀铝层的厚度。

蒸镀方法：在基材表面蒸镀铝的方法有直接蒸镀法和转移法两种。

（1）直接蒸镀法。是被镇基材直接通过真空镀膜机，将金属铝蒸镀在基材表面而形成镀铝薄膜。直接蒸镀法对基材的要求较高，尤其是要形成表面光亮的金属膜，必须要求基材具有较好的表面平滑度。如果纸张的表面较粗糙，要采用直接蒸镀法，在镀铝前需先进行表面涂布。另外，在蒸镀过程中基材的挥发物要少。因此直接蒸镀法对基材有较大的局限性，它主要适合于蒸镀塑料薄膜，也可用于纸张的蒸镀，但纸张的质量要求高，并对纸的定量有一定的限度。

（2）转移法。是借助载体膜（真空镀铝膜）将金属铝层转移到基材的表面而形成镀铝薄膜。转移法是在直接蒸镀法的基础上发展起来的新工艺，它克服了直接蒸镀法对基材要求的局限性，尤其适合于在各种纸及纸板上进行镀铝，也可用于塑料薄膜的镀铝。国外已将转移法应用到布、纤维、皮革等基材的镀铝产品上。我国主要采用转移法生产镀铝纸。

镀铝薄膜生产工艺流程

基材放卷→抽真空→加热蒸发舟→送铝丝→蒸镀→冷却→测厚→展平→收卷

（二）生产设备的技术发展方向

目前，国内外真空镀膜生产的工艺技术均已经非常成熟，在设备引进时均会全部转让加工技术。

技术来源的主要选择：

1）德国莱宝光电有限公司

2）英国博斯特曼切斯特有限公司

3）青州市宝丰镀膜科技有限公司

4）苏州东昇机电科技有限公司

5）其他企业

1. 德国莱宝光电有限公司

德国布勒莱宝在包装镀膜方面，着重推广的宽度是2.9 米，3.3 米和3.7 米的宽幅镀膜机，而且是高蒸发率，速度可达1200 米/分钟。是镀铝和氧化铝两用的设备。

在氧化铝方面，莱宝的独特反应过程等离子加强功能，让氧化铝镀层更均匀，更透明，阻隔性能更卓越。

在溅射镀膜方面，莱宝开发的单鼓6 阴极或双鼓12 阴极的溅射镀膜设备，可镀任何金属或非金属材料，可使用于ITO 膜，窗膜，固态锂电池，柔性线路板等电子应用。

2. 英国博斯特曼切斯特有限公司

K5 Expert 机型幅宽2.45 ~4.05 米，最大线速

度 1200 米/分钟，可镀铝、氧化铝，适用薄膜加工和软包装。

K5000 机型幅宽 2.45 ~ 4.85 米，最大线速度 1200 米/分钟，可镀铝、氧化铝，适用薄膜加工和软包装。

K4000 机型幅宽 1.25 ~ 2.45 米，最大线速度 840 米/分钟，可镀铝、氧化铝。可以配置带套准的图案镀铝；可镀铜，镀硫化锌。适用软包装，防伪。

PECVD 镀氧化硅专用镀膜机，幅宽 1.3 ~ 2.5 米，可镀氧化硅透明阻隔膜，适用软包装及其他特殊应用。

3. 青州市宝丰镀膜科技有限公司

自由悬浮式镀膜机，幅宽 2.05 ~ 3.05 米，最大线速度 1000 米/分钟，适用食品包装膜；自由悬浮式镀膜机，幅宽 3.25 ~ 4.05 米，最大线速度 1000 米/分钟，适用包装材料，薄膜生产线配套专用。

烟包防伪镀膜机，幅宽 1.05 ~ 2.05 米，最大线速度 720 米/分钟，适用烟包膜、药包膜、激光膜、烫金膜、转移膜、介质膜。

感应加热镀膜机，幅宽 0.3 ~ 1 米，最大线速度 720 米/分钟，适用电磁导电材料、电磁屏蔽薄膜。

感应加热镀膜机，幅宽 1.1 ~ 2.85 米，最大线速度 720 米/分钟，适用金银线镀膜、金拉线镀膜、高阻隔包装材料。

磁控溅射卷绕镀膜机，幅宽 0.85 ~ 1.65 米，最大线速度 10 米/分钟，适用 ITO 膜、电子导电膜、功能膜、电磁屏蔽膜。

专用介质镀膜机，幅宽 0.85 ~ 2.05 米，最大线速度 600 米/分钟，适用烟包膜、防伪膜、专用介质膜。

铝纸镀膜机，幅宽 1.08 ~ 2.88 米，最大线速度 500 米/分钟，适用高档烟包装及啤酒标签等。

4. 苏州东昇机电科技有限公司

苏州东昇机电科技有限公司电工级真空镀膜机，其幅宽 0.5 ~ 1 米，最大线速度 1200 米/分钟。包装用镀膜机幅宽 1 ~ 4 米，最大线速度 1000 米/分钟。

5. 其他企业

包括德国应用材料有限公司、诺德美克机械有限公司、兰州真空设备有限责任公司等。

二、真空镀膜基材发展方向

目前应用最多的镀膜产品主要有聚酯镀铝膜（VMPET）和 CPP 镀铝膜（VMCPP）。薄膜表面镀铝的作用是遮光、防紫外线照射，既延长了内容物的保质期，又提高了薄膜的亮度，从一定程度上代替了铝箔，也具有价廉、美观及较好的阻隔性能。

未来镀膜基材产品包括镀铝 BOPP、镀铝 BOPA、镀铝 PE，镀铝 LLDPE、镀铝 PVC 等，还有镀铝纸。

三、真空镀膜产品发展方向

（一）真空镀膜产品按照应用领域主要包含以下几个方面

1. 包装行业

传统应用主领域为食品包装行业，下游企业主要为软包装彩印企业，应用 VMPET，VMCPP，VMBOPP 等。

电子产品包装用途镀铝膜：主要由上海永超公司从 2006 年开始进行市场批量供应，目前有多家镀铝企业供应。

2. 专业细分领域

烟草包装，转移膜，皮革，纺织品，电化铝烫印，汽车及建筑膜，啤酒瓶标签等领域。

3. 薄膜电容器行业应用

轨道交通，高铁，智能电网，国防军工，太阳能发电，风电发电，混合动力汽车等领域，主要产品为 VMBOPP、VMPET 等，电容器薄膜的技术发展将以更加轻，薄，短，小及高功率，大容量，耐高温/高压等方向发展。

（二）真空镀膜产品新的应用领域探讨

1. 镀铝薄膜在液体包装方面应用

（1）挑战液态奶市场。

（2）探讨在果汁、饮料、调味品（酱油、醋）、果酱等方面的应用。

2. 肉制品、奶酪、蒸煮袋等产品上大批量应用

目前应用较多的高阻隔软材料，大致如下：

①采用 7-9-11 层挤出膜，用于包装肉制品、调味品、豆腐干、竹笋等；

②采用 PVDC 薄膜或涂覆 PVDC 树脂，用于香肠、鲜肉、熟板栗等；

③采用铝箔与多层材料复合，用于蒸煮袋，香烟包装等；

④采用真空镀铝（SiO_2，AlO_2等）与多层材料复合，用于茶叶，奶粉等；

⑤其他。

在众多高阻隔材料中，镀铝薄膜复合材料其性价比最好，完全可以替代目前最常用于包装肉类奶类食品的PVDC多层共挤膜，铝箔复合等材料。其回收利用的价值也会带来意想不到的效果。

3. 特殊性能镀铝膜

例如部分替代PET化学涂布膜的高附着力PET镀铝膜，高阻隔PET镀铝膜，异形PET镀铝膜，超超低温CPP镀铝膜，高附着力CPP镀铝膜，易撕CPP镀铝膜，低摩擦CPP镀铝膜等。

（三）未来技术开发方向

1. 开发新型高性能镀铝薄膜

具有高阻隔，阻燃，耐摩擦等性能。

2. 开发新型功能型涂布镀铝膜的广泛应用

抗静电、印刷涂层、特殊化学涂层等。

3. 开发新型镀层的镀膜产品

二氧化硅、氧化铝等镀层，这些产品除了阻隔性能可以与铝箔复合材料相媲美外，同时还具有微波透过性好、耐高温、透明、受环境温度湿度影响小等优点，特别适合食品长期储存，同时又能让顾客清楚地看到食品的状况，因此特别受客户的青睐，由此，也称之为透明镀膜包装材料。该产品广泛应用于食品、药品、化妆品、医疗等包装安全卫生性能要求高、使用时间较长的一类商品包装；尤其适合微波加热技术应用的食品包装材料。

4. 镀铝基材类型扩大化

镀铝BOPA，镀铝PE，镀铝LLDPE等越来越多。

未来真空镀膜产品包装应用领域也随着人们对食品安全和包装效果的日益重视，对镀铝膜的阻隔性及功能性要求更加严格，更高的阻隔性及功能化要求将引领行业技术向新的高度推进。

细分应用领域的产品及技术向着更加复杂化及精细化发展，对产品技术发展的延伸性要求更高，产品技术应用的细分化将成为中国真空镀膜行业的未来发展方向。

（中国塑协副秘书长兼镀铝膜专委会秘书长　孙冬泉）

流延薄膜行业“十三五”技术发展指导意见

一、流延薄膜生产装备发展方向

机械工业的发展在推动人类社会的进步，随着各个领域的高科技技术不断相互渗透，在流延机械领域的不断深入与应用，未来的流延塑料机械将向高、精、尖方向进展（高：高速度、高产能；精：精细化、专业化；尖：智能化、自动化）。

流延膜生产线新产品可以分为以下两类：

（1）原有机型上在新技术、新工艺、新材料方面的不断应用，改进结构、完善工艺，发展方向就是高产能、低能耗、全自动化、连续稳定生产几个方面，使操作工人轻松方便，操作机器就像是欣赏艺术品一样去工作。这样的新产品我们称为改进型新产品。

（2）新型塑料原料、特种塑料原料用流延工艺加工，进而开发的新型流延膜生产线。或者是常规塑料原料用特殊的流延工艺生产的流延膜在全新的领域去应用。这样的新产品我们称为开发型新产品。

具体来说流延膜生产线新产品有以下几种：

（一）CPP薄膜的最新生产技术

国际上，全球领先的德国莱芬豪舍公司目前最先进的CPP薄膜生产线幅宽5.5米，线速度400米/分钟；德国布鲁克纳最先进的CPP薄膜生产线幅宽6.6米，线速度350米/分钟；德国巴顿菲尔最先进的CPP薄膜生产线幅宽5.5米，线速度350米/分钟。美国戴维斯标准公司CPP薄膜生产线宽度6米，最大宽度6米，400米/分钟，5层结构，可用于镀铝膜、蒸煮膜、复合膜。

国内各流延机企业正在开发7米幅宽，线速度240米/分钟的CPP薄膜生产设备。

（二）CPE复合印刷包装膜生产线

这里特指为采用流延工艺生产的替代PE吹膜和CPP的PE透明膜，主要用途为纸包装、复合基材、保护膜、镀铝膜等，国内内CPE复合印刷包装膜生产线目前幅宽为3米，线速度最高160米/分钟。

（三）高速PE流延缠绕膜生产线

美国戴维斯标准公司缠绕膜生产线4米宽，700～800米/分钟，5层结构，采用克劳练新型多层模头可达50层结构。

现如今国内生产流延缠绕膜生产线的厂家很多，设备性能参差不齐。新乐华宝设计制造的流延缠绕膜生产线一直处于国内领导地位，各项参数达到了欧洲最先进的生产线技术标准，该公司缠绕膜生产线发展趋势主要有以下几点：

（1）多层共挤。现阶段主要是3层、5层、7层为主，以后的方向是9层、13层甚至纳米55层去发展。目的是在不同的层间添加不同功能的原料，比如根据需要在薄膜中间层可以添加10%左右的PP原料。并利用层数交叉，得到更加优异的纵横向拉伸性能和断裂伸长率、耐穿刺强度等。

（2）减薄趋势。虽然共挤层数增加，但是薄膜厚度却在减薄，早期常规厚20微米，现在利用合适的原料，生产厚8~12微米薄膜，同样重量的薄膜比常规厚20微米的薄膜长度增加了60%以上，但物理指标相同或更好。所以说采用合适原料，降低薄膜厚度是缠绕膜的一个发展趋势。

（3）宽幅高速。现阶段产品宽1500、2000毫米为主，以后发展为3米、4米，生产速度达到600米/分钟以上。

（4）产品多样化。可以直接生产机用膜、3寸和2寸芯的手用膜成品的四工位设备是发展趋势。另外，设备上根据需要可以加装在线拉伸功能，进一步减薄产品厚度，增大产品强度。以后也会研究在线无纸管产品，在线打孔、在线印刷等。

（四）PVC、PE流延保鲜膜生产线

“十三五”期间的保鲜膜生产线将向以下方向发展：

（1）混料系统的全部自动化。包括粉料、油料的称重、输送、计量、混合等都要实现智能自动化，实现配混料的精确、节省人力、混料车间的整洁等。

（2）挤出系统的优化改进。因为PVC保鲜膜是用粉料直接挤出流延，所以主要是从塑化程度、晶点、产量、节能几方面研究，如采用单螺杆，要从长径比、压缩比、螺杆塑化段结构去改进，后期也会研究采用双螺杆或其他新型的挤出塑化方式。

（3）整条生产线的油烟气排出、分离与回收。

（4）收卷结构的改进，要把具有专利技术的四工位收卷机应用到此生产线上，即可以生产短米数（100米），又可以生产大卷径（ϕ300毫米），且高速运行稳定。

（五）多层共挤高阻隔流延薄膜生产线

国际上有德国W&H公司、德国莱芬豪舍公司、美国戴维斯标准公司的高阻隔流延薄膜生产线，其中美国戴维斯标准公司阻隔膜生产线4米宽，400米/分钟，7~9层结构。国内佛山市捷勒塑料机械有限公司已经开发出7~9层共挤高阻隔流延薄膜生产线。

（六）PEVA功能膜及环保可降解流延膜生产线

（七）高速PE透气薄膜生产线

新乐华宝塑料机械有限公司自2002年起开始研发PE透气膜生产线，经过十余年的发展，生产工艺先进，设备动行稳定，产品透气率在线可控，生产线幅宽范围在1.6~3.2米，线速度达到180米/分钟，克重范围15~80克。

（八）TPU膜片及在线复合产品生产线

加工工艺先进成熟，与高精度机械、电器部件完美结合，设备运行稳定，自动化程度高。产品环保可降解，主要应用在鞋材、服装、医用、户外、玻璃夹层、航空、汽车等领域。设备主要特点：

（1）鞋材等透明膜产品在线收卷无水纹，卷体通透，晶点少，雾面消光膜产品表面消光一致，可单面消光、双面消光，适用后续印刷、复合等深加工工序。

（2）在线复合棉布、尼龙布等不同基材，在线无胶复合牢固度好，适用后续服装、帐篷等户外产品深加工。

（九）PVDF等氟材料流延膜及复合产品生产线

应用于太阳能背板、离子膜、室外景观、服装、医用等领域的专用氟材料流延膜生产线，产品生产工艺及设备制造技术日趋完善。

（十）彩虹膜生产线

彩虹膜是应用PET、PBT、PMMA等原料进行多达100层以上均匀挤出0.02~0.10毫米的薄膜产品，利用不同材料不同的光折射系数原理，使薄膜在各个角度观看显现出不同的彩虹效果，色彩亮丽，晶莹夺目。

（十一）PVC高透明流延包装薄膜、压纹薄膜及复合产品生产线

这里说的是除PVC保鲜膜之外的利用流延工艺生产的透明、非透明、或与其他基材复合的PVC流延产品：

（1）家具、床垫包装行业。薄膜厚度25~150微米，即增加了亮度和美感，又防水防潮防灰尘。

（2）医疗卫生行业。薄膜厚度200~600微米，

用于血浆袋、输液袋等。

(3) 户外广告、防水、帐篷等行业。薄膜厚度0.2~2毫米，用于喷绘布、篷布、防水卷材等。

(十二) 氟材料流延膜生产线

(十三) PBAT、PPC、PLA等可降解材料流延膜生产线

(十四) PO保鲜膜生产线

(十五) PP/PE合成纸生产线

(十六) PE、TPR等弹性体流延膜生产线

二、流延薄膜专用料研发方向

CPE复合基材、印刷膜专用料

中国大陆流延聚乙烯复合基材膜、印刷膜2016年产量15.5万吨，比2015年产量11.5万吨增长34.75%，预计到2020年，流延聚乙烯复合基材膜、印刷产量将超过40万吨，2025年将超过100万吨，发展潜力惊人，但目前该行业企业所用PE料还是吹膜料，生产工艺很难控制，而且产品质量不稳定，因此对于石化企业来说，为行业企业开发流延专用料成为当务之急。

三、流延薄膜产品发展方向

(一) CPP产品发展方向

CPP的当前用途和潜在用途包括：服装、针织品和花卉包装袋；小袋；外包装；文件和相册薄膜；食品包装；及适用于阻隔包装和装饰的金属化薄膜；泡罩包装（代替PVC）；食品外包装；糖果外包装（扭结膜）；药品等医疗包装（输液袋）；农药等农用包装；易揭易撕膜等；在相册、文件夹和文件等领域代替PVC；合成纸；不干胶带；报告封面；名片夹；圆环文件夹以及站立袋复合材料。

1. 复合膜用途

按起封温度（条件是0.18兆帕，1秒，≥1牛顿/15毫米）可分：普通复合膜（<140℃）、低温热封复合膜（<115℃）、超低温热封复合膜（<100℃）。一般与印刷后的BOPP膜或BOPET膜复合成BOPP/CPP（或BOPET/CPP）二层膜，用于衣料、干燥食品、膨化食品的包装。其发展方向是：①透明性高、开口性能好、高爽滑（熟化后COF<0.2）、热封合温度低等以适应高速制袋及包装的要求；②保持薄膜表面润湿张力6个月达38达因以上，以延长产品的保质期。

2. 镀铝膜基材用途

以其成本低、经镀铝的产品具有优良的遮光性、装饰性、阻隔性等独特性能，并在印刷、复合等后加工方面具有良好的适应性，能满足耐热、耐化学、耐磨、抗氧、高阻隔等使用要求，广泛用于食品包装及其他装饰领域。其发展方向是：①提高挺度以提高产品的镀铝质量；②提高镀后铝层的附着力达2牛顿/15毫米以上，适应大包装的需要；③提高镀后铝层的耐温性能，适应300℃挤出复合的需要，目前只能达到240℃左右，提高剥离强度达1牛顿/15毫米以上；④降低热封温度，小于110℃的条件下热封强度≥5牛顿/15毫米，以适应高速自动包装的要求；⑤提高开口性及爽滑性适应高速制袋及包装的要求，由于不能添加滑爽剂等，目前一般产品的COF约为0.75；⑥如何保持铝层表面润湿张力6个月达38达因以上，以延长产品的保质期是一个难题；⑦随着镀铝机的大型化，超长超宽镀铝基材成为必然的发展方向，如宽2500毫米，长24000米的产品部分企业已经正常化生产。

3. 蒸煮膜用途

按耐温情况可分为：普通蒸煮膜（105~115℃，时间20~30分钟），中温蒸煮膜（约121℃，30~40分钟），高温蒸煮膜（135℃，30分钟）；与阻隔性薄膜如PET、PA、铝箔等复合，用来包装需要高温蒸煮消毒的产品，如肉、浆汁、农产品和医疗用品等。CPP蒸煮膜重要的性能指标是热封强度、耐冲击强度、复合强度等，尤其是蒸煮后以上指标的保持。另外，薄膜无气味或含极低气味是其发展方向，如板栗袋等对CPP薄膜的气味要求非常严格。

4. 音像产品、相册膜用途

CPP薄膜以其成本低、环保、透明、可热封、耐撕裂等性能广泛应用于音像制品的包装和相册、文件夹、名片夹等制作。高透明、高光泽和耐磨花是其发展方向。

5. 纸巾膜用途

CPP膜由于其挺度、耐磨、透明及印刷性能方面优于PE膜适合高速印刷包装的要求，广泛用于卫生纸巾的方包、小包、条包、纸卷和复印纸等产品的自动包装。提高挺度减少厚度、提高耐磨性和表面张力的保持是其发展方向。

6. 表印单层食品包装膜用途

主要用于面包、饼干等食品的各种小包装；高挺度、高透明、高爽滑、耐磨花、高表面润湿张力和适应高速自动包装是其发展方向。

7. 不干胶膜用途

根据需求可生产透明、白色、纸质或其他颜色

的薄膜，主要用于不干胶标签、产品或航空标牌、婴儿纸尿裤标贴等；高挺度、高表面润湿张力、易于模切是其发展方向。

8. 扭结膜用途

CPP 薄膜由于其密度比 PVC、PET、PS 及玻璃纸等小得多，设备投资少，因而单位面积的成本较低；既可以表面印刷、镀铝，也可以直接热封合，加上环保卫生，是作为糖果、巧克力、牛肉干等扭结包装的理想材料。提高扭结性、挺度、透明性和光泽度是其发展方向。

9. 保护膜用途

由于其成本低、透明、高挺度等优势，部分替代 PET、BOPP 膜作为喷绘广告、冷裱膜等产品的保护膜。

10. 透气保鲜膜用途

CPP 薄膜阻湿性能优越，一般氧气透过量约为 2000 厘米^3/米^2·天·×10^{5}帕，通过改性使其达到 5000～6000 厘米^3/米^2·天·×10^{5}帕，加上其可热封合等性能，单层使用作为蔬菜、水果和各种食用菌类的理想包装材料。根据包装内容物的不同，调整 O_2/CO_2透过量和抗菌等是其发展方向。

11. 非透明微孔透气薄膜用途

在 CPP 薄膜生产时加入适当的致孔添加剂，并在一定的温度下进行拉伸，CPP 薄膜就成为具有一定孔径的透气薄膜。目前，不同透气性能的薄膜已经广泛应用于医疗和卫生保健用薄膜（如卫生巾、无菌防护服用薄膜）、微孔过滤薄膜和人造纸等。

12. 防静电膜用途

CPP 抗静电膜可分为吸湿型抗静电膜和永久性抗静电膜，表面电阻率达到 108～1010 欧姆，可以适用于各种电子元件的包装。我国电子信息业年销售额 2.4 万亿元，需要各种防静电膜，这是一个广阔的市场。表面电阻率达到 1010～1012 欧姆，可适合高速粉末自动包装的要求。

13. 防雾膜用途

用于新鲜水果、蔬菜、色拉、食用菌等包装，冷藏时清晰看到内容物，并防止食品变质腐烂。CPP 薄要求防雾效果好（冷热状态可防雾）、热封强度高和低温柔软性好等，无气味或非常低气味是其发展方向。

14. 包花膜用途

CPP 薄膜经印刷、制袋后可单独用于鲜花等的外包装，根据需要，调整薄膜透明度、抗静电和客户指定摩擦系数等性能。

15. 医疗膜用途

要求生产线被安装在无菌室中以防产品受有任何形式的污染，且不含产生有害物质迁移等卫生性能。镀铝后与 BOPP、PET、BOPA 等复合作为片剂或粉剂药物的包装；与高阻隔性材料如 EVOH 等共挤生产输液袋、采血袋等。

16. 农药包膜用途

通过改性使用特殊材料，使 CPP 膜的耐溶剂性能、热封强度和耐冲击强度大大提高，应用于乳油等农药的包装，通常的软包装结构为 CPP//AL//BOPET 和 CPP//PET 镀铝//BOPET。

17. 高阻隔共挤膜用途

使用具有良好的阻水性能的 PP 与具有阻氧性能的 PA、EVOH 等材料进行共挤生产的高阻隔薄膜广泛使用于肉类冷冻制品、蒸煮肉类食品包装；其良好的耐油、耐有机溶剂能力，可广泛使用于食用油、方便食品、奶制品、防锈五金制品的包装；其良好的隔水防潮性，可使用于酒类、酱油类等液体包装。

18. 与 PE 共挤膜用途

通过改性生产的 CPP 薄膜可以直接采用 LDPE 与其他薄膜材料进行挤出复合，既保证了挤出复合的牢度，又降低了复合的成本。

19. 高透明柔韧膜用途

通过使用共挤和共混技术，使 CPP 膜具有高透明、高抗冲的性能，具有极其柔软的手感、优良的抗刺穿性能及耐低温性能，主要用于蒸煮后冷冻储存的食品包装，也应用于高级服装、T 恤及内衣等包装，还可用于其他重包装。

20. 直线易撕裂膜用途

通过改性 PP 和特殊的生产工艺生产的 CPP 薄膜具有直线易撕裂性能，与其他材料复合制成各种直线易撕裂袋，方便消费者的使用。

21. 易剥离膜用途

由于通常的 CPP 薄膜具有很高的热封强度，热封好的软包装袋很不容易被打开，一般需要在包装袋的边缘打上缺口才能打开包装。通过对热封层 PP 的改性生产易剥离的 CPP 薄膜，与 BOPP、BOPET、BOPA、铝箔等包装材料复合即可变成易剥离包装，热封后可以直接从热封边拉开，大大方便了消费者的使用，目前在果冻盖、奶制品上已经普遍使用。

22. 阻隔紫外线透明 CPP 薄膜

通过在 CPP 中添加紫外线吸收剂和抗氧剂生产

的阻隔紫外线透明 CPP 薄膜可以应用于含光敏性组分物品的包装，在日本已用于马铃薯片、油炸饼、乳制品、海菜、面条、茶叶等商品的包装。

23. 抗菌 CPP 膜

通过添加抗菌性、卫生性、环保性、稳定性优良的抗菌母料生产抗菌 CPP 薄膜，主要用于新鲜果蔬、肉类食品、药品包装，防止或抑制微生物的危害，延长保质期。

24. 亚光膜用途

CPP 消光膜的表面光泽度≤10%，具有磨砂玻璃般的表面光学效果，经过印刷后色泽饱和，手感舒适，外观典雅，可以用于热封，也可以用于复合，适合于包装高级卫生纸巾和食品。

25. 锂电池软包装薄膜

使用 BOPA 薄膜与铝箔、CPP 薄膜复合后形成铝塑复合膜，用于锂电池的软包装，这方面应用前景广阔。

26. 生物降解膜用途

PP 中添加生产降解母料制成的 CPP 降解薄膜，在自然条件下堆埋 7 ~ 12 个月基本上可降解为无机物被土壤吸收。目前，欧洲有的公司已研制成功此类母料，个别国内流延膜厂在测试。

综上所述，虽然 CPP 薄膜的品种繁多，用途广阔，但 CPP 膜在 PP 膜中占的比例较小，但随着 PP 树脂质量的提高、设备性能的改进和加工能力的提高，CPP 和 BOPP 薄膜的性能上的差距在逐渐缩小。这将导致 CPP 从 BOPP 手中抢占更多的市场份额，增加新的应用领域。又由于包装发展向分包化、小袋化、个人用包装、方便性和保鲜方向发展，有利于部分领域 CPP 膜取代 LLDPE 膜和 CPP 镀铝膜取代 PET 镀铝膜，而得到更加广泛应用和发展。

（二）CPE 流延包装膜

近年来，随着包装业（PE）薄膜印刷速度的大幅提高（线速度越来越高已达≥400 米/分钟），对薄膜质量提出了更高的要求。一直采用吹膜法制作的薄膜的平整度、透明度、已经很难满足要求。而共挤出复合流涎薄膜装备制作的薄膜（CPE），其优异的平整度（薄膜平均偏差在 ±2% 以内）、透明度好、产量高、单位能耗少的特点正越来越受到我国包装印刷生产企业的欢迎。

CPE 功能薄膜在客户处广泛应用在低温冷冻、高透明水煮、贴体低温热封、抗污染抗静电、抗菌防雾等领域，复合基材包装膜、纸巾膜、重型强力膜、保护膜、镀铝、中、高阻隔等工业类 CPE 膜等领域也取得广泛的应用。

（三）多层共挤流延阻隔包装膜

多层共挤流延阻隔阻隔膜的典型应用：

1）真空包装的肉类和奶酪。

2）新鲜肉类、加工肉类和奶酪的 MAP *（气调保鲜包装）。

3）鱼肉的 MAP *（气调保鲜包装）。

4）面包的 MAP *（气调保鲜包装）。

5）散装肉类包装。

6）禽肉包装。

7）各种液体包装。

8）牙膏和化妆品的管状包装。

（四）流延缠绕膜

（1）高性能缠绕膜具有高拉伸强度、高回缩力、抗穿刺强、透明度高、撕裂强度高等优点。

（2）产品最薄做到 0.006 毫米。

（3）在拉伸强度上，10 微米超薄缠绕膜与传统的拉伸缠绕膜综合性能相比，可以替代部分市场上厚度为 17 微米的手用膜。

（4）有企业开发出 12 微米超强预拉伸缠绕膜，已经大批量的用在制罐，电子等行业，替代了传统 20 微米的阻拉伸机用膜。

（5）此外还有超强拉伸缠绕膜，用于重型产品之包装；超透明膜，用于自动包装机，进行条码扫描；大倍率预延伸缠绕膜等。主要应用在电子行业，化纤行业，饮料行业，纸制品业，紧固件行业及物流行业。

（五）流延保鲜膜

保鲜膜主要用于超市、家庭、菜市场、酒店等场所，是用来包装水果、蔬菜及其他食品或物品的一种包装制品，便于水果、蔬菜等食品的保鲜并起到分类、美化物品等作用，以促进产品的销售。目前市场上使用的保鲜膜主要有三大类：PVC 保鲜膜、PE 保鲜膜、PVDC 保鲜膜，在这三种保鲜膜中，PVC 保鲜膜凭借其特有的优点，如：黏度好、透明度好、记忆性好、透氧性佳、透湿度高，以及包装出的产品美观、价格低廉等特点，深受人们喜欢，因此国际及国内市场上 80% 的食品保鲜包装都采用 PVC 保鲜膜。PE 保鲜膜则主要用于肉食或高温场合使用，而 PVDC 保鲜膜主要用于一些熟食、火腿等产品的包装。

此外还有 PO 保鲜膜等。

（六）流延卫生用膜

为满足卫生材料产业对高品质塑料薄膜的需

求，未来不同功能的高性能卫生薄膜主要包括打孔膜、透气薄膜、透气膜复合无纺布及压纹薄膜无纺布复合膜等。

（1）新型的打孔薄膜，打孔膜除了被用于各种卫生材料的顶膜之外，还被广泛地用于土工排水薄膜、农业绿蓬和需要遮阳的作物栽培等。

（2）15～40 克/米^{2}的透气膜和 17～40 克/米^{2}的压纹膜

高性能聚乙烯功能流延薄膜卫生医疗用透气膜广泛应用于一次性卫生用品，包括妇女卫生巾、卫生护垫、婴儿纸尿布、成人纸尿布和其他成人失禁用品，以及医疗或工业防护用途的防护服、防护罩等。

该产品具有卓越的透气不透水性能、优异的物理性能、无毒、无味、环保、具有高品位的纸化效果、近乎洗水丝绸般的柔软舒适、防细菌、防血液渗透能力强、良好的印刷性，透气不透水、柔软舒适、透气量可调。

（七）玻璃夹层膜和玻璃贴膜

夹层玻璃是一种性能优良的安全玻璃，它是由两片或多片玻璃用透明的胶片牢固粘结而成，具有透明、高机械强度、耐光耐热、耐寒、隔声、控制阳光等性能。夹层玻璃胶片的种类很多，例如：赛璐路、赛纶、聚甲基丙烯酸树脂、有机硅橡胶、聚氨酯、聚乙烯醇缩丁醛（PVB）等。其中以 PVB、EVA 胶片的应用最为普遍。

高纯度、高洁净度光学级聚乙烯醇/聚乙烯醇缩醛系列薄膜产品（PVA/PVB）生产工艺技术研究与产业化技术开发。EVA 薄膜还在光伏组件上用作封装薄膜。

PVB 玻璃夹层膜是由聚乙烯醇缩丁醛树脂与增塑剂依照一定的比例，通过挤出机塑化挤压成型的一种高分子材料，该材料具有透明、耐热、耐寒、耐湿、力学强度高等特性，是当前世界上制造夹层、安全玻璃用的最广泛的粘合材料，其可以广泛应用于幕墙、罩棚、展示橱窗、银行柜台、监狱探视窗、炼钢炉屏幕及各种防弹玻璃等领域。

除研制生产一般要求的夹层膜以外，还可以研制其他有特殊性能要求的夹层膜，如遮阳夹层膜、隔热夹层膜，隔音夹层膜，防 UV 夹层膜，防弹夹层膜等以适应各方面的需求，特别是隔热夹层膜，由于高分子材料是良好的隔热材料，再在其中加入可阻隔红外辐射的特殊添加剂，有望使室内温度下降至一定程度，如各种建筑推广使用有此类隔热作用的夹层玻璃，将节约大量的电能。

用于建筑与汽车外侧玻璃上的另一种薄膜，就是大家熟悉的俗称玻璃贴膜的遮阳膜，此类薄膜的加工工艺一般是在 PET 薄膜上涂布压敏胶，经烘道加热烘去溶剂，然后再复贴上一层离型膜即可卷取。此类 PET 薄膜一方面有隔热隔 UV 的作用，也有一定的安全防护作用。

（八）TPU 薄膜产品发展方向

1. TPU 的未来发展趋势

随着 TPU 应用的拓展，对其要求也愈来愈高，特别是耐黄变、耐老化的性能要求，为此，合成新型聚氨酯材料才能满足日益增加的市场需求。以往的聚氨酯采用异氰酸酯类，由于有不饱和双键的存在，发黄和老化是聚氨酯的一大缺点，新型脂肪族异氰酸酯和脂环族异氰酸酯的发展可以解决这一问题，国外已有该类聚氨酯弹性体，为将来在飞机、汽车、新能源、高端装备等领域的应用奠定了基础。无黄变的热塑性聚氨酯弹性体 TPU 薄膜和 TPU 复合材料将是 TPU 弹性体未来的重要发展方向。

TPU 薄膜的主要应用领域如下：

类别	应用范围
制鞋	运动鞋、登山鞋、雪鞋、皮鞋、高尔夫球鞋、野战鞋、溜冰鞋等
服装辅料	雪衣、雨衣、风衣、防寒夹克、野战服、衬衣、T 恤、运动服、防水拉链等
运动、休闲用品	水上用品、空气降落伞、充气床、充气睡袋、潜水衣、雪衣、泳装、滑雪板、运动鞋垫、球内胆、商标、气囊、运动衫、瘦身衣、救生筏、救生圈、浮标等
医疗用品类	手术衣（帽、鞋）、医疗用褥垫、冰袋、绷带、血浆袋、保险套、医疗用透气胶带、外科用包扎布条、口罩等
汽车用品	贴膜、轮胎、扶手、保护杆、地板、充气式千斤顶、遮阳板等

续表

类别	应用范围
国防用品类	武器封存覆膜、野战帐篷、备战冰袋、救生衣、充气艇、安全防弹玻璃夹层膜等
工业用品	防水贴条、防火衣、消防服、防火布、飞机地板、压缩封垫、传动皮带、绝缘板、油袋、管子接合胶带、安全防弹玻璃、水槽内垫等
儿童用品	奶嘴、奶瓶、玩具、婴儿床、围兜等
家纺用品	窗帘、椅套、床单、毛巾、桌巾、浴帘、家具用布、围裙等
建筑	建筑玻璃贴膜、墙纸贴膜（阻燃防火）及地板防水膜等
其他用途	壁纸或装潢用品、特殊食品包装、钢琴（电脑）键盘覆膜、广告汽球、书套、松紧带、可丢弃式手套、安全帽衬垫、马蹄垫圈、踏板、行李箱衬垫、包装袋、烟囱箱、背包、手提包、高铁减震垫片、太阳能覆膜等

二、TPU 薄膜下游行业需求特征与需求规模分析

（1）运动鞋

目前，TPU 薄膜在鞋材上应用有两种趋势：第一是将 TPU 薄膜先网版印刷上色，再以高周波成形并粘合在鞋面上做装饰，以取得特殊的装饰效果；第二是利用防水透湿的 TPU 薄膜与鞋材用布贴合使用，以达到防水透湿之效果。

（2）防水透湿膜

人们在日常生活中，经常要接触水，这样就引起人们对穿着的衣物提出了防水的要求，从而客观上促进了防水织物的产生。防水透湿面料是指水在一定压力下不浸入面料，而人体散发的汗液却能以水蒸气的形式通过面料传导到外界，从而避免汗液积聚冷凝在体表与面料之间以保持服装的舒适性，它是一种高技术、独具特色的功能性面料。目前，防水透视功能性面料分为三类：紧密织物型、涂层型和粘贴薄膜型。

①紧密型防水透湿织物。紧密型防水透湿织物是利用改变织物结构而达到防水透湿的目的。此类织物是最早研制成功的防水透湿织物，有较好的垂坠性、手感和透湿性，但耐压性（一般不超过 9.8 千帕）和耐磨性较差，并且由于织物密度大，加工起来比较困难。紧密型防水透湿织物主要有早期的文泰尔（Ventile）织物和现在的超细纤维织物。

②涂层型防水透湿织物。涂层法是指采用干法直接涂层、转移涂层、泡沫涂层、相位倒置或湿法涂层（凝固涂层）等工艺技术，将各种各样具有防水、透湿功能的涂层剂涂敷在织物的表面上，使织物表面孔隙被涂层剂封闭或减小到一定程度，从而得到防水性；其透湿性则通过涂层上经过特殊方法形成的微孔结构或涂层剂中的亲水基团与水分子作用获得。

目前纺织上应用的涂层剂主要为 PA 和 PU 两类。PA 的原料和中间体供应较多，价格低廉，其合成和聚合技术相对容易掌握。PA 涂层剂黏着力强、透明不泛黄、耐洗、耐老化等优点，也存在多次涂覆发黏、抗渗水性较低、手感不佳、弹性差、耐寒性差等缺点，其性能只能满足一般的要求，现已逐渐被 PU 涂层剂代替。PU 防水透湿涂层产品弹性好、强度高、耐低温（－30℃以下）、耐磨、手感柔软、有一定亲水性，防水透湿效果较好。

纺织用的 PU 涂层剂有溶剂型和水分散型两大类。溶剂型的优点是成膜性好、耐水性、粘结性、涂抹平整性优于水分散型，同时溶剂气化潜热大大小于水，所以车速快，生产效率高，其缺点为有一定毒性，污染环境，车间操作条件差。与溶剂型 PU 涂层相比，水分散型涂层剂具有操作简便、环保、性能风格变化大等优点，是未来 PU 涂层剂的发展方向。

③贴合型防水透湿织物。贴合型防水透湿织物是指通过黏合剂把功能性膜粘贴到织物上，以此达到防水透湿的功效。此类织物按所用的功能性膜可分为三类：微孔膜型、致密亲水膜、微孔亲水结合膜。黏合剂也起到很重要的作用，黏合剂主要有两种：透湿型，可连续涂层；不透湿型，只能以网点式黏合，不至于破坏透湿性。

最常用的功能性膜为 PVC、PE、EVA、TPE、TPU、PTFE 等薄膜。目前，PVC 薄膜价格低廉，用量最大，但由于其物性不佳，污染环境等缺点，现已逐渐被替代；PE、EVA 价格适中，硬度较大，

弹性较差，手感不佳；TPE 的物性和价格介于 TPU 与 PE 中间，现阶段作为一种过渡产品使用；TPU 和 PTFE 物性最佳，用此类薄膜贴合面料是贴合型防水透湿织物最具代表性的产品。

TPU 贴合型防水透湿织物 TPU 是热塑型聚氨酯薄膜的简称，属于无孔亲水性薄膜。由于薄膜本身没有孔隙，防水效果很好，同时也使面料防风保暖。透湿主要通过其的亲水特性来实现，依靠衣服内外蒸汽压的差异，将蒸汽从压力高的地方转移到低的地方，从而实现了透湿的功能。相比 PVC、PE、TPE、EVA 等贴合型防水透湿织物，TPU 贴合面料具有优秀的防水性、抗菌性，透气能力优异，耐寒、防绒、易去污整理，绿色环保并且可正常水洗。

作为一种绿色环保薄膜，TPU 贴合型防水透湿织物具有优秀的透气透湿性，防水抗菌，防风耐寒、防绒、滑爽、耐久性、易去污整理并可正常水洗。因其优异的物理性能，TPU 贴合面料适用范围非常广泛，在贴合防水透湿性面料中占比为70% ~80%，主要使用于以下产品，其中户外和家纺是目前 TPU 贴合型防水透湿织物的主要应用方向。

TPU 贴合面料在目前主要应用下游行业的普及情况：

	户外	家纺	婴幼儿用品	西服	保暖内衣
PU 贴合面料使用情况	应用于60%的冲锋衣与军用服装中	酒店、医院 30%的床单和床笠使用	目前仅有 5% 使用，正在逐渐推广中	应用于少数高端西服	正处于开发阶段

（3）TPU 薄膜在奢侈手袋及小皮具上的应用

根据 Frost & Sullivan 的定义，奢侈手袋主要包括由著名奢侈品牌设计及零售起始价为人民币 3000 元的手提包、手抓包、肩包等手袋；奢侈小皮具主要包括由著名奢侈品牌设计及零售起始价为人民币 1500 元的钱包、化妆包、小袋、卡片夹、钥匙包等小皮具。

中国是全球最大的奢侈手袋及小皮具制造基地，约占全球份额的一半。除中国制造市场以外，全球奢侈手袋及小皮具制造市场较为分散。在奢侈手袋及小皮具制造市场，中国具有制造成本低，劳动团队经验丰富，制造技术和工艺优良及基建设施较为完善等优势，成为众多全球领先奢侈品牌的制造基地。据 Frost & Sullivan 预测，虽然其他新兴地区如东南亚的竞争力不断增长，中国仍将保持全球奢侈手袋及小皮具品牌制造基地的领先地位，出货量将逐年增加。

（4）TPU 医疗设备

TPU（热塑性聚氨酯弹性体）是由软段（长链的低聚物二醇）及硬段（二异氰酸酯及扩链剂）所组成的线性嵌段聚合物，由于软硬段存在极性差异，这种结构使其与生物体具有良好的相容性。由于 TPU 加工方便，性能优异，早在 20 世纪 70 年代作为一种医疗材料已受到重视，现已广泛应用于多种医疗用品中，如：

①医用软管：热塑性聚氨酯弹性体具有优异的力学强度、柔韧性、耐磨性以及物相容性，可用于各种医用胶管管材，如输液管、导液管、导尿、胃镜软管等。

②医用床罩、床罩垫：TPU 薄膜能有效地作为阻隔细菌的屏障，用于医院病床床垫和床罩垫能使病人的汗容易挥发，手感舒适，并方便进行消毒处理。

③人造软骨：聚氨酯弹性体具有很好的减震性能，优异的生物相容性及弹性和低的摩擦系数，类似于人类的软骨，所以可用来制作肘部和腿部的人工骨或软骨。

④人工心脏辅助装置：20 世纪 80 年代初研制成功的聚氨酯弹性囊，经试验，有较好的生物相容性，并且耐曲挠超过 5 亿次，应用于人工心脏获得成功。

另外，TPU 薄膜具有良好的透气性、耐药品性、耐微生物、耐辐射性能，可用于灼伤覆盖层、伤口包扎材料、退烧的冷敷冰袋、一次性给药软袋、填充液体的义乳、避孕套等。

目前，TPU 薄膜价格较高，在我国的医用合成材料中，所占份额较小，而美国等国家的医用 TPU 薄膜早已商业化。因医疗用品对合成材料的性能有严格的要求，现阶段中国不少单位从事过或正在从事医用聚氨酯弹性体的研究与开发，如山西省化工研究所、中山大学、上海橡胶工业制品研究所、江苏省化工研究所等，但推广应用不够，影响不大，与发达国家水平相比差距较大，部分材料主要依赖进口。由于TPU薄膜具有特殊而可靠的性能和极高的附加值，预计未来几年，我国将会加强研究和推广应用。

（5）TPU膜对汽车车身的保护功能

TPU对汽车业的发展也发挥了极大的作用。现今的汽车工业正在向高性能、低重量、舒适与安全的方向发展，橡塑合成材料正在逐步取代金属材料，这为聚氨酯弹性体的应用开辟了极为广阔的前景。由于TPU良好的物理性质，TPU汽车用品具有弹性好，耐热性、耐油脂、耐水解性以及良好的压缩率等性能，在汽车配件方面应用广泛。

TPU薄膜抗紫外线、透明度高、耐刮性能卓越，可以直接抛光且无毒、易降解，目前厚度为0.15～0.5mm的TPU薄膜开始用作汽车车身漆面保护膜和车窗玻璃贴膜，可有效地保护原厂车漆，有效延迟汽车的贬值。

（6）TPU包装产品

塑料包装材料主要分为薄膜和形塑两大类，是塑料制品应用中的最大领域之一，广泛应用于烟草、食品饮料、日化产品行业。食品和药品是关系国计民生的重要物资，相应的包装需求十分旺盛，中国药用包装的增长速度位居世界八大药物生产国榜首。我国当前包装工业总产值约1万亿，占国民生产总值比重仅2%，远低于7%的世界平均水平。其中，塑料包装占整个包装工业比重约31%，仅次于纸和纸板包装。增速10%以上，TPU作为一种新型材料在包装方面有着广阔的市场前景。

另外还有其作为工业用的功能膜和TPU建筑材料等，在此不一一做介绍。

（九）TPEE无孔透湿防水功能薄膜

TPEE无孔透湿防水功能薄膜是佛塑的子公司——佛山金万达新材料科技有限公司的主营产品。公司是国内第一家生产无孔防水透湿薄膜厂家，具有一套完整的功能薄膜流延及贴合生产线，年产量为2607万平方米（约260吨），是中国创新创业试点单位。该产品通过广东省科技厅组织鉴定，鉴定结论为：产品国内领先，达到国际同类产品先进水平。公司加大研发力度，自主研发并产业化，并拥有发明专利4件，且打破了国外的垄断，填补了国内空白，产品远销国内外，并形成了3个自主品牌，荣获2013 ISPO亚洲产品奖，被国际非政府组织推荐为环保的产品。

目前市场上的透湿防水材料存在防风防雨性差、舒适度低、低防护、环境污染、人体慢性中毒、不可回收或不可降解、无可持续性、不易贴合等问题，而TPEE无孔透湿防水功能薄膜具有提高舒适性、完全细菌防护、完全防风防雨、提高安全性、无环境污染、食品级材料、可持续回收、亲胶性好不需特殊胶水等优点。与此同时，随着科学技术的发展，人类的生活水平不断提高，TPEE无孔透湿防水功能薄膜材料正是迎合人类高质量的社会生活需求，能排汗、透气，又能防雨防风，在穿着过程中，人体散发的汗液以水蒸气的形式通过织物传导到外界，不在人体表面与织物之间冷凝积聚，保持穿着者干爽、温暖，而水则不能浸透织物，不仅能满足严寒、雨雪、大风等恶劣环境中人们活动穿着需要，抵御大自然的侵害，因此被称作“可呼吸织物”。目前全球对TPEE功能薄膜的消费量以每年8%幅度增长，国内对TPEE功能薄膜需求量增长速度更快，达到10%以上，具有广阔的发展前景。

TPEE无孔透湿防水功能薄膜利用具有特定亲水性基团的高分子材料制成，在一定温度和湿度梯度下，水分子与高分子材料中的亲水基团以氢键和其他分子间力作用，于湿度高的一侧吸附水分子，通过高分子链上的亲水基团传递到湿度低的一侧解吸，依靠“吸附－扩散－解吸”过程，达到透气、透湿的目的。TPEE无孔透湿防水功能薄膜是功能性绿色薄膜，具有其他塑料和橡胶材料无法比拟的高强度、高韧性、耐磨、耐油、耐寒、耐老化、可降解等优异特性；同时又高防水透湿性，防风、防寒、抗菌、抗紫外线等，广泛应用在以下领域：

1. 户外运动服行业

TPEE薄膜与面料复合，具有防水、防风、保暖、透气以及耐磨性等优点，应用于防寒服、防护服、冲锋衣等，尤其户外运动产品。

户外运动服行业具有增长潜力的市场。欧洲注重运动的科学性和专业性，按照每年25%～30%的增长速度，中国市场大概需要15年的时间才能达到欧洲市场的发展水平。欧洲这种全民户外的态势已从萌芽期过渡到茁壮成长阶段。而中国目前在萌芽期，必然带动户外产业链的高速发展。

2. 医疗行业

TPEE薄膜具有很强的呼吸能力、优异的手感、抗水解、阻隔细菌、轻薄如皮肤，因此在医疗方面有着广泛的应用，比如创可贴、最高等级防护服、一次性防护用品等等的应用。中国具有人口众多的特点，并在国外市场的影响和带动下，随着人们对更高防护产品的需求提升，必然带动防护产品产业链的蓬勃发展，相信具有更大的市场发展潜力。

3. 鞋材行业

利用防水透湿 TPEE 薄膜与鞋材基布合，以达到防水透气的作用。

4. 建筑行业

与无纺布复合，可作为建筑用的屋顶膜和墙体膜材，起到气密性，屋内呼吸可调。

5. 军用方面

取代目前低端的 PU 涂层材料，让军队中的各种人员无论是春夏还是秋冬更为舒适，如野战睡袋，野战水袋，野战帐篷，野战服装等。

TPEE 无孔透湿防水功能薄膜符合国家“十二五”规划重点发展的新功能环保化材料，应用领域也是适应国家对各个行业的“十二五”规划的，比如医疗方面的最高等级病毒防护材料规划一次性取代多次使用，穿着行业符合国际的无氟化环保政策，将推进取代氟产品。同时，该产品也更符合人类返璞归真的环保政策，让人类回归自然的同时享受自然生活。

（十）流延工程塑料薄膜

工程塑料薄膜主要是指能具有耐高温的工程塑料制作的薄膜，应用于一些特殊行业。如 PA66 薄膜、PET 薄膜、PEN 薄膜、聚苯硫醚（PPS）薄膜、聚酰亚胺（PI）薄膜、PFA 薄膜和聚醚醚酮 PEEK 薄膜等。

1. 流延 PET 薄膜

PET 薄膜是一种综合性能优异的工程塑料薄膜。由于它具有较高的耐热温度、较好的耐化学性能、优良的力学性能以及稳定的电气性，被广泛用于电声产品或电气产品。PET 薄膜的用途：

（1）高压电设备：摩托绝缘器、运输工具绝缘器、卷片绝缘器等；

（2）电缆：通信电线和电缆包装、功能电缆的包装；

（3）印刷线路：灵活的基盘、印刷线路、胶带和电缆；

（4）电压机：云母、无纺纤维、聚氯乙烯、铝片、金属材料等的压层，电容器（SMT、高温、高频率、高可靠性）、易变的电容器、灵活的电路板、键盘膜、绝缘材料、平马达、缆绳、包裹、工业磁带及内部覆盖面材料等。

PET 薄膜也可深加工制成离形膜（离型膜）、PET 硅油膜、PET 雾状高温膜、适用于印刷、铭板、薄膜开关、双面胶带、彩盒、柔性线路、绝缘制品、包装材料、彩印等。

2. 聚萘二甲酸乙二醇酯（聚萘酯）PEN 薄膜

近年来，PEN 薄膜主要应用于磁带的基带、柔性印刷电路板、电容器膜、F 级绝缘膜等方面，而 PEN 薄膜新的用途仍然在不断开发中。如数据磁带、数据磁盘的种类有 DDS（数字、数据、储存），8 毫米数据磁带，1/4 英寸磁带，DDS 的需求量较大。根据 DDS 的记忆容量分别为Ⅰ、Ⅱ、Ⅲ型。Ⅱ、Ⅲ型为聚芳酰胺膜，Ⅰ型为 PEN 与 PET 共用型。记忆容量为 2G，90 毫米的 PEN 薄膜代替。从记忆容量来考虑，Ⅰ型几乎全部被 PEN 占领。随着手机及小型携带机械的发展，对薄膜电容器的需求也不断增大。另外，由于 PEN 膜的耐热性、薄膜强度较好，用于汽车传感器及绝缘零配件方面也有一定的发展前途。再者，F 级绝缘膜最具有应用前景。一般的 PET 薄膜只可达到 E 级（长期使用温度为 120℃），如果要达到 B（130℃），则要求黏度提高很多，而且齐聚物含量要很低，否则用于制冷密封型电机的绝缘时，受润滑油和冷媒的浸润容易将齐聚物抽提出来，从而造成电机故障。而 PEN 中齐聚物的质量分数仅为 0.5%，耐水性是 PET 的 4 倍，耐热性好，可达到 F 级（160℃）绝缘膜的要求，具有很好的应用前景。

PEN 的市场是以薄膜为先导奠定了基础，而瓶装用途紧随其后。杜邦、帝人薄膜是世界居领先地位的 PET 和 PEN 聚酯薄膜供应商，生产应用于特种、工业、包装、电器、电子元件、高级磁性材料和高级照相材料等市场的聚酯薄膜产品。该公司开发的 PEN 薄膜应用领域是汽车用柔性印制电路（FPC），由于性能突出且成本较低，预计该产品可以用于替代聚酰亚胺薄膜。随着未来混合燃料汽车的发展，该产品的应用前景非常好，主要原因是聚酯薄膜耐热性能不够，而聚酰亚胺薄膜成本又太高。而 PEN 薄膜具有突出的耐热性、尺寸稳定性、长期耐用而且具有气密性，由于各方面性能表现均衡，因而应用起来非常容易。PEN 薄膜可以承受 160℃的高温，大大超过聚酯薄膜 120℃的水平，而气体渗透性和吸水性则低于聚酰亚胺薄膜。

3. PA6/PA66 薄膜

PA6 尼龙膜具有阻隔空气性能强、防氧化、防水、防潮，力学性能强，抗爆破性能高、抗穿刺抗撕裂性能强，耐高温（121℃）、耐低温（−50℃）、耐油、保香性能好的特点。无毒无味，符合食品、药品包装卫生标准。热封性能好、柔软性、高透明度好。适用焊接材料、电子产品、电路板等、精密机械配件等的防氧化、防腐蚀和食品包装：如大米、肉类制品、鱼干、水产品制品、腊味、烤鸭、烧鸡、烤猪、速冻食品、火腿、腌肉制品、香肠、熟肉制品、酱菜、豆沙、调料等的保香、保质、保味。供应真空包装袋，食品包装卷材，彩印复合食品包装袋，铝箔袋，警示带，真空储物袋、压缩收藏袋、尼龙共挤膜，五层共挤输液用膜。

PA66 塑料在聚酰胺材料中有较高的熔点。它是一种半晶体－晶体材料。PA66 在较高温度也能保持较强的强度和刚度。PA66 塑料在成型后仍然具有吸湿性，其程度主要取决于材料的组成、壁厚以及环境条件。在产品设计时，一定要考虑吸湿性对几何稳定性的影响。为了提高 PA66 的机械特性，经常加入各种各样的改性剂。

PA66 塑料热性质熔点即结晶熔解时的温度，对结晶性高分子 PA66 塑料，显示清晰的熔点，根据采用的测试方法，熔点在 259～267℃的范围内波动。通常采用差热分析法测出的 PA66 塑料的熔点为 264℃。PA66 除了有 PA6 薄膜的性能之外，更大的特点是耐热温度高，可用于 200℃以下的工作温度场合。

4. 聚酰亚胺薄膜

聚酰亚胺薄膜包括均苯型聚酰亚胺薄膜和联苯型聚酰亚胺薄膜两类。前者为美国杜邦公司产品，商品名 Kapton，由均苯四甲酸二酐与二苯醚二胺制得。后者由日本宇部兴产公司生产，商品名 Upilex，由联苯四甲酸二酐与二苯醚二胺（R 型）或间苯二胺（S 型）制得。薄膜制备方法为：由均苯四甲酸二酐（PMDA）和二氨基二苯醚（ODA）在极强性溶剂二甲基乙酰胺（DMAC）中经缩聚并流涎成膜、拉伸后，再经高温酰亚胺化成膜。薄膜呈黄色透明，相对密度 1.39～1.45 克/厘米^3，有突出的耐高温、耐辐射、耐化学腐蚀和电绝缘性能，可在 250～280℃空气中长期使用。玻璃化温度分别为 280℃（Upilex R）、385℃（Kapton）和 500℃以上（Upilex S）。20℃时拉伸强度为 200 兆帕，200℃时大于 100 兆帕。特别适宜用作柔性印制电路板基材和各种耐高温电机电器绝缘材料。目前已有可熔融挤出的聚酰亚胺，也可以采用挤出流延成膜。

聚酰亚胺薄膜是目前世界上性能最好的薄膜类绝缘材料，具有优良的力学性能、电性能、化学稳定性以及很高的抗辐射性能、耐高温和耐低温性能（−269℃～+400℃），现在已广泛应用于航空、航海、宇宙飞船、火箭导弹、原子能、电子电器工业等各个领域。

聚酰亚胺物理性能

性能	测试项目	单位	厚度指数				测试条件	测试方法
机械特性	厚度	μm	12.5	25	50	75	20℃	ASTM D1505
	抗张强度	MPa	150	180	180	160	20℃	JB/T 2726—1996
	伸长率	%	60	70	70	90	20℃	JB/T 2726—1996
电性	击穿电压	MV/m	240	260	210	185	60Hz，20℃	JB/T 2726—1996
	介电系数	—	3.2	3.2	3.2	3.2	1MHz，20℃	ASTM D150
	体积抗阻	Ω·cm	$>10^{10}$	$>10^{10}$	$>10^{10}$	$>10^{10}$	500V，20℃	ASTM D257
	表面抗阻	Ω	$>10^{13}$	$>10^{13}$	$>10^{13}$	$>10^{13}$	500V，20℃	ASTM D257
热性	热膨胀系数	ppm/℃	<27	<30	<35	<35	100－200℃	ASTM D5213—04
	尺寸安定性	%	<0.03	<0.03	<0.05	<0.05	200℃，2hr	JB/T 2726—1996
物理性质	密度	g/cm^3						

5. 聚苯硫醚（PPS）薄膜

PPS 薄膜是一种综合性能优异的工程塑料薄膜。由于它具有较高的耐热温度、较好的耐化学性能、优良的机械性能以及稳定的电气性，被广泛用于电声产品或电气产品。PPS 薄膜具有以下几个优异的特点：

（1）耐热性：具有较高的耐热性，长期使用温度180℃，热分解温度大于400℃。短时间受热仍能保持较好的机械性能。

（2）耐化学药品性：除浓硫酸、硝酸外对其他化学药品有极好的抵抗性。

（3）电气性：对频率及温度依赖性小，具有稳定的电气特性，其介电常数为3.0。

（4）机械性能：作为工程塑料，具有优良的机械性能。

（5）耐燃性：UL94、VTM-06、可热成形性。

（十一）含氟功能膜材料

含氟功能材料作为太阳能领域、锂离子电池、钒电池、燃料电池、风能等领域的关键材料之一，在近几年得到了迅速发展，对新能源领域的贡献越来越大，强力推进着新能源的发展，使得我国在新能源的开发及利用上更进一步。

1. 太阳能电池膜

在倡导节能环保、低碳经济的全球背景下，太阳能研究开发是全球竞争的焦点。据行业分析数据预测：到2050年，太阳能所发出的电能在电网上所占有的比例将达到50%，形成第一大产业。太阳能作为发展速度最快、潜力最大的新能源，为发展低碳经济找到有利的支撑点。

太阳能电池是通过光电效应或者光化学效应直接把光能转化成电能的装置，以光电效应工作的薄膜式太阳能电池为主流。在太阳能电池组件中封装材料一直是除硅片以外最重要的材料，封装材料包括玻璃、胶膜、背板、铝框和硅胶。其中由于背板的主要材料一直为外国公司所垄断，在2007、2008年一度供不应求，所以背板也是最为引人关注的封装材料。

太阳能背板位于太阳能电池板的背面，对电池片起保护和支撑作用，具有可靠的绝缘性、阻水性、耐老化性。一般具有三层结构，外层保护层具有良好的抗环境侵蚀能力（防止水气侵蚀、抗紫外线等），中间层为PET聚酯薄膜（聚对苯二甲酸乙二醇酯）具有良好的绝缘性能和强度，内层薄膜和EVA具有良好的粘接性能。外层保护层，为了有良好的耐候性，一般要求背板外层材料为含氟材料。氟树脂独特的性能源于其特殊的分子结构C-F。C-F键是有机化合物共价键中键能最大的，C-F键能485千焦/英尔，太阳光中紫外光波长200～380纳米，220纳米的光子的能量为544千焦/英尔，只有小于220纳米的光子才能离解C-F键。在阳光中，小于220nm的光子比例很小（不到5%），而且这些短波紫外线容易被大气圈外臭氧层吸收，能到达地面的极少，所以太阳光几乎对氟聚合物没有任何影响。其缺点就是价格高昂，同时不易粘接，全球许多大型材料公司做了多年的材料研究，寻找可替代产品，但目前尚未找到理想的替代品。下面介绍应用于背板的含氟功能膜材料种类和特性。

（1）PVF薄膜

PVF薄膜，学名聚氟乙烯（polyvinyl fluoride），由氟和氟碳分子的共聚体挤压而成。为含氟或氟碳的共聚物，比其他任何聚合物具有更大的化学结合力和结构稳定性，对日照、化学溶剂、酸碱腐蚀、湿气和氧化作用的抵抗力和耐久性效果显著。做PVF薄膜最为出名的为美国杜邦公司，杜邦公司的注册商标TEDLAR就是现光伏行业做背板用得最多PVF薄膜，TPT或TPE等背板中的T层指的就是这里所说的TEDLAR，其有第一代和第二代之分，从实际使用情况而言第一代产品质量更好一些，其厚度在30微米左右，目前较多供应欧美市场。第二代产品成本低一些，厚度为25微米，表面有肉眼可见的针孔，供应亚洲市场较多。第一代含氟膜用的是挤出吹塑法，第二代用的是流延法。

（2）晶硅太阳能电池用PVDF薄膜

PVDF聚偏氟乙烯，除具有良好的耐化学腐蚀性、耐高温性、耐氧化性、耐候性、耐射线辐射性能外，还具有压电性、介电性、热电性等特殊性能，是目前含氟材料中产量名列第二位的大产品。做PVDF薄膜最为出名的为法国阿科玛公司，阿科玛公司的注册商标KYNAR就是现光伏行业做背板用得最多PVDF薄膜，KPK或KPE等背板中的K层指的就是这里所说的KYNAR。由于PVDF的密度是PVF的1.3～1.4倍，在分子结构上多一个氟原子，所以比PVF更致密、更耐候、阻隔性更好。纯PVDF薄膜的透水率只有同等厚度的PVF薄膜的1/5左右，所以通常情况下使用PVDF薄膜的厚度可以比PVF薄，但是PVDF成型较困难，一般需要添加丙烯酸类材料，此材料会造成局部老化。日本吴羽公司甚至推出结构为PVDF/PMMA复合膜以替代PVF和PVDF薄膜作为太阳能电池背板的耐候层，其表层PVDF的厚度只有4微米。

目前太阳能光伏背板产量的需求劲增，加上能源短缺和环境污染问题已经成为全世界突出的问题，使太阳能电池光伏产业高速发展，近十年来，年平均增长率达到41.35%。但2012～2013年美国和欧盟分别对中国太阳能光伏行业发起双反调查和制裁，占全球光伏产能超过6成的国内光伏行业进入了寒冬期，量价跌至冰点，国内光伏行业举步维艰。进入2014年，全球光伏需求重心由欧洲转向美国和亚洲的中国、日本、印度等国，预计今年全球光伏产量将达40GW，中国需求量为14GW，其中电站为6GW，分散式发电为8GW。加上未来2～3年内，光伏PVDF薄膜产品迎来政策利好，国内市场需求趋于稳定快速增长。

目前，我国已成为全球光伏产业大国但不是光伏产业强国。就晶硅太阳能电池背板生产而言，虽然国内能够生产，但只能用于低档产品，90%的晶硅太阳能背板需依赖进口。关键核心技术如氟膜的制造技术、多层薄膜复合技术等仍然掌握在美国Dupont、法国阿科玛等少数几家外国公司手中，这些外国公司通过这些技术从我国太阳能电池背板企业中获取了巨额利润，严重制约了我国光伏产业的发展壮大。另外，现在使用的太阳能电池背板大部分为PVF/PET/PVF三层结构，其中PVF为美国Dupont垄断生产。而PVDF含有两个F（氟）原子，而PVF只有一个氟原子，PVDF的耐候性明显优于PVF，产品性能优异完全符合背板使用要求。因此，聚偏氟乙烯（PVDF）薄膜具有耐老化时间长、耐腐蚀性强、使用寿命长等优异性能，非常适用于晶硅太阳能电池背板保护层，产品使用寿命长达25年以上。且能够保证有效的太阳光的透过率，并可除去太阳光中对电池有害的光，如紫外光的透射；能够起到耐腐蚀、耐溶剂、耐污水的作用；对灰尘、潮气等起到阻隔的作用。因此，PVDF/PET/PVDF结构的电池背板在性能上丝毫不比以DUPONT垄断的PVF/PET/PVF结构的电池背板的性能差，甚至在耐候性等性能上更有优势，完全可以广泛应用于太阳能背板，因此市场前景十分广阔。

（3）THV薄膜

3M的BBF薄膜也是目前市场上较常用的背板薄膜材料之一，约占25%的份额，结构为EVA/PET/THV复合薄膜，其中THV是一种三元共聚高分子氟塑料，（四氟乙烯，六氟丙烯和偏二氟乙烯）它的特性主要有：①水性聚合较环保；②相比PVF较容易的成膜性能；③氟含量高，渗透指数约为PVF的一半。THV是目前商品化最柔软的氟塑料，与其他材料复合成多层结构时，柔韧性非常突出，并且容易粘结，在一些对背板要求柔软的场合，THV的背板比任何其他材料都更适合。

（4）ECTFE薄膜

霍尼韦尔PowerShield系列的背板膜采用五层设计，外侧保护层为霍尼韦尔按专利技术生产的乙烯－三氟氯乙烯（ECTFE）含氟阻隔膜，核心层是按照系统工作电压要求选择的聚酯膜PET，中间两层为专用粘合剂赋予层间粘结强度，内侧是与封装材料有良好粘结强度的热塑性反光层。ECTFE薄膜作为聚氟乙烯材料的替代产品，使得背板不仅抗紫外线、防潮、耐风化，还能承受工作电压高达1000伏的组件所产生的电力负载。

（5）ETFE薄膜

ETFE又名F－40（乙烯－四氟乙烯共聚物），在氟塑料中拥有最强韧的特性，由ETFE塑料制成的薄膜具有良好水汽与空气的阻隔性，渗透率低的特点，这种透明材料制成的薄膜能够达到0.20毫米，长期使用环境为－65℃～150℃，可满足各种恶劣环境中对材料的苛刻要求。ETFE膜可以降低电池表面的镜面反射问题，因此能够更加充分的吸收阳光，已被用于在柔性太阳能电池的面板，将起到至关重要的作用。

2. 电池隔膜

任何一种化学电池的结构都包括五个主要部分：正极、负极、电解液（电解质）、隔膜和外壳。隔膜质量的好坏，对电池的性能影响很大。

（1）质子交换膜燃料电池隔膜

质子交换膜燃料电池（PEMFC）因简便、低温、安全可靠、能量效率和能量密度高的特点而受到高度重视，最早使用的质子交换膜材料是聚苯乙烯磺酸膜，因稳定性及导电性很差，已不再应用。

20世纪80年代全氟磺酸质子交换膜用于PEMFC并获得成功，使PEMFC的研制成为热点，目前所研究的非氟质子膜在苛刻的电池工作环境中很快会降解破坏，因此，在燃料电池领域，尤其是在氢能源燃料电池方面，全氟离子交换膜燃料电池的研究开发仍将占据重要的位置。

目前质子交换膜燃料电池所采用的全氟磺酸型质子交换膜已经商业化生产。如美国杜邦公司的Nation膜，它具有较高的质子导电率（>0.1西门子/厘米）和长的使用寿命（约601天），但这种膜的合成路线长，加工工艺复杂，价格昂贵（单价800美元/米^2），且由于它亲水性较差，影响膜的含水量，进而使全氟磺酸膜导电性下降。因此，许多研究集中在如何改善Nation膜的改性上。如Dow公司试制出了高电导的全氟磺酸质子交换膜。美国

W. L. Gore&Associates 公司研制出一种 Gore. select 膜，它用带有微孔的 PTFE 膜对全氟磺酸树脂进行微观增强，使全氟磺酸树脂填充在微孔中，使膜的厚度降低到 5 微米，提高质子导电率。目前国内的研发机构主要有上海交通大学、中科院大连化物所、山东东岳神舟新材料有限公司等单位，国际上主要有美国 DuPont 公司、3M 公司和日本东丽公司等。

（2）锂 - 亚硫酰氯电池隔膜

锂 - 亚硫酰氯电池在放电性能和安全性能上的特殊要求，需要一种新型电池隔膜来代替传统的玻璃纤维类锂 - 亚硫酰氯电池。国外已采用经过特殊表面处理的双向拉伸聚四氟乙烯微孔膜作为 Li - $SOCl_2$ 电池隔膜，它的化学稳定性好，厚度薄，强度高，可抑制锂晶枝生长，安全性较好，但价格昂贵。国内锂电池厂家目前仍使用玻璃纤维隔膜，但由于玻璃纤维隔膜太厚，造成电池内阻太大，影响电池性能。因此，Li - $SOCl_2$ 电池隔膜的国产化亟待实现。

（3）锂离子电池隔膜

锂离子电池是指锂离子在正负极之间穿行，反复充放电，可循环使用的电池。锂离子电池的组成结构包括正极、负极、电解质、隔膜、外壳等五大部分。隔膜材料作为电池的重要组成部分，对电池的安全性和成本（约占电池成本的 20% 以上）有重要影响。它作为电池的正负极之间的隔离板，防止正极、负极活性物质相互接触，产生短路；在电化学反应时，保持必要的电解液，形成离子移动的通道。由于它在电解液中处于浸湿状态，必须具备良好的耐碱性、透气性等。因此电池制造商多选用在较宽的温度范围内（ -55℃ ~85℃）能保持稳定性，特别是化学稳定性，对电子呈高阻，对离子呈低阻，便于气体扩散的尽量薄的隔离板（隔膜）。

在氟树脂中，PVDF 的综合平衡性较好。它一方面具有含氟树脂的共性，如优异的耐腐蚀、耐化学药品、耐热性、电击穿强度大、机械强度高等特点；一方面又可溶于特定的极性溶剂，还可熔融加工。VDF 与其他单体共聚改性后，在保持原有性质基本不变情况下，还使溶解性、柔韧性和耐低温性能有所改善，因而符合锂离子电池某些部件的要求。根据美国 Bellcore 实验室技术，VDF - HFP 共聚物被用做聚合物锂电池隔膜，把它与电极膜叠压在一起，再把整个电池片放入适当的锂盐溶液（如 LiPF6 - EC/DME）中，进行充分活化。共聚物中 HFP 的作用是降低 PVDF 均聚物的结晶度，从而增加它在液体电解质中的膨胀。目前我国生产液态锂电池的厂家，较多采用的是进口 Kynar - 761 牌号的 PVDF 树脂。

（4）全钒液流电池隔膜

钒电池全称为全钒氧化还原液流电池，是一种基于金属钒元素的氧化还原可再生燃料电池储能系统。钒电池电能以化学能的方式存储在不同价态钒离子的硫酸电解液中，通过外接泵把电解液压入电池堆体内，在机械动力作用下，使其在不同的储液罐和半电池的闭合回路中循环流动，采用全氟质子变换膜作为电池组的隔膜，电解质溶液平行流过电极表面并发生电化学反应，通过双电极板收集和传导电流，从而使得储存在溶液中的化学能转换成电能。这个可逆的反应过程使钒电池顺利完成充电、放电和再充电。

全钒氧化还原液流电池是一种环保的规模化储能电池，由于其电池输出功率与储能容量彼此独立。适用于风能、太阳能等可再生能源发电过程和电网调峰过程，作为规模化储能装置使用，近年来发展很快。目前钒电池的隔膜一般选用杜邦公司生产的全氟磺酸离了交换膜 Nafionll7，它具有电阻低、钒离子不能通过的特点，而且具有良好的离子导电性和化学稳定性，有一定的力学强度，但是也存在一些缺点：有部分透水、价格贵，隔膜成本占了整个电堆的 60% ~70%。具有钒离子透过率低、交叉污染小、H^+ 透过率高、膜电阻小、化学稳定性好的离子交换膜是决定该电池能否实用化的关键因素之一，因此隔膜的国产化和其他隔膜的改性处理是钒电池隔膜的发展方向和解决重点。

3. 风能和核能领域用薄膜

风能的利用主要是以风力作为动力和发电两种形式。风力发电作为当前风能利用的主要形式，其发电部件对材料具有较高的技术要求，风力发电用叶片由于在恶劣的自然环境中，必须能够耐紫外线、风沙、酸雨等对叶片的侵蚀。因此叶片涂层的材料对叶片保护至关重要，要求外层材料具有很强的附着性和耐候、耐磨性，氟改性聚氨酯膜层正是在适应如此苛刻的恶劣气候条件下，开始应用到风力发电叶片保护上。

（十二）保护膜

保护膜分为静电保护膜、防静电保护膜等多种产品。保护膜拥有低晶点，高洁净，高透明的特点，故此部分产品应用范围广泛及需求量大且稳定。主要应用于光学产业中，电子，家居等行业。

随着人们生活水平及质量的提高，对电子产品及家居产品的需求量的扩大，刺激着光电行业及其配套行业的发展。同时我们也将目标投向更高端的保护膜及光学膜的产品开发及研究中去。

（十三）水处理膜

全球海水淡化设备年均市场容量约40亿美元，在我国，海水淡化在中国更具有现实价值。目前我国已有的淡水处理项目的平均成本是5.62元/立方米，按照规划，“十二五”期间，国内海水淡化膜的市场空间在12亿～18亿元，MBR膜的市场空间在12亿元左右，行业的爆发性增长取决于节能环保标准的大幅提高。

在国内，时代沃顿作为国内最大产能和产量的反渗透膜（RO）膜供应商，主要在工业领域对进口RO膜进行替代。在RO领域的上市公司主要是南方汇通，持有时代沃顿的42%的股权。在膜生物反应器（MBR）领域，上市公司碧水源具备领先的MBR工艺，占国内60%以上的市场份额。

（十四）非PVC医用包装膜

非PVC医用包装膜主要应用在大输液产品的软袋包装上，其他如无菌粉、原料药及用于出口的食品、精细化工产品和军事上也有少量的应用。目前所知国际上费森尤斯公司和百特公司等有用流延法生产的非PVC医用膜，国内安徽双津是领导性企业。

（十五）PVC高透明流延包装薄膜、压纹薄膜

早期PVC薄膜的生产主要是压延和吹塑两种生产工艺，但压延工艺存在厚度限制，最薄只能到0.04毫米，且吨制品耗电量在800千瓦左右，吹塑工艺存在透明度差，不能生产压花膜等缺点．因此新乐华宝着手开发的PVC流延膜生产线，使产品厚度最薄低至0.01毫米，吨制品耗电量控制在600千瓦以下，且可以生产高透明膜、压纹膜、复合膜等不同类型的产品。因此相比压延和吹塑，具有节能、厚度范围大、透明度好、产品范围广等特点。

产品主要用于电线电缆、家具包装，木箱纸箱的防水包装膜、门窗保护膜、钢材、型材，对产品起到防锈、防尘、集束作用，还可用于地板革印花层、耐磨层，字画覆膜，室外广告等。

（十六）可降解流延薄膜

目前主要是生物基可降解薄膜，PBAT、PPC、PLA，其中PLA利用玉米淀粉等生物基材料加入流延薄膜原料中混配，可生产出可降解的流延薄膜产品，这方面中国塑料加工工业协会降解塑料专委会专门在研究，目前主要推广玉米淀粉材料。

可降解流延薄膜运用在卫生用品、日用品、医疗用品等不同行业。

（十七）高阻隔防化膜

用于制作防护服的高阻隔膜通常采用多层共挤或多层流延工艺制作而成，中间的芯层为阻隔层，采用公认的高阻隔膜材料PVDC、EVOH和PAN，面层采用具有热封性能好的PE树脂或PP树脂。PVDC是以偏二氯乙烯为主要成分的共聚物，是一种阻隔性能高、韧性强、以及低温热封、热收缩性和化学稳定性良好的塑膜材料，美国的DOW公司的PVDC膜生产技术最为成熟，生产的各种PVDC复合膜广泛用于各类包装行业。

（十八）百层流延薄膜

目前百层流延薄膜主要产品有四种：彩虹膜、保温阻隔膜、透明反光膜、纳米材料。

1. 彩虹膜

多层反射彩虹膜是利用两种或多种不同折光指数的树脂熔融挤出并依次间隔叠加，达100层以上，且每层厚度为100纳米的塑料复合薄膜。

200多层的薄膜其实际厚度是0.02毫米。也就是说，每层薄膜的厚度近似于所要反射的光的波长。

当可见光通过各层产生微弱的反射和干涉，当每层所反射的光线波长相同，产生叠加，出现正干涉现象，则使复合薄膜呈现出一种炫丽多彩的效果。

2. 保温阻隔膜

当光通过这两种不同折光指数的薄膜时，在两层膜的界面会产生反射和折射，各层膜界面上的反射的光波在空气中相遇时的相位都相同，产生相长干涉，从而达到阻隔特定波长光线的效果。

太阳光谱按波长长短分为无线电波、红外线、可见光、紫外线、和射线（X射线和&gamma射线）等几个波谱区：

（1）紫外区（200～400纳米）占总能量的5%；

（2）可见光区（400～760纳米）占总能量的45%；

（3）近红外区（760～2500纳米）占总能量的50%。

彩虹膜把每层厚度设计在可见光反射的范围，出现了对光线的选择性反射。也可把每层厚度设计在可见近红外线的反射的范围，就出现了对热能的

选择性反射。通过比较相同层数、相同组分、不同厚度的干涉膜，发现随着干涉膜厚度的增加，薄膜对光线透过峰的位置由短波区域逐渐向长波区域迁移。

在200纳米到2500纳米的波段，这种现象一直存在，干涉膜厚为16微米、27微米、38微米、40微米、50微米和70微米的谱图，能够比较清晰的反映出干涉膜厚度不同对光的不同波长透过的选择性。

随着干涉膜厚度的增加，光学厚度也相应地增加，其反射的波长也随之增大，故薄膜对光线反射峰的位置由短波区域逐渐向长波区域迁移。

可以认为拥有特定厚度的干涉膜具有特定的光波反射峰。

3. 透明反光膜

同样，可以将每层的厚度逐渐变化或阶段变化，将会对可见光全部反射。这种膜随光线照射角度不同而反射强度变化，同时还有一定的透明性。

反光膜在国外已经有生产，用于礼品包装、印刷材料、工艺品材料。

4. 纳米层材料

实际上所做的百层薄膜它的每厚度可以做到10~100纳米。例如百层薄膜厚度为15微米，除去包层，只有8~9微米。可见芯层每层的厚度应在80~90纳米，应在纳米效应范围内。

（十九）*石墨烯膜*

石墨烯膜由于具有高化学和机械稳定性、高透光率、良好的导电性、优异的柔韧性以及原料廉价等，被用于电子信息领域，包括触摸屏、太阳能电池透明电极、高频电子器件等。此外，由于石墨烯特殊的二维纳米结构、高导电性、高导热性等，石墨烯也广泛应用于锂离子电池、超级电容器、导热/散热膜、抗静电塑料等能源、化工领域。

目前，美国的Vorbeck Materials、XG Sciences公司、韩国三星以及索尼在石墨烯薄膜的制备及应用上取得了重要进展。国内代表性企业主要由江南石墨烯研究院、以及上海南江集团分别与宁波材料所、重庆绿色制造研究院创建的宁波墨西科技、重庆墨希科技，均已开始石墨烯触摸屏的下游应用技术开发。

石墨烯薄膜最近两年已经在技术研发方面取得突破性进展，未来将进入实际生产阶段，将会改变薄膜行业的传统理念。

（二十）*电磁屏蔽膜*

电磁屏蔽塑料薄膜由于对电磁干扰（EMI）有较好的屏蔽效果，在电子工业有广泛的应用。鉴于此前表层导电型电磁屏蔽塑料膜的成本及其性能问题，近年来通过将导电填料（如炭黑、石墨、碳纤维、金属粉、金属纤维、金属氧化物等）分散在聚合物基体中，通过注射成型、挤压成型或压塑成型等方法制备出复合型电磁屏蔽膜。目前市场的产品主要有日系的TATSUTA，TOYO，韩国INKTEC以及国产的中晨、方邦、宏庆。

北京工商大学使用溶液流延涂布的工艺生产的制备出了电阻渐变型聚合物基复合膜材料（其结构不同于市场上现有的真空溅射膜和电镀膜），成功地解决了传统电磁屏蔽复合材料中存在的分散不均匀，电磁波泄漏两个突出问题。

（二十一）*液晶聚合物薄膜*（LCP）

LCP塑胶原料全称LIQUID CRYSTAL POLYMER，中文名称液晶聚合物。它是一种新型的高分子材料，在熔融态时一般呈现液晶性。这类材料具有优异的耐热性能和成型加工性能。聚合方法以熔融缩聚为主，全芳香族LCP多辅以固相缩聚以制得高分子量产品。

不同于树脂，全球有超过10家供应商，LCP膜加工技术门槛高，目前LCP加工技术公司仅有数家，其中已公开具有LCP膜生产能力公司咨讯如下：

Superex：美国Foster - Miller，Inc. 的子公司，是全球第一个开发LCP膜加工技术的公司，其产品主要应用于阻气膜及FCCL，开发方案又美国政府及军方所支持，目前市场上，无商用规格产品销售，该公司保有多项LCP制膜之关键设备及专利技术。

Kuraray：日本的Kuraray是全世界最大的LCP膜制造商，商品名为Vecstar，其树脂来源据消息为Polyplastics，为因应LCP膜需求的快速成长，在2014年初进行扩厂，年产从40万平方米提升至100万平方米。

Primatec：原日本Japan Gore - Tex公司，其商品名为BIAC，Primatec目前无单独对外销售LCP膜。主要与合作厂商共同开发的模式生产专用膜。

Sumitomo：住友化学是日本LCP树脂主要供应商，透过可溶性LCP材料的开发，将直接于铜箔基板上涂布成膜，但目前尚无商业化。

目前LCP原料及膜材主要生产公司集中在美国

及日本，其树脂发展及现况说明如下表，另有日本Dainippon Ink、Mitsubishi、Ueno、Unitika及台湾长春等公司在生产销售LCP树脂。

近年来LCP应用蓬勃发展，在苹果的Iphone手机，Google公司的Google Glasses眼镜及美国NASA的航太雷达等均有应用，在光电、生物医疗等领域也开始出现LCP膜制成的产品。

（二十二）透明导电薄膜

柔性基底透明导电薄膜（TCO、ITO、FTO、AZO），这种电子薄膜可用作半导体单片集成电路、混合集成电路和微片电路等，具有良好的光学和电学性能，透光率高，导电性好，是目前业界研究的热点之一。

（二十三）IMD薄膜

模内装饰技术（In－Mold Decoration，IMD）是替代塑胶制品表面喷漆、电镀加工最好的新工艺，减少注塑的后续加工工序，在塑胶工业上推广、普及，能真正实现节能、环保的意义。

（二十四）量子点薄膜

量子点是一种纳米材料，其晶粒直径在2~10纳米，量子点受到电或光的刺激会根据量子点的直径大小，发出各种不同颜色的单色光。可以借助量子点发出能谱集中、纯正的高质量红/绿单色光。

直接做出含有红色与绿色量子点的整张薄膜，通过下方的蓝色LED激发并穿过之，联合发出白色背光，这是3M和Nanosys目前主导的一种方案，被称作QDEF技术。

目前索尼和TCL均已使用量子点薄膜，并量产量子点电视。

（二十五）各异向性导电胶膜（ACF）

各异向性导电胶膜（Anisotropic Conductive Film）在X、Y轴方向上是绝缘的，仅在Z轴上导电的胶膜，是电子设备密集电路和微电子互连的材料。

量产企业主要有日本的日立化成和索尼下属的子公司迪睿合。

在Display Innovation 2014展会上，迪睿合更研发出布线间距最小为10微米的ACF薄膜。

ACF的中的粒子分布规整化，将是未来主要方向。

（二十六）其他流延薄膜产品

略。

（中国塑协副秘书长兼镀铝膜专委会秘书长　孙冬泉）

CPE薄膜生产设备与薄膜性能功能化

一、CPE加工简介

CPE是Casting Polyethylene流延聚乙烯薄膜的缩写，一般均采用三台以上挤出机多层共挤出，以便达到各种使用目的。多层共挤CPE流延膜挤出技术是一种将两种或两种以上的不同塑料利用2台或2台以上的挤出机通过一个多流道的复合模头或者在进入模具之前经分配器汇合生产多层结构的复合薄膜，并通过急冷辊成型的技术（图1）。

图1　多流道复合模头

采用这种方法可生产各种不同材料的薄膜，且具有很高的加工精度，薄膜厚度公差可以达到小于3%以下，是吹塑薄膜方法望尘莫及的。特别是又能保持最佳的尺寸精度具有较小的热收缩率。所制得的流延膜具有优良的光学性能和厚薄均匀度，并且由于采用急冷辊可以获得很高的生产速度，并改善薄膜的形态结构。

二、CPE 的应用

CPE 膜可与无纺布、纸类、铝薄膜、牛津布、超纤布等其他纺织材料在线热复合成合成材料。可用在汽车罩，一次性卫生材料，医疗用品，箱包材料，服装鞋材等方面。多层共挤流延膜挤出技术能够最大限度地发挥被加工材料的性能。特别是在加工高阻隔多层共挤流延膜方面，具有无可比拟的优势。由多层共挤流延法制得的聚乙烯薄膜，由于它能够使多种具有不同特性的功能性母粒加入后在挤出过程中彼此复合在一起，因而使得制品兼有不同的特性，在特性上能进行互补，从而使制品得到特殊要求的性能和外观，如防老化、透明性、保香性、防紫外线、抗污染性、抗静电、低温热封性以及强度、刚度、硬度等机械性能。

产品主要用途

1. CPE 薄膜经过印刷、制袋

CPE 薄膜经过印刷、制袋适用于：服装、针织品和花卉包装袋，文件和相册薄膜，食品包装；

2. 潜在用途

食品外包装，糖果外包装（扭结膜），药品包装（输液袋），在相册、文件夹和文件等领域代替 PVC，合成纸，不干胶带，名片夹以及站立袋复合材料。

3. 开拓流延膜的新的应用领域

如开发用于建筑行业的保温、隔热、防水、隔声的新型建材的流延膜生产线，电子行业的导电流延膜等。

三、CPE 加工设备

随着国内外 CPE 市场需求的不断增加，CPE 膜产品和所用材料也在不断更新，我国的 CPE 流延薄膜生产设备，在创品牌、提高产品质量和档次，努力赶超国际先进水平的同时，开始注重产品结构的调整，提高现有产品的技术含量，正向高性能、多功能，积极采用新原料、新技术、拓宽应用领域以及塑料包装与环保协调发展等方向发展。

共挤出流延薄膜一般采用三层、五层共挤。

生产线设计特点：

（1）螺杆采用特殊混炼功能及高塑化能力设计，配合欧式静态混合器，确保塑化良好，混炼效果佳，产量高；

一般采用 BM 分离型螺杆加强塑化效果（图 2），特别是对于茂金属催化剂生产的 LLDPE，可以减少晶点。此外配上直槽或斜槽型屏障段，保证粒料的完全塑化。由于螺杆长径比足够，在增加销钉混合段使熔体温度场更均匀（图 3）。

在链接段设计一段静态混合器，就做到了锦上添花。

（2）可选用全自动调整模头和带 APC 控制的自动测厚仪，在线自动检测薄膜厚度，自动调整模头；

（3）冷却成型辊，特殊的螺旋流道设计，保证在高速下薄膜冷却定型效果好（图 4）。

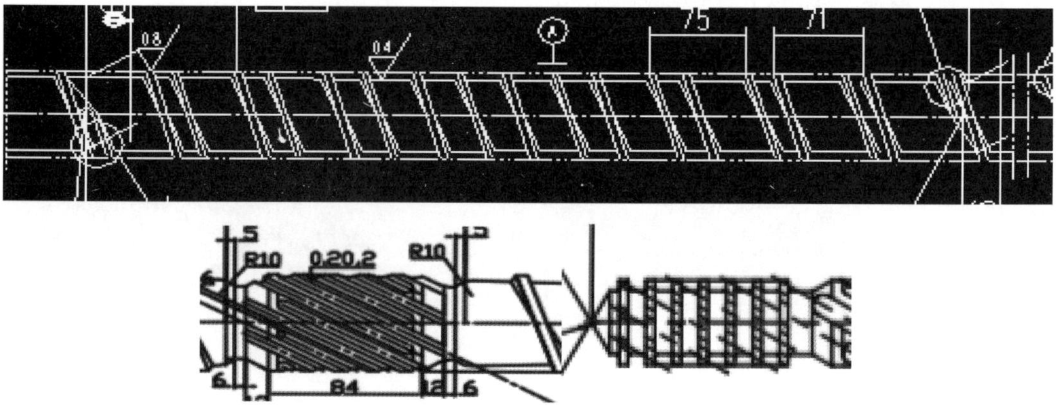

图 2　BM 分离型螺杆设计

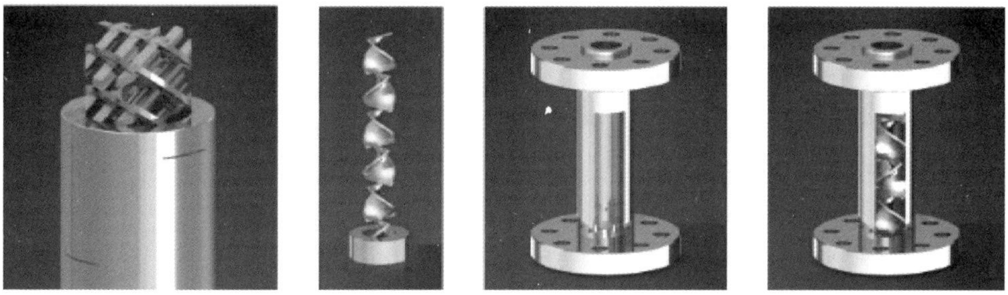

斜槽型屏障段设计　　　　销钉型混合段设计

图3　静态混合器

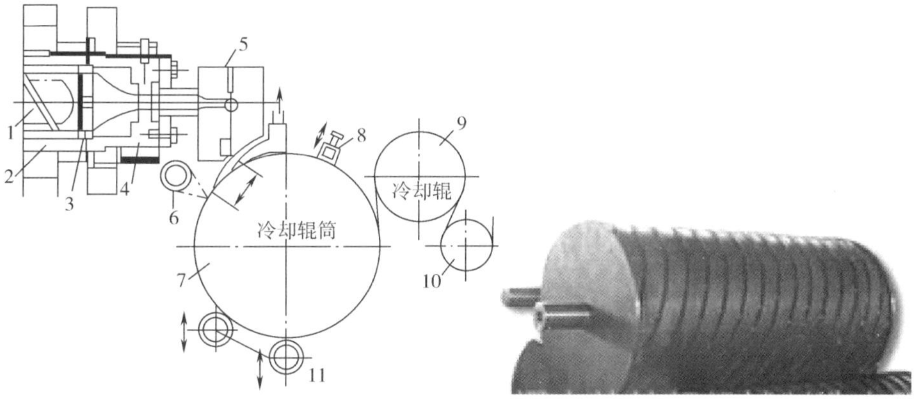

图4　冷却成型辊

（4）配正压装置和负压装置，保证薄膜熔膜稳定（图5）。

图5　正、负压调节装置

（5）薄膜边料直接在线回收，大大降低生产成本；

（6）全自动中心卷取，配张力控制器，自动换卷和切断，操作非常简便；

（7）流延成型单元：包括流延辊、回火辊、清理辊、吹风刀等，可前后移动、上下升降；流延辊采用多流道螺旋结构，确保两端温差±1℃，流延辊表面镀铬后抛光成镜面，然后再喷砂处理，生产过程中流延辊温度控制在25～40℃，根据产品种类不同做出相应的调整；清理辊是硅胶辊，采用进口硅胶掺金钢砂，表面开双向螺旋槽，主要作用是确保薄膜贴辊，并清除辊面析出物；清理辊离模唇距离越远越好；回火辊在流延辊之后，正常生产时根据产品种类回火辊温度控制在45～65℃，以便有效消除薄膜应力；有些厂家由于不懂生产工艺把回火辊称为次冷辊是错误的，该辊并不起冷却作用，特别是生产镀铝膜时回火辊加热到一定温度效果更佳；吹风刀采用铝合金多层迷宫式结构，出气口可调整，确保整个幅宽方向出风均匀，吹气刀能确保薄膜贴附于辊，并能辅助冷却；

（8）测厚控制单元：目前 X 射线测厚仪已很成熟，不用办理复杂的放射源使用手续，且无辐射；目前，随着薄膜厚薄均匀度要求越来越高，采用自动调节模头的生产线越来越多，配备自动 X 射线测厚仪的厂家也越来越多，特别是生产 CPE 薄膜，建议采用自动模头配备自动测厚仪；

（9）电晕处理单元：由于陶瓷电晕处理辊价格太贵，目前大多还是采用硅胶电晕辊，包胶厚度≤5 毫米，直径越大越好；电晕处理机电压为 15 ~ 25 千伏，由于镀铝膜对电晕值的要求越来越高，目前配用进口电晕机发生器的越来越多；

（10）牵引收卷单元：包括牵引辊、双工位全自动收卷机、收卷整体摆动机构、接触辊进退机构、收卷前展平机构等，CPE 的收卷很重要，收卷模式有间隙卷取、接触卷取及间隙接触卷取 3 种模式，根据不同产品需灵活选择，生产 CPE 膜时采用间隙接触卷取模式；双工位收卷机换卷工作时应尽量快，换卷时间≤15 秒，可提高生产效率；

（11）边料在线回收单元：包括边料粉碎机、边料风机、输送管道、不锈钢旋风除尘器、粉料输送螺杆等；粉碎后的边料经风机通过管道输送至旋风除尘器，经旋风除尘器分离后由粉料输送螺杆强制输送到中层挤出机中；

（12）电气控制单元：采用 PLC 和触摸屏控制，分为自动温度控制、挤出机控制及后段控制 3 部分，后段部分采用 3 级自动张力控制，第一级张力是流延辊与电晕辊之间的自动张力，第二级张力是电晕辊与牵引辊之间的自动张力，这两极张力采用摆杆张力控制系统，第三级张力是收卷自动张力，收卷张力既可采用摆杆张力控制系统，也可采用张力检测器控制系统，还可采用卷径运算张力系统。

四、CPE 膜的结构与性能

现在一般采用三层或五层共挤出，薄膜厚度在 0.010 ~ 0.120 毫米，宽度已达 4800 毫米，生产线速度从 120 米/分钟增加到 400 米/分钟。单套生产线产能在 500 ~ 1000 千克/小时。螺杆直径从 90 毫米到 160 毫米。长径比（L/D）一般做到了 32。膜结构一般采用 A/B/C。产能与效率越来越高，从当初的每天几吨到目前的每天 20 吨；耗电量也越来越低，从最初的每吨产品耗电 650 ~ 750 千瓦·时到现在每吨产品耗电不到 450 千瓦·时；产品的厚度范围越来越大，目前可生产 15 ~ 120 微米的产品；厚薄误差越来越小，可达 ±2%。随着新的生产工艺和新材料的运用，产品也越来越多样化，有低温热封膜、蒸煮膜、高亮度热封膜、增韧膜、镀铝膜、易撕膜等。

五、CPE 的生产工艺

同 CPP 相比，CPE 薄膜很柔软、很滑，在生产过程中有以下差异：

（1）生产温度不同，生产 CPE 时挤出机进料段温度不高于 180℃，模头温度不高于 225℃；

（2）流延辊温度不同，生产 CPE 时流延辊温度在 50 ~ 65℃；

（3）张力控制不同，由于 CPE 薄膜很柔软，要求张力控制精度更高；

（4）展开方式不同，由于 CPE 薄膜很柔软，容易打折和拉伸，要求每个主动牵引之前必须展开，且展开方式柔和；

（5）收卷方式不同，由于 CPE 薄膜很柔软、很滑，容易打折和拉伸，最好采用间隙接触收卷模式。

六、功能助剂在 CPE 膜生产中的应用

（一）加工助剂 PPA

PPA 一般采用低分子聚四氟乙烯蜡或同类产品，添加量一般在 0.1% 左右可以消除流纹、去除鲨鱼皮，减少晶点（图 6）。

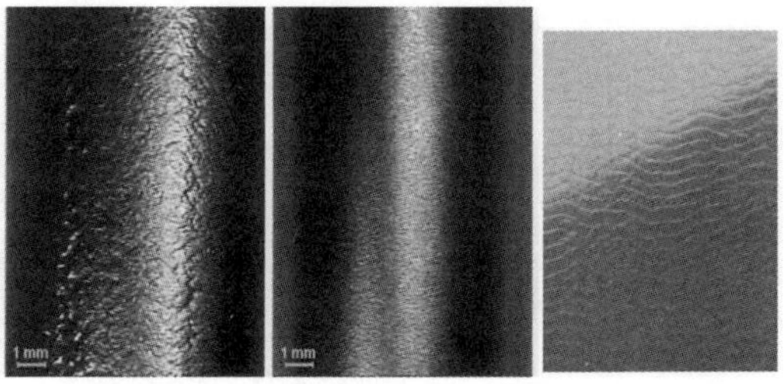

图 6　产品流纹、鲨鱼皮

（二）添加滑爽母料

在树脂中加入滑爽母料是为了减少塑料薄膜自身之间或者塑料薄膜与其他材料之间的摩擦。常用的滑爽剂是油酸酰胺和芥酸酰胺，它们均属于脂肪胺类化合物。油酸酰胺：$CH_3(CH_2)7—CH═CH—(CH_2)7—CONH_2$，芥酸酰胺：$CH_3(CH_2)7—CH═CH—(CH_2)11—CONH$。对于加工者来说，摩擦系数的控制是需要考虑的重要因素：－在制袋－填充－封合的自动包装线的应用中，通常需要低的摩擦系数（<0.2）来获得平稳加工和快速包装的速

度。在重型包装袋中，需要高的摩擦因数（>0.5）来防止堆叠的袋子滑落。无机防滑母粒可防止具有光滑表面的聚乙烯薄膜容易粘连在一起。开口母料（例如云母，二氧化硅）的作用是降低薄膜表面的粘连或“难以开口”，开口剂是破坏薄膜表面光滑度从而使之易开口。减少薄膜之间的粘连而容易分开两张薄膜（粘连与再粘连），同样可以减小薄膜的摩擦系数。既防滑又可以具有开口剂的作用。也有硅树脂或甲基丙烯酸酯聚合物的有机非迁移性开口剂。

（三）聚乙烯流延膜用抗粘连/爽滑母料ABS107CPE介绍

ABS107CPE是一种同时具有抗粘连和爽滑效果的流延聚乙烯膜专用复合母料，具有耐温高、爽滑析出稳定、透明性好、开口性能卓越等特点，其用于无溶剂复合时爽滑性受环境温度、熟化条件、粘胶剂的变化影响小，复合后可保持稳定的爽滑效果。

1. 物理性能

MI = 18

有效成分含量17%

2. 应用

（1）使用该母料时，建议加工温度不超过280℃。

（2）添加量一般控制在2%～6%，参考添加量为：厚度40微米以下的膜添加5%，厚度40微米以上的膜添加4.5%。客户可根据自己的实际情况，制样确定，制样时请关注复合后的摩擦因数。

3. 食品批准

ABSPE107CPE依据下列要求可以应用于食品包装

FDA　　无限制

EEC（90/128）　　无限制

（四）聚乙烯抗静电母料KDPE617H介绍

KDPE617H是采用多官能团大分子量抗静电剂生产的聚乙烯抗静电母料，用该母料生产的薄膜几乎不析出，没有油腻感，且具有长效的抗静电效果，特别适用于粉剂和电子包装膜的抗静电。

1. 物理性能

MI = 12

有效成分含量16%

2. 应用

根据KDPE617H母料特点，使用时应添加在薄膜所需的抗静电层，添加量控制在3%～5%，客户可根据自己的实际情况选择合适的比例。

3. 食品批准

KDPE617H依据下列要求可以应用于食品包装

FDA　　无限制

EEC（90/128）　　无限制

（五）聚乙烯抗粘连/爽滑母料ABSPE119F

ABSPE119F是一种同时具有抗粘连和爽滑效果的聚乙烯吹膜专用复合母料，具有耐温高、爽滑析出稳定、透明性好、开口性卓越等特点，其用于无溶剂复合时爽滑性受环境温度、熟化条件、粘胶剂的变化影响小，复合后可保持稳定的爽滑效果。

1. 物理性能

MI = 11.9

有效成分含量11%

2. 应用

（1）使用该母料时，建议加工温度不超过240℃。

（2）添加量一般控制在2%～5%，参考添加量为：厚度40微米以下的膜添加4.5%，厚度40微米以上的膜添加4.0%。客户可根据自己的实际情况，制样确定，制样时请关注复合后的摩擦因数。

3. 食品批准

ABSPE119F依据下列要求可以应用于食品包装

FDA限制　　EEC（90/128）　　无限制

（以上数据由河南濮阳义达塑料化工有限公司张军舰提供）

（北京化工大学材料科学与工程学院　苑会林教授）

塑料改性用新型粉体创新成果与发展前景

一、新常态下改性塑料发展态势——轻量化、功能化、生态化、智能化

（一）我国国民经济步入“新常态”历史时期，由高速增长转到增速减缓的轨道上来，塑料加工工业同样呈现这一态势

（1）2012 年以前，十一五期间塑料制品产量年增长 10% 以上。

（2）2012 年，8.99%。

（3）2015 年，0.95%。

（4）2016 年，2.66%。

改革开放带来的逐项红利正在减弱和消失，经济增长的传统模式面临根本上的转变。

1）结构性、阶段性产能过剩问题日益突出、严重。

2）靠过度消耗资源、能源，以牺牲环境的发展模式受到制约。

3）“人口红利”不复存在，用人成本大大上升。

4）在高压反腐的背景下，通过非正常手段取得高市场占有率已难以实现。

（二）改性塑料行业发展要走轻量化、功能化、生态化、智能化之路，创新驱动转型升级，再创辉煌

（1）填充改性，即使用粉体材料达到增量或改善性能、增加功能的作用。

（2）轻量化，即打破填充改性发展的瓶颈，通过使用特色填料和改进加工技术，将填充塑料材料的密度降低。

（3）功能化，即通过使用特色填料，赋予塑料材料原来所不具备的功能。

（4）生态化，即强调使用粉体材料安全性的前提下，改善生产环境，实现资源、能源节约，环境友好。

（5）智能化，即实现粉体添加过程的机械化、自动化、少用人同时提高加工过程的稳定性、可靠性。

（三）粉体材料在塑料中应用的现状

（1）填料：通常只把塑料材料中含量达 5% 以上的粉体材料作为填料看待。

（2）填料按化学组成分类情况（图 1）。

塑料常用的无机非金属粉体的种类、特点及应用领域，见表 1。

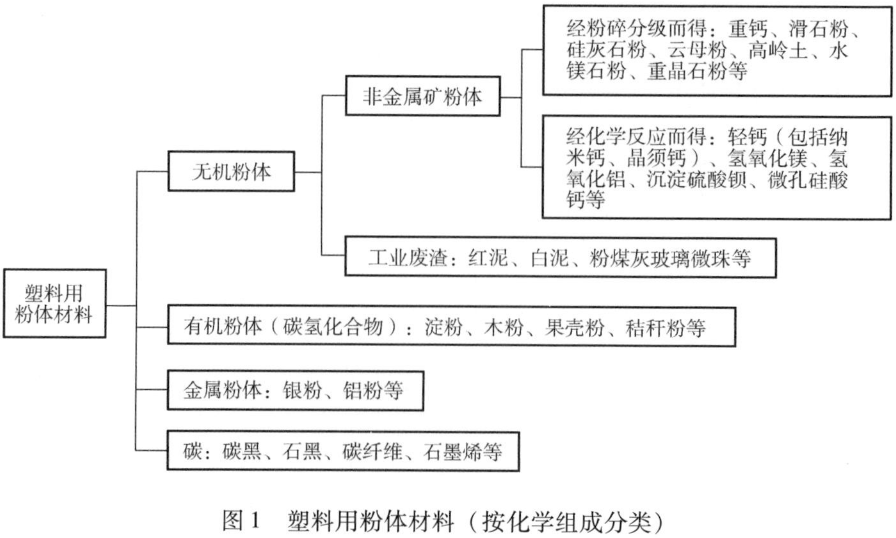

图 1　塑料用粉体材料（按化学组成分类）

表1　　塑料常用的无机非金属粉体的种类、特点及应用领域

粉体种类	特点	常用规格	主要应用领域
重钙	化学惰性、白度高、加工流动性好	400～2500目	塑编袋、布、管材、板材、型材
轻钙（包括晶须钙）	色相好、化学惰性	一次性粒子不大于5微米	塑料异型材、管材、人造革
滑石粉	片状结构、耐酸碱、光泽好、阻隔红外线	600～1250目	①需要较高刚性和耐热性的制品——汽车保险杠、双壁波纹管等 ②透明性好的薄膜 ③成核剂 ④农膜保温剂
高岭土	片状或管状结构	1250～2500目	需要高电绝缘性的电缆料
氢氧化镁、水镁石粉	分解温度高、释出水分且吸热	5微米以下	无卤阻燃、消烟
氢氧化铝	分解时释出水分且吸热	5微米以下	无卤阻燃、消烟
沉淀硫酸钡	密度大、折射率与聚乙烯相近	1250目以上	透明薄膜、高光泽表面的塑料制品
重晶石粉	密度大	400～1250目	要求密度高的制品，如音箱、隔音降噪管等
微孔硅酸钙	密度小、比表面积近似于活性碳	800～2500目	①降低塑料密度 ②对吸附性和缓释性要求高的材料
玻璃微珠	中空结构、密度小	400～2500目	①降低填充塑料密度 ②对材料各向同性要求高的制品
元明粉（无水Na_2SO_4）	折光率与聚乙烯相近，易吸水	800～1250目	透明薄膜
硫酸镁晶须	纤状，长径比15以上	晶须直径10微米左右	提高强度、有利于阻燃
无水硫酸钙	板、柱状	800～1250目	透明薄膜、刚韧并济、耐酸碱制品

选用无机非金属粉体的原则：

1. 价格适当

＊物美价廉，性价比高；

＊粒度及分布适当，不可认为“越细越好”；

＊特色鲜明，无可替代。

2. 硬度要低（表2）。

表2　　几种有代表性的物质的硬度

材料	莫氏硬度	维氏压痕硬度
滑石	1	
蛭石	1.5	
人的指甲	2	
高岭土	2	

续表

材料	莫氏硬度	维氏压痕硬度
云母、沸石	2~2.5	
方解石、重晶石、硫酸钙	3	120（103~146）
铁（普通钢）	4.5	120~250
硅灰石	5~5.6	
玻璃	5.5	500
长石	6~6.5	774
氮化钢（38CrMoAl）		800~900
硅石（石英砂）	7	1350
黄玉	8	
金刚石	9	2280~2800

3. 杂质要少，无有害物质

（1）对使用性能没有影响，畅通无阻。

（2）有害成分：石棉、重金属。

（3）GB 9685《食品接触材料及制品用添加剂使用标准》：

碳酸钙 A4.1 第66种　化学文摘登记表 CAS 为 471-34-1；

规定最大使用量（%）为“按生产需要适量使用”。

（4）塑料制品卫生标准，如食品容器及包装材料用 PET 制品卫生标准 GB 13113—1991 规定（表3）。

表3　　PET 制品卫生标准

项目		指标
蒸发残渣，毫克/升		
4%乙酸，60℃，0.5小时	≤	30
水，60℃，0.5小时	≤	30
65%乙醇，室温，1小时	≤	30
正己烷，室温，1小时	≤	30
高锰酸钾消耗量，毫克/升		
水，60℃，0.5小时	≤	10
重金属（以Pb计），毫克/升		
4%乙酸，60℃，0.5小时	≤	1.0
锑（以Sb计），毫克/升		
4%乙酸，60℃，0.5小时	≤	0.5
脱色试验		
乙醇		阴性
冷餐油或无色油脂		阴性
浸泡液		阴性

4. 使用简单方便

常遇到不方便的情况：如不易被浸润、吸水需干燥后使用，纤状易折断降低长径比。

5. 突出考虑功能性

刚性——片状结构的滑石粉或云母；

阻燃——镁铝氢氧化物；

保温——滑石粉、高岭土等含硅元素的；

保透——滑石粉、硫酸钠（元明粉）、硫酸钙等折光指数与 PE 相近。

（四）无机非金属粉体应用面临的问题

（1）增重、密度显著增大成为扩大应用的瓶颈。

（2）色泽、色调、色差。

重钙：象牙白、荧光感；瓷白、青白呈冷色调。

（3）消光现象及对透明度的影响。

碳酸钙：致使表面晦暗，沉淀硫酸钡致使表面高光泽度透明度好坏取决于粉体颗粒的折光指数。

（4）阻燃

1）无机非金属粉体本身不燃，但加到塑料中不一定都对阻燃有利；

2）铝、镁氢氧化物具有阻燃、抑烟、填充三大作用；

$$2Al(OH)_3 \xrightarrow{200\sim300℃} Al_2O_3 + 3H_2O_{\text{结合水:34.6/mol 吸水量:1.97kJ/g}}$$

$$Mg(OH)_2 \xrightarrow{340\sim490℃} MgO + H_2O_{\text{结合水:31.0/mol 吸水量:0.77kJ/g}}$$

3）滑石粉等含硅元素的粉体有助于阻燃；

4）碳酸钙会使燃烧更为充分。

100g 含有 30% 重钙和 1% 焚烧氧降解剂的 PE 薄膜完全燃烧所需时间为 4 秒，而同样重量的 PE 薄膜需 12 秒，相差三倍。

（5）毒性问题。无毒不等于符合有关卫生标准要求，在没有进行修订前还需充分考虑。

（6）磨损问题。防止对加工机械设备和模具的过度磨损。

本身硬度高，可用于要求耐磨的场合。

（7）成型尺寸收缩率问题（表 4）。

表 4　　不同添加成分对聚丙烯（PP）塑料成型尺寸收缩率的影响

添加材料	添加量/%	成型尺寸收缩率/%
纯 PP	0	1.6~2.1
POE	30	1.2
SBS	30	1.05
EPDM	30	1.12
LDPE	30	1.3
HDPE	30	1.2
$CaCO_3$（800 目）	30	0.8
滑石粉（1250 目）	30	0.85
云母粉（325 目）	20	0.75
玻璃纤维	30	0.54

二、创新成果

（一）轻量化

①成型加工过程中有拉伸过程和靠工艺条件控制实现轻量化——扁丝、薄膜、注塑压力和保压时间。

②在有交联剂存在情况下使用发泡剂形成微孔结构。

钙塑天化板、微孔泡沫鞋底、连续发泡 PE 片材。

③不使用交联剂实现 PE 和 PP 微发泡。

发泡剂种类、分解温度、加工工艺。

加有 30% 重钙的发泡 HDPE 片材的密度比同样配比但不发泡片材密度可下降 10% 以上。

（1）微孔硅酸钙（表 5）。

表5　　硅酸钙微粉的化学组成（%）

SiO_2	CaO	Fe_2O_3	LOI
45～47	44～46	0.065	7～10

微孔硅酸钙微粉表面孔隙众多，比表面积大　（图2）

A. 10微米标尺

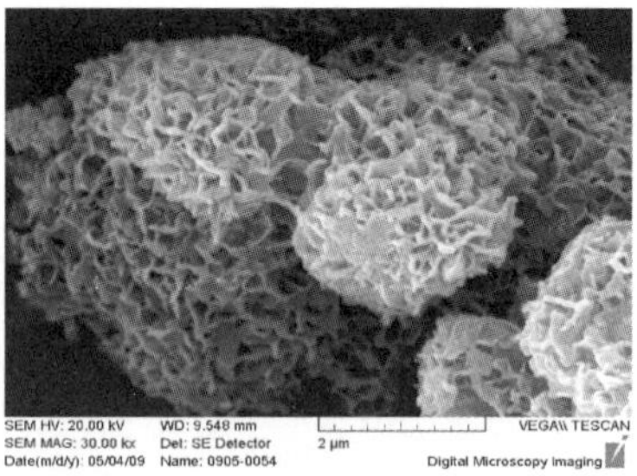

B. 2微米标尺

C. 2微米标尺

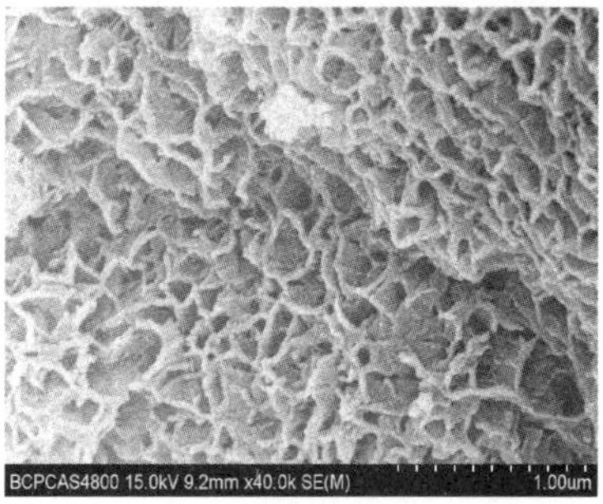

D. 1微米标尺

图2　微孔硅酸钙微粉的微观结构电镜照片

微孔硅酸钙的性能指标见表6。

表6　　微孔硅酸钙的性能指标

白度	pH	堆积密度/（克/厘米^3）	真密度/（克/厘米^3）	吸油值/（毫升/100毫克）	含水率/%	平均粒径/微米	比表面积/（米^2/克）
89～92	8～11	0.17～0.30	1.30～1.40	130～170	3.61	15～30	50～150

微孔硅酸钙微粉和主要粉体材料的性能比较见　表7。

表7　　微孔硅酸钙和几种粉体材料的性能

填料类型	轻质碳酸钙	超细重质碳酸钙	超细滑石粉	炭黑	气相法白炭黑	沉淀法白炭黑
SiO_2含量/%			40～75		≥99.8	92～95
pH	8～9	8～9	7～8	6～8	3.5～6	6～8
比表面积/（米^2/克）	5～10	20～80		80～150	150～400	150～350

续表

填料类型	轻质碳酸钙	超细重质碳酸钙	超细滑石粉	炭黑	气相法白炭黑	沉淀法白炭黑
含水率*/%	0.85	0.16	0.27	1.82	4.28	9.45
吸油值/(毫升/100 毫克)	60~90	40~60	30~60	80~130	150~350	150~350

*注：采用深圳市冠亚电子科技有限公司生产的 SFY 型快速水分测定仪，方法及条件与硅酸钙含水率测定相同。

添加 50% 碳酸钙和 50% 硅酸钙板材性能见 表 8。

表 8　添加 50%的碳酸钙和 50%硅酸钙母料板材性能测试

检测项目		硅酸钙制品	碳酸钙制品
密度/(克/厘米^3)		1.12	1.26
拉伸强度/兆帕	纵向	10.7	10.4
	横向	10.9	10.7
断裂伸长率/%	纵向	583	120
	横向	660	129
拉伸弹性模量/兆帕	纵向	225	180
	横向	240	205
弯曲强度/兆帕	纵向	10.6	10.4
	横向	11.2	11
弯曲模弹性模量/兆帕	纵向	288	180
	横向	355	215
撕裂强度/(千牛/米)	纵向	214	178
	横向	205	165
吸水性/(21℃/24 小时)		0.15	0.04

（2）晶须钙：在基体塑料中堆积和排列形成微孔是成败关键。

通常轻质碳酸钙的颗粒形状为纺垂体形（枣核型），长径比 3~5。在适当的条件下，碳酸钙可以形成长径比更长的针状颗粒，见图 3、图 4。

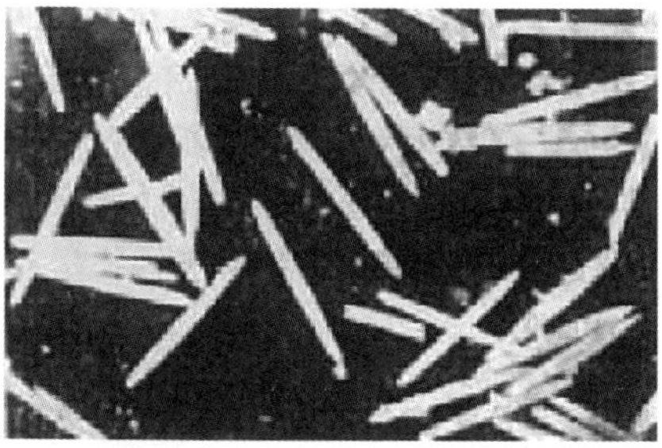

晶须直径约2~3微米，长度35~45微米，长径比为15左右

图 3　晶须碳酸钙 SEM 形貌照片

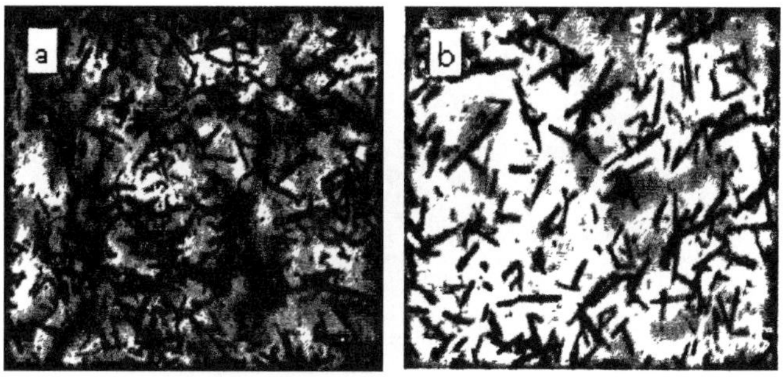

表面处理前　　表面处理后

图 4　碳酸钙晶须的偏光照片（×100）

晶须碳酸钙替代部分 CPE 制成波纹管的性能见表 9。

表 9　　晶须碳酸钙替代部分 CPE 制成的 Φ110mm PVC 双壁波纹管的性能

试验编号	CPE 替代量 /%	管壁材料密度/（克/厘米^3）	管材米重/（千克/米）	管材环刚度（S）/（千牛/米^2）	落锤冲击
0#	0	1.650	3.70	8.02	无破裂
1#	10	1.635	3.70	8.18	无破裂
2#	20	1.634	3.66	6.46	无破裂
3#	30	1.643	3.71	8.65	无破裂

试验结果表明：

1）用经过特殊处理的晶须碳酸钙替代部分 CPE 冲击改性剂后，管材的性能（环刚度、落锤冲击）仍保持良好。

2）CPE 被替代的管材管壁材料密度较原配方的管材管壁材料密度均有所下降，下降 0.5% ~ 1%。

3）为了达到不同配方的管材的米重一致，CPE 被替代的三种管材在成型时，加料机转速均需加快（分别为 52.9/54.5/55.0/54.6 转/分钟）。喂料机转速加快意味着生产同样重量的管材所需时间减少了，生产效率提高了（试验记录表明此时主机电流和螺筒各区的温度均未发生变化）。再者，晶须碳酸钙仍属于无机粉体材料，其真实的密度仍然要大于 PVC 树脂和 CPE，同样重量的物料体积理应有所减少，但实际此时产品的重量和长度仍保持一致，说明用经过特殊处理的晶须碳酸钙代替部分 CPE 后，其挤出管材的管壁中存在着空隙（密度有所减小，但体积因微孔的存在并未显著减小），此时管材的冲击性能仍然良好，说明微孔尺寸十分细小，不仅没有成为缺陷，而且有助于在受到外力时吸收能量，从而达到保持良好性能的前提下实现塑料材料及制品的轻量化目的。

由此可见，用经过特殊处理的晶须碳酸钙代替部分 CPE 生产 PVC 硬制品可同时起到降低产品原材料成本、保持良好力学性能和提高生产效率三大作用。

（3）中空微珠——一种具有空心构造的低密度粉体（图 5）

表面光滑的中空结构的粉体具有可避免应力集中、降低黏度、吸油值低、各向同性、化学惰性等特点。利用其中空特性，可制作隔音、隔热材料，利用其本身硬度高，可制作耐磨塑料材料。

图 5 – A　粉煤灰分选出的空心微珠

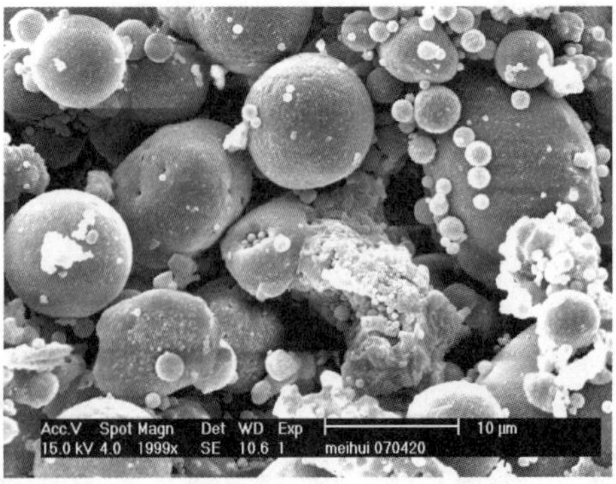

图 5 – B　粉煤灰扫描电镜照片

一种市售玻璃沉珠的化学组成及物理性能分别见表 10 和表 11。

表 10　　玻璃沉珠的化学组成（以氧化物百分比表示）

氧化物	SiO_2	Na_2O	CaO	MgO、Al_2O_3、K_2O 等
所占比例（%）	50 ~ 66	18 ~ 36	12 ~ 15	5 ~ 8

表 11　　玻璃沉珠的物理性能

名称	堆积密度/(克/厘米^3)	真密度/(克/厘米^3)	吸油值/(毫升/克)	pH	含水率/%
指标	0.15 ~ 0.20	1.6 ~ 2.0	0.3 ~ 0.5	8.5 ~ 9.0	≤1.5

试验Ⅰ：用中空玻璃微珠、重质碳酸钙（800 目）和滑石粉（800 目）作为填料，制成填充母料（粉体：载体树脂：助剂 = 70：18：12），再与树脂混合（母料：PP 树脂 = 66：34 即粉体占填充体系总量的 46.2%），然后注射成试片，测试其密度值，结果见表 12。

表 12　　不同粉体填充塑料的材料密度

粉体种类	填充塑料材料密度/(克/厘米^3)	
	水浮法	排水法
滑石粉	1.344	1.399
重质碳酸钙	1.342	1.412
中空玻璃微珠	1.172	1.111

不同粉体填充 PVC 塑料的物理性能见表 13。

表 13　　不同粉体填充 PVC 塑料的物理性能

粉体种类	填充 PVC 塑料材料性能	
	密度/(克/厘米^3)	硬度（邵氏）
滑石粉	1.466	86.4A
重质碳酸钙	1.462	82.6A
中空玻璃微珠	1.323	87.2A

试验结果表明，中空玻璃微珠在软 PVC 材料中，添加份数为 60 份，其密度较同样条件下制成的滑石粉、重质碳酸钙填充材料的密度下降 10% 左右，同时填充 PVC 的硬度值有所提高。

（二）功能化、生态化

1. 使用微孔硅酸钙降低填充塑料密度

功能性农用棚膜的重要功能性是无滴和保温。我国目前生产的流滴剂加入到农膜中可以起到流滴作用，但时间短于薄膜的寿命，即无滴膜中的流滴剂在农膜使用后期已消耗殆尽，其主要原因是所使用的流滴剂与 PE 分子的相容性不好，从薄膜内部迁移到膜表面发挥流滴作用是必须的，但迁移过快，消耗的也快，致使流滴剂的作用与薄膜的使用寿命不能同步。

微孔硅酸钙致密繁多的微孔可以吸附流滴剂，拖延其向薄膜表面迁移的时间，从而达到缓释作用，延长流滴剂发挥作用的时间。河南焦作咏春塑胶有限公司的试验表明，在不影响薄膜力学性能，甚至还有所提高的情况下可有效延长流滴剂的作用时间，见表 14。

表 14　　三种聚乙烯薄膜的常规性能及流滴失效时间

样号	保温剂类型	厚度偏差			拉伸性能				裤型撕裂强度		透光率/%	雾度/%	流滴失效时间/小时
		公称厚度/毫米	极限偏差/%	平均偏差	拉伸强度/兆帕		断裂伸长率/%						
					纵向	横向	纵向	横向	纵向	横向			
GB 4455—2006 指标要求		0.080	≤ ±28	≤ ±10	≥ 16.00	≥ 16.00	≥ 300.00	≥ 300.00	≥60（直角撕裂）		≥85	≤35	—
PE/F－0	/	0.080	12.50	－3.13	27.99	22.91	1702.50	1373.75	78.65	91.56	91.1	14.2	0.2
PE/F－1	滑石粉	0.080	11.25	3.44	27.12	26.36	1677.50	1685.00	76.11	98.63	90.2	26.2	36.0
PE/F－2	$CaSiO_3$	0.080	16.25	9.25	30.85	26.33	1806.25	1614.06	86.16	98.21	90.0	21.5	63.0

研究表明，滑石粉可阻隔红外线，加有滑石粉的农膜因滑石粉的存在，在夜间薄膜的红外线阻隔性越好，热量以红外线方式辐射穿过棚膜散失的能力越弱，因而使热量得以保留在塑料大棚内。微孔硅酸钙在成为流滴剂的缓释剂的同时，同样具有与滑石粉类似的红外阻隔作用，成为农用棚膜的保温剂，而且其保温作用比滑石粉还要好，见图 6、图 7、图 8。

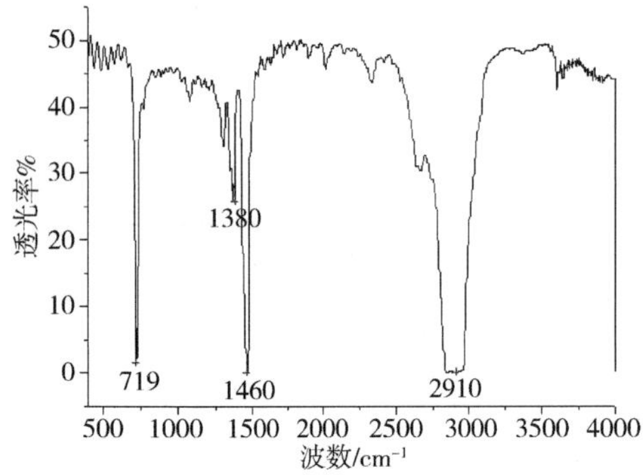

图 6　PE 白膜参比样的 FT－IR 谱图

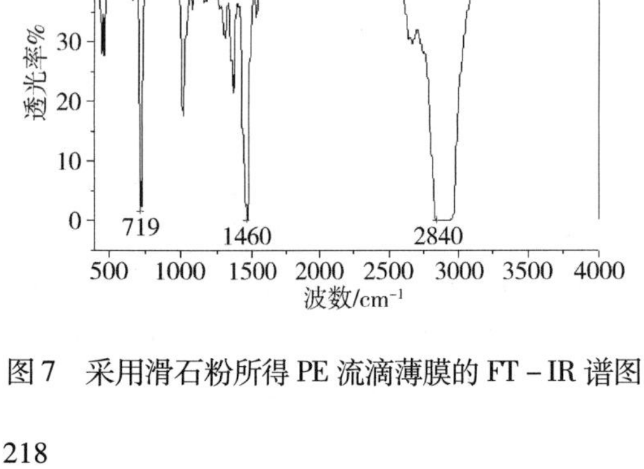

图 7　采用滑石粉所得 PE 流滴薄膜的 FT－IR 谱图

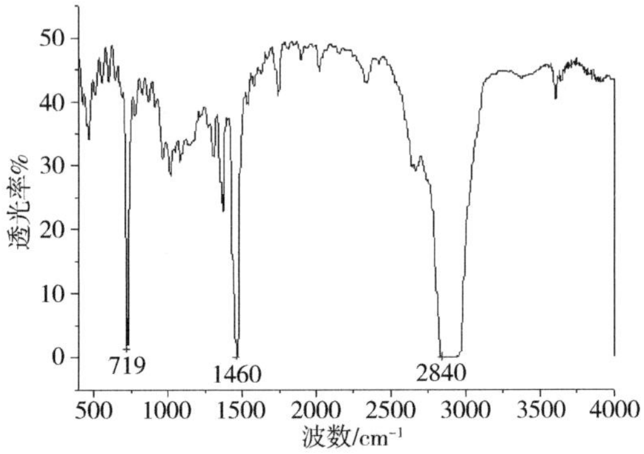

图 8　采用硅酸钙所得 PE 流滴薄膜的 FT－IR 谱图

2. 汽车用低气味回收 PP 改性专用料

利用微孔硅酸钙的吸附性，在用回收 PP 制作汽车用改性专用料中加入适量微孔硅酸钙，再配合适量化学除味，改性专用料的气味等级可达到六级，从而满足汽车行业对气味控制的要求。

PP 回料中的低分子挥发性物质主要由羰基化合物和烃基化合物组成。其中，烃基化合物产生的气味较小，而羰基化合物如醛、酮、酯等具有明显的刺激性气味或令人不能忍受的特殊味道，对材料气味影响最大。PP 回料生产过程中残留的低分子物、催化剂以及改性加工过程中添加的各种助剂，如矿物填料、玻璃纤维、相容剂、抗氧剂等都可能导致出现异味。此外，加工过程中的高温、高剪切也会增加低分子易挥发物的含量。

目前，去除 PP 回料气味的方法除了原材料控制，主要有脱挥和吸附，其中后者是利用吸附剂与熔融状态下的复合材料混合，在基体中捕获并吸附一些小分子挥发物来达到降低材料易挥发物和异味散发的目的。对易挥发物和异味的束缚包括化学反应作用和物理吸附作用，前者是指在配方中加入能和挥发性小分子反应的添加剂，通过其与小分子反应生成分子量较大，不再易挥发物质。物理吸附理论上讲，是利用吸附剂表面大量的孔洞，对产生气味或易挥发的小分子以物理力进行吸附束缚。目前，研究较多的物理吸附剂有活性炭、多孔氧化铝、硅藻土、分子筛、沸石、黏土矿物等。

按表15所示配方分别称取各组分，混合均匀后，在195～220℃条件下利用双螺杆挤出机挤出造粒并注塑成型，制成标准试样。气味评价标准见表16。

表15　低气味车用PP改性专用料配方（质量份）

组分	PP0	PP1	PP2	PP3	PP4	PP5	PP6	PP7	PP8	PP9
PP回料	73.5	72.5	72	71.5	70.5	69.5	72	71.5	69.5	71.5
滑石粉	16	16	16	16	16	16	16	16	16	16
弹性体	10	10	10	10	10	10	10	10	10	10
抗氧剂	0.3	0.3	0.3	0.3	0.3	0.3	0.3	0.3	0.3	0.3
润滑剂	0.2	0.2	0.2	0.2	0.2	0.2	0.2	0.2	0.2	0.2
XL－CW103	0	1	1.5	1	1	1	0	0	0	0
XL－CW105	0	0	0	0	0	0	0.5	1	1	0
XL－CW106	0	0	0	0	0	0	0	0	0	1
微孔硅酸钙	0	0	0	1	2	3	1	1	3	1

表16　气味（降VOCS除异味）评判标准

等级	说明	细化说明
10	无气味	感觉不到气味的存在，无气味
9	有点明显气味	勉强感觉到有气味而很难辨别出气味的种类
8	明显气味	可感知气味的存在，且略微舒适
7	轻微忍受	可明显感知到气味，不刺激
6	可以忍受	可明显感知到气味，轻微刺激
5	有点不能忍受	可明显感知到气味，存在中等刺激性
4	反感	明显难闻的气味，厌恶感稍弱
3	厌恶	强烈的刺激性气味，厌恶
2	非常厌恶	强烈的刺激性气味，非常厌恶
1	无法忍受	感到呼吸困难，无法忍受

（1）微孔硅酸钙和化学除味剂复配使用，具有较全面的除味功能，可以大幅改善车用PP改性专用料的气味等级；添加1.5%硅酸钙改良的XL－CW103除味剂，或将XL－CW103、XL－CW105与微孔硅酸钙合理复配，均能将改性专用料的气味等级从添加前的3级提升到6级；

（2）微孔硅酸钙和化学除味剂添加前后，材料的力学性能除断裂伸长率有一定程度下降外，基本没有大的变化，某种条件下材料的缺口冲击性能还略有提升；

（3）当添加1% XL－CW105除味剂，并复配等量微孔硅酸钙时，材料的气味等级达到6级，且缺口冲击强度略有提升，综合性能最佳。

微孔硅酸钙和除味剂对PP改性专用料气味和力学性能的影响，见表17。

表 17　微孔硅酸钙和除味剂对 PP 改性专用料气味和力学性能的影响

项目	PP0	PP1	PP2	PP3	PP4	PP5	PP6	PP7	PP8	PP9
熔体流动速率/（克/10 分钟）	20	20	19	17	17	16	21	22	20	22
拉伸强度/兆帕	16.8	18.4	17	17.2	18.4	18.2	16.9	16.9	17.1	16.4
断裂伸长率/%	60.4	54.5	32.6	26.8	30.5	32.6	31.2	25.8	39.8	35.8
弯曲强度/兆帕	26.3	26.7	26.5	26.7	27.1	27.3	25.4	25.4	26	26.1
弯曲模量/兆帕	1387	1412	1390	1404	1443	1433	1364	1366	1397	1448
缺口冲击强度/（千焦/米^2）	8.6	7.7	7.7	7.9	7.6	7.8	9.6	11	8.9	8.7
洛氏硬度/R	66	71	64	69	67	72	62	57	65	66
灰份/%	17	17	17	17.5	19	20	17.5	17.5	19.5	18
密度/（克/厘米^3）	1.017	1.022	1.024	1.027	1.038	1.037	1.027	1.033	1.045	1.046
气味等级	3	4	6	4	5	6	4	6	6	5

3. 无水硫酸钙（湘钙粉）在填充塑料中的应用

（1）透明 PE 薄膜

湖南常德湘福新型材料有限公司推出一种新型粉体材料——无水硫酸钙（商品名：湘钙粉）。经检测无有害成分，可广泛应用于塑料填充改性（表 18）。

表 18　不同填料填充 LDPE（607）15%的吹塑薄膜性能

膜原料		膜厚/毫米	纵向拉伸强度/兆帕	纵向断裂伸长率/%	透光率/%	雾度/%
LDPE607（纯）		0.029	13.5	487	91.3	16.7
填料：LDPE607 =15∶85	硫酸钙	0.017	12.1	458	92.3	43.0
	滑石粉	0.020	12.7	459	93.7	59.5
	沉淀硫酸钡	0.020	13.1	466	92.3	19.9

主要技术指标：

颜色：特级粉为白色，白度 92%以上

密度：2.8 克/厘米^{3}左右

布氏硬度：3.0 左右

熔点：1450℃

研究结果表明：

1）无水硫酸钙（湘钙粉）用于聚乙烯塑料薄膜，在材料力学性能良好的情况下，可较好保持 PE 膜的透光性。

2）湘钙粉成分稳定，而滑石粉因共生矿物复杂，能够保持 PE 膜透光性的滑石粉采购时很难界定。

3）沉淀硫酸钡填充 PE 膜的透光性更优一些，主要是因为其密度大，当填充量相同时（15%），沉淀硫酸钡的总体积要大大少于湘钙粉和滑石粉，亦即在 PE 膜中 PE 树脂更多；另外一方面沉淀硫酸钡是经化学过程制成的，其粒度要比湘钙粉和滑石粉小得多，当分散良好时，其力学性能更好一些。

4）湘钙粉不易吸潮泛白，这一点优于同样是硫酸盐的元明粉。

5）湘钙粉制在的 PE 透明膜用母粒价格与滑石粉相当，但大大低于沉淀硫酸钡母料。

（2）PE 双壁波纹管

不同填料制成母料加入到聚乙烯树脂中制成的双壁波纹管，湘钙粉的使用效果与滑石粉相近，但明显优于碳酸钙的使用效果，见表 19。

表 19　　使用不同填料的聚乙烯双壁波纹管物理力学性能

填料种类	管材物理力学性能			
	环刚度（KN/m^2）	落锤冲击（0℃）	环柔性	烘箱试验
湘钙粉	5.46	10 次无破裂	试样圆滑，无反向弯曲，无破裂，两壁无脱开	无气泡、无分层，无开裂
滑石粉	6.22	16 次，破裂 4 次，TIR > 10%	试样圆滑，无反向弯曲，无破裂，两壁无脱开	无气泡、无分层，无开裂
碳酸钙	1.27	10 次，全破裂	试样圆滑，无反向弯曲，无破裂，两壁无脱开	分层

（3）PE 快餐盒

食品快餐盒的种类很多，其中加入碳酸钙的聚丙烯片材吸塑成型是价格低廉的一种，多年来受到制约的原因是做卫生要求检验时，乙酸溶液蒸发残渣不达标（要求≤30 毫克/升），是因为添加的碳酸钙易溶于测试用液体——60℃的 4% 乙酸溶液，如果用湘钙粉代替碳酸钙，由于其无毒、无害、无味，且不溶于乙酸这样的弱酸，达到卫生要求是完全没有问题的。湘钙粉颗粒为板状或棒状，可具有与碳酸钙一样的成型加工（制成片材再吸塑成型）流动性。

4. 黑滑石的特性及在塑料中的应用（表 20 ~ 表 22）

表 20　　三种滑石粉的化学组成（以氧化物计）　　单位:%

滑石粉种类	SiO_2	Al_2O_3	CaO	MgO	Fe_2O_3	烧失量
白滑石粉	54	0.1	1.0	31	0.2	11
黑滑石粉 I	47	10	2.5	27	1.5	11
黑滑石粉 II	31	18	1.2	33	2.8	12

表 21　　三种滑石粉制成的母料的熔体流动速率

滑石粉种类	母料密度/（克/厘米^3）	母料熔体流动速率/（克/10 分钟）		
		190℃ 2.16kg	190℃ 5kg	190℃ 21.6kg
白滑石粉	1.855	0	0	139
黑滑石粉 I	1.675	0	0.40	329
黑滑石粉 II	1.799	0.68	14.2	394
纯树脂 HDPE 2480	0.943	0.065	0.384	10.60

注：滑石粉母料为张家界恒亮新材料公司制作。

表 22　　三种滑石粉制成的母料与 HDPE 2480 混合制样样条的物理力学性能

滑石粉种类	母料：HDPE	密度（克/厘米^3）	力学性能				维卡耐热/℃
			拉伸强度/兆帕	断裂伸长率/%	弯曲模量/兆帕	缺口冲击强度/（千焦/米^2）	
白滑石粉	20：80	1.082	22.05	115	565	12.63	123
	30：70	1.162	22.33	98	845	10.56	122.5

续表

滑石粉种类	母料：HDPE	密度（克/厘米³）	力学性能				维卡耐热/℃
			拉伸强度/兆帕	断裂伸长率/%	弯曲模量/兆帕	缺口冲击强度/（千焦/米²）	
黑滑石粉Ⅰ	20：80	1.063	20.49	104	733	11.44	122.3
	30：70	1.128	19.47	106	789	12.06	120.3
黑滑石粉Ⅱ	20：80	1.059	20.36	118	593	13.19	121.4
	30：70	1.120	19.87	105	845	12.88	121.1
纯树脂 HDPE 2480		0.943	20.66	117	565	19.69	124

注：检测数据由武汉凌辉高分子材料有限公司提供。

从测试结果可以得出如下结论：

（1）用同样配方制成的三种滑石粉母料在190℃、2.16千克负荷时，其熔体流动速率只有铝含量高的滑石粉能测出数值，而且在其他负荷（5千克和2.16千克）下，比其他两种都明显的高。由此推定，铝含量高的滑石粉在实际应用时有较好的加工流动性。

（2）无论铝高的还是铝低的，在同样条件下都可以显著提高聚乙烯塑料的弯曲模量，其提高弯曲模量的作用相似。

（3）两种配比（母料：聚乙烯）的测试数据表明：白滑石粉的填充效果其拉伸强度更好一些，但其他两种也还可以。

（4）从冲击强度看，两种黑滑石粉的测试数据比白滑石粉更好一些，这符合强度高韧性则差，强度低韧性则好的规律。

（5）维卡温度的数据表明，三种滑石粉对填充塑料耐热性的影响大致相同。

（6）从滑石粉母料的密度上看，两种黑滑石粉的相对更小一些，它们在同样比例填充时，其填充塑料的密度也更小一些，这对用户是十分有利的

莱州产的黑滑石粉在聚丙烯塑料中的增刚效果与白滑石粉相似，不同添加份数时的注塑样条性能见表23。

表23　黑、白两种滑石粉填充聚丙烯塑料的物理力学性能

性能/物料		拉伸强度/兆帕	弯曲强度/兆帕	冲击强度（23℃、缺口）/（千焦/米²）	低温冲击强度（-30℃、3小时、缺口）/（千焦/米²）	维卡/℃	密度/（克/厘米³）	熔体流动速率/（克/10分钟）
纯PP		32.0	30.2	40.3	10.1	73.0	0.91	1.87
PP：滑石粉（千克）黑/白	100：6	30.94/30.95	30.63/31.03	21.75/23.15	8.31/8.24	73.1/73.4	0.957/0.964	2.03/2.36
	100：12	30.71/32.21	30.33/32.21	18.53/19.55	7.76/7.83	73.8/72.9	0.978/0.987	2.02/2.43
	100：20	30.66/30.38	29.55/32.45	15.40/19.0	6.88/6.95	73.0/73.3	1.031/1.028	2.01/2.48
	100：28	28.08/29.26	30.21/30.35	13.27/15.65	4.79/5.83	73.8/74.1	1.045/1.043	1.90/2.02

注：测试数据由涿州市翔达塑胶有限公司提供。

黑滑石已批量应用到对制品色泽要求不高的塑料制品中。潍坊玉塑管业有限公司在黑色HDPE双壁波纹管中使用不同产地的白滑石粉和黑滑石粉作为管材增强环刚度的改性材料，取得良好效果，见表24、表25。

表 24　　不同滑石粉填充 HDPE 双壁波纹管的性能

管材编号	添加母料		熔体流动速率（克/10 分钟）（190℃，5 千克）	管材米重/（千克/米）	管材环刚度/（千牛/米^2）
	种类	密度/（克/厘米^3）			
G01	MH01	1.67	0.15	1.9	9.45
G02	MH02	1.62	21.1	1.9	8.67
G06	MH06	1.51	5.0	1.75	8.00
G08	MH08	1.50	3.0	1.7	8.00

表 25　　四种滑石粉的产地和技术性能指标

对应母料型号	滑石粉产地	颜色	以氧化物计矿物组成/%					烧失率/%
			SiO_2	Al_2O_3	CaO	MgO	Fe_2O_3	
MH01	辽宁海城	白	53.93	2.13	1.22	26.72	0.97	7.13
MH02	辽宁海城	白、泛绿	40.36	30.32	1.43	17.04	2.49	9.69
MH06	浙江江山	黑	54.15	0.13	3.62	25.29	0.06	10.76
MH08	山东莱州	灰	36.80	20.95	1.91	23.96	2.17	11.42

（1）滑石粉颗粒所具有的片状结构是滑石作为塑料增加刚性（模量）的依据，但判断一种粉体材料是否具有提高塑料材料刚性（模量）的作用，不能再用 SiO_2 含量高低作为唯一判断的指标了。黑滑石的 SiO_2 含量仅 30% ~40%，但由于其颗粒同样具有片状特征，仍然能够显著提高塑料的刚性（模量）。

（2）Al_2O_3 含量高的滑石粉制成的母料具有比白滑石粉更好的加工流动性，同样也对塑料制品成型加工的性能有益。加工流动性好可以达到生产速度快、节能、制品外观好的效果。

（3）黑滑石资源丰富，价格低廉（目前市场价格仅为同样粒度白滑石的几分之一），经济效益显著。

（4）黑滑石的类别很多，还有很多潜在的优点尚待进一步挖掘。如江西广丰产的黑滑石含有相当浓度的游离碳（在 1250℃ 下煅烧即可将黑滑石粉转化为白度高达 96% 以上的白滑石粉），如果不经煅烧直接磨成粉应用，相当于把游离碳直接带入到塑料制品和材料中，这对需要耐光老化的塑料制品无疑是十分有益的。

（三）智能化

1. 粉体表面活化设备高效、节能

HW 系列粉体表面活化机组：

发明专利 ZL. 2014 1 0585 370.6

实用新型 ZL. 2014 2 0628185.6、ZL. 2014 2 0628913.3

①无重力原理　高活化率；

②效率高　加热直接迅速；

③消耗低；

④环保：密闭操作、粉尘少；

⑤自动化程度高；

⑥活化不受物料粒度影响。

该机组的无重力混合机活化中心如图 9、图 10 所示。

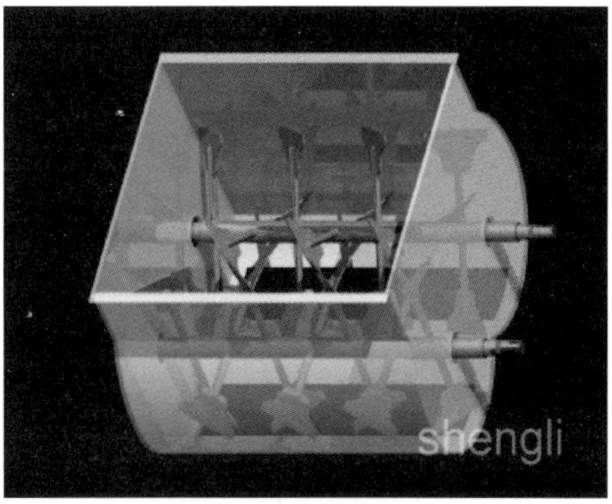

图 9　HW 活化机组的无重力混合机活化中心示意图

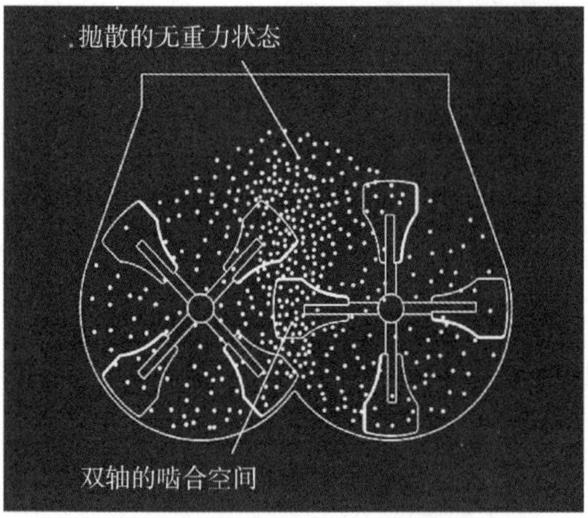

图 10　失重混合改性工作原理图

2. 粉体填充塑料实现无粉尘清洁生产

密闭无粉尘改性塑料粉体表面处理及输送生产线见图 11。

3）计量配料装置

塑料改性都要涉及不同成分以适当比例按设定程序加入到混合设备中，这些成份呈不同形态，有的是颗粒或粉末，有的是液体，其密度和流动黏度也存在很大差异。实现配料自动化，提高效率、节省人力、保证计量准确和操作稳定，就需要成熟可靠的计量喂料设备。

无锡灵鸽机械科技股份有限公司研制生产的 H 型和 R 型失重式喂料机以及液体失重式喂料机、振动失重式喂料机和体积式喂料机可以适合各种形态物料计量喂料，可单独使用，也可组合使用。对于流动性差的粉末状、纤维状、片状物料，可以使用双螺杆体积式喂料机。

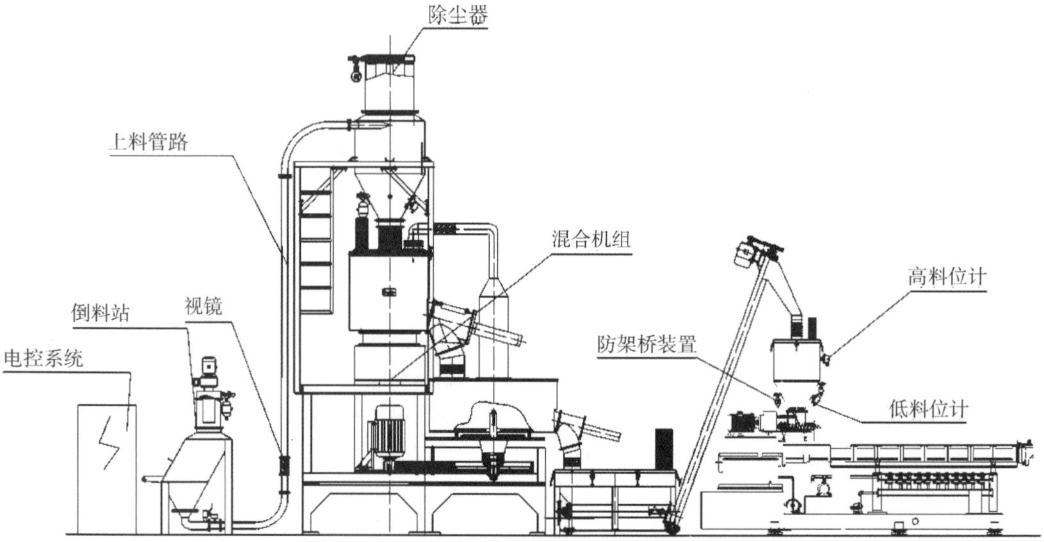

图 11　密闭无粉尘改性塑料粉体表面处理及输送生产线

雄关漫道真如铁，而今迈步从头越。无机非金属粉体行业和改性塑料行业这两个互相依托的上下游行业要进一步明确发展方向、通力合作，持续发展，实现共赢。

无机非金属粉体行业为塑料行业，特别是直接为改性塑料行业提供了多品种的、大量的质优价廉的原料，为改性塑料行业的繁荣做出了重大贡献，同时众多无机非金属粉体加工企业伴随着改革开放的脚步，依托资源的优势迅速成长起来，该行业成为许多地区的支柱产业，企业成为全国知名的骨干企业。但是必须清醒地认识到天然资源不管储量多么丰富，终究是不可再生的。当前国家经济进入新常态历史时期，强调建设资源节约型、环境友好型社会，珍惜自然资源、提高资源利用率，实现资源效益最大化是我们每个企业及整个无机非金属粉体行业不可推卸的历史责任。很多企业已经认识到靠资源只有温饱，靠低档初级产品只能成为经济发达地区的原料供应基地，要想求得跨越式发展，建立新的经济增长点，必须在加快资源整合、加强行业管理、实现资源高效利用的同时全力向深加工、高值化进军。塑料加工业最大的优势就是投资少、见效快、产品灵活多样，而且可以吸纳当地大量劳动力就业，带动一批小企业或个体企业从事填充塑料制品及材料的制造，为全面实现小康社会做出贡献。

在无机非金属粉体用于塑料改性的发展道路上，改性塑料行业也已取得重大的成绩，首先得益于无机非金属粉体行业的支持，同时也是和广大从业人员艰辛努力分不开的。改性塑料技术进步也对无机非金属粉体行业提出越来越苛刻的要求，特别是在加工技术和应用领域的自主创新方面，急需两个行业更加紧密联系、相互了解，共同努力，实现共赢。

（中国塑协改性塑料专业委员会　刘英俊教授级高工）

负压牵引挤出中空吹塑成型汽车风管工艺的研究

【摘要】负压牵引吹塑成型汽车塑料风管工艺的应用对于生产塑料风管来说，有许多的优势，它的壁厚相对均匀，吹塑过程中形成飞边少，设备与模具投资相对较少，对许多不同形状的汽车塑料风管生产具有独特的优势，这种吹塑成型工艺值得进行深入研究。

【关键词】负压牵引，吹塑成型，汽车塑料风管，无飞边吹塑。

前言

随着汽车工业对复杂、曲折的输送管道制件的需求，推动了偏轴挤出吹塑技术的开发，这种技术称为3D吹塑或三维吹塑成型（也有的国家叫多维挤出吹塑MES）。由于利用三维吹塑在加工过程中产生的废边大为减少，甚至没有废边产生，所以也称为少废料或无飞边吹塑。

三维（3D）挤吹中空塑料的比较常用的一种成型方法是，塑料型坯被挤出后，被预吹涨并贴紧在一边模具壁上，挤出头或模具按成形编制的程序进行2轴或3轴的转动，当类似肠形的型坯充满模腔时，另一边模具闭合并包紧型坯，使之与后续的型坯分离，这时整个型坯被吹胀并贴紧在模腔的壁上成型。用这种方式生产类似汽车上的空气导管或输油管，不但飞边少，而且制品上无合模线并可顺序挤出，使很多复杂形状的制件很容易地用三维吹塑成型法来加工成型。

第二种成型方法主要是采用了可以顺序开合模，负压牵引吹塑成型工艺。它是将模具的上下端做成可以单独开合模的滑动块，生产时先合模，管状型坯受到负压空气的吸引在模具内部沿着内腔的曲线移动，型坯到位后，模具上下的滑块闭合并且吹塑成型；这种成型方法比较适合管道外形比较规则制品成型。

第三种成型方法主要是采用机器人或是机械手夹持塑料型坯并且附在模具中，吹气使之成型，也可以实现三维吹塑成型。

若用常规的吹塑生产工艺生产弯曲类管件，由于型坯的平折宽度远远大于制品的投影宽度，因此会产生大量的废边（有些高达50%以上），且夹坯缝较长，不仅影响外观，而且影响制品的强度；本文则专门介绍负压牵引吹塑成型工艺。

一、负压牵引吹塑成型工艺成型原理

三维负压牵引吹塑成型工艺方法也可以称为吸入式吹塑成型方法，其工作原理是型坯直接从型坯模头的口模中传送（在大多数情况下是储料缸式模头）进入闭合的吹塑模具内，然后通过吹塑模具中的“负压”气流引导通过。这种气流也防止了型坯同模具的过早接触。一旦型坯底部露出吹塑模具，型坯就被上下两个夹紧组件夹紧封闭，接着吹涨和冷却过程开始启动。负压牵引吹塑成型工艺方法一般来说只需要相对简单和价格较低的吹塑模具。其工作原理如图1所示。

采用负压牵引吹塑成型的工艺方法时，塑料型坯被吸附在闭合的吹塑模具内，同时需要型坯的射出和在模具内部形成负压；吹塑模具由主要部件和水平滑动的弧形型芯块组成。此加工过程可以分为以下几个步骤：

（1）吹塑模具闭合，

（2）负压抽空装置（负压装置）是底部的弧形零件，一旦模具闭合就准备开始工作，

（3）型坯射出时型坏时，型坯中心常通气；正常通至模具进口时，负压牵引装置就要开始工作；

（4）采用压缩空气预吹胀塑料型坯；

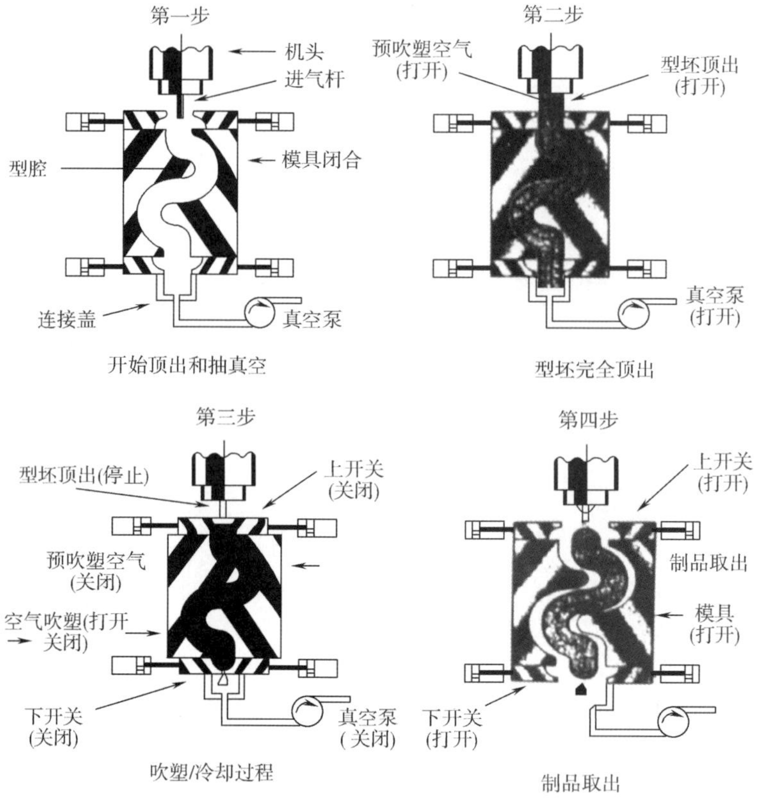

图1　负压牵引吹塑成型工艺方法原理图

（5）当挤出的型坯达到需要的长度时，射出和抽真空（形成负压牵引）过程自动停止，同时，滑动弧形块闭合；

（6）用吹气杆或吹针吹胀制品；

（7）当冷却时间结束时，模具打开取出制品。

负压牵引吹塑成型工艺方法能生产出少飞边的三维弯曲制品，与其他二种三维吹塑成型加工过程相比，它具有以下特点：

（1）设备和模具的投资相对较少，可缩短生产运行周期；

（2）生产工艺简单，操作方便；

（3）当模具在循环期间闭合时，模具对塑料型坯没有挤压力产生；

（4）模具中的气流防止了型坯和模具表面的过早接触，成型的制品表面质量好；

（5）可以加工较低熔体强度的材料，例如尼龙等塑料；

（6）这种加工过程也适应于连续顺序共挤。

一种负压牵引吹塑成型的设备与模具，见图2、图3。

负压牵引吹塑成型制品见图4。

图2　一种负压牵引吹塑成型的设备与模具

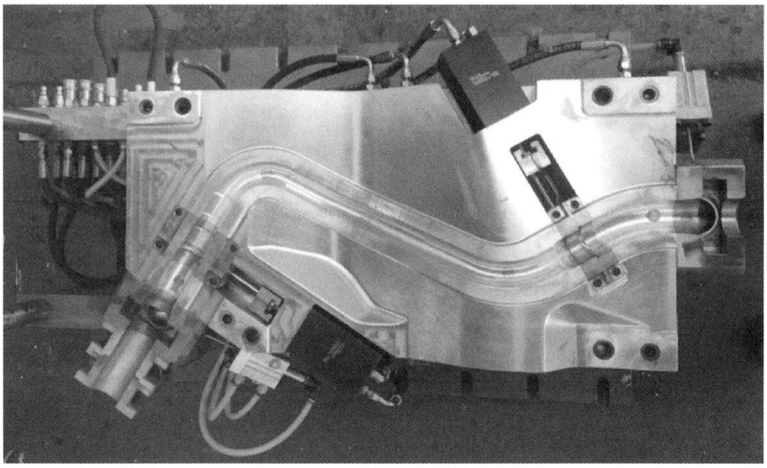

图 3　一种负压牵引吹塑成型的模具

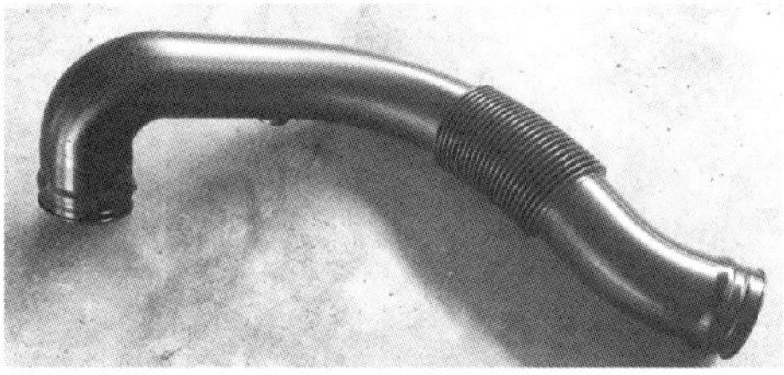

(a)

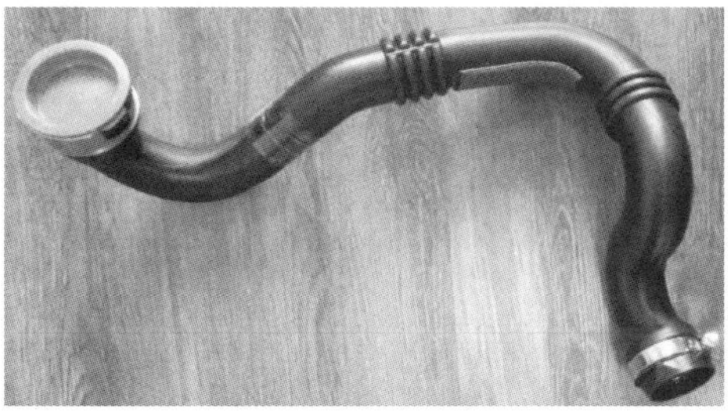

(b)

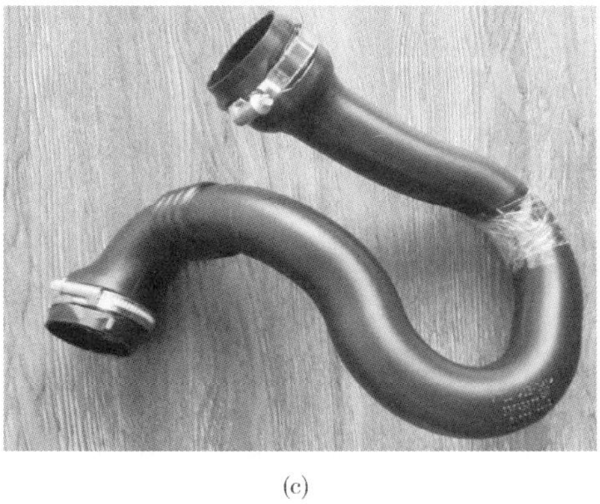

(c)

图 4　负压牵引吹塑成型塑料管道

二、负压牵引吹塑成型工艺的设备特点

苏州同大机械有限公司经过多年的研发，已经有多种机型可以适应于不同的汽车用塑料风管的负压牵引吹塑成型的生产，包括顺序挤出的软—硬—软不同塑料材质风管的吹塑成型均能够满足生产要求，客户可以根据自己的产品特点选择专用或者是通用的吹塑机生产。选择机型时建议进行充分的技术交流，以满足不同种类风管的生产要求。

一般来说，汽车用塑料风管的材质不尽相同，有的采用 TPE，有的采用 TPV，有的采用改性 PP 等各种不同的工程塑料。由于所采用的塑料材质不同，吹塑机的挤出机与机头会有一些不同的差异，通常专机专用对于稳定产品质量会有较好的效果，因为这些工程塑料通常价格很高，调整工艺要求十分严格，一旦工艺控制不好或者是调试时误差较大，容易造成大量的废品或者是次品，直接影响设备的收益从而增大制品厂家成本开支。通常来说，工程塑料的吹塑工艺控制要求加工温度更为精准，温度控制精度一般应该在正负 1°C 以内，对挤出塑化系统的要求也是更为严格，同时负压系统的设计也是需要加以充分的重视。

三、负压牵引吹塑成型工艺的注意事项：

（1）负压牵引吹塑成型工艺与普通的吹塑工艺还是有许多不同的地方，它除了具有中空吹塑成型工艺的主要特点以外，还有一些独特的地方，首先是吹塑模具的不同，必须保障模具型腔周边的贴合面不漏气。此外模具的上下均有活动块，与主体模具的配合处精度要求较高，而且也是不能漏气，对于多数汽车用塑料弯管来说，肯定会需要提高模具的加工精度与难度，而且模具的加工费用肯定会提高。这种负压牵引吹塑成型模具，由于这种工艺方法在国内不是很普及，不是任何一个模具厂家可以进行设计和制造的，必须要有相当的技术经验积累与不断提高才行。所以对于特别是首次开始这项工作的人员来说，建议对这种工艺进行多方了解，应该对这种工艺有足够的认识，以免在项目的投资中反复多次，造成一些不必要的资金浪费。

（2）汽车用塑料弯管根据它的使用情况不同，采用的塑料原料也是不同，每种工程塑料具有各自的特性，加工工艺与成型条件有较大的差异，值得引起足够的重视与注意。

（3）负压系统的选择也是至关重要，流量太小则造成负压牵引不畅，流量过大则造成能量与投资的浪费，需要根据所吹塑的制品进行选择。一般负压系统既可选择真空泵，也可以选择旋涡气泵，从使用情况来看，旋涡气泵可以满足使用要求，采用旋涡气泵负压系统投资相对较少一些。

（4）负压牵引吹塑成型工艺对塑料型胚的位置定位较为严格，一般可采用安装红外线测量装置进行精准定位，即可达到使用要求。此外，模具温度控制，侧吹针的孔径，角度，侧吹针表面粗糙度都是需要注意的事项。

四、结束语

采用负压牵引吹塑成型工艺生产汽车用塑料风管国内挤出中空吹塑成型机研发企业已经研究多年，苏州同大机械有限公司已经研制了多种型号，使用不同塑料材质的专用吹塑机组，完全可以替代相关进口设备，随着技术研究的继续深入，将有更多这类机型出现，可满足各种不同塑料风管生产的需要。

（苏州同大机械有限公司　肖宇韬　徐彦飞　邱建成）

食品包装用涂布薄膜的现状及发展趋势

【摘要】介绍食品包装薄膜的现状及趋势。根据涂布薄膜的结构分别对涂布底胶、面料进行介绍。根据涂布面料的不同，分别对 PVOH 涂布膜、AC 涂布膜、PVDC 涂布膜进行了介绍，分别阐述了其现状及发展趋势。

【关键词】包装　涂布　薄膜

食品包装是食品商品中不可或缺的一部分，是其重要的组成部分。从工厂出厂到消费者手中，食品包装保护食品免受各种生物的、物理的、化学的损害，它也有保持食品质量的功能。因此，食品包装制程也是食品制造系统工程的不可分的部分。食品包装可按包装材料分为金属、玻璃、纸质、塑料、复合材料等。而涂布薄膜就是塑料食品包装中重要的组成部分。

一、涂布薄膜

涂布薄膜是通过在薄膜基材的表面涂布一层功能性涂层以赋予原基材薄膜不具有或者较差的新功能如阻隔性能、热封性能、较好的印刷性能等。市场上透明阻隔食品包装膜最普遍是使用涂布膜来实现，尤其是轻量食品包装市场如饼干、巧克力、奶酪等包装，全球的容量已经达到 20 万吨，且存在一直增长的趋势。目前在国际市场上占有市场份额大的生产企业有：美国 EXMobil（其涂布膜业务已被印度 Jindal Poly 公司收购），英国 Innovia、美国 Terphone、德国 Treofan、印尼 Sentosa，以及中国赛诺等。

涂布薄膜主要可分为基材薄膜层、底胶层、涂料层 3 部分。基材薄膜主要为涂布薄膜提供力学性能及光学性能。底胶层主要为了提供粘合力的作用，使基材薄膜能与涂料层良好的粘合在一起，从而不使其在使用过程中出现脱涂层现象。涂料层主要提供一些优良的新功能，如印刷性能，阻隔性能、热封性能等。其中，基材薄膜有许多种，主要为 BOPP、BOPET、BOPA、CPP、CPE；底胶层常用的为聚氨酯胶黏剂；涂料层主要为聚乙烯醇涂料（PVOH）、丙烯酸乳液、聚偏二氯乙烯乳液（PVDC）。

二、涂布薄膜底胶层

涂布薄膜用的底胶层一般为聚氨酯经干燥后形成的。聚氨酯是分子链中含有氨酯基或异氰酸酯基类的胶黏剂。由于性能优越，被广泛应用与各行业。聚氨酯作为底胶层有着许多特性。

1. 粘合强度高

由于分子链中含有—NCO，可以和多种活泼氢的官能团反应，具有较强的黏附性能。可以保证基材层与涂料层间的黏附力，使其在使用过程中不产生脱落现象。

2. 使用方便

聚氨酯作为底胶层既可加热固化，也可在室温下固化。

3. 耐低温性能好

聚氨酯在很低的温度下仍能保持较高的剥离强度。目前，涂布薄膜底胶比较成熟的技术为双组分的溶解型底胶。由于其附着力良好，一直广泛使用。溶剂型聚氨酯底涂工艺由于涉及溶剂的使用，一方面对环境造成污染，同时对操作工人的身体健康也有影响，因此其具有较大的缺陷。随着绿色环保主题的贯彻，开发生产水性聚氨酯的呼声越来越高。目前，水性聚氨酯的应用于涂布薄膜上受制于两个方面：第一，水性聚氨酯使用的成本较高，和溶剂型聚氨酯相比，使用水性聚氨酯成本相对较高，一个为水性聚氨酯的生产成本高，另一个水性聚氨酯由于溶剂为水，涂布时烘干的能耗也较高，从而导致整体成本较高；第二，水性聚氨酯的生产技术相对不够成熟，使用水性聚氨酯为底胶的涂布薄膜经复合后，剥离强度较之使用的溶剂型聚氨酯的低，故有的产品达不到使用的要求，容易造成基材与涂料层间产生脱涂层的现象，并且使用水性聚氨酯的产品暴露在空气中时，其剥离强度会随着时间的变化有所降低。目前来看，未来涂布薄膜的底胶的开发方向为水性聚氨酯以及其他水性底胶，开发价格较低并且附着力良好的水性聚氨酯其他水性底胶是未来几年急需解决的问题，并将其应用于涂布薄膜上，将推动涂布薄膜产业向绿色环保方向继续前进。

三、涂布薄膜分类

食品包装用涂布薄膜根据涂料层的不同可将涂布薄膜分为 PVOH 涂布膜、丙烯酸涂布膜、PVDC 涂布膜。根据涂布面的不同可分为单面涂布和双面涂布。

1. PVOH 涂布膜

聚乙烯醇（PVOH）是一种含有大量羟基的聚合物，由于其侧基—H 和—OH 的体积较小，可进入结晶点中而不造成应力，故有高度结晶性，使 PVOH 的透气性很小。同时由于—OH 的存在，使 PVOH 有很高的吸水性。干态下的 PVOH 产品具有优良的阻氧性能，阻隔性优于 PVDC，但是由于具有众多的亲水性羟基存在，能与水形成氢键产生缔合，使产品性能发生变化，在相对湿度达到 50% 的时候，聚乙烯醇失去其阻隔性能，基本无法使用。针对 PVOH 的不耐湿的缺点，目前的技术为对 PVOH 进行化学改性，增强其耐湿性能，如国内的海南赛诺公司对其进行耐水性的改性，使用改性剂对 PVOH 中的部分羟基进行交联和封闭，减少其对水的亲和性，制得的改性 PVOH 涂布膜在水中不溶胀、不脱落，并且在高湿度的环境下仍具有很好的阻氧性能。目前对于 PVOH 涂布膜的涂布方式还是先涂布一层聚氨酯底胶层，然后再涂布 PVOH 涂料层，由于其使用的为溶剂型底胶，对环境和员工的身体健康都有一个的损害，在积极研发水性聚氨酯的同时，国内的厂商也在 PVOH 涂料上进行改性以减少对溶解型聚氨酯的使用。赛诺实业通过多年的积累，对 PVOH 进行改性，成功的研发出了一种自黏性的 PVOH 涂料，其原理为使用改性剂不仅能够屏蔽羟基作用，而且能够与基材薄膜结合，产生较强的附着力，在不破坏阻隔性能的条件下，极大地增强了其对基材薄膜的附着力。该涂料在生产涂布薄膜时，不用预涂一层聚氨酯底胶层，而是直接涂布自黏性 PVOH 涂料，涂料与基材薄膜能够很好地结合在一起，而不产生脱落，经复合后，其剥离强度可达 2.0 牛/15 毫米。使用自黏性 PVOH 生产涂布膜时，不仅不用使用溶剂型聚氨酯底胶，减少了对环境和员工身体的损害，而且省去了底涂的工序，优化的涂布工艺，节约了生产成本。

虽然现阶段对于 PVOH 涂布膜的研发取得了较大的进步，但是仍存在一些问题有待解决。目前，涂布 PVOH 涂料的固含量在 6% 左右，其有着 94% 的水分存在，在涂布时，需要烘干蒸发掉其中的水分，消耗的能量非常大，并且在烘干的过程中有时会因为干燥不良而导致一些质量问题，使成品率降低。所以，为了降低能耗、提高成品率，唯一的办法就是增大 PVOH 的固含量，然而，随着固含量的增大，涂料又出现了保质期及阻隔性能等其他问题。未来，高固含量的 PVOH 的开发是个发展方向，在增大其固含量的同时，能够保证其涂布质量及阻隔性能，有望进一步提高 PVOH 涂布膜的技术，使其更上一个台阶。

2. PVDC 涂布膜

聚偏二氯乙烯，通常简称为 PVDC。初期的 PVDC 加工技术仅应用于军品的防潮包装，20 世纪 50 年代推向民用，在国外已有悠久地应用历史。我国由于受到技术封锁等原因，直至80年代才开始对PVDC进行研究与开发，90年代，我国引进PVDC乳液涂布设备与涂布技术，近年来，PVDC涂布膜在我国得到了较大的发展。PVDC涂布薄膜俗称K膜，在基材薄膜上，经涂布PVDC底涂胶乳或聚氨酯底涂胶水、PVDC面涂胶乳进行干燥后成膜，续经固化使薄膜涂层达到良好的致密结晶而得到的成品膜。

PVDC由于其具有如下分子结构的独特性，使其具有优良的阻隔性能：

（1）相对分子质量大、材料密度高因而具有较好的阻隔性能和化学惰性；

（2）链节密实紧凑、小基团链节排列紧凑：分子的排有序、分子规整，所以分子易结晶程度，结晶高聚物的致密性远远大于非结晶聚物；

（3）空间位阻小，分子链间距小，使得材料密实而具有高阻隔性能。

PVDC涂布薄膜的特点体现在它具有极佳的抗渗性，即对氧气、水蒸气、香味等具有很低的渗透性，同时也防水、防油、防油脂、防化学品性包括某些溶剂。产品具有优异的阻隔性能，常被应用于一些芳香及含油脂的食品包装，可大大延长食品的保鲜、保香时间。PVDC涂布薄膜是一种性能优异的“绿色”塑料包装材料。PVDC是当今世界上塑料包装中综合阻隔性能最好的一种包装材料，它既不同于聚乙烯醇随着吸湿增加而使阻气性急剧下降，也不同于尼龙膜由于吸水性使阻湿性能变差，而是一种阻湿、阻气皆优的高阻隔性能材料。这种材料包装食品，对食品的色、香、味均有优良的保护作用。同时，对于食品的防潮十分有效，可成倍地延长食品保存期，大大减少食品因季节变化等多种因素造成的变质。该材料不但有优异的高阻隔性能，还具有优异的印刷性能、复合性能和透明特性。在实际应用中，PVDC涂敷膜对印刷油墨及设备没有特殊要求，因此不需要变更各工序的工艺，即可大幅提高生产效率，降低成本。

目前，随着环保问题越来越被重视，比重较轻的PVDC复合包装材料已被广泛关注。使用PVDC的复合包装比普通的PE膜、纸、铝箔等包装用料量要减少很多，从而达到了减量化包装及减少废物源的目的。在美国，PVDC制品属于无毒安全的塑料材料，已广泛用于食品包装；在德国，该包装材料拥有“绿色”标志；而日本、韩国市场上流通的小包装食品、药品、化工产品、电子产品中、有60%左右采用PVDC包装。

随着PVDC涂布膜的发展及视频包装的需求，越来越多的PVDC涂布薄膜品种得以开发应用，如浙江野风集团已成功的开发出了低温热封型、印刷复合型、水煮型、热封型、高效环保型、硬片型等多种型号的PVDC涂布薄膜。未来，随着食品包装的要求，许多新的品种的PVDC涂布薄膜将得以开发应用，大大提高食品涂布薄膜的技术实力。

3. 丙烯酸涂布膜

丙烯酸涂布膜是指在表面涂丙烯酸乳液制得的涂布膜。由于丙烯酸乳液的结构特性，它并不像PVDC涂布膜、PVOH涂布膜那样对小分子具有优良的阻隔性能，丙烯酸涂布膜没有对水汽、氧气等小分子气体的阻隔性能，但是其对大分子具有一定的阻隔性，因此丙烯酸涂布膜具有很好的保香作用，用于食品包装中，可保持食品的风味。虽说丙烯酸涂布膜的阻隔性能不好，但是其印刷性能和热封性能保证了其在涂布膜中的一席之地。丙烯酸涂布膜具有优良的印刷适应性，现今的食品包装都需要在薄膜上印刷图案按或者文字，以给予消费者一些提醒或说明，印刷适应性较好的丙烯酸涂布薄膜能够使印刷效果良好，使包装美观。丙烯酸涂布薄膜的热封性能较好，在比较低的温度（95～100℃）下就能具有较好的效果，因此，现在常用于巧克力等对温度比较敏感的食品的包装。并且，丙烯酸涂布膜的光泽度较好。由于丙烯酸涂布薄膜的阻隔性能不好，因此其一般不单独使用，常常与具有阻隔性能的PVDC一起使用，制备双面涂布薄膜，以广泛应用于食品的高阻隔透明外包装，用户反馈良好。

涂布薄膜简单的可分为如上的三种，然而，根据食品包装的要求，其更多地为复合使用，在薄膜的两面可分别涂布两种不同的乳液，制得的涂布薄膜性能更好，以满足食品包装的需求。

近年来，食品包装涂布薄膜得到了较大地发展，随着节能环保的深入贯彻，涂布薄膜的需求将大大增加，也将向着更加绿色环保的方向发展。根据食品包装的不同需求，各种各样的涂布薄膜产品将得到开发。未来涂布薄膜的品种将更加细化，各种独特功能的涂布薄膜将争奇斗艳，引领涂布薄膜走向更好的明天。

（海南赛诺实业有限公司　朱海　黄宏存）

各地区

北京市

2016年在市经信委、市社团办、工经联等部门的领导和支持下，经过协会全体人员的共同努力，塑料工业协会认真贯彻执行上级各项规定，严格遵守协会章程，团结协作、求真务实，圆满完成了各项工作，取得了较好成绩。

一、大事记

1. 积极开展党组织活动

今年，中组部将集中推进非公有制企业和社会组织“两个覆盖”列为“两学一做”的专项工作，北京市经济和信息化委员会对社会组织党建工作做了部署安排，并提出了具体要求。由于塑料协会特殊工作环境，不单独在协会设立党组织，各工作人员参加燕化公司党组活动。但在开展党建工作上，塑料协会仍积极参加上级开展的党组织活动，参加北京工业经济联合会组织的庆祝中国共产党成立95周年大会，收看纪念红军长征胜利80周年大会。完成上级布置的“社会组织及其党建工作情况统计表”，认真学习上级组织下发的各类党建工作文件，学习了樊健副主任及刘京辉委员在工业和信息化领域社会组织党建工作会上的讲话，将讲话通过网络传达各会员单位。

2. 举行了北京塑料工业协会第七届会员大会及第七届会员大会一次理事会

2016年3月4日举行了北京塑料工业协会第七届会员大会及第七届会员大会一次理事会，大会应到会员人数64人，实际到会人数58人，符合北京塑料工业协会章程规定的超过应出席会议2/3的到会人数，本次会议合法有效。会议由六届理事会常务副理事长刘济主持。大会选举产生理事19名、监事3名。理事会选举产生理事长1名、副理事长3名。监事会推举产生监事长1名。选举第七届一次理事会理事长张赪为法定代表人。监事会推举第七届监事长为程红原。通过了《会费管理办法》。发放选票56份，收回选票56份，得票票数为56票。理事会聘任张书清为秘书长。中国塑料加工工业协会常务副会长曹俭，北京工经联代表张可新分别在大会上致辞。同时我们将换届材料及时上报各级组织。

3. 加强基础管理工作

为进一步做好协会工作，梳理19项规章制度，并修改了《北京塑协薪酬管理》、《北京塑料工业协会会议制度》、《北京塑料工业协会考核奖惩评价制度》、《北京塑料工业协会会费管理办法》、《北京塑料工业协会重大事项报告制度》、＜＜北京塑料工业协会安全责任制度＞＞、《会费管理办法》7项管理制度。重新制定《法人证书使用保管办法》。

办理数字证书解锁事宜，同时办理了三证合一法人证书手续，完成了法人变更的一切手续。此外，还变更了银行开户行及税务的法人变更手续。为合法开展协会工作奠定了基础。

4. 加强年审和离任审计

与华龙会计事务所联系进行年审，准备年审8个方面材料，同时进行前任离任审计工作。重新更改作废收据事宜并购置合格收据。积极参加市经信委使用财政票据单位自检的通知，上报“使用财政票据单位情况统计表”。上报经信委及社团办关于北京塑料协会关于涉企收费清理情况专项检查的自查报告及自查表。

5. 完成“北京塑料工业协会2015年年鉴”（字数2196）

上交北京工业经济联合会及中国塑料工业协会。

6. 积极参加和组织开展行业活动

积极参加政府部门、工经联和中塑协组织的各项活动，努力为会员单位服务，发挥塑协的桥梁作用，及时将重大事宜通知给会员单位。为北京燕山集联石油化工有限公司联系北京北化高科新技术有限公司关于色母料事宜；为北京燕山集联石油化工有限公司联系承德市金建检测仪器有限公司关于设备事宜；高科公司总经理及相关人员与理事单位山东道恩集团有限公司交流关于双方合作事宜。为协会会员单位转发“关于召开军选民新技术装备应用推广暨第一届民营高科企业参军指导专家工作委员会全体大会的通知”为汽车工程学会转发“举办电动汽车产业新材料与轻量化发展论坛”通知等等。

为进一步做好协会工作，加强网站建设，充分发挥网站作用，利用协会地处燕化，及时将燕山石化新开发的产品信息发布到塑协网站，使会员单位及时了解新产品的动态。坚持每周增加新的信息，同时为会员提供国内期刊文摘摘要。全年共发布新信息新动态255多条，通过网络与会员单位建立更紧密的联系，积极为会员单位服务。

7. 组织技术交流和学习

随着飞速发展的社会，企业知识更新是重中之重的任务。为此协会在9月份举办了塑料加工与应用技术交流会，聘请北京化工大学塑料机械及塑料工程研究所副所长、教授、博士生导师薛平讲授了“聚合物材料加工与成型新技术研究”；聘请北京燕山石化高科技有限责任公司研发部主任、项目经理杜建强讲授了“聚丙烯结构性能与加工应用”；同时北京化工大学机电工程学院塑料机械及塑料工程研究所副研究员博士何继敏讲授了“聚丙烯发泡技术”。同时我们还专门为会员单位进行半天的交流和沟通。12个单位41人参加了技术交流。大家纷纷表示，老师们认真讲课，传播了许多新知识，新概念，开拓了视野，提高了认识，受益匪浅，为今后开展科研开发工作起到了一定的启发作用。并希望协会今后经常组织技术交流和技术培训，不断提高会员单位的理论水平和业务能力。此次举办的技术交流达到了预期效果。

8. 参与北京市3D打印技术开发应用联盟

为了促进落实《中国制造2025北京行动纲要》，紧扣制造业新发展主题，重点突出坚持将构建高精尖产业结构作为主攻方向和突破口，坚持将“产品创造”作为培育高精尖产业的主要抓手，加快推进由全面发展向产业高端、核心领域和尖端科技的聚焦发展。北京塑料工业协会携北京燕化高科于2016年10月13日在北京参加3D打印技术开发、应用联盟成立大会，本联盟下设5个专业组，北京塑料工业协会成为塑料产品打印专业组，同时还制定了北京3D打印技术开发、应用联盟2016年工作计划。并参加了3D打印技能培训沙龙正式开幕。在此次会议中，北京塑料工业协会携北京燕化高科进行了3D打印技术展览，进行了宣传和介绍。随着物联网、云计算、大数据等技术的不断成熟和广泛应用，“中国制造2025”、“工业4.0”等新兴工业发展战略已悄然兴起，推动工业机器人、3D打印等智能制造产业的发展。中国3D产业将进入高速发展期，预计2018年，市场规模将增长到125.8亿美元。会议展览了用于熔融沉积成型打印的PLA、ABS、水溶耗材和激光烧结成型的UHMWPE粉末耗材四大品种，3D打印笔已经开始推入市场。受到与会者的关注和热棒。

二、存在的主要问题与应对

我国经济发展迈入“十三五”时期，我们面临着新理念新思想新战略，同时我们已经进入重要战略发展机遇期，特别是今年两会把环境要求提到更高的要求。北京因地理位置和政治地位的因素，以及环境因素，许多工业企业正在关停并向外疏解发展，“京津冀协同发展经济”是北京市发展规划重要战略举措之一，这些将会影响北京地区塑料工业的发展，在几年内北京塑料行业有可能将逐步向北京周边地区发展，我们联系一些塑料行业，有的已经战略转移到河北省，有的受到市场影响，经济形势不乐观。这对我们开展塑料工业协会的工作造成一定影响。我们将引导北京市现有的塑料工业，将本着安全、环保、高端，向精细化和高端化发展。从不利中寻求新的突破新的发展。依照北京市功能定位，我们塑协要运用创新、协调、绿色、开放、共享的发展新思路新办法，厚植发展优势，释放我们发展的需求新动力。携手共济，共同发展北京塑料工业协会，在新形势下，依靠科技创新，北京塑料工业企业应以提高发展质量和效益为中心，奉行互利共赢的利益共同体，不断增进会员单位团结，坚持塑协共同体共享发展成果，推动这个行业新的发展格局。

三、2017年主要工作

（1）继续完成市经信委、市社团办、工经联等部门布置的各项工作，积极参加上级组织的相关活动。开展协会日常工作，充分发挥协会的桥梁纽带作用，创造机会，达到会员单位互相交流，沟通信息，积极为会员单位服务，同时要与同行业协会学会进行工作交流，工作协作，共同做好协会各项工作，推进协会更好发展。

（2）积极开展会员单位活动，在条件允许的情况下，与其他协会共同组织技术交流和技术培训工作，提高会员单位在塑料领域的拓展，增加新的知识，新的技术。

（3）适当时候组织3D打印技术开发、应用联盟中的塑料产品打印专业组技能培训沙龙，宣传介绍3D打印技术的应用，让更多的人了解3D打印技术，推进3D打印技术的开发和提升。

（4）根据国务院、北京市政府布置的行业协会商会与行政机关脱钩的工作安排，市经信委将塑料协会列为第二批行业协会商会脱钩，我们将全力以赴地积极投入此项工作，按照工作计划，确保完成布置的各项脱钩工作，达到顺利脱钩。

（北京塑料工业协会　张书清）

天津市

一、天津市塑料产业基本情况

1. 天津市塑料产业发展的过程

天津曾经是我国著名的轻工业发达城市，在全国轻工行业中占有重要位置。20 世纪 70 年代，天津塑料的塑料工业发展速度很快，全市 40 多个塑料加工厂，近千个品种，当时在全国相对来说规模大、品种多、质量好，畅销全国各地并造就了一大批塑料加工技术骨干，曾为援助欠发达地区塑料加工业发展输出人才、生产技术和管理先进经验做出了贡献。但是到了 90 年代天津市塑料加工企业还停留在 80 年代缓慢的发展阶段。

天津市塑料行业的发展是和天津市整体经济发展是同步的。“十一五”期间天津市经济技术开发区的快速发展带动了一大批国外企业到天津投资建厂。摩托罗拉、三星、LG、康师傅等一批涉塑企业进驻天津，给天津的塑料加工制品企业带来了先进技术和涉塑产业，使得天津市的塑料制品产业从技术工艺到装备管理再到质量和数量都有了快速的提升。

“十一五”期间天津市的汽车工业得到了快速的发展，在原有的产量上丰田公司增加了 30 万辆汽车的项目，作为塑料加工配套企业在给汽车配套的同时，自身装备技术模具又有了一定的进步。

“十二五”期间包装行业在天津发展迅速，百万吨乙烯产品的包装，百万吨油脂的包装，给天津市塑料产业步入快速增长的轨道注入活力。2016 年包装容器和包装膜约 50 万吨。截止到“十二五”末天津市的塑料制品在农业、工业、医疗、航空、机械、军工等领域都有了较快的发展。

2. 天津市塑料产业现状

2016 年天津市塑料制品总产量 262 万吨。主营业务收入 377 亿元。塑料制品产品结构分别占全市塑料制品产量比重是：塑料薄膜 40.5 万吨占总产量的 15.5%；塑料板片材 14.3 万吨占总产量的 5.48%；塑料管及附件 29.6 万吨占总产量的 11.34%；塑料条棒型材 25.3 万吨占总产量的 9.69%；塑料丝绳编制品 16.9 万吨占总产量的 6.47%；泡沫塑料 4.1 万吨占总产量的 1.57%；人造革 0.7 万吨占总产量的 0.27%；包装容器 25.5 万吨占总产量的 9.77%；日用塑料 21.6 万吨占总产量的 8.27%；其他及注塑配件制品等 84.6 万吨占总产量的 32.41%。

天津市合成树脂及共聚物总产量 322 万吨，占全国合成树脂及共聚物产量的 6.19%，其中聚乙烯占全国总产量 6.5%. 聚丙烯占全国总产量 4.45%，聚氯乙烯占全国总产量 12.51%，聚酯占全国总产量 2.42%。主营业务收入 344.3 亿元。

3. 存在的问题

（1）产业链体系不完善。在加工设备、模具制造、改性塑料、高分子复合材料等开发应用方面跟不上天津市高端产业配套的步伐。所以须强化拥有自主知识产权的产品和技术，使企业创新能力得到支撑并可持续健康的发展。

（2）塑料加工市场还得不到规范管理和有效约束。一些产品质量低劣，以次充好的产品从容进入到天津市的市场。

（3）塑料制品加工方面的研发力量薄弱。大部分企业技术开发工作只限于应用技术推广。大专院校的科研成果转化困难，尚未行形成对天津市塑料行业科研技术工作的支撑。特别是在天津滨海新区大批引进石油化工、汽车、航空航天、装备制造和新能源、新材料等产业的情况下，天津市塑料加工工业的技术升级，产业换代的任务十分艰巨。

（4）制品加工从业管理人员专业知识和管理能力偏低。企业中的技术人员稀缺。岗位技能的培训跟不上人员流动的节拍，造成了大部分企业从业人员素质不高，影响了行业的品牌效应。

（5）行业中缺乏宏观引导。产品重复建设、盲目发展现象仍时有发生，在一些专用材料和新型材料市场例如航天航空领域的高附加值塑料制品应用开发不足。

4. “十三五”期间天津塑料产业发展趋势

在京津冀协同发展中，天津市定位是先进的制造业基地。近年来航空航天，超级计算机，生物医学工程等纷纷落户在天津。因此天津市塑料产业在天津的发展趋势应有如下几点：

（1）向高端配套和自主研发方向集聚。天津市塑料产业向高端配套和自主研发方向集聚，塑料产业以高端市场为突破点的技术研发方向发展。从高端材料入手，开发研制耐高温性、耐候性、耐磨性、阻燃、超导电、高电磁性合金材料以及具有屏蔽功能的材料及产品，满足天津地区高新技术产业和先进制造业的需求。

（2）形成天津环渤海地区和京津冀塑料产业集群。天津塑料示范园区在初步形成，将打造成集塑料相关产品的销售、展示、交易、物流、仓储为一体的环渤海地区和京津冀塑料产业中心。

（3）骨干企业产业转型升级在加快。天津市产业优势和市场的需求，在拓展石油、海洋、汽车、航空航天、电子通讯、医疗器具等高新技术领域的市场需求的同时，发展环保、节能、低碳、多功能、附加值高产品的进程在加快。

（4）研发实验室平台建设水平在提升。充分利用现有政策推动在津建立高分子材料研发中心、塑料模具技术中心，利用高新技术企业和国家级企业技术中心的平台为天津市塑料行业的发展做好技术储备工作。

（5）包装材料的技术含量和配套在提升。提高包装材料和产品技术含量，在开发有市场发展的包装材料和制品的同时，做好天津市油脂和化工项目的包装配套工作。

（6）医用高分子材料和制品传统优势得到强化。建立医用高分子材料和制品孵化器基地，瞄准世界前沿科学技术和应用材料，发展技术含量高、高附加值的高分子材料的人体器官。开拓各类医疗器具和药品包装制品的市场并推广应用。

二、天津市塑料行业协会情况

2016年是天津市塑料行业协会第三届新的领导班子成立的第一年，新的领导班子带领天津市塑料行业协会遵守法律、法规和国家、地方政策，遵守社会道德风尚，组织了天津市塑料行业和广大科技人员开展经济技术交流和培训活动，反映了行业意愿，为社会和经济发展服务做出了贡献。在认真开展诚信活动的基础上，增强了为广大会员单位服务的意愿，使协会的工作得到了广大会员的认可和支持。2016年协会做了如下的工作。

（1）年初新领导班子在军星管业集团会议室召开年度理事工作会议和负责人办公会，会上介绍了换届的工作的过程和材料备案的具体工作。介绍了2016年塑料协会根据天津市安排第一批脱钩的工作要求和市里的安排并安排了2016年协会的工作计划等事宜。

（2）召开会员代表会议制定了协会2016年的工作思路。对协会的业务范围进行了重新认定并通过了以下的本会的业务范围。

1）编制行业发展规划，组织行业培训，开展行业技术咨询、信息交流、会展招商以及产品推介等活动；

2）参与有关行业发展、行业改革以及与行业利益相关的政府决策论证，提出有关经济政策和立法的建议，参与政府举办的有关听证会；

3）代表行业企业进行反倾销、反垄断、反补贴等调查，或向政府提出调查申请；

4）依据行规行约，制定本行业质量规范、服务标准；

5）接受项目论证、产品鉴定，参与国家、行业、地方、企业产品标准和试验标准的制修订；

6）通过法律法规授权、政府委托，开展行业统计、行业调查、发布行业信息、公证证明，价格协调、行业准入资质资格审核等；

7）监督会员单位依法经营，对违反本会章程和行规行约，达不到质量规范、服务标准、损害消费者合法权益、参与不正当竞争、致使行业集体形象受损的会员，本会依据章程进行处理；

8）协调行业内产业结构调整，进行技术引进和成果推广应用；

9）开展国内外经济技术交流与合作；

10）法律法规授权、政府委托的其他职能。

（3）组织部分会员参加了上海国际塑料会展和台州亚洲国际塑料会展。

（4）推动国家高新技术企业申报工作，2016年天津市塑料产业共完成申报国家高新技术企业6家并全部通过。截止到2016年天津市涉塑行业有21家国家高新技术企业。

（5）推动企业产学研活动，2016年协会会员单位与大专院校共完成4项产学研项目。

（6）天津市塑料行业协会每年对涉塑企业的企业技术中心进行协助申请2016年有3个会员单位完成天津市企业技术中心认定工作。

（7）协助会员单位完成天津市清洁生产和清洁能源等认可工作。

（8）积极配合中国塑料加工协会年鉴编制工作，协会在调研了天津市塑料加工企业的现状的基础上并结合天津市塑料行业的发展方向编制了2015天津市地区塑料行业的年鉴，并发表在中塑协的文献上。

（9）2016年成立了以军星管业集团为主要单位的天津市绿色建产业联盟并得到了天津市科委的批准。

（10）建立了新的天津市塑料行业协会党支部

并开展了两学一做学习，参加了天津市对社会团体组织党建工作的培训班。

（11）按照年初会长工作会议的建议建立了天津市塑料行业信息发布微信，及时发布塑料行业的国内外有关信息，及时发布国内先进的技术工艺，原料设备现状并作为加强会员之间的沟通渠道。

（12）协会每年根据企业需求定时走访部分协会会员单位对会员单位进行工作指导和政策的支持。

（13）协会积极参加地方和兄弟省市的一些活动，例如参加京津冀社会组织高峰论坛等活动。

（14）天津市塑料行业协会全面贯彻落实《中共天津市委办公厅 天津市人民政府办公厅关于印发天津市行业协会商会与行政机关脱钩工作方案的通知》（津党厅〔2015〕61号，以下简称《工作方案》）精神，按照加快形成政社分开、权责明确、依法自治的现代社会组织体制要求，天津市塑料行业协会作为天津市社会组织脱钩试点单位充分发挥了试点先行先试作用，全面完成了行业协会与行政机关脱钩工作。

按照《工作方案》及有关配套文件要求，2016年协会已经完成了“五分离、五规范”的工作，即机构分离，规范综合监管关系；职能分离，规范行政委托和职责分工关系；资产财务分离，规范财产关系；人员管理分离，规范用人关系；党建、外事等事项分离，规范管理关系。

三、2017 天津市塑料行业协会重点工作计划

第三届天津市塑料行业协会将在会长和理事会的直接领导下，按照“协会组织的职能作用”的要求，突出服务职能，坚持规范行业，围绕发展产业，加强自身建设，增强协会生命力。

1. 深入学习贯彻习主席撸起袖子大干的精神，做好塑料产业发展

（1）积极宣传国家、市委、市府的有关政策及精神，促进业内企业在调整产品结构、推进节能降耗、技术创新，提升企业发展水平；

（2）行使规范行业管理职能，积极探索开展行业统计、行业调查、制定行业；发展规划、价格协调和企业公信证明等工作；

（3）了解市委、市府的有关政策，帮助企业解决迫切的实际问题，为实现经济又好又快发展创造条件。

2. 坚持履行“服务、代表、自律、协调”的职能

（1）进一步加强本协会自身建设，充分发挥协会自身职能，不断拓展服务功能；

（2）做好政府与企业间的桥梁和纽带，在业内进一步落实党的十八届五中全会的精神，推进产业结构优化升级、节能减排、低碳环保等各项工作；

（3）推动企业产学研合作项目，协助企业开展科技创新、科技项目基金、企业技术中心申报，名牌产品、著名商标推荐和申报等工作；

（4）组织行业培训、开展行业技术咨询服务、信息交流和产品推介活动。

（天津市塑料行业协会　郑天禄）

山西省

一、基本情况

2016年，山西省塑料行业协会深入贯彻落实党的十八届三中、四中、五中、六中全会以及习近平书记系列重要讲话精神，坚持面向企业、为企业和企业家服务的宗旨，在省委省政府及有关部门的领导下，攻坚克难、锐意进取，较好地完成了我会年初预定的各项任务，各项工作取得了新的进展和成效。在经济发展进入新常态的大环境下，我省塑料加工行业克服市场需求不旺、人工成本大幅上升、企业融资难度加大、环境约束进一步增强等困难，依托区域和资源优势，不断加快产业结构调整步伐，在产业规模、技术水平、科技创新、产值效益等方面均得到稳步提升，取得了平稳健康发展的好成绩。据不完全统计，2016年全省塑料行业规模以上企业完成产品产量24万吨，企业数约500个左右，规模以上企业约30个，生产能力占总产量的85%左右。

二、大事记

1. 隆重召开了2016年山西塑协会员代表大会暨产学研高峰论坛

2016年12月17日，经山西省民管局和省经信委行管办批准，山西省塑料行业协会代表大会暨产

学研高峰论坛在中北大学隆重召开。来自全省各地市塑料加工工业企业、知名塑料研究机构、塑料专家学者100余人齐聚中北大学。山西省住建厅项连斌副厅长、河南省塑料协会段同生会长、窦俊岭副秘书长、山西省经信委行管办李海龙部长、山西省化工研究所（有限公司）王克智总工程师、太原市建筑业协会胡玉凤会长、中北大学材料科学学院李迎春副院长、王文生教授等领导出席了此次会议。中德型材、中德管业、亚明机械、金晖兆隆、泰鑫塑胶、潍坊长青、南京友爱、天星管业、广东拓斯达、明坤科工贸、华龙塑料、云鼎基业、中科天罡、海天塑机、漳河塑材、乾通塑胶、旺中塑料、晋隆塑料、雷峰资本等50多家企业参加论坛，展示产品，洽谈合作，共同交流。山西日报、晚报、山西新闻网、企业家日报、太原电视台、长治日报、晚报、长治电视台等多家媒体对会议进行了报道。

此次论坛上，增选了山西金晖兆隆高新科技股份有限公司董事长李雅娟、中北大学材料科学和工程学院副院长李迎春、晋中宝辰塑胶有限公司董事长常榆江为山西省塑料行业协会的副秘书长，

会议通过了推荐成立山西塑协专家委员会的议案，由在山西省塑料行业内具有重大影响、做出重要贡献的骨干企业、有关大学与科研院所和检测机构代表，组成一支行业权威专家队伍，山西省化工研究所总工程师王克智、中北大学材料科学与工程学院副院长李迎春等16人入选专家委员会。将对企业进行技术指导支持，推动在全省范围内开展“产学研”工作。此次会议还举办了学术高峰论坛，多名专家学者做了重点课题介绍，展示了所在研究领域的最新成果。受到参会代表的一致好评，取得了圆满成功。

2. 配合省经信委行管办、中北大学高校等机构调研塑料企业

按照山西省经信委的工作部署，从2月至9月份，用了7个月的时间，协会秘书处陪同行管办的领导分别深入山西中德集团、金晖兆隆、中科天罡、天勤管业、宝辰塑胶等重点企业进行了实地走访调研，了解山西塑料企业生产经营状况及存在问题。此次调研涉及太原、长治、吕梁、晋中、榆次、太谷、灵石等20余家塑料企业，涵盖了塑料板材、型材、管材加工、塑料薄膜制造、塑料包装箱及食品容器、超高分子材料等4个子行业。

通过对省内塑料行业调研发现，多数企业前些年乘借行业东风快速发展，为拉动当地经济发展和促进劳动就业做出了重要贡献。但普遍反映自从2014年国内经济形势持续下行后，受房地产转折性变化影响，市场需求明显减少，行情惨淡，销售额及盈利能力均不同程度下滑，如乾通塑胶、天勤塑料等企业。但是，也有部分企业通过适时调整生产经营策略、大胆创新、提升中高端产品比例等实现逆势增长，如中德塑钢型材、中科天罡、亚明塑料机械等企业，行业资源配置得到进一步优化。

截至2016年年底，我省塑料制品行业规模以上企业30余个，占全省轻工业规模以上企业数的9.3%，占全省规模以上工业企业数0.9%；主营业务收入40亿元，占全省轻工业主营业务收入的15.4%，占全省工业主营业务收入的0.28%，“十二五”期间年均增长率达到9%。目前，省内塑料企业约500个左右，涵盖了国有企业、集体企业、合资企业、民营企业，其中民营企业居多，占总数的57%左右。主要以生产塑料型材（含板、片材）、塑料棒、管材、塑料农地膜、矿用塑料、部分塑料丝及编织制品和塑料包装箱及容器、日用塑料制品等为主，部分企业近年也开始生产塑料行业上下游的相关延伸产品。山西的塑料企业以中小企业为主，在国内占的份额较小，与先进发达省份还有不小差距。

3. 协会作为政府与企业之间的桥梁，接受政府委托，介绍行业发展状况

5月份，山西省环保厅土壤环境管理处调研组就阻燃剂相关问题来协会进行调研。塑协秘书处就行业内部分添加阻燃剂的企业产品进行了说明。

11月份，太原市高新区招商局就深圳谷昆实业公司投资建厂事宜向协会进行咨询。下一步将就投资情况与塑协联系组织专家进行相关评审活动。

4. 参加山西省“三品”工作座谈会

7月，山西省消费品工业工作座谈会在省经贸宾馆召开，塑协作为参与单位就省委、省政府提出的“增品种、提品质、创品牌”等内容进行了情况说明，提出我省的塑料行业存在品种少、品质单一、供给能力不足，品牌意识弱，产品附加值低等问题，希望政府部门能在发展过程中予以政策和资金支持。

5. 搭建交流平台，促进企业相互合作发展

8月23日塑协秘书处在太谷乾通塑胶公司成功举办了“交流合作、抱团发展”论坛，此次论坛邀请了河南省塑料协会、山西省贸促会、山西省国际

商会、中北大学、晋隆塑料、榆社化工等30余家企事业单位参加。通过此次论坛，企业间得到了相互了解，增进了友谊，普遍表示要加强合作，共同发展。

会后，部分与会企业还深入中德集团、高科华电等单位进行走访交流，实地考察，为进一步合作奠定了坚实的基础。

6. 组织会员单位参加国内外各类展览活动

4月25～28日在上海举行的第三十届中国国际塑料橡胶工业博览会上，山西潞安精蜡公司、金晖兆隆、中科天罡、太原亚明、星辰芮城、运城制版、立信化工等企业都积极参加了展览，并展示了企业最新的产品和技术。协会秘书处组织了中德集团、惠丰型材、和佳包装、祁县旺中、蒲津奥盛、天勤管业等20余人次参观了此次盛会。

10月12日在浙江台州举办的中国橡塑展中，山西塑协作为支持单位组织了中德集团、中北大学等企业参观了展览，并实地考察了浙江黄岩比凌特模具有限公司，就该企业生产的模具进行了相关了解。

11月6～8日山西省塑协会长单位、山西中德集团公司亮相南京的“四新”展览会，受到了中塑协第七届领导集体以及同行的共同关注，中国轻工业联合会会长张崇和、副会长钱桂敬、新当选的第七届中国塑料加工工业协会理事长王世成、秘书长朱文玮、副理事长马占峰都亲自到展台视察，并对中德集团公司能与恒大、富力、北汽等世界500强联手表示了极大的赞赏。

山西化工研究所（有限公司）作为我国聚合物化学助剂和聚氨酯合成材料两大领域的奠基者和重要的科研机构也率团参加了此次展览会，在展会上得到同行的高度认同，并对他们的“五纵四横”产品取得的成绩予以肯定。

在南京举办的中塑协第七届会员代表大会上还表彰了“十二五”期间塑料加工业涌现出的先进企业和个人，山西塑料行业协会会长、中德集团公司董事长程田青、山西化工研究所总工程师王克智、山西中德集团公司技术总监杨明球、山西惠丰型材技术部刘艳芳等分别获得了先进个人和先进工作者的光荣称号。

7. 加强协会间横向联系，促进两地塑料企业交流

6月份，江西省塑料协会副秘书长、宏远化工公司总经理吴慧良就钙锌稳定剂在山西市场的发展情况走访了中德集团、惠丰型材等企业，受到秘书处的热情接待。

10月份，秘书处陪同常务理事单位晋中宝辰塑胶有限公司总经理常榆江走访了河南省的塑料市场，就周转筐的生产情况、废旧塑料、包装产品等进行了实地考察，得到了河南省塑协的全程陪同和大力支持，双方就豫晋两省合作达成共识，将在未来的发展道路上互相帮助、共同发展。

8. 组织力量认真编写《中国塑料加工工业年鉴山西篇》

为了全面反应山西省塑料行业的发展状况，协会秘书处在省经信委的支持下，组织力量，收集材料，整理数据，认真编写了《中国塑料加工工业年鉴山西篇》，并提交给中塑协出版发行。

9. 传递行业信息，全面改版塑协网站

秘书处通过对外的微信公众号，微信群等方式累计发送各类行业知识、展会信息、市场预测、人才供求等500余条，阅读人次达到3000余次，朋友圈转发达700余次。实现了信息的无障碍交流。

2016年4月份开始，山西塑协网站在云鼎基业技术公司的大力支持下，进行了全面改版升级，新网页新增了条幅广告位、企业风采展示、产品供求信息等栏目，达到了为会员的准确提供信息的目的。

10. 发展新会员，壮大塑协队伍

协会秘书处在一年的时间里，通过各种途径深入了解和塑料相关的企业，积极吸收新鲜力量加入到塑协的队伍当中来，吸纳了太原亚明、高科华电等9家单位成为塑协的会员，从更多方面让辛苦在为山西塑料行业发展做出贡献的企业找到了组织，壮大了队伍，凝聚了实力。

11. 承担责任，奉献爱心，回馈社会

企业在社会中生存，在社会中发展，同样不能忘记社会中的困难群体。协会各成员单位在经济形势整体疲软的情况下，不忘初心，积极承担社会责任，奉献爱心，回馈社会。金晖兆隆公司公益捐款累计达到20余万元。宝辰塑胶公司长期资助左权南安小学，累计捐款金额达5万余元。乾通塑胶公司开展的“送温暖、献爱心”活动累计捐款3万余元。中德集团在精准扶贫中拿出230余万元，通过教育帮扶、就业帮扶、创业帮扶、保障帮扶、基金帮扶等不同形式，精准到户，精准扶贫。

三、企业经营

山西省的塑料企业主要以塑料制品（板材、管

材、型材）、塑料薄膜、塑料壶、周转筐、超高分子等制品为主，地域分布主要是以太原、长治、晋城、运城等城市为中心，形成了山西省塑料工业的主要产区，规模以上的塑料企业大多集中在这些区域，而且发展势头仍比较强劲。其塑料制品销售主要辐射山东、河北、河南、陕西、甘肃、内蒙古、宁夏、新疆等地并出口国外。

2016 年以来，山西省塑料行业围绕省委省政府深化供给侧结构性改革与深化转型综改试验区建设的总体方针政策。深入推进“三去一降一补”，提高产能占比、优化产业结构、提高产业综合效益和竞争力，鼓励引导企业加快传统产业技术改造，通过科技创新提升企业核心竞争力，抓好质量、品牌和标准建设。

中德型材、金晖兆隆、太原亚明、中科天罡、潞安精蜡等一批知名企业在创新发展中成功走出去，将本省的产业优势化为企业发展的动力，产品不仅畅销全国，而且出口到俄罗斯、意大利、伊拉克、危地马拉等国家和地区，为山西省塑料工业打出了一张耀眼的名片。山西塑料工业企业在顺应全面深化改革大潮，推动企业交流合作，逐步深入了企业间对人才、资金、技术等方面的深入交流和探讨，抢抓新机遇，瞄准新技术，不断提升自身实力和品牌知名度，为山西省综改试验、全面深化改革做出了新贡献。

四、重点企业介绍

序号	企业名称	2016 年营业额	主要产品名称
1	山西中德塑钢型材有限责任公司	14 亿	PVC 型材、彩色仿木型材、双色共挤型材、PE 管材、PPR 管材、铝塑复合、断桥铝等
2	山西青科恒安矿业新材料有限公司	2.5 亿	不锈钢瓦斯管、PVC 瓦斯连接管等
3	山西中德管业有限公司	2 亿	PP－R 冷热水管材管件系列，PE－RT 地暖管材管件系列，玻纤增强 FR－PPR 复合管材管件，PVC－U 排水管材管件，PVC－U 电工阻燃穿线管材，PVC 波纹排水管材，PE 给水、燃气管材
4	晋城市凤凰实业有限公司	1.1 亿	各种煤矿用聚乙烯管材、管件；聚氨酯筛板、燃气用埋地管材、管件；给水用 PPR 管等
5	山西新超越管业股份有限公司	9000 万	PVC 复合管、PE 管、PPR 管等
6	山西永腾建材股份有限公司	8000 万	PP－R 管、PP－R 稳态管、PE 给水管、PE 燃气管、PE 矿用管、PE－Xb 管、PE－RT 管 U－PVC 排水管材及其配套管件等
7	山西中科天罡科技开发有限公司	6000 万	超高分子量聚乙烯制品
8	山西榆化漳河塑材有限公司	5000 万	大口径 PVC－U 给水管、建筑用给排水管、电工套管、雨水管、大口径 PVC－U 双壁波纹管、HDPE 给水管、矿用管、燃气管、PVC－C 电力电缆套管等
9	山西金晖兆隆高新科技有限公司	4500 万	爱柯沃得（Ecoworld）PBAT 品牌和爱柯维尔（Ecowill）PBAT 改性材料
10	太原亚明塑料机械技术有限公司	4300 万	大口径缠绕结构壁管材及设备
11	山西清徐晋隆塑业	4000 万	塑料壶、透明壶、瓶盖等

续表

序号	企业名称	2016 年营业额	主要产品名称
12	太原市杰森实业有限公司	4000 万	聚乙烯燃气管、PE－RT 地暖管等
13	山西惠丰塑料型材有限公司	3800 万	PVC 塑钢型材、管材等
14	山西方圆塑业有限公司	3600 万	BOPP 包装薄膜
15	山西旺中塑料管有限公司	3500 万	聚乙烯塑料管，护套管，农用地膜，穿线管等
16	山西天勤管业有限公司	3300 万	PVC 管材、高密度波纹管等
17	晋中宝辰塑胶有限公司	3200 万	塑料周转筐、鸡笼、塑料踏板等
18	山西乾通塑胶有限公司	3000 万	PB 管材管件、PP 聚丙烯静音管件、PP－R 管材管件等
19	山西泰鑫塑胶制品有限公司	2600 万	PVC 管材、管件、PPR 管材、管件等
20	山西华龙塑料有限公司	1500 万	玻璃钢锚杆、矿用塑料拉伸网等
21	山西天星管业有限公司	1200 万	PP－R 管，大口径中空壁缠绕管．高密度聚乙烯双壁波纹管、PE 供水管、地暖，高密度聚乙烯双壁波纹管，PE 供水管，地暖管等
22	山西万士达工程塑料有限公司	1000 万	PE 燃气管、PE 管材、PE 矿用管材及管件

五、下一步工作重点

1. 组建完善专家委员会队伍

完善塑协年会中关于组建塑协专家委员会的议案，把在山西塑料行业的发展中做出突出贡献的人员，包括大专院校的博士、教授，科研机构的中坚力量以及企业中的核心技术人员，吸纳到塑协专家委员会队伍中来，让他们更好地为山西的塑料行业发展建言献策，为企业的发展添砖加瓦，真正地做到“产学研”的高度结合，让每一位专委会人员在各自研究和攻关的领域继续发挥专家队伍的带头作用，把更多的科研项目、专业课题、核心技术与企业发展密切结合起来，推动塑料行业的有序健康发展，形成产业集群，壮大山西塑料行业的科技含金量。

2. 建立校企联合实验基地

适当时候选取有代表性的企业建立起校企联合实验基地并挂牌，重点解决高校学生的实习问题，在塑料薄膜制造、板材加工、热塑成型、高分子等领域开展校企合作共同实验的步伐，探索一条实际可行的道路。加强产学研用的深度融合，积极构建以企业为主体的产业技术创新战略联盟，针对企业关键技术、重点环节进行科研攻关。

3. 抓住新机遇，获得新的经济增长点

目前，我国经济形势处于“L”型态势，后金融危机时代，世界正步入以制度、规则构建为特征的“新一轮的伟大全球化”变革，企业要增强在竞争中的核心优势，深化供给侧改革，抓住山西省发展中的机遇，壮大自身抗风险能力，结合国家西部大开发、综改试验区先试先行的有力政策以及国家“一带一路”中特殊地理位置的优势和政府对轻工行业的资金支持等方面，为山西省塑料行业在发展中找到新的经济增长点。

4. 实施创新驱动战略，引领行业转型升级

积极实施工业消费品“三品”工程，牢牢把握科技进步大方向，努力跟踪国内外先进工艺和技术最新动态，围绕消费升级的变化趋势进行投资和创新，最大限度地提高投资和创新有效性，优化产业结构、提升产业竞争力和附加值。重点发展多功能、高性能的材料和辅料，加强食品级的树脂原料的生产和质量控制，加快各种专用料、3D 打印应用塑料、生物塑料包装等等材料研制，加快导电导热多功能合金材料应用，以及特种工程塑料、改性塑料的生产应用，有一个很具体的科技方面的应用。推动我省塑料工业的转型升级，建立塑料产业集群发展模式，拓宽企业在采购、加工、销售等环节中的各项对外联络，创新发展思路，引领行业转型发展。

5. 推动企业走出去，加强交流学习

积极组织会员企业参加广东的国际橡塑展、浙

江台州塑胶展以及河南郑州的各类展会，提供便利条件，为企业在展位租赁、广告宣传、策略策划方面提供专业的引导。使更多山西的塑料企业走出去，多学习，多交流，共同发展。

6. 做好塑料行业“互联网＋”融合工作

现在越来越多的企业在用互联网的思维来融合自己的工作，生产上从上料、机械手、自动化一体系统解决方案，都逐步应用到企业的每个环节当中，这些都是未来发展的方向，我们要积极解放思想，从根本上来认识互联网带来的优势，结合自身产品开发新的品种。加强矿用塑料、纳米抗菌塑料、汽车用塑料的研发攻关力度，进一步拓宽应用领域，推动轻质高强发泡材料制品在汽车、高铁、航空及工业领域的应用。

7. 加强与政府的沟通协调、加大打击假冒伪劣产品力度

进一步沟通和政府部门之间的关系，就企业反映的部分省份假冒伪劣产品充斥市场，对企业进行恶性竞争问题，加大监督打击力度。同时推进我省塑料行业名优产品的推荐力度，在市政工程、采购领域等环节同等条件下优先选用本省产品的进程，加大宣传力度，树立品牌意识，打造一批实力过硬的本省塑料名牌产品。

8. 强化纽带作用，加强自身建设，夯实服务功能

充分发挥塑协熟悉行业、贴近企业的特点，在政府、研究院所、高校和企业之间发挥桥梁纽带作用。建议政府相关部门可通过购买服务等方式，充分调动和发挥塑协在管理和服务方面的功能作用。提高服务的能力和水平，及时向政府反映企业的意见和诉求，当好“政府的助手，企业的帮手”，促进行业健康有序发展。努力打造山西省行业内的品牌协会。

（山西省塑料行业协会　王慧凯）

上海市

一、大事记

1 月 5 日，协会秘书长秦建旺、副秘书长钮贤圭走访了“上海化工品交易市场经营管理有限公司”，受到公司总裁张瑜、市场总监李倩等公司领导的热情接待。该公司成立于 2004 年，是由上海市政府批准的唯一一家以上海地域命名的国家级化工品电子商务示范企业，为中国市场化工行业的上下游企业提供以交易为核心，物流、金融及其他配套的一站式服务。

1 月 12 日，协会秘书长秦建旺、副秘书长钮贤圭走访了上海中晨电子商务股份有限公司，该公司 CEO 李铁道热情接待了协会秘书长。“上海中晨”创建于 2007 年，8 年以来一直以经营塑料化工原料为主，2015 年销售总额已经突破 15 亿元。2015 年公司创立了“我的塑料网”，专注于塑料化工原料领域的 B2B 电子商务交易，为各类塑料化工原料领域的上下游企业提供全方位的交易及相关增值服务。

1 月 8 日上午，上海塑料行业协会常务副会长陈铭组织部分会员企业，在上海海湾石化有限公司召开了企业经营状况座谈会，参加座谈会的企业有：上海海湾石化有限公司董事长施洪伟、上海南翼包装有限公司董事长罗金生、上海金昌工程塑料有限公司副总经理陆枫，上海金浦塑料包装材料有限公司和上海金山星星塑料有限公司的代表。

1 月 8 日上午在美恒大厦金山开发建设股份有限公司会议室，对上海财瑞资产评估有限公司出具的上海化工品交易市场经营管理有限公司和上海易通电子商务有限公司股东权益价值评估报告进行评审，与会专家细致对报告具体内容进行了分析，提出了修改意见。上海塑料行业协会副秘书长钮贤圭等作为专家，从行业发展的角度提出了评估意见。

1 月 13 日上午由上海市工商联组织相关行业协会参加亚洲财富论坛：走进江苏暨解读“十三五”规划峰会，会议在常州武进举行。本次论坛主办单位亚洲财富论坛，承办单位常州市发改委、常州市共青团委员会等。上海塑料行业协会副秘书长钮贤圭、以及会员单位上海锐垚科技有限公司总经理潘弈丞应邀出席了会议。

1 月 20 日上海塑料行业协会召开 2016 年迎春团拜会。协会邀请曾在协会工作过的老领导和秘书处老同志，以及三个专委会的秘书长参加。会上，首先由秘书长秦建旺介绍了协会 2015 年的工作情

况，换届选举产生第六届理事会事宜。老领导和老同志对2015年的协会工作给予认可，同时也希望协会多走出去，了解会员单位的所思所想。对一些年事已高，没能参加团拜会的老领导、老同志，协会将进行家访式慰问。

1月29日上午由上海市经济团体联合会/上海市工业经济联合会主办的“上海市节能减排（JJ）小组活动工作交流大会暨‘十三·五’规划报告会”在上海市电气党校举行。会议对2014～2015年度节能减排JJ小组活动优秀和先进的行业协会和企业进行了表彰、颁奖；同时在现场举行了合同能源管理项目的签约仪式。上海市发改委领导就上海市“十三·五”规划做了解读。上海塑料行业协会副秘书长钮贤圭应邀出席了会议。

3月3日下午，上海市质量技术监督局于召开了第一届“上海市食品接触材料专家委员会（以下简称专委会）”成立大会，本协会陈国康先生出席，并被聘为该专委会成员之一。

3月9日，上海市工业经济联合会党委在上海市经济管理干部学院举办了2016年党支部书记培训班暨2016年党建工作会议。上海塑料行业协会秘书长兼党支部书记秦建旺出席了培训班。

3月15日上午，江西省工商联秘书长叶元斌等七人拜访上海塑料行业协会。此行主要目的是为江西余江县招商引资与协会进行沟通宣传。与塑料协会沟通主要在循环经济产业方面，该县建立了遍及18个省市的再生回收网络，形成了集再生资源回收、拆解利用及无害化处理为一体的完整产业链。

3月17日下午，“2016塑料行业－荣格技术创新奖”颁奖典礼在上海龙之梦大酒店隆重举行。包括日之升、博禄、朗盛化学、陶氏化学、泰瑞机器、德马格塑料机械在内的百余位塑料加工产业链获奖企业代表、各协会领导、荣格塑料峰会参会观众、行业媒体等业内人士齐聚一堂，共同分享和见证创新产品及技术给塑料行业带来的深刻变化。上海塑料行业协会秘书长应邀出席颁奖典礼并为部分获奖企业颁奖。

3月29日中国神华煤制油化工公司销售分公司华东办事处由陆俊雷主任带队，一行四人来访上海塑料行业协会。来访目的是对华东地区的聚烯烃产品下游的市场调研，并寻找电商结合的运作平台等。上海塑料行业协会秘书长秦建旺介绍了协会的会员单位的结构组成，并对塑料下游制品业的上海现状进行了分析，塑料化工电商会员单位的情况与发展也进行了交流，根据神华华东办事处的想法，引荐了电商会员单位进行进一步的交流。

3月29日下午，上海市进出口公平贸易行业工作会议在上海镇坪智选假日酒店隆重举行。上海市商务委员会公平贸易处主持会议，会议首先由公平贸易处处长卢正向大家介绍了2015年上海市公平贸易工作的情况及2016年的工作打算，同时宣读了上海市商务委关于确立第六批上海市进出口公平贸易行业工作站的决定。上海塑料行业协会副秘书长钮贤圭应邀出席了会议。

3月30日下午，上海塑料行业协会2016年会长办公会暨第六届二次理事会在华敏翰尊国际大厦28楼会议室召开。会议分别听取和审议了协会《2016年工作要点》《2016年财务预算》《副秘书长等聘任决定》、设立《上海塑料行业改性塑料检测中心》的方案、修改《上海谐华技术咨询部章程》的决定，并以举手表决的方式一致通过五项内容的文件。协会会长、中石化化工销售华东分公司总经理李振峰作总结讲话。会议由常务副会长陈铭主持。

4月20日，协会秘书长秦建旺、副秘书长钮贤圭拜访了位于嘉定区的励松包装材料有限公司。受到公司总经理许春燕的热情接待。

4月25日CHINAPLAS2016开幕当天，上海塑料行业协会会长、中国石化化工销售公司华东分公司李振峰总经理，陈铭常务副会长，陈斌康副会长，秦建旺秘书长等一行，在参观了相关的中外原料馆、机械馆的同时，走访了部分协会会员参展单位。先后走访的展台有：副会长单位，上海普利特复合材料有限公司、上海三承高分子材料科技有限公司；理事单位：上海化工品交易经营管理有限公司、上海塑盛电子商务有限公司；会员单位：美利肯化工集团有限公司等，并对其业务、产品和企业的经营状况进行了交流与探讨。

5月17～18日上海塑料行业协会与江西塑料工业协会联手在江西区域开展塑料企业的业务交流活动。上海塑料行业协会由副会长陈国康，副秘书长刘建国等4位成员；江西省塑料工业协会秘书长、江西省塑料工业总公司副总经理文承昊，副秘书长邹辉等5位成员参加了整个调研活动。交流活动共分为三场，两协会间的工作经验沟通、南昌区块的企业交流和九江区块的企业交流。

5月24日下午，上海塑料行业协会常务副会长陈铭、副会长陈国康等4人拜访上海海外化工有限公司，受到海外公司董事长李元的热情接待，拜访公司是协会的副会长单位。此程主要是海外公司自行研发了一款用于箱包的 PET 片材，属国内首创环保型产品，形成了从原料、片材和箱包制作一条龙开发，形成专利技术，与 PVC、PC 等应用于箱包的片材上具有价格和环保优势。

6 月 8 日，协会秘书长秦建旺、副秘书长钮贤圭走访了位于上海嘉定区安亭汽车城的“上海跃贝塑化科技有限公司”，受到公司总经理徐青华的热情接待。上海跃贝塑化科技有限公司是一家专业的聚合物合金材料供应商。其产品覆盖聚碳酸酯系列，聚酰胺系列和聚酯系列。主要应用在汽车、航天航空、高铁、机械工程、医疗、IT、电子和电器等领域。

6 月 15 日，协会秘书长秦建旺、副秘书长钮贤圭走访了位于浦东张江高科技园区的上海三普化工有限公司，受到该公司副总经理赵葵、市场总监王琳的热情接待。公司研发成功世界首例水相合成聚酰亚胺的全新工艺。

7 月 7 日上午 10 时，四川南充潆华工业区内，亚洲顶级高品质改性塑料新材料生产基地、2016 年四川省 100 个省级重点支持项目之一、南充市重大招商引资项目之一——“中国鑫达 30 万吨高分子复合材料生产研发项目”正式投产。上海塑料行业协会秘书长秦建旺应邀参加了此次活动。

7 月 23 日上午在上海绿地万豪酒店隆重举行第二届 2016 中国品牌经济（上海）论坛。会议首先由工信部科技司副司长卢希；国家质检总局原副局长、中国品牌建设促进会理事长刘平均；上海市政协副主席徐逸波进行致辞。协会副秘书长钮贤圭应邀出席了会议。

7 月 26 日下午 1：30 在上海长宁区金钟路 999 号 C 幢易贸大夏 1 楼召开上海塑料行业协会电子商务专委会成立大会暨互联网 + 分享传统行业新机遇报告会。出席会议有上海塑协会电商专委会会员单位、特邀塑协会员单位、阿里巴巴及电商客户演讲嘉宾等 70 余人。

8 月 4 日，以“塑包在行动，创新 · 高效 · 环保”为主题的“第四届 CPRJ 塑料包装技术论坛暨展示会”在上海浦东喜来登由由酒店盛大启幕。来自国内外塑料包装界 450 多位行业代表，33 家展商，数十位行业大咖齐聚一堂。协会陈国康副会长、秦建旺秘书长、刘建国副秘书长等 4 位作为嘉宾出席论坛。

8 月 15 日下午，上海市工商联（总商会）十三届九次常务会议在虹桥宾馆嘉庆堂隆重举行。会议由市委统战部副部长、市工商联党组书记赵福禧主持会议，会议首先由赵福禧书记传达了市委市政府有关会议精神、全国工商联十一届八次常委会议精神并作贯彻落实的具体部署，会议听取了市工商联主席王志雄作关于上海市工商联（总商会）2016 年上半年主要工作情况和下半年重点工作的通报，会议听取和审议有关人事调整事项。协会副秘书长钮贤圭应邀列席了本次会议。

8 月 26 日下午，塑料行业协会理事单位 B2B 平台“化塑汇”与晋煤集团全资子公司“金驹物流”合作推出自营仓，举行仓储物流中心启动仪式。来自上海相关的政府部门、银行界、企业界以及投资合作方共 80 余人出席了启动仪式。协会副秘书长刘建国等 2 人出席了位于宝山区普洛斯国际物流园区的金驹化塑汇仓储物流中心的现场启动仪式。

8 月 18 日下午，上海塑料行业协会常务副会长陈铭、副会长陈国康等一行，在前期与海外公司探讨开发新产品聚酯片材的基础上，进一步对该技术作深度交流。副会长陈国康就前一时期对改性聚酯片材及所制箱包与 PC、PP 箱包进行调研结果进行了技术交流。

8 月 25 日下午 17 点，上海塑料协会秘书长秦建旺先生，我的塑料网创始人兼 CEO 李铁道先生和上海佳宇包装制品有限公司销售总监朱计超女士一起做客 FM93.4 上海新闻广播电台的非常解读栏目，与主持人就塑料产品的安全与使用以及塑料行业市场现状及发展问题展开了现场互动。

9 月 7 日，协会秘书长秦建旺、副秘书长钮贤圭拜访了位于闵行区浦江镇的会员企业“上海角一高分子制品有限公司”，受到该公司总经理武藤健一、公司人事部部长姚毅的热情接待。上海角一高分子制品有限公司是一家日本独资企业，是集橡胶、热塑弹性体以及形状化学高分子素材为原料的产品制造公司。

9 月 25 日下午，由江门市政府主办，中国汽车改装用品协会、中汽认证中心、广东省汽车行业协会协办的“广东江门（上海）汽车产业合作交流会”在上海虹桥国家会展中心举行。中国汽车工业协会、北京理工大学、上海交大、同济大学等一批知名的机构和科研单位，比亚迪、奇瑞、北汽新能源、上汽申沃、安凯客车、金龙客车、威马汽车等一批国内知名的汽车整车及零部件生产企业，约200多人参加了会议。协会副秘书长刘建国应邀出席了会议。

10月12日，第十六届中国塑料交易会在台州国际会展中心开幕。台州市委书记王昌荣，市委副书记、市长张兵和中国石化化工销售有限公司总经理王媛、中国石油炼油与化工分公司副总经理杨天奎、波兰驻上海总领馆总领事彼得•诺沃特尼亚克等出席开幕式并共同启动开幕球。来自全国各地的塑料行业协会的领导、生产加工企业的厂商、贸易商代表近500人出席了隆重的开幕式。

10月19~20日，中国石油和化学工业联合会联手大连商品交易所对上海地区进行聚乙烯和聚丙烯市场调研，调研一行由联合会的信息与市场部祝昉主任和大连商交所会员部任曾副主任带队，调研组员有上海、浙江、北京、广东等地的贸易、投资及实业公司的研究人员、总监、分析师共计24人。在上海塑料行业协会的牵头下，调研组调研了中国石化上海石化股份有限公司、上海金菲石化有限公司、上海海湾石化有限公司和上海紫日包装有限公司。

10月19日，上海塑料行业协会组团一行14人赴德国K2016塑料展观展，由协会副会长陈国康和副秘书长钮贤圭带队，会员单位及相关企业参加，并参加了19日的开幕仪式和20日亚琛大学塑料加工研究院的参观。

11月5~6日在南京国际会议大酒店召开中国塑料加工工业协会第七次代表大会。本次大会的重要议题是换届选举，承上启下选出中国塑协第七届理事会领导成员，按协会章程履行相关手续，换届结果报送中国轻工业联合会。七届理事会共推荐理事单位（人选）304名、常务理事单位（人选）140名。设理事长1名、副理事长44名，设立特邀副理事长单位（人选）69名、特聘理事21名。

11月6日在南京召开的中国塑料加工工业协会第七次会员代表大会上表彰了“十二五”塑料加工科技创新企业、优秀科技成果、先进科技工作者、优秀企业、先进个人。其中：科技创新企业共91家，优秀科技成果52项，先进科技工作者51名，优秀企业68家，先进个人80位。上海塑料行业协会会员单位上海普利特复合材料股份有限公司、上海海湾石化有限公司被授予优秀企业称号；上海塑料行业协会会员单位中国石化化工销售有限公司华东分公司陈斌康、上海心尔新材料科技股份有限公司王梓刚被授予先进个人称号。

11月16日，协会秘书长秦建旺、副秘书长钮贤圭一行走访了位于松江区新浜工业区的上海龙达科技股份有限公司，受到该公司董事长张银龙、董事会秘书陈德圣、技术部副经理谢硕的热情接待。公司已经成为汽车、家电、办公用品、医疗健康等领域的世界500强知名企业产品配套的重要供应商。

2016年12月15日下午1：30上海塑料行业协会/上海市工商联塑料行业商会第六届二次会员大会暨第六届三次理事会在上海虹桥云峰宾馆隆重召开，会议由上海塑料行业协会常务副会长陈铭主持。会上，秦建旺秘书长进行了2016年度协会/商会工作总结；陈国康副会长作“关于十三五期间上海塑料产业的发展报告”和2017年度工作重点介绍。上海普利特、上海化工品交易市场作了大会交流，上海简弘作e管理运用的推介。会上对获得2016年度上海塑料行业名优品牌商标产品（或系列）的单位颁发奖牌；对获得2016年度上海市企业诚信创建活动－上海塑料行业协会星级企业颁发证书。会议表决通过了协会2016年工作总结的报告；协会2016年财务收支情况的报告；调整协会秘书长人选的议案；成立塑料电子商务专业委员会的议案。

二、上海塑料行业基本情况

上海地区塑料制品产量下降趋势正逐步得到扭转，由于产品结构调整，量大面广的低档次塑料制品业逐年减少。2016年上海塑料制品累计产量182.54万吨，同比增长0.67%，产量同比略有增长（见表1）。

表1　2016年上海塑料制品产量同比表

塑料制品类别	产量/万吨	同比增减/%
塑料制品	182.54	0.67
塑料薄膜	37.05	2.61
其中：农用薄膜	3.07	8.87
泡沫塑料	7.68	0.99
人造革、合成革	5.67	－3.77
日用塑料	8.52	－15.60
其他塑料	123.62	3.56

上海塑料制品业2016年工业总产值98.32亿

元，可比价增加 2.0%；主营业务收入 104.57 亿元，同比减少 -0.8%；实现利润总额 2.72 亿元，同比增加 1.05%，效益水平继续下降（见表 2）。

表 2　　2016 年上海塑料制品业主要经济指标（亿元）

内容	单位数	工业总产值	可比价增减/%	主营业务收入	同比增减/%	利润总额	同比增减额
塑料薄膜	84	98.32	2.0	104.57	-0.8	2.72	1.05
塑料板、管、型材	75	79.40	8.1	79.92	-1.0	5.46	0.22
塑料丝、绳及编织品	26	18.97	5.2	20.09	4.8	1.26	0.26
泡沫塑料	34	38.40	-1.5	39.19	-3.3	3.78	-1.15
塑料人造革、合成革	7	19.47	2.6	19.74	5.5	0.91	-0.92
塑料包装箱及容器	78	74.04	-6.2	77.74	-3.8	5.68	0.30
日用塑料制品	44	40.29	1.8	42.18	1.7	2.38	0.28
塑料零件	85	110.87	8.2	112.85	4.8	12.44	1.25
其他塑料制品	129	200.97	5.0	203.21	2.6	17.91	3.46
合计	562	680.73	3.4	699.48	1.0	52.55	4.74

三、上海地区塑料发展的现状与展望

塑料工业是我国国民经济中具有可持续发展特点的重要产业。目前，中国已成为世界上最大的塑料生产和消费国。伴随国民经济快速发展，我国塑料工业实现了历史性跨越，实现了从以消费品为主快速进入生产资料领域的重要转型，成为集新材料、新工艺、新技术、新装备为一体的新型制造业，现正进入上质量、上水平、上档次的转型升级发展新阶段。下面对上海地区塑料发展的现状与展望做个分析，便于企业在发展过程中参考。

1. 原料发展，科技领先

虽然，塑料产业链的涉及的产业在上海 31 个行业中无论从业人员还是资产总计占比是最小的，分别为 10.83% 和 12.71%，但万人资产量 112.93 亿元，在归类分析中则是最大的。上海塑料产业链的特点是塑料基础原料企业大多是规模大，如英国石油化工，德国拜耳、巴斯夫、赢创德固赛，美国亨斯迈，日本菱优化工、三井化学等世界著名跨国公司和中国石化、上海石化、高桥石化、华谊集团等国内大型骨干企业落户，主要生产聚乙烯、聚丙烯、聚苯乙烯、ABS（丙烯腈 - 丁二烯 - 苯乙烯共聚物）、聚碳酸酯、丙烯酸及酯等塑料原料，其生产基地分布在上海奉贤区和金山区的上海化工工业区地域。上海化学工业区的开发建设方兴未艾，在上海“创新驱动，转型发展”的关键时期，上海化学工业区将对标世界一流、积极创新实践，主动承担上海化工产业结构调整升级的责任，主动承担带动周边化工园区产业升级改造的责任，主动承担以化工区发展带动周边城镇化建设的责任，力争到 2020 年左右形成杭州湾北岸 60 平方公里化工产业带，实现每年 4000 万吨炼油、350 万吨乙烯生产能力和近 6000 亿元工业总产值；力争到 2030 年，化工区及相关产业营业收入达到 10000 亿元，把化工区全面建成“具有国际竞争力的世界级石化基地和循环经济示范基地”。

上海化工工业区在最初的定位为后续的发展、为解决塑料的基本原料奠定了很好的基础，然而，在如何满足后道产品的应用和提高其原料的附加值上还有许多研发工作要做，这正好与上海正在加快建设具有全球影响力的科技创新中心形成良好的契

机。即必须围绕化工塑料产业链部署创新链布局专业的研发机构集聚圈，随后形成科技转化服务圈，最终在外围形成科技转化产业圈。科技创新中心，是指科技创新资源密集、科技创新活动集中、科技创新实力雄厚、科技成果辐射范围广大，从而在全球价值链中发挥重要价值增值功能，占据领导和支配地位的区域。在化工工业区部署研发机构集聚圈的初期可借助在工业区的有实力的企业，成立其研究机构的分部，旨在解决其提供的产品与下游加工中的技术瓶颈，紧贴下游市场，以拓展其产品的应用范围和提升产品的内在质量。

2. 塑料制品规模的集约化整合

上海塑料制品企业发展较早，产品以日常生活及工业基本需求为主，制品相对比较档次低，企业目前处于维持生机，产品处于淘汰的境况，这与都市产业塑料制品如何发展成为羁绊，这在统计数据中也有所反映。今年召开的上海人代会上，有代表提出了在上海郊区一些化工小企业，包括生产塑料、添加剂之类的企业污染状况严重，引起了市委、市政府领导的重视，这些企业也到协会来咨询，能否有产业升级的产品可供转型。针对这些新常态下的问题，处在“互联网 +”的时代大背景下，应当看到，“互联网 +”代表着未来全新的生活方式、生产方式以及社会形态变化的趋势，这是不可阻挡的时代发展趋势，上海塑料制品的发展要进行集约化整合，以生产中高档制品和与之配套的研发系统。鼓励生产引领世界有潜在发展趋势的制品，研发重点在于塑料新材料应用和模具精细化产品解决方案，形成可复制推广的制品制造产业价值链，这也是在塑料发展融入上海正在加快建设具有全球影响力的科技创新中心的内容之一。

3. 关注塑料在重点领域的发展势头

上海塑料行业协会与雅式展览服务有限公司有着近十年的合作联系，这两年在展会上重点推介在医疗、汽车、建筑等行业塑料的应用，这些行业正是本文所述的紧密型行业，也是塑料在今后数十年大力发展的领域。

塑料作为一种十分重要的材料，在医疗领域得到广泛的应用，从药品、药剂的包装，到一次性医疗器械（如输液瓶、注射器等）和非一次性医疗设备（如计量器、非外科器械等）的应用，都有塑料的参与。据统计全球医疗器械市场已达1000亿美元，医疗材料市场达120亿美元，并且以7% - 12%的平均增长率持续增长，但是国内医用塑料还是个新兴产业。中国医用塑料产值仅仅只有发达国家的7%。中国医疗器械产值近500亿元，而医用塑料约60亿元左右，据专家推测，中国医疗器械市场将会增长40%，目前，中国注册医疗器械企业有7000多家，而生产医用塑料的企业大约只有1000家。由于产品精细度等因素，大部分产品只用在中小城市和广大农村地区，京津沪等大城市的市场主要应用还是“洋货”，而塑料制品大多是易耗品，因此市场空间十分巨大，这将给生产医用塑料企业带来无限商机。

我国汽车工业和摩托车工业的发展也离不开塑料，如模塑软质泡沫塑料市场广阔。聚氨酯泡沫塑料是最重要的聚氨酯制品，其用途广泛，性能优良：软质PUR泡沫塑料和半硬质PUR泡沫塑料主要用于家具衬垫与装饰材料、车用垫材、地毯底衬、服装衬里、建筑吸音材料、体育垫材，以及床垫和仪器包装材料等方面。其中模塑软质聚氨酯泡沫塑料的主要用途是汽车座椅垫材及摩托车、自行车座垫等；而硬质聚氨酯泡沫塑料主要用于冰箱、冷库行业作隔热保温材料，占硬质泡沫塑料总消费量的57.5%. 据专家预测，由于聚氨酯的可塑性极佳，材料性能实用性强，在汽车中的应用正日益扩大，是一种不可多得的塑料材料。

协会会员上海普利特公司去年获得了首个国外发明专利授权，其液晶高分子材料（TLCP）发明专利获得美国专利商标局授权（US 8，703，011 B2）。该公司在投资者关系互动中透露，2014年TLCP销售额为620万元，同比增长20.06%。该公司高端产品开发方面的亮点为长玻纤增强PP材料（下文简称“LGF”），继在宝马5系的仪表板骨架上得到成功应用后，宝马3系也开始批量使用，公司还获得了宝马汽车未来四款以上新车型的包括仪表板在内的众多零部件材料的供应定点，合作进一步加强。LGF在宝马以外的其他高端车型上也有较好应用，2014年11月该款材料又成功进入到路虎汽车的全球采购目录，借此公司成为国内材料供应商成功进入路虎全球采购目录的第一家。

塑料在建筑上的应用也十分广泛，如管材、门窗、模板等。管材和门窗的应用在我国已十分普遍，由于聚丙烯材料具有耐酸碱性、质轻，一定的耐热性等优越性能，可埋在地底下，制成热水管，不受刮风下雨腐蚀的影响，使用寿命可达到50年。建筑模板的生产和使用还处在起步阶段，在国外的使用已经相当普遍，主要是在我国用塑料制作建筑模板在建筑业的接受程度，取决于以塑代木、以塑代铁的政府禁令的推出力度和塑料模板的一些规范化实施标准如何推出，以及模板的利用频次等等，但用塑料制作建筑模板的发展前景十分看好。

4. 塑料废弃物回收再利用

上海作为大都市，从统计上看，在废弃资源综合利用业上无论在企业规模上，还是在从业人数上只能说处在起步阶段。上海废旧塑料资源丰富，蕴藏巨大财富，但流通环节不畅，开发利用严重不足。塑料回收行业基本上是以小作坊为主，从业人员各自为政，缺乏交流合作，设备落后，技术匮乏，管理不善，其结果是产品档次低，办厂利润严重流失。当地政府也在塑料回收上因势利导，扶植再生塑料企业，给予许多办企业的诸多政策支持，但依然面临观念滞后、技术滞后、管理滞后等发展瓶颈，发展方向不明，后劲严重不足。协会会员单位有两家从事再生塑料利用的企业，如上海田强科技发展有限公司，他们每年使用的废塑料，相当于节约石油 7.2 万吨，减排二氧化碳 3.84 万吨，节约加工费用 70% ~80%，节约煤炭 3 万吨，为减缓全球气候变暖和 PM2.5 减排付出了诸多努力。经过十几年的发展，企业通过了环评并且拥有专业回收资质，现已成为同行业中最大规模的企业之一。这家公司在废塑料的利用上起步较早，获得了可观的经济效益，现在在江苏进一步投资发展。

在上海，塑料废弃物回收再利用要形成气候，还必须规范出台一些制度，有利于从事塑料回收的企业良性发展。同时，对城市消费后的废塑料要有系统的回收网络，鼓励从事回收的个人或企业，并能持之以恒，这是循环再利用重要一环。

上海塑料行业的发展必须依托上海其他行业的发展来定位自身的发展，融入上海创新驱动、转型发展整体格局之中，以国家“一带一路”作为新的国际战略框架为契机，结合原先发展奠定的良好基础，重点在塑料紧密型产业的应用上多作研究，提高产品的附加值，符合都市产业的可持续发展的要求，在塑料行业中起引领作用。

（上海塑料行业协会　侯培民）

浙江省

一、基本情况

2016 年，全球经济局势依然动荡，美国经济持续复苏，国际原油在跌破 2008 年金融危机低点后触底反弹，大宗商品价格一路上扬；我国经济步入新常态运行，着力加强供给侧结构性改革，成效显著；合成树脂行业持续大幅扩产，尤其是煤化工项目陆续投产，塑料制品需求保持小幅增长，市场竞争进一步加剧。面对困难和挑战，浙江省塑料制品行业坚持稳中求进的工作总基调，着力稳增长、调结构，以加快转变生产方式为主线，加快产品结构调整和企业转型升级，提升科技、管理和营销水平，行业运行总体平稳，出口保持增长，实现了全年经济总体平稳。

1. 行业规模

据浙江省统计局统计，2016 年浙江省塑料制品行业规模以上企业 2165 家（其中亏损企业 262 家，同比增长 13.42%，亏损面 12.10%），占全国塑料制品行业规模企业总数的 14.38%，从业人员 26.65 万，同比下降 0.59%。

2. 塑料制品产量

2016 年，全省规模以上企业完成塑料制品总产量 1072.97 万吨，同比增长 4.72%，占全国同期塑料制品总产量的 13.90%，居全国第一位，增幅较上年同期提高了 5.68 个百分点，其中：塑料薄膜产量 393.30 万吨，同比增长 7.34%，占全国同期塑料薄膜总产量的 27.71%，居全国第一位；塑料薄膜中农用薄膜产量 19.98 万吨，同比下降 8.32%，占全国同期农用薄膜总产量的 8.26%，居全国第四位；泡沫塑料制品产量 25.16 万吨，同比增长 2.93%，占全国同期泡沫塑料制品总产量的 10.09/%，居全国第四位；塑料人造革、合成革产量 93.57 万吨，同比下降 7.45%，占全国同期塑料人造革、合成革产量的 28.23%，居全国第二位；日用塑料制品产量 115.03 万吨，同比增长 7.55%，占全国同期日用塑料制品总产量的 18.14%，居全国第二位；其他塑料制品 445.91

万吨，同比增长 4.74%，占全国同期其他塑料制品总产量的 8.77%，居全国第三位。2016 年五大类塑料制品中农用塑料薄膜和塑料人造革、合成革产量与去年同期相比是下降的，降幅分别为 8.32% 和 7.45%。

3. 创新活力不断增强，名牌产品、著名商标产品平稳增长

创新投入持续加大，全行业不断依靠科技进步，加大科技开发力度，加快企业高新技术成果的产业化，推动产品结构调整和产业升级。2016 全行业规模企业科技活动经费投入继续增加，全年科技活动经费支出总额达 24.65 亿元，同比增长 16.72%，增幅较上年同期上升 10.61 个百分点。

截至 2016 年底，全行业有浙江名牌产品 101 个，浙江省著名商标 132 件。

二、企业荣誉

1. 2016 浙江省综合百强企业

百强排序	企业名称	地区	营业收入/万元
62	浙江大东南集团有限公司	绍兴	1800211
63	华峰集团有限公司	温州	1790300
81	利时集团股份有限公司	宁波	1461771

2. 2016 浙江省制造业百强企业

百强排序	企业名称	地区	营业收入/万元
43	浙江大东南集团有限公司	绍兴	1800211
44	华峰集团有限公司	温州	1790300
55	利时集团股份有限公司	宁波	1461771
69	海天塑机集团有限公司	宁波	1155947
81	浙江富陵控股集团有限公司	绍兴	929756
93	浙江中财管道科技股份有限公司	绍兴	751655

3. 2016 浙江省成长性最快百强企业

百强序号	企业名称	地区	营业收入/万元
50	利时集团股份有限公司	宁波	1461771
56	浙江中财管道科技股份有限公司	绍兴	751655
65	华峰集团有限公司	温州	1790300
98	浙江大东南集团有限公司	绍兴	1800211

4. 2016 年度浙江省著名商标

2016 年新认定

序号	商标标识	商标注册证号	核定使用的类别	申请认定商标实际使用主要商品（服务）	主体名称（商标注册人）
1		7508959	17	非包装用塑料膜	宁波东旭成新材料科技有限公司
2	UVA甬华	7916505	7	注塑机	宁波市通用塑料机械厂
3	TR 天瑞星TIANRUIXING	8061917	17	塑料板；橡胶或塑料制（填充或衬垫用）包装材料；半加工塑料物质	温州天瑞新材料科技有限公司
4	亿通塑胶 ITONG PLASTIC	6802878	17	半加工塑料物质、橡胶或塑料制填充材料	浦江亿通塑胶电子有限公司

续表

序号	商标标识	商标注册证号	核定使用的类别	申请认定商标实际使用主要商品（服务）	主体名称（商标注册人）
5	ZHANYU	5708699	17	有机玻璃、塑料板、半加工塑料物质	浙江龙游展宇有机玻璃有限公司（商标注册人名义：夏建武）
6	LXPC	7146171	20	非金属大桶；塑料周转箱；木箱或塑料箱	浙江麟祥塑业有限公司
7	浙联	6671938	17	未加工或半加工树胶，非文具、非家用、非压用胶带；半加工塑料物质；非金属软管；保温用非导热材料；绝缘材料；非包装用塑料膜；电控透光塑料薄膜（截止）	浙江联华塑业有限公司
8		10483749	21	非医用喷雾器；化妆用具；喷香水器	余姚晟祺塑业有限公司
9	中盛	7992148	16	垫货盘可伸展塑料膜；货盘装运用可延伸塑料黏膜	浙江中盛新材料股份有限公司

2016 年度延续认定

序号	商标标识	商标注册证号	类别/商标实际使用商品或服务	企业名称（商标注册人）
1	华益	4270071	16 类/包装用塑料薄膜	杭州萧山华益塑料有限公司
2		3135279	19 类/塑合金复合通信管、多孔栅格式通信管	浙江八方电信有限公司

续表

序号	商标标识	商标注册证号	类别/商标实际使用商品或服务	企业名称（商标注册人）
3		586252	7类/包装机械、注塑机、挤压机	杭州方圆塑机股份有限公司
4		545741	16类/薄膜、包装用薄膜	浙江杭宝特种薄膜有限公司
5		210270	17类/塑料薄膜	杭州新光塑料有限公司
6		3290098	17类/塑料管材、非金属管道接头、塑料管板	浙江金盾塑胶有限公司
7		1574071	7类/注塑机、电子冲塑机	宁波海星机械制造有限公司
8		1492704	16类/锡纸、锥形纸袋、纸制奶油容器	大发强盟包装有限公司
9		540756	16类/塑料贴面纸	温州市新丰复合材料有限公司
10		1736863	20类/非金属阀、塑料排水阀、排泄塑料弯管	浙江佰通防腐设备有限公司

续表

序号	商标标识	商标注册证号	类别/商标实际使用商品或服务	企业名称（商标注册人）
11		3719571	22 类/运输和储存散装物用口袋（麻袋）、尼龙编织袋、编织袋	温州晨光集团有限公司
12		1931720	22 类/编织袋、面袋、尼龙编织袋	南塑集团有限公司
13		1172236	17 类/合成树脂、人造树脂、半成品橡胶	华峰集团有限公司
14		4494162	1 类/聚丙烯、合成树脂塑料、氮	浙江绍兴三圆石化有限公司
15		6849447	19 类/非金属管道，非金属排水管，建筑用塑料管	浙江阮氏塑业有限公司
16		3251059	16 类/包装用塑料膜（袋）	海宁市粤海彩印有限公司
17		12507019	1 类/酚醛塑胶粉、胶木粉、电木粉	浙江嘉民塑胶有限公司
18		1996341	21 类/塑料杯	义乌市双童日用品有限公司

续表

序号	商标标识	商标注册证号	类别/商标实际使用商品或服务	企业名称（商标注册人）
19	ZTPC	4840530	21 类/垃圾箱、垃圾筒、清洁器具（手工操作）	浙江鑫鼎塑业有限公司
20	FULING	4712945	8 类/餐具（刀、叉和匙）、刀叉餐具	台州富岭塑胶有限公司
21		758085	10 类/一次性吊瓶输液器、一次性注射器	浙江玉升医疗器械股份有限公司
22		6206248	19 类/塑料排水管、非金属塑料水管阀	浙江光华塑业有限公司
23	LIANQIAO	4601270	18 类/仿皮、仿皮革、半加工或未加工皮革	浙江联侨合成革有限公司
24	鑫挺® XIN TING	1592755	18 类/仿皮革、人造革、合成革	义乌市鑫挺人造革有限公司
25	HONYAR鸿雁	296024 1438504 4913840	9 类/低压电器元件（开关；插头、插座；电线导管；接线盒；分线盒；熔断器；断路器；母线槽）	杭州鸿雁电器有限公司
26	HX	8445207	7 类/注塑机	宁波海雄塑料机械有限公司
27	楠丰	3300215	11 类/管道	浙江楠丰管道工业有限公司
28		1194458	16 类/包装用塑料膜	浙江众成包装材料股份有限公司

续表

序号	商标标识	商标注册证号	类别/商标实际使用商品或服务	企业名称（商标注册人）
29	LUXI 绿意	1996542	20 类/家具、水箱或塑料箱、非金属大桶	浙江鑫鼎塑业有限公司
30	市 X 下	674505	8 类/喷雾器	市下控股有限公司
31	HEXIN	1378069	18 类/合成革	浙江禾欣新材料有限公司
32	龙越	3991564	11 类/管道（卫生设备部件）、冷却设备和装置	浙江龙越管业有限公司
33	DONGHAIXIANG	3819516	24 类/平针织物（纤维）、窗子布、聚丙烯编织布	东海翔集团有限公司

5. 2016 年度浙江省名牌产品

新增名牌产品

序号	产品名称	申报企业名称	商标
1	塑料管材管件	杭州联通管业有限公司	
2	低烟无卤阻燃聚烯烃电缆料	浙江万马高分子材料有限公司	萬马
3	瓶级聚酯切片	浙江万凯新材料有限公司	WK凯 万凯
4	聚丙烯树脂	浙江鸿基石化股份有限 公司	
5	高性能汽车风扇 PA6 复合材料	横店集团得邦工程塑料有限公司	TOSPO 得邦
6	化妆品包装容器	浙江锦盛包装有限公司	

续表

序号	产品名称	申报企业名称	商标
7	双向拉伸聚丙烯薄膜	浙江凯利新材料股份有限公司	KINLEAD
8	塑料注射模具	陶氏模具集团有限公司	
9	塑料托盘	浙江荣新工贸有限公司	
10	一次性使用注射器	浙江灵洋医疗器械有限公司	灵 洋
11	高性能自动伸缩膨胀水管及管件	浙江海伦塑胶有限公司	

复评名牌产品

序号	产品名称	申报企业名称	商标
1	PVC－U 塑料异型材	浙江中财型材有限责任公司	中财
2	塑料管材、管件	杭州鸿雁电器有限公司	HONYAR 鸿雁
3	塑料管材管件、玻璃钢管材管件	浙江华丰新材料股份有限公司（原浙江华丰管业有限公司）	
4	泡沫塑料机械	杭州方圆塑机股份有限公司	方园
5	电线电缆用可交联聚乙烯绝缘料	浙江万马高分子材料有限公司	萬马
6	塑料薄膜	杭州新光塑有限公司	星光
7	塑料管材管件	杭州波达塑料科技股份有限公司	波达
8	PVC 扣板	浙江华夏杰高分子建材有限公司	华夏杰 HUAXIAJIE
9	PVC 塑料型材	华之杰塑料建材有限公司	华之杰
10	交联聚乙烯电缆用绝缘料	浙江远大高分子材料有限公司	太湖远大
11	PU 合成革	浙江禾欣新材料有限公司（原浙江禾欣实业集团股份有限公司）	禾欣
12	柔性灯箱布	浙江海利得新材料股份有限公司	海利得
13	POF 热收缩膜	浙江诚信包装材料有限公司	诚信
14	聚丙烯膜压敏胶粘带	浙江永和胶粘制品股份有限公司	权威

续表

序号	产品名称	申报企业名称	商标
15	饮用吸管	义乌市双童日用品有限公司	双童
16	铝塑复合压花膜	义乌市晒康塑胶厂	晒康 SHAI KANG
17	可发性聚苯乙烯	宁波新桥化工有限公司	KING PEARL
18	阻燃聚丙烯	宁波福天新材料科技有限公司	燕福
19	聚丙烯粉料	镇海石化工业贸易有限责任公司	招宝山
20	家用塑胶制品	宁波利时塑胶有限公司	LISI
21	PVC－U 芯层发泡管材管件	宁波华安建材冶炼有限公司	NBHA
22	高分子复合遮阳面料	宁波先锋新材料股份有限公司	A－plus
23	氨基模塑料	浙江万安塑料有限公司	萬安缘
24	聚烯烃塑料薄膜	绍兴富陵实业集团有限公司	百草园
25	人造革、合成革	浙江无名皮塑集团有限责任公司	金皇后
26	PVC－U 排水管材、管件	浙江同正管道技术有限公司	同正
27	塑料包装薄膜	浙江大东南集团有限公司	大东南
28	塑料型材	永高股份有限公司	公元
29	日用塑料制品	浙江特耐适日用品有限公司	trust
30	给排水用硬聚氯乙烯（PVC－U）管材管件	浙江天雁控股有限公司	天雁
31	聚氨酯革用树脂	浙江华峰合成树脂有限公司	JUFENG 聚峰
32	聚氨酯树脂	华峰集团有限公司	JUFENG 聚峰
33	塑料编织袋	南塑集团有限公司	NANSU 南塑
34	镀铝聚酯薄膜	大发强盟包装有限公司	龙发
35	塑料圆织机	雁峰集团有限公司	雁峰

续表

序号	产品名称	申报企业名称	商标
36	塑料编织袋	温州晨光集团有限公司	
37	塑料注射成型机	浙江金鹰股份有限公司	金鹰
38	机筒螺杆	浙江华业塑料机械有限公司	华业

6. 2015 年度中国轻工业塑料行业十强企业

公元塑业集团有限公司、浙江大东南集团有限公司、浙江中财管道科技股份有限公司、浙江伟星新型建材股份有限公司、利时集团股份有限公司。

7. 2015 年度中国轻工业塑料行业（塑料管材）十强企业

公元塑业集团有限公司、浙江中财管道科技股份有限公司、浙江伟星新型建材股份有限公司、枫叶控股集团有限公司。

8. 2015 年度中国轻工业塑料行业（塑料人造革合成革）十强企业

浙江禾欣控股有限公司。

9. 中国轻工业塑料行业（塑料异型材）十强企业

浙江中财型材有限责任公司、华之杰塑料建材有限公司。

10. 中国轻工业塑料行业（塑料家居）十强企业

利时集团股份有限公司、台州富岭塑胶有限公司、双马塑业有限公司、浙江龙士达家居用品有限公司、三友控股集团有限公司。

11. 中国轻工行业百强企业名单

名次	企业名称	名次	企业名称
31	公元塑业集团有限公司	41	浙江中财管道科技股份有限公司
35	浙江大东南集团有限公司		

12. 中国轻工业成长能力百强企业榜单

名次	企业名称	名次	企业名称
6	浙江母爱婴童用品股份有限公司	81	浙江伟星新型建材股份有限公司
35	浙江大东南集团有限公司		

13. 中国轻工业财政能力百强企业榜单

名次	企业名称	名次	企业名称
39	公元塑业集团有限公司	72	浙江伟星新型建材股份有限公司
48	浙江中财管道科技股份有限公司		

14. 中国轻工业研发能力百强企业榜单

名次	企业名称	名次	企业名称
29	公元塑业集团有限公司	42	利时集团股份有限公司
41	浙江中财管道科技股份有限公司	68	浙江大东南集团有限公司

15. 中国轻工业电商能力百强企业榜单

名次	企业名称	名次	企业名称
7	公元塑业集团有限公司	48	浙江母爱婴童用品股份有限公司

16. 中国轻工业价值能力百强企业榜单

名次	企业名称	名次	企业名称
9	浙江伟星新型建材股份有限公司	60	浙江母爱婴童用品股份有限公司
15	公元塑业集团有限公司	89	浙江大东南集团有限公司
52	浙江中财管道科技股份有限公司		

17. 中国轻工业盈利能力百强企业榜单

名次	企业名称	名次	企业名称
26	公元塑业集团有限公司	57	浙江伟星新型建材股份有限公司
29	浙江大东南集团有限公司	61	浙江中财管道科技股份有限公司
46	利时集团股份有限公司		

18. 中国轻工业市场能力百强企业榜单

名次	企业名称	名次	企业名称
31	浙江大东南集团有限公司	57	公元塑业集团有限公司
52	利时集团股份有限公司	64	浙江中财管道科技股份有限公司

19. 2016 中国民营企业 500 强

序号	五百强序号	企业名称	所属行业	营业收入总额/万元
1	257	浙江大东南集团有限公司	橡胶和塑料制品业	1800211
2	259	华峰集团有限公司	化学原料和化学制品制造业	1790300
3	283	浙江明日控股集团股份有限公司	批发业	1675024
4	336	伟星集团有限公司	综合	1467724
5	341	利时集团有限公司	橡胶和塑料制品业	1461771
6	439	海天塑机集团有限公司	专业设备制造业	1155947
7	452	公元塑业集团有限公司	橡胶和塑料制品业	1106712

20. 国家级企业技术中心名单

序号	企业名称	企业技术中心名称
1	杭州鸿雁电器有限公司	杭州鸿雁电器有限公司技术中心
2	浙江禾欣控股有限公司	浙江禾欣控股有限公司技术中心
3	华峰集团有限公司	华峰集团有限公司技术中心
4	永高股份有限公司	永高股份有限公司技术中心
5	浙江大东南集团有限公司	浙江大东南集团有限公司技术中心
6	浙江金洲管道科技股份有限公司	浙江金洲管道科技股份有限公司技术中心
7	浙江伟星新型建材股份有限公司	浙江伟星新型建材股份有限公司技术中心
8	海天塑机集团有限公司	海天塑机集团有限公司技术中心

三、大事记

1. 联合主办“2016国际车用塑料暨汽车零部件产业链高峰论坛”

3月10～11日，“2016国际车用塑料暨汽车零部件产业链高峰论坛”在上海隆重举行，本次论坛由中国塑料加工工业协会工程塑料专业委员会与浙江省塑料行业协会联合主办。论坛以聚焦汽车“轻量化技术”和“车内安全环境”两大热点为主题。来自国内科研院所、大专院校以及国内外塑料改性、塑料助剂、塑料加工设备、汽车零部件、整车企业等汽车零部件产业链共300余人出席论坛。

中国塑料加工工业协会常务副理事长曹俭、秘书长马占峰、副秘书长许琳、办公室主任郭志宏；重庆梁平县委副书记、县人民政府县长蒲继承；中共梁平县委常委、梁平工业园区管委主任付云；中国塑料机械工业协会秘书长粟东平；浙江省塑料行业协会秘书长汪建萍以及中国工程院院士侯立安；中科院宁波材料技术与工程研究所研究员朱锦；上海交通大学教授彭雄奇；华东理工大学教授谢林生；北京化工大学教授何亚超等业内专家应邀出席论坛。

本届国际车用塑料暨汽车零部件产业链高峰论坛为各企业提供了一个很好的交流平台，通过演讲嘉宾的学术分享，对促进产学研的有效结合、共同应对行业的新标准和新挑战具有重要意义。

2. 与中塑协滚塑专委会联合承办滚塑行业2016年年会暨2016年中国国际滚塑论坛

4月21～23日，我会与中塑协滚塑专委会联合承办滚塑行业2016年年会暨2016年中国国际滚塑论坛在宁波举行，会上就中国滚塑技术进展、滚塑制品应用领域及发展方向等议题进行了探讨。

3. 参加“中国塑料加工工业协会六届六次理事扩大会议”

4月24日，“中国塑料加工工业协会六届六次理事扩大会议”在上海召开，中国轻工业联合会副会长、中国塑料加工工业协会理事长钱桂敬，中国塑料加工工业协会常务副理事长曹俭、秘书长马占峰，浙江省塑料行业协会会长韩新伟，广东塑料行业协会会长符岸，江苏省塑料加工工业协会会长韦华和山东塑料协会会长刘丰田出席会议并在主席台就座，来自全国各地塑料行业协会的领导、专家及企业家代表共200余人参加会议。会议由钱桂敬理事长主持。

会议审议通过了中塑协2015年度工作总结和2016年工作要点；2015年度财务收支情；2015年新增会员的议案报告；《塑料加工业“十三五”发展规划指导意见（送审稿）》，听取了协会副秘书长冯庶君有关“2016中国国际塑料新材料、新技术、新装备、新产品展览会”筹备工作的介绍。

会议还邀请国务院发展研究中心宏观经济研究部研究员、发展研究中心学术委员会副秘书长、享受国务院特殊贡献津贴、中央社会主义学院兼职教授张立群，就中国当前经济形势和国家供给侧改革有关政策等做权威分析。

4. 协会组团参观“CHINAPLAS 2016国际橡塑展”

4月25日，以“绿塑创新、智造未来”为主题的CHINAPLAS 2016国际橡塑展在上海新国际博览中心隆重开幕。浙江省塑料行业协会组织100余家会员单位参观了此次展览。

本届展会面积达24万平方米，换句话说，就是整个上海新国际博览中心的所有展馆都用上了还不够，在中间空地、草地上又搭建起多个类似蒙古包的特色展馆！有3323家展商参展，而观众人数相比 2014 年在上海举办的 CHINAPLAS，增长 14%，比 2015 年在广州举办的 CHINAPLAS，增长 15.8%，专业观众达 148575 人次。

展会亮点频爆，无论展品还是配套 活动，均以创新、自动化及环保科技为主线，贯穿不同应用行业及产品生命周期的每一环节。世界知名材料及设备供应商因势而动使出“杀手锏”，携全球领先解决 方案，献礼 30 届 CHINAPLAS。

参展商皆是中外原材料及橡塑机械领域的巨头，彰显展会在国际举足轻重的业界地位，而观众群则更是由最初只集中于塑料制品生产商，至今已延伸至不同的工业领域，包括汽车、包装、电子信息及电器、建筑、医疗、玩具等。

除了规模、展商及观众数量均创历史新高外，CHINAPLAS2016 还新增多个专区，并举办多项同期活动，如“回收再生科技专区”“第二届医用塑料论坛”“工业 4.0 论坛”等。这些活动均获得中、外观众的称许，认为为他们提供了更佳的互动平台。

5. 主办“2016 宁波国际塑料及橡胶工业展览会”

5 月 26 ~ 28 日，由浙江省塑料行业协会、浙江省橡胶行业协会、宁波市塑料行业协会、宁波市塑料机械行业协会、宁波市橡胶商会、宁波市热塑性弹性体商会联合主办的“2016 宁波国际塑料橡胶工业展览会”在宁波举行，此次展会展览面积为 16000 米^2，有 560 余家企业参展，展品涵盖了塑料、橡胶行业的原料、加工机械、检测仪器等，吸引了业内 26000 余名专业人士参观，展会对推动浙江省塑料橡胶行业的进步与发展具有重要意义。

6. 中国塑料加工工业协会改性塑料专业委员会 2016 年年会在浙江建德举行。

7. 协助省名牌产品及著名商标的申报评比工作

积极帮助行业开展省名牌产品及著名商标的申报工作，对行业产品进行排名，引导企业争创名牌产品。2016 年，全省塑料行业有 49 个产品获省名牌产品称号，其中新增 11 个，复评 38 个，省著名商标 42 件，其中新认定 9 件，延续认定 33 件。

8. 召开协会五届二次理事暨常务理事会

10 月 11 日，浙江省塑料行业协会五届二次理事暨常务理事会在台州路桥隆重召开，会议由协会会长韩新伟主持，来自全省各地的 80 多位理事（常务理事）出席会议。

会议先后听取了协会会长韩新伟关于协会 2015 年度工作总结和未来一阶段工作计划的报告、副会长兼秘书长汪建萍关于协会 2015 年度财务收支情况报告，经与会理事、常务理事审议，通过了以上报告。会上还通报了 2015 年及 2016 年上半年全省塑料行业经济运行情况。会议充分肯定了协会一年来所取得的成绩。

9. 协办并组织行业企业参观“第十六届中国塑料交易会”

为加强企业间的交流与合作，协会继续协办并组织业内 100 余家企业参观“第十六届中国塑料交易会”。

10. 参加全国塑料行业协会座谈会

10 月 11 日，协会参加由中国塑料加工工业协会组织的“全国塑料行业协会座谈会”，会上浙江省塑料行业协会作为全国重点协会做了典型发言，协会会长韩新伟就我省塑料行业 2016 年上半年经济运行情况、企业存在的困难及 2017 年行业可能面临的困难作了简要介绍，受到了中塑协的表扬。

11. 协会组团参观 K2016 展和德国布鲁克纳公司

2016 年 10 月 19 ~ 26 日，全球最大的行业展览会—“第二十届德国杜塞尔多夫国际塑料及橡胶展（简称 K2016 展）”在德国杜塞尔多夫隆重举行，为及时了解全球塑料行业发展现状及趋势、加强企业与国际的技术交流、提升产品技术含量、加快企业转型升级步伐，浙江省塑料行业协会组团赴德国参观 K2016 展和德国布鲁克纳公司，参观团一行 31 人。

10 月 21 日上午，主办方为浙江塑协参观团举行了隆重的欢迎仪式，主办方项目副总监 Thomas 先生就 K2016 展的规模、展馆布置及展会期间举行的有关活动作了介绍，同时他代表主办方对浙江塑协参观团专程来参观 K 展表示热烈欢迎。浙江塑协汪建萍秘书长在欢迎仪式上就浙江省塑料行业的现状进行了简要介绍，同时对 K2016 展主办方为浙江塑协参观团举行欢迎仪式表示感。

28 日上午，浙江塑协参观团赴德国布鲁克纳公司参观，受到了布鲁克纳公司高管的热情接待，公司高管就布鲁克纳公司的概况向参观团作了介绍，之后参观团在布鲁克纳公司高管的陪同下参观了公司的双向拉伸薄膜生产线、技术研发中心和创新机械测试中心，布鲁克纳集团是世界著名的双向拉伸膜设备生产企业，被评为德国 500 强企业隐形冠军前十位，该公司能够在激励的市场竞争中立于不败之地很重要的一点就是他们一直在不断地研发创新。目前布鲁克纳公司是全球最大的双向拉伸薄膜设备生产企业，中国70%以上的双向拉伸薄膜生产设备均是引进布鲁克纳的生产线。

通过此次参观K展和布鲁克纳公司，使参观者亲眼目睹当今世界塑料行业现状及发展趋势，同时也看到了国外公司的研发能力和管理水平，受益匪浅，收获颇丰，对于提升企业的管理水平、加快企业转型升级步伐具有一定的促进作用。

12. 参加中国塑协第七次会员代表大会

11月5~6日，协会会长韩新伟、副会长兼秘书长汪建萍、常务副秘书长郭利强参加在南京国际会议大酒店、国际展览中心召开的中国塑料加工工业协会六届七次理事会扩大会议、第七届会员代表大会、七届一次理事会，我省作为全国产量最大的塑料制品省份，韩新伟会长在主席台就座。

会议审议了中塑协六届理事会工作报告、财务工作报告、章程修改议案、会员管理办法、会费管理办法、分支机构管理办法等议案，书面投票选举产生了第七届理事会（常务）理事、副理事长、理事长成员，由王世成任协会理事长（法定代表人），朱文玮任协会常务副理事长兼秘书长，曹俭、马占峰任协会专职副理事长，我协会会长韩新伟续任新一届副理事长；根据理事长提名，会议设置了若干特聘副理事长单位。会议还交流了塑料加工业“十三五”发展规划指导意见、2017年协会主要工作要点、行业自律公约等内容。在会员代表大会上，会议表彰了“十二五”塑料加工业科技创新型企业、优秀科技成果、先进科技工作者、优秀企业及先进个人。

13. 积极参与塑料行业国标及行标的有关工作

（1）参与二项行业标准的立项申请投票

根据全国塑料制品标准化技术委员会（SAC/TC48）的安排，参与轻工行业标准《包装用聚乙烯醇薄膜》、《人造革与合成革工业绿色园区建设评价体系》的立项申请投票工作。

（2）参与五项国家标准的立项申请投票

根据全国塑料制品标准化技术委员会（SAC/TC48）的安排，参与国家标准《电线电缆用软聚氯乙烯塑料》《铸型尼龙滑轮 第一部分：电梯滑轮》《塑料制品中多溴联苯和多溴二苯醚的测定方法－气相色谱质谱》《塑料制品中多溴联苯和多溴二苯醚的测定方法－液相色谱》《塑料制品基本安全技术规范》《塑料购物袋》《人造革合成革试验方法耐寒性的测定》《塑料制品基本安全技术规范》《人造革合成革试验方法耐揉搓性的测定》《人造革合成革试验方法拉伸负荷及断裂伸长率的测定》的立项申请投票工作。

（3）参与二十四项项行业标准及六十四项国家标准制修订计划集中复审工作

根据国标委、工信部、中轻联和全国塑料制品标准化技术委员会（SAC/TC48）的要求，协会对现行推荐性国家和行业标准，以及自2007年以来立项，尚未报批的推荐性标准合计68项进行集中复审，从标准能否满足行业发展和市场需求、标准的先进性等方面进行评价，如无法满足当前行业发展和市场需求、或标准适用的产品已退出市场、涉及的主要技术已被淘汰等提出继续有效、修订或废止的意见，并形成书面材料上报全国塑料制品标准化技术委员会。

14. 开展标准查阅服务

协会与浙江省技术监督局标准化研究院合作，在“浙江塑料网”上推出了为企业提供标准阅览、标准打印、标准翻译、标准跟踪、标准确认、技术水平对比等一系列标准服务。数据库标准主要结构为：国内标准有国家标准、行业标准、台湾标准；国外标准主要为ISO、IEC、ITU三大国际标准组织的部分标准以及美、欧、日等国和CSA标准、ANSI标准、ASME标准、ASTM标准、UL标准等主要国外组织标准的部分先进标准。

15. 参与食品用包装、容器、工具等制品的市场准入工作

目前国家已将食品用塑料包装、容器、工具等3类39个产品实施市场准入制度管理，我会积极引导企业开展此项市场准入工作，同时参与食品用包装、容器、工具等制品的市场准入工作，截至2016年年底，全省获证企业1608家（杭州247、宁波191、温州290、湖州57、嘉兴161、绍兴83、金华91、衢州32、台州396、丽水11、舟山11、义乌38）。

16. 参加“省级工业产品生产许可事中事后监督检查”工作

为加强对省级工业产品生产许可下放事项的事中事后监管，督促获证企业严格依照生产许可证相关要求开展生产经营活动，参与浙江省工业产品生产许可证办公室开展的“省级工业产品生产许可事中事后监督检查”工作，我会参与此项工作并担任组长单位，全年共检查塑包生产企业3家（宁波2

家、绍兴1家）。

17. 参加G20峰会重点产品获证生产企业实地监督检查工作

为确实加强对G20峰会重点产品获证生产企业事中事后监管，按照G20峰会产品质量监督和服务保障工作部署，参加浙江省和杭州市质监局联合开展的食品相关产品获证企业实地监督检查工作，协会作为组长单位，对杭州娃哈哈下属的四家生产PET瓶、PE及PP瓶盖的企业进行实地监督检查。

18. 发挥组织优势，做好会员服务

努力为会员企业提供政策法规、行业动态、市场动态、产品发展趋势、质量与标准等信息，同时做好为会员单位的其他服务工作，如：杭州萧山塑料总厂、浙江比例包装股份有限公司、杭州宏升塑胶有限公司等单位提供有关QS许可证需要准备的有关资料、产品工艺技术、协调制定标准等方面的服务，获得了企业的好评。

19. 积极办好“浙江塑料网”及“浙江塑料通讯”

为做好对会员的服务工作，协会努力办好“浙江塑料网”及“浙江塑料通讯”，积极报导国家有关政策法规、行业动态、行业信息、市场信息、质量及标准，并免费赠送给企业一年6期的浙江塑料通讯（30余万字）。

20. 参加全国塑料制品标准化技术委员会（SAC/TC48）2016年年会

12月19日，全国塑料制品标准化技术委员会（SAC/TC48）2016年年会在北京胜利饭店召开，国家标准化管理委员会、工业和信息化部、中国轻工业联合会、北京工商大学的领导及SAC/TC48、SAC/TC48/SCI、SAC/TC48/SC2、SAC/TC48/SC3的委员共130余人出席会议。

浙江省塑料行业协会秘书长汪建萍作为SAC/TC48委员参加了会议，并参加了SAC/TC48有关行业国标及行标的审核。

（浙江省塑料行业协会　汪建萍）

浙江省台州市

台州市塑料行业协会成立于2001年，是经台州市民政局注册登记的社会团体法人，由从事塑料原料、制品、机械和模具生产及相关的企业自愿参加组成的地区性行业组织，现有会员单位200多家（其中团体会员1家），涵盖了台州市全部9个县市区。本会经过16余年的运作，在组织开展学习交流、联络联谊、参政议政、服务维权和社会公益服务方面做了大量卓有成就的工作，取得了可喜的成绩，具有一定的知名度和社会影响力，得到了各级政府、业务主管部门和社会各界的充分肯定。2005年，荣获“浙江省台州市优秀社会团体”称号；2009年，荣获“中国塑料行业先进单位”称号；2011年，荣获台州市“5A级社会组织”称号；2014年，荣获中国国际塑料新材料、新技术、新装备、新产品展览会组委会“优秀组织奖”。

台州塑协拥有多个活动平台和载体，包括展会、论坛、讲座、考察、网站、杂志等等，最主要的是创办每年一届的中国塑料交易会。中国塑料交易会是台州塑料行业的一张金名片，不仅为台州塑料企业搭建了展示交流的舞台，也为国内外同行了解台州、走进台州提供了良好的窗口。协会每年都要举办各种类型的论坛讲座，高规格的论坛有亚洲塑料论坛、中美印塑料论坛、智慧工厂高峰论坛等。实用性的讲座有工业设计、品牌建设与营销管理、法律知识等专题讲座。同时每年组织会员企业外出考察交流，美国NPE展、德国K展、日本塑料展等国际性展会都留下了本会的足迹，国内考察更是不计其数。此外，协会拥有自己的杂志《台州塑料》和网站，是协会内部信息沟通交流的重要平台。本会与美国、印度、墨西哥、马来西亚、泰国等20多家国外协会、国内各省市塑协以及美国美利肯材料技术公司、巴塞尔公司等著名机构和企业建立了良好的合作交流关系。

台州塑协积极承接政府职能转移。协会会同台州市工经规划院上报《关于国家级废旧塑料综合利用基地》资料；协助省级相关单位召开了“浙江省塑料注塑制品单位能源消耗限额及计算方法”座谈会，为台州制造业的节能减排当好排头兵；协助中国塑料加工工业协会制定了《一次性非可降解塑料餐饮具通用技术要求》国家标准等。另外协会和经信委、海关、商检、科技及业务主管部门建立了联系制度，经常性地联合开展工作。和海关联合举办加工贸易政策解读讲座；与检验检疫局联合通报台州出口塑料制品质量风险、进行政策汇编；协助科技部门联合召开“台州市塑料模具行业技术需求座谈会”等。协会还专门建立了专家库，经常邀请国内大专院校、高分子行业、化工行业的专家学者，开展技术咨询服务活动，帮助企业解决技术难题，为企业提供技术支持；举办中国塑料日用品创新设计大赛，提高台州企业自主创新意识和能力；编印《台州日用塑料制品企业推荐手册》，帮助会员企业建立更广泛的营销渠道。

2017 年是“十三五”规划关键之年，台州塑协将认真学习宣传贯彻党的十九大精神，找准“政府所想、会员所需、协会所能”的结合点，积极整合协会资源，充分发挥行业组织的桥梁纽带作用。一是发挥独特优势，加强服务工作。结合我市塑料企业创业创新的需要，围绕行业的重点、难点、热点问题，深入开展调查研究，探索破解制约发展瓶颈之策，更好地为行业企业提供指导、咨询、信息服务和智力支撑。二是加大创新力度，促进行业发展。积极参与制定有关行业标准，确保不断领先，保持企业和产品市场竞争优势，使塑料行业始终保持快速健康发展。三是协会开拓更新思路，加强交流合作，坚持引进来和走出去并重，利用协会在整个塑料行业当中的影响力，加强与大型国有企业、世界 500 强企业交流合作，为行业、为企业的快速发展壮大做出积极贡献。

（浙江省台州市塑料行业协会　陈嘉增）

浙江省温州市

一、温州市塑料制品工业概况

民营经济活跃的温州市塑料制品行业，2016 年全社会完成工业产值 600 亿元，比上年增长 3%。根据市统计局数字，其中规模企业 324 家，完成工业产值 266.73 亿元，比上年增长 8.1%，产量 154.90 万吨，比上年增长 12.20%。制品产量占全国 2%，占浙江省 14.44%。根据温州海关统计数字，全年出口交货值 24.88 亿元，比上年下降 2.87%。

规模企业塑料制品分产品产值及产量

行业名称	企业数/家	工业总产值			产品产量		
		累计/万元	增速/%	产值占比/%	累计/吨	增速/%	产量占比/%
合计	324	2667342	8.1	100	1549044	12.2	100
塑料薄膜	58	675074	11.2	25.31	551743	9.9	35.62
塑料板、管、型材	15	150165	11.7	5.63			
塑料丝、绳及编织品	104	768054	9.4	28.79			
泡沫塑料	12	57885	3.3	2.17	39685	11.5	2.56
塑料人造革、合成革	51	563047	-0.4	21.11	161218	0.7	10.41
塑料包装箱及容器	6	23182	-17.3	0.87			
日用塑料制品	10	44244	10.9	1.66	11273	-10.6	0.73
塑料零件	26	86522	16.2	3.24			
其他塑料制品	42	299167	15.1	11.22			

规模企业塑料制品分县市区产值及产量

县市区名称	企业数/家	工业总产值			产品产量		
		累计/万元	增速/%	产值占比/%	累计/吨	增速/%	产量占比/%
温州市	324	2667342	8.1	100	1549044	12.2	100
鹿城区	4	37551	7.9	1.41	3202	-5.3	0.21
龙湾区	39	415635	3.7	15.58	155976	4.1	10.07
瓯海区	12	95294	-16.2	3.57			
开发区	11	82980	-8.2	3.11	32337	3.8	2.09
洞头县							
永嘉县	6	35926	7.3	1.35	4572	14.6	0.30
平阳县	63	526966	14.4	19.76	469593	17.9	30.32
苍南县	75	654282	12.2	24.53	441646	10.3	28.51
文成县							
泰顺县	1	6126	-18.6	0.23	6291	-8.0	0.41
瑞安市	63	512142	9.4	19.20	402736	13.9	26.00
乐清市	50	300440	9.2	11.26	32691	-0.8	2.11

二、协会发挥行业“引领”作用

温州市塑料行业协会服务平台——《温州塑料》期刊，温州塑料外贸预警简报、温州塑料·公益网站，积极开展信息传导、政策引领工作，两年刊出塑料专业知识讲座10期；组织外贸预警员参加国际知识产权培训；帮助产业损害监测点业务培训。协会三次组团参观大型专业展览会。4月份组织十几家企业赴上海参观“2016国际橡塑展”；11月份组织8家企业11人赴德国，参观杜塞尔多夫塑橡展（德国K展），并在法兰克福市参加企业管理培训。11月份，又组织11家企业16人赴义乌参观“浙江省轻工装备博览会”。协会秘书处走访企业26家，与企业负责人谈心交流，深入车间了解生产实际情况，现场解决技术问题。发放基层情况调查表100份，对搜集到的数据进行分期归类，掌握第一手资料；每季向政府部门及会员企业提供行业经济运行分析报告。《温州市塑料制品工业“十三五”发展规划》年初完成，并在协会年会上通过。

三、行业科技成果

2016年，中广核俊尔新材料有限公司通过国家科技支撑计划项目验收，企业获“十二五”塑料加工工业优秀企业、第十八届中国专利优秀奖。长虹塑料集团有限公司获国家轻工联“十二五”卓越绩效先进企业，中塑协“十二五”科技创新型企业。浙江金石包装有限公司获温州市科技进步二等奖，科技成果创新企业。煌盛集团有限公司的非金属管道、非金属水管；浙江南方塑胶制造有限公司的模塑料、酚醛树脂、胶木粉；浙江金石包装有限公司的纸板盒、包装纸；雁峰集团有限公司的塑料编织袋圆织机、塑料拉丝机、塑料收卷机、塑料吹膜机、塑料复合机、印刷机、塑料背心袋等被延续认定为浙江省著名商品。浙江强盟实业有限公司产品通过省优复评，并获得浙江省优秀工业新产品一等奖。中广核俊尔新材料有限公司产品获2015中国石化知名品牌并荣登中国品牌价值榜。瑞安市东威塑业有限公司、金田塑业有限公司、中广核俊尔新材料有限公司、浙江强盟实业股份有限公司、温州市亚泰进出口有限公司等5家企业评为温州市百强企业。“金石”获中国印刷包装企业100强，“金田”进入中国民营制造业500强。上市企业有中广核俊尔新材料有限公司、浙江新力新材料股份有限公司、浙江世博新材料股份有限公司和长虹塑料集团有限公司。

四、行业标准化建设

由温州升华包装有限公司牵头起草的行业标准《再生塑料编织袋》2016年1月经国家工业和信息化部批准，实施日期为2016年7月1日。由浙江南方塑胶制造有限公司负责起草的《电气用聚苯硫醚模塑料》、《电气用聚醚醚酮模塑料》、《电气用热固性模塑料制品可视缺陷定义及分类》、《电气用低磨耗不饱和聚酯模塑料》等行业标准，通过专家组终审，于2016年3月1日起正式实施。中广核俊尔新材料有限公司，全年主持、参与了4个国家标准和1个行业标准的制定。

五、4家企业入围全国塑编20强传统产业产品升级步伐加快

11月份，在南京召开的全国塑编大会上，温州四家塑料编织袋生产企业获全国塑编企业20强称号，它们是：温州晨光集团有限公司（第2位）、南塑集团有限公司（第4位）、浙江华庆集团有限公司公司（第11位）、浙江瑞旺科技有限公司（第17位）。2016年塑编企业普遍增加了特轻、特白及阀口、内粘、中缝等功能袋生产；塑料薄膜企业开发了三维立体彩虹膜、环保增塑薄膜等新产品，行业低端产品比例有所下降。塑料编织袋和塑料薄膜两大类产品产量占温州塑料制品产量一半有余，传统产品的改造升级有力地维护了作为“中国塑编之都”、“中国塑料薄膜生产基地”以及“中国塑料配线器材工贸基地”的区域品牌。

六、行业“外贸预警点”发挥作用

温州市塑料制品工业起步早、规模大，列入国税局统计的塑料制品企业有2425家，产品以内销为主，出口占比不高。根据温州海关统计数字，2016年塑料制品出口交货值24.88亿元，占总产值9.33%，制品出口国家分布：亚洲、中东及港台地区占32.95%，欧洲及俄罗斯占22.36%，美国、加拿大占21.21%，其他国家地区综合占23.48%。为了推动外向型经济、支持鼓励出口，同时防范贸易摩擦，从2011年开始，温塑协承接政府职能转移成立“外贸预警点”，并开展工作。至2016年，先后有金田塑业集团有限公司、温州康莱方医用塑料有限公司有限公司、长虹集团有限公司、温州瓯斯达电器实业有限公司、温州科艺环保餐具有限公司、佑利集团有限公司和温州酷乐餐桌用品有限公司等7家塑料制品出口企业成为浙江省对外贸易损害跟踪单位。

七、塑料专业职称评审

2016年，温州市人力资源与社会保障局继续和温州市塑料行业协会签署承接政府职能转移工作协议，继续由协会主导温州市塑料加工成型中初级专业技术职称任职资格培训、考核、评审工作，8月中旬完成各项工作，9月18日市人社局发文公布，23人获得塑料加工成型工程师职务任职资格，10人获塑料加工助理工程师职务任职资格，1人获塑料加工成型技术员职务任职资格。协会组织的塑料专业职称评审工作始于2004年，十几年来年复一年从未间断过，至今共有601位同志获得中初级技术职称任职资格，为行业发展提供技术支撑。

八、新材料产业持续发展

高新技术产业塑料新材料生产企业，近年来数量增加，规模扩大，技术含量提高，生产品种所涉及的领域加宽，经济效益好于其他产业。根据对俊尔公司、世博公司、汪洋公司、聚兴公司等四家专事生产改性塑料的企业调查，2016 年比较上一年，企业资产总额增加 56.50%，产值增加 23.98% 产量增加 47.25%，利润增加 32%。目前中广核俊尔新材料有限公司、浙江永兴新材料有限公司和浙江新力新材料有限公司等三家企业产值均在 2 亿元以上，其中最具代表性的是俊尔公司，俊尔与中广核进行股权合作，是混合所有制发展模式的成功探索。俊尔已形成以企业为主体，产、学、研紧密结合的技术创新体系与服务平台，企业发展神速，近五年产值、利润情况如下：

	2012 年	2013 年	2014 年	2015 年	2016 年
产值	52218	65684	68235	71133	90103
利润	3667	5241	1309	9804	12777

温州市改性塑料产业处于高成长型阶段，总体上初级产品多，中级产品质量不稳定，高级产品偏少，具有巨大的创新发展空间。

（温州市塑料行业协会驻会常务副会长　周肇枢）

江苏省

一、江苏塑料工业状况与发展

塑料产业是 20 世纪全球经济发展中增长最快的行业之一，作为新材料发展的新秀，塑料进入 21 世纪以来更是以强劲的发展势头迅猛推进。(塑料) 合成树脂与合成橡胶、合成纤维三大类合成高分子材料与钢铁、木材、水泥一起构成现代社会中的四大基础材料，是支撑现代高科技发展的最重要新型材料之一，是信息、能源、工业、农业、交通运输乃至航空航天和海洋等国民经济各重要领域都绝对不可缺少的生产资料，已成为人类生存和发展离不开的基本材料。塑料工业是以塑料加工为核心的塑料合成树脂、助剂及添加剂和塑料加工机械与模具为一整体的“朝阳工业”，其产业规模在不断扩大，产品产量逐年增加，主要经济技术指标大幅度递增，全行业不断发展壮大，江苏塑料工业正沿着可持续发展之路不断前行。

江苏塑料加工业已经由传统的初级消费品快速向高层次消费品过渡，朝着档次高、技术含量高的方向发展。江苏塑料加工业已经成功进入工业、农业、军工、交通等各个行业，已在高科技领域得到了相当大的应用。在新材料技术革命中，塑料高分子材料工业将发挥更加重要的作用。在新材料攻关的项目中，塑料高分子材料将占有的数量最大，涉及的领域最广，塑料加工业已从传统制造业成长为科技含量高的新兴制造业。塑料作为 21 世纪新材料，在新材料革命中占有极其重要的地位，国家大力发展新材料、生物技术、新能源、新一代信息技术、新能源汽车、节能减排、装备七大新兴战略性产业，对江苏塑料加工业提出了新的更高的要求，是江苏塑料加工业发展进程中不可多得的绝佳的发展机遇。

从历史看，江苏是我国最主要的塑料加工工业基地之一，曾经连续 11 年位居全国各省市塑料总量第一。改革开放给江苏的塑料加工工业发展带来了巨大的生机和活力，随着改革开放的不断深入而有了突飞猛进的发展。通过引进国外的先进设备与技术，兴办三资企业，改造了一大批中小企业，涌现了大批的具有新的形象和活力的高新企业和龙头企业；产品质量和档次显著提高，产品品种不断增多，应用领域不断扩大，出口创汇逐年增加，全行业整体水平上了历史新台阶。改革开放以来，凭借依靠技术进步，大批引进国外先进技术和装备，尤其是改革开放三十年的后十年，江苏塑料工业整体水平有了质的飞跃，从生产总量到产品品种和档次都有了相当大的突破，取得了可喜的进步。塑料产业包括石化树脂产业、塑料相关机械和模具、助剂经过飞速发展和结构性调整，已完成产业发展成长期向产业发展成熟期的过渡和转变。十九大以后江苏塑料将随着国家的发展大趋势，进入新时代中国特色社会主义的发展阶段。随着时代的前进，江苏塑料产业在工艺技术和装备两大方面和国内外同行的差距将继续不断地缩小。

江苏塑料加工工业始于 20 世纪 60 年代初，是当时的新兴行业，曾经是几大主要地级市的十大支柱产业之一。初期的产量仅 1200 百多吨，1969 年产量才超过一万吨。1979 年，江苏塑料制品总量在全国同行业中率先突破十万吨，并连续 11 年位居全国各省同行业第一。随着工业结构的调整和发展思路、发展要求的变换，加上统计口径的不科学因数，从统计局的数字看，江苏的塑料加工业吨位总量已经从约占全国总产量的十分之一退居前四位，加工总量位列浙江广东山东之后，这个趋势还将继续，但仍然是中国为数不多的、主要的塑料加工业基地之一。鉴于江苏塑料产业的高起点和追求高技术、高品质、高收益，江苏的塑料行业单位产值/吨位（或者说产值利润率）列全国第一。现阶段江苏的塑料企业主要以民营企业和股份制企业为绝大多数，全省塑料加工企业生产总吨位能力1000万吨左右。由于全球经济乏力对塑料行业的影响，出口主导型企业有明显波动，许多为汽车工业、食品工业配套企业，在艰难中拓展新的市场领域。

江苏的塑料产品涉及领域广泛，从农业，工业和消费品包装，到建材、汽车、机械、军工、电子通讯等；当前国内外塑料领域各种塑料产品都有生产，尽管在全国同行中的产品质量和档次相对较高，但是和国际先进国家相比，主要的差距仍然在于优级品的比例和高档次产品的覆盖面。从品种上分析，农用薄膜的产量随着宽幅大篷膜的推广应用和长寿无滴膜的新型多功能膜的兴起，无论在品质、档次上还是在总量上都有了显著的提高和增长。工业用膜（包括收缩膜、双向拉伸膜、缠绕膜、内衬膜、食品、服装、玩具日用品包装膜、锂电池隔膜等）占薄膜总量的80%以上。板材中的PMMA板材、ABS、PS复合板、铝塑复合板、PC板、PET板以及为家电、室内外装饰装潢用板、汽车配套内饰用板，客机内饰片板材等的产量和应用开发都在不同层次地逐年上升。塑料编织袋及其他编织产品经过多年的调整和发展，在品质上有了很大改善，品种上有了新的发展，应用领域有了进一步的拓展，其产量仍然保持着增长的趋势。江苏塑料编织产品行业仍然保持在同行业中的科技含量相对较高、产品档次相对较高、产值利润比指标相对较高的优势。由于受国际金融危机影响而逐步显现的工农业产品出口不力，也导致塑料编织袋的配套出口一度显现下降趋势。编织吨装袋的直接和间接出口量随着外贸形势的好转在逐年回温、回稳、恢复增长态势。塑料管材和异型材的发展速度非常快，出现不少大型的生产厂家，凸显该类产品对规模经济的要求和品牌效应的威力，但该类产品的经济效益不如以前明显，企业之间的差异很大。普通泡沫制品和普通桶类包装容器的产量增长速度平缓，没有大起大落的现象。

江苏的塑料企业重组和格局的变化相当大，原来占主导地位的国有企业、集体企业纷纷改制后，真正的国有企业或国有控股企业所占比重已近乎可忽略不计。加上近年来不断涌现出的新的民营塑料企业，发展迅速、面貌一新。起点高，管理新，观念新、效益佳是前十年江苏塑料企业的几个主要特点。改制后的各企业都投入了大量的资金，谨慎地选择时代热点项目，进行技术提升改造和新产品开发和引进。为数不少的民营化企业都实施了工厂的整体搬迁，以土地的区位优势换资金、换发展后劲。使整个塑料加工行业从质和量两个方面的取得了突飞猛进的发展。全省各类技改项目的成功实施，大大提高了企业新产品的开发能力和市场竞争力，先后开发出一批技术含量高、紧跟市场热点的新产品，近年来除了为汽车工业，高速铁路等交通新热点配套的项目外，江苏已有为数不少的塑料企业在为航空航天的发展做积极的配套工作。

江苏的塑料行业继续在汽车燃油箱、保险杠、仪表板、大巴内饰、小轿车内饰、民用航空内饰、城市和农村供水用塑料件、大口径管材管件、多功能复合膜和多功能农膜、双向拉伸聚酯、双向拉伸聚丙烯、双向拉伸聚苯乙烯、共挤复合膜、聚碳酸酯板、光导板、铝塑复合板、信用卡基材、身份证材料、装饰广告用材料、防水材料、手机、电视、冰箱、音响、电器电气用材等方面，为包装、电子、交通、机械、通讯、航空航天等领域的发展做出巨大贡献。

随着改革的深层次发展，技术装备的引进和自身技术开发能力的提高，江苏塑料工业已形成成型工艺齐全、产品品种繁多、生产规模持续趋大、社会效益和经济效益较好的基本格局，一直是全省经济发展的重要支柱行业之一，尽管江苏塑料已从计划经济时代的全国第一位被超越，从塑料的表观消费看仍然位居全国塑料工业的四大天王之一。但以前的成功引进、拿来主义不是长久之计，总量的追求已不是我们的第一目标，追求质的飞升才是我们在新时期、新时代的首要任务，这就要求我们必须依靠自主创新和整体进步寻求新的发展。

江苏的塑料工业有着另一个显著的特点，塑料产业链的石化产业和塑料机械及模具、装备业都相当地发达，有塑料原料和塑料装备大省之号称。PP、PE、PS类的大型石化企业在全国享有盛名；徐州、新沂、镇江、南通、常州无锡等地的PVC

树脂在全国享有很高的知名度。南京、无锡、常州、苏州的塑料机械非常发达，在全国具有相当大的知名度。江苏的小型PVC树脂企业经过多年的改造，已基本摆脱电石法生产工艺，只是保留了电石法的生产线，主要进口VC单体聚合，在产量上有了十多倍的提高，在品质上也有了质的飞跃。江苏塑料行业这几年来在行业发展的思路上，立足于消化吸收和提高控制水平，在加工设备的节能降耗上备加关注，许多塑料机械生产线已经走出国门，出口新兴经济发展国家。

江苏的塑料工业无论从品种种类还是规模上都已经达到一相当高的水平，尤其是产品品种种类，几乎能提供世界上所有的已有产品。但是在整体水平上升的大趋势下，江苏塑料工业仍然存在一些共性的问题。产品结构的不合理性仍然困扰着江苏的塑料工业，高精尖产品开发仍显不够，较低水平产品重复交叉，没有一个权威机构能够协调和真正做到适应性调整；企业间、城际间、省际间盲目模仿相当普遍，虽然企业的自我创新意识在上升，可开发能力仍然不足，自主知识产权的拥有和自主知识产权自我保护能力很差。正对江苏塑料企业相对小而多的特点，长期形成的技术分散，发展不平衡，技术力量相对薄弱的现实不利于创新能力的集中和展开，创新能力相对不够；重量级塑料加工企业所占比例仍然严重不足。尽管拥有一大批塑料重量级企业，在江苏新兴地级市也出现了很有分量的重量级塑料集团，使江苏继续走在全国同行的前面，成为新的塑料包装的领跑者，但是各地市发展不平衡的局面依然存在，难以超越。一些新塑料工业企业的快速发展，尤其是重量级塑料集团的崛起，极大地改变了江苏的塑料包装面貌，极大地影响了江苏塑料包装的发展进程，某种意义上将改变江苏乃至全国的塑料包装历史进程。但我们必须清醒地认识到，相当一部分塑料加工企业规模不大，原材料消耗和能源消耗偏高，相当一部分企业的经济效益偏低。

二、江苏塑料工业的发展应继续做好以下的基础工作

要紧紧围绕创新这一核心，开发新型塑料材料和新材料的应用开发，中国塑料“十三五”发展规划中，把创新列为塑料发展的重中之重。根据江苏的塑料工业现状和发展态势，要把功能化、智能化，轻量化、生态化、微成型的发展趋势作为江苏塑料工业技术进步的主方向。

1. 智能化

智能化在塑料产业领域有两个含义，一是在塑料产业装备和管理上实现智能化，二是为智能化技术提供可用的新材料，这是用武之地。

2. 功能化是塑料产业在国民经济基础性产业的重要标志

高性能、多功能化塑料是为国家战略性产业和国防高技术领域发展提供专业配套的重要基础材料。多功能化塑料首先在工程塑料领域，PC/PPS/PBT/PAA/POM等以及改性聚烯烃、塑料合金等已广泛应用于交通、网络、电子、家电、航空航天等国民经济各个重要领域。但同样是这些材料，其内涵在不断深化，市场对品质的要求在不断提高。塑料永远是其他大行业的配套产业，永远随着先进行业的大发展而大发展，大提高而大提高，为朝阳行业配套，为朝阳行业服务，把握时代脉搏，为明星当好配角，定位准确，目标清晰，道路光明。

市场对高韧性、耐极端温度、耐磨、耐腐蚀、导热、导电、高绝缘性以及特种工程高分子材料的需求连年增长，聚酰亚胺（PI）、聚砜（PSF）、聚醚酮（PEK）、杂萘联苯型聚醚砜酮（PPESK）、液晶聚合物（LCP）等成功应用于各个领域，今后的任务是通过技术进步，科技创新赋予这些材料更多更好的功能性，拓展和广泛应用领域。

3. 轻量化是高分子材料发生革命性变化的重要技术

积极研发新材料、新工艺，开发各种高性能高阻隔高强度新材料，继续开发超高分子量聚乙烯，改性聚酯、改性EVOH、改性聚片二氯乙烯等等材料，加强玻纤、石墨烯、碳纤维材料与塑料结合的最新应用技术研究，为轻量化打好坚实基础、加快开发和推进微纳米叠层共挤出成型、多层复合成型等新技术。进一步完善物理化学发泡工艺，尤其是二氧化碳临界发泡技术，超微孔技术的应用，在立足降低材料重量的同时改善提高材料的各项性能方面实现新的突破，大力开发轻质高强度高分子材料，为轨道交通等新概念交通、航空航天等高技术领域提供优质新材料。

4. 生态化是未来塑料的重点发展方向之一

生态化就是充分利用可再生的生物质资源，纤维材料、半纤维素、木质素、淀粉等都是可以再利用生物质高分子 材料，关键是研究技术，如何利用。研究开发生物质基高分子材料，发展生物质基分解塑料盒生物基塑料是各国普遍重视的热点，正呈快速增长的发展趋势。2013 年全球生物质基塑料生产能力已经从 2007 年的 36 万吨提升到了 230 万吨，年均增长达 37% 以上。据美国能源部预测，到 2020 年，来自生物质基的可再生资源的聚合物材料将增加到塑料消耗总量的 10%，2050 年有可能会达到 50%，这是一个非常巨大的数字，决不可忽视。

我国在发展生物质分解塑料方面已经有了一定的经验和成果，普通包装，食品包装、地膜覆盖等领域都有涉及，但是这些生物质高分子材料的原料来源还仅仅限于淀粉，甘蔗、植物油等传统食物类材料，这是个不可持续的矛盾的选择，其利用还处于低阶阶段，我国人多地少的国情也不允许这样的利用长期存在，所以必须另辟新途径，开拓新来源，开发新材料。研究工艺方面也要从发酵法向化学催化法推进。

5. 微成型技术作为聚合物微尺寸制造学科的前沿

在光电通讯、影像传输、信息储备、医疗器械、高端复杂结构微零件等方面有着广泛的前景。随着 3D 打印技术、微注塑、微压印等技术的日益成熟，微成型技术及制品已进入快速发展通道。高速化、精密化、智能化是塑料产业未来发展在装备和模具方面需要突破的几大重点。

要高度关注并大力开发功能化技术研究和纳米材料技术研究。要重点关注高阻隔多层共挤纳米微层复合材料；纤维功能增强复合材料、聚合物合金等现代制造业高性能工程塑料；要关注熔体静电纺丝纳米过滤材料，纳米抗菌、阻燃、降解等功能性材料；要关注太阳能光伏发电配套材料，锂离子镍氢离子电池隔膜、光学膜以及农用多功能膜材料。要加大对各种膜材料的攻关力度，要在膜材料超薄化、复合化方面进行攻关，解决功能膜发展瓶颈。要通过技术进步和科技创新不断提高产业素质，提高产业核心竞争能力。紧紧围绕塑料加工业面临的共性、关键技术，组织攻关，实现重点突破，创新江苏塑料加工业的新面貌。围绕新材料、新工艺来开发新品，围绕节能减排技术，推动塑料行业低碳绿色发展。要关注当代塑料加工业前沿科学技术，引导我们紧紧围绕着当前最新科技动态和前沿技术的进展把握行业发展方向。

三、江苏塑料行业的均衡发展特色

1. 农用塑料

江苏的农用塑料不但继续占据重要位置，而且将会随着农业种植结构的优化调整出现新的发展机遇；科技含量高的高附加值的工程塑料、工业配套塑料件及其他改性复合材料的应用领域将不断扩大。重点大类塑料产品如工业配套件、管材、建材、软/硬压延制品、薄膜、片材，及其高档包装材料的生产将朝着规模经济的方向发展。为减少对环境的污染，必须加大塑料回收利用和降解塑料应用的科学研究和规范化管理。

农用塑料的发展重点是果蔬、花卉、经济作物、育苗等用途的长寿、无滴、防雾、高强度高透明、保温等多功能塑料棚膜及其相关配件制品，除草、防虫等多功能地膜。深入发展农田水利建设用的各类塑料管道、管槽、管件、节水型微灌、渗灌、滴灌以及水利建设中的水渠、大坝建设用土工材料。农用塑料应引入现代农业的概念，农用塑料的研究开发应着眼于现代农业的目标、着眼于农业科技的发展和新技术的应用。

2. 新型塑料建材

新型塑料建材和多功能塑料复合包装材料仍将是江苏塑料加工业的重点发展和快速增长的主要领域；塑料管材的主要发展领域是各种规格（尤其是大口径）、多材质和多种结构的管材管件；燃气管已进入发展的大机遇时期，已成为将持续一相当长发展期的热点产品，燃气管配套管件是这一应用领域的短板，仍然需要大力推动开发和研究。塑料建材的发展将要超出仅仅是型材的格局，型材也应朝着优化结构的方向发展，增加品种，提高档次。结构发泡材料、轻型墙体、隔断材料将进入活跃期。懂塑料不懂建筑设计和懂建筑不懂塑料是塑料建材发展的制约因素。应加强设计和应用的研究，加强塑料人才和建筑艺术人才的多学科人才的培养，推进建材产品快速健康。在发展的过程中必须同步考虑标准化、系列化、适用化、配套化、美感化等新型建材发展的几大要素。

3. 塑料包装

塑料包装广阔的市场前景，使塑料包装行业的规模随着市场需求的快速增长和品种、品质的不断涌现而不断扩大。骨干塑料包装企业的崛起、新型高阻隔材料的成功开发，改变着江苏的塑料包装行业面貌，改变着塑料包装的形象。骨干塑料包装企业主要依靠引进先进设备以及和国外同行一流企业建立技术合作开发纽带，加速了与国际塑料包装行业技术水平的靠拢，加快了塑料包装进入国际市场的步伐。塑料包装材料的发展经历了简单塑料包装、复合塑料包装阶段。当今的市场需求正向着塑料包装的多功能化发展。塑料包装的复合化、多功能化、生态化是江苏今后发展的重点方向。塑料包装应按食品药品等包装物的要求，努力开发多功能性包装材料，提供被包装物性能保护功能；开发延长货物保质保鲜寿命的高阻隔、防渗透包装材料，无菌包装材料，热灌装材料，保味包装材料，耐蒸煮包装材料；开发水果、蔬菜等的气调环境保鲜包装材料以及粮食等储存、运输的防霉防蛀包装材料。尽管就整体而言，高技术含量、高附加值的塑料包装产品目前所占的比例仍然不高，未能满足日益增长的市场要求。但是，随着社会进步和人们生活质量要求的持续提高，塑料包装作将随着食品、饮品、药品、生物制品等朝阳行业的发展而大发展。随着这些行业对塑料包装的要求不断提高，塑料包装始终存在很大的发展空间。塑料包装可持续发展的前景仍然广阔。

4. 工程塑料

工业配套件的开发重点是工程塑料应用在汽车、家电、电子信息产品的配套件。邮电通讯用新型电缆、穿线管，信息、通讯、机械、国防工业配套的各种科技含量较高、附加值较高的配套产品，汽车工业中的塑料比重将大幅度增长，今后的汽车塑料件将有一半以上采用复合材料和再生利用材料。航空航天工业技术进步的着眼点之一是减轻自重，高分子复合材料将大有作为，塑料将担当非常重要的角色。电子电器工业的配套将围绕节能省料的方针，对高电磁性能塑料合金、超导电塑料、电磁屏蔽材料、光机能性材料、光学纤维复合材料、新型传感高分子材料、信息处理用各种记录、储存材料、CAD 静电记录膜、微缩用胶片等的需求将急剧上升。

5. 日用塑料

日用塑料制品的发展仍然有着不可估量的前景，而江苏在这一领域的发展和 20 年前相比是退步的，所谓能列入消费品的塑料制品在江苏塑料总量中所占的比重几乎可以忽略，这不是江苏塑料之福。江苏有着发达的工艺美术产业，对开发优美造型得到塑料日用制品有着得天独厚环境条件和美学背景支撑，应该可以得到很好的发展。关键是设计理念的突破，能否侧重以人为中心，追求现代美学设计观，朝便捷、舒适、适用、经济、美观的方向发展，提高质量和降低成本是这一领域极其重要的行业发展要素。

安全可靠、轻质化、节约材料的塑料工程材料、塑料医疗领域一次性可靠材料、易弯曲材料以及胰岛素笔针以及吸入器用微量泵等配药辅助用具的发展和应用趋势值得我们关注。包装材料发展趋势值得业内有识之士的高度关注，建筑领域的绝缘绝热材料及新型铺地材料的发展也值得我们去研究和开拓市场。各种体育休闲用品、运动器材、运动系列产品、和运动有关的人造草皮等的需求量的不断增长也值得我们去关注。由于具有很高的发光效率、很低的能耗效应，发光二极管（LED）的发展非常迅速，从手电到汽车等的车灯，无处不在的广泛推开应用趋势很猛，目前和此有关的塑料的开发速度也很迅猛。LED 周围的反光镜可控制灯光的偏转并将光源集中起来，目前正在开发的耐温、传热、可任意成型的此类材料的开发对推动下一家用节能光源有着基础性铺垫的不可估量的发展前途，我们必须要高度关注。合成纤维塑料的应用近几年有了更大的发展。可制成抗压性强但结构非常轻量化的元件的开发已市场化多年。将玻璃纤维嵌入热固性基体中、或将用环形纤维制成的模制件嵌入热固性基体中的产品市场化已是指日可待，这将是外科手术中的假肢、假臂以及涵盖到风涡轮转动叶片的一系列配套产品的工业化也是展望之中了。对纳米技术在塑料中的应用研究和关注已经很多年了，如今的现状是已有很大的迈进，纳米填料盒基于纳米技术的添加剂使塑料的特性有了质的飞跃，使得塑料能提供更多更新的特性。甚至可以将原来不可实现的表面上看起来互相矛盾的特性要求互相结合起来。透明性和随机性、折射率和硬度、表面功能和材料机械性能、材料的绝缘性能和传导性能等等都可以通过纳米技术友好的共存和同时提供。纳米技术在塑料领域的应用可以使塑料具有高级流变学特性和高的电传导性，前者可以使塑料变得更易于加工成型，后者可以更好地防止静电问题的干扰。塑料的表面自动清洁也将在纳米技术的应用中得以实现。要推动塑料加工业安全工程体系建设，保障食品和环境安全

四、发展建议和措施

1. 要加强食品接触塑料制品安全工程建设

塑料制品目前约占全球食品包装产品总量 30% 的市场份额，因此要把卫生、安全工作放在首位。

严格遵守新版《食品安全法》规定和要求，切实做好塑料制品的卫生、安全工作，需要依靠技术进步，大力开发安全可靠的食品接触新材料及助剂，加快建立食品包装材料卫生安全溯源机制和方

法，从源头上保证原料及助剂达到食品级要求；要加快食品包装材料标准化体系建设，建立健全食品包装材料安全评价制度和方法。要加大力度推进环保型助剂在塑料制品中的替代。绿色、无毒、环保型助剂在塑料制品尤其是与食品接触塑料制品的应用越来越受到全社会的关注。发达国家对塑料制品中助剂的使用基本上都有明确限制或相关禁令。要继续在遵守法制法规的大前提下，稳步大力推进塑料再生利用产业发展。塑料再生利用行业的乱象还没有有效得到节制，随着国家把“生态文明建设”提升到更高的战略层面，一系列促进循环经济政策的出台，旧塑料的处理、回收和高值化利用成为行业发展的焦点，旧塑料进口政策的变化将严重冲击塑料再生行业的发展，必将出现新一轮行业大洗牌、大调整，使之走上正规的、科学的、合理的正确之路。

推动塑料再生利用产业的健康发展，需要按照国家低碳经济发展战略，建立完善的旧塑料回收体系，发展旧塑料高效分选及高值化利用技术，通过改性提高产品的利用率和附加值，促使可再生塑料行业逐渐向集约化、规模化、深加工方向发展，实现经济效益、社会效益和生态效益的统一。

2. 要继续推进企业清洁生产和节能减排，逐步实现行业可持续发展

鼓励和支持企业通过采取技术创新、管理提升、技术改造和淘汰落后产能等措施来降低单位产品的能耗水平，进一步提高复合膜、镀铝膜、人造革合成革、塑料再生、助剂等重点行业的环保准入门槛；争取更多的绿色塑料制品通过中国环境标志产品认证；通过在行业内推动应用技术示范对企业进行引导，加大先进、适用、成熟的绿色低碳技术的推广力度；国家和地方政府对企业进行清洁生产和节能减排专项改造给予重点支持，同时强化监督管理制度，对于超标排放污染物的企业依法严肃处理。

3. 要继续加强行业品牌建设工作，提升产业整体素质

品牌建设是促进企业可持续发展的原动力。经过多年高速发展，我省塑料加工业涌现出了一批具有影响力的品牌，但品牌还是不够多；由于塑料企业的中小企业数量偏多，对品牌定位重要性认识不足，缺乏战略规划，产业整体品牌意识不强。

要在中塑协的领导下，通过组织开展品牌培训活动，提高企业品牌培育意识；引导企业开发切合实际的品牌管理机制和品牌塑造方法；通过技术改造、产学研用等方式引导企业提高创新能力，提高产品质量水平；鼓励企业加大在技术研发和质量提升等方面的投入；鼓励企业更多参与行业标准、国家标准甚至国际标准的制定，抢占产业发展的制高点。

4. 创新发展模式，推进塑料行业的转型升级

江苏塑料工业经历了从计划经济向市场经济转变的历程，企业在从计划经济模式转向市场经济的过程中，遇到许多困难，面临许多问题，为数不少的企业步履艰难，原有的历史烙印仍然影响着企业的发展和管理模式。因此，解决塑料企业今后发展中的矛盾和问题的根本出路在于真正的现深化改革。已经实施了企业股份制改造的新的活力和发展机遇，但是我们的管理模式还很落后，有的甚至停留或倒退在家族式管理模式，不能适应新的发展了的新形势，必须引入新的管理思想和模式。

地方政府应重点扶持一批大型企业、特大型企业、重点企业、明星企业。以名优产品为龙头，以经济效益为中心，以资本投入为纽带，以市场发展为导向，组建具有实力的、符合经济规律的、有利于企业发展的企业集团，实现适应市场需求产品的规模效应。继续改变和直至结束老、小、散、差的落后状况。

5. 机遇与挑战并存

随着技术装备的不断升级提高以及产品精度和档次的提高，江苏的出口塑料逐年在增加，但相对于江苏庞大的塑料总量，全省的塑料制品的出口量占总量的比例相对较低，制品技术含量不高。出口总量中间接配套出口占主大多数。应继续研究国际市场的需求情况，研究国际市场新产品，在提高原有出口产品质量、巩固和扩大原有产品的出口量的同时，重点开发热点产品，重点发展新市场。应鼓励和引导有条件的企业跨出国门，直接参与国际竞争。可将国内渐趋饱和的产品生产移到其他仍然有着较大需求的国家，境外办企业应从输出技术和设备为主。尽管国际金融危机在短期内获得全球性回暖的可能性预期不大，国际市场的需求目前看不到活力，但我们从长远看，经济全球化的势头仍然不可逆转。而风险往往伴随着机遇，经济低潮时期未必不是我们出击的最佳时机，等所有的人都看到了光明时，我们再启动投资往往就要付出加倍的代价，尤其是在投资时效上不能获得最大收益。在汇

率发生了较大变化的新形势下，要研究我们的出口方向和调整出口品种，是我们的出口能继续保持一定范围的优势。

当今世界的经济发展显著特点之一，是技术已成为推动企业发展和经济增长的极其重要的因素，更是企业能得以持续发展的基本要素，技术含量低的产品和企业不可能有持续的生存空间。所以重视产品的技术含量，以新技术促进企业的持续、快速发展，是塑料行业能保持持续发展的核心竞争力。塑料加工业的技术发展非常迅速，出现了许多新技术新工艺，许多新产品的出现本身就伴随着新技术的开发和应用。计算机辅助注射成型、新型异型吹塑成型、超微孔塑料、受控低压注射成型、多相聚合物片状注射成型、可熔芯技术注射成型、挤出浸渍复合成型、熔体挤拉成型、多元材料复式加工技术、壳芯注射成型、双注射成型、模内背衬注射成型、液－气辅助成型等新技术的开发和应用推广，将为塑料产品的开发和设计提供更为广阔的空间。企业应格外重视技术，尤其是新技术工作。应根据自身的条件和发展需要，选择开发研究、综合吸收、引进消化、技术合作、购买软件等各种方式，积极采用高新技术。在引进先进装备的同时注重引进软件和技术。

6. 注重人才培养，建立健全人才培育机制

实现现代化，人是决定因素。企业和产品的竞争，越来越表现为人才的竞争。人才是任何企业发展宝贵的财富，企业应从制度、分配机制上解放思想，引入激励机制、股份机制，高薪用人才、创造条件留住人才，用好人才，确保塑料工业的持续高速发展。为此，江苏塑料界应加强和大学的合作和沟通，在继续重视高科技人才培养、重视工艺和设备的结合性培养、重视塑料工程类人才的培养的同时，更应注重第一线实用型技术人才的培养，重视高职高专类人才的培养。进一步提高职工队伍的素质，注重职工技术的培训，大力培养和吸引人才，在培养实用性技术人才中要注重和生产性企业的衔接和沟通，尽量缩短高职类人才到达岗位后的适应期和过渡期。

7. 加强金融服务能力，重视中小企业融资渠道畅通

塑料作为一门新兴的材料工业，与传统工业相比，其发展历史不长，但发展速度相当快。新项目的上马已从计划经济时的逐级审批制转向市场经济体制下的市场主导化。企业对项目的实施与否具有绝对的决定权。社会主义市场经济体制下的集体企业投资风险主要由投资单位而非经营者或单位领导，对投资项目的可行性研究存在诸多不踏实因素和投资项目的目的不明确性。这是上一轮投资热潮中为数不少的项目失败的主要原因，也是造成不少企业效应严重滑坡的不良因素。盲目投资、盲目发展不仅对单位本身造成重大损失，也对金融界构成严重风险威胁，最大的伤害是国家利益的受损。一哄而上，不仅使投资单位在一开始就步履艰难，也对原来生产销售尚能维持的单位构成严重威胁。因此，呼吁政府重视行业的管理和协调。

8. 提倡节约，推进绿色低碳循环发展战略

节约能源、资源，建立节约型社会是当代中国经济和社会发展的一个鲜明主题。塑料加工是通过塑料加工机械和使用塑料原料成型出市场所需制品的过程，在加工过程中消耗电能和原料，能源和材料的节约使用一直是塑料行业降低成本努力奋斗的目标。随着科技日新月异不断发展，通过变频伺服等电子自动化先进技术和新型装备降耗节能比以往得到了很大提高，提高生产率的同时还节约劳动力资源。在材料节约方面通过塑料制品合理用材设计、材料科学选用、材料改性、多功能材料开发等多种方式减薄制品壁厚、增加应用功能达到节约材料的目的，通过机头、边角料的直接回用、使用后塑料循环利用实现省资源化，成效显著。

降低能耗是塑料机械行业一直在努力追求的目标。从过去的流量比例和压力比例控制，发展到变量控制、变频控制和伺服控制。注塑机的高效率主要体现在工作节拍快，制品周期短。这方面的努力和工作仍需要继续深入和推广。

在塑料制品加工领域，节能降耗不但需要从塑料加工机械方面着手，还应该深入到塑料原料及加工技术的节能领域。如高熔体流动指数树脂在较低的温度下获得较好的流动性，在加工中可显著减少能耗，并能明显地缩短成型周期。合理选择材料或添加增强材料、填充物等以达到提高性能、节约树脂用量等目的，如复合塑料、纤维增强塑料、塑木复合材料等都属于节能型原料。利用化学或物理发泡的方式能够制得质轻、保温性好的发泡塑料制品，它的密度低、机械性能较好，可以大大降低树脂的使用量。

除了上述几个重要的方面江苏塑料界将持续努力攀登外，江苏塑料界将按照中国塑协“十三五”

发展规划的指导意见去认真思考和落实，调整我们的战略，完善我们的规划，提升我们的水平。并按照江苏省有关要求，在塑料行业加强改性、合金化、再生利用技术推广应用，推进节能性加热技术和元件的应用，加快引进技术和装备的消化吸收，推进先进塑料成型装备的国产化，进一步扩大工程塑料、多功能塑料、配套塑料件、环保型塑料在日用、电器、交通工具、军工、农业、医药、环保和包装等领域的应用。

（江苏省塑料加工工业协会　韦华）

重庆市

一、大事记

重庆市塑料行业协会在市委市府的领导下，积极建言献策反映企业诉求，发挥了政企间的桥梁纽带作用，牢记为行业服务、为企业服务、为会员单位服务的宗旨，增强了服务意识，扩展了服务功能，开拓创新扎实工发挥协会熟悉行业贴近企业的优势，创建塑料产业园，走访企业调查研究。以市场为导向，开拓市场，努力加强行业自律，提高产品质量、环保质量，服务质量等方面做了大量工作。

1. 积极开展活动，增强协会活力

2016 年 5 月 6 日下午，重庆市塑料行业协会，在协会新办公室（北城天街海怡花园 B 座 11F）会议室召开会长会议。协会会长、副会长等 20 余人参加，会议由刘秘书长主持。会议集体学习李克强总理今年做出的“弘扬工匠精神，勇攀质量高峰”的重要批示和中国塑协管道专委会、重庆建材工业重点企业座谈会等会议精神。提高产品质量，减少恶性竞争是行业十分关心的话题。为使我市的塑料产品质量得到有序管控，尤其要加强塑料管道产品的监督管理，让塑料管道的消费者和采购者可以直观、快速地判断产品质量。张峰副秘书长执笔，拟出《关于行业内塑料管道产品抽样检验及认证和标识的管理办法（草案）》。会上重点讨论了此草案，会长、参会领导讨论热烈，各抒己见，希望协会能落实做好此项工作，向市经信委汇报。

2016 年 6 月 12 日，由重庆市塑料行业协会牵头，召开了三方会议。市质检协会李会长、市建筑材料协会肖全玉会长、杨工程师、中国塑料制品检测中心史部长，三方达成以下共识：共同提高产品管道质量，加强管道行业自律，共同起草行文三方盖章，形成办法实施意见下发管道企业进行讨论形成文件，下次会议在重庆市塑料行业协会会议中举行，主题关于提升产品质量、标识推广的指导意见。

2016 年 7 月 29 日下午 2：30，在重庆顾地塑胶电器有限公司二楼会议室，召开了重庆市塑料行业协会四届三次理事会暨开展产品质量认证和标识宣传会，市经信委何红处长应邀出席会议，协会正副会长、常务理事、理事、技术顾问、正副秘书长等 60 余人参会。协会秘书长刘汉龙主持会议。会上，重庆顾地塑胶电器有限公司总经理王可辉致欢迎辞，并在会前陪同参会代表参观了重庆海绵城市展示区和展厅，受到大家一致好评。作为协会会长单位，重庆顾地塑胶电器有限公司坚持高标准、信誉至上，为塑料行业树立了标杆。协会副秘书长张峰宣讲协会联合重庆顾地车间，参观了重庆市质量检验协会、重庆市建筑材料协会开展《重庆市塑料管道行业产品质量认证和标识管理办法》。协会会长付志敏要求协会管道企业一定要加强质量管理，利用“三协会”开展的重庆市塑料管道行业产品质量认证的手段，持续提升管道的产品质量和市场竞争力。会上，还通过重庆科欣塑料有限公司等十一家单位入会，重庆市经信委何处长、我协会付志敏会长等领导会为新入会单位授牌。重庆安安公司在会上做了关于劳动用工风险培训的简介，也受到参会代表的欢迎。重庆市经信委何红处长高度评价重庆市塑料行业协会工作、鼓励塑料行业企业坚定发展信心，坚持按标准生产，弘扬工匠精神，勇攀质量高峰，努力生产绿色环保建材产品。会后，受东道主重庆顾地塑胶电器有限公司邀请共用晚宴。

2. 积极参加政府有关部门组织的各项活动和交办的工作以及中塑协组织的活动

2016 年 2 月 25 日，在重庆澳维酒店召开了中国塑协管道专委会第九届三次理事会。由中国塑协管道专委会秘书长王占杰主持会议，重庆市塑料行业协会作为支持单位，会议由重庆澳彩科技有限公司承办。中国塑协常务副会长曹俭出席会议并做了重要讲话。重庆市塑料行业协会秘书长刘汉龙应邀出席会议，并介绍了重庆塑料工业近几年发展情况，主讲质量问题，对前来参会的领导表示热烈的欢迎和衷心感谢。重庆澳彩科技公司魏子斌总经理出席会议并就该公司情况向会议做了简要介绍。会后第二天，参观澳彩公司。

2016 年 3 月 17 日，东盟—中国经济发展论坛在重庆澳维酒店会议室举行，东盟—中国经济发展促进会会长尹刚出席会议，重庆市塑料行业协会秘书长刘汉龙应邀出席会议并介绍行业情况。当前，东盟在当前经济形势不好，正是投资发展的大好时机。会议由杨敏主持，开得很成功。

2016 年 3 月 25 日，在重庆维景酒店会议室召开了重庆市建材工业重点企业座谈会，出席的领导有中国建材联合会会长乔龙德，市经信委材料处姜处长，张李副处长，以及全处人员。三十余家重点建材企业参会。重庆市塑料行业出席的企业有重庆顾地、伟星、维斯顿、澳彩普利特、乔立、明珠等七家单位。会上重点企业介绍经济运作情况，重庆市塑料行业协会刘汉龙介绍行业情况以及建议。重庆建材促进会会长介绍情况，姜处长通报情况。姜处长讲话：①回忆“十二五”成绩，产能结构优化，创新与质量都有提高，每年 20% 的增长率。7% 的利润增长率，新材料有突破，淘汰落后产能等方面做了大量工作。②2016 年前两个月经济情况下滑 12%。玻璃下滑 13.6%。③行业建设与发展，渝财企（2016）1 号民营资金申报，加强互联网建设和绿化建设。④加强经济，对接交流，做好财务工作。乔会长也做了相关讲话。刘秘书长会上发言：①质量问题在于三方责任，企业责任、政府责任、使用方责任，企业发展与生存的关键应抓好三个质量，产品质量、服务质量、环保质量，以点带面全面推动，重点企业重点产品抓自律；②联合市质监局，质检协会、市建材协会促进建委、市质检局三方联合发文；③评比评审品牌产品，发展机遇开发新产品，地下管网全面检查，保证安全海绵城市建设新产品开发，重庆是页岩气核心地带 ，但仍在用外地管或国外管，希望能用本地优质管。

3. 积极协助和配合工业园区建设

2016 年 4 月 16 日上午，梁平县 2016 年首批重点项目集中开工仪式在梁平工业园区举行，涉及总投资 16.5 亿元的项目集中开工。梁平县委书记吴盛海宣布开工，梁平县长蒲继承致辞。重庆市政府驻广东办事处主任陈小南、福建省政府驻重庆办事处主任陈朝安、中国塑料加工工业协会秘书长马占峰、重庆市塑料行业协会秘书长刘汉龙、副会长等一行，重庆市投资促进有限公司董事长金蕾等嘉宾及郑云山、周仁胜等在家县领导出席开工仪式。梁平县政府县委四大班子全体陪同，以及来自全国各地，近五百人左右，隆重的场面，尤为感人，参会人员在县领导的陪同下，参观了优质柚林、欣赏当地特色文化演出等。

2016 年 11 月 2 日．中国塑料加工工业协会常务副理事长曹俭，重庆银行股份有限公司董事长甘为民，重庆大学副校长孟卫东，西南油气田重庆公共事务管理中心党委书记罗模学，重庆市经信委工业消费品处副处长李晋，重庆市旅游局调研员邓小军以及国家行业协会，重庆市塑料行业协会秘书长、副会长等一行，重庆市有关部门、大学及科研院所、友邻区县领导，企业代表，梁平县委书记吴盛海，梁平县委副书记、梁平县长蒲继承，梁平县人大常委会主任郑云山，梁平县政协主席周仁胜、梁平县委副书记陈孟文等在家县领导出席开幕仪式。

2016 年 10 月 26 日，永川高新区港桥产业园“城市矿产”塑料新材料推介会暨签约仪式在永川高新区港桥产业园 2 楼会议室举行。区人大常委会副主任赵洪生、副区长李军、区政协副主席罗朝友等出席，重庆市塑料行业协会副会长、常务理事、理事、正副秘书长等 10 家单位出席仪式，会上为协会重庆联祥融合塑业有限公司等新会员单位授牌。刘汉龙秘书长在会上做了发言，他表示重庆市塑料行业协会十分看好永川发展环境，希望各位行业内企业家关注永川，考察永川，选择永川港桥产业园投资兴业。在永川区港桥产业业、重庆市塑料行业协会和各位企业家的全力配合下，把塑料行业做强做大，也衷心祝贺已签约和即将签约的企业能在港桥园区顺风顺水、兴旺发达。

4. 加强自身建设，提高服务质量，深入调查研究，广交朋友，为行业和企业做好服务工作

2016 年 3 月 30 日协会刘汉龙秘书长、梁总、张主任前往永川走访重庆侨立管道制造有限公司，郭总全程陪同座谈交流、参观公司。

2016 年 3 月 26 日，协会付志敏会长、梁龙云副会长、刘汉龙秘书长等一行前往江津区白沙，走

访考察重庆市塑料行业企业，四通八达梁总、四源周总、科欣代总全程陪同，与企业座谈、参观工厂，感谢重庆四通八达管业有限公司、重庆科欣塑料有限公司、四源塑料制品有限公司等企业热情接待。同时听取了工业园区管委会介绍情况，参观了园区发展建设。

2016 年 10 月 19 日，协会刘汉龙秘书长、陈清清主任、邓代维高工前往长寿，参观了重庆星河管业有限公司、重庆新川塔实业有限公司，受到徐总，蒋总的热情接待并与他们座谈交流。

2016 年 11 月 10 日协会刘汉龙秘书长一行走访考察重庆宇海、重庆捷成、重庆揣奇公司，参观座谈，感谢沈总、陈总、李总等领导全程陪同热情接待。

2016 年 11 月 21 日，付志敏会长等协会领导考察重庆澳彩科技、豪江、普利持、嵘鑫等会员单位，感谢魏总、肖书记、唐总、周总等领导的全程陪同，热情接待。

5. 协会支持行业相关展览及会议等活动情况

2016 年 3 月 31 日 ~4 月 2 日 ，2016 第十二届西部国际塑胶工业展览会在重庆国际博览中心（悦来会展城）成功举办，展会由 重庆市经济和信息化委员会、重庆市商业委员会主办重庆市中环盛世商务会展有限公司承办，重庆市塑料行业协会等地方协会支持开展，协会秘书长刘汉龙等参观展会。

2016 年 4 月 14 ~ 16 日 ，2016 第二届中国（重庆）国际机器人及智能制造装备论坛暨博览会在重庆市永川区凤凰湖工业园顺利开展，本次展会由中国机器人产业联盟 重庆市经济和信息化委员会重庆市永川区人民政府主办，永川区凤凰湖工业园区管委会、重庆市中环盛世商务会展有限公司承办，重庆市塑料行业协会等单位支持开展。协会刘汉龙秘书长等领导受到中环高总热情接待。与老总客人座谈交流创新与发展。尔后走访永高塑料管业，罗总全程陪同参观、座谈企业营运情况，企业管理有秩，坚持高标准组织生产。

2016 年 10 月 31 日，由中国塑料加工工业协会与重庆市经信委联合主办、由塑商汇与重庆市工业设计促进中心全程策划运营的第二届中国国际工程塑料产业创新峰会，在重庆君豪大饭店举行。本次大会围绕“创新 · 智造 · 产业互联”的主题，共设置了一个主论坛（主题为“工程塑料技术及产业发展趋势”）和 2 个分论坛（主题分别为“工程塑料在汽车工业的应用进展及趋势”和“工程塑料在 3C 电子领域应用论坛”）。重庆市塑料行业协会应邀参加此次大会。重庆市经济和信息化委员会总工程师赵刚先生在报告中介绍到整个重庆工业的情况。近几年重庆工业，包括重庆整个经济连续 10 个季度在全国领跑，在工业方面也是名列前茅。在工业增加值方面，规模工业利润，保持在第一位。提到十大战略性新兴产业，赵钢先生表示对于需求导向，重庆拥有一定基础，在原来“6 + 1”基础上衍生，或是有资源，或是有需求。有互联网、石墨烯等新材料，新能源智能汽车，页岩气、环保等等。电子核心部件这块，重庆在笔记本电脑方面量比较大，在智能终端方面已经有三亿台件，也形成了“5 + 6 + 800”这样一个产业，整个笔记本在全球是向好的趋势，智能手机方面又在向上增长，这里面就需要有芯片、面板，这是一个重点方向。

2016 年 9 月 26 ~ 27 日，由管道视界网、《管道视界》传媒承办，重庆市塑料行业协会支持，在重庆召开“2016 PVC 管材、管件配方设计及新材料改性应用研讨会”。旨在提高我国 PVC 管材工艺技术，推广 PVC 管材新工艺、新材料、新技术、新成果与优质 PVC 管材在城市综合管廊建设及大直径 PVC 管材在城市排水中发挥积极作用，推进 PVC 管材健康、持续发展为导向。会议邀请了主管行业各相关领导、专家学者、企业精英，进行研讨培训交流。会上重庆市塑料行业协会秘书长致欢迎辞。重庆顾地塑胶电器有限公司、重庆联祥融合发展有限公司，重庆巴王矿产品有限公司、重庆澳彩科鼎有限公司、重庆伟星新材有限公司、永川区嵘鑫塑料厂等协会会员单位参加了研讨会，会议取得圆满成功。

6. 协会内部工作

完成 2015 年财务审计并合格，在民政局指导要求下完成 2015 年年检工作并合格。协会于 2016 年 5 月 9 日搬迁至新办公室 。2016 年吸纳增补多家新会员单位，为协会注入新的血液。

二、重庆市塑料行业协会今后工作和努力的方向

围绕行业发展方向，2017 年重庆市塑料行业协会主要工作方向如下。

1. 完善基础建设，规范行业行为

2017 年，塑协将继续加强自身建设，发挥自身优势，在市经信委和上级协会的领导下，通过自我管理、自我规范、自我监督、切实履行行业代表、行业服务、行业协调、行业自律的功能和职责，规范行业行为，表达行业诉求，自觉承担社会责任，配合有关部门进行社会监督，努力在政府行政管理和行业服务建设中发挥重要作用，提高行业的知名度和公信力，成为重庆塑料行业发展的积极推动力量。

2017 年，塑协将进一步规范会员管理，清理未尽义务的会员单位，提高会员质量；并将开展行业数据统计工作，可以考虑初期在理事单位以上开展，再逐步将统计工作范围扩大到会员单位。

协会将继续发挥好相关作用，积极协调企业之间、企业与其他经济组织之间关系，维护企业和行业整体利益。

随着市场经济体制的不断完善和行政管理体制的变化，行业协会将可能逐步承担起更多的行业管理和社会服务的相关职能，为此，我们要积极做好承接相关职能的准备，配合有关部门，重点研究解决行业中存在的共性问题，维护行业正当权益，积极提出有利于行业发展的建议和意见。

2017 年，协会将考虑制定行业职业道德准则，规范从业人员职业行为，全面提高从业人员的思想道德素质，科学文化素质和技术业务素质，培育从业人员的职业道德和职业精神，营造诚信执业良好氛围。

2. 利用信息平台，扩大行业影响

2017 年，塑协将不断完善网站信息宣传、交流平台的基础上，充分利用微信或微信公众网等新兴通信工具，进一步扩大塑协的影响力。

目前，协会官方网站已投入使用一年多时间，但影响力还不够。协会将对网站进行有针对性的升级改版，将于 2017 年年中正式应用。改版后的网站仍保留原网站的优点，并弥补原网站功能相对简单、版块固定等缺点。升级后的网站，版块设置更加灵活，功能也将更加完善。同时，在网站更新方面，协会秘书处也将更加及时发布行业动态、相关政策、技术和市场信息，打造重庆行业权威的门户网站。

另外，塑协计划在 2017 年创建协会的微信公众平台，发挥微信网络平台快速、灵活、便捷的优势，及时发布行业相关信息，扩大行业影响。

3. 引领科技创新，优化产业结构

创新是产业结构优化的原动力。我们要把创新放在行业发展的核心位置，尤其是在行业生产能力过剩、竞争加剧的情况下，加强科技创新、促进产业技术进步、推动产业向价值链高端跃升是十分重要的，行业鼓励企业设立研发机构，创建产学研联盟。

2017 年塑协要做好引导行业向中高端发展，加强科技创新，大开发新产品；引导进一步提高劳动生产力和生产效率，全面提高全要素劳动生产力，提高应用土地资源、能源、资金、人才等要素的水平，实现综合效益最大化。

4. 重视提高效率、减轻劳动强度和提高自动化水平

随着人工等生产要素成本的增加，以及质量水平要求的提高，行业更加关注生产效率以及自动化程度的提高。高效挤出装备、自动监测与计量系统、多模挤出模具、管件自动化生产系统、产品自动包装机械等设施的研发和应用，既减轻了社化工年产人员的劳动强度，又相对节约了生产成本，还减少了质量水平提升对操作人员责任心的依赖。

5. 建立自律机制，促进健康发展

目前，塑料产品的质量参差不齐已严重制约了行业发展，损坏了行业信誉，因此，推进行业诚信自律和社会信用体系建设，对于促进塑料管道行业健康发展具有重要意义。

2017 年，协会将根据行业的特点，充分发挥市场监管中的自律作用，制定、完善自律公约，积极规范行业企业生产和经营行为，引导企业依法竞争，自觉维护市场竞争秩序。协会将利用各种方式强烈呼吁与用户行业共同创造良好的市场环境，规范采购和招标程序，购买、应用合格产品。

对违反自律公约的，我们考虑，是否可以按照其情节轻重，实行警告、行业内通报批评、公开谴责、取消会员资格、向有关部门通报等惩戒措施。

另外，协会是否可以考虑开展产品价格信息发布工作，可以先在塑料管道中做试点，为行业企业、用户及相关单位提供合理的参考数据。

6. 组织行业会议，加强对外交流

2017 年，协会将进一步做好理事会议及会员大及相关活动的组织工作。

为了加强行业内交流，增强行业凝聚力，增进会员之间了解，协会努力办好理事会议、会员大会等重要活动，并做到不流于形式，结合当前宏观经济形势和行业发展现状，关注行业存在的实际问题，切实发挥作用，引导行业健康发展。

会议重点就行业发展问题展开讨论，会议还将安排塑料管道原料、助剂、设备、新技术、检测、应用、质量管理及行业发展等方面进行交流，并重

点关注、探讨、解决塑料行业发展所面临的现实问题，为行业发展指明方向。

此外，为促进行业骨干企业间更好交流与合作，协会也将组织部分单位进行更加深入的对外交流活动。

2017 年，我们将继续组织参加国内各类塑料技术交流展会、论坛等，推进行业在新产品、新技术研发，提高质量、转型升级等方面工作，促进行业整合资源，提高产业集中度，立足国内市场，放眼国际市场，依靠技术进步与技术创新，加速产品结构调整，在转型升级中提高产品质量，促进塑料行业的不断健康成长。

同时，有可能，协会将加强与欧洲、亚洲、美国等塑料管道行业协会的联系，积极组织、参与国际交流会议及活动，不断促进国际的交流与合作，引进国外先进技术和管理方法等方式。

7. 加强相关互动，助推产业发展

2017 年，协会将继续加强产业链上、下游的互动与合作，着眼于市场需求，本着互利共赢的原则，支持和鼓励产业链上、下游原料、助剂、设备、加工、施工及用户单位间的合作，形成新型产业链，推动塑料产业全面、协调发展。

塑料管道、塑料制品的结构调整、优化升级、产品创新与上游原料及助剂行业的繁荣发展密不可分。协会将加强与上游原料、助剂等行业互动与合作，密切与中石化、中石油等的关系。同时推进行业做好生产自动化、设备节能改造等工作。

2017 年，协会还将加强与其他相关商会、协会的联系，积极开展信息交流、行业自律等相关活动，研究行业共性问题及解决方法，共同为塑料行业的健康发展做出贡献。

8. 积极完成上级交办的任务

协会将积极参与并配合做好政府主管部门和上级协会组织的各项活动，积极完成上级领导和相关职能部门交办的各项任务，做好行业的其他相关工作。

9. 协会工作目前存在的主要问题和不足

2016 年协会在工作取得了一些成绩，但也存在一些问题和不足。主要表现在：与会员单位的联系和对会员的服务，发挥协会的作用等方面工作还需要进一步加强；行业自律公约及信用体系建设仍需进一步完善和落实；行业职业道德准则有待于制定及推广；参与制定塑料管道相关产品的标准、规程、规范工作力度还不够。

在新的一年里，我们希望继续得到相关部门、各会员单位的不断支持，对协会的各项工作给予更多的指导与帮助。协会将以更好的服务为宗旨，刻苦努力，不断创新，和大家共同谱写重庆塑料行业发展的新篇章。

（重庆市塑料行业协会　刘汉龙　陈清清）

广东省

一、基本情况

1. 行业、企业规模

2016 年广东省塑料制品制造业规模以上企业 2908 个，比上年增加 35 个，从业人员 72 万人，比上年减少 1 万人。规模以上企业资产总计 2804.2 亿元，增长 5.3%。全行业规模以上企业数、资产总计均比上年有所增长。未列入塑料制品统计的塑料鞋制造业规模以上企业 303 个，从业人员 6.1 万人，资产总计 104.1 亿元。

2. 塑料制品产量

2016 年，全省塑料制品产量 1005.5 万吨，同比增长 2.6%，比上年提升 4.1 个百分点占全国产量 13.02%，比上年提升 0.11 个百分点。其中：塑料薄膜 183.2 万吨，同比增长 6.5%，占全国同类产品 12.91%，比上年提升 0.33 个百分点，占全省产量 18.22%，比上年提升 1.29 个百分点。泡沫塑料 45.4 万吨，同比增长 6.6%，占全国同类产品 18.19%，比上年提升 1.4 个百分点，占全省产量 4.53%，比上年提升 0.39 个百分点。人造革合成革 26 万吨，同比增长 6.6%，占全国同类产品 7.85%，比上年提升 0.76 个百分点，占全省产量 2.59%。比上年提升 0.09 个百分点。其他塑料 618.7 万吨，同比增长 2.59%，占全国同类产品 12.17%，比上年提升 0.05 个百分点，占全省产量 61.53%，比上年降低 1.37 个百分点。日用塑料 132.1 万吨，同比 −4%，占全国同类产品 20.83%，比上年降低 1.47 个百分点，占全省产量 13.14%，比上年降低 0.4 个百分点。未列入塑料制品统计的塑料鞋产量22.15亿双。

2016年，广东省塑料制品产量增长较上年有较大提升，但略低于全国平均增幅。列入统计的5个分类产品中有4类产品增幅高于全国同类产品增幅，日用塑料产量为负增长。日用塑料、其他塑料、泡沫塑料3个分类产量占全国比重居省份第一，塑料薄膜产量居省份第二，人造革合成革产量比重居省份第四。3个产品产量占全国同类产品比重较上年提升，2个产品产量占全国比重下降，总产量占全国比重略有提升，产量居省份前列。广东省仍是塑料加工业大省。

3. 塑料制品加工业产值、销售值

2016年，全省塑料制品加工业产值4707.89亿元，同比增长7.7%，销售产值4611.93亿元，同比增长8.1%。其中，列入统计的9个分类产品：塑料薄膜产值598.3亿元，增长5.8%，销售产值584.44亿元，增长6.2%。塑料板、管、型材产值473.09亿元，增长16.3%，销售产值466.23亿元，增长16.5%。塑料丝、绳及编织品产值168.65亿元，增长11.2%，销售产值162.98亿元，增长11.4%。泡沫塑料产值149.65亿元，增长4.5%，销售产值146.24亿元，增长4.2%。人造革合成革产值129.12亿元，增长1.4%，销售产值127.21亿元，增长1.1%。塑料包装箱及容器产值336亿元，增长5.7%，销售产值327.18亿元，增长4.3%。日用塑料产值628.94亿元，增长4.7%，销售产值614.49亿元，增长5%。塑料零件产值632.88亿元，增长10.5%，销售产值609.4亿元，增长9.8%。其他塑料产值1519.26亿元，增长7.1%，销售产值1573.75亿元，增长8.6%。未列入塑料制品统计的塑料鞋产值478.66亿元，增长8.8%，销售产值476.12亿元，增长8.9%。

2016年全省塑料制品加工业产值、销售值增速分别为7.7%、8.1%，高于产量2.6%的增速。增幅较大的分类产品为塑料板、管、型材、塑料丝、绳及编织品、塑料零件等。

4. 塑料制品出口交货值

2016年，全省塑料制品业实现出口交货值1004.14亿元，同比增长0.5%，占全国塑料制品出口交货值44.56%，比上年提升0.07个百分点。其中列入统计的9个分类产品：塑料薄膜81.95亿元，增长5%，占全国同类产品31.96%，比上年降低1.95个百分点。塑料板、管、型材95.3亿元，增长16.4%，占全国同类产品39.32%，比上年提升1.98个百分点。塑料丝、绳及编织品23.47亿元，-1.3%，占全国同类产品22.1%，与上年持平。泡沫塑料17.57亿元，-7.8%，占全国同类产品48.96%，比上年提升4.8个百分点。人造革合成革18.97亿元，增长10.7%，占全国同类产品30.66%，比上年提升3.35个百分点。塑料包装箱及容器48.24亿元，增长5.5%，占全国同类产品33.59%，比上年提升2.24个百分点。日用塑料179.03亿元，-7.9%，占全国同类产品38.24%，比上年降低1.35个百分点。塑料零件198.84亿元，增长1.6%，占全国同类产品58.42%，比上年降低0.85个百分点。其他塑料340.77亿元，-0.7%，占全国同类产品56.9%，比上年提升1.38个百分点。未列入塑料制品业统计的塑料鞋出口交货值159.05亿元，同比增长7.9%。

2016年全省塑料制品出口交货值增幅不大，低于全国平均增幅，分类产品中增幅较大的是塑料薄膜、塑料丝、绳及编织品、泡沫塑料等，日用塑料、其他塑料等较上年下滑。广东省塑料制品出口交货值占全国比重省份最大，有8个分类产品占全国同类产品比重超30%以上。

5. 塑料制品主要业务收入

2016年，全省塑料制品业主营业务收入4500.2亿元，同比增长7.7%，占全国比重19.96%，比上年提升0.64个百分点。其中列入统计的9个分类产品：塑料薄膜575.5亿元，增长6.8%，占全国同类产品20.06%，与上年基本持平，占全省12.79%，比上年降低0.25个百分点。塑料板、管、型材455亿元，同比增长16.4%，占全国同类产品8.41%，比上年提升0.66个百分点，占全省10.11%，比上年提升0.37个百分点。塑料丝、绳及编织品160.4亿元，同比增长11.5%，占全国同类产品5.37%，比上年提升0.69个百分点，占全省3.56%，与上年持平。泡沫塑料144.3亿元，同比增长4.5%，占全国同类产品14.73%，比上年提升0.53个百分点，占全省3.21%，与上年持平。人造革合成革125.5亿元，同比增长1.5%，占全国同类产品10.36%，比上年略微下降，占全省2.79%，比上年略有下降。塑料包装箱及容器318.3亿元，同比增长4.5%，占全国同类产品16.6%，与上年基本持平，占全省7.07%，比上年降低0.54个百分点。日用塑料609.3亿元，同比增长6.4%，占全国同类产品31.67%，比上年略有提升，占全省13.54%，与上年持平。塑料零件605.7亿元，同比增长11.3%，占全国同类产品34.43%，比上年提升0.6个百分点，占全省13.46%，比上年提升0.18个百分点。其他塑料1506.1亿元，同比增长7.7%，占全国同类产品39.66%，比上年略有降低，占全省33.48%，比上年提升0.46个百分点。未列入塑料制品业统计的塑料鞋主营业务收入467.6亿元，同比增长8.4%。

2016年，全省塑料制品主营业务收入增长高于产量增长5.1个百分点，高于全国增幅1.5个百分点。增幅高于全国同类产品的有塑料薄膜，塑料板、管、型材，塑料零件，塑料丝、绳及编织品等。全省塑料制品业主营业务收入占全国比重比上年提升0.64个百分点，7个分类产品主营业务收入占全国同类产品比重在10%以上，日用塑料占全国同类产品已接近三分之一，塑料零件占全国比重超三分之一，其他塑料占全国比重接近40%。

6. 利润总额

2016年全省塑料制品加工业利润总额247.8亿元，同比增长23.2%，占全国17.22%，比上年提升2.17个百分点。其中列入统计的9个分类产品：塑料薄膜31亿元，同比增长13.1%，占全国同类产品18.71%，比上年降低0.32个百分点，占全省12.51%，比上年降低1.11个百分点。塑料板、管、型材20.1亿元，同比增长21.1%，占全国同类产品5.78%，比上年提升0.89个百分点，占全省8.11%，比上年略有下降。塑料丝、绳及编织品12.8亿元，同比增长32%，占全国同类产品7%，比上年提升1.79个百分点，占全省5.17%，比上年略有上升。泡沫塑料5.6亿元，增幅与上年持平，占全国同类产品8.82%，占全国比重与上年持平，占全省2.26%，比上年降低0.54个百分点。人造革合成革8.4亿元，同比增长1.2%，占全国同类产品12.56%，比上年提升1.31个百分点，占全省3.39%，比上年降低0.79个百分点。塑料包装箱及容器18.7亿元，同比增长21.4%，占全国同类产品14.67%，比上年提升2.33个百分点，占全省7.55%，比上年降低0.15个百分点。日用塑料31.5亿元，同比增长21.6%，占全国同类产品28.1%，比上年提升3.37个百分点，占全省12.71%，比上年降低0.2个百分点。塑料零件27.2亿元，同比增长66.9%，占全国同类产品27.49%，比上年提升7.21个百分点，占全省10.98%，比上年提升2.87个百分点。其他塑料92.5亿元，同比增长21.9%，占全国同类产品39.65%，比上年提升2.78个百分点，占全省37.33%，比上年略有提升。未列入塑料制品业统计的塑料鞋利润总额12.2亿元，同比增长2.5%。

2016年，全省塑料制品业利润总额实现高增长，占全国比重已超六分之一，增幅高于产量增幅20.6个百分点。9个分类产品中有8个高于全国同类产品利润增幅，6个增幅超20%，利润增长最大的是塑料零件，从上年−22.8%到增长66.9%。产品附加值较高的产品塑料薄膜、日用塑料、塑料零件利润及其他塑料占全国同类产品比重分别已达到18.71%、28.1%、27.49%和39.65%。

7. 主营业务收入利润率

2016年，全省塑料制品加工业主营业务收入利润率为5.51%，比上年提升0.71个百分点，低于全国平均0.61个百分点。其中列入统计的9个分类产品：塑料薄膜5.39%，比上年提升0.39个百分点，低于全国同类产品0.39个百分点。塑料板、管、型材4.42%，比上年提升0.2个百分点，低于全国同类产品2个百分点。塑料丝、绳及编织品7.89%，比上年提升1.16个百分点，高于全国同类产品1.85个百分点。泡沫塑料3.88%，比上年降低0.32个百分点，低于全国同类产品2.61个百分点。人造革合成革6.69%，比上年提升0.27个百分点，高于全国同类产品1.17个百分点。塑料包装箱及容器5.87%，比上年提升1.02个百分点，低于全国同类产品0.78个百分点。日用塑料5.17%，比上年提升0.6个百分点，低于全国同类产品0.66个百分点。塑料零件4.49%，比上年提升1.56个百分点，低于全国1.13个百分点。其他塑料6.14%，比上年提升0.74个百分点，与全国同类产品持平。未列入塑料制品业统计的塑料鞋主营业务收入利润率2.61%，比上年下降0.15个百分点。

2016年，全省塑料制品业利润率较上年有较大提升，但仍低于全国平均值。9个分类产品利润率同比均有提升，但只要有2个分类产品利润率高于全国平均值。主营业务收入总额占比较大的日用塑料、塑料零件、其他塑料利润率有较大提升，对全省数据有较大拉动。广东省塑料制品业企业运营综合成本偏高，行业运行处于低、微利。

8. 塑料制品加工业亏损面

2016年列入统计的全省塑料制品加工业规模以

上企业2908个，其中亏损企业389个，同比增加0.5%，比上年降低17.3个百分点，减少亏损企业41个，企业亏损面13.38%，比上年降低3.38个百分点。亏损额14.3亿元，同比减少26.3%，比上年减亏6.5亿元。9个分类产品企业：塑料薄膜企业323个，亏损企业38个，亏损面11.76%，比上年降低1.68个百分点，亏损额1.7亿元，同比减少29.2%，比上年减亏1.3亿元。塑料板、管、型材企业210个，亏损企业28个，亏损面13.33%，比上年降低3.63个百分点，亏损额0.5亿元，同比减少37.5%，比上年减亏0.4个百分点。塑料丝、绳及编织品企业107个，亏损企业14个，亏损面13.08%，比上年提升2.19个百分点，亏损额0.3亿元，同比减少25%，亏损额与上年持平。泡沫塑料企业163个，亏损企业21个，亏损面12.88%，比上年降低3.17个百分点，亏损额0.3亿元，同比减少50%，比上年减亏0.2亿元。人造革合成革企业44个，亏损企业3个，亏损面6.82%，比上年降低0.73个百分点。塑料包装箱及容器企业253个，亏损企业40个，亏损面15.81%，比上年提升1.38个百分点，亏损额1亿元，同比减少28.6%，比上年减亏0.8亿元。日用塑料企业452个，亏损企业55个，亏损面12.17%，比上年降低1.54个百分点，亏损额1亿元，同比减少44.4%，比上年减亏0.5亿元。塑料零件企业374个，亏损企业52个，亏损面13.9%，比上年降低1.1个百分点，亏损额4.3亿元，同比减少35.8%，比上年减亏2.5亿元。其他塑料制品企业982个，亏损企业138个，亏损面14.05%，比上年降低4.06个百分点，亏损额5.3亿元，同比持平。未列入塑料制品业统计的塑料鞋企业303个，亏损企业31个，亏损面10.23%，比上年降低1.75个百分点。

2016年全省塑料制品企业亏损面实现较大降低，实际亏损企业数有较大减少，亏损额实现较大幅度减少。9个分类产品中有7类产品企业亏损面降低，7个分类产品亏损额大幅降低，全行业亏损额减亏幅度达26.3%。与全行业利润增幅基本同步。

9. 塑料制品业企业资产

2016年全省塑料制品加工业规模以上企业2908个，资产总计2804.2亿元，同比增长5.3%，企业平均资产9643万元，平均比上年增加178万元。9个分类产品企业平均资产：塑料薄膜企业资产410.3亿元，同比增长2%，企业平均资产12703万元，与上年持平。塑料板、管、型材企业资产272.1亿元，同比增长6.7%，企业平均资产12957万元，比上年增加1457万元。塑料丝、绳及编织品企业资产88.4亿元，同比增长19%，企业平均资产8263万元，比上年增加663万元。泡沫塑料企业资产83.3亿元，同比－2%，企业平均资产5110万元，比上年增加110万元。人造革合成革企业资产73亿元，同比增长5%，企业平均资产16591万元，比上年增加2991万元。塑料包装箱及容器企业资产210.8亿元，同比增长6.8%，企业平均资产8332万元，比上年减少2868万元。日用塑料企业资产269.8亿元，同比增长0.9%，企业平均资产5969万元，比上年减少131万元。塑料零件企业资产459.1亿元，同比增长5.6%，企业平均资产12275万元，比上年增加675万元。其他塑料企业资产937.4亿元，同比增长6.9%，企业平均资产9546万元，比上年增加1146万元。未列入塑料制品业统计的塑料鞋企业104.1亿元，企业平均资产3436万元。

2016年，全省塑料制品企业资产稳步增长，企业平均资产有一定增加，分类产品中企业资产较小的塑料丝、绳及编织品企业资产增幅较大，泡沫塑料类企业资产负增长，比重大的日用塑料类、塑料零件类、其他塑料类企业资产均有一定幅度增长，全行业企业资产实力有所增强，企业规模、集中度有一定提升。

二、存在问题

（1）广东省塑料加工业处于结构调整期，发展模式由规模发展向质量、效益模式转型。塑料制品产量增幅在“十二五”期间处于停滞状态，占全国比重逐年下降，在2015年出现负增长，占全国比重下降至12.91%的最低点后，2016年开始回升。分类产品中其他塑料制品、日用塑料制品产量，占全国比重均居省份首位，但全国占比下降。塑料薄膜、泡沫塑料、人造革合成革增幅均比上年有所提升。

（2）广东塑料制品产值、主营业务收入、利润等运营指标均优于产量指标，增幅均大于产量增幅。利润总额比上年有较大增长，主营业务收入和利润占全国比重有大幅提升，主营业务收入利润率也有较大提升，但仍低于全国平均水平，企业运营成本偏高，产品结构仍有待继续调整优化，行业向质量、效益运营模式转型仍有较大差距。

（3）规模以上企业资产稳步提升，企业实力有所增强，但整体上全省塑料制品加工业企业仍偏小，规模以上企业不多，优势产品生产企业实力偏小，创新能力不强。

（广东省塑料工业协会　符岸）

山东省

一、山东省塑料行业发展状况分析

2016年，山东塑料工业面对国内外市场需求不足，以及人民币升值、原材料和劳动力成本上升等一系列不利因素，在国家一系列宏观经济政策扶持下，加快行业转型升级的步伐，使行业生产稳步企稳回升，实现了平稳增长。主营业务收入、塑料制品总产量和利润总额均保持一定幅度的增长，呈现出良好的发展趋势。2016年又是“十三五”规划实施的开局之年，认真分析研究山东塑料工业发展状况及其原因，对于实施“十三五”规划、促进山东塑料工业持续健康发展具有十分重要的意义。

2016年全省塑料行业实现主营业务收入3025亿元，同比增长5.22%；完成塑料制品总产量1655万吨，同比增长4.72%（其中规模以上企业1347个，生产塑料制品总量437万吨）；实现利润总额189亿元，同比增长7.36%。

1. 行业规模快速发展，经济总量位居全国前列

在国家和省有关宏观政策指导下，山东塑料工业得到快速发展，各项主要技术经济指标位居全国前列，成为全国塑料原料、设备、制品、科技等领域的重要基地，农用薄膜、管材、异型材、小包装、编织制品、一次性PVC手套、PVC增强软管、塑料绳网等大类产品位居全国首位，行业整体在全国占有重要地位。

2. 产业结构得到极大改善，但研发创新的源动力依旧不足

山东塑料行业中的制品生产和加工专用设备制造相对发达，挤出类产品生产设备有比较优势，注塑机生产严重不足，模具在设计和加工以及科研开发方面相对滞后。对应的塑料制品加工亦呈现相似状况，挤出类塑料产品具有一定优势，但产品附加值低，注塑类产品落后较大。

随着市场范围的不断开拓，部分塑料制品生产企业向其上游——塑料原料的生产领域发展，特别是聚丙烯粉料及各种塑料助剂的研发和生产。

3. 产品结构日趋合理，高附加值产品比例相对偏低

山东塑料行业全部塑料制品总产量中，各大类产品所占比重分别是：编织制品占比超过30%；管材、薄膜等分别占比16%～13%；日用制品、包装、泡沫塑料、板片材、型材等分别占比6%～3%；其他制品18%。

我省产品结构性矛盾十分突出，一般产品相对过剩与技术含量高、附加值大的产品短缺同时并存。在主要塑料产品企业中，有80%以上的产品产能利用不足或严重不足，但由于产品结构不合理，产品差别化不足、档次不高、附加值较低，许多高档塑料制品仍然需要从外省市或外国调入或进口，以满足人们的日常需要。

4. 产业集群发展迅速，中小型企业仍为主力军

产业集群和特色区域生产为整体提升山东塑料工业的规模和竞争力注入新动力。截至2016年年底，被授予中国产品生产加工基地称号的共9家，被授予山东省产品生产加工基地称号的共3家。产业基地和特色集群的培育和发展，有力地推动了当地塑料产业的壮大，对促进当地经济发展和社会进步起到了积极作用。上述产业集群汇集了2370多家企业，从业人员13万多人，全部生产能力690万吨。2016年度完成塑料制品产量420万吨，实现主营业务收入610亿元。

由于企业专业化协作水平低，没有形成合理的分工协作关系。绝大多数企业规模过小，产业集中度低，资金和技术投入分散，资产负债率高，在生产、市场、研究与开发等方面难以形成规模优势。在全省万余家塑料制品生产企业中，85%以上为中小型企业，总资产820亿元，全部从业人员65万人。其中规模以上企业1347家，约占10%左右，企业资产合计580亿元，年均主营业务收入1.06万元；从业人员21万人。

5. 重点支柱行业和产品优势明显，名优新特产

品发展缓慢

农用薄膜、编织制品、管材、土工合成材料、一次性塑料手套、塑料绳网等为山东省塑料制品的重点支柱行业，生产总量均为全国前列。

到2016年底全行业有5个产品保有中国名牌称号；保有山东名牌产品共62个；保持“中国驰名商标”3个；保持“山东省著名商标”43个；另有部分山东省塑料行业名优品牌和知名品牌。但与行业规模相比，具有驰名（著名）商标的产品比例明显偏少，企业产品品种更新换代以及具有地方特色和地域特征的创新产品发展缓慢，不符合整体行业发展水平。

6. 自主创新能力逐步增强，研发投入及成果转化差距较大

行业科研开发力度继续加大，一大批科研项目得到立项和研发成功，自主创新能力得到极大提升；现有省级及以上研发中心12个。1347家规模以上企业2016年共投入研究开发费用5500万元，占整个管理费用的2.0%左右。除极少数企业研发投入及成果转化较理想外，绝大多数企业产品升级换代止步不前，研发投入与企业销售收入不成比例，有关研发机构及企业的研究成果转化周期过长，有的已经失去转化的价值。

二、存在的主要矛盾和问题

1. 部分产能过剩

经过多年的发展，各地塑料生产企业数量和制品产能迅速扩张，山东塑料工业在得到快速发展的同时，部分制品产能明显过剩，如编织制品、普通农地膜、普通管材、PVC塑胶手套、出口和农贸市场用量最大的各种超薄包装袋等等。

2. 高端产品比重偏低，技术创新能力不强

目前我省塑料工业总体发展水平与发达国家仍然有较大差距，产业发展面临一些亟待解决的问题。主要表现在：自主开发能力薄弱，大型材料企业创新动力不强；研发投入少且分散，基础管理工作比较薄弱。目前一些特殊品种和材料仍然无法满足国内需求，产业化核心技术水平较发达国家落后10~15年。即使是国内引进的先进装置和生产技术，也普遍存在着产品品种少、生产规模小，不能满足市场需求。很多关键技术尚未突破，不能满足国内需求，尤其在高端领域严重依赖进口产品。

3. 全行业差异化经营意识差，恶性竞争激烈

很多企业由于科研能力较弱，应用研究积累不足，企业一味追求规模，追求短期效益，造成的结果是：有的企业盲目转型，导致一些技术含量不高的产品过快增长，形成产能过剩和低价恶性竞争。因此，在转型升级过程中，企业不论大小都要根据自身实际情况选择适合自己特点的转型之道

4. 市场服务意识差 营销理念落后

在新产品开发与市场服务方面，主要问题是：产学研用相互脱节，工业化、市场化以及推广应用不到位；往往只注重产品开发，而忽略市场开发和应用开发。产业发展模式不完善，缺乏统筹规划和政策引导；在产业链衔接环节，缺乏有效的沟通渠道。上下游只形成了买卖关系，很少进行详细沟通；真是为了点点利益斤斤计较。

5. 用工难是各行业普遍存在的问题

企业的生产离不开机械设备以及操作机械设备的员工，而如何操作这些高科技设备是一项热门技能，这方面的人才作为一个行业的重心，招工难成为我国许多行业面临的问题，眼下，正值全球大力推进传统制造业转型升级关键期，却频频面临“设备易得、技工难求”的尴尬局面。

招工难、用工难，是当前各行业普遍存在的现实问题，带来的影响就是劳动力成本显著上升。对于招工难的说法，正确的理解应该是难以招到具有一定劳动技能来满足企业生产急需的劳动者。虽然我省劳动力资源丰富，但新成长起来的主力就业人群对就业要求差异化较大，加上居高不下的房价和物价，就业人群的收入预期每年增幅在10%左右，对企业经营成本的影响日益增强。但从行业调查情况看，具有一定技术基础或经过专业培训的人员还是十分紧缺，特别是高技能人才更缺。

塑料行业在不断发展的同时，问题也相应地出现，正如现如今面临的招工难的问题。而要克服这个难题，其实有很多的方法。而挑选一个最合适的方法是很重要的，目前可以通过提高员工工资来缓解目前的困境，但是这种是治标不治本的方法。而要从根本上解决问题还是提高设备的性能与功用，向全自动化生产努力，以机械替代人工才是生产的最终目标。

6. 融资难仍是制约中小企业发展的问题

正常的融资问题一直是困扰中小企业发展的重要问题，除难以获得正常利率的贷款外，近几年出现的联保事件对塑料企业融资问题更是雪上加霜，

其负面影响未见缓解迹象。协会将利用各种渠道呼吁政府及有关部门加大对中小企业的政策性融资力度，加快中小企业信用担保体系建设，协助行业企业拓展融资渠道，解决制约中小企业发展的资金瓶颈问题，充分解决中小企业融资难、担保难的问题。

三、原因分析和建议

目前，山东塑料工业存在产品结构不合理、产品阶段性过剩、科技投入不足、技术创新能力不强等问题，影响着我省塑料加工业的持续发展。对此，我们认为，未来塑料行业要加快向质量效益型转变，通过创新思维、创新产品过程设计和关键技术创新实现产业创新发展，以低能源、资源消耗、低环境负担方式提高产出质量和增加效率，实现产业升级。

我国塑料加工业增幅回落的原因是多方面的。一方面，全球经济需求不足，导致出口包装需求下降；另一方面，国内经济增速放缓，对塑料产品的需求不足。当然，除宏观环境外，也应看到塑料加工业自身的问题。一是产品结构不合理，中低档产品比例过高；二是部分产品出现结构性、阶段性过剩；三是技术创新能力不强，新增长点尚未形成。

为了实现塑料加工业的持续发展，塑料加工行业要加快向质量效益型转变。目前，我国已成全球塑料制品生产和消费第一大国。这主要得益于我国改革开放的政策，得益于国民经济高速增长的带动。这一阶段的主要特点是依靠大规模投资，迅速扩大产能。在数量主导型发展推动下，部分产品出现了产能过剩，未来规模扩张空间被压缩。现成可利用的技术空间越来越小，因此技术快速跨越的步伐将明显放缓，未来更多需要自主创新。

产能过剩严重影响了塑料加工业的快速成长。塑料加工业是快速成长的新兴制造业，但部分产品目前出现产能结构性和阶段性过剩。产能过剩引发低价恶性竞争，造成市场混乱，既影响行业形象又影响企业效益，还影响行业健康发展。

化解产能过剩最根本的途径，是技术创新和结构调整，培养新的增长点。要通过加快结构调整，尽快形成高、中、低档比例合理的产品结构。作为新兴制造业的塑料加工业，同时面临难得的发展机遇和严峻的挑战，应继续发挥塑料加工业的竞争优势，不断提高产品质量和效益。过去长期依靠高投入、高耗能、低成本的增长模式已不可持续，要从资源消耗型转向要素集约型，从依靠扩大投资和规模扩张转变为依靠技术进步、创新和要素升级，培育新的竞争优势。要对所使用的资源、能源、资金、资本、土地等要素进行最优组合，产生更大效益。

此外，目前，塑料制品业总体装备水平偏低、产品结构不合理、科技投入不足、产品集约化程度低、抵御风险能力不强、行业区域发展不平衡、市场无序竞争等结构性的问题严重，产业结构调整和节能减排工作还任重道远。

四、工作亮点及成效

加强行业协会的自身建设，为服务行业和社会，承接政府转移职能创造条件；鼓励创新、申报专利，创新势头良好，出现一批能带动行业创新发展的新产品及创新发展带头人和优秀工作者；省人大常委会颁布实施《山东省循环经济条例》，为环境保护立新规。

1. 山东省塑料协会被评为“AAAA”级社会组织

为更好地推动社会组织加强自身建设，充分发挥社会组织服务社会的功能作用，根据民政部《社会组织评估管理办法》（民政部令第39号）和《山东省民政厅关于开展第二批省管社会组织评估工作的通知》（鲁民函［2014］318号）要求，省民政厅组织开展了第二批全省性社会组织评估工作。第二批全省性社会组织评估工作总结大会于2016年7月15日在济南召开，山东省塑料协会荣获“AAAA”级社会组织荣誉称号。

2. 山东省塑料研究开发中心等单位的科研项目获得国家发明专利

“一种防蚁防鼠食害塑料管道用聚乙烯母料及其制备方法”及“一种聚醚醚酮/粉煤灰空心微珠/玻璃纤维复合材料及其制备方法”等两项科研成果的国家发明专利授权；“非沥青基高分子自粘胶膜防水卷材专用料”国家知识产权局已受理发明专利申请。山东森荣塑业有限公司的聚四氟乙烯系列产品、山东崇锦塑胶有限公司的旱厕改造项目、济南德丰塑料有限公司的铝塑复合建筑模板项目、济南丰源塑料有限公司的旱厕改造项目均已取得很好的效益。

3. 一批单位、人员、项目获得中国轻工业联合

会奖项

聊城华塑工业有限公司等8家企业的科研项目分获“十二五”中国轻工业联合会科技发明奖、科技进步奖、科技优秀奖；山东清田塑工有限公司等3家企业获“十二五”全国轻工业卓越绩效先进企业；山东寿光龙兴农膜有限公司等5家企业的品牌产品获“十二五”轻工品牌竞争力优势产品；山东金达双鹏集团有限公司等9家企业获“十二五”轻工品牌培育管理体系先进企业；聊城华塑工业有限公司的一种吹塑薄膜界面分子膜及其生产工艺获得“十二五”塑料行业中国专利奖。（见附件1～附件5）

4. 一批单位、人员、项目获得中国塑料加工工业协会奖项

山东健元春有限公司等9家企业获“十二五”中国塑料加工业科技创新型企业；山东天鹤塑胶股份有限公司等5家企业的5项成果获“十二五”中国塑料加工业优秀科技成果；山东慧科助剂股份有限公司李德刚等5人获“十二五”中国塑料加工业先进科技工作者；莱芜市润华塑料机械有限公司等13家企业获“十二五”中国塑料加工业优秀企业；山东省塑料协会潘庆功等12人获“十二五”中国塑料加工业先进个人。（见附件6～附件10）

5. 一批单位、人员、项目获得省轻工联社等奖项

青岛宏达塑胶总公司范少军等11人被山东省轻工纺织工会委员会、山东省轻工集体企业联社授予“全省轻工联社系统优秀企业和优秀企业家”称号；山东文远塑业有限公司俞淦等5人被山东省轻工纺织工会委员会、山东省轻工集体企业联社授予“全省轻工联社系统先进个人”称号；山东省塑料研究开发中心王保民1人被山东省人力资源和社会保障厅、山东省轻工集体企业联社、山东省公务员局授予“全省轻工联社系统先进个人”称号（见附件11～附件13）。

6. 山东出台新规严禁过度包装，超市禁止免费塑料袋

2016年7月22日，山东省十二届人大常委会第二十二次会议审议通过了《山东省循环经济条例》（以下简称《条例》），条例明确规定，禁止违反国家强制性标准，对产品进行过度包装。

《条例》共6章54条，以坚持量化优先，遵循市场引导、政府推动、单位实施、公众参与的原则，从减量化、再利用和资源化、保障措施等几个方面作了规定。《条例》将于2016年10月1日起施行，《条例》的颁布实施，标志着山东循环经济工作进一步走向法制化、规范化和科学化。

循环经济涉及面广，涵盖了生产与消费、城市与农村、经济社会与环境等方方面面。《条例》对与公众生活息息相关的循环经济行为作了规范，包括产品过度包装、公共交通、生活垃圾的分类处理等。产品过度包装不仅浪费了大量的宝贵资源，而且严重污染了环境。为了限制产品过度包装，降低消费成本，减少包装废弃物的产生，《条例》规定了禁止违反国家强制性标准队产品进行过度包装，并明确了相应的法律责任。

《条例》规定，禁止生产不符合国家有关标准的塑料袋。超市、商场等商品零售场所不得免费提供塑料袋，倡导使用绿色环保购物袋。餐饮、娱乐、宾馆等服务性企业，应当鼓励和引导消费者减少使用一次性用品。违反《条例》规定，超市、商场等商品零售场所免费提供塑料袋的，由县级以上人民政府工商行政管理部门或者市场监管部门责令限期改正；逾期未改正的，处500元以上5000元以下罚款。

五、未来塑料行业发展趋势分析

1. 绿色塑料成为塑料包装的必然选择

研究开发可回收利用的绿色包装材料；鼓励少用原材料；在包装设计上应尽量使用同一材料、可分离可共存的材料并趋向于使用结构简单、容易循环再生的材料；在满足包装功能的前提下，尽量减少垃圾的产生量，从而呈现包装薄膜轻量化发展趋势。

2. 塑料建材适应环保要求和多样化

塑料建筑材料是继混凝土，钢材，木材之后发展最为迅速的第四大类新型建筑材料，由于它具有节能，自重轻，耐水，耐化学腐蚀，外观美艳，加工安装方便等优点，广泛用于国民经济各部门。给水管系统，排水管系统，雨水管，槽系统，电气护套系统，热收缩管系统，塑料门窗系统，板材，壁纸，地板卷材，地板毡，堵水材料，装饰装修材料，卫生洁具，家具等已经得到广泛应用。适应环境保护和人类健康需求的绿色建筑将是城乡未来建筑的方向。绿色建筑的推

广，将拉动这些节能环保建材和相关制造技术的发展。

3. 根治白色污染，生物降解塑料将受宠

生物聚合材料大多用在包装和食品服务等领域，主要用于包装那些一次性使用或送往垃圾填埋场或冲入大海的产品。生物降解性就成为人们在选择包装材料时首先考虑的一个因素。生物降解塑料正在得到越来越多包装专业人士的青睐，日益增高的能源成本和对环境可持续发展理念的重新认识将为生物塑料在市场上的成功奠定基础。其他降解技术的研究开发和推广也将得到快速发展。

4. 农用塑料制品逐步走向高端化

适合不同需求的地面覆盖膜、棚膜、农田水利灌溉、养殖用、乡村旅游景观等用途的环保型塑料制品，将摆脱低档次束缚，逐步向高端化迈进，将在仿古、仿木、色泽、耐用等方面满足人们的高档次需求。

5. 塑料废弃物的再利用考验着行业智慧和社会的文明进步

塑料工业的高速发展，在给人们带来便利、促进经济社会发展的同时，也给环境和社会发展带来潜在的危害。经过行业持之以恒的技术创新和产业结构调整，我国再生塑料产业取得了很大的进步，正在向着高质量、多品种、高技术的方向发展，再生塑料市场环境已经初现规模。但不可否认的事实是，塑料工业给环境带来的潜在危害，塑料废弃物的再利用不仅制约着塑料行业的进一步发展，而且检验和考验着塑料行业的集体智慧和社会的文明进步。

6. 技术进步成为制约行业发展的关键

企业技术改造投入不足、企业创新能力不足、高技术产业发展缓慢、人才结构不合理等因素已严重制约着山东塑料工业的健康持续发展。新科技革命和产业变革，其核心是提高制造业生产效率和减少人工，这是在更高层面上解决工业生产两个传统问题，即提高产出和降低成本。新一轮技术革命对塑料工业提出了严峻挑战，但也提供了赶超发展的契机，使我们有机会同世界巨头站在同一起跑线，要紧紧跟踪当代科技最新动态，紧跟新一轮技术革命大潮，顺势而为、乘势而上，只此，塑料工业才能在健康道路上持续发展。

六、下步重点做好的主要工作

1. 积极做好“十三五”规划的落实，承接政府转移职能工作

据国务院和省政府有关文件精神，我们要积极做好“十三五”规划的贯彻落实工作，积极做好政府向行业协会转移职能的衔接和承接工作，加强协会的组织和协调功能，及时向企业反映国际和国内对产业政策的变化情况，设立专门的技术平台来为企业提供服务。

2. 加强品牌建设，做好特色区域经济和专业集群的培育工作

除积极做好中国驰名商标、山东省著名商标，借鉴兄弟省市协会的成功做法，积极向政府有关部门反映企业诉求，启动行业知名品牌的认定工作，积极培育和发展具有行业特色的名优产品和名牌企业。加大宣传力度，提高山东塑料行业在全国的知名度和竞争力。

培育发展更多的产业集群和特色产业基地，发挥集群优势。要加大塑料专业生产基地的宣传和培育力度。并协助政府部门积极落实对产业基地的奖励政策。

3. 发挥技术联盟、专家库和专业技术人员作用，推动行业技术创新

积极培育、完善和提高具有行业特色和产业及产品特色的技术联盟，尽最大限度发挥其作用；进一步加强行业专家队伍建设，充分发挥行业专家库和行业专家的作用，开展好各项工作，为企业发展做好服务，推动企业和整个塑料行业的技术创新。

对于那些具备坚实的理论知识和专业知识，能够为行业和企业提供理论和技术支持的高等院校的专家学者；对于那些长期从事塑料及其相关行业科学研究、具有丰富的行业专业水平、作风严谨缜密的高水平科研人员；对于那些勤于思考、业绩突出、具有丰富管理能力和实践经验的企业家，吸收到行业专家队伍中来，为塑料行业的技术创新聚集力量。

4. 积极开展具有行业特色的活动

除组织塑料企业参加香港雅展和“中国塑料交易会”外，积极组织企业走出去，参加一系列国际展览，积极探索和培育适合我们行业发展的展览会、博览会等。

进行广泛的社会调查和行业调研，与行业内大型企业探讨，积极开展塑料行业特殊工种培训；开

展塑料行业劳动技能竞赛和蓝领工程；积极探索行业专业技术证书的认证。

5. 加强协会内部建设，提高服务行业和企业的能力与水平

当前国际的各种贸易摩擦、反倾销、反补贴和保障措施案例会不断增加，技术壁垒有增无减。面向世界的塑料工业，在经济全球化中生存发展，市场竞争将会更加激烈，企业需要联合起来，整合力量，自我保护，需要充分发挥行业协会的作用，促进行业不断发展。

要加强自身建设，加强与各有关部门的密切配合，重点研究解决行业中的共性问题，抓住重点地区、重点产品和企业运行中的突出问题，并注重生产和市场中的热点、难点问题，做好综合协调、分类指导工作，充分发挥协会技术支持平台和信息平台的作用，积极为企业开展信息、咨询和技术服务等活动。

要把握行业正确的发展方向并为政府决策提供依据，要利用各种现代知识传播媒介，传播科学知识，捍卫行业的荣誉；要面向全社会，为行业和企业服务，为本协会会员单位服务，为塑料行业发展争取更加适宜生存与发展的空间。

附件 1. “十二五”中国轻工业联合会科技发明奖、科技进步奖、科技优秀奖项项目名单
（山东塑料部分）

序号	企业名称	项目名称	奖项	年度
1	烟台万华合成革集团有限公司	超细纤维合成皮革材料制造关键技术	技术进步一等奖	2011
2	聊城华塑工业有限公司	涂覆型长效流滴消雾功能农用大棚膜	技术发明一等奖	2013
3	山东天鹅塑胶股份有限公司	涂覆型持久流滴聚烯烃农膜及纳米复合涂液	技术进步三等奖	2013
4	烟台万华超纤股份有限公司	高仿真皮细折纹超细鞋革关键技术开发	技术进步优秀奖	2013
5	山东天鹅塑胶股份有限公司	糙面土工膜及其生产方法	科技发明三等奖	2014
6	山东企鹅塑胶股份有限公司	可降解聚烯烃基烷酸酯压延拉幅薄膜	科技发明三等奖	2014
7	山东同大海岛新材料股份有限公司	超柔软高弹聚氨酯仿真皮超纤革关键技术及产业化应用	技术进步三等奖	2014
8	山东华夏神舟新材料有限公司	高性能全氟乙丙烯树脂新技术研发与产业化	技术进步二等奖	2015

注：中国轻工联合会、中华全国手工业合作总社文件公布。

附件 2. “十二五”全国轻工业卓越绩效先进企业名单（山东塑料部分）

序号	企业名称
1	山东清田塑工有限公司
2	山东金达双鹏集团有限公司
3	山东华鑫塑业有限公司

注：中国轻工联合会、中华全国手工业合作总社文件公布。

附件 3. “十二五”轻工品牌竞争力优势产品名单（山东塑料部分）

序号	企业名称	品牌
1	山东清田塑工有限公司	清田
2	山东天鹅塑胶股份有限公司	天鹤金阳光
3	山东寿光龙兴农膜有限公司	龙 兴
4	济南新三塑业有限公司	兴 桥
5	聊城华塑工业有限公司	华塑

注：中国轻工联合会、中华全国手工业合作总社文件公布。

附件 4. “十二五”轻工品牌培育管理体系先进企业名单（山东塑料部分）

序号	企业名称
1	山东金达双鹏集团有限公司
2	山东东信塑胶有限公司
3	山东东宏管业有限公司
4	济南海富塑胶有限公司
5	山东清田塑工有限公司
6	山东天鹅塑胶股份有限公司
7	山东寿光龙兴农膜有限公司
8	济南新三塑业有限公司
9	聊城华塑工业有限公司

注：中国轻工联合会、中华全国手工业合作总社文件公布。

附件 5. “十二五”塑料行业中国专利奖名单（山东塑料部分）

序号	专利权人	专利名称	奖项
1	聊城华塑工业有限公司	一种吹塑薄膜界面分子膜及其生产工艺	优秀奖

注：中国轻工联合会、中华全国手工业合作总社文件公布。

附件 6. “十二五”中国塑料加工业科技创新型企业名单（山东塑料部分）

序号	企业名称
1	山东健元春有限公司
2	山东同大海岛新材料股份有限公司
3	山东博拓塑业股份有限公司
4	山东慧科助剂股份有限公司
5	山东莱芜新甫冠龙塑料机械有限公司
6	山东清田塑工有限公司
7	山东龙兴塑膜科技股份有限公司
8	聊城华塑工业有限公司
9	山东天鹤塑胶股份有限公司

注：2016 年 11 月中国塑料加工工业协会第七次会员代表大会公布。

附件 7. “十二五”中国塑料加工业优秀科技成果名单（山东塑料部分）

序号	企业名称	成果名称
1	山东莱芜新甫冠龙塑料机械有限公司	大型五层共挤在线外涂覆宽幅 PO 功能膜挤出装备
2	山东天鹤塑胶股份有限公司	高柔性土工膜及其制备方法
3	山东英科环保再生资源股份有限公司	废弃聚苯乙烯泡沫优质再生关键技术
4	山东博拓塑业股份有限公司	高硬度聚氯乙烯结皮发泡板材及其制备方法
5	山东莱芜新甫冠龙塑料机械有限公司	全自动机械手智能地膜收卷机

注：2016 年 11 月中国塑料加工工业协会第七次会员代表大会公布。

附件 8. “十二五”中国塑料加工业先进科技工作者名单（山东塑料部分）

序号	企业名称	获奖人
1	山东慧科助剂股份有限公司	李德刚
2	烟台万华超纤股份有限公司	李革
3	山东英科环保再生资源股份有限公司	李志杰
4	山东莱芜新甫冠龙塑料机械有限公司	胡延波
5	聊城华塑工业有限公司	郭锋

注：2016 年 11 月中国塑料加工工业协会第七次会员代表大会公布。

附件 9.“十二五”中国塑料加工业优秀企业（山东塑料部分）

序号	单位名称
1	莱芜市润华塑料机械有限公司
2	济南新三塑业有限公司
3	山东莱芜新甫冠龙塑料机械有限公司
4	山东鲁燕色母粒有限公司
5	青岛三益塑料机械有限公司
6	聊城市三力保温材料有限公司
7	山东百多安医疗器械有限公司
8	潍坊现代塑胶有限公司
9	山东汇晟管业有限公司
10	山东博拓塑业股份有限公司
11	山东齐鲁增塑剂股份有限公司
12	淄博华星塑料助剂有限公司
13	青岛邦尼化工有限公司

注：2016 年 11 月中国塑料加工工业协会第七次会员代表大会公布。

附件 10.“十二五”中国塑料加工业先进个人（山东塑料部分）

序号	单位名称	姓名
1	青岛三益塑料机械有限公司	周玉亮
2	莱芜市润华塑料机械有限公司	亓立裴
3	莱芜市润华塑料机械有限公司	王敦辉
4	济南新三塑业有限公司	乔宪宾
5	山东莱芜新甫冠龙塑料机械有限公司	孟国
6	山东百多安医疗器械有限公司	张海军
7	山东省塑料协会	潘庆功
8	淄博市轻工行业协会	王波
9	山东博拓塑业股份有限公司	周学卫
10	山东英科环保再生资源股份有限公司	刘方毅
11	山东天鹅塑胶股份有限公司	孙天智
12	聊城市三力保温材料有限公司	王保峰

注：2016 年 11 月中国塑料加工工业协会第七次会员代表大会公布。

附件 11. 全省轻工联社系统优秀企业和优秀企业家通报表扬名单（塑料行业部分）

序号	优秀企业名称	优秀企业家
1	青岛宏达塑胶总公司	范少军
2	山东汇晟管业有限公司	王士禄
3	山东清田塑工有限公司	刘志锋
4	枣庄市龙泉包装制品有限公司	马洪龙
5	潍坊现代塑胶有限公司	张利
6	济宁市金工塑料工业有限公司	张建群
7	山东春潮集团有限公司	王培利
8	临沂东立塑胶建材有限公司	褚言永
9	山东汇通达塑业有限公司	贾波
10	聊城华塑工业有限公司	武庆东
11	山东金冠网业有限公司	任立波

注：山东省轻工纺织工会委员会、山东省轻工集体企业联社鲁轻联人（2016）45 号文件公布。

附件 12. 全省轻工联社系统先进个人通报表扬名单（塑料行业部分）

序号	单位名称	姓名
1	山东文远塑业有限公司	俞淦
2	枣庄市金塑塑胶有限公司	赵绪广
3	济宁市塑料工业有限公司	吕祥君
4	泰安路德工程材料有限公司	梁训美
5	山东春潮集团有限公司	郝立芬

注：山东省轻工纺织工会委员会、山东省轻工集体企业联社鲁轻联人（2016）45 号文件公布。

附件 13. 全省轻工联社系统先进个人名单（记三等功）（塑料行业部分）

序号	单位名称	姓名
1	山东省塑料研究开发中心	王保民

注：山东省人力资源和社会保障厅、山东省轻工集体企业联社、山东省公务员局鲁人社办发（2016）64 号文件公布。

（山东省塑料协会　刘丰田）

安徽省

一、大事记

2016年，协会在省经信委、省民管局及省轻工协会的领导和指导下，在全体会员的共同努力下，认真履行协会《章程》赋予的职责，积极开展以下活动。

1. 召开座谈会，认清形势，坚定信心，加强自律

新年伊始，协会及时召开“迎新春座谈会”，分析形势，统一认识。40多名塑料制品企业、塑机企业、原材料销售企业、省内知名大学、设计部门等理事或代表参加会议。安徽毅昌科技有限公司等16位代表分别介绍了2015年的生产经营等情况和2016年的思路。省轻工协会张卫平处长参加会议并提出具体要求。翟光景秘书长主持会议，韦明会长作总结发言。

会议认为：2016年，我省塑料行业产能过剩、利润下降、融资困难，劳力短缺，步履艰难、继续承压。

会议强调：各企业一定要树立把塑料产业一直做下去的信心和决心，坚持不转行，求升级，把产品做专、做特、做精，在提质增效上下功夫。要利用高校专业人才、科技信息、实验装备等资源优势，走产学研用相结合的路子，深入开展校企合作。

会议要求：企业要加强员工的培养培育，形成以团队为核心的职工队伍。要坚持稳扎稳打，不盲目扩张，不贪大求洋，要根据各自的体量和能量，谋求发展。尤其是要把住塑料产品质量的源头，拒绝生产低、劣质产品，拒绝偷工减料，为塑料产品正名。全行业必须加强自律，向标杆企业看齐，坚决打击恶性竞争行为。

会议希望高等院校、科研院所积极为企业提供项目服务，争取国家政策支持。

2. 召开部分重点企业工作研究会

为了解我省塑料行业生产经营情况，分析行业发展中存在的共性问题和个性问题，把握行业发展的态势，总结交流典型经验，反映企业诉求，抵御经济下行压力带来的冲击。2016年5月31日，协会与省轻工协会联合召开了部分重点企业生产经营工作研究会。安徽国风塑业股份有限公司等11户重点企业参加了会议。11户参会企业上年度主营业务收入近200亿元、利润13亿元，约占全省塑料行业主营业务收入1011亿元、利润65亿元左右的20%。参会企业涵盖了塑料薄膜、木塑、塑料管材、型材、合成革、泡沫塑料、日用制品、彩印、汽车和家电塑料配套件及模具等产品。其中，安徽安利材料科技股份有限公司的合成革、芜湖海螺股份有限公司的型材、黄山永新股份有限公司的彩印（包装制品）、安徽富光实业股份有限公司的口杯等企业产品在全国同行业中位居第一。在11户重点企业中有6户上市公司和1户上市公司的全资子公司。省经信委消费品处、省轻纺工会的负责同志参加了会议，并与到会的代表进行座谈，解答代表提出的有关问题与诉求。

参会代表分别汇报了企业生产经营情况和存在的问题，分析了企业和行业发展的态势，并达成了以下共识：

（1）随着我国经济下行压力的加剧，给我省塑料行业带来了强大的冲击。企业融资难、生产成本高、员工工资提高和流动加剧并重，产品销售压力增加、实现利润下降，这样的情况将持续较长一段时间。

（2）针对企业生产经营的困难情况和存在的相关问题，与会代表认为，企业应苦练内功，加强管理，推动产业升级和创新，增加品种，满足多样化消费需求，提高品质，促进有效供给，争创中国名牌和安徽名牌，不断提升企业的竞争力。

（3）对于无序竞争、最低价中标、不按标准生产、甚至偷工减料，不能保证产品品质，影响整机（车）质量造成社会性公共浪费等问题。会议建议：一是行业协会牵头，做好配套件的行业标准和行业自律工作；二是政府有关部门要做好标准的落地工作，严肃查处不按标准生产的企业和产品。

（4）为加强企业间、企业与协会之间的联系和交流，经过与会企业讨论，建立全省塑料行业重点企业微信群，并不断发展会员企业入群。

（5）塑料协会每年应多召开企业生产经营工作座谈会，便于相互交流和沟通，掌握有关企业的情况。

3. 召开第三次会员大会筹备组会议

为认真做好安徽省塑料协会换届工作，2016年8月初，协会召开了第三次会员大会筹备组会议。会议由筹备组办公室主任翟光景秘书长主持。

（1）会议原则通过了以下草案：韦明会长汇报的《第二届理事会工作总结报告》；翟光景秘书长提交的二届理事会以来的财务执行情况的报告；《章程》修改及说明的情况报告；《会费收缴标准和使用管理办法》；《第三届理事会的选举办法》；初步审议拟推选的秘书长、副会长、会长候选人员名单。

（2）会议讨论了第三次会员大会召开的时间、地点、会议议程。

（3）会议研究了会员大会同期举办的塑料技术研讨会等有关事项。

本次会议内容丰富，议程严谨、紧张有序、务实高效，取得了圆满成功。

4. 开展调研活动

2016年7月19日～29日，韦明会长、翟光景秘书长等人先后赴滁州、芜湖、合肥等地进行调研。分别与芜湖国风塑业科技有限公司等16户企业进行座谈，认真听取企业负责人介绍情况，并深入生产车间，详细了解企业的生产经营状况、产能产值、设备、技术、市场前景与发展规划，同时交流协会换届有关情况。

5. 为企业服务

2016年12月，协会与深圳振业企业管理咨询有限公司共同举办了“安徽省注塑企业经营能力提升培训活动”。24户企业50名代表参加了本次活动。大家一致反映，通过培训受益匪浅。

11月，协会与安徽科达售电有限公司为会员企业搭建优惠购电平台。多家企业申报成功。通过公示，已享受到优惠电价。

6. 完成上级部门交办的任务

应省经信委邀请，韦明会长参与了省“三品战略”示范企业政策制定征求意见研讨会并发言，意见得到与会人员的广泛认同。

按省经信委的要求，按时填报了《涉企收费清理情况专项检查自查自纠情况汇总表》。

按照《安徽省委办公厅省政府办公厅关于印发〈安徽省行业协会商会与行政机关脱钩实施方案〉的通知》要求，认真做好脱钩前的相关工作。2016年12月，省经信委已取消了与我会的主管关系。

根据省民管局的通知要求，及时派员参加了省民管局、省社会组织联合会举办的《社会组织管理工作业务培训班》。

7. 组团观展，参加有关会议

一是组团参观了在上海举办的2016国际橡塑展。二是参加在台州举办的第十六届中国塑料交易会。三是参加了在南京国际会议中心召开的中国塑料加工工业协会第七次会员代表大会（我会韦明会长当选为中塑协第七届理事会常务理事）。与此同时参加了由中国轻工业联合会主管，中国塑料加工工业协会主办，各省塑料协会协办的第二届“中国国际塑料、新材料、新技术、新装备、新产品展览会”。通过观展参会，与有关省市及主办单位进行了广泛的交流。

8. 编辑2015年度《中国塑料年鉴》安徽篇

根据中国塑料协会和有关企业的要求。我们编纂了2015年度《中国塑料年鉴》安徽篇。主要介绍了2015年协会所做的工作以及开展的各项活动，重点宣传了滁州市博康模具塑料有限公司、合肥塑源新材料有限公司、安徽天添塑业有限公司、安徽纽麦特新材料科技股份有限公司、黄山永新股份有限公司及其产品，现已出版发行。

9. 完成2015年度年检工作

根据主管部门和监督管理机构的要求，秘书处工作人员及时搜集、整理有关资料。在变更有关负责人的基础上，准时上报所需的材料，获得了省民管局颁发的年检合格证书。

二、2017年主要工作打算

（1）积极开展调研活动，反映企业诉求，当好会员企业参谋

积极发挥理事会和秘书处作用，通过走出去，请进来等多种形式开展调研活动，认真做好调研情况分析，形成具有较高参考价值的调研报告，并向有关部门反映情况和企业的诉求，为会员企业当好参谋。

（2）召开第二届第六次理事会，报告2016年协会工作和2017年工作打算；审议2016年财务决算和2017年预算等。

（3）完成换届工作，适时召开第三次会员大会。

（4）继续组团参加“2017国际橡塑展”和第十七届中国塑料交易会，广泛开展与有关省（市）间的交流和合作。

（5）完成2016年度年检和2016年度《中国塑料年鉴》安徽篇的编纂工作。

（6）进一步加强自身建设

1）做好评估后的完善工作。在已获得3A等级的基础上，对照评估指标及分值，拾遗补阙，逐步完善，进行整改，为再上一个台阶打下基础。

2）加强秘书处建设与管理。在协会财力允许的情况下，逐步增加秘书处工作人员，进一步加强对工作人员的培训和管理，增强工作人员对协会工作的热爱度，提高工作人员对会员企业服务的自觉度，使协会秘书处真正做到自觉服务，服务真诚，服务有效，使会员企业真正把协会变成自己的平台和自己的娘家。从而吸引更多热爱塑料产业的业内优质企业自愿加入我们的大家庭，优化会员队伍结构。同道共谋，不以利残，以业为天，共存共荣。

3）做好会费收缴工作。目前，会费是协会活动经费的唯一来源，也是协会活动的基本保障，秘书处要认真做好会费的收缴通知工作，及时提醒会员单位积极履行会员职责。协会是大家的协会，众人拾柴火焰高，希望会员们积极主动参与协会活动，履行好会员职责。

（7）承办有关部门交办的事宜。

（安徽省塑料协会　张仲婉）

海南省

一、大事记

1. 2016年1月22日召开了换届选举暨2016年新春团拜会

经两个月的筹备，第八届会员代表大会如期召开，会议主要三个议题 - 会长换届选举、新春团拜会、颁发牌匾证书。中塑协、广东省塑协、交通银行海南支行致贺。

大会选举海南兴伟塑胶科技有限公司董事长王展伟为新一届会长，王展伟会长为广东德塑科技有限公司海南商务部冯浩伟总经理、海口富山范敏总经理颁发常务副会长牌匾及荣誉证书，宣布海南南宝塑料制品有限公司为名誉会长单位，宣布儋州宝强塑料制品有限公司为协会永久常务副会长单位、董事长方耿丰为协会永久常务副会长，宣布海南宝秀节水灌溉设备工程有限公司为永久理事单位、董事长何秀英为永久理事，以鼓励长期以来对协会工作的支持与督促；隆重宣布海南联塑科技实业有限公司岑舒生总经理为名誉会长，指导协会工作、引领行业发展。

协会技术合作工作委员会主任、海大材化学院高分子系主任李志君教授，为海南天人降解塑料股份有限公司颁发生物塑料生产示范基地的牌匾、证书，为海口鑫建塑料制品有限公司颁发生物塑料专业委员会委员的牌匾证书。

王展伟会长为周鸿勋颁发秘书长任命书，希望理事会成员继续支持协会工作，并委托周鸿勋秘书长做协会工作报告。

2. 为对外合作提供搭桥服务

经多方协调，英国PEP科技公司、海南省农业技术推广服务中心农村能源环保站、海南省塑料行业协会共同签订了生物酵素全降解地膜实验协议，明确了试验程序、各程序的责任人，协会派员全程参与、协调、记录。

在收到全酵素降解母粒后，按照配方在海南企业吹膜，于2月18日，在琼海中原基地开始按照实验方案进行生物酵素全降解地膜的实地实验，分为曝晒对比区、填埋对比区、种植覆膜对比区，每月定期到基地测量试验区土壤温度、湿度、pH，记录数据及地膜的降解状况。

3. 王展伟会长希望对全省塑料企业有所了解，以便相互借鉴、共享资源

3月25日，王展伟会长带队拜会名誉会长——海南联塑科技实业有限公司岑叙生总经理，开启拜访行业企业之旅。岑叙生会长介绍说，海南塑料管材需求量前几年约25亿元，广东联塑原海南办事处的销量几乎占半壁江山；近几年，随着城镇化建设、市政工程改造、房地产开发持续、燃气管道铺设、主题公园建设等，塑料管材管件需求量超过30亿元，中国联塑决定在海南成立海南联塑科技实业有限公司，在定安塔岭工业区购地约300亩，第一期约180亩，于2014年8月建成投产，初步完成在海南的发展布局。

4. 促进交流研发与文体活动

海南大学材料与化工学院协助协会成立技术合作工作委员会，利用先进完善的实验设备与川沪完

成了新产品研发，先后与海南兴伟塑胶科技有限公司、海口成兴塑胶有限公司、海南琳雄工贸有限公司、海南天人降解塑料股份有限公司等完成产学研一体化项目申报，有效促进了企业新产品研发与推广。

协会积极组织露营、球赛，继第一届金煌杯球赛后，经双方积极筹备，于4月份，开始第二届“天人杯”高分子校企篮球友谊赛，由海南大学材化学院高分子系、海南省塑料行业协会等组成的十余支球队参赛，太平人寿保险公司海南分公司也组队参赛，闭幕赛时，为获奖高分子系学生队办法了奖金及证书，由海南大学材化学院为赞助企业－海南天人降解塑料股份有限公司胡智功总经理颁发了最佳组织奖。

5. 扶持中小微企业发展

国家加大对中小微企业的扶持力度，海南的工业基础薄弱、配套不完善，为促进中小微企业发展，海南省工信厅、海南省科技厅、海南省商务厅、海南省农业厅及海南省发改委，纷纷出台对小微企业鼓励扶持政策。协会于4月15日，在海大邵逸夫学术中心召开了2016年理事会联席会议，邀请专职结构讲解扶持中小微企业项目，适合塑料企业的项目有二十多个，参会企业积极询问相关事项，希望尽快完成项目申报对接。

会议就对推广使用节能灯、引进安装电磁加热系统等节能方案进行了说明与讨论，形成共识。

会议就设立企业发展公益资金池的初步方案进行了讨论，会长要求尽快落实细节。

会议还就参加德国K展的意向、行程等问题征求意见，为年底出行观展考察做好准备。

6. 组织高校与企业交流

5月17日，受海南大学材料与化工学院高分子系邀请，协会组织三家企业老总参加了“企业交流座谈会”，与学生进行经验交流，对高分子系毕业生在就业、工作等方面进行了有益的沟通与指导，每年的交流座谈会也成为塑企与高分子师生增进了解、增进友谊的重要方式。

7. 组织专家队伍考评全降解地膜实验

按照生物酵素全降解地膜实验方案及实际情况，9月13日，协会会同海南省农业技术服务中心、农村能源环保站、海大材化学院高分子系专家一行至琼海基地，对生物酵素全降解地膜的实地实验进行综合考评，协会将依据实验记录、土壤检测报告、实验考评报告进行整理，编写生物酵素全降解地膜实验报告，交于相关单位盖章后备案，择机将实验报告交于厂方。

8. 赴德国考查参展

进过半年的筹备，10月19日至29日，协会组织企业十人参加德国K展（德国国际塑料及橡胶展），了解把握塑料产业的新动态、新设备、新技术、新材料、新应用。并到荷兰、德国、瑞士、法国商旅考察，开拓视野。

9. 邀请外省知名品牌管外开展交流活动

海南的塑料管材需求，超过三成由省外企业销售，广东德塑、广东建通、广东雄塑、福建纳川、四川康泰、浙江中财、安徽欧波、永高股份、上海公元等都在海南设立分公司或办事处或经销商，积极开拓海南市场。

11月10日，协会受邀组织企业家、专家、媒体参观学习安徽全柴欧波管业，与安徽全柴动力股份的高层领导开展了有效的学习交流活动，受到安徽全柴动力、安徽全柴欧波管业热情接待，学习考察团对安徽全柴动力的自动化生产系统、对安徽全柴欧波管业信息化生产管理跟踪系统及建立的国家级实验室极为赞赏，赞赏安徽全柴欧波管业通过海南办事处为海南提供一流的产品、一流的服务，切实为海南国际旅游岛建设提供企业家有责任的贡献。

10. 积极参加各种技术交流

11月16日，受邀参加省农业厅的实验，至屯昌实验基地进行全生物酵素降解地膜的农作物种植、填埋、曝晒等实地实验。

11月25日，交行海南省分行小企业金融部总经理、交行龙华支行主管副行长、海口市担保投资有限公司一行，与协会会长一行座谈，探讨银行＋担保＋协会的模式，摸索有效为行业企业融资服务新模式。

12月9日，协会受邀参加由省商务厅、省贸促会主办的“国际投资政策暨跨境电子商务推介会”，协会组织海口、儋州、陵水、三亚、乐东的近二十位塑企董事长、总经理参会。会上向古巴、阿根廷、西班牙三国驻广州领事就投资建厂的问题提问，并安排午餐时进行交流，为进一步合作建立联系。三国驻广州领事将本国投资环境等相关情况的U盘交给协会，委托协会翻译整理后提供给需要的企业。

二、有待解决的问题、行业新特点与发展趋势

1. 隐忧

双壁波纹管、塑料检查井进入海南后，为海南的市政建筑排污工程带来了便利，近几年，各种产品大量进入海南，部分产品质量低劣、价格混乱，预计几年后，市政建筑使用这些质量低劣的双壁波纹管、塑料检查井将会出现大量填埋工程返工，危害工程质量、浪费资源。

协会计划通过举办塑料管道管件专题展、发展论坛、参观质量检测、参观施工现场的方式，引起社会重视；同时，协会计划通过向相关的主管厅局、设计院、市政建筑方发布隐患提示函的方式，预防隐患、减少资源浪费，宣传本省、及省外质量合格的厂家。

2. 塑料回收行业面临窘境

污水管道、一般性注塑用品、农用地膜等，使用一定量的回收料，降低了成本，也为海南的塑料回收加工行业提供了市场。

协会成立之初，将建立海南塑料制品生产工业园、建立海南塑料回收加工基地作为战略目标，由于塑料回收加工业高耗电及水、气等污染问题，同时海南国际旅游岛成为国家战略后，用地问题难于落实，建立海南塑料回收加工基地的初衷难以实现。

塑料回收行业约有一百多家，设施简陋，设备简单，操作容易，选择的场地多为城郊结合部，遇到环保检查，要么罚款、要么搬迁，塑料回收行业的生存发展窘境，使塑料制品对环境的潜在污染问题成为隐患，短期内没有有效的解决办法。

3. 生物塑料发展动向

2014 年底，三亚市人民政府印发了《关于印发推广使用可生物降解塑料制品防止白色污染的实施意见的通知》，于 2015 年 1 月 1 日实施，本地企业、省外企业在三亚的经销商开展竞争，三亚的酒店超市开始使用生降解塑料包装袋，表明了政府对治理白色污染的重视。由于缺乏具有自主知识产权的企业介入、缺乏具备一定实力的规模化生产企业介入，生物降解塑料制品在其他市县推广使用仍有待实现。

4. 企业发展面临洗牌重组

企业落户工业园才能进行环评，环评通过后取得排污证才能合法生产，海南的工业用地平均地价从前几年的 8.8 万/亩，到现在 25 万/亩，上涨了 184%，能否进驻工业园区，是企业综合实力的表现；兴伟塑胶科技、南塑高科、成兴塑胶等企业，在工业购地建厂，夯实了企业发展的基础；有战略眼光的企业纷纷采用租赁、关联企业重组的方式在各工业园区寻求发展，未来几年，海南塑料行业将会产生几家销售过亿的企业，带动技术升级，推动行业发展。

5. 企业重视设备技术升级、重视与互联网的融合

近几年，企业积极参加协会组织的观展活动，果断购买设备，加速设备升级，提高产品质量的稳定性；同时，企业建立网站、微信公众号，加速与互联网的融合，迎接定制生产风潮的临近。

（海南省塑料行业协会　岑叙生　王展伟　周鸿勋）

河南省

一、大事记

（1）2016 年 3 月 11 日，河南省塑料协会创会会员代表扩大会议在郑州召开，会上以民主程序通过了《河南省塑料协会章程》，推选出第一届理事会理事、常务理事、秘书长、副会长、会长人选，河南省中原塑料机械有限公司董事长段同生当选河南省塑料协会第一届会长。

（2）2016 年 4 月 23 ~ 24 日，河南省塑料协会段同生会长等应邀参加中国塑料加工工业协会六届六次理事会扩大会议和六届十一次常务理事会，会议批准河南省塑料协会为中国塑料加工工业协会副理事长单位，段同生会长当选中国塑料加工工业协会副理事长。

（3）2016 年 4 月 25 日，河南省塑料协会组织三十多家会员单位参观“Chinaplas2016 国际橡塑展”，在展览会上开拓了眼界，学习了国内外企业展出的新材料、新技术、新装备、新产品；也给会员提供了选购国内外塑料机械，原辅材料的更多

机会。

（4）2016 年 6 月 3 日上午，中国塑料加工工业协会孙东泉副秘书长和塑料编织制品专委会赵克武常务副秘书长应河南省塑料协会段同生会长、谷金河副会长的邀请，来到协会参观指导工作。

（5）2016 年 7 月 1 日，河南省塑料协会微信公众号平台正式开通，公众号名称为“河南塑协”，河南省塑料协会将通过公众号适时向广大会员以及国内外塑料行业人士发送行业动态、产业信息、协会活动情况等资讯。

（6）2016 年 8 月 23 日，河南省塑料协会应山西省塑料行业协会邀请，在山西省太谷县参加由山西省塑料协会主办、山西乾通塑胶有限公司承办的 2016 年“交流合作、抱团发展”论坛会。促进了两省协会及塑料企业交流合作、优势互补、资源共享，为两省塑料产业合作共赢、共同发展创造了有利条件。

（7）2016 年 8 月 28 日，由河南省塑料协会段同生会长发起，国内 15 家省市级协会领导积极响应支持，创建中国塑料行业地方协会商会交流微信群。为国内首次各省市级地方塑料协会、商会领导和工作人员相互学习、信息交流、资讯分享的服务性友好平台。

（8）2016 年 9 月 2 日，河南省塑料协会塑料包装专业委员会成立。

（9）2016 年 9 月 8 日，河南省塑料协会会长段同生在兰州会见了甘肃省皮革研究所所长、甘肃省塑料行业协会名誉会长张永显，甘肃省塑料行业协会会长张定军。双方对两个协会加强合作、往来交流，信息共享及产业展览会合作等方面达成共识。

（10）2016 年 9 月 23 ~ 27 日期间，为深入了解沿海发达地区塑料行业情况，学习先进协会工作经验，河南省塑料协会领导前往广东省东莞市和江苏省张家港等国内塑料产业发达地区，对相关塑料企业和塑料行业协会参观考察访问。

（11）2016 年 10 月 12 日上午，河南省塑料协会组团参加了以“绿色、创新、塑料创造美好生活”为主题的第十六届中国塑料交易会，交易会在台州市国际会展中心举行，是全面展示中国塑料产业的重要窗口。此次活动加深了河南塑料企业和沿海开放地区的对接，对推动河南塑料产业健康快速发展起到重要作用。

（12）2016 年 11 月 6 日，河南省塑料协会会长段同生在南京参加中国塑料加工工业协会六届七次理事会和第七次会员代表大会，会上选举产生了中国塑料加工工业协会第七届理事会。

（13）2016 年 11 月 18 日，中国标准化研究院中标标准技术研究所·河南惠洁新型建材科技有限公司特种塑料制品标准化研究基地签约揭牌仪式在驻马店举行，河南省塑料协会会长段同生等出席签约揭牌仪式。此基地的建立，依托河南惠洁新型建材科技有限公司在特种塑料制品行业突出的技术、人才、设备等优势，推动产品升级、创新发展；利用中国标准化研究院的标准化科研技术和科研成果，为河南省特种塑料制品行业在产品、技术、服务等领域的标准制定创造条件，对河南省全面提升塑料产业企业标准化应用水平和核心竞争力，全面提升科技创新和企业自主创新能力具有重大示范引导意义。

二、2016 年河南省塑料行业基本情况

河南省内拥有一批地方龙头型塑料加工及相关企业，塑料加工企业门类齐全，产品几乎涵盖所有行业。主要分布在河南省省会郑州市，新乡市、鹤壁市、洛阳市、南阳市、周口市、平顶山市、商丘等市，主要产品分类为各种日用塑料、塑料薄膜、医用塑料、塑料包装箱及容器、塑料板、管、型材、塑料丝、绳及编织品、泡沫塑料、塑料人造革、合成革、其他塑料制品制造等。其中塑料薄膜、塑料零件、医用塑料、泡沫塑料等产量处于国内领先地位。

根据国家统计局及中国塑料加工工业协会等相关统计资料显示：2016 年 1 ~ 12 月河南省塑料制品行业产量（包括塑料薄膜、农用薄膜、泡沫塑料、人造革、合成革、日用塑料、其他塑料）12 月本月累计产量 601.4962 万吨，在全国排名第三，平均增速同比为 9.25%，，占全国比例为 7.79%；塑料薄膜 103.1471 万吨，同比增幅 8.84%，占全国比例 7.27%；其中农业用膜 60.0266 万吨，同比增幅 11.36%，占全国比例 24.82%；泡沫塑料 45.1429 万吨，同比增幅 -0.10%，占全国比例 18.10%；塑料人造革、合成革 19.5463 万吨，同比增幅 15.01%，占全国比例 5.90%；日用塑料制品 27.7089 万吨，同比增幅 31.54%，占全国比例 4.37%；其他塑料制品

405.9510万吨，同比增幅8.96%，占全国比例7.99%；塑料加工专用设备为19340台，同比8.72%，占全国比例6.38%。

河南省现有塑料加工专用设备生产落后于沿海地区，大型设备的生产厂家几乎没有，即使有个别制造厂家，生产的设备技术含量偏低。2016年12月河南省塑料加工专用设备产量1959台，年度累计19340台，远远低于浙江、广东、江苏等省份。

三、发展趋势及存在问题

河南省塑料产业发展，离不开国家政策大环境的引导和消费市场的需求。随着资源、能源日趋紧张，环境问题突出，未来塑料产品必须以节省资源、节省能源为技术开发的出发点，实现塑料行业高性能、多功能、环保及拓宽应用领域的发展。扩大产业规模、提升行业标准，成为我省塑料行业目前最主要的任务。

“互联网+”是新时期塑料产业面临的新业务，未来“物联网”模式下的塑料产业，基于供应链的商业模式，将成为主流。移动互联网商业模式，实现塑料行业整体经济利润的提升，有助于促进塑料行业在管理、经营、营销、销售等多个环节信息化水平的提高，促进塑料行业整体实力增强。满足各类消费群体的个性化、多样化产品需求，从而拓宽企业应用领域的发展。

加大改性塑料的研发度，“十三五”期间以资源节约型、环境友好型、技术创新型发展的同时，重点放到高端产品的开发上，以改性塑料研发为突破口，全面提升塑料产业的技术水平。面向“十三五”，塑料行业要抓住新经济所带来的新机遇，在成功的完成以塑代木、以塑代钢、以塑代纸标准，将给塑料行业带来新的市场机遇。

加快新型产业集群的建设，围绕着绿色、低碳、循环、生态等实施战略布局，产业集群的建设，将从单纯的加工型向全产业链提升。推进塑料加工业的稳定、健康、可持续发展。

河南省塑料制品业对轻工业的发展贡献较大，对经济增长的拉动效应明显。河南省通过资产重组、引进战略投资者，不断促进企业完善法人治理结构，提高了龙头企业的管理水平、加工及带动能力。

近几年来，河南省宇通集团、漯河市双汇集团、新乡新飞集团、河南冰熊集团等著名地方企业的发展壮大。郑州大学、郑州轻工业学院、橡塑模具国家工程研究中心、河南工业大学等一批院校产学研创新模式与塑料加工企业的紧密结合，极大带动了河南省塑料产业的发展。国内知名企业如：青岛“海尔电器”、“格力电器”、台湾“富士康”、海马汽车等国内外知名企业及配套企业落户河南。华南城及河南省各类商贸城的投资建设相继建立，郑州市郑州航空港手机工业园建立，带动了全省塑料电器零件，汽车塑料零件、手机配件配套、包装制品企业的快速增长。同时河南省塑料加工企业的整体规模、产品档次、外向程度、技术水平、管理水平都得到进一步提升。

由于经济大环境的不确定、我省塑料产业很多不稳定因素仍然存在。塑料产业的自身发展中存在的诸多问题一直未得到根本性解决，如产能严重过剩，自主创新能力薄弱，塑料制品加工业研发创新投入少，河南省的装备落后，区域发展不平衡，中低档产品比例高、高端产品不能满足市场需求，产品集约化程度低，抵御风险能力不强，塑料制品结构不合理，利润水平不高。塑料制品行业普遍存在问题产品同质化严重，医用塑料与国外水平差距甚远，市场无序竞争等结构性的问题严重。

在当前经济下行压力下，企业当前面临的主要困难为企业人工成本、融资成本、水电土地等要素成本等存在负担较重问题。环保方面的影响不容忽视，随着国家环保部制定严厉政策加大力度实施，部分达不到的和生产条件不规范的企业生存压力增大，塑料企业在转型升级过程中面临的资金困难、高层次人才紧缺、技术改造难度大等问题更加凸显。但从整体发展上看，河南省塑料加工行业继续保持了发展平稳态势，经济运行趋势优于国内其他部分省份。

（河南省塑料协会　段同生　窦俊岭　张扬）

云南省

一、行业现状

云南省的塑料产业主要以塑料制品加工为主，产业链上游产品有40万吨聚氯乙烯树脂、少量聚甲醛树脂和正在建设的15万吨PP树脂，一个较小的模具制造业，有少量填充母料和改性塑料的生产，为本省塑料产业配套服务，没有塑料机械产品生产。从1958年到2016年58年间，形成了以塑料板、管、型材制造，塑料薄膜制造，塑料丝、绳及编织品制造，塑料包装袋、箱及容器制造、泡沫塑料为主的支柱产业。云南省的塑料制品工业是一个配套不完整、产业链较短的产业，和沿海、中东部各省区相比较落后，近10年来增长速度虽快，但是生产总量只占全国的0.50%左右。2016年云南省规模以上塑料制品产品为43.68万吨，同比增长15.65%，已从一个弱小的行业成长为我省中型经济规模之一的产业。在市场需求、销售网络、交通条件和企业生存环境等客观条件下，我省的塑料管道、塑料薄膜、塑料丝绳及编织袋、塑料包装箱及容器制造、泡沫塑料制造等制品行业产业布局相对集中，主要分布在昆明、玉溪、曲靖三市，占全省产量比例的80%，其次是大理、红河、楚雄三州占12%，其余州市占8%。

2016年基本情况如下。

（一）行业规模情况

2016年，云南省规模以上塑料制品企业有105家。其中，塑料薄膜制造15家，塑料板、管、型材制造27家，塑料丝、绳及编织品制造29家，泡沫塑料制造8家，塑料包装箱及容器制造22家，日用塑料1家。从业人数：1.08万人。

（二）塑料制品产量

2016年，全省塑料行业生产塑料制品43.68万吨，比上年增长15.65%，比全国塑料制品增长率高12.99个百分点。其中，塑料薄膜14.10万吨，比上年增加14.82%，占全国比例0.99%；农用薄膜9.60万吨，比上年增长22.61%，占全国比例3.97%，占我省塑料薄膜的68.09%；工业用薄膜4.50吨，占我省塑料薄膜的31.91%；泡沫塑料2.33万吨，比上年增长52.29%，占全国比例0.93%；日用塑料制品1.27万吨，比上年增长1714.29%，占全国比例0.20%；其他塑料制品25.98万吨，比上年增加8.75%，占全国比例0.51%。

（三）塑料制品进出口情况

1. 出口情况

2016年，云南省出口初级形状的塑料及塑料制品15058吨，出口金额4274万美元；塑料制品60195吨，出口金额34552万美元。

2. 进口情况

2016年云南省进口初级形状的塑料及塑料制品41120吨，进口金额6248万美元；塑料制品341.30吨，进口金额928万美元。

（四）经济指标完成情况

1. 工业总产值（当年价格）

81.47亿元。其中，塑料薄膜制造19.24亿元，塑料板、管、型材制造28.35亿元，塑料丝、绳及编织品制造16.13亿元，塑料包装箱及容器制造11.72亿元，泡沫塑料制造4.82亿元，其他塑料：1.21亿元。

2. 工业销售产值（当年价格）

79.10亿元。其中，塑料薄膜制造18.64亿元，塑料板、管、型材制造27.67亿元，塑料丝、绳及编织品制造15.27亿元，塑料包装箱及容器制造11.61亿元，泡沫塑料制造4.72亿元，其他塑料1.19亿元。

3. 主营业务收入

76.72亿元。其中，塑料薄膜制造18.06亿元，塑料板、管、型材制造27.12亿元，塑料丝、绳及编织品制造14.80亿元，塑料包装箱及容器制造11.15亿元，泡沫塑料制造4.39亿元，其他塑料1.20亿元。

4. 资产总计

74.32亿元。其中，塑料薄膜制造17.54亿元，塑料板、管、型材制造31.07亿元，塑料丝、绳及编织品制造16.30亿元，塑料包装箱及容器制造6.22亿元，泡沫塑料制造2.58亿元，其他塑料0.61亿元。

5. 固定资产

20.18亿元。其中，塑料薄膜制造2.54亿元，塑料板、管、型材制造10.27亿元，塑料丝、绳及编织品制造3.50亿元，塑料包装箱及容器制造2.67亿元，泡沫塑料制造0.75亿元，其他塑料

0.45 亿元。

6. 利润总额

4.35 亿元。其中，塑料薄膜制造 1.21 亿元，塑料板、管、型材制造 2.31 亿元，塑料丝、绳及编织品制造 0.39 亿元，塑料包装箱及容器制造 0.39 亿元，泡沫塑料制造 0.007 亿元，其他塑料 0.043 亿元。

7. 应交税金

2.440 亿元。其中，塑料薄膜制造 0.599 亿元，塑料板、管、型材制造 0.891 亿元，塑料丝、绳及编织品制造 0.531 亿元，塑料包装箱及容器制造 0.359 亿元，泡沫塑料制造 0.042 亿元，其他塑料 0.018 亿元。

（五）2016 年度企业荣誉

1. 著名商标及重点新产品（表 1）

表 1　著名商标及重点新产品

序号	公司名称	产品名称	商标	荣誉
1	昆明傲远管业有限公司	非金属管道，非金属或非塑料的水管阱	傲远及图	云南省著名商标
		大口径刚塑符合给水管材	云南省重点新产品认定产品	
2	玉溪红塔新型建材有限公司	塑钢门窗用异型材	瑞泰及图	云南省著名商标
3	昆明普尔顿环保科技股份有限公司	非金属排水管；非金属水渠管	普顿 pt 及图	云南省著名商标
4	昆明海午塑胶科技有限公司	建筑用塑料管	海午 haiwu	云南省著名商标
5	昆明金连山塑胶化工工贸有限责任公司	电线塑料管；电线塑料槽	云山及图	云南省著名商标
6	玉溪市旭日塑料有限责任公司	塑料薄膜；包装膜	旭日及图	云南省著名商标
7	云南师宗县文昌塑料厂	农业用塑料膜	文笔及图	云南省著名商标
8	云南曲靖塑料（集团）有限公司	塑料制品	阿诗玛及图	云南省著名商标
9	昆明特瑞特塑胶有限公司	非金属管道；非金属建筑材料	特瑞及图	云南省著名商标
		塑料管材	特瑞	云南名牌产品
10	云南联塑科技发展有限公司	塑料管材管件	联塑	云南名牌产品
11	云南聚博橡胶工程有限公司	选矿设备用环保型耐磨抗冲击聚合物复合层结构弹性材料	云南省重点新产品认定产品	
12	云南昆钢石头纸环保材料有限公司	石头纸周转箱	云南省重点新产品认定产品	

2. 高新技术企业及其他荣誉（表 2）

表 2　高新技术企业及其他荣誉

序号	公司名称	名称	证书号
1	楚雄润丰塑业有限公司	云南省高新技术企业	GR201653000213
2	云南森发塑胶制品有限公司	云南省高新技术企业	GR201653000148
3	昆明傲远管业有限公司	云南省高新技术企业	GR201653000402

续表

序号	公司名称	名称	证书号
4	云南益华管道科技有限公司	云南省高新技术企业	GR201653000346
		云南省成长型中小企业	
5	云南联塑科技发展有限公司	云南民营企业100强	（位列80位）
6	玉溪市旭日塑料有限责任公司	云南民营企业100强	（位列83位）
7	云南昆钢石头纸环保材料有限公司	云南省成长型中小企业	
8	昆明仙织塑业有限公司	云南省成长型中小企业	

3. 中国塑料加工工业协会荣誉（表3）

表3　来自中国塑料加工工业协会荣誉

序号	公司名称	荣誉
1	玉溪市旭日塑料有限责任公司	“十二五”塑料加工业科技创新型企业 “十二五”塑料加工业优秀企业
2	昆明傲远管业有限公司	“十二五”塑料加工业科技创新型企业
3	昆明普尔顿环保科技股份有限公司	“十二五”塑料加工业科技创新型企业
		塑料化粪池荣获“十二五”塑料加工业优秀科技成果
4	云南曲靖塑料（集团）有限公司	“十二五”塑料加工业优秀企业
5	云南楚雄润丰塑业有限公司	“十二五”塑料加工业优秀企业

玉溪市旭日塑料有限责任公司的王明显、云南楚雄宝丰塑料制品有限责任公司的罗云波荣获“十二五”塑料加工业先进个人，昆明普尔顿环保科技股份有限公司的田雨荣获“十二五”塑料加工业先进工作者。

二、协会活动

（一）召开协会（2016年）理事长会议；四届二次专家委员会、各专委会、四届三次会员大会、四届四次和五次监事会会议、第四届五次理事会会议

1. 召开第四届四次、四届五次监事会会议

2016年4月15日和9月27日，分别召开了第四届四次、第四届五次监事会会议，全体监事到会，圆满完成各项议程。

2. 召开第四届五次理事会会议

2016年9月27日下午，在昆明云华宾馆召开了省塑协第四届五次理事会会议。会议由周听昌理事长主持，监事会所有成员列席会议。本次会议应到理事23位，实到17位，请假6位，到会人数符合《云南省塑料行业协会章程》要求。

3. 召开第四届三次会员大会暨行业交流会议

2016年9月28日上午，在昆明云华宾馆召开了省塑协四届三次会员大会暨行业交流会。会议圆满完成各项议程，符合《云南省塑料行业协会章程》要求。

会议最后召开行业交流会，昆明滇瑞企业管理咨询有限公司胡智辉经理交流《政府项目申报分享》；鼎宏知识产权集团段佳余交流《知识产权能给企业带来什么价值》；云南昕坤律师事务所谢锦律师交流《中小企业融资思维》；谭岱云高级工程师交流《云南煤化工应用技术研究院在塑料改性方面应用及其产品质量控制》；西南林业大学吴章康教授交流《我国木塑产业发展现状与前景》。

4. 召开各专委会会议

（1）召开塑料薄膜专业委员会第四届四次、四届五次会议　2016年9月28日下午，在昆明云华宾馆召开了省塑协第四届四次塑料薄膜专委会会议。会议报告的主要内容：中国农科院严昌荣教授

作了《中国地膜应用及残留污染防控》的报告；甘肃省农业生态环境保护管理站李崇霄副站长作了《甘肃省地膜回收利用政策与经验》的报告；云南省农业技术推广总站道金荣站长作了《云南省农作物使用农用塑料地膜的情况及发展趋势》的报告；云南省塑料薄膜制品工程技术研究中心刘玉强主任作了《云南烟用地膜回收与利用思考》的报告；山东莱芜新甫冠龙塑料机械有限公司作了《内添加型五层共挤 PO 膜设备技术报告》；玉溪市旭日塑料有限责任公司王明显总经理介绍 GB 13735－1992《聚乙烯吹塑农用地面覆盖薄膜》国家标准修订进度及内容简介。会议圆满完成各项议程。

2016 年 12 月 27 日，以通讯方式召开塑料薄膜专业委员会第四届五次会议，会议主要决议农膜行业抽样名单。

（2）召开塑料管道、工程塑料专业委员会第四届四次会议　2016 年 9 月 28 日下午，在昆明云华宾馆召开了省塑协第四届四次塑料管道专业委员会会议。会议报告的主要内容：省住建厅张建军高级工程师介绍《云南省“十三五”城市建设发展规划、目标、主要任务及城市建设使用塑料产品要求、建议》；昆明普尔顿环保科技股份有限公司谭娟经理作了《海绵城市建设相关政策、适用产品要求及我省海绵城市实施进程》的报告；省塑协专家委员会副主任委员康远琪提议行业内各企业应重视职称评审，积极参加省塑协每年组织的职称评定工作。会议圆满完成各项议程。

（3）召开塑料包装和日用塑料专委会第四届二次会议　2016 年 9 月 28 日下午，在昆明云华宾馆召开了省塑协第四届二次塑料包装和日用塑料专委会。会议讨论了当前云南省塑料包装和日用塑料发展遇到了市场低迷、成本上升、融资较难、利润降低、环境约束等不利因素，给企业发展带来的困难，企业只有团结一致、互相协作，才能顺利渡过难关。与会人员围绕行业存在的问题和发展进行讨论，积极建言献策。

（4）2016 年 9 月 22 日，以通讯方式召开专家委员会副主任委员会会议，审议更改或增加专家委员会主任、副主任、专家人选。

（二）积极组织企业参加展会、交流学习

（1）4 月 13～16 日参加了中塑协塑料管道专委会在成都召开的行业交流会。

（2）4 月 23～24 日参加了中国塑料加工工业协会在上海虹桥宾馆召开的六届六次理事扩大会议。

（3）4 月 25～28 日协会共组织了 25 家会员单位 44 人参观了在上海新国际博览中心举办的第三十届中国国际塑料橡胶工业展览会。

（4）6 月 16～20 日组织塑料薄膜企业参加了中塑协农膜专委会在甘肃兰州召开的行业交流会，并对甘肃省农膜生产和回收利用企业进行考察、交流学习。

（5）8 月 25～27 日，联合省城镇供水协会等单位在昆明会展中心举办了“2016 年第六届昆明国际给排水水处理展览会”。

（6）10 月 12～15 日组织会员单位参加了在浙江台州国际会展中心（路桥）举办的第十六届中国塑料交易会。

（7）10 月 19～26 日，组织会员单位 10 人参加了在德国举办的德国杜塞尔多夫国际塑料及橡胶展（简称 K 展）和汉诺威金属模具展。

（8）11 月 6 日，组织会员单位参加了在南京国际展览中心举办的“2016 中国国际塑料新材料、新技术、新装备、新产品展览会”，并参加中塑协七次会员代表大会。

（三）认真开展 2016 年云南省轻纺工程专业技术职务任职资格评审工作

根据云轻职改发〔2016〕2 号文件《关于 2016 年云南省轻纺工程和工艺美术专业技术职称评审工作的通知》精神，协会于 2016 年 4 月 20 日下发《关于开展 2016 年云南省轻纺行业塑料专业技术职称评审工作的通知》到各会员单位，经申报、初审及云南省轻纺工程评审委员会评审、公示，共有 6 人取得助理工程师职称资格。

（四）编制云南省塑料行业“十三五”发展规划，为相关部门撰写供稿资料

（1）完成了《云南省塑料行业“十三五”发展规划》的编制。

（2）完成了《2016 年中国塑料工业年鉴》和《云南大百科全书》供稿。

（五）加强与横向单位合作，服务会员单位

（1）2016 年 4 月 9 日，促成昆明学院联合我省塑料薄膜龙头企业——玉溪市旭日塑料有限责任公司共建云南省塑料薄膜制品工程技术研究中心，开启了我省塑料薄膜行业的产学研合作、推动塑料薄膜技术进步的新篇章。

（2）2016 年 11 月 16 日，协会加入云南社团秘书长联盟，参加了联盟“品牌日”活动，加强横

向合作。

（3）组织会员单位参选云南企业100强。2016年7月30日，在“2016云南企业100强发布会暨大企业高峰论坛”上，云南联塑科技发展有限公司（位列80位）和玉溪市旭日塑料有限责任公司（位列83位）荣获2016云南民营企业100强。这两家企业入列100强名单，引领了我省塑料行业做大、做强、做优，起到了良好的示范作用。

（4）组织会员单位参加中塑协的评优、评先活动。2016年11月6日，在南京国际展览中心召开的中塑协第七次会员代表大会上，对“十二五”塑料行业科技创新企业、优秀科技成果、优秀企业及先进个人进行颁奖仪式，我省塑料行业企业获得的有关荣誉详见表3。

（六）开展行业统计、发布行业信息

（1）每月统计全省塑料薄膜产量，每个季度统计全省塑料制品生产情况，并在《云南塑料信息》内部双月刊、《云南塑料》网站塑胶市场栏目发表。

（2）全年在《云南塑料》网站上共发表行业新闻、技术信息、供需信息、人才信息453条。

（3）以双月刊《云南塑料信息》形式，定期开展行业信息交流，为会员单位牵线搭桥。

（4）印制云南省塑料专刊宣传册，加大对云南省塑料行业的宣传力度。全年共印发1000册《云南塑料宣传册》，并及时发送到相关部门和塑料同行业。

（5）2016年9月12日正式开通云南省塑料行业协会的微信公众平台，拓宽宣传渠道。

（七）年检工作

（1）完成了民政厅行业协会年检、劳动执法年检、财政票据年检、税务年检、组织机构代码证年检等相关工作。

（2）完成了“三证合一”“营改增”“小金库”自查

（八）新产品的开发

新产品开发情况见表4。

表4　　新产品开发情况

序号	新产品名称	专利证书号	研究开发单位
1	一种组合式加强筋结构	ZL201610174051.5	昆明普尔顿环保科技股份有限公司
2	雨水集合、弃流、溢流、净化无动力一体化装置	ZL201620232890.3	
3	一种多功能塑料组合式水池	ZL201620232507.4	
4	一种弃流式雨水罐	ZL201620206008.8	
5	一种弃流式雨水口	ZL201620206887.4	
6	带过滤框的雨水口	ZL201620011313.1	
7	一种耐油、耐腐蚀、阻燃的BMC塑料	ZL201410635100.1	
8	无渗漏塑料检查井及井盖	ZL201410415303.X	
9	耐酸、碱、盐腐蚀的电缆井	ZL201410616838.3	
10	塑料管接头	ZL201410183260.7	
11	新型耐腐蚀管接头	ZL201410184330.0	
12	高强度耐腐蚀塑料	ZL201410184685.X	
13	一种钢带增强聚乙烯螺旋波纹管	ZL201520716697.2	楚雄润丰塑业有限公司
14	一种高韧性混泥土用塑胶波纹管	ZL201620303876.8	芒市光辉塑胶科技有限公司
15	一种抗腐蚀地埋式氯化聚乙烯电缆管	ZL201620303871.5	
16	一种塑料管材真空定型套	ZL201620303879.1	
17	一种环保型排水用硬聚氯乙烯管	ZL201620303874.9	

续表

序号	新产品名称	专利证书号	研究开发单位
18	能接入多支管的检查井	ZL201620179543.9	云南开怀环保科技有限公司
19	用于检查井的扩口圈	ZL201620179771.6	
20	雨水口	ZL201620070049.9	
21	高度可调的雨水渗透井	ZL201620069269.X	
22	一种真空双向阀管材成型装置的改进结构	ZL201520728744.5	云南益华管道科技有限公司
23	一种塑料检查井	ZL201520732432.1	
24	一种便于检查的塑料检查井	ZL201520671841.5	
25	一种耐抗压的塑料检查井	ZL201520678128.3	
26	一种塑料检查井	ZL201520677921.1	

三、存在的问题

（1）产品单一重复，核心技术偏少，优秀品牌较少。

（2）资金紧张，融资成本过高，再投资压力加剧。

（3）设备设施简陋，自主创新能力弱，产品同质化现象严重。

（4）小企业占比大，规模以上企业偏少，部分子行业产能严重过剩。

（5）市场上外地品牌众多，挤压本地企业生存空间。

（6）市场无序竞争加剧，特别是塑料管材市场非标准和劣质产品普遍。

（7）回款难以及原辅材价格上涨、人工成本增加等诸多因素拖累了企业的盈利空间。

四、发展趋势

随着三条泛亚铁路的建成，将会把云南从封闭的末端变成开放的前沿，成为连接南亚、东南亚的枢纽，在一带一路、面向南亚东南亚辐射中心定位以及两廊一圈的框架下，云南将显示出独特的区位和地缘优势，面临新的机遇。

（1）PPP 模式带来新的市场。地方政府不允许直接投资、间接投资，政府项目通过 PPP 模式利用社会资本投资。PPP 投资既是机会又是挑战，企业产品销售的方式发生变化，由原来的施工方采购改为 PPP 投资人采购，在长远运营的考虑下，低价、低品质的产品市场份额会得到极大压缩，更多的会考虑品牌、品质因素，这有利于正规企业的发展。

（2）政府对一带一路、两廊一圈的合作将有好的政策出台，尤其是云南省毗邻越南、老挝、柬埔寨、泰国、缅甸，会给云南省塑料行业带来机遇。

（3）海绵城市、综合管廊、农村污水治理，这三个方面给我省塑料行业带来机会。

（4）农业、花卉、水果业、蔬菜业加大投入，将给农膜、日用、塑料包装业带来新的发展机遇。

（5）随着新材料、新能源汽车在云南的落户和大规模的发展，将给工程塑料及塑料配件业带来发展机遇。

（云南省塑料行业协会　韩简吉）

新疆维吾尔自治区

一、基本情况

以塑料制品生产为代表的新疆塑料工业起步于 1965 年，经过 50 多年的发展，已形成了包括制品加工、树脂合成、辅料和助剂生产、专用树脂与改性材料生产、塑料加工机械与模具制造、废弃塑料回收与再生利用、科研开发等结构相对完整的塑料工业体系。

2016 年新疆塑料行业累计生产各类塑料制品 220.01 万吨，较 2015 年的 228.07 万吨同比下降 3.5%；实现现价工业产值 200 亿元，与上年同期基本持平，工业产值占新疆轻工业总产值的 14.7%。

在当前各类塑料制品中，农用塑料制品比重最大，产量占塑料制品总产量的 55.3%，主要有地膜、滴灌带和农用管材等农用塑料节水器材，其产量和农业使用面积均位居处于全国各省区之先，尤其滴灌类产品和技术仍处于全国领先地位。2015～2016 年各类塑料制品产量及同比增减情况见表 1 及图 1。

表 1　2015～2016 年各类塑料制品产量及同比增减情况

产品名称	2015 年产量/吨	2016 年产量/吨	增速/%
塑料制品	2280656	2200055	-3.53
塑料薄膜	301432	280223	-7.04
农用薄膜	271653	222954	-17.93
塑料板、片	73912	45035	-39.07
塑料管及其附件	944227	994315	5.30
塑料丝、绳及编织品	155339	231041	48.73
泡沫塑料	75139	81026	7.83
塑料包装箱及容器	82892	92721	11.86
日用塑料制品	96547	61632	-36.16

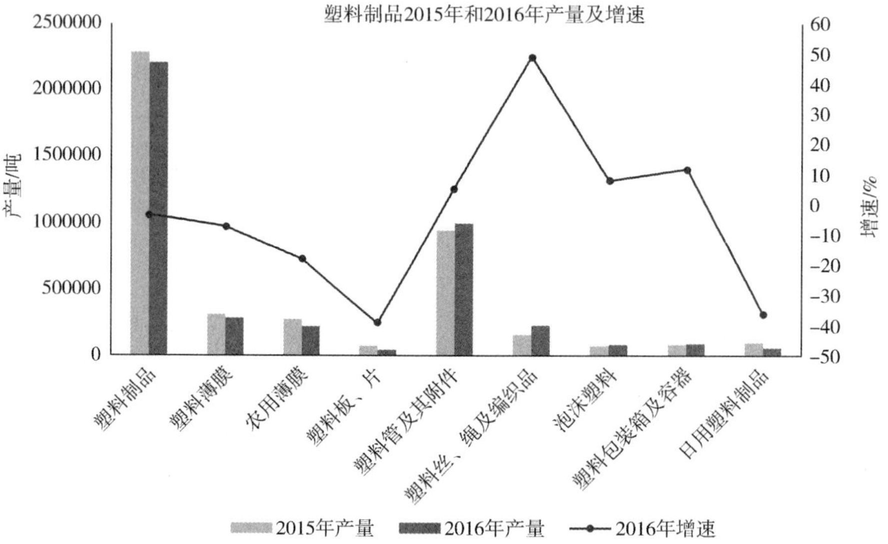

图 1　2015～2016 年各类塑料制品产量及增速

2016 年是“十三五”开局之年，受经济下行压力的影响，新疆塑料行业第一次出现了负增长，下降 3.53%，其中建材类和日用类制品下降最多，分别下降 39.07 % 和 36.16%；包装类增幅较大，其中编织品增幅 48.73%，包装容器增长 11.86%；农用薄膜第一次出现负增长，降速达 17.93%，主要是受农业种植结构调整和塑料行业产业结构调整的影响。新疆塑料制品行业将告别过去近三十年快速增长期，转入提质、增效的全面结构调整时期。

二、重点工作

1. 积极开展土工膜产品监造，保障重点水利工程用材料的质量安全

应自治区水利建设管理部门要求，经自治区经信委领导的批示和轻工行办的安排，新疆塑料协会承担了自治区重点水利工程所用关键防水材料—复合土工膜产品的生产监造任务。为确保监造工作质量，依据《PE 土工合成材料监造手册》和《监造工作管理制度》，选派了行业内具有丰富质量监控经验的工程技术人员组成现场监造组对中标企业土工膜生产全过程实施质量监控，通过对原料进厂确认、配方和成型工艺参数监控、班组及实验室质量检验数据监督、型式检验样品抽样与委托、产成存放与发货等重点环节的旁站式跟班监造，最大限度防止了非合同产品或不合格产品流入施工现场，有效地保证了工程用复合土工膜的质量安全，得到了建设单位的认可。在监造过程中监造工程师还以行

业专家身份，积极指导和协助企业改进工艺技术、完善基础管理、强化员工专业技术与质量培训等，促进了生产企业管理、质量水平的大幅提升，获得了生产企业的好评。

2. 建设及完善“新疆塑料节水材料产业集群中小企业公共服务平台”

新疆塑料节水材料产业集群中小企业公共服务平台（简称：节水平台）是根据国务院《进一步促进中小企业发展的若干意见》（国发〔2009〕36号）和国家工信部、发改委等7部委《关于促进中小企业公共服务平台建设和指导意见》（工信部联企业〔2010〕175号）的精神，在新疆维吾尔自治区经济和信息化委员会、自治区轻工行办的指导下成立的产业集群中小企业公共服务窗口平台。该平台由新疆塑料协会负责承建并运营，目前已完成108平方米服务接待大厅、网络中心布局的改造装修和设备采购配备，按照边建设边服务的原则，平台已具备线上线下服务的基本要求，开设了信息服务、管理咨询、技术创新、人才培训、法律服务、创业服务、融资服务、市场开拓及其他服务等平台服务功能。还建设了节水器材网络展示大厅，展示各种新型塑料节水器材、标准及用途，以方便建设施工单位和广大用户的选择应用。

该平台将立足于服务塑料节水材料中小微企业，并逐步扩展为面向塑料制品行业企业、塑料机械设备企业、原辅材料供应商和相关科技研发、试验检测机构等的行业性综合服务平台。目前可通过独山子石化研究院、新疆质量技术监督检验研究院、新疆天业技术中心、新疆德美隆新材料股份有限公司、新疆中塑联合节水科技有限公司、新疆新环监测检测研究院等30家服务单位（机构），在试验检测、技术咨询、实验配方、材料改性、新材料开发应用等方面提供专项服务支撑。

3. 完成“地膜标准”及“地膜条例”的宣贯任务

为做好农田残膜污染的治理工作，根据自治区党委的安排部署，自治区轻工行办承担了“研究制定农田地膜生产使用新标准”的起草任务，并委托新疆塑料协会牵头，组织塑料行业骨干企业、专家学者等在实验验证的基础上，起草了强制性地方标准DB 65 3189《聚乙烯吹塑农用地面覆盖薄膜》，并已发布实施。该标准通过增加地膜厚度，提高其抗老化性和“终端”物理机械性能，使之更好的适用新疆的气候特点和生产方式，从产品技术上解决农田地膜的回收利用问题。

2016年3月31日新疆维吾尔自治区第十二届人民代表大会常务委员会第十二次会议通过《新疆维吾尔自治区农田地膜管理条例》，并规定2016年5月1日起实施。根据自治区人民政府办公厅“关于切实做好《新疆维吾尔自治区农田地膜管理条例》贯彻实施工作的通知”（新政办明电〔2016〕321号）精神，受自治区质监局、自治区经信委、自治区轻工行办委托，新疆塑料协会开展了面向全疆农地膜制品生产领域的“标准”和“条例”专题培训、宣贯活动，通过举办培训班、发放专题宣传资料、网络宣传、“点对点”交流等方式，宣贯、解读《新疆维吾尔自治区农田地膜管理条例》、DB 65 3189《聚乙烯吹塑农用地面覆盖薄膜》标准，并对塑料节水器材（含地膜）生产技术与质量控制方面的热点问题进行了答疑解惑。同时，塑料协会高度重视废旧地膜回收企业建设，从废膜回收加工与塑料制品业产业对接角度，多次向政府相关部门提出相关建议，并积极配合农业部门在回收网点、废膜加工企业建设方面当好专业、技术参谋，促进农田废膜治理专项扶持资金的有效使用。目前我区扶持的废旧地膜回收企业有66家，遍布全区62个县，“十三五”期间，我区将在每一个县扶持一家废旧地膜回收企业。

4. 配合《中国塑料工业年鉴》编写“新疆地方篇”

自2001年起，新疆塑协就积极配合《中国塑料工业年鉴》的编辑出版工作。2016年，按照《中国塑料工业年鉴》（2015）编写大纲的要求，新疆塑协按时完成了“新疆地方篇”撰写任务，基本反映了新疆塑料行业状况和发展趋势，加强了行业交流，起到了沟通信息、增进了解的桥梁作用。

三、行业活动

1. 市场开拓及其他服务

组织疆内企业参加了“中国国际塑料橡胶工业展览会”、“第十六届中国塑料交易会”、“中国国际塑料新材料、新技术、新装备、新产品展览会”等全国大型展会、论坛，通过参观学习、专题考察、展览展销、贸易洽谈、产品推介、互相交流等活动，使新疆塑料行业的企业领导和同志们开拓了眼界，打开了思路，明确了方向。

参加了中国塑料加工工业协会第六届六次理事扩大会议、六届七次理事会和第七次会员代表大会，会议通过并发布的《塑料加工业“十三五”发展规划指导意见》、《中国塑料制品行业发展报告》（2015 年度）、《中国塑料加工工业协会 2015 年工作报告及 2016 年工作要点》等行业发展纲领性文件、中塑协领导关于我国塑料工业发展形势的研判、各省区塑料协会对当地塑料工业发展情况的通报，对指导新疆塑料工业发展起到了有效引领与推动作用。

组织参加了“中塑协农膜专委会 2016 年会暨首届中国农膜行业优秀品牌表彰大会”、第三届（2016）土工合成材料应用与技术创新交流会、“全国塑料行业协会座谈会”、美国陶氏化学公司新疆技术交流会、埃克森美孚公司新疆座谈会等专题会议，强化了新疆塑料行业与国际、国内各塑料专业技术领域的交流，了解了相关专业领域行业动态及技术发展动向。

2. 完成政府部门交办的工作

（1）参加了《新疆轻工业“十三五”发展规划》编制与修订工作，对塑料制品工业的现状分析、指导思想、发展目标、发展方向、发展重点与措施等内容提出了建设性意见。

（2）根据《自治区质监局关于做好自治区地方标准清理及复审工作的通知》（新质监标函〔2015〕20 号）文件要求，为做好我区塑料行业推荐性地方标准复审工作，组织行业专家对涉及塑料行业的现行地方标准进行了全面审核，提出了具体清理意见。

（3）配合自治区经信委、自治区商务厅就“2016 年俄罗斯车里雅宾斯克州－新疆出口商品展洽会招商工作”和“2016 年第十四届哈萨克斯坦——中国商品展览会招商招展工作”开展了面向塑料行业的招展工作。

（4）组织塑料行业 10 余家企业参加新疆维吾尔自治区经济和信息化委员会在乌市举办的“2016 工业水处理技术创新及智能运营论坛”。

（5）按国家发展改革委办公厅“征集《国家鼓励发展的节水产品（设备）目录（2016 年版）》备选产品（设备）的通知”（发改办环资〔2015〕3100 号）要求，组织开展了新疆塑料行业涉水产品（设备）的征集工作，筛选、上报了 8 家知名企业的代表性节水产品。

3. 培训咨询服务工作

（1）在全疆农膜制品生产领域举办了专题培训班，就农地膜行业相关法规、政策、标准及技术发展等进行了培训、交流。

（2）开展了重点土工膜生产企业“土工膜质量控制实务”培训班，对土工合成材料的相关产品标准及试验方法标准、技术规范、工艺技术控制等内容进行了培训。

（3）配合行业质量管理体系认证工作，组织相关企业参加“企业管理体系培训班”。

（4）开展了“节水平台”日常线上线下等咨询服务工作。

四、存在的问题

2016 年我区塑料工业虽然保持与同期基本持平，但总体形势不容乐观，主要呈现在以下几个方面：

（1）结构调整任务繁重；

（2）经济运行下行压力持续；

（3）市场竞争加剧，环境恶化；

（4）产品质量水平不高；

（5）人才匮乏；

（6）技术水平及装备水平低；

（7）产业配套性。

这些问题需要我们在发展中去不断努力克服和协调解决。

五、发展趋势

2016 年是“十三五”开局之年，受近 2 年国内宏观经济下行压力的影响，新疆塑料行业结束了前期多年的高速增长期，开始进入了一个“整体性结构调整”、“转变发展模式”的新阶段，预计 2017 年制品总产量将继续回落。同时规模以上企业将通过调整产品结构、限产保价、减员增效等手段抵御经营风险；产能严重过剩、低水平同质化竞争领域的规下企业将出现关、停、并转现象。伴随着结构调整时期的到来，新疆塑料行业将拉开“重新洗牌”的序幕，而各类产品中的差异化品种，将形成新最热点。

从技术进步方面看，以提升品质、减员增效、创新应用、降耗增效等为目的的新产品开发、技术创新和改造升级活动，将继续成为企业经营活动的主要内容。其中以装备成套化、技术集成、自动化、过程控制等“先进适用型”技术将日益受到重视。

在区域结构方面，虽以昌吉、石河子为核心的北疆地区产业占据了全行业的半壁河山，但塑料制品业“一带一点”的发展格局依然存在，只是以天山北坡经济带为轴心的“一带”正在通过产业集聚迅速延展，而以阿克苏为核心的“一点”也正在向巴州、喀什双向延伸。产业比重的八成集中在“一带一点”上，形成了新疆塑料制品业聚集发展的格局，尤其是塑料包装、食品相关产品塑料包装产业在南疆呈快速发展的趋势。总之，塑料工业既是一个应用广泛的制品加工业，也是一个与其他行业紧密联系和配套的材料工业，与地区经济结构和水平密切相关。在国家、自治区宏观政策的引领下，新疆塑料行业将克服当前不利因素，步入可持续发展的健康轨道。

（新疆维吾尔自治区塑料协会）

专委会

农用薄膜

一、行业现状

1. 概况

我国现有农膜生产企业约千家，从业人数近 7 万，总产能 500 多万吨，年总产值 300 多亿元，千家企业中年产万吨以上的大型骨干企业 45 家；年产农膜 3000 ~ 10000 吨的大中型企业近百家；年产 1000 ~ 3000 吨的中小型企业约 130 家；年产不足 1000 吨的小微企业 730 家左右。以上各类型企业的产量占全国总产量的比例如图 1。

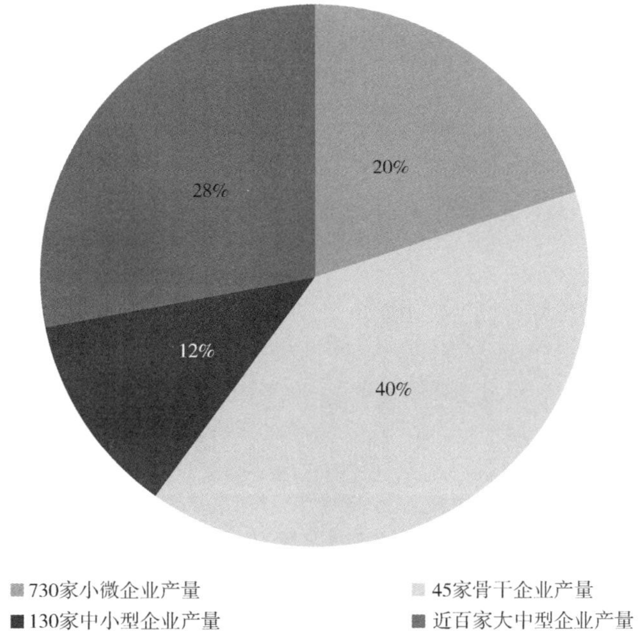

图 1　各类型企业农膜产量占全国总产量的比例

2016 年全国千家企业生产的农膜总产量达到 288 万吨，棚膜产量约 130 万吨，地膜产量 158 万吨。千家企业中规模以上企业 200 家，2015 ~ 2016 年规模以上企业逐月累计产量和同比增长率，国家统计局数据见表 1。

表 1　　2015 ~ 2016 年规模以上企业逐月累计产量和同比增长率

月份	2015 年累计产量/万吨	2016 年累计产量/万吨	2015 年同比增长率/%	2016 年同比增长率/%
1 ~ 2	35.7	37.8	19.38	3.14
3	56.4	61.4	11.7	6.75
4	75.2	81.1	9.65	5.9
5	91.9	100.3	7.7	5.4
6	111.9	119.7	8.21	4.56
7	129.6	136.8	7.31	3.74

续表

月份	2015 年累计产量/万吨	2016 年累计产量/万吨	2015 年同比增长率/%	2016 年同比增长率/%
8	149.6	156.2	8.25	2.42
9	171.6	178.0	8.98	1.82
10	193.9	198.9	9.40	0.4
11	216.9	221.29	8.35	-0.25
12	230.9	241.86	5.25	-0.38

表中显示 2016 年逐月同比增长率大体上呈下滑趋势，到 12 月底降至 -0.38%。但是统计数据又表明 2016 年累计产量比 2015 年增产约 11 万吨，按此数据核算 2016 年规模以上企业农膜产量同比增长率应该是 4.72%。

2. 各省产量情况分析

2016 年全国纳入统计的省份共 26 个，其中产量负增长的有 9 个省份，分别是山东（-13.16%），浙江（-8.32%），四川（-35.07%），新疆（-3.07%），辽宁（-86.12%），北京（-53.12%），黑龙江（-22.47%），青海（-98.55%），宁夏（-63.22%）。其中减幅最突出的是辽宁省，由 2015 年的 7.85 万吨减至 2016 年的 1.08 万吨，因此由 2015 年全国产量前十位降至 2016 年全国第 24 位，四川省也减产 3.12 万吨。而青海、宁夏影响不大，产量本来就很少，仅占全国产量的 0.0002% 和 0.09%。其他 17 个省都正增长，如河南（+11.36%），吉林（+15.10%），甘肃（+20.30%），云南（+22.54%），湖北（+16.90%），内蒙古（+62.29%），江苏（+15.47%），其中，最突出的是河南省，比 2015 年增加产量 11.2 万吨，吉林增加产量 2.9 万吨。总的来看，全国减产的省份少，增产的省份多，二者相抵全国尚增产约 11 万吨。2016 年农膜产量列全国前十位的省份产量与占全国产量的比例见表 2。

表 2　2016 年农膜产量列全国前十位的省份少量与占全国产量　单位：万吨

位次	1	2	3	4	5	6	7	8	9	10
省份	河南	山东	吉林	浙江	甘肃	云南	新疆	四川	湖北	黑龙江
产量	60.03	47.25	21.59	19.98	10.83	9.60	9.17	8.18	6.93	6.24
占比%	24.82	19.54	8.93	8.26	4.48	3.97	3.79	3.38	2.89	2.58

然而，不争的事实是 2016 年增长率确实比 2015 年的增长率低，2015 年为 5.25%，而 2016 年为 4.72%。下滑 0.53 个百分点。

3. 2016 年农膜产量增长率下滑的原因

从大的方面看是受到国际国内经济放缓、内外市场需求不足的影响。农膜行业自 2015 年告别之前多年两位数增长，由高速发展转为中高速增长后，面临产品结构调整，企业转型升级的重大挑战，企业经营难度相应加大。具体分析与以下因素有直接关系：

（1）一些大宗农产品销售受挫，影响了农膜的需求，如蔬菜出口大省山东省，2016 年农膜产量比 2015 年减产 13.16%。

（2）部分农产品价格降低和受农产品结构调整影响，减少了种植面积，如棉花、玉米、烟草等种植面积的减少、致使地膜的使用量减少。

（3）一些地区为争取政府财政补贴，近年来大量兴建大棚，而相应的技术指导和服务没有跟上去，造成亏损严重，致使一些大棚闲置荒废，在一定程度上影响了棚膜的扩大应用。

（4）份额占比较大的低端普通农膜、双防膜的市场需求不断萎缩，产量下滑明显，而高端农膜的需求日渐增长，三防膜、PO 膜市场份额逐渐加大，由于产品质量和产能不足等原因，市场应用增速放缓。2016 年新上或准备上马的 PO 膜、五层共挤机组的生产企业已达到十家以上，这些企业为中国农膜走向世界、服务农业做出了贡献，这也是农膜行业供给侧结构性改革的积极表现。

（5）农膜需求不旺，给农膜生产企业带来诸多困难。农膜企业数量不少，整体规模不算小，但是就整个石化产品而言，几乎没有议价能力，每逢生产旺季原料价格便高位震荡，经销商持观望态度，企业开工率普遍不足，多数企业处于维持或半停产状态。

从上述分析看出，农膜行业必须主动适应农业种植结构调整和生态高质现代农业发展的需求，农膜产品供给侧结构性改革的主攻方向就是瞄准“功能化”，开发更多长寿、高强、耐老化、高透光的高端棚膜，加快光谱匹配程度高、荧光衰减与农膜寿命同步的转光剂和转光膜的开发、高效、节能、智能化多层共挤农膜装备、农膜表面自洁技术以及低成本可控生物降解地膜的研发和试验应用，着力提高中高端农膜产品的份额，进一步优化产品结构。

二、存在问题

1. 加强企业规划与市场需要协调发展

农业对农膜产品的需求季节性很强，旺季集中在春耕、秋种两个时间段，其他时间为淡季，所以忙半年闲半年是农膜生产的普遍现象，造成一线工人队伍流动性大，不便培训提高，企业管理有诸多不便，是影响企业正常发展的主要障碍。产品供需季节性强带来的另一个后果，就是产能必然远高于产量，否则无法在半年、甚至不到半年的时间里，完成全年的生产量。季节性生产是造成农膜行业产能过剩的主要原因。

化肥和农药也属于旺季需求很强，但这两个行业享受国家商品储备政策支持，需求淡季时企业照常生产，产品由国家储备仓库收购。如果农膜行业也能如此，做到全年正常生产，就可以稳定企业队伍，管理上台阶，企业认真规划长远发展目标，对持续健康发展至关重要。

2. 农膜是支农产品利润低

由于农民购买力低，农膜定价不可能太高，农膜生产企业处于微利水平，利润率基本在1%左右，有的大型骨干企业甚至不到1%，如吉林白山喜丰塑业有限公司，是行业中农膜年产量最高的企业，最高时年产可达到5万~6万吨，但该企业的利润率仅在0.8%左右。

由于企业利润率低，科技投入就微不足道，大多数企业的产品属于普通低档农膜，致使低档产品供大于求，产品同质化程度严重，市场竞争激烈，出现以次充好、低价倾销、冲击市场现象，所以农膜产品供给侧结构性改革重点，就是大力支持中、高档产品的开发生产。

3. 中小微企业贷款贵的问题依然十分突出

当前农膜行业年产万吨以上的骨干企业45家，他们的产量之和占全国产量的40%；年产3000~10000吨的大中型企业近百家，产量之和占全国产量的28%；年产1000~3000吨的中小型企业约130家，产量之和占全国产量的12%；其余730家为平均年产700吨的小微企业，他们的产量之和占全国产量的20%。可以看出约90%的企业属于中、小、微企业，他们普遍的问题是规模小、实力弱、更新改造难度大。生产过程中经常存在流动资金短缺、贷款难、贷款贵的问题，这是当前亟待解决的问题。

三、采取的措施

面对农膜行业的困境，农膜专委会遵循“为国家决策提供信息，为会员单位服务”的宗旨，走访企业，座谈交流，察看实情，尽力做好服务。采取主要措施如下。

（1）认真总结“十二五”期间农膜企业取得的成绩，出色完成工信部“农膜行业品牌评价”课题任务，并以此为契机，对获奖企业和品牌发函祝贺、大张旗鼓地进行宣传，推广品牌战略，鼓舞士气、迎接挑战，认真梳理行业和企业存在的不足，针对问题引导企业改进管理，开发新品，以产品质量赢取市场信任，组织和引导企业积极参与农膜行业“十三五”规划的制定、修改和完善，使行业规划和发展方向深入人心，成为企业自觉行动，把“十三五”目标作为企业今后奋斗方向。

（2）依托中国塑协，通过各种渠道，积极反映农膜行业的困境，争取得到国家相关部门的理解和支持。比如多次阐述：淡季仓储对农膜企业均衡生产稳定发展的重要意义；争取给予农膜行业享受同化肥、农药、种子等行业同等优惠待遇；落实规范行业准入条例；修订国家标准，解决地膜白色污染的措施；对中小企业贷款难、贷款贵，应给予重视和解决等等。

（3）抓住时机及时召开现场观摩交流和品牌评价表彰活动。认真贯彻上级精神，解决企业当前难题，引导企业创新争先，农膜专委会先后举办节能降耗现场推广、PO膜应用观摩和生产技术交流会等活动，在农膜行业开展品牌创建活动，表彰了五个品类28个优秀品牌，品牌代表性强，覆盖面广，涉及北京、天津、山东、河北、黑龙江、甘肃、安徽、四川、新疆、江苏、吉林、浙江、云南等16个直辖市、省、自治区。

（4）组织企业参观参展国内外重大展览会，每年举办至少一次全国范围大型技术交流讲座，了解国内外农膜及其装备发展现状和趋势，开阔眼界、加强交流，取长补短，不断壮大发展自己，活动深受企业和科技人员的支持。另外通过创办的《中国农膜》季刊杂志给企业提供了解国家政策互相交流经验和成果的平台。

在中国塑协的带领下农膜专委会，今后要进一步加强服务意识，以扎扎实实的行动赢得会员单位的信任，增强行业凝聚力，同心同德，为实现行业持续健康发展做出更大贡献。

四、政策建议

（1）建立农膜产品淡季仓储基地，缓解农膜企业旺季忙半年，淡季闲半年的局面，使农膜企业向全年均衡生产方向转变，这有利于企业管理、人员稳定、素质提高，有利于化解过剩产能。淡季仓储是农膜企业健康持续发展的重要保证。需要政府引导和资金支持，否则难以实现。

（2）农膜产品属支农产品，受农民购买力限制，加之近几年生产要素涨价、成本上升，农膜生产企业利润率偏低，资金短缺严重。针对农膜应用的作用和企业的特殊性，希望政府部门加大对农膜企业的支持力度，例如电力能源上给予优惠价格；对新产品研发给予资金支持；帮助企业解决贷款难的问题等等。

（3）大力推动国内专用树脂、高性能树脂的研发生产，提高国产化率，降低对国外树脂的依赖程度，同时降低农膜企业生产成本。

（4）加大废旧农膜回收再利用扶持力度，对研发工艺先进，回收成本低的设备，给予资金支持。对全生物降解地膜的研发和推广应用给予经费支持。

（5）建议农膜原料和设备恢复免征进口环节关税和增值税政策；国内石化企业供农膜企业不含增值税的原料，或借鉴出口退税返还部分原料中含的增值税；对农膜企业用于新产品试验的大棚用地免征土地使用税。

五、专委会主要活动

1. 协调企业积极开展各种活动

面对农膜行业经济下行压力，专委会工作人员深入一线，了解实情，通过宣传和推广品牌建设，提振信心，迎难而上。利用各种机会先后走访了新疆、山东、江苏、浙江、河北、东北等地部分企业，将了解的情况和企业诉求，汇报给上级部门并获得重视和支持；引导企业抓住机遇，开发市场急需的中高端产品，加强企业管理，着力提高运行的质量和效益，提升企业核心竞争力。同时要求专委会工作人员秉承服务至上的宗旨，改进工作作风，提高服务的针对性和实效性，取得会员单位的支持，凝心聚力，共度难关。

2. 组织参观参展“第三十届中国国际塑料橡胶工业展览会”

2016年4月25～28日，中国塑协农膜专委会组织63家会员单位160位代表参展和参观该展览会，及时了解国内外行业信息，增进同行之间以及上下游交流，受到展会的重视和好评，农膜专委会也因此连续多年被雅氏展览公司视为VIP团体。

展会由中国塑料加工工业协会、中国塑料机械工业协会、雅氏展览服务有限公司联合主办，本次展会亮点频爆，无论展品还是配套活动，均以创新、自动化及环保科技为主线，贯穿不同应用行业及产品生命周期的每一环节。世界知名材料及设备供应商因势而动使出“杀手锏”，携全球依靠解决方案，献礼30届CHINAPLAS。

3. 举办中国塑协农膜专委会2016年年会

中国塑料加工工业协会农用薄膜专业委员会2016年会暨首届中国农膜行业优秀品牌表彰大会于2016年6月17日在甘肃省兰州市华联宾馆隆重召开。

出席本次会议的领导有：中国轻工业联合会副会长、中国塑料加工工业协会钱桂敬理事长：国家工业和信息化部消费品司汪敏燕副司长；全国农业技术推广服务中心首席科学家、中国农用塑料应用技术学会张真和会长；全国农业技术推广服务中心处长、中国农用塑料应用技术学会李莉秘书长；中国塑料加工工业协会马占峰秘书长；中国塑料加工工业协会田岩副秘书长；甘肃省塑料行业协会张定军会长；甘肃省农业技术推广协会会长、甘肃省农技总站赵贵宾站长。

参加本次会议的主要来自全国各地的农用薄膜及其原料、助剂、设备、应用及市场营销等领域生产企业、科研院所、外商驻中国代理机构和商社的代表、专家、学者以及新闻媒体朋友共计367位。

上午的会议由专委会副主任郝福江主持。

开幕式上甘肃省塑料行业协会张定军会长致欢迎词。他首先介绍了甘肃省农膜行业的发展情况，并对与会代表的到来表示欢迎，并预祝大会圆满成功。

农膜专委会曹志强主任做《农膜专委会工作报告》。他总结了过去一年专委会的主要工作及成绩，“十二五”期间农膜行业发展状况，提出今后工作重点与具体安排，对关心支持专委会工作的领导及各界朋友表示衷心感谢。

农膜专委会刘敏秘书长介绍了《农膜行业“十三五发展规划》（征求意见稿），指明了制定《农膜行业“十三五”发展规划》的目的、意义和对行业发展的作用，希望各企业提出宝贵意见和建议。

中国塑料加工工业协会马占峰秘书长宣读首届荣获《中国农膜行业优秀品牌》名单后，大会为荣获“2015年度中国农膜行业优秀品牌”的5个品类28个品牌进行了表彰。

国家工业和信息化部消费品司汪敏燕副司长向与会代表介绍了“农膜行业品牌评价工作”的意义和作用，对农膜行业品牌评价工作给予了充份的肯定，同时就消费品工业“三品”专项行动相关工作进行解读。

中国轻工业联合会副会长、中国塑料加工工业协会钱桂敬理事长代表中国塑料加工工业协会对会议的成功召开表示祝贺。他介绍了塑料行业的发展现状，深入分析了农膜企业及产业发展运行存在的问题，并提出了行业的发展建议和要求，对农膜专委会制订的“十三五”规划、地膜国家标准修订、农膜品牌评价及为推动农膜行业健康发展等方面所做的努力给予了高度的评价。钱会长的讲话为农膜行业的发展和专委会今后工作指明了方向。

技术交流环节中甘肃省农业技术推广协会会长、甘肃省农技总站赵贵宾站长介绍了《甘肃省旱作农业、地膜使用现状及未来发展思考》，使与会代表对甘肃省旱作农业有了进一步的了解。

全国农业技术推广服务中心首席科学家、中国农用塑料应用技术学会张真和会长做了《全国蔬菜的产销态势预示今年农膜市场前景良好》的报告。

中国塑料加工工业协会田岩副秘书长介绍了GB 13735—1992《聚乙烯吹塑农用地面覆盖薄膜》国家标准修订工作的进展和主要内容。

下午的技术交流由专委会刘志峰副主任主持

中国塑协降解专委会翁云宣秘书长山东农业大学米庆华教授；中国塑协改性专委会刘英俊理事长兼秘书长湖南师范大学廉世勋教授；北京化工大学材料科学与工程学院苑会林教授等16位专家学者就农膜及其原料应用、农膜生产及相关技术等方面进行讲座，介绍了降解材料发展现状、地膜回收、棚膜设备自动化等农膜新产品、新材料、新技术、新装备，使与会代表开拓了视野、丰富了知识，加强了会员单位之间的技术交流和彼此了解与友谊。

代表们还考察榆中地膜示范基地，深入了解甘肃地膜使用发展情况，并参观甘肃福雨塑业有限公司、甘肃天宝塑业有限责任公司。

本届年会是一次盛会，在全体与会代表和朋友们的共同努力下，完成了大会预定任务，取得圆满成功。

4. 组织参观2016年德国杜塞尔多夫国际塑料及橡胶展览会（K展）

2016年K展在欧洲“最大乡村”杜塞尔多夫召开。国际塑料及橡胶展览会始于1952年，每三年举办一次，历久弥新。该展是目前世界上规模最大、水平最高、最具专业代表性的塑料行业盛会。2016年国际塑料及橡胶展览会对塑料与橡胶行业的所有产品进行全景展示。

本届展会参展商来自59个国家、共3220家厂商，来自德国、意大利、澳大利亚、瑞士和美国的展商，以及来自我国内陆和宝岛台湾、印度的亚洲制造商再次在本届展会上登场。其中中国的参展商有368家，汇集橡胶机械、设备、原料、辅助材料、半成工业组建及强化塑料等所有书读他看看国内服务，共使用19个展馆。本届中国企业重点展示节能、塑料工业4.0、新材料、轻量化工程、自主研发等adhh. fqywj对整个塑料及橡胶行业，还是对来自主要用户领域的观众来说，国际塑料及橡胶展览会都是世界上最重要的行业交流平台。

为帮助会员单位及时了解展会信息，增进国内外同行业之间的交流，农膜专委会组织会员单位22位代表参观了本次展会，展会期间还组织代表们前往百年工匠企业莱芬豪舍公司、舒尔曼欧洲公司参观学习。国际化、先进化的发展理念、国外高超的工艺技术水平，历久不衰精益求精的工匠精神让代表们感触很深，受益匪浅。这是专委会首次组织国外参观交流，为今后加强外联，提供经验创造条件。

5. 组织参加中国塑协举办的2016年中国国际塑料“四新”展

中国塑料加工工业协会于2016年11月6日在南京国际展览中心隆重举办了“2016中国国际塑料新材料、新技术、新装备、新产品展览会”（简称2016中国塑料展）。本次展会以搭建技术交流经贸合作平台、推动行业转型创新持续发展为方针，科技创新与技术交流为特色。

展览会面积近2万米^2，吸引了370多家单位参展，565个展位，其中33家单位设特装展位。此次观众约为2万人。展会期间还举行了中国塑料加工工业协会六届七次理事会和中国塑料加工工业协会第七次会员代表大会，选举中国轻工业联合会副书记王世成为协会第七届理事会理事长。

此次2016年中国塑料展的塑料科研展区，云集了全国三十多所高等院校中的塑料高分子领域专业在现场展示着塑料产业链最新科研成果。本次展会分设薄膜、塑料包装和新材料展区，日用塑料展区，科研成果交流展示区，有百强企业，大型塑料加工设备以及塑料新材料、新技术、新装备、新产品荟萃展会。中国塑料展还为展览会组织配套了17场行业峰会、论坛、交流会、研讨会、对接会、发布会、座谈会等。

农膜专委会组织了19个会员单位，87位代表布展参展，同时组织百余名会员代表观展，让会员单位及时了解行业的信息，同时增进了同行及上下游企业的交流，让更多的参观者对参展单位有了更深的了解，并且面对面对客户进行了集中交流，扩大公司的产品推广宣传，了解了客户需求和市场动态。参展单位也积极吸纳行业内新技术、新知识、新思路，为企业的可持续发展提供新的动力。由于农膜专委会精心组织、内容丰富、展牌清晰、效果突出，受到中国塑协领导的表扬。

展会期间还参加了中国塑协六届七次理事会，和中国塑协第七次会员代表大会。代表大会上，中国塑协对“十二五”期间涌现的塑料加工业科技创新企业、优秀科技成果、先进科技工作者、优秀企业、先进工人和中国专利奖以及轻工业联合会科技发明、科技进步、科技优秀奖等获奖者进行了表彰。中国塑协农膜专委会会员单位获得各类奖项，共计88项，所占比例名列前茅。主要获奖企业和成果名单如表3、表4。

表3　“十二五”塑料加工业科技创新型企业名单

序号	企业名称
1	北京天罡助剂有限责任公司
2	河南省银丰塑料有限公司
3	山东莱芜新甫冠龙塑料机械有限公司
4	甘肃天宝塑业有限责任公司
5	山东清田塑工有限公司
6	山东龙兴塑膜科技股份有限公司
7	甘肃福雨塑业有限责任公司
8	兰州鑫银环橡塑制品有限公司
9	天津市天塑科技集团有限公司第二塑料制品厂
10	聊城华塑工业有限公司
11	山东天鹤塑胶股份有限公司
12	玉溪市旭日塑料有限责任公司
13	佛山佛塑科技集团股份有限公司

表 4　　“十二五”塑料加工业优秀科技成果名单

序号	企业名称	成果名称
1	山东莱芜新甫冠龙塑料机械有限公司	大型五层共挤在线外涂覆宽幅 PO 功能膜挤出装备
2	甘肃天宝塑业有限责任公司	一膜两年用专用耐候功能地膜
3	甘肃福雨塑业有限责任公司	地膜收卷机的膜卷自动搬移设备研制
4	山东天鹤塑胶股份有限公司	高柔性土工膜及其制备方法
5	佛山佛塑科技集团股份有限公司	新型无孔防水透湿功能薄膜的开发与产业化
6	山东莱芜新甫冠龙塑料机械有限公司	全自动机械手智能地膜收卷机

6. 牵头调研并基本完成“农膜行业自主品牌建设政策措施研究”项目

为推动农膜行业品牌建设，针对行业发展现状及存在的问题，受国家工业和信息化部的委托，由农膜专委会牵头开展《农膜行业自主品牌建设政策措施研究》课题调研。在课题开展过程中，课题组成员广泛收集整理了国内外相关文献资料，并深入企业进行实地调研，组织行业专家开展课题成果研讨会，最终形成了我国《农膜行业自主品牌建设政策措施研究》课题报告。报告涵盖品牌建设的理论和方法研究、加强农膜行业自主品牌建设的重要意义、我国农膜行业自主品牌建设现状分析、品牌建设政策措施研究、品牌建设政策措施应用的建议等内容，为推动增品种、提品质、创品牌的“三品”战略的实施及制定行业产业政策提供了依据。

7. 参与食品相关产品监督检查工作

受国家质检总局和中国塑协委托，2016 年 11 月农膜专委会对河北省五家食品用包装膜生产企业进行监督抽查，通过核查生产现场，查阅企业记录听取汇报，与员工座谈询问等对企业基本情况、环境、安全实施检查，同时宣讲国家新颁布的食品安全卫生标准。通过检查、宣讲，提升了生产企业食品安全意识，为完善企业质量管理、促进技术进步提供了帮助。

六、工作重点

农膜行业“十三五”总体目标是整体技术接近或达到国际先进，部分技术实现国际领先，为农膜大国向农膜强国的转变奠定扎实基础。农膜专委会今后工作应始终围绕这一目标而努力。近期工作重点：

（1）配合工信部修订《农用薄膜行业准入条件》，使该文件更加规范，更加符合当前行业实际情况，提高可操作性，便于贯彻落实。

（2）继续做好品牌创建工作。以市场为导向，开发更多品牌产品，认真贯彻实施“三品战略”。

（3）协助完成地膜国标修订，积极支持棚膜国家标准《农业用聚乙烯吹塑棚膜（GB4455－2006）》、《农业用乙烯－乙酸乙烯酯共聚物（EVA）吹塑棚膜 GB/T20202－2006》等标准的修订工作。

（4）做好行业调查工作，摸清农膜行业产能、产量、技术水平及消耗标准，为农膜行业质量升级工作提供详实的数据支持。制定农膜行业单位产品能源消耗标准。2014 年农膜专委会制订了《农用薄膜生产企业单位产品能源及费用消耗标准》，这是农膜行业企业管理升级的重要考核指标，也是农膜生产企业多年实践总结出的行业标准，我们要积极争取将其列为国家标准。

（5）针对农膜行业技术人才短缺的现状，农膜专委会将在行业内开展技术工人培训工作，发挥农膜企业专家团队的作用，对管理人员和生产一线技术工人进行培训，逐步提高一线工人队伍的专业素质。

（6）为企业技术进步搭建平台，实现实验室先进检测手段的共享；

（7）继续做好 2017 年生物降解膜农田实验。

（8）积极配合支持中国塑料加工工业协会专家院士行活动，充分发挥中塑协专家资源优势，推动行业科技进步和技术创新，带动农膜行业向好、加快、健康发展。现面向大专院校、科研院所和企业开始进行供需信息征集，报送秘书处，秘书处组织有意参加活动的专家或企业填写《专家院士行专家信息采集表》或《专家院士行需求单位信息采集表》，根据需求报中塑协统筹安排。请各单位结合自身情况踊跃参与。

（9）在行业内开展“质量、成本、信誉年”活动。质量是企业生存发展的生命线，成本是提高市场竞争力的关键要素，信誉是企业长盛不衰的根本保障。农膜企业若想做大做强、持续发展，以上三个要素缺一不可。农膜专委会计划于近期开展"“质量、成本、信誉年”活动，围绕国家品牌战略，农膜行业能源、物料、费用消耗标准和建立现代企业制度的要求，由专委会秘书处制定活动方案和考核细则，评选出优秀企业，指导农膜企业管理升级工作。

七、发展方向

农膜产品的发展方向是“功能化”。棚膜向涂覆型复合膜发展，使棚膜的流滴、消雾功能与寿命同步；在聚合物基纳米复合涂覆液体基础上，进一步用极性物质和纳米材料实现对农膜双面的功能改性，使防尘抗污功能也与老化同步；研发更多的保温和降温棚膜技术，保障作物光合所需的温度；研究不同地区不同作物对直射光和散射光的需求，提供最佳光照方式；完善和推广转紫外光、绿光为红光、蓝紫光等转光膜技术，配合纳米材料的光移功能研制出更有效的光生态膜；将屏蔽病虫菌可视光技术和光催化杀菌技术尽快实现量产，以减少农药残留、保障禽畜乃至人类的健康。地膜向保护环境和清洁生产方向努力，加大功能性地膜的开发和新材料开发应用，研制更多具有长寿、流滴、除草、增温、防虫、反光等功能性地膜，加快新型耐老化地膜的研制与应用，特别关注全生物降解地膜的农田实验和示范进度，向无残留降解地膜方向发展。

八、重点研发项目

（1）PO 膜的研发应用。

（2）新型长效无滴防雾剂的研发应用。

（3）充分利用太阳光，提高光合二氧化碳的速率，并优化太阳光的波频实现趋利避害等基础研究。

（4）接枝型内添加 EVA 棚膜的研发应用。

（5）五层共挤棚膜研发应用。

（6）生物降解地膜研发应用。

（7）散光膜的开发应用。

（8）光温控制型纳米防病虫害转光膜的研发应用。

（9）吹塑机组自动测厚和自动风环技术改造。

（10）塑料助剂单基双能转光剂的研发应用。

（中国塑协农用薄膜专委会　刘敏）

改性塑料

一、行业发展动向

1. 环保风暴及其影响

今年是各省一把手签军令状改善大气环境治理雾霾四年见成效的最后一年，新的环境保护部部长上任后雷厉风行，以壮志断臂的决心开始了一轮又一轮的环保督查。所到之处关、停、封、罚，矿山停开、工厂停工、怨声载道。如何正确看待突如其来的风暴，能否在高压下走出困境，和其他行业一样，改性塑料行业也同样面临着巨大的挑战。生存发展还是关张死亡，这是面对新的形势行业必须关注和拿出对策的。

首先要提高认识。我们多次告诫大家，以过度消耗资源和牺牲环境为代价求得高速增长的时代已经过去了，多年来支撑高速增长的“红利”正在弱化甚至消失，转变经济增长模式，寻找新的经济增长点才是我们得以生存和可持续发展的唯一出路。为此我们几年前就提出，而且多次反复强调，改性塑料行业要高举“创新驱动、提质增效、打造技术和产品升级版”的旗帜，走“轻量化、功能化、生态化、智能化”的道路，建设资源节约型、环境友好型和产品低耗高值化道路。

其次要跟上党和国家的战略部署和思路——要实现供给侧改革，要去库存、去产能，进行产业结构性改革，说白了，就是要淘汰一大批污染严重、低质高耗的企业，不管是大企业还是小企业，要以最少的资源能源消耗，最小的环境代价，最大的税收利润重新组合产业队伍。在这个过程中最容易做到，也就是最易受到整顿的当然就是散、乱、差突出的中小企业。

多年来以单纯考核 GPT 的发展模式造就了繁荣的经济，我国从数字上已成为世界上第二大经济体，同时也造成了产品积压、技术含量低下、环境受到严重污染和破坏，积重难返，如果不用雷霆手段加以扭转，就不足于唤醒还在依靠老办法发财致富的人们的心灵。我们的一些矿粉企业、母料生产企业直到拉闸封门了才清醒过来，虽然为时已晚，但毕竟还有“而今迈步从头越”的机会。

2. 喜人景象

1）从追求扩大生产规模转向求精、求强；

2）从做雷同、大路货产品转向定向加工，个性化生产；

3）设备更新换代，改善生产环境已成为共识，并都积极采取行动，实现负压操作、密闭输送、布袋集尘、机械自动，多家企业粉体加工及应用生产现场面貌焕然一新；

4）新技术、新装备、新产品的宣传推广得到热烈关注；

5）《聚烯烃填充母料》行业标准修订火热进行，标准化建设获得重大进展；

6）企业品牌意识增强，实施名牌战略，提高文化素质成为企业发展的重要举措；

7）一些企业产品和技术走出国门，经商办厂和参加国际展览，向国际市场迈进。

二、专委会活动

1. 以修订《聚烯烃填充母料》行业标准为契机，推动改性塑料行业标准化工作

改性塑料行业的产品或检测方法的标准多年来处于稀、缺状态，产量已达到数百万吨的填充母料应用十分广泛；而且已开始出口东南亚、中亚、俄罗斯、非洲等地，但唯一的行业标准是1991年发布的，距今已26年未经修订，其内容已远远不能适应当前的需要，要求修订的呼声一直很高。2016年年初，深圳高分子材料协会和河南佳木新型环保材料有限公司联合向全国塑料制品标准化技术委员会（SAC/TC48）提出修订申请，我专委会审时度势，顺应企业和行业的迫切要求，组织上海心尔、海城鑫达、浙江德清、常州盖亚等二十余家企业于2016年6月1日发出修标倡议书。该倡议得到广泛响应，众多企业积极要求参与。专委会于2016年11月8日在南京召开修标第一次工作会议，四十多家企业在会上表明态度并签订了修标承诺书。

2016年12月20日至22日，专委会在修标第一承担单位四川仁智新材料科技有限责任公司所在四川省绵阳市召开修标工作第二次会议，全国塑料制品标准化技术委员会（SAC/TC48）主任委员曹俭、副秘书长兼TC48/SC1主任委员田岩和SC1秘书长彭永杰到会给予了具体指导。本次工作会议确定了起草单位、起草人和技术顾问组成员，明确了行标修订的目的、任务和时间计划。

2017年1月，修标工作组向SAC/TC48递交了行业标准修订申请书和编制说明，正式开启了行标修订的航程。

2017年3月20日至23日，专委会组织起草单位负责人、起草人和顾问组成员进行考察，先后走访了上海心尔新材料科技股份有限公司、浙江德清金科塑胶材料有限公司和常州盖亚材料科技有限公司。每到一处都得到东道主的热情接待和周到安排！承担起草工作的年轻人开阔了眼界、了解了行业，明确了方向，增强了信息。

四天的调研活动为行标修订工作，打下了坚实基础，在诸多项目内容上取得共识。之后根据分工，各小组在调查研究的基础上展开试验论证工作。

2017年5月15日，专委会在广州组织了修标工作第三次会议，除修标工作组外，来自行业内的专家、企业家共计八十多人出席了会议。第一起草人四川仁智公司杨建华工程师拿出了修订过的新行标《聚烯烃改性填充母料》征求意见稿初稿。经过逐字逐句的讨论，一致认为还需对粉体含量测定方法、母料分散性判断、水分及挥发物含量和机械力学性能影响四个方面进行试验论证，专门成立了由不同承担单位组成的四个小组，有明确目的和计划地展开下一步工作。

2017年6月7日，修订任务最为艰巨的机械力学性能影响小组在山东春潮集团公司召开会议进行了又一次研讨，并责成四川仁智、山东春潮等公司安排更为周密的试验测试工作，做到既要实用，又能具有权威性和先进性。

2017年7月7日国家工业和信息化部科技司在网上发布2017年第三季度行业标准制修订计划（征求意见稿），公示期为一个月，《聚烯烃填充母料》行标修订位列第137项。现公示期已结束，不久将正式出台标准制修订计划。

在这次年会期间我们将先后召开两次会议，并在会上听取大家的意见，希望能够形成比较满意的新行标征求意见稿，在会后再经进一步完善后，正式提交全国塑料制品标准化技术委员会审查。

通过行标修订工作的逐步进展过程，我们更深切地体会到行业、企业对产品标准和检测方法标准的渴望心情，也深切地认识到，改性塑料行业标准化工作的欠缺和滞后给企业、行业的发展带来的不良影响，为了响应国家标准委发出的落实深化标准

化工作改革要求，积极推动国家标准化体系建设发展规划（2016～2020）的实施，带动和促进改性塑料行业规范化发展，专委会于2017年4月份向全国塑料制品标准化委员会提出筹建“塑料加工用辅料和添加剂分技术委员会（TC48/SC4）的申请，并填写了筹建申请书”。该申请得到标委会领导和秘书处的支持，曹俭主任指示我们以修订行标工作为起点，可以先组织几个产品标准和检测方法的标准的制定工作，为此可先成立工作组，待时机成熟时再正式成立分技术委员会。我们将于本次年会上召开“塑料加工用辅料和添加剂标准化工作会议”，研讨安排下一步工作计划。

2. 编辑出版《改性及再生塑料标准汇编》

鉴于改性塑料行业转型升级、提质增效，急需有关产品标准和相应的检测方法标准作为指导生产的有力工具，而现有的各种标准手册或汇编内容繁多，找到改性塑料行业适用的十分不易。为此专委会与中国质检出版社（原中国标准出版社重组而成）商议，决定共同编辑出版《改性及再生塑料标准汇编》，主要包括塑料改性母料、专用料、再生塑料基础料、加工助剂及添加剂、再生塑料清洗、破碎、干燥设备、混合混炼挤出造粒设备及材料性能检测方法等几大类现行标准。现正在征集参编入编单位，希望改性塑料行业的同仁们给予大力支持！

3. 组织业内企业参观考察活动，宣传推广新技术、新设备、新产品，加强业内外及产业链上下游交流，真正让创新驱动成为企业前进的指南和动力

（1）3月20日～24日，以行标修订调研为主要内容的业内企业参观考察活动共有二十五个企业三十余人参加。改性塑料的骨干企业上海心尔、浙江德清金科和常州盖亚公司展开胸怀欢迎大家近距离参观生产现场，并就填充母料生产中的技术和管理问题深入地进行了交流讨论。

（2）5月5日至8日，来自辽宁、河北、山东、河南、湖北、广西等地的三十余位企业家齐聚塞外山西山阴县，参观了山西玉竹活性石灰制造有限公司和山西玉竹新材料科技股份有限公司。该公司生产的氧化钙白度高，有效钙含量高，粒度细且均匀，是生产除水母料的最佳原料，而且地处北方，是华北、东北、华东等地最好的氧化钙生产基地。该公司最新研制成功并投产的万吨级/年微孔硅酸钙更是多年来不可多得的新出现的填充粉体材料，可能会给塑料填充改性带来历史性的变革。

（3）硫酸钙广泛用于建筑、水泥、医用等行业，唯独在塑料中未找到合适的用武之地。湖南常德湘福建材公司拥有优质石膏资源，苦于未能找到高值化应用的出路。改性塑料的技术人员做了探索试验，认为可以在塑料中应用。为此刘英俊理事长兼秘书长于4月15日前往该公司，考察了矿山和粉体加工现场，了解了在塑料中应用初步成果，随即委托业内知名专家对石膏粉体进行全面严格的试验检测。刘英俊理事长兼秘书长亲自将用硬石膏粉吹塑的薄膜送到国家塑料制品监督检验测试中心，在于透光等性能上与滑石粉、硫酸钡和硫酸钠（元明粉）三种粉体填充的薄膜进行对比，结果发现湘福石膏粉在聚乙烯薄膜中的使用效果从透光性、分散性和化学稳定性等方面分别优于滑石粉、硫酸钡和元明粉。随后又安排了在聚乙烯双壁波纹管和聚丙烯片材、薄膜中的应用试验，发现只要技术措施得当，硫酸钙是不可多得的一种可用于塑料的新型粉体材料。刘英俊理事长兼秘书长向中合共赢资产管理有限公司全面系统地介绍了湘福硫酸钙在塑料中应用的非他莫属的优点和推广应用的广阔前景，为投资公司扶持该企业奠定了技术基础。5月15日，用命名为湘钙粉制成的硫酸钙母料在顺德通德乐公司现场用于吹塑含15%粉体的PE薄膜，获得大家一致好评，纷纷要求湘福公司尽快规模化生产，满足市场需求。

4. 积极参与产业链上下游组织和企业组织的会议和活动，增强了解和合作，实现产业链互助共赢

（1）2016年12月20日刘英俊理事长兼秘书长出席“广东省再生塑料技术创新联盟暨再生塑料新技术需求新服务对接大会”，并做了“技术创新、五链融合、促产业升级、续行业辉煌”的发言。

刘英俊本人应邀出任了联盟专家委员会主任委员。

（2）6月7日刘英俊理事长兼秘书长出席由中国建筑材料联合会粉体技术分会举办的“2017国际粉体加工与应用技术论坛”并做了“塑料改性用新型粉体创新成果与发展前景”的报告。

（3）7月24日刘英俊理事长兼秘书长、徐同考常务副理事长出席由深圳冠亚水分仪科技有限公司在辽宁海城举办的“新设备、新材料、新技术交流会”，徐同考做了“无机粉体在塑料中的高值化应用技术与发展前景”的报告。

（4）8月6日徐同考常务副理事长出席由国家建筑材料工业技术情报研究所在山东淄博组织的以

“节能、转型升级、绿色发展”为主题的非金属矿行业大会，作了“非金属无机粉体材料在塑料功能改性中的应用与发展前景”的报告。

（5）积极筹备在贺州举办的第二届中国（贺州）石材•碳酸钙展览会期间召开“碳酸钙在塑料中应用创新技术论坛”和动员会员单位前往参观展览和有关企业。这次在贺州活动必将使贺州这个重钙生产基地名垂改性塑料发展史册，成为上下游行业紧密结合实现共赢的里程碑。

5. 为企业发展献计献策

（1）5月17日刘英俊理事长兼秘书长作为广东省塑料循环利用创新联盟专家委员会主任委员在广州召开研讨会，为广东天保新材料有限公司欲引进日本“复合塑料界面高温水合技术和装备”进行技术论证，日本专家到会就有关试验工作做了介绍。日本现有的原始性独创新技术可以将甘蔗渣不经水洗、干燥、粉碎，直接在生产线上与废旧塑料进行混炼，所得到甘蔗渣含量大于60%的与聚乙烯废料复合的混炼物可以注塑成型，再继续与适当的基础树脂醒合可以制备密度小、综合性能好的塑木制品，有可能一举打破多年来塑木材料的加工工艺、配方和装备现状，带来全新的利用废弃农作物和废弃塑料的新思路、新方法。

（2）刘英俊理事长兼秘书长于7月21日出席“福建省塑料加工产业协调创新座谈会”。

（3）刘英俊理事长兼秘书长于7月22日参加在泉州召开的福建湄洲湾氯碱工业公司和福建师范大学等单位承担的“PBT合成树脂原位改性及合金化关键技术研发及产业化应用”验收会。

6. 积极参与上级协会举办的活动和召开的会议，积极向有关组织和政府部门提出建议、意见，及时有效地完成上级协会安排布置的工作

（1）刘英俊理事长兼秘书长积极参与中国塑协专家咨询委员会的工作，认真提出建议，在中国塑料加工业十三五科技发展规划的制定过程中就项目的设置发表了看法，提出多项建议并被采纳。

（2）塑料除水母料已成为使用范围广、节能效果突出的一种新的改性塑料产品。但相应的产品行业标准迟迟未能推出。我专委会根据众多生产企业的强烈要求，致函全国塑料制品标准化技术委员会，对这个行标的征求意见稿提出多项改进建议，以免行标发布后被广大生产企业耻笑！

（3）废弃塑料的进口政策面临重大调整，无疑这是用行政手段促进废弃塑料再生加工利用行业的转型升级。刘英俊理事长兼秘书长作为专家应邀于9月12日出席中国塑协主办的“塑料再生利用行业专题座谈会”，就塑料再生利用行业面临的困境和出路提出看法和多项建议。

7. 通过将具有一定经济实力和科研开发能力的改性塑料企业设立为专委会科研试验生产开发基地

这有利于推动企业增加技术投入，实施名牌战略，树立科技创新求发展的典型。2017年根据企业申请，专委会组织专家考察，决定将“四川仁智新材料科技有限责任公司、山西玉竹新材料科技股份有限公司、佛山市顺德区通德乐新材料实业有限公司、浙江德清金科塑胶材料有限公司、石家庄熙荣机械有限公司”五个企业设立为基地，颁发了证书和铭牌。

8. 努力推进专委会的组织建设

加强专委会组织建设，提高凝聚力和影响力，更好地体现行业组织服务于企业，服务于行业，做好政府与企业之间的桥梁和纽带，为在新的历史时期建设具有中国特色的新型行业组织做出贡献。

一年来我专委会会员单位进一步扩大，其中包括有较强经济实力和较高科技水平的骨干企业。根据企业愿望和专委会工作条例，本着具有代表性权威性的原则，专委会提出增补四川仁智新材料科技有限责任公司、廊坊华博环保材料有限公司、湖南湘福新型建材有限公司、山西玉竹新材料科技股份有限公司、佛山市顺德区通德乐新材料实业有限公司、湖北鑫轻塑化有限公司、鞍山市宏基科化有限公司、江西势通钙业有限公司八个企业为专委会第八届理事会副理事长单位建议，提交本届年会予以认可。这样不仅扩大了专委会骨干队伍，也有利于提高专委会在行业内外的影响力。

一年来专委会在上级协会直接领导和关怀下，在会员单位大力支持下，开展了一些工作，但在新的形势下，尤其是企业普遍反映随着全国经济增长变缓，下行趋势明显，影响了企业的收益，事难干了，钱难赚了，迫切希望行业组织能够指路明向。我们要更加认真地研究如何更好地成为政府与企业、行业之间的桥梁和纽带，更好地为企业和行业服务。任重而道远，我们决心在上级协会领导下，向兄弟专委会学习，倾听会员单位意见和建议，努力工作取得更好的成绩。

（中国塑协改性塑料专业委员会 刘英俊）

塑料管道

一、行业现状

2016年是“十三五”开局之年，是塑料管道行业产业结构深化调整、行业资源整合的关键一年，也是引导行业科技创新、提升行业运行质量的攻关之年。国家“一带一路”西部开发、海绵城市建设、城市地下管网及综合管廊建设、装配式建筑、黑臭水体治理、农村水利建设等一系列政策的出台，给塑料管道行业带来了新的商机。在上级协会的领导下，在相关部门和行业企业的大力支持下，行业在转型升级、质量提高、整体实力提升方面都取得了新的成效。

在市政工程、建筑业、水利工程、农业、工业等行业市场需求引领下，塑料管道行业保持着稳健的增长。2016年受经济大环境影响，增幅略有下降，据相关统计，2016年全国塑料管道总产量约为1436万吨，同比增长4.06%。中国目前依然为塑料管道生产和应用的最大国家。

目前，聚氯乙烯（PVC）材料、聚乙烯（PE）材料和聚丙烯（PP）这三类材料仍占据了塑料管道材料的90%以上，同时一些新材料管道也有了较大的技术进步。市政及建筑给、排水管道、农用（饮用水、灌排）管道、各种护套用管等塑料管道仍是主要的应用品种，分析目前塑料管道的市场占用率在所有材料管道中的比例已达到40%，塑料管道的应用领域进一步拓宽。

2016年，行业内规模较大、总体质量较好的企业发展步伐加快，其相应的市场综合竞争能力也逐步得到提升；规模小、总体水平低的企业发展则出现了困难，甚至已有部分企业停产或转产。各产业间的协调发展，资源配置逐步优化，进一步推进了产业结构的合理化和高端化发展。

2016年，塑料管道行业的产品质量总体水平有了较大提高。在行业的引导下，优秀的塑料管道企业已通过建立自律公约、质量保障联盟等手段，在产品质量安全、社会责任、市场服务等方面达成了共识，行业逐步进入了以“安全可靠、高品质的塑料管道”为主流的市场竞争模式。市场无序竞争有所好转，更多的企业高度关注产品质量、服务质量，在相关方面加大投入，并取得了较好成效。

绿色环保发展已成为塑料管道行业发展的重要趋势之一。截至2016年底，业内已经有多家企业在绿色产品研发及市场推广方面取得了社会效益和经济效益的双收。多家企业建立了绿色产品研发团队，绿色塑料管道产品在应用领域越来越受到欢迎。

2016年，塑料管道行业仍然面临着产能持续供大于求的问题。竞争压力加剧使得管道产品质量、生产效率、自动化程度有待进一步提升。下一步，行业仍要依靠技术进步与技术创新，加速产品结构调整，在转型升级中提高产品质量，促进塑料管道行业的稳步健康成长。

二、塑料管道专委会活动

（一）加强自身建设，加强服务工作，提高履职能力

专委会按照2016年年度工作计划，在上级协会的领导下，按照《中国塑料管道行业“十三五”期间（2016－2020）发展建议》等部署，不断加强自身建设，创新工作方法，努力提高服务水平和效率。

1. 完善专委会及秘书处管理，规范会员单位管理及新会员审核工作

为更好服务行业发展，2016年专委会进一步完善了内部管理工作，梳理了工作脉络，改进了工作方法，制定了务实的日常工作计划和流程，并相应拟定了秘书处岗位职责，做好基础工作。

按照中国塑协专委会工作条例规定，专委会进一步规范了会员单位管理工作，系统整理了会员档案，完善了会员入会等流程。

2016年，专委会对申请入会的单位加大审核力度，理事会严格要求，认真审核，以保证入会单位质量。

经过申请与理事会审核，报中国塑协批准，2016年专委会新增山东圣大管业有限公司、安徽国登管业科技有限公司、上海万朗管业有限公司、山东东宏管业股份有限公司、福建恒杰塑业新材料有限公司、重庆市一龙管道有限公司共6家理事单位，进一步壮大了理事队伍。

2. 加强服务，提出工作建议

2016年，专委会在工作方法上不断创新，通过走访与交流，尽力了解行业实际情况，了解行业变化，根据行业新的特点提出相关工作新

思路。

2016年塑料管道行业压力较大，面临着原材料价格波动较大、技术驱动不足、同质化现象突出、市场竞争加剧等方面的新情况，有的企业已经倒闭或濒临倒闭，同时行业内一些骨干企业在积极应对挑战的同时，也在不断调整经营策略，加强创新，提高产品质量，努力寻求新的发展思路。针对这一情况，专委会充分发挥协会在行业中的引领作用，根据市场形势变化和企业在发展中面临的困难及问题，有针对性地提出了适合行业和企业发展的工作建议和计划，在为企业转型升级方面提供合理建议。

3. 切实反映企业诉求，维护行业利益

服务企业、服务行业是专委会义不容辞的责任和义务。为了解企业发展和行业实际情况，切实反映企业诉求，夯实行业发展基础，2016年专委会进一步加强了与企业的交流与沟通，努力做好行业服务工作。

专委会先后利用各种机会走访了北京、上海、天津、重庆、黑龙江、吉林、辽宁、河北、山东、江苏、浙江、广东、湖北、江西、四川、内蒙古、宁夏等多地近40家企业，通过各种方式联系企业超过200家，深入了解了企业实际情况，为制定行业发展建议积累经验。同时利用协调机制，对行业企业间的沟通和纠纷的解决起到了积极作用，进一步促进了行业的和谐发展，提升了行业凝聚力。

专委会还发挥桥梁和纽带作用，密切与政府部门及上下游行业的沟通，倾听企业诉求，向相关部门和应用单位反映情况、提出建议，在政策制定、项目拟定、技术进步、行业权益、市场拓展等方面多做实事，搭建交流平台，为行业争取更多的合理权益。

（二）制定行业发展建议，引导行业发展方向

2016年是“十三五”开局之年，也是塑料管道行业发展的关键一年。为更好指导塑料管道行业在“十三五”期间的发展，促进行业适应宏观经济发展形势，专委会根据《国民经济和社会发展第十三个五年规划纲要》及《塑料加工业“十三五”发展规划指导意见》的精神，总结“十二五”期间中国塑料管道行业的发展情况及存在问题，结合行业发展趋势以及相关行业的实际情况，组织编制了《中国塑料管道行业“十三五”期间（2016－2020）发展建议》。

为进一步完善编制工作，更好指导行业未来发展，2016年3月17日，专委会组织部分专家在北京召开了“中国塑协塑料管道专委会2016技术交流会”，针对行业实际情况和未来发展进行了深入交流，对发展建议的编制提出了完善和修改意见，，并对行业今后的技术工作方向提出了发展建议。

在多次交流、修改及完善并经过理事会议初审之后，《中国塑料管道行业“十三五”期间(2016－2020）发展建议》最终于2016年4月在中国塑料加工工业协会塑料管道专业委员会第九届四次会员大会上正式发布，为行业未来5年发展提出引导和建议，成为塑料管道行业发展的指导文件。

（三）建设广泛的信息交流服务平台，扩大行业影响力

2016年，专委会根据塑料管道行业信息化建设工作现状，加强了相关工作进展。充分利用现有的专委会官方网站（http：//www. ppia－china. com）、专委会官方微信公众平台（中国塑协管道专委会管道行业联盟）及《中国塑料管道资讯》杂志等信息平台，及时发布行业政策、动态及市场信息，引导行业发展方向。与此同时，为适应市场发展，专委会进一步推进电子信息化工作，不断完善信息平台建设，扩大行业影响力。

2016年专委会加强了官方网站的运营工作。在原有栏目的基础上，推出了“行业自律”、“展会预览”、“年会回顾”等全新板块，及时向外界发布行业相应工作动态、专家观点等内容，使网站内容更加丰富，实用性更强。

专委会官方微信公众平台整合了业内相关资源，加大了相关资讯发布频率，通过活动专题报道和行业技术与市场动态信息的及时发布，更好指导行业健康发展，提高了行业的关注度，微信公众平台的关注人数提升迅速。截至2016年年底，微信公众平台的关注人数较2015年底提升了74%，微信关注者从业范围已扩展到除塑料管道生产企业以外的原料、机械、集成商、贸易等多个领域，影响力逐步扩大。

专委会按计划完成了6期《中国塑料管道资讯》杂志的编辑、出版、发行等工作，杂志发行总期数达到了78期。在内容方面，除及时发布了塑料管道行业相关的国家政策、最新行业动态、国内市场信息等内容外，还增加了一些新栏目，丰富了杂志内容；在发行工作方面，努力不断扩大发行面，在既有设计院、水行业、燃气行业等发行领域基础上，扩大发行范围到和领域。截至2016年年

底，杂志发行量同比增加6%。

随着信息化事业的发展，各行业都已开始向“互联网+”发展模式努力，塑料管道行业也提出了“塑料管道+互联网”模式。为进一步推动行业信息化工作，方便行业交流与合作，专委会已经开始着手电子交易平台建设及专委会APP终端的开发工作，安排专人制定计划，负责相关方案设计、沟通及执行工作，相关工作正按计划进行中。

2016年，专委会针对生产塑料管材、管件的69家理事单位及多家会员单位的生产设备、生产能力、产品市场销售等情况进行了调研和数据收集，委派专人定期与相关企业联系，收集信息数据，进行系统的汇总和分析，形成基本报告，并在一定范围内分别发布了半年度及年度数据分析报告。相关统计工作对了解行业及企业发展情况，规划行业未来发展意义重大。

（四）推动行业自律及诚信建设，努力提高产品质量和服务水平

推进行业自律及诚信建设，是提高行业协会社会公信力的重要举措，也是促进行业健康发展的重要手段之一。专委会自近年开始开展行业自律及诚信建设工作以来，取得了一定的成效，行业企业自律意识不断提高，并且将自律范围逐步向上下游行业延伸。

2016年，为进一步保障塑料管道产品质量水平，专委会逐步将行业自律及诚信建设工作由塑料管道产品向塑料管材及管件用色母粒、PVC管材及管件用环保型热稳定剂等上游行业延伸，专委会于2016年6月组织了“塑料管材及管件用色母粒产品交流会”，组织起草了《“塑料管材、管件用色母粒”产品质量保障联盟管理办法（草）》等相关文件，旨在督促上游企业提供有质量保障的塑料管材及管件用辅助材料，实现行业企业相互监督、相互促进，引领行业逐步走向规范，最终实现塑料管道产品及相关产品生产企业共同健康发展的目标。

2016年，专委会针对塑料管道产品生产及市场应用的实际情况，务实开展了一系列行业自律及诚信建设活动。除进一步推进《给水用塑料管道行业自律公约》、《中国塑料管道行业职业道德准则》等相关工作外，还与中国城市燃气协会一道开展了“燃气用埋地聚乙烯管材、管件产品质量认证”工作，该工作将成为“燃气用PE管道质量保障联盟”的基础，目前已有3家企业的PE燃气管材获得该认证，此项工作必将进一步推动优质PE管道在燃气输送领域的安全应用。此外，“钢带增强PE螺旋管质量保障联盟”的建设工作正在进行中，在一些骨干企业共同的努力下，相关的联盟条件和产品标准正在制定中。

（五）促进行业科技创新与技术进步，推动行业创新发展

在塑料管道行业的不断发展中，科技创新和技术进步发挥了重要的驱动作用，在行业竞争加剧的情况下尤其重要。2016年行业在加快技术进步、提升整体技术水平等方面更加积极努力，引导行业不断深入实施创新驱动发展战略，大力推进以科技创新为核心的全面创新，推动企业尽快走出一条质量更高、效益更好、结构更优、优势充分释放的发展新路，促进行业企业加强新材料、新技术、新装备、新产品的研发工作，推进骨干企业的优化转型。

专委会高度关注塑料管道材料、装备的不断进步，与大专院校、科研机构、生产企业等密切交流，为企业提供技术信息，促进行业的技术创新。随着国内劳动力成本的上升及市场竞争的日益激烈，高效生产以及装备的智能化和自动化已成为行业的共同追求。2016年，专委会大力推进智能化制造，协助设备生产企业与塑料管道企业密切合作，提升加工装备的自动化、智能化水平。

2016年，专委会组织行业企业积极参加“十二五”塑料加工行业科技创新型企业、优秀科技成果、先进科技工作者等评选工作，鼓励企业做大做好，起到示范作用。永高股份有限公司、顾地科技股份有限公司、浙江中财管道科技股份有限公司、康泰塑胶科技集团有限公司、天津军星管业集团有限公司、亚大集团公司、四川森普管材股份有限公司、杭州鸿雁管道系统科技有限公司、河北建投宝塑管业有限公司、福建省华益塑业股份有限公司、福建恒杰塑业新材料有限公司、上海万朗管业有限公司、福建晟扬管道科技有限公司、河北北塑管业有限公司被评选为“十二五”塑料加工行业科技创新型企业。塑料管道企业中有8位同志被评选为“十二五”塑料加工行业先进科技工作者。

广东联塑科技实业有限公司申报的“建筑排水用无铅硬聚氯乙烯（PVC-U）管材管件”，福建恒杰塑业新材料有限公司申报的“非开挖专用PE给水管”，河北宝硕管材有限公司申报的“内衬修复用高阻隔聚乙烯（HBPE）管材项目”，河北建投宝塑管业有限公司申报的“给水用高抗冲耐压分

子双轴取向 PVC－O 管材研发”，康泰塑胶科技集团有限公司申报的“埋地排污用聚乙烯－聚氯乙烯（MPVE）共混双壁波纹管材”，天津军星管业集团有限公司申报的“钢塑管材管件焊接控制系统”，上海万朗管业有限公司申报的“Anti－UV 高分子合金材料抗寒保温防护套系列产品”，浙江中财管道科技股份有限公司申报的“3S 加强型旋流单立管系统”，河北北塑管业有限公司申报的“多元共混改性超高分子量聚乙烯（UHMW－PE）管材”被评选为“十二五”塑料加工行业优秀科技成果。

2016 年 11 月，专委会组织召开了“塑料管道新成果、新技术发布会”，武汉亿美特模塑技术有限公司、上海欣好化工科技有限公司、大连三垒机器股份有限公司 3 家企业发布了“拉伸流变挤出机——高效节能的塑化新技术”、“欣成有机钙锌稳定剂应用及其长期加工性的一些探讨”、“大连三垒 630H 高速生产线展示说明”等新成果及新技术，其中有的成果是全球首发，代表了中国塑料加工业的先进水平，在当前行业甚至在国际上都处于领先地位。

同时，专委会还配合上级协会和相关部门，推荐符合条件的企业积极申报中国专利奖、中国轻工业联合会科学技术奖、中国轻工业优秀设计奖、2017 年度轻工业技术改造重点方向等相关奖项与项目。

（六）加强交流与合作，宣传塑料管道产品，努力拓展应用市场

为扩大塑料管道产品的应用市场，专委会密切关注应用行业的发展动态，积极参加应用行业的相关活动，进一步了解塑料管道产品市场应用等相关情况。2016 年，专委会在加强与市政给排水、建筑给排水、燃气等行业的交流与合作方面做出了积极的努力，关注海绵城市建设和地下管网和管廊建设工作等市场动向，参与并开展了一系列交流推广活动，扩大塑料管道行业的影响力。

为了更好地宣传推广新型管材的选择与应用，保证城镇供水企业管网运行安全可靠，针对国内管网材料使用中存在的一些问题，专委会与中国城镇供水排水协会设备材料委员会及管道部合作，2016 年 10 月参与组织了“城镇供水 DN200 以下管材选择与应用研讨会”，提供相关塑料管道资料，提供技术支持，宣传行业及产品，对城镇供水事业的发展及塑料管道行业在水行业的推广应用起到了促进作用。

2016 年 11 月，专委会与中国工程建设标准化协会管道结构专业委员会合作，组织召开了“城市地下综合管廊建设与塑料管道应用研讨会”。通过专家报告、问题研讨、专题交流等形式，围绕城市地下综合管廊建设中，给水、排水、燃气、电力等有关塑料管道相关政策、设计、施工、应用、标准化以及适用塑料管道产品性能等内容进行了交流。通过交流，加深了设计领域对塑料管道性能的进一步认识，也使参会企业了解了塑料管道适应设计需求的重要性。

2016 年，专委会还参加了由住房和城乡建设部科技发展促进中心组织的“第 18 届全国塑料管道生产和应用技术推广交流会”、由中国地质大学（武汉）中美联合非开挖工程研究中心组织的“第七届管道工程与非开挖技术研讨会”、由中国工程建设标准化协会管道结构专业委员会组织的“管道工程技术标准研讨会”、由中国建筑金属结构协会给水排水设备分会等单位组织的“2016 健康水管道新产品新技术交流会”、由北京市建设工程物资协会等单位组织的“2016 年海绵城市建设研讨会”、由青海省水利水电勘测设计协会组织的“青海省水利行业塑料管材应用技术交流观摩会”等活动，专委会还参加了自来水行业、燃气行业、水利行业、招投标行业举办的相关活动和工作，介绍塑料管道的选择与应用情况，提升塑料管道产品的影响力。专委会还通过一些会议、活动、交流，尽可能多了解工程和市场信息，并及时提供给会员单位，努力协助企业拓展塑料管道的应用市场。

（七）重视教育培训，编译参考资料，夯实行业发展基础

为更好提高塑料管道行业相关技术人员的综合素质，2016 年，专委会与相关单位合作，共同开展了一系列教育与培训工作。

2016 年 6 月，专委会与国家化学建筑材料测试中心（材料测试部）合作，共同主办了“第八期塑料管道产品检测技术培训班”，进行了关于塑料管道产品质量提升、塑料管道产品检测、工程设计对塑料管材的要求、塑料管道检测设备的使用维护及保养等方面的培训。来自全国塑料管道生产企业的技术人员 120 余人参加了培训。培训内容针对性较强，更加专业、具体，有利于大家更好地掌握、运用相关知识，对塑料管道系统的生产、测试、质量控制和应用实践有较好的指导作用。通过此次培训，进一步提高了行业整体的产品检测技术水平，

坚实了促进塑料管道行业产品质量水平提升的基础。

2016年7月，专委会联合中国采购与招标网，在北京举办了“2016年塑料管道行业PPP项目培训班”，对来自全国各地的塑料管道生产企业和工程项目招投标及咨询单位近100位学员进行了PPP项目知识的培训，提高了塑料管道企业对PPP项目知识了解的同时，加强了供需交流，提升了相关招标评标单位对塑料管道企业和塑料管道产品的了解，推动了塑料管道市场的拓展。

2016年，专委会继续推动美国塑料管道协会（PPI）编写的《聚乙烯管道手册（第二版）》的编译工作。2016年3月，专委会召开了“《聚乙烯管道手册》编译工作筹备会议”，成立了编译委员会，制订编译策划方案，协调各章节翻译任务的分配。在参与单位的共同努力下，6月底完成了英文原稿的翻译工作。7月份专委会组织召开了“《聚乙烯管道手册》编译第一次工作会”，讨论了手册翻译过程中出现的18类共性问题，并就相关问题提出了解决方案。会议通过了一校工作的原则，确定了一校工作的任务分配及完成时间。8月底手册一校工作完成，开始二校工作。11月底二校工作基本完成，专委会将根据各章节实际情况，分别与翻译及校对单位进行沟通，系统解决翻译及二次校对中存在的问题。

（八）推动节能环保，推进行业绿色发展

《中国塑料管道行业“十三五”期间（2016－2020）发展建议》中已经把绿色、节能、环保列为行业的重点工作之一。2016年专委会积极开展了PVC管材、管件中采用环保型热稳定剂替代铅盐稳定剂的促进工作，引导行业积极推动相关工作进展。专委会在2月19日组织举办了“PVC管道用热稳定剂应用交流会”，邀请PVC管材管件生产企业、热稳定剂生产企业及相关单位，交流相关热稳定剂的生产情况、市场应用情况、技术现状及存在的问题，对适时开展PVC管材及管件用环保型热稳定剂替代铅盐稳定剂工作提出了计划。专委会专门成立了“PVC管材及管件用热稳定剂工作组”，并开始了PVC管材及管件用钙锌复合稳定剂等环保助剂的技术要求的编写工作。此外，专委会还着手组织“PVC管材及管件用钙锌复合稳定剂联盟”的成立等相关工作，进一步推动了行业绿色环保，推进2017年底行业完成环保型热稳定剂的替代工作。

专委会针对目前市场对绿色建材的需求实际，积极参与《绿色塑料管材管件评价标准》的研究、制定工作，引导塑料管道企业在绿色产品研发及市场开拓等方面不断进步。与此同时，专委会还号召企业加大节能改造力度，推动行业节能降耗步伐。提供相关信息，引导行业努力提高装备自动化水平，提高生产效率，提高劳动生产率。

（九）积极推动国际交流与合作，提升行业国际影响力

专委会近年密切与国际相关协会、组织、机构和企业的联系，组织国内相关企业参与、参观国际性的技术交流会议及展览会。加强与美国、西班牙、德国、英国、意大利、瑞士等国家的协会、行业组织、研究、检测、生产企业等单位的交流与合作，进一步提升了中国塑料管道行业和协会的国际影响力。

作为组委会成员，专委会于2016年9月组织了国内相关单位参加了由国际塑料管道会议协会（PPCA）以及欧洲PE100＋协会（PE100＋）、美国塑料管道协会（PPI）、欧洲PVC管道协会（PVC 4 PIPE）、欧洲塑料管材管件协会（TEPPFA）主办的第十八届（柏林）国际塑料管道会议（PP XVIII）。来自43个国家的塑料管道原材料生产商、设备制造商、管材生产厂、管材用户、研发和测试等相关人员约450人参加了会议，会议共有21个专题的109个发言报告。来自中国的参会代表35人，提供了9个专题报告、1个发言、2篇书面展示报告及1个展览展示。

专委会还借参加国际会议和展览会的机会，组织国内企业参观国外的塑料管道生产企业、设计院、塑料管道装备和助剂等生产企业，先后与派莱福（PIPELIFE）德国公司、德国西科拉（SIKORA）股份有限公司、德国REAGENS公司、瑞士麦拉菲尔（MAILEFER）公司、英国奥雅纳（ARUP）工程顾问公司、百尔罗赫（BEALOCHER）英国公司、德国宝库（BAUKU）挤出机公司等多家单位进行交流，学习了国际企业的先进技术以及管理经验，对我国塑料管道行业的发展起到了积极的借鉴作用。

（十）加强标准化建设工作，做好提高产品质量水平的基础工作

标准化工作是保证塑料管道行业健康、持续发展的重要基础，针对目前行业相关标准滞后、缺失的实际情况，2016年，专委会关注塑料管道产品相

关标准的制定、修订进展，加大了标准化工作的参与力度。

2016年，专委会参与了多项建设行业给排水用等塑料管道相关产品、应用等标准、规程的审查工作，参加塑料管道产品相关的标准图集编制协调工作，积极参加管道工程技术标准研讨等相关标准化工作。

培育发展团体标准，是发挥市场在标准化资源配置中的决定性作用、加快构建国家新型标准体系的重要举措。随着国家质检总局、国家标准化管理委员会发布的《关于培育和发展团体标准的指导意见》等相关政策的出台，专委会积极响应国家相关政策的号召，针对塑料管道标准缺失以及有的产品质量水平有待提高的现状，加快了协会团体标准的制修订准备工作，组织秘书处人员参加“团体标准化国标宣贯及团标编制培训班”，了解团体标准编制情况，传达团体标准相关信息，掌握团体标准编制方式方法，为日后推进塑料管道行业团体标准编制工作奠定了基础。专委会目前正在调研、收集资料，几个产品的协会标准的制定工作正在按计划进行中。

（十一）成功举办了理事会议、会员大会等重要活动，引导行业持续发展

2016年，专委会按照2016年年度工作计划，完成理事会议、会员大会及其他活动的筹备、举办工作，引导行业持续发展。

2016年2月26日，在重庆澳彩科技化工有限公司的支持下，中国塑料加工工业协会塑料管道专业委员会第九届三次理事会在重庆召开。会议总结了2015年的工作情况，审议了2016年的工作计划，讨论了2016年年会计划、聚乙烯管道手册翻译、“十二五”工作总结及“十三五”工作规划等内容。

会议还总结了塑料管道行业发展中存在的一些问题，再次呼吁行业关注上、下游的动态和需求，重视行业绿色节能工作，加强行业标准化的参与工作，规范企业生产行为，强化行业信用体系建设，全面推进行业诚信自律等工作。

2016年4月14~16日，“中国塑料加工工业协会塑料管道专业委员会第九届四次会员大会暨2016年塑料管道行业交流会”在四川成都召开。会议由康泰塑胶科技集团有限公司、上海邦中高分子材料有限公司、上海欣好化工科技有限公司承办，四川金石东方新材料设备股份有限公司、广州鹿山新材料股份有限公司、绵阳沃思测控技术有限公司、河北恒运橡胶制品有限公司、河北金天塑胶新材料有限公司为支持单位。来自相关单位的领导、专家、会员单位、塑料管道生产企业、塑料管道上下游企业、行业协会、检测机构、认证单位、相关媒体等404家单位的571位代表参加了此次会议。会议主题为“服务市场，行业规划，科技创新，健康发展”。

会议审议通过了《中国塑料加工工业协会塑料管道专业委员会2015年工作报告》，《中国塑料加工工业协会塑料管道专业委员会2016年工作计划》，发布了《中国塑料管道行业“十三五”期间（2016－2020）发展建议》。此外，围绕会议主题安排了塑料管道原料、助剂、设备、新技术、检测、应用、质量管理及行业发展等方面28个专题报告，组织参观了康泰塑胶科技集团有限公司生产车间。

通过本次会议的交流，大家更加深入地了解到我国塑料管道行业的生产和应用技术、现状和发展方向，了解到应用行业对于塑料管道产品的需求和期望，进一步加强了塑料管道上下游行业间的交流，对提高塑料管道生产和应用水平、提高行业服务水平、加速产品创新和高附加值产品的研发、促进产品品质的提高、推动产品和工程基础工作的研究、提高配套技术以及促进塑料管道行业的健康发展有着积极的推动作用。

（十二）发挥会展促进功能，助推行业优化发展

专委会根据行业发展情况，积极组织或协助组织、参与了行业及相关行业展会工作，展示企业风采，荟萃品牌形象、搭建新型科技创新和技术交流的服务平台。

2016年，专委会积极配合上级协会，努力办好“2016中国国际塑料新材料、新技术、新装备、新产品展览会”，在展会宣传、组织行业企业参展、组织专业观众观展等方面开展了一系列的工作。本次展会上，武汉亿美特模塑技术有限公司、浙江伟星新型建材股份有限公司、永高股份有限公司、大连三垒机器股份有限公司、上海欣好化工科技有限公司、承德金建建材仪器有限公司、广州海狮科技有限公司、曼瑞德集团有限公司、重庆澳彩新材料股份有限公司、浙江双林机械股份有限公司、吉林荣亿工程管道有限公司、承德市精密试验机有限公司、台州黄岩方胜模塑有限公司、深圳志海实业股份有限公司、山东鲁燕色母粒有限公司、德科摩橡

塑科技（东莞）有限公司、广州温塑助剂有限公司、佛山巴斯特塑料机械设备有限公司、沃思测控技术有限公司、上海蔚锐环保科技有限公司、百尔罗赫塑料添加剂（江苏）有限公司、北京思能达节能电器有限公司、山东东方宏业化工有限公司、国家化学建筑材料测试中心（材料测试部）、国家化学建筑材料测试中心（建工测试部）、国家塑料制品质量监督检验中心（福州）、中国建筑科学研究所认证中心共27家相关单位参展，展示企业先进的材料、装备、技术和产品。

此外，专委会还积极参与了“第六届上海国际城镇与建筑给排水水处理展览会”等用户行业组织的展会活动，积极推广塑料管道产品在供排水行业的应用。

三、行业存在的主要问题

塑料管道行业还存在一些不足和问题，需要逐步加以解决。

1. 行业竞争加剧，生产能力持续供大于求

目前，塑料管道行业的年生产能力已超过3000万吨，虽然行业生产集中度有所提高，规模小、总体水平低的企业发展出现了困难，甚至已有部分企业停产或转产等现象，但总体上行业仍处于供大于求的阶段。

2. 市场的无序竞争问题依然存在，提升产品质量工作刻不容缓

虽然近年来塑料管道行业通过诚信建设等方式，已经在一定程度上改善了市场无序竞争问题，但行业中仍然存在部分企业不按产品标准生产制品的现象，甚至有的规模较大的企业依然存在不同程度的类似问题。行业健康发展还要继续努力。

3. 行业整合使得众多企业经营面临新的困难

塑料管道行业发展步伐较快，规模较大的企业发展势头良好，行业整合步伐正在加快。但同时，一些大中型企业在这一整合过程中也出现了经营困境，甚至有少数行业大企业也出现了经营危机甚至转产或面临破产。如何在供给侧结构性改革等国家相关政策的实施过程中，抓住利于自身发展的机遇，如何借助国家相关政策利好实现自我突破，将成为未来一段时间内塑料管道企业需要重点解决的问题。

4. 如何降低上游原料供应行业价格波动对行业造成的影响已迫在眉睫

作为塑料制品加工企业，上游原材料的供应能力及价格与行业企业的发展息息相关。2016年，原料市场价格出现了大幅波动，直接影响到了塑料管道生产企业的正常生产经营。从这个角度来看，如何面对类似问题的发生，如何找到行业稳定发展的保障，如何建立行业自我保障机制，将成为整个行业面临的严峻课题。

5. 新的市场空间也带来了新的考验，产品自我提升及创新仍需继续努力

近年来，塑料管道行业在产品创新方面取得了一定的成绩，但在实际应用中还需要不断自我完善，以适应地下综合管廊、海绵城市建设、装配式建筑等建设发展需求，要加大研发相关产品力度，以适应不同市场需求。目前塑料管道产品在科技创新、技术进步方面的发展还有较长的路要走。

6. 其他材料管道产品的竞争力逐步增强，正在挤压塑料管道市场空间

其他材料管道产品近年来发展较快，有的管道产品完善了自身原有的不足，有的品种已经有较好的技术进步，且正在挤压塑料管道市场空间。在一些领域，塑料管道原有的质轻、耐腐蚀、内壁光滑、安装便捷、寿命长、综合造价低等优势在逐步缩小。

四、发展建议

塑料管道行业前几年的高速增长已被优化产业结构，大力推进科技创新和技术进步，提高产品质量，提升行业发展质量的新常态所替代。我们要正视行业存在的困难和问题，依靠科技创新，来促进塑料管道行业的健康发展。

1. 深入推进结构调整，促进产业优化升级

推进供给侧结构性改革，提高供给体系质量和效率，加快培育新的发展动能，改造提升传统比较优势，推动行业向中高端迈进，进一步优化产业布局，逐步化解过剩产能。加快企业技术改造，运用集成度和智能化程度更高的设备来改造传统制造工艺，实现硬件的提升。

促进大企业与中小企业协调发展，鼓励企业通过收购、兼并、重组、联营等多种形式，更加有效地配置资源，发挥大企业龙头企业作用，形成合理的产业集群。

2. 加强行业自律，完善质量保证体系，提升产品质量，引导市场健康发展

行业应把提升塑料管道产品质量，作为新常态下行业发展的主攻方向和内生动力。增品种、提品质、创品牌。强化做百年企业的理念，不以“廉价低质”管道产品追逐短期不当利益。

逐步开展塑料管道产品信誉承诺活动，加强行业自律，完善质量保证体系，健全质量认证和监督制度。

建议应用领域制定合理的招投标管理办法，完善管理体制，通过合理的竞争机制。打破“物美价廉”的传统习惯，选用符合标准要求、价格合理的塑料管道产品。

3. 实施创新驱动的发展战略，提高行业的整体水平和竞争力

注重理念创新，注重基础研究，促进产品品质的提高。积极研究新技术、开发新产品，提高产品附加值，走出低价竞争的误区，逐步实现产业升级换代。加强新材料、改性材料、复合材料、新型管道的研究、生产和配套工作，形成多样化的产品市场，提高行业可持续发展能力。

4. 完善标准体系，强化标准的执行力度

加快塑料管道协会团体标准的工作进程，鼓励企业制定高于国家标准、行业标准、地方标准的企业标准。

促进完善塑料管道标准体系，及时制定、修订产品标准和工程技术标准，确保产品质量和应用质量。要加强标准的宣贯，强化标准的执行力度，引导规范生产和市场环节，保证产品质量水平、施工安装水平和管道系统满足规范要求。

5. 注重与上游行业的协调发展，促进行业提升发展质量

配合和推进上游原料行业，加快高性能、高附加值的管道专用树脂及混配料的研发和稳定生产。促进 PE 压力管道用混配料的国产化和多样化；开发 PVC 功能化树脂、接枝改性 PVC 树脂；推进大口径排水用高模量 PP 管道专用料等材料的研发，减轻、扭转专用树脂及混配料生产与需求失衡的局面。

促进助剂行业的技术进步，提高功能化助剂的技术水平加速推进 PVC 管道制品铅盐热稳定剂的替换工作。制定主要原辅材料的筛选、监测机制。

促进装备业企业与加工企业间的合作，推进高端装备应用，推进生产装备的技术改造升级，加速“机器换人”步伐，提高生产效率、自动化水平和产品生产的稳定性。采用先进技术，降低加工能耗。

6. 加强对应用市场的服务，便于用户选好、用好塑料管道产品

加强和应用领域的交流与合作，协助应用者选择最佳的塑料管道产品关注用户的需求，做好相关产品和服务的延伸。

组织编制应用指南和应用手册，积极培训工程技术人员，提高塑料管道工程质量。

7. 加强信息化建设，逐步建设行业展示平台

充分利用现有信息平台，及时发布塑料管道行业相关的国家政策、最新的行业动态、国内市场信息等，并将扩大在设计院、水行业、燃气行业、房地产、水利及农业等应用领域的发行面，为塑料管道的应用扩大宣传。

8. 加强国际交流，提高行业的国际影响力

加强国际交流，关注国际上最新动态、技术进步及市场信息，学习国外先进经验和技术，取长补短，缩短差距，树立品牌，提高中国塑料管道行业的国际影响力。

抓住“一带一路”建设契机，走出国门，开拓国际市场。逐步从最初的推广产品发展到深层次的投资合作项目，推动扩大国际产能合作，实现合作共赢。

9. 重点产品研发建议

行业应在重视 PVC、PE、PP 等传统材料的基础上，加大改性、复合以及其他新材料的新型塑料管材和配套产品的研发，完善生产和应用技术，完善现有品种的功能，开发高性能、高附加值的管道产品，以拓展新的应用领域。

（1）大力推进 PVC 管道的技术进步和质量提升。继续加快接枝改性聚氯乙烯（PVC－M）、取向（定向）拉伸聚氯乙烯（PVC－O）、氯化聚氯乙烯（PVC－C）管道、可熔接聚氯乙烯（F－PVC）的研发和生产，以扩大在压力等管道系统的应用。

（2）在 2017 年末完成 PVC 管材、管件中采用环保型热稳定剂替代铅盐稳定剂工作，鼓励有条件企业提前完成。

（3）推进给水用 HDPE 管道混配料国产化生产和稳定应用；促进耐应力开裂（如 PE－RC）等材料管道更好应用，以适用不同的施工条件、非开挖施工技术和管道修复工程的需求；继续加快缠绕熔接增强 PE 压力管技术的研发和应用。

（4）利用改性、增强、增韧、共挤、复合、后续工艺处理等方式，提高传统 PP－R 材料的韧性、低温抗冲击等性能。促进复合挤出、高模量缠绕增强及高模量双壁波纹管等大口径 PP 材料的原料生产和管材加工水平的提高。

（5）加强挤出、复合挤出或缠绕等加工方式，利用改性、复合等方法生产不同材料实壁、结构壁的高耐压等级，以及某些特殊需求的大口径塑料或复合塑料管道系统的研发，以分别满足中、高压力水、油气输送管道以及特种介质输送等不同应用领域的需求。

（6）继续加强开发海绵城市建设系统中涉及蓄水砌块、管材、管件、检查井等塑料制品，城镇集中供热预制保温直埋塑料管，聚酰胺燃气管等管道系统的研究、生产与应用。

（7）关注用户不断增长的新需求，满足卫生、环保、抗菌、阻燃、防火、保温、耐低温、耐热、高压、增强、抗震、抗磨、阻氧、降噪以及复杂、极端应用环境等不同性能指标、不同材料塑料管道系统的研发与生产。

（8）进一步提高同层排水塑料管道系统、低噪声排水管道系统、地板辐射采暖塑料管道系统、太阳能等生活热水塑料管道系统、室内通风塑料管道系统以及消防用水塑料管道系统等建筑领域应用产品的技术水平、质量水平和连接等配套水平。

（9）努力扩大矿山、石油、化工、造船等工业领域以及节能环保相关的地源热泵系统、海水淡化工程、垃圾集中填埋处理等领域相关塑料管道产品的研发与推广应用。

（10）加强农业用各种塑料管道系统的完善与新产品研发，提升管灌、喷灌、滴管等方式节水灌溉塑料管材，蓄水用塑料水窖，人饮工程用塑料管道系统等产品的品质。

（11）不断完善不同材料和结构塑料管道系统的连接方式和配套技术，继续加强塑料管件、阀门、检查井、化粪池等相关产品的研发，保证管道系统运行的安全可靠。

（12）重视塑料管道用主要原辅材料的优选，制定相关技术要求和标识，建立、完善管理机制。

（13）关注再生原料的合理回收利用，制定相关标准、标识和合适的应用范围，建立、完善回用管理制度。

（14）关注智慧管网建设的发展，引进智能和数字化技术，在塑料管道系统的设计、安装、运行和维护保养等方面，做好相关技术研究和储备。

（中国塑协塑料管道专委会 王占杰 郭晶 唐维）

异型材及门窗制品

一、行业现状

2016 年是“十三五”的开局之年，“十三五”时期是我国全面建成小康社会冲刺的五年，是继续深化改革开放、加快转变经济发展方式的攻坚时期，也是塑料加工业由大变强的重要时期。《塑料加工业“十三五”发展规划指导意见》对于塑料加工业和我们塑料异型材及门窗行业继续把握住我国发展的重要战略机遇期、进一步赶超国际先进水平、推进产业结构调整转型升级、促进塑料加工业长期平稳健康发展，具有十分重要的意义。

2015 年是“十二五”收官之年，受国内外经济形势的影响，我国民营经济依然面临严峻挑战，我们行业企业的经营状况更加严峻。在中国塑协的领导与指导下，专委会积极贯彻落实党和国家的相关政策，引导行业健康发展。在全国经济进入“十三五”调整转型的大环境下，在对以往发展历程全面认真分析总结和清醒认识的基础上，专委会与行业内企业一起学习新思想，改变旧观念，本着适应新的发展环境、趋利避害、不断进步的原则，起草并通过了规划行业自身的“十三五”战略转型的指导意见。专委会与行业企业一起为实现“十三五”的发展目标，推进行业结构调整及转型升级，促进行业技术进步与科技创新，提升行业综合素质，促进行业整体进步，加快行业内企业实现转型和跨越式发展进程，为行业和会员企业做好服务。

中国塑料加工工业协会在 2016 年 4 月举行的六届六次理事会上通过发布了《塑料加工业“十三五”发展规划指导意见》。我们专委会以《塑料加工业“十三五”发展规划指导意见》为指导，积极做好行业调研工作，摸清行业发展状况，研究行业发展形势，认真分析市场需求变化与政策导向，及时调整行业产品发展方向，做好塑料异型材门窗行业“十三五”发展规划指导意见，加快行业顺利转型升级步伐，促进行业健康发展。

（一）近年来我国房地产业情况

1. 近两年来我国房地产业统计数据

表1根据国家统计局发布的2013～2016年我国房地产统计数据整理。

表1　2013～2016我国房地产统计数据

（%）

项目	2013年	2014年	2015年	2016年
房屋新开工面积	16.1	-10.7	-14.	8.1
住宅新开工面积	13.4	-14.4	-14.6	8.7
商品房销售面积	17.3	-6.3	6.5	22.5
住宅销售面积	17.5	-9.1	6.9	22.4
住宅销售额	26.6	-7.8	11.2	36.1
开发购置土地	8.8	-14.0	-31.7	-3.4

2. 房地产业近况分析

数据显示，我们最为关心的住宅新开工面积2015年同比下降-14.6%，2016年同比上升8.7%。2016年新开工面积的大幅度上升，预示2017年下半年开始到2018年上半年的市场将会有一段时间的需求明显的增长的过程。市场上对行业产品需求严重乏力的现象将得到较显著的缓解。

从房地产形势及相关情况综合分析：我国房地产市场同其他行业一样，由快速发展期进入了需求相对平衡的阶段。国家对房地产行业多方位的管控必将长期存在，房地产行业今后将进入一个发展趋势变缓的“新常态”，我们建筑塑料制品行业应有一个清醒的认识，并做出相适应的调整。

（二）行业“十二五”发展回顾

“十二五”期间，我国国民经济发展进入了调结构稳增长的新常态，基本保持了7%左右的中等增速。我国塑料加工业进入增速换档期，塑料制品产量增速逐年下降，降幅较大。2015年汇总统计7226个企业的塑料制品产量7560.82万吨，同比增长0.95%，为历年低点。“十二五”前两年塑料异型材产销基本保持平稳增长，2015年增速明显下滑，但产品品质、技术含量、花色品种均有稳步提升，技术进步与科技创新成果显著，转型升级稳步推进。

1. “十二五”期间塑料异型材及门窗行业发展取得突出成绩

（1）产量创历史最高水平，产品品质有所提升

1）“十二五”期间塑料异型材产品的品质和数量均实现了较大提升。2011～2013年产销量呈7%～8%平稳的增长，2013年骨干企业产销量创历史最高水平达350万吨。为一亿平方米的住宅建筑提供了节能门窗用材。出口仍稳定在8万吨左右。

2）“十二五”期间行业提质增效趋势明显，过剩产能得到进一步削减，产业结构调整初见成效。自2013～2015年期间，房地产投资与新开工项目连年出现较大下滑，受市场需求萎缩变化影响，技术实力差、产品质量低劣的小微企业退出产能约150万吨以上，另有近百万吨小微企业的产品品质实现较大幅度的改进与提升。困扰行业多年的低水平产能与产品基本退出市场，关停并转企业增多，行业总产能下降幅度较大，新增企业数量明显减少。经过市场淘沙，在行业骨干企业注重品质为客户提高服务质量的努力下，门窗用塑料异型材在找准市场定位的条件下实现了效益与品质的提升。

（2）技术进步加快，新产品增多。“十二五”期间塑料异型材及门窗得到大面积合理应用，市场进一步扩展。塑料异型材及门窗行业发生深刻变革，技术进步加快、新产品增多，为改善城乡居民居住条件、节约能源、减少大气污染、节约资源做出了突出贡献。随着技术进步和产业升级加快，在国家“绿色建材”推广应用中将发挥更大的作用。

1）目前市场上整窗保温系数K值≤2.0的高保温性能产品占主导，尤其在东北、华北市场得到大面积应用，薄壁、高填充型材基本退出市场。

2）成功研制并生产出了聚酯合金门窗系统、高气密性塑料推拉窗等主打产品，提高了塑料门窗的性能和品质，节能应用效果得到了进一步提高。

3）功能新产品增多。例如高效隔声窗、抗沙尘高效密封窗，耐高寒、抗台风、适用于西部高海拔地区耐高紫外光照射环境、适用于超高层建筑的适用型材等。

4）为满足高端消费个性化的需求，新增色彩

美化产品的开发，尝试向美化功能方向发展。

5）倡导减少铅盐稳定剂使用，型材无铅化工作顺利推进。

6）替代传统加工助剂的“自增塑加工助剂”已工业化生产。该“自增塑加工助剂”除改善加工性能外还具有一定的抗冲改性作用。

（3）行业技术创新体系基本形成，企业核心竞争力逐步提升

1）大型骨干企业技术研发中心增多，与大专院校科研机构横向技术协作成效显著，研发人员素质在提高，研发仪器设备先进配套齐全，研发课题水平在提升，获奖成果增多，专利数量增加，基本形成以企业为技术创新主体的技术创新体系，已获得突破性创新成果。

2）部分骨干企业分别与下述院校建立合作关系：清华大学、四川大学、浙江大学、重庆大学、云南大学、合肥工业大学、郑州大学、南京大学、安徽师范大学、中科院理化所等。

3）企业现代化管理水平有所提升，科研环境与专业技术人员待遇有所好转。企业加大对专业技术人员的待遇和奖励，建立相应的激励措施，建立科技成果知识产权归属和利益分享制度，保障了职务发明人的权益和主要发明人的受益比例。

4）组织技术交流讲座、专题研讨会，编撰技术资料，联合科研机构解决行业技术难题；注重国外先进技术的引进和消化吸收，组织企业赴国外先进企业学习、考察，制定了解发展中国家行业状况以及开拓国际市场的计划。

5）重视行业标准的制修订工作，为行业战略转型保驾护航。

6）开展行业自律和信用等级评价工作，强化合同信用意识，涌现多个诚信品牌企业。

7）注重培育行业知名品牌，实施品牌战略。积极打造、宣传骨干企业在行业中的影响力和知名度，塑料异型材及门窗知名品牌在全国初见雏形。

（4）节能政策助塑窗市场提速，绿色低碳塑窗受市场青睐

1）新“规定”为塑料异型材门窗市场拓展保驾护航。近年以来，伴随我国节能与推广绿色建材政策的深入贯彻、建筑门窗应用保温性能指标和实施监查的力度加严，以及北京率先执行“主要城市执行建筑节能75%以上”的规定后，天津市、河北省、保定市、山东省、新疆维吾尔自治区发文严格执行，基本实现该规定在我国北方大部分地区的全面执行落实。

2）市场需求更加理性化，彩色型材出现可喜变化。目前，壁厚低于2.0毫米的塑料推拉窗主型材基本退出主市场。平开窗型材横截面尺寸加大到75毫米，平开窗主型材腔室趋向五腔、六腔、七腔，三密封或四密封，壁厚2.8～3.0毫米以上转变。双面彩色型材在迅速扩大，内外表面覆膜型材开始普及。彩色型材在我国部分地区应用率已达到60%以上。

3）产品品质逐步回升。目前，高质量水平、高档型材需求逐年提高，“中标”、“非标”型材的需求明显下降，“非标”产品已基本不见，低端市场份额大幅下降。今年众多型材企业开发65、70、80系列以及五腔、六腔、七腔三密封平开窗型材，市场应用量出现较快提升。

4）绿色环保型材成市场追逐的亮点。型材企业积极研发生产使用环保稳定剂配方的型材，他们与上游助剂企业形成紧密战略合作伙伴关系，共同研究、改进，形成推进绿色低碳的合力，代表着行业发展新方向。

5）南方市场需求大幅增长，正在发生深刻变化，近几年来南方市场销售增幅大于北方。

6）环境治理有助于塑料型材发展。近几年我国北方大部出现严重雾霾，国家政策、社会大众积极支持绿色低碳产品应用。而塑料异型材及门窗与其他同类产品相比，具有制造节能、应用节能十分明显的优势。多用塑窗少用其他材质窗对节能降耗、减少污染物排放效果明显，对控制全球气候变暖也有贡献。

2. “十二五”行业发展过程中存在不足

1）塑料型材门窗在产品质量、技术创新、品牌美誉度、附加值等多方面缺乏与异质产品的竞争优势。

2）低水平大量重复建设，产品同质化严重。个别企业缺失产品质量底线；缺失产品定价底线。众多企业多年来产销量增加，而利润率却逐年降低。

3）高端产品占比较少，高填充产品目前基本消失，但其对行业的负面影响依旧深远；影响塑料异型材及门窗行业良好形象的街边作坊有待转型、提升。

4）型材企业的售后服务方式、力度、范围有待改进；对采用自己产品的下游组装企业技术服务、技术支持应该加强，促进组装企业改进与提升

设计、制作、安装技术的快速提升。

5）应加强对塑窗的科普性宣传和性能展示，提高用户尤其是散户对异型材和门窗产品的选择及鉴别能力。为今后“个性化”需求市场开拓奠定基础。

3．“十二五”期间异型材行业产销情况（表2）

6）多年来反复出现塑窗变色、开裂、变形等老问题未能得到及时有效的解决，对塑窗的声誉影响大。

7）行业、企业与互联网融合不足，已经开始进食信息化建议的企业数量较少。

表2　　“十二五”期间异型材行业产销情况表　　（万吨）

项目	2011年	2012年	2013年	2014年	2015
年产量（规模企业总量）	300	310	330	310	260
年销量（规模企业总量）			320	303	250
年出口量（统计到的企业总量）			8	8.9	9.3
各类塑料异型材制品年度总产量	500	520	520	500	420
行业总产能规模	800	850	800	770	700

（1）出口在8万吨基础上稳步提升。

（2）“十二五”期间，前半段时间呈逐步上升、后半段时间呈下降趋势，2015年下降幅度较大呈两位数下滑。

（3）行业总产能下降幅度较大，关停并转的小微企业较多，新增产能和新增企业数量微小。

行业总体提质增效趋势明显，产业结构调整成效显著。

二、专委会工作汇报

在中国塑协的领导与指导下，专委会积极学习贯彻落实国家的“十三五”规划精神，以中国塑协“十三五”规划指导意见为依据，专委会与行业内企业一起树立新的发展观念，在不断提高认识的基础上，促进行业内企业进行适应新常态的战略转型升级（供给侧结构改革）。

（一）专委会工作的着力点

专委会不断学习国家“十三五”规划、深刻领会《中国塑料加工业“十三五”发展规划指导意见》的指导精神，抓住“十三五”期间“创新、协调、绿色、开放、共享”五大发展新机遇，加快行业转型升级，开创行业新局面。

认真贯彻落实《中国塑料加工业“十三五”发展规划指导意见》。

1．五个“坚持”

（1）坚持“资源节约型、环境友好型、科技创新型”的产业方向，大力实施“绿色、低碳、循环、生态”发展战略，推动塑料加工业健康和可持续发展；

（2）坚持创新驱动发展，进一步发挥技术进步、科技创新的保证和支撑作用。大力实施高端化战略，牢牢把握“功能化、轻量化、生态化、微成型”技术发展方向，全面推进产业转型升级；

（3）坚持把提高发展质量和效益放在首位，不断提升要素质量，提高要素配置效率；

（4）坚持“高端化、个性化、小批量、私人订制”的市场导向，推动新型生产模式和新兴业态的快速成长；

（5）坚持协调发展、统筹兼顾。统筹资源、市场及区位优势，推动塑料工业有序梯度转移，优化区域布局。

2．四个方向

（1）重点发展多功能、高性能材料及助剂，力争在材料功能化、绿色化及环境友好化取得新的突破。

（2）紧紧围绕高端化，加快提高中高端制品的比例。

（3）加快塑机的研发，加快塑料装备智能、数字化改造力度，大力发展小型、超高精度、超高速和智能控制的加工设备，为智能制造、数字制造、网络制造提供先进装备和生产线。

（4）加快绿色、节能、高效新型加工成型工艺的开发。

3．重点工作

（1）实施创新驱动战略（推动行业由传统塑料制品制造业向高端、智能、绿色、服务型制造业转变），引领行业转型升级。

（2）大力开展“增品种、提质量、创品牌”活动，加快结构调整。

（3）加快工业互联网工程建设，迎接智能制造、数字制造和网络制造的挑战。

（4）必须加快转换盈利模式，培育新的利润源，以应对高成本的挑战。

（5）推进环保型助剂在塑料制品中的替代、推进塑料再生利用产业发展。

（6）推进企业清洁生产和节能减排，逐步实现行业可持续发展。

（7）加强行业品牌建设工作，提升产业整体素质。

（8）加强行业培训工作，推进专业人才队伍建设。

（二）根据行业实际情况专委会实际工作中的几个侧重点

（1）加快企业转型升级步伐，大力优化产品结构，提升产品质量和新产品、高端制品的比例，努力实现向高端制造业发展的目标。

（2）加强行业自律，促进行业诚信建设，加大品牌培育力度。

（3）化解行业产能严重过剩的局面，优化行业产能结构。

（4）坚持“绿色、环保、节能、减排”是行业持续发展的动力。

（5）促进企业与院校合作，促进企业的“研发中心”、“技术中心”建设，推动行业技术进步与科技创新。

（6）推动行业及企业与互联网融合，促进互联网这一虚拟经济为实体经济服务。

（7）提请企业抓住“十三五”“创新、协调、绿色、开放、共享”五大发展带来的新机遇，深刻理解新形势下所面临的挑战和机遇，积极适应变化，着力进行战略方向调整、坚持创新驱动、转变发展方式，不断提升企业自身的竞争力和成长优势因素。

（三）一年来的部分工作

2015年年会以来，“十二五”末跨入“十三五”我国经济结构发生重大变化，国家在“十三五”规划中对经济发展战略进行了重大调整，提供了重大发展机遇；《中国塑料加工业“十三五”发展规划指导意见》更具体的为行业发展指明了方向与路径，专委会要在中国塑协的领导下开展行业工作。

专委会部分工作简述如下。

（1）专委会日常工作

1）加强对行业进行摸底与调查统计工作，为行业和企业服务；

2）强化专委会网站的建设与维护；

3）坚持出版《塑料异型材》、《技术交流汇编》，丰富技术创新内容和增加创新时讯，为行业专业技术提升与技术创新提供支撑；

4）把一年一度的行业年会办成有影响、有凝聚力、全方位服务的综合平台，促进异型材门窗行业的健康发展；

5）为中国塑协2016年11月在南京召开的“四新”展览进行相关工作；

6）按照中国轻工业联合会、中国塑协的要求安排落实行业各种相关工作；

7）筹备专委会在微信板块中的APP平台；

8）调研、谋划建立专委会旗下的技术交流网站；

9）调研、谋划行业与企业如何拥抱互联网，促进互联网为实体经济服务。

（2）抓好标准工作，作为产业提升的基础和支撑

“钛白粉行业标准”重新申报成功，进入送审阶段；停滞一年多的四个助剂行业标准，重新申报获批，现已进入报批阶段。

（3）为推动环保热稳剂的全面应用

组织企业与四川大学合作，开展在企业现有产品的基础上研究、试验、开发更优良的环保热稳定剂产品。

（4）《塑料异型材及门窗行业职业道德准则》、《塑料异型材及门窗行业自律规约》经过多次征求行业意见，并通过专委会理事会讨论通过并报备中国塑协。

（5）经过在行业内多次征求意见，常委会上讨论通过了“隔音保温，还是塑窗好!”的行业统一宣传口号。

（6）经过较长时间的调研、探讨和多次修改，最后经常委会讨论并通过了《中国塑协异型材及门窗制品行业“十三五”规划指导意见》，报中国塑协备案后供行业参照。

（7）研究和探讨成立行业“团体标准”组织建设的可行性。

（8）加强以塑料门窗为终端产品的系统工程方面工作，协调好各相关环节同步发展、共同

进步。

（9）探讨建立科学的信用管理流程和信用风险管理制度。

三、行业发展机遇

（一）国家“十三五”规划纲要为塑料异型材发展创造了良好的环境

国家“十三五”规划纲要以区域发展总体战略为基础，以“一带一路”、“京津冀协同发展、长江经济带建设”为引领，形成沿海沿江沿线经济带为主的纵向横向经济轴带。发挥中心城市群辐射带动作用，优化发展京津冀、长三角、珠三角三大城市群，形成东北地区、中原地区、长江中游、成渝地区、关中平原等城市群；支持绿色城市、智慧城市、森林城市建设和城际基础设施互联互通；推进重点地区一体发展，培育壮大若干重点经济区；推进城乡发展一体化，开辟农村广阔发展空间。拓展发展新空间战略，对优化我国经济发展空间、构建全方位对外开放新格局具有重要意义，将为塑料工业带来巨大的发展机遇。

（1）供给侧结构改革带来新机遇。供给侧结构改革的核心问题是提高产品供给的质量和效率，化解过剩产能，调整经济结构。这就倒逼企业进行转型升级，对企业来讲既是机遇也是挑战，企业应跟上结构改革调整的步伐，及时做好自身调整。

（2）让市场起决定性作用日益凸显带来新机遇。我国在如何更好地处理政府和市场的关系上更加明晰。制定市场准入负面清单，公布省级政府权力清单，尤其是在促进市场公平竞争上，政府明确提出着力解决市场体系不完善、政府干预过多和监管不到位等问题，把市场决定资源配置上升到经济发展的一般规律来认识，更加表现出市场的引领、支撑和决定作用，这对企业来讲是历史性机遇。

（3）各项政策有机配合带来新机遇。我国经济发展需要产业政策、区域政策、投资政策等各种政策的有机结合，清醒地认识各种政策之间的搭配关系，也使得企业在参与相关领域时可以少走弯路。

（4）产业发展新特点带来新机遇。当前，我国的产业发展日渐注重新兴产业，例如，节能环保、智能制造、新能源等，为企业发展提供了很好的导向，为其带来产业方面选择的新机遇。

（5）技术创新带来的新机遇。依托企业、高校、科研院所建设一批国家技术创新中心，这有助于形成新的创新平台，而企业作为创新的主体，这将为企业的实用技术创新提供新机遇。

（6）混合所有制发展带来新机遇。国有资本布局和经营方式的调整，民营企业有望依法进入更多领域，这将为企业发展提供更大空间和更多机会。

（7）区域协调发展和城镇化发展带来的新机遇。未来，要发展一批中心城市，培育壮大若干重点经济区，培育若干带动区域协同发展的增长极。

（二）市场环境变化带来的机遇

市场环境变化带来的发展机遇有如下特点：经济的服务化、发展的绿色化、产业的高端化、企业的信息化、经营的国际化。

1. 绿色环保、生态发展战略为塑料异型材发展提供了有利的政策环境

（1）《国家新型城镇化规划（2014－2020年）》以及海绵城市、地下管廊建设带来城市基础设施智能化建设的提速；人口城镇化创造出巨大消费市场和投资空间，将推动塑料异型材门窗发展。

（2）绿色建材行动计划将助推塑料异型材门窗扩展市场应用。

（3）建筑节能新政策将助推塑料异型材门窗产品扩展市场。

2. 上下游产业链将更加紧密协作出现有利于塑料异型材门窗发展的创新驱动和市场条件

（1）严格执行“建筑节能75%以上”规定成为行业共识。

（2）聚氯乙烯生产商将加大技术研发投入研发高性能树脂服务加工企业，助剂企业开发出效能更高的产品帮助塑料异型材企业提升产品性能，提升企业竞争力和产业素质。

（3）塑料异型材企业积极主动研发新产品，生产适应新形势下需求的产品。

（4）房地产市场出现新变化，适用于旅游、休闲、运动、园林建设的需求将推动新型式样、品种、结构的塑料异型材及门窗产生。

四、行业“十三五”指导意见

（一）指导思想

全面贯彻党的十八大和十八届三中、四中全会和习近平总书记系列重要讲话精神，深入实施创新驱动发展战略，推动科技创新、产业创新、企业创新、市场创新、产品创新、业态创新、管理创新等，加快形成以创新为主要引领和支撑的发展模式。在“新常态”下以转型升级为重点，加快行业发展方式转变和产业结构调整，大力促进产业结构优化升级。以提高自主创新能力为核心，以提高发展质量和效益为中心，以技术进步和创新为支撑，

促进行业可持续发展。

（二）基本原则

（1）坚持自主创新、重点跨越、支撑发展、引领未来的指导方针。

（2）坚持环境友好型、资源节约型、科技创新型的战略方向。

（3）坚持推进行业技术进步与创新发展的战略措施。

（三）发展方向

坚持以高端化、功能化、生态化技术为着力点，大力优化产品结构，促进塑料异型材门窗行业向环境友好型、资源节约型、科技创新型、先进适用型的战略方向转变。提升高端产品比重，追求品质耐久无故障化的品牌产品，逐步满足高端化、功能化、整体艺术化、智能化的高端需求。

（四）“十三五”发展目标

（1）塑料异型材产量在2020年恢复到历史最好水平。

（2）争取实现绿色环保热稳剂在塑料异型材上的应用。

（3）完成整窗保温系数 U_w 值 ≤ 1.6［瓦/（米^2·开）］的研制并投放市场。

（4）推进生产装备节能、高效、精密挤出的改造，实现单机能耗下降10%～15%。

（5）加快中小企业混配料工序的无尘化改造，改造率达到35%以上。

（五）重点任务

（1）节能高效精密挤出机的研制与推广。

（2）对钙锌热稳定剂配方体系的先进适用性改进。

（3）适应钙锌热稳定剂配方体系异型材模具的研制。

（4）整窗保温系数 U_w 值 < 1.6［瓦/（米^2·开）］的系统研制（85或90系列，六腔或七腔室，四道密封，三层中空玻璃）。

（5）电动、遥控或智能门窗系统的研制。

（6）高耐候性、高密封性、高保温性、高效隔音性、阻燃抑烟等塑料窗系统的研制。

（7）高寒、高热、高紫外线照射强度、超高层、强台风等极端自然条件下“耐久性无故障”塑料窗的研制。

（六）“十三五”重点工作

1. 打造产学研创新联盟，推进科技服务平台建设

（1）推动相关企业、大专院校、科研院所建立产学研创新联盟，就行业迫切技术进步需求进行攻关，进行成果转让、培训、科技服务，推动行业转型升级。

（2）与助剂重点骨干企业组建技术创新联盟，就“去铅化”进程中钙锌热稳定剂的性能提升进行攻关，以及新型稳定剂的研发。

（3）与重点骨干PVC树脂企业组建技术创新联盟，研发异型材专用树脂以及其他新材料应用。

2. 培育国家级、省级企业技术中心、国家工程技术中心、中小企业服务中心

（1）鼓励有条件的骨干企业组建申报国家级、省级企业技术中心。

（2）组织行业知名专业技术人员组成中小企业服务中心，为行业中的中小企业提供技术服务，进行中小企业转型发展指导。

3. 推进诚信体系建设，促进行业品牌工作有序进行

（1）积极组织行业信用等级评价与诚信体系建设工作。

（2）组织制定行业知名品牌评选办法，深化行业诚信工作。

（3）探索建立产品质量与诚信资讯平台。

4. 积极组织行业标准体系建设，深化产品质量标准服务工作

（1）组织企业参与相关国标、行标编制、团体标准的修订工作。

（2）组织企业申报相关标准。

5. 推进行业技术进步，组织企业申报科技项目

组织企业开展技术创新活动，加强产学研技术创新联盟对企业的服务工作，帮助企业积极申报相关科技、技改项目。

6. 加强专业技术人员队伍建设，着力提升产业素质

加强行业工程技术人员的技能培训，促进企业专业技术人员水平提高，进而提升产业素质，以适应行业不断发展的需要。

（七）技术进步与发展方向（表3）

表3　　塑料异型材及门窗制品技术进步目录

项目	技术进步与发展方向
异型材及门窗	1. 塑料异型材：高保温性、大断面、大壁厚、断面更多室腔、三道密封及四道密封、高耐候、表面更美化、更高机械物理强度等方向发展 2. 塑料异型材：微发泡、功能性、装饰性多层共挤成型的探讨 3. 塑料门窗：高保温、高隔音、阻燃抑烟、高强度；启闭方式多样化向电动、遥控、智能化方向发展 4. 塑料门窗：窗型多样化，适用建筑多样化向高端、高层、被动房方向发展 5. 塑料门窗：适应个性化需求和私人定制的市场发展方向发展
原料	1. 研制专用“模塑料树脂” 2. 研制“特性”原料 3. 研制“新、特、奇”型材表面装饰材料 4. 塑料异型材用PVC合金的研究
助剂	1. 向一包化方向转化（复合功能方向） 2. 环保热稳定剂的适用性提升 3. 自增塑抗冲加工助剂的应用普及
加工工艺	异型材生产加工工艺：伴随原辅材料的变化，伴随设备与模具、组装机械设备的更新换代，原工艺过程、工艺参数等均要随之进行相应变化
加工设备	1. 混料设备：向半自动、全自动混配料系统方向转化 2. 挤出机：向高效节能、一挤出、自动卸料、中控室自动控制方式的方向发展 3. 组装设备：向更高精度、高寿命，更多工序合并的联合机械方向发展 4. 组装设备：向实现计算机全面管理、自动化控制与少量人工辅助方向发展
模具	1. 异型材挤出模具：向高速模、多腔室共挤出模、多层挤出方向、不同材质不同硬度共挤出发展 2. 异型材挤出模具：向更高寿命（高耐磨性）、制品更光亮、清模周期更长、析出物更少、不停机换模具、不停机清理模具方面发展

五、与时俱进

（一）民营企业顺利转型升级（供给侧结构改革）是“十三五”期间的艰巨任务

民营企业数量及规模在塑料异型材及门窗制品行业中占有很大的比重，民营企业转型升级的质量与速度将对行业发展产生直接影响。加快促进民营企业实现顺利转型升级是“十三五”期间不可忽视的行业艰巨任务，也是行业能否健康长久发展的关键之一。

1. 民营企业转型升级（供给侧结构改革）的五个着力点

（1）三大基本瓶颈：企业家素质转型、管理转型和产业化战略转型。

（2）要突破的观念障碍：①当前和长远的关系；②风险和机遇的关系；③内功与外援的关系；④共赢与多赢的关系。

（3）战略转型的方略：①从“朝阳产业”向“战略产业”发展转型；②从多元化经营向归核化经营转型；③从“跳跃式战略”向“可持续发展战略”转型；④从“低成本战略”向“差异化战略”转型；⑤从“弱、小、散”向“提高产业集中度”战略转型。

（4）五种转变：①由粗放分散发展向集约集聚发展转变；②由投资驱动向创新驱动转变；③由产

业端向高附加值环节转变；④由传统经营机制向现代企业制度转变；⑤由量的扩张向质的（高端化）提升转变。

（5）转型升级的路径：①提升企业内生价值，走科学管理转型升级之路；②提升企业核心竞争能力，走科技创新转型升级之路；③创造企业协同聚集效益，走合作联盟转型升级之路。

“十三五”规划建议中明确提出“鼓励民营企业依法进入更多领域，引入非国有资本参与国有企业改革，更好激发非公有制经济活力和创造力”以及“激发企业家精神，依法保护企业家财产权和创新收益”等。

2. 经济转型需要提振企业家精神

“创新精神”是企业家精神之灵魂。企业要在激烈的市场竞争中生存发展，必须依靠创新转型。其中，制度创新重于技术创新，人才激励重于技术开发，营造环境重于集聚要素，作为创新“软件”的创新创业文化重于设备厂房“硬件”，建设创新型国家的“国家意志”一定要变为“企业行为”才能落地生根，开花结果。

（二）对民营企业转型升级（供给侧结构改革）的几点建议

民营企业家要清醒认识、深刻理解新形势下所面对的挑战和机遇，民营企业家要理性判断经济发展形势，适应当前的发展阶段要求，积极适应变化，做好企业发展规划。着力进行战略方向调整、技术升级、管理创新等，不断提升企业自身的竞争力和成长力。

几点建议：

（1）民营企业要尽早拥抱互联网，不是把实体企业变成互联网企业，实体企业也应该有互联网的思维，应该与互联网融合。互联网是平台和工具，实体经济是创造财富的经济，互联网作为虚拟经济应当为实体经济服务。如：企业运用互联网手段，使用信息化系统可以提高生产效率。

（2）调整企业发展规划，主动适应经济发展新常态。一方面，注重科技创新，引进、消化、吸收新技术，加快企业原有技术的改造和升级。另一方面，通过研判市场形势，科学谋划企业战略布局，挤财力、聚财力，集约化使用财力，提高企业收益率和市场占有率。

（3）要密切关注、全面积极参与混合所有制改革。民营企业要正确选择，学会用资本运营等手段来发展壮大自己。根据市场经济发展的规律和客观要求，合理选择合资、重组、并购等方式，提升自身的资本实力和竞争力。

（4）民营企业要朝“专、优、特、精”发展，既看到自身长处又要看到自身弱点，肯于从小处着眼，特处着手，优处着力，积极探索符合信息技术发展要求的专业化分工发展路径。除此之外，还要用好互联网信息技术，在专业化市场上做优做强。

六、结束语

我们已经踏入“十三五”的开局之年，“十三五”时期是我国全面建成小康社会冲刺的五年，是塑料加工业由大变强的重要时期；是行业继续深化改革开放、加快转变经济发展方式的攻坚时期；是企业改变传统思维观念、调整发展方式、推进产业结构调整、转型升级的关键时期。抓住“十三五”期间“创新、协调、绿色、开放、共享”五大发展新机遇，开创行业新局面。

让我们以《塑料加工业“十三五”发展规划指导意见》作为行业具体工作的指导，坚决把握住我国发展的重要战略机遇期、进一步赶超国际先进水平、推进供给侧结构改革、促进行业长期平稳健康发展。让我们携起手来共同迎接行业崭新的未来。

（中国塑协异型材及门窗制品专委会　王存吉）

板片材

一、行业现状

2016 年塑料板片材制品行业经济运行总体平稳、稳中有进，实现“十三五”平稳开局。塑料板片材制品行业工业增加值增速高于同期塑料制品加工业平均值。行业投资增速高于同期塑料加工业投资增速。行业主营业务收入较 2015 年有所提高，行业景气指数接近稳定区间底部，显现出巨大发展潜力和前景。

随着中国塑料加工业的快速成长，当前塑料板片材行业的产业基础、发展环境和条件都发生了深刻的变化，无论是中国产业经济转型还是国际上新一轮产业变革和科技革命的来临，都对塑料板片材行业提出了新的要求。随着中国经济发展进入新常态，塑料板片材行业的发展面临着新的机遇和挑战，加快结构调整、转型升级、提质增效，寻求和培育新的增长点，已成为全行业亟待推进的共同课题。2016年是“十三五”开局之年，也是塑料板片材企业转型升级，创新之年。塑料板片材行业，在中国塑协的正确领导下，取得了较大的进步。

塑料板片材是用塑料为原料制作成的一种新型塑料材料。近十几年来，我国塑料板片材行业发展速度较快，受益于行业新产品、新材料、新工艺、以及生产技术水平和产能的不断提高，以及下游市场不断扩大，塑料板片材行业在国内和国际市场上发展形势都十分看好，行业的增长率一直保持在10%以上，实现产品销售率97%以上，高于轻工行业平均水平。当前由于受经济下行压力的影响，近两年发展速度有所减缓，塑料板片材行业已进入增速放缓的换挡期，由高速增长转入中速增长的新阶段。

（一）塑料板片材行业现状

1. 行业概况

进入21世纪以来，中国塑料板片材行业取得了令世人瞩目的成就，发展速度已名列前茅，实现了历史性的跨越。增长率一直保持在10%以上，在保持较快发展速度的基础上，经济效益也有新的提高。从合成树脂用量，塑料板片材设备数量，及塑料板片材制品产量来看，都显示了塑料板片材行业强劲的发展势头。

随着塑料板片材新技术的应用，以及相关部门对环保型塑料板片材的大力推广，新型塑料板片材的应用也越来越广。我国市场上出现了多种类型的塑料板片材新产品。其中有的已流行多年，有的刚刚上市。目前，市场上经常见到的塑料板片材产品有，PVC板片材、PP板片材、PE板片材、PET板片材、PS板片材、PC板片材等。由于塑料板片材具有重量轻、透光性好、保温、隔音、安装方便等特点，因此在建筑装饰行业，包装行业等广泛使用。在国家大力发展化学建材政策的推动下，我国塑料板片材行业呈现了快速发展的态势。中国挤出塑料板片材，从零起步，截至目前占据全球产量的30%以上，稳居世界第一。塑料板片材应用领域逐步扩大，已涉及国民经济的各个方面，以塑料代替木材、钢材、铝材、石材、玻璃、皮革等，广泛应用于工业、农业、化工、建筑、包装、航空航天、国防等尖端部门。

2. 塑料板片材企业下行压力加大，增速持续放缓，塑料板片材行业已进入中高速增长的新常态

当前塑料板片材行业的产业基础、发展环境和条件都发生了深刻的变化。无论是中国产业转型还是国际上新一轮产业变革和科技革命的来临，无一不对中国塑料板片材行业提出了严峻的挑战。“十三五”期间是我国塑料板片材实现稳步发展的关键时期，和“十二五”时期相比，行业发展的速度已经明显地减缓，据行业统计数据显示，虽然2016年塑料板片材行业增速高于塑料行业平均水平，出口增长较快，由于塑料地板基材、装饰、包装类板片材新产品出口量增加，使行业累计出口交货值同比增长12.9%，其增幅提高了14.97个百分点。但板片材行业国内交货值增幅回落，增速放缓。增幅回落和增速放缓原因是多方面的。一方面国际金融危机导致全球经济增长乏力需求不足；另一方面国内经济下行压力加大，内需空间也在缩小。两项需求减少的叠加是导致塑料板片材制品增速放缓的直接原因。除了国内外宏观环境影响外，也应该看到塑料板片材行业自身的问题：一是产品结构不合理，中低档产品比例过高；二是部分产品出现结构性、阶段性过剩；三是技术创新能力不足，行业新增长点不多。所以塑料板片材行业和其他行业一样，已步入中高速增长的“新常态”。

3. 塑料板片材行业效益下降，企业经营困难加大

改革开放以来，塑料板片材行业取得了跨越式发展，主要得益于改革开放政策，得益于国民经济高速发展的拉动，得益于人民生活消费水平提高的推动，得益于改革开放之初，塑料板片材行业抓住机遇大规模引进国外的先进技术和装备。过去十几年行业经历了追赶型的高速发展阶段，然而塑料板片材行业并没有摆脱低水平，低效率的传统制造业地位，在国际上处于产业价值链中低端，其竞争优势基本是以牺牲资源、环境、能源为代价，以廉价劳动力为支撑的初级比较优势。由于告别了短缺时代，部分产品产能过剩严重，依靠投资、扩大产能、通过规模扩张的发展模式已不可持续。依靠廉价劳动力形成的低人工成本，这一优势正在削弱，同时资源、环境、能源的约束力也在加大，企业利

润空间被大大压缩，行业利润增幅逐年下降。以“提高质量、降低消耗”为主要内容的降低变动成本，和以“提高劳动生产率”为主要内容，降低固定成本的传统盈利模式受到严重挑战。企业经营成本不断升高，经营困难加大。

（二）目前塑料板片材行业存在的主要问题

1. 结构性、阶段性产能过剩顽疾没有得到有效缓解

产品产能结构性和阶段性过剩是塑料板片材加工业产品结构不合理的集中体现，是实现健康发展，可持续发展的一大障碍。目前低端产品产能过剩问题仍未有效解决，而且继续在恶化，远超市场需求，如廉价的，劣质的硬质PVC板片材，PS、PP、PE板片材等。盲目引进而引发的阶段性过剩产能尚未有效化解，而高端产品仍需大量进口，如汽车、高铁、机场、酒店装饰用塑料板片材，功能性高档塑料板片材等。

2. 品牌意识，质量意识淡漠

品牌意识的淡薄，营销网络建设相对滞后，加之较低的技术和资金进入壁垒，使得板片材行业企业规模普遍不大，营销手段单一，营销成本较高，缺乏品牌策略，对目标市场和细分市场几乎没有什么调查研究和应对手段，一拥而上，埋头就干，对于技术、质量的更新与提升考虑较少，当竞争日趋激烈时，很多企业陷入了渠道冲突、成本上升、收入下降、客户投诉不断、满意度大幅度降低的尴尬困境之中。如何在市场中杀出一条血路？除了渠道营销以外，还必须花大力气全方位的打造属于企业、渠道商和消费者共同认可的强势品牌，从而占据未来市场的稳固地位。

由于传统塑料板片材产品，技术含量低，投资少，行业进入门槛低，因此造成产能严重过剩。加上行业内一些企业，质量意识淡漠，习惯于打价格战。所以由产能过剩引发的低价恶性竞争比较普遍，造成市场严重混乱，既影响行业形象又影响企业效益，同时深刻影响了行业健康发展。

3. 塑料板片材行业创新意识不强，创新能力不足

由于行业内大企业较少，以中小企业为主，企业科技人员少，科技研发能力差，再加上企业科技经费投入不足，或没有条件投入，科技创新受到了严重制约。有的高质量、高水平板片材受到市场接受价格的制约等原因，相对而言，市场上类同的通用产品较多，中低档产品占绝大多数，而高技术、高附加值的产品相对较少。行业应通过不断的自主开发，加快科技创新，开发新产品，进一步提高产品的功能性，可靠性，稳定性和先进性。利用“互联网+”提高企业的技术创新能力，生产管理创新，营销模式创新，提升企业的创新能力。

此外，塑料板片材行业早期引进的设备已进入更新换代期，目前行业总体装备水平偏低、产品结构不合理、科技投入不足、产品集约化程度低、抵御风险能力不强、行业区域发展不平衡和再生环保等问题也影响了行业的发展。

（三）塑料板片材行业发展前瞻

当前，塑料板片材行业正处于发展壮大期向产业成熟期过渡的关键时期，是产业迈向中高端的关键时期。在“新常态”下，塑料板片材行业经济下行压力加大，行业经济运行，企业生产经营也面临许多新的困难和问题。因此，认真分析面临的形势，适应“新常态”，主动作为，平稳渡过产业转型期，是摆在我们面前的重要任务。

1. 塑料板片材行业发展重点建议

（1）要坚持创新驱动发展，依靠科技创新，不断提高产品档次和质量，大力实施高端化战略，提高中高端产品比例。

（2）要加快生产工艺创新，要改进优化传统生产工艺，大力开展推广应用智能设备，通过生产工艺创新和智能装备，不断建设现代生产体系，为提高产品质量创造条件。

（3）要大力实施差异性战略，要通过技术进步和创新，解决好同质化严重的问题，特别在新型塑料板片材方面，要努力实现产品系列化和标准化。要集中力量，在梳理企业产品标准的基础上，加快建立行业基础通用标准、产品标准和检测标准等。

2. 促进塑料板片材行业健康发展的措施

（1）面对新一轮全球科技革命和产业变革浪潮，面对我国经济进入新常态，塑料板片材行业必须大力实施创新驱动战略，紧紧围绕创新这一新引擎，调整发展思路，把主要精力集中到调结构转方式，着力提高发展质量和效益上来。

（2）要实现中高速和中高端双目标，必须紧紧围绕“高端化”这一核心，大力培养新的经济增长点，一要大力开发新产品，加快产业升级；二是要大力推进工业化和信息化深度融合，加快“互联网

+”工程建设，要适应高端化、个性化、小批量、私人定制的市场导向，探索大规模个性化制造的新路子，推动新型生产模式和新业态的快速成长，大力培养新的经济增长点，是未来发展的重要措施和方向。

（3）要面对生产力要素成本不断上升，资源环境的约束不断增加，面对高成本时代到来，必须紧紧围绕以提高生产效率为核心，着力培养新的净增优势。

（4）完善质量保证体系，引导市场健康发展。要加强行业自律，完善质量保证体系，健全质量认证和监督制度。对企业的工艺装备、生产规模、检测手段和质量保证体系等提出合理化建议，配合相关单位加强对行业产品质量的监督首查。企业应加强对用户的服务，协助用户选择最佳的产品。对于涉及公共安全，人身安全的产品，应逐步建立、健全强制性的管理办法。生产企业不应采取以低价作为进入市场的手段，要有长期的市场意识，注重产品质量、技术创新、完善服务，为用户提供合格产品和优质服务。

（5）注重与上下游行业的联系与合作，促进塑料板片材行业健康发展。加强与装备企业的合作，推动行业的装备技术创新和技术进步，提高生产效率、自动化水平、提升产品质量。联合原材料生产企业，提高原材料性能，研发新原料，确保板片材行业新产品开发，促进塑料板片材行业健康发展。

全球范围的新一轮科技革命和产业变革正在孕育，新一代信息技术在工业领域的广泛渗透，正在引发制造业发展理念、技术体系、制造模式和价值链的重大变革，协同、智能、绿色、服务等正逐渐成为制造业的核心价值体现。由此可见，信息化技术正深刻改变着制造业的生产模式和产业形态。新一轮科技和产业变革的酝酿和推进，改变了世界制造业的分工格局，这给中国塑料板片材加工业提出了严峻挑战。

当前正值中国塑料工业转型升级的关键时期，国际上新一轮科技革命和产业变革在风起云涌，与我国加快经济转型发展形成历史性交汇，我国国民经济正在面临重要的战略机遇期，经济增长减速换挡，产业链向高端迈进，“新常态”已经成为最热的经济关键词，经济的主要任务是完成发展方式的转变，从传统的“投资驱动”逐步转换到“创新驱动”。而新技术方兴未艾，互联网+、工业4.0等新技术不断涌现，塑料板片材行业如何在新技术浪潮中更好的生存发展是每个企业都面临的考验和挑战。毫无疑问，谁既有先进的生产技术、又有顺应时代的管理与销售手段，谁就能生存下去、发展下去。

2016年是“十三五”的开局之年，中国塑协根据行业“十二五”的规划和技术进步指导意见的执行情况，提出塑料加工业“十三五”规划的初步设想。提出以加快塑料加工业转型升级为重点，以提高塑料加工业自主创新能力为核心，以新材料、新技术、新装备、新产品为手段，大力实施赶超战略，努力缩小与发达国家差距，大力实施高端化战略，全面提高产业素质。加快创新体系建设，为塑料加工业进入世界先进国家行列打好基础。

二、专委会活动

（一）组织召开行业相关会议

1. 成功召开2016年年会及技术交流会

中国塑协板片材专业委员会2016年会暨技术交流会，于2016年9月24～25日在山东沂源大酒店召开。会议由中国塑料加工工业协会主办，中国塑协板片材专业委员会、山东瑞丰高分子材料股份有限公司、齐鲁塑料生态产业园承办。参加会议的有来自全国各地塑料板片材制品生产企业及与之相关的原料、模具及设备企业、科研院校等单位代表200多人。中国塑料加工工业协会钱桂敬理事长，淄博市人民政府李树民副市长，沂源县委书记张学武，沂源县委副书记、县长谭秀中，沂源县委常委陈保华，中国塑协板片材专委会任月璋理事长及协会相关部门负责人出席了会议。会议由中国塑协板片材专委会周家华秘书长主持。

24日上午会议为中国塑协板片材专委会2016年年会，下午为技术交流会。年会首先由淄博市人民政府李树民副市长致欢迎词，随后由沂源县委副书记、县长谭秀中，山东瑞丰高分子材料股份有限公司董事长周仕斌分别致辞，然后由专委会任月璋主任作《2016年中国塑料加工工业协会板片材专业委员会工作报告》。任月璋主任回顾总结了专委会2016年完成的各项工作，提出了专委会2017年的工作计划，明确了下一步工作重点。专委会朱三宝常务副主任作《专委会财务报告》。中国塑协会员部主任刘姝宣布了新增会员单位、通报有关议案及事项。上午的年会上，由后勤科学研究院刘小平高级工程师作《军用物资包装及军民融合》报告，帮助行业内企业了解部队对新型包装材料的需求，行业内企业都非常感兴趣。最后由中国塑协钱桂敬理事长作《板片材如何发展》的主旨报告，阐明了塑料加工业正进入中高速增长的新常态，当前企业生产要素成本不断增加，资源、环境、能源约束全面增强，企业利润空间被大大压缩，盈利能力差，产能过剩，供需矛盾突出，创新能力不足等大环境问题。提出板片材行业的新增长点要以高端化为核心，以提高效率为中心，加快供给侧改革，提高供给质量，引领消费，依靠科技进步来发展的观点。结构性、阶段性产能过剩是塑料加工行业产品结构不合理的集中体现。是实现健康、可持续发展的一大障碍。目前低端产能过剩问题仍未有效解决，超越市场需求，盲目引进而引发的阶段性过剩产能，尚未有效化解，而高端产品仍需大量进口。塑料加工业是以制品为核心，涵盖原料、助剂、装备、模具为一体的新型制造业，既是国民经济中基础性产业，也是为广大消费者提供卫生、安全、可靠消费品的民生工业，是极具发展潜力的未来支柱产业之一。还指出未来中国塑料加工行业正沿着“功能化、轻量化、生态化、微成型”方向加快发展。板片材行业要按照国家发展战略要求，大力开发各种新材料，在功能性、生态性材料上不断创造新的突破。不断研究开发适应工业、农业、军事、医药食品包装等生态、环保的多功能新材料。要通过技术进步和创新，解决好同质化严重的问题。要把握当代科技进步的方向、动态和趋势。要把握产业革命的机遇，培育人才，加快转换。希望板片材专委会领导班子继续发扬为会员服务、为行业服务、为企业服务的优良传统，加强专委会自身建设，加强行业自律建设，认真研究行业发展的重大问题，大力促进技术创新、深化节能降耗，团结和带领全体会员夺取板片材行业“十二五”改革和发展的最后胜利，开创行业发展的新局面。钱桂敬理事长的报告，使参会企业家深受启发，得到了与会代表的好评。

下午的技术交流会，首先由中国政法大学胡继晔教授作《当前宏观经济与金融形势》报告，胡教授的报告，内容丰富，信息量大，与会代表听了以后，反响很大，认为很有收获。接着美国戴维斯标准公司亚太区销售总监胡惠顺介绍《国际先进塑料板片材生产工艺技术》，他重点介绍了美国戴维斯标准公司新型板片材生产线。台塑集团赖亲民与邹守樑两位高管，介绍《高质化 PVC 树脂、耐冲击改质剂及加工助剂》，帮助 PVC 板片材企业，正确选择、使用耐冲击改质剂及加工助剂。湖北工业大学陈绪煌教授，作《过渡金属化合物改性聚氯乙烯燃烧性能的研究》的报告，陈教授的报告实用性很强，大家非常关注。山东瑞丰高分子材料股份有限公司作《MBS 的最新进展及在 PVC 板片材中的应用》的演讲，使与会代表对 MBS 产品有了更深的了解。由于会议内容具有针对性，符合与会代表需求，会场始终座无虚席，秩序良好。

下午技术交流会结束后，山东瑞丰高分子材料股份有限公司，为与会代表精心准备了晚宴和晚会，为与会代表提供了很好的沟通机会。24 日全体代表到山东瑞丰高分子材料股份有限公司厂区参观，到齐鲁塑料生态产业园参观。

这次年会成功地将塑料板片材制品生产企业与上下游企业及科研单位连接在一起，加强了行业交流，为行业健康发展提供良好的机会。

2. 组织会员企业参加“2016 年第十五届台北国际塑料橡胶工业展览会”

2016 年 8 月 12 日，经中国塑协批准，专委会一行 23 人参加了 2016 台北国际塑料橡胶工业展览会，展会由台湾对外贸易发展协会（TAITRA）与台湾区机器工业同业公会（TAMI）共同主办，两年一届，在业内具有很高的知名度。2016 年该展会规划为五个专区：①塑料橡胶加工机械；②塑料橡胶接口设备区；③模具及零组件区；④塑料橡胶原料及制品区；⑤相关协会及媒体区。本届展会，展品丰富，技术水平较高，代表们收获颇丰。在台湾期间，还参观了台塑仁武工厂，受到了台塑朋友热情的接待。

3. 开好理事会议，加强行业的凝聚力

2016 年 5 月 21 日在山东瑞丰高分子材料股份有限公司召开了中国塑协板片材专委会二届六次理事会议，会议讨论了板片材专委会 2016 年年会计划，通过与会代表表决，将年会地址定为山东沂源，会议讨论通过了 2016 年赴台湾参加塑胶类展会事宜；讨论布置了 2016 中国国际塑料新材料、新技术、新装备、新产品展览会的相关工作；会议期间，恰逢中国塑协，上海交大，山东沂源县的三方共建中国齐鲁塑料生态产业园签约仪式，与会代表集体参加了该仪式。

（二）专委会建设

专委会建设总的指导思想是规范会员管理，加强行业数据统计，做好行业服务工作。2016

年，专委会继续加强自身建设和秘书处内部管理，建立健全各项规章制度，完善运行与自律机制，规范会员管理，加强理事会范围的行业数据统计工作，提高行业服务的专业性、技术性和权威性。

2016年在全体会员的共同努力下，在中国塑协的正确领导下，我们发展了会员单位15家，理事单位1家，会员总数突破120家。专委会承担桥梁纽带作用，反馈会员企业信息，反映会员企业诉求，把会员企业的需求和意见向上级主管部门直接反馈，主要有：向海关，商务部等相关部门申请申报行业产品的SH编码和退税核销；汇集会员企业关于食品相关产品新品种、塑料加工业重点低碳技术、消费品品质提升三年行动计划等意见报送中国塑协；组织会员企业申报2016年度中国轻工业联合会科学进步奖、轻工业管理现代化创新成果、制造业单项冠军示范企业、轻工品牌培育管理体系先进企业和轻工优势品牌产品等；建好了专委会的官方网站，QQ群，微信。促进了会员单位之间的互访互动。

具体内容有：

1. 充分利用协会及专委会的资源优势，为企业提供全面服务

配合中塑协，组织会员企业积极参与行业活动，征集行业内优秀科技创新项目，参加中轻联科学技术奖励申报。根据企业发展需要，指导企业进行研发中心建立的申请材料编制、报批、评审等工作。

积极组织会员企业参加《申报2016年度国家级重点新产品计划项目》活动，把符合条件的企业推荐给中塑协，申报重点新产品和战略性创新产品。组织推荐行业内会员企业参加中国工业企业品牌竞争力评价工作，推荐本行业优秀企业填写相关材料，上报中塑协。按照中塑协要求，组织行业会员企业填写申报材料。

2. 完善并维护专委会网络平台，提升行业宣传力度

专委会网站及微信公众平台可以快捷方便的为行业相关企业服务，也是广大会员交流平台。为了提高这些平台的服务质量，专委会及时对网站的“重点报道”及“行业动态”等项目进行更新，将行业最新消息通过专委会公众平台及时发布，以便会员单位能及时了解到相关信息，同时还利用网站的“产品介绍”、“推荐产品”及“广告宣传”等栏目为会员单位的产品进行宣传。并且，还收集国内外相关技术资料补充到网站的“技术资料”、“行业标准”等栏目内。

3. 积极发展会员，壮大专委会队伍

通过网络宣传、行业走访、提供专业技术支持、提供政策及信息服务等多方面来积极发展会员，为专委会逐渐发展壮大打下了坚实的基础。

三、发展趋势与规划

我国塑料板片材行业仍然处在快速发展时期，随着新材料、新工艺、的不断出现，塑料板片材的新产品层出不穷。新型塑料板片材的应用也越来越广，塑料板片材应用领域已涉及国民经济的各个方面，各种塑料板片材，正以其优越的性能，广泛应用于工业、农业、化工、建筑、包装、航空航天、国防等尖端部门，代替木材、钢材、铝材、石材、玻璃、皮革等传统材料制作的板片材。

目前快速发展的新型塑料板片材，得到了大量的新型高分子材料和新技术支撑，塑料板片材正朝着集美观、实用于一体的方向发展，功能方面则向更加专业，特殊功能的方向拓展。“十三五”期间，国家已把科技创新带动产业发展提到了空前未有的高度。因此，目前是新型塑料板片材行业发展的大好时机。

中国塑协提出的《塑料工业“十三五”发展规划指导意见》，《塑料加工业技术进步“十三五”发展指导意见》，及轻工业发展规划（2016~2020年）的发布，对我们塑料板片材行业具有极其重要的指导意义，必将是我们未来发展的基本方针，通过创新思维、创新产品过程设计和关键技术创新实现产业创新发展，以低能耗、低资源消耗、低环保负担方式提高产品质量和增加效率，实现产业升级，实现塑料板片材产业的可持续发展。

（中国塑协板片材专业委员会　周家华）

降解塑料

第1部分　降解塑料专业委员会工作

中国塑料加工工业协会降解塑料专业委员会2016年年会暨第七届生物基与生物分解材料技术和应用国际研讨会于2016年10月26～29日在吉林长春市召开。为推进降解塑料与生物基材料产业的快速发展，加快产品的推广应用，由中国塑料加工工业协会、中国塑协降解塑料专委会会同日本生物塑料协会、韩国生物塑料协会、美国生物降解塑料研究会等国内外相关权威机构，以及吉林省发改委等地方政府部门，共同召开此次会议。长春市经济技术开发区管理委员会、中科院长春应用化学研究所、吉林中粮生物材料有限公司、北京工商大学共同承担了本次会议组织工作。同时也得到了长春必可成、吉林开顺、吉林森瑞达、吉林吉刚、长春盛达、长春益田、吉林华芝路、吉林亿阳升、吉林康润洁、浙江海正、安徽恒鑫、江苏龙骏、金发科技、NatureWorks、伍德伊文达菲瑟、深圳光华伟业、金晖兆隆、新疆蓝山屯河、江苏天仁、广州海珥玛、武汉华丽、上海聚友、江苏锦禾、九江科院生物、无锡华辰、江苏绿塑、苏州汉丰、山西化工研究所、江苏中科金龙等单位的大力支持。

日本生物塑料协会、韩国生物塑料协会、美国生物降解塑料研究会、中科院长春应用化学研究所、中国农业科学研究院、清华大学、南开大学、四川大学、中山大学、同济大学等科研院所的专家学者向与会代表做主题报告，来自全国生产降解塑料的企业代表300余人参加了此次大会。

生物基材料及降解塑料逐渐得到了各行各业的认可与使用，吉林省开始推动生物降解购物袋和一次性餐饮具，国家邮政局、阿里巴巴菜鸟网络公司等单位也纷纷开始使用生物降解包装，农业部门也开始进行生物降解地膜的示范应用，生物基材料和降解塑料行业开始呈现快速、健康发展趋势。此次会议的举办起到了行业交流的作用，有效地促进了该领域产学研结合，更好地推动了生物基塑料产业市场快速发展。

中国塑协降解塑料专委会参加了2016年4月、11月中国塑协在上海和南京召开的理事会议，并组织有关企业积极参与南京举办的新材料展。按照中国塑协要求，组织会员积极参与协会通知的各项目申报工作。发行降解材料内部杂志4期。配合中国塑协完成降解地膜的应用研究与示范项目工作。配合国家发改委、工信部、国家粮食局、国家邮政局做好生物基材料行业调研、重大工程实施项目、行业规划等工作。

第2部分　行业现状

一、生物基材料综合情况

近年来，随着国际原油价格的持续攀升和资源的日渐趋紧，石油供给压力增大，生物能源产业、生物制造产业已成为全世界发展热点，其经济性和环保意义日渐显现，产业发展的内在动力不断增强。生物基材料由于其绿色、环境友好、资源节约等特点，正逐步成为引领当代世界科技创新和经济发展的又一个新的主导产业。

生物基材料，是利用谷物、豆科、秸秆、竹木粉等可再生生物质为原料制造的新型材料和化学品等，包括生物合成、生物加工、生物炼制过程获得的生物醇、有机酸、烷烃、烯烃等基础生物基化学品，也包括生物基塑料、生物基纤维、糖工程产品、生物基橡胶以及生物质热塑性加工得到塑料材料等。

生物基化学品和材料产业已逐步从实验室走向市场实现产业化。国际上，1，3－丙二醇、丁二酸等重要生物基材料单体的生物制造路线，已经实现中试生产。2014年，全球生物基材料产能已达3000万吨以上，生物基塑料表现尤其突出。据产业情报机构“Lux Research”报道，受美国和巴西市场增长带动，全球生物基塑料产能在2018年将跃升至740万吨以上。

我国的生物基材料产业发展迅猛，关键技术不断突破，产品种类速增，产品经济性增强，生物基材料正在成为产业投资的热点，显示出了强劲的发展势头。2014年，我国生物基材料总产量约580万吨，其中再生生物质制造生物基纤维产品约360万吨，有机酸、化工醇、氨基酸等化工原料生物基化学品约140万吨，生物基塑料约80万吨，同比2013年增长约20%。

二、主要产品

（一）生物基化学品

1. 乳酸

乳酸可以通过化学法或者微生物发酵法生产，目前绝大多数企业采用生物法制造，即用细菌将糖厌氧发酵生产乳酸。乳酸一般以两种立体异构体存在，即左旋乳酸和右旋乳酸（L-LA 和 D-LA）。乳酸已被用于食品、医药和其他领域，目前国内企业生产的乳酸的光学纯度一般在97%以下，尚不能直接用于合成高分子的聚乳酸材料，用于合成聚乳酸的乳酸光学纯度要求在99.5%以上。国内生产乳酸多以L-乳酸为主，L-乳酸合成得到PLLA一般不耐热，需要经过改性才能耐热，而由D-乳酸合成得到PDLA则可以耐热。目前，中国科学院天津工业生物技术研究所的微生物发酵制造D-乳酸技术已经在山东寿光巨能金玉米有限公司中试达产，产能1万吨/年。

2. 1，3-丙二醇

近几年，几家世界大型化学工业公司相继在生物技术上实现突破并投入规模化生产，使得1，3-丙二醇价格降低。我国在1，3-丙二醇的好氧发酵、工业放大、代谢工程以及分离提取技术方面也取得了一定的突破，湖南海纳百川生物工程有限公司、河南天冠集团、以及黑龙江辰能生物公司等单位都已经开始建设中试工业装置。目前国内1，3-丙二醇的生产方面的主要工作是，要进一步降低成本，建立低能耗、低排放、高收率的下游提取工艺。

3. 丁二酸

丁二酸是优秀的“C4平台化合物”，在食品、化学、医药工业以及其他领域有着广泛的应用，最大应用潜力是作为大规模工业原料，从而可以取代很多基于苯和石化中间产物的商品如BDO、THF、GBL等。

丁二酸的传统生产方法是采用石化法从丁烷通过顺丁烯二酸酐生产，近年来利用生物技术手段生产丁二酸成为关注热点，尤其是以可再生的生物质资源为原料的微生物发酵法。法国BioAmber公司于2013年在Sarnia建成了世界上第一套商业化规模生物基琥珀酸装置。美国Argonne国家实验室、Oak Ridge国家实验室、西北太平洋国家实验室和国家可再生能源实验室组成的集团分别与应用碳化学公司（Applied Carbochemicals）和Arkenol公司合作开发酶法工艺，将葡萄糖转化为丁二酸，再采用适用催化剂将丁二酸转化成BDO。美国生物基化学公司Genomatica和意大利生产商Novamant将在意大利共建生物基BDO工厂。德国赢创和法国Bioamber公司正合作开发生物基BDO催化剂。

我国现有大部分丁二酸是通过电化学法工艺生产，国内以微生物发酵为基础的丁二酸生产工艺只是刚刚起步。2013年扬子石化公司1 000吨/年生物发酵法制丁二酸中试装置建成，该装置依托扬子石化现有装置及公用工程配套设施，采用中国石化与南京工业大学共同开发技术。山东兰典生物科技股份有限公司和中国科学院天津工业生物技术研究所合作，已建设生物发酵丁二酸中试生产线（年产能300吨），生产的丁二酸光学纯度等指标基本满足合成聚丁二酸丁二酯（PBS）的要求。

（二）生物基塑料

生物基塑料是生物基材料一个大的品种，按照其降解性能可以分为两类，即生物降解生物基塑料和非生物降解生物基塑料。生物降解生物基塑料包括聚乳酸、聚羟基烷酸酯、二氧化碳共聚物、二元酸二元醇共聚酯、聚乙烯醇等，非生物降解生物基塑料包括聚乙烯、尼龙、聚氨酯等多个品种。目前，从我国技术研究及产业化进度来看，主要还是以生物降解塑料为主，包括聚乳酸，聚羟基烷酸酯、二氧化碳共聚物、聚丁二酸丁二酯、聚丁二酸-己二酸丁二酯、聚对苯二甲酸-己二酸丁二酯等聚合物以及淀粉基塑料方面。

1. 生物降解生物基塑料

（1）二元酸二元醇共聚酯（PBS、PBSA、PBAT）

二元酸二元醇共聚酯（聚丁二酸丁二酯（PBS）、聚丁二酸-己二酸丁二酯（PBSA）、聚对苯二甲酸-己二酸丁二酯（PBAT））产能已超过10万吨/年。国内研究单位主要有中科院理化所、清华大学、四川大学等，主要生产厂家及产能情况见表1。

表1　二元酸二元醇共聚酯国内生产厂家及产能

主要生产厂家	产能/（千吨/年）	产品
常茂生物化学工程股份有限公司	1	丁二酸
安庆和兴化工有限公司	1	PBS
杭州亿帆鑫富药业股份有限公司	1.3	PBS
广州金发科技股份有限公司	3	PBSA
山东悦泰生物新材料有限公司	2.5	PBS、PBAT
新疆蓝山屯河聚酯有限公司	0.5	PBS、PBAT
金晖兆隆高新科技有限公司	2	PBS、PBAT

由表可见，常茂生物化学工程股份有限公司，已建年产1万吨生物发酵法丁二酸生产线。安庆和兴化工有限公司已建成年产能1万吨PBS项目。杭州亿帆鑫富药业股份有限公司，已建成年产能1.3万吨PBS、PBAT生产线。广州金发科技股份有限公司，已建成年产能3万吨PBSA生产线。山东悦泰生物新材料有限公司（原山东汇盈新材料有限公司）已建成年产能2.5万吨PBS、PBAT。新疆蓝山屯河聚酯有限公司，拥有年产能5000吨薄膜级PBS及PBAT生产装置，目前正在建设3万吨/年生产线。金晖兆隆高新科技有限公司，已建成年产能2万吨PBS、PBAT生产线。

（2）聚乳酸（PLA）

聚乳酸（PLA）国内表观消费总量已达到2.2万吨以上，PLA的产品主要销往海外，其中浙江海正生物材料有限公司的在5000吨/年产能基础上进行了扩建，达到1.5万吨/年的生产能力，且5万吨/年生产线已于2014年年底动工建设。除浙江海正外，国内PLA的原料生产企业还有多家，具体见表2。

表2　国内聚乳酸原料生产企业及产能

生产厂家	产能/（千吨/年）	建设规模，kt/a
浙江海正生物材料有限公司	15	50
江苏允友成生物环保材料有限公司	10	/
江苏仪征化纤纺织有限公司	4	/
南通九鼎新材料股份有限公司	5	/
马鞍山同杰良生物材料有限公司	10	/
深圳光华伟业股份有限公司	1	/
吉林中粮生化有限公司	/	10
山东金玉米生化有限公司	/	10
河南龙都天仁生物材料有限公司	/	10

由表2可见，江苏宿迁允友成生物环保材料有限公司1万吨PLA生产线已开始调试，江苏仪征化纤纺织有限公司4000吨PLA纤维树脂线，江苏南通九鼎新材料股份有限公司万吨级PLA生产线，安徽马鞍山同杰良生物材料有限公司1万吨PLA树脂生产线已于2014年验收，深圳光华伟业股份有限公司湖北孝感千吨级PLA生产线都已能投入生产，正准备建设的有吉林中粮生化有限公司的1万吨生产线、山东金玉米生化有限公司的1万吨PLA生产线、河南南乐龙都天仁生物材料有限公司1万吨生产线。

在世界范围内，聚乳酸最大的生产商是美国Natureworks公司，年产能为14万吨。相比国外，我国PLA的产业规模偏小，产业链、产业集群尚未有效形成，使得成本偏高，一些高端设备和丙交酯等原料高度依赖国外；但国内在一些产品方面如一次性包装制品、购物袋、餐具以及纤维制品等方面的加工、生产与领域，已经在国际上具有较强的竞争力。

（3）二氧化碳共聚物（PPC）

我国主要研究单位有中科院长春应用化学研究所、中科院广州化学研究所、浙江大学、中山大学等。浙江台州邦丰塑料有限公司从2010年6月开始利用长春应化所的专利技术，2012年建成1万吨/年产能生产线，已能连续稳定生产。河南天冠集团有限公司以自主知识产权的二氧化碳捕获技术和成套装备技术，建成了5千吨级PPC工业化生产线，拥有10多项专利。江苏中科金龙化工股份有限公司已建成年产2.2万吨产能PPC生产线和年产160万平方米高阻燃保温材料生产线。南通华盛高聚物科技发展有限公司从2007年12月开始与长春应化所合作开发PPC改性和膜加工技术，生产的塑料薄膜开始出口美国、日本和欧盟。

（4）聚羟基烷酸酯（PHA）

我国研究PHA较早，处于世界先进水平。国内规模化生产的单位有宁波天安生物材料有限公司，已经达到2千吨/年的生产能力。天津国韵生物科技有限公司在天津已建设了年产1万吨/年产能的PHA生产线，目前和北京福创投资公司合作后，拟在吉林筹建10万吨/年产能的新工厂。

（5）聚己内酯（PCL）

PCL因在药物透过和长时间稳定释放药物等方面的优良性能，在临床医学研究中表现出了巨大潜力。其合成方法和改性均是国内外专家的研究热点。我国从事PCL研究的单位有四川大学、武汉大学等，其中，四川大学采用己二醇一步法合成己内酯单体，生产工艺绿色环保。深圳市光华伟业股份有限公司采用ε-己内酯在金属有机化合物（如四苯基锡）作催化剂，二羟基或三羟基作引发剂的条件下开环聚合生产聚己内酯，在2007年底建成了500吨/年的聚己内酯中试生产线，并拟建2000吨/年的生产线。

（6）热塑性生物质塑料

天然高分子材料如淀粉、秸秆纤维热塑性加工制作的材料中，规模产业化的主要为热塑性淀粉和植物纤维模塑，其他尚处于基础研究阶段。武汉大学张俐娜院士在溶液中将纤维素溶解，然后再将其处理后来制作纤维、薄膜等，目前也正在产业化中试过程中。

热塑性淀粉基塑料方面，已产业化或已中试的单位有武汉华丽、广东益德、苏州汉丰、浙江天禾、浙江华发、南京比澳格、浙江天禾、广东上九、烟台阳光澳洲、常州龙骏、肇庆华芳等公司，见表3。

表3　国内热塑性生物质塑料生产厂家及产能

生产厂家	产品	产能/（千吨/年）
武汉华丽生物材料有限公司	改性淀粉（PSM）及制品	60
深圳虹彩新材料科技有限公司	热塑性复合生物改性树脂及制品	25
苏州汉丰新材料股份有限公司	木薯变性淀粉树脂及制品	30
浙江天禾生态科技有限公司	生物基全系列材料与产品	35
常州龙骏天纯环保科技有限公司	热塑性淀粉基塑料及制品	30
浙江华发生态科技有限公司	热塑性淀粉基塑料及制品	8
烟台阳光澳洲环保材料有限公司	热塑性淀粉基塑料及制品	15
比澳格（南京）环保材料有限公司	热塑性淀粉基塑料	10
普宁市华芝路生物材料有限公司	热塑性淀粉基塑料制品	5
山东必可成环保实业有限公司	热塑性淀粉基塑料及制品	10
江苏锦禾高新科技股份有限公司	热塑性秸秆纤维制品	8
广东益德环保科技有限公司	热塑性淀粉基塑料	10
四川（五粮液集团）普什集团	热塑性纤维素	30
合肥恒鑫环保科技有限公司	聚乳酸淋膜纸制品及聚乳酸制品	30
广东上九生物降解塑料有限公司	热塑性淀粉基塑料	10

表3中武汉华丽生物材料有限公司建立了完整产业链，已建成6万吨/年产能规模，以木薯淀粉、秸秆纤维为主要原料的PSM生物塑料及制品研发生产基地。

深圳虹彩新材料科技有限公司主营业务为热塑性复合生物基改性塑料树脂及制品，形成生物改性树脂1.5万吨/年产能，吸塑、注塑、吹膜等生物基塑料制品1万吨的产能。规划建设二期年产5万吨规模复合热塑性生物基塑料及年产2万吨制品的扩产。

苏州汉丰新材料有限公司年产4万吨木薯变性淀粉。产品包括变性淀粉、添加母料、专用料、片材、膜袋类、注塑与吸塑类等，规模化年产3万吨级粒料及制品。

热塑性淀粉基塑料企业还有浙江天禾生态科技有限公司拥有3.5万吨年产量生物基全系列材料与产品（包括吹膜/吸塑/注塑产品）。浙江华发生态科技有限公司（8000吨/年）、常州龙骏天纯环保科技有限公司（规模8000吨/年）等。广东益德环保科技有限公司以“淀粉降解材料挤出片材机组”成套设备的核心技术为依托，研发全生物降解一次性消费品、婴童系列产品和地膜。烟台阳光澳洲环保材料有限公司生产的淀粉基塑料一次性餐具主要供铁路使用。

四川（五粮液集团）普什集团拟以木浆粕、棉浆粕等天然纤维为主要原料，建设年产3万吨级新型热塑性纤维素合成生产线，建设年产万吨级生物基三醋酸纤维素光学材料专用料、万吨级生物基热塑性纤维素包装制品生产线。

江苏锦禾高新科技股份有限公司主营天然秸秆塑料、玉米淀粉基塑料以及生物基全降解塑料原料及产品。

合肥恒鑫环保科技有限公司目前产能3万吨PLA片材包括吹膜/吸塑/注塑产品、一次性包装以及淋膜纸杯与纸餐具，厦门协和环保科技有限公司正拟建2万吨生产线等。

2. 不可降解生物基塑料

（1）生物基聚酰胺（PA）

尼龙，是分子主链上含有重复酰胺基团的热塑性树脂的总称。PA可由二元胺和二元酸制取，也可由ω-氨基酸或环内酰胺来合成。

生物基尼龙指相对于石油基PA，其单体源于可再生物质（如蓖麻油、葡萄糖），完全生物基PA主要有PA11、PA1010，部分生物基PA主要有PA610、PA1012、PA410、PA10T等。法国Arkema公司、美国DuPont公司以及Rennovia公司等都是世界上数一数二的生物基聚酰胺生产企业，目前，他们对生物基PA的研究热点集中于对其生产原料的扩展研究和成本的降低。尽管面临着行业巨头带来的压力及生物基PA技术的挑战，我国生物基PA相关企业却在持续稳步发展，目前，国内生产生物基尼龙的企业主要有苏州翰普高分子材料有限公司、上海凯赛公司、广州金发科技股份有限公司等，郑州大学和山东拓普生物材料有限公司合作，计划建立年产量1万吨长链二元酸、聚酰胺树脂等产品的生产示范线。

PA从20世纪40年代研究至今已取得不少成果，部分品种工艺路线非常成熟，已经商业化数十年。按照生物质的来源，目前主要可分为油脂路线和多糖路线。油脂路线，该路线选用最多的油脂为蓖麻油。蓖麻油为大戟科植物蓖麻的成熟种子经榨取并精制得到的植物油，是一种黏性淡黄色无挥发性的非干性油，主要成分为蓖麻酸，其余为油酸与亚油酸等。生物基PA11由蓖麻油裂解生成的ω-十一氨基酸单体聚合而成。合成PA12的单体是十二氨基酸，可以蓖麻油为原料合成。生物基PA1010、PA1012、PA610、PA410、PA10T由二元酸和二元胺缩聚而成，起始原料全部或部分是蓖麻油。以生物基PA610为例，其合成单体是己二胺与癸二酸，其中己二胺由丁二烯或丙烯采用石油方法合成，癸二酸可从蓖麻油获得，因而PA610中约有60%的C源于生物质。

多糖路线，多糖包括葡萄糖、纤维素等，其中从葡萄糖制备生物基PA的路线较为成熟。PA66、PA46的主要起始原料是己二酸，制备生物基己二酸的合成路线：重组大肠杆菌首先把葡萄糖代谢为3-脱氢莽草酸，并进一步转化为顺，顺己二烯二酸，然后顺，顺己二烯二酸经高压氢化得到己二酸。如果与采用石油路径生产的己二胺和丁二胺缩聚，可以制成部分生物基PA66、PA46。由于丁二酸也能由生物法合成，因此把生物基己二酸与丁二酸经腈化和胺化，得到生物基己二胺和丁二胺，最终可制得完全生物基PA66、PA46。己二酸作为PA66和PA46的重要原料，其生物法合成技术成为近些年研究的热点。据美国Rennovia公司估算，在2022年，全球生物基PA66纤维的产量将突破100万吨。

（2）聚对苯二甲酸丙二醇酯（PTT）

PTT是一种以对苯二甲酸、1，3丙二醇为主要原料缩聚而成的聚酯，其中1，3丙二醇可由生物法经氧化途径或还原途径制得。目前PTT多用作纤维，PTT纤维具有聚酰胺的柔软性、腈纶的蓬松性、涤纶的抗污性，加上本身固有的弹性以及能常温染色等特点。

（3）生物基聚氨酯（PU）

聚氨酯（PU）是有机异氰酸酯化合物和各种含活泼氢化合物，如醇类、胺类等共反应而得的一类用途广泛的合成高分子材料。生物基聚氨酯通常指传统石油基PU中的含活泼氢化合物由可再生物质替代，或由可再生物质经非异氰酸酯法合成的一类生物基高分子材料，包括油脂基聚氨酯、多糖基聚氨酯、氨基酸基聚氨酯等。其中油脂基聚氨酯由于其性能优良，技术相对成熟，已经实现了产业化，产品应用在建筑保温、座椅、涂料、胶粘剂及密封胶等不同领域。

（三）生物基纤维

1. 生物基合成纤维

生物基合成纤维包括PLA纤维（聚乳酸纤维），PHBV与PLA共混纤维、PTT纤维、PBT纤维等。

我国PLA纤维生产规模约1.5万吨/年，生产企业分布在江苏、上海、河南等地。上海同杰良目前建成了年产300吨聚乳酸纤维生产线。河南龙都1万吨聚乳酸长、短纤生产线已投产。此外，海宁新能、张家港安顺等也有一定产量。

PTT是由PDO和PTA缩聚制成的芳香族聚合物，以此聚合物为原料，可生产各种PTT长丝和短纤维。目前该纤维已应用于纺织领域，总产能约3万吨/年，主要产地为江苏、上海、辽宁等。

PBT纤维是近年来开发的一种新型纤维，产地集中在江苏，以切片纺为主，企业主要有仪征化纤、兴盛新材料、恒力和盛虹等。兴盛新材料建成了连续聚合熔体直纺工艺PBT弹性纤维生产线（PBT长丝），年产能约3万吨。盛虹目前PBT民用丝的产量约为1万吨/年。

2. 生物基新型纤维素纤维

生物基新型纤维素纤维，包括纤维（天丝）、竹浆纤维、麻浆纤维，我国在该领域有着重大创新。

保定天鹅建成了国内首条万吨级天丝生产线。山东英利实业在引进奥地利先进生产技术和工艺设备基础上，进行消化吸收和再创新，建成了年产1.5万吨的天丝生产线，并推出自主品牌瑛赛尔。

以竹浆粕为原料的竹浆纤维是我国生物基纤维行业的一大创新成果，总产能约12万吨/年，技术和产品国际领先，主要产地为河北之河南、四川、上海等。

麻浆纤维是近年来我国研发成功的又一种新产品。目前我国麻浆纤维产能约5000吨/年，集中在河北、山东、云南等地。

海洋生物基纤维则包括壳聚糖纤维和海藻酸盐纤维。我国拥有完全自主知识产权，主要生产地为山东、天津等，产能约2000吨/年。利用海藻提纯的海藻酸盐经纺丝而成的海藻酸纤维，目前在我国已建成拥有自主知识产权和自行设计的产业化生产线，产能约1000吨/年，厦门百美特是海藻纤维湿法纺丝技术的代表企业。

三、市场综合分析

生物基化学品方面，2015年丁二酸的表观消费量约为10万吨，据透明度市场研究2013年发布的报告显示，丁二酸市场需求量在2018年预计将达到8亿美元。2014年全球乳酸表观消费量约40万吨，国内的乳酸产能已达到20万吨以上，但其实际表观消费量只有6万吨左右。虽然国内供求之间已大大失衡，但仍有企业准备投入乳酸生产项目，须引起关注。

近几年生物基塑料方面发展迅猛，关键技术不断突破，产品种类速增，产品经济性增强，正在成为产业投资的热点，显示了强劲的发展势头，有数十条万吨以上的生产线已经或正在建设中。从短期看，一些具有功能性的应用品种会发展较快，如生物降解塑料由于具备了生物降解性能而符合欧美发达国家“禁塑令”的要求，即使成本高也有较大的市场空间。从长远看，除了具有生物降解功能的生物基塑料发展外，一些生物基尼龙、生物基聚乙烯、生物基聚对苯二甲酸乙二醇酯等非生物降解塑料可能会在国际上有较大规模的应用。但在我国，因为这些材料目前尚没有中试规模，因此在短期内不会有很大规模的发展。

聚乳酸（PLA）虽然产能有所上升，但面临竞争风险对象仍是美国NatureWorks公司，目前NatureWorks公司PLA产品价格远远低于国产原料，而且其在泰国的利用木薯淀粉为原料年产10万吨PLA工厂预计即将投入生产。

聚丁二酸丁二酯（PBS）、聚对苯二甲酸己二酸-丁二酯（PBAT）的总产能已达到10万吨/年，规模化生产厂家达到6家，但实际表观消费量约1.5万吨，另外，山东兰典公司正在准备建设10万吨/年PBS生产线，总体来看此类材料的产能已出现过剩现象。除了国内的竞争风险外，面临国际竞争风险是德国巴斯夫公司，巴斯夫公司目前有7.4万吨的二元酸二元醇共聚酯生产装置。

二元酸二元醇共聚酯（PXT）包括了PTT等聚合物，虽然有中试规模工厂，但在生物基化工原料方面仍缺乏有竞争力的供给商，产品大规模生产成本及其应用性能尚具有不确定性。

综上所述，生物基材料产业正处于实验室研发阶段进入向工业化生产和规模应用阶段，逐渐成为工业化大宗材料，但是在微生物合成菌种、原材料研发、产品成型加工技术及装备、规模化应用示范等方面仍需不断进步。

第3部分　淀粉基塑料研究进展及产业现状

淀粉是碳水化合物在植物细胞中最为普遍的一种储藏形式，在玉米、木薯、土豆、小麦等植物中的含量都较高。淀粉降解后会以二氧化碳和水的形式回到大自然，被认为是对环境不产生任何污染的天然可再生材料。天然淀粉的耐水性、抗剪切性以及熔融流动性等都较差，无法进行熔融挤出等热塑性加工，难以单独作为一种高分子材料使用，因此，通常需要对淀粉进行热塑性改性后，与其他聚合物进行共混来加工制备。

一、淀粉的改性

自20世纪80年代末，国内外专家对淀粉开展了大量热塑性改性研究，主要方法有化学改性、物理改性以及酶法改性。

（一）化学改性

淀粉的化学改性主要是基于其结构中存在大量 -OH活性基团。这些 -OH活性基团在不同助剂的作用下会发生氧化、酯化、交联、醚化等反应，在淀粉分子上引入新的官能团，从而达到改性效果。淀粉改性后，其性能得到提升，应用范围也获得拓宽。

在氧化剂的作用下，淀粉分子中C6位上的伯羟基首先被氧化成羰基，并进一步被氧化成羧基。而C2和C3位上的仲羟基也易被氧化。淀粉在氧化反应后分子中羟基的数量减少，限制了淀粉分子间氢键的形成，破坏了淀粉的半晶体结构，得到了均匀的非晶聚合物基体，提高了热塑性淀粉材料的疏水性。制备氧化淀粉的氧化剂很多，高碘酸盐、过氧化氢等都是常被用来制备氧化淀粉的助剂。淀粉的酯化主要是通过淀粉分子中的羟基与有机酸或无机酸反应生成酯键来削弱淀粉分子间的氢键作用。目前，使用较多的酯化剂有柠檬酸、马来酸酐、磷酸等。淀粉经交联改性会形成三维网络结构，糊化温度升高，热稳定性和黏度增大，被广泛应用于胶粘剂生产中。

（二）物理改性

淀粉的物理改性主要是通过热、机械、物理等手段来改善淀粉的性能，包括热液处理、微波处理、电离放射线处理、超声波处理、球磨处理以及挤压处理等。热液处理只有在无定型区的淀粉处于流动的胶体状态时才能进行，它是通过重排淀粉分子内部的晶体结构与无定型结构来改变淀粉的性质。热液处理后，淀粉的双螺旋结构、颗粒形貌、结晶性质、糊化性质、溶解度、老化性质以及淀粉颗粒对酸与酶的敏感性等都会发生改变。微波处理是靠电磁波把能量传播到被加热物体的内部而实现的。当微波能量场做正负极性的高频改变时，加热介质内部的极性分子就会由杂乱无章运动变成有序的高频振动，分子间相互碰撞、摩擦和挤压，分子动能转变为热能；介质中水溶性盐类的阴阳离子也会向相反电极处移动，并与相邻离子发生碰撞，将自身动能传递，产生大量热能。所以，微波对淀粉改性的效果取决于淀粉中水分和金属盐的含量。微波处理能够降低淀粉的结晶性、溶解性、溶胀性和黏度，提高糊化温度和糊稳定性，并使淀粉的老化趋势减少。

（三）酶法改性

酶法改性是一种条件温和、安全环保的淀粉改性方法，其工序一般包括糊化、液化、糖化、脱支以及后续的转苷、异构反应等，所使用的酶可分为液化酶、糖化酶、脱支酶、转苷酶以及异构酶等。α -淀粉酶是一种典型的液化酶，它会随机切断淀粉、糖原、寡聚或多聚糖分子内的α -1，4葡萄糖苷键，生成麦芽糖、低聚糖和葡萄糖等改性淀粉。最为常见的糖化酶是β -淀粉酶，它能够水解α -1，4葡萄糖苷键，但不能水解α -1，6葡萄糖苷键，遇1，6键或取代基团就会停止水解，也不能越过此键继续水解。水解由淀粉分子的非还原尾端开始，水解相隔的α -1，4键产生麦芽糖。淀粉可用一种酶进行改性，但通常，淀粉需经多种酶协同处理才能达到理想的效果。

二、淀粉与塑料共混

（一）淀粉与传统塑料共混

国内外专家对淀粉与聚乙烯（PE）共混的研究较多，例如，加拿大 St. Lawrance 公司生产的“Ecostar”和美国 ADM 公司生产的“Po1yclean”就是这类产品的代表。D Bikiaris 等人将低密度聚乙烯（LDPE）与增塑淀粉（PLST）共混进行研究。XLi 等人选择将线性低密度聚乙烯（LLDPE）与淀粉共混。张策等人将 LDPE 和淀粉经双辊精密开炼机熔融共混制备复合材料，研究了复合材料的吸水性能和力学性能等。蒋希芝等人以淀粉和 PE 为主要原料制膜，并研究其各项性能。

有关淀粉和聚乙烯醇（PVA）共混的研究也比较多，曾广胜等人以木薯淀粉和 PVA 为基质，$NaHCO_3$为发泡剂，甘油和一定浓度 NaOH 水溶液按配比作为复合增塑剂改性淀粉，辅以其他各种助剂，制备复合发泡材料。梁亮等人将交联改性的玉米淀粉、PVA、甘油及其它助剂经混炼、压片制得复合材料。张蓉佳等人以 PVA 和淀粉为原料，采用流延成膜法制备 PVA/淀粉复合薄膜。

与淀粉共混的传统塑料通常还有聚氯乙烯（PVC）、聚苯乙烯（PS）等，但他们共同的缺点是，淀粉与传统塑料共混制得的产品在使用废弃后，仅淀粉部分可在微生物作用下发生生物降解，而传统塑料仍会长期残留，不能生物降解的，仍会对环境造成污染。

（二）淀粉与生物降解塑料共混

1. 聚乳酸（PLA）

Sanyang, ML 等人制备了棕榈糖淀粉（SPS）和 PLA 双层膜并对其各方面性能进行了研究。结果发现，SPS 与 PLA 两相相容性差，但是 PLA 的加入使薄膜的密度、水蒸气透过性、吸水性、以及溶解度均显著下降，拉伸强度提高，使得其更适于替代传统塑料作为食品包装膜使用。

Ferri, JM 等人将 PLA 与 TPS 共混（TPS 含量 30wt. %）。共混后，材料的韧性提升，但因两者相容性不佳受到限制，为此，研究人员加入少量的亚麻籽油（MLO）作为增塑剂来提高共混物的韧性。MLO 的增韧机理是：增加聚合物的自由体积，同时降低分子间的摩擦力，可以促进聚合物大分子间或链段间的运动。当 MLO 的加入量为 6 phr 时，共混材料的断裂伸长率增加 160%。此外，研究还发现，MLO 同时也起到增容剂的作用。

Akrami, M 等人合成了一种新型的增容剂（mPEG－g－St）用于 PLA 与 TPS 的共混。这种增容剂存在大量端羧基，能够与 PLA 和 TPS 两者的活性基团相互作用，起到增容效果。研究发现，增容后，淀粉粒子在共混体系中的分散更为均一，共混体系的 $\tan\delta_{max}$下降，冷结晶温度随增容剂含量增加而降低，拉伸性能提高，生物降解性不受影响。

李晶等人对比了淀粉/聚乳酸（starch/PLA）共混体系和淀粉/聚乳酸接枝马来酸酐（starch/PLA－g－MAH）共混体系的主要性能。结果表明：淀粉与聚乳酸直接共混时两者相容性较差，而聚乳酸接枝马来酸酐通过在熔融共混过程中酸酐基团与淀粉分子的羟基反应形成酯键增强了界面结合力，从而实现增容，提高共混物力学性能。耐水性能方面，聚乳酸接枝马来酸酐能与淀粉相产生更紧密的结合，使水分子不易渗透界面与淀粉产生氢键结合，使体系的亲水性降低。

2. 聚对苯二甲酸丁二醇－己二酸丁二醇共聚酯（PBAT）

Pan, HW 等人以马来酸酐（MA）作为增容剂，将热塑性淀粉（TPS）与 PBAT 共混，获得的 PBAT/MTPS 共混物用于制备吹塑薄膜。结果表明，MA 的加入能够促使 PBAT 与 TPS 发生酯交换，使 MTPS 结晶颗粒被破坏，使其获得更小的粒径并更好地分散，PBAT 与 MTPS 形成更强的界面粘合，薄膜的力学性能得到提升。通过对薄膜流变性、疏水性等方面的测试，研究人员提出 PBAT/MTPS 共混膜在食品包装以及农业薄膜领域的应用值得期待。

张贺等人先将 MA 和 PBAT 以熔融接枝的方法合成相容剂 PBAT－*g*－MA，并用于制备 TPS/PBAT 共混物。TPS/PBAT 共混物的力学性能较差，当共混物受外力拉伸作用时，淀粉基体相因塑性形变小，传递应力的能力差，材料呈现脆性断裂。PBAT－g－MA 作为相容剂加入后，利用酸酐基团的活性与淀粉分子中的羟基发生酯化作用使体系相容性增加，共混材料的拉伸强度、断裂伸长率、冲击强度均有提高。PBAT－g－MA 的加入还能提高 TPS /PBAT 共混物的熔体质量流动速率和耐热温度，有利于材料的加工。

Seligra, PG 等人同样将 TPS 与 PBAT 共混制备成薄膜，并加入 0. 6wt% 的淀粉纳米粒子。研究发现，通过这些淀粉纳米粒子上的羟基基团与直链淀粉上的氢键相互作用，可以提高 TPS 和 PBAT 两者界面间的相容性。此外，这些淀粉纳米粒子还起到了改善 PBAT 中的刚性的结构（BT）以及增强 PBAT/TPS 共混物的作用，使共混材料的杨氏模量和断裂应力增加。同时，淀粉纳米粒子的加入显著提高了共混物的降解速率。

颜祥禹等人将 PBAT、PLA 和 TPS 三者通过熔融共混并吹塑薄膜。固定 PBAT 的质量分数为 50% 不变，改变 PLA 和 TPS 在组分中的比例。结果发现：PBAT /PLA/TPS 薄膜撕裂断面呈现明显的韧性撕裂，出现大量纤维状韧带，说明 PLA 与 PBAT、TPS 相互之间存在较好的界面黏合作用。PBAT/PLA/TPS 共混物中 PLA 的冷结晶温度向低温移动了约 40℃，峰宽变窄，说明共混后 PLA 的冷结晶能力增强。值得注意的是，随着组分中 TPS 含量增加，PBAT/PLA/TPS 薄膜的氧气透过系数逐渐减小。这是因为 TPS 中含有氢键，氢键作用导致了复合材料体系内物理交联网络结构的形成，氢键作用越强，使体系中的各组分得到了更均匀的分散，从而增加了气体的阻隔性能。这很利于 PBAT /PLA/TPS 薄膜制作的包装袋，尤其是食品包装袋的使用。

袁龙等人先用马来酸酐改性热塑性淀粉（MTPS），并将其与 PLA 和 PBAT 熔融共混制备 PLA/PBAT/MTPS 三元共混物。固定组分中 MTPS 的含量为 20% 不变，改变 PBAT 和 PLA 在组分中的比例。结果发现，PBAT 可以与 MTPS 在熔融共混过程中发生强烈的酯交换反应，从而大大降低淀粉粒子的尺寸，提高 PBAT 与 MTPS 的相容性，这使得 MTPS 在 PLA 和 PBAT 之间具有选择性的分布，当 PBAT 含量高于 20% 时就会出现 PBAT 包裹 MTPS 的结构。这种结构不仅对 MTPS 起到保护作用，使其水解作用大幅度降低，还使共混材料的韧性发生突变。表现出优异的力学性能，具有潜在的应用价值。

3. 聚己内酯（PCL）

张佳宁等人分别用甘油、乙二醇、聚乙二醇对玉米淀粉/PCL 复合材料进行增塑处理，研究不同增塑剂对淀粉/PCL 复合材料性能的影响。结果表明，淀粉经塑化后，淀粉分子之间的相互作用力减弱，晶体结构被破坏，淀粉的可塑性提高。比较三种增塑剂的处理结果发现，增塑剂的含碳量、羟基数目及分子结构决定了不同的增塑效果。增塑剂的含碳数越少，即分子越小，含有羟基数目越多，对淀粉的增塑效果越明显。不同增塑剂对材料的力学性能有不同的影响，采用甘油、乙二醇作增塑剂使淀粉/PCL 材料的拉伸强度均升高，断裂伸长率也升高，甘油与乙二醇相比，甘油对拉伸强度和断裂伸长率的改善作用更明显，但是乙二醇能够明显提高淀粉/PCL 复合材料的抗弯强度。淀粉中甘油和聚乙二醇增塑剂的加入也有助于提高复合材料的耐水性。通过在淀粉中加入甘油增塑剂可以明显提高淀粉的塑性，改善淀粉的加工性能。

王亚洲等人选取柠檬酸作为增容剂，采用熔融共混的方法制备了热塑性淀粉/聚己内酯复合材料（TPS/PCL）。结果表明，PCL 与淀粉的相容性较差，少量的 PCL 在淀粉中以分散相缺陷存在，导致当 PCL 含量小于 30 份时，样品的拉伸强度随 PCL 含量增加而持续下降。PCL 的加入可以起到包覆淀粉的作用，从而降低其吸水性能。

4. 其他

李林等人以玉米淀粉（TPS）和水性聚氨酯（WPUR）为主要原料，选取甘油为增塑剂，通过熔融共混的方法制备 TPS/WPUR 共混物。通过扫描电镜的结果发现，甘油基 TPS 结构较松散，断面比较粗糙，且存在许多未塑化淀粉颗粒以及未塑化淀粉颗粒脱落后留下的“凹坑”，说明淀粉经挤出熔融加工后，仍有相当一部分淀粉没有塑化呈颗粒状，充当应力集中物，这也正是导致 TPS 的力学性能较差主要原因。而加入 WPUR 后，共混物断面比较光滑，结构密实，未塑化的淀粉数量明显减少，粒径变小，“凹坑”数量也明显减少，说明 WPUR 的加入可有效提高 TPS 的成型加工性能。同时发现，WPUR 会将 TPS 包裹起来形成了“包埋”结构，该结构不仅有助于提高 TPS 的耐水性，也是 TPS/WPUR 共混物力学性能高于 TPS 的原因。

王倩等人分别选取马来酸和马来酸酐作为增容剂增容 PPC/TPS 共混体系。研究发现，在马来酸和马来酸酐的作用下，PPC 和 TPS 在熔融挤出过程中会通过酸促进 PPC 主链上的酯基和淀粉上的羟基发生酯交换反应以共价键相互连接形成淀粉 - g - PPC 接枝共聚物，其在 PPC 和 TPS 界面渗透和缠绕，降低了两相界面张力，从而起到改善两相间相容性的作用。研究人员提出，马来酸的增容效果优于马来酸酐，是因为原位生成的接枝共聚物淀粉 - g - PPC 在马来酸的存在下生成量更多，这一点在提取分析中得到了证实：以甲醇为溶剂索氏提取复合材料中的甘油；以丙酮为溶剂索氏提取复合材料中的 PPC 和淀粉 - g - PPC，剩下的固体残渣为淀粉，在淀粉与 PPC 配比相同的情况下，残渣剩余越少，说明有越多的淀粉以淀粉 - g - PPC 的形式溶于丙酮。MPPC/TPS 中生成的淀粉 - g - PPC 量比 PPC/TPS 的多。

张敏等人采用流延法制备聚丁二酸丁二醇二甘醇共聚酯（PBS－co－DEG，其中二甘醇含量不同）与热塑性淀粉（TPS）的共混复合膜。结果表明，随着DEG含量的增加，PBS－co－DEG/TPS复合膜的亲水性、光透过率、断裂伸长率和热稳定性均有所增加，这主要是因为DEG中含有亲水的柔性醚键，DEG与PBS共聚能够提高PBS－co－DEG共聚酯分子链的柔韧性和亲水性，使共聚酯与淀粉的相容性增加，两相界面之间的相互作用力增强。研究还发现，与PBS/TPS复合膜相比，PBS－co－DEG/TPS复合膜的酶降解速率显著提高，这主要是因为DEG的引入会破坏PBS分子链的螺旋结构，使其规整性和对称性降低，导致共聚酯的结晶度减小、非结晶区增加，从而酶的活性分子更容易侵入共聚酯的非结晶区，引发酶解反应。

（三）淀粉与天然材料共混

天然材料，如纤维素、琼脂、明胶、蛋白质以及壳聚糖等，也可对淀粉进行共混改性，提高淀粉的机械强度、透气性能、耐水性能以及热稳定性能等等。利用淀粉和天然材料制备复合材料既能有效利用了可再生天然资源，减少石油等不可再生资源的消耗，使用后又能被生物完全降解，不产生任何污染，减小环境压力，意义深远，前景广阔。

El Halal，SL等人将淀粉与不同比例的纤维素（0%，10% and 20%）进行共混制备薄膜。研究发现，纤维素与淀粉两者相容，纤维素可在淀粉基体中良好的分散并分布，形成均一相。纤维素的加入虽然能够增大薄膜的拉伸强度、提高薄膜的初始分解温度，改善其热稳定性，但在水分阻隔性上不能达到理想的效果，这会严重影响其在食品包装膜领域的应用，因此，研究人员提出，可以使用具有更高表面积的纳米纤维素来替代纤维素。

Peressini等人研究了玉米淀粉和甲基纤维素可降解薄膜的流变性能，研究指出甲基纤维素会影响整个体系的流体表观黏度和黏弹性。加入甲基纤维素后，体系符合假塑性流体的流动规律。

吉海鹏等人先将玉米淀粉和棉纤维分别进行乙酰化制得醋酸酯淀粉（SA）和醋酸纤维素（CA），然后以丙酮为有机溶剂，进行共混制膜。研究发现，增塑剂的种类，SA与CA的配比、反应温度、自然挥发时间以及热处理温度都是影响SA/CA薄膜性质的重要因素。棉纤维和玉米淀粉都是高结晶度的材料，而两者在酯化、增塑剂的塑化及酯缩合作用下共混后，其X－射线衍射图谱中出现两个非晶态弥散峰，说明聚合物晶体结构的形成受到了限制，使共混膜向无定型结构进行转变，塑性得到了良好的改善。

张权等人通过溶液共混法将壳聚糖的乙酸溶液与淀粉糊化液均匀混合，流延制备了可食性复合膜。研究发现，乙酸溶液中壳聚糖分子链上质子化的氨基（NH_3^+）与淀粉分子链上的羟基能够形成较强的氢键作用，它能够减弱淀粉分子间的氢键作用，破坏淀粉分子原本有序的晶体结构，提高分子链的延展性，增加复合膜的柔韧性。当淀粉与壳聚糖质量比为5∶3时，复合膜的力学性能达到最大值。当壳聚糖含量的进一步提高，壳聚糖和淀粉分子间呈相分离结构，破坏了复合膜的结构均一性，其力学性能反而降低。

Jumaidin，R等人研究证明棕榈糖淀粉与琼脂之间能够形成分子间氢键，并且两者具有相似的化学结构，相容性较好。琼脂的加入可以提高淀粉的拉伸性能和热稳定性，当体系中的琼脂含量达到30wt%时拉伸强度最高，但若琼脂的含量进一步增加，达到40wt%，则会导致拉伸强度下降。研究人员特别提出的是：琼脂的加入会使共混物的吸水率增大，这主要是因为琼脂的亲水性比淀粉更高。

三、我国淀粉基塑料产业现状

近年来，全球对变性淀粉及其衍生产品的需求持续上升，世界变性淀粉的生产主要集中在欧美等发达国家以及亚洲的日本、泰国等。我国变性淀粉行业起步较晚，在变性淀粉的生产和研发上都较为落后，虽然已经能够生产各种变性淀粉，但和国外的大公司相比规模较小，多数为万吨以下企业，产品也以低端为主。

但是，我国在淀粉基塑料的研究和生产方面发展较快，已取得一定成果，淀粉基塑料已经被广泛地开发为包装材料、一次性餐具、薄膜和垃圾袋等生活用品。国内较有代表性的淀粉基塑料研究机构主要有四川大学、华南理工大学、兰州大学、天津大学、中科院长春应用化学研究所以及江西科学院应用化学研究所等。淀粉基塑料的生产企业主要有武汉华丽生物材料有限公司、深圳市虹彩新材料科技有限公司、广东益德环保科技有限公司、苏州汉丰新材料股份有限公司、浙江天禾生态科技有限公司、浙江华发生态科技有限公司、比澳格（南京）环保材料有限公司、烟台阳光澳洲环保材料有限公司、常州龙骏天纯环保科技有限公司、肇庆市华芳降解塑料有限公司、安徽鑫科新材料股份有限公司、普宁华芝路生物材料有限公司、明辉实业（深圳）有限公司等。其中，武汉华丽生物材料有限公司拥有一条完整的产业链，已建成6万吨/年产能规模，以木薯淀粉、秸秆纤维为主要原料的PSM生物塑料及制品研发生产基地，并获得多个淀粉基塑料的专利，其产品包括一次性餐饮具、塑料购物袋、垃圾袋、酒店用品、厨房用品、化妆品包装瓶、衣架等日用品。苏州汉丰新材料股份有限公司开发了以非主粮的木薯淀粉改性的全生物分解专用树脂及制备方法，可用于生产一次性餐盒、餐具等。广东益德环保科技有限公司依托“淀粉降解材料挤出片材机组”成套设备的核心技术，研发全生物降解一次性消费品、婴童系列产品和地膜等。烟台阳光澳洲环保材料有限公司生产的淀粉基塑料一次性餐具目前已供铁路使用。部分生产企业情况见表4。当然，目前淀粉基塑料行业仍存在很多问题亟待解决：为满足性能要求对淀粉进行改性所造成的成本增加问题，淀粉基塑料制品在性能上存在的缺陷等均不仅是今后研究重点，更是淀粉基塑料能否大规模推广应用的关键。此外，有关淀粉基塑料的标准体系也急需完善，已经发布实施的相关标准只有QB/T 2957－2008 淀粉基塑料中淀粉含量的测定热重法（TG）、QB/T 4012－2010 淀粉基塑料，有关食品接触用淀粉基塑料材料及制品的国家标准还在进行制定中。

表4　国内淀粉基塑料的生产企业

生产企业	产品	产能/（千吨/年）
武汉华丽生物材料有限公司	改性淀粉（PSM）及制品	60
深圳虹彩新材料科技有限公司	热塑性复合生物改性树脂及制品	25
广东益德环保科技有限公司	热塑性淀粉基塑料	10
苏州汉丰新材料股份有限公司	木薯变性淀粉树脂及制品	30
浙江天禾生态科技有限公司	生物基全系列材料与产品	35
浙江华发生态科技有限公司	热塑性淀粉基塑料及制品	8
比澳格（南京）环保材料有限公司	热塑性淀粉基塑料	10
烟台阳光澳洲环保材料有限公司	热塑性淀粉基塑料及制品	15
常州龙骏天纯环保科技有限公司	热塑性淀粉基塑料及制品	8

随着环境污染的日益严重，石油资源的日益紧缺，对可再生资源的日益重视，淀粉基塑料也受到了越来越多的关注。据统计，使用来源于可再生资源的淀粉基塑料相对于传统石油基塑料可减少50%～80%石油资源的消耗，也就是说，如果用淀粉基塑料替代100万吨的石油基塑料，至少可以减少200万吨石油的消耗，减少300万吨二氧化碳的排放。因此，大力发展淀粉基材料，提高我国淀粉基材料研发和生产水平，不仅仅有利于提升我国淀粉基塑料行业的整体水平，更能够产生良好的经济和社会效益。相信淀粉基塑料在今后必将继续得到快速发展。

（中国塑协降解塑料专业委员会　刁晓倩　翁云宣）

泡沫塑料（EPS）

一、行业现状

2016年，EPS建筑用量停滞，包装用量大幅提升，EPS树脂旧产能淘汰，新产能涌现。一些新的EPS改性及应用正陆续走入市场，全行业格局悄然发生变化。招工难、锅炉改气、下游压价、同行竞争……，内忧外患的EPS企业举步维艰，微利运营乃至亏损关门现象普遍。精打细算过日子成为企业的主旋律。

建筑应用方面，东北地区仍然以白板为主，石墨类产品用量较小，热固改性 EPS 有一定的市场，EPS 模块带动内蒙古自治区的用量。部分当地板材企业开始发展包装业务；在华北，建筑节能保温呈现多产品、多做法、百花齐放的态势，市场竞争激烈。虽然本地区市场增量尚可，但僧多粥少的局面令 EPS 处境尴尬；而在西北，各种类 EPS 及做法在本地区均有较大市场，提升产品质量是良性发展的重中之重。

包装应用方面，长三角地区传统 EPS 包装用量正逐步往内陆地区转移，EPP 在本地区发展势头良好，EPS 用量同比上年基本持平；而在珠三角，前几年外资撤离对本地区的影响正逐渐减弱，电子电器包装用量占比在本地区有所下降，企业开工率平均在 70% 左右。

自 2013 年后，随着竞争加剧与市场的不景气，已经陆续有 EPS 树脂企业整体停产、转让。受此影响，2016 年树脂企业平均开工率略有回升。另一方面，已经确认的有一批新产能将陆续涌现并会在今后几年进入市场。开发新产品是树脂企业今后与同行企业及相关产业竞争的重要砝码与生存根本。

随着建筑用量的减少，国内 EPS 市场重新回到保温、包装并重的局面。随着 EPS 在建筑节能领域应用的愈发艰难，预估 2017 年 EPS 建筑用量将占到 EPS 总用量的 40% ~45%，而包装用量将重新拉动 EPS 产业前行。

根据 EPS 专委会统计，2016 年国内 EPS 制品用量为 286 万吨，比去年同期基本持平。2016 年 EPS 树脂产量达到 312 万吨，出口量 28.5 万吨，原材料产能达到 597 万吨，企业数量锐减，全行业呈现“资源整合”下的阵痛模式。

二、专委会活动

1. 召开两次理事会工作会议，吸纳行业人才

EPS 专委会在工作过程中，充分发挥理事民主监督的作用，2016 年的七月和十二月，专委会召开两次理事会议，对本行业的重要问题形成决议，有效保障了 EPS 产业的健康发展。

随着专委会影响力的加强，不断地有新的单位提出入会要求。我们经过认真考察、筛选，将一批热心行业工作、积极为行业服务的企业加入到理事会中来，同时免去了一些长期不参加专委会工作的理事，使专委会会员总数保持总体稳定，理事会保持应有的活力，以满足行业发展需要。

2. 召集行业交流，积极开展地区性座谈会

针对行业发展需求，专委会积极组织专家赴各地了解企业生存状况，在 EPS 企业集中的区域，以召开地区座谈会的形式，同企业近距离沟通交流，为企业发展出谋划策。

2016 年 3 月，专委会在辽宁开原召开 EPS 如何突破 A 级限制研讨会，辽宁省建筑材料工业协会赵福义秘书长、保温材料协会张玉书秘书长、宁夏建筑科学研究院王福华院长以及来自全国各地的 EPS 企业代表共计 80 余人参加了此次会议。

5 月，由山西省中小企业服务中心，山西省中小企业发展促进会主办，EPS 专委会承办的山西省 EPS（塑料泡沫）产业创新发展研讨会在山西太原举行，共计 40 余人参加了会议，共商山西 EPS 产业发展。

3. 做好阻燃剂替代工作，为 EPS 应用保驾护航

六溴环十二烷（HBCD）自 20 世纪 60 年代投放全球市场以来，约 80% 作为阻燃剂用于 EPS 和 XPS 建筑保温板材生产，由于 HBCD 大量长期使用，以及具有的典型 POPs 性质，HBCD 已经成为人类高度关注的污染物。

去年，专委会已配合上海、浙江、天津环保局对当地板材生产企业进行了摸底排查。在 7 月 2 日，全国人大批准增列 HBCD 为 POPS 物质后，专委会又于年底举行的 EPS 行业年会上召集树脂企业、阻燃剂生产企业针对 HBCD 的替代及各树脂企业技术储备情况进行交流，并就替代物进展及后续发展进行讨论。

4. 积极与交通运输部门沟通，协调 EPS 海运难题

针对《国际海运危险货物规则》36 - 12 版施行实施过程中的问题，专委会配合辽宁海事局大连危险货物运输研究中心已开展了两年工作。2016 年，专委会对国内重点树脂生产企业及国外主要 EPS 进口商进行调研，已初步掌握了当下国内 EPS 树脂进出口情况，并提交了相关材料作为佐证提交国际海事会议。年底，专委会又邀请海事部门领导同部分树脂企业就目前工作进展、后续计划、当前存在的困难同企业进行交流，为下一步工作奠定基础。

5. 新媒体的应用——EPS 专委会网站改版、微信群建立

4月18日，全新改版的EPS专委会门户网站正式上线运行。新版网站涵盖了行业新闻、专委会公告、政策法规、技术应用等10大版块。图片新闻栏目展示热点新闻，新增“视频新闻”、“行业精英”“会员展示”等新栏目，进一步提升了信息公开、传播的时效，为EPS从业者了解行业动态提供了更多便捷。

同时，为增强行业互动性，进一步加大从业人员间的交流，专委会在去年成功开通微信公众平台的基础上，又在今年推出“EPS行业交流微信群”。截至目前，已有近800人加入到EPS交流群，极大地提升了行业间交流。

6. 积极参加中国塑协组织的评选，提高龙头企业声誉

在2015年十一月举行的中国塑料加工工业协会第七次会员代表大会上，为表彰“十二五”期间在中国塑料行业发展中做出突出贡献的单位和个人，中国塑协对全塑料行业优秀企业和先进个人进行评选。在专委会的积极组织下，我行业共有两家企业、四名个人分别当选“十二五”中国塑料行业优秀企业和先进个人。为行业树立了优秀标杆，对推动企业科技创新和产品质量的全面提高起到了重要的推动作用。

7. 积极参加同行业活动，参与标准制定

2016年，专委会组织相关人员就行业关心的热点进行了解，如参加绿色建材培训班、石墨聚苯版行标工作会、环保部外经办年会等相关活动。在接洽相关行业的同时，将有益本行业的新动向、新政策引入到行业内，引导企业发展。

同时，专委会就石墨板标准制定工作同相关负责标委积极沟通，推荐企业参标，为相关标准提供行业数据，积极做好服务工作。针对消防现场检测国标的制定，专委会组织企业提供相关产品，为标准制定掌握第一手数据助力。

三、新产品开发

云亭石墨烯技术股份有限公司的研发团队与高校教授团队经过4年的共同努力，将石墨烯经过特殊工艺改性并与苯乙烯（SM）复合，经过严格的悬浮工艺生产出改性石墨烯EPS。改性石墨烯可用于改善EPS材料的微观结构，获得超低的导热系数，添加在EPS材料中可增加其隔热、强度等多种功能。

石墨烯EPS的优点：

1. 低导热性

石墨烯EPS具有更佳的水汽阻隔及反射太阳光红外线功能，能够有效地保证温度不易散发，具有高于普通EPS的保温效果。

2. 高强度

石墨烯EPS抗拉强度可以达到0.19兆帕，接近国家标准的两倍。亦即从力学性能上而言，其耐久性大幅提升。

3. 高阻燃性能及抗静电性

石墨烯EPS独特的二维层状结构使其能够延缓热量的传递、热解产物的扩散与逸出以及氧气的扩散与混合，具有较高的阻燃性能和较强的抗静电性能。

随着市场上对建筑保温性能要求的提高，石墨EPS产品早已粉墨登场。但是，EPS行业生产石墨EPS主要采用在聚合过程中添加石墨的方式，这会使反应初期阻聚效果明显，聚合后期又易出现暴聚和结釜，试验失败率很高、生产成本居高不下。

石墨烯EPS比传统石墨EPS具有更好的保温性，且聚合反应稳定。相对于石墨及石墨素，石墨烯不仅在EPS聚合反应中，反应周期短、反应稳定，同等条件下，提高了企业的产能，降低了人工成本，同时还具有高强度、低导热、防静电三大主要特性，为产业发展带来了革命性、颠覆性的影响。

从目前的发展方向来看，石墨烯EPS将定位于中高端市场与聚氨酯等保温材料进行竞争，产品未来销量将呈现出井喷态势。

四、存在问题

1. 石墨EPS产品质量与国外还有较大差距

在现有生产工艺的基础之上，国产石墨EPS与进口产品比起来，无论是质量稳定性还是用户好评率均存在一定差距。

热固改性EPS存在同样问题，无论从其导热系数的不稳定性还是其热稳定性、熔结性的物理表现来看，目前还不是一个成熟的产品。多地将其防火阻燃等级定为B1级，而随着住建部、工信部相关行业标准的停滞，未来热固改性EPS的市场前景不容乐观。

2. 企业普遍创新能力不强

国内EPS产业技术进步发展速度缓慢，随着现有技术门槛的不断降低，越来越多的企业开始进入这一行业。由于产品同质化严重，引发长期价格竞争，不利于行业健康发展。特别是在EPS机械设备领域，国产设备同传统国外品牌设备相比在精细度，质量稳定性，售后服务方面仍存在较大差距，更多的是以低价位谋求市场竞争力，新技术研发方面很

多企业不愿意投入，照搬国外成熟产品，“画虎不成反类犬”的现象时有发生。一定程度上也影响了部分国内高端 EPS 制品生产企业对国产设备的热情。

3. 阻燃剂替代迫在眉睫

HBCD 自 20 世纪 60 年代投放全球市场以来，约 80% 作为阻燃剂用于 EPS 和 XPS 建筑保温板材生产。根据《斯德哥尔摩公约》要求，国外已经开始全面禁止 HBCD 的生产与使用。我国已经制定了五年淘汰计划，2016 年 7 月 2 日，全国人大已正式批准增列 HBCD 为 POPS 物质。可以说 HBCD 替代工作这场“战役”已在全行业内正式打响。

五、发展趋势

1. 建筑应用方面

（1）从防火的角度，《建筑材料及制品燃烧性能分级》、《建筑设计防火规范》相继实施，《建筑门窗耐火完整性试验方法及判定要求》在编，涉保温材料的防火安全的要求，基本上尘埃落定。各省市将结合本地域实际情况编制本地区外保温材料防火技术规程或技术要求。

（2）从建筑节能的角度，近几年，国家节能减排的要求不断加强。各省市建筑节能设计标准也在相应修编。北京、天津已出台居住建筑节能率 75% 设计标准。今后 3～5 年内建筑节能要求不会有大的变化，会稳定一段时间。

综上，今后一段时间内，保温材料市场将进入稳定提高阶段，这个阶段对于保温材料质量和应用技术水平的提高将呈现出一个良好的氛围。EPS 应抓住时机从质量入手，紧贴政策发展。

2. 设备方面

得益于包装业的被动“升级”，2016 年，EPS 机械制造业特别是国内企业销量颇丰。可以预见有关节能的研究将成为设备制造业今后一段时期的技术发展重点。

3. 新产品方面

石墨烯产业近两年在国内迅速崛起，在各领域都有相应的发展。在进入 EPS 后，石墨烯带给 EPS 超高强度及稳定的低导热系数。高性能拓宽了原有 EPS 的应用领域，在后期实现降低石墨烯成本的目标下，石墨烯 EPS 为 EPS 产业发展提供了一条方向。

改性石墨烯 EPS 具有更佳的水气阻隔及反射太阳光红外线功能，石墨烯本身具有极强的红外线反射、吸收能力。添加石墨烯后的 EPS，导热系数仅为 0.028。，能够有效的保证温度不易散发，具有高于普通 EPS 的保温效果。

石墨烯的强度是钢铁的 100 倍。少量石墨烯与 EPS 聚合后其抗拉强度可以达到 0.19Mpa，接近国家标准的两倍。可广泛应用于外墙保温板的减厚改性、替代 EPP 用于汽车防撞系统的改善以及运动头盔安全性能的提升。

石墨烯以其良好的隔音功能将被大量应用于航天领域。而随着人们对住宅舒适度要求的提升，2016 年，江苏省率先对公用、民用建筑的楼板撞击声提出要求，这为改性石墨烯 EPS 提供了广阔商机。

添加石墨烯的 EPS，耐腐蚀寿命是原有材料的四倍以上，极大提升 EPS 的抗氧化性能。可广泛应用于食品、药品、航空物资的包装与贮存，飞机、舰船制造以及海洋工程领域。

石墨烯自身具备的抗静电特性可满足精密仪器对于安装精准度以及稳定性的要求。同样，添加石墨烯的 EPS 突破了传统 EPS 受静电影响的限制，可广泛应用于军工产品的外包装上。

4. 企业经营方面

在不利的市场环境下，有些地方的企业采取集中优势资源，共同经营的模式，取得了不错的效果，既团结了企业，维护了共同利益，又集中了闲置资金开发新项目，值得借鉴。

（中国塑协泡沫塑料专委会　侯树亭）

塑料再生

一、再生塑料行业状况

2016 年，中国作为全球塑料制品消费大国、废塑料进口和回收大国的地位依然没有动摇。

1. 2016 年中国仍然是全球废塑料第一大进口国

虽然有国际原油价格处于低位的冲击，国内废塑料回收利用企业开工率不足以及国内环保政策趋于严格等因素的影响，2016 年中国废塑料进口总量依然达到了734.73 万吨，比2015 年的735.42 万吨仅仅下降了0.094%。从数据上来看，2016 年国内废塑料进口情况表现相对平稳，对废塑料供需影响的因素变化不大（表1）。

表1　2000～2016 年中国废塑料进口量

年份	进口量/万吨	增长率/%
2000	200.7165	——
2001	222.5104	10.86
2002	245.7502	10.44
2003	302.4087	23.06
2004	409.5724	35.44
2005	495.6528	21.02
2006	586.4496	18.31
2007	684.4725	16.7
2008	707.4569	3.36
2009	732.5810	3.55
2010	800.9421	25.97
2011	838.5684	4.70
2012	889.69	5.82
2013	786.80	-11.56
2014	825.43	4.91
2015	735.42	-10.90
2016	734.73	-0.094

不过，进入 2017 年，在政策层面情况出现了一系列的变化。

2017 年2 月7 日，海关总署在北京召开全国海关缉私工作会议，部署全国海关开展为期一年的打击走私“国门利剑2017”联合专项行动，重点针对“洋垃圾”、农产品、资源性产品、重点涉税商品、毒品和枪支等走私违法活动，开展专项打击和集中整治。这是继“绿篱行动”之后，又一次全面的海关监管行动。

2017 年4 月18 日，中央全面深化改革领导小组审议通过了《关于禁止洋垃圾入境推进固体废物进口管理制度改革实施方案》，要求以维护国家生态环境安全和人民群众身体健康为核心，完善固体废物进口管理制度。国务院办公厅4 月27 日印发了《禁止洋垃圾入境推进固体废物进口管理制度改革实施方案》，提出全面禁止洋垃圾入境，完善进口固体废物管理制度，切实加强固体废物回收利用管理。根据方案提出的时间表，2017 年年底前，将全面禁止进口环境危害大、群众反映强烈的固体废物。

自7 月1 日起，环境保护部组织开展为期1 月的打击进口废物加工利用企业环境违法行为专项行动。

在随后的7 月18 日，中国正式通知世界贸易组织，表示今年底开始将不再接收外来垃圾，包括废弃塑胶、纸类、废弃炉渣与纺织品。

同日，国务院办公厅印发了《禁止洋垃圾入境推进固体废物进口管理制度改革实施方案》，主要目标是：严格固体废物进口管理，2017 年年底前，全面禁止进口环境危害大、群众反映强烈的固体废物；2019 年年底前，逐步停止进口国内资源可以替代的固体废物。

环保部于8 月16 日发布了《进口废物管理目录》（2017 年），根据《中华人民共和国固体废物污染环境防治法》《控制危险废物越境转移及其处置巴塞尔公约》《固体废物进口管理办法》和有关法律法规，环境保护部、商务部、发展改革委、海关总署、质检总局对现行的《禁止进口固体废物目录》《限制进口类可用作原料的固体废物目录》和《非限制进口类可用作原料的固体废物目录》进行了调整和修订，将来自生活源的废塑料（8 个品种）、未经分拣的废纸（1 个品种）、废纺织原料（11 个品种）、钒渣（4 个品种）等4 类24 种固体废物，从《限制进口类可用作原料的固体废物目录》调整列入《禁止进口固体废物目录》。其中，明确定义工业来源废塑料指在塑料生产及塑料制品加工过程中产生的热塑性下脚料、边角料和残次品。

由于《方案》同时要求对进口废弃物管理目录进行调整，并于7 月底前完成，因此，自5 月23日的第11 批限制进口类申请公示之后，至发文时的9 月初，限制进口类申请没有出现更新。

一直以来，中国进口的废塑料以生活来源或商业贸易来源为主，而新调整的《目录》中所定义的工业来源废塑料由于其本身品质和洁净度较高，在国际市场上的需求良好，价格也处于高位，中国的进口商对于这一类品种的废塑料基本不具备定价权，而是更多的被货源地本土企业购买，其进口量占中国废塑料进口总量的比例也比较小。

因此，可以预见，自2017年开始，中国的废塑料进口量将出现巨大的滑坡，甚至，中国将不再是全球废塑料进口的第一大国。

2. 2016年海外对华废塑料出口一直处于不稳定的状态

受政策影响，市场整体而言对废塑料品质的要求在日益提高，而国际原油价格也一直处于低位震荡，上涨乏力，原油价格影响到废塑料价格的滞后效应明显，原油、新料、再生料之间的价格新平衡尚未出现，价格倒挂现象时有发生。另外，塑料制品工厂受国内销售状况和出口定单的影响，市场供应依然过剩。这也使得中国废塑料再生利用行业处于“不景气”的状态之中，开工率持续下降，预计到2017年仍无法超过60%，多数产能利用不足。短期来看，废塑料再生利用行业增长缓慢，利用率增速走弱。

3. 2016年申请废塑料进口许可（批文）的企业数量

企业数量依旧保持在2000余家的水平，其中进口单位855家，加工利用单位数量为1142家。其中有600余家加工利用单位可以自主进口。

2016年开始，废塑料进口许可的全年核定进口量为11097710吨，与2015年的19870470吨相比减少了8772076吨，降幅达44.15%，这表明环保部门对废塑料进口许可的审批收紧。但是由于实际进口量仍然小于核定量，对实际进口的影响不大。

获批准的废塑料品种中，乙烯类废塑料占比最大，达38%；其次为PET废塑料，占总量的33%；其他类废塑料占总量的22%；氯乙烯废塑料占5%；苯乙烯占2%。

欧盟仍然是废塑料对华出口的最大来源地，占到中国废塑料进口总量的四分之一。其他的主要来源地为美国和日本。

4. 2016年中国塑料再生利用行业的产业分布

再生利用行业的产业分布仍旧以传统的珠三角、长三角、京津冀等沿海地区为主。但随着多地环保监管力度增加，一些传统的、以中小型企业为主的原有产业聚集区陆续内迁，分散转移到了与沿海地区邻近的省份，甚至中西部地区。作坊式个体经营户依然存在，而且更加分散。各地依然经常出现有严重环保问题的作坊被查处的案件。

同时，一些央企与上市公司开始进入塑料回收领域，并着眼于全面的产业布局。巨头资本介入再生塑料回收利用有利于加速再生行业整合与转型，提高装备技术水平，促进国内回收体系建设。

5. 2016年，中国可估算的废塑料再生

废塑料再生可利用总量为2612.73万吨，其中国内来源废塑料再生利用总量为1878万吨，海外进口总量734.73万吨。2016年中国再生塑料回收总值达人民币957.8亿元，同比增长了18.2%（表2）。

表2　2011~2016年中国废塑料再生利用量

年份	再生利用量/万吨	增长率/%
2011	2188.4	——
2012	2487.8	13.68%
2013	2488.1	0.01%
2014	2825.43	13.56%
2015	2535.42	-10.26%
2016	2612.73	3.05%

2016年，中国废塑料再生利用总量出现了回升，增幅为3.05%，而同时期废塑料进口量却有所下降（表3）。这表明中国废塑料再生利用行业开始向国内来源倾斜，同时国内塑料再生利用行业也出现了复苏。

表3　2011~2016年中国进口废塑料占总再生利用量的比率

年份	进口量/万吨	国内回收量估算/万吨	再生利用量/万吨	进口量比率/%
2011	838.4	1350	2188.4	38.31
2012	887.8	1600	2487.8	35.69
2013	788.1	1700	2488.1	31.67
2014	825.43	2000	2825.43	29.21
2015	735.42	1800	2535.42	29.01
2016	734.73	1878	2612.73	28.12

6. 历年废塑料国内回收率

根据国家统计局及海关统计2016年中国塑料制品总产量为7717.2万吨，同比增长2.7%。塑料制品出口1038万吨，同比增长6.7%。塑料制品进口44.29万吨，同比增长2.5%。国内塑料的使用量据测算为6723.49万吨，较2015年增长为-1.23%。2016年中国塑料回收率为27.93%，比2015年提高了5.64%。这是由于国内回收量出现了一定的回升，而塑料制品出口增长率由负转正，塑料制品行业有了向好的发展（表4）。

表4　2011~2016年废塑料国内回收率

年份	塑料使用量（测算）/万吨	使用量增速/%	回收再生量（估算）/万吨	国内回收率/%
2011	5229.5	——	1350	25.82
2012	5467.37	4.55	1600	29.26
2013	5670.09	3.71	1700	29.98
2014	6785.37	19.67	2000	29.48
2015	6807.13	0.32	1800	26.44
2016	6723.49	-1.23	1878	27.93

二、塑料再生行业面临的形势

（1）从2016年中国塑料制品的生产和消费情况可以看出：国内塑料制品的总产量有所提高，塑料制品出口量增加明显，海外订单数量增加，塑料制品生产进入了上升阶段。

同时，国内塑料回收量也出现了78万吨的较大规模增长，国内市场对再生塑料的生产性需求有所恢复，但距离2014年的水平还有一定的差距，这也说明市场的恢复状况相对理性。

（2）2016年影响再生塑料价格的一大因素，即国际原油价格仍旧处于低位震荡。原油价格对初级形态塑料价格以及再生塑料价格的延滞性传导作用仍在持续，并且尚未形成新的价格结构平衡。从国际再生塑料市场上来看，由于国际市场对再生塑料的品质要求都在不断提高，而中国对进口废塑料的质量监管工作又一直在持续进行，国际对华废塑料出口贸易没有出现“绿篱行动”之后的大幅度反弹局面，相反，2016年中国废塑料进口总量甚至出现了微弱的下滑。因此，国际市场上低品质废塑料价格由于需求大幅度减少，货源充足，价格处于低位。而高品质废塑料由于环境友好程度高，需求充足，价格始终处于高位运行，中国的采购商很难掌握高品质废塑料的定价权。

（3）2016年由于国内对进口废塑料的监管力度一直在提高，许多废塑料进口商和加工商考虑将业务迁移至海外。其中，迁移至东南亚地区的企业占据了一定的比例。由于东南亚地区目前对废塑料进口的监管力度远远逊于中国，在东南亚地区建设废塑料初级加工厂，将从主要货源地进口的废塑料加工成品质较高的再生颗粒等，然后再出口到中国，供应国内塑料制品企业，这种模式已经初具规模，作为先前国内进口废塑料加工处理模式的一种替代方案。但是，外迁企业也同样面临着一系列问题。比如：

1）东南亚国家产业工人的知识储备和技能水平较国内低，劳动效率也较低。因此，尽管东南亚国家劳动力成本较低，但综合来看，与在国内经营相比成本上并没有太多优势。

2）在东南亚地区设厂同样将面临环境代价问题，目前东南亚地区的环境问题虽然还没有明显暴露出来，但随着产业的不断聚集，规模的不断扩大，势必会造成与今天国内所面临的相同的环境问题。

3）东南亚国家的政治格局和宗教信仰等因素与国内不同，不可控因素较多，许多东南亚国家都曾经出现过排华现象，这也是外迁企业不可避免的风险。

4）东南亚国家的经济水平仍旧较低，制造业及回收产业仍不够发达，废塑料经过回收再生之后所制成的再生原料在本地消化的能力不强，对下游海外市场的依赖度较高，这也将影响外迁企业的议价能力和盈利能力。

因此，还有一部分企业已经着眼于开拓海外的货源地市场，考虑直接将废塑料采购和初级处理过程在废塑料来源国完成，这样既可以继续维持对华出口贸易，保障国内塑料制品企业的需求，也可以抢占货源地的上游市场，并直接参与欧洲、美国等地的下游市场，继而提高企业的综合竞争力。

（4）2016 年制约中国再生塑料行业发展的主要因素并没有出现太多缓解。

其中，原油价格持续压迫再生塑料市场，国内宏观经济形式一直不容乐观，回收企业倒闭潮仍旧在继续。与此同时，环保整治力度不断加大，部分地区在进行环保整治时存在“一刀切”的全面关停现象。而且，对进口废塑料的监管也日趋严格，进入 2017 年，业内存在已久的关于“全面停止废塑料进口”的传闻终于有了答案。在中国向 WTO 正式提交文件，宣布停止非工业来源的废塑料进口中国之后，由于可被定义为工业来源的废塑料品质较高、污染程度较低，一直以来就不是进口中国废塑料的主体，因此大部分废塑料将不再进入中国。

不过，由于海外一些地区将废塑料的来源分为了工业来源、商业来源和生活来源三大类，而在 2017 年较早公布的文件中均称将被禁止的废塑料来源为生活来源废塑料。中国所公布的文件中并未定义出商业来源的废塑料，这也造成了海外来源地的出口商对中国公布的文件出现了理解上的困难，不清楚其所定义的商业来源废塑料的归属如何。

在环保部新修订的《禁止进口固体废物目录》《限制进口类可用作原料的固体废物目录》和《非限制进口类可用作原料的固体废物目录》中，将废塑料的来源明确分为了工业来源与非工业来源两大类。其中工业来源将继续允许进口，而非工业来源废塑料则将被禁止进口，而且明确定义工业来源废塑料指在塑料生产及塑料制品加工过程中产生的热塑性下脚料、边角料和残次品。因此，新修订的《目录》中使用“非工业来源”这一表述方式使得废塑料的界定得以明确。

（5）2016 年我国塑料再生利用行业从业人员素质不高、行业准入门槛较低、受大环境影响各个企业开工率不足、行业仍处于转型升级的开始阶段、国家政策仍不利于再生行业的良性发展、公众对再生利用以及环保领域的认知理解以及参与度都相对低下的局面仍未有根本改变。造成这一局面的因素虽然较多，情况较复杂，但究其根本，一个较为核心的一个原因便是我国一直没有建立起健康发展的国内回收体系。

我国涉及塑料再生行业的主管部门较多，但各有各的分工，本身的职能也较为明确。其中，工业和信息化部主管塑料再生行业的行业标准、节能减排、技术与装备水平等方面；环保部主管工业制造过程中对环境的影响问题；国家质检总局则对再生塑料原料及制品的质量水平进行控制；海关对废塑料进口工作进行监督检查；而国内回收体系的管理部门为商务部。

国内回收体系建设一直以来都是塑料回收行业乃至整个资源回收再利用行业的短板。我们国家缺乏完善的国内废弃物管理制度，缺乏诸如德国绿点、日本的垃圾分类制度以及在我国曾经实行过而且其他许多国家也在恢复的包装物押金制度等、部分国家实行的禁塑令和限塑令，包括上述制度所配套的其他法律制度，而且塑料制品的生产商责任制延伸工作也仅仅处于开始阶段。这就使得我国的资源回收率一直较低，塑料制品的回收率仅维持在 25% ~30% 区间。虽然有部分品种，比如 PET 饮料瓶由于单品价值相对较高、易获取、易辨识，因此回收率也较高，但像塑料袋、一次性餐具以及不易辨别品种的塑料制品等的回收率则相当低。由于我国事实上不存在垃圾分类制度，导致国内废塑料大多与其他废弃物相混杂，即便通过人工分选，被污染的程度也相当重。国内生活来源废塑料的整体品质不高，而且总量供应既不足又不稳定。我国在过去的三十年里面，经济得到了迅猛的发展，制造业规模空前提高，塑料制品行业的产量占全球的比重不断增加，这就使得我国塑料行业对原料的需求巨大。使用再生塑料作为原料对于降低塑料制品成本来说有着至关重要的作用，而我国国内废塑料产量从来都不能满足国内的生产需要，因而，进口废塑料就成为必需。也就是说，我国进口废塑料的基本动因是市场需求。从我国近些年来进口废塑料所占比例来看，假如我国能够将现有的塑料回收率提高到 50% ~60% 左右，国内废塑料供应就可以基本满足目前的生产需求，对进口废塑料的依赖也就基本消失了。因此，国内回收体系不健全才是我国对进口废塑料依赖的一个重要原因。

针对进口废塑料引发的各种问题，一个比较理想的解决方案应该是首先尽快完善国内回收体系建设，大幅度提升国内废塑料回收率，使得国内废塑料供应充足，价格相对进口废塑料产生优势，用市场化的手段逐渐淘汰进口废塑料，这样既解决了国内再生原料不足的问题，又避免了进口废塑料对我国环境二次污染问题，满足《巴塞尔公约》的要求，在保护了环境的同时实现了国内资源闭合循环以及资源高效利用，继而保护了国内循环产业的产能，有利于提高了我国制造业的整体水平。实现“良币逐劣币”的局面才是效率最高、代价最小的产业转型升级方式。

相反，在国内回收体系建设尚未完善之时，简单地使用行政手段对进口废塑料进行打压，借以倒逼国内回收体系建设，有可能要么上述目标全部难以实现，环保企业大量倒闭，国内废塑料“一次污染”问题也得不到解决，要么即便倒逼出了相对完善的国内回收体系，但回收行业在整个过程中会损失惨重，必须经过一次“凤凰涅槃”方可得以重生，而且在经济大环境不利的情况下，回收行业所受的打击需要相当长的时间和相当大的代价来进行弥合。

（6）国内回收体系不健全的另一个表现是公众对回收产业的了解程度与参与度低下。

由于我国没有足够的政策对终端回收环节进行规范和保护，使得回收终端市场的利润率得不到保障，规模化企业难以进入终端环节，公众也没有得到足够的利益吸引而参与回收。在整个回收行业不景气的情况下，首先受到影响的便是回收终端，结果表现为大量从业人员流失。

在没有足够的利益引导的情况下，推行垃圾分类回收将很难取得实质效果。

就我国的现实而言，应尽早仿照德国绿点制度，实行生产责任制延伸，让生产企业为塑料制品的回收负责，让塑料制品的设计更加有利于环保回收，让回收企业可以更好地介入回收终端市场。全面恢复包装押金制度，则更有利于让公众积极参与回收活动，最大程度上减少包装物被损毁、填埋、焚化的可能。在回收企业能够全面掌握终端回收市场之后，采用回收物价格区别化的措施有利于引导公众仿照日本进行垃圾及可回收物分类回收。

另外，回收行业的“二次污染”问题大量存在，并且让公众及媒体反应强烈，但偏重强调“二次污染”问题则容易让公众忽视诞生于粗放式发展时期，普遍存在于工业制造行业的“一次污染”问题。这并不是说“二次污染”问题不需要得到重视，而是应对所有污染问题都一视同仁，从工业领域整体发展水平入手，从根本上改变过去以牺牲环境为代价换取经济发展的模式，让全体制造业企业都必须有能力也愿意去承担环保责任，从而获得经济发展和环境保护双赢的局面。

（7）2016 年塑料再生市场出现了一定的回暖迹象。大量中小型加工企业被关停导致的供应量减少，以及废塑料进口量下降，再加之流动性出现宽松，市场价格出现上行趋势。

一些上市公司及国企通过新三板上市进入再生行业，为行业带来了强大的资金支持，并由大资本带动尝试多种“互联网 +”新模式，为塑料再生行业探索未来的发展之路。

三、建议

（1）尽快完善国内回收体系建设。

（2）对于回收行业最薄弱的回收终端环节减税，并进行合理的政策引导。

（3）充分利用市场的作用，加强合理的行业准入许可，取消不必要的行业门槛和限制，着重规范塑料原料、制品的生产过程、工艺、节能减排、环境保护以及产品质量等问题。

（4）法制保障。完善涉及市场自由、公平、诚信、平等交易的法律体系，严格监督环保和质量控制工作。对于违法行为要严厉打击，并加大惩治力度。

（5）简政放权。非市场性政策应予终止，保障企业的合法经营行为不受到干扰，简化企业办事流程。

（中国塑协塑料再生利用专业委员会　陈岩）

塑料编织制品

一、塑料编织行业“十二五”期间发展情况总结

（一）主要指标完成情况

通过统计数据表明“十二五”期间我国塑编行业发展继续保持着较快的增长速度。“十二五”期间全国共生产塑编产品 7447 万吨，比“十一五”期间生产塑编产品总量 3050 万吨，同比增长了 144.2%。2015 年全国各品种塑编制品总产量 1692 万吨，比 2010 年产量 980 万吨增长 72.65%，平均年增长幅度 12.11%。产值 2015 年 2135 亿元，比 2010 年 1320 亿元增长 61.74%，年均增长幅度 10.29%。（表 1）

表 1　2011－2015 年塑料编织行业发展情况

年度	产量/万吨	产值/亿元	年产量增幅/%
2011	1210	1450	23.5
2012	1390	1710	14.87
2013	1522	1920	9.5
2014	1633	2064	7.29
2015	1692	2135	3.61

（二）科技创新体系建设

“十二五”期间，塑料编织行业积极推进实施品牌、专利、标准战略，建立企业、科研机构、行业组织的联合创新机制，已经形成以企业为主体，产学研紧密结合的塑编技术创新体系和服务平台。重点行业关键技术和装备自主化率达到 85%；研究与实验投入占收入的比重不到 1%；新产品产值率和科技进步贡献率分别提高到 3% 和 10%；推进产学研成果转换，并实现产业化，不断提升产业核心竞争力。

（三）行业龙头企业扶持发展情况

经过“十二五”期间的发展，塑料编织行业涌现出一批龙头骨干企业，包括天津华今集团有限公司、温州晨光集团有限公司、辽宁腾华塑料有限公司、江西金沙包装集团有限公司、广庆集团有限公司、南塑集团有限公司、洛阳市强胜实业有限公司、龙岩市宏祥工业包装有限公司、江西亚美达科技有限公司、浙江中宇科技发展有限公司、山东寿光健元春有限公司、江苏万乐复合材料有限公司、浙江华庆集团有限公司、升阳控股有限公司、江苏中乾塑业有限公司、淄博新力塑编有限公司、安徽省锦翔塑编包装实业有限公司、沈阳鑫正发塑业有限公司、江西省坤达科技有限公司、常州常编集成科技有限公司、石家庄博大塑化有限公司。

（四）中小型企业“精特专新”发展情况

塑料编织行业中小型企业“精特专新”发展好的企业包括佛塑科技有限公司、兖州市宏泰塑料制品有限公司、天津市旭辉恒远塑料包装有限公司、沈阳时代塑编有限公司、北京市深顺通达塑料制品有限公司等企业。

（五）加快节约资源与绿色生态建设，尤其是推进节能减排以及清洁化生产技术应用情况

塑编行业节能取得了很大的进步，截至 2015 年底塑编企业共有 85% 的企业进行了节能改造。取得了良好的经济效益和社会效益。在生产现场的清洁化生产方面，塑编行业还需进一步加强。

在节能降耗方面，塑编一直通过不断提高拉丝机的幅宽、线速度；采用高效、节能圆织机，后工序采用自动化切缝一体的方法降低每吨制品的能耗，提高生产效率。

塑编产业节能降成本的主要途径：

（1）拉丝机节能一是大型化，加大螺杆、增宽模头，增加产能比；二是提高螺杆转速和生产的连续性；三是从拉丝机加热方式上寻求节能降耗；

（2）圆织机节能降耗一是选择小六梭、节能型四梭圆织机、大八梭等多梭大型圆织机；

（3）制袋机是向切缝一体机、切缝印一体机、自动套袋和自动化方向发展；

（4）印刷机是向整卷连续印刷机和印刷切断机，印刷、切断、缝纫一体机方向发展；

（5）自动套内袋机向自动化和智能化方向发展。

（六）产业结构调整、转型升级情况

“十二五”期间，塑编产业一直不断在进行产业结构调整，应当说，总体状态良好。

五年来，塑编产业结构调整表现在：塑编企业组织结构调整，兼并重组，强强联合，集团化，规模化持续进行。

通过技术创新，不断开发新塑编产品，拓展了

塑编应用领域，开发出各种多功能袋。

塑编产品进行结构调整，产品品种多样化，适应不同用户要求，产品从低端产品向高端产品发展，提升塑编产品附加值。

塑编设备进行升级换代，淘汰落后产能，提升塑编产品品质，节能降耗进步很大。

行业通过技术改造，节能降耗，强化管理，增收节支并向塑编产业链延伸，向相关领域拓展，开展多种经营，使企业做大做强。

（七）企业信用建设情况

塑料编织行业整个产业链企业间信用情况相对比较好。温州晨光集团有限公司、浙江华庆集团有限公司，江苏中乾塑业有限公司多年获中国塑料行业企业信用等级评价AAA评级。

二、塑料编织行业“十二五”期间重点任务和重点工程完成情况总结

（一）重点任务完成情况

“十二五”期间，积极发展高端塑料编织生产，加快调整塑编制品高、中、低档产品的比例；加快发展功能编织袋生产如透明编织袋、耐老化编织袋、抗静电编织袋、抗菌编织袋的生产；扩大高档篷布的生产规模；扩大人造草坪丝的规模；扩大集装袋生产规模；扩大方底阀口袋生产；加快编织袋生产中机器换人的步伐。

（二）推行清洁生产、节能减排情况

在节能方面，塑料编织行业非常重视节能降耗工作，并取得显著成效，吨耗电从“十一五”的1700度左右到现在的900度以下。

（三）培育塑编新兴产业，提高产业高端化情况

“十二五”期间塑料编织行业培养的新兴产业主要是集装袋、抗老化袋、透明袋、草坪丝、高档篷布、食品级包装袋、方底阀口袋等功能性编织袋。

（四）塑料编织行业创新体系建设情况

行业企业积极创新发展，龙头企业注重创新和产品研发，积极申报专利。产业链“十二五”期间已有数百件专利产品。

（五）塑料编织行业出口产品附加值情况

“十二五”期间，塑料编织行业出口产品附加值还不高，主要集中在集装袋出口上。

（六）推进塑编产品安全工程建设情况

1. 塑料编织行业产品卫生和安全情况

塑料编织行业担负着为国民经济提供优质生产资料和为广大消费者提供安全、可靠包装的重担，“十二五”期间塑料编织行业在切实保证产品卫生与安全方面做了很多工作。

2. 国家标准、行业标准以及企业标准体系建设

“十二五”期间，塑料编织行业已经形成了相对完整的国家标准、行业标准以及企业标准体系，并已经着手加强基础标准研究包括检测方法等标准。其中，塑料编织行业从2011～2014年完成了塑编新国标GB/T 8946－2013《塑料编织袋通用技术要求》、《塑料编织集装袋加工贸易单耗标准》、《再生塑料编织袋》行业标准。

3. 执行食品卫生标准和安全使用标准情况

“十二五”期间，塑料编织行业严格执行食品卫生标准和安全使用标准，重点对与食品、饮料接触的产品给予高度重视，严格使用达到国家标准的原材料，严格使用各类环保型助剂和填料、油墨，企业注重食品质量管理认证，QS认证企业数量超过400家。加强企业生产过程监督，确保产品安全、可靠。

4. 在塑料编织行业开展质量兴企、质量兴业活动情况

“十二五”期间，塑料编织行业认真开展质量兴企、质量兴业活动，大力实施品牌战略，实行质量对标，加强质量能力建设，加强质量管理各项基础工作，切实提高产品质量，提高企业核心竞争力，新国标GB/T 8946－2013《塑料编织袋通用技术要求》实施以来企业认真对照执行，产品抽检合格率进一步上升。

二、2016年塑编产业链发展总结

（一）2016年塑编产业发展介绍

数据显示行业发展有企稳回升迹象。2016年底，全国有塑料编织专业生产企业7000多家，从业人数44万多人，年综合生产能力约2700万吨。

2016年全国规模以上企业塑料丝、绳及编织品（以下简称塑编制品）产量1404.8万吨，同比增长5.9%，比上年度增长了1.2个百分点，产值约1881.2亿元，同比增长4.6%。2016年全社会塑编制品产量约1778.3万吨，同比增长5.1%，全社会产值约2231.1亿元，同比增长4.5%。

2016年塑编产业在国内外市场需求减少不利的条件下，行业在产品功能化、产品结构深度调整方面取得明显成效，许多企业努力创新、大力开拓新产品，方底阀口袋、多功能包装袋等高附加值产品都已大批生产，吨装袋产量亦有提高，有些企业走上集团化的多种经营之路。

自2014年塑编行业发展增速从两位数降到个位数后，2016年增速高于5%，塑编行业发展有企稳回升迹象。

2016年塑编企业整体开工率在75%左右，塑编企业平均利润为5%左右，较上年略有提高。因企业回款周期变长，财务成本升高，工厂开工不足，人工成本增高、原材料波动大等因素，对企业盈利产生了不利影响。

（二）全年产量走势分析

从表2和图1我们可以看到2015年全国塑编规模以上企业逐月产量走势。

1月份约完成89.6万吨，同比增长了约4.32%；2月份完成66.6万吨；同比增长了约2.94%；3月份完成103.1万吨；同比增长了5.09%；4月份完成114.3万吨，同比增长了5.78%；5月份完成121.6万吨，同比增长了6.39%；6月完成130.9万吨，同比增长了5.92%；7月完成124.5万吨，同比增长了6.87%；8月完成132.0万吨，同比增长了7.23%；9月完成136.8万吨，同比增长了6.57%；10月完成130.9万吨，同比增长了6.44%；11月完成128.6万吨，同比增长了5.92%；12月完成125.9万吨，同比增长了5.18%。

从表2中可以看出，8月为全年同比增长最高月为7.23%，但7、11月份也保持全年的高增长，原因是塑编行业传统的旺季，订单充足，交货量大；因春节假日原因2月同比增幅全年最低为2.94%。，其他月份的增长呈现季节性规律，基本变化不大，但开工不足，表现出了淡季的特征。

表2　2015年全国规模企业塑编月产量表

月份	2015年月产量/万吨	2016年月产量/万吨	同比增长/%
1月	85.9	89.6	4.32
2月	64.7	66.6	2.94
3月	98.1	103.1	5.1
4月	108.1	114.3	5.74
5月	114.3	121.6	6.39
6月	123.6	130.9	5.91
7月	116.5	124.5	6.87
8月	123.1	132.0	7.23
9月	128.4	136.8	6.54
10月	123.5	130.9	5.99
11月	120.6	128.6	6.63
12月	119.7	125.9	5.18

（三）各种塑料产品所占总量的比例

在1692万吨塑编包装产品中，水泥袋约631万吨，约占35.2%；化工原料、粮食、饲料等各种普通编织袋640.08万吨，约占36%；集装袋257.8万吨，约占14.5%；土工布及篷布176万吨，约占10.2%；网眼袋35.56万吨，约占2%；其他塑编产品37.3万吨，约占2.1%。2016水泥袋下降了1.8个百分点，这与国家持续的房地产调控政策及水泥行业淘汰落后产能有关；集装袋增加了0.5个百分点，土工布及篷布增加了0.3个百分点。普通包装袋增长了1个百分点，其中的粮食包装袋增长较快，主要是因为国家粮食收储政策的变化——粮食收购放开和交通部严控超载运输等措施，使得一部分粮食等普通包装袋的用量出现大增，这在东北地区表现明显。其他种类的产品平稳增长（见图1）。

据塑编行业不完全统计，2016年全国共生产各种塑编产品约1778万吨中，使用新粒料聚丙烯约

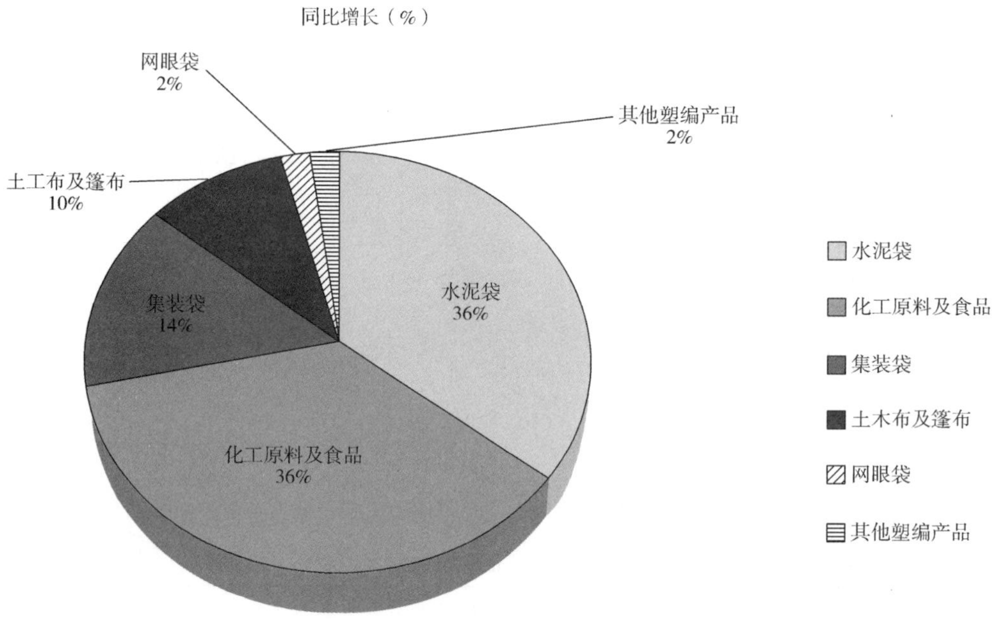

图1　各类塑料产品占比图

801.8万吨，粉料聚丙烯约359.2万吨，粒料聚乙烯约128万吨，再生料约284.5万吨。1778万吨塑编产品中还包含各种母料约145.8万吨，纸、缝纫线、胶、颜料、油墨等58.7万吨。

新粒料聚丙烯主要用于集装袋、大型石油化工企业的石化产品包装的编织袋、食品袋和透明袋等。

新粒料聚乙烯主要用于要求较严格的篷布、救灾帐篷、土工布、吊带、包装食品编织袋内衬等。

粉料主要用于包装化肥、饲料、透明袋、包装米面等编织袋。有时用粒料和粉料混合生产这些种类编织袋。近年来使用粉料有下降趋势，原因是粉料和粒料的价格差不足以吸引塑编企业。

品质好的再生料和新料混合生产集装袋、石油化工产品包装的编织袋、透明袋等。

品质一般的再生料单独或与粒料、粉料混合生产化肥包装袋、饲料袋、水泥包装袋、谷物包装袋等。

2016年，更多的企业采用聚丙烯粒料作原料生产高、中档编织袋，生产车间粉尘、烟雾大大减少，使生产环境获得较大改善。

（四）各省份占总量的比例

全国31个省（市）塑编制品产量相差悬殊，产量列全国前6位的省（市）是山东、辽宁、浙江、河南、四川、江西。增长幅度列前6位的是江西、辽宁、河南、内蒙古、黑龙江、四川；产量列全国前6位的产量合计约占全国塑编产量60%。山东、辽宁、浙江等省占全国塑编产量的比例都呈下降趋势。塑编产业分布从东南向中部、东北、西北、西南、中原转移的趋势放缓。青海等14个省（市）塑编产量占全国比例都在10%以下（见图2）。

（五）塑编产品出口方面变化不大

自2010年以来，塑编产品出口方面明显走弱，每年以10%的速度下滑，以集装袋出口为例，2013年出口量呈显著下降，2016年塑编产品出口方面变化不大，出口量略增，比上一年增长了4%，出口金额下降了6%。（见表3）原因一是塑料原料价格下降所致，二是年初以来的人民币汇率贬值影响了塑编产品出口货值减少。

近年出口不振的主要原因，一是我国塑编产品偏向低端，高附加值产品较少，在国际市场不占优势；二是作为劳动密集型产业，我国人口红利已消失，劳动力成本大幅上升，优势已经逐渐失去；三是塑编产业有向印度、越南、非洲、东南亚等国家逐渐转移的趋向；四是人民币汇率多年的升值降低了塑编企业的国际竞争力。

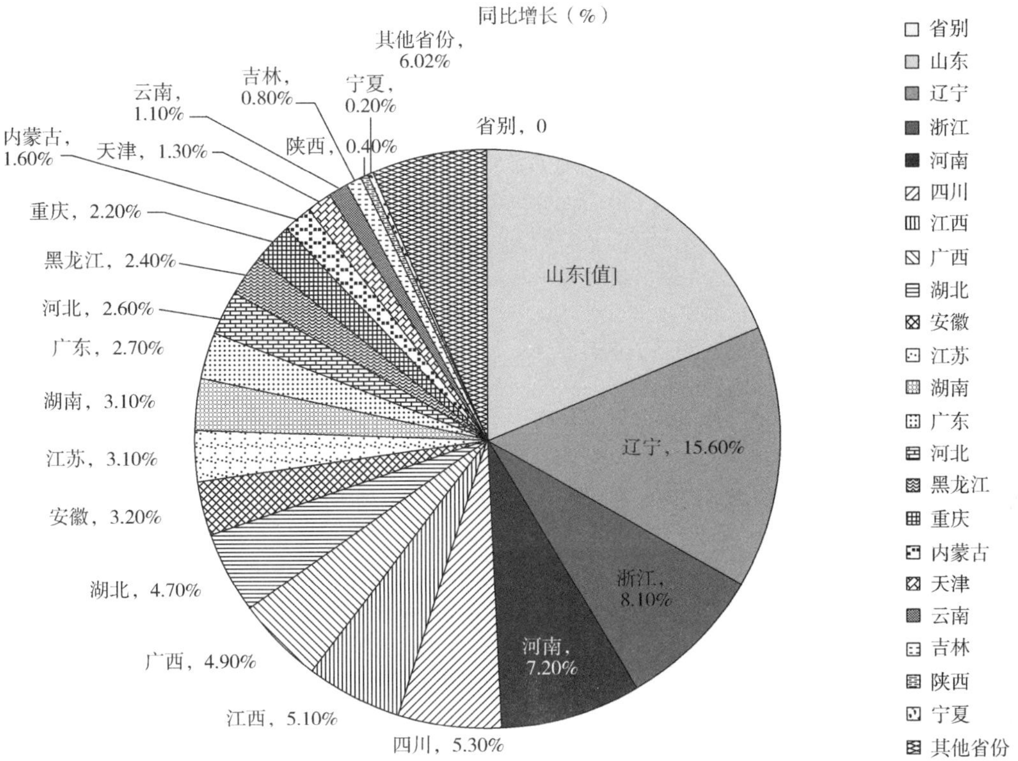

图 2　全国塑编企业各省产量占比图

2016 年依然有一些出口企业面临较大的生存压力，或者转向内销。从中国劳动力成本还在不断上涨的角度看，塑编产业的出口压力非常明显，倒逼企业从低端产品向附加值高的产品生产和出口。另一方面可以看到人民币汇率从单边上升开始向下振荡，将给出口企业带来一定的契机。再次，塑料原料近两年整体价格下降，处于中低价位，给出口企业在产品结构调整方面带来机会（表 3）。

表 3　　塑料编织集装袋加工贸易基本情况

成品名称	商品编号	年度	出口国别	出口口岸/加工企业所在地区	出口量/千克	出口货值/千美元
塑料编织集装袋	6305320000	2012	日本、美国、韩国、哈萨克斯坦	江苏、山东、福建、厦门等	92 212 839	521 109
		2013			91 843 987	515 897
		2014			92 606 292	509 190
		2015			93 810 174	517 337
		2016			97 562 581	484 227

（六）塑编企业增效降成本的主要途径

多年来，塑编企业深入开展节能降耗活动，大力淘汰落后设备，引进先进的节能型塑编生产装备，提高塑编生产装备水平，提高生产效率和减少劳动力的使用，增效降成本效果明显。

塑编企业采用节能设备比例比上一年度又有提高，塑编企业的节能改造基本完成。

2016 年全国塑编企业继续淘汰落后设备，采用高线速度拉丝机和阔幅模头、节能圆织机、自动化一体切缝设备，使编织袋生产能耗又有新的降低，有一些地方企业每吨编织袋电耗降至800度以下。

塑编的后工序还大有作为，今后主要是向切缝一体机和自动化、智能化方向发展。自动切缝机品种不断增加，技术上不断创新，更多的企业将采用自动切缝一体机来完成后工序。

今后，塑编行业增效降成本的主要途径一是采用高效节能、自动化、智能化的塑编设备；二是采用高质量的原材料、高级填充母料及先进技术、工艺、配方，达到提高产品质量，减少单位产品克重，最终实现塑编轻量化的目标。

（1）高速拉丝机和节能圆织机设备节能开发方面已出现瓶颈，今后主要方向是智能化制造。

（2）切缝一体机继续向自动化和智能化方向发展。自动切缝机一体设备品种在不断增加，技术上不断创新，继续保持较高增长幅度。

（3）方底阀口袋制袋设备自动化程度高，大大减少了劳动用工，降低了生产成本，提高了企业利润水平。方底阀口袋制袋设备国产化刚刚开始。一些有稳定大订单的塑编生产企业开始采用了方底阀口袋制袋设备生产编织袋，取得了很好的效益。今后发展速度取决于下游用户灌装自动化的发展进度。

（4）使用自动套内袋机代替人工套袋，其技术不断改进，速度进一步提高，保持着较高的增长速度。

（5）集装袋上下十字口成型机，减少了劳动用工，是代替集装袋上下十字口缝制工序的一次成型免缝纫设备。该机可以降低工人的劳动强度，提高生产效率，有利于实现流水作业。

（6）使用高性能的原材料及改性材料、填充母料、助剂达到减轻克重、降低产品成本的目的。

二、“全国塑编产业链技术交流与市场对接会”已成为塑编产业链的“亮丽名片”

（一）2012年8月29日在沈阳市成功召开了“2012全国塑编产业链技术交流与市场对接会暨沈阳康平塑编经贸展洽会”

会议由中国塑料加工工业协会和沈阳市人民政府共同主办，中国塑协塑编专委会和康平县人民政府承办，沈阳华泰塑业有限公司、沈阳时代塑编包装有限公司、常州市永明机械制造有限公司、烟台永太机械有限公司、奥地利史太林格有限公司、雁峰集团有限公司、潍坊宏源塑编有限公司、常州市德正机械有限公司、天津玉泉工贸有限公司、常州市腾诚机械制造有限公司、德州三志塑胶有限公司、鲁谷（北京）科技有限公司、浙江兰溪市中艺捻织厂提供赞助。来自国内外塑编产业链的1200多名企业代表出席了本次会议。

沈阳市人民政府市长陈海波，中国轻工业联合会副会长、中国塑料加工工业协会理事长钱桂敬、工业和信息化部消费品司副司长高延敏、国资委处长梁方等各部委领导参加了会议并做了重要指示。

本次会议得到了政府、各地方协会、各塑编企业等方面的大力支持，从政府支持程度、参会人员数量、会议的影响力等方面都超历届。

（二）2013年8月1日在常州市成功举办了“2013全国塑编产业链技术交流与市场对接会”

本次会议由中国塑料加工工业协会主办，中国塑协塑编专委会和常州塑化产业商会承办，会议得到了常州市永明机械制造有限公司、山东新宇包装股份有限公司、德州三志塑胶有限公司、常州市德正机械有限公司、常州市华盛塑料机械有限公司、常州市腾诚机械制造有限公司、雁峰集团有限公司、常州市卫翔机械有限公司、北京大正伟业塑料助剂有限公司、北京中坤嘉达科技有限公司、常州市润亿机械制造有限公司、天津玉泉工贸有限公司、淄博日月进塑料机械有限公司、潍坊宏源塑编有限公司、博翊精机（嘉善）有限公司、西安聚能塑胶有限公司、北京明顺包装机械厂、汕头市欧格包装机械有限公司、浙江兰溪市中艺捻织厂、芜湖恒一塑料设备制造有限公司、史太林格塑胶机械（太仓）有限公司等单位的赞助。来自国内外塑料编织制品产业链的730多名企业代表出席了本次会议。

会上，宣布并表彰了塑料编织行业技术顾问小组第一批成员。

同期，举行了中国塑协塑编专委会第三届四次理事会，会上还对中国塑协塑编专委会第三届理事及理事以上成员进行了增补。

（三）2014年8月20日在牡丹江市成功举办了“2014全国塑编产业链技术交流与市场对接会暨黑龙江穆棱塑料经贸洽谈会”

本次会议由中国塑料加工工业协会和牡丹江市人民政府主办，中国塑协塑料编织制品专委会和穆棱市人民政府承办，黑龙江万事达塑业集团、天津华今集团有限公司、牡丹江瑞丰新材料科技有限公司、黑龙江升华包装有限公司、穆棱市惠尔森建材有限公司、黑龙江华绽卫生材料有限公司、黑龙江大东机械设备有限公司等单位协办。常州市永明机械制造有限公司、常州市德正机械有限公司、德州三志塑胶有限公司、史太林格塑胶机械（太仓）有限公司、北京大正伟业塑料助剂有限公司、雁峰集团有限公司、潍坊宏源塑编有限公司、天津玉泉工贸有限公司、北京明顺包装机械厂、陕西聚能塑胶有限公司、沈阳鑫正发塑业有限公司、常州市腾诚机械制造有限公司、青岛建华包装机械有限公司等单位提供了赞助。

来自国内外塑料编织制品产业链的370多名企业代表出席了本次会议。

（四）2015年9月22日至9月24日在浙江平阳县举办了“2015全国塑编产业链技术交流与市场对接会暨塑编产业转型升级发展论坛”

本次会议由中国塑料加工工业协会、平阳县人民政府主办，中国塑协塑料编织制品专委会、平阳县塑包协会承办，温州晨光集团有限公司、浙江华庆集团有限公司、浙江中宇节能科技有限公司、天津华今集团有限公司、雁峰集团有限公司、浙江三龙通用机械有限公司协办。

会议得到了平阳地区温州晨光集团晨亮塑业有限公司、浙江坤达包装有限公司、温州钱峰科技有限公司、浙江南一塑料机械有限公司、浙江科达包装机械厂、浙江胜龙机械有限公司、平阳县华强机械有限公司、温州科旺机械有限公司、平阳县凯达包装有限公司、温州实丰塑料机械有限公司、平阳县陈文机械有限公司、温州港联机械有限公司、平阳县华源塑料机械厂、平阳县塑料母料厂、温州方磊塑化有限公司、浙江天风塑料机械有限公司大力赞助，全国各地区塑编产业链企业包括常州市永明机械制造有限公司、德州三志塑胶有限公司、常州市德正机械有限公司、史太林格塑胶机械（太仓）有限公司、浙江兰溪市中艺捻织（机械）厂、常州市腾诚机械制造有限公司、陕西聚能塑胶有限公司、天津玉泉工贸有限公司、瑞安市余敏塑机螺杆有限公司、北京泰纳科新材料科技有限公司、北京明顺包装机械厂、潍坊宏源塑编有限公司、枣阳市双星伟业塑胶有限公司、临沂青松油墨厂、宿迁联盛化学有限公司、汕头市北星包装机械（北信机械）有限公司等单位的赞助。

来自国内外塑料编织制品产业链的830多名企业代表出席了本次会议。

会议议程主要包括：中国塑协塑编专委会会长姜集康向大会做了“中国塑协塑料编织制品专委会第三届理事会工作报告”；讨论修改《中国塑协塑编专委会工作条例》；最后进行了塑编专委会理事会换届仪式，选举产生了以姜集康为会长，孙冬泉为秘书长，6名常务副会长，17名副会长，22名常务理事，21名理事，1名常务副秘书长，6名副秘书长组成的第四届理事会成员班子。全体与会代表热烈鼓掌通过各项议程。

会上对“2014年度塑编行业二十强企业”表彰，颁发了奖牌。

会议还组织代表还参观了温州晨光集团有限公司、浙江中宇科技发展有限公司、浙江华庆集团有限公司，雁峰集团有限公司、浙江三龙通用机械有限公司。

（五）“2016年全国塑编产业链技术交流与市场对接会”于2016年11月5日在南京市召开

本次会议由中国塑料加工工业协会主办，中国塑协塑料编织制品专业委员会承办。会议得到了天津华今集团、常州市永明机械制造有限公司、史太林格塑胶机械（太仓）有限公司、常州市德正机械有限公司、雁峰集团有限公司、德州三志塑胶有限公司、枣阳市双星伟业塑胶有限公司、北京大正伟业塑料助剂有限公司、常州市腾诚机械制造有限公司、天津玉泉工贸有限公司、浙江品博塑料机械有限公司、北京明顺包装机械厂、烟台双华塑料机械有限公司、浙江兰溪市中艺捻织（机械）厂、常州市武进江南印刷机械有限公司、河南晴赢软件科技有限公司、佛朗克电子（上海）有限公司、石家庄市嘉睦禾塑业有限公司（原石家庄太保塑料厂）、科莱恩化工（中国）有限公司、临沂青松油墨厂、越南欧洲塑胶股份有限公司、温州钱峰科技有限公司、陕西聚能塑胶有限公司、西安纯源机械工程有限公司等单位的支持和赞助。

来自国内外塑料编织制品产业链的600多名企业代表出席了本次会议。

会议期间对塑编行业二十强企业进行了表彰。

还组织企业参加了展览，同时，与会代表参观了为期三天的“2016中国国际塑料新材料、新技术、新装备、新产品展览会”。代表对本次展会的塑料机械、模具、塑料制品、塑料原料与助剂、塑机零配件、检测设备、专用工具等企业有了进一步的了解。

11月6日下午，组织部分塑编企业负责人参加了中国塑料加工工业协会第七届会员大会。

三、塑编相关标准及产品质量监督抽查情况

（一）塑编相关标准实施及制（修）定情况

1.《再生塑料编织袋》行业标准批准公布

1月15日，由温州升华包装有限公司牵头起草的《再生塑料编织袋》行业标准，经国家工业和信息化部发布公告，批准实施日期为2016年7月1日。

自2010年国家工业和信息化部下达《再生塑料编织袋》标准编制计划后，温州升华包装有限公司作为标准的主编单位，为了制订好标准，积极组织动员行业内龙头企业和相关机构一起参加《再生塑料编织袋》标准制定工作，历时4年完成报批稿。

2. 水泥包装袋标准研讨会在石家庄召开

2016年5月13日，中国建筑材料科学研究总院在石家庄召开水泥包装袋标准研讨会。中国水泥协会常务副会长、秘书长孔祥忠、副秘书长、技术中心主任王郁涛、全国包装标准化技术委员会袋分技术委员会秘书长甘向晨参加了会议。来自全国水泥行业协会、水泥质检站、水泥企业、包装袋企业、包装袋机械制造商等单位的代表共50余人参加了会议。

与会代表就中国水泥包装袋现状和存在的问题进行了认真讨论，大家一致认为缝底覆膜塑编袋存在先天不足，易造成水泥粉尘泄漏，污染环境和危害人体健康，同意尽快修订水泥包装袋标准，淘汰缝底覆膜塑编袋，发展方底热封合覆膜塑编袋。

（二）2016年塑编质检综合情况汇总

1. 上海市质监局公布2016年食品包装用编织袋质量专项监督抽查结果

2016年3月15日，上海市质量技术监督局官网公布2016年上海市食品包装用编织袋质量专项监督抽查结果，共计抽查产品3批次，不合格0批次。

2. 安徽省2016年食品相关产品省级专项监督抽查情况的通报

安徽省产品质量监督检验院于3月上旬对食品相关产品生产企业进行省级监督抽查，共抽查19家企业生产的23组产品，合格23组，合格率100%。

3. 2016年德州市第一批工业产品质量市监督抽查结果

德州市质监局2016年第一季度组织开展的第一批工业产品质量监督抽查结果：本次抽查，涉及肥料、瓦楞纸箱、塑料编织袋等3类产品，全市28家企业生产的35批次肥料产品；11批次瓦楞纸11箱产品；13批次塑料编织袋产品。

本次抽查所有产品均符合相关标准的规定。

4. 2016上半年宁夏轻工包装等3类产品质量监督抽查不合格

2016年上半年，宁夏回族自治区质监局组织对区内生产轻工包装等3类产品进行了省级监督抽查。此次共监督抽查了93家轻工包装类生产企业的120批次产品，其中有3批次产品不合格，产品合格率为97.5%；

本次共抽取检测29批次样品，其中集装袋10批次，1批次不合格，合格率90%；编织袋各14批次，2批次不合格，合格率85.7%；水泥包装袋5批次，检验合格率100%。抽查的品种主要有集装袋、水泥包装袋、塑料编织袋等，主要对产品的物理力学性能、跌落、耐热及印刷等重要指标进行了检测。

对于抽检不合格产品的生产企业，由当地市场监管部门按照《产品质量国家监督抽查不合格产品生产企业后处理工作规定》（国家质检总局2015年第57号公告）的要求，做好产品不合格生产企业的后处理工作，其他市场监管部门要做好不合格产品后处理的协查工作，杜绝不合格产品在辖区内销售。

5. 江阴检出首例出口危包集装袋倒塌性能不合格

2016年7月20日，从江苏江阴检验检疫局获悉，经该局抽封样送实验室检测，发现一批危险货物塑编集装袋倒塌试验不合格，该类型不合格在江阴地区尚属首次。检出不合格后，检验检疫部门暂停开具危包性能检验结果单，并及时通知企业整改。

6. 河南省质监局抽查，1批次复合塑料编织袋产品不符合标准要求

河南省质量技术监督局于2016年第3季度对教科书等36种产品质量进行了省监督抽查，并于12月14日在其官网公布了36种产品质量监督抽查结果。其中，抽查了郑州、开封、洛阳、安阳、鹤壁、新乡、焦作、濮阳、许昌、漯河、南阳、商丘、周口、驻马店14个省辖市和巩义、永城、鹿邑3个省直管县（市）195家企业生产的309批次食品用塑料包装、容器、工具等制品，有1批次产品不符合标准的要求。

经抽样检验，有308批次产品符合标准要求，1批次复合塑料编织袋产品不符合标准的要求，涉及经向拉伸负荷项目。

河南省质量技术监督局表示，已责成相关省辖市、直管县（市）质量技术监督部门按照有关法律法规，对本次抽查中不合格产品及其生产企业依法进行处理。

7. 江苏省沛县市场监管局集体约谈监督抽查不合格塑编企业

在2016年四季度的监督抽查中，两家企业生产的塑料编织袋被判定不合格，不合格项目均为物理性能（拉伸负荷）。县市场监管局就监督抽查不合格一事对生产者进行约谈，下达责令整改通知书。

8. 无证生产食品用塑编产品 灵溪两企被查处

2016年11月3日，县市监局稽查大队继续保持对无生产许可证还擅自生产食品用编织袋违法行为打击查处的高压态势，确保群众舌尖上的安全。去年10月份以来，该局接连查处2家无证生产食品用塑编产品企业。

9. 温州市质监局抽查食品用塑料包装膜、袋产品

温州市质量技术监督局在官网上公布了2016年温州市食品用塑料包装膜、袋产品监督抽查结果，批次不合格率为10.2%。

温州市质量技术监督局抽查了鹿城区、瓯海区、开发区、瑞安市、永嘉县、平阳县和苍南县等地共88家企业生产的88批次食品用塑料包装膜、袋产品，不合格9批次。

产品主要不合格项目为“高锰酸钾消耗量”、“甲苯二胺”、“纵、横向拉伸强度”、“纵、横向断裂标称应变”及“经向、缝底向拉伸负荷”等。

10. 2016年山东省食品用塑料包装、容器、工具产品质量联动监督抽查结果

2016年，山东省质量技术监督局组织开展了食品用塑料包装、容器、工具等产品质量联动监督抽查。本次共抽查了全省926家企业生产的1014批次塑料膜袋、容器、工具、编织袋等产品。有915家企业生产的1003批次产品合格，产品抽样合格率为98.9%，11家企业的11批次产品不合格。

编织袋抽查了44家企业生产的45批产品，合格产品数44批，抽样合格率97.78%。检验项目包括：拉伸负荷、涂膜袋和覆膜袋的剥离力、耐热性、耐跌落性、感官、蒸发残渣、高锰酸钾消耗量、重金属、脱色试验等。不合格项目涉及拉伸负荷。

从2016年塑料编织袋产品全国部分地区抽查情况来看，塑料编织袋质量有进一步提高，合格率在九成左右。质量问题要引起生产企业的足够重视，应该努力提高产品质量。各地质检机关也要加大查处力度，共同促进塑编产品质量的提高。

四、2016年国内聚丙烯原料市场分析及2017年上半年PP行情总结

（一）2016年国内聚丙烯原料市场分析

1. 2016年聚丙烯市场回顾

在经历了连续两年下跌之后，2016年国内聚丙烯市场终于止跌，并且总体呈现震荡上行态势，涨势明显。2016年价格最低位出现在年初，华东拉丝价格在6000元/吨左右，年内最高位出现在12月份，华东拉丝最高价突破9500元/吨大关，年内聚丙烯最高上涨3500元/吨，涨幅接近60%（图3）。

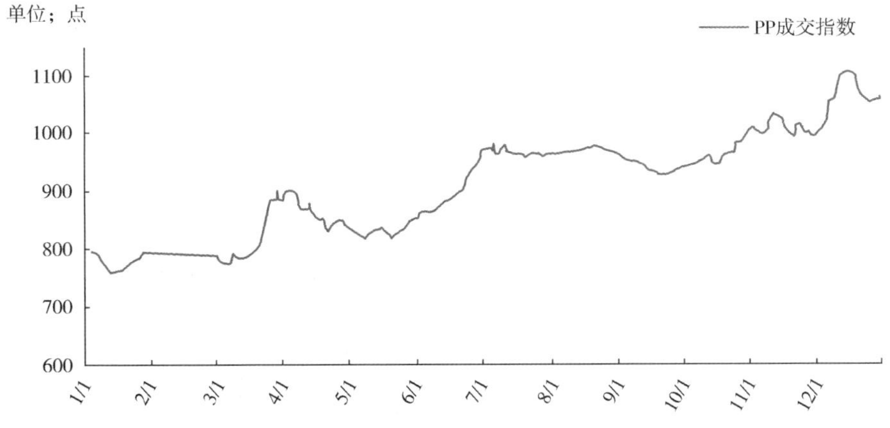

图3 聚丙烯成交指数走势图

一季度，受春节因素影响，聚丙烯市场止跌反弹。再此之前国内聚丙烯市场长期处于跌势，临近春节油价及丙烯上涨，成本支撑增强，且春节临近下游集中备货，聚丙烯止住跌势。节后初期期货整体走高，而节后下游也陆续开工，加之聚丙烯价格处于绝对低位，市场继续反弹。

二季度，国内聚丙烯市场总体呈现V字形走势。节后聚丙烯期货一度走高后回落，而石化库存高企，加之国际油价冲高回落，都给聚丙烯市场带来下行压力，聚丙烯价格走低。5月中旬开始，市场受油价、期货推涨，同时宁煤百万吨装置检修，带动部分货少资源试探高报。进入6月份，市场延续大涨态势，加之恰逢端午小长假，部分中间商节前少量备货，支撑市场报盘，聚丙烯市场价格连续走高。

三季度，市场整体呈现高位盘整态势。7月份仍是聚丙烯传统淡季，下游需求一般，市场交投不佳，聚丙烯上涨受阻，不过并未出现明显回落，维持高位运行态势；8月份开始，聚丙烯市场逐渐进入传统旺季，而此时石化检修设备集中，开工率偏低，石化库存压力不大，也在一定程度上支撑聚丙烯价格，不过利好刺激下聚丙烯市场并未出现明显上涨，反而在G20峰会影响下终端企业停产、限产明显，抵消了利好，市场维持震荡下行态势，9月下旬市场才有所回暖。

四季度，聚丙烯市场重拾涨势，并且创出近两年来新高。减产协议达成，国际油价大涨并且成功站稳50美元大关，油价走高对聚丙烯支撑力度增强；石化厂家加大直销力度，石化库存一直处于偏低状态，并且原计划投产设备也多推迟，聚丙烯供应压力不大；四季度节假日较多，BO聚丙烯为代表的下游企业明显回暖，订单充足，也对聚丙烯市场提供支撑；此外聚丙烯期货也继续大涨，最高一度逼近万元大关，给现货上涨带来动力。利好支撑下聚丙烯市场整体震荡上行，聚丙烯拉丝主流价格最高突破9500元/吨大关，创出两年来新高，年底聚丙烯价格有所回落，不过最终收得9000元/吨大关上方。

2. 2016年中国聚丙烯市场运行特点

（1）一扫前两年颓势，整体触底反弹。今天国内聚丙烯市场最明显的一个特征就是——涨！自从2014年油价开启下跌模式之后，聚丙烯就跟随整个大宗商品一路下滑连跌两年，聚丙烯期货最低一度跌破5500元/吨大关，可谓拦腰斩断。不过2016年聚丙烯市场一扫前两年颓势，不仅成功止跌，并且反弹力度之大完全出乎市场预料。年初聚丙烯拉丝最低价一度跌至6000元/吨附近，而年底聚丙烯拉丝最高已经突破9500元/吨，全年上涨3500元/吨左右，涨幅接近60%。

（2）期货发威，现货市场跟随期货明显。今年聚丙烯市场大涨，最直接的原因就是聚丙烯期货的拉动。今年期货市场利好消息较多，经过两年大跌后绝对价值已经偏低，有技术性反弹的要求，并且供给侧改革以及相对宽松的资金流动性给期货市场带来政策支持，今年大宗商品再遇牛市，聚丙烯期货也不甘落后打上牛市的顺风车。由于货市场贸易商与下游多通过期货进行套保或套利操作以规避自身风险或获取更大的利益，期货走势成为现货市场的重要参考，其对现货的影响越来越重要，期货的大涨成为现货上涨最主要动力。

（3）煤化工继续扩能，占比越来越大。前几年煤炭价格低廉，煤制聚丙烯价格优势明显。煤制聚丙烯如雨后春笋不断涌现，2015～2016年新投产装置中，仅有中天合创一套油制聚丙烯装置。而油制聚丙烯一直是国内聚丙烯市场的主导者，加上PDH近几年也得到一定发展，国内聚丙烯原料多元化竞争趋势明显加剧，尤其是煤制聚丙烯依靠相对的价格优势以及产能的迅速扩张，对传统聚丙烯冲击较大，其所占比重也越来越大，截至2016年底，国内聚丙烯市场中，煤制聚丙烯所占比重已经达到27%左右，并且未来仍有继续提高的趋势。

3. 2016年国内聚丙烯市场供应格局分析

2012年之前，我国聚丙烯生产企业主要分布在华东、华南、西北和东北。目前为止我国每个大区都有一定产能分布：华东地区占总体产能的24%左右位居榜首；西北地区的煤炭资源丰富，近几年来产能增长十分迅速，截至目前聚丙烯产能占20%左右，位列其次；华北地区占18%左右；华南地区占16%左右；西南地区环境状况较为恶劣，开发困难，产能仅占3%。

数据显示，2012年产能为310万吨，截止到2016年底聚丙烯产能超过1900万吨，增长速度迅猛，市场潜力较大，未来西北、华东仍将是国内聚丙烯产能增长的主要区域。

生产聚丙烯的企业分为以下几种：中石油、中石化、地方国企、合资企业等。中石化、中石油仍是国内生产聚丙烯的企业“大户”，其占比分别为

35%、24%，位居前列。地方国企的数量显著增加，主要是一些煤制烯烃装置陆续扩能，目前占比在17%左右。合资企业最少，仅占总数量的7%左右。

近几年，国内聚丙烯市场产能扩张迅猛，而聚丙烯生产企业多为中石油及中石化，属于高投资、高开工率行业，所以近几年国内聚丙烯产量也在持续走高。具体来看，2010－2016年，除了2014年聚丙烯行业开工率不足90%以外，其他年份国内聚丙烯开工率都维持在90%以上，2014年主要是因为新增产能较多且集中在下半年，装置运行不稳定，造成开工率回落。此外聚丙烯行业回报率较高，利润丰厚，也在一定程度上支撑了聚丙烯行业的高开工率。

未来国内聚丙烯扩能步伐不减，尤其是2017－2020年有大量计划产能有待释放，后期聚丙烯供应过剩局面或逐渐显现，聚丙烯行业开工率或有所回落，但是其行业性质决定其开工率依然将维持高位。此外由于聚丙烯新增产能扩张明显，而开工率回落或将有限，聚丙烯供应量将依然维持明显上涨态势，供应压力不减。

4. 2016年国内聚丙烯市场下游需求结构分析

我国的聚丙烯主要用于生产编织制品、薄膜制品、注塑制品、纺织制品等，广泛应用于包装、电子、与家电、汽车、纤维、建筑管材等领域（图4）。未来几年，聚丙烯在各个领域的需求量持续增长，消费结构也将逐步发生变化。目前国内聚丙烯需求结构的前三位是拉丝、注塑、膜料。塑编是聚丙烯最主要的下游领域，占比接近31.6%，拉丝编织袋主要用于粮食、化肥及水泥等的包装；注塑占比27.9%，注塑成型品主要应用于小家电、日用品、玩具、洗衣机、汽车和周转箱等；薄膜占比21.2%，BO聚丙烯、C聚丙烯及普通包装膜主要用于包装材料领域。

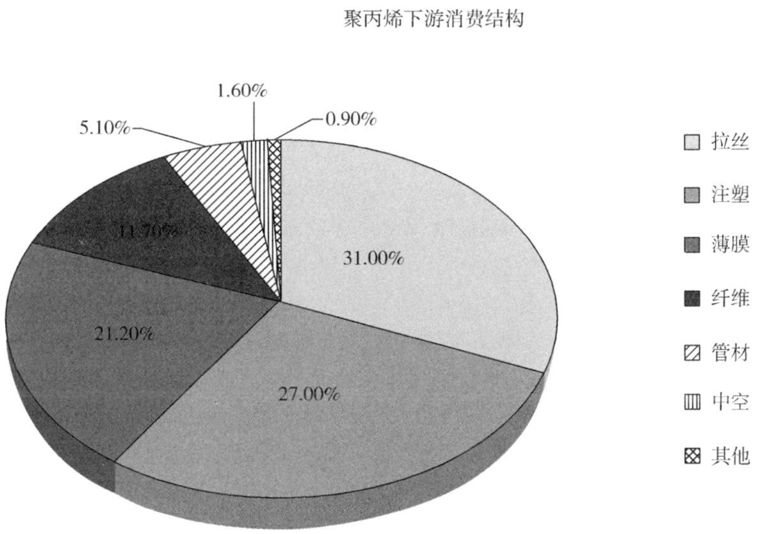

图4　2016年聚丙烯需求结构

编织制品是我国聚丙烯消费的最大市场，需求最多的就是拉丝原料，其中聚丙烯粒料与粉料均能应用于塑编，粒料与粉料的竞争性在塑编行业体现格外明显。目前整个行业的产能为1600万吨左右，而需求不足1300万吨，供应过剩在300万吨左右，产能过剩率近四分之一。与去年相比略有下降，主因编织行业利润萎缩，尤其是供给侧改革之下国内建筑行业用水泥袋量下降，直接影响编织行业需求量。因此，整个产业面临着产能过剩，供大于求的现状。

（二）2017年上半年PP行情总结分析

6月底虽迎来了一小波反弹，但没能掩盖2017上半年PP市场整体低迷的下行态势。上半年PP市场风光不再，价格由9500高点跌破7500，下跌超过2000元/吨。下面回顾上半年PP的行情走势及分析相关影响因素。

1. 影响因素之宏观面偏紧，大宗商品开启下行通道

历史证明宽松的货币政策以及充足的资金流动

性是商品牛市的前提，而紧缩的货币政策以及收紧的资金流动性势必抑制大宗商品市场的反弹（图5）。当前美联储不仅加息且即将缩表，国内则无奈通过收紧银根来应对金融去杠杆以及人民币贬值压力，国内资金流动性越来越紧，其中M2已经跌破两位数，这也使得国内大宗商品由牛转熊。由于期货具有关联系，大宗商品期货整体下行，也拖累PP期货回落。

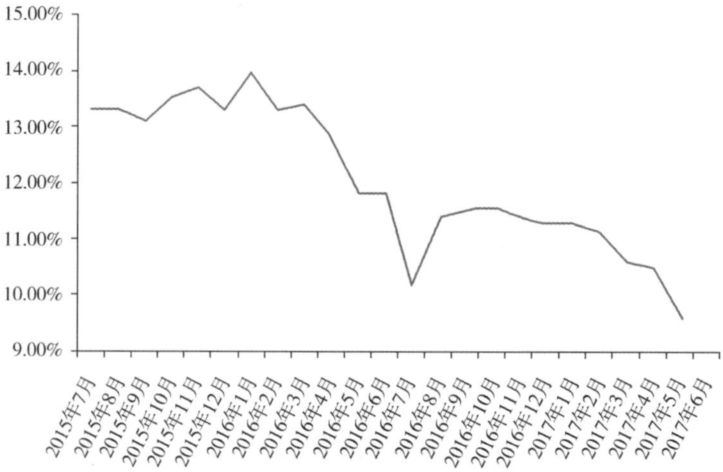

图5 国内货币供应M2增速

2. 影响因素之油价冲高乏力跌破45

国际油价作为PP的最上游与PP走势呈现一定的正相关性，PP不管是2014年的大跌，还是2016年的止跌反弹，都受到油价走势的影响（图6）。上半年减产协议顺利达成，但是受制于美国页岩油及原油库存高企，油价并未突破60美元大关，总体震荡运行为。随着二季度进入尾声，减产协议顺利延长，但是力度不及预期，加之利比亚等国家增加原油产量，油价不升反降，WTI一度逼近40美元大关。油价上涨乏力回落，也使得PP缺少了成本支撑，甚至油价跌破45美元，给PP造成一定下行压力。

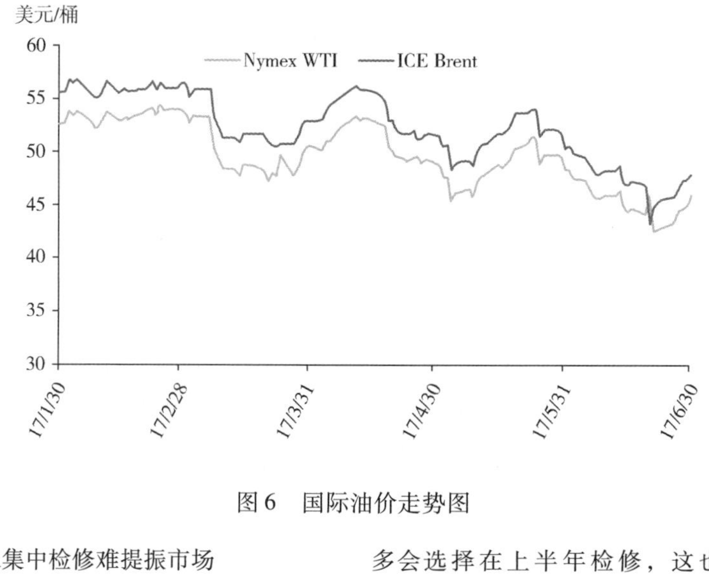

图6 国际油价走势图

3. 影响因素之集中检修难提振市场

上半年是PP的传统淡季，PP生产企业也多会选择在上半年检修，这也成为支撑PP市场的主要利好，前两年PP上半年大涨，也正是得益于 PP 装置的集中检修。今年上半年 PP 检修依然较多，PP 开工率也由去年下半年的 90% 以上，跌至 85% 左右，最低一度跌破 80% 大关。但是石化集中检修对 PP 市场提振有限，由于其他利空明显，石化检修依然难以阻挡 PP 下跌。

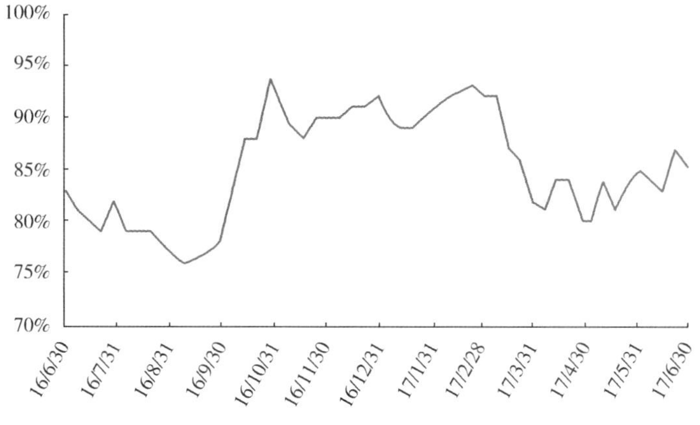

图 7　国内 PP 装置开工率折线图

4. 影响因素之高库存消化缓慢

虽然 PP 检修集中开工率偏低，但是 PP 去库存缓慢，市场供需矛盾仍未有效解决，这也成为 PP 市场下跌主要原因。受春节长假影响，年后塑料原料库存高企，一度超过 100 万吨，但是随着下游陆续开工，PP 去库存进展缓慢，依然长期处于 80 万 ~ 90 万吨的高位，这也极大阻碍 PP 市场上涨。即使是二季度尾声，PP 去库存依然进展缓慢，仍在正常库存水平偏上（图 8）。

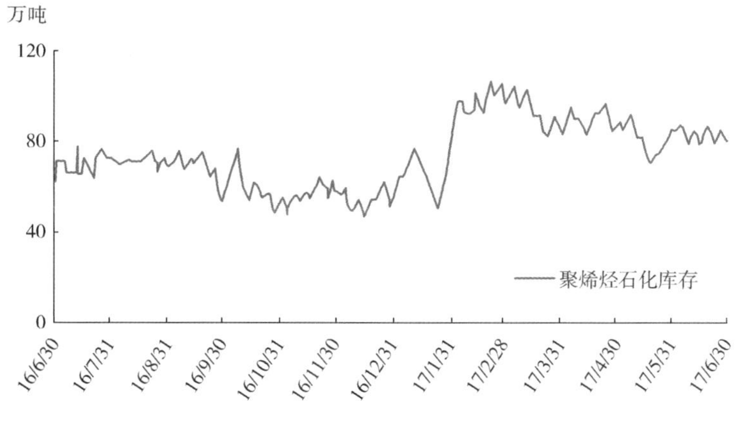

图 8　国内聚烯烃石化库存折线图

5. 影响因素之终端需求持续低迷

供需矛盾是造成 PP 年后跌跌不休的根本原因，而年后 PP 检修较多供应压力不大，所以供需矛盾的出现，主要还是下游需求低迷造成的。由于年后宏观面收紧，实体经济低迷，在一定程度上影响了终端需求，另一方面去年行情火爆，而今年行情跌跌不休，“买涨不买跌”心态影响下，今年贸易商及终端企业备货积极性明显不如去年，这也使得 PP 下游长期处于低迷态势。以 BOPP 为例，去年 BOPP 跟随 PP 大幅上涨，订单火爆，厂家利润空间一度在 1500 ~ 2000 元/吨；而年后 BOPP 行情日益低迷，订单缺乏，膜厂利润也压缩至 500 元/吨以内甚至部分膜厂亏损经营。

总体来讲，虽然上半年有 PP 装置检修集中这一利好，但是宏观面偏紧，大宗商品整体下行，加之下游需求低迷，PP依然利空为主，这也使得PP上半年由牛转熊，半年跌去2000元/吨。

根据以上论述，如果宏观经济继续低迷，国际油价保持低位，新增产能基本按计划得以释放，2017年聚丙烯市场总体仍将承压。由于需求弹性较大，且经济走向、新增产能释放程度、再生料价格体系重构的空间、国际油价涨跌、汇率变动、其他烯烃衍生物市场表现等等都会对国内聚丙烯现货市场形成重要影响，2017年上半年，聚丙烯价格一路走低，下半年，总体看价格运行区间应在低位整理，略有回升，国内聚丙烯颗粒拉丝价格区间在8500元/吨为轴上下震荡。

聚丙烯"买方市场"以及下游工厂按需采购的策略成为2017年的常态化现象，预计这种常态化现象也将贯穿整个2018年。今年下半年聚丙烯市场主要以震荡整理为主，建议塑编企业采用随用随购的原则，在市场急跌走低时适当囤积原料。

五、引领行业创新发展，加快产业优化调整，促进塑编行业健康发展

（一）以塑料加工业"十三五"发展规划和塑料加工业"十三五"技术进步指导意见为指导，引领行业创新发展，加快产业优化调整，推动产业升级

十三五期间是塑编产业转变发展方式，调整优化结构，提高发展质量，全面提升产业整体水平，向产业链高端发展的重要阶段。全球经济增长动力不足、需求下降、增速下滑、市场需求不足、产能过剩矛盾加剧、企业经营困难、企业人工等生产要素成本不断上升，加之塑编行业小企业多、技术力量薄弱、研发力量不强，不少企业装备落后、生产环境恶劣，可以说当前塑编行业正面临新老困难和挑战交织在一起的复杂局面，加快转型升级任务紧迫而艰巨。塑编行业要进一步坚定信心，要不失时机地加快转变发展方式、加快调整优化结构、加快技术进步和科技创新、促进塑编行业健康、可持续发展。

塑编产业装备虽有较大提高，特别在节能方面取得巨大成绩，但与发达国家相比仍有较大差距，塑编行业要在引进、吸收、消化再创新的基础上，集中行业力量研究开发行业急需高线速拉丝机、节能圆织机、自动切缝设备、混料设备、先进制造技术等，要在先进、高效、安全、高性价比和机电一体化上取得新的突破，解决塑编行业发展瓶颈，全面提升装备水平。塑编行业要注重信息化建设。要提升"两化"融合水平，特别要推进中小企业信息化，这是塑编行业薄弱环节，需重点推进。

塑编行业首先要转变发展观念，从过去依靠量的增加、产能扩大的发展方式转到依靠技术进步、实现创新驱动发展的路子上来。

要大力调整优化结构，大力开发新产品，加快产品高端化进程；要面向市场，认真研究市场需求，集中开发当前市场急需的产品，如透明编织袋、防老化袋、高质量的食品包装袋、高档篷布、草坪丝、吨装袋、阀口袋、糊口袋、宽纬纱覆膜水泥袋、高档手提袋等新产品，并进一步拓宽应用领域；要大力淘汰大量使用廉价低档母料、劣质回收料和粉料的低档、低附加值编织袋；要大力开发功能编织袋和专用编织袋。如耐老化编织袋、透明编织袋、抗静电、抗菌编织袋及特种专用编织袋。为此要加快新材料、新型助剂的研发，加快材料改性的研发，以满足功能袋的需要。

（二）推动塑编行业供给侧结构性改革，去产能、补短板，借助"一带一路"发展战略，鼓励企业进入"一带一路"沿线国家发展，引导塑编行业去过剩产能

（1）加快塑编行业的产品升级换代，鼓励企业强强联合、兼并重组、通过优势互补加快行业整合步伐、提升行业技术水平、提升企业单体规模、提升产业集中度；创新发展模式，拥抱塑编互联网+，确保塑编行业平稳健康的发展。

（2）瞄准"功能化"方向，通过科技创新化解产能过剩，促进塑编行业健康发展。

化解产能过剩源头是关键，存量是重点，根本途径是创新。重点抓好整治存量过剩产能。对存量过剩产能要采取淘汰落后、兼并重组、扩大需求和产业转移，这里关键是淘汰落后产能。

当前要把大力实施差异化发展战略和高端化战略、优化结构调整、加快新产品开发、培育新的增长点作为重要工作。首先要做好传统塑编产品结构调整和升级，要加强对普通编织袋、水泥袋、篷布等传统产品的深度开发，实现产品系列化和高档化水平，努力缩小与国外先进水平的差距。第二要在有条件企业，集中创新资源，加快"功能编织袋"研发和产业化。要切忌跟风，防止形成新的产能过剩。

此外要大力推进技术改造，培育和壮大一批优势企业，同时要规范产业有序转移，该淘汰的不得

转移，承接地不得盲目接收。

（3）国家“一带一路”建设为塑编行业拓展了新的发展空间，要积极围绕功能化、轻量化等技术发展方向，加快结构调整，从新材料、新技术、新装备、新产品四个方面发力，着力培育新的经济增长点。

2016年塑料制品出口额577亿美元，其中向“一带一路”国家出口174.6亿美元，塑料制品出口对“一带一路”国家出口额占了对该区域轻工商品出口总额的12.1%。塑编行业要大力进行产品出口，输出产能，借助“一带一路”战略为我们打开国际市场通道，培育广阔的国际市场空间。建议有实力的行业龙头企业应积极主动地进入国家的“一带一路”战略，开辟企业的国际市场空间。

（三）清洁生产逼转型升级，促结构调整

2016年以来，在去产能、供给侧改革的大背景下，包括塑编企业在内的广大中小企业成为去产能的对象，特别是在雾霾压顶的情况下，中小企业被一刀切式关停。目前，全国范围内，国家环保督查已经进行了三轮，第四轮环保督查将要开始，与此同时，各地省、市、县、多级环保检查全面展开。环保重压之下，风暴所到之处，企业大面积断水断电停产，工人停工失业，这在京、津、冀等地特别突出。

大气污染防治是政治任务、民心工程，也是促进企业转型升级、实现清洁生产的助推器。环保整治有必要，也是大势所趋，有利于塑编行业产业结构调整升级。塑编行业要通过严格执行国家环保标准，引导推动企业淘汰落后工艺和产能，实现清洁生产、达标排放。对环保达标企业，给予大力支持，促其健康发展，抢占市场先机；对环保不达标企业，要予以整治，促其改造升级。

鉴于越来越严的环保压力，建议塑编企业从以下几个方面进行工作：

（1）新上或改扩建工厂一定要做好环评工作，切实达到环保要求；

（2）现厂房要按环保要进行逐步改造，加装除尘除烟等环保设施，保证清洁生产的需要；

（3）要主动取得国家各部委和当地政府部门的支持，争取技术改造资金和工厂清洁生产的环保资金；

（4）要加大转型升级的力度，要对现有生产设备、工艺，技术配方和原料进行调整和改变，从源头上最大限度地减少粉尘和烟雾；

（5）要加大先进生产装备的资金投入，建成清洁生产线，实现生产过程无尘化的良好环境；

（6）塑编产业上下游企业要紧跟环保趋严的大形势，塑机企业做出好的节能环保装备，原料、母料企业要提供高性能材料，油墨企业要提供符合VOCs排放标准的高品质油墨，其他与塑编相关配套的企业在提供产品和服务时也要注重产品的环保要求。

今年是“十三五”时期行业发展关键之年，也是塑编行业转变发展方式，调整优化结构，提高发展质量，全面提升产业整体水平，实现跨越式发展的重要阶段。2016年经济增长出现企稳回暖迹象，但企业经营仍存在较大困难。因此，我们要进一步坚定信心，不失时机地加快转变发展方式，加快调整优化结构，加快技术进步和科技创新，促进塑编行业健康、可持续发展。改变塑编行业产能过剩、生产集中度低、规模偏小、产品结构不合理、技术力量薄弱、创新能力不强等问题。让我们携手共进，开拓创新，谱写“十三五”塑编行业发展新篇章。

六、行业大事记

（一）2016全国塑编产业链技术交流与市场对接会在南京召开

由中国塑料加工工业协会主办，中国塑协塑料编织制品专委会承办的“2016全国塑编产业链技术交流与市场对接会”于2016年11月5日在南京钟山宾馆召开。

会议得到了中国塑协BOPP薄膜专委会、中国塑协专家委员会、中国塑协改性塑料专委会、温州市塑料工业协会、浙江省苍南县塑料行业协会、浙江省平阳县塑料包装协会、江苏省塑料工业协会塑编委员会、常州市塑化业商会、沧州市塑料工业协会、康平县塑编协会、山东省兖州市塑编商会、临邑县塑编协会、徐州温州塑编商会、淮阳县塑料制品行业协会、临沂市塑编协会、重庆市塑料包装协会、天津华今集团的大力支持。常州市永明机械制造有限公司、史太林格塑胶机械（太仓）有限公司、常州市德正机械有限公司、雁峰集团有限公司、德州三志塑胶有限公司、枣阳市双星伟业塑胶有限公司、北京大正伟业塑料助剂有限公司、常州市腾诚机械制造有限公司、天津玉泉工贸有限公司、浙江品博塑料机械有限公司、北京明顺包装机械厂、烟台双华塑料机械有限公司、浙江兰溪市中艺捻织（机械）厂、常州市武进江南印刷机械有限公司、河南晴赢软件科技有限公司、佛朗克电子（上海）有限公司、石家庄市嘉睦禾塑业有限公司（原石家庄太保塑料厂）、科莱恩化工（中国）有限公司、临沂青松油墨厂、越南欧洲塑胶股份有限公司、温州钱峰科技有限公司、陕西聚能塑胶有限公司、西安纯源机械工程有限公司等单位提供了赞助。

来自国内外塑料编织制品产业链的600多名企业代表出席了本次会议。

11月5日上午8时，会议举行了隆重的开幕式。出席本次会议主席台的领导和嘉宾包括：中国塑料加工工业协会副秘书长、塑编专委会秘书长孙冬泉，中国塑协塑编专委会会长、浙江华庆集团有限公司董事长姜集康，温州市塑料行业协会名誉会长、中国塑协塑编专委会高级顾问宋云鹤，中国塑协塑编专委会常务副会长单位、天津华今集团有限公司副总裁胡畅，中国塑协塑编专委会副会长、江苏塑协塑编产业委员会理事长、江苏中乾塑业有限公司总经理王学保，常州市塑化业商会秘书长王绿宝，中国塑协塑编专委会副会长、济宁市兖州区宏泰塑料制品有限公司总经理刘元珍，辽宁康平经济开发区管理委员会副主任李树军，中国塑协塑编专委会副会长、浙江瑞旺科技有限公司董事长王可旺，平阳县塑料行业协会秘书长、浙江旭光塑业有限公司董事长毛芳均，淮阳县塑协常务副会长、淮阳县富友园塑编有限公司总经理陈从利，史太林格塑胶机械（太仓）有限公司中国区销售总监文博，中国塑协塑编专委会副会长单位、常州市永明机械制造有限公司销售总监储岳，中国塑协塑编专委会副会长、雁峰集团有限公司董事长陈志淡，德州三志塑胶有限公司总经理乔桂广，科莱恩添加剂全球市场开发经理高德瑞。

首先，由中国塑协副秘书长、中国塑协塑编专委会秘书长孙冬泉致欢迎辞。

紧接着，中国塑协副秘书长、中国塑协塑编专委会秘书长孙冬泉做了关于塑料编织制品行业提升发展与“十三五”发展规划制定探讨的报告。孙秘书长在报告中指出：塑料编织制品行业应注重市场调研，以市场需求导向创新定位。实施差异化发展战略，细分市场，针对不同客户的需求，做精品，做特种塑编制品，以满足不同顾客群多样化需求，通过差异化的竞争策略来构建自身的竞争优势。并应该紧跟最新科技动态，瞄准“功能化”方向，把握好行业发展机遇，集中力量加快功能塑编制品的开发，实现新的跨越。塑料编织制品行业是塑料行业的重要组成部分，编制塑料编织制品行业“十三五”发展规划对塑料编织制品行业发展意义重大，我们要遵照习近平总书记提出的依法治国，行业发展要制定规划，依照规划去推动各个品种的塑料编织制品行业健康发展。

接下来，进行了塑编行业二十强企业表彰。中国塑协塑编专委会副会长王学保宣布了“2015年度塑编行业二十强企业名单”。代表们用热烈的掌声对塑编二十强企业表示了祝贺。

上午9时，会议进入主题报告阶段。会议由中国塑协塑编专委会常务副秘书长赵克武主持。

首先，由中国塑协塑编专委会会长姜集康作“2015年度塑编专委会工作报告”，姜会长在报告中全面地总结了2015年专委会工作情况，并提出了2016年的工作设想和安排。最后姜会长指出：2015年我们既看到了成绩，也看到了不足，在日后的各项活动中，专委会将以服务企业为宗旨，不断改进工作方式和工作方法。希望各会员单位及行业企业单位进一步加强协作，提高参与意识，积极献计献策，大力支持专委会工作，为专委会和行业的不断发展进步而努力。

接着中国塑协塑编专委会高级顾问宋云鹤作了“大力发展超高强度编织袋的生产”的发言；然后由中国塑协塑编专委会常务副秘书长赵克武作了“2015年度塑编产业链发展报告及2016年国家促进经济发展政策介绍”的报告，在报告中赵秘书长指出：今年是“十三五”开局之年，也是塑编行业转变发展方式，调整优化结构，提高发展质量，全面提升产业整体水平，实现跨越式发展的重要阶段。2015年经济增长动力不足，国际需求下降，出口订单减少，国内需求不足，企业经营遇到较大困难，全行业增速下滑明显。因此，我们要进一步坚定信心，不失时机地加快转变发展方式，加快调整优化结构，加快技术进步和科技创新。要以塑料加工业“十三五”发展规划和塑料加工业“十三五”技术进步指导意见为指导，引导塑编行业实现中高速，迈向中高端发展，推动产业升级；要以中央工作会议精神为指导，主动适应经济“新常态”，推动塑编行业供给侧结构性改革，去产能、补短板，引导塑编行业去过剩产能；加快塑编行业的产品升级换代，鼓励企业强强联合、兼并重组、通过优势互补加快行业整合步伐，提升行业技术水平，提升企业单体规模，提升产业集中度；创新发展模式，拥抱塑编互联网+，确保塑编行业平稳健康的发展。

接着史太林格塑胶机械（太仓）有限公司中国区销售总监文博、威德霍尔机械（太仓）有限公司总经理戴京辉、埃克森美孚化工客户开发工程师巩亚男、科莱恩化工（中国）有限公司亚太区业务拓展经理刘志祥、雁峰集团有限公司董事长陈志淡、赛奥机械（广州）有限公司董事长乔荫春、中国塑协塑编专委会涂膜技术顾问陈少文、河南商丘晴赢软件科技有限公司总经理杨宗位、江苏万乐复合材料有限公司销售经理冷菲云、北京大正伟业塑料助剂有限公司销售经理王丽、北京明顺包装机械厂总经理杨玉文、烟台双华塑料机械有限公司总经理张涛、北京加成助剂研究所工程师时凯、北京泰纳科新材料科技有限公司总经理罗道友、常州市科孚化工有限公司经理史先锋分别作了“专业经验，为您服务——史太林格，世界级革新型塑编包装交钥匙工程供应商”、“生产LS方底阀口袋的最新技术，轻便且强度高”、“威达美高性能聚合物在方底阀口袋中的应用”、“科莱恩高效添加剂为塑编客户提升效率提高质量并降低成本”、“雁峰集团第五代微电脑智能圆织机具有收卷机与主机同步，光电色差纬完检测等先进功能”、“最新卷绕技术为编织带来的革命性进步”、“高级玉米淀粉袋为什么摔包时容易漏粉？如何避免？”、“塑编行业信息化改造——为塑编产业升级插上翅膀”、“升级优化编织袋全自动套袋一体机”、“填充改性母料在编织袋中的应用”、“让智能化明顺机械开拓领航塑编企业发展”、“创新引领潮流——双华大纱锭圆织机”、“塑料光稳定剂的市场与应用技术状况”、“靶向纳米功能母料在扁丝生产中的高效应用”、“集装袋功能的分类与检测”的专题发言。

下午17：00，主题发言结束。代表们的发言内容精彩纷呈，中外技术充分交流，得到了与会代表的高度赞扬。

11月6日上午，组织与会代表参观了为期三天的“2016中国国际塑料新材料、新技术、新装备、新产品展览会”。在展区上，河北友田缝纫机有限公司、枣阳市双星伟业塑胶有限公司、江苏万乐复合材料有限公司、常州市武进江南印刷机械有限公司、浙江品博塑料机械有限公司、德州三志塑胶有限公司、佛朗克电子（上海）有限公司、河南商丘晴赢软件科技有限公司、北京明顺包装机械厂、石家庄市嘉睦禾塑业有限公司（原石家庄太保塑料厂）、雁峰集团有限公司、浙江天风塑料机械有限公司、埃克森美孚化工商会（上海）有限公司、汕头市北星包装机械有限公司、江阴市行盛机械有限公司等企业设立了展位，展示了自己的设备、产品、技术及服务。其中，雁峰集团有限公司、北京明顺包装机械厂、河北友田缝纫机有限公司等单位进行了实物展示，现场还开机进行实际操作，展示出了较高的设备和机械水平。代表对本次展会的塑料机械、模具、塑料制品、塑料原料与助剂、塑机零配件、检测设备、专用工具等企业有了进一步的了解。

11月6日下午，组织部分塑编企业负责人参加了中国塑料加工工业协会第七届会员大会。

（二）2016年11月7日在南京国际展览中心组织召开了“威达美高性能聚合物技术研讨会”

本次会议由中国塑料加工工业协会塑料编织制品专委会与埃克森美孚化工有限公司共同主办，中国塑协改性专委会协办。

中国塑料加工工业协会副秘书长、塑编专委会秘书长孙冬泉，中国塑料加工工业协会改性专业委员会秘书长刘英俊，中国塑协塑料编织制品专业委员会常务副秘书长赵克武出席了本次会议，约50多家企业的负责人参加了本次会议。

此次研讨会的成功召开，为埃克森美孚与客户提供了一个良好的交流平台，为客户与供应商搭建了沟通的桥梁，良好地推动了威达美高性能聚合物在塑编、改性、母料等行业的应用。

（三）编制《塑料编织制品行业“十三五”发展规划》

根据中国塑协的文件精神，我专委会参照《塑料加工业“十三五”发展规划指导意见》的内容，经过广泛的调研，多次征询专家和行业的意见，编制出了《塑料编织制品行业“十三五”发展规划》。

（四）《再生塑料编织袋》行业标准批准公布

1月15日，由温州升华包装有限公司牵头起草的《再生塑料编织袋》行业标准，经国家工业和信息化部发布公告，批准实施日期为2016年7月1日。

自2010年国家工业和信息化部下达《再生塑料编织袋》标准编制计划后，温州升华包装有限公司作为标准的主编单位，为了制订好标准，积极组织动员行业内龙头企业和相关机构一起参加《再生塑料编织袋》标准制定工作，历时4年完成报批稿。

（五）考察常州塑编企业

2016年1月10日至16日，中国塑协副秘书长、塑编专委会秘书长孙冬泉，塑编专委会常务副秘书长赵克武赴常州考查调研常州塑料企业，常州塑化产业商会主任郑志程全程陪同

在常州的6天时间里，孙秘书长一行分别走访了永明机械制造公司、恒力机械公司、普莱克红梅色母料公司、常编集成科技公司、卫翔机械公司、武进江南机械公司、武进恒发公司、常州伟宇机械公司、伟盛管业公司、劲普自动化公司、常胜土工科技公司、常沪公司等塑编产业企业，并和企业的负责人进行了深入的交流。孙秘书长详细地了解了企业2015年的生产经营情况；企业近几年新产品、新技术、新设备的研发、投入进展情况；企业生产经营中出现的主要困难、遇到的主要问题；企业订单和销售回款情况。并仔细听取了各单位在经营管理方面的经验介绍。同时，就“十三五”塑编行业发展规划征求企业的意见和建议；大家希望专委会做好哪些工作以更好地为企业服务，真诚地征求大家的意见。

（六）考察天津企业

3月18日，在天津市包装技术协会秘书长马树新的陪同下，中国塑协副秘书长、塑编专委会秘书长孙冬泉，中国塑协塑编专委会常务副秘书长赵克武，对天津旭辉恒远公司进行了实地参观调研

（七）与相关专家考察企业，对新材料推广应用

3月9日到11日塑编专委会高级顾问宋云鹤陪同北京泰纳科新材料科技有限公司总经理罗道友和副总工程师梅永佳到苍南温州升阳控股有限公司和浙江瑞旺科技有限公司，利用泰纳科公司开发的复合透明改性剂M2310和透明增强剂M2003开发透明编织袋和高强度编织袋。5月7日到9日，宋顾问和北京泰科纳公司罗总等2人再次去平阳浙江华庆集团有限公司，6月27日至28日，宋云鹤顾问和罗道友总经理2人去平阳温州晨光集团有限公司进行新材料的试验和推广应用。深入贯彻了中国塑协提出的在新常态下确保行业稳定发展，全面促进产业迈向中高端，进一步推动产业升级。

专委会今年来三次深入温州平阳、苍南协助企业开发透明编织袋和高强度编织袋等功能编织袋取得初步成效。

（八）考察宁波昊宇新材料公司

4月28日下午，应宁波昊宇新材料有限公司梅维刚副总经理的邀请，中国塑协塑编专委会秘书长孙冬泉、常务副秘书长赵克武一行考察了宁波昊宇新材料有限公司。

（九）6月2日在郑州召开了“威达美高性能聚合物技术与市场应用专题研讨会”

中国塑料加工工业协会副秘书长、中国塑协塑编专委会秘书长孙冬泉，中国塑协塑编专委会常务副秘书长赵克武参加了本次会议。

会议期间，跟参加会议的部分塑编产业链的企业面对面进行深入的交流和探讨，了解到了部分企业的经营状况。

（十）表彰“2015年度塑编行业二十强企业”

2016年11月5日在南京召开的全国塑编产业链技术交流与市场对接会上对2015年度“塑编行业二十强企业”进行表彰，荣获二十强的企业是天津华今集团有限公司、温州晨光集团有限公司、江西金沙包装集团有限公司、南塑集团有限公司、洛阳市强胜实业有限公司、龙岩市宏祥工业包装有限公司、江西亚美达科技有限公司、山东寿光健元春有限公司、江苏万乐复合材料有限公司、浙江华庆集团有限公司、江苏中乾塑业有限公司、兖州市宏泰塑料制品有限公司、淄博新力塑编有限公司、安徽锦翔塑编包装实业有限公司、沈阳鑫正发塑业有限公司、江西省坤达科技有限公司、天津旭辉恒远塑料包装股份有限公司、浙江瑞旺科技有限公司、湖南安福环保科技股份有限公司、常州优尼克包装有限公司。

（十一）组织企业参加2016年11月6－8日在南京国际展览中心举办的“2016中国国际塑料新材料、新技术、新装备、新产品展览会”

11月6日上午，组织与会代表参观了为期三天的“2016中国国际塑料新材料、新技术、新装备、新产品展览会”。在展区上，河北友田缝纫机有限公司、枣阳市双星伟业塑胶有限公司、江苏万乐复合材料有限公司、常州市武进江南印刷机械有限公司、浙江品博塑料机械有限公司、德州三志塑胶有限公司、佛朗克电子（上海）有限公司、河南商丘晴赢软件科技有限公司、北京明顺包装机械厂、石家庄市嘉睦禾塑业有限公司（原石家庄太保塑料厂）、雁峰集团有限公司、浙江天风塑料机械有限公司、埃克森美孚化工商会（上海）有限公司、汕头市北星包装机械有限公司、江阴市行盛机械有限公司等企业设立了展位，展示了自己的设备、产品、技术及服务。其中，雁峰集团有限公司、北京

明顺包装机械厂、河北友田缝纫机有限公司等单位进行了实物展示，现场还开机进行实际操作，展示出了较高的设备和机械水平。代表对本次展会的塑料机械、模具、塑料制品、塑料原料与助剂、塑机零配件、检测设备、专用工具等企业有了进一步的了解。

（十二）组织参加2016国际橡塑展览会

2016年4月28日，中国塑料加工工业协会副秘书长、中国塑协塑编专委会秘书长孙冬泉，常务副秘书长赵克武及专委会工作人员参加了在上海新国际博览中心展召开的2016国际橡塑展览会，赵克武常务副秘书长分别走访了参展的塑编产业链企业，和相关负责人进行了沟通和交流。塑编上下游企业近百家参加了展览，在N5馆塑编设备企业最集中，其他馆也有塑编配套企业展出。在四天的展出中，塑编专委会工作人员在各展馆派发《塑编制品》，取得了很好的效果，受到产业链企业的欢迎。

参加本次展会的企业有常州市永明机械制造有限公司、常州市恒力机械有限公司、史太林格塑胶机械（太仓）有限公司、W&H公司、洛喜雅机械（东莞）有限公司、雁峰集团有限公司、浙江通用包装机械厂、赛奥机械（广州）有限公司、浙江天风塑料机械厂、常州市卫翔机械有限公司、常州市武进江南印刷机械有限公司、常州市润亿机械制造有限公司、浙江品博塑料机械有限公司、常州市武进恒发机械有限公司、青岛建华包装机械有限公司、青岛金三阳纺织机械有限公司、常州市伟宇精密机械有限公司、常州云建机械制造有限公司、常州市兴和机械制造有限公司、安徽天帝塑机有限公司、埃克森美孚化工商会（上海）有限公司、科莱恩化工（中国）有限公司、北京天罡助剂有限公司、北京大正伟业塑料助剂有限公司、宿迁联盛化学有限公司、陕西聚能塑业有限公司、北京加成助剂研究所、常州市红梅塑料色母料有限公司、常州盖亚材料科技有限公司、青岛金润佳化工有限公司、广东美联新材料股份有限公司、恒彩塑胶颜料有限公司；汕头市远东轻化装备有限公司、汕头市欧格包装机械有限公司、汕头市北信机械实业有限公司、汕头市光华机械实业有限公司、河北青县志强缝纫设备有限公司、江苏万乐复合材料有限公司、苏州易登机械有限公司、常州市伟盛管业有限公司、江西威科油脂化学有限公司、常州商隆产业用纺织品有限公司、泰华集团、常州优尼克包装有限公司、南京兴乐经贸实业有限公司、淄博沣益塑业有限公司等单位，分别展出了自己最新的产品和良好的形象。

（十三）组织参加国际展览

2016年10月份专委会组织部分塑编企业参加了2016年10月19日至26日在德国杜赛尔多夫举办的世界最大规模的国际塑料及橡胶展（简称K展），并考察欧洲五国的政治、经济和文化氛围。

（十四）国内首条高强土工布生产线落户临邑

7月21日，国内首条高强粗旦聚丙烯纺粘针刺土工布生产线，落户临邑县天鼎丰材料技术有限公司。

该项目总投资7.3亿元，计划安装4条生产线，可年产高强粗旦聚丙烯纺粘针刺土工布3.2万吨。按照工期进度，年底产品即可下线，填补国内在该领域技术和市场的空白。高强粗旦聚丙烯纺粘针刺土工布属于国家科技部的“九五”攻关项目，至今为止还没有实现产业化生产。该项目技术是天鼎丰与意大利法瑞公司历时3年合作研发成功，产品拉伸强度高于国标标准，指标达行业最高水平。

（十五）本考委会下多个企业荣获各种名誉

中国塑协塑编专委会理事单位——山东寿光健元春有限公司、副会长单位——江苏万乐复合材料有限公司获“‘十二五’塑料加工业科技创新型企业”称号；江苏万乐复合材料有限公司开发的“全自动多功能塑料袋加工机”获“‘十二五’塑料加工业优秀科技成果”称号；江苏万乐复合材料有限公司董事长徐卫国获“‘十二五’塑料加工业先进科技工作者”称号；中国塑协塑编专委会副会长单位——温州晨光集团有限公司获“‘十二五’塑料加工业优秀企业”称号；中国塑协塑编专委会副会长、济宁市兖州区宏泰塑料制品有限公司总经理刘元珍、温州晨光集团有限公司副董事长王可智 获“‘十二五’塑料加工业先进个人”称号。中国塑料加工工业协会第七次会员代表大会上对获得“十二五”塑料加工业科技创新型企业、优秀科技成果、先进科技工作者、优秀企业及先进个人的单位和个人进行了表彰。

（十六）天津旭辉恒远塑料包装有限公司挂牌“新三板”

1月22日，宝坻区旭辉恒远塑料包装股份有限公司“新三板”挂牌仪式分别在北京举行。区委常委、副区长张璐和副区长宋首文分别出席。

（十七）促成河南塑协成立

2016年6月3日上午，中国塑料加工工业协会孙冬泉副秘书长和塑料编织制品专委会赵克武常务副秘书长在郑州开会期间，应河南省塑料协会段同生会长和谷金河副会长的邀请来到协会参观指导工作。段同生会长、杜国正副会长、张扬秘书热情接待了他们。段会长详细介绍了河南省塑协成立情况和目前工作情况。感谢中国塑协领导对河南塑协筹备期间给予的支持和帮助。孙冬泉副秘书长对河南塑协的成立表示祝贺，并希望今后河南塑协与中国塑协加强联系，密切合作。要与河南省政府有关厅委及时沟通，得到政府部门的工作支持和信息资源支持。协会要多举办多项活动，为会员做些有益有用的事情，做好会员管理服务工作。对河南塑协的工作管理、会员服务方面提出了许多好的建议。段会长表示今后河南省塑料协会要努力工作，改革创新，打造好河南省塑料行业发展平台，与中国塑协塑料编织制品专委会及其他专委会加强联系，资源共享，合作双赢。

（十八）与江苏塑协合作研发新产品

五一前夕，江苏省轻工协会秘书长、江苏省塑协会长韦华，江苏省塑协副会长、塑编产业委员会理事长、江苏中乾塑业董事长王学保，江苏省塑协副会长、常州市塑化商会秘书长王绿宝一行走访考察了常州、无锡、镇江塑编产业链的江苏常编集成科技有限公司、江苏万乐复合材料有限公司、江苏万乐自动化装备有限公司、常州伟宇精密机械有限公司、常州优尼克包装有限公司、常州市腾龙塑机有限公司、宜兴市海燕塑料制品有限公司的生产经营情况。并与常州市塑化商会、常州市科孚化工有限公司讨论了创新产品的有关问题。

（十九）4月6日下午，浙江省温州市苍南县塑料行业协会第六届第一次会员大会暨塑料技术交流会在苍南国际大酒店召开

县人大副主任蓝德超、县人民政府副县长陈三强、县政协副主席冯兴钱、县经信局局长倪志超、县民政局党组成员县委社工办副主任吴家悻等领导出席会议。县社会组织促进会、县纳税人维权协会秘书长，温州市、瑞安市、平阳县兄弟协会秘书长和有关乡镇领导也应邀出席了会议。共有116位会员企业代表参加了会议。协会常务副会长付贤超主持会议。

温州市塑协常务副会长周肇枢作题为《坚定信心 谱写苍南塑料新常态下新篇章》的报告，为大家解读分析行业现状及发展前景，指导企业更好地适应新常态。并邀请浙江南一塑料机械有限公司、浙江三龙通用机械有限公司、浙江胜龙机械有限公司、雁峰集团有限公司、平阳县华强机械有限公司等五家塑料机械生产企业参与技术交流活动，就如何提升机器性能，适应“机器换人”步伐提出宝贵意见，雁峰集团董事长陈志淡介绍了新产品情况。会议审议通过了协会第五届理事会工作报告、2015年度财务收支情况报告与第五届监事会工作报告；按照无记名投票的方式通过了《苍南县塑料行业协会关于调整收取标准的报告》；选举产生了第六届理事会、监事会以及秘书长和副秘书长，南塑集团有限公司董事长林增标同志继任会长，林绍庆同志当选监事长；还表彰了浙江强盟实业股份有限公司等14家先进企业。

（二十）安徽塑料工业园落户塑编之乡怀宁

安徽省塑料协会与怀宁县政府于共同签署组建“安徽省塑料工业园”的协议，全省塑料行业惟一的专业化大型园区在怀宁县正式落户。

怀宁是全省有名的“塑编之乡”，塑料制品加工是该县着力发展的“五大支柱”产业之一。目前，该县各类塑料制品企业已达48家，其中规模以上企业8家，产品涉及建材、化工、食品、医药等各个领域，从业人员达到5000人以上，总资产近10亿元。2006年，该县共生产塑料制品5万吨，工业产值实现4亿元，占该县工业总产值的7%。

（二十一）与企业合作研发项目获奖

由嵊州市德利经编网业有限公司参与研发的“青藏铁路沙害形成机理及防治技术研究”项目解决了青藏铁路沙害这一难题，最近该项目获得2014年青海省科学技术进步奖一等奖。

这个科研项目成果在青藏铁路沿线红梁河、秀水河、北麓河、沱沱河和措那湖等沙害严重地段得到推广应用，特别是以植生袋、高立式大网格阻沙固沙栅栏等为主的防沙措施，明显改善了各沙害地段的生态系统，植被覆盖度明显提高。这一科研成果的应用，使青藏铁路沿线沙害严重地段的风沙灾害综合防治体系逐步趋于完善，为保障青藏铁路安全运营提供重要的技术支持。

目前，这一技术成果已应用到青藏铁路格尔木至拉萨段，以及正在建设的拉萨至日喀则铁路、敦煌至格尔木铁路、兰新双线铁路的防沙工程中，将为更多的铁路安全运营提供保障。该沙害防治技术还得到了其他沙害严重地区的青睐。南疆铁路、内蒙古临察铁路、塔里木油田的沙漠公路都采用了该技术。

（二十二）集装袋上下十字口成型机由抚顺集装袋厂唐亚辉研制成功

该机设计精巧，通过集装袋上下口绳围绕在四

个定位桩上，将十字口固定在所限定的方块内，再由机械传动把四角翻压折叠，并利用超声波振动产生热量加压成型。该机生产效率高，操作简单，劳动强度低，一般工人当天就可熟练操作，一人一机可以顶替5至6名熟练缝纫工，解决了缝纫工招工难问题。该机不用缝纫线，减少了对缝纫线的支出，也避免了线头线脑遗留在袋内，因此特别适合生产食品、淀粉的包装。

（二十三）安福环保科技获准在新三板挂牌

7月27日安福环保科技申请挂牌新三板的材料已正式通过了全国股转公司审核并同意挂牌。

（二十四）中国土工合成材料工程协会、国际土工合成材料学会中国委员会负责人常州调研

2016年12月9～11日，中国土工合成材料工程协会（CTAG）、国际土工合成材料学会中国委员会（CCIGS）负责人陆忠民、杨宝和、徐超、肖新民、任回兴、詹良通、朱洪、张孟喜、杨广庆等一行十二人赴江苏常州，召开了“中国土工合成材料工程协会、国际土工合成材料学会中国委员会江苏企业座谈会”，与参会的20多家企业负责人重点围绕“企业经营、研发状况，行业、市场现状，国内外行业标准对接，协会与企业的对接”等问题进行了深入交流。会后对土工合成材料生产企业进行了实地考察。

本次调研是继第一站泰安和第二站德州之后，协会负责人对我国土工合成材料生产企业集中调研的第三站，也是中国土工合成材料工程协会（CTAG）、国际土工合成材料学会中国委员会（CCIGS）负责人首次共同参加的、人数最多的座谈会，会议不仅有江苏省内生产企业参加，也有坦萨土工合成材料（武汉）有限公司、安徽徽风新型合成材料有限公司、浙江吉航工程材料有限公司等为代表的省外企业，还有山东莱芜新甫冠龙塑料机械有限公司、江苏常州武进市科通防排水器材厂、山东中艺橡塑有限公司、连云港金发环保科技有限公司等为代表的机械生产企业、母料生产企业以及南京水利科学研究院为代表的检测科研单位等全产业链单位，会议得到了承办单位：宜兴市杰高非织造布有限公司、江苏鼎泰工程材料有限公司、江苏常编集成科技有限公司、常州市永新华立纺织复合材料有限公司、宜兴市神洲土工材料有限公司的大力支持与配合。

（二十五）吉林省东丰县塑编企业活动

10月28日，吉林省东丰县委书记郑一明深入到中粮生化包装有限公司调研企业运行情况，与企业负责人进行座谈。县委常委、办公室主任王立波及县经济局领导陪同调研。

（中国塑协塑料编织制品专委会　赵克武）

聚氨酯

一、中国聚氨酯行业及市场状况

（一）聚氨酯软泡

1. 2016年中国各TDI厂家产量以及供应情况统计（表1）

表1　2016年中国TDI产量、供需、进出口情况统计表

（单位：万吨）

科思创	18.5
巴斯夫	15.7
沧州大化	16.1
甘肃银光	10.5
烟台巨力	6.9
东南电化	6.5
辽宁锦化	0.0
国产量小计	74.2
进口量	3.0
走私量	0.0
出口量	13.0
表观消耗量	64.5
实际消费量	64.7

我国TDI产品消费地区分布基本与下游产业分布一致；TDI产品消费主要集中在软体家具、涂料、汽车等行业。

2016 年火热的房地产市场对软体家具需求起到了助推。整体来看，软体家具行业整合明显，中小型企业由于竞争优势较低，订单不多，面临压力较大。不过大中型的下游企业在原料成本、下游客户等方面优势明显，2016 年整体需求仍然保持增长。

另外，纵观 2016 年中国汽车市场，在购置税减半、新能源汽车推广等多重行业利好政策促进下，汽车销量总体稳中有升，因而汽车领域对 TDI 的用量也有所增长（表 2）。

表 2　2016 年中国 TDI 消费区域分布统计表（单位：万吨）

地区	表观消费量/万吨	比例
华东华中地区	23. 3	36. 1%
华南地区	15. 2	23. 5%
东北华北地区	12. 3	19. 1%
西南西北地区	13. 8	21. 3%
总计	64. 6	100. 0%

2. 2016 年中国 TDI 各下游消费分析

聚氨酯泡沫作为一种新型高分子材料，是 TDI 最大的消费用户。

聚氨酯泡沫在聚氨酯制品中所占的比例超过 60%。它的主要特征是多孔性、密度低，强度高。它还具有无臭、透气（软泡）、高绝热性（硬泡）、泡孔均匀、耐老化、一定程度的耐有机溶剂侵蚀等特性，对金属、木材、玻璃、砖石、纤维等有很强的粘附性，根据所用原料品种的不同以及配方用量的变化，可以制成不同密度、不同性能的软质、半硬质以及硬质聚氨酯泡沫，用于各种不同的用途，这些优点为其它泡沫材料所不及，因此受到了各应用部门的欢迎。

发达国家 TDI 的应用相对较单一，主要集中在软泡，其他领域如涂料、胶粘剂、弹性体等方面主要用 HDI、MDI 等代替 TDI。

国内虽然软泡的应用也占绝对多数，但是同时在中低档涂料、胶粘剂、弹性体等方面也大量使用 TDI 产品（表 3、图 1）。

表 3　2016 年中国各下游行业 TDI 实际消费量统计表（单位：万吨）

行业	软泡	涂料	胶粘剂、密封剂	弹性体、塑胶跑道	其他	汇总
2016	44. 4	11. 6	5. 9	1. 4	0. 1	63. 4

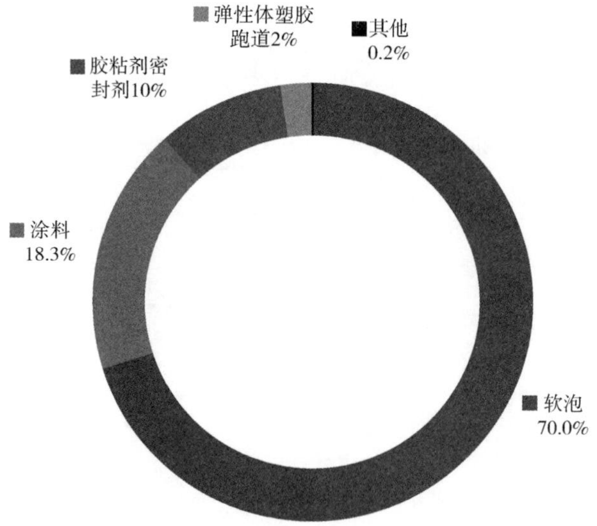

图 1　2016 年中国 TDI 下游市场分布图

（二）聚氨酯硬泡

1. 2016 年中国聚合 MDI 下游行业消费情况分析

2016 年我国聚合 MDI 市场消耗量小幅回暖，

汽车、电热水器等领域增长迅速外，喷涂、太阳能热水器、仿木等领域有不同程度下滑。

2016 年中国市场共消耗聚合 MDI 达 104.80 万吨，与 2015 年相比上升了 1.09%（表4、图2）。

表 4　2016 年中国聚合 MDI 消费领域统计表　（单位：万吨）

消费领域	2015 年聚合 MDI 消费量	2016 年聚合 MDI 消费量	当年增长比例/%
家用冰箱	28.65	28.88	0.80
家用冷柜	12.10	12.12	0.13
粘合剂及密封剂	9.45	9.71	2.70
汽车	9.40	10.23	8.81
管道	7.52	7.53	0.18
板材	6.10	6.16	0.98
喷涂	6.05	5.63	-6.94
填充物	4.93	4.79	-2.81
软泡高回弹	4.80	4.85	1.13
冷藏集装箱	4.25	4.41	3.66
电热水器	4.05	4.29	6.02
太阳能热水器	1.50	1.35	-9.80
商用冷柜	1.64	1.68	2.50
仿木	0.75	0.68	-8.67
其他	2.48	2.48	-0.02
总计	103.67	104.80	1.09

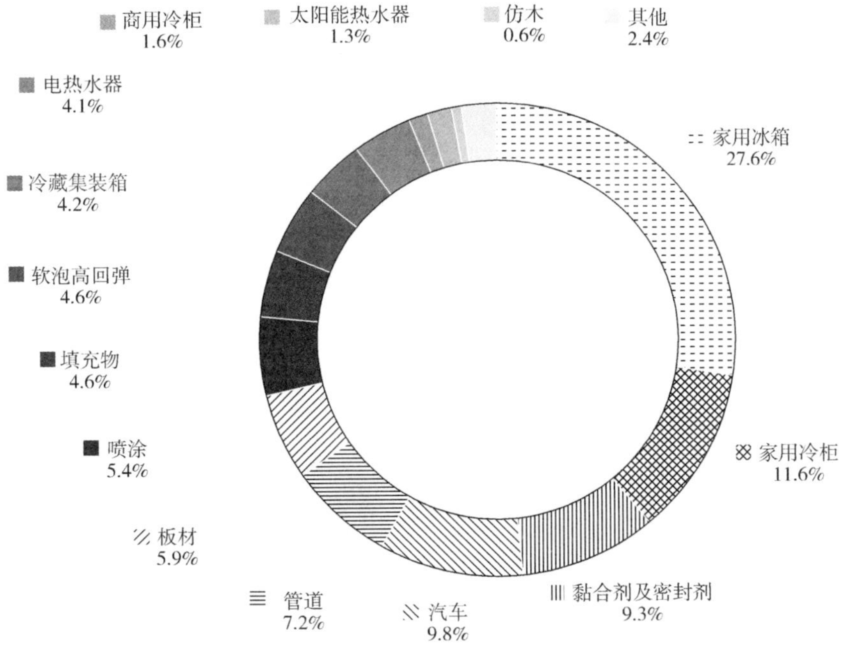

图 2　2016 年中国聚合 MDI 消费领域份额图（单位:%）

2016 年国内聚合 MDI 总消耗量大约 104.80　万吨，其中大约 82.96 万吨用于硬泡，占到总用量的79.16%左右，胶粘剂及密封剂行业的消耗量在9.71万吨左右，占到总用量的9.27%左右，PU填充物行业的消费量在4.79万吨左右，占到总用量的4.57%左右，软泡高回弹行业的消耗量在4.85万吨左右，占到总用量的4.63%左右。

从消费结构可以看出来，聚合MDI主要消费领域并未出现太大的变化，依旧是硬泡为主，胶黏剂及密封剂等领域有所增长。

2. 2016年聚合MDI主要供应商对中国供应情况统计分析

2016年中国市场聚合MDI市场整体需求较去年相比有微幅增长，与2015年相比，国内聚合MDI消费上升1.09%，整体经济环境欠佳，加上我国在进行产能优化等因素，造成需求增长基本停滞（表5、图3）。

表5　2016年供应商对中国聚合MDI供应情况统计表　（单位：万吨）

公司名称	2016年	2016市场份额
万华化学	39.31	37.51%
科思创	23.23	22.17%
巴斯夫	19.86	18.95%
东曹化学	9.79	9.34%
亨斯迈	8.89	8.48%
锦湖三井	2.02	1.93%
陶氏化学	1.62	1.55%
日本三井	0.09	0.09%
总计	104.80	100.00%

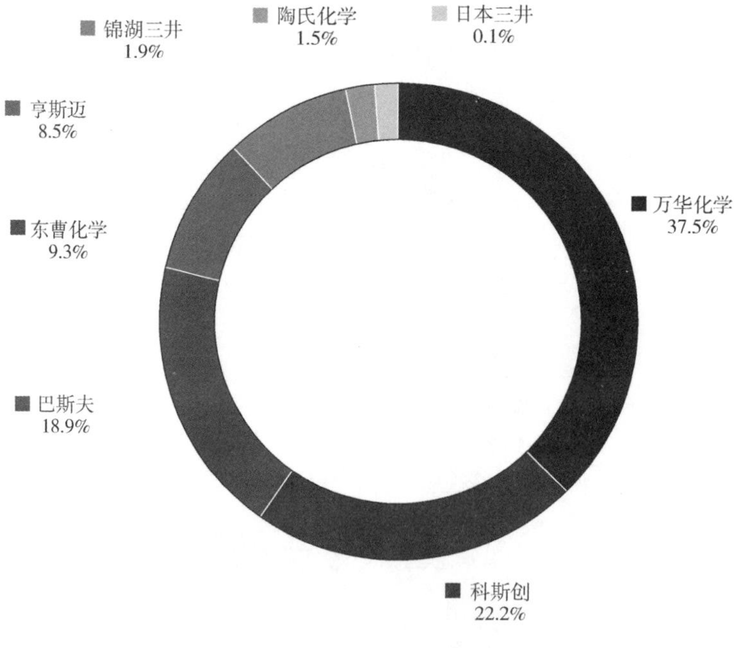

图3　2016年供应商对中国聚合MDI供应情况统计图（单位:%）

从上图可以看出，各家供应商排名虽然略有变化，但前几位的市场占有率并未减少，2016年前五家的市场占有率达到了96.45%，均为在国内拥有生产装置的企业（图4）。

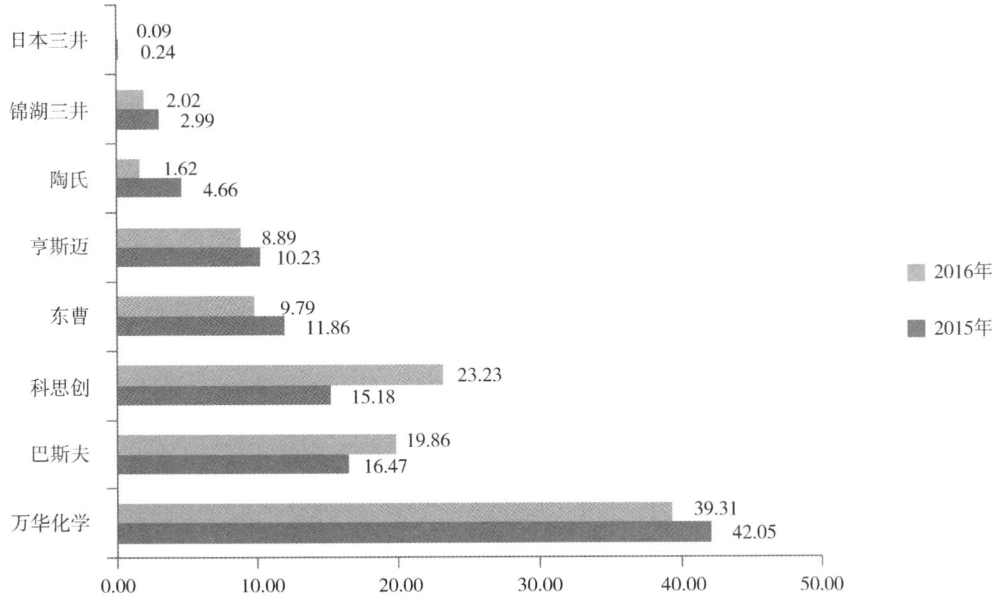

图 4　2015 和 2016 年各厂家中国地区聚合 MDI 供应对比图（单位：万吨）

由上图可以看出，与 2015 年相比，2016 年我国聚合 MDI 供应格局有些微妙的变化，科思创在国内占比上升至第二位，而亨斯迈占有率则有所下降；同时，科思创和巴斯夫供应量较去年有较大提升（表 6）。

表 6　　2016 年国内 MDI 合成装置母液产能及产量统计　　（单位：万吨）

生产商	产地	2016 年产能	2016 年产量	备注
万华	烟台、宁波	180	113	
联恒	上海	35	32.5	
科思创	上海	50	42.5	
重庆巴斯夫	重庆	40	15	
NPU	瑞安	8	6.5	进口母液

3. 2017 – 2021 年中国聚合 MDI 消费情况展望

2016 年全球经济延续缓慢复苏，中国经济进入“新常态”，经济增速下降，面临结构调整。受全球大贸易环境不佳影响，房地产处在去库存过程中，与房地产相关甚密的建筑保温、家电等备受牵连，相关产业对原材料的需求有所下滑。同时国内原本粗放型的发展政策越来越少，随着对落后产能淘汰和产业优化的整改，以化工行业为代表的一部分传统工业首先受到冲击。

下游领域，建筑保温方面，据了解在发达国家保温材料市场中，聚氨酯材料所占的份额很大，美国达到 57%，日本达 32%，而在我国建筑保温材料市场中聚氨酯的应用占比不足 10%。因为其防火安全性能和节能的不可替代性，聚氨酯行业在我国将会有比较大的提升空间，建筑节能领域的应用推广也将带动聚氨酯原材料市场发展。“十三五”建筑节能专项规划不仅对建筑节能提出了新的要求，也为聚氨酯保温材料带来新的发展契机。大力推进新型墙体材料发展这一目标的提出无疑将促进建筑保温材料需求的增长，加上相关的政策支持，预计未来几年聚氨酯保温材料前景将非常可观。

家电领域，相对于家电市场的涨涨跌跌、大起大伏，热水器市场整体一直保持着比较稳定的发展势头。电热水器、燃气热水器基本稳定增长，特别是在国家倡导房地产行业“去库存化”的大背景下，以及农村生活条件的改善，这将会撬动这几类产品的可持续发展。空气能热水器涨势喜人，随着这一产品在国家政策层面被纳入可再生能源行列，以及产品开始逐步解决超低温制热，应用市场进一步拓展。特别是美的、格力、海尔等大企业的参与推动，前景看涨。但太阳能热水器基本除了在家电下乡那几年大涨之外，之后基本陷入无休止的下跌通道。受制于政策透支消费，以及农村市场单条腿走路困局，预计太阳能热水器还将在未来保持继续下跌的惯性，但已经无关行业大局。

汽车行业潜力巨大，我国在汽车用聚氨酯平均使用量与国际水平还有较大差距；冷链物流行业受欧洲需求疲软、新兴经济体和发展中国家又面临大宗商品周期和信贷繁荣周期结束的冲击，使得今年全球集运市场实际表现不及预期，市场对集装箱需求转淡，明年形式依旧严峻。小的领域正在进行整合，仿木有所缩减，密封剂、胶黏剂等小幅增长。新兴领域如门窗幕墙、PU 瓷砖、城建附属设备等依然在开拓之中。

（三）聚氨酯弹性体

2016 年，中国聚氨酯 CASE 行业（弹性体只统计 TPU）消费量约为 255 万吨，在整个聚氨酯制品中的占比超过 30%。其中涂料消耗量超过 161 万吨，而受到聚氨酯涂料最大的需求市场木器产品的产能过剩影响，增长点将来自于汽车修补漆，地坪涂料，工业防腐涂料，年均增幅将达到 15%，据估算，聚氨酯涂料复合增长率为 6.3%。2016 年聚氨酯胶黏剂和密封胶消费量将近 60 万吨，根据“十三五”发展规划，未来五年平均增长率为 7.6%，加上聚氨酯制品在胶黏剂和密封剂中的基数将继续增加，预计未来增速接近 10%。聚氨酯弹性体包括 CPU、TPU、MPU，其中 TPU 消费量将近 30 万吨，未来几年新增 TPU 产能仍有望继续释放，场内竞争格局有望进一步加剧，预计未来 5 年，TPU 行业的增长率仍可以保持在 8% ~12%。天天化工网预计，相较 2016 年，聚氨酯 CASE 行业的复合增长率将达到 7.6%。

1. 涂料

2016 年，聚氨酯涂料消费量超过 161 万吨。其中主要的应用领域木器涂料受到下游家具产能过剩的影响，整体增速缓慢，但中高端木器漆市场仍有增长点，预计未来三年增长率为 3%。未来聚氨酯涂料的增长动力集中在工业防腐涂料、地坪涂料以及汽车修补漆市场，他们都将保持 10% 以上的高速增长，加上聚氨酯涂料在行业中应用比例的提高，三韬咨询预计，未来的复合增长率将达到 13%。综合以上数据，未来三年聚氨酯涂料增速可能在 6.2% 左右。

2. 胶黏剂/密封胶

“十三五”期间（2016 ~ 2020 年）我国胶粘剂的发展目标是：产量年均增长率为 7.6%，销售额年均增长率为 8.1%，这样到 2020 年末，我国胶粘剂的总产量可达 1033.7 万吨，销售额可达 1328.0 亿元人民币。聚氨酯胶粘剂广泛应用于制鞋、包装、建筑、汽车等领域，而且由于其优良的性能，被认为是国内最有发展潜力的胶种之一。在发达国家，制鞋用胶全部是聚氨酯胶粘剂，包装用复合薄膜全部采用聚氨酯胶粘剂，另外磁带等专用胶粘剂也采用聚氨酯胶粘剂，由此可见其应用之广泛。目前国内胶黏剂使用占比正在逐步提升，预计，未来几年聚氨酯胶黏剂的增长率将达到 9.5%。

3. TPU

TPU 行业在中国发展了近 20 年，从近几年 TPU 热塑性弹性体行业的发展来看，每年的成长率均保持在 10% 以上，来自鞋材、薄膜、管材行业的需求较为旺盛。2016 年 TPU 产能进一步扩张，不同厂家竞争激烈，尽管如此，未来几年新增 TPU 产能仍有望继续释放，场内竞争格局有望进一步加剧，预计未来 5 年，TPU 行业的增长率仍可以保持在 8% ~12%，即 TPU 行业对聚酯多元醇的消耗量年平均增长率预计在 8% ~12%。同时，聚酯型 TPU 的份额可能降低。

今年国务院将 GDP 增长目标调至 6.5% 左右，随着国内长期积累的矛盾和风险进一步显现，经济增速换挡、结构调整阵痛、新旧动能转换相互交织，经济下行压力加大。聚氨酯 CASE 行业也将经历阵痛与洗牌，然而随着中国经济结构改革和持续的城市化进程，聚氨酯 CASE 产品在建筑节能、汽车、纺织等产业的应用规模和比例将不断扩大，未来仍将以高于国民经济平均增长速度发展。预计，2017 年全年聚氨酯 CASE 的需求量将超过 270 万吨。

（1）2016 年 TPU 产能产量情况

2016 年中国 TPU 产业规模继续呈放大的态势，截止到 2016 年底国内 TPU 总生产能力已经达到了 45.5 万吨左右，2016 年的实际产量在 29 万吨左右，从有效产能的实际开工率来看达到了 60% 左右，中国逐渐成为全球最大的 TPU 生产和消费国。

（2）2016 年 TPU 供需情况

2016年，大型生产企业比如万华、华峰均有新增多条生产线，因产品受众面广，整体效益尚可，而小型生产企业受订单缩减开工率持续偏低，市场价格高低参差不齐，终端需求偏弱仍是限制其发展的重要因素，但2016年TPU市场整体供应量较去年继续呈放大的态势，供需矛盾凸显，厂家之间竞争尤为激烈，虽然整体情况并不乐观，但亦有部分企业乘风破浪，开拓前进，企业如何在逆境中追求创新转型，才是发展之道。在TPU的市场中，主要分为六大下游领域，分别是熔纺氨纶、鞋材、合成革、软管、电缆、薄膜。2016年国内TPU需求量在29万吨附近，TPU最主要的应用领域为鞋材领域，2016年鞋材行业消耗TPU占到国内TPU总消耗量的33%左右。

（3）2016年TPU下游应用分布（表7）

表7　　2016年国内TPU各领域消费表　　（单位：万吨）

消费领域	鞋材	软管	薄膜	PU革	氨纶	电缆	其他	总计
消费数量	9.4116	4.5632	3.9928	2.5668	1.9964	1.1408	4.8484	28.52
市场份额	33.00%	16.00%	14.00%	9.00%	7.00%	4.00%	17.00%	100.00%

（4）2016年TPU价格走势（表8）

表8　　2016年TPU价格走势

	1月	2月	3月	4月	5月	6月	7月	8月	9月	10月	11月	12月
聚酯型纯BGTPU	21900	21900	20900	20900	20900	20900	20900	20900	20400	25000	27000	29000

4. TPU膜方面的信息（表9）

表9　　TPU薄膜的应用

TPU薄膜的广泛应用	
鞋类	运动鞋、登山鞋、雪鞋、高尔夫球鞋、野战鞋、溜冰鞋之面料及里料
服装类	雪衣、雨衣、风衣、防寒夹克、野战服、纸尿裤、生理裤、内衬、T恤及运动服等之面料及内里材料
医疗用品类	手术衣（帽、鞋）医疗用褥垫、冰袋、绷带、血浆袋等面料及内里材料
国防用品类	武器封存覆膜、野战帐篷、备战冰袋、救生衣、充气艇等面料及内里材料
运动用品	空气降落伞、充气水床、潜水衣、雪衣、泳装、气囊、运动衫、瘦身衣、充气睡袋等面料及内里材料
工业用品	防火材、隔热材、隔音材、防水贴条、绝缘板、油袋、管子接合胶带、清理下水道工程服装等面料及内里材料
婴儿用品	玩具等婴儿用品面料及内里材料

注：以上内容部分来自天天化工网。

（四）聚醚及附料

1. 2016中国PPG市场

聚醚生产技术含量相对较低，产品同质化严重，现有生产企业40多家，年产10万吨的企业有十几家。2016年硬泡聚醚增长幅度较大，未来几年增长趋势看好，聚氨酯软泡聚醚占41%，聚氨酯硬泡聚醚占46%。2016年聚醚总产能350万吨，未来3~5年新增产能120万吨。中国2016年聚醚总产量230万吨，开工率为66%，产能已经明显过剩（表10、表11）。

表 10　　2016 年中国聚醚多元醇主要生产企业

序号	公司名称	区域	产能/万吨	产量/万吨	
1	中海壳牌石油化工有限公司	华南	23	20	
2	山东东大化学工业集团有限公司	华东	20	15	
3	中石化上海高桥分公司	华东	25	15	
4	广州宇田聚氨酯有限公司	华南	15	10	
5	河北亚东化工集团有限公司	华北	14	8	
6	淄博德信联邦化学工业有限公司	华东	23	16	
7	方大锦化化工科技股份有限公司	东北	12	8	
8	江苏钟山化工有限公司	华东	20	15	
9	绍兴市恒丰聚氨酯实业有限公司	华东	10	8	
10	南京金浦锦湖石油化工有限公司	华东	20	15	
11	佳化化学股份有限公司	东北	20	10	
12	南京红宝丽股份有限公司	华东	15	10	
13	中石化天津分公司	华北	8	5	
14	烟台万华聚氨酯股份有限公司	华东	34	25	
15	常熟一统聚氨酯制品有限公司	华东	20	12	
16	句容市宁武化工有限公司	华东	6	4	
17	福建省东南电化股份有限公司	华南	5	3	
18	可利亚多元醇（南京）有限公司	华东	5	3	
19	苏州中化国际聚氨酯有限公司	华东	5	3	
20	渤海集团天津大沽精细化工股份	华北	5	3	
21	合计		358	250	

表 11　　2016 年中国聚醚多元醇消费结构

聚醚多元醇领域	2016 年	比例%
聚氨酯软泡	91	41.5
聚氨酯硬泡	104	45.5
其他	30	13
合计	225	100

2. 与聚氨酯相关的其他原材料 AA、BDO、PO

2016 年 AA 产能 200 万吨/年，现在，中国已经成为除美国以外的第二大己二酸生产国家。

2016 年，BDO 总产能达到 80 万吨/年，目前，20 多家企业总产量在 55 万吨左右，占全球总产能的 35%左右，居美国、德国之上，排名第一。

2016 年中国大陆共有 19 家 PO 生产企业，产能 200 万吨，产量 170 万吨，进口 50 万吨。其中 80%的 PO 用于聚醚生产，在未来几年，将新增产能 208 万吨/年（有 3 家采用 HPPO 技术）

（五）聚氨酯行业消费展望

1. 2017～2021 年中国聚氨酯行业消费情况展望

2017 年我国整体经济依然延续 2016 年供给侧改革调整的主基调，甚至力度更大。国内原本粗放型的发展政策越来越少。随着对落后产能淘汰和产业优化的整改，以化工行业为代表的一部分传统工业首先受到冲击。同时房地产持续低迷，也导致相关产业对原材料需求的下滑。

不过我们相信，通过这番改革，我国无论是上游原料还是下游生产厂家均能在这段过程中完成整合和升级，在今后的竞争中更具优势。

下游领域，建筑保温行业势头良好，作为优秀的保温材料，聚氨酯受到各地方政府的青睐，加上国家对节能减排的力度不断加深，PU 保温材料今后的应用仍具较大空间；传统保温电器领域增长乏力，但作为我国聚合 MDI 主要消费领域，短期内仍可保持稳步增长。汽车行业潜力巨大，我国在汽车用聚氨酯平均使用量与国际水平还有较大差距；冷链物流行业近几年国家政策主导，新建项目较多，大型冷库 PU 保温材具有很强的竞争力。小的领域正在进行整合，如矿山密封、OCF、仿木短期内看不出有大的变化。新兴领域，门窗幕墙、PU 瓷砖、城建附属设备依然在开拓之中。

2. 异氰酸酯项目正在加快产业结构调整

脂肪族和脂环族二异氰酸酯（ADI）作为一类特殊有机二异氰酸酯，因其制品具有优良的机械性能、突出的化学稳定性和优秀的耐光耐候性，近年来得到广泛关注。其产品广泛应用于航空、航天、船舶、涂料等领域。与其他芳香族异氰酸酯产品相比，具有更高经济含量与附加值，由于该产品的特殊地位，其生产工艺、技术一直受到西方发达国家的封锁和限制。

大陆地区的 ADI 的年需求量不断增长，目前全部依赖进口，巨大的市场需求，超常的增长速度以及高额的生产利润，吸引了世界异氰酸酯巨头的极大关注，纷纷在华投资建厂，积极参与市场竞争。大陆地区相关企业也积极研发技术或寻求技术来源，加快研发和生产包括 HDI、HMDI、IPDI 为主的更多类型的异氰酸酯产品，谋求在异氰酸酯行业的更大市场和发展空间。

总之，在未来几年，中国聚氨酯行业一定要审时度势，认清形势，调整方向，扩大市场。在原有市场的基础上，加快在汽车、高铁、太阳能、建筑节能、环保及新型产业领域推广应用，使中国聚氨酯行业不仅产量领先，技术也要领先，并走向全球。

二、专委会工作

回顾 2016 年的工作，聚氨酯行业和全国其他行业一样，受国家政策调控的影响，行业多年积累的矛盾和问题凸现，企业生产成本居高不下，企业利润下滑，行业发展速度回落，特别是聚氨酯硬泡板材这个被我们在将来寄予厚望的行业由于房地产行业销售下滑，价格及施工工艺等影响，2016 年聚氨酯硬泡板材使用全面回落。针对行业的具体情况和协会全年整体工作安排，我们主要从以下几个方面开展工作。

（一）2016 年专委会主要工作

（1）我专委会的 2016 年工作主要是围绕协会的工作开展的。根据年初协会的具体要求，依据我们专委会的特点，积极配合协会的各项工作，及时保质保量地提供各种材料和相关数据，确保协会的规划科学、合理并可持续执行。考虑行业存在的具体问题我们聚氨酯制品专委会将 2016 年的工作重点确定为淘汰 HCFC－141b 的宣传、淘汰实施；根据国家节能减排的要求，继续做好聚氨酯保温板材的应用和推广；根据建筑防火规定，督促企业生产符合阻燃标准的优质板材。倡导企业有序合理竞争。同时做好专委会的日常工作，积极为聚氨酯制品企业提供相关技术、政策咨询。

（2）认真做好聚氨酯制品发泡剂第三阶段替代的实施工作。由于第三阶段 ODS 的淘汰工作和前面二个阶段不同，第三阶段 ODS 淘汰，时间紧，涉及企业跨行业多。按照 PU 泡沫行业 HCFC－141b 淘汰计划，今年配合泡沫工作组对符合条件的企业，执行淘汰计划。

（3）聚氨酯制品专委会四月份在浙江绍兴组织召开了聚氨酯硬泡发展论坛、参加了我协会在广州召开的年会、家具协会的年会、在北京国展和北京展览馆的新型绿色建材展览会等活动。8 月份参与组织召开了全国外墙保温与节能结构技术在贵州贵阳的交流推广会、参加了聚氨酯工业协会年会、北京市举办的房博会、对部分聚氨酯板材企业进行了走访和调研。11 月份在江苏南通组织召开了聚氨酯软泡发展论坛等工作。以上就是我们这年的主要工作和简单回顾。

（二）存在的主要问题

（1）2016 年从第三季度末到第四季度聚氨酯原料价格急剧上涨，从 9 月 20 日至 10 月 15 日短短时间，TDI 价格从 1.8 万/吨涨至 5 万/吨。被迫无奈我们聚氨酯制品专委会向国家发改委反垄断局等部门提出了反垄断调查。迫使 TDI 生产企业价格下调。现在价格已经大幅回落。基本回到市场合理区间。聚氨酯软泡企业生产经营恢复正常。

（2）今年聚氨酯板材企业上生产线较多，多处在调试和试生产状态，产能处于饱和，企业间竞争激烈，现在已经出现价格战。部分新进入的企业，很可能出现在试生产结束后，产品滞销，无利润而倒闭。现在，新的建筑防火规范已经开始实施，对有机保温提出了更高的要求，聚氨酯外墙保温面临更加严峻的局面。总之，聚氨酯制品专委会涉及行业比较多，各种情况也比较复杂，我们将本着先易后难、循序渐进的原则，突出重点，抓住行业热点，了解并尽可能解决实际问题，凸显行业管理的特点和重要性，聚拢行业企业，为我国聚氨酯制品行业的健康有序发展而努力。

（中国塑协聚氨酯专委会　张成明）

多功能母料行业分析报告

一、塑料母料的定义与发展概况

母料是指能增加聚合物材料功能、提高其性能或降低成本的聚合物助剂浓缩体。根据应用领域母料主要可分为塑料母料、橡胶母料、纤维母料；根据具体用途母料又可主要分为填充母料、着色母料、功能母料，以上我们统称为多功能母料。多功能母料作为当今世界高分子材料助剂应用的最主要形式之一，与我国高分子材料工业一样，是属于朝阳工业。

我国现有多功能母料生产厂家1300余家，年生产能力达到1500万吨以上，其中填充母料厂家600多家，年生产能力约在1000万吨，年生产填充改性母料约600万吨；着色母料生产厂家400余家，年生产能力达到150万吨，年产量在100万吨；各种功能性母料厂家300余家；从生产规模来说，基本都是以小规模、分散型、单一型企业为主；生产厂家分布全国各地。

二、多功能母料的分类与功能

1. 无机填充母料

指以无机非金属粉体做基础材料，添加载体树脂和各种改性助剂通过挤出造粒成型所得到的能满足塑料制品成型工艺要求的高填充母料，其主要目的是降低制品的生产成本，节约能源。目前填充母料的基础材料主要以碳酸钙为主；滑石粉、高岭土等次之；其次还有硅灰石、工艺固废物等。

2. 着色母料

指以色粉为基础原料，以改变塑料制品颜色为主要目的母料。

3. 功能母料

指以增加塑料制品的某些特殊功能为目的，如阻燃母料、增韧母料、发泡母料、抗静电母料等。功能母料的生产企业数目较多、产品种类相对单一，主要集中在阻燃、聚丙烯薄膜、纤维等。多功能母料已有几十种塑料母料，而且随着塑料品种和应用的扩大，对塑料加工产品性能要求的细化，多功能母料的品种和数量还会不断上升。

三、多功能母料行业在国民经济中的地位

当前，中国经济正处在高速的发展当中，全社会对环保、健康问题越来越重视，而塑料纤维制品由于在日常生活里与人们有着亲密接触，得到了全社会的广泛关注。作为在塑料产品在着色中应用普遍的塑料母料，如何推动技术创新，适应社会需求，成为整个行业必须面对的一个难题。

但是塑料母料行业一直没有国家标准，一直是沿用涂料用颜料的标准，就这么过了30年。没有自己的行业的标准，导致了部分塑料母料企业的产品质量低下，因此，整个行业都迫切希望国家能尽快地出台塑料母料标准，以进一步规范色母粒产品的标准，保证全行业母料产品的质量。

目前，我国色母粒行业正朝多功能化、高颜料含量和高技术含量方向发展。一些优秀色母粒企业可根据客户要求“量身定制”所需的色母粒品种，各企业又有自己的特色及专长，可基本满足国内客户需求，许多色母粒厂也能生产功能母料及塑料改性料。总体看来，我国色母粒行业已经有了飞速的发展，对塑料制品行业的发展起到了良好的推动作用。

这样一个处于产业链关键位置的行业，有着带动上游产业和推动下游产业发展的双重任务。

四、多功能母料行业经济指标分析

1. 赢利性（图1）

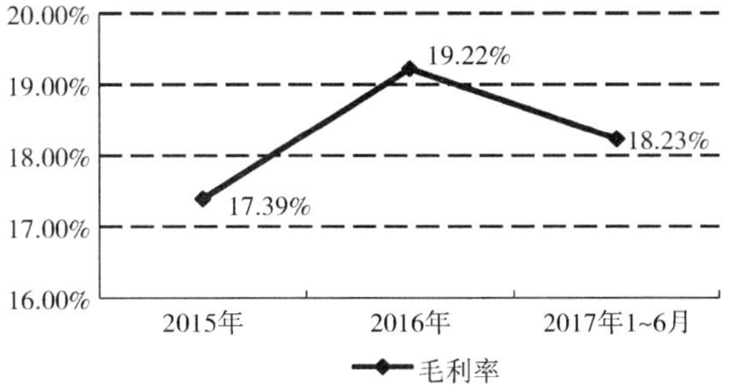

图表来源：本研究中心整理

图1　2015~2017年我国塑料色母粒行业利润率分析

2. 成长速度

20世纪60年代，西欧国家率先研制成功色母粒着色技术，我国则起步较晚。据中国塑协多功能母料专委会了解到20世纪70年代末，北京化工大学开始了色母粒技术的研究；20世纪80年代中期，北京燕山石化成功引进了瑞士Ciba-Geigy年产1000吨聚烯烃色母粒生产线，该工艺的特点是运用球磨及转相技术先制备预分散颜料，然后再挤出造粒，这一工艺又被称为湿法工艺，可以制备高品质的PP纤维色母粒。

随着对引进生产线的消化、吸收及原材料的国产化进程加快，大大促进了中国色母粒行业的发展。30多年后的今天，中国色母粒行业取得了长足的进步。据统计，目前中国色母粒的年产量约为50万~60万吨，品种繁多、品质优良，基本可以满足国内需求，也有少量出口。

3. 附加值的提升空间

为了提高资本增值水平，企业应在经营过程中，根据具体情况，调整资本投向、资产结构、经营对象等，不应把正常的经营活动排斥在“资本运营”范畴之外，不应将收购合并、股权置换、资产重组、项目融资等置于企业正常的经营活动之上。首先，企业应将经营理念从“实物”转向“价值”。资本运营要求企业重视技术更新、产品换代、需求变化等市场（社会）动向，及时调整技术结构、产品结构和市场结构，淘汰将步入衰退期的技术、设备和产品，从而运用最有效的手段（技术、设备、产品、市场等）来保障资本价值的保值增值。其次，企业还应将理念从“规模”转向“效率”，把资产数量、结构等放置在为资本增值服务的地位上。

4. 进入壁垒/退出机制

低端色母粒市场领域进入门槛较低，我国色母粒行业中存在上千家中小微企业。中高端色母粒市场领域进入门槛相对较高，对色母粒生产企业自身技术研发、工艺设备、生产规模等均有较高的要求，具体如下。

（1）技术研发

色母粒是由高比例的着色剂、载体树脂以及各种助剂经过良好分散而制成的一种新型高分子复合着色材料。色母粒生产技术中最关键的为配方技术。着色配方对色母粒产品的影响最为直接，往往轻微调整都会对色母粒的着色效果和性能产生较大差异，进而影响下游应用领域的产品性能。色母粒企业需要具备快速、精准的配色能力，还要熟练掌握高分子合成等技术，以满足下游不同应用领域对色母粒的各项性能指标不同的要求，并且随着下游产品更新换代，色母粒配方亦需要保持同步调整更新。

（2）工艺设备

生产工艺较大程度上决定了色母粒的稳定性以及生产过程中的环保节能和智能化水平。在色母粒生产工艺中熔融剪切法结合了干法工艺和湿法工艺的优点，具有流程一体化、分散性好、污染小、能耗低等优点，该工艺方法采用新型先进设备，并配备高素质的工艺控制人才，提高生产过程的智能化。只有少数大型色母粒生产企业凭借较大的研发投入力度，能够较好的把握新工艺技术要点，从而使产品品质、性能等方面达到国际先进的水平。

（3）生产规模

由于中高端色母粒市场领域大客户较多，如家电、汽车等下游终端应用领域客户规模普遍较大，这些企业每年色母粒采购量大，对上游供应商的供应能力要求较高。只有规模较大的色母粒生产企业才能满足中高端色母粒市场领域大客户的采购需求。此外，由于规模较大的色母粒生产企业原材料采购量大，可以以较低的价格采购原材料，从而有效降低产品成本，获得更多的比较优势。

5. 风险性

企业经营是以营利为目的，而利润往往与风险同在。在一定意义上说，获取利润的过程就是险中取胜、险中求利的过程，是识别风险、确认风险、评估风险、回避风险、分散风险、转移风险或曰管理风险并从中获取利润的过程。无论曾经多么成功、辉煌的企业，如不能有效地管理好自身潜在的或现实的风险，都可能在突降的风险面前、败下阵来或“突然死亡”。

风险有时就是机遇，与机遇偏爱有准备的头脑不同，风险偏爱无准备的头脑，而对风险无准备的头脑是抓不住机遇的。对处在战略机遇期的中国企业来说，要想抓抢机遇求生存图发展，就必须增强风险意识，树立风险观念，加强风险管理行业周期。

五、色母粒标准、行业分类、海关编码

1. 色母粒行业标准

目前，我国已有 6 个色母粒行业标准正式颁布实施，2 个色母粒标准处在报批阶段。以上 8 个行业标准从树脂划分，包括了聚乙烯（PE）、聚丙烯（PP）、丙烯腈 －丁二烯 －苯乙烯（ABS）、高抗冲聚苯乙烯（PS－HI）四大通用塑料品种；从制品划分，有化纤级、塑料级（表 1）。

表 1　　色母粒行业已颁布实施标准一览表

标准编号	标准名称	实施日期	主要起草单位
QB/T 1648—1992	聚乙烯着色母料	1992 年 9 月 1 日	上海塑料制品二十一厂
QB/T 2893—2007	聚丙烯纤维用色母料	2008 年 1 月 1 日	中国石化北京燕山石油化工股份公司塑料分公司 北京化工大学
QB/T 2894—2007	丙烯腈－丁二烯－苯乙烯（ABS）色母料	2008 年 1 月 1 日	宁波色母粒有限公司 北京化工大学
QB/T 4132—2010	给水用聚乙烯（PE）管材混配料用炭黑母粒	2011 年 4 月 1 日	上海国嘉塑化有限公司 北京化工大学
HG/T 4668—2014	聚丙烯（PP）色母料	2015 年 4 月 1 日	宁波色母粒有限公司 北京化工大学
HG/T 4669—2014	高抗冲聚苯乙烯（PS－H1）色母料	2015 年 4 月 1 日	宁波色母粒有限公司 北京化工大学

色母粒行业虽然在标准制定方面已经取得了长足的进步，但与其他行业相比，标准数量少，覆盖面小，还远远不能适应行业发展的需要。在标准的制定方面，今后应注意向工程塑料、其他品种化纤方面扩展，标准数量和标准精细化方面也应继续加强。

2. 色母粒行业分类

色母粒行业是 30 年前诞生的新兴产业，其特点是位于产业链的中游，行业的划分和归属经常出现一些问题，成为近年来困惑行业发展的症结。

第一类，色母粒企业是化工企业还是塑料加工企业；第二类，色母粒工种应该划分为哪个行业。

受第一类问题的困扰，企业在搬迁、环评方面经常发生问题。如果是化工企业，必须进入工业园区，但进入工业园区又有 3 亿产值的门槛，一些色母粒企业就遇到了能否继续存活的大问题。色母粒专委会意识到这一问题已经影响到整个行业，有必要寻求上级主管部门的帮助。2014 年 6 月 9 日，

色母粒专委会向中国石油与化学工业联合会递交了《关于色母粒行业归属的请示》报告，2014 年 6 月 25 日得到了《关于色母粒行业归属请示的回复》（以下简称《回复》）。

《回复》指出：一是色母粒生产工艺为典型的塑料加工工艺，生产过程只涉及物理混合，无化学反应发生，没有重大化工安全隐患，从未发生过严重安全生产事故；二是色母粒应用于塑料制品着色，为下游用户节能减排、简化工艺、清洁生产提供了便捷途径。虽然色母粒目前未明确行业分类，但依照《国民经济行业分类》（GB/T4754 －2002）国家标准，色母粒行业应归类为大类 30 的塑料制品业、中类 309、小类为 3090 的其他塑料制品制造中，请有关部门按照此归类进行管理。这一《回复》，为不少色母粒企业解了燃眉之急。

受第二类问题的困扰，是色母粒工种的划分。2014 年，全球著名企业科莱恩色母粒东莞工厂遇到了扩建项目职业病预评价报告的评审，评审专家在认真审议了色母粒制造过程后，认为危害风险与塑料行业相当，但又不得不参照安监国家安全监管总局令（第 73 号）的行业分类。主管部门应该在充分调查研究的基础上，给色母粒制造业一个正确的分类。正在修编的职业大典，还没有为色母粒行业单列条目，色母粒专委会将积极建议在职业大典中增设塑料色母粒制备工工种。

3. 为塑料母粒增设海关编码

2014 年 8 月，在中国石油化学与工业联合会的建议下，色母粒专委会组织国内主要色母粒企业，填写了财政部的《增列税目建议表》，在为色母粒争取单列税号上又向前走了一大步。这一工作得到了宁波色母粒有限公司、广东美联新材料股份有限公司、山东春潮集团有限公司、无锡长虹化塑色粒有限公司、苏州宝力塑胶材料有限公司、青岛润兴塑料新材料有限公司等单位的大力支持。

六、塑料色母粒行业发展的建议对策

1. 把握国家投资的契机

充分利用好国家增加投资、扩大内需的契机，利用投资有效拉动塑料色母粒行业的持续增长。同时，还要注重创新，总结经验，从而推动塑料色母粒行业持续快速发展。

2. 竞争性战略联盟的实施

竞争性战略联盟考虑的是让双方的资源一起共享，并在共享的基础上让资源拥有双方都享受到共享带来的额外收益，实现资源的效用最大化。我国塑料色母粒企业应利用双方的资源来共同创造效益，提高市场竞争力，从而实现共赢的目的。

3. 企业自身应对策略

企业应将始终遵循“循环经济”的发展原则，降低能耗、提高产品品质，优化资源配置，最大限度实现低投入、高产出，大力开发技术创新项目；充分利用资本平台，壮大产业发展优势。

另外企业应继续加强研发能力，不断增强的研发能力有利于以节能降耗为重点的技术改造和新工艺新产品的研发。

七、发展战略及行业思考

1. 战略综合规划

塑料色母粒产业整体的技术水平和研发能力，只是消费者和企业的认知度不够，关注的企业不少，炒概念的大有人在，真正大投入的不多。作为企业，更多的是需要进行深入研究的耐心，做好综合性战略规划。

2. 技术开发战略

技术开发是把研究所得到的发现或一般科学知识应用于产品和工艺上的技术活动。企业技术开发战略是对企业技术开发的谋略，是对企业技术开发整体性、长期性、基本性问题的计谋。

3. 人才开发

是指将人的智慧、知识、才干作为一种资源加以发掘、培养，以便促进人才本身素质的提高和更加合理的使用。人才开发包括挖掘人才、培养人才，即从现有人才资源中发现有能力的人，进行培养、训练，提高他们的业务技术和经营水平。

目前，我国已提出了 10 项新的人事技术（即规划设计、考试录用、能力测评、心理测试、业绩考核、潜能开发、培训教育、薪资设计、信息统计分析、综合监控等），运用于各类人员管理和人事工作。一些单位，特别是企业集团应用实践证明，它是迈向新世纪，推动人力资源有效开发的现代方法性战略。

大力实施“关键技术与关键产品拥有自主知识产权”的技术创新与技术开发战略，不断提高企业的核心竞争能力。拥有一批行业学科技术带头人和一支年富力强、文化程度高、实践经验丰富的技术开发队伍，具有较雄厚的塑料色母粒研发实力。

4. 业务组合战略

一般来说，大企业要实现可持续成长通常会走多元化经营之路，这一观念在欧美日等国企业已经得到基本证明，而要走多元化之路，从公司战略上考虑必然要涉及业务选择的问题，也就是要制定企业合适的业务组合战略。

自从19世纪60年代以来，许多美国公司遵循扩大产品供应范围并深入到不同的产业领域的多元化成长战略。为帮助管理者制订决策，分配组织资源以及确定新资本的投资方向，产生了几种组合模型。这些方法给管理者提供了一种便捷的手段，在同一张表格上评价对比不同的业务单元的竞争地位，以此来作为企业业务选择的依据。

尽管这些模型能够把多元化公司的许多业务信息简化，但是这种“业务组合法”有着很大的局限性。这些方法注重将组合内的业务看作独立的单元（SBU），忽略了各个SBU之间的内在关联从而误导资源分配。比如，将资本从低增长的成熟产业强势业务单元抽出，转移到高增长率产业的新兴业务单元中，在实际中很可能导致强势业务单元的过早衰退，例如巨人集团的衰退。而且这种方法在公司应该增加何种新业务以及如何增加公司的总收入方面给管理者的指导很少。

5. 区域战略规划

区域经济发展战略是决定一定时期区域经济发展状况的关键性问题。改革开放以来，我国一些省市的区域经济发展战略在相当范围存在着脱离本地区区域经济发展水平与经济发展结构、未充分利用区域现有的要素禀赋、忽视对区域潜在比较优势的中长期培育、对基础性的公共产品和服务供给力度不足等诸多问题。塑料色母粒行业要依据区域的实际情况，进行科学合理的战略规划。

6. 产业战略规划

摆正战略规划和计划工作的关系是作好战略规划工作的第一步。许多人或许会说，两者之间不就是上游和下游的关系，即战略规划负责分析形势和资源，确定目标、任务和重大的部署等；而计划工作负责分解目标和任务，组织、分配资源以执行规划。这话不错，但实践中是有学问的。

首先，两者的关系与企业的大小有关。一般说来，大企业的计划工作相对重要，而小企业的战略规划相对重要。这是因为企业越大，统筹和调动的资源量也越大，计划工作自然重要；而小企业的资源量较小，为发挥船小好调头的优势，战略规划工作便相对重要。所以，我们经常看到大企业有计划部门而无战略规划部门，小企业有战略规划部门而无计划部门，中型企业则可能二者合一。

其次，两者的关系与产业的性质有关。那些市场变化快，竞争激烈的消费行业，战略规划工作往往决定企业的生死存亡，规划者不仅需要关心市场调查、产品开发、定价促销等环节，还关心采购、生产、流通等环节，某种程度上战略规划覆盖了计划工作。而对于铁路、电力等公用事业，行业垄断性强，市场需求较为稳定，计划工作就相对重要，而战略规划容易受到忽视。

第三，两者的关系与企业发展阶段有关。在企业的稳定运行期，计划工作相对更受重视，转型期则战略规划受到重视。

所以，那些消费行业的小企业，其战略规划部门具有明显的职能部门色彩；而那些公用事业的大企业，其战略规划部门适合设置为参谋部门，否则可能造成日常业务运行的混乱。

7. 营销品牌战略

商业社会持续发展的结果，就是供大于求，无论如何抑制制造，如何刺激消费，结果就是每个品类的商品和服务都会供大于求。品牌消费时代的到来，是任何企业都无法改变的商业历史进程。品牌消费时代是以品牌消费为主要特征的时代。在这个时代，消费者对商品的选择已经跨越了简单的商品功能这个层次，进入到人性化、个性化的品牌层次。品牌消费时代，每个企业和商品都有一张牌，握在手里的牌，从来没有好坏之分，但这张牌一旦打出去，一定有输有赢。怎样赢得品牌消费的胜利，就是企业市场营销品牌战略的核心。塑料色母粒行业也不例外。

8. 竞争战略规划

企业从来都不是在封闭的温室环境中自然成长的，任何时候都会面临来自各方面竞争对手的竞争，企业成长的过程实际上就是不断战胜竞争对手的过程。企业战略必须立足于竞争，并致力于取得并保持持久的竞争优势。面对市场，企业可以采取几种基本的竞争战略：差别化战略、聚焦战略等。

（中国塑协多功能母料专委会　季德虎　罗子木）

BOPA 薄膜

2016 年 BOPA 市场比较火爆，各家制造商都满负荷生产，但是订单依然源源不断，交货期基本推到了一个月之后，那么，什么是 BOPA？又是什么原因促成了这样的局面？未来 BOPA 发展趋势又会怎样呢？

一、BOPA 薄膜简介

经过双向拉伸的尼龙薄膜称为 Biaxially oriented polyamide（nylon）film，简称 BOPA。用于生产薄膜的尼龙一般为 PA6 和 PA66，由于 PA66 结晶速度太快，难以加工，一般使用 PA6。把这种原料在专用设备上经过熔融挤出流延，再进行纵向、横向（或同时）拉伸制成薄膜，即双向拉伸尼龙薄膜。

1. 产品特性

（1）杰出的抗拉伸强度和抗穿刺强度；

（2）优异的对气体和气味的高阻隔性；

（3）防油脂碳氧化物的防化学性；

（4）较宽的适用温度范围（－30℃～135℃）；

（5）良好的透明性和光泽性；

（6）良好的印刷性。

2. 尼龙膜生产工艺

尼龙薄膜生产有管膜法和平膜法，管膜法就是常说的吹膜法，平膜法又分两步法和同步法，由于吹膜法产品的厚度均匀性不好、强度低等缺陷，现在已经淘汰，目前，国外有双泡法工艺，生产一些特殊用途的产品。国内普遍使用了平膜法。由于同步法技术含量较高，现在多数厂家采用两步法工艺。同步法的工艺过程为：原料干燥→熔融挤出→冷却铸片→铸片测厚→同时双向拉伸→热定型→薄膜测厚→牵引、切边→收卷→分切→包装入库。两步法双向拉伸工艺是先进行纵向拉伸再进行横向拉伸，其他工序与同步法双向拉伸工艺基本相同。两步法双向拉伸技术有一个最大的缺点：弓形效应大。这种效应会导致生产的相当大一部分 BOPA 薄膜产品无法满足最终用户的非常严格的使用要求，如高质量的印刷包装等。而同步法双向拉伸工艺可以有效地改善弓形效应问题，生产的 BOPA 薄膜具有品质均衡性好的特点，适用于高速多色印刷（表 1）。

表 1　两种加工方法比较

项目	两步法	同步法
拉伸方法	纵向、横向拉伸分步进行	纵、横向拉伸同步进行
工艺	简单（易控制）	复杂（难控制）
拉伸温度	低	高
薄膜质量	好	很好
品质均衡性	一般	优（尺寸稳定性好）
拉伸产生的弓形度	大	小
印刷性	好（印刷级）	更适合高速、多色印刷

二、BOPA 薄膜的应用（表 2）

（1）BOPA 薄膜主要用于食品包装。对冷冻食品包装，主要利用 BOPA 薄膜强度高、耐穿刺性好、耐寒性优的特性。

（2）对汤面液体调料包装，主要利用其强度高、耐穿刺性好、耐油性好，主要是使用 PA6 材料，而要求温度较高时则使用尼龙 66 材料。

（3）对耐蒸煮食品包装，主要利用其耐油、耐热、气体阻隔性好，具有耐穿刺性等特点。

（4）此外，BOPA 薄膜还广泛应用于医疗、化妆品和机械、电子等一般工业包装领域。

表 2　BOPA 薄膜的应用

应用范围	实例	复合结构举例
蒸煮食品包装	汉堡、米饭、液体汤料、豆浆、烧鸡等	BOPA/EVA、BOPA/CPP
冷冻食品包装	海鲜、火腿、香肠、肉丸、蔬菜等	BOPA/PE

续表

应用范围	实例	复合结构举例
普通食品包装	精米、鱼干、牛肉干、辣椒油、榨菜等	BOPA/PE
化工产品、医药用品包装	化妆品、洗涤剂、香波、吸气剂、注射管、尿袋等	PET/AL/BOPA/PE
		BOPA/AL/PE
机械、电子产品等包装	电器元件、集成电路板等	金属化膜、涂布 K－BOPA、金银线、 耐热分离膜等

三、BOPA 薄膜使用注意事项

（1）由于 BOPA 材料属于易吸湿性材料且吸湿后阻隔性会大大下降，因此在高湿气候下，若不重视湿度的影响，必将产生严重的质量事故。

（2）BOPA 在印刷、复合生产过程中，由于薄膜的吸湿性，使表面形成一层细微水珠网膜，阻隔了油墨和胶黏剂的附着以及会产生小气泡或白点等质量问题。吸湿使 BOPA 材料变形，使印品起皱、套印不准，制袋错位、翘边、卷曲，复合膜起泡、容易起斑点、晶点和白点以及异味增多、膜面粘连、打码困难等。严重时引发复合剥离强度下降或产生油墨或胶粘剂转移、降解而脱层、打码速度下降或打码打不上，高温蒸煮过程中破袋现象增多、复合膜手感发硬、发脆现象增多等。严重阻碍生产的进程和产品的质量，给厂家造成困难和损失。

（3）生产过程中的几点注意事项

1）严格控制生产环境的温湿度。由于尼龙膜的吸潮性以及吸潮后所引起的一系列不良质量后果，因此对尼龙膜的使用环境和存放环境十分重要。一般应存放在 23℃ ±3℃ 左右，相对湿度在 50% ±5% 范围内比较理想，尼龙膜不能直接放置于地板、露天，以免受潮吸湿。而生产环境的相对湿度一般不超过 60%。

2）尽量少用或不用醇类溶剂。印刷尼龙薄膜有其专用的聚氨酯树脂类油墨，在使用聚氨酯树脂类油墨时注意少加或不加醇类稀释溶剂。因为聚氨酯树脂本身是由 －OH 封端的，－OH 能与聚氨酯胶粘剂的固化剂中的异氰酸酯基 －NCO 发生反应，使固化剂参与胶粘剂主剂反应的量减少，影响粘合强度。如若一定要加入醇类稀释溶剂，也应尽量控制在 8% 以内，并在印刷过程中将溶剂残留量降至最小限度（一般总量 <3 毫克/米^2），在印刷有白墨打底的印件时，最好在白墨中加入少量的固化剂以提高复合牢度。（根据油墨厂家按要求加入量使用）。印后应尽快进行复合生产，剩余材料可用含有铝箔的包装膜包装好，以防空气中水蒸气侵入受潮，剩膜应放置于干燥通风处，再用时最好提前 2～3 小时放置于熟化室以烘干尼龙膜表面水蒸气，使材料免于受潮而影响产品质量。如果生产水煮蒸煮袋，油墨一定加入固化剂以保证油墨附着率。

3）溶剂的质量。必须对所使用的溶剂的含水、醇量进行控制。各种溶剂的质量非常重要，如醋酸乙酯的含水量、含醇量多少完全可以影响到干式复合产品的质量。在国家标准 GB3728——1991 中有规定。优等品醋酸乙酯含量应达 99.0%，水分含量 0.1%、一等品醋酸乙酯含量应达 98.5% 水分含量为 0.20% 以内。在干式复合中水分含量不超过 0.20% 才能符合要求，并且不能含醇、胺、活性氢类，否则将消耗固化剂，出现复合剥离牢度差、不干、复合脱层或起皱等现象。

4）做好熟化工作。对于印刷复合好的半成品的熟化工作非常重要，熟化目的是让胶粘剂进一步交联，若完全交联，分子排列整齐就可以提高复合牢度。另一方面可以将半成品复合膜中的残留溶剂排出以减少残留溶剂量，从而减少剥离强度不良，开口性差，有异味等。如若固化时间过短，可能导致胶粘剂固化不完全，而影响剥离强度和残留异味，而固化时间过长，则可能导致薄膜开口性不良。从试验的结果看，两层或蒸煮的薄膜需要低温长时间固化，而镀铝膜复合则需要提高固化温度，减少固化时间来降低脱铝的几率，而高温蒸煮袋一般需要 50～55℃、72h 的固化才能满足固化要求。

四、BOPA 行业现状及未来发展趋势

1. 2016 年 BOPA 薄膜市场现状

跟其他双向拉伸薄膜相比，2016 年的 BOPA 薄膜市场可以说是“这边风景独好”。自 2015 年 9 月份起BOPA价格稳中上升，印刷级与复合级产品的价差也逐步扩大，至10月份甚至出现了供不应求的局面，各个厂家的装置几乎全部满负荷运转，终端付款方式也由账期转变到货到付款，甚至出现了预付款。12月7日日本尤尼吉可无锡公司宣布解散使得国内BOPA市场更加火爆，膜厂的加工利润也由3000元/吨上升到4000～4500元/吨。2016年2月份以后，国内BOPA行情有些盘整，但幅度不大，BOPA工厂的订单一直饱满。2016年下半年，更是进入了传统的旺季，BOPA的价格不断升高，各家的订单应接不暇，甚至推到了2～3个月以后。

2016年BOPA市场的火爆，很多人认为是尤尼吉可退出中国引起的，实际上尤尼吉可无锡公司每月只有300多吨，跟每年12万吨的中国市场相比影响微乎其微。究其原因，主要是两方面的因素，一方面随着公众对食品安全的重视，原来一些普通包装改为阻隔性更好保质期更长的BOPA薄膜，市场需求在不断地扩大，近几年以每10%的增长率增长；另一方面，十年前BOPA井喷式的扩产，市场一直未能充分消化，并且由于BOPA技术壁垒较高，产能增加没有跟上市场的需求，直到2016年市场才达到供需基本平衡（图1、图2）。

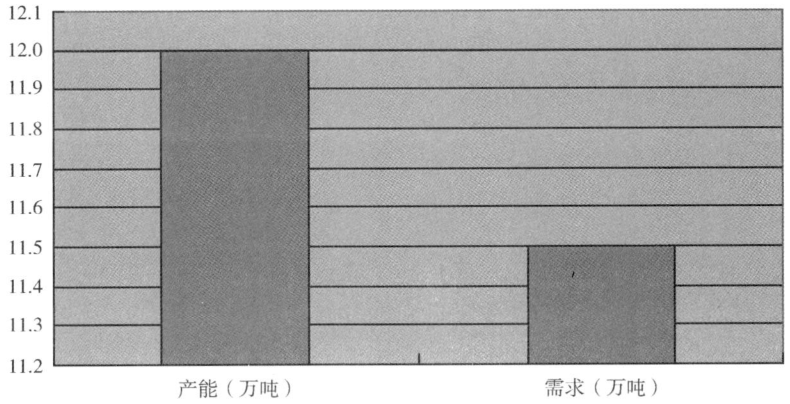

图1　2016年供需情况示意图

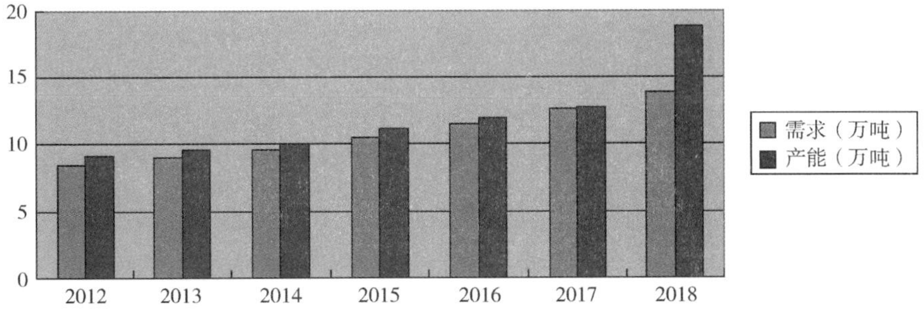

图2　2012年至2018年供需情况示意图

2. 2016年BOPA原料供应情况

2016年BOPA利润的增长，除了市场容量扩大和产能提升较小以外，主要原因是原料价格的大幅下降。随着国际油价的下降以及己内酰胺的扩产，使得己内酰胺价格从2015年开始就一路下滑，己内酰胺价格下降又导致了聚合装置的扩张，2016年PA6膜级切片产能总量甚至接近了30万吨，即使剔除吹膜、流延专用料，相对于年产能12万吨的BOPA来说，膜级PA6切片产能也已严重过剩，在如此激烈的市场竞争下，切片厂家几乎都是在亏损经营，这也为BOPA提供了更大的利润空间。

3. 2017－2018年BOPA市场预测

2017年BOPA新增产能不会很多，将会维持2016年供需平衡的状态，但利润会有所下降，因为上游的厂家不可能一直亏损经营，随着俄罗斯、伊朗石油的限产，国际油价很有可能提升，这将直到导致己内酰胺价格上涨，聚合厂家如不提价将会面临更大的亏损，甚至有些装置会关停，这样供大于求的矛盾就会缓解，PA6 切片价格就会大幅上升，实际上，自今年 8 月份以来，PA6 价格就随着一些公司的减产有所上升。但是 BOPA 价格却难以提高，因为如果 BOPA 价格继续上升，一些原来使用 BOPA 的厂家也许会使用更廉价的 BOPET 和 BOPP 替代，市场容量就会减少，因此，2017 年 BOPA 市场将基本上可以健康发展，但盈利能力会有所下降。

2018 年 BOPA 供需平衡将会再次打破，行业会面临又一次洗牌。厦门长塑第 9 条、第 10 条宽线将陆续投产；昆山运城 5 条宽线将有两条投产，沧州明珠两条生产线中的一条也将发挥产能，再加上河南鹤壁虹天雨一条同步法 6.6 米投产、台湾力鹏在台湾岛内新增双向拉伸尼龙项目、台湾中石化旗下的南通威铭也有意投资下游的 BOPA 项目。在今年尼龙市场的刺激下，一些厂家准备对 BOPET 和 BOPP 生产线改造成 BOPA 装置，这些产能预计会在 2018 年释放，届时国内 BOPA 将再次面临供需失衡的境地，市场竞争将会异常激烈。

4. 应对 BOPA 市场变化的主要措施

（1）成本控制仍然是各制造商的主旋律，市场竞争归根结底是成本的竞争。

（2）差异化产品的研发和市场推广如高阻隔产品、直线易撕裂产品、耐蒸煮产品、可降解产品等。

（3）BOPA 新的应用领域的开发，新能源汽车的迅猛发展，为软包锂电池用尼龙膜提供了更大的发展空间。

（4）合理的规模扩张。

（沧州明珠塑料股份有限公司高级工程师　高城）

CPP 薄膜

一、CPP 薄膜行情走势分析

2016 年 CPP 行业产能规模 109 万吨，预计全年实际产量 74 万吨，开工率大约 68%。

2016～2015 年度上半年相似，均在一季度与二季度的交界期出现一轮走高迹象，在二季度中期开始则出现拐点走入一段相对下滑期。不同的是，2016 年从第三季度中期开始，膜价受到原料拉涨带动等因素影响，报价攀升，但弱于 2015 年高位行情（图 1）。

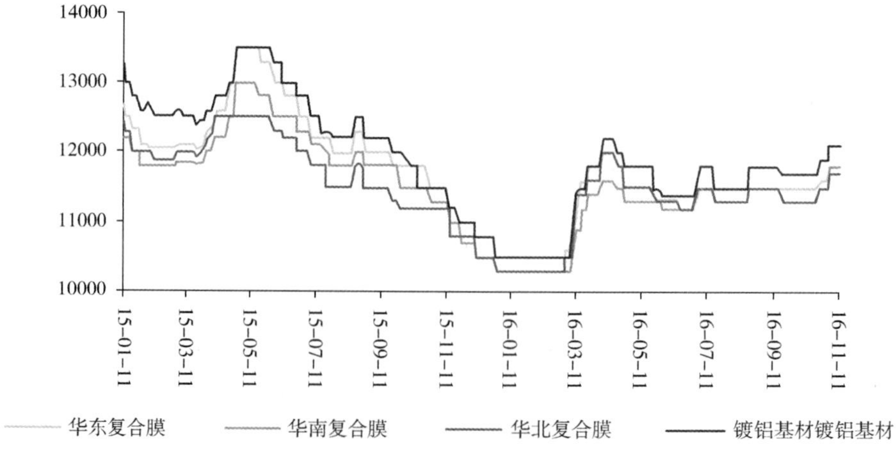

图 1　2015～2016 年度 CPP 膜出厂均价走势

（数据来源：中国塑膜网www.pfchina.com.cn）

通过图1数据，可以直观地看到，CPP市场价格在春节前后报价较为平稳，节后开工，出现为期近两个月左右的上涨行情，膜价逆势上涨，最大推力来自于原料拉涨，其次便是节后下游补货需求的提振，普通复合膜涨至11000～11500元/吨，低温热封膜在11500～12000元/吨区间波动。进入二季度，4月中下旬开始，原料拉涨力度较前期减弱，加之下游淡季的影响，上下游夹持之下，膜价回落，但是整体回落空间小于前期膜价涨幅。跨越三季度上半期，已然逐步摆脱下半年行情走跌的局面，保持相对高位态势，且在原料价位张力的带动下，继续上涨，基本与春节后的相对高位价格持平。

二、CPP原料供势分析

图2、图3记录了2015～2016年CPP原料价格的基本走势变化。其中图2是华北油田和上海石化2015～2016年的走势图；图3是上海石化F800E 2015年度和2016年度的对比图。

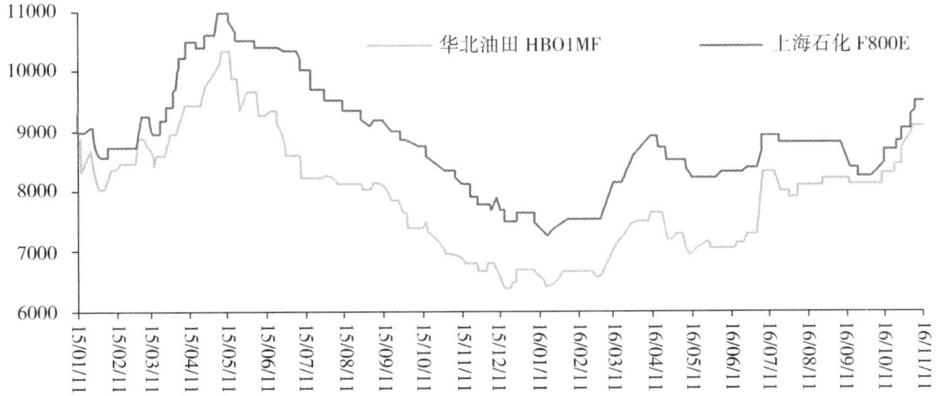

图2　2015～2016年国内石化CPP专用料出厂价格走势

（数据来源：中国塑膜网www.pfchina.com.cn）

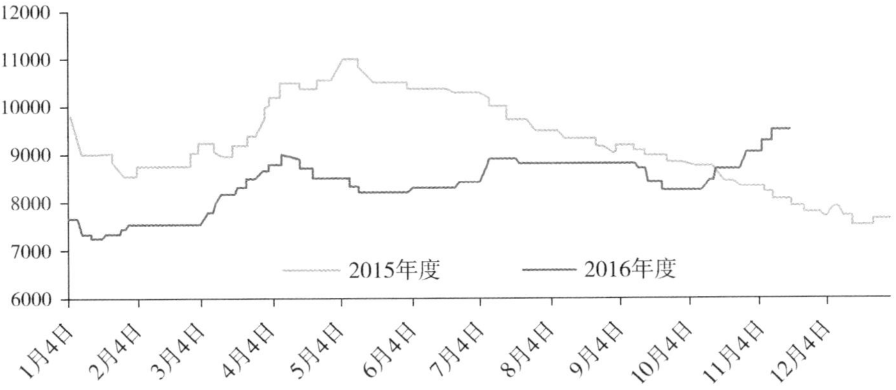

图3　上海石化F800E 2015～2016年度价格对比趋势图

（数据来源：中国塑膜网www.pfchina.com.cn）

以上原料行情走势，可以透视出以下几点：

（1）2015及2016年度上半年原料均出现了一波上涨行情，在五月份之前，整体走势基本一致。

（2）5月份开始，两个年度的专用料出现了截然相反的走势：2016相对于2015的上半年，上涨持续时间相对较短；而2015年度的原料走势，一直持续下跌。

（3）同期的年度内，2016年度平均价格明显低于2015年度。在10月过后，此行情出现转机，由于石化拉涨，价格一路走高明显，在10月中旬过后，专用料价格高于去年。

影响CPP原料价格走势的因素，包括宏观经济、供需格局、商家心态以及大石化原材等。目前来看，经济形势欠稳、欠旺不利膜市提振，并且国内市场长期处于供求失衡的格局，于此局面之下，原料带给 CPP 市场价格的影响力明显。传统淡季原料拉涨对于膜企的压力较大，并且连续两年内出现这种现象，值得我们深入观察和研究。

除了主原料之外，专用料的情况也是影响 CPP 价格的因素。燕山石化在 5 ~6 月有 40 天左右的检修计划，受此影响专用料损失产量在 1 万吨左右，对共聚市场影响较大。除此之外，独山子因装置问题 CPP 专用料 3 月排产亦未如期。进口料市场来看，2016 年上半年亦是检修频频，市场货源几度紧缺，多数贸易商炒作热情高涨，造成目前 CPP 市场三元料有价无市的情况，也在一定程度上被动拉涨了 CPP 的市场价格。

三、CPP 膜企利润状态分析

上半年 CPP 生产企业开工率在 6 成左右，春节期间几乎全面停机，二季度全行业生产线怠工歇产占一定比例。2016 全年来看，流延膜企利润贡献总体欠佳，3 ~5 月份多处于负盈利状态，其他时间段虽有盈利，但利润实现空间仍有逐渐降低的趋势（图 4）。

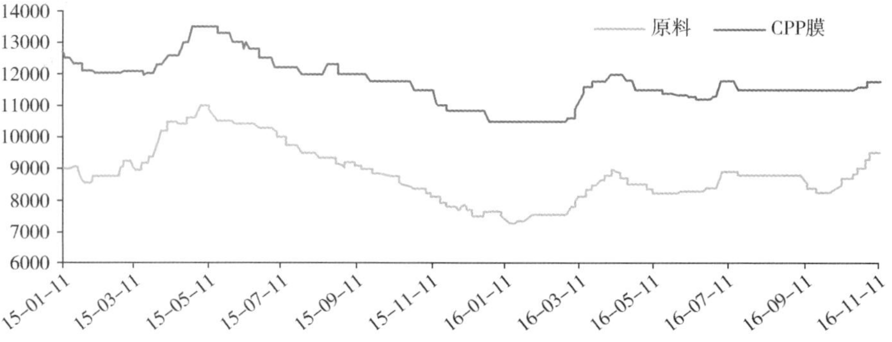

图 4　2015 ~2016 年度薄膜与原料价差走势图

CPP 市场虽然传统淡季在 4 ~6 月，近一年进销盘面上来看，利润追求存在空间，但年度订单呈现总量概念上的偏于清淡，也导致了膜厂的整体盈利情况不佳。上半年淡季占重，进入夏季，食品类订单影响较为明显，部分下游需求的蒸煮类食品的需求减少，需求疲态难改，将继续拖累 CPP 市场。生产企业一方面碍于原料方面的阴晴不定而应急接单，一方面因终端走货速率的迟缓而按量采购，夹缝中求生存。

四、生产线新增分析

据不完全统计，2016 年的新增产能在 6 万 ~10 万吨左右，目前新线均以 4.8 米为主，产能在 7000 ~10000 吨左右。随着国内 CPP 膜企技术装备的不断更新换代，4.5 米、4.8 米以及 5.3 米、5.5 米生产线逐步成为新线的主流。部分高端及功能性薄膜仍以相对窄幅线为主，比如湖北慧狮及黄山永新 2015 年度新增的莱芬豪舍、W&H 生产线。

1. 从区域分布分析

发达地区仍然是新增产能的主要区域，比如广东、江苏地区，整体市场需求尚可，客户集约化程度较高，对薄膜的品质也有更高要求。但是值得注意的是，近两年来，北方的流延膜市场也有了明显起色，无论是 CPP 薄膜还是 CPE 薄膜，新线增加速度大于以往年份（图 5）。

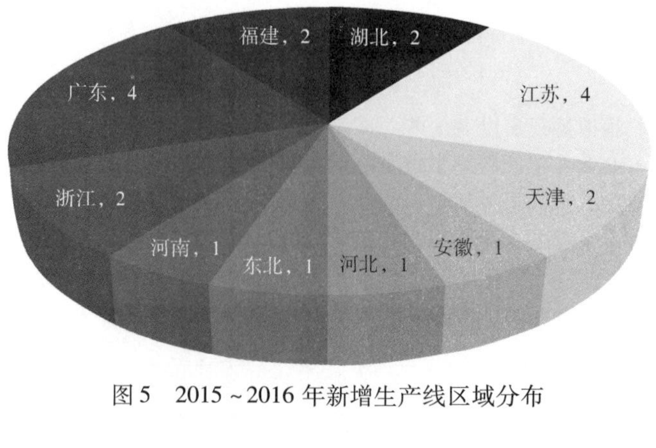

图 5　2015 ~2016 年新增生产线区域分布

2. 从企业性质分析

2015 年新线投放仍主要是老厂新投模式，比如湖北慧狮及黄山永新，主要是为了扩大企业的薄膜品类及应用范围，寻找新的业务方向。也有自身产能扩大情况，比如河南双汇、高明海能等。

3. 从生产线制造商分析

目前广东仕诚生产线仍占据国内流延膜的半壁江山，另外南通三信、博瑞挤出等也有新线出售，同时，广东金明流延膜设备市场也在重新拓展。高端方向仍以进口设备为主，主要为莱芬豪舍、W&H。

五、产品出口方面的基本情况

CPP 薄膜行业主要以内销为主，出口膜企和占量整体偏少。目前主要几家有一定稳定出口量，但整体放量情况不多，国外采购以补充为主，规模不大。出口量上，上海美丰较大，杭州新光次之，汕头德福也在逐步加大出口比例（图 6）。

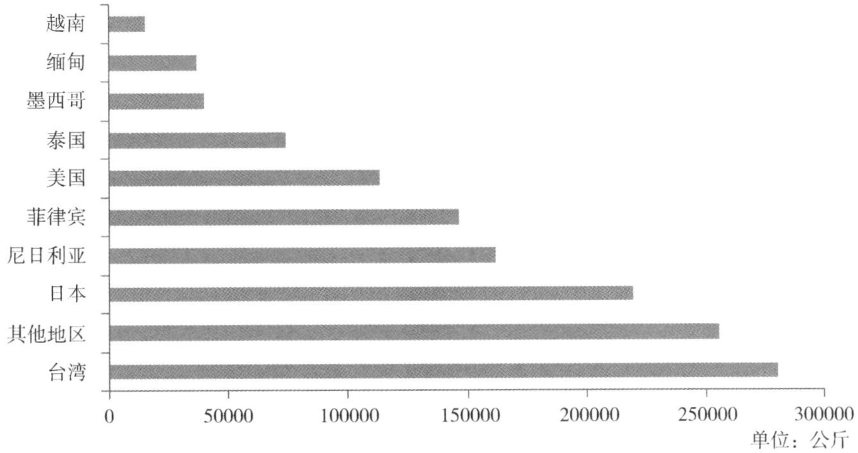

图 6　某月出口国分析统计

（数据来源：中国塑膜网 www. pfchina. com. cn）

从出口目的地国别分析，按照出口量递减依次为：中国台湾、日本、尼日利亚、菲律宾、美国、泰国、墨西哥、缅甸、越南等。

六、2017 年流延薄膜行业发展的基本趋势

根据权威资讯机构初步预计，随着应用领域拓展、消费潜量释放等因素影响，CPP 需求总量会有所适度增长，2017 年预估在 85 万吨左右。

2017 年乃至后期，流延薄膜行业产品主要趋势：

1. 产品一致性要求

产品制程标准化及工艺变更与上下游的同步行动所决定的产品一致性，应是当期产品内在品质应需精进的关注重点。

2. 产品安全性保证

随着全球各区域健康安全法律法规方面的约束进一步深入，对微生物、塑化剂、抗氧剂为关键控制项的产品安全保证，也是 CPP 行业在产品设计、制造上要面临的功课。

3. 产品技术开发主要方向

包括保护膜系列、锂电池膜材、电子产品封装，以及非复合应用结构、超高阻隔品种、高速包装适应性能、可再封合功能，可能将是产品技术开发的主要趋向。

当前，世界经济仍延续着疲弱复苏态势，主要经济体走势和政策分化将带来新的不确定性影响，新兴经济体发展的外部经济环境依然错综复杂。对于国内的生产加工型企业来看，生存发展环境因素以及外部的不确定因素的影响也将明显体现。

从各膜企自身内部来看，生产装备的升级换代、产品的差异化调整、企业运作管理的规范化等老生常谈的话题，仍将影响着各自战略思维的落地。

同时，避免价格恶性竞争，也是同业间应该继续协同的生存发展基础，在做好基础产品品种的同时，关注新型应用领域、关注新性能产品及新颖装备技术的方向，寻找流延行业新的利润增长点，希望 2017 年度的流延行业能维持相对健康的发展方向。

（中国塑协 CPP 薄膜专委会　王焕清）

BOPET 薄膜

一、行业的年度经营概况

2016 年，中国市场聚酯薄膜的表观消费量大约在 220 万吨（市场需求估算：产能 × 开工率 + 进口量 - 出口量）；当年，中国聚酯薄膜释放新产能 13.5 万吨，合计生产能力达 317.97 万吨/年，使普通类薄膜的市场竞争变得混沌无比。

年内，行业代表性产品（12 微米普通膜）的市场价格持续下滑，与原料切片的价差处于 1100 ~ 1600 元/吨之间，大大低于 2500 元/吨的行业成本底线。1 ~ 10 月各月的开工率比较均衡，72.5% 的平均率比去年同期的 74% 略有下降，说明产能过剩现象依然存在。10 月之后的市场供需关系出现变化，出售价和订单明显上升。

2016 年 1 ~ 10 月，行业出口总量 25.25 万吨，超过进口 20.49 万吨 +18.85%；3.083 美元/千克的出口均价，只达到 8.220 美元/千克进口均价的 37.51%。与 2015 年同期相比：进口数量减少约 2.0 万吨，-8.9%；进口均价降低，约 -12.9%（平均 8.220 美元/千克：9.44 美元/千克）。出口数量增加 2.58 万吨，+11.4%；出口均价降低，约 -3.3%（平均 3.083 美元/千克：3.188 美元/千克）。

以上情况说明 2016 年的出口量虽然增长，包括内销市场在内的总体需求却没有实质性的改观。一直进口大于出口的情况在 2016 年再次逆转，反映国内的销售市场初现变化的雏形；高端产品仍然依赖进口而且降低了均价，反映国内的替代努力已初见成效。

二、专委会全年工作状况

在年内经营活动发生微妙变化的同时，专委会协助企业所做的主要工作是提升行业内在的驱动力和生产的质量而不是数量；提倡走差异化产品作为赢得生存和成长的发展机会。本年度的大致工作内容如下：

1. 走访不同单位客观了解纵深产业状况

秘书处先后走访北京理工大学化工过程模拟研究室和中国纺织科研院研究开发中心（29/12），特地去专注生产功能色母粒的苏州宝力塑胶材料有限公司进行实地交流勘察（22/3），陪同协会钱、曹两位领导和专家参观了解合肥乐凯的生产线和高性能材料研究所（18/4），专程赴中石油辽化公司考察其功能型和新型聚酯产品的技术规格，以及保证优级率采取的八项优化措施等（1/7）；陪同辽化公司聚酯厂一行技术人员去江苏裕兴探讨对口原料的定产问题（26/7），陪同协会曹俭副理事长和军用品包装专家去山东圣和塑胶生产线了解特种膜的生产现状。

通过不同单位的实地走访交流，使专委会进一步感受到产业链技术管理力量的储备不足；意识到整个行业进入结构调整阶段，需要建立更稳定的利益联结，共同创建市场的发展空间。

2. 组织和参与行业内外的专业性交流

3 月 22 日，专委会召开行业年度工作会议，总结 2015 年度工作并提出 2016 年度工作要点。会议特邀中石化合成纤维处张有定处长作“2016 年聚酯市场形势分析”的报告，深入分析聚酯市场新常态的主要特征、新的风险与挑战、以及当前市场的一些热点问题；邀请山东胜通总工程师程凡宝作“功能性聚酯基膜高端应用”的报告，重点介绍了 BOPET 光学基膜的典型应用。

4 月 18 日，在合肥召开了聚酯薄膜行业“十三五”高性能膜发展规划研讨会。钱桂敬、曹俭两位理事长、轻工联合会科技环保部主任于学军、中国塑协副秘书长田岩和中国塑协专家委员会主任王德禧、中国塑协改性专委会理事长刘英俊、哈工大白永平教授等国内塑料行业专家、学者以及国内高性能聚酯膜生产企业的董事长、总经理参加会议。专委会秘书处做了《聚酯薄膜行业十三五高性能发展规划》（草案）编拟说明，叙述行业以往的成绩、问题和形势等发展概况，“十三五”期间发展高性能膜的总体思路、措施、目标、工作任务，以及行业发展需要的政策和运行支持。会议还邀请 6 名专家、学者作未来发展和加工基础与应用研究的专题技术报告，帮助与会代表拓展思路。

9 月 6 ~ 7 日，聚酯膜专委会持续举办“第三届中国聚酯薄膜产业技术与市场研讨会”，有来自中国、美国、德国、法国、瑞士、韩国、日本等国家的 105 家单位约 250 名行业代表及业内专家、学者汇聚一堂（其中有 35 家双向拉伸聚酯薄膜企业的决策者亲自带领近百名代表出席会议）。研讨会的 13 个主题演讲和 25 篇会刊文章，分别通过政策与规划、行业综述、产品与市场、原料与研究、工艺与装备、经营与管理六个不同视角来叙述不同的见解，达到拓展创新思路的效果。中国塑协钱桂敬会长为此向5名最佳演讲者授予荣誉证书（由当日参会者的调查问卷评选）。研讨会还特别增加行业新产品发布及行业性创新联盟特色团队介绍的环节。着重介绍创新联盟特色团队的专业成员、在研项目和实验装备、膜用聚酯切片应用试验平台、双拉膜量产中试平台。现场有针对性的说明和视频播放引起行业人的广泛兴趣。

此外，秘书处参加双拉PP膜、双拉设备组织业务交流会（23/4）、参观国际塑料橡胶展览会（25/4）、日本高性能薄膜展览会（5～10/4）、中国高功能膜、胶带膜展览会（18/5，业内6家膜企参展）、上海国际工业博览会（2/11）。

3. 编拟和讨论行业高性能膜“十三五”发展规划

在“聚酯膜品质提升三年行动计划框架结构”的基础上（2015.12.30协会工作会议临时上报），反复编拟《聚酯行业“十三五”高性能薄膜发展规划》，经过3至4月间的反复修改并于合肥乐凯（18/4）和辽阳石化（8/7）两地举行业内外专家的逐项征询，终于完成修缮后的送审稿。

确定规划的发展措施是：

（1）建立创新平台，对行业产品提升的瓶颈制约给予特别的关注。聚集业内外的精英人才以及多方研发资源，围绕原料、工艺、生产装备以及上下产业链，建立目标明确的产业垂直创新体系及重点实验室。

（2）强化各项基础管理，增强综合管理能力。制定出检验方法标准、管理标准等其他相关标准，提升企业产品质量的管理水平。同时，加强产品研发、人员培训、品牌创建等各个方面的基础管理，提高企业的利润源，以应对高成本的挑战。

（3）鼓励企业以市场为导向，确立适宜自己的经营战略和品牌规划，加大在营销能力、科学管理、市场控制、人员素质等方面的综合建设，全面提升企业的竞争实力，创建行业乃至国际知名品牌。

“十三五”争取完成目标：依靠有实验基础又有研发力量的实体企业，携手相关原辅材料、生产装备研发或生产单位的紧密合作，建设2～3家共同创新的制膜联合体；实现5～8个高性能聚酯薄膜产品的进口替代；把1～2个自主创新产品推向市场。

4. 组织和筹建行业产品的研发实验基地

2015年12月初，秘书处向上级协会拟文提议成立行业性的产品研发中心，并向领导汇报相关筹划设想。2016年5月1日，山东永健机械有限公司的双拉膜中试生产线安装调试成功就着手量产试验。专委会反复考察山东永健公司自主设计制造的拉伸薄膜试验线后，认为它具有个性化和多功能的优势，降低企业的研发成本和加快产业化进程，可成为行业共享的产品试验平台，有助于形成从薄膜原料（含添加剂）开发到成膜工艺、专用生产设备研究的垂直创新体系，进而发展成为有活力的行业产品孵化器。根据山东永健“共建产品试验基地的意见”（2/9），专委会向总会递交建立“中国拉伸薄膜研发实验基地”的请示报告。9月25日，曹俭副理事长和总后包装专家等亲临山东永健实地勘察，对试验线适用多种材料，广泛适用产品研发，所具有灵活打样，投料少等特点，给予充分肯定。9月28日总会批复“为了解决行业中存在自主研发偏弱、科技投入偏低、产品集约化程度低及市场发展无序等现实问题，提高我国拉伸薄膜的技术水平和小型化装备的实验、测试和研发技术的转化工作”同意建立“中国拉伸薄膜研发实验基地”。2016年10月25～26日，专委会邀请16家单位（其中膜企10家）31名代表莅临山东永健机械有限公司参加试验线的现场观摩会并作专项业务的交流。会上，宣读了中国塑协（2016）第065号文《关于同意建立“中国拉伸薄膜研发实验基地”的批复》并予授牌。

5. 完成协会布置工作和专委会自身建设

（1）支持合肥乐凯申报“中国轻工业高性能聚酯膜材料重点实验室”成功（6/5）；支持江苏裕兴荣获“十二五”塑料加工业科技创新新型企业（6/11）。

（2）支持中国塑协11月6～8日在南京国际展览中心举办“2016中国塑料展”。期间，不仅组织双星彩塑、上海紫东、合肥乐凯、浦江宏达、上海川野、哈工大无锡院等6家企业单独设立展位，还专门设立行业性的联合展区，组织天津万华、常州钟恒、河南银金达、绍兴未名、浙江中发、汕头海洋、南京兰埔成、南京亚博联、中石油辽化、德国申克博士、山东永健、苏州五九11家企业共同参展。

（3）受国家质量技术监督局的委托布置，于

11月17~18日代表中国塑协前往山东滨州、东营2家公司进行食品相关产品的监督检查。

（4）先后发展新会员5家单位：宜兴光辉包装材料有限公司、威海海潮机械有限公司、绍兴涌泉机电物资有限公司、河南银金达新材料股份有限公司和中石油辽阳石化公司。至2016年12月末，中国塑协双拉聚酯膜专委会在册的会员单位已达59家，其中制膜的中心会员41家、为制膜企业配套服务的加盟会员18家。

三、2016年的经营体会和改进存在的问题

市场需求是产品拓展之母。聚酯薄膜产品的发展，要符合实际应用为导向的原则和符合终端用户需要的原则。前几年的盲目投资，不仅带来同质化的无序竞争，而且形成产品层次偏低、区域优势不明显，导致拉伸薄膜制造水平跟国内的大容量市场不相匹配。

支撑产业发展的关键是专业知识和科技创新。整个产业缺乏整体规划和布局，在薄膜与原料研发、生产工艺与薄膜结构和性能之间的研究尚缺乏协同步伐；科研院所从事拉伸薄膜的科研理论并没与产业化进行深度整合，亦难以形成有效的人才和成果转移。作为生产主体的薄膜企业应该成为研发力量的主角，需要在包括人力储备在内的软件技术和生产优质产品的硬件基础上（包括研发过程中能调试工艺的中试设备）作再次投资。

1. 加强产学研合作，创建行业公共试验研发平台

构成科技力量的战略基础是产学研的无缝对接。当前国内双拉薄膜的制造发展存在着明显的“软肋”：整个行业缺乏对产品研发方面的人力、物力投入，也没有相关差异化生产的硬件基础（包括产品研发缺乏具有调试工艺的中试设备）。

双拉聚酯膜技术的研发创新，要顺合薄膜产业的整体结构及发展趋势，为后续推出的各种类薄膜产品形成一个有机整体。加强专用功能化原料、专用成套设备和工艺技术的研发，需要加强产学研配套合作，需要从资源投入、技术水平和专业技术人才方面建立行业的试验研发平台，为行业技术创新服务，同时也为行业培养专业技术人才。

2. 建立不同产品标准，实现功能、差异和高端化产品转型

行业存在产品标准明显偏少，现行标准的覆盖范围不全面，配套体系不统一；实施标准的结构不尽合理的问题，其原因在雏形标准制定后没有进行系统性的优化，并在技术研发、人才培养、资金投入等配套上给以相应的支持。

专委会需要鼓励企业积极参与通用标准和产品管理方法的缺失、滞后或缺少明确数量化诠释，让从业者共同遵守产品的准则和依据，遏制市场产品报价的混乱现象，让产品的市场价格能够体现企业的技术水平。同时，根据新兴产业的需求，注重产业链的延伸，完善提升产品结构的标准化体系，提高我国BOPET薄膜的整体竞争实力。

（中国塑协BOPET专委会　王德钧）

聚酯薄膜

一、聚酯薄膜（BOPET）行业的今日概貌

（一）多年延续发展的基本状况

我国双向拉伸塑料薄膜的自主研究始于20世纪50年代末期，并由BOPET作起点。1965年5月，原一机部通过1.2米薄膜生产线的部级鉴定，率先在国内进行批量生产和市场应用。延续到2016年底的50年发展，我国BOPET生产企业已由初期2~3家扩大到今天的70余家，拥有大小生产线183条，合计生产总能已超过300万吨。产品种类由最初绝缘膜、音像膜、普通包装膜，增加到如今的高端包装膜、光学通用、光伏太阳能、建筑节能、电子材料用领域、金属覆合膜和光伏农用大棚膜等几十种新型功能膜。

2000年后，随着中国BOPET市场消费量的逐年增长，全球聚酯薄膜的产业经济也快速上升，由此引发国内不少公司纷纷加大产业投入，呈现之后BOPET产能的爆炸式增长。2007年，全球聚酯薄膜总产能在278万~280万吨时，中国67万吨的生产能力就已经高居世界首位，不仅拓展国内市场，还大力开拓海外市场，使普通类薄膜在国际市场占

有重要的份额。截至2016年底，我国聚酯薄膜的年需求从2000年的10万吨，分别增长至2010年的100万吨和2016年的220万吨；行业生产总值在2010年超过200亿、2016超过300亿。发展成为全球聚酯薄膜产品的重要生产基地和全球聚酯薄膜产品最重要的消费市场。

1998年，国内6家聚酯薄膜生产企业就韩国部分薄膜厂商对中国市场的倾销行为提出集体控告，并认为建立行业组织可以更好地维护自身权益。为此，积极着手筹划专委会成立工作。中国塑协BOPET专委会成立后，以维护会员的合法权益为己任，引导并促进行业健康持续发展，努力成为同行企业之间、上下产业链行业之间、以及与政府之间联络的桥梁和纽带。历经二十年的砥砺奋进，专委会不断发展壮大，在册的会员单位已达59家，会员BOPET产能约占全国总产能的90%，在推动产业创新、产业升级和专业化生产方面取得一定的成绩。

（二）2017年上半年普通类产品的市场特点

据卓创资讯数据分析，年初油价及原料上涨，迎来膜市开门红；部分停产线恢复开机，薄膜市场货源供应增加；成本回落、需求清淡、库存积压，年内膜市下行成主基调。

1. 部分停机减产，支撑膜价明显好转

从走势看，2017年上半年薄膜价格处于下行通道，但均价却较去年同期明显好转。截至6月底华东地区12微米普通包装印刷膜商谈重心约在8200元/吨，较比去年同期上涨11.56%。其中上半年最低价位在7500元/吨，最高价位在11000元/吨，价差在3500元/吨，价格变化率在31.82%。2017年上半年均价在8900，较去年上半年均价7450元/吨，涨1450元/吨，涨幅19.46%。

2. 开工平稳运行，成品库存大幅抬升

春节期间开工率约在55%左右，较往年偏高；其他时间开工率多维持在70%~73%，有某大厂检修期间跌在68%附近。成品库存方面，首先是春节期间厂家正常开机，库存量持续攀升积压；由于价格持续下跌，终端用户拿货热情低下，市场货源消化缓慢，库存再度积累，部分膜企库存高位高达2万吨以上。截至六月底，BOPET行业开工率在71.31%，环比升2.75%，同比降3.21%；成品膜库存在12.05天，环比升7.69%，同比升228.34%。

3. 膜价断续下跌，利润亏损逐渐见好

2017年上半年效益较去年同期明显好转，多数时期处于盈利阶段。5、6两月虽原料持续上涨，但膜市需求缓慢拖累跟涨，导致价差压缩出现一般膜企亏损情况。2016年同期BOPET利润率在-6.97%，2017年上半年利润率在-3.11%，整体提高3.86%。截至2017年6月底聚酯双原料PTA华东内贸主流商谈在4800元/吨，张家港乙二醇商谈在6800元/吨，原料聚酯切片江浙地区有光在6825元/吨，膜价在8200元/吨。2017年上半年企业盈利最高时间在1月份11000元/吨，亏损最大在5月份700元/吨，差值18000元/吨。

（三）产品的优越属性推动行业发展

双向拉伸聚酯薄膜（以下简称：BOPET）是一种绿色、环保、综合性能优异的高分子薄膜材料。BOPET具有非常明显的交叉学科特点，涉及高分子、精密机械、电脑辅助分析、光学设计等诸多方面。因其具有机械强度高、刚性好、韧性强，绝缘性优良，光泽度高，透明、无毒、无臭、无味，耐磨、耐折叠、耐针孔和抗撕裂等特点，而被广泛应用到包装、印刷、磁记录、感光、办公、绝缘、护卡、建筑、装饰装潢上。比较其他双向拉伸塑料薄膜，由于聚合物原料和特殊成型加工的原因，可以不去改变聚酯属性而持续变化其固化的界面和晶体，以适应持续不断深化的应用领域。

经过多年的实践探索，行业人已经意识到：对薄膜表层的界面调控（化学涂覆）和对薄膜内层分子链的结晶改善（多元的共聚或共混的改性），以及薄膜界面和晶体的同步改进（共聚或共混+等离子体、电晕、化学处理），可以达到增加或提高原膜的一般性功能，获得高阻隔性、高耐热性、高透光率、高光泽度、低雾度、抗紫外线辐射、阻燃、可热封、精密复合等之类的特异性能。纵观世界薄膜界的发展足迹，专用树脂原料的开发以及拉膜设备的改进和完善，新颖的功能膜又被应用于航天、光学、太阳能、电子、电工等高精尖技术领域，推动了相关领域的材料革命和技术进步。

为此，行业人通过改进不同原辅材料来改善分子化学结构的变化，还通过物理和化学结合作技术改进：改进双向拉伸法、增加表层涂覆法，以及层叠挤出法等等，显著提高薄膜的机械性能、阻隔性能、光学性能、热性能及厚度均匀性等，能够满足多种应用领域的使用要求；增加表面润滑或剥离、抗菌、热封、硬化（抗划伤）的作用，甚至产生多姿多彩的光学效果；获得更加均匀、规整的多微层结构，制成具备力学、光学、阻隔、导电等综合性能比较优异的复合材料。

二、行业快速发展存在的问题和困惑

1. 盲目和同质化竞争降低经营效率

十多年前，国内生产企业所引进生产线急功近利而不太注重薄膜性能的制造，忽略拉伸的均匀性、耐温的适用性等差异功能，大多以 12 微米普通包装膜为主，而且偏重于高产量，旨在降低生产的单位成本。这些生产装置相对单一，由此增加了同质化竞争，明显降低了这类产品的经营效益。生产装备的重复和盲目引进，使行业整体产能超越了市场的实际需要，并导致整个 BOPET 生产集约化程度低、产品特性不显明，低端类产品过剩并衍生其他各类电器、电子零件用膜、工业用膜等供给不足的结构性矛盾。

近年来，随着从制造到智造的全社会理念转变，行业内掀起差异化、特种化薄膜材料的渐进式创新，支持和衬托制造业技术工艺的新突破。行业外，呈现部分规模企业利用其核心产业基础，往下游拓展相关薄膜加工产业；行业内，部分资深企业则利用长期积累的知识和经验，在细分领域里摸索渐进式创新而走产品专业化的道路。

内部调查反馈，2010～2014 年，国内聚酯薄膜企业投入的研发经费总量占总产值的比例基本为 0%，一般的高新技术企业也不会超过 3%，而同行韩国 SKC 公司在原料及产品功能的投入就在 3%～5%，光投入的研发经费约 4000 万美元/年；另有资讯反映，世界 500 强企业的研发经费总量所占总产值的比例均在 5%～10% 之间。资讯还说，近五年，外资企业研发经费的年增长率一般在 33.2%，一般外商企业在 27.6%，港澳台商在 18%。相反，国内制膜企业投入的研发经费平均增长率仍低于 10%，还要视当年经营效果去酌情考虑，而在不少研发人员、设备管理者等人员又怀有拿来主义的意识。

2. 薄弱的单元力量和行业技术瓶颈

企业所引进的生产设备都是比较先进的整套系统，虽然掌握一些操作技术，但是，长期储存的技术资源相对偏少，对于设备的单元结构却并非完全掌握。不少企业不太了解不同高聚合物的分子特性，对聚酯薄膜生产过程中的热降解和热氧化降解等副反应，以及端羧基含量、色泽发黄、热稳定差等问题的关注度较少。所采用的工艺设计仍凭借零星经验及操作手册为主，缺乏对材料本身的合成改性研究分析，以及制造工艺设计对薄膜结构和性能、功能优化的整合性思维。相反，国外企业就比较重视知会合一的薄膜制造技术，通过横拉、纵拉、结晶速率等工艺过程研究，使薄膜平面取向性更偏向于横轴，提高薄膜平面的各向同性、尺寸稳定性和表面平整度问题。

专用聚酯原料的制备技术是目前薄膜制造的核心技术之一，也是阻碍行业发展的技术瓶颈之一，其中，原料的微纳米添加改性，涉及了滑爽均匀性、结晶均匀性和静电压膜性等系列理论和应用技术。同时，未来聚酯薄膜行业发展要解决相关匹配的技术困惑，大约有聚酯催化合成技术、共混改性技术、共聚改性技术、无机材料掺杂技术、表层涂布技术、层叠挤出技术和无触点拉伸技术等问题。

从光学类薄膜而言，日韩等国家开展光学级薄膜的研究时间较早，已掌握从初始的高分子设计、高性能聚合物合成到生产环节的成膜，以及薄膜功能化、纳米材料添加等一整套核心技术。凭借这些技术，几乎垄断了全球高档光学聚酯薄膜产品市场。国内光学聚酯薄膜产业尚处于起步阶段，大多集中于薄膜拉伸成型加工方面，缺少对光学聚酯薄膜技术的系统性研究，在光学聚酯薄膜原材料（专用切片及母料）、配方设计、装备及工艺控制等方面难于与国际巨头抗衡，严重制约了我国新型显示产业的发展。

3. 发展规划缺乏开放式创新的抓手

随着全球化经济的快速发展，不可预知的疑难越来越复杂，依靠企业内部资源已不能解决业界的所有技术。行业人愈来愈认识到未来的技术，必须顺应时代加大开放式创新的步伐，采用跨界合作方式去不断改善原先单独的渐进式创新。

专委会编拟《聚酯行业“十三五”高性能薄膜发展规划》的上报送审稿，虽然广泛征询行业意见并反复修改，但是仍旧缺乏可操作的整体规划和布局，特别在薄膜与原料研发和生产工艺对薄膜结构、性能的研究之间缺乏配套步伐，遇到技术、成本、机制等方面的诸多掣肘，就难以推出凸显性能、超越现有市场的全新薄膜产品。“软肋”是产业转型升级和新材料高端化的来临时刻，整个产业不能对多种社会资源进行开放包容和有效整合，没有围绕市场需求而携手建立行业间相互持股或企业之间组成系列企业集团，或者形成主银行制度和固定交易关系，或建立官产学之间的密切合作关系，为行业价值链的渐进式优化创造条件。如此下去，就会滋生行业不重视技术研发的单纯“产品生产”，又容易让业界同行变成降价对手，导致中小企业失去了产品创新来源和必要的技术支撑。

三、专委会正在推进明天的大步发展

1. 编拟《聚酯行业“十三五”高性能薄膜发展规划》

2016年7月8日，专委会在“聚酯膜品质提升三年行动计划框架结构”的基础上编拟《聚酯行业“十三五”高性能薄膜发展规划》的送审稿。

“发展规划”提出2016～2020年未来5年，行业鼓励发展凸显性能、超越现有市场的全新薄膜产品、鼓励发展新用途且市场容量大的薄膜产品、鼓励发展有益于保护环境的薄膜产品。例如：高端光学级聚酯薄膜（含多层结构）；太阳能光伏用聚酯薄膜；电子电器用聚酯薄膜；金属板覆合用聚酯薄膜；大棚膜和光伏农业用聚酯薄膜；特殊包装用聚酯薄膜；在线涂覆多功能聚酯薄膜；无微珠柔性反光聚酯薄膜；石墨烯、碳纳米管改性聚酯薄膜等。

规划还提出了建立创新平台，合力突破产品提升的瓶颈制约、强化各项基础管理，为高性能薄膜产品保驾护航和提高企业综合实力，大力培育企业的自主品牌的三项工作措施。

2. 筹建行业性的技术创新联盟

拟在2017年10月下旬，建立技术创新联盟（以下简称联盟），不直接从事产品的生产，专注于推进产业技术的研发，把知识技术服务作为业间产业链（混合所有制）经济体有效运行的媒介。联盟的总体目标，是聚集和培养相关的优秀人才，重视跟踪学习世界先进技术，兼顾眼前利益与长远利益的高度重合，汇集项目创新和产业化于一身；知会合一，鼓励注册专利技术，善于利用“逆向工程”，把产业链上的“产品生产”注重向“技术研发”转移，以期望建设国内双拉薄膜行业中最具有影响力的研发平台。

联盟尝试合作开发的多样性有：①开发涉及商业竞争的专项产品，结合产业链的供需关系，实行一对一的上下游合作创新；②个别企业就单型项目提出需求，委托联盟展开针对性的立项、研发等工作，该项目由企业独立出资，成果独享（通过资源助推使成果更加高效，由联盟收取技术服务费用）；③联盟聘用全职科技人员根据前沿研究成果的集成创新，形成比较成熟的技术并孵化成不同时段的成膜产品，再以技术转让形式出售给能够接收的企业或者孵化产业化公司；④对产品的生产条件、温湿雾度、现场洁净管理、物能消耗之类的共性技术问题，可先行开展合作，采取组织培训和会议交流的形式；⑤给部分有需要的企业，提供薄膜性能测试、表征分析、技术培训、前沿研究介绍、组织参观国外相关产业展览会。

3. 筹建行业性的物资资讯平台

拟在2017年10月下旬筹建行业性的物资资讯平台（“我的仓库网”）旨在为BOPET生产企业和配套企业间建立更直接、更有效的交流平台，为BOPET企业提供多元化的配套产品选择和缩短配套产品的采购周期。主要功能如下：①为薄膜生产企业生产线设备提供最齐全的专业设备及备品、备件现货采购平台；②为薄膜生产企业提供最新、最全、质量可靠的原料、辅助材料、消耗品供应链信息和一站式采购对接平台；③为薄膜生产企业现有备品、备件库存提供交易共享平台。

“我的仓库网”将以BOPET生产企业需求为中心，追求高质的产品、齐全的种类，起到：缩短薄膜企生产线设备故障时因备品备件不到位停机的时间；提高薄膜企业库存备品、备件的利用率，将分散在各企业的备品、备件充分利用起来；替代企业的备品、备件仓库减少行业企业积压在同类设备备品备件库存上的资金；节约薄膜企业寻找原料、辅助材料、消耗品的时间，将供应商集中到平台上位行业企业服务；加快国产化的备品、备件推广应用的进程，将备品、备件国产化新产品信息与薄膜企业进行无缝对接。

（中国塑协聚酯薄膜专委会　王德钧）

流延薄膜

一、流延薄膜行业“十二五”期间的基本发展

流延薄膜，除了CPP、CPE，还包括PVB、EVA、TPU、氟膜等等流延工艺生产的薄膜，应用领域从日消软包装主体逐步延展到物流、建材、电子、医药、护理、新能源、制品保护等。

（一）规模变化

“十二五”期末的2015年，中国国内各品种流延薄膜：

产能583.2万吨，比2010年320万吨增长82.25%，年均增长幅度12.70%；

总产量405万吨比，比2010年260万吨增长55.77%，年均增长幅度9.45%。

其中：

1. CPP薄膜（表1）

表1　CPP薄膜产量产能

年度	产量/万吨	产能/万吨	开机率/%	年产量增幅/%
2011	63	83	76.57	8.74
2012	67	93	70.85	6.48
2013	74	119	62.70	11.39
2014	79	122	64.34	5.65
2015	83	125	66.29	5.73

2015年产量83万吨，比2010年的57万吨增长32.50%，年均增幅6.34%。产能2015年125万吨，比2010年的75万吨增长66.93，年均增幅10.7%。

2. CPE薄膜（表2）

表2　CPE薄膜产量产能

品类	产量/万吨			产能/万吨		
	2015	2010	增幅	2015	2010	增幅
CPE缠绕膜	113	78	42.31	165	90	83.33
CPE卫生膜	21	14	54.41	30	16	53.33
CPE保鲜膜	93	63	47.62	130	81	60.49
CPE复合膜	11.5	0.5	23倍	13.3	0.6	22倍

注：CPE保鲜膜包括PVC\PVDC保鲜膜。

3. 流延PVB和EVA玻璃夹层膜（表3）

表3　流延PVB和EVA玻璃夹层膜产量产能

年度	产量/万吨	产能/万吨	开机率/%	年产量增幅/%
2011	25	33	75.76	13.64
2012	28	38	73.68	12
2013	33	48	68.75	17.86
2014	36.3	55	66	10
2015	35.06	58	60.45	−3.41

在玻璃夹层膜产品中，EVA薄膜的产量很小，全国每年不超过1万吨，主要为PVB玻璃夹层膜。2015年产量35.06万吨，比2010年产量22万吨增长59.36%；产能2015年59万吨，比2010年30万吨增长96.67%。2015年产量出现了负增长的情况，主要原因是房地产的持续低迷影响导致负增长。

4. TPU 薄膜（表4）

表4　　　　TPU 薄膜产量产能

年度	产量/万吨	产能/万吨	开机率/%	年产量增幅/%
2011	3.5	3.7	94.60	20.69
2012	4	4.3	93.02	14.29
2013	5	5.6	89.29	25
2014	5.8	7	82.86	16
2015	6.8	9.5	71.58	17.24

2015 年产量 6.8 万吨，比 2010 年产量 2.9 万吨增长 134.83%。产能 2015 年 9.5 万吨，比 2010 年 3.1 万吨增长 206.45%。

（二）行业创新格局

“十二五”期间，流延薄膜行业积极推进实施品牌、专利、标准战略，建立企业、科研机构、行业组织的联合创新机制，已经形成以企业为主体，产学研紧密结合的流延薄膜技术创新体系和服务平台。通过推进产学研成果转换，实现产业化，不断提升产业核心竞争力。

1）重点行业关键技术和装备自主化率达到 60%；

2）研究与实验投入占收入的比重达到 3%；

3）新产品产值率和科技进步贡献率分别提高到 20% 和 30%。

“十二五”期间，CPP 薄膜产品创新开发出许多功能性产品包括：保护膜、透气保鲜膜、非透明微孔透气膜、防静电膜、防雾膜、包花膜、医疗膜、农药包装膜、高阻隔共挤膜、高透明柔韧膜、直线易撕裂膜、易剥离膜、亚光膜、锂电铝塑软包膜、水处理膜、非 PVC 医用包装膜、PVC 高透流延包装膜、压纹薄膜、可降解流延薄膜等新产品。

（三）结构调整与转型升级

经过“十二五”期间的发展，流延薄膜行业涌现出一批龙头骨干企业，包括佛塑科技、湖北慧狮、上海美丰、黄山永新、浙江大东南、上海大汇、安徽双津、福建恒安等。部分企业走“精特专新”道路，企业运营健康良好。

以 CPP 为例，流延聚丙烯（CPP）薄膜领域的产品结构调整、转型升级在 2009 年即已经展开。实施效果相对比较成功的包括湖北慧狮的卫材应用、安徽双津的医用非 PVC 输液袋流延膜，佛塑科技的 PVDF 光伏膜等等。上海美丰通过提高产品档次和质量，走出口的道路顺利实现转型升级。

当然，部分 CPP 薄膜企业，由于过分追求规模，所投入的设备只能生产普通产品，落入常态化竞争漩涡，部分企业的设备尚不具备转型升级的基本条件，这恐是 CPP 薄膜行业面临的普遍困境所在。

其他品类流延薄膜的转型升级状况：

（1）缠绕膜的厚度减薄、超强拉伸缠绕膜、大倍率预延伸缠绕膜、超透明缠绕膜；

（2）保鲜膜的安全性工艺改良、装备国产化；

（3）玻璃夹层膜主流企业均已经使用新料生产，替代初期回收料为主的原料投入做法，品质得到提升，促进了应用拓展，如在车用玻璃夹层膜领域开始占有一席之地，并生产具备节能、安全、隔音、隔热、阻隔紫外线等多重属性的膜片，运用在高端建筑玻璃产品市场；

（4）复合膜还处于快速发展阶段，由于需求增长较快，整个产业还处在满足市场需求和替代吹膜的阶段；

（5）卫生膜领域从产品质量到市场占有率均处于全球第一的位置，整个产业已经非常成熟，主流企业均基本实现了产业升级；

（6）TPU 薄膜还处于快速发展阶段，由于需求增长较快，整个产业还处在满足市场需求和替代进口、替代其他产品的阶段，困扰行业的问题主要是如何提高生产效率。

“十二五”期间，流延膜专委会积极为行业内企业服务：

1）调查研究流延薄膜行业的发展方向、政策，提出建设性意见供有关政府部门参考；

2）协调流延薄膜生产、装备、原料企业之间的协作关系；

3）协调出口产品有关事宜，规范行业的竞争行为；

4）组织推广新技术、新设备、新工艺、新原料的应用等；

5）组织行业企业制定行业技术标准，促进行业产品质量水平提高；

6）定期汇编各会员企业经济技术指标，在《流延薄膜》期刊上刊发行业相关资讯；

7）积极促进与流延薄膜的下游行业沟通，促进应用开拓。

二、流延薄膜行业“十三五”创新发展方向探讨

“十二五”期间，我国流延薄膜行业取得了令人瞩目的成绩，流延聚丙烯（CPP）薄膜、流延缠绕膜、CPE 和 PVC 流延保鲜膜、流延聚乙烯（CPE）卫生膜等细分薄膜品类均已发展达到全球产量占比超过 50% 以上，近 80% 的产品品种，实现不同规模量的出口。

上一个五年，本行业最大的现实问题是：企业做大经营心态，相对忽视技术创新、产品提升和转型升级。目前，突出存在着如下发展问题：

（1）产能严重过剩，尤其是低端产能严重过剩，但少量高端产品还需要进口；

（2）产品高度同质化，高端差异化实现不佳，尤其是 CPP 行业大部分企业竞相采用宽幅、高速普通产品生产设备，进行恶性竞争；

（3）价格竞争激烈，产品利润空间急剧压缩，持续发展受阻；

（4）客户的转换成本低，导致客户忠诚度很低；

（5）企业研发及差异化的能力较弱，目前大部分流延薄膜生产企业均通过购买设备而获得生产能力，但绝大部分企业缺乏研发队伍、实验线，研发资源能力差，走差异化道路的势能低。

（一）创新发展的优劣势分析

1. 有利条件

（1）“十三五”期间，中国经济仍将保持平均 6% 左右的增幅，这就为流延薄膜行业的可持续健康发展奠定了坚实的基础；

（2）“一带一路”沿线上的东南亚、中西亚、中东欧各国均为中国流延薄膜的重要出口地，加快“一带一路”建设则为促进中国流延薄膜行业与沿线各国薄膜加工业之间的产能合作提供了大好契机；

（3）国家正在通过推动“供给侧改革”来促进经济持续平稳发展。供给侧结构性改革旨在调整经济结构，使要素实现最优配置，提升经济增长的质量和数量；

（4）流延薄膜发展空间潜存：对流延薄膜行业来说，我国中西部地区的发展潜力存在，市场需求拓展的空间应还较大；对锂电应用领域来说，我国到 2020 年电动汽车的年产量将达到 500 万辆，加上储能的需要，“十三五”期间锂电市场空间十分广阔；流延聚乙烯复合膜产业、干法流延单向拉伸锂电池隔膜、TPU 薄膜、PVDF 光伏背板膜、EVA 光伏封装膜、流延工程塑料薄膜等等新兴流延薄膜领域在我国的应用还刚刚起步，还处于发展初期，后期的空间较大。

2. 制约因素

（1）“十三五”期间中国经济呈现出“经济增速换挡期、结构调整阵痛期和刺激政策消化期”三期叠加的态势，宏观经济将在相当一段时期处于增速收缓并面临下行压力状态，也势必对流延薄膜行业发展带来一定程度的影响；

（2）流延薄膜中包装膜由于产能严重过剩，去产能化过程中对行业势必带来短视的痛苦，企业的经济效益下滑和部分企业出局将难以避免；

（3）在高端产品领域，由于美、日等发达国家对我国进行材料封锁和技术封锁，产品研发和技术升级的难度将加大。

（二）创新发展的基本思路

1. 坚持绿色生产

目前，流延薄膜行业在生产中产生的所有废膜、边角料均全部回收利用，符合节约资源与绿色生产的要求。“十三五”期间，要继续保持清洁生产，持续加强节能降耗。

2. 持续、极力推进产品结构调整与转型升级

“十三五”期间，流延薄膜行业要紧扣产品结构调整和转型升级步伐，降低普通产品比例，提高功能性流延薄膜的产销比重，以带动整个流延薄膜产业链转型升级。企业要依靠技术进步，加速新工艺、新产品研发，进一步提高功能性流延薄膜生产线的比例，相对抑制宽幅高速设备，加强功能性流延薄膜的研发和生产。同时，注重对流延薄膜关键材料、关键设备、共性技术的攻关，突破技术瓶颈。

3. 创造条件响应“工业 4.0”时代步伐

“工业 4.0”亦即通过构筑完全或近似“智能工厂”，促进智能化生产系统及过程，以及网络化

分布式生产设施的实现。通过使用企业资源管理（ERP）系统，在实现“智能生产”过程中，完成整个企业的生产物流管理、人机互动等在工业生产过程中的应用等，最终达到减少人工使用、降低生产成本、提升效率的目的，从而提高流延薄膜行业的竞争力。

4. 协会和企业均要注重流延薄膜区域经济研究，自动匹配产业布局优化

产业布局不平衡，既是流延薄膜的现实，也是机会。“十三五”期间，东部地区要加速产业升级，加强品牌建设，加快产业高端化进程，形成新的竞争优势。中部地区要抓住机遇，发挥承东启西的地缘优势，积极主动承接产业转移。西部地区要充分依托资源优势，发挥后发优势，发挥自身特色，走面向中亚、西亚、中东的出口之路。

5. 推进创新体系建设，提高企业综合实力

坚持深化企业创新发展，做特做强，塑造技术先进、装备一流、产品质量好、管理水平高的企业，提高盈利能力、竞争能力、成长能力和抗风险能力。积极推进管理创新，建立科学、严密、高效的管理体系，优化资本结构，加强人才队伍建设，培育企业文化，增强企业的软实力。

6. 提高流延薄膜出口产品附加值，优化贸易结构

进一步加强国际市场的拓展，在巩固美、欧、日等发达区域国家市场的同时，积极瞄准发展中国家等新兴市场。不断优化流延薄膜出口产品结构，注重出口贸易政策研究和国际市场调查研究，稳定和扩大出口贸易。

7. 重视流延薄膜产品安全性保证

要严格执行食品卫生标准和安全使用标准，重点对与食品、饮料接触的流延薄膜给予高度重视。要严格使用达到国家标准的原材料，严格使用各类环保型助剂和填料，严格禁止含铅盐热稳定剂在食品包装材料中的使用。加强企业生产过程监督，要加强诚信建设，确保产品安全、可靠。进一步完善流延薄膜国家标准、行业标准以及企业标准体系，着手研究安全生产、生态化标准，加强基础标准研究包括检测方法标准，特别要把重点放在卫生、安全标准上。

三、关于技术发展方向的把握

流延薄膜行业企业开展新产品研发和应用推广，需要我们相对充分而准确把握本行业技术发展趋势。同时，流延工艺的特点，决定着流延薄膜产品研发的空间。

基于我们的体验、观察和思考，结合上下游实际，实施产品战略及创新战略，我们认为值得重视的几个方面，谨供思考：

（1）立足质量求生存、保发展，回避盲目的规模扩张；

（2）充分扩展、挖掘产品差异化的实现途径，在乎和抓住应用下游的每一个期待点；

（3）客观评估工艺装备能力，稳妥设定符合自身资源保证的产品方向及拓展轨道；

（4）除了工艺技术、装备基础要素，向前深入市场，向后结合上游，顾及左右观察大行业，探索实施产品创新开发立体突破的开放思维模式。

期待协会组织中轻联、中塑协在继续维护行业企业健康生存、创新发展方面，进一步发挥协会引导与支持作用。

行业协会要发挥在国家策划、制定有关具体的产业布局政策与法规制度中的桥梁作用，充分征询行业实体组织的意见。

发挥行业协会对于产业政策的指导功能。

建立行业与有关部门的沟通交流机制，提升产业抗风险能力，做好前瞻性、安全性重大问题的研究，以保证流延薄膜行业持续健康发展。

（中国塑协流延薄膜专委会　王焕清）

氟塑料

2016 年是全面实施“十三五”规划的开局之年，氟塑料作为新材料被列入《中国制造 2025》重点发展领域，无疑给行业带来了新的发展机遇。在国家一系列宏观经济政策扶持下，氟塑料加工行业运行缓中趋稳、稳中向好，实现了较平稳的增长。

一、行业现状

随着我国经济发展进入新常态，氟塑料行业面临着转变发展方式、优化调整结构、产业升级的繁重任务。很多企业抓住了发展机遇，在结构调整和转型升级等方面取得了很大的进展：技术水平和研发能力明显增强，与高校和科研院所进行产学研合作；创新能力不断提升，出现了更多的深加工产品；管理理念有了很大的提升，基本实现了现代化管理，很多企业建立了研发、检测和售后的管理体系；自动化程度明显提高，引进了国外先进设备，企业在设备改造上也投入了很大力量。在低端市场竞争中日益加剧的形势下，各企业通过专利发明、设备引进与改造、新产品开发等等，逐步实现转型升级。

目前，我国内资企业 PTFE 树脂产能超过 12 万吨。据不完全统计，2016 年内资企业 PTFE 产量约为 8.4 万吨，比 2015 年增加了 11.6%。根据专委会统计，2016 年氟塑料加工企业 PTFE 树脂消耗量和产量比 2015 年都有不同程度的增长，企业销售总额较 2015 年也有所增加。

国产聚四氟乙烯原料在经历了几年的低价竞争后，从 2016 年底开始出现了全面大幅度的上涨，截止到 2017 年 5 月，悬浮树脂从每吨 2.8 万元上涨至 5.6 万元左右，分散树脂从 3.7 万元上涨至 6.8 万元左右。究其原因，一方面，由于低价竞争，致使原材料销售价格过低，甚至低于成本，因此价格适当上涨实属必然，另一方面，由于国家对环保监测力度的提高，致使一些不符合要求的小化工企业关停，其中不乏使用原料副产盐酸的企业，原料企业大量的副产盐酸无地存放，也就限制了正常生产，加之上游原料的上涨和企业自身的环保问题，导致实际开工率不足，使得原材料出现了上涨的空间。

2016 年，聚四氟乙烯树脂、可熔性氟聚合物和聚四氟乙烯制品的进出口量较上年都有不同程度的涨幅。根据进出口数据统计，截止到 2016 年 12 月底，聚四氟乙烯树脂进口量 5649.25 吨，同比上涨 14.45%，进口平均价格同比下降 10.94%；出口量 23071.71 吨，同比上涨 12.18%，出口平均价格同比下降 4.00%。可熔性氟聚合物进口量 10011.93 吨，同比上涨 6.38%，进口平均价格同比下降 8.39%；出口量 32045.01 吨，同比上涨 12.72%，出口平均价格同比下降 13.01%。聚四氟乙烯制品进口量 1520.36 吨，同比上涨 7.95%，进口平均价格同比下降 4.45%；出口量 20720.50 吨，同比上涨 8.83%，出口平均价格同比上涨 2.35%。具体数据见表 1、表 2。

表 1　　2016 年 1～12 月氟塑料进口量及与上年比较表

产品	进口总量/千克	累计比同期/%	进口总金额/美元	进口平均价格/（美元/千克）	累计比同期/%
初级形状的聚四氟乙烯	5 649 252	14.45	72 035 019	12.75	-10.94
其他初级形状的氟聚合物	10 011 934	6.38	223 117 858	22.29	-8.39
聚四氟乙烯制非泡沫板、片、膜、箔及扁条	1 520 363	7.95	95 399 115	62.75	-4.45

表 2　　2016 年 1～12 月氟塑料出口量及与上年比较表

产品	出口总量/千克	累计比同期/%	出口总金额/美元	出口平均价格/（美元/千克）	累计比同期/%
初级形状的聚四氟乙烯	23 071 713	12.18	154 739 457	6.71	-4.00
其他初级形状的氟聚合物	32 045 011	12.72	273 795 309	8.54	-13.01
聚四氟乙烯制非泡沫板、片、膜、箔及扁条	20 720 503	8.83	149 968 636	7.24	2.35

二、面临的发展机遇和挑战

（一）发展机遇

“十三五”时期是我国全面建成小康社会的决胜阶段，是我国由中等收入国家迈向高收入国家最低门槛的重要的历史阶段，是创新发展新阶段。目前，我国已成为世界氟塑料生产和消费大国，然而与世界先进水平相比，我国氟塑料行业在自主创新能力、资源利用效率、产业结构水平、信息化程度、质量效益等方面差距明显，在产业变革与加快转变发展方式的重要时期，应该加快推进行业创新发展、绿色发展、提质增效，加快行业转型升级步伐，实现从氟塑料大国向氟塑料强国转变。

（1）氟塑料作为新材料被列入《中国制造2025》重点领域，将给行业带来巨大的发展机遇。氟塑料新材料既是《中国制造2025》大力推动突破发展的重点领域之一，也是其他领域的基础和支撑材料，应加大基础专用材料的研发力度，提高专用材料自给保障能力和制备技术水平，推进氟塑料在重点领域的应用。

（2）氟塑料多项产品被列入《战略性新兴产业重点产品和服务指导目录》（2016版），自润滑密封材料、离子交换膜、环保滤布材料、新型氟塑料和聚四氟乙烯纤维被列入新材料产业；生物医用植介入体膨体聚四氟乙烯人工血管和生物医用材料膨体聚四氟乙烯硬脑膜修补材料被列入生物产业；余热余压余气利用高效换热器和环保材料高性能袋式除尘滤料及纤维被列入节能环保产业。重点发展这些产品的应用，将推进整个行业快速发展。

（二）面临挑战

“十三五”期间，氟塑料加工业将面临严峻挑战。随着我国经济的持续发展，氟塑料制品的应用领域在不断拓宽，用户对国产氟塑料制品的功能指标要求越来越高，因此，提升氟塑料加工产业基础制备能力、提升行业创新能力、推进生产过程智能化、加快行业绿色改造升级是保障行业可持续发展的关键。

三、专委会活动

1. 走访调研

为了贯彻落实《中国制造2025》和“十三五”发展规划，深入了解企业的发展现状及存在问题，氟塑料专委会对企业进行了走访考察。走访调研了浙江、江苏、湖北、山东、广东等二十余家企业，与企业进行了座谈交流，参观了企业的生产车间、研发中心和检测中心，切实了解企业的发展现状、经营情况和企业在发展中面临的困难和问题，并和企业共同研究探讨解决问题的办法和途径。

2. 开展标准化工作

（1）标准立项

申报行业标准《聚偏氟乙烯（PVDF）薄膜的耐风沙测试方法》项目计划，已通过工信部召开的立项评审会。根据工信厅科〔2016〕214号文关于印发2016年第四批行业标准制修订计划的通知，标准计划已下达，计划号为2016－1735T－QB。

（2）标准的修订

行业标准《聚四氟乙烯板材》项目计划下达后，专委会组织并全面协调标准的编制工作，组织召开了两次标准讨论会和专家评审会。SC1于2016年12月19日在北京召开了标准审查会议，会上组织标委会全体到会委员对本标准进行了审查，获得一致通过。标准于2017年2月形成报批稿，报SC1秘书处。

（3）标准的宣贯

《聚四氟乙烯车削薄膜》（QB/T 4876－2015）、《聚四氟乙烯管材》（QB/T 4877－2015）、《聚全氟乙丙烯管材》（QB/T 4883－2015）和《聚四氟乙烯双向拉伸过滤薄膜》（QB/T 5002－2016）轻工行业标准已批准公布，专委会在行业内积极做好标准的宣贯工作。

3. 召开第五届四次理事长工作会

中国塑协氟塑料加工专业委员会第五届四次理事长工作会于2016年4月25日在上海格澜国际大酒店召开。北京市塑料研究所和上海市凌桥环保设备厂有限公司等13家副理事长单位参加了会议。名誉理事长王建忠出席了会议。会议由理事长庄甦主持。陈生秘书长汇报了2016年第一季度的工作情况和下一步的工作计划，并就专委会举办秋季培训班和中国塑料加工工业协会举办“2016中国国际塑料新材料、新技术、新装备、新产品展览会”等事宜征求了大家的意见。各位副理事长对举办培训班的培训内容和培训方式，提出了很多建设性的意见与建议，并对协会的管理和今后的发展提出了新的思路。名誉理事长王建忠发表了讲话并对考察走访企业的情况进行了总结。

会后，大家前往上海新国际博览中心参观CHINAPLAS 2016国际橡塑展。来自世界各地的3300多家参展商参与了此次盛会。专委会的部分会员企业也参加了此次展览，展示了各自企业的品牌产品，使我们看到了这个行业良好的发展前景。

4. 召开第五届五次理事会

中国塑协氟塑料加工专业委员会第五届五次理事会于2016年11月6日在南京山水大酒店举行。中国塑协氟塑料加工专业委员会名誉理事长王建忠出席了本次会议。中国塑协氟塑料加工专业委员会40余家理事单位的代表参加了会议。理事会由理事长庄甦主持。会议首先审议了陈生秘书长作的2016年工作总结和2017年工作计划，陈生秘书长主要就行业调研、标准化工作、氟塑料加工业“十三五”发展规划指导意见的编写、培训班的筹备等工作做了具体的汇报。名誉理事长王建忠在会上发表了讲话。各理事单位参会代表就行业的发展各抒己见，进行了相互交流。

5. 举办氟塑料加工及管理培训班

2016年11月7～8日，由中国塑协氟塑料加工专业委员会主办的“2016氟塑料加工及管理培训班”在南京山水大酒店隆重举行。此次培训由南京肯特复合材料有限公司协办，吸引了来自全国各地的100余名学员。培训班开幕式由中国塑协氟塑料加工专业委员会理事长庄甦主持。中国塑料加工工业协会副理事长曹俭和中国塑协氟塑料加工专业委员会名誉理事长王建忠在开幕式上讲话。

本次培训邀请了浙江大学包永忠教授、北京化工大学苑会林教授、意氟密封件（上海）有限公司副总经理刘光华等五位经验丰富的老师进行授课。培训历时两天，内容丰富，信息量大，授课老师认真负责的准备，深入浅出的把他们多年积累的理论知识和实践经验传授给学员，并全面细致地做了答疑工作。在授课过程中，学员们十分配合老师，认真专注地听讲，做好笔记，积极提问，使培训班达到了预期的效果。

6. 国际交流

（1）拜访美国三叶科技公司

2016年5月，专委会秘书长与常州兴诚高分子材料有限公司董事长一起对美国三叶公司设在纽瓦克的总部进行了拜访，参观了三叶科技公司的各类先进实验室并进行了座谈交流，双方都认为在未来的几年，中国的微粉市场将进一步扩大，因此，双方都希望中美同行多多合作，共同开发和拓展中国乃至世界的聚四氟乙烯微粉市场。

（2）大金氟化工（中国）有限公司到专委会交流座谈

大金氟化工（中国）有限公司副总经理森贺一介、大金氟化工（中国）有限公司对外关系部部长一川冬青与大金北京分公司副总经理石原洋一等一行到专委会拜访座谈，森贺一介先生介绍了大金及上海分公司的经营情况、未来规划及安全环保等方面的优势，专委会陈秘书长也提出了行业未来发展的重点方向，双方都希望在今后的工作中加强国际合作，共同促进行业发展。

（3）科慕化学（上海）有限公司和到专委会交流座谈

科慕化学（上海）有限公司政府法规事务部总监郑培杰等一行到专委会拜访座谈。通过座谈交流，双方进一步加深了了解，增强了专委会与会员单位之间的沟通，希望今后能够加强国际交流与合作，推动行业快速发展。

7. 奖项申报

专委会推荐的深州市工程塑料有限公司申报的《高速铁路桥梁支座用复合材料滑板》项目荣获2016年度中国轻工业联合会科技进步三等奖。

专委会推荐的上海金由氟材料股份有限公司获得了“十二五”轻工业科技创新先进集体，黄斌香同志获得了“十二五”轻工业科技创新先进个人。

专委会推荐的三家企业获得了“十二五”塑料加工行业科技创新型企业，三个项目获得了“十二五”塑料加工行业优秀科技成果奖，两位同志荣获了“十二五”塑料加工行业先进科技工作者称号。

四、发展建议

2017年是实施“十三五”规划的重要一年，在我国经济增速放缓的形势下，氟塑料行业也在面临着严峻的考验。

（1）积极贯彻落实《中国制造2025》政策和“十三五”发展规划，从新材料的角度，规范传统产品，在提高本行业基础能力的同时，关注所配套的重点领域，加强重点产品的开发。

（2）积极贯彻落实“三品”战略，不断提高技术创新能力，优化产品供给结构；提升质量保障能力，加强从原料、采购到生产销售全流程质量管控；大力推进品牌建设，完善品牌服务体系；完善行业标准的体系建设，大力推进国际标准转化力度。通过增品种、提品质、创品牌，提升氟塑料加工业的核心竞争力，促进我国氟塑料消费品工业迈向中高端。

（3）借助“一带一路”战略，抓住发展机遇，积极开拓国际市场，加快国际化步伐，促进国际交流与合作。

（中国塑协氟塑料加工专业委员会　吕方　陈生）

2016 年塑料助剂行业状况与当前发展趋势

一、2016 年行业状况

2016 年是中国经济“十三五”开局之年，在全球经济普遍不景气的“逆风”背景下，中国经济稳增长仍然取得积极成效，多项主要经济指标止降回升，民生指标亮点频现。一年来，塑料助剂行业绝大部分企业能较好地适应宏观经济的发展趋势，积极应对环保检查，牢固树立绿水青山就是金山银山的思想，加强环保意识增加环保投入，努力搞好节能减排和清洁生产；根据市场需求的变化，调整、优化产品结构，重视提高自主创新能力，积极开发新产品、新技术，不少企业加大了专用产品及高附加值产品的研发力度；依靠科技创新和管理创新，降低生产成本；使整个行业在 2016 年取得了新的进步。2016 年国内塑料助剂的消费量为 640 万吨。2016 年塑料助剂各主要品种在塑料中的消费量见表 1。

表 1　2016 年塑料助剂消费量统计

单位：万吨

品种	消费量
增塑剂	378
热稳定剂	59
阻燃剂	45
冲击改性剂与加工改良剂	55
着色剂	43
润滑剂	15
发泡剂	21
抗氧剂	14.6
抗静电剂	0.9
光稳定剂	3.3
偶联剂	3.2
其他	2
合计	640

二、专委会活动

1. 认真完成中塑协交办的各项工作

国家卫计委 2016 年年初批准氨基磺酸等 5 种食品相关产品新品种征求行业意见，其中涉及塑料制品使用的新添加剂 2 种，专委会根据协会的要求，征求每个会员单位的意见，并反馈给上级协会。

中国轻工业联合会于 2015 年 11 月下发了《关于开展 2014—2015 年度全国轻工业卓越绩效先进企业推荐表彰工作的通知》。根据文件要求，中塑协负责塑料加工行业卓越绩效先进企业的推荐和初审工作，专委会积极配合中塑协的工作，将通知发给相关企业并积极推荐行业内有影响力的企业参与此活动。

中国塑料加工工业协会对行业“十二五”期间涌现的科技创新型企业、优秀科技成果、先进科技工作者进行评选，并将在 2016 年 11 月举行的塑料加工行业科技创新大会上对获奖企业和个人进行表彰。秘书处将通知发出后，得到了企业的积极响应，经过审核推荐申报的企业和个人有十余家。

中国塑协 11 月 6 ~ 8 日在南京举办“2016 中国国际塑料新材料、新技术、新装备、新产品展览会”，专委会及时通过多种渠道发布通知，多方宣传、充分沟通，积极动员行业的企业和大专院校共同参与展会，现在还在招展过程中，希望各单位继续踊跃报名参加。同时，秘书处利用地理优势，积极地配合协会和兄弟专委会寻找适合举办活动的宾馆，对于在沟通中遇到的问题不厌其烦地寻找最佳解决方案。为了让展览会上的活动更加吸引参观者，助剂专委会还联合人造革专委会共同举办论坛，让原料企业和用户面对面，为人造革绿色环化发展指明道路。

2016 年 11 月参加了中国塑协受国家质检总局委托的食品相关包装材料现场检查的工作，从事前与地方质监局和被抽查企业沟通，到现场检查，以及后续形成结果反馈给上级和企业，整个过程中都能积极认真严谨地完成任务，展示了中国塑协工作人员良好的专业素养与工作态度。

专委会在一年中积极与上级协会沟通，按时完成上级协会交办的任务，较好地完成了上传下达的工作。

2. 举办年会和行业活动，推动技术进步和环保化进程

2016 年塑料助剂生产与应用技术信息交流会于

2016 年 9 月 26 ~ 29 日在广东省广州市召开，来自全国各地的塑料助剂生产企业、塑料加工企业、大专院校、科研院所的 240 多位代表参加了会议。会议期间共发表了 40 篇论文，来自清华大学、江南大学、北京化工大学、华南理工大学、浙江工业大学、广东工业大学、广州合成材料研究院有限公司、北京加成助剂研究所、浙江传化华洋化工有限公司、肇庆市森德利化工实业有限公司等大专院校、科研院所和企业的专家、代表宣讲了论文 19 篇。

会议回顾 2016 年塑料助剂行业的发展情况，交流生产、技术、销售等方面的信息，共同探讨行业如何应对新的政策要求和新的市场导向；如何跟随大政方针，及时调整我们企业的发展方向，既能享受政策红利，又具有自己的自主能动性。会议发布了增塑剂、阻燃剂、热稳定剂、抗氧剂、光稳定剂、成核剂等塑料助剂产品的最新科研成果及发展方向，重点关注了聚氯乙烯的改性和聚氯乙烯制品加工中使用的助剂，以及工程塑料改性和所用助剂等行业关注的热点问题，特别介绍了木塑复合材料及其助剂的现状与发展趋势。应会员单位的要求，本次会议特意邀请了清华大学的于建教授介绍了专利的写作方法，于教授用自己工作中遇到的案例详细介绍了企业专利申请和写作工程中应该关注的问题。

会议期间，还组织代表参观了广东嘉德乐集团、广州合成材料研究院有限公司。本次会议还审议通过了塑料助剂专委会 2016 年工作总结和 2017 年的工作计划。会议营造了良好的沟通氛围，代表们在认真听报告的同时，和专家、和兄弟协会的领导，和同行，和上下游单位，做了充分的沟通和交流，取得了较好的效果。

3. 积极拓展思路，迈出国际交流的步伐

由中国增塑剂行业协会和《塑料助剂》编辑部、《增塑剂》编辑部主办的 2016 年绿色增塑剂发展国际论坛于 2016 年 4 月 22 ~ 25 日在上海召开，来自世界各地的增塑剂生产企业、塑料加工企业、大专院校、科研院所的近百位代表参加了本次会议。会议采用同声传译，借助国际增塑剂协会之间互相增加了解的契机，特邀国内知名高校、科研院所、行业专家，日本增塑剂协会、日本学者、印尼有机合成类研究专家以及跨国公司等的资深人士到会，与参会企业家、科研人员、市场营销人员进行互动交流，并就我国新常态下产学研、科技成果转化、新产品研发、传统增塑剂及下游企业如何发展等行业关心的热点和重点问题深入探讨，寻找合作商机，拓展国内外市场空间，打造了增塑剂及 PVC 制品行业的一场国际盛宴。会议还专门安排了专家和企业、代表面对面，大家抛出问题不断，专家也是有问必答，形成踊跃讨论积极发言的互动交流氛围，使大家受益匪浅。

2016 年度，专委会积极探索国际交流的途径。除了上面提到的增塑剂国际会议，我们还与德国 K 展的主办方取得了联系，组织了 25 人的观展团，去 K 展参观。通过这次交流打通与国际相关协会的交流通道，为今后的国际交流打好基础。

4. 办好《塑料助剂》杂志，组织热点问题讨论

2016 年度，《塑料助剂》杂志除了日常的出版工作以外，还在第 3 期组织了一期生物基材料及助剂的专刊。一段时间以来，塑料的降解和可降解塑料是大家共同关注的热点，生物基材料及助剂的开发和应用也是逐渐得到广泛的关注和应用，许多研究院所和高校都开设有生物基科研项目，并且各有建树。我们于年初策划这个专刊，依托中国塑协降解塑料（生物基）专委会和业内的专家，邀请多名业内企业和高校的科研工作者给我们撰稿，至 4 月底共组织稿件 17 篇。于 6 月份（第三期）出版发行。扩大了《塑料助剂》在新领域中的影响力。

5. 加强与会员的联系，发展会员

2016 年度，专委会在规范会员管理，加强行业数据的统计，及时发布行业消息，做好会员服务工作上做了大量的工作，积极参与与行业相关的会议和展会，密切上、下游及相关行业协会间的关系，为企业产品推广提供帮助；专委会秘书处加强了与会员单位之间的联系，除了依靠电话、邮件、微信跟会员单位保持密切联系外，秘书处工作人员还利用一切可能的机会，走访会员单位，倾听会员单位的述求，了解会员单位的情况及对专委会的要求；充分发挥信息平台的作用，拓宽助剂行业的宣传途径；为会员单位排忧解难。对有利于会员单位的政策、评比等，积极与会员单位沟通，使会员单位能及时根据自己的实际情况开展工作。

6. 做好行业技术经济信息交流平台建设

（1）通过 QQ 群、微信群，加强与会员单位的联系，尽力做好行业内信息收集和汇总工作；

（2）通过微信公众号及时发布专委会的活动及会员单位的重大事件；

（3）继续做好《塑料助剂》杂志的编辑出版和发行工作；为了适应期刊发展的需要，编辑部除了加强编辑业务学习之外，更加重视期刊编排的标准化，并在实际工作中贯彻实施；《塑料助剂》杂志及时为各会员单位刊发关于开发新产品、产品鉴定、技术改造、扩产、节能减排、工业废弃物的回收利用及处置等方面的信息、文章，为会员单位服务；

（4）及时向会员单位通报各项与塑料相关的标准及法律法规；

（5）组织相关人员编写《中国塑料工业年鉴》塑料助剂章节；

（6）认真做好中国塑协布置的各项工作，协助中国塑协各职能部门开展工作，发挥行业优势，提高专委会的公信力。

（7）根据会员单位的要求为他们发表符合要求的技术文章，为企业项目申报和技术人员申报职称等提供有利条件；为会员单位提供了相关资料，包括文献、国内外专利以及有关证明材料等。

7. 组织和参加展览会、会议

为了更好地为会员单位服务，宣传专委会和《塑料助剂》，我们派员参加了“第三十届中国国际塑料橡胶工业展览会”、参加了“第十一届中国塑料工业高新技术及产业化研讨会”、“2016 全国化工废盐残渣管理与技术发展论坛”等会议。通过展览、会议，了解相关行业的动态，同时也宣传了塑料助剂专委会及《塑料助剂》杂志，也为在《塑料助剂》上做广告的企业进行了宣传。

三、产品结构调整与技术进步

1. 增塑剂

目前我国增塑剂生产企业有 130 多家，10 万吨以上规模企业占总生产能力的 80%，2016 年各类增塑剂生产能力 500 余万吨，以山东、华东为主，实际产量约 400 万吨，其中邻苯类 DOP 125 万吨、DINP 约 55 万吨，DBP、DIBP50 万吨，环氧类 40 万吨，对苯类 100 万吨，偏苯类 6 万吨，DOA 6 万吨、DOS 1 万吨，柠檬酸酯类约 6 万吨，其他约 8 万吨，合计全国增塑剂产量 400 万吨左右。

2016 年我国增塑剂进口量约 20 万吨，出口量 1. 2 万吨，表观消费量 420 万吨。

2016 年增塑剂消费邻苯类占 54%，环氧类占 11%，对苯类占 25%，柠檬酸酯类占 3%，特种类占 4%，其他占 3%。

随着一批新装置的建成投产，如揭阳春达、盘锦联成、信诺立兴、开封九泓等，邻苯类增塑剂产能过剩局面将进一步加剧。但是塑料加工业扩张缓慢，市场整体需求一般，预计 2017 年增塑剂需求量与 2016 年变化不大，整体开工负荷在 70% 左右。随着以 DOTP 为首的环保增塑剂的快速发展，DOP 将面临以 DOTP、DINP 为主多个增塑剂产品的围剿，虽短时间内其市场龙头地位不会被撼动，但份额将被 DOTP 和 DINP 逐步蚕食。环保特种增塑剂高速发展，有“大作为”的医疗、玩具、家装、汽车等阳光行业发展步伐加快，有利润可赚的环保类增塑剂快速发展。济宁鼎承新材料科技有限公司与浙江嘉澳环保科技有限公司 2 万吨环保增塑剂合作项目开始实施。

2. 热稳定剂

回顾 2015 年，我国热稳定剂的消费量维持在 55 万吨左右，比 2014 年略有增长，环保产品呈现增长超二位数，尽管传统产品逐步下降的趋势但仍占市场 90% 以上份额。进入 2016 年，在以广东联塑科技，芜湖海螺型材等管材型材龙头企业率先实现无铅化的带动下，国内环保稳定剂无论是产销量，品种，应用范围和品质都有长足的进步，2016 年，我国热稳定剂的消费量维持在 60 万吨左右，比上一年略有增长，但品种结构变化巨大，尤其在透明硬片、色片，注塑制品等领域应用的环保产品质量和综合性价比达到了全球先进水平。

2016 年 PVC 消耗分类：硬制品为 55% 弱，总消耗 PVC 树脂约为 905 万吨；软制品为 45% 强，总消耗 PVC 树脂约为 760 万吨。软制品基本为包装类等日常消费的易耗品，软制品消耗的增长表明国内 PVC 塑料制品消费进入了良性、合理的高端消费层面，但软制品和消费者接触更为紧密，对塑料制品的环保要求更高，所以从欧美到国内对此的法令法规也更为严格。但从目前国内现状看，情况不容乐观。

3. 阻燃剂

2016 年，随着环保的要求越来越高，规模小，环保设施不到位的工厂，受到影响较大，但对整体阻燃剂的产销量影响不大。随着技术的进步和环保的要求，环保产品品种越来越多，产品的细化和表面处理日趋多样化和成熟化。其中有表面改性技术、复配协同技术、微胶囊化技术、超细化技术、交联技术、大分子技术、纳米技术等都得到了迅速的发展。石墨烯在阻燃材料中的应用，已成为一个热点。

在全球阻燃剂倡导无溴化的背景和趋势下，我国阻燃剂行业的产品结构逐渐从卤系阻燃剂为主的格局，转变为以卤系和磷系阻燃剂为主的格局。目前全球无卤阻燃剂年需求量约为70万吨，而中国市场年需求量在20万~22万吨，而磷系无卤阻燃剂的占比高达近三分之一，且年增速超15%，远远大于阻燃剂的整体增长比例。

卤系阻燃剂中的溴系阻燃剂尽管发烟量大，烟雾具有一定的危害作用，但由于阻燃性能好，用量少，对产品性能影响小。因此在今后的相当长时间内仍为阻燃剂的主力之一。随着技术进步，国际上溴系阻燃剂发展的新特点是继续提高溴含量和增大分子量。国际上有的公司产品溴含量已高达70.5%，分子量30000~80000。这些阻燃剂特别适合于各类工程塑料，在迁移性、相容性、热稳定性、阻燃性等方面均大大优于许多小分子阻燃剂，有可能成为今后的更新换代产品。

无机阻燃剂主要品种有氢氧化铝、氢氧化镁、红磷、氧化锑、氧化钼、钼酸氨、硼酸锌、氧化锌、氧化锆、氢氧化锆等，其中以氢氧化铝、氢氧化镁、红磷、氧化锑应用最为广泛，尤其是氢氧化铝、氢氧化镁不仅可以起到阻燃作用，而且可以起到填充作用。它们具有热稳定好、高效、抑烟、阻滴、填充安全、对环境基本无污染等特点，在无卤阻燃材料中得到广泛的应用。氢氧化铝 $AL(OH)_3$ 用量占无机阻燃剂使用总量的40%以上。

可膨胀石墨是一种新型无卤阻燃剂，经过几年的发展，工艺也逐渐成熟。经酸化，水洗，过滤，干燥，高温膨化制得。可膨胀石墨一般与磷化合物、金属氧化物复合使用，能产生协调作用，加入少量就能达到阻燃目的，但工艺过程的环保化还有待提高。

随着中国新兴产业和市场防火阻燃方面法律法规的进一步健全和落实，阻燃剂的应用领域及需求规模将进一步扩大。

4. 抗氧剂和光稳定剂

2016年上半年价格平稳，2016年8月份开始，受原料供应和环保控制的双重影响，国内、国际市场供应紧张，尤其是紫外线吸收型光稳定剂的市场供应紧张，价格开始上升，抗氧剂类产品价格平均提升10%，光稳定剂类产品价格平均提升20%。

塑料抗氧剂的产能比2015年增加20%左右，产量比2015年增加10%左右；光稳定剂产能、产量在2016年增加幅度较大，比2015年增加25%左右。

表1　2016年国内主要抗氧剂产能、产量、出口量数据

抗氧剂类型	受阻酚类	亚磷酸酯类	含硫类	抗氧剂合计
产能/万吨	7.9	7.2	0.8	15.9
产量/万吨	7.2	6.7	0.7	14.6
出口量/万吨	0.9	0.6	0.4	1.9

表2　2016年国内主要光稳定剂产能、产量、出口量数据

光稳定剂类型	受阻胺类	苯并三唑类	二苯甲酮类	光稳定剂合计
产能/万吨	2.3	0.9	0.8	4.0
产量/万吨	1.8	0.8	0.7	3.3
出口量/万吨	0.9	0.4	0.3	1.6

注：表1、表2数据不包括复合产品。

国内塑料抗氧剂、光稳定剂企业在新产品、新工艺、新应用等持续发展方面的资金和人力的投入增加，开发高性能产品和专用型产品。

塑料抗氧剂、光稳定剂企业向多系列产品方向发展，由单一系列或单一功能产品，向系列、多功能方向发展。如受阻胺光稳定剂，有了同时生产三个通用型产品944、622、770的企业。

塑料抗氧剂、光稳定剂企业继续走出国门，扩大国际市场的影响。国内主要抗氧剂、光稳定剂企业、以及塑料助剂专委会组织会员参加了德国的2016年K展。

5. 其他

2016年，其他塑料助剂，如冲击改性剂与加工改良剂、发泡剂、润滑剂、偶联剂、抗静电剂、抗菌剂、成核剂、扩链剂、防雾剂等在开发新产品和技术进步方面也都取得了不同程度的进展。

四、存在问题

近几年，环保形势异常严峻，国家层面和各个重点省份均成立了督查组，同时银行在不断收拢资金，落后产能将陆续被淘汰，整个行业面临整合。为了适应环境，企业的产品结构势必会出现些许变化，新产品的研发和科技的投入在很大程度上已经决定一个企业的未来，形成了少数具有独立自主创新能力和综合技术服务能力的企业。在2016年，绿色环保是主流，但产品结构不尽合理，部分产品质量不够稳定依然存在；高端产品不足，同类产品市场竞争激烈，利润点低；部分企业的科技投入不足、自主创新能力不强，缺少高水平的专业人才。

1. 增塑剂

(1) 生产工艺参差不齐，总体水平比较低

目前许多小型企业仍然采用间歇式生产、手动控制的落后装置和工艺，这些装置规模小、功能单一、生产效率低、物耗能耗高、污水排放量大、产品质量稳定性差，已经很难适应当今世界增塑剂行业的竞争局面。

(2) 产品结构不合理，品种单一

与国外相比，产品结构不合理的矛盾仍然非常突出，目前我国增塑剂产品中50%为邻苯类产品，虽然近年来环保增塑剂产量有所增加，但环保类高效品种所占比例仍较小，许多专用和高性能品种还不能生产，依赖进口。

(3) 研究滞后，品种稀少

世界上已开发成功的增塑剂达500多种，已商品化的达100多种，而我国目前生产约30多个品种，严重制约了我国相关行业的发展，目前我国增塑剂主要以生产厂家自主研发为主，专业的研究机构少，新型增塑剂开发的进度慢，一些有市场应用量较大的品种国内技术不成熟，近几年虽然开发出一些新品种，但从性能上讲质量不高，即使研究开发出高性能的产品，下游厂家考虑到成本多不愿使用，反而以低档价廉的产品代替，长期下去影响了增塑剂及相关行业的发展。

(4) 产能过剩，开工率低

同质化装置建设过快，导致产能过剩，装置开工率不高，整个行业利润低下，竞争力不强，许多中小型装置面临被淘汰的窘境。

2. 热稳定剂

尽管我国热稳定剂生产与开发取得了相当的成绩，但仍存在许多不足。

1) 品种少，结构不合理

铅盐类稳定剂的使用量依然居首位，非铅盐热稳定剂所占比例偏少，而且很大一部分是用在出口产品中的。同时，产品技术标准相对落后，产品质量波动较大。

2) 生产规模小，产品质量差。

我国热稳定剂质量参差不齐，有许多小作坊式生产企业，规模小，环境污染严重，有的企业产品品质低，低价竞争，冲击、影响热稳定剂的生产和市场。

3) 开发力度不够

随着世界PVC工业的发展，国外新型热稳定剂开发层出不穷，但由于种种原因，我国热稳定剂企业的原始创新不足，主要体现在研发经费投入少、高瑞人才严重缺乏、尤其是推广应用工程技术人才严重短缺和重视不够。新型热稳定剂的生产与应用远远不能满足国内PVC工业的发展和制品的需要。

3. 阻燃剂

阻燃剂行业存在的主要问题是：

(1) 我国阻燃剂生产企业，未能形成规模化产业结构，竞争力偏弱。

(2) 近两年，由于国家对环保日趋严格，很多小规模企业没能力达到环保要求，不少企业面临或已经关停转。

(3) 目前，人类对环保和健康要求日益提高，给传统生产卤素阻燃剂厂家的发展造成了很大压力，各个国家和地方的政策性法规也是层出不穷，由于环保压力和政府性法规的不确定性，导致大的生产厂家都投入一定的科研精力，拓展自己的产品品种和生产范围，以维护自己的优势地位。

4. 抗氧剂和光稳定剂

(1) 市场开发能力有限，在国内和国际市场(特别是国际市场)，仍然以降价为主要竞争方式，导致行业平均利润率低。

(2) 抗氧剂、光稳定剂企业受地方环境保护政策影响，生产受限，有抗氧剂企业因地方性环保政策而停产，或搬迁到异地。

苯并三唑类、二苯甲酮类紫外线吸收型光稳定剂的三废排放量依然很高，污染治理的成本增加，治理效果不高。

五、发展趋势

(1) 我国塑料助剂行业在2016年整体发展良好，在2016年，企业应深挖自身潜力，提升产品质量、降低产品消耗，加强环境治理，从而进一步提升产品竞争力。同时加强同行业交流与合作，以求得取长补短，共同提高，促进塑料助剂企业和产品规模化经营，加快提高行业的整体技术和生产水平。

(2) 骨干龙头企业通过不断强化技术服务能力，完善技术服务体系，协助下游客户提升产品性能与加强应用的能力，不但在产量上，也应在技术

上协调上下游共同进步。

（3）相关的助剂企业应继续大力拓展海外市场，使海外市场中的份额保持稳步增长。

（4）塑料助剂行业今后将以“绿色、环保、无毒、高效”作为永恒的主题，逐步用新品替代对人类健康和环境有害的品种。

（5）要适应不同的市场，让产品满足不同层次用户的需求，特别是扩大专用产品和高端产品和高附加值产品的比重。

（6）要加大生物可降解塑料用的各种助剂产品的研发力度，这将是以后发展的长期趋势。

（7）加大科技投入，根据产品特点，积极开发应用低碳技术，搞好清洁生产，淘汰落后工艺和落后设备。

（中国塑协塑料助剂专委会　秘书处）

塑料家居用品

2016 年是实施“十三五”规划开局之年，也是中国塑协塑料家居用品专委会摸索中发展的一年。专委会在上级领导的正确领导下和理事会全体成员的共同努力下，迎难而上、齐心协力，各职能部门的工作不断深入细化，部门之间的协作水平不断提高，为专委会各项工作的顺利开展和各项服务的升级优化提供了有力保障。

一、专委会活动

1. 会员发展工作

随着中国塑协塑料家居用品专委会的影响力进一步扩大，虽然协会准入门槛在不断提升，行业上下游“高精尖”的优秀企业的申请却随着大家对中国塑协塑料家居用品专委会的关注和认可持续升温。2016 年至今专委会会员数量增长率达 34%。经过两年多的发展，中国塑协塑料家居用品专委会已凝聚了行业内高素质企业近两百家。

另一方面，随着专委会的不断发展，随着专委会队伍的不断壮大，我们对长期以来表现积极并符合相应条件的会员企业进行了筛选，并做出了以下调整优化：

2016 年至今专委会共有 5 家企业从理事单位晋升为副会长单位，分别是：浙江日康婴儿用品有限公司、揭阳市鸿飞塑胶有限公司、台州市高美塑业有限公司、四川省恒丰塑胶有限公司、广东海塑智造科技有限公司；9 家企业从普通会员单位晋升为理事单位，分别是：浙江瑞康日用品有限公司、台州市黄岩飞达三和塑胶制品有限公司、台州玉和电塑有限公司、浙江亿美塑胶有限公司、汕头市佳纬塑料制品有限公司、汕头市康家宝塑料制品实业有限公司、汕头市汕乾塑胶制品有限公司、汕头市锦丰塑胶制品有限公司、汕头市宏浩实业有限公司。

2. 会员服务工作

（1）企业走访

企业走访工作一直是专委会的重要工作之一，通过主动深入企业一线，了解企业需求，服务企业所需。2016 年专委会继续保持着坚定的步伐，一如既往地在会员企业间奔劳不息。2016 年至今专委会共走访会员企业 70 余家。由于会员企业众多且分布在全国各地，我们难以做到每一家企业都走访到位，我们只有根据行程尽可能地多走访，尽可能地做出最好的安排，让每一次的服务效益最大化。期间我们同时组织了大型学习考察团进行企业间的交流学习十多次，单次平均参与人数达 20 人以上。在我们和企业的共同努力下，行业的开放分享程度越来越高，越来越多的企业家们开始打破行业和地域的限制，积极参与其中。为进一步推动该项工作，加强会员间的交流与合作，2016 年我们发起了《共建“中国塑料家居用品行业品牌示范企业”和“中国塑料家居用品行业品牌示范基地”的通知》，并对在诚信经营、品牌建设、自动化升级等方面为行业树立了典范；对一直以来积极主动开放企业给同行参观学习的优秀企业授予了此等殊荣（其中“中国塑料家居用品行业品牌示范基地”8 家，分别是：茶花现代家居用品股份有限公司、浙江龙士达家居用品有限公司、宁波利时日用品有限公司、台州富岭塑胶有限公司、禧天龙科技发展有限公司、双马塑业有限公司、广州市新力实业有限公司、盘锦海兴科技股份有限公司。“中国塑料家居用品行业品牌示范企业”8 家，分别是：三友控股集团有限公司、台州市希尔家庭用品有限公司、浙江鑫鼎塑业有限公司、浙江日康婴儿用品有限公司、台州市高美塑业有限公司、台州市黄岩麦宝隆生活用品有限公司、汕头市立安塑胶制品有限公司、汕头市宏浩实业有限公司)。

(2) 企业宣传

2016 年至今专委会借助专委会微信公众平台持续为企业共报道宣传近三百多篇次。

专委会微信公众平台一直以来是专委会对外发布行业信息的主要平台，随着这一信息平台日趋成熟，平台关注人数一直呈线性增长，截至 2017 年 5 月 31 日，平台专业关注人数达 3666 人。公众号共发布推文 1555 条，其中原创文章 350 篇，单篇文章最高点击率为 93069 次。

在这些数字的背后是信息部同事持之以恒的努力和一次次尽善尽美的摸索改进。通过多方的参考学习和不断的改进，公众平台整体的视觉效果正在不断向着精益求精的方向在提升。同时为了更方便读者阅读和获取资讯，从 7 月份开始，公众平台逐步完善了自定义菜单栏的设置，将发布信息进行分类整理，归纳成协会风采（关于专委会、发起人风采、诚信联盟、活动剪影、行业荐文），企业动态（发起人、副会长、理事、会员单位动态和最新活动预告），联系互动（设计文汇、技术支持、供需信息、会员加入、联系我们）三大版块。随后，平台增加了专委会发起人的生日祝福、会长荐文、专家荐文、企业荐文等内容，借此增加与企业和会员的互动，并且也让专委会的形象更加丰满而富有亲和力。

此外，在企业产品形象宣传方面，2016 年 9 月份开始专委会还面对全体会员开展了电子日历这一服务，期间为提供了企业产品形象图片的会员制作电子日历并做宣传共百余次。

(3) 专委会微信公众平台在以下几个方面做出具体的改进：

(1) 全面、及时发布行业资讯、企业动态，针对重要事件进行及时的渲染，以提升平台的知名度；

(2) 扎根企业，通过加强与会员企业互动，提升文章质量，更好地展示企业风采，助力企业推广产品，更好地去发挥平台的服务功能；

(3) 通过增强与专家、会员企业的联系，提升企业人员的积极性与参与性，提升荐文数量与质量，提升平台的专业性；

(4) 增加收集并准确推送更多更有价值的行业资讯，让平台逐渐成为塑料家居用品行业从业者每日必读的重要资讯平台；

(5) 增加多元素的推文类别，利用趣味性，可读性的文章锁定更多关注，让平台逐渐成为塑料家居用品行业的风向标。

(6) 推出“供求信息”栏目，接收企业关于供求信息、企业管理难点、技术难题等需求帮助问题，对接产品匹配企业、专家难题解答。

3. 主要服务成果

(1) 政府采购

中国塑协塑料家居用品专委会作为本行业唯一的国家级行业协会，专委会拥有丰富的线上线下资源，各大型高端平台的对接诉求随着专委会影响力的不断扩大而接连不断。2016 年专委会成功协助企业与司法部门、军需采购部门等政府单位完成招标投标、采购对接，总金额超过千万元以上。

(2) 企业间合作

作为塑料家居用品行业全国性的资源平台，专委会所属会员单位涵盖了原材料、机械设备、技术加工各大类别塑料家居用品等行业上下游的诸多领域内“高精尖”的龙头企业。2016 年至今专委会成功帮助会员顺利实现企业间的项目合作近四十单。

(3) 解决生产技术问题

我们作为专业的国家级服务机构，中国塑协塑料家居用品专委会广泛吸纳了一大批业内权威的专家学者组建成专委会最值得信赖的专家智库，服务的领域涵盖生产模式规划、原材料改性、自动化服务、电子商务、宏观经济学、供应链管理、注塑工艺、模具设计与制造、热转印工艺等十几个专业方向，2016 年至今我们共协助企业解决生产技术上的问题达三十余次......

在“十三五”这一深化行业改革的重要时期，我们会着力推动新材料应用和自动化普及方面的工作，为引领企业稳步向前发展和提升行业整体水平做出我们应有的努力。

三、诚信联盟的发展

“中国塑料家居用品行业诚信联盟”（以下简称“诚信联盟”）立意于行业诚信体系建设，是行业示范品牌建设的基地，是专委会助力企业品牌宣传和推广的前沿阵地，是我们行业对接国家政府等各方资源的一线平台。

1. 宣传推广工作

(1) 联袂天猫 展开合作

2016 年 4 月份，我们在上海和天猫举办了“中国塑料家居用品行业诚信联盟发布会暨天猫聚划算·出口优品三方战略合作签约仪式”，这为我们日后在天猫阿里等高端电商平台展开进一步的合作和推广诚信联盟奠定了良好基础。

（2）“诚信联盟体验馆”合力提升品牌形象

2016年11月份，“诚信联盟塑料家居用品体验馆”在中国塑料加工工业协会主办的南京四新会上首次亮相。此次亮相对充分展现诚信联盟企业一流的品牌形象和进一步提升诚信联盟的整体形象具有深远的意义。

（3）走访宣传工作

此外，2016年在全国范围的企业走访和各类会议的与会过程中，对诚信联盟和联盟企业的宣传推广已成为我们的常规工作之一。在对诚信联盟持续不断的宣传过程中，诚信联盟宣传手册已陆续向企业和业内外各大平台、机构发放近千册。在此过程中，诚信联盟为更多人了解和认可，诚信联盟的企业也以更加优质的形象得到了更大范围的宣传。

2. 诚信联盟的会员发展工作

2016年诚信联盟增加企业共3家，分别是：台州市黄岩飞达三和塑胶制品有限公司、四川省恒丰塑胶有限公司、汕头市汕乾塑胶制品有限公司。截至目前，联盟共吸收企业22家。

（中国塑协塑料家用用品专委会秘书处）

塑料配线器材

一、［行业现状］

十二五期间，我国塑料行业规模和效益保持平稳增长，产量也是平稳增长，据国家统计局数据显示2011－2016年全国规模以上企业，塑料制品产量由5474万吨增长到8050万吨，平均增长率为8.04%，实现销售收入由15583.7亿元增长到22855.11亿元，年均增长7.84%；利润由882.29亿元增长到1389.01亿元，年均增长率为9.73%。在国内大环境的影响下，我配线器材市场的需求量也平稳增长，据不完全统计，2013－2016年塑料配线器材行业全国工业总产值分别为：158亿元、183亿元、208亿元、218亿元，年均增长率为11.43%，从统计数据上来看，塑料配线器材行业经济总体保持了较快的增长速度，同时也说明我行业在确保行业平稳发展的情况下，加强行业管理、调整产品结构、开展节能降耗、实行机器换人、推动新产品开发、共享新技术应用等一系列新举措取得了一定的成效，促进了行业健康发展。

二、［行业热点］

1. 在行业中推广“机器换人”项目，促进企业转型升级。

我专委会多家企业实施了机器换人项目：注塑机取件大部分采用机械手操作；烘料、配料、加料系统基本采用中央加料系统管控；后期的产品自动包装作业，正在研发，将全部采用全自动包装机等，目前为止，我专委会企业80%以上的机械全部采用机械手进行取件工作，70%以上采用热流道模具进行生产，50%以上采用全自动供料系统，这样一来，减少了用工成本、提升了产品品质、保护了环境，降低了消耗，为企业营造了更大的利润空间，一系列的全自动改造，将企业从劳动密集型转向技术创新型。

2. 大力开展节能降耗，绿色环保工作。

“节能降耗”是贯彻落实科学发展观、构建社会主义和谐社会的重大举措，是建设资源节约型、环境友好型社会的必然选择，是推进经济结构调整，转变增长方式的必由之路，是维护中华民族长远利益的必然要求。为了切实贯彻落实这项“节能降耗”工作，协会主任郑元和通过不断探索和研究，发现老的注塑机一般是采用电阻加热，不仅耗能量大，而且热能外泄严重，严重影响生产环境。郑元和经过多方考查和论证后，发现采用电磁加热技术对注塑机进行改造后，节能量达到40%以上，2015年5月花巨资在自己的企业进行了安装测试，试验成功后，又在协会企业中进行了推广，目前，我协会多家企业对现有注塑机进行了大规模的改造——安装了电磁加热器，不仅节能而且环保。

电磁加器是利用电磁感应将电能转换成热能的装置，具有以下技术优势：1. 高效率节点：热点率高达95%以上，同等条件下，比电阻式加热方式节点30%～70%以上；2. 运行可靠：采用智能数字控制系统和完善的保护系统，保证设备长期安全可靠运行；3. 降低生产成本：加热部分采用电缆结构，加热电缆本身不会产生热量，使用寿命长久，避免了电阻式加热需要经常维护和定期更换的弊病，该产品后期基本上不需要维护费用；4. 节约能源改善环境：传统的电阻式加热设备是通热传导方式加热，浪费了大量的能源，而且在传导过程中，大量的热能外泄，使生产环境温度大幅升高，对操作人员伤害极大。这种电磁加热设备，在生产中可达到使机外温度可用手触摸的程度，即节约了能源又改善了生产环境，实现了一举多赢。

目前已采用电磁加热的企业有：长虹塑料集团英派瑞塑料股份有限公司、乐清市新光塑料有限公司、浙江亚泰塑料有限公司、乐清市华达塑料有限公司、浙江可易塑料有限公司、江苏海安永达塑料新材料有限公司等，多家企业从中受益，下一步协会将继续在行业企业中推广电磁加热技术，以落实“节能降耗”的目标任务。

三、[专委会活动]

1. 夯实基础，加强企业自身建设，扩大会员队伍

加强理论学习。“打铁先要本身硬”，作为专委会的领导成员要加强学习，自觉调整知识结构、拓宽知识面，结合专委会的自身实际，制定有针对性的培训规划和学习计划，我们将定期举办“主任办公会议”坐下来学习。本会相继改进了专委会工作条例、主任办公会议和常委会会议制度、会费收缴和资金使用管理制度、走访会员单位等各项制度。并且对内部职能进行了细化，形成了完善的工作体系，调动了整个行业工作的积极性，开拓了工作思路，提高了行业协会的地位和作用，树立了良好的社会形象。

本会在坚持标准的前提下，积极发展新会员。会员单位从2013年的90家增加到现在的120多家，扩大了会员队伍、壮大了协会力量。同时各会员单位都十分支持协会的工作，关心协会的建设，自觉抵制外来干扰，积极参加协会举办的各项活动，使协会整体的运行既井然有序，又沿着充满活力、健康向上的方向发展。

2. 做好行业信息宣传，贯彻国家政策，积极为企业服务

自行业成立以来，在各级政府以及中国塑协的支持下，我们充分利用自身的职能和行业协会的优势，积极为企业服务，在政府与企业、中塑协与企业间架起了一座坚实的桥梁。

3. 开展技术管理和咨询服务，提高企业整体素质

围绕着行业的发展，及会员单位的要求，专委会积极开展信息交流、管理和技术咨询、人才培训方面的服务。例如：我会和上海UL美华认证有限公司合作召开扎带产品（UL 62275）、固定装置和线槽UL（UL 1565）认证服务研讨会，邀请汤晓庆工程师对UL系列知识作出详细的解说；每年都和温州塑料协会、温州市人民政府合作，进行塑料工程师的培训和考证工作；积极引导行业中的企业参加政府组织的“节能降耗财政专项资金补助项目”，争取政府资金补助，使行业中多家企业享受到了市财政补贴等！本会还组织会员单位参加各类专题讲座8次；参加乐清市质监局、经贸局、工商局等单位组织的学习论坛5次；还组织会员企业参加乐清市委组织部、市工商联等有关部门的学习培训。多方位地为会员企业培养人才，解决问题，提高了企业整体素质，达到互学互享促进企业成长的目的。

4. 建好网站办好微信平台，更好为会员服务

网站及微信群是协会与外交流沟通的桥梁，也是与各会员单位加强横向联系的纽带，更是我们协会服务会员单位的主要交流平台，因此我们一直致力于网站维护更新工作。网站和微信群的主要内容是面向企业，贴近会员，介绍会员单位的业绩和产品，分析行业当前局势，并及时把国内外新闻资讯发布到微信群里，使会员单位了解掌握国家大事及行业发展动向，得到了会员单位的肯定和欢迎。将最新的政策法规、市场透视、科技信息、经济分析等内容呈现在会员面前，便于会员企业捕捉商机。

5. 贯彻国家政策，促进企业长足发展

我会积极组织具有影响力的会员企业参评中国塑协开展的每年年度轻工塑料行业十强企业、轻工百强企业、行业企业技术中心、卓越绩效、科技创新、前沿技术、工业设计中心等评选工作。发动达标的会员企业申报乐清市经贸局和财政局牵头组织的工业转型升级项目，并为会员企业提供会展信息、市场信息等方面的服务。

我专委会企业可以说是表现非凡，载誉而归：共获得市明星企业8家，出口30强7家，温州名牌企业4家，市成长型科技企业5家，省高新技术

企业2家，平安创建示范企业4家，轻工业联合会的卓越绩效企业2家，中塑协十二五创新型科技企业1家，全国前沿技术评选中有两项技术入册等。

为更有效地开展走访、联络会员企业，本会有计划地开展以“访企业、明需求、谋发展”为主题的走访活动，收集企业运营中出现的重点和难点问题。由别旭辉副秘书长带队的常委会成员分别对会员企业进行走访，召开座谈会，了解企业运行情况，倾听企业领导对公司生产经营、发展前景、遇到困难和面临难点问题的汇报，并为多家企业解决了设备、技术等方面的难题，共同为企业出谋划策、排忧解难，取得了显著成绩。

6. 优化产业链，精选行业上下游企业加入本会

配线器材行业的快速发展，得益于该行业吸纳了该产业链的上下游行业领域加入协会，包括塑料原料、塑料加工机械以及塑料制品领域，同时也得益于这三个领域的协同合作，为这些产业提供了高品质、低成本的运营环境，给企业带来了更高的利润空间。

例如，我专委会联合协会副秘书长单位广东威压精密机械有限公司共同研发了一款适用于配线器材产品——尼龙扎带的专用注塑机。此款注塑机针对尼龙扎带产品的特点，在合模力、注射速度、生产效率等方面进行了显著改进，相比于以往的通用型注塑机，呈现出高效率、低能耗、高品质等特点，为尼龙扎带产品迈向行业中高端起到了一定的推动作用。

2016年9月第六届“华侨华人中原经济合作论坛”在中国河南省平顶山市举行。我会主任郑元和代表专委会应邀出席会议，并结合塑料加工业的发展现状及规划，对配线器材主打产品——尼龙扎带作了“世界及中国尼龙扎带发展现状及未来趋势”深度分析报告。在报告中对原料供应商提出要求：希望尼龙原料行业，不断进行技术创新，开发出更多的新型的改性塑料品种，拓宽行业经营思路，完善服务内容，扩大交流、多方协调，共同开拓市场，使整个上下游产业都走上科技创新、健康发展的道路。

7. 配合职能部门，积极开展各项工作

专委会秘书处积极传达和完成中国塑协下发的各项通知及任务。中国塑协的每次会议，我会均派代表参加：2016年4月24日，参加了中国塑协在上海召开的第六届六次理事扩大会议；2016年11月4日参加南中国塑协第七届一次会员大会及南京四新展会，；2017年2月18日参加了中国塑协在北京市京瑞大厦召开的分支机构秘书长工作会议。2017年5月15日参加了中塑协在广州珠江宾馆招开的第七届二次理事扩大会议，同期召开七届一次常务理事扩大会议。

按中国塑协要求，推荐塑料配线器材行业的重点企业，上报中国塑协。我会秘书处还积极完成中国塑协要求的各分支机构的活动明细申报工作，分支机构会员名册报送，及各分支机构作安排明细表，重点产业竞争力评价及各种企业调查问卷、征求各项工作意见。

8. 组织外出考察，开拓视野

为进一步解放思想，开拓视野，考察了解外地塑料配线器材产品市场，推动我配线器材行业健康有序发展，为此，本会相继组织了多次外出考察学习活动。如：2016年9月2日，专委会一行40多人，利用6天时间，行程3000多公里，先后赴啥尔滨海拉尔、额尔古纳、呼伦贝尔、满洲里等地进行了考察，同当地干部群众进行了深入交流，了解当地塑料配线器材产品的销售及应用情况；2017年7月2日，中国塑协塑料配线器材专委会主任郑元和带领专委会副主任、秘书长等一行十多人，深入专委会副主任企业——温州惠达塑料有限公司进行了企业走访，实地参观考察等。

外出考察活动开阔了会员企业家的眼界，拓宽了创业思路，促进了观念的转变。同时也有效地促进了会员间的相互交流、相互学习，不断提升和增强了会员间的凝聚力。

9. 加强行业自律，提高工作能效

为引导本行业的健康发展，专委会组织行业企业，对本行业主要产品聚酰胺（尼龙）扎带、压线帽等产品制定标准；于2013年完成了，QB/T4494－2013《聚酰胺（尼龙）扎带行业标准》；2015年完成了HDB/QB098－2015《聚酰胺扎带海关单耗标准》；2016年年底完了国家工业和信息化部批准的《塑料压线帽》行业标准的报批稿，现已提交国家工信部等待审核批准；目前，专委会正在组织相关设计院及安装施工单位编制配线器材行业新产品——高分子合金电缆桥架的安装技术规范：《高分子合金电缆桥架技术规范》，该标准是中国工程建设标准化协会的《2016年第二批工程建设协会标准制订、修订计划》中批准的。这些标准制定后，专委会逐步组织行业企业贯彻实施并进行不定

期的监督检查。

四、搭建科技服务平台，推动技术进步

1. 在行业中推广“机器换人”项目，促进企业转型升级。

我专委会多家企业实施了机器换人项目：注塑机取件大部分采用机械手操作；烘料、配料、加料系统基本采用中央加料系统管控；后期的产品自动包装作业，正在研发，将全部采用全自动包装机等，目前为止，我专委会企业80%以上的机械全部采用机械手进行取件工作，70%以上采用热流道模具进行生产，50%以上采用全自动供料系统，这样一来，减少了用工成本、提升了产品品质、保护了环境，降低了消耗，为企业营造了更大的利润空间，一系列的全自动改造，将企业从劳动密集型转向技术创新型。

2. 开展“节能降耗”工作

为了切实贯彻落实“节能降耗”工作，加快绿色、节能、高效新型加工成型工艺的发展重点号召，进一步促进行业健康发展，四年来，专委会企业进行了多次试验和技术改造，先后采用注塑节能保护罩、JN伺服电机等技术都取得了一定的成效，近一两年内，经专委会过多方考查和论证后，发现采用电磁感应节能技术对注塑机进行改造后，节能量达到35%以上，专委会多家企业对现有注塑机进行了大规模的改造——安装了电磁加热器，这种电磁加热设备，大大降低了热量的向外传导，既节约了能源又改善了生产环境，实现了一举多赢。

3. 新产品的开发

目前，配线器材行业中产品已有尼龙扎带、钢钉线卡、定位片、压线帽、接线端子、配线槽、号码管、电缆固定头、缠绕管、冷压端头、快速连接器、防滑扎带、新型电缆固定头等塑料制品，但行业中的企业并不满足现状，在企业转型升级路上不断探索和研究，不断开发新产品。例如长虹塑料集团英派瑞塑料股份有限公司已成功开发的高分子合金电缆桥架，是一种利用PVC、ABS、PS等多种高分子树脂及精细化工助剂经混料、塑化、挤出或注塑定型、切割等多道工序加工而成的一种新产品。高分子合金电缆桥架由底板和面板两部分组成，底板横截面U型槽是电缆的容装部分，采用双层中空结构，不但形成了超强的力学结构，承载力强，也使产品质量大幅提高。面板为单层或和双层两种，双侧均有向内扣脚，正好与底板上方向外展的扣脚相结合，闭合后使整个横截面形成正方形或矩形结构，这种结构无需任何工具就能开启和扣合，为安装和今后的系统增容、技术改造、检修等提供方便，而且使用寿命长，可达到30～50年。

高分子材料是我们产品重要原材料之一，合金的定义是：由两种或两种以上的不同种类的树脂及添加剂，采用物理共混或化学接脂的方法，在熔融状态下，经过共混，使之兼有钢、韧两种性能的新型材料。这种新型材料克服了传统金属产品易生锈、易腐蚀的缺点。具有高强度、高绝缘性、高弹性的突出优点，是传统金属材料所难以具备的特性。加之不同特性助剂通过改性融合，使产品达到不同客户的使用需求。

五、存在的问题

总体来说，塑料配线器材行业在不断的发展和进步，但我们也要清醒地看到行业发展中存在的问题，特别是经济新常态政策导向，转型升级，从产业结构数量速度粗放型，向质量效益集约型的发展模式，产品科技含量的提升等问题，对这些困难和问题，我们必须要引起高度重视，积极采取针对性措施主动应对，努力在今后的工作中加以克服和解决。

六、工作计划

我们将认真学习贯彻《塑协加工业技术进步“十三五”发展指导意见》，深入贯彻落实科学发展观，力推企业务实创新、转型升级的精神，秉承全心全意为会员企业服务。加大内销、扩大出口，进一步提升企业的经济效益，新的一年里我们将扎实有效地做好以下各项工作：

1. 加强自身建设，继续发挥专委会的桥梁和纽带作用

（1）搭建好交流平台，促进行业不断发展。做好深入调查研究，积极向政府部门反映行业和会员的诉求，向政府部门提出合理化的建议和意见，同时也要向会员宣传党的方针政策，较好地诠释政府部门的相关政策、法规，在会员和行业管理部门之间搭建起高效的对话平台。协调塑料配线器材行业间、塑料配线器材行业与其他行业以及有关部门之间的关系，争取社会各方面的理解和认识，取得全社会的支持和配合，推进全国塑料配线器材产业的社会联动，使企业利益、行业利益、社会利益实现和谐统一。

（2）充实协会秘书处专职人员，建立起职业化工作班子。确保专委会日常工作的有效开展和稳步发展，在有必要的情况下，多邀请中塑协相关专职

人员对我专委会进行工作指导。

（3）围绕着行业的发展，提供技术交流和人才培养。应会员单位的要求，积极开展信息交流、管理和技术咨询、人才培训、新技术推广应用和组织交流考察活动等方面的服务。①为提高企业的质量、环境、职业健康安全管理水平，专委会将为会员单位提供 ISO9001（质量）、ISO14001（环境）、OHSAS18001（职业健康安全）、TS16949（汽车行业质量管理）等标准的贯标认证提供咨询服务；②定期开展培训工作，2017 年年底前计划对行业中企业进行：注塑机节能技术培训、注塑工程师培训和取证、环保知识讲座、产品认证座谈会等工作，促进企业技术进步，便于企业出口时规避贸易壁垒。

2. 抓好行业自律工作，促进行业健康发展

进一步加强促进塑料配线器材行业健康发展，开展诚信服务，强化行业自律。一方面，广泛推行《自锁式聚酰胺扎带行业标准》《聚酰胺扎带海关单耗标准》，完成《塑料压线帽行业标准》和《高分子电缆桥架技术规范》，协助质量部门对塑料配线市场的监督和管理，充分发挥专委会应有的自律作用；另一方面，大力开展诚信经营教育，提倡公平交易，鼓励合法竞争。积极推动专委会成员企业产业转型升级，应对塑料配线器材行业国际化发展需求。推进行业内科技进步和技术创新，推行清洁生产，提高企业可持续发展能力。接下来，专委会将着手申请制定塑料配线器材行业其他产品的国家标准或行业标准，实现行业的良性竞争和健康发展，促使企业达到产品品质高端化，地区产业均衡化的发展目标，进一步促进塑料配线器材行业健康发展。

3. 牢记服务宗旨，坚持为行业服务

专委会将始终坚持服务宗旨，围绕引领行业健康发展、推进行业技术进步、规范行业行为、维护行业利益四大任务来开展工作。同时紧紧依靠广大会员和企业，倾听企业意见，积极反映行业诉求。发挥好桥梁和纽带作用。近两年，全球经济形势复杂多变，未来企业间的竞争将愈发激烈，各企业仍将面临严峻的挑战，希望行业中的各企业能从产品质量入手，夯实管理，扩大销售区域，拓展销售领域，以适应新环境的要求。专委会将持续关注未来塑料配线器材产业发展的走势，为企业发展保驾护航。

专委会将积极推动产业升级，应对塑料配线器材行业国际化发展需求。推进行业内科技进步和技术创新，进一步加强“机器换人”“电磁加热系统”等项目实施力度，提倡节约资源，推行清洁生产，提高可持续发展能力。

4. 提升传统产业，拥抱新兴产业

从目前塑料配线器材产业发展的趋势来看，企业仅靠增加资金投入、扩大生产规模的粗放式经营已不能满足形势发展的需要，塑料配线器材生产已进入调整产品结构、提高开发能力、提高产品附加值的新时期。因此，专委会将引导企业在产品技术升级、换代上下功夫。目前，专委会主任企业，长虹塑料集团英派瑞塑料股份有限公司已开发新产品有高分子聚合物板桩和高分子电缆桥架新产品，这两种产品在国内市场上均属建设领域具有独创性的新产品，特别是高分子合金电缆桥架是继 PVC 电缆槽管之后，在电气工程中应用的又一以塑代钢的新典范，它采用合金元素混合制成，有优异的性能与性价比，到得了各领域及各行业的认同和应用。它整合了不同的应用场合，而且倡导了国家提出的“以塑代钢”“节能降耗”“绿色环保”理念，有着非常广阔的发展前景。于 2016 年 11 月 4 日通过了中国塑协专家委员会组织的专家论证，获得了专家论证证书。在此希望专委会所有企业，能不断调整产品结构，不断改善生产条件，加大科技投入力度，不断提高产品科技含量，提高市场竞争力和占有率，促进企业健康发展。

5. 维护会员权益，拓宽服务领域，壮大会员队伍

发展会员是一个组织具有生命力的重要表现，做好会员发展和管理工作，广泛吸纳塑料配线器材上下游企业入会，既要发展规模较大的企业，也要发展中小型企业，以增强专委会的广泛性和代表性，增强专委会的凝聚力和影响力。进一步做好深入调查研究，积极向政府部门反映行业和会员的诉求，提出合理化的建议和意见。同时也要向会员宣传党的方针政策，较好地解释政府部门的相关政策、法规，在会员和行业管理部门之间搭建起高效的对话平台。协调塑料配线器材行业间、塑料配线器材行业与其他行业以及有关部门之间的关系，争取社会各方面的理解和认识，取得全社会的支持和配合，推进全国塑料配线器材产业的社会联动，使企业利益、行业利益、社会利益实现和谐统一。

专委会仍将通过一系列举措，扩大自身在行业

内的影响力，进一步壮大专委会的队伍，发挥专委会常委的作用，规范国内塑料配线器材市场秩序，实现行业产品品质高端化，地区产业均衡化的发展目标，使塑料配线器材行业发展成一个有凝聚力、向心力的强大团体。

（中国塑协塑料配线器材专业委员会办公室 毛维琴）

复合膜制品

一、行业现状

2016年对复合膜软包装行业影响最大的就是VOCs治理工作，VOCs治理进一步加大了企业的环保压力。在环保政策越来越严格的巨大压力下，全产业链积极行动，力图寻找务实可行的治理路线，高压态势下，无溶剂复合和水墨印刷都得到了快速的发展。目前无溶剂复合国内机台数已经突破1000台，无溶剂胶水和水性油墨的创新产品不断涌现，技术创新势头十分强劲，已有不少软包企业开始尝试水墨印刷，并取得了可喜的成果。国内首创的双头涂布快干型无溶剂复合机、水墨专用印刷机和国际首创的无溶剂凹印机陆续出台，为从源头削减VOCs提供了有力的装备基础。下半年原材料的异常上涨虽然吞掉了不少企业的利润，但大中型软包企业在困境中没有退缩，创新发展的势头平稳、良好。复合膜专委会自2014年以来围绕VOCs减排做了大量工作，在组织召开各类VOCs治理技术讲座和交流的基础上，进行了国内外调研，多次实地考察了以日本和欧洲为主的先进国家软包装企业VOCs治理的技术和经验；由专家督导组牵头组织听证会，通过吸附回收、催化燃烧、余热利用等技术的示范对比研究，提出了可选择的行业应对技术，编制了复合膜行业VOCs治理技术路线图，确定了复合膜软包装行业VOCs治理的目标：（1）力争到2018年塑料软包装行业VOCs排放量比2015年削减20万吨以上，不使用苯、甲苯、二甲苯、二甲基甲酰胺（DMF）等溶剂。（2）实现削减VOCs排放工艺制造的复合软包装占有量达50%以上。经七届三次理事会审议通过，并召开七届二次会员大会进行了全面宣贯。

1. 治理的现状

2014年中国塑料加工工业协会复合膜制品专业委员会对覆盖21省市100家企业治理VOCs的情况进行了调查。其结果如下（目前国内已安装治理设施的企业均包括在其中）：100家企业中有21家企业安装或部分安装了VOCs治理设备，其中在印刷、复合工序都安装VOCs减排装置的仅10家，有39家企业表示计划安装或增加治理设施。被调查的100家企业共拥有印刷机469台，复合机372台，涂布机21台。其中62台印刷机安装了治理设备（占调查总数的13.2%），而其中顶正公司所属4家企业占了42台印刷机，采用的是燃烧技术处理有机性挥发物；已安装治理设施的干法复合机117台（占调查总数的31.5%）；涂布机均未安装治理设施。由此可以推算，2014年国内复合（印刷）塑料包装行业VOCs治理技术覆盖率不足10%。随着更加严苛的VOCs排放法规的陆续出台以及VOCs排污收费制度的实行，VOCs治理给复合膜软包装企业造成巨大压力，到目前为止，行业内的绝大部分企业开始着手解决污染排放问题，VOCs治理已成为复合膜软包装行业所面临的一个首要任务。

2. 行业VOCs减排的现有技术基础

源头削减方面：国内很多胶黏剂企业成功开发了无溶剂胶和水性胶的生产技术并逐步推广，部分高性能无溶剂胶已实现了国产化，基本可实现复合过程中VOCs的零排放，但短期内，无溶剂复合还无法完全替代溶剂复合（干复）。单一溶剂油墨、水性凹印油墨、辐照固化油墨（EB、UV）已在印刷行业得到有效应用，彩印企业逐步加大水性凹印油墨和单一溶剂油墨的应用份额。

过程控制方面：柔版印刷机、数字印刷机、胶印机、无溶剂复合机、无溶剂凹印机已逐步进入软包装产业中，有利于促进VOCs的过程控制。

末端治理方面：一些大型的彩印企业已经购置了VOCs末端处理装置，并将VOCs回收与生产节能相结合，有效降低了企业的燃动力成本。

因此，对于复合（印刷）塑料包装产业来说，无论是从源头削减，还是过程控制、末端治理，都已具有坚实的技术基础。

3. 行业诉求

在国家环保政策日趋严格的大环境下，各省市、地区出台了更为严苛的环保政策和规定，有些规定与实际脱离甚远，甚至可以说是不科学的，使企业面临着非常困难的处境。例如，江苏省政府的两减六治三提升整治计划，要求到2018年全省的石化、涂装、印刷以及家具行业全部要改用水性材料。事实上，水性材料的技术还远不能满足以上领域中很多产品的质量、生产能耗、加工工艺、加工装备等要求，通过创新、有效限制、充分治理才是积极、可行的方法。为此，希望行业协会高度重视，有效传达行业诉求、正确引领（其中包括正确解读国家的相关法规），当企业有需求时作为行业予以公证、科学、专业、权威的说明，使地方相关部门和社会能正确了解这些行业以及这些行业的发展和社会作用；同时广泛收集国外先进国家的相关法律法规提供政府用于制规参考等。

二、行业热点

当前，环保压力越来越大，各省市区政府部门纷纷出台了VOCs排污收费的实施细则，包括收费行业、收费费率和收费办法等具体要求，已经有北京、上海、天津、江苏、浙江、河北等十多个省市区正式发布了实施细则并开始收费。VOC治理防控仍成为行业的最重要热点。在此背景下，印刷机、无溶剂复合机供应商，油墨、胶黏剂供应商以及复合膜软包装企业纷纷发力加大科技投入，以应对日益严苛的环保管控，由此也收获了一批令人瞩目的科技成果，整个行业在重视质量、成本、效益的基础上，其新技术、新工艺、新设备和新材料将向着环保、安全、健康的方向快速发展。

1. 水性油墨的研发与应用有了长足的进步

目前，国内已有十几家油墨企业声称研制成功凹印水墨并投放市场，而且国内所有一线凹印机制造商和部分二线凹印机制造商都相继推出了适应水墨的凹印机。运城制版等制版企业也推出适应水墨的浅版。目前看来，水墨、水墨凹印机、水墨浅版及水墨刮刀等水墨应用产业链已成雏形。洋紫荆油墨、格林春天、厦门易统水墨、中科丽颜等水性油墨企业研发的水墨在印刷适用性方面获得了较大的突破，实现了水性油墨在非吸收性基材上的高速印刷应用，为水性油墨的进一步应用带来了新希望。

当然，目前水墨对传统溶剂墨的替代率很低，实际应用还有很多瓶颈需要克服。许多软包装凹印企业很大程度上是将其作为一种技术储备，小批量试用的较多，真正大批量应用的凤毛麟角。但无论如何，水墨的成功试用是良好的开端，仍需要油墨制造商、凹印机制造商、软包装凹印企业不断努力，助其成熟。

2. 无溶剂复合应用开始走上快车道

无溶剂复合技术目前已基本发展成熟，可用于轻质包装、重包装、液体包装、冷冻包装（-40℃）、水煮包装（100℃）等。不过，用于高温蒸煮包装（135 ℃）、耐介质包装、铝箔包装的无溶剂复合技术尚未成熟，有待进一步研发。

目前，无溶剂复合对溶剂型干式复合的可替代比例已达到80%以上。如果能全面得到推广，预计VOCs减排量可达48万吨/年。据不完全统计，目前全国已累计安装无溶剂复合生产线超过1000条，无溶剂复合在整个复合工艺中所占比例约为9%。2012～2016年新增无溶剂复合生产线增长率年均超过30%（按台数计），国产设备的比例不断提高（超过85%）。无溶剂复合技术已形成完整的产业链，相应的供应商数量快速增加，其中国内无溶剂复合设备供应商数量超过20家，无溶剂胶黏剂供应商数量超过35家。

另外，以诺德美克为代表的双头涂布无溶剂复合技术值得关注，因为其速度极快，印刷基材残留的醇类或对环境湿度的影响可忽略不计。国内重庆鑫仕达也推出了国产双头涂布无溶剂复合设备。同时，新东方、康达新材料、玉立等多家胶黏剂生产商推出了快干固化型无溶剂复合胶黏剂，但值得注意的是尽管双头涂布无溶剂复合工艺是一项革命性升级，但这项技术尚刚刚起步，能否大范围推广还有待市场验证。

3. 无溶剂凹印面世

传统凹印油墨使用的溶剂种类多，回收难度大，一直是治理难点。无溶剂凹印技术运用冷光源固化技术，油墨消耗量仅是普通油墨的1/3，在凹印领域能实现真正的无溶剂印刷，可取代传统凹印的电、气、油等加热烘干方式，相比传统印刷机，干燥能耗大幅度降低，将凹印工艺进行了一次全面的优化与升级。此外，无溶剂凹印技术无溶剂残留（VOCs残留基本为零）、有效减少印刷损耗，避免刀线、堵版等质量问题，印版寿命长，对短版印刷更具优势。目前，以中山松德为代表的无溶剂凹印机终于面世，如能成功应用，可帮助软包装凹印企业从源头杜绝VOCs产生，解决印刷环节VOCs治理的难题。另外，广东新优威首创在传统凹印机上加装特种 UV 干燥设备和氮气保护装置实现无溶剂凹版印刷，实现 VOCs 零排放，操作简易，高速印刷，印刷品质高。该技术已在烟包行业获得成功应用。由于软包行业中食品包装占主要份额，因此，食品安全是每个软包企业要考虑的首要问题，该项技术的安全性还有待食品安全卫生与质监部门的验证，如果该项技术确系安全，将是中小企业技术改造与源头治理的福音。

4. 单一溶剂油墨应用 + 溶剂回收进展顺利

在没有取代溶剂型油墨之前，单一溶剂油墨就是一个很好的过渡产品。单一溶剂油墨包括酯溶油墨和醇溶油墨，该类油墨可最大限度地杜绝了苯类溶剂在油墨中的使用，同时单一溶剂可以实现溶剂的回收再利用，减少了溶剂的排放也降低了印刷企业成本。单一溶剂体系油墨在使用上，理论与实际操作性强，可行性大，前景广阔，符合彩印软包装行业的绿色化进程。目前迪爱生、陕西北人、江苏彩华合作开展单一溶剂油墨 + 溶剂回收的批量应用，目前进展顺利。

5. 减风增浓 + 热力回收实现减排、节能双效并举

目前，博斯特、陕西北人和广东环葆嘉等企业已展开对凹印机减风节能的一系列行动，其手段都是通过增加烘箱热风的循环利用率、减少排风量、增加废气排放浓度，达到节能的效果，并为后续的废气处理打下基础，部分企业的技术已经投入使用，通过检测，印刷品溶剂残留量更低，其节能效果更优于热泵。需要指出的是，减风后废气浓度大幅增加，安全风险和防爆要求相应会大幅提高。另外，由于废气回用循环后，烘干热风内的溶剂浓度比原来新风大幅增加了，需要格外关注产品残留和产品异味。

三、专委会活动

2016 年复合膜制品专业委员会在政府各主管部门的指导和关怀下，在中国塑料加工工业协会的直接领导下，在各理事、会员及相关单位的支持和配合下，按照 2016 年工作计划积极开展各项工作，有效推动行业朝着绿色、创新、可持续方向稳步发展。

（一）成立七届理事会，建立并完善组织架构

1. 2016 年，中国塑协复合膜制品专业委员会根据六届理事会今年届满，按照【中国塑协分支机构管理办法】和【中国塑协复合膜专委会工作条例】的规定完成了换届选举，经中国塑协【2016】第 007 号文件批复，选举产生了中国塑协复合膜专委会第七届理事会。并根据【中国塑料加工工业协会章程】和【中国塑协分支机构管理办法】修订了【中国塑料加工工业协会复合膜制品专业委员会管理条例】。

2. 组织召开了七届一次理事会，建立并完善组织架构。确定七届理事会下设两个常务工作机构，具体组织和督导并主持专委会的日常工作；七个工作小组在常务机构的组织督导下，围绕专委会 2016 年度工作计划有重点地展开工作。

3. 7 月 24 日在上海神旺大酒店召开了七届二次理事会，共有 32 个理事单位的 40 位代表出席会议，对专委会下半年的工作进行了周密部署。

（二）确定了复合膜行业“十三五”发展方向并提出了行业发展规划的指导意见，组织编制了“复合（印刷）塑料包装产业 VOCs 削减技术路线图”。

1. 根据中国塑协编制行业“十三五”发展规划工作思路以及行业发展要求，在理事会领导下，专家督导组组织反复讨论、论证，提出并通过了复合膜行业“十三五”发展方向以及行业发展规划的指导意见。即复合膜生产加工过程中挥发性有机物减量技术的集成和软包装轻量化、功能化、智能化、安全化和环境友好化五化技术的集成。

2. 专委会组织会员参观了 2016 德鲁巴印刷展和 2016 日本包装展，了解行业发展的最新动态和发展趋势，为行业创新、可持续发展提供思路和信息。

3. 专委会在进行各类 VOCs 治理技术讲座和交流的基础上，国内外调研，多次实地考察了以日本和欧洲为主的先进国家软包装企业 VOCs 治理的技术和经验，并由专家督导组牵头组织听证会，通过吸附回收、催化燃烧、余热利用等技术的示范对比研究，提出了可选择的行业应对技术。根据示范单位的运行情况，广泛听取各方意见，形成了符合复合膜行业 VOCs 治理的技术路线。

（三）努力完善溯源法食品软包装安全管理体系建设，以点带面扩大“溯源监管模式”的运行范围

以陈宇任组长的“溯源监管模式”试点运行小组，通过试运行掌握了“溯源监管模式”运行流程；确立了以技术手段监控 GB9685 – 201X 贯彻执行的可行性。

（四）复合膜行业标准及标准化管理

专委会于2011年承担了国家标准化管理委员会下达的三项复合膜国家标准的制定任务，经过三年的努力于2015年6月26号完成了上报（全国食品直接接触材料及制品标准化技术委员会塑料制品分技术委员会秘书处），需要继续跟踪，争取早日完成向国标委的报批工作。

（五）举办技术交流会，促进行业技术进步

2016年3月21日在上海举办了“2016凹印·复合膜行业发展高峰论坛”。会议以“创新、绿色、环保与工业4.0”为主题展开研讨，现场参观了运城制版厂德国全自动电雕制版生产线，通过交流，使会员得到了一次学习和参与的机会，促进了行业进步。

（六）发挥桥梁和纽带作用，为政府有关部门做好支撑服务工作

1. 配合工信部和中国轻工业联合会在行业中征集首台（套）重大技术装备，争取列入2017年的推广应用指导目录。

2. 配合中国塑协完成了“高阻隔多层共挤吹塑薄膜加工贸易单耗审定方法”项目调研报告的编写工作，并于2016年12月完成申报。

3. 配合中国塑协2016年11月6～8日在南京举办的第二届“2016中国国际塑料新材料、新技术、新装备、新产品展览会”在南京钟山宾馆（江苏省会议中心）组织了VOCs废气治理技术RTO及热能回收利用技术的小型专题研讨会。

四、存在的问题

2016年上半年，全球经济复苏乏力。国内方面，经济持续运行在“新常态”下，经济增速进一步放缓，且持续下行的压力仍然较大。目前行业存在问题主要是：

1. 复合膜软包装行业同时面临上游原材料价格不断上涨和下游消费品行业低迷的双重压力，企业不得不面对成本高企、效益低下、订单短缺。

2. 企业成本费用特别是人工费用持续上涨，加重经营成本，复合膜软包装企业的车间作业环境相对较差、收入相对较低、对操作人员的责任心要求较高，对一些年轻人的吸引力相对较弱，直接导致行业骨干流失、人员无序流动、招工越来越难，直接影响企业正常营运。

3. 资金不足，应收账款继续加大，大客户强势要求延长账期，中小客户以各种借口和迂回拖欠，造成资金链绷紧，经营风险加大。

4. 由于环保、人工、原材料成本日益高涨，行业回报率逐年下滑，经营日趋艰难，加上宏观经济不景气，投资无法及时收回，企业没有了投资动力。

五、行业发展趋势

1. 智能工厂是必由之路

智能彩印复合工厂将成为复合膜软包装行业向智能化、数字化、绿色化方向发展，实现转型升级的必由之路。陕西北人的智能化凹版印刷机获得工信部首批制造业单项冠军的称号，并致力于为软包企业提供智能化装备。大型软包企业江苏彩华集团正在尝试整个工厂的智能化改造。

2. 智能包装将成为物联网产业下一个风口

智能包装分为功能性材料智能包装、结构性智能包装、信息型智能包装，其中又涉及保鲜技术、水溶膜包装技术、二维码技术、包装性与结构创新技术、便携包装技术、纹理防伪技术、磁共振射频防伪识别技术、食品安全溯源方案技术等。

目前，可变数据条形码防伪商标的印刷已经落户我国长三角、珠三角等包装印刷强区，RFID电子标签也已经步入实际生产阶段，二维码的印刷技术开始为食品、医药等相关行业配套。旺旺集团与英雄互娱牵手3D音舞手游《天天炫舞》放上了“旺旺O泡”的包装，推出上亿个定制包装，每个产品上的二维码都不一样！消费者凡购买“旺旺O泡”系列活动促销装产品，就可以获得现金红包和天天炫舞游戏礼包，实现与上亿终端消费者产生互动。

3. 个性化定制及短单将逐渐提高市场份额。

由于个体需求差异、消费习惯不同，包装印刷的个性化需求将增多，类似鲜活品、农副产品等由于产品本身对新鲜度、运输距离有要求的产品，将会产生更多的短单、急单。这种新形态对印刷的各个环节都是一项新挑战，但也是新机遇。此外，数字印刷技术的迅速发展对这一需求也起到了推动作用。

4. 绿色、环保、可持续发展成为趋势。

包装印刷过程中，排放到空气、水源和土地中的废弃物，越来越引起政府、社会及包装印刷从业者的重视。各地相继出台了排污收费标准，这些标准及法律法规，能够帮助且指引包装印刷企业走可持续化发展道路。当然这既是对包装印刷企业的巨大挑战，也会对其转型升级创造新机遇。

5. 解决复合软包装废弃物的回收再利用日趋紧迫

复合软包装由于其具有质轻、柔软、废料少、占有空间少、成本低以及成本有效性高（单位重量包装的体积和重量）等优点，近几年来，它在世界范围内得到广泛重视和迅速发展，导致复合软包装废弃物的数量与日俱增。由于复合软包装使用的原辅材料品种繁多，有各种 基材、粘合剂、A C 剂及油墨等，并且不同的包装要求对复合结构的多样化，这就造成了复合包装材料废弃物种类杂乱，难以筛选；另外各基材之间相互粘结强度高，采用一般方法难以把它们分离，因此复合包装材料的回收利用比较复杂困难，这已经成为复合软包装发展的颈瓶。因此回收利用复合包装废弃物，是一项不仅意义重大而且日趋紧迫的工作。

6. 轻薄化、功能化、可降解薄膜将成为未来的市场需求方向。

欧洲软包装注重的是包装功能，在保证功能要求的前提下尽可能的轻、薄。近十年来软包装的平均重量降低了 30%，每年减少用量 180 万吨，节省了资源。欧洲包装材料年消费量约 6600 万吨，软包装只占其中的 17%，但却包装了欧洲 50% 的商品。

提高保护性能和功能化，延长货架寿命的高阻隔包装材料，如高阻隔共挤复合薄膜的开发应用等；无菌包装材料、抗菌性包装膜、耐辐射包装膜的开发及应用；适用于电磁灶、微波炉加热性包装材料；适用于粮食等农产品储存的包装材料可控气调包装；电磁屏蔽用复合薄膜等，根据市场需要将有较大的发展。

目前世界各国都十分注重全降解包装材料的研究，人们利用天然高分子材料如蛋白类、天然橡胶等进行改进，或与合成高分子材料共混而制备出可部分降解的包装材料。尽管与传统聚合物相比可降解包装的价格偏高，但相信随着人们环保意识的提高和科技的发展，可降解环保型包装的成本会进一步降低，市场应用会越来越广泛，最终取代传统的包装材料。

（中国塑协复合膜专委会）

聚苯乙烯挤出发泡板材

一、XPS 行业基本情况

1. 企业分布情况

保温材料发源地为河北大城县留各庄镇。全国生产挤塑板企业老板大部分都是河北人，有 60% ~ 70%，分布在全国各地。主要集中在北京、河北、山东、河南和江苏等地。全国有将近 2000 家左右生产企业，其中河北 400 ~ 500 家左右，山东 200 家左右，北京、河南、四川 100 家左右，新疆地区 60 ~ 70 家，湖南 30 家左右，浙江、上海、广东、宁夏等地都有分布。

2. 生产经营情况

2015 – 2016 年，随着房地产业增速放缓，保温材料的需求量减少，2015 年，全国各地的挤塑板生产企业的销量同 2014 年相比，除了个别生产企业与去年基本持平外，大部分生产企业的销量都有所下降。

部分地区出台 XPS 在外墙保温领域的限制应用政策，影响了本地区企业的生产销售。如：2015 年 6 月，江苏省住房和城乡建设厅发布《江苏省建设领域推广应用新技术和限制、禁止使用落后技术目录》中将建筑围护结构保温隔热技术中的“XPS 板薄抹灰外墙外保温技术”列为“禁止使用技术”；2015 年 10 月份山东省公安消防总队主编的山东省工程建设标准《建筑保温系统防火技术规范》中将外墙保温材料区分热塑性和热固性，鼓励使用热固性保温材料；2015 年 12 月，天津市城乡建设委员会文件（津建科〔2015〕522 号文，规定，当采用 B1 级材料时，氧指数要大于 30 等，这些规定在保温材料需求下降的情况下，对于 XPS 挤塑板企业可以说是雪上加霜。

各地建筑节能标准的相继提高，京、津、冀、鲁、新疆等城市已率先开始 75% 的建筑节能设计标准，在这种标准下，节能效率较高的石墨聚苯板和石墨挤塑板有了发展的机遇。建筑保温一体化技术刚刚起步，但缺乏统一标准，技术成熟度和安全性有待市场进一步验证。公路、冷链系统的应用，挤塑板是强项，但能够生产的企业有限，市场需求量与建筑保温相比，还是占有很小一部分。建筑领域工程拖欠款很严重，很多企业年前几乎都在催缴账款。应收账款如不能及时收回，会加大企业资金的占用和增加资金成本，甚至导致企业财务风险的发生，加大了企业的经营难度。

二、XPS 行业发泡剂 HCFC 淘汰情况

在第 19 次蒙特利尔缔约方大会上，各缔约方一致同意了加速淘汰 HCFCs 的生产和消费。中国作为第五条款国家，按照约定将于 2013 年冻结 HCFCs 生产量和消费量在 2009 年和 2010 年的平均水平，2015 年削减冻结量的 10%，2020 年削减 35%，2025 年削减 67.5%。2030 年除必要用途外，彻底停止生产和使用 HCFCs。

我国挤出聚苯乙烯（XPS）泡沫行业第一阶段 HCFC 淘汰管理计划于 2011 年获得《关于消耗臭氧层物质的蒙特利尔议定书》多边基金执委会第 64 次会议批准，获批资金 5000 万美元。

聚苯乙烯挤出发泡板材（XPS）行业计划淘汰 HCFC－22、HCFC－142b 约 9589.98 吨，十二五期间，与 25 家 XPS 泡沫企业签署了 HCFCs 淘汰合同，进行设备改造，以二氧化碳和酒精为发泡剂替代 HCFC－22、HCFC－141b 发泡剂。为了在淘汰消耗臭氧层物质的同时实现更多的环境效益，行业计划鼓励企业在替代 HCFCs 的过程中，采用碳氢、二氧化碳等零 ODP、低 GWP 的替代技术。

目前国内淘汰 HCFC 的工艺路线就是 CO_2 路线，CO_2 如果配比使用 90% 以上，物理性能达不到要求，只能生产 5cm 以下的板材。如果使用比例在 70% 以下（50% ～60%）加酒精，能够生产 8－10cm 的板材没有问题，但 CO_2 加多了以后，阻燃性能（氧指数达不到要求），对于不要求阻燃要求的公路、冷链使用的板材没有问题。欧洲目前淘汰 HCFC 使用的是 HFO 和 HFC，都不破坏臭氧层。HFC 能够导致温室效应，而 HFO 不能导致温室效应，但价格昂贵，成本很高，大部分企业接受不了。

签署 HCFCs 淘汰合同的 25 家 XPS 挤塑板生产企业进行了设备更新或改造，从生产能力、设备的自动化水平、技术水平和产品质量都有了很大提高，一定程度上带动了行业的发展。

（中国塑协 XPS 专委会　焦红文）

人造革合成革

2016 年全国人造革合成革行业，面临着原材料价格大幅波动，市场需求不足，企业经济压力增大的情况下，中国塑料加工工业协会人造革合成革专委会和企业共谋生存与发展，把工作重点放在行业转型升级、节能减排、与国际品牌联盟合作探索行业绿色发展，实施三品战略，并为企业提供技术、市场信息，全面搭建交流服务平台。

一、人造革合成革行业经济运行

2016 年全国聚氯乙烯人造革、聚氨酯合成革产量为 331.48 万吨，同比－0.35%；主营业务收入 1211.6 亿元，同比 0.59%。人造革合成革主要分布在全国 18 个省市，其中福建占 30.55%、浙江占 28.23%、江苏占 11.65%。2016 年人造革合成革生产产量格局发生了很大的变化，福建省合成革技术快速提升，福建省占全国比重跃居第一位，占全国产量的三分之一；随着西部大开发以及工业布局的调整，中西部地区全面增长，西部地区增长速度 22% ～30.27%。2016 年聚氨酯合成革出口 34.69 万吨、聚氯乙烯人造革出口 29.95 万吨（4.62 亿米）；聚氯乙烯人造革出口占人造革合成革出口总量的 46.33%。

二、人造革合成革行业经济活动

1. 组织清洁生产评价体系与防治政策制定起草工作

在沟通产业政策方面：1）先后组织企业对国家发改委、工信部和环保部三部委制定的《合成革行业清洁生产评价指标体系》法规文件进行调研、座谈，对征求见稿和送审稿多次召开会议安排起草人员与企业座谈研讨，对标，修改工作。2）对《2016－2018 重点行业 VOC 减排行动计划》征求意见稿中涉及合成革部分，在征求意见的基础上提出修改意见。3）参与福建等地方省市涉及合成革领域的政策研究、效能提升目录等方面的服务工作。

2. 组织有害物质零排放研讨

2016 年 4 月 25 日我专委会在丽水市召开了

"人造革合成革行业与 ZDHC 组织有害化学物质零排放路线图计划研讨会"，邀请 ZDHC 基金会亚洲区总监介绍 ZDHC 在中国开展的"加强化学品管控，实施有害物质零排放"的计划和工作步骤。为企业如何做好减排与品牌的合作提供方案与机会，并组织企业参加了 10 月 8 日在上海召开的 ZDHC 全球大会，与全球数十家品牌企业交流，取得很好效果。

3. 继续开拓无溶剂合成革技术的推广应用工作

当前合成革行业首要任务是转型升级发展，推进环保新材料的应用工作。2016 年 8 月 27 日专委会在温州市召开了"2016 第六届中国合成革峰会暨合成革工业污染零排放技术论坛"，本次会议继续重点宣传推广无溶剂聚氨酯合成革技术和市场，邀请尚昂科技等开拓无溶剂合成革领域的先行者、领跑者，就无溶剂合成革生产设备、技术和市场发表真知灼见，对促进无溶剂合成革的发展起到积极的推动作用。

4. 组织跨业科技交流

专委会在推进节能减排的同时继续加大行业生态化建设工作。在 2016 年 11 月中国塑协塑料展会，同期联合助剂专委会举办了"全国绿色塑料助剂与人造革合成革科技论坛暨上下游技术交流对接会"，首次尝试建立分行业之间的交流机制。本次会议是本着"产业之间信息交流，绿色制造技术创新"为主题，共同研讨有害物质零排放与削减减有机物质行动计划，以此建立行业跨界信息分享，技术交流，贸易合作等公共服务平台。汇聚两大行业精英，打通上游和下游的交流通道，推动和引导两个行业健康、可持续发展。会议上邀请江南大学、浙江大学等专家教授分享绿色环保增塑剂、绿色助剂、车间废气排放管理等新技术、新材料、新设备、新工艺等塑料制品四新科技，为企业提提供了丰富的关键资源。

5. 启动人造革合成革行业 ZDHC 行动计划

为积极开拓国际市场和生态合成革的应用，专委会和 ZDHC 组织合作，制定了《2016 年人造革合成革行业与 ZDHC 行动计划》，就 ZDHC 化学品注册、零排放采购路线图、废水检测标准、建设先锋试点工厂等项计划开展工作。2016 年 8 月 25 日在兰州市成立由 45 家企业共同发起的"中国合成革绿色供应链创新战略联盟"，旨在推进合成革供给侧改革，在产业内实施以采购环保原料、禁止有毒有害物质进入生产环节的绿色采购，促进产业生态化；为产业下游提供高品质、高物性、高附加值的高端绿色产品。加强产业之间的绿色合作，同时大家要共同维护行业共同利益，坚决反对恶性竞争，互相杀价、特别是以低于材料成本的倾销价格，共同维护合理的市场价格区间。维护行业的国际科技地位、行业品牌、企业经济利益。

6. 做好合成革标准化工作

根据工信部、全国塑标委和中国塑协关于建立标准体系建设的精神和工作安排，初步建立了包括基础术语、试验方法、节能环保、工艺管理、产品等共计 85 项人造革与合成革的标准体系。为做好此项工作，今年配合标委会完成公布实施《运动手套用聚氨酯超细纤维合成革》等 8 项行业标准，审查上报完成《人造革与合成革术语》等 32 项国家与行业标准。

7. 组织召开人造革合成革行业年会

2016 年 4 月在浙江丽水市召开了合成革年会暨第六届二次理事会扩大会，参会单位 58 家，102 人。总结了 2015 年专委会各项工作、财务状况和研究落实 2016 年工作计划和执行理事会决议情况，对新申请入会单位进行审查和批准 2016 年新增会员单位 5 家。

8. 组织行业资讯服务工作

2016 年与欧诺法、贝斯特、尚昂、国信、新桥树脂等公司，开展企业间交流；为校企联合、提供政策咨询和为企业改制上市等诸方面提供信息和现场沟通协作。继续加强福鼎、南平、高明等兄弟商协会沟通协调，它们既是独立的商协会也是我专委会集体会员单位，是专委会工作的核心力量。专委会今年为高明协会申报国家品牌基地、丽水开发区招商引资福鼎检测中心做了相应的服务工作。参与温州、丽水商协会重大活动。

9. 组织参加中国国际塑料展人造革合成革展区活动

在 2016 年为"2016 中国塑料新材料、新技术、新装备、新产品展览会"期间组织人造革合成革专区工作，华峰、福鼎、柯莱斯皮、高明等 10 几家单位参展，开展宣传行业、宣传协会、宣传新技术工作，利用参加上下游行业的会议，宣传人造革合成革产业，加强与上下游的合作交流，为会员提供上下游行业的信息。

10. 继续为行业搭建好展业服务平台

2016 年 8 月 26 – 28 日在温州国际会展中心成功主办"2016 中国国际合成革展览会"，本次展会为推进合成革行业转型升级特设了合成革贸易商专区、同时开设了无溶剂合成革及设备展示区，展出了无溶剂合成革生产设备、材料和产品。

2016 人造革合成革专委会核心的工作是全面贯彻执行中国塑协部署的各项工作，做好专委会的重点工作。按照工信部《重点行业 VOC 削减行动计划》文件开展工作，推进行业节能减排、环清洁生产、循环经济、抓源头与末端治理纳，完善绿色发展综合系统建设方面；指导“中国合成革绿色供应链创新战略联盟”开展工作，为企业提供国内外合作交流、技术开发、新市场途径方面建立和提供一个综合服务系统；在针对企业以及企业的管理部门遇到和提出的问题，做好个性化服务。

（中国塑协人造革合成革专委会　冯庶君）

热塑性弹性体

一、热塑性弹性体工业发展情况

1. 热塑性弹性体原料及制品经济发展具有产业规模

热塑性弹性体快速增长逐步成为重要的塑料制品制造体系。热塑性弹性体是一种具有橡胶力学特征和塑料加工特性的环保低碳性高分子复合材料，被广泛应用于汽车、通讯器材、航天航空、建筑、医疗、家用电器、制鞋、合成革、线性器材、农业等许多领域。近年来，全球热塑性弹性体消费量翻倍增长，本世纪初 2000 年全球热塑性弹性体消费量 140 万吨，经过十年的发展达到 300 多万吨，十年期间净增长 160 多万吨。这几年持续增长速度加快，2011 年全球热塑性弹性体消费 340 万吨，2012 年亚太区地消费量达到 200 万吨，2013 年全球消费量达到 420 万吨，比 2000 年增长三倍。我国 2015 年各类热塑性弹性体树脂及改性料产量达 210 多万吨，成为世界第一大生产和消费大国，也是全球 TPE/TPR 需求增长最快的国家，尤其以汽车、电子、轻工等领域为中心的应用市场将保持年均 15% ~20% 的高速增长。

2. 热塑性弹性体已经纳入国家新材料产业。

3. 在国家《新材料产业“十二五”重点产品目录》《国家战略性新兴产业发展规划》将高端热塑性弹性体纳入“新型功能材料产业”。2016 年国家发展改革委、工业和信息化部将热塑性弹性体纳入 2016 年实施制造业升级改造重大工程包中的“关键新材料发展工程”“先进有机材料发展工程”，同时作为国家重点推动的产业化工程之一；在国家《长江经济带创新驱动产业转型升级方案》中也提出延伸发展聚氨酯等产业链。国家鼓励支持的政策，为构建聚氨酯热塑性弹性体塑料制造体系提出了方向。

4. 我国热塑性弹性体企业形成具有规模的制造体系

目前我国现有 TPE/TPR 生产工厂近千家，主要分布在浙江、江苏、上海、山东、广东等地区。目前国内已涌现了浙江三博、山东道恩、慈溪山今、金陵奥普特、南通普力马、安徽雄亚、深圳盛嘉伦、佛山顶塑、惠州卓越、张家港美特、温州俊尔、宁波搏特、宁波博睿迪、浙江众成、宁波金海德旗、宁波科元、山东聚圣、南京诚盟、东润得国际贸易、厦门谦衡工贸等行业知名企业。

5. 热塑弹性体行业发展中的问题需要一个行业组织统领

随着全球经济一体化步伐的不断推进，热塑弹性体国际化经营，以及国内同业转型升级遇到诸多瓶颈问题。同时我们越来越意识到，热塑性弹性体行业在整合行业优势，开拓国际市场，规范行业行为，维护行业利益，加快行业转型等方面遇到了不少的难点和痛点。为此行业同仁一致强烈呼吁能尽快成立中国热塑性弹性体专委会的行业组织，来规范和引领行业健康有序发展。

二、成立中国塑料加工工业协会热塑性弹性体专业委员会

以浙江三博、山东道恩、慈溪山今、金陵奥普特、南通普力马、安徽雄亚、深圳盛嘉伦、佛山顶塑、惠州卓越、张家港美特、温州俊尔、宁波搏特、宁波博睿迪、浙江众成、宁波金海德旗、宁波科元、山东聚圣、南京诚盟、东润得国际贸易、厦门谦衡工贸等 30 家单位，提出建立以热塑性弹性体应用制品为核心的全国性质的热塑性弹性体协会组织。经中国塑料加工工业协会研究，鉴于热塑性弹性体塑料制品经济发展情况以及从事热塑性弹性体原料、热塑性弹性体制品加工企业的情况，根据中国塑料加工工业协会章程，经批准2016年5月份成立了“中国塑料加工工业协会热塑性弹性体专委会筹备组”。由中国塑料加工工业协会人造革合成革专委会常务理事、宁波市热塑性弹性体商会会长、浙江三博聚合物有限公司董事长周赞斌为筹备组组长，副组长有中国塑料加工工业协会部门领导、宁波市热塑性弹性体商会秘书处以及部分企业领导岑建达、石景山、葛军、樊成、丛贵阳、杨德存、马宏等企业领导为副组长。

在中国塑协会员部具体指导下，2016年12月9日在浙江省宁波市阳光豪生大酒店召开了“中国塑料加工工业协会热塑性弹性体专业委员会”成立大会。中国塑料加工工业协会副理事长曹俭同志出席并主持成立大会，出席成立大会的企业有：浙江三博公司、宁波市热塑性弹性体商会、安徽雄亚公司、南京奥普特、科元石化公司等，来自14个省市，35个地区县的117家会员企业代表。会议首先宣读中国塑协关于成立热塑性弹性体专委会的批复文件，筹备组于卫星副组长作了专委会筹备工作情况报告；大会审议通过了专委会工作条例、理事会选举办法、选举产生了监票人、计票人；选举产生了专委会主任、常务副主任、副主任和秘书长人选。浙江三博公司总经理周赞斌当选主任，宁波市热塑性弹性体商会执行会长于卫星当选执行副主任、冯庶君为秘书长、黄海芬为常务副秘书长。在成立大会上签署了与SGS（宁波）、浙江网盛生意宝股份有限公司签署战略合作协议。曹俭代表中国塑协对专委会的发展和要求作出了重要指示。

成立“中国塑料加工工业协会热塑性弹性体专业委员会”根本目的是通过行业交流，充分发挥企业在热塑弹性体领域经济技术开发的积极性、主动性和创造性，自律自强，开拓创新，加强行业科技研究，进一步推动我国热塑性弹性体行业经济技术健康发展！

热塑性弹性体专委会的主要工作任务是：在中国塑料加工工业协会的领导下，积极开展热塑性弹性体行业的理论研究、行业经济技术研究、学习、讨论和交流工作；组织开展行业调研，对发展中的问题提出指导意见和建议，为企业提供咨询服务；参与全球同业的各项活动，与国内外同行业专家、上下游企业的交流与互访。

（中国塑协热塑性弹性体专委会　冯庶君）

硬质PVC发泡制品

[行业现状]

一、行业产能与生产规模

据中国塑协硬质PVC发泡制品专委会不完全调查显示，2016年硬质PVC发泡制品产能超过110万吨，全年总产量超过95万吨。同去年的80万吨相比，产量增加了18%。能保持如此高的增速得益于硬质PVC发泡制品的加工技术进步、产品性能提升、国家节能环保的产业导向及新产品的开发应用，特别是硬质PVC低发泡地板基材产能和产量近两年都快速增长。

二、产品市场与开发

我国PVC发泡制品应用领域主要是广告业、室内外建筑及装饰材料、家具、地板及车船装饰等，市场应用情况参见下图。门窗及装饰建材包括PVC发泡门窗、管材、墙板及其他装饰装修材料等。中国对建材的需求量巨大，但是目前仅有很少一部分使用PVC发泡制品，该领域市场潜力巨大。广告方面主要是广告展板、裱画板、丝印、喷绘、雕刻等用途，所用PVC发泡制品大多采用自由发泡板及共挤发泡板，前者密度小，成本低，后者可以提供更好的弯折性能及表面硬度。在建筑模板方面，由于其具有优良的阻燃性及可钉性，其比其他塑料建筑模板发展更快，经过几年的快速发展，其发展速度有所放缓。家具包括各种柜体、房间隔断、办公隔断、屏风等，随着人们对PVC发泡材料的优良性能及无毒环保等特性进一步了解，其在家具上的用量也将会快速增长。硬质PVC地板基材是最近两年才快速发展起来的，前几年，中国出口到北美等国外地区的复合地板由于大都采用密度板为基材，常常由于有害物超标被投诉，而硬质PVC发泡板替代密度板作为地板基材可避免这种情况发生，而且还具有防潮防水、防火阻燃等优势，经过几年的技术发展，目前已经进入快速发展阶段。交通工具装饰方面主要是用于大中型客车、列车及轮船等交通工具的板面。

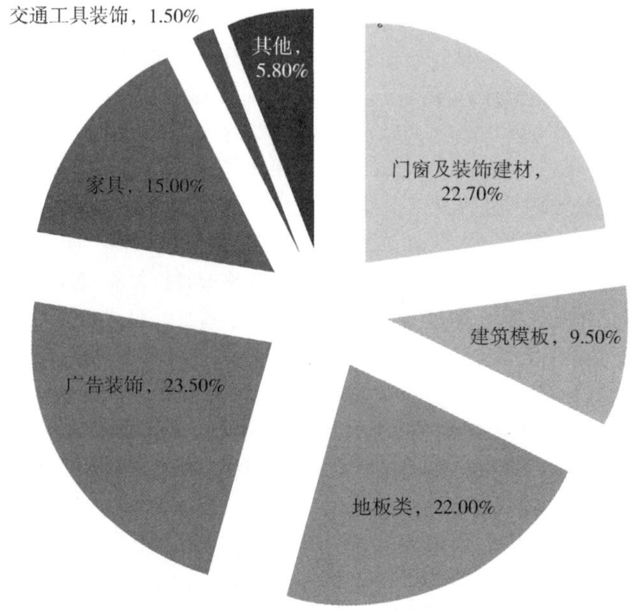

硬质 PVC 发泡制品应用领域及比例

三、运营状态

2016 年 PVC 树脂价格年初仍旧延续 2015 年低位运行，进入 2 月开始向上小幅攀升，进入下半年开始快速攀升，并于 10 月升到 2014 年 4 月以来的新高。其他辅料、助剂等原材料的价格也有较大幅上升，特别是 PVC 发泡制品加工中不可缺少的发泡调节剂，由于其原材料供应紧张导致其价格迅速上升，并使国内发泡调节剂供应紧张及价高。但是，由于国内消费市场反应延迟，加之低端产品竞争较为激烈，国内 PVC 发泡产品价格上半年基本保持不变，下半年才开始小幅上涨。因此，2016 年除高端产品出口利润空间较大外，国内普通 PVC 发泡制品的利润下降较快，有的生产企业已经出现亏损 。

另一方面，随着北美对我国 PVC 发泡地板基材或对应的地板需求量的迅速增加，国内从去年末到目前已经新增加了 200 多条 PVC 发泡地板基材生产线，新增产能达到 40 万吨，但由于很多还处于调试或者生产产品未达标，今年 PVC 发泡地板基材实际新增的产量约 20 万吨，增幅到达了 30% 以上。并且随着国外应用进一步扩大，国内的地板基材市场也将快速启动，因此，PVC 发泡地板基材将在未来几年里保持调整增长。

当然，随着我国整体经济企稳以及新型城镇化的进一步实施，建筑材料的使用量仍将是非常巨大的，随着 PVC 发泡制品在建筑中的应用，其优越性也将逐渐被认识到，从而使得其在建材领域需求量将会快速增加。

总之，硬质 PVC 发泡制品是节能环保新材料，已得到全世界所公认，它又符合国家鼓励发展的产业政策，可以大量替代木材，并且是目前替代木材性能最好的材料，有很好的发展前景。因此，我们行业内的企业，要大胆创新，要不断扩大我们产品的用途范围，要持续提高产品的工艺技术和质量水平，这样硬质 PVC 发泡制品的市场将会越来越大，受房地产市场的影响也逐步减小，实现稳定发展。

[行业热点]

为了提高硬质 PVC 发泡制品在地板、建筑模板等方面应用的耐热性，专委会牵线组织相关单位组成攻关小组，分别从 PVC 原料、设备模具、生产配方等方面来提升 PVC 发泡板的热变形性能，目前通过改进配方及原料型号选择，产品性能得到了较大提高。

PVC发泡板的三个行业标准（自由发泡板、结皮发泡板（也叫塞路卡法）及共挤出发泡板）的修订工作进入征求意见阶段，同时硬质聚氯乙烯低发泡建筑模板、硬质聚氯乙烯发泡型材、广告用硬质聚氯乙烯发泡板材三个行业标准立项资料已经上报，等待批准后将成立相关的编制小组。

[专委会活动]

一、组织召开行业相关会议

1. 成功召开2016年年会及技术交流会

中国塑协硬质PVC发泡制品专业委员会2016年年会暨技术交流会，于2016年11月4－5日在南京新世纪大酒店举行。这次会议是由中国塑料加工工业协会主办，由中国塑协硬质PVC发泡制品专委会、青岛三益塑料机械有限公司承办，中国塑料加工工业协会理事长钱桂敬、常务副理事长曹俭、会员部主任刘姝、国家统计局中国经济景气监测中心副主任潘建成、北京化工大学教授何亚东、华南理工大教授王小萍、湖北工业大学教授陈绪煌等领导及专家学者出席了会议，参加会议有来自全国各地PVC发泡制品生产企业，及与之相关的原料企业、模具及设备企业、科研院校等单位代表约200参加了这次会议。

上午会议为专委会2016年年会，下午为技术交流会。年会首先由中国塑料加工工业协会曹俭常务副理事长曹俭致辞，由青岛三益塑料机械有限公司董事长周玉亮致欢迎词，然后由专委会周家华秘书长做《合作赢得市场，创新引领未来》为题的2016中国塑料加工工业协会硬质PVC发泡制品专业委员会工作报告，该报告分析了行业的现状、总结了行业主要产品的基本情况及行业进行的重要活动、明确了下一步工作重点。接下来由中国塑料加工工业协会会员部刘姝主任宣读了中国塑协［2016］第075号文件，关于推荐孙锋等同志为中国塑协硬质PVC发泡制品专委会第六届理事会成员的批复，并按《中国塑协分支机构管理办法》及《中国塑协硬质PVC发泡制品专委会工作条例》进行研究了选举，并一致通过了第六届理事会成员、主任、副主任、秘书长等名单。随后国家统计局中国经济景气监测中心潘建成副主任作《当前经济形势与供给侧改革》的重点报告，分析了当前我国经济放缓的原因，正确看待“短跑—需求侧”与“长跑—供给侧”的关系，对待中国经济要有信心、有决心，更要有耐心。中国塑料加工工业协会钱桂敬理事长作《中国塑料行业发展形势》的主旨报告，分析了塑料加工业面临的形势以及应对措施，以高端化为核心，培养新的增长点，以提高效率为核心，提高优势。提高劳动生产率，转换盈利模式。要以结构性改革为核心，获得新的增长动力。要走产学研深度融合，培育竞争优势。行业要通过升级、转移、转产，主动化解过剩产能等。

在技术交流会上，多位国内外PVC发泡行业的技术专家到会讲解行业发展新技术及应用。由于会议内容具有针对性，符合与会代表需求，所以代表们认真听讲，会场始终座无虚席，秩序良好。在晚宴上专委会为“十二五”期间PVC发泡行业优秀企业和先进个人，以及在PVC发泡行业具有突出创新能力的企业，颁发了奖状和证书。这次会议不仅为行业企业交流提供了一个平台，也加强了行业内企业的合作，展现了行业内企业的创新能力。也成功地将PVC发泡制品生产企业与上下游企业及科研单位连接在一起，针对PVC发泡产品中存在的问题找出更好的解决办法，为行业健康发展保驾护航。

2. 召开专委会五届七次、八次、九次理事会扩大会

专委会于2016年4月24日在上海虹桥宾馆召开了五届七次理事扩大会议，于2016年8月27日在河北衡水龙源温泉酒店召开了五届八次理事扩大会，于2016年11月4日在南京新世纪大酒店召开了五届九次理事扩大会。参加会议的有专委会副理事单位、理事单位、重点会员单位及其他相关行业代表等，与会单位涵盖PVC发泡制品生产企业，及与之相关的原料企业、模具及设备企业、科研单位等单位代表。五届七次理事会扩大会，主要是落实中国塑协六届六次理事扩大会议精神；落实中国塑协2016年主要工作要点；确定专委会2016年年会的承办单位，召开年会的会议地点及时间。五届八次理事会扩大会，重点内容是：通过认真调查研究，提出了避免行业恶性竞争的方案，确定了举办2016年年会相关事宜及参加中国国际塑料展的参与方式，明确了行业无铅化时间表，成立了专委会换届工作小组。五届九次理事会扩大会，确定了新一届理事会成员候选名单，讨论通过了专委会2016年工作报告，明确了行业发展方向，确定了“十二五”期间硬质PVC发泡制品行业，优秀企业和先进个人名单。

3. 标准立项及起草讨论会

针对硬质聚氯乙烯发泡板的三个行业标准的起草工作，2016 年专委会组织标准起草小组，分别在湖北工业大学、山东博拓塑业股份有限公司召开了两次标准起草工作会议，初步确定了这三个标准的结构、内容及相关指标，安排了验证试验分工及样品收集、检测、数据整理分析等工作任务。预计在 2017 年上半年依次完成这三个标准的征求意见稿、意见征求、送审稿、标准审查，并最终形成报批稿。

另外，根据 PVC 发泡制品的应用领域，经过会议讨论，目前准备申报的标准制定计划有：车用硬质聚氯乙烯发泡板材、厨卫用硬质聚氯乙烯发泡板材、广告宣传用硬质聚氯乙烯发泡板材、建筑模板用硬质聚氯乙烯发泡板材、地板基材用 PVC 发泡板材等。

4. 组织行业单位参加国内和国际展会

根据行业发展需要及行业单位要求，专委会组织多家企业参加了国际影响力最大的杜塞尔多夫国际橡塑展。参展的有 PVC 发泡设备、模具和原料生产企业，大多在展览期间就签有订单。参观的企业大多是 PVC 发泡制品生产企业，在展会现场参观了 PVC 发泡相关产品、设备、模具及原材料等展商，了解了国际上先进 PVC 发泡技术及新产品；同期还参观了德国、比利时及意大利等国家的国际知名的企业，了解到这些企业的研发实力及先进的机械、模具加工技术。

组织行业内单位参展或参观由中国塑料加工工业协会主办的中国国际塑料展，共完成 38 个标准展位招租工作，特别是青岛三益塑料机械有限公司将新开发的高效、低能耗 PVC 发泡板材挤出生产线拿到现场，并连续 2 天连续开机表演，吸引了大批专业观众驻足观看和进行商谈。由于我们将国内具有代表性的 PVC 发泡生产所需要的设备、模具、原料等集中在一个区域，为专业观众提供了全方位展示。同时，专委会利用年会和技术交流会将行业企业聚集在南京，为展会提供了 200 多人的专业观众。

二、专委会建设

1. 充分利用协会及专委会的资源优势，为企业提供全面服务

配合中国塑协，组织会员企业积极参与行业活动，征集行业内优秀科技创新项目，参加中轻联科学技术奖励申报。评选出“十二五”期间行业内的优秀企业和先进个人，并上报中国塑协参加塑料行业的评选。评选出行业内的创新型企业。

2. 完善并维护专委公网络平台，提升行业宣传力度

专委会网站及微信公众平台可以快捷方便地为行业相关企业服务，也是广大会员交流平台。为了提高这些平台的服务质量，专委会及时对网站的“重点报道”及“行业动态”等项目进行更新，将行业最新消息通过专委会公众平台及时发布，以便会员单位能及时了解到相关信息，同时还利用网站的“产品介绍”“推荐产品”及“广告宣传”等栏目为会员单位的产品进行宣传。并且，还收集国内外相关技术资料补充到网站的“技术资料”“行业标准”等栏目内。同时更好利用专委会的微信公众号及时发布相关政策、行业动态、生产技术及行业内重点企业介绍。

3. 积极发展会员，壮大专委会队伍

通过网络宣传、行业走访、提供专业技术支持、提供政策及信息服务等多方面来积极发展会员，为本专委会逐渐壮大打下了坚实的基础。

[重点企业]

硬质 PVC 发泡制品生产企业主要分布在广东、山东等地区，硬质 PVC 发泡实心板产品生产技术成熟，广东广洋高科技股份公司等公司是该产品的代表企业；PVC 发泡中空板是最两年才开始大批量投产，主要分布在上海、江浙一带，规模较大的企业设计产能都在 2 万 ~3 万吨/年，产值可达人民币 2 亿元/年。

1. 宝天高科（广东）有限公司

是外商独资高科技企业。公司投资总额达 3000 万美元，占地面积 61441m^2，专业研发、生产 PVC 发泡板、PVC 发泡型材、改性工程塑料。

宝天高科（广东）有限公司坐落于风景优美的国家级开发区——广州经济技术开发区，毗邻广深高速公路。聘请了行业内知名教授和技术专家组成公司专家委员会，与中国塑料加工工业协会、广东省塑料工业协会有着紧密的技术合作关系，确保了产品在行业内的主导地位。

公司引进了国际上最先进的生产设备及加工技术，建成了国内最大的 PVC 发泡板材生产基地，年产能力达 30000 吨。品种包含自由发泡和塞路卡结皮发泡板材，厚度范围为 1.5 ~ 30 毫米，以及 PVC 发泡型材。产品广泛应用于家具、广告、建材、装潢及工业应用等领域。

该公司2012年销售收入22245万元，利税1281万元，出口1167万元，出口占销售收入52.4%。2013年销售收入25972万元，利税1561万元，出口13438万元，出口占销售收入51.7%。2014年销售收入20421万元，利税1557万，出口10272万元，出口占销售收入50.3%。2015年销售收入21478万元，利税1681万元，出口11087万元，出口占销售收入51.6%。2016年销售收入18391万元，利税1438万元。

2. 山东博拓塑业股份有限公司

山东博拓塑业股份有限公司始建于2006年，2010年9月在原沂源县伟锋橡塑有限公司基础上改制为股份有限公司，公司总占地面积100000平方米，注册资金500万元人民币，固定资产5500万元，是一家集研发、生产、营销为一体的现代化PVC发泡板材的生产企业。

公司生产的PVC微发泡板材，产品规格品种齐全，是以塑代木、以塑代钢的新型绿色环保材料，具有防潮、阻燃、隔音、隔热、吸音、保温、不变型、无毒、美观、抗老化、能力强等优点。并具有同木材一样的加工性能，可锯、可刨、可开孔、可钉、可上螺丝、可粘接，而且具有木材没有的热粘合、塑料焊接等加工方法，是一种符合国际标准的新型装修装饰材料。

公司现有职工280余人，其中大中专毕业生160多人，拥有一支高素质、事业型的管理团队，秉承“敬业、创新、务实、严谨”的企业精神，不断加强内部企业管理，完善全面质量管理体系，推行“5S”管理法。在国外，产品已辐射美国、印度、俄罗斯、欧洲、南美、中亚、非洲等国家和地区；在国内，产品辐射各省区市。未来的山东博拓，将成为集研发、生产、营销、国际贸易为一体的大型专业PVC发泡板材生产基地。

该公司2010年与青岛科技大学开展产学研一体化合作，建立了“教学实践基地”和“工程技术科研中心”，2012年组建“青岛科技大学博拓实验室”，为公司的科研创新提供了人才保障。

该公司2012年成为国家高新技术企业，公司已申报专利35项，其中已授权发明专利13项，实用新型专利22项。公司已通过ISO9001：2008质量管理体系认证、GB/T24001－2004/ISO14001：2004环境管理体系认证和OHSMS18001职业健康安全管理体系认证。

该公司2012年实现产值约10196万元，利税1690万元；2013年实现产值18650万元，利税3080万元；2014年实现产值18583万元，利税3111万元；2015年实现产值19365万元，利税1031万元；2016年实现产值17487万元，利税4679万元。

3. 山东汇丰木塑型材股份有限公司

公司成立于2013年6月8日，2014年8月25日股份改制为山东汇丰木塑型材股份有限公司，2014年9月24日在齐鲁股权交易中心成功挂牌，标志着公司在发展过程中进入了一个新的里程碑。司位于平邑经济开发区温水园区，丰山路以西，327国道以北。注册资本3000万元，目前现有职工近172人（科研技术人员23人），占地118亩，截至2016年总投资已达到1.2亿元，预计2016年实现销售额1.5亿元、实现利税1500多万元。公司是一家集研发、生产、销售PVC广告板、PVC家具板、PVC建筑板、地板基材为主营业务的现代化企业。2015年12月荣获“高新技术企业”称号。公司目前拥有十几条先进的板材生产线，年生产能力达30000吨，同时培养了一大批专业知识的生产技术人员和现代化经营运作的管理人员。公司产品销售已覆盖全国各个省、市（直辖市）及自治区，并已经远销越南、印度、澳大利亚、英国、沙特、南非、阿联酋、伊朗、菲律宾、南美等国家。

公司立足高起点、高科技、高品位，以“做百年企业，创百年名牌”为战略目标。以良好的产品质量和优质的售后服务，以及优惠的市场价格赢得了市场，赢得了广大客户的一致 好评。并于2015年底顺利通过ISO9001：2008国际质量管理体系认证，为产品质量提供了实质、可靠性的验证。山东汇丰将以科技创新为先导，以服务用户为中心，通过实施人才战略，创新战略，品牌战略，以崭新的姿态迎接国际化的竞争。2016年实现产值11522万元，利税2393万元。

4. 济南海富塑胶有限公司

海富塑胶是由海富公司与美国福安投资公司共同投资建立的中美合资企业。本公司现有员工200余人，占地面积17000平方米，主要以生产PVC系列板材为主。目前公司共有6条生产线，全部进口于德国和奥地利。本公司依靠先进的设备，严格的企业管理，先后开发了宽幅PVC发泡板和超厚PVC挤出硬板，PVC挤出硬板厚度可达50mm，并于2011年成功开发生产出了CPVC板，高光亮PVC板材和永久抗静电PVC板材。2013年公司累计生产 PVC 系列板材 12000 吨，实现产值 12300 万元，出口创汇 1600 万美元。2014 年公司累计生产 PVC 系列板材 9864 吨，实现产值 8200 万元，出口创汇 1236 万美元，利税 392 万元。2016 年实现产值 10626 万元，利税 2630 万元。产品畅销国内，并远销东南亚、中东、北美、中南美、欧洲等世界各地。

5. 中阳德欣科技有限公司

中阳德欣科技有限公司是中阳建设集团有限公司所属全资子公司，公司成立于 2010 年，地址位于抚州市高新技术产业园（金凤路与金巢大道交界处），厂区占地面积 222.32 亩，注册资本 7246 万元。公司主要研发和生产硬质 PVC 发泡塑料建筑模板、室内外建筑装饰板、各种节能环保和可循环使用的建筑装饰材料。该公司引进德国克劳斯玛菲公司、巴顿菲尔辛辛那提公司的硬质 PVC 发泡板材生产线，提高产品水平，预计总投入 3 亿元以上，项目全部建成投产后，可实现年销售收入 10 亿元。

中阳建设集团前身为抚州地区建工局、抚州地区建筑工程公司，2003 年改制为江西省抚州建筑工程有限责任公司，2007 年组建企业集团更名为江西省抚州建设集团有限公司，又于 2010 年 11 月更名为中阳建设集团有限公司。企业资质为房屋建筑工程施工、市政公用工程施工总承包壹级，建筑装饰工程、地基基础工程、土石方工程、消防设施工程、钢结构工程专业承包壹级等。公司技术力量先进，管理力量雄厚，下辖投资有限公司和十多个各专业承包公司及土建分公司，拥有各类专业技术人员 352 人，公司注册资金 3.26 亿元，具有从事各类型工业与民用房屋建筑工程施工的综合实力，在江西素有建筑之乡的抚州属龙头企业。

该公司首期研发的三层共挤发泡增强塑料建筑模板代表了国内模板业顶尖水平，填补了省内该产品的空白。公司已拥有该产品实用新型专利权，并获得了《全国建设行业科技成果推广证书》《江西省建设领域新技术认定技书》《江西省建设科技成果推广证书》《江西省优秀新产品二等奖》《江西省新产品证书》《江西省建筑节能产品推荐证书》等荣誉证书，制订了国家行业标准《建筑塑料复合模板工程技术规程》，及国家级工法证书《塑料模板施工工法》。

新型塑料建筑模板是以塑代木，以塑代竹，以塑代钢，节约能源，保护森林资源，造福人类的新一代建筑材料。该产品实用性强，反复使用周期长，操作简便，且能回收利用，能为用户节约大量成本，提高工效，创造良好的社会和经济效益。

[新产品的开发]

1. 硬质 PVC 发泡地板基材

该产品主要用于替代密度板用于复合地板的基材，从而使地板的甲醛等有害物质达到国际标准。生产地板基材用的硬质 PVC 发泡板最关键的难点是厚度公差和尺寸稳定性，通过配方、设备、模具、加工工艺等方面的技术改进，目前已经大幅提升了生产的合格率，仅 2016 年产量就达到 20 多万吨。

2. 实心硬质 PVC 发泡墙板

前两年中空硬质 PVC 墙板由于安装方便、美观实用，产品一经推出就得到市场认可，发展非常迅速。为了满足不同用户的需要，一些企业开发出了实心的 PVC 发泡墙板，即先挤出标准宽度或特殊宽度的硬质 PVC 发泡板，然后根据要求进行表面处理、裁切和铣企口，用户可采用快速拼装的方式粘贴在墙上。实心硬质 PVC 发泡板由于整体强度和尺寸准确度高等优点取得了更高端的市场。

[存在的问题]

PVC 发泡制品是 PVC 成员中较为年轻的一员，其发展历史较晚，技术上还有待进一步提高，市场开发也不太成熟，目前总体规模也还较小。

1. 规模化方面的问题

由于 PVC 发泡制品进入门槛低，初期投资可以很小，使得行业内的几百家企业年产量大多在 5000 吨以下，年产量上万吨的企业也只有十几家。使得大多企业不具备规模化经济生产，企业的创新能力及市场竞争力也相对较弱。

2. 在无铅化方面的问题

在全球无铅化推进的情况下，我国也出台了相应的法规和标准，对产业的无铅化进程和指标要求等都有相应要求。但由于更换无铅稳定剂需要有相应的技术能力，目前实现无铅化或准备实现全面无铅化的企业大都是规模较大的企业，大都小企业仍然没有做好这方法的准备。

[发展趋势与规划]

PVC 发泡产品不但具有许多与木材相同或相近的性能，还具有木材不具备的防水、防腐、防蛀、阻燃、易于着色的基本优点；因无需油漆保护，在使用过程中不会产生任何有害物质，具备环保的优势；密度低，使用寿命长，可回收利用，具有节约材料和环境友好的优势。众多优良性能决定PVC发泡产品是木材的最佳替代品，因此发展PVC发泡制品在应用木材的众多领域的替代工作将大有作为，重点包括在室内外装饰装修领域的应用等。从发达国家PVC发泡制品发展来看，PVC发泡配方主要朝着无铅化发展，工艺方式主要朝着共挤及微孔发泡方向发展。结合我国国情及行业发展的实际现状，行业将重点发展无铅化产品及节能微孔发泡产品。如钙锌配方、硬质PVC低发泡建筑模板、硬质PVC发泡地板、活动房板材等。

总之，我们将充分利用PVC发泡制品的保温、隔音、防潮、防水、防蛀、防腐、阻燃、无毒、力学性能优良、可回收利用等突出优势，不断研发出国内外需求量大的新产品种类，推进行业不断快速发展。

（中国塑协硬质PVC发泡制品专业委员会　黄勇）

专家委员会

一、2016年中国塑协专家委员会工作概述

2016年，是专家委员会工作比较活跃的一年。专家委员会继续本着为企业服务、为行业服务、做好协会智库的宗旨，积极活动，完成了日常的《专家通讯》的编写发放、专委会微信平台的建立及信息推送、新专家的吸纳、年度会议的组织、准备，行业企业科技咨询、帮助企业立项、评审和科技成果鉴定、推广、组织技术交流合作、为地方塑料行业发展和企业发展服务等工作。具体工作情况如下：

1. 开好专家委员会年会，打造行业技术交流、成果转化平台

2016年11月4－6日，专家委员会在南京组织召开了“2016塑料新材料、新技术、新成果交流暨中国塑协专家委员会年会”。

会议围绕国家《中国制造2025》战略部署和轻工业、塑料加工业发展规划，以及塑料加工产业结构调整、转型升级的需要，特别邀请了包括院士、行业领导和塑料加工及相关领域的知名专家和企业家、科技人员共聚一堂，回顾行业成就、展望发展前景，介绍行业当前形势、技术发展概况和趋势，交流行业国内外最新科技成果，探讨“十三五”期间塑料产品重点发展方向和需着重解决的重大技术问题。同时为了配合大协会11月6－8日在南京举办的“2016中国国际塑料新材料、新技术、新装备、新产品展览会”，隆重推介部分参加展览的高校、研究院所及企业的创新成果，搭建科研成果产业化转化的产学研交流、对接平台。

会议由中国塑协专家委员会承办，河南省淮阳县人民政府、南京永腾化工装备股份公司、长虹塑料集团英派瑞塑料股份有限公司、温岭市旭日滚塑科技有限公司、广东聚诚信精工机械有限公司、宁波炜烨塑化有限公司赞助，南京大学、南京协和化学有限公司、中国塑协塑料助剂专业委员会、宁波格林美孚新材料科技有限公司和《中国塑料》、《工程塑料应用》《塑料助剂》、中国聚合物网（高分子科技）、《中国塑木》、塑料趋势、《中国化工信息》支持。

11月4日，参会代表集体参观、考察了南京大学化学分析测试中心和南京永腾化工装备股份公司。

5日，146位来自全国塑料加工相关高校、研究院所及生产企业的注册专家、代表（实际180人）齐聚南京中山大厦参加了会议。中国塑料加工工业协会钱桂敬理事长、江苏省塑料协会韦华会长、中国塑协专家委员会王德禧主任、河南省淮阳县人民政府刘涛常务副县长、南京永腾化工装备股份公司舒作欢董事长、南京大学科技处陈强处长、南京协和化学有限公司黄艳董事长出席会议并在主席台就座。中国塑协专家委员会副主任于建、吴大鸣、詹茂盛、陈宇、宁凯军、陈鹊出席了会议。

开幕式由中国塑料加工工业协会副秘书长、中国塑协专家委员会秘书长田岩主持。河南省淮阳县人民政府刘涛常务副县长致贺词。他介绍了淮阳县优越的创新创业环境和县里打造塑料制品产业的决心，欢迎在座的专家、企业家来淮阳投资创业帮助

提升当地塑料产业的技术水平，并对会议的召开表示热烈祝贺。专家委员会王德禧主任简要回顾了专家委员会的工作并主持了新聘任专家的证书颁发仪式。

中国塑料加工工业协会钱桂敬理事长讲话并做“创新驱动是引领塑料加工业“十三五”发展的第一动力”的报告。他简要介绍了协会发布的《塑料加工业“十三五”发展规划指导意见》的主要内容，分析了塑料加工业创新发展面临的严峻挑战和当前行业创新体系存在的主要问题，指出我国塑料加工业已进入更加依赖技术进步的新发展阶段，要有全球视野，紧紧跟踪行业最新发展动态，牢牢把握“功能化、轻量化、生态化、微成型”的发展趋势和技术进步大方向，加快整合创新资源，建立以企业为主的全行业创新体系，加快产、学、研、用深度融合，加快建立垂直创新体系，推动联合攻关、协同创新。他再次强调专家委员会聚集了塑料加工业各方面专家学者，担负着引领和推动塑料加工业迈向世界先进国家行列的历史重任，应成为行业科研成果转化的推动、促进者，技术交流合作的组织者，关键、共性、核心技术的攻关者，新技术、新工艺、新材料、新装备的推广者。希望专家委员会团队在创新驱动发展中充分发挥作用，打造好四个平台，为推动塑料加工业进入世界先进国家行列做出更大贡献。

技术交流环节分别由专家委员会副主任委员——北京化学工业集团有限责任公司陈宇总工、金发科技股份有限公司宁凯军副总经理、北京化工大学吴大鸣教授、北京航空航天大学詹茂盛教授主持。

中石化首席专家、中国石化北京化工研究院乔金樑副院长、四川大学王玉忠院士、中国塑协专家委员会王德禧主任、香港科技大学杨毅教授、清华大学于建教授、天津富纳源创科技有限公司刘亮技术总监、中科院宁波材料技术与工程研究所材料技术研究所朱锦所长、北京化工大学吴大鸣教授等9名行业顶级专家分别做《“十三五”期间合成树脂的高端化发展趋势》《环境友好阻燃塑料研究进展》《3D打印技术与智能制造》《高分子成型智能化发展路径探讨》《高分子材料高性能化技术创建方法》《碳纳米管柔性透明导电膜及其应用》《中科院宁波所最新产业化创新成果》的主题报告。

技术交流环节，北京航空航天大学詹茂盛教授、北京理工大学陈晋南教授、沈阳化工大学葛铁军院长、北京石油化工学院陆晓中教授、江苏澳盛复合材料严兵总监、吉林大学王贵宾教授、北京化工大学苑会林教授、南京永腾化工装备股份公司陈建平总监、四川大学卢灿辉教授、南京大学科技处陈强处长、华南理工大学何和智教授、华东理工大学谢林生教授、浙江工业大学王旭教授、北京化工大学何亚东教授、温岭市旭日滚塑科技有限公司秦柳博士、北京化工大学丁筠教授、北京理工大学李定华副教授、中国科学院宁波材料技术与工程研究所翟文涛研究员、南京协和化学有限公司研究所霍珊珊共19位专家分别就《超低熔指规整粒状树脂基模塑料制备技术》《数值模拟技术在聚合物加工中的应用》《同质异构理论与再生塑料高值化的应用解析》《PET/PE合金化研究进展》《碳纤维及其他高性能复合材料轻量化应用及进展》《聚醚醚酮纤维及其应用制品》《iXPP发泡片材在汽车顶棚及内饰蒙皮的应用》《改性合成多孔硅酸钙有效控制塑料有害挥发物的应用》《粉体高填充高性能聚合物复合材料及功能材料研究》《水滑石类化合物的制备及其在PVC中的应用研究》《聚合物精密成型技术》《基于拉伸流变的塑料塑化挤出技术及应用》《高效连续混炼技术及其工程应用》《长纤维增强热塑性塑料（LFT）浸渍模具设计关键技术》《新型滚塑成型技术与设备的开发应用》《新型聚合物材料加工技术与新产品》《浙工大高分子材料与工程研究所成果介绍》《新型环保阻燃技术》《石墨烯/聚合物微孔材料应用于吸收宽频电磁波》《新型环保PVC改质剂在低发泡木塑板材等领域的应用》等内容进行了创新成果交流。

本年度的技术交流和往年相比，内容更加丰富，其特点是其中的许多内容都是参加今年中国塑料加工工业协会11月6－8日在南京举办的“2016中国国际塑料新材料、新技术、新装备、新产品展览会”的展示成果介绍，给参会代表们带来了大量信息，提供了和专家、老师近距离交流、产学研沟通的好机会。会议丰富的内容，吸引了专家和企业家们，会场上报告内容精彩、高潮迭起，在5个专委会同一天开会的情况下，至会议结束前170余人的会场仍然爆满，会场下的交流、沟通也气氛热烈。

中国塑料加工工业协会曹俭副理事长做会议总结。他赞扬会议内容丰富、信息量大、开得成功，代表协会对会议的成功召开表示祝贺，对来自全国各地的专家、代表们的积极参会表示感谢。他提到10月份带团参加德国k展，学习、看到了许多新东西。中国塑料加工业进步很快，国内企业参展、观展的数量达到新高，但和国外的先进技术相比，我们仍有差距。塑料加工行业的发展，靠专家和企业协同作用。希望中国塑协专家委员会的专家们，把创新理念和创新技术传播到企业中，引领、帮助行业和企业进步。

在会议期间，专家委员会还组织参会代表于11月4日参观、考察了南京大学化学分析测试中心和南京永腾化工装备股份公司；于5日晚，请淮阳县人民政府丁永华副县长就邀请专家、企业家到淮阳县投资、合作进行了项目发布；于11月6日，组织参会代表集体参加了中国塑料加工工业协会在南京会展中心举办的“2016中国国际塑料新材料、新技术、新装备、新产品展览会”的开幕式并观展。本次展览，参展的高校、研究院所达30多家，近60个展位，其中仅专家委员会招展的高校就有30多个展位，受到行业内的特别关注和好评，成为这次“四新”展会的一大亮点。

年会《论文集》共收录塑料加工相关论文、报告55篇，计402页，新聘、认定专家34人，至此，中国塑协专家委员会第三届委员达441人。

2. 发挥专家委员会的职能与作用，配合中国塑协，组织产品论证、科技项目鉴定，为地方政府、企业与行业专家的合作交流搭建平台、提供服务

2016年5月，在多次沟通的基础上，专委会组织相关专家5名参加中国塑协与山东省沂源县科技支持对接，进行项目洽谈、并签订共建中国齐鲁塑料生态产业园协议。

2016年6月，专委会主任委员、秘书长与协会曹俭副理事长一道赴河南省淮阳县进行考察了解，与县人民政府、县塑料协会进行了接洽、商谈，初步达成专家委员会帮助当地提升塑料企业创新发展实力的意向并促成了县政府对专家委员会年会的赞助支持。

2016年5月，推荐并帮助相关研究院及生产企业准备并完成“新型高回弹热塑性聚氨酯微发泡珠粒（ETPU）规模化制备、水蒸气成型和鞋材应用”项目轻工联合会科技成果鉴定。

2016年11月，受协会委托，帮助行业生产企业准备材料并召开“高分子合金电缆桥架”产品的论证会，组织专委会的9位行业知名专家为企业及其新产品进行点拨、评价，为企业发展技术方向把脉。

此外，专委会主任委员还积极撰写材料，向领导和行业推荐世界塑料新材料、新技术、新装备进展科技发展概况，为协会科技十三五规划的制定提供项目、技术咨询；在3D打印、纳米纤维素、石墨烯应用技术、新型聚丙烯材料应用技术、超高透气膜材料技术、双向膜材料/模内微层叠复合功能膜新材料领域的组织开展产学研合作开发；推荐的“超高透气聚烯烃微纳膜关键技术及产业化示范”项目由协会组织申报，被国家发改委列入2016－2017年重大产业化支撑项目。

3. 组织专家积极参加行业活动充分发挥作用

组织行业专家们围绕行业发展方向提出十三五期间行业重大技术项目；申报对国家拟定出台的《食品相关产品目录（2016）》提出修改、补充意见；接受来自行业企业的科技咨询、帮助企业进行立项、评审和科技成果鉴定、项目技术论证、技术人员合作培训等工作；帮助组织筹建新兴行业的相关制品专业委员会，为企业为行业服务。

参加“国防装备高分子材料设计、加工与应用交流会”“中国化学会第30届学术年会”等会议；参与支持“中国产业融合创业创新大会”等。

4. 做好专家委员会日常工作

秘书处积极搞好专委会组织建设，2016年组织确认、新聘专家34人，自2013年换届至2016年10月底，第三届专家委员会聘任专家人数已达441人；

全年出版“专家委员会通讯”六期达90万字；

专委会微信公众平台于2015年10月开始运行，坚持推送行业最新科技、政策动态等信息，为专家和行业服务，同时将网站与微信平台关联，让大家可以随时登陆专委会网站了解更多相关信息。截止到2016年11月完成推送97次，信息310多条，其中科技信息90多条，政策趋势50多条，关注人数达1000多。对在新形势下提高专家委员会知名度和在行业、社会的影响力起到了积极的作用。

5. 积极参与配合中国塑协的第二届“四新”展会

中国塑协在南京举办“2016中国国际塑料新材料、新技术、新装备、新产品展览会”，专委会及时通过各种会议、邮件、电话等多种渠道和场合发通知，多方宣传、充分沟通，积极宣传组织高校所参加展览并在本次年会上搭建平台让高校老师们来宣传展示，进行产学研转化，共组织了30多家、40个展位参展，使高校及科研院所成为本次展会突出科技、产学研交流平台的亮点，超额完成了协会规定任务。

（中国塑协专家委员会 田岩）

标准化

2016 年发布塑料相关国家标准、行业标准

	序号	原序号	标准代号	标准名称	代替标准号	实施日期	公告号
国家标准	1	91	GB/T 12009.2－2016	塑料　聚氨酯生产用芳香族异氰酸酯　第 2 部分：水解氯的测定	GB/T 12009.2－1989	2016－9－1	国家标准公告 2016 年第 5 号
	2	92	GB/T 12009.4－2016	塑料　聚氨酯生产用芳香族异氰酸酯　第 4 部分：异氰酸根含量的测定	GB/T 12009.4－1989	2016－9－1	国家标准公告 2016 年第 5 号
	3	93	GB/T 12009.5－2016	塑料　聚氨酯生产用芳香族异氰酸酯　第 5 部分：酸度的测定	GB/T 12009.5－1992	2016－9－1	国家标准公告 2016 年第 5 号
	4	163	GB/T 32469－2016	塑料　聚氨酯原料　甲苯二异氰酸酯		2016－9－1	国家标准公告 2016 年第 5 号
	5	164	GB/T 32471－2016	塑料　用于聚氨酯生产的甲苯二异氰酸酯异构比的测定		2016－9－1	国家标准公告 2016 年第 5 号
	6	169	GB/T 32476－2016	具有油气回收功能的计量分配燃油用橡胶和塑料软管及软管组合件		2016－9－1	国家标准公告 2016 年第 5 号
	7	170	GB/T 32477－2016	塑料 用于聚氨酯生产的甲苯二异氰酸酯中总氯含量的测定		2016－9－1	国家标准公告 2016 年第 5 号
	8	180	GB/T 32487－2016	塑料家具通用技术条件		2016－9－1	国家标准公告 2016 年第 5 号
	9	184	GB/T 32491－2016	玻璃纤维增强热固性树脂管及管件长期静水压试验方法		2017－1－1	国家标准公告 2016 年第 5 号
	10	186	GB/T 32493－2016	纤维增强复合材料抗弹性能试验方法　贯穿比吸能法		2017－1－1	国家标准公告 2016 年第 5 号
	11	190	GB/T 32497－2016	纤维增强复合材料抗破片模拟弹性能试验方法　V50 法		2017－1－1	国家标准公告 2016 年第 5 号
	12	195	GB/T 32502－2016	复合材料芯架空导线		2016－9－1	国家标准公告 2016 年第 5 号
	13	204	GB/T 32511－2016	电磁屏蔽塑料通用技术要求		2016－9－1	国家标准公告 2016 年第 5 号
	14	212	GB/T 32515－2016	注塑机专用变频调速设备		2016－9－1	国家标准公告 2016 年第 5 号
	15	263	GB/T 32560－2016	活性炭分类和命名		2016－10－1	国家标准公告 2016 年第 5 号
	16	273	GB/T 32568－2016	重复使用包装箱通用技术条件		2016－4－10	国家标准公告 2016 年第 5 号

续表

序号	原序号	标准代号	标准名称	代替标准号	实施日期	公告号
17	38	GB/T 13519－2016	包装用聚乙烯热收缩薄膜	GB/T 13519－1992	2016－11－1	国家标准公告2016年第7号
18	69	GB/T 20004.1－2016	团体标准化　第1部分:良好行为指南		2016－4－25	国家标准公告2016年第7号
19	75	GB/Z 22074－2016	塑料外壳式断路器可靠性试验方法	GB/Z 22074－2008	2016－11－1	国家标准公告2016年第7号
20	130	GB/T 32602－2016	玩具材料中可迁移元素锑、钡、镉、铬、铅含量的测定　石墨炉原子吸收分光光谱法		2016－11－1	国家标准公告2016年第7号
21	131	GB/T 32603－2016	玩具材料中可迁移元素砷、锑、硒、汞的测定　原子荧光光谱法		2016－11－1	国家标准公告2016年第7号
22	188	GB/T 32661－2016	球形二氧化硅微粉		2017－3－1	国家标准公告2016年第7号
23	189	GB/T 32662－2016	废橡胶废塑料裂解油化成套生产装备		2016－11－1	国家标准公告2016年第7号
24	19	GB/T 5473－2016	塑料　酚醛模塑制品　游离氨的测定	GB/T 5473－1985	2017－1－1	国家标准公告2016年第8号
25	20	GB/T 5474－2016	塑料　酚醛模塑制品　游离氨和铵化合物的测定　比色法	GB/T 5474－1985	2017－1－1	国家标准公告2016年第8号
26	23	GB/T 7130－2016	塑料　酚醛模塑制品　游离酚的测定　碘量法	GB/T 7130－1986	2017－1－1	国家标准公告2016年第8号
27	35	GB/T 14853.2－2016	橡胶用造粒炭黑　第2部分：细粉含量和颗粒磨损量的测定	GB/T 14853.2－2006	2017－1－1	国家标准公告2016年第8号
28	45	GB/T 21238－2016	玻璃纤维增强塑料夹砂管	GB/T 21238－2007	2017－5－1	国家标准公告2016年第8号
29	48	GB/T 22271.3－2016	塑料 聚甲醛(POM)模塑和挤塑材料　第3部分:通用产品要求		2017－1－1	国家标准公告2016年第8号
30	59	GB/T 32675－2016	塑料　酚醛树脂　液体甲阶酚醛树脂在酸性条件下固化时假绝热温升的测定		2017－1－1	国家标准公告2016年第8号
31	60	GB/T 32676－2016	卤化异丁烯－异戊二烯橡胶(BIIR和CIIR)　评价方法		2017－1－1	国家标准公告2016年第8号
32	62	GB/T 32679－2016	超高分子量聚乙烯(PE－UHMW)树脂		2017－1－1	国家标准公告2016年第8号
33	64	GB/T 32681－2016	塑料　酚醛树脂　用差示扫描量热计法测定反应热和反应温度		2017－1－1	国家标准公告2016年第8号

	34	65	GB/T 32682 – 2016	塑料　聚乙烯环境应力开裂(ESC)的测定　全缺口蠕变试验(FNCT)		2017 – 1 – 1	国家标准公告 2016 年第 8 号
	35	66	GB/T 32683.1 – 2016	塑料　用落球黏度计测定黏度　第 1 部分:斜管法		2017 – 1 – 1	国家标准公告 2016 年第 8 号
	36	67	GB/T 32684 – 2016	塑料　酚醛树脂　游离甲醛含量的测定		2017 – 1 – 1	国家标准公告 2016 年第 8 号
	37	69	GB/T 32686 – 2016	光敏材料用多官能团丙烯酸酯单体中有机溶剂的测定　顶空进样毛细管气相色谱法		2017 – 1 – 1	国家标准公告 2016 年第 8 号
	38	71	GB/T 32688 – 2016	塑料　酚醛树脂　在加热玻璃板上流动距离的测定		2017 – 1 – 1	国家标准公告 2016 年第 8 号
	39	80	GB/T 32697 – 2016	塑料　酚醛树脂　萃取液电导率的测定		2017 – 1 – 1	国家标准公告 2016 年第 8 号
	40	76	GSB 16 – 3352 – 2016	鞋底耐磨性能标准样品			国家标准公告 2016 年第 9 号
	41	5	GB/T 1845.1 – 2016	塑料　聚乙烯(PE)模塑和挤出材料　第 1 部分:命名系统和分类基础	GB/T 1845.1 – 1999	2017 – 5 – 1	国家标准公告 2016 年第 17 号
	42	53	GB/T 19466.4 – 2016	塑料　差示扫描量热法(DSC) 第 4 部分:比热容的测定		2017 – 5 – 1	国家标准公告 2016 年第 17 号
	43	56	GB/T 20027.1 – 2016	橡胶或塑料涂覆织物　破裂强度的测定　第 1 部分:钢球法	部分代替: GB/T 20027 – 2005	2017 – 5 – 1	国家标准公告 2016 年第 17 号
	44	83	GB/T 30924.1 – 2016	塑料　乙烯 – 乙酸乙烯酯(EVAC)模塑和挤出材料　第 1 部分:命名系统和分类基础		2017 – 5 – 1	国家标准公告 2016 年第 17 号
	45	165	GB/T 33047.1 – 2016	塑料　聚合物热重法(TG) 第 1 部分:通则		2017 – 5 – 1	国家标准公告 2016 年第 17 号
	46	167	GB/T 33049 – 2016	偏光片用光学薄膜　涂层附着力的测定方法		2017 – 5 – 1	国家标准公告 2016 年第 17 号
	47	169	GB/T 33051 – 2016	光学功能薄膜　表面硬化薄膜　硬化层厚度测定方法		2017 – 5 – 1	国家标准公告 2016 年第 17 号
	48	170	GB/T 33052 – 2016	微孔功能薄膜　孔隙率测定方法　十六烷吸收法		2017 – 5 – 1	国家标准公告 2016 年第 17 号
	49	174	GB/T 33056 – 2016	含氟废气处理处置技术规范		2017 – 5 – 1	国家标准公告 2016 年第 17 号
	50	175	GB/T 33057 – 2016	废弃化学品取样方法		2017 – 5 – 1	国家标准公告 2016 年第 17 号
	51	177	GB/T 33059 – 2016	锂离子电池材料废弃物回收利用的处理方法		2017 – 5 – 1	国家标准公告 2016 年第 17 号

续表

	序号	原序号	标准代号	标准名称	代替标准号	实施日期	公告号
	52	179	GB/T 33061.1－2016	塑料　动态力学性能的测定　第1部分:通则		2017－5－1	国家标准公告2016年第17号
	53	180	GB/T 33061.10－2016	塑料　动态力学性能的测定　第10部分:使用平行平板振荡流变仪测定复数剪切黏度		2017－5－1	国家标准公告2016年第17号
	54	213	GB/T 33094－2016	塑料 抗冲击聚苯乙烯防静电材料		2017－5－1	国家标准公告2016年第17号
	55	217	GB/T 33098－2016	橡胶或塑料涂覆织物　接缝耐静载剪切性能测试方法		2017－5－1	国家标准公告2016年第17号
	56	52	GB/T 33372－2016	胶黏剂挥发性有机化合物限量		2017－7－1	国家标准公告2016年第27号
	57	54	GB/T 33374－2016	紫外光固化涂料　挥发物含量的测定		2017－7－1	国家标准公告2016年第27号
	58	55	GB/T 33375－2016	胶粘带静电性能的试验方法		2017－7－1	国家标准公告2016年第27号
	59	56	GB/T 33376－2016	光学功能薄膜术语及其定义		2017－4－1	国家标准公告2016年第27号
	60	57	GB/T 33377－2016	软性电路板覆盖膜用非硅离型材料		2017－7－1	国家标准公告2016年第27号
	61	63	GB/T 33383－2016	耐蚀改性聚氯乙烯(HFVC)结构胶及胶泥防腐技术规范		2017－7－1	国家标准公告2016年第27号
	62	68	GB/T 33388－2016	塑料　酚醛树脂组分的测定　液相色谱法		2017－7－1	国家标准公告2016年第27号
	63	69	GB/T 33389－2016	汽车装饰用机织物及机织复合物		2017－7－1	国家标准公告2016年第27号
	64	72	GB/T 33392－2016	皮革和毛皮　化学试验　禁用偶氮染料中4－氨基偶氮苯的测定		2017－7－1	国家标准公告2016年第27号
	65	76	GB/T 33396－2016	光学功能薄膜　三醋酸纤维素酯(TAC)膜　卤素含量测定方法		2017－7－1	国家标准公告2016年第27号
	66	77	GB/T 33397－2016	光学功能薄膜　三醋酸纤维素酯(TAC)膜　相延迟测定方法		2017－7－1	国家标准公告2016年第27号
	67	78	GB/T 33398－2016	光学功能薄膜　聚对苯二甲酸乙二醇酯(PET)薄膜　表面电阻测定方法		2017－7－1	国家标准公告2016年第27号
	68	79	GB/T 33399－2016	光学功能薄膜　聚对苯二甲酸乙二醇酯(PET)薄膜　厚度测定方法		2017－7－1	国家标准公告2016年第27号

	69	82	GB/T 33403－2016	胶黏剂自流平性能的试验方法		2017－7－1	国家标准公告 2016 年第 27 号
	70	101	GB/T 33422－2016	热塑性弹性体　重金属含量的测定　电感耦合等离子体原子发射光谱法		2017－7－1	国家标准公告 2016 年第 27 号
	71	105	GB/T 33426－2016	胶鞋　有机锡化合物含量试验方法		2017－7－1	国家标准公告 2016 年第 27 号
	72	106	GB/T 33427－2016	胶鞋　多环芳烃含量试验方法		2017－7－1	国家标准公告 2016 年第 27 号
	73	107	GB/T 33428－2016	聚丙烯酸酯橡胶　通用规范及评价方法		2017－7－1	国家标准公告 2016 年第 27 号
	74	108	GB/T 33429－2016	硅橡胶混炼胶　高撕裂强度型和高拉伸强度型		2017－7－1	国家标准公告 2016 年第 27 号
	75	109	GB/T 33430－2016	硅橡胶混炼胶　电线电缆用		2017－7－1	国家标准公告 2016 年第 27 号
	76	144	GB/T 33466.1－2016	硬聚氯乙烯管材　差示扫描量热法(DSC)　第 1 部分:加工温度的测量		2017－7－1	国家标准公告 2016 年第 27 号
	77	145	GB/T 33467－2016	全自动吹瓶灌装旋盖一体机通用技术要求		2017－7－1	国家标准公告 2016 年第 27 号
	78	146	GB/T 33468－2016	全自动一步法注拉吹成型机		2017－7－1	国家标准公告 2016 年第 27 号
行业标准	序号		标准代号	标准名称	代替标准号	实施日期	公告号
	1	91	JB/T 12646－2016	连续嵌件塑料注射模　技术条件		2016－6－1	行业标准公告 2016 年第 3 号
	2	92	JB/T 12647－2016	汽车塑料油箱吹塑模　技术条件		2016－6－1	行业标准公告 2016 年第 3 号
	3	93	JB/T 12648－2016	双物料塑料注射模　结构型式和尺寸		2016－6－1	行业标准公告 2016 年第 3 号
	4	94	JB/T 12649－2016	塑料注射模热流道系统　技术条件		2016－6－1	行业标准公告 2016 年第 3 号
	5	168	JB/T 4178－2016	印刷机术语	JB/T 4178－1999	2016－6－1	行业标准公告 2016 年第 3 号
	6	169	JB/T 5422－2016	印刷机械　纸张覆膜机	JB/T 5422－2006	2016－6－1	行业标准公告 2016 年第 3 号
	7	173	JB/T 12710－2016	印刷机械　单张纸聚氨酯(PUR)胶覆膜机		2016－6－1	行业标准公告 2016 年第 3 号
	8	184	JB/T 5456－2016	熔体流动速率仪　技术规范	JB/T 5456－2005	2016－6－1	行业标准公告 2016 年第 3 号
	9	188	JB/T 12723－2016	热变形/维卡软化温度测定仪　技术规范		2016－6－1	行业标准公告 2016 年第 3 号

续表

行业标准	序号	原序号	标准代号	标准名称	代替标准号	实施日期	公告号
	10	189	JB/T 12724 – 2016	塑料管材耐压爆破试验机		2016 – 6 – 1	行业标准公告 2016 年第 3 号
	11	190	JB/T 12725 – 2016	无损检测仪器　超声自动检测系统		2016 – 6 – 1	行业标准公告 2016 年第 3 号
	12	216	QC/T 1026 – 2016	汽车聚氯乙烯搪塑仪表板表皮性能及检测		2016 – 7 – 1	行业标准公告 2016 年第 3 号
	13	217	QC/T 1027 – 2016	汽车贴膜玻璃技术要求		2016 – 7 – 1	行业标准公告 2016 年第 3 号
	14	219	QC/T 1029 – 2016	汽车用聚丙烯蜂窝板制品		2016 – 7 – 1	行业标准公告 2016 年第 3 号
	15	256	HG/T 4903 – 2016	动态全硫化热塑性弹性体(TPV)　三元乙丙橡胶/聚丙烯型		2016 – 7 – 1	行业标准公告 2016 年第 3 号
	16	270	HG/T 4914 – 2016	上光膜压敏胶粘带		2016 – 7 – 1	行业标准公告 2016 年第 3 号
	17	278	HG/T 4915 – 2016	白色反射膜反射率的测定方法		2016 – 7 – 1	行业标准公告 2016 年第 3 号
	18	279	HG/T 4949 – 2016	模内装饰(IMD)用透明光学聚对苯二甲酸乙二醇酯(PET)硬化薄膜		2016 – 7 – 1	行业标准公告 2016 年第 3 号
	19	280	HG/T 4950 – 2016	铟锡氧化物(ITO)镀膜用雾面聚对苯二甲酸乙二醇酯(PET)硬化薄膜		2016 – 7 – 1	行业标准公告 2016 年第 3 号
	20	281	HG/T 4951 – 2016	光学功能薄膜　对比度测量方法		2016 – 7 – 1	行业标准公告 2016 年第 3 号
	21	282	HG/T 4952 – 2016	光学三醋酸纤维素酯(TAC)薄膜用紫外吸收剂含量测定　高效液相色谱法		2016 – 7 – 1	行业标准公告 2016 年第 3 号
	22	331	HG/T 20538 – 2016	衬塑钢管和管件选用系列	HG 20538 – 1992 HG/T 21562 – 1994	2016 – 7 – 1	行业标准公告 2016 年第 3 号
	23	368	QB/T 4907 – 2016	人造革合成革用水性聚氨酯表面处理剂		2016 – 7 – 1	行业标准公告 2016 年第 3 号
	24	369	QB/T 4908 – 2016	人造革用水性聚氨酯粘接浆料		2016 – 7 – 1	行业标准公告 2016 年第 3 号
	25	370	QB/T 4909 – 2016	水性聚氨酯超细纤维合成革		2016 – 7 – 1	行业标准公告 2016 年第 3 号
	26	371	QB/T 4910 – 2016	太阳能热水器非承压塑料内胆		2016 – 7 – 1	行业标准公告 2016 年第 3 号
	27	372	QB/T 4911 – 2016	服装用水性聚氨酯合成革技术条件		2016 – 7 – 1	行业标准公告 2016 年第 3 号
	28	373	QB/T 4912 – 2016	再生塑料编织袋		2016 – 7 – 1	行业标准公告 2016 年第 3 号

	29	374	QB/T 4913－2016	运动鞋用聚氨酯合成革安全要求		2016－7－1	行业标准公告 2016 年第 3 号
	30	382	QB/T 2633－2016	饮料机械 热灌装生产线	QB/T 2633－2004	2016－7－1	行业标准公告 2016 年第 3 号
	31	384	QB/T 4919－2016	塑料盖制盖机		2016－7－1	行业标准公告 2016 年第 3 号
	32	416	JC/T 2353－2016	塑料卫生洁具安全生产规范		2016－7－1	行业标准公告 2016 年第 3 号
	33	476	SJ/T 11587－2016	电子产品防静电包装技术要求		2016－6－1	行业标准公告 2016 年第 3 号
	34	496	SJ/T 31002－2016	企业设备维修保养通则	SJ/T 31002－1994	2016－6－1	行业标准公告 2016 年第 3 号
	35	508	SJ/T 31083－2016	真空镀膜设备完好要求和检查评定方法	SJ/T 31083－1994	2016－6－1	行业标准公告 2016 年第 3 号
	36	12	JB/T 12802－2016	聚氨酯水力旋流器		2016－9－1	行业标准公告 2016 年第 17 号
	37	124	JB/T 12787－2016	塑料成型模具温度控制机		2016－9－1	行业标准公告 2016 年第 17 号
	38	125	JB/T 12788－2016	塑料成型模具用冷水机		2016－9－1	行业标准公告 2016 年第 17 号
	39	126	JB/T 12789－2016	转轮式塑料干燥机		2016－9－1	行业标准公告 2016 年第 17 号
	40	129	JB/T 8734.1－2016	额定电压 450/750V 及以下聚氯乙烯绝缘电缆电线和软线 第 1 部分:一般规定		2016－9－1	行业标准公告 2016 年第 17 号
	41	130	JB/T 8734.2－2016	额定电压 450/750V 及以下聚氯乙烯绝缘电缆电线和软线 第 2 部分:固定布线用电缆电线		2016－9－1	行业标准公告 2016 年第 17 号
	42	131	JB/T 8734.3－2016	额定电压 450/750V 及以下聚氯乙烯绝缘电缆电线和软线 第 3 部分:连接用软电线和软电缆		2016－9－1	行业标准公告 2016 年第 17 号
	43	132	JB/T 8734.4－2016	额定电压 450/750V 及以下聚氯乙烯绝缘电缆电线和软线 第 4 部分:安装用电线		2016－9－1	行业标准公告 2016 年第 17 号
	44	133	JB/T 8734.5－2016	额定电压 450/750V 及以下聚氯乙烯绝缘电缆电线和软线 第 5 部分:屏蔽电线		2016－9－1	行业标准公告 2016 年第 17 号
	45	134	JB/T 8734.6－2016	额定电压 450/750V 及以下聚氯乙烯绝缘电缆电线和软线 第 6 部分:电梯电缆		2016－9－1	行业标准公告 2016 年第 17 号

续表

行业标准	序号	原序号	标准代号	标准名称	代替标准号	实施日期	公告号
	47	183	QC/T 29089 – 2016	汽车用 PVC/ABS 真空吸塑仪表板表皮	QC/T 29089 – 1992	2016 – 9 – 1	行业标准公告 2016 年第 17 号
	48	188	QC/T 1047 – 2016	城市客车塑料座椅		2016 – 9 – 1	行业标准公告 2016 年第 17 号
	49	231	JB/T 20023 – 2016	药品泡罩包装机	JB 20023 – 2004	2016 – 9 – 1	行业标准公告 2016 年第 17 号
	50	244	HG/T 4960 – 2016	保温板用硬质聚氨酯泡沫组合聚醚		2016 – 9 – 1	行业标准公告 2016 年第 17 号
	51	245	HG/T 4961 – 2016	冰箱、冰柜用聚氨酯硬泡组合聚醚		2016 – 9 – 1	行业标准公告 2016 年第 17 号
	52	366	QB/T 4954 – 2016	制鞋机械 聚氨酯连帮注射成型机		2016 – 9 – 1	行业标准公告 2016 年第 17 号
	53	372	FZ/T 60011 – 2016	复合织物剥离强力试验方法	FZ/T 60011 – 1993	2016 – 9 – 1	行业标准公告 2016 年第 17 号
	54	398	FZ/T 51013 – 2016	纤维级再生聚酯切片(PET)		2016 – 9 – 1	行业标准公告 2016 年第 17 号
	55	458	SJ/T 2085 – 2016	聚氯乙烯绝缘安装用柔软电线电缆	SJ/T 2085 – 1982	2016 – 9 – 1	行业标准公告 2016 年第 17 号
	56	459	SJ/T 2086 – 2016	聚氯乙烯绝缘安装电线电缆	SJ/T 2086 – 1982	2016 – 9 – 1	行业标准公告 2016 年第 17 号
	57	460	SJ/T 2932 – 2016	阻燃聚氯乙烯绝缘安装电线电缆	SJ/T 2932 – 1982	2016 – 9 – 1	行业标准公告 2016 年第 17 号
	58	476	SJ/T 10171 – 2016	碱性电池隔膜基本性能的通用测试方法	SJ/T 10171 – 1991	2016 – 9 – 1	行业标准公告 2016 年第 17 号
	59	478	SJ/T 11666.1 – 2016	制造执行系统(MES)规范 第 1 部分:模型和术语		2016 – 7 – 1	行业标准公告 2016 年第 17 号
	60	479	SJ/T 11666.3 – 2016	制造执行系统(MES)规范 第 3 部分:功能构件		2016 – 7 – 1	行业标准公告 2016 年第 17 号
	61	480	SJ/T 11666.4 – 2016	制造执行系统(MES)规范 第 4 部分:接口与信息交换		2016 – 7 – 1	行业标准公告 2016 年第 17 号
	62	481	SJ/T 11666.5 – 2016	制造执行系统(MES)规范 第 5 部分:产品开发		2016 – 7 – 1	行业标准公告 2016 年第 17 号
	63	482	SJ/T 11666.6 – 2016	制造执行系统(MES)规范 第 6 部分:产品测试		2016 – 7 – 1	行业标准公告 2016 年第 17 号
	64	483	SJ/T 11666.7 – 2016	制造执行系统(MES)规范 第 7 部分:导入实施指南		2016 – 7 – 1	行业标准公告 2016 年第 17 号
	65	484	SJ/T 11666.8 – 2016	制造执行系统(MES)规范 第 8 部分:服务质量度量		2016 – 7 – 1	行业标准公告 2016 年第 17 号
	66	543	YD/T 841.4 – 2016	地下通信管道用塑料管 第 4 部分:硅芯管		2016 – 7 – 1	行业标准公告 2016 年第 17 号
	67	9	HG/T 4993 – 2016	鞋用微孔材料回弹性试验方法		2017 – 1 – 1	行业标准公告 2016 年第 37 号

	68	80	JC/T 2374 – 2016	注塑专用木塑复合粒料		2017 – 1 – 1	行业标准公告 2016 年第 37 号
	69	83	JC/T 2375 – 2016	玻璃纤维增强树脂中空采光板		2017 – 1 – 1	行业标准公告 2016 年第 37 号
	70	84	JC/T 2376 – 2016	装饰用轻质发泡铝塑复合板		2017 – 1 – 1	行业标准公告 2016 年第 37 号
	71	93	JC/T 2384 – 2016	外墙外保温用酚醛板粘结、抹面砂浆		2017 – 1 – 1	行业标准公告 2016 年第 37 号
	72	225	SH/T 1800 – 2016	塑料　乙烯 – 丙烯共聚聚丙烯单体含量及序列结构分析　碳 – 13 核磁共振波谱法		2017 – 1 – 1	行业标准公告 2016 年第 37 号
	73	226	SH/T 1801 – 2016	土工膜用中密度聚乙烯树脂		2017 – 1 – 1	行业标准公告 2016 年第 37 号
	74	264	QB/T 4997 – 2016	木塑衣架		2017 – 1 – 1	行业标准公告 2016 年第 37 号
	75	266	QB/T 4999 – 2016	日用防雨品　雨披雨衣		2017 – 1 – 1	行业标准公告 2016 年第 37 号
	76	269	QB/T 5002 – 2016	聚四氟乙烯双向拉伸过滤薄膜		2017 – 1 – 1	行业标准公告 2016 年第 37 号
	77	366	YD/T 2554.3 – 2016	塑料光纤活动连接器 第 3 部分:FC 型		2016 – 10 – 1	行业标准公告 2016 年第 37 号
	78	373	YD/T 841.1 – 2016	地下通信管道用塑料管 第 1 部分:总则	YD/T 841.1 – 2008	2016 – 10 – 1	行业标准公告 2016 年第 37 号
	79	374	YD/T 841.2 – 2016	地下通信管道用塑料管 第 2 部分:实壁管	YD/T 841.2 – 2008	2016 – 10 – 1	行业标准公告 2016 年第 37 号
	80	375	YD/T 841.3 – 2016	地下通信管道用塑料管 第 3 部分:双壁波纹管	YD/T 841.3 – 2003	2016 – 10 – 1	行业标准公告 2016 年第 37 号
	81	376	YD/T 841.5 – 2016	地下通信管道用塑料管 第 5 部分:梅花管	YD/T 841.5 – 2003	2016 – 10 – 1	行业标准公告 2016 年第 37 号
	82	31	JB/T 12986 – 2016	工业机械电气设备及系统　塑料机械控制系统接口与通信协议		2017 – 4 – 1	行业标准公告 2016 年第 56 号
	83	105	JB/T 12873 – 2016	非阻燃双壁聚烯烃热收缩管		2017 – 4 – 1	行业标准公告 2016 年第 56 号
	84	106	JB/T 12874 – 2016	阻燃双壁聚烯烃热收缩管		2017 – 4 – 1	行业标准公告 2016 年第 56 号
	85	107	JB/T 12875 – 2016	阻燃聚烯烃热收缩管		2017 – 4 – 1	行业标准公告 2016 年第 56 号
	86	108	JB/T 12876 – 2016	半硬质聚烯烃热收缩管		2017 – 4 – 1	行业标准公告 2016 年第 56 号
	87	109	JB/T 12877 – 2016	柔软型聚烯烃热收缩管		2017 – 4 – 1	行业标准公告 2016 年第 56 号

续表

行业标准	序号	原序号	标准代号	标准名称	代替标准号	实施日期	公告号
	88	110	JB/T 12878－2016	母线绝缘用聚烯烃热收缩管		2017－4－1	行业标准公告 2016 年第 56 号
	89	111	JB/T 12879－2016	中厚壁聚烯烃热收缩管		2017－4－1	行业标准公告 2016 年第 56 号
	90	277	HG/T 5051－2016	低压注塑封装用热熔胶黏剂		2017－4－1	行业标准公告 2016 年第 56 号
	91	278	HG/T 5052－2016	热熔胶粘剂热剪切破坏温度试验方法		2017－4－1	行业标准公告 2016 年第 56 号
	92	280	HG/T 5054－2016	胶粘制品用水性丙烯酸酯压敏胶粘剂		2017－4－1	行业标准公告 2016 年第 56 号
	93	281	HG/T 5055－2016	锂电池电极保护胶粘带		2017－4－1	行业标准公告 2016 年第 56 号
	94	298	HG/T 5070－2016	热塑性聚氨酯(TPU)薄膜		2017－4－1	行业标准公告 2016 年第 56 号
	95	304	HG/T 5076－2016	防静电聚对苯二甲酸乙二醇酯(PET)薄膜(外保护用)		2017－4－1	行业标准公告 2016 年第 56 号
	96	305	HG/T 5077－2016	光学功能薄膜　近红外光谱透过率的测量方法		2017－4－1	行业标准公告 2016 年第 56 号
	97	322	HG/T 5100－2016	塑料焊接机具　热熔焊机		2017－4－1	行业标准公告 2016 年第 56 号
	98	323	HG/T 5101－2016	塑料焊接机具　电熔焊机		2017－4－1	行业标准公告 2016 年第 56 号
	99	324	HG/T 5102－2016	塑料焊条		2017－4－1	行业标准公告 2016 年第 56 号
	100	325	HG/T 5103－2016	塑料冷焊接工艺评定		2017－4－1	行业标准公告 2016 年第 56 号
	101	326	HG/T 5104－2016	塑料冷焊接工艺规程		2017－4－1	行业标准公告 2016 年第 56 号
	102	337	HG/T 5084－2016	紫外线吸收剂　2－羟基－4－正辛氧基二苯甲酮(UV－531)		2017－4－1	行业标准公告 2016 年第 56 号
	103	348	HG/T 5113－2016	热塑性弹性体　电线电缆用苯乙烯类材料		2017－4－1	行业标准公告 2016 年第 56 号
	104	372	HG/T 5115－2016	橡塑管板材发泡成型设备		2017－4－1	行业标准公告 2016 年第 56 号
	105	452	JC/T 941－2016	门窗用玻璃纤维增强塑料拉挤型材	JC/T 941－2004	2017－4－1	行业标准公告 2016 年第 56 号
	106	454	JC/T 2387－2016	聚苯乙烯泡沫(EPS)复合装饰线		2017－4－1	行业标准公告 2016 年第 56 号
	107	455	JC/T 1072－2016	防水卷材生产企业质量管理规程	JC/T 1072－2008	2017－4－1	行业标准公告 2016 年第 56 号
	108	461	QB/T 2570－2016	贴标机	QB/T 2570－2002	2017－4－1	行业标准公告 2016 年第 56 号

	109	462	QB/T 2632－2016	饮料机械　热灌装拧盖机	QB/T 2632－2004	2017－4－1	行业标准公告2016年第56号
	110	501	FZ/T 50036－2016	聚乙烯醇纤维 热水减量试验方法		2017－4－1	行业标准公告2016年第56号
	111	527	FZ/T 93029－2016	塑料粗纱筒管	FZ/T 93029－1994	2017－4－1	行业标准公告2016年第56号

（田岩　周黎丽）

2016年塑料相关国家标准、行业标准制修订计划表

国标 第一批

总序号	序号	项目编号	计划编号	项目名称	标准性质	制修订	代替标准号	采用国际标准	完成时间	主管部门	归口单位	起草单位
1	37	2015109319	20160607－T－469	绿色包装评价方法与准则	推荐	制定			2017	国家标准化管理委员会	全国包装标准化技术委员会	国家包装产品质量监督检验中心（济南）、中国出口商品包装研究所等
2	38	2015111054	20160787－T－469	标准化工作导则　第1部分：标准的结构和编写	推荐	修订	GB/T 1.1－2009	ISO/IEC Directives—Part 2：2011	2017	国家标准化管理委员会	全国标准化原理与方法标准化技术委员会	中国标准化研究院
3	39	2014090189	20160660－T－469	标准化人员专业资格测评指南 第1部分：分级与要求	推荐	制定			2018	国家标准化管理委员会	全国标准化原理与方法标准化技术委员会	中国标准化研究院、中国人事科学研究院、中国计量学院、中国标准化协会

续表

国标 第一批

总序号	序号	项目编号	计划编号	项目名称	标准性质	制修订	代替标准号	采用国际标准	完成时间	主管部门	归口单位	起草单位
4	71	2015107765	20160778 - T - 469	隔热耐火材料导热系数试验方法(量热计法)	推荐	修订	GB 18006.1 - 2009		2016	国家标准化管理委员会	全国耐火材料标准化技术委员会	中钢集团洛阳耐火材料研究院有限公司等
5	72	2015107754	20160777 - T - 469	耐火材料导热系数试验方法(铂电阻温度计法)	推荐	制定			2016	国家标准化管理委员会	全国耐火材料标准化技术委员会	武汉科技大学等
6	130	2015108184	20160665 - T - 469	聚氯乙烯制品中邻苯二甲酸酯成分的快速检测方法 红外光谱法	推荐	制定			2016	国家标准化管理委员会	全国质量监管重点产品检验方法标准化技术委员会	广州质量监督检测研究院
7	131	2015104782	20160666 - T - 469	运输包装件性能测试规范	推荐	制定			2016	国家标准化管理委员会	全国质量监管重点产品检验方法标准化技术委员会	深圳市计量质量检测研究院

8	303	2015106620	20160716 – T – 606	数字印刷版材中残留溶剂的检测 顶空 – 气相色谱法	推荐	制定			2017	中国石油和化学工业联合会	全国数码影像材料与数字印刷材料标准化技术委员会	乐凯华光印刷科技有限公司
9	304	2015105159	20160696 – T – 606	塑料 热塑性聚酯\酯和聚醚\酯模塑和挤塑弹性体 第1部分:命名系统和分类基础	推荐	制定		ISO 14910 – 1:2013	2018	中国石油和化学工业联合会	全国塑料标准化技术委员会	金发科技股份有限公司、中蓝晨光化工研究设计院有限公司、黎明化工研究设计院有限责任公司
10	305	2015105119	20160695 – T – 606	塑料 聚醚多元醇\聚合物多元醇 醛酮含量的测定	推荐	制定			2018	中国石油和化学工业联合会	全国塑料标准化技术委员会	中国石化资产经营管理有限公司上海高桥分公司、江苏长华聚氨酯科技有限公司
11	310	2015108188	20160707 – T – 606	塑料中空成型机能耗检测方法	推荐	制定			2017	中国石油和化学工业联合会	全国橡胶塑料机械标准化技术委员会	苏州同大机械有限公司、江苏维达机械有限公司、北京橡胶工业研究设计院、山东通佳重工有限公司、国家塑料机械产品质量监督检验中心

续表

国标 第一批

总序号	序号	项目编号	计划编号	项目名称	标准性质	制修订	代替标准号	采用国际标准	完成时间	主管部门	归口单位	起草单位
12	311	2015108190	20160708－T－606	橡胶塑料机械 术语	推荐	制定			2017	中国石油和化学工业联合会	全国橡胶塑料机械标准化技术委员会	北京橡胶工业研究设计院、大连塑料机械研究所、益阳橡胶塑料机械集团有限公司、天华化工机械及自动化研究设计院有限公司、软控股份有限公司、海天塑机集团有限公司、天津赛象股份有限公司、桂林橡胶机械厂、广东金明精机股份有限公司、巨轮智能装备股份有限公司。
13	322	2015109463	20160732－T－333	装配式玻纤增强无机材料复合保温墙体技术要求	推荐	制定			2016	住房和城乡建设部	全国建筑构配件标准化技术委员会	中国建筑标准设计研究院有限公司、卓达新材料科技集团有限公司
14	326	2015109329	20160731－T－333	建筑门窗耐火完整性试验方法及判定要求	推荐	制定			2017	住房和城乡建设部	全国建筑幕墙门窗标准化技术委员会	中国建筑科学研究院、中国建筑标准设计研究院有限公司、中国建筑金属结构协会、广东省建筑科学研究院集团股份有限公司、河南省建筑科学研究院有限公司、上海市建筑科学研究院有限公司、广东坚朗五金制品股份有限公司、苏州金刚防火钢型材系统有限公司等

15	328	2015109504	20160728 – T – 333	建筑外门窗保温性能分级及检测方法	推荐	修订	GB/T 8484 – 2008		2017	住房和城乡建设部	全国建筑幕墙门窗标准化技术委员会	中国建筑科学研究院、上海市建筑科学研究院有限公司、广东省建筑科学研究院、清华大学建筑学院、新疆大学建筑工程学院、河南省建筑科学研究院有限公司、山东省建筑科学研究院、泰诺风保泰（苏州）隔热材料有限公司等
国标 第二批												
16	9	2015111187	20160932 – T – 469	固体废物分类及利用方式	推荐	制定			2018	国家标准化管理委员会	全国产品回收利用基础与管理标准化技术委员会	中国标准化研究院等
17	182	2015111485	20160913 – T – 609	绿色建材评价技术要求绝热材料	推荐	制定			2017	中国建筑材料联合会	全国绝热材料标准化技术委员会	南京玻璃纤维研究设计院有限公司

续表

国标 第二批

总序号	序号	项目编号	计划编号	项目名称	标准性质	制修订	代替标准号	采用国际标准	完成时间	主管部门	归口单位	起草单位
18	184	2015111502	20160914－T－609	绿色建材评价技术要求 防水与密封材料	推荐	制定			2017	中国建筑材料联合会	全国轻质与装饰装修建筑材料标准化技术委员会	国家防水与节水材料产品质量监督检验中心、中国建材检验认证集团股份有限公司
19	192	2015107580	20161303－T－607	玩具产品　聚碳酸酯和聚砜材料中双酚 A 迁移量的测定 高效液相色谱－质谱联用法	推荐	制定			2017	中国轻工业联合会	全国玩具标准化技术委员会	广东出入境检验检疫局检验检疫技术中心玩具婴童用品实验室等
20	201	2016100404	20161327－T－606	光学功能薄膜　聚对苯二甲酸乙二醇酯（PET）薄膜　萃取值测定方法	推荐	制定			2018	中国石油和化学工业联合会	全国光学功能薄膜材料标准化技术委员会	合肥乐凯科技产业有限公司、中国乐凯集团有限公司
21	202	2016100408	20161328－T－606	光学功能薄膜 性能测试方法	推荐	制定			2017	中国石油和化学工业联合会	全国光学功能薄膜材料标准化技术委员会	宁波激智科技股份有限公司、合肥乐凯科技产业有限公司、中科院宁波材料所、浙江大学宁波理工学院

22	206	2016100299	20161325 - T - 606	太阳能光伏背板覆膜用胶黏剂	推荐	制定			2017	中国石油和化学工业联合会	全国胶粘剂标准化技术委员会	湖北回天新材料股份有限公司、上海橡胶制品研究所有限公司
国标 第三批												
23	94	2015106021	20161619 - T - 604	印刷机械 柔性版数字直接制版机	推荐	制定			2017	中国机械工业联合会	全国印刷机械标准化技术委员会	广州市爱司凯科技股份有限公司
24	105	2015111464	20161719 - T - 607	热塑性塑料球阀	推荐	制定		ISO 16135:2006	2018	中国轻工业联合会	全国塑料制品标准化技术委员会	上海三山信邦科技有限公司
25	106	2015111465	20161720 - T - 607	热塑性塑料闸阀	推荐	制定		ISO 16139:2006	2018	中国轻工业联合会	全国塑料制品标准化技术委员会	上海三山信邦科技有限公司
26	107	2015111466	20161721 - T - 607	聚烯烃管材、管件和混配料中颜料或炭黑分散度的测定	推荐	修订	GB/T 18251 - 2008	ISO 18553:2002	2017	中国轻工业联合会	全国塑料制品标准化技术委员会	中国石油化工股份有限公司北京燕山分公司树脂应用研究所

续表

国标 第三批

总序号	序号	项目编号	计划编号	项目名称	标准性质	制修订	代替标准号	采用国际标准	完成时间	主管部门	归口单位	起草单位
27	108	2015111524	20161722 - T - 607	埋地用聚乙烯（PE）结构壁管道系统 第一部分：聚乙烯双壁波纹管材	推荐	修订	GB/T 19472.1 - 2004	ISO 21138 - 3 - 2007	2017	中国轻工业联合会	全国塑料制品标准化技术委员会	安徽国通高新管业股份有限公司等
28	109	2016100071	20161723 - T - 607	可盘绕式增强塑料复合管 第1部分：纤维增强热塑性塑料复合连续管	推荐	制定			2018	中国轻工业联合会	全国塑料制品标准化技术委员会	河北宇通特种胶管有限公司
29	110	2015111500	20161724 - T - 607	热塑性塑料管材、管件及阀门通用术语及其定义	推荐	修订	GB/T 19278 - 2003		2017	中国轻工业联合会	全国塑料制品标准化技术委员会	轻工业塑料加工应用研究所
30	127	2016101347	20161735 - T - 606	接触食品用胶乳手套萃取物与试验方法	推荐	制定		ISO 14285：2014（E）	2017	中国石油和化学工业联合会	全国橡胶与橡胶制品标准化技术委员会	上海市质量监督检验技术研究院、国家乳胶制品质量监督检验中心、深圳市药品检验研究院、中国化工株洲橡胶研究设计院有限公司、桂林紫竹乳胶制品有限公司

国标第四批

31	93	2016101887	20162682－T－469	品牌价值评价　自主创新企业	推荐	制定			2047	国家标准化管理委员会	全国品牌评价标准化技术委员会	深圳市标准技术研究院、中国品牌建设促进会
32	353	2016101745	20162567－T－607	密胺塑料餐具和脲醛塑料餐具的鉴别傅里叶变换红外光谱法	推荐	制定			2017	中国轻工业联合会	全国食品直接接触材料及制品标准化技术委员会	南京市产品质量监督检验院等
33	354	2016100538	20162576－T－607	食品包装评价技术通则	推荐	制定			2018	中国轻工业联合会	全国食品直接接触材料及制品标准化技术委员会	中国标准化研究院等
34	355	2016100539	20162577－T－607	食品包装选择及设计	推荐	制定			2017	中国轻工业联合会	全国食品直接接触材料及制品标准化技术委员会	中国标准化研究院等

续表

国标 第四批

总序号	序号	项目编号	计划编号	项目名称	标准性质	制修订	代替标准号	采用国际标准	完成时间	主管部门	归口单位	起草单位
35	357	2015108686	20162685 - T - 607	食品包装用氧化物阻隔透明塑料复合膜、袋	推荐	制定			2017	中国轻工业联合会	全国食品直接接触材料及制品标准化技术委员会	福建省产品质量检验研究院、厦门金德威包装有限公司、厦门顺峰包装材料有限公司、江苏彩华包装集团公司等
36	358	2015103722	20162578 - T - 607	文具中苯、甲苯、乙苯及二甲苯的测定方法 气相色谱法	推荐	制定			2017	中国轻工业联合会	全国文具标准化技术委员会	国家文教用品质量监督检验中心
37	368	2016100701	20162627 - T - 513	塑料 聚苯乙烯和抗冲聚苯乙烯中残留苯乙烯单体含量的测定 气相色谱法	推荐	制定		ISO 2561:2012	2018	中国石油化工集团公司	全国塑料标准化技术委员会	中国石油天然气股份有限公司石油化工研究院

行标第一批

总序号	序号	计划号	项目名称	性质	制修订	代替标准	采标情况	完成年限	主管部门	技术委员会或技术归口单位	主要起草单位
1	4	2016 - 0004T - HG	扩散复合聚对苯二甲酸乙二醇酯(PET)薄膜	推荐	制定			2018	原材料工业司	全国光学功能薄膜材料标准化技术委员会	合肥乐凯科技产业有限公司、中国乐凯集团有限公司、宁波激智科技股份有限公司

2	5	2016－0005T－HG	耐高温透明高阻隔膜	推荐	制定			2018	原材料工业司	全国光学功能薄膜材料标准化技术委员会	中国乐凯集团有限公司、合肥乐凯科技产业有限公司
3	6	2016－0006T－HG	铟锡氧化物（ITO）镀膜用折射率匹配硬化膜	推荐	制定			2017	原材料工业司	全国光学功能薄膜材料标准化技术委员会	合肥乐凯科技产业有限公司、张家港康德新光电有限公司、汕头万顺光电有限公司
4	21	2016－0021T－HG	聚氧化乙烯	推荐	制定			2017	原材料工业司	全国塑料标准化技术委员会	上海化工研究院、上海联胜化工有限公司等
5	78	2016－0078T－HG	鞋用热熔胶粘剂	推荐	制定			2017	原材料工业司	全国胶粘剂标准化技术委员会	上海轻工业研究所有限公司、上海理日化工新材料有限公司、上海橡胶制品研究所有限公司
6	96	2016－0096T－HG	数码喷绘用 PVC 薄膜	推荐	制定			2017	原材料工业司	全国数码影像材料与数字印刷材料标准化技术委员会	南通百纳数码新材料股份有限公司、上海纳尔数码喷印材料股份有限公司、浙江汇锋新材料有限公司

续表

总序号	序号	计划号	项目名称	性质	制修订	代替标准	采标情况	完成年限	主管部门	技术委员会或技术归口单位	主要起草单位
行标第一批											
7	98	2016－0098T－HG	甲基丙烯酸甲酯、丁二烯、苯乙烯三元共聚物(MBS)树脂	推荐	制定			2017	原材料工业司	全国塑料标准化技术委员会	上海天坛助剂有限公司、中蓝晨光化工研究设计院有限公司、浙江皇马科技股份有限公司
8	99	2016－0099T－HG	热塑性聚氨酯(TPU)颗粒料	推荐	制定			2018	原材料工业司	全国塑料标准化技术委员会聚氨酯塑料分会	浙江华峰热塑性聚氨酯有限公司、黎明化工研究设计院有限责任公司等
9	106	2016－0106T－JC	建筑用硬质聚氯乙烯泡沫塑料复合铝板(AEP板)	推荐	制定			2018	原材料工业司	全国轻质与装饰装修建筑材料标准化技术委员会	中国建材检验认证集团股份有限公司
行标第二批											
10	10	2016－0465T－JC	热固型膨胀聚苯板	推荐	制定			2018	原材料工业司	中国建筑材料联合会	建筑材料工业技术监督研究中心
11	287	2016－0742T－JB	塑料注射模热流道系统 零件 第1部分:技术条件	推荐	制定			2018	装备工业司	全国模具标准化技术委员会	深圳市米高科技有限公司、桂林电器科学研究院有限公司等
12	288	2016－0743T－JB	塑料注射模热流道系统 零件 第2部分:热流道板	推荐	制定			2018	装备工业司	全国模具标准化技术委员会	深圳市米高科技有限公司、桂林电器科学研究院有限公司等

13	289	2016－0744T－JB	塑料注射模热流道系统 零件 第3部分:热喷嘴	推荐	制定			2018	装备工业司	全国模具标准化技术委员会	深圳市米高科技有限公司、桂林电器科学研究院有限公司等
14	290	2016－0745T－JB	塑料注射模热流道系统 零件 第4部分:热流道浇口套	推荐	制定			2018	装备工业司	全国模具标准化技术委员会	深圳市米高科技有限公司、桂林电器科学研究院有限公司等
15	291	2016－0746T－JB	塑料注射模热流道系统 零件 第5部分:流道板定位环	推荐	制定			2018	装备工业司	全国模具标准化技术委员会	深圳市米高科技有限公司、桂林电器科学研究院有限公司等
16	292	2016－0747T－JB	塑料注射模热流道系统 零件 第6部分:承压垫片	推荐	制定			2018	装备工业司	全国模具标准化技术委员会	深圳市米高科技有限公司、桂林电器科学研究院有限公司等
17	293	2016－0748T－JB	塑料注射模热流道系统 零件 第7部分:阀针导向套	推荐	制定			2018	装备工业司	全国模具标准化技术委员会	深圳市米高科技有限公司、桂林电器科学研究院有限公司等
18	294	2016－0749T－JB	塑料注射模热流道系统 零件 第8部分:阀针	推荐	制定			2018	装备工业司	全国模具标准化技术委员会	深圳市米高科技有限公司、桂林电器科学研究院有限公司等
19	295	2016－0750T－JB	塑料注射模热流道系统 零件 第9部分:管状加热器	推荐	制定			2018	装备工业司	全国模具标准化技术委员会	深圳市米高科技有限公司、桂林电器科学研究院有限公司等

续表

行标第二批

总序号	序号	计划号	项目名称	性质	制修订	代替标准	采标情况	完成年限	主管部门	技术委员会或技术归口单位	主要起草单位
20	342	2016－0797T－JB	平版印刷机 橡皮滚筒自动清洗装置	推荐	制定			2018	装备工业司	全国印刷机械标准化技术委员会	宁波久源润滑设备制造有限公司、北人集团公司、北京印刷机械研究所
21	343	2016－0798T－JB	印刷机械 印刷测试版	推荐	制定			2018	装备工业司	全国印刷机械标准化技术委员会	北京印刷学院、北京汉德图像设备有限公司、北人集团公司
22	370	2016－0825T－QB	制鞋机械 立式注料鞋底成型机	推荐	制定			2018	消费品工业司	全国轻工机械标准化技术委员会皮革机械分技术委员会	东莞东瑞机械科技有限公司
23	373	2016－0828T－QB	制鞋机械 热熔主跟蒸软机	推荐	制定			2018	消费品工业司	全国轻工机械标准化技术委员会皮革机械分技术委员会	东莞市博恒机电科技有限公司
24	377	2016－0832T－QB	制鞋机械 主跟成型机	推荐	制定			2018	消费品工业司	全国轻工机械标准化技术委员会皮革机械分技术委员会	东莞市元兴锋机械有限公司
25	387	2016－0842T－QB	罐藏食品用复合塑料容器高阻隔性盖膜	推荐	制定			2019	消费品工业司	全国食品工业标准化技术委员会罐头分技术委员会	中国食品发酵工业研究院、中国罐头工业协会、可乐丽国际贸易上海有限公司等

26	388	2016－0843T－QB	罐藏食品用高阻隔（EVOH）复合塑料容器通用技术规范	推荐	制定		ISO 14663－2：1999，NEQ	2019	消费品工业司	全国食品工业标准化技术委员会罐头分技术委员会	中国食品发酵工业研究院、中国罐头工业协会、青岛普什宝枫实业有限公司等
27	390	2016－0845T－QB	冷热水用纤维复合聚丙烯管材	推荐	制定			2018	消费品工业司	全国塑料制品标准化技术委员会	北京绿色倡导建材技术中心
28	391	2016－0846T－QB	土工合成材料 四向拉伸塑料土工格栅	推荐	制定			2018	消费品工业司	全国塑料制品标准化技术委员会	泰安路德工程材料有限公司
29	392	2016－0847T－QB	雨水蓄水池用塑料模块	推荐	制定			2018	消费品工业司	全国塑料制品标准化技术委员会	北京市建筑设计研究院有限公司
30	539	2016－0994T－SJ	光伏用紫外老化试验箱辐照性能测试方法	推荐	制定			2018	电子信息司	全国半导体材料和设备标准化技术委员会	福建省计量科学研究院
31	540	2016－0995T－SJ	光伏组件背板用氟塑料薄膜	推荐	制定			2018	电子信息司	全国半导体材料和设备标准化技术委员会	中国电子技术标准化研究院
32	541	2016－0996T－SJ	柔性薄膜光伏组件用前挡膜	推荐	制定			2018	电子信息司	全国半导体材料和设备标准化技术委员会	汉能控股集团有限公司
33	780	2016－1235T－AH	家用和类似用途制冷器具用热塑性弹性体门密封条	推荐	制定			2018	消费品司、安徽经信委	全国家用电器标准化技术委员会	安徽万朗磁塑集团有限公司
34	782	2016－1237T－AH	淀粉基一次性托盘	推荐	制定			2018	消费品司、安徽经信委	全国轻工机械标准化技术委员会	安徽鑫科生物环保有限公司

续表

行标第二批

总序号	序号	计划号	项目名称	性质	制修订	代替标准	采标情况	完成年限	主管部门	技术委员会或技术归口单位	主要起草单位
35	784	2016－1239T－AH	窗纱用高分子复合膜材料	推荐	制定			2018	原材料司、安徽经信委	全国化学标准化技术委员会	合肥利阳环保科技有限公司 安徽省利特环保技术有限公司 安徽建筑大学

行标第三批

总序号	序号	计划号	项目名称	性质	制修订	代替标准	采标情况	完成年限	主管部门	技术委员会或技术归口单位	主要起草单位
36	12	2016－1254T－HG	白色聚对苯二甲酸乙二醇酯(PET)反射膜	推荐	制定			2018	原材料工业司	全国光学功能薄膜材料标准化技术委员会	合肥乐凯科技产业有限公司、天津乐凯薄膜有限公司
37	13	2016－1255T－HG	光学扩散膜	推荐	制定			2018	原材料工业司	全国光学功能薄膜材料标准化技术委员会	宁波激智科技股份有限公司、合肥乐凯科技产业有限公司、中科院宁波材料所、浙江大学宁波理工学院
38	14	2016－1256T－HG	偏光眼镜片用三醋酸纤维素(TAC)硬化薄膜	推荐	制定			2018	原材料工业司	全国光学功能薄膜材料标准化技术委员会	合肥乐凯科技产业有限公司、深圳市盛波光电科技有限公司
39	15	2016－1257T－HG	阻燃化学品 含氮磷笼型大分子膨胀型阻燃剂	推荐	制定			2018	原材料工业司	全国化学标准化技术委员会	四川卓安新材料科技有限公司、四川精细化工研究院，北京理工大学

40	16	2016－1258T－HG	合成水滑石聚烯烃吸酸剂	推荐	制定			2018	原材料工业司	全国化学标准化技术委员会无机化工分会	北京化工大学、中海油天津化工研究设计院
41	17	2016－1259T－HG	合成水滑石吸附剂	推荐	制定			2018	原材料工业司	全国化学标准化技术委员会无机化工分会	北京化工大学、中海油天津化工研究设计院
42	113	2016－1355T－HG	对苯二甲酸二辛酯(DOTP)	推荐	修订	HG/T 2423－2008		2018	原材料工业司	全国橡胶与橡胶制品标准化技术委员会化学助剂分技术委员会	浙江建业化工股份有限公司、山东蓝帆化工有限公司、河南庆安化工高科技股份有限公司
43	114	2016－1356T－HG	偏苯三酸三(2－乙基己)酯(TOTM)	推荐	修订	HG/T 3874－2006		2018	原材料工业司	全国橡胶与橡胶制品标准化技术委员会化学助剂分技术委员会	百川化工(如皋)有限公司、山东蓝帆化工有限公司、河南庆安化工高科技股份有限公司
44	118	2016－1360T－SH	塑料 结晶度的测定 X射线衍射法	推荐	制定			2018	原材料工业司	全国塑料标准化技术委员会石化塑料树脂产品分会	中国石油石油化工研究院、中国石化北京燕山分公司树脂应用研究所等

续表

行标第三批

总序号	序号	计划号	项目名称	性质	制修订	代替标准	采标情况	完成年限	主管部门	技术委员会或技术归口单位	主要起草单位
45	119	2016－1361T－SH	塑料 热塑性聚酯中锑含量的测定	推荐	制定			2018	原材料工业司	全国塑料标准化技术委员会石化塑料树脂产品分会	中国石化上海石油化工研究院、中国石化仪征化纤有限责任公司、中国石化天津分公司、中国石化上海石油化工股份有限公司
46	129	2016－1371T－JC	乙烯－乙酸乙烯共聚物改性防水板中乙酸乙烯含量的测定方法	推荐	制定			2018	原材料工业司	中国建筑材料联合会	中国建材检验认证集团股份有限公司
47	144	2016－1386T－JC	坡屋面用防水材料 高分子泛水材料	推荐	制定			2018	原材料工业司	全国轻质与装饰装修建筑材料标准化技术委员会建筑防水材料分技术委员会	中国建筑防水协会、中国建材检验认证集团苏州有限公司、中国建筑材料科学研究总院苏州防水研究院、曼宁家（上海）投资管理有限公司
48	210	2016－1460T－QB	人造革合成革试验方法 挥发性有机化合物的测定	推荐	制定			2018	消费品工业司	全国塑料制品标准化技术委员会	昆山阿基里斯人造皮有限公司

49	222	2016－1472T－QB	制鞋机械 聚氯乙烯面材保压成型机	推荐	制定			2018	消费品工业司	全国轻工机械标准化技术委员会皮革机械分技术委员会	江苏坤泰机械有限公司
50	237	2016－1487T－QB	包装用聚乙烯醇薄膜	推荐	制定			2018	消费品工业司	全国塑料制品标准化技术委员会	轻工业塑料加工应用研究所
51	238	2016－1488T－QB	个人卫生护理用流延聚乙烯薄膜	推荐	制定			2018	消费品工业司	全国塑料制品标准化技术委员会	佛山佛塑科技集团股份有限公司
52	327	2016－1577T－AH	建筑用亚克力装饰板	推荐	制定			2019	原材料司、安徽经信委	全国轻质与装饰装修建筑材料标准化技术委员会	安徽新胜塑料科技有限公司
53	329	2016－1579T－AH	二聚酸型聚酰胺胶粘剂	推荐	制定			2018	原材料司、安徽经信委	全国胶粘剂标准化技术委员会	安庆市虹泰新材料有限责任公司、广东天龙油墨集团股份有限公司、东莞市承泰鞋材有限公司、江阴市兴隆特种油墨有限公司
54	332	2016－1582T－AH	聚氯乙烯(PVC)防水革	推荐	制定			2019	消费品司、安徽经信委	全国塑料制品标准化技术委员会	安徽玉堂雨具有限公司

续表

行标第四批

总序号	序号	计划号	项目名称	性质	制修订	代替标准	采标情况	完成年限	主管部门	技术委员会或技术归口单位	主要起草单位
55	7	2016－1589T－HG	塑胶地板用紫外光（UV）固化涂料	推荐	制定			2018	原材料工业司	全国涂料和颜料标准化技术委员会	湖南邦弗特新材料技术有限公司、中海油常州涂料化工研究院有限公司
56	9	2016－1591T－HG	苯基硅烷偶联剂	推荐	制定			2019	原材料工业司	全国橡胶与橡胶制品标准化技术委员会化学助剂分技术委员会	荆州市江汉精细化工有限公司、曲阜晨光化工有限公司
57	25	2016－1607T－HG	导热灌封胶	推荐	制定			2018	原材料工业司	全国胶粘剂标准化技术委员会	中蓝晨光化工研究设计院有限公司、上海橡胶制品研究所有限公司
58	26	2016－1608T－HG	聚乙烯与金属粘接用热熔胶	推荐	制定			2018	原材料工业司	全国胶粘剂标准化技术委员会	上海邦中高分子材料有限公司、上海橡胶制品研究所有限公司
59	28	2016－1610T－HG	石墨散热压敏胶粘片	推荐	制定			2018	原材料工业司	全国胶粘剂标准化技术委员会	苏州斯迪克新材料科技股份有限公司、上海橡胶制品研究所有限公司

60	42	2016－1624T－HG	增塑剂 己二酸二（2－丙基庚）酯	推荐	制定			2019	原材料工业司	全国橡胶与橡胶制品标准化技术委员会化学助剂分技术委员会	安徽香枫新材料股份有限公司、广州市北立塑料助剂有限公司、巢湖香枫塑胶助剂有限公司
61	153	2016－1735T－QB	聚偏氟乙烯（PVDF）薄膜的耐风沙测试方法	推荐	制定			2018	消费品工业司	全国塑料制品标准化技术委员会	杭州福膜新材料科技有限公司等
62	154	2016－1736T－QB	塑料防盗瓶盖 开启撕力的测定	推荐	制定			2018	消费品工业司	全国塑料制品标准化技术委员会	江阴市产品质量监督检验所等
63	163	2016－1745T－QB	液体油墨耐蒸煮性能的检验方法	推荐	制定			2019	消费品工业司	全国油墨标准化技术委员会	黄山新力油墨科技有限公司、洋紫荆油墨有限公司、DIC（上海）油墨有限公司
64	164	2016－1746T－QB	油墨摩擦牢度的检验方法	推荐	制定			2019	消费品工业司	全国油墨标准化技术委员会	洋紫荆油墨有限公司、上海牡丹油墨有限公司、浙江永在化工有限公司
65	165	2016－1747T－QB	油墨中苯类溶剂含量测定方法	推荐	制定			2019	消费品工业司	全国油墨标准化技术委员会	常熟国和新材料有限公司、洋紫荆油墨有限公司、北京印刷学院

续表

行标第四批

总序号	序号	计划号	项目名称	性质	制修订	代替标准	采标情况	完成年限	主管部门	技术委员会或技术归口单位	主要起草单位
66	168	2016－1750T－QB	制鞋机械 胶粘压合机	推荐	制定			2018	消费品工业司	全国轻工机械标准化技术委员会皮革机械分技术委员会	广东腾宏机械科技有限公司等
67	181	2016－1763T－QB	制鞋机械 移动注料鞋底成型机	推荐	制定			2018	消费品工业司	全国轻工机械标准化技术委员会皮革机械分技术委员会	东莞市元兴锋机械有限公司等
68	188	2016－1770T－QB	多重增强钢塑复合管及管件	推荐	制定			2018	消费品工业司	全国塑料制品标准化技术委员会	华创天元实业发展有限责任公司等
69	189	2016－1771T－QB	聚氯乙烯(PVC)热水袋	推荐	制定		BS 1970:2012	2018	消费品工业司	全国塑料制品标准化技术委员会	常州月丰塑料制品有限公司等
70	190	2016－1772T－QB	孔网钢带增强 PE(PP－H)螺旋波纹管	推荐	制定			2018	消费品工业司	全国塑料制品标准化技术委员会	山东新吉通塑业科技有限公司等
71	191	2016－1773T－QB	软质聚氯乙烯板(带)材	推荐	制定			2018	消费品工业司	全国塑料制品标准化技术委员会	河南谢人安防门帘有限公司等
72	372	2016－1949T－AH	平板式太阳能集热器板芯组件用吸热膜	推荐	制定			2019	消费品司、安徽经信委	全国轻工联合会	铜陵市宏安太阳能科技有限公司
73	373	2016－1950T－AH	平板式太阳能集热器整体背板	推荐	制定			2019	消费品司、安徽经信委	全国轻工联合会	铜陵市宏安太阳能科技有限公司
74	376	2016－1953T－AH	塑料仿生鱼饵	推荐	制定			2018	消费品司、安徽经信委	全国文体用品标准化中心	安徽福斯特渔具有限公司、安徽省质量和标准化研究院、界首市市场监督管理局

（田岩　周黎丽）

重点企业介绍

山东陆宇橡塑集团

山东陆宇橡塑集团总部座落于东营国家级经济技术开发区，集团以塑胶管道和橡塑装备的制造为核心产业，截至目前，旗下拥有山东陆宇塑业、合海橡塑装备、合海轮胎、中海能源（新加坡）、宝塑实业、香港海景实业等多家子公司，关联企业集科研、生产、营销和服务为一体，密切结合，相互促进，实现了一体化战略经营的集团效应。

山东陆宇塑胶工业有限公司是陆宇集团旗下最为重要的成员企业，致力于各类塑胶管道的研发与生产，注册资本壹亿零捌拾万元人民币，总投资20亿元，占地面积300余亩，下设2个工业园区，产能达20万吨/年，是国内同行业产销量最大的生产企业之一，综合实力位居同行业前列。公司顺利通过三体系认证，获得新华节水和环境标志产品认证，连续多年被评定为省级守合同重信用企业，并于2016年被评定为国家级守合同重信用企业，是水利部农村饮水安全重点推广单位。公司先后获得中国驰名商标、中国建材500强、山东名牌、山东省著名商标、山东省最具市场竞争力品牌等荣誉称号。2011年陆宇实验室获批山东省唯一塑料管道系统工程技术研究中心，2012年山东陆宇塑业由中国塑料加工工业协会理事单位升格为副理事长单位。

全体陆宇人将始终以“塑造一流团队，争创一流品牌。勇担社会责任，共享企业发展”为企业使命，坚持“以品质为顾客创造价值，做行业内最具品牌影响力企业”为企业愿景，秉承“专业品质，真诚服务”的经营理念，视产品品质为企业生命，不断加强自主创新，追求以"优质的产品、合理的售价、贴切的服务"奉献社会，不辜负各界朋友和广大用户多年来对山东陆宇塑业的支持与关爱。期待与您精诚合作，携手并进，共谋发展，共创美好未来！

广东伊之密精密机械股份有限公司

广东伊之密精密机械股份有限公司创始于2002年，立足中国广东，放眼全球发展，专注模压成型装备制造领域，是一家集设计、研发、生产、销售及服务为一体的装备供应商。

作为中国装备技术领域的标杆企业，伊之密现已成立注塑机、压铸机、橡胶注射成型机、高速包装系统、机器人自动化集成系统等多个事业部，在装备制造领域实现多元化发展。全球化经营下，伊之密的生产基地分布国内外，占地总面积近30万平方米，现拥有职工2500多名。

伊之密提升产品质量和服务水平，以高起点的技术平台始终位居行业前列，年收入复合增长率保持上升趋势。

2015年1月23日，伊之密成功登陆深交所A股市场（股票代码：300415），成为率先在深交所创业板上市的模压成型装备制造企业。

伊之密引入IPD产品集成研发管理模式，完善产品升级换代。不断加大创新投入，2015年研发费用支出已突破六千万元，科研成果硕果累累，至今已取得逾一百三十项技术专利并喜获中国塑料机械工业协会副会长单位、国家级高新技术企业及国家级火炬计划项目实施单位，拥有省级企业技术中心、工程中心并先后设立了博士后科研工作站和院士工作站。

2011年伊之密收购美国百年企业HPM的全部知识产权，实现双品牌战略。在全球，伊之密有多个技术服务中心和30多个海外经销商，业务覆盖60多个国家和地区。另外，伊之密将在印度、南美、欧洲等重要海外市场建立海外生产基地及技术中心，为全球客户提供更好的产品和服务。

伊之密在国内先后建立起顺德高黎、五沙、苏州吴江三大生产基地，实现产能全面升级，并在印度等新兴国家设立海外生产基地，印度生产基地已于2017年6月正式投产。

宁波力劲机械有限公司

宁波力劲机械有限公司隶属香港力劲科技集团，位于宁波经济技术开发区，占地面积10万平方米，成立于2002年。

宁波力劲机械有限公司是知名大型重型机械制造企业，主要生产通用型伺服精密注塑机、超大型两板式精密注塑机、双色/三色精密注塑机、全电动精密注塑机、直压式精密注塑机、微结构精密注塑机。

公司具有强大的研发设计、生产制造与检验测试能力，产品技术性能国内领先，国际先进。工程研发拥有一批在行业内具有中、高级职称的资深研发队伍，并与多所科研机构和知名高校长期合作，已取得多项国家专利。公司拥有数十台国际著名大型 CNC 加工中心，并配备超大型三坐标等先进检测设备。公司全面采用 ERP 管理系统、ISO9001 质量体系，是国家级高新技术企业。

广东彩虹德记塑胶颜料股份有限公司

中文名称：广东彩虹德记塑胶颜料股份有限公司

英文名称：Rainbow Plastic Colours Co.，Ltd.

法定代表人：季德虎

住所：东莞市凤岗镇福民工业区

邮编：523707

电话：0769－87777113

传真：0769－87770858

网址：http：//www.chpigment.com

电子邮箱：dgchpigment@163.com

主营业务：从事为客户提供全色谱全塑料一揽子着色配方设计和颜料、助剂的供应，同时从事色母粒的研发、生产和销售

经营范围：塑料色母颗粒、颜料（不含危险化学品）的生产、研发及技术服务；销售：颜料绿，颜料兰，颜料黄，颜料红，颜料橙，塑料助剂（不含化学危险品）；货物进出口、技术进出口。（依法须经批准的项目，经相关部门批准后方可开展经营活动）彩虹公司是塑胶着色国产化倡导者，和实施着色配方国产化的领跑者，专业为塑胶行业提供全色谱全塑料一揽子着色配方设计，及颜料，助剂供应。打破西方塑胶颜料几十年的绝对垄断地位，为我国塑料，橡胶行业着色降低成本，致力于打造在高分子材料着色行业中的中国制造！公司主要为下游客户提供颜料、助剂和色母粒等产品，客户主要分布在塑料、橡胶、油墨、油漆、涂料等行业，市场行业较为广泛，公司的产品主要销往广东、福建、江苏、浙江、北京等地。公司设有技术开发中心，其主要职责为负责公司新产品开发、技术服务、产品及原材料检验、产品特定项目检测及分析，目前由实验室、技术服务部、质检部构成。公司主要为塑胶行业客户提供全色彩的解决方案，核心竞争力体现在着色配方开发和客户黏性上。

彩虹颜料始终坚持发扬“诚信、创新、专注”为企业宗旨，以“技术、服务”为立业之本的团队精神，并形成了一套完整的售前咨询、着色方案设计、产品生产、配送及售后指导为一体的运营模式，目前彩虹颜料是国内最大的塑胶配色供应商。彩虹颜料先后被评为国家高新技术企业、广东省民营科技企业、东莞市上市重点扶持企业、东莞市优秀企业、东莞市纳税增长前十名企业、广东省高新技术企业、广东省著名商标、广东省守合同重信用企业、中国环保产品质量信得过重点品牌、中国塑协多功能母料会长单位等系列荣誉称号。彩虹公司已挂牌新三板，股票代码：871098

江苏晶雪节能科技股份有限公司

江苏晶雪节能科技股份有限公司，位于江苏省武进经济开发区丰泽路 18 号，是国内领先的冷藏库库体和节能厂房围护整体解决方案供应商，也是国内规模居前的节能保温板材生产厂家。经过 20 多年的发展，公司已经拥有两条国际先进的板材连续生产线，建成了一个十万平米的生产基地和遍布全国的销售网络，能够为客户提供节能保温围护系统的设计、生产、安装和围护的全方位服务，从而可以优质高效的完成客户订单，一站式地满足不同客户的个性化围护系统建设需求。

晶雪公司参与了 11 项国家及行业标准的起草修订，目前已获得 39 项发明及实用新型专利。2009 年参加 GB/T21558－2008《建筑绝热用硬质聚氨酯泡沫塑料》项目获得中国轻工业联合会科技进步三等奖。晶雪先后被评为“江苏省高新技术企业”“江苏省科技型中小企业”“江苏省民营科技企业”“江苏省质量信用 AAA 级企业”“常州市明星企业”。在技术研发上，公司不断加强研发基础建设，2012 年申请并成立了“江苏省冷链物流设备与材料工程技术研究中心”。2013 年公司的各类节能保温板材产品通过了美国 FM 认证，晶雪成为国内节能板材领域里通过该认证品种规格最多的企业。在品牌建设上，我公司为江苏省著名商标、江苏省名牌产品，并在 16 年先后获得了常州市质量管理先进单位、武进区区长质量奖。

作为节能保温板材的龙头企业，晶雪积极履约《蒙特利尔议定书》，成为国内首家进行环戊烷工艺替代 HCFC－141b 发泡剂的保温板材生产厂家。

晶雪公司下设上海晶雪节能科技有限公司和江苏晶雪节能环境工程有限公司两家全资子公司，分别专注于销售和安装业务。同时，晶雪拥有较强实力的研发团队和年轻化的后备力量，公司本着“以人为本，增强团队凝聚力”的团队建设思路，进一步完善人才选、育、用、留的机制，践行晶雪团队文化，有针对性的解决目前人才层次、结构问题，打造晶雪团队。

客户群方面，晶雪公司生产的“晶雪”“晶诺”品牌的各类 PU、PIR、岩棉新型节能板材、各类冷冻冷藏库门、工业门和升降平台，广泛的应用于冷链物流、超市、食品加工、生物医药、餐饮酒店、机场仓储、科研院校、工业厂房和建筑围护等领域，具有较高的市场占有率。为公司积累了大量的中高端客户，拥有良好的口碑，并成为众多世界500强和中国500强企业在节能保温围护系统建设中的首选。2015 年，巴西海军就重建南极站项目进行国际招标，晶雪一举成为巴西南极科考站的节能保温材料供应商。

晶雪依托丰富的行业经验和强大的研发团队，在项目前期设计阶段采用了国际上最先进的 3D 动态效果图，能够让客户非常直观的看到各类围护系统建成后的效果，功能区域的分布，以及晶雪是如何实现节能环保的。

总部：江苏省常州市武进西太湖科技产业园丰泽路 18 号

总机：0519－88791029

传真：0519－88061275

邮箱：jingxue@ jingxue. com

四川多联实业有限公司

四川多联实业有限公司（包含以下子、分公司：成都多联建材有限责任公司、成都市多联塑胶实业公司）是专业从事新型塑胶管道等水电建材领域系列产品研制、生产和销售的国家高新技术企业。自 1988 年成立以来，一直坚持以市场为导向、质量求生存、走自身发展之路，是目前国内同行业中成立早、规模大、品种齐、质量优、开发能力强的知名企业。公司拥有“多联”驰名商标，市场占有率名列全国同类企业前茅。

1992 年，多联公司以敢为人先的魄力，率先在西南地区开发“难燃 PVC 电线套管”填补了市场空白，为内地推广使用新型建材做出了卓越贡献。如今，公司拥有一支技术实力雄厚、精明强干的管理队伍和国内外领先的生产线和检测设备。现已形成民建管道、市政管道、精装管道、电工及卫浴洁具等系列产品（包括：难燃 PVC 电线套管、阻燃 PVC 电线精装管、PVC－U 环保排水管、PP－R 环保冷热给水管、PP－R 环保精装冷热给水管、PP－R 环保阻菌精装冷热给水管、PE 环保给水管、PE 环保燃气管、PE－RT 环保节能采暖管、PE 环保地源热泵管、PVC－U 环保双壁波纹管、PVC－U 环保通讯多孔管、HDPE 环保硅芯通讯管、CPVC 环保电力电缆保护管、MPP 环保电力电缆保护管、PE 环保双壁波纹管、PE 环保钢带增强螺旋波纹管、PE 环保钢丝网骨架给水管、灰色 PVC－U 环保排水弯管、开关面板、卫浴洁具、电线等），年产 10 万吨以上的生产能力。

公司坚持以质量为本，走品牌兴业之路，企业不断发展壮大。公司拥有稳定的质量管理体系，通过了 ISO9001－2008 质量管理体系、ISO14001－2004 环境管理体系和 OHSAS18001－2011 职业健康安全管理体系认证，公司每种产品均严格按照标准生产，每批产品均认真按质量标准检测，本着对社会负责，对用户负责的态度，向市场提供优质的产品，得到了社会的广泛认同。

本公司产品经国家多次市场监督抽检均质量合格，并被授予“质量合格好产品”的荣誉。1997 年“多联”品牌被四川省政府授予“四川名牌”称号后，又相继获得“国家高新技术企业”“国家免检产品”“中国环境标志产品”“中国塑料管道十大顶级品牌”“政府采购塑料管道十大品牌”“中国著名品牌”“中国优质产品”“新华节水认证”“绿色建筑选用产品”“中国房地产 500 强首选供应商品牌”“全国质量诚信标杆典型企业”“质量信用 AAA 等级企业”“中国 AAA 级信用企业”“中国人民银行 AAA 级信用企业”“中国塑料管道专业委员会理事单位”“中国质量检验协会副会长单位”“中国建材首选品牌”“全国公认十佳畅销品牌”和“地方名优产品”等荣誉。产品畅销全国及东南亚、中东、非洲等地区，深受用户好评和信赖。

承德市金建检测仪器有限公司

承德市金建检测仪器有限公司位于承德市高新技术产业开发区西区，是一家集试验机研发、生产和销售为一体的高新技术企业。承德金建主要生产智能化、机电一体化的非金属材料试验机，其中质控类试验机产品广泛应用于轻工、建材、汽车、纺织、航空航天、石化和化工等国民经济支柱行业的生产企业和质监质检系统对于塑料和橡胶原材料、塑料管材、板材和型材、塑料薄膜、各类橡塑材料制品、织造和非织产品及高新技术特殊制品等产品性能评价测试和监督检验检测；研究类试验机广泛应用于大专院校、研究院所和大中型企业对材料结构分析和制成品应用效果质量分析研究等。

承德金建目前主要生产40余个系列试验机产品，其中塑料制品测试仪器和设备主要包括塑料管道静液压试验机、冷热水循环试验机、管道系统适应性试验机、环刚度试验机、落锤试验机、检查井系列试验机、建筑型材试验机等，塑料原材料测试仪器主要包括万能试验机、简支梁和悬臂梁冲击试验机、热变形维卡软化点温度测定仪、熔体流动速率测定仪、全缺口蠕变试验机、超高分子量聚乙烯用磨耗试验机和超高分子量聚乙烯用定伸应力试验机等。承德金建试验机产品全部拥有自主知识产权，截至2016年已获得30多项国家发明和实用新型专利。“金建”商标为河北省著名商标，是建设部命名的全国唯一的“国家化学建材检测仪器科技示范工程产业化基地”，“河北省认定技术企业技术中心”，“纳税信用等级A级企业”，“河北省守合同重信用企业”。金建产品行全国省市、销欧美亚非，金建客户已遍布中、美、加、俄、意、日、澳等50多个国家及地区。

川路塑胶集团

成都川路塑胶集团创建于1986年，是一家专业生产新型化学建材的品牌企业，1988年，率先研发生产白色PVC排水管材管件，是国内研发生产管道及管件产品最早的企业之一。川路人以责任为己任，专注产品本身，始终坚持一个品牌，一个标准服务于市场。

公司秉承“有责任·更信任”的企业理念，不断创新，追求卓越，坚持诚信为本，携手共赢，以质取胜，奉献社会。

川路塑胶集团是国家级高新技术企业和政府培育型大企业，是中国塑料加工工业协会理事及管道分会副理事长单位和全国塑料制品标准化技术委员会委员兼SC3副主任委员单位。拥有国家授权的博士后科研工作站及数项国家产品专利，是四川大学高分子材料实验基地。荣获了中国驰名商标、中国环境标志产品、康居认证等荣誉称号，通过了ISO9001质量管理体系认证、ISO14001环境管理体系认证、GB/T28001－2001职业健康管理体系等认证，被评为中国市场用户满意第一品牌及中国管材管件业最具影响力品牌称号。

川路塑胶集团在全国拥有分公司、总经销、特约经销800余家和112个产品配送中心，组成了较完善的营销与服务网络，并与万科、恒大、华润、保利、中信等著名地产公司形成战略合作。“川路管材”、“川路型材”等系列产品广泛应用于国内（外）城市化建设的建筑给（排）水、建筑门窗、电器穿线、电网改造、市政建设、农网改造、石油化工、新农村建设等众多领域。主要工程包括：毛主席纪念堂改造、小平故里、钓鱼台国宾馆、西班牙、加拿大驻北京使馆改造、布达拉宫改造、四位机库、二滩水电站、北京2008奥运主体育馆、上海世博园、博鳌亚洲论坛会址、北京科技大学、万科中心（总部）、喀麦隆议会大厦、塞班国际五星级酒店、巴哈马国家体育馆、非洲索科马糖联甘蔗农场喷灌给水工程等。

川路塑胶集团以国家重大需求为导向，坚持以科学发展与自主创新为主要任务，投身于低碳、节能、环保的绿色建材行业，致力于为人们提供自然、健康的饮用水与温馨、舒适的生活空间。

公司地址：四川省成都市国家经济技术开发区车城西二路88号

网址：www. chuanlugroup. com

电话：028－84848275

华伟实业股份有限公司

华伟于公元1976年创立于中国台湾台中，以尼龙扎带制造起家，专注于尼龙扎带与配线器材的研发、制造、销售和服务，主要产品包括扎线带、电缆固定夹、电缆固定座、配线槽、波纹管、接线端子等各式紧固、保护、连接与标示配件，并于中国东莞、中国昆山、泰国春武里、泰国罗勇设立四处生产基地，事业经营版图横跨全球七十余国，为全球束带与配线器材领导大厂之一。

华伟致力于一贯化垂直整合作业，持续投注厂房整备与专业人力培育，从而提升产能效率、优化产品性能，生产基地更是通过ISO 9001、ISO/TS 16949、ISO 14001等质量暨环境管理系统验证，而相关产品亦取得UL、CE、CSA、ABS、DNV GL、BV、CQC等多项国际安全规范认证，并且符合RoHS指令、REACH法规及各种环保标准规范，对于拓展国际市场布局不遗余力。

华伟拥有深厚的技术能力与丰富的产业经验，并且结合研发、设计、生产、营销、物流等全方位支持系统，提供电子电机、通讯、汽车、船舶、轨道车辆、能源、建筑、零售等各产业市场多元解决方案，优质的产品及卓越的服务备受顾客肯定。

华伟实业股份有限公司
台湾台中市南屯区工业区26路1号
TEL：886－4－23597777
FAX：886－4－23596705～6
Email：service@ hwlok. com
http：//www. hwlok. com
东莞华伟配线器材有限公司
广东省东莞市樟木头镇裕丰村银丰工业区
TEL：86－769－87787166
FAX：86－769－87191555

日丰企业集团

日丰企业集团有限公司创建于1996年，是中国新型塑料管道研发生产与推广应用的技术先驱与龙头企业，中国给水管道升级、变革的重要推动者，是中国塑料加工工业协会塑料管道专业委员会副理事长单位，同时也是管道与卫浴全面发展的代表者。

20世纪九十年代，日丰在国内率先引进欧洲先进的技术与设备，开启新型管道研发生产道路，逐步改变国内长期使用镀锌水管的现状，引领中国众多新型管道企业的兴起与行业变革，成为新型塑料管道行业的最突出的领导者之一。

日丰产品现已涵盖给水、排水、采暖、燃气、套管、卫浴等领域，特别是日丰PP－R给水管道系统，凭借出色的产品表现与深入人心的“日丰管管用五十年”广告语，成为国内销量最大的品牌之一。

日丰产品还通过美国NSF、德国SKZ等60多项国际认证，畅销全球的100多个国家和地区，荣获全球亿万用户一致认可与广泛赞誉。

广东德塑科技有限公司

广东德塑科技有限公司始创于1989年，是一家专业生产塑料管道的大型民营科技企业。公司位于广东省鹤山市，占地面积305多亩，现有员工700多人，配置有包括德国克劳斯玛菲和巴顿菲尔在内的90多条先进的挤出生产线和60多台注塑生产设备，并建有配套齐全的综合实验室和模具加工中心，公司主要生产“德塑”牌PE给水管、PE燃气管、PE通信管、HDPE双壁波纹管、HDPE增强缠绕管（克拉管）、连续纤维增强聚乙烯（PE）复合压力管、PE－RT地暖管、PP－R冷热水管、PVC－U给/排水管、PVC难燃线槽/线管、PVC－U通信管、PVC－C高压电力电缆管以及各类开关、插座和配电箱等系列产品。年生产能力15万吨以上。

公司已通过ISO9001、ISO14001、OHSAS18001管理体系认证和“A1级压力管道元件制造许可认证”“CCC强制性产品认证”“GMC环球制造商认证”等多项认证。公司先后被评定为“广东省制造业100强企业”“中国塑料行业二十强企业”“广东省民营科技企业”“广东优势传统产业转型升级示范企业”“重合同守信用企业”“AAA级标准化良好行为企业”等荣誉称号，并拥有35项技术专利。“德塑”牌产品质量和品牌美誉度得到了广大用户的肯定和赞誉。

德塑公司将始终坚持以优质的产品和完善的服务，满足客户需求，善尽社会责任；并通过不断创新实现对产品、服务和管理的持续改善。

广东聚诚信精工机械有限公司

广东聚诚信精工机械有限公司（简称 CGC），原东莞市聚诚机械有限公司，始创于2010年，位于广东省东莞市常平镇漱新五队工业区，地理位置优越，毗邻华南四大塑胶市场（樟木头塑胶市场、大京九塑胶城、华南塑胶城、美吉特塑料中心）。以研发、制造、生产橡胶和塑胶原料类专用生产设备为主，专注致力于塑料橡胶原材料的高效智能自动化造粒生产设备：水下切粒机、水下造粒机，水下切模头配件、高温清理机、促媒泵、设备助剂微量添加系统、换网器、熔体泵、灌注机等机械设备及周边配套件配件。

聚诚公司生产设备先进、加工制造能力强，拥有多台先进精密的数控车床、铣床、磨床、钻床焊机等制造设备，生产制造的水下切粒机精度高、质量稳定、适用性广，能满足多种塑胶原料及各种硬度塑胶的切粒要求我们的工程师技术成熟、经验丰富，有着塑胶造粒十多年的塑胶造粒设备制造及应用专业知识，对各种塑胶原料所需的水下造粒机能把握准确快速，安装调试高效省时，降低物料损耗，设计师们人性化设计结构及精密地加工制造技术，使得聚诚水下切粒机应用简单方便，从根本上解决造粒生产线的多种问题。

聚诚“GC”系列水下切粒机自2010年推向市场以来，以精湛的制造工艺及稳定的运行状态赢得了广大客户的高度认可与赞赏！“品质为先，诚信经营”，如今，聚诚水下切粒机正以稳健而快速的脚步进入国内、国际市场。

“专业、专注、创新”聚诚公司对自身产品的高要求、高标准铸就了聚诚 UWP 系列水下切的高品质。精益求精，注重客户的体验，用心处理每一个细节，将设备设计制造得更完美、更符合客户使用习惯是我们一直的追求。诚心、诚意、诚实服务于客户及我们的合作伙伴，为他人创造最大价值是聚诚的光荣使命！聚诚精机，专业技术，诚实合作，诚信服务！

三凌集团

三凌集团是一家以研究、开发、生产新型塑料管道为核心产业，并涉足地产与基础设施建设、商业贸易、金融投资及高新技术等产业领域的集团化企业，为国内大型塑料管道生产企业之一。公司先后荣获国家高新技术企业、国家守合同重信用企业、广东十大诚信企业、广东省著名商标、广东省名牌产品及汕头市政府质量奖等称号，列入省新型塑料管道创新产业化示范基地。

2017年8月13日，我司在厂区内隆重举行“三凌集团新型塑料管道生产项目投产仪式”。项目主要开发生产 PVC、PE、PP 系列塑料管材管件，总投资3.5亿元，年产能10万吨。项目引进了国际先进生产、检测和研发设备，采用原料集中输送系统、米重在线测量控制系统、超声波在线测厚系统等行业尖端技术，实现自动化、数据化和智能化生产，多项产品核心技术获得国家发明专利授权。项目列入广东省现化产业500强项目、认定为广东省民营企业创新产业化示范基地。产品可满足国内供水管网、排水管网、通信管网、电力管网、燃气管网等领域的广泛需求。南山湾新生产基地的落成投产，是三凌集团发展史上又一具有里程碑意义的事件，我们将进一步加强产学研合作，加大资金和人才投入，加快创新成果产业化进程，不断开发新技术、新工艺、新产品，加快实现科技成果产业化，提高经济效益和社会效益，增强企业核心竞争力。并紧紧抓住当前汕头加快振兴发展的良好契机，擦亮“汕货”，把企业做强做大。

广州市振兴实业有限公司简介

广州市振兴实业有限公司创建于1983年，属下拥有广州市南沙区振兴塑料有限公司、广州市振兴塑料五金厂、广州市振志贸易有限公司、广州市翔科化工有限公司、广州市振兴兴业百货礼品有限、广州市振英塑料有限公司、广州市振兴进出口有限公司、广东清远佛冈樵春山庄有限公司等实体。自有六万多平方米的厂房、三千多平方米的写字楼以及占地十五亩的职工度假村，员工近1100人。经过三十多年的厚积薄发，现已成为国内颇具规模和实力的集研发、制造、营销为一体的集团化专业塑料家居用品企业。

三十多年来，公司始终坚持研发与技术创新的发展方向，培养了一支强大的研发队伍和销售团队，从塑料材料改性、产品研发、设计到生产工艺都具备较先进的能力，产品品质更在同行业中达到领先水平。先后获得“中国优秀民营科技企业”“广东省名牌产品”“广东省著名商标”“连续二十四年广东省守合同重信用企业”“企业AAA信用等级评价”“中国轻工业塑料行业（塑料家居）十强企业”等多项荣誉。

随着市场急速的发展，企业不断完善管理体系，并以客户需求为导向，提供一流的产品与服务支持，赢得了国内外新老客户一致好评。公司先后在深圳、北京、上海、成都、天津、武汉、长沙、太原、郑州、南京、沈阳等国内核心城市建立分公司，产品全面进入沃尔玛、华润万家、广百集团、吉之岛、乐购、人人乐、大润发、易初莲花等超级链锁终端以及全国各地众多的商场和超市，庞大而稳健的销售服务网络已覆盖全国（除西藏外）各地的大中城市。“振兴”品牌的产品始终在国内市场占有率处于行业领先地位。

稳定的质量，齐全的种类，良好的信誉，诚挚的合作使得公司与美国、加拿大、中国香港、日本、新加坡、马来西亚、伊朗、印尼等世界五十多个国家和地区建立了长期稳定的业务关系，形成了广泛的国际销售网络。

振兴在快速发展和壮大的同时，并没有忘记回报社会，积极投身于社会公益事业。一直以来，在扶困助残和助养孤寡老人、拥军和助学、扶持贫困地区等方面都不遗余力，树立了良好的社会形象，曾获广东省“光彩之星”　“光彩事业银奖”等殊荣。

“创新是企业永恒的主题”，公司在今后发展的道路上，将一如既往秉承“用户得利、商家赚钱、企业发展、员工增值”的经营理念，大胆开拓，与时俱进，不断通过技术创新，管理创新和营销创新，增强核心竞争力，为实现百年品牌梦想而努力奋斗。

河北精信化工集团有限公司

河北精信化工集团有限公司隶属于河北精信集团，公司成立于1998年，法定代表人：张建辉；地址：衡水市京衡北大街1000号；邮编：053000。我公司是PVC助剂专业生产企业，占地面积320亩，建筑面积16.5万平方米，注册资金9000万元，公司销售网点遍及全国二十多个省市自治区，并出口到埃及、印度、俄罗斯、土耳其、韩国等四十多个国家和地区，规模和品种在全国同行业中名列前茅，经济实力和技术力量雄厚，最近几年一直呈现良好的发展趋势，精信牌助剂商标获得中国驰名商标称号，‘精信牌’复合稳定剂、氯化聚乙烯、硬脂酸盐分别获得河北省名牌产品称号。集团董事长张保发有着多年企业管理经验，并打造了一流的企业平台，曾先后受到原中共中央总书记江泽民和河北省省委书记张云川等领导同志的亲切接见，并于2010年获得全国劳动模范称号。另外，集团副总经理兼总工程师王兴为全国塑料加工协会首席专家，在国内塑料行业有较高的知名度，从事塑料助剂加工技术研究三十多年，同时也培养了一大批技术、生产和销售等骨干人员。

主要产品为热稳定剂和氯化聚乙烯，是国内最大的热稳定剂生产单位之一，现有员工860人，中高级技术人员占43%。项目单位现有的研发机构有河北省企业技术中心该公司现有的研发机构有河北省企业技术中心、中国塑协塑料功能助剂研发中心，衡水橡塑助剂工程技术研究中心，河北大学化学博士后流动站研究基地。公司总资产4.2亿元，固定资产3亿元，流动资产1.2亿元。

河北精信化工集团有限公司稳定剂产销量为8.6万吨，在国内同行业内名列第一位，国内市场占有率为21%，氯化聚乙烯产销量为50000吨，硬脂酸盐20000吨。产品出口20多个国家和地区。公司还被评为“中国化工企业500强”、“中国塑料加工工业协会热稳定剂分会副会长单位”以及被全国标准化委员会指定为钙锌稳定剂和氯化聚乙烯产品标准起草单位之一。

工艺技术水平：

复合稳定剂：采用科学配方，一步法生产工艺，从主料合成到助剂复合全部在一系列密闭反应器内进行，各项工艺参数自动检测，全程控制，经过熔融混批，直接进入压片、冷却包装。大大减少了杂质，质量稳定性好，粉尘少，使用方便。产品性能国内领先，工艺技术国内一流。

氯化聚乙烯：采用国内先进的水相法生产技术，全自动PLC控制，工艺水平和产品水平达到国内一流水平，在国内同行业中加入前三名行列。

硬脂酸盐：采用国际领先的“一步法”生产工艺，PLC控制连续粉碎技术，拥有多项自主知识产权的技术，产品水平达到国际同行业先进水平。

质量检验：

公司质检中心负责质量检验工作，从原、辅材料材料进厂、生产过程、到最终产品有一套完整地检验标准和检验制度，不合格材料不进厂、不合格半成品不进入下道工序、不合格产品不出厂。

售后服务：公司设有售后服务中心，负责为用户提供技术咨询、产品推荐、应用试验、售后服务等一条龙全程服务。

质量体系与质量保证能力：

公司经方圆认证取得了 ISO9001 和 14000 认证，设有综合管理办公室负责公司的质量管理工作，各个部门、车间到班组一把手负责本部门的质量管理工作，从抓工作过程入手，用工作质量保证产品质量，综合管理办公室定期对对各部门、车间的工作进行考核，奖惩。公司通过先进的生产设备、工艺控制设备、质量检测设备和完善的管理制度以及一流的工作精神和工作质量，确保为用户提供超一流的产品和服务。

四川鸿昌塑胶工业有限公司

公司自有品牌“美丽雅”MARYYA，在品牌创始人“用心为家＊美丽雅!”理念的倡导下，引导万千家庭走向充满爱、和谐、温馨的时尚家居生活。MARYYA 致力于提供实用和高品质的家居用品，让越来越多的中国家庭生活更美好，已成为行业之典范。为成千上万的中国家庭带来美丽、高雅的家居用品和多姿多彩的完美生活体验。

四川鸿昌塑胶工业有限公司，位于成都市新都工业东区君跃路。主营家居用品、塑料制品以及其他清洁用品，现有单品千余个。公司拥有大量国内外先进机器设备，用于产品的研发和生产，现有国内外各种专利 200 余项，公司主品牌为“美丽雅”，我公司系列产品在国内各大卖场均有销售。

公司产品在国内主要销售渠道为沃尔玛、家乐福、大润发、欧尚、麦德龙，伊藤洋华堂、华润万家、易初莲花，世纪联华，人人乐，重庆百货大楼，物美等国内知名卖场。为更好地提升销售业绩，公司已在北京、上海、深圳、广州、武汉、重庆等 35 个大中城市设立了办事处及 2 5 个物流发货仓库。

公司坚持“以人为本”的现代企业管理理念，注重为职工创造宽松、舒心的工作环境，重视关注职工人性能量的充分释放，把各种人才巧妙的进行结合，做到用人所长、人尽其才、人尽其用。坚持“创新、团队、踏实、力行、服务”，塑造团队精神。

地址：成都市新都工业东区君跃路 999 号

电话 ：028 －83932779 83932879

传真 ：028 －83932589 邮编：610599

江苏嘉仁禾科技有限公司

江苏嘉仁禾科技有限公司是国家高新技术企业，江苏省著名商标，团中央中国青年企业家协会会员、中国塑料加工工业协会理事单位、中国塑协助剂专委会理事单位、江苏省清洁化生产示范单位、常州市生态园林单位、常州市文明单位，公司位于美丽富饶的江南水乡天目湖畔，被誉为现代化园林式企业。

公司与国内数家 985、211 大学的化学与化工学院建立产学研合作关系，拥有“江苏省绿色高分子助剂工程技术研究中心”和“江苏省企业研究生工作站”两个省级技术平台，公司有多项发明专利。公司拥有高分子材料专业的各级人才与台塑南亚建立技术联盟、贸易加工等合作关系，并成为台塑南亚的合格分供方。公司专业研发和生产用于 PVC 新型材料的稳定剂，可广泛适用于环保建材、石化产品等。

公司自主研发的液体稳定剂适用于车身贴、高光广告膜、天花膜、珠光膜、装饰膜、吹气玩具膜、木纹膜、地板耐磨层、水晶超透、涂布、浸塑手套、食品包装膜等 PVC 制品。

固体稳定剂适用于人造革（汽车、手袋、沙发、装饰材料用）、印刷膜、装饰膜、地板耐磨层、医疗器材、型材、管材、线缆等 PVC 制品。

无酚产品适用于装饰膜、地板耐磨层、医疗器材、食品包装等 PVC 制品。

此外公司研发的符合欧盟市场标准的无酚及低气味、无气味产品填补了国内空白，国内多家新型塑材生产企业出口的塑料制品均选用我公司生产的无毒环保产品，生产的 PVC 制品出口欧盟、中东及东南亚地区，公司已被多家国际厂商选定为优质供货商。

浙江嘉日氟塑料有限公司

浙江嘉日氟塑料有限公司是目前国内最大的聚

四氟乙烯制品生产商之一。企业积极研发新产品并不断扩大生产规模，2013年成为中国氟塑料加工专业委员会副理事长单位。

公司成为东岳集团，巨化集团，晨光化工研究院的战略合作伙伴。公司主要产品有：聚四氟乙烯板，棒，管，垫片，垫圈，膨体生料带，编织盘根，车削板、膜、带以及各种填充制品，异型件等。企业自主研发的弹性板，飞机密封条，弹性管，微孔过滤膜，可广泛用于航空航天，化工，环保等领域。

联系人：丁秀娟　手机：13867323232　邮箱：13867323232@163. com

四川金石东方新材料设备股份有限公司

四川金石东方新材料设备股份有限公司是一家拥有自主知识产权，专业从事钢增强复合塑料管材生产设备及其应用技术研究、生产与销售。为客户提供全套生产设备及完整的工艺和技术。

公司创立于2004年6月，2015年4月在深圳创业板成功上市，注册资本13600万元。是中国高新技术企业、四川省知识产权试点企业、四川省企业技术中心、中国塑料加工协塑料管道专业委员会理事单位、《特种结构》理事单位。

公司开发的缠绕钢丝增强管和钢带增强塑料管两种新型钢增强塑料复合管具有较强的市场竞争力和较高的综合经济效益。其自主研发的“大口径钢带增强螺旋波纹管材成套生产技术及设备”经国家建设部部级科技成果评估认定：该项目应用技术具有较大的创新性，形成了自主知识产权，填补了国内空白，其技术处于国际先进水平。公司的核心技术全部拥有自主知识产权，拥有中国专利几十余项，其中发明专利8项。

公司已通过ISO9001：2008质量管理体系、产品通过欧盟CE认证。公司的产品带动了下游（管道生产行业）产业，形成了年产上百亿的产业链。

公司通过创新的管材工艺、优质的生产设备和引导产品标准编撰，牢牢占据了产业价值链的高端，依靠下游客户开拓管材应用市场，分享创新带来的成果，达到共同成长的目标。

广东省塑胶行业协会

广东省塑胶行业协会是经广东省社会组织管理局批准筹备成立的、由广东省塑胶原料（包括通用塑料、工程塑料、功能高分子塑料等）、塑胶化工、高分子材料、合成树脂生产制造、国内外贸易企业、科研机构等自愿联合成立的非营利性行业组织。

广东省塑胶行业协会是全国首家以塑胶命名的省级专业行业协会，是全国塑胶产业大省——广东为推进塑胶化工、高分子行业、合成树脂等塑胶原料产业创新发展而大力支持成立的行业组织。

广东省塑胶行业协会秉承“为企业服务、为行业服务、为政府服务”的宗旨，发挥桥梁纽带作用，携手广大塑胶原料生产、贸易、科研企业和塑胶原料产业工作者，开拓进取，创新发展，振兴广东塑胶原料产业，拓展更广大的国际、国内市场。

广东省塑胶行业协会至2016年10月成立以来，目前有680多家会员企业，其中其中贸易型企业占会员单位的50%，生产制造企业占会员单位的45%，相关企业占5%；按材料划分，通用塑料企业占30%，工程塑料企业占50%，高分子材料企业占15%，其他占5%；按地域划分，东莞占42%，深圳占22%，佛山占18%，潮汕占12%，惠州占5%，广州及省外企业占2%。

广东省塑胶行业协会努力为会员企业发展服务，维护会员权益，反映企业诉求深入了解企业在生产经营中遇到的问题和发展需求，帮助企业排忧解难，向政府部门反映企业诉求；

广东省塑胶行业协会完善载体建设，搭建交流平台，服务企业发展，为企业提供最新的、最权威的国家产业发展政策资讯，通过微博、微信等信息发布渠道，不断提升为行业企业服务的能力；通过行业协会组织政策报告会、企业技术交流会、热点专题技术论坛等，为会员企业了解国家政策导向、行业发展前景、技术发展趋势，进行政产学研用交流对接提供平台。

广东省塑胶行业协会围绕塑胶原料产业发展的热点难点问题，组织系列技术交流、研讨、推广、对接等活动，搭建起跨省、跨国的各地区、区域及区域间的广泛交流对接平台。通过举办项目推介会、供需对接会、成果交易会、投资洽谈会、展览展示会等多种形式，为广大塑胶企业提供更加广泛深入的交流推广服务。

广东省塑胶行业协会针对企业需求，拓展服务领域，深化服务内容。针对会员发展的实际需要，向省政府、发改委、科技部等部门积极推荐企业的先进技术，帮助会员企业申请相关项目资金支持；为会员开展新技术评议、实用技术与示范工程推广、污染治理设施运行服务能力评价、企业信用等级评价等；联合各地协会和协会各分支机构，搭建专业技术人才培训网络，为会员提供人才培训服务；开展投融资机构与企业间的对接服务，促进银行等金融机构加大绿色环保塑胶原料产品信贷供给，建立绿色审批通道等，扶持企业做大做强。

广东省塑胶行业协会广泛地联系着成千上万家塑胶企事业单位。会员范围以塑胶原料（包括通用塑料、工程塑料、功能高分子塑料）生产制造、贸易、科研企业为主，扩展到合成橡胶制造、合成纤维单（聚合）体制造等产业，覆盖塑胶技术研发、工程设计、建设、治理、运营、评估、检测、投资、塑胶模具、五金机械等服务的全产业链范畴

广东省塑胶行业协会通过设置专人负责会计管理，建立会员微信群等多渠道与会员进行及时联络。加强秘书处组织制度和队伍建设，建立严格的协会财务管理制度和工作规则。协会组织管理人员坚持廉洁奉公，遵纪守法，规范运作，科学管理，辛勤努力工作，实现会员价值的最大化。

“十三五”是国家全面建成小康社会的决胜期。国家推进社会组织改革，加快“政社分开、依法自治”，为我们广东省塑胶行业协会系统未来的发展指明了方向。在广东省委、省政府领导下，在全体会员的积极努力下，广东省塑胶行业协会将成为自主办会、服务为本、治理规范、行为自律的全国行业协会的一流品牌！

广东神鹰塑料集团有限公司

广东神鹰塑料集团有限公司（下简称“神鹰集团”）创立于1989年10月，创始之初的神鹰，还仅是一个从事塑料贸易的乡土公司。如今已经发展成为一家业务遍布全球的多元化企业集团。现今，神鹰集团不仅是全国塑胶行业50强市场的企业，还已跻身世界商贸物流网络之列。逐步发展成为一个国际化企业集团，在塑胶制造与专业市场建设、金融投资、商贸物流与地产开发领域开展业务。

神鹰集团将中国大京九塑胶城业务布局于集团发展的最前沿。形成了集塑胶原料、塑胶化工、塑胶模具、塑胶机械、塑胶制品五位一体的“产业链垂直整合”的产业集群。

中国大京九塑胶城选址地处珠三角穗深港经济大走廊黄金地段的常平镇，交通畅达，信息活跃，极大地方便了进驻的商户，也对浙江、汕头等国内外的众多塑胶原料加工贸易企业产生了极大的吸引力。历时10年，大京九塑胶城已开发面积1200亩，入驻商户4900多家，改性塑料、工程塑料、通用塑料等原料及产品生产企业390多家。美国陶氏、韩国现代、泰国宝麟、大韩油化、南韩锦湖、美国杜邦、法国苏威、德国拜耳、日本大金、日本旭化成、台湾奇美、台化、南亚、新光、北京燕山、广州石化、茂名石化、中石化、中石油等国内外知名的塑胶石化企业均已入驻，所有商家红红火火，生意旺盛，年均贸易量达到800多万吨，国内外贸易总额600多亿元。其中代理销售的国外产品占30%，贸易总额近300多万吨，总贸易额近50亿美元。

引领行业发展，推动科技进步，是神鹰集团在全球塑胶原料领域追求自身价值的企业愿景。大京九塑胶城与北京化工大学、北京化工研究院、华南理工大学、中国科学院等合作，建立科技研发中心、产品检验检测中心，吸引国家级的塑胶技术研发机构进驻，引进技术专家，促进塑胶行业的工艺创新、技术发展，产业升级。神鹰集团生产的特种工程塑胶原料通过美国UL认证和SGS环保认证，产品在耐高温、耐高压和巨大温差下性能稳定以及工业强度、硬度方面均达到国际一流标准，广泛应用于航空航天、汽车工业、电子电气、照明灯饰等行业，是国内外多家跨国公司、著名企业的原材料供应商。

神鹰集团也是全球领先的多种塑胶原料综合供应商和行业领军者之一，为了推动行业交流和技术进步，大京九塑胶城联合中国塑料工业加工协会、中国合成树脂供销协会、中国社会科学院市场学会以及省、市、镇政府等，连续举办三届大京九国际塑胶工业交易会，吸引来自美国、日本、韩国、德国及港澳台地区的著名企业与专业观众3万多人次，在业界产生广泛的影响，取得了具有标志意义的成果。

伴随信息技术的高速发展，神鹰集团在塑胶工业自动化领域始终处于领先地位，神鹰集团旗下的

中洲、上洲、百富、鼎杰、沃捷、亘鑫等一批具有产品研发和生产能力的工厂，集机械设备、电器控制、计算机网络和通信等先进技术于一体，成功地开发了独具特色的革新化解决方案，为家电、数码，石化、汽车及其零部件制造，食品饮料包装等行业提供了功能强大的塑胶原料和一流的质量保障服务。

神鹰集团所属大京九仓储物流业务覆盖全国八大区域。以物流方案设计与优化、供应链管理、仓储装卸、库存管理、干线运输、二次配送、城际快运、融资监管以及物流信息服务等为主营业务，与国内外著名家电、石化等品牌企业合作，形成了产品下线后，经干线运输、中转仓储、终端配送一系列完整的物流供应链服务。目前，公司已经在全国100多个城市建立了90多个物流中心、15个干线办事处、16个城际快运站点、400多个融资物流监管点。年度物流营业额超过了3亿元。

大京九塑胶城是广东省唯一一家与中国工商银行形成战略合作伙伴的民营专业市场企业。2005年开业之初，就被广东省塑料工业协会确定为“广东省重点塑料市场”，2014年被中国市场学会评为“全国最大国际塑胶商贸大市场”，被中国合成树脂功效协会授予“中国重点塑胶市场”。2016年3月，常平镇暨大京九塑胶城被中国轻工业联合会、中国塑料加工工业协会授予“中国塑料新材料之都”。

神鹰集团未来发展规划是以创新驱动发展战略为指导思想，以绿色环保，促进经济、社会和企业可持续发展为指导原则，坚持以市场为导向，积极拓展企业发展空间，稳定和扩大市场占有率，形成塑胶产业、国际贸易、仓储物流、电商平台、现代服务业“四位一体”的经营格局；通过不断创新和完善，提升员工素质，增强员工和客户的满意度，在业内树立良好的口碑和品牌价值，促进企业持续、稳定、快速、健康发展。

神鹰集团紧密围绕“中国塑料新材料之都·常平”这一战略目标，高标准建设塑胶产业、研发、教育和商贸四大基地，构筑塑胶产业发展高地，以塑胶原料、再生塑料、改性塑料等方面的人才、科研、交流基地为依托，把大京九塑胶城打造成国家级塑胶产业高新技术开发产业园。在国家专业协会、专家的指导下，建设国家工程塑料技术研发中心、分析测试中心和改性塑料培训基地，为商户提供更好的国际一流的技术信息交流平台和科技创新咨询服务中心。实现大京九塑胶城的品牌升级，价值提升，真正成为行业的领军企业。

聊城华塑工业有限公司

聊城华塑工业有限公司是国家高新技术企业，国家发改委和工信部2015年中国产业振兴和技术改造专项重点工程承担单位。公司荣获中国轻工业联合会科学技术发明一等奖；山东省科学技术科技进步二等奖；中国塑料加工协会优秀科技成果一等奖、专利工作先进单位；国家知识产权局中国专利优秀奖；科技部等四部委国家重点新产品；先后两款产品入选山东名牌；工信部委托中塑协评比优秀品牌入选“涂覆型长效流滴消雾膜”和“EVA农用功能膜”两项五大品牌；2005年通过ISO9001：2000质量管理体系认证；2017年在业内率先完成“知识产权管理体系认证，真正形成“科研创新引领方向，知识产权创造效益”。

涂覆型长效流滴、消雾镜面膜是聊城华塑自主研创的整体科技水平国际先进，关键技术国际领先的新型农用薄膜。拥有10项国家发明专利和5项实用新型专利，三项技术产品由国内顶级专家鉴定为国际先进水平。涂覆用聚合物基纳米复合涂覆液体，是全世界最好的抑制纳米材料团聚技术，液体固含量最高且最透明，而且在亲水性能上实现了超越。华塑研制的短流程精控纳米级在线涂覆装置，国内外流程最短，控制度最高，用液量最少且均匀度与日本产品相当。

华塑研发队伍已经发展成为一只不断攀登高峰的特别能创新的队伍，正在为我国农膜乃至设施农业的科技进步贡献力量。

公司拥有8/年万吨生产能力，除高端涂覆型长效流滴、消雾镜面膜外还可生产其他传统内添加功能性薄膜。公司依靠雄厚的技术力量提出对专用产品的量身定做概念，根据用户需要及时调整工艺配方，以适应不同的需要。今后华塑仍会不断实施技术进步，不断投入新产品生产，力争尽快成为世界级的农膜研发和生产企业。

地址：山东省聊城市高新技术产业开发区中华南路89号

http：//www. lchs. com. cn

山东通佳机械有限公司

山东通佳位于山东省济宁国家高新技术产业开

发区，是集科、工、贸一体的现代化大型企业集团，是中国塑料机械工业协会副会长单位，中国塑料加工工业协会副理事长单位，国家重点高新技术企业，中国专利山东明星企业。

公司全面通过 ISO9001：2008、ISO14000、ISO18000 国际管理体系认证，拥有“国家级塑料机械工程技术研究中心”和“山东省企业技术中心”，产品率先通过欧盟 CE 认证。公司主导产品有塑料发泡设备、塑料包装设备、塑料管材设备、塑料土工网设备、木塑石塑设备、塑料注塑机、塑料中空成型机等九大系列 200 多种塑机新产品，多项产品填补国内空白，并分别被列为国家级重点新产品，国家级火炬计划项目、国家技术创新基金项目。产品销售遍及全国各地及世界六十多个国家和地区，并在世界 46 个国家和地区注册了“TONGJIA”商标。本公司主要产品：

一、发泡类产品

1.1. EPE 发泡（片）膜生产线：EPE 发泡（片）膜，是一款新型的包装材料，广泛应用于大棚保温、儿童爬行毯、电器、电子精密仪器、高档家俱、皮鞋及各种易碎品的包装。

1.2. XPS 物理发泡板材生产线：XPS 主要应用于房屋外墙保温层、室内地暖保温、冷库保冷、防水、中央空调通风管道隔热，也可用于公路、铁路、机场等路基工程的防冻保温。

二、环保木塑石塑类产品

2.1. PVC 木塑生产线：制品主要应用于加工整体快装墙板、长城板等各类材料。

2.2PVC 木塑发泡板材生产线：设备所生产板材制品广泛应用于室内装修、家居、橱柜、衣柜、建筑模板、广告板、室内地板等领域。

2.3 PVC 仿大理石（石塑）材料生产线：制品主要用于酒店、KTV、电梯间、电视背景墙的装饰，制品美观大方，完全可代替昂贵的大理石，从而节省成本。

三、克拉管产品

3.1 克拉管设备：克拉管主要应用于地下排水排污、通风等大型市政工程，铁路公路、球场排水等道路工程领域，也可用于滩涂、盐碱地、海底河床等恶劣环境地区。

四、土工网材类产品

4.1PP/PE 塑料土工格栅（矿用双拉双抗塑料网）生产线：主要应用于路基加厚，安全护坡，铁路路基，安全护栏，矿井防护等作业。

4.2 钢塑复合土工格栅生产线：产品广泛用于公铁路路基、堤坝、桥台、匝道、尾矿坝、渣场、滑坡整治、内河港口码头等。

4.3PP/PE 塑料土工格室生产线：土工格室独特的三维立体结构，可填入泥土、沙石、混凝土等松散物，构成具有强大侧向限制和最大刚度的结构体。广泛应用于加固铁路、公路路基、边坡防护、修建防土墙，可有效防止路基、可有效防止路基、地面等因土质流失造成的塌陷或裂纹等。

4.4PP 双向拉伸网生产线：本机组是吸收国外先进技术，生产的网材制品网孔均匀美观，层面细腻光滑，主要应用于建筑基层，包装纸袋加强筋，三维植被基网，道路施工用安全网，庭院护栏，家用装饰等。

4.5PE 塑料警示网生产线：制品广泛应用于工程建筑、路基防护、高档警示围栏、雪地围栏等安全防护领域。

4.6PE 塑料硬质平网、土工网生产线：又称万用网，主要用于畜牧养殖及水产养殖、也可用于床垫及堤坝护坡、路基加固！

山东通佳愿与国内外客商携手同进，共塑辉煌！

无锡市佳盛高新改性材料有限公司

无锡市佳盛高新改性材料有限公司建于 2002 年年初，是江苏省高新技术企业和国家火炬计划锡山新材料产业基地的成员企业。公司位于风景秀丽、富饶发达的无锡市锡山区荡口镇鹅湖工业园，紧靠沪宁高速公路，交通十分便利。

公司专业生产“佳盛”牌新型高分子材料改性剂和 Pams 树脂系列产品，可作挤压和模塑成型加工助剂、改性剂、粘合剂、粘结剂、增粘剂、增强剂、增塑剂、抗氧剂、分散剂、润滑剂、高效燃料及热载体等用途，具体应用于高浓度、高阻燃、高填充塑料色母粒、塑料改性、橡塑鞋材、电线电缆料、热塑性弹性体、橡胶材料、热熔胶、油漆油墨、涂料、颜料、精密铸造等领域（详细应用说明向公司技术开发部索取资料）。

公司坚持务实、创新、求精的企业精神，奉行“市场是天、安全是地、质量是命、管理是根”的宗旨。公司严把生产环节，加强技术改进，实行制度化、规范化内部质量管理，形成较强的科研开发能力、规模生产能力和经营管理能力，已获ISO9001：2000国际质量体系认证和ISO14001：2004环境管理体系认证。产品参照美国阿莫科Amoco Resin 18－210、18－240、18－290系列树脂标准进行生产检测，质量性能相同，同时产品符合欧盟SGS的（ROHS、PHAS）检测标准，是用户的最佳选择。产品销往全球，佳盛公司董事长—潘林根愿意同中外各界新老朋友携手合作、共同发展、再创辉煌。

Add：E－hu Industrial Area，Dangkou Town，Wuxi City，Jiangsu，P. R. China

地址：中国江苏省无锡市锡山区荡口镇鹅湖工业园

邮政编码（Postcode）：214116

电话（Tel）：＋86－510－88748136，88520858

传真（Fax）：＋86－510－88748340，512－65390573

网址（Http）：//www. wx－jiasheng. com

邮件（E－mail）：webmaster@ wx－jiasheng. com

联系人（Attn）：

潘林根　手机（Phone）：＋86－13906202341，13306202341

李晓勇＋86－13338762870，18962121918

宿迁联盛集团介绍

联盛集团位于江苏省宿迁生态化工科技产业园内，是一家集化工研发、应用研发、生产、销售、进出口贸易、机械制造于一体的大型企业集团，拥有员工700余人，年销售收入8亿元，总资产达10亿元。

联盛集团的发展可追溯到1997年的温州塑化助剂厂和2004年的安徽蒙城联盛化学有限公司。2007年入驻宿迁至今，集团已拥有宿迁联盛科技有限公司、宿迁联盛助剂有限公司、宿迁联盛经贸有限公司、宿迁项王机械设备有限公司、宿迁联塑新材料有限公司等九家子公司。

集团专业生产光稳定剂、紫外线吸收剂、抗氧剂及其他相关产品，主要销往国内二十几个省市和美国、意大利、印度、韩国、日本、越南、中东国家等多个国家和地区。集团拥有国内先进的机械加工、无损检测、热处理、压力、冲击试验设备。生产的压力容器、化工设备尤其是环保配套设备如尾气处理系统及蓄热式焚烧炉等，品质达到了国内领先的水平。在园区乃至苏北地区率先使用VOC在线检测仪、蓄热式焚烧炉等环保处理设施，并已通过安全二级标准化的验收和ISO9001：2008国际质量管理体系认证及ISO14001：2004环境管理体系认证。

集团拥有产品研发中心、产品检测中心、塑料防老化研究中心、产品应用实验场和扣棚基地。与中科院长春应化所、同济大学、华东理工大学、上海大学、西安工业大学、陕西理工大学保持长期合作关系。集团拥有强大的研发队伍，已取得发明专利31项。先后被评为高新产品认证企业、江苏省科技型中小企业……并连续多年获得宿迁市年度安全生产工作先进单位、宿迁市年度环境保护工作先进单位、宿豫区纳税先进单位。

T集团始终坚持“以人为本、人才强企”的理念，把引进培养人才作为企业的战略任务，定期举办安全知识、专业技能、企业文化的专题培训。集团建有生活公寓楼、图书馆、桌球室、足球场等高档生活娱乐场所和设施，并经常组织丰富多彩的团体活动。

在创造集体财富的同时，集团主动负起社会责任，经常参加募捐活动、公益活动，积极配合各级政府的文明号召。

今天的联盛，不仅在国内属于行业领先企业，现已经成为亚洲具有规模的大型光稳定剂制造商之一，并在塑料助剂的国际舞台上更加大放异彩。

宿迁联盛助剂有限公司

宿迁联盛助剂有限公司位于江苏省宿迁市生态化工科技产业园南化路22号，成立于2007年，总投资20000万元，占地72.6亩，建筑面积30000平方米，员工330人，总资产4亿元，年产值4亿元。公司专业致力于光稳定剂、抗氧剂及相关产品的开发、生产、销售。

联盛助剂主要产品产能如下：光稳定剂944（5500吨/年）、光稳定剂622（3000吨/年）、阻聚剂701（1500吨/年）、TOA（叔辛胺）（2000吨/年）、DMS（丁二酸二甲酯）（2000吨/年）、TMP（四甲基哌啶醇）（2000吨/年）、TAA（三丙酮胺）

（2000 吨/年）。在环境保护方面投入 5000 万/年，污水处理能力达到 30 万吨/年。

公司已取得科技成果鉴定证书、省级新产品证书、企业标准化证书、江苏省高新技术产品，以及 30 多项发明专利和专业认证。

20 年前，联盛创始人挥汗搏力、艰苦奋斗；10 年前，联盛人诚信经营、开拓创新；如今，公司始终秉承可持续发展战略理念，不忘初心、回馈社会，在建设社会主义现代化强国的新时代，向着集团化、国际化的趋势继续前行。

宿迁联盛科技有限公司

宿迁联盛科技有限公司是宿迁联盛集团的新兴股份制高新技术企业，位于江苏省宿迁市生态化工科技产业园扬子路 88 号，2011 年 3 月正式成立，总投资 6 亿元人民币，占地 195 亩，拥有员工 370 人。2010 年一期开工 90 亩，投入 4 亿元人民币，全部建成后，年产值为 20 亿元人民币。2017 年启动 IPO 项目，预计 2020 年在主板上市。

公司主要是在集团领导下，对传统产品光稳定剂、抗氧化剂、紫外线吸收剂、阻燃剂、光稳定剂中间体及其他相关产品进行深度的科研开发、设计生产、服务外贸等。

联盛科技主要产品产能如下：光稳定剂 770（4000 吨/年）、TMP（四甲基哌啶醇）（10000 吨/年）、TAA（三丙酮胺）（15000 吨/年）、光稳定剂 119（3000 吨/年）、光稳定剂 944（6000 吨/年）。在环境保护方面投入 5000 万/年，污水处理能力 40 万吨/年。

T 公司的创建是集团里程碑式的进步，是在集团传统产品领域注入了更强生命力，填补了地区塑料助剂产业方面的空白。在公司发展壮大的同时，联盛人不忘回馈社会，不断加大人力物力、出资帮扶，积极响应政府相关政策。从建立之初便受到省、市、区各级领导关心支持，迎来社会各界团体和各方媒体的频繁关注。

宿迁项王机械设备有限公司

宿迁项王机械设备有限公司位于江苏省宿迁生态化工科技产业园内，是宿迁联盛集团旗下的一家专业进行 RTO 设备的研发设计、生产销售、工程安装为一体的高新技术企业。公司成立于 2012 年，总投资 8000 万元，占地 50 亩。现有员工 80 余人，中高级技术人员 25 名，年生产值超过 1 亿元人民币。

公司主要制造和安装 RTO 蓄热式热力焚化炉成套设备及其他相关产品，包括：贮罐、反应釜、过滤器、列管式换热器、计量槽、烘干机、除尘设备、各种泵类、搅拌装置、塔类、填料设备等化工工程、环保工程装备设施。

近年来，在联盛集团 20 年的发展背景下，公司凭借高效的组织管理，雄厚的经济基础和先进的技术实力，不断更迭先进设备，优化制造工艺，完善试验方法，提高安装服务水平，已经成为集团乃至地区的支柱企业。在此基础上，公司不断扩大与全国范围内各大化工企业的合作范围，仅在园区内已于 9 家前 30 强企业保持着长期合作关系，业务范围已扩至全国并走向世界。

公司以“依托科技，严谨制造”为宗旨，以“致力于生产符合国际标准的产品”为经营理念，恪守“诚信务实，质量第一，合作互利，共同发展”的指导方针，在集团的带领下和广大化工企业的支持下，凝聚汗水、不懈努力，携手共创宿迁项王机械设备有限公司的美好未来。

浙江众成包装材料股份有限公司

浙江众成包装材料股份有限公司座落于全国首个国家级县域科学发展示范点——浙江嘉善。公司成立于 2001 年，是一家集科研、设计、生产、销售及售后服务于一体的全过程制造企业，是全球知名的高品质 POF 热收缩膜制造商和国内优秀的 POF 热收缩膜整体包装解决方案提供商。目前，公司年产能规模达 4.1 万吨，在职员工 450 余人。

公司自成立以来，始终坚持“赢在领先”的企业精神、“诚信拥抱客户，真情温暖员工”的经营理念和“差异化、个性化”市场战略，着力打造集约高效现代企业，致力于行业高精尖设备、先进生产工艺以及高端、高附加值产品的自主研发，核心设备自制。公司先后承担“国家火炬计划项目”4 项，累计获得国家授权专利近 30 项，先后获得“浙江省著名商标”“浙江名牌产品”“浙江省知名商号”“浙江出口名牌”“浙江省转型升级引领示范企业”“浙江省绿色企业”“中国轻工业塑料行业（塑料薄膜及包装）十强企业”“国家高新技术企业”“国家火炬计划重点高新技术企业”等多项荣誉。

经过多年扎实经营，公司自主研发制造的装备处于行业领先水平，生产的产品与国际同步，且大部分为国内首创，积累了超过1500家的优质客户，产品远销全球60多个国家和地区，成为国内市场占有率排名第一、全球市场占有率排名第二的POF热收缩膜行业领军企业。当前，公司各项事业蒸蒸日上，发展势头强劲，朝着实现“铸就民族品牌、建设百年众成”的“众成梦”不断迈进。

地址：浙江省嘉善县惠民街道泰山路1号

网址：www. zjzhongda. com

电话：0573－84188888（总机）

传真：0573－84185237

销售热线：0573－84187777

股票代码：002522

禧天龙科技发展有限公司

禧天龙科技发展有限公司创始于1990年，前身为浙江华兴塑业，公司一直致力于科技创新与品牌发展，历经20余年的奋进与拼搏，迄今，禧天龙已经跃居成为国内塑料家居行业，集研发、制造、销售网络为一体的龙头企业。

禧天龙总部座落于天津滨海高新技术开发区，占地面积320亩，建筑面积达15万平方米，员工1000余人，并拥有天津、北京、台州、成都四大生产基地，在北京、上海、广州、西安、成都、沈阳、临沂、石家庄、武汉、郑州设有办事处，在新加坡有海外分公司。销售服务网络覆盖了国内所有省份及直辖市，与家乐福、沃尔玛、华润万家、欧尚等各大知名连锁商超建立了长期的战略合作伙伴关系，通过和天猫、京东、1号店等领先的电商平台合作，实现线上线下分销战略，保证了顾客可以随时随地更加便捷的体验禧天龙的产品和服务。2015年“禧天龙家居生活馆”开始在越来越多的城市璀璨绽放，满足顾客“一站式生活家居”选购方案的服务理念，使禧天龙成为越来越多经销商及顾客青睐的品牌。

禧天龙具备成熟专业的研发团队和精密塑模的制作能力，拥有精加工中心及250～1400吨国内先进的节能型全电脑注塑设备100余台，配置了伺服机械手及意大利全自动大型中央供料系统，确保了产品质量的稳定性，并大幅度减轻了员工的劳动强度，提高了生产效率。

目前公司已经开发出近千种产品，并获得了数十项实用新型及产品外观设计专利，可以满足不同顾客的需求。凭借时尚的产品、卓越的品质、优良的服务，“禧天龙 CITYLONG”“禧仕多”“华兴”以及“乖乖兔”等品牌深受广大消费者的喜爱，已经成为广大消费者耳熟能详的品牌。

2015年，先后投资4亿元的天津新厂正式投产，禧天龙重视科技创新和研发投入，通过引进全球最先进的注塑机、自动化机器人及自动化立体库等，使禧天龙在规模化经营的同时，成为行业走向智能生产的开创者。

“执念理想、坚持慈善，“追求企业效益与社会发展的良性循环，是潘世兵创业以来履行社会责任坚定不移的态度。2013年禧天龙与凉山彝族妇女儿童发展中心合作，正式成立了”禧天龙爱心班“，资助凉山彝族地区贫困失依儿童完成学业，为越来越多的失依儿童送去了梦想和希望！

精诚时代集团

作为全球平模头行业极具影响力的领袖品牌之一，精诚时代将梦想蕴涵于客户的梦想之中，始终坚守全球化品牌战略，以旗下精诚、JCTIMES、古迪三大品牌为核心，致力于平模头及挤出生产线配套设备领域的研发生产与技术应用。提供高品质的挤出平模头、多层共挤吹膜模头、中空格子板模头、共挤模头、共挤分配器、高端过滤器、计量泵等系列产品。

梦工场：

梦工场是欧洲团队设计，主要以工业4.0为目标，打造集节能、环保为一体的现代智能化工厂，占地60000多米^2，采用地热循环新风系统，实现车间的恒温恒湿，保障精密加工的品质稳定。整个建筑群围绕着椭圆形的“创想中心”，周围布局了6个车间和1个生活区。

品牌 Slogan——工业 & 美学：让技术更艺术

让工业回归美学，引进具有前瞻性的技术设备，开启精密制造，不断将美学与匠心融入日常工作。精：讲究的是技艺，把精密制造融入每一个环节，让产品接近于艺术品。诚：是一种德行，与客户诚挚，诚恳艺术性的沟通，享受工作，享受成长的过程。

富强鑫集团

富强鑫集团创立于 1974 年，为目前台湾地区规模最大的注塑机专业制造商，台湾地区唯一股票上柜发行的注塑机专业制造商。主要从事各类油压机器及注塑机之研发、生产及销售，包括：双色注塑机、夹层混色注塑机、高速闭回路精密注塑机、油电复合式注塑机、全电式注塑机、PET 瓶胚注塑机、电木注塑机、二板式注塑机、超大型注塑机等。产品锁模力范围从 30 – 3700 吨，射出量从 20120000 支。富强鑫领先于业界通过 ISO – 9001 及欧洲 CE 认证。为了不断研究创新并提升产品质量，本公司除引进先进之加工设备如弹性制造系统、五面加工机及高精密复合加工机与 CAD/CAM 联机加工外，在产品设计上并采用 Pro/Engineer 及 Pro/Mechanical 等实体模型分析软件，技术实力领先同业；此外富强鑫集团还与台湾工业研究院合作进行多项技术开发案，拥有众多专利技术，近几年出口业绩亦为台湾业界之冠!

着眼于大陆本土市场的潜能，富强鑫集团相继在中国华南（东莞）及华东（宁波）地区设立生产基地，并建立了完善的营销服务网。富强鑫产品营销海外三十余年，于全球设有 35 个代理商，遍布五大洲，于中国大陆则设有 30 多个办事处，遍及西南、华南、华东、华中及华北地区。

因此，不论您在何处拓展事业或开发市场，富强鑫将永远跟随您并提供最佳的产品质量和最优质的服务。

茶花现代家居股份有限公司

茶花现代家居用品股份有限公司成立于 1997 年，专业从事塑料家居用品的研发、生产和销售，是国内家居塑料用品行业的龙头企业。公司目前拥有 3 个大型生产基地。公司的产品主要分为传统用品、居家用品 、厨房用品 、食品容器 、浴室用品、清洁用品等八大类，共三十六个系列，1500 多种产品，产品品种丰富，品类齐全 。公司“茶花”商标先后被评为福建省著名商标和中国驰名商标 。

通过多年的发展，公司建立了较为完善的销售网络，拥有全国范围的省级茶花专营销售代理商，具有强大的渠道优势。公司的主要销售终端集中在大卖场和超市，与沃尔玛、家乐福、麦德龙、大润发、华润万家、永辉、人人乐、物美、易初莲花等全国性连锁超市了建立了密切合作伙伴关系，并覆盖了全国各地的地方性超市。随着超市终端精细化营销的推进，公司还将在全国范围大力开拓超市茶花集中陈列区——“茶花生活馆”，打造现代家居生活新坐标。

公司一贯坚持开拓创新、规模经营和品牌经营并举。作为本土自主品牌，茶花人以振兴民族品牌、引领行业潮流为己任，为向广大消费着奉献高品质、新时尚的家居用品而不断努力奋斗!

长虹塑料集团英派瑞塑料股份有限公司

长虹塑料集团英派瑞塑料有限公司（下简称“公司”）成立于 2010 年 8 月，注册资金 7000 万元，主要生产和销售：尼龙扎带、钢钉线卡、定位片、压线帽、接线端子、号码管、缠绕管、冷压端头”等“CHS”品牌的塑料制品，是长虹塑料集团的六个子公司之一。公司坚持“诚信、高效、创新、共赢”的经营理念，管理上坚持以市场为导向，采用现代企业管理制度，集售前、售中、售后服务于一身的营销服务模式，为广大用户提供最优质的产品。凭借过硬的产品质量和优质的服务，赢得了国内外广泛客户的厚爱，产品已销往：欧洲、北美洲、南美洲、大洋洲、非洲、亚洲等 100 多个国家和地区。

成立到现在短短几年时间的市场竞争洗礼，已迅速发展成为全国较具规模的配线器材产品生产企业：拥有大型节能注塑机 130 多台；自主研发热流道模具达 150 多套；新引进 6 条挤出式塑料机流水线入驻；开发 80 多套高端配线槽新产品模具；2013 年内完成二期工程，续建 10 万平方米的标准厂房及配套建筑，届时公司占地面积将达到 20 万平方米，建筑面积将达到 30 万平方米。业务范围涉及电器、电子、建筑、汽车、农业、服装、食品等多个应用领域，已整合形成研、产、销一条龙的庞大的产业群体，产品获得国家专利 10 多项。为了进一步落实国家科教兴国战略，促进科技创新，加快企业经济发展和社会进步，2013 年 7 月 9 日，公司与北京工商大学正式签订了校企合作协议，促进企业进行传统产业改造和高新技术产业发展，研究高新技术项目和攻克企业技术难题，支持企业技术创新。这标志着公司在规范化发展的道路上迈出了重要的一步，为做大企业规模、提高经济效益，实现企业战略化经营格局，进一步奠定了良好的基础。

电话：0577 -62799888
传真：0577 -62793006
网址：www. chs. com. cn

华亚东营塑胶有限公司

华亚东营塑胶有限公司是台湾台塑集团在山东省东营市投资的企业，总投资 6000 万美元，厂区占地 165000 米^2。年产管材 6 万吨，管件 1 万吨。公司自 1996 年投产以来，经营业绩稳定成长，年销售量已超过 4 万吨。在诸多重点工程如北京长安街绿化工程、奥运场馆工程、山东鲁北农改水工程、内蒙古引黄入呼工程中已成功使用。产品先后被建设部评为“科技成果重点推广产品”“国家小康住宅建设推荐产品”“工程建设重点推广产品”，并荣获“中国坏境标志产品认证” “名牌产品”“著名商标”“中国塑料行业二十强” 等证书。目前公司已成为国内塑料管材、管件最为齐全的专业化生产工厂之一。

公司拥有台塑集团 60 年来积累的优良生产技术与管理经验，公司生产、管理及产品主要有以下特点：

1. 原料品质优良。公司生产管材的主要原料均采用国内外公认品质优良的原料，其中对产品品质产生重要影响的稳定剂、润滑剂等辅料亦采用优质国外进口原料，从源头上保证了产品品质。

2. 设备优良、技术先进，产品品质优良稳定。混料设备方面，公司整个生产系统的控制采用德国西门子中央控制系统；挤出设备方面，公司采用国际先进的奥地利辛辛那提双螺杆挤出机设备；检验设备方面，公司建立 4 个实验室，50 余台实验设备，并于 2008 年获得了“国家级实验室”认证证书。公司设备全部采用自动化工艺流程，排除人为影响，再配合严格的品检控制，确保产品品质优良稳定。

3. 采用环保有机锡配方，国内首创。公司产品完全按照 GB 国家标准生产，部分产品更采用 ISO 国际标准生产。公司为国内第一家采用有机锡配方代替传统铅系配方的塑料管生产企业，重金属铅析出高于国家输配水设备标准 0. 005ppm 可达 0. 001ppm 以下，完全符合国家饮用水及蒸馏水卫生指标。

4. 管材、管件规格齐全，搭配比例合理。公司可供应管材 4 大类别 600 多种规格，管件 1100 多种规格。公司成品存货量充足，供应准确快速，可充分适合各种配管工程的需要。

5. 规范的行销体系，确保产品的供应与服务。在营业推广过程中，建立完善的售前、售中、售后服务体系。公司现有一级经销商近 200 家，遍布全国 20 多个省（直辖市），凭借健全的经销商网络提高了供货速度及服务品质。公司正努力协助经销商团队开发并健全分销网络，目前山东及周边省份达到了分销商网络县级覆盖，未来几年公司将协助全国经销商建立好县级城市分销网络，做到让市场用户能就近采购到我们的产品，随时、随处都可享受到公司的服务。

6. 管理先进、深获各界好评。采用台塑经营管理模式，不断推动生产销售 5S 活动，更坚持突破、创新、彻底、圆满的经营理念，对国内员工水平有效促进，火速推动本土经营目标。产品质量、品牌形象经由国家建设部、各省建委建设系统、建设工程行业协议、各层级品质评选单位先后认定与推荐，目前公司已奠立行业前导地位，并于 1999 年就已通过 ISO9001 与 ISO14001 认证。

华亚东营塑胶有限公司：
电话：0546 -8305238 转营业处
传真；0546 -8307178
地址：山东省东营市东城东二路 251 号
邮编：257091
网址：http：//www. hydyplst. com. cn
邮箱：huaya@ hydyplst. com. cn

南雄市金叶包装材料有限公司

南雄市金叶包装材料有限公司成立于 1999 年，是中国塑料加工工业协会副理事长单位、行业内首批获得“AAA”信用等级证书和率先通过 ISO9001

国际质量体系认证、ISO14001环境管理体系认证、OHSMS18001职业健康安全管理体系认证证书单位。公司注册资金：壹仟贰佰万元，占地150余亩，员工近500人，已完成固定资产投资8500万元；公司拥有全自动塑料薄膜类生产线90余条，年产各类薄膜及塑料袋制品5万吨，2012年销售金额2.3亿元人民币，2013年销售金额是2.56亿元人民币，2014年更是突破销售2.68亿元人民币。属国内塑料薄膜制造行业龙头企业，无论是规模实力还是供货能力均雄冠国内同行业。

公司技术力量雄厚，长期以来培养造就了一支由40多名技术人员组成的专业队伍，自配有产品检测中心和企业产品研发中心，并与国内有关院校科研机构建立了长期稳定的合作关系，专门从事工艺技术和新产品开发，从而确保了为广大用户提供优质、环保、安全、稳定的塑料薄膜系列产品。

公司主要产品“金叶”牌农膜、地膜、配色地膜、株距标记地膜、PE热收缩膜、PE缠绕膜及其他塑料包装系列产品全部采用100%全新原料及代表世界薄膜技术顶级水平的艾克森美孚埃能宝茂金属工艺配方，因而使“金叶”品牌各类塑料薄膜产品从料质、强度、韧性、色泽、经济、节能、安全、环保等方面均达到国内顶尖水平，并相继荣获中国环境标志产品认证证书、广东省名牌产品、中国优质产品证书、中国著名品牌和中国著名商标等荣誉。

公司一贯坚持“质量第一、用户至上、优质服务、信守合同”的宗旨，凭着优质的产品、卓越的性价比、良好的信誉、完善的服务，赢得广大用户的亲睐。PE热收缩膜产品主要供应江西省的赣州市烟草公司、抚州市烟草公司、吉安市烟草公司、南昌市烟草公司、新余市烟草公司、九江市烟草公司、宜春市烟草公司、上饶市烟草公司、鹰潭市烟草公司、萍乡市烟草公司、湖南省烟草公司、贵州省烟草公司、浙江省烟草公司、广东省烟草公司、陕西省烟草公司、福建省烟草公司、广西省烟草公司等；塑料包装袋系列产品热销全国主要大中城市知名连锁超市、商场，主要客户有跨国公司沃尔玛、乐购、深圳人人乐、新一佳、福建永辉、武商量贩、北京华联等。公司下设有专职的售后服务机构和物流配送中心，固定客户订单保证在5天内送到全国各地指定地点，深受用户好评。公司已连续多年被相关部门评为全国优质服务用户满意单位。

“至诚守信、追求卓越”，南雄市金叶包装材料有限公司愿以国内同行业最具性价比的竞争优势为广大客户提供“金叶”牌优质产品，以提升行业产品等级，规范市场秩序，重塑行业尊严为己重，竭诚与国内各商家双赢合作，共谋发展，共创辉煌！

成都岷江自来水厂聚乙烯生产车间

成都市岷江自来水厂是一家多产业结合的大型集中式供水企业，供水区域覆盖全县24个乡镇，日最大供水量达20余万吨。其下属企业成都市岷江自来水厂双流聚乙烯管材生产车间是专业从事聚乙烯（PE）给水、燃气管材、管件的生产、销售和管材焊接技术指导服务的国有企业，其生产的产品统一注册商标为“清润”，前国家水利部常务副部长敬正书同志亲笔为“清润管业”题词。

车间荣获了国家质量监督检验检疫总局颁发的《特种设备制造许可证》——A级证书、国家水利部灌排中心、四川省建设厅、四川省农田水利局、中国建筑金属结构协会给水排水设备分会颁发的产品推荐证书、成都市工商行政管理局颁发的《成都市著名商标》证书。目前已通过ISO9001：2000质量管理体系和ISO14001：2004环境管理体系认证。75%以上的车间员工拥有大专以上学历，并聘请四川大学高分子材料系教授吴智华为技术顾问，以四川大学高分子材料系毕业生为技术骨干力量组建了技术部以来，依靠完善的管理，先进的科技，短短几年间取得了飞速的发展。2008年7月30日被成都市委、成都市人民政府评为“抗震救灾过渡安置房建设先进单位”。

清润管材历来坚持以质量为中心，以管理求效益，依靠科技进步求发展的经营方针，建立不断发展具有“清润”特色的技术创新体系、生产管理体系、市场供需体系和服务体系，以“提高质量，保护环境，持续改善，永续经营”为基本理念。

“清润”牌给水管和燃气管是车间两大环保节能型产品，它们符合产业发展政策具有不生锈、质量轻、强度高、韧性好、耐腐蚀、施工维护方便、使用寿命长等优点。清润管材对产品的高要求，对销售人员严格的技术培训，对售后服务的不断完善，成就了清润，其产品得到了广大客户的认可，目前，清润管材已在四川、云南、甘肃、贵州、湖南、西藏、宁夏等省、市、自治区建立了营销服务网络。销售与技术同步，是清润管业永远的主题。

上海白蝶管业科技股份有限公司

上海白蝶管业科技股份有限公司是由上海建筑材料（集团）总公司主要控股的高新技术企业，位于上海市奉贤区金汇镇。

企业自 1997 年年底在国内率先开发生产了 PP－R 管道产品以来，在塑料管道的生产、销售方面已有十多年的历史。

公司建立了三大生产基地，拥有德国进口克劳斯玛菲、奥地利辛辛那提 3 层共挤、巴顿菲尔等具有全自动在线检测功能的管材挤出生产线和众多的注塑设备，并配备有多台进口管件焊制设备及检测试验设备，可生产口径自 16～450 毫米多种压力等级的 PP－R 管、PE 管、PE－RT 管、PP－R 稳态复合管、3S 聚丙烯静音排水管、PVC－U 排水管、PVC－U 电工套管、β. PP－R 管材和相配套的管配件，产品广泛应用于市政供水、饮用水、纯净水、建筑给排水、化工、医疗、燃气、采暖等领域，进一步扩大了白蝶产品的应用领域和市场占有率。

自成立以来，公司一贯秉持“品牌＋服务”的经营原则，销售额逐年稳步上升。产品质量稳定可靠，在广大消费者中赢得了良好的口碑，曾获上海装饰材料市场消费者满意产品证书、上海装饰材料市场十大畅销品牌证书、上海塑料行业名优产品证书、国家免检产品、上海市著名商标、上海市名牌产品等，并在 2009 年 1 月上海商情建筑市场调查中管材市场中名列第一。

作为中国塑料管道专业委员会副理事长单位、全国塑料制品标准化技术委员会（TC48/SC3）核心委员单位，完成了 PP－R 产品国家标准制订工作，获得了全国塑料制品标准化技术委员会颁发的优秀标准奖与杰出成就奖。

中国西部（重庆）塑料生态产业园

一、产业园简介

梁平，位于重庆市东北部，幅员面积 1892 平方公里，总人口 93 万，是“一带一路”和长江经济带的交集点，中西部地区承接产业转移的第一梯度。位于重庆梁平县工业园区的“中国西部（重庆）塑料生态产业园”2014 年 4 月开始建设，2015 年 4 月获中国塑料加工工业协会正式授牌。开园以来，已有浙江中财集团、浙江宁波博利隆碳纤维复合材料、广东狮特龙医用塑料、广东揭阳中兴家具塑料、重庆泽通管业、江苏金坛博盟车用塑胶、福建融康包装、四川大西洋集团公司等 50 余家大中型塑料企业入驻，产业集群逐步形成。预计到 2020 年，梁平生态塑料产业集群年产值将达到 400 亿元。

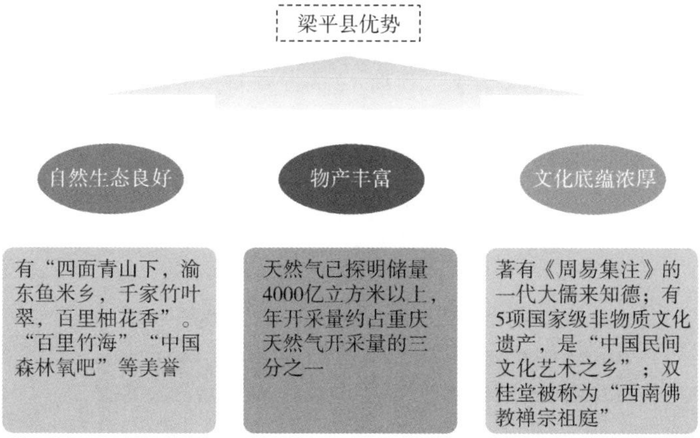

二、产业园发展前景及规划

产业园立足梁平、面向西南、辐射全国，预计到 2020 年，中国西部塑料生态产业园将打造成集塑料原材料及制品交易市场、塑料模具及机械生产、改性塑料及塑料复合材料研发生产、塑料制品加工、产品研发和检测等为一体的产业链，成为西部地区创新力强、影响力大、绿色、低碳、循环的塑料制品生产基地和集散地。

三、产业园优势

产业园发展生态塑料产业有七大优势：

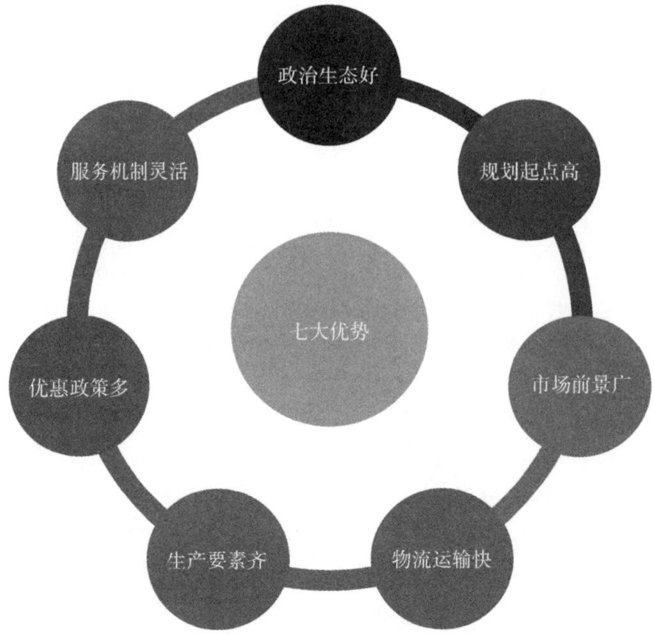

1. 政治生态好

重庆市经信委、市科委等相关部门主要负责人也多次到梁平调研并组织研究出台专项政策支持梁平生态塑料等重点产业发展。中央政治局委员、重庆市委书记孙政才同志还特别强调指出：“梁平发展路数对、态势好、作风实”，并要求要进一步围绕“争做渝东北、渝东南地区‘面上保护、点上开发’的领头羊”目标，把经济总量做大、质量做优、效益做好，实现经济社会跨越发展。

2. 规划起点高

产业园由中国塑料加工工业协会、重庆市经济与信息化委员会、梁平县人民政府联合打造，规划面积13.9平方公里，近期5.6平方公里，致力于打造立足重庆、面向中西部、辐射全国的集塑料改性、塑料模具、塑料机械、塑料制品、交易市场及研发检测为一体的500亿级塑料产业集群。

3. 市场前景广

目前在中国大西南地区尚无有影响力、门类齐全、链条完整的塑料产业基地。以梁平为中心，500公里为半径，可覆盖四川、贵州、湖南、湖北、陕西等省市，市场消费群体超过3亿，汽车、电子等行业具有较好的产业基础。此外，重庆是全球最大笔记本生产基地、亚洲最大摩托车生产基地、全国最大汽车生产基地，塑料配套制品需求极大。根据预测分析，重庆及周边区域塑料产业市场需求到2025年将超过1万亿元人民币。

4. 物流运输快

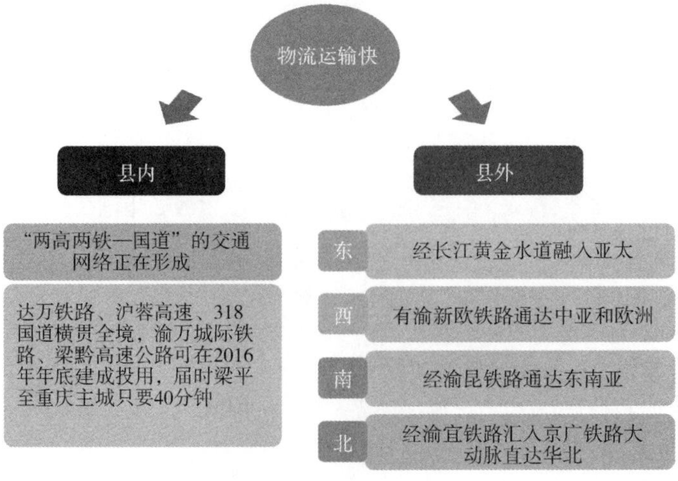

5. 生产要素齐

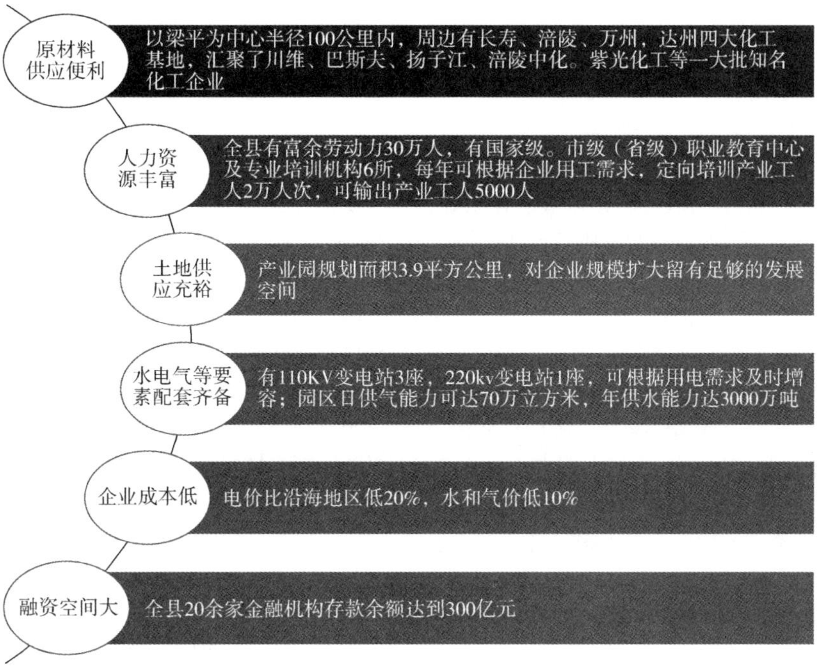

6. 优惠政策多

在国家层面享有西部大开发、长江经济带的优惠政策叠加，每年都有各项专项建设基金支持企业发展，仅 2015 年就为县内企业争取到年利息仅 1.2%、使用周期最长可达 20 年的专项建设基金近 3 亿元（其中受益最大的平伟光电科技集团得到专项建设基金 1.1 亿元）。市级层面专门设立了 800 亿十大战略新兴产业（含塑料在内的新材料）股权投资基金、200 亿产业发展引导基金。县级层面筹集 1.1 亿元设立 1000 万元创新发展基金、1000 万元种子基金、2000 万元中小企业微型企业扶持资金、2000 万元中小微型企业融资扶持资金、增大国有融资担保公司资本金 5000 万元扶持实体经济，还设有财税贡献奖、自主创新奖等多种奖项鼓励工业经济发展。

7. 服务机制灵活

全面推行“一站式”办公，提供企业专员服务，全程代理各项手续，执行外来投资者贵宾服务制度、企业挂牌保护制度，努力营造亲商、爱商、安商、护商的良好氛围，确保企业高兴而来、舒心而立、放心发展。

梁平县委、县政府及全县人民真诚欢迎各位领导、企业家、各位朋友到梁平、到中国西部（重庆）生态塑料产业园考察指导、投资兴业！布局梁平，抢占西部！

招商热线：023 –53336312　　53336313　53255546

南亚塑胶工业（厦门）有限公司

台塑跨国集团创建于 1954 年，截至 2011 年，资产总额达 6994 亿元人民币，集团营业总额高达 3703 多亿元人民币，集团首创于台湾，初期以石化工业为主，后续投资遍及美国、东南亚，90 年代起更积极投入中国市场。

南亚塑胶公司对 PVC 管材、管件给予国家社会带来的经济效益，有深入体会，为将此经济效益扩展至中国大陆，从 1995 年起南亚公司陆续投入中国管材市场，现已分别创建南亚厦门公司、重庆公司、广州公司、山东东营公司、安徽芜湖公司、河南郑州公司、辽宁鞍山公司等。目前，PVC – U 管材年产能达 30 万吨，PVC – U 管件达 1.5 万吨，2007 年再陆续开发 PE、PPR 管材、管件。后续并将加快速度在国内各地增建管材厂，未来，将在国内每省份至少投建一个管材厂，年产量目标将达100万吨以上，对国内PVC管材、管件推广与应用，十足体现领头羊的角色。

总结中国台湾、美国50余年丰富经验，南亚塑料公司在国内投建的管材厂，充分展现九大特色：

1. 采用奥地利辛西那提挤出机、日本东芝注塑机等最先进生产设备；

2. 原料混合采用美国西门子计算机监控系统；封闭式螺旋供料系统，配方稳定、质量可靠；

3. 从供料、挤出、成型、喷字、切断以至于捆包，全程采用自动工艺流程，人为影响可以完全排除；

4. 产品质量标准，除完全符合GB国家标准外，部分产品更采取ISO国际标准，质量水平媲美国际先进国家。

5. 率先采用有机锡稳定剂（非铅盐稳定剂），卫生性能完全符合国家饮用水卫生指标及蒸馏水卫生指标，充分体现环保建材的优势；

6. 彻底落实质量检测，确保用户权益，并加上售前、售后服务体系，建立拥护信得过首选品牌；

7. 产品规格齐全，管材口径从$\phi16-\phi630$毫米，一应俱全；并配套427种给水管件，193种排水管件及21种电工管件，可完全满足各类工程设计需要；

8. 各地管材厂年产能达高3万吨以上，成品存货量充足，供应灵活快速，可充分搭配各类工程进度；

9. 采用台塑经营管理模式，不断推动生产销售5S活动，更坚持突破、创新、彻底、圆满的经营理念，对国内员工水平有效促进，火速推动本土经营目标。产品质量、品牌形象经由国家建设部、各省建委建设系统、建设工程行业协会、各层级质量评选单位，先后认定与推荐，同时获得国家免检证书，并已通过ISO－9001认证，目前已奠立行业前导地位。

南亚塑料公司本着中国人发展中国的精神，以贡献社会、共建国家经济为长程目标，希望在长远发展过程中，得到相关各界鼎立支持。

中国联塑集团控股有限公司

中国联塑集团控股有限公司（简称：中国联塑，股份代号：2128. HK）是国内大型建材家居产业集团，产品及服务涵盖管道产品、水暖卫浴、整体厨房、整体门窗、装饰板材、净水设备、消防器材、卫生材料、海洋养殖网箱、环境保护、建材家居渠道与服务等领域。2016年营业收入达172.21亿元人民币。

随着国际化、全球化进程步伐的推进，中国联塑已拥有逾50家控股子公司和超过22个主要生产基地，分布于全国16个省份及美国、加拿大、印度、印尼和乌干达等国家，不断完善战略布局，拓宽销售网络和市场空间，能够及时、高效地为顾客提供产品和服务。

中国联塑建有集团研究院，拥有各类科研人员1000多名，设有博士后科研工作站、CNAS国家认可实验室。目前，中国联塑拥有和正在申请的专利有逾1800项。科研成果先后入选国家火炬计划项目、国家重点新产品、全国建设行业科技成果推广项目和政府绿色采购清单；先后被国家有关部门授予国家高新技术企业、国家认定企业技术中心、中国建设科技自主创新优势企业、知识产权优势企业、建设部产业化示范基地、广东省政府质量奖等荣誉称号和奖项。

现阶段，中国联塑拥有10000多种产品，是国内建材家居领域产品体系齐全的生产商。中国联塑的产品被广泛应用于家居装修、民用建筑、市政给水、排水、电力通信、燃气、消防、环境保护及农业、海洋养殖等领域。

未来，中国联塑将继续秉持“为居者构筑轻松生活”的品牌信仰，以全新的姿态，为客户提供更多高性价比的产品和服务，缔造舒适、高品质家居生活。

科莱恩化工（中国）有限公司

科莱恩是为涂料、印刷、塑料、消费类产品和其他特种应用提供有机颜料、颜料制备物和染料的全球领先提供商。

科莱恩可为塑料行业提供全面的着色剂——颜料、颜料制备物、染料和荧光增白剂，我们专为各市场应用中所有类型聚合物提供色彩。我们的产品专门针对色母生产商、改性厂、聚合物及聚氯乙烯加工商、树脂和纤维制造商而定制。为市场提供广泛而创新的生动色彩成分有助于加强我们作为领先供应商的市场地位，进而惠及我们的客户。

科莱恩为色母生产商、塑料加工商与设计师提供产品安全和监管环境中的广泛支持和服务元素。科莱恩可提供全色谱中最广泛的着色剂。得益于强大的产品安全专门技术，科莱恩被公认为生态与安全挑战解决方案方面的市场领导者。

山东万图高分子材料股份有限公司

山东万图高分子材料股份有限公司创建于 2010 年 9 月，是主要从事高分子新材料、化工新材料研发、生产、销售，货物和技术进出口等业务的国家高新技术企业。主导产品有 WT 系列环保卫生安全型增塑剂、环保钙锌复合稳定剂、软化剂、环保 PVC 浸塑液及其他环保材料等产品，主要为医疗器械、食品包装材料、儿童玩具、环保涂料等行业提供核心关键助剂。先后通过了 ISO9001 质量体系、ISO14001 环境体系以及 OHSAS18001 职业健康与安全体系认证，将过程控制机制和可追溯机制贯彻落实到生产和管理的各部门及生产过程的各环节，全面实行标准化管理。

公司自主研发的主打产品——WT 系列环保卫生安全型增塑剂以来源广泛的纯天然、可再生植物为主要原料，通过分子结构设计，制备出分子量可控、分子结构稳定的柔性结构环保增塑剂。通过持续不断的研发创新，目前已形成一整套成熟的产业化技术和装备体系，建设了年生产能力 10 万吨的全自动化生产流水线，实现了稳定规模生产，可同时满足医疗器械、医用手套、出口客户等高端市场，以及儿童玩具、食品包装等其他不同行业的需求。项目产品经国际权威检测认证机构 SGS 检测，达到欧盟 REACH、RoHS 等认证标准，并通过权威检测机构毒理学等相关检测，达到安全环保无毒级别，可完全替代国内外含苯类增塑剂，填补国际同类产品空白，为国内首创。公司以过硬的质量与技术水准、良好的管理体系和售后服务取得了下游客户的认可。目前已成功开拓了医疗输液袋、输血袋、医用手套、儿童玩具、食品级软管等行业市场，发展了河北、山东、江苏、浙江、广东等省内外客户几百家，并成为多家客户的长期供应商。

万图始终坚持只做环保产品，从原材料进厂到产品出厂，保证每一个环节的环保性。从 2010 年 9 月建厂，在大形势普遍都采用煤作为能源的时候，万图坚持采用天然气作为生产能源的来源，在燃炉的选择中也充分考虑废气污染和节能，投入几百万元，采用节能燃炉，在当时乃至现在都远远走在环保的前列。万图建有自己的污水处理厂，保证出厂的每一滴水都达到合格排放的要求，坚决执行国家环保相关方面的法律法规，从源头杜绝污染情况的产生。在废气处理方面，万图摒弃直接排空的弊端，将废气中的有害物质经过吸附之后再排放，避免对空气的污染，同时通过特有的技术，将吸附的物质经过处理，变废为宝，节约能源。

万图始终坚持科技创新，拥有“山东省环保高分子材料及助剂示范工程技术研究中心”“山东省博士后创新实践基地”“山东省企业技术中心”三大省级创新平台及“威海市企业技术开发中心”“威海市工程实验室”两大市级创新平台，并成立自己的高水平的研究院，与多家高校、科研院所展开产学研合作，拥有博、硕士高学历研发技术人才 20 多名。先后承担了国家、省和市级重大科技计划 10 余项；获得中国技术市场金桥奖 1 项；核心技术授权发明专利 8 项。

万图在坚持做好产品的同时，也注意人才的引进、培养和关怀，目前万图的人员结构中 80% 以上都是大专学历，保证了人员的高素质，每年定期与产学研合作的学校合作培养人才，同时对人才有多种鼓励措施，包括学历补贴、安家补贴、多种奖励措施等。

万图将始终围绕环保、无毒、新型材料领域，以打造绿色环保材料领军企业为目标，不断完善现代企业管理制度，提升和完善企业价值链，持续加大研发投入，培养和引进品牌、管理、研发、人力资源、教育培训等多方面人才，快速提升人才队伍建设水平及科技创新能力，努力将资源优势、人才优势转化为技术优势、市场优势，在国家打造绿色原生态的宏伟画卷上填上一抹绚丽的色彩。

万华化学集团股份有限公司

万华化学集团股份有限公司是一家全球化运营的化工新材料公司，依托不断创新的核心技术、产业化装置及高效的运营模式，为客户提供更具竞争力的产品及解决方案。

万华化学始终坚持以科技创新为第一核心竞争力，持续优化产业结构，业务涵盖 MDI、TDI、聚醚多元醇等聚氨酯产业集群，丙烯酸及酯、环氧丙烷等石化产业集群，水性 PUD、PA 乳液、TPU、ADI 系列等功能化学品及材料产业集群。所服务的行业主要包括：生活家居、运动休闲、汽车交通、建筑工业和电子电器等。

在生产领域，国内烟台、宁波、珠海三大生产基地稳定运营，2011 年万华化学托管匈牙利 BC 公司，拥有了自己的海外生产基地。在研发领域，烟台、北京、佛山、上海等地的研发中心已逐渐成型，2017 年北美技术中心在休斯敦正式投入使用。另外，万华化学在欧洲、美国、日本等十余个国家和地区均设有公司和办事处。

万华化学将“为客户创造价值”作为第一使命，致力于为客户提供稳定的、高质量的、有竞争力的产品和快速高效的服务，做负责任的供应商和行业领袖。并将一如既往地在化工新材料领域持续创新，引领行业发展方向，为人类创造美好生活！

南亚塑胶南通厂区

南亚塑胶工业股份有限公司成立于 1958 年，主要从事 PVC 管、PVC 乳胶皮、PVC 胶布等塑胶二次加工生产，与台湾塑胶公司、台湾化学纤维公司等二十余家公司组成台塑关系企业，经过六十年的努力发展，台塑关系企业已成为台湾地区最大的民营企业。

为促进两岸交流，进一步拓展大陆市场，南亚塑胶工业股份有限公司于 1996 年 3 月来江苏省南通市崇川经济开发区投资成立南亚塑胶工业股份有限公司南通厂区，全厂区占地面积 48 万平方米，总投资 4.3 亿美元（注册资本 16245 万美元），下属：南亚塑胶工业（南通）有限公司、南亚塑胶胶膜（南通）有限公司、南亚电气（南通）有限公司、南亚共和塑胶（南通）有限公司、中国南通华丰有限公司、南通华富塑胶有限公司等六家独立法人企业。专业生产 PVC 人造革、PVC 薄膜、PVC 硬质胶布、PU 合成皮、PVC 印贴压膜、PVC 及 PE 保鲜膜、开关柜、变压器、断路器等高低压配电设备。产品广泛应用于车辆内饰材，箱包，鞋革，家具，吹气制品，建材相关产品，文具，胶带，浴帘，桌巾，夹网，装饰材，包装材，保鲜包装膜，电镀，贴钢板、木板、冰箱装饰用，输配电控制等。投资共分三期进行，目前已建成主要生产线三十四条，公司秉承创办人王永庆先生“勤劳朴实、实事求是、追根究底、止于至善”的经营理念，推行全面质量管理活动，追求持续改善，提供客户完全满意的产品与服务，贡献社会。

南亚塑胶工业股份有限公司南通厂区全面导入母公司各项管理制度，大力推动产品别、机台别经营负责制度，依照产品、机台特性成立产品别、机台别经营小组，发挥专业团队优势，提升整体经营绩效。

在组织机构方面，设立总经理室、管理处、资材处、工务处、会计处等服务单位，专门负责全厂区管理制度制订、推动及检核改善；原物料采购、仓储、人员招募、培训、考核，计算机网络维护；工程、设备管理、水、电、蒸汽等能源提供；经营绩效评核。依产品大类不同，设立独立的营业机构及生产厂，负责产品市场开发及生产制造成品仓储及客户服务等工作，体现专业特色，并于生产厂设立绩效组，负责产品经营绩效考核与改善，追求持续改进。

在管理制度方面，将全部管理制度区分为营业管理、资材管理、生产管理、财务及绩效管理、工程管理、人事管理六大类，实行全企业计算机 ERP 管理，信息共享，且已通过 ISO9001 、ISO14001 及 OHSAS18001 认证，并不断谋求改善。我们深切体会，唯有具备良好的管理基础，才是企业经营发展的根本，才能体会企业的经营趋于稳健，不受客观条件变化的限制，进而巩固企业之经营基础及不断提升经营水平。

2016 年度实现销售收入 18.5 亿元，利税总额 59579.9 万元，其中上缴国家及地方税收 25634.7 万元，利润 33945.2 万元，现有在职员工 1580 人。

上海永利带业股份有限公司

上海永利带业股份有限公司创建于 1989 年（前身为上海永利工业制带有限公司），座落于国际大都市上海市，总部位于上海市虹桥枢纽附近的青浦区徐泾镇徐旺路 58 号，主要的生产基地位于崇明，占地 120 亩，是一家以研发、生产制造、销售轻型输送带产品的专业公司。系国内第一家具备替代进口轻型输送带的民营企业，当前综合实力在行业内的排名是中国第一。2011年6月15日，公司在中国深圳证券交易所挂牌上市，股票代码为300230，成为国内该行业中第一家上市公司，也为永利代表中国，走向世界奠定了良好的发展基础。

公司自成立以来取得了许多荣誉和成绩：国家火炬计划重点高新技术企业、上海市高新技术企业、上海市技术中心、上海市专利示范企业、上海文明单位、上海市民营科技综合百强、上海市著名商标、上海名牌产品。多项技术被上海市科委认定为上海市高新技术成果转化项目，其中高粘结强度多功能PVC－TPE输送带材被上海市科委认定为上海市火炬计划项目，高摩擦PVC－TPE花色输送带被认定为上海市重点新产品，高强度精密石材带被认定为国家重点新产品，高剥离PE输送带和抗腐蚀的聚氯乙烯轻型输送带被认定为青浦区专利新产品，2008年与同济大学共同设立国内第一家“轻型输送带研发中心”。2014年与华东理工大学材料科学与工程学院共建“输送带研发中心”。

目前，公司拥有有效专利80多项，其中授权的发明专利21项，产品技术经上海科学技术情报研究所查新检索，达到国家领先水平。公司产品被广泛地应用于食品加工、石材加工、木材加工、娱乐健身、烟草生产、物流运输、农产品加工、防止印染、电子制造、印刷包装等行业，是目前国内专业性、配套性最强的新材料轻型输送带研发生产高科技企业和国内轻型输送带的领导者。

公司在天津、沈阳等地设有8个办事处，拥有接头设备及输送带仓库。公司通过收购或新设方式在荷兰投资了永利国际、永利欧洲、永利荷兰及永利研发，上市后继续拓展海外营销网络布局，收购永利波兰、荷兰Vanderwell公司，陆续在韩国、美国、奥地利、德国、印尼新设合资公司，同时在土耳其、印度、越南、马来西亚等多地分别设定了代理商，专业销售永利产品，产品已出口世界各地。

2015年实施重大资产重组收购青岛英东模塑科技集团有限公司100%股权，新增精密模塑业务，使公司在巩固轻型输送带领域的领先优势的同时，积极拓展塑料链板输送带等新产品，从而实现产品线拓展及企业扩张的发展战略；2016年公司以非公开发行股票的方式募集资金收购炜丰国际控股有限公司100%股权，进一步拓展精密模塑业务的规模，确立和深化了轻型输送带及精密模塑业务“双轮驱动”的发展战略。

公司始终以“以人为本、精益求精、打造世界一流的轻型输送带企业”为宗旨，在“求精做强”的经营理念指导下，以完善的服务、创新的思维、卓越的管理，打造世界轻型输送带的生产基地。

广东东田转印新材料有限公司

广东东田转印新材料有限公司，原为汕头市东田转印有限公司，成立于1985年，位于汕头市龙湖区新溪镇金新路金源工业区内，厂区占地面积20000平方米，是国内最早从事热转移印刷技术和产品的研究、开发、生产和销售并提供相关技术服务的大型专业公司，通过ISO9001质量管理体系认证和ISO14001环境管理体系认证。

公司的产品涵盖热转印、模内转印（IMR）、镶嵌注塑（INS）等工艺，产品广泛应用于塑料、金属、木材和玻璃制品的表面装饰保护；适用于高端塑料制品的模外、模内的装饰与保护。

二十年多来，公司相继荣获了“国家高新技术企业”“广东省热转印（东田）工程技术研究中心”“国家新闻出版总署新闻出版改革发展项目库入库项目”“科技型中小企业国家创新基金”“广东省著名商标”“连续十八年广东省守合同重信用企业”“中国名牌包装产品”“国家重点新产品”“广东省重点新产品”等众多荣誉。目前拥有有效发明专利10项，商标权13项。

公司始终秉承“诚信、务实、和谐、进取”的企业精神，坚持“面向市场求发展，技术创新促发展，知识产权护发展，与时俱进谋发展”的经营理念，呈现出快速、稳定的发展。

我们竭诚欢迎海内外人士真诚合作，实现双赢，共创未来！

康泰塑胶科技集团企业

康泰塑胶科技集团有限公司创立于1999年，座落于美丽的中国崇州，是一家集专业研发、制造、销售为一体的大型塑胶建材现代化集团企业。集团先后组建了成都康泰、浙江康泰、河南康泰、辽宁康翔、河北康泰、陕西康泰、广东康泰7家成员企业。公司拥有国际先进水平的专用生产设备1000余台套，员工1800余名，集团总资产近20亿元，年产能80万吨以上，是建设部发布的中国最具规模的化学建材生产基地之一。

康泰始终以技术创新为发展基石

集团先后被认定为中国塑料管道工程技术研究开发中心、CNAS国家认定的实验室、国家高新技术企业、四川省级企业技术研发中心，获得专利100余项。自主研发的MPVE共混双壁波纹管材获得德国专利。特别研制引领行业生态升级的核心技术——“稳净”专利配方，实现了产品环保节能新突破。技术水平国内领先。

康泰致力于产品生态与整体解决方案

集团主营产品涵盖民建、市政工程用管、精品家装、型材门窗、海绵城市、地下管廊系统，品种规格达5000多种。生态产品系统先后获得中国环境标志产品认证、新华节水产品认证、中国绿色建筑产品认证等多项认证，将生态、建筑与人完美融合，实现全程生态把控，为客户创造价值。

资质荣誉

康泰集团是首批中国名牌、中国质量免检、中国驰名商标企业，康泰品牌获得“中国塑胶建材行业十大品牌、中国轻工业百强、中国房地产开发企业500强首选供应商、政府采购塑料管道十大品牌、中国民营建材企业100强”等荣誉称号，康泰集团连年被评为AAA级信用等级企业，是中国塑料加工工业协会副理事长单位。

整体营销、强强联合

康泰集团本着“科技、质量、价值、共赢”的市场竞争理念，打造技术专业型营销团队，构建营销网络覆盖全国，长期与恒大、万科、碧桂园等全国地产50强，中国移动、中国联通等通信大户，中石油、新奥燃气、华润燃气等燃气行业大户保持长期稳定的战略伙伴合作关系。建立“产品精心、质量放心、服务用心、态度温心、回访真心”的“五心管家”全程生态服务系统及“一站式服务管理”’模式，产品品质和服务深受客户信赖。

构建以品牌为核心的价值链。

康泰集团以“成为生态建材行业领导者品牌、品牌价值突破100亿”的品牌战略目标，以“康泰建材，生态未来”的品牌定位，全面构建立体、多元素、全面触网及全要素的品牌建设体系，构建以品牌为核心的价值链。

供给侧改革，质量强企

康泰集团始终坚持“围绕全球顾客、不断改善，追求产品零缺陷”的质量方针，贯彻“产品如人品”的质量理念，全面覆盖ISO9001、ISO14001、OHSAS18001三体系，实施全员、全面质量管理。坚持以“生产过程推行‘双零缺陷’管理模式，即供应链来料100%合格进厂、产品质量100%合格出厂，始终贯彻执行态度零容忍、质量零缺陷的‘双零缺陷’管理模式”。获得2016年度四川省质量奖。

智能制造、转型升级

全面实施智能制造战略，拥有自主模具制造中心、智能制造系统、仓储系统和在线监测系统，配套自动注塑、挤出生产设备，全面实现康泰智造的规模化、规范化、智能化和高效化，实现用户远程参与产品制造过程。传统产业、智能制造。

创新驱动、卓越绩效

康泰集团坚持创新驱动，导入卓越绩效管理与“阿米巴”经营模式，全面实施内部市场化，以市场、客户需求建立内部自动运转闭环系统；自主技改创新，由生产自动化全面向智能制造提升。康泰先后获得“全国实施卓越绩效模式先进企业、全国实施卓越绩效模式特别奖”等荣誉。

责任担当，绵薄之力

康泰集团支持国家蛟龙号深潜尖端事业成为战略合作伙伴、塑胶管材首选产品，将国家尖端科技梦与康泰实业兴邦梦融合发展；积极参与社会责任，先后向“5.12汶川大地震”“4·20雅震”“崇州老年协会”“老年事业发展基金”“残疾人学校”捐款援助。成立“康泰员工扶助基金”，长期坚持扶贫帮困公益事业。

展望未来、蓄势待发

面对中国经济新常态、供给侧改革、互联网+、智能制造2025的新经济时代，康泰集团将始终致力于“成为生态建材行业领导者企业”的愿景，肩负“为城市建设集成供应生态管道系统，管通全球”的企业使命，践行“市场第一、诚信务实、创新高效、发展共赢”的核心价值观，全面贯彻执行“创新驱动、品牌营销、智能制造、转型升级”的十三五战略方针，打造“百亿康泰、百年康泰、中国民营企业500强”的核心目标，全面构建实现品质康泰、智能康泰、生态康泰、“康泰+”跨越发展。

境界决定格局、梦想启动未来

全体康泰人将为实现社会、环境及利益相关者的和谐共生不懈努力！为引领中国塑胶建材行业投身生态事业建设，缔造绿色品质生活贡献力量！

广东金明精机股份有限公司

广东金明精机股份有限公司，是一家薄膜装备制造行业的领军企业，品牌在国内外享有盛誉。

公司成立于1987年，如今，公司已经走过了30个年头。30载风雨历程，金明精机逐步实现了从单一产品到吹膜、流延、双拉产品线的全方位覆盖。从机械生产到智能制造，从中国走向世界，30年来，金明逐步完成了线下生产与互联网+的资源整合，形成了一套成熟的信息化技术体系，以核心业务为支撑，逐步向其他智能化领域发展，“金明精机”已经成为世界知名品牌。

创新技术，匠心智造

2016年3月，金明研发制造的“Classicx系列多层共挤薄膜吹塑机组”在2016塑料行业荣格技术创新奖上荣获挤、吹技术创新奖，成为薄膜装备技术领域唯一获奖的制造商。

在智能设备开发上，金明基于现有薄膜装备为基础建立智能端，目前已经在Superex系列机型上实现，成为全球首家在薄膜装备实现智能化的企业。目前金明是行业内最早在薄膜装备行业实现智能化和互联网技术的企业，金明信息化和智能化技术不仅在S系列吹膜机组上成功应用，目前已逐步在其他设备如流延膜机、双向拉伸机组等产品线中使用。

金明Smartex平台是以互联网技术为载体，并以薄膜装备智能制造和工业4.0为发展方向开发的技术平台，能够实现客户自动化作业，多台设备联网和远程薄膜诊断，在生产环节实现远程作业分配和订单调度管理。该设备在中国Chinaplas国际橡塑展和德国K－Show上展出，受到了国内外市场的关注。此次德国K展，金明第一次跻身国际馆，证明了金明的品牌及竞争实力已得到国际认可，知名度和影响力逐步提升。

一直以来，金明都将“工匠精神”及“创新精神”作为企业精神传承，并积极承担行业责任。秉持着工匠精神，金明精机30年来只专注做薄膜，在金明发展的过程中，始终将“工匠精神”的严谨和精益求精应用于日常研发中，无论是产品质量、服务或者技术，都力求做到极致，在专业领域不断追求产品品质服务的提升，做到行业内顶尖的技术水平。金明生产的每一张薄膜，都经得起严格的质量检测。

同时，金明也时刻保持着敏锐的创新意识，紧跟国际前沿技术的发展脚步，在未来智能制造的大趋势下，金明也将“互联网+”与传统的机械制造相结合，依托信息化技术平台建设，以工业4.0为发展方向，加快打造智慧工厂全方位解决方案的发展步伐，努力实现由速度型增长向质量型发展转变。

而且作为中国薄膜制造行业的领军品牌，金明始终承担以出口代替进口的行业使命，正是强烈的企业责任感及行业使命感，敦促着金明的不断前行，让金明不断带领中国制造走出国门，走向世界。2016年5月10日，金明正式入选CCTV－发现之旅《工匠精神》纪录片，成为中国塑料装备行业第一家入选企业。这是对金明企业精神的鼓励与充分肯定。

30年路程，砥砺前行

经过30年的发展，金明从一开始只能生产单一产品到现在已经有能力覆盖薄膜生产包括吹膜、流延及双拉的全方位产品线，成为全系列薄膜解决方案领导品牌。这是技术的发展，也是生产能力的进步。

1987年，公司注册成立，经过12年的发展，在1999年，金明已经可以成功提供当时国内规格最大，也是亚洲最大、技术水平最高的超宽幅20m的农膜（土工膜）生产线，该生产线的土工膜制品被用于三峡工程项目。

2004年，公司成功研制出了“七层共挤高阻隔膜吹塑机和五层共挤下吹（水冷式）薄膜吹塑机”等先进的专用装备，近几年，公司陆续成功研制出了“九层共挤高阻隔膜吹塑机”、5.5米宽幅“高产高速CPP流延机组”和11层高阻隔流延机组，掌握了高端薄膜成型设备的研发和制造技术。

伴随着金明技术与产品的不断升级，金明的市场与资本也在不断扩张，推进着金明发展成为国际薄膜设备生产行业的领军品牌。

2005年金明首次实现了销售订单突破1亿元，成功进入以色列等中东市场，开始建立与全球著名挤塑设备供应商普密斯的合作伙伴关系。随后公司开始全面开拓欧美市场。

2011年，公司开始进入资本市场，顺利通过IPO并成功发行股票，并于2013年成功收购汕头市远东轻化装备有限公司，进一步壮大了公司规模。

金明这30年的成长与发展，是一条自我创新、自我挑战之路。30年砥砺前行，经过一代代金明人的不懈奋斗，凭借30年的技术积累和市场沉淀，如今，金明相比同行已具备领先优势，特别在技术创新研发、产品线布局、加工能力以及在工艺和服务方面，已经具备实力与欧美品牌同台竞争，金明品牌的国际知名度日益提高，制造实力得到国内外客户的认可，短短的30年，金明已经跻身世界薄膜制造行业的领军品牌行列。

智能建设，智造未来

为强化公司智能制造能力，提升产品智能化水平，自国家公布《中国制造2025》强化高端制造业的国家战略规划以来，金明积极响应国家政策，不断探索金明产业创新发展道路。

金明智能实验中心，是亚太区唯一一家专注于塑料薄膜的“体验式”实验中心。是金明经过多年的努力和积累，投入数亿资金和科研力量，携手国际多家知名的原料生产商埃克森、陶氏、博禄等及部件供应商建设完成的实验中心平台。

通过实验中心，客户能够亲身体验国际领先的制膜技术，解决客户在吹膜领域涉及的配方实验、技术验证、生产工艺和操作培训等方面的顾虑。金明希望通过强强联手，通过金明实验中心这个平台，整合薄膜行业的各大领域资源，打造一个真正世界级的科研中心，不断帮助客户攻克及优化薄膜生产设备及生产工艺。

公司也将定增投入资金进行智能工厂建设，包括特种多功能膜智慧工厂建设项目、农用生态膜智能装备建设项目、云端大数据智慧服务平台建设项目。借助移动互联、云计算、大数据、物联网等信息化技术优化生产环节和供应链、减少原材料用量和环境负荷、降低工厂成本，提高生产效率。

金明还与清华大学（机械工程系）在智能机械、健康与康复器械领域建立战略合作，双方将充分利用清华大学（机械工程系）的智能与生物机械的学科特长，结合金明的材料加工、机械制造、产品市场营销以及资金优势，联合成立“清华大学（机械工程系）与广东金明精机股份有限公司智能康复机器人联合研究中心”，目前公司与清华大学及相关合作伙伴开展康复机器人产品产业化工作正在有序推进。

随着金明智能实验中心项目和金明智能装备研究院的成功落地，金明将加快构筑智能化制造体系、信息化服务平台、工业云与互联网大数据等制造业新基础，继续深化行业产业链战略合作，整合上下游优势资源，积极推进金明智慧工厂整体解决方案发展步伐。围绕智能制造、智慧工厂、智慧机器人、大数据等新思路，立足制造业新模式、新业态、新产品，进一步拓展工业智能化的应用领域，拓展公司的发展空间。

未来，金明将进一步巩固发展金明目前成功的核心优势，专注技术累积沉淀，发挥加工技术优势，利用现有的自动化信息系统及智能化生产仓储设备，依托高科技人才，继续发扬企业的工匠精神，保持创新活力，同时加强标准建设，提供客户需要的高品质产品，打造“百年品牌”。

在国际工业4.0的大背景下，金明也将大力推进“中国制造2025”和智能制造战略，在生产技术上不断探索创新，大力实施技术创新驱动全面创新的发展战略，以技术创新带动工艺创新、产品创新、品牌创新，实现“科学研究”“实验成果”到“推广应用”的三级跳。大力发展信息化、自动化产品线，加快推动金明由传统产业向中高端智能化产业转型升级，提升品牌国际竞争力。

未来，金明将持续推进数字化、网络化、智能化制造，依靠创新技术的关键支撑，充分发挥“互联网+”技术在制造业中的优化和集成作用，将创新成果转化为生产力，促进传统产品的改造升级，推动新产品新业务的培育发展，着力于智能制造、质量品牌提升，加快自动化基础工程建设、带动企业创新型成长，公司将围绕战略部署，积极升级金明的“智能制造+互联网制造+智能生态圈”，发展成行业中的智慧工厂方案解决商，最终打造“金明工业4.0”及“大健康”宏伟事业。

30个春秋，让金明从一家占地不足10平方米的手工作坊发展成一家占地面积约10万平方米的，拥有全系列高端生产设备，具备全球最大薄膜装备生产能力的上市公司；从立足于中国市场，发展到成为一个产品远销全球40多个国家和地区的国际品牌。金明在薄膜装备领域创造了多个“第一”的创举，成为公众公司后，金明未来将借助资本力量进一步完善制造产业体系，打造智能化生态圈，进一步提高在国际行业的市场占有率。立足市场发展，不断提高自主创新能力，以技术创新引领产业转型升级，加快推进供给侧结构性改革，继续发扬工匠精神，专注于高质量产品打造，为客户提供更加全面完善的全套解决方案，金明始终承担着以出口代替进口的行业使命，金明精机将继续朝“百年企业”迈进，让“中国智造”走向世界。

顾地科技股份有限公司

“顾地”品牌创建于1979年，成长于广东，发展于全国，是中国难燃PVC电工管和线槽的发明者和制造者。作为推动中国塑胶管道“以塑代钢”的先行者，顾地自创业以来，秉承“追求卓越品质，尽显顾地精华”的经营理念和“勇于创新、追求更高”的信念，引领了塑胶界一系列改革浪潮，为国家的建设和社会的繁荣作出了巨大贡献。

顾地科技股份有限公司（深交所A股上市企业，股票代码：002694）经多年创新与发展，综合研发生产、市场开发、资源整合等多种能力于一身的比较优势，现已在湖北、重庆、佛山、北京、马鞍山、甘肃拥有六大生产基地。

公司拥有横跨PVC、PE和PP三大系列40多个品种5000多个规格塑料管道产品线，广泛应用于建筑内给排水、市政给水、燃气输配、电力、节水灌溉、建筑采暖、市政排水排污等领域，能满足市场的各品种塑料管道需求。产品畅销全国31个省（市），同时远销中亚、东南亚、非洲等国家，是目前国内较具规模和影响力的塑胶建材制造商之一。

公司拥有一支由一百多名高分子材料、机械设计、给排水及暖通等专业的科研技术人才组成的强大科研团队，拥有专利134项，其中专利发明16项，外观设计专利4项，实用新型专利114项。同时，公司是省级企业技术中心、全国给水排水技术研发中心、湖北省博士后创新实践基地、与湖北大学共建“塑料管道系统湖北省工程实验室”、院士专家工作站、湖北省工程技术研究中心等，打造集研发、成型加工技术及生产一体化为一体的管道系统研究和开发应用平台，技术实力雄厚。

公司是中国塑料加工工业协会副理事长单位、中国塑协塑料管道专委会副秘书长单位，也是全国塑料制品标准化技术委员会塑料管材、管件及阀门分技术委员会的核心成员单位。近年，公司多次被评为“全国优秀水利企业”和“全国守合同重信用”单位，陆续获得“国家级高新技术企业“”创新型企业”“家装管道十大品牌”“地下管廊建设首选品牌”及“中国驰名商标”“中国名牌产品”等称号，在行业内具有较高的知名度和美誉度。

为适应时代的发展，顾地科技紧跟国家“十三五”规划步伐，加快创新脚步，全面开展综合管廊、城市地下管网、供水及污水处理工程等多种基础设施建设，加强推进PPP模式的政企合作，大力推进“海绵城市”建设。公司在不断加强规范管理的同时，积极开拓市场，大力寻求环保建材领域的发展机会，向着“百年企业、百亿企业”的目标奋进，把公司建设成为中国集规模、实力、及魅力与一体的现代化企业，为国家基础设施建设及可持续发展贡献力量。

三友控股集团有限公司

三友控股集团有限公司位于中国市场经济的先发地——浙江台州，是一家以生产塑料制品而享誉业界的国家级民营企业集团。

三友寓意于松竹梅“岁寒三友”，始建于1971年，前身为原黄岩县卷桥塑料化工厂，由24位自然人以“打硬股”集资2250元创办，是中国民营经济的发端之一。1996年，浙江三友纺织器材总厂进行首次改制，组建浙江三友集团有限公司，将企业资产量化到职工个人。2001年，升格为无区域冠名的三友控股集团有限公司。2005年，进行二次改制，实施人才持股计划，设立浙江三友塑业股份有限公司，正式确立以塑料加工业为主营业务的股份上市目标。2012年10月，“三友塑业”在浙江省股权交易中心挂牌。

集团公司下属企业有：浙江三友塑业股份有限公司、三友控股集团银友摩托车有限公司、台州市联众房地产有限公司、三友控股集团进出口有限公司、三友控股集团上海实业有限公司、台州三友农耕文化发展有限公司、三友控股集团废旧物资有限公司、台州三友国际饭店8家实体子公司。

集团公司现为中国塑料加工工业协会副理事长单位、中国纺织机械工业协会副理事长单位、中国塑协塑料家居专委会副会长单位。

集团公司建有占地400多亩的塑料产业园区，在台州市主城区建有29层的三友国际大厦，在上海浦东建有3万平方米的生产研发基地，资产实力雄厚。公司拥有40多件国内国外注册商标，50多件技术专利，通过ISO9001质量管理体系和ISO14000环境管理体系认证，是纺织专用器材塑料纱管和农用育秧盘国家标准主要制定单位。

集团公司 主要产业涉及塑料制品和摩托车制

造，以及进出口贸易、再生塑料、小额贷款服务、房地产、酒店和现代观光农业等行业，涵盖“衣、食、住、行、金、贸”六大领域。塑料制品主要包括纺织专用器材塑料纱管系列、塑料家居系列、农用塑料育秧盘系列三大系列，塑料制品年生产能力在3万吨以上，再生塑料粒子年生产能力在2万吨以上。塑料纱管是公司核心业务，销售额、利税、出口额、市场占有率等主要经济指标连续多年居全国同类产品行业第一位，享有行业"常青树"之美誉。

集团公司历年来所获得的主要荣誉有：全国诚信守法企业、全国纺织工业先进集体、全国信息化先进单位、全国工商企业信用AAA级“守合同重信用”单位、浙江省文明单位、中国驰名商标、浙江省著名商标、浙江省知名商号、浙江省名牌产品、浙江省AAA级诚信纳税企业、浙江省AAA级资信企业、浙江省管理创新示范单位等。

集团公司董事长张小郝先后荣获全国劳模、全国乡镇企业家、浙江省优秀共产党员、浙江省优秀企业家、浙江省第六届优秀创业企业家、浙江省乡镇企业终身成就奖、浙江省终身领袖企业家、台州市改革开放30年风云人物等荣誉称号。

集团公司秉承“追求卓越、服务全球”的企业精神和“多元化集团一体化运作和分项目实施”的管理思想，秉承“订单是天，质量是命”的经营宗旨，依托民营企业灵活的管理机制，汲取现代企业制度的理论精髓，创新、开放与合作，努力把三友打造成为产业多元化、运营一体化、资本社会化、管理科学化和服务全球化的现代创新型企业集团。

中山环宇实业有限公司

中山环宇实业有限公司，成立于1993年3月15日，位于广东省中山市东凤镇105国道旁，公司是香港世界五金塑料厂有限公司附属机构，是塑料管材生产企业Aliaxis集团成员。集团总公司和香港母公司分别始创于1905年和1961年。

目前，Aliaxis集团公司总部位于欧洲．比利时．布鲁塞尔，是塑料管道/阀门生产和销售集团，成员遍布全世界，拥有400多个知名品牌及厂家。集团年销售额多达400亿人民币以上。

中山环宇实业有限公司承传集团公司的精湛工艺，及国际化的管理体系，多年来在中国市场不断探索和研究，开发及生产适合工业、民用等各种领域上应用的塑料管材、配件及阀门，提供的产品材质有CPVC、UPVC、PPR，EVA，PP等，生产标准更加多元化，有国标（GB），英标（BS），美标（ASTM），日标（JIS）等，能适合不同国家的要求，配套齐备，使用户能方便快捷的选购合适的产品。

公司拥有专业的技术队伍，坚持自主研发、自主创新战略，拥有多项产品专有技术，并应邀成为国家塑料制品标准化技术委员会——塑料管材、管件及阀门分技术委员会核心成员，参与有关国家标准的制定。在2003年，公司被委任为CPVC管材国家标准的第一起草人，参与有关的主编工作，以我们多年来在塑料制品加工行业的经验与行业内多位专家共同努力，编制有关标准，使国家的塑料行业知识更加完善并有了更科学的发展。

公司拥有高科技先进的塑料模具开发中心，现已自主开发模具数千套，可提供品质高、种类齐全的给水、排水、热水管道和电线电缆套管，也能提供整套以塑胶为主的水处理系统，通过“以塑代钢”配合国家实现未来纯净水优质供应和绿色环保的目标。

中山环宇以社会责任为己任，热衷于社会公益事业，在企业内建立大学生实习基地，并于2012年获批国家级实践教育中心，对大学生作出专业的对口的技能培训，培养他们的实践能力，培育了一批又一批的大学生走向社会。多年来，中山环宇凭借科学的渠道治理结构，稳健的经营团队，强劲的拓展能力，卓越的企业文化，打造了具有全球影响力的行业品牌——锚牌。

地址：广东省中山市东凤镇兴东路1号，528425

电话：0760－22788600

传真：0760－22603813

网址：www.anchorhk.com

江苏贝尔机械有限公司

江苏贝尔机械有限公司是一家具自主进出口经营权的省级高新技术企业、省著名商标、省级塑机产品出口基地企业，成立于1998年，集研发、生产与销售塑料机械的科技型企业，座落于交通便利的江苏省张家港市省级经济技术开发区，是第一家落户市民营科技园的企业。公司目前占地面积108亩，现代化科研楼及标准化车间60000米^2，现有员工300人，大专以上人员占职工总人数的36%。近年来，公司以创新为主导，紧随世界塑机创新的时代潮流，不断自主创新。公司产品以挤出类为主，尤其是高效高速类挤出生产线赶超国际先进技术水平，在国内外很多知名企业的生产过程中被广泛认可及高度评价，产品大部分出口远销亚、非、欧等地区。公司在市内同行业自2006年起，据海关部门及商务局统计，连续十年产品出口销售第一名。

公司以专业研发、生产、制造塑料机械类设备为主，主要涵盖塑料挤出、清洗回收及辅机系列。据中国塑料机械协会统计，协会对中国所有塑料机械行业企业的综合实力进行了评比，贝尔机械作为中国塑料机械协会的常务理事单位，在2016年度中国挤出行业综合实力排名第四位，江苏省排名第一。

济南新三塑业有限公司

济南新三塑业有限公司成立于2003年，座落于风景秀丽的泉城济南东部开发区，高速公路、国际机场、铁路专线及国道穿行其中，交通运输极为便利。公司自创建以来，积极响应中央三农政策，以发展高科技产业为目标，始终坚持走产、学、研相结合之路。

公司是一个以生产农膜、地膜、氧化-生物双降解地膜、全生物降解地膜、银灰膜、配色膜、多功能大棚膜、输水膜、除草膜、黑地膜等为主的专业生产企业。产品主要作用于农作物、烟叶、蔬菜、瓜果、花卉苗木等经济作物，促进作物早熟、丰产、高品质。

公司注册资金3000万元人民币，占地面积16500平方米，其中生产车间12000平方米、办公楼2500平方米，绿化面积2000多平方米。公司拥有完善的质量保证体系和服务保证措施，专业生产设备42台（套）（其中，2016年我公司新购进大型90机组20余台（套））。年生产能力60000吨，2015年在全国同行业实际产量排名中排前十。

多年来经过对原有技术的消化、吸收、改进、完善，产品质量稳步提高，现已开发出八大系列50余个规格型号的产品。由于生产技术先进、配方严谨，使产品畅销全国20多个省、市，目前已有稳定销售网点60多家。企业已顺利通过ISO9001：2000质量管理体系认证、ISO14001：2004环境管理体系认证和OHSAS：18001职业健康安全管理体系认证。

2016年我公司申请：宽幅地膜展开装置、降温地膜、薄膜称重装置等8项专利，这些专利技术应用到现有的地膜上将大大提高吹膜技术，省时省力，增产增量增效。

公司始终本着以质量求生存，以创新求发展的原则。服务一流，打造精品，追求卓越，服务三农是我们的宗旨，2016年我公司不仅晋升为中塑协理事、中塑协农膜专委会理事，而且还被中国塑料加工工业协会授予了“2015年轻工品牌培育管理体系先进企业”“2015年轻工品牌竞争力优势产品”“中国农膜行业优秀品牌”和“十二五”塑料加工业优秀企业等荣誉，我公司连续多年被山东省工商局及济南市工商局授予“守合同重信用企业”“省级诚信文明企业”“省级光彩之星”“济南市诚信文明企业”“市级优秀私营企业”，同时也被历城区文明办评为“历城区私营企业先进单位”“历城区百佳诚信企业”“历城区十佳诚信企业”等荣誉称号。

新三塑人以诚信、求实、勤奋、创新为企业精神，以实现农民的根本利益，服务三农为目标。新三塑人一直秉承以用户需求为核心，以优质、用心的服务赢得了众多企业的信赖和好评，在客户心中树立起公司良好品牌形象。公司不仅提供质量优良的产品，同时还建立了完善的售后服务体系，为用户在产品使用中遇到的问题和困难提供指导帮助。我们相信，通过我们的不断努力和追求，一定能够实现企业的长足发展。

江西岳峰集团

江西岳峰集团由江西高分子材料有限公司、江西岳峰环保新材有限公司、江西中创阻燃新材料科技协同创新有限公司三个子公司组成，子公司始建于1992年，是一家集科研开发、生产、销售于一体的“国家高新技术企业”，中国航天事业合作伙伴，是中国南方最大的ACR、MBS、ACM发泡调节剂生产基地。

公司总占地面积400多亩，2个生产基地，分别坐落于江西萍乡国家经济开发区和萍乡湘东工业园区。现有干职工 398 人，其中博士研究生、大、中专毕业生 100 余人，各类专业技术人才 60 余人。

公司是全国塑料助剂行业领先单位，现为中国塑料加工工业协会塑料专业委员会、中国建筑金属结构协会会员单位，中国塑料加工工业协会硬质 PVC 发泡制品专业委员会副理事长单位，中国塑料加工工业协会异型材及门窗制品专业委员会副理事长单位、定点生产企业。主导产品丙烯酸酯类抗冲改性剂和加工改性剂是采用目前国内先进聚合技术和干燥工艺的高分子量聚合物，能改善熔体的流动性，提高熔体的热强度和延伸，缩短熔触时间，提高生产效率，广泛用于型材、异型材、板材、管材、管件等领域。

公司十分重视技术创新和产品研发工作，拥有先进的科研生产设备和优秀的技术团队，设立了专门的高分子材料研究所，与国内名校建立了厂、校技术协作关系，聘请知名大学教授担任总工程师，知名专家为顾问，不断加大科研开发力度。二十多年来，公司以科技为先导，走产、学、研优势互补共同发展之路，成功研制开发出 ACR、MBS、ACM 发泡调节剂等一系列新产品，实现了以 ACR 系列研发及产业的延伸。公司拥有企业核心自主知识产权，至目前获得国家专利 29 项。公司产品品牌为“中国著名品牌”，产品商标为“江西省著名商标”。

公司以其稳定可靠的产品质量，及时准确的信息反馈，完善的售后服务体系，健全的网络经营机制得到客户的一致好评，已与国内 20 多个省、市、自治区的 300 多家企业建立了合作关系，同时和韩国、泰国、土耳其、日本、越南等国家的客商建立了友好协商关系。公司产品已畅销全国 20 多个省、市、区的 300 多家企业，并出口 20 多个国家和地区。

现代企业化的经营管理使公司迈上新的台阶，公司年产值以达人民币 20 亿元，年创税收 6000 万元。近年来公司先后捧回“中国航天事业贡献奖”“江西省民营科技企业”“省市工程技术研究中心”“萍乡市十强科技创新民营企业”“江西省节能减排科技创新示范企业”“江西省专精特新小巨人企业”等多个奖项，连续 2010 年至 2017 年连续 7 年被纳入萍乡经济技术开发区“纳税大户”和“一类工业企业”。董事长田岳南先后获授“2014 年萍乡市优秀企业家”，“2015 年江西优秀企业家”。

佛山巴顿菲尔辛辛那提塑料设备有限公司

佛山巴顿菲尔辛辛那提塑料设备有限公司（BCC），是巴顿菲尔辛辛那提集团成员之一，联合巴顿菲尔辛辛那提挤出技术奥地利有限公司（BCA），巴顿菲尔辛辛那提挤出技术德国有限公司（BCG），巴顿菲尔辛辛那提挤出技术美国有限公司（BCU），这四家公司共同组成全球最大的管材、型材、薄膜和片材挤出生产设备供应商：巴顿菲尔辛辛那提挤出技术集团。

“巴顿菲尔 - 辛辛那提”品牌荟萃了其来自欧洲的最先进技术、最专业知识，和两个品牌来自挤出行业长达 120 年的经验积累。由于得到用户广泛认同，巴顿菲尔辛辛那提成为业界公认杰出的挤出机械供应商之一。

佛山巴顿菲尔辛辛那提塑料设备有限公司生产基地位于广东顺德，占地面积 17800 平方米，雇员约 135 人。我们传承欧洲的先进技术和生产理念，在中国制造和组装最高性价比的挤出设备并提供优质的服务，为国内外客户提供领先的挤出解决方案并带给他们决定性的竞争优势和技术优势。

佛山巴顿菲尔辛辛那提的主营业务包括：塑料管材挤出生产线，如用于生产燃气管道、饮用水管、排污管、电讯、卫浴以及灌溉用管道；塑料型材挤出生产线，用于生产窗型材、建筑型材、技术型材如密封条、装饰条、线槽等；PVC 造粒生产线；模具和下游设备。

佛山巴顿菲尔辛辛那提塑料设备有限公司
中国广东省佛山市顺德区大良凤翔工业园金翔路 2 号
邮编：528300
电话：+86（757）2238 0110 / 2997 5318
传真：+86（757）2221 1801 / 2997 5631
电邮：China@ battenfeld - cincinnati. com
网址：www. battenfeld - cincinnati. com/china

亿利生态科技有限责任公司

亿利生态科技有限责任公司（以下简称公司）成立于 2010 年 6 月，注册资本 5.7 亿元，隶属于亿利资源集团有限公司。项目占地面积 183560 平方米，生产厂建筑总面积69603.22m²，生产厂生产用建筑总面积44658.4米²。公司秉承“绿色、清洁、循环、低碳”发展理念，引进国际专家团队及国内行业技术权威，采用世界领先的生产工艺、欧洲一流的全自动生产设备，产品主要涵盖各类塑料给排水管材、燃气压力管材、农业灌溉绿化用管材、各类塑钢型材门窗以及工业包装产品等两千个产品品种。公司2011年2月开工建设，2012年3月年产品顺利下线，2013年正式生产运营，公司规划产能50万吨/年。自产品投放市场以来，受到市场一致好评。公司已经通过GB/T19001－2008质量管理体系认证、GB/T24001－2004环境管理体系认证和GB/T28001－2011职业健康安全管理体系认证。公司于2016年获得国家“高新技术企业”认证。

2017年1－9月份经营情况

一、企业经济指标情况

2017年1－9月份，实现销售收入18031.98万元，其中，管道销售5677.45万元，门窗销售1971.82万元，型材销售81.61万元，包装袋产品销售6489.91万元，工程销售2811.2万元，实现净利润119万元，经营性现金流631.83万元。

二、现有产业的跨跃式突破

利用亿利的品牌优势，公司的各项业务取得了跨跃式的突破性成果。

一是门窗工程业务有了很大提升。经过2016年全年对外围市场地不断拓展，公司与大型优秀的房地产企业开展了良好的合作。在陕西汉中、京津冀等地区打开了市场，目前在外围市场施工的工程约5.6万米²。二是PE、PVC管道销售业务亮点多，销量大增。今年公司先后在北方生态屏障京津周边风沙源治理工程项目、包头市城区黑臭水体治理工程项目、包头市城市水生态提升综合利用工程项目等规模较大的工程项目中取得订单业务，与北控水务、蒙草抗旱、东方路桥、东源集团、蒙树集团等大型企业形成了销售业务。三是农业灌溉、工程、门窗家装工程施工等技术服务领域不断改善，为公司增加了收入。

三、技术研发创新提高企业软实力，创新转型项目有序推进并落地

公司在现有产业发展的同时，注重技术研发工作，将技术研发工作作为公司长期占据市场主导地位，弯道超车的利器，以研发创新保障生产，促进生产。同时，技术研发创新也作为公司无形资产，增强了公司软实力。

1. 全面启动工业包装袋项目，实现产业转型

由于建材市场的萎缩，业务量较往年大幅下降。面对市场的巨大变化，公司积极通过多方面转型以及技术研发战略化解重资产问题。

公司通过敏锐的市场嗅觉，洞察到在我国西北地区，存在着极大的工业包装袋的市场空间。依托亿利资源集团的品牌优势，以我公司大型企业在现有生产要素及地理、市场等方面的优势，积极以“平台＋插头”的经营合作模式，进行工业包装材料的生产转型。

公司于2016年年末开始塑料包装生产设备的安装调式，并于2017年1月份实现投产运行，全面启动了PVC纸塑复合包装袋业务和化肥包装业务。依托集团内部企业亿利化学PVC、片碱和亿鼎公司尿素包装市场，逐步向周边的大型氯碱、化肥、石化等企业拓展包装业务，保证了公司生产销售方面稳定的存量业务。目前已经给亿利化学、亿鼎公司、鄂尔多斯集团、东方希望（海平面）、东兴化工、陕西双翼化工集团等企业按月供货500多万条，形成了稳定的存量业务。

在此基础上，公司也在进行工业包装袋的产业升级工作，公司正计划引进国际领先的德国PE重包装生产设备，以达到公司在市场上的领先地位，提高市场竞争力。

2. 工业废渣（电石渣/粉煤灰）的清洁高值利用项目

公司依托循环经济产业发展的优势，利用循环经济产业园区工业废渣——PVC生产中产生的电石废渣及燃煤电厂产生的粉煤灰，将两者经磨粉、活化改性及一系列加工工艺，应用到塑料加工中，不但提高了产品品质，而且降低了生产成本。

电石废渣及粉煤灰作为工业废物，若得不到安全处理、较好利用，将对生态环境造成严重破坏。此项目对电石废渣、粉煤灰的再利用，解决了二者再利用难题，将有效缓解电石法PVC生产的下游生态问题及燃煤电厂的污染问题，且全部过程无二次污染，不产生工业“三废”，是环境友好型循环产业。

公司现正与北京化工大学进行技术合作，研发粉煤灰填充高聚物增强复合共挤成型绿色建材，该项目将大大提高粉煤灰利用价值及产品附加值，拓宽产品市场，增强竞争力。

3. 多功能种植保水器等生态用绿植产品研发与应用项目

在我国西北地区，生态保护及植树绿化的主要问题是水资源短缺。公司在亿利资源集团生态修复事业的大旗下，结合公司自身产业特点研发与生产了多功能种植保水器，并于今年地球日在库布其沙漠的植树活动中推出。

项目研制的多功能植物根部保水器，植物可利用其储存的水分，达到在荒漠化土地成活的目的。该保水器主要原料为农作物秸秆、废纸箱等植物纤维类物质，在自然条件下可完全降解，原料环保、易得，成本较低。

该项目所研制的多功能种植保水器作为提高荒漠化地区植树成活率，扩大区域绿化面积的辅助产品，在提高树苗成活率的同时，将大幅节约绿化用树苗成本。该产品可节约水量，避免植树时的大水浇灌的浪费，提高水的利用率。产品可回收利用或二次加工，亦可降解，不会对环境造成污染。市场空间巨大。

同时，公司正研发用于沙漠绿化，提高植物抗寒、抗旱能力，以及提高绿化效率的生态产品，包括植生毯、绿植根部保湿盘、空气集水设施等。

4. 家居节能系统门窗项目

公司针对市场上绝大部分门窗产品的质量密封性差，采光率低，影响冬季室内热量吸收；遮阳功能差，导致夏季室内温度过高；不具有智能通风换气功能；特别是节能水平更是差强人意，普通门窗能耗是节能系统门窗能耗的三倍等问题，推出了具有自主品牌“亿莱恩斯”系统门窗。

“亿莱恩斯”系统门窗不仅能够提高门窗节能水平，降低用户调节室内环境舒适度费用，而且可以达到既满足采光照明，又达到防晒遮阳的效果，可实现通风换气，同时起到防水隔声功能，具有一定装饰作用，以提高室内外视觉美感，是提高公司市场竞争力的又一优质产品。

5. 特种 PVC 专用料的研发生产

为了提高产品附加值，增加产品技术含量和价值链，同时也是为了满足市场对塑料专用料的需求，公司充分利用进口设备优势，以及地处原料产地的地理优势，进行了特种 PVC 高维卡专用料研发项目。项目以公司为研发合作平台，联合中国塑料工业协会，与湖北工业大学展开“产、学、研”技术合作，进行特种 PVC 专用料的研发。项目已完成相关技术攻关工作，正有序推进产业化的转化。

6. 增强型柔性塑料管道（RTP 管道）的研发

现今的塑料管道行业，品质低端、技术含量和附加值较低的普通压力管道正逐渐失去市场竞争力，而中高压管道由于其卓越的耐压性，具有较高的附加值，正越来越受到市场的青睐。公司为了抢占高端市场，正研发增强型柔性塑料管道（RTP 管道）。该研发工作是与北京化工大学合作，产品的关键技术点已获得突破，正进行设备调研及生产工艺调整工作。

通过产业转型，亿利生态科技公司取得了经营历史以来的最好水平，整体发展趋势向好，通过不断的技术研发和创新，亿利生态科技公司将成为以工业包装袋为主业，各类管道为辅业的高技术含量、高盈利能力的行业标杆企业。

广东海川智能机器股份有限公司

广东海川智能机器股份有限公司是国内多语言防水型多头微机组合秤的批量生产基地，也是国际上颇具知名度和规模的微机组合秤制造企业。目前，我司拥有 500 多位专业生产技术人员，国内厂房面积达 50000 平方米，全球近 80 个国家拥有海外代理，年产量近 2500 台。从产品的设计开发、生产制造、市场销售、安装调试、技术培训到售后服务形成系统配套解决方案。

随着包装行业的发展，海川公司研发出多种具国际水平的多头微机组合秤，与重量检测机、Z 型输送机、振动给料机、成品输送机等，促成了多头微机组合和立式（给袋式）充填包装机的最优质系统配套。海川公司拥有强大的自主研发能力，AC—6B 防水型号 10 头和 14 头微机组合秤畅销国内外。

地址：佛山市顺德区北滘镇顺江居委会工业园置业路 8 号

邮编：528311

电话：0757－22393598

传真：0757－22393570

邮箱：one@ highdream. net

浙江明日控股集团股份有限公司

浙江明日控股集团股份有限公司为浙江省塑料行业协会会长、中国塑料加工工业协会副理事长单位，隶属于浙江省供销社，是浙江农资集团核心成员企业，前身浙江农资石化有限公司成立于1998年，公司注册地杭州滨江区，总股本18000万股，总资产逾30亿元，员工650多人。公司主营塑料原料、化工产品流通服务和塑料薄膜生产业务，汇总经营收入300亿元，多年来年均增速达到30%水平，公司已发展成为国内领先的塑化产业链服务平台之一。

公司秉持专业化、创新的核心发展理念，坚持通用料与专用料、现货交易和电子交易、现货交易和期货交易相结合、国内贸易与国际贸易相结合，不断丰富业务运作模式，持续提升信息服务、金融服务、物流服务等增值服务能力，为客户创造价值，促进塑化产业链高效运行。目前，公司塑化业务年销售量超350万吨，其中，聚烯烃业务240万吨，聚氯乙烯业务80万吨，ABS、PS、EVA、茂金属、弹性体、PA、PC、TPEE、母料、色母粒等特种塑料、精细化工业务量近20万吨，甲醇、乙二醇、二甘醇等化工产品业务量近20万吨。

目前，公司已成为中石化、中石油系统紧密合作伙伴，与陕西北元、中煤能源、神华能源、新疆天业、宁夏宝丰、三江化工、上海重工、绍兴三圆、东华能源、宁波富德、福建联合、上海赛科、台塑宁波、蒲城能源、鄂尔多斯、扬子巴斯夫、内蒙东兴、陕西延长、陕西金泰、山西榆社、青海盐湖等单位建立起了紧密合作关系；公司坚持国际化战略，连续多年与美国埃克森美孚化工建立起“浙江省、山东省战略合作伙伴”关系，与沙特阿美建立起福建省战略合作关系，并与博禄化工、美国道化学、SABIC、美科联合、住友化学、韩国SK、英利士、三井化学、三菱商事、梦塔佳、巴塞尔等单位建立起紧密合作关系，进口塑料原料20余万吨。

公司紧抓塑化分销网络建设，服务中小企业持续发展。公司立足华东、面向全国，下游客户超过10000家，商品直销率在80%以上，已在浙江省各地市、上海、江苏、福建、安徽、江西、广东、湖北、山东、河北、天津、四川等地设立分销机构，形成了以华东、华南、华北、西南地区为核心的全国塑化分销网络体系。公司还在美国、新加坡、香港成立境外公司，开展国际贸易业务。

公司塑化工业，主营农用薄膜、包装材料、软包装制品的生产，拥有加工产能6万吨、产值4亿元，是浙江包装工业50强企业，“星光”农（地）膜被授予国家免检产品，“新光”塑料薄膜被授予“浙江名牌产品”称号，被中塑协授予“促进农膜行业发展突出贡献奖”。

公司始终坚持“开拓、创新、诚信、共赢”的企业精神，树立起了良好的商业信誉和企业形象，公司被国家工商行政管理总局授予了全国“守合同重信用”单位，2008－2016年连续被全国工商业联合会授予“中国民营企业500强企业”，2005年以来连续被浙江省工商局授予“重合同守信用AAA级单位”称号，被浙江省人行、农行评为“信用等级AAA级企业”称号。

公司正以全球化、信息化的战略眼光，励精图治，艰苦创业，努力朝着专业化、金融化、数字化、国际化、平台化的方向，打造开放、包容、共赢的塑化产业链服务平台。

公司热诚希望与有志之士精诚合作，共创伟业！

联系方式：

地址（Add）：中国杭州滨江区泰安路199号浙江农资大厦12楼

NO. 199 Taian Road Binjiang District Hangzhou China

电话（Tel）：0571－87661222　邮编（P. C）：310052

传真（Fax）：0571－87661333

网址：www. zjmr. cn

山东清田塑工有限公司

山东清田塑工有限公司座落于齐鲁化学工业区清田路南首，主要生产各种农业用聚乙烯功能性塑料薄膜、工业用包装用膜，现为中国塑料加工工业协会、中国农用塑料应用技术学会、中国技术市场协会、中国塑料包装协会、中国投资协会农业和农村专业委员会理事单位、中国技术市场协会理事单位。公司注册资金5000万元，公司拥有年产5万吨的农用塑料薄膜生产线，属国内农用塑料薄膜行业的龙头企业。主要产品有“清田”微地膜系列、功能膜系列、包装膜系列以及工程用防渗土工膜等产品。产品覆盖全国29个省、市、自治区。

几年来，公司始终围绕依靠科技、走科技兴企之路。为增强企业实力，公司加强了同大专院校、科技院所的联合，成立了省级技术研究中心——“山东省功能性塑料工程技术研究中心”。到目前为主，公司已经拥有国家知识产权局颁发的发明、使用新型和外观设计专利共计26项。“内涂覆型农用聚烯烃复合消雾膜”等三个新产品新技术专利顺利通过山东省科技厅组织的省级技术项目鉴定，同时被国家科技部等四大部委联合认定为“国家重点新产品计划项目”，被国家重点新产品计划项目评为“金桥奖”项目，被中国投资协会农业和农村投资专业委员会评定为“优质农业投资项目”，同时也是国家“十一五”轻工业科技攻关项目之一。

经过公司的不懈努力，公司生产的“清田”牌塑膜产品被农业部技术推广服务中心列为重点推广产品；被全国最大的菜篮子消协——寿光市消费者协会连续十年评为“优质农膜推荐产品”。

公司一直坚持“清田产品、如同人品；以心血炼精品，以人品铸品牌”的以质取信经营理念使产品赢得了社会的认可，“清田”牌农用塑料薄膜产品相继荣获“国家免检产品”“中国名牌产品”和“中国驰名商标”等荣誉称号。清田农膜是目前国内同行业唯一集“中国驰名商标”“中国名牌产品”“国家质量免检产品”国家级三大荣誉于一身农膜品牌。1999年公司顺利通过了ISO9002国际质量体系认证；2001年有率先通过了ISO9001国际质量体系认证；2005年公司又通过质量、环境、职业健康安全三大体系认证。

追求无止境，发展没有终点。山东清田塑工有限公司正以“以质取信，服务无限”地姿态向更大、更强迈进，不断把企业做强做大，为社会提供更多、更好的产品，为“三农”服务，为发展民族经济作出应有的贡献。

辽宁鑫达滑石集团

辽宁鑫达滑石集团起步于1995年，地处素有“滑石之乡”美誉的中国海城，是一家集采矿、研发、生产、销售为一体的大型专业滑石企业集团。经过20年的发展，集团总资产达3亿元、年综合产值2.5亿元，拥有海城市鑫达矿业有限公司、海城鑫富士矿产有限公司、海城市诚祥矿产品有限公司、海城市鑫亿矿业有限公司4家企业。作为海城市纳税百强企业，鑫达滑石集团已成为中国最重要的滑石产品生产企业集团之一。

集团矿区分布在辽南滑石矿床的主矿脉上，这里盛产世界上最优质的滑石原料，具有白度高、纯度好、不含石棉和重金属等优点。矿区占地面积1.7126平方公里，已探明总储量610多万吨，年可开采量12万余吨。

公司主要产品有微细滑石粉、压缩滑石粉，以及高填充滑石粉母粒和滑石粉颗粒四大系列百余种牌号的产品。广泛应用于改性塑料、油漆涂料、橡胶电缆、陶瓷、造纸、化妆品等领域。

1999年集团通过ISO9001：2000国际质量管理体系认证，2006年通过了SGS认证。鑫达人秉承“人品与产品同在，赢心与赢利共存”的经营方针和“诚信、敬业、积极、奉献”的企业精神，坚持“科学、务实、提升、创新”的管理理念，倡导并践行“和谐、实干、互助、共赢”的核心价值观和“守法、健康、乐善、报国”的社会责任观，竭诚为国内外的新老客户服务。

地址：辽宁省海城市经济开发区工业园区大甲街1421号

网址：www. xindatalc. com

电话：86－412－3130425

传真：86－412－3133652

手机：13804074455

（王浩　姜宛君）

江苏晶雪节能科技股份有限公司

江苏晶雪节能科技股份有限公司，位于江苏省武进经济开发区丰泽路18号，是国内领先的冷藏库库体和节能厂房围护整体解决方案供应商，也是国内规模居前的节能保温板材生产厂家。经过20多年的发展，公司已经拥有两条国际先进的板材连续生产线，建成了两个生产基地和遍布全国的销售网络，形成了200万平方米各类节能板材、10000扇冷库门和工业门及5000个升降平台的年生产能力，能够为客户提供节能保温围护系统的设计、生产、安装和围护的全方位服务，从而可以优质高效的完成客户订单，一站式地满足不同客户的个性化围护系统建设需求。

晶雪公司参与了超过14项国家及行业标准的起草修订，获得24项专利。2009年参加GB/T21558-2008《建筑绝热用硬质聚氨酯泡沫塑料》项目获得中国轻工业联合会科技进步三等奖。晶雪先后被评为“国家级高新技术企业”、“江苏省科技型中小企业”、“江苏省民营科技企业”。同时，被国家环保部评定为“2016含氢氯氟烃使用配额许可单位”。在技术研发上，公司不断加强研发基础建设，2012年申请并成立了“江苏省冷链物流设备与材料工程技术研究中心”。2013年公司的各类节能保温板材产品通过了美国FM认证，晶雪成为国内节能板材领域里通过该认证品种规格最多的企业。在品牌建设上，“晶诺”为常州市知名商标，“晶雪”为江苏省著名商标，2015年被评为江苏省质量信用AAA级企业、常州市三星明星企业。公司连续十年荣获“全国3.15质量和服务诚信承诺企业”的称号，并且公司产品为国家绿色建筑选用产品、中国工程建设推荐产品。

晶雪公司下设上海晶雪节能科技有限公司和江苏晶雪节能环境工程有限公司两家全资子公司，分别专注于销售和安装业务。同时，晶雪拥有较强实力的研发团队和年轻化的后备力量，公司本着“以人为本，增强团队凝聚力”的团队建设思路，进一步完善人才选、育、用、留的机制，践行晶雪团队文化，有针对性的解决目前人才层次、结构问题，打造晶雪团队。

客户群方面，晶雪公司生产的“晶雪”“晶诺”品牌的各类PU、PIR、岩棉新型节能板材、各类冷冻冷藏库门、工业门和升降平台，广泛的应用于冷链物流、超市、食品加工、生物医药、餐饮酒店、机场仓储、科研院校、工业厂房和建筑围护等领域，具有较高的市场占有率。公司积累了大量的中高端客户，拥有良好的口碑，并成为众多世界500强和中国500强企业在节能保温围护系统建设中的首选。

晶雪依托丰富的行业经验和强大的研发团队，在项目前期设计阶段采用了国际上最先进的3D动态效果图，能够让客户非常直观的看到各类围护系统建成后的效果，功能区域的分布，以及晶雪是如何实现节能环保的。

聚氨酯夹芯板

金属面岩棉复合板

聚氨酯夹芯板

工业门系列产品

升降平台

意大利生产线

德国生产线

聊城华塑工业有限公司

聊城华塑工业有限公司是国家高新技术企业，国家发改委和工信部2015年中国产业振兴和技术改造专项重点工程承担单位。公司荣获中国轻工业联合会科学技术发明一等奖；山东省科学技术科技进步二等奖；中国塑料加工协会优秀科技成果一等奖、专利工作先进单位；国家知识产权局中国专利优秀奖；科技部等四部委国家重点新产品；先后两款产品入选山东名牌；工信部委托中塑协评比优秀品牌入选“涂覆型长效流滴消雾膜”和“EVA农用功能膜”两项五大品牌；2005年通过ISO9001:2000质量管理体系认证；2017年在业内率先完成“知识产权管理体系认证，真正形成“科研创新引领方向，知识产权创造效益”。

涂覆型长效流滴、消雾镜面膜是聊城华塑自主研创的整体科技水平国际先进，关键技术国际领先的新型农用薄膜。拥有10项国家发明专利和5项实用新型专利，三项技术产品由国内顶级专家鉴定为国际先进水平。涂覆用聚合物基纳米复合涂覆液体，是全世界最好的抑制纳米材料团聚技术，液体固含量最高且最透明，而且在亲水性能上实现了超越。华塑研制的短流程精控纳米级在线涂覆装置，国内外流程最短，控制度最高，用液量最少且均匀度与日本产品相当。

华塑研发队伍已经发展成为一只不断攀登高峰的特别能创新的队伍，正在为我国农膜乃至设施农业的科技进步贡献力量。

公司拥有8/年万吨生产能力，除高端涂覆型长效流滴、消雾镜面膜外还可生产其它传统内添加功能性薄膜。公司依靠雄厚的技术力量提出对专用产品的量身定做概念，根据用户需要及时调整工艺配方，以适应不同的需要。今后华塑仍会不断实施技术进步，不断投入新产品生产，力争尽快成为世界级的农膜研发和生产企业。

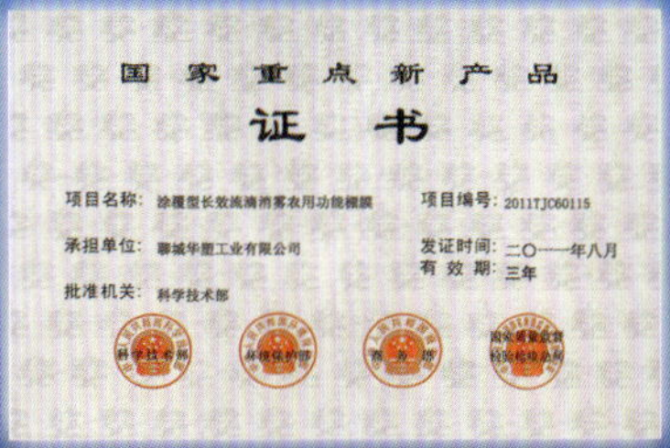

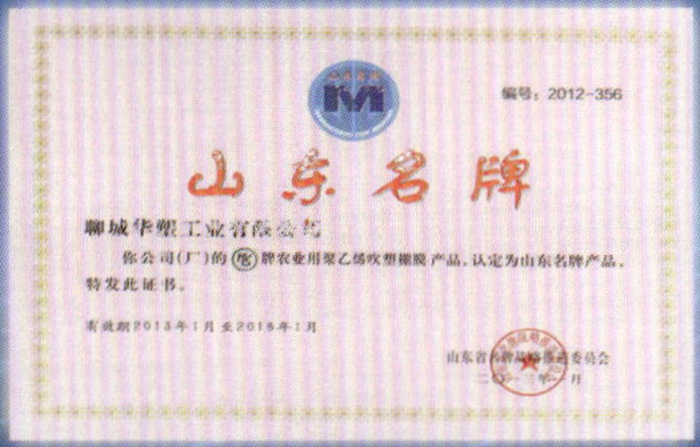

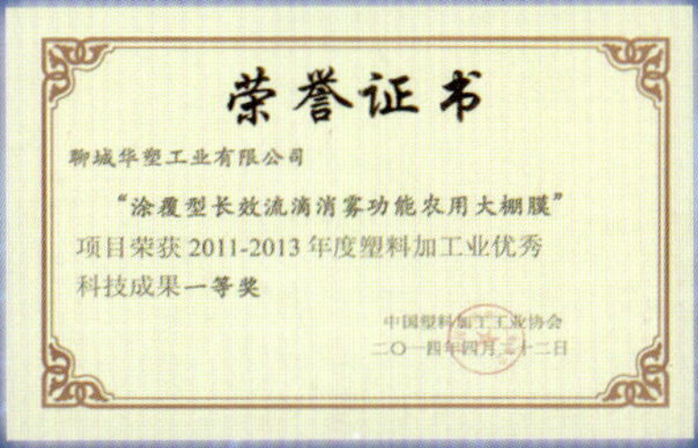

地址：山东省聊城市高新技术产业开发区中华南路89号 http://www.lchs.com.cn

济南新三塑业有限公司

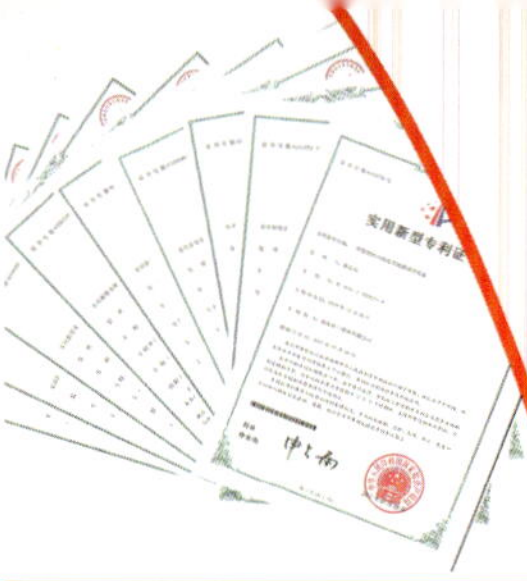

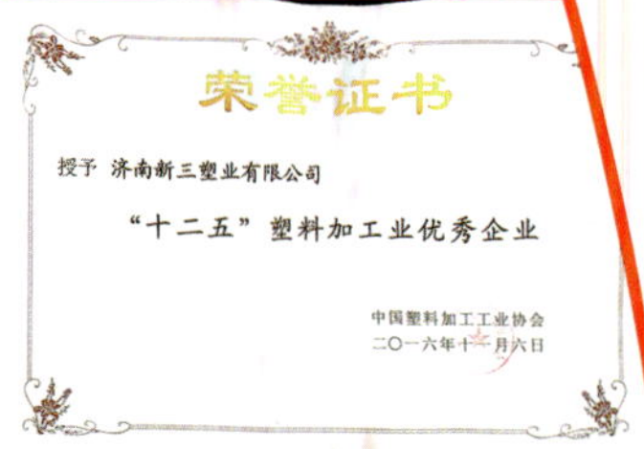
荣誉证书

授予 济南新三塑业有限公司

"十二五"塑料加工业优秀企业

中国塑料加工工业协会

二〇一六年十二月六日

中国轻工业塑料行业（农用薄膜）十强企业

TOP 10 ENTERPRISES OF PLASTIC INDUSTRY (AGRICULTURE FILM) IN CHINA LIGHT INDUSTRIES

经综合评价

济南新三塑业有限公司

入围中国轻工业塑料行业（农用薄膜）十强企业

Through comprehensive evaluation, the company has been shortlisted in annual Top 10 Enterprises evaluation activities of Plastic Industry (Agriculture Film) in China Light Industries.

签发日期：2017/06　有效期限：1年

评价机构盖章：

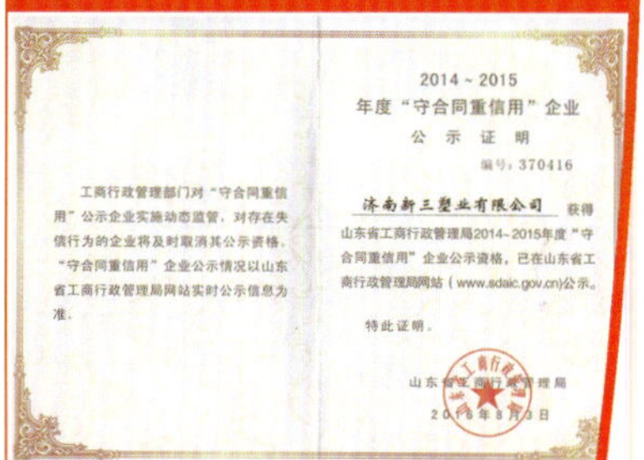
2014～2015

年度"守合同重信用"企业

公示证明

编号：370416

工商行政管理部门对"守合同重信用"公示企业实施动态监管，对存在失信行为的企业将及时取消其公示资格。"守合同重信用"企业公示情况以山东省工商行政管理局网站实时公示信息为准。

济南新三塑业有限公司 获得山东省工商行政管理局2014～2015年度"守合同重信用"企业公示资格，已在山东省工商行政管理局网站（www.sdaic.gov.cn）公示。

特此证明。

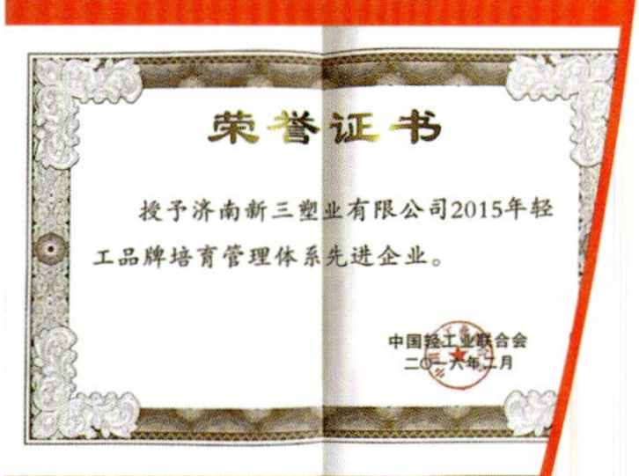
荣誉证书

授予济南新三塑业有限公司2015年轻工品牌培育管理体系先进企业。

中国轻工业联合会

二〇一六年二月

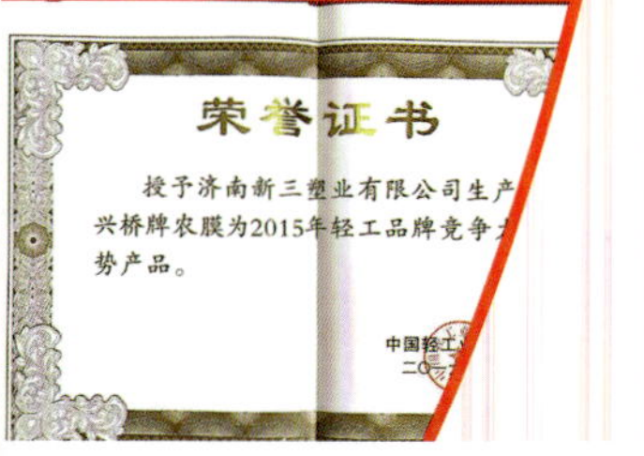
荣誉证书

授予济南新三塑业有限公司生产兴桥牌农膜为2015年轻工品牌竞争优势产品。

济南新三塑业有限公司成立于 2003 年，座落于风景秀丽的泉城济南东部开发区，高速公路、国际机场、铁路专线及国道穿行其中，交通运输极为便利。公司自创建以来，积极响应中央三农政策，以发展高科技产业为目标，始终坚持走产、学、研相结合之路。

公司是一个以生产农膜、地膜、氧化－生物双降解地膜、全生物降解地膜、银灰膜、配色膜、多功能大棚膜、输水膜、除草膜、黑地膜等为主的专业生产企业。产品主要作用于农作物、烟叶、蔬菜、瓜果、花卉苗木等经济作物，促进作物早熟、丰产、高品质。

公司注册资金 3000 万元人民币，占地面积 16500 平方米，其中生产车间 12000 平方米、办公楼 2500 平方米，绿化面积 2000 多平方米。公司拥有完善的质量保证体系和服务保证措施，专业生产设备 42 台（套）（其中，2016 年我公司新购进大型 90 机组 20 余台(套)）。年生产能力 60000 吨，2015 年在全国同行业实际产量排名中排前十。

多年来经过对原有技术的消化、吸收、改进、完善，产品质量稳步提高，现已开发出八大系列 50 余个规格型号的产品。由于生产技术先进、配方严谨，使产品畅销全国 20 多个省、市，目前已有稳定销售网点 60 多家。企业已顺利通过 IS09001：2000 质量管理体系认证、IS014001：2004 环境管理体系认证和 OHSAS:18001 职业健康安全管理体系认证。

2016 年我公司申请：宽幅地膜展开装置、降温地膜、薄膜称重装置等 8 项专利，这些专利技术应用到现有的地膜上将大大提高吹膜技术，省时省力，增产增量增效。

公司始终本着以质量求生存，以创新求发展的原则。服务一流，打造精品，追求卓越，服务三农是我们的宗旨，2016 年我公司不仅晋升为中塑协理事、中塑协农膜专委会理事，而且还被中国塑料加工工业协会授予了"2015 年轻工品牌培育管理体系先进企业"、"2015 年轻工品牌竞争力优势产品"、"中国农膜行业优秀品牌"和"十二五"塑料加工业优秀企业等荣誉，我公司连续多年被山东省工商局及济南市工商局授予"守合同重信用企业"、"省级诚信文明企业"、"省级光彩之星"、"济南市诚信文明企业"、"市级优秀私营企业"，同时也被历城区文明办评为"历城区私营企业先进单位"、"历城区百佳诚信企业"、"历城区十佳诚信企业"等荣誉称号。

新三塑人以诚信、求实、勤奋、创新为企业精神，以实现农民的根本利益，服务三农为目标。新三塑人一直秉承以用户需求为核心，以优质、用心的服务赢得了众多企业的信赖和好评，在客户心中树立起公司良好品牌形象。公司不仅提供质量优良的产品，同时还建立了完善的售后服务体系，为用户在产品使用中遇到的问题和困难提供指导帮助。我们相信，通过我们的不断努力和追求，一定能够实现企业的长足发展。

地址：济南市历城区董家镇曹家民营工业园兴桥路 3 号

电话：0531-86558666

0531-86558777

传真：0531-86558666

邮箱：xinsansuye@163.com

网址：www.sansu.cn

清田塑工
QINGTIAN PLASTIC

以心血炼精品 以人品铸品牌

High-quality products and famous brand

山东清田塑工有限公司始创于1996年，注册资金8000万元，隶属山东清源集团。公司坐落在历史悠久的齐国故都、蹴鞠发源地--淄博临淄，是国家级重点高新技术企业。公司秉承“开放、务实、发展”的齐文化精髓，历经二十余载的磨砺与变革，已发展成一家集农用塑料薄膜、新型土工合成材料和环保型塑料包装材料生产、研发与销售为一体的大中型企业。

公司现有员工350余人，拥有年产10万吨农用塑料薄膜、年产5万吨新型土工合成材料和新上年产8万吨PP、PE环保型塑料包装材料生产，设备全部采用计算机自动控制，流水线作业，产品质量稳定。主要产品有“清田”微地膜系列、功能膜系列、包装膜系列、工程用土工合成材料系列以及新型环保材料系列等5个系列，50余种产品。

引进国内最高端的检测试验设备，打造专业检测中心，为产品质量提供可靠保障。公司拥有同行业唯一一家省级“功能性塑料薄膜工程技术研究中心”和“省级企业技术中心”。近年来，公司与中国农业科学院、中国石油大学、青岛大学、天津工业大学等多家国家重点院校及科研院所紧密合作，拥有雄厚的研发实力，荣获40余项国家专利和8项省级科技成果奖。

清田塑工凭借雄厚的实力、良好的信誉以及严格的质量管理、优质的售后服务，赢得了广大用户的一致认可，产品畅销于全国三十多个省市区，并出口美国、哈萨克斯坦、泰国、韩国、越南、菲律宾、沙特阿拉伯等诸多国家。清田产品被国家农业部技术推广中心列为推广产品。“清田”牌农用塑料薄膜相继荣获“国家免检产品”、“ 中国名牌产品”和“中国驰名商标”等荣誉称号，是目前国内同行业唯一集三大荣誉于一身的农膜品牌。

公司积极响应国家产业化政策，坚持走低碳环保之路，“树百年企业，创世纪品牌”是清田塑工不懈的追求。传承“与时俱进，追求卓越”的发展精神，凭借优质的产品，完善的售后服务，以市场化、多元化的经营理念开拓发展。清田塑工将亮剑塑膜和新型材料行业的国际舞台，扬起中华民族品牌的旗帜。

山东清田塑工有限公司
SHANDONG QING TIAN PLASTIC CO., LTD.

▶ 地址：山东省淄博市临淄区齐鲁化学工业区
▶ 电话：0533-7480688 / 7488887
▶ 邮箱：qingtiansugong@163.com
▶ 网址：www.qtgf.cn